"全国安全生产月"法规标准系列丛书

安全生产执法基础性标准文本手册

（中　册）

全国公共安全基础标准化技术委员会
全国安全生产标准化技术委员会　组织编写

应急管理出版社

·北　京·

目 录

上 册

一、安全基础标准 ·· 1

  1. 基础通用 ··· 1
    安全色(GB 2893—2008) ··· 1
    安全标志及其使用导则(GB 2894—2008) ··· 11
    防止静电事故通用导则(GB 12158—2006) ·· 43
    工业管道的基本识别色、识别符号和安全标识(GB 7231—2003) ················· 71
    生产设备安全卫生设计总则(GB 5083—1999) ······································· 75
    生产过程安全卫生要求总则(GB/T 12801—2008) ···································· 83
  2. 作业安全 ··· 94
    座板式单人吊具悬吊作业安全技术规范(GB 23525—2009) ······················· 94
    缺氧危险作业安全规程(GB 8958—2006) ·· 105
    高处作业分级(GB/T 3608—2008) ··· 109
  3. 安全管理 ··· 115
    生产经营单位生产安全事故应急预案编制导则(GB/T 29639—2020) ············ 115
    企业安全生产标准化基本规范(GB/T 33000—2016) ································ 124
    安全生产责任保险事故预防技术服务规范(AQ 9010—2019) ···················· 138
    生产安全事故应急演练评估规范(AQ/T 9009—2015) ····························· 142
    安全生产应急管理人员培训大纲及考核规范(AQ/T 9008—2012) ··············· 152
    生产安全事故应急演练基本规范(AQ/T 9007—2019) ····························· 160
    生产经营单位生产安全事故应急预案评估指南(AQ/T 9011—2019) ············ 167
  4. 事故调查和处理 ··· 174
    事故伤害损失工作日标准(GB/T 15499—1995) ····································· 174
    企业职工伤亡事故分类(GB/T 6441—1986) ··· 222
    企业职工伤亡事故经济损失统计标准(GB/T 6721—1986) ························ 237

二、危险化学品及化工安全 ··· 241

  1. 基础通用 ··· 241
    化工园区安全风险排查治理导则(试行)(2019 版) ································· 241
    危险化学品企业安全风险隐患排查治理导则(2019 版) ···························· 254

化工和危险化学品生产经营单位重大生产安全事故隐患判定标准(试行)
　　　(2017版) ··· 309
　　危险化学品经营企业安全技术基本要求(GB 18265—2019) ·· 318
　　危险化学品重大危险源辨识(GB 18218—2018) ·· 325
　　危险化学品单位应急救援物资配备要求(GB 30077—2013) ··· 336
　　常用化学危险品贮存通则(GB 15603—1995) ··· 350
　　化学品作业场所安全警示标志规范(AQ 3047—2013) ·· 609
　　危险化学品从业单位安全标准化通用规范(AQ 3013—2008) ·· 615
　　危险化学品事故应急救援指挥导则(AQ/T 3052—2015) ·· 633
　2. 安全规程 ·· 638
　　危险化学品企业特殊作业安全规范(GB 30871—2022) ·· 638
　　液体石油产品静电安全规程(GB 13348—2009) ··· 668
　　石油与石油设施雷电安全规范(GB 15599—2009) ·· 673
　　氢气使用安全技术规程(GB 4962—2008) ·· 678
　　氯气安全规程(GB 11984—2008) ·· 693
　　光气及光气化产品生产安全规程(GB 19041—2003) ··· 700
　　危险化学品储罐区作业安全通则(AQ 3018—2008) ·· 707
　　危险场所电气防爆安全规范(AQ 3009—2007) ··· 711
　　加油站作业安全规范(AQ 3010—2007) ·· 763
　3. 设备、装置与系统 ··· 769
　　危险化学品生产装置和储存设施风险基准(GB 36894—2018) ·· 769
　　危险化学品生产装置和储存设施外部安全防护距离确定方法
　　　(GB/T 37243—2019) ··· 774
　　危险化学品重大危险源安全监控通用技术规范(AQ 3035—2010) ···································· 830

中　　册

三、烟花爆竹与民爆物品安全 ··· 841
　1. 基础通用 ·· 841
　　烟花爆竹生产经营单位重大生产安全事故隐患判定标准(试行)(2017版) ········· 841
　　烟花爆竹　标志(GB 24426—2015) ··· 847
　　烟花爆竹　包装(GB 31368—2015) ··· 860
　　烟花爆竹　安全与质量(GB 10631—2013) ·· 867
　　烟花爆竹安全生产标志(AQ 4114—2011) ·· 885
　2. 安全规程 ·· 896
　　烟花爆竹作业安全技术规程(GB 11652—2012) ··· 896
　　民用爆炸物品生产、销售企业安全管理规程(GB 28263—2012) ······································· 927
　　烟花爆竹工程设计安全规范(GB 50161—2009) ··· 956

民用爆炸品危险货物危险特性检验安全规范(GB 19455—2004) …… 1020
烟花爆竹零售店(点)安全技术规范(AQ 4128—2019) …… 1032
烟花爆竹工程设计安全审查规范(AQ 4126—2018) …… 1038
烟花爆竹防止静电通用导则(AQ 4115—2011) …… 1051
3. 安全管理 …… 1056
烟花爆竹流向登记通用规范(AQ 4102—2008) …… 1056
烟花爆竹出厂包装检验规程(AQ 4112—2008) …… 1065
烟花爆竹企业安全评价规范(AQ 4113—2008) …… 1069

四、矿山安全 …… 1084

1. 基础通用 …… 1084
悬挂输送机安全规程(GB 11341—2008) …… 1084
矿山安全标志(GB 14161—2008) …… 1089
矿用电梯安全技术要求(AQ 2069—2019) …… 1109
矿用产品安全标志标识(AQ 1043—2007) …… 1132
矿山救护规程(AQ 1008—2007) …… 1136
2. 煤矿安全 …… 1184
(1)煤矿安全规程 …… 1184
煤矿重大事故隐患判定标准(2020版) …… 1184
煤矿建设项目安全审核基本要求(AQ 1049—2018) …… 1189
煤矿建设项目安全设施设计审查和竣工验收规范(AQ 1055—2018) …… 1193
煤矿建设安全规范(AQ 1083—2011) …… 1246
煤层气地面开采防火防爆安全规程(AQ 1081—2010) …… 1318
矿井密闭防灭火技术规范(AQ 1044—2007) …… 1324
煤矿瓦斯抽放规范(AQ 1027—2006) …… 1335
选煤厂安全规程(AQ 1010—2005) …… 1355
煤矿井下安全标志(AQ 1017—2005) …… 1391
(2)煤矿设备、装置与系统 …… 1413
煤矿用带式输送机 安全规范(GB 22340—2008) …… 1413
煤矿安全监控系统及检测仪器使用管理规范(AQ 1029—2019) …… 1422
煤矿安全监控系统通用技术要求(AQ 6201—2019) …… 1441
煤矿井下作业人员管理系统通用技术条件(AQ 6210—2007) …… 1461
(3)煤矿安全管理 …… 1476
煤矿主要负责人安全生产培训大纲及考核标准(AQ 1069—2008) …… 1476
煤矿安全生产管理人员安全生产培训大纲及考核标准(AQ 1070—2008) …… 1484
3. 非煤矿山安全 …… 1493
(1)非煤矿山安全规程 …… 1493
金属非金属矿山重大生产安全事故隐患判定标准(试行)(2017版) …… 1493
金属非金属矿山安全规程(GB 16423—2020) …… 1509

尾矿库安全规程(GB 39496—2020) ·· 1581
金属非金属地下矿山防治水安全技术规范(AQ 2061—2018) ··············· 1611
超深竖井施工安全技术规范(AQ 2062—2018) ·································· 1643
磷石膏库安全技术规程(AQ 2059—2016) ·· 1650
石膏矿地下开采安全技术规范(AQ 2015—2008) ······························· 1671
金属非金属矿山排土场安全生产规则(AQ 2005—2005) ······················ 1674
(2)非煤矿山设备、装置与系统 ·· 1682
金属非金属矿山提升系统日常检查和定期检测检验管理规范
　(AQ 2068—2019) ··· 1682
金属非金属地下矿山监测监控系统建设规范(AQ 2031—2011) ············ 1687
金属非金属地下矿山紧急避险系统建设规范(AQ 2033—2011) ············ 1691
(3)非煤矿山安全管理 ··· 1694
金属非金属矿山主要负责人安全生产培训大纲(AQ 2008—2006) ········· 1694
金属非金属矿山主要负责人安全生产考核标准(AQ 2009—2006) ········· 1699
金属非金属矿山安全生产管理人员安全生产培训大纲(AQ 2010—2006) ··· 1704
金属非金属矿山安全生产管理人员安全生产考核标准(AQ 2011—2006) ··· 1709
4. 石油天然气安全 ·· 1714
海洋石油生产设施发证检验工作通则(AQ 2079—2020) ····················· 1714
石油行业安全生产标准化　导则(AQ 2037—2012) ··························· 1798
石油天然气安全规程(AQ 2012—2007) ·· 1805

下　册

五、粉尘防爆与涂装安全 ··· 1853

1. 安全规程 ·· 1853
　　工贸企业粉尘防爆安全规定(2021版) ··· 1853
　　粉尘防爆安全规程(GB 15577—2018) ··· 1859
　　涂装作业安全规程　安全管理通则(GB 7691—2003) ························ 1867
　　涂装职业健康安全通用要求(AQ 5208—2011) ·································· 1890
2. 设备、装置与系统 ··· 1897
　　粉尘爆炸危险场所用除尘系统安全技术规范(AQ 4273—2016) ············ 1897
　　涂料生产企业安全生产标准化实施指南(AQ 3040—2010) ·················· 1907
　　涂料生产企业安全技术规程(AQ 5204—2008) ·································· 1925
　　涂装工程安全设施验收规范(AQ 5201—2007) ·································· 1948

六、冶金有色与工贸安全 ·· 1954

　　铝电解安全生产规范(GB 29741—2013) ·· 1954
　　焦化安全规程(GB 12710—2008) ··· 1985

工业企业煤气安全规程(GB 6222—2005) ……………………………………………… 2017
打火机生产安全规程(GB 19288—2003) …………………………………………… 2047
炼钢安全规程(AQ 2001—2018) ……………………………………………………… 2063
炼铁安全规程(AQ 2002—2018) ……………………………………………………… 2086
新型干法水泥生产安全规程(AQ 7014—2018) …………………………………… 2114
氨制冷企业安全规范(AQ 7015—2018) …………………………………………… 2142
纺织工业企业安全管理规范(AQ 7002—2007) …………………………………… 2154
制冷空调作业安全技术规范(AQ 7004—2007) …………………………………… 2209

七、个体防护装备 ……………………………………………………………………… 2221

1. 基础通用 …………………………………………………………………………… 2221
个体防护装备配备规范　第1部分：总则(GB 39800.1—2020) ………………… 2221
个体防护装备配备规范　第2部分：石油、化工、天然气(GB 39800.2—2020) … 2248
个体防护装备配备规范　第3部分：冶金、有色(GB 39800.3—2020) ………… 2309
个体防护装备配备规范　第4部分：非煤矿山(GB 39800.4—2020) …………… 2350

2. 头及眼面部防护 …………………………………………………………………… 2371
头部防护　安全帽(GB 2811—2019) ……………………………………………… 2371
个人用眼护具技术要求(GB 14866—2006) ……………………………………… 2381
个体防护装备　护听器的通用技术条件(GB/T 31422—2015) ………………… 2396

3. 呼吸防护 …………………………………………………………………………… 2429
呼吸防护　自吸过滤式防颗粒物呼吸器(GB 2626—2019) ……………………… 2429
呼吸防护　自给开路式压缩空气逃生呼吸器(GB 38451—2019) ……………… 2463
呼吸防护　动力送风过滤式呼吸器(GB 30864—2014) ………………………… 2477
呼吸防护　自吸过滤式防毒面具(GB 2890—2009) ……………………………… 2517

4. 防护服装 …………………………………………………………………………… 2557
防护服装　化学防护服(GB 24539—2021) ……………………………………… 2557
防护服装　职业用高可视性警示服(GB 20653—2020) ………………………… 2621
防护服装　阻燃服(GB 8965.1—2020) …………………………………………… 2647
防护服装　防静电服(GB 12014—2019) ………………………………………… 2659

5. 手部防护 …………………………………………………………………………… 2675
手部防护　电离辐射及放射性污染物防护手套(GB 38452—2019) …………… 2675
手部防护　化学品及微生物防护手套(GB 28881—2012) ……………………… 2690
手部防护　机械危害防护手套(GB 24541—2009) ……………………………… 2699

6. 足部防护 …………………………………………………………………………… 2712
足部防护　安全鞋(GB 21148—2020) …………………………………………… 2712
足部防护　防化学品鞋(GB 20265—2019) ……………………………………… 2741

7. 坠落防护 …………………………………………………………………………… 2761
坠落防护　安全带(GB 6095—2021) ……………………………………………… 2761
安全网(GB 5725—2009) …………………………………………………………… 2779

三、烟花爆竹与民爆物品安全

1. 基 础 通 用

烟花爆竹生产经营单位重大生产安全事故隐患判定标准(试行)

(2017年11月13日国家安全监管总局安监总管三〔2017〕121号印发)

依据有关法律法规、部门规章和国家标准,以下情形应当判定为重大事故隐患:

一、主要负责人、安全生产管理人员未依法经考核合格。
二、特种作业人员未持证上岗,作业人员带药检维修设备设施。
三、职工自行携带工器具、机器设备进厂进行涉药作业。
四、工(库)房实际作业人员数量超过核定人数。
五、工(库)房实际滞留、存储药量超过核定药量。
六、工(库)房内、外部安全距离不足,防护屏障缺失或者不符合要求。
七、防静电、防火、防雷设备设施缺失或者失效。
八、擅自改变工(库)房用途或者违规私搭乱建。
九、工厂围墙缺失或者分区设置不符合国家标准。
十、将氧化剂、还原剂同库储存、违规预混或者在同一工房内粉碎、称量。
十一、在用涉药机械设备未经安全性论证或者擅自更改、改变用途。
十二、中转库、药物总库和成品总库的存储能力与设计产能不匹配。
十三、未建立与岗位相匹配的全员安全生产责任制或者未制定实施生产安全事故隐患排查治理制度。
十四、出租、出借、转让、买卖、冒用或者伪造许可证。
十五、生产经营的产品种类、危险等级超许可范围或者生产使用违禁药物。
十六、分包转包生产线、工房、库房组织生产经营。
十七、一证多厂或者多股东各自独立组织生产经营。
十八、许可证过期、整顿改造、恶劣天气等停产停业期间组织生产经营。
十九、烟花爆竹仓库存放其他爆炸物等危险物品或者生产经营违禁超标产品。
二十、零售点与居民居住场所设置在同一建筑物内或者在零售场所使用明火。

烟花爆竹生产经营单位重大生产安全事故隐患判定标准(试行)解读

为准确判定、及时整改烟花爆竹生产经营单位重大生产安全事故隐患(以下简称重大隐患),有效防范遏制重特大事故,根据《安全生产法》和《中共中央 国务院关于推进安全生产领域改革发展的意见》,国家安全监管总局制定印发了《烟花爆竹生产经营单位重大生产安全事故隐患判定标准(试行)》(简称《判定标准》)。《判定标准》从人员要求、设备设施和安全管理三个方面列举了二十种应当判定为重大隐患的情形,抓住了当前制约烟花爆竹生产经营单位安全生产的最突出矛盾和问题,为了进一步明确《判定标准》每一种情形的内涵及依据,便于有关企业和安全监管部门使用,推动《判定标准》有效执行,现逐条进行简要解释说明如下:

一、主要负责人、安全生产管理人员未依法经考核合格。

根据《安全生产法》第二十四条规定:"烟花爆竹生产经营单位的主要负责人、安全生产管理人员必须具备相应的安全生产知识和管理能力,必须经安全监管部门考核合格。"烟花爆竹生产经营单位的主要负责人和安全生产管理人员不具备必要安全生产知识和能力,组织生产、违章指挥,极易导致事故发生。如2011年的湖南省兴发喜炮厂"12·27"、2013年的湖南常德安乡县竹林花炮厂"12·27"等多起事故暴露出企业主要负责人、安全生产管理人员未经考核合格、不具备必要的安全管理知识和能力导致重大人员伤亡的突出问题。

二、特种作业人员未持证上岗,作业人员带药检维修设备设施。

根据《安全生产法》第二十七条规定:"烟花爆竹生产经营单位的特种作业人员必须按照国家有关规定经专门的安全作业培训,取得相应资格,方可上岗作业。"烟花爆竹特种作业人员包括从事药物混合、造粒、筛选、装药、筑药、压药、切引、搬运等危险工序和仓库保管、守护的人员,特种作业人员必须接受培训,经考核合格取证后,方可上岗,否则,极易引发事故。如2011年广西自治区玉林市南胜烟花爆竹厂"9·29"事故就是从事混药、装药、搬运的特种作业人员,无证上岗,操作失误导致事故发生,造成3人死亡、2人受伤。

《烟花爆竹作业安全技术规程》(GB 11652—2012)8.4.2明确规定:"在有药工房进行设备检修时,应将工房内的药物、有药半成品、成品搬走,清洗设备及操作台、地面、墙壁的药尘,修理结束应清理修理现场。"作业人员带药检维修,摩擦、撞击、静电等均会引发爆炸,无关人员没有撤离会导致事故扩大。如2013年的广西自治区岑溪市三堡镇炮竹厂"11·1"重大事故的直接原因就是在带药检修切引机、无关人员没有撤离检查现场的情况下发生爆炸,造成12人死亡、16人受伤。

三、职工自行携带工器具、机器设备进厂进行涉药作业。

《安全生产法》《烟花爆竹工程设计安全规范》(GB 50161—2009)、《烟花爆竹作业安全技术规程》(GB 11652—2012)对烟花爆竹生产经营企业涉药工器具、机器设备的安全性能、防护措施等作出了明确规定,而职工自行携带工器具、机器设备进行涉药作业,必然存在机械设备安全性能不过关、安全措施不到位、作业操作不规范、安全管理不严格等突出问题,极易引发事故,造成重大人员伤亡。如广西岑溪"11·1"重大事故就存在职工自行携带切引机进行作业的突出问题。

四、工(库)房实际作业人员数量超过核定人数。

《烟花爆竹工程设计安全规范》(GB 50161—2009)、《烟花爆竹作业安全技术规程》(GB 11652—2012)对烟花爆竹生产经营企业各危险性工库房的定级、定员作出了明确规定。超定员作业人员密集,而且与超药量等违法违规行为互为条件相生相伴,在事故中会发生连锁反应,导致严重后果,是烟花爆竹企业发生重特大事故的主要原因。据统计,2010 年以来烟花爆竹生产企业发生的 5 起重特大事故均存在超定员作业的违法行为。

五、工(库)房实际滞留、存储药量超过核定药量。

《烟花爆竹工程设计安全规范》(GB 50161—2009)、《烟花爆竹作业安全技术规程》(GB 11652—2012)对烟花爆竹生产经营企业各危险性工库房的定级、核定药量作出了明确规定。超核定药量作业,超过了防护屏障等防爆设施的防护能力,导致作业风险急剧上升,而且与超定员等违法违规行为互为条件相生相伴,在事故中会发生连锁反应,导致严重后果,是烟花爆竹企业发生重特大事故的主要原因,必须常抓不懈。据统计,2010 年以来烟花爆竹生产企业发生的 5 起重特大事故均存在超药量作业的违法行为。

六、工(库)房内、外部安全距离不足,防护屏障缺失或者不符合要求。

根据各危险性工库房的危险等级、核定药量,《烟花爆竹工程设计安全规范》(GB 50161—2009)对烟花爆竹生产经营企业内、外部安全距离和防护屏障的设置、形式、结构等作出了明确规定。企业必须密切关注内、外部安全距离的可能变化,严防安全距离不足,通过不断修缮,确保防护屏障完备有效。安全距离不足、防护屏障缺失或者不符合要求,一旦发生事故很容易殃及周边建筑物乃至全厂甚至厂外的工厂、村庄等,导致重大人员伤亡和财产损失。如 2010 年的黑龙江省伊春华利实业有限公司"8·16"特别重大事故,事故企业由于安全距离不足,爆炸冲击波、抛射物体、燃烧星体又引起厂区其他部位陆续爆炸和相邻泰桦公司等木制品企业着火,造成 34 人死亡、3 人失踪、152 人受伤;2011 年的湖南省娄底市新化县桃林烟花鞭炮厂"1·14"事故,由于防护屏障厚度、宽度、高度均不符合标准规定,引起依山而建的上下 2 条药物线的混药、装药等工房爆炸,造成 5 人死亡。

七、防静电、防火、防雷设备设施缺失或者失效。

烟花爆竹生产主要原材料为烟火药、黑火药、引火线等高危物质,雷电和静电引发的电火花均能引起燃烧、爆炸事故,因此应确保防静电、防火、防雷设备设施完好有效。由于防雷、防火、防静电设备设施未能发挥防护作用,导致雷击、静电引发的烟花爆竹事故时有发生。如 2013 年的江西省抚州市金山出口烟花制造有限公司"6·21"事故,因雷击引发仓库爆炸事故,共造成 3 人死亡、45 人受伤,总仓库区 13 座库房全部毁坏;2012 年的河北省石家庄市赵县礼花二厂"2·17"事故就是在制药车间在进行混药、筛药操作时,因静电积聚过高产生电火花导致,造成 4 人死亡。

八、擅自改变工(库)房用途或者违规私搭乱建。

烟花爆竹生产经营企业的工(库)房根据其危险等级、核定药量设定了安全距离,防爆、防火、防雷、防静电等安全设备设施,擅自改变工(库)房用途或者违规私搭乱建,均会导致原有工(库)房安全距离不足,防爆、防火、防雷、防静电等安全设备设施的防护能力下降甚至失效,同时伴生超药量、超定员、改变工艺流程作业,一旦发生意外,势必造成严重后果。如黑龙江省伊春市"8·16"特别重大事故存在擅自扩大生产区域并新建大量工(库)房、随意改变工房设计用途的违法行为。

九、工厂围墙缺失或者分区设置不符合国家标准。

《烟花爆竹工程设计安全规范》(GB 50161—2009)对烟花爆竹生产企业的围墙、分区规划进行了明确规定。但是部分企业没有及时修缮破损的围墙，导致厂外人员可随意进入厂区，一旦被违法犯罪分子利用搞破坏或者盗取黑火药、烟火药等高危产品，极易造成重大社会危害。部分企业在取得安全生产许可证后，擅自改变各分区用途，一旦发生意外，极易造成重大人员伤亡。如2016年的江西省上饶市广丰县鸿盛花炮制造有限公司"1·20"事故企业将危险品生产区设置员工宿舍，发生爆炸造成3人死亡、53人受伤。

十、将氧化剂、还原剂同库储存、违规预混或者在同一工房内粉碎、称量。

烟花爆竹生产使用的烟火药、黑火药是由氧化剂与还原剂等组成，具有爆炸性质的混合物。将氧化剂、还原剂同库储存、违规预混或者在同一工房内粉碎、称量，使原本没有爆炸属性的单质化工原材料变为具有爆炸属性烟火药，相关工(库)房的危险等级升级为1.1级，但缺少相应的安全防护措施，极易引发事故，造成人员伤亡。如2016年的广西壮族自治区玉林市博白县龙潭炮竹厂"2·24"事故就存在在同一工房内同时进行氧化剂、还原剂称量的突出问题。

十一、在用涉药机械设备未经安全性论证或者擅自更改、改变用途。

针对烟花爆竹涉药机械设备安全性能不过关、安全措施不到位、作业操作不规范、安全管理不严格等导致事故多发的突出问题，国家安全监管总局专门印发的《关于加强烟花爆竹生产机械设备使用安全管理工作的通知》(安监总厅管三〔2013〕21号)要求，烟花爆竹生产企业引进机械化生产设备、机械设备改进升级、改型换代后必须进行安全论证。使用涉药机械设备未经安全性论证或者擅自更改、改变用途，势必导致机械设备本身及其防护措施的安全保障能力失效，导致事故甚至重大事故。如广西壮族自治区岑溪市"11·1"重大事故，引发爆炸的切引机就未经过安全性论证，存在安全隐患；2016年的江西省上栗县凤林出口花炮厂"9·22"的主要原因就是违规改造使用爆竹自动混装药一体机进行组合烟花内筒混装药。

十二、中转库、药物总库和成品总库的存储能力与设计产能不匹配。

烟花爆竹生产企业中转库、药物总库和成品总库(简称"三库")的存储能力与生产能力相匹配，确保药物、半成品、成品合理中转、正常存放，对保障生产流程顺畅、防止危险品超量、消除安全隐患、减少事故伤害至关重要。国家安全监管总局印发的《关于加强烟花爆竹生产企业"三库"建设的通知》(安监总厅管三〔2015〕59号)，制定了爆竹、组合烟花爆竹"三库"设置基准表，规范强化了"三库"建设。如果企业的"三库"储存能力不足，会造成改变工(库)房用途、超量储存等重大隐患，一旦发生事故势必导致伤亡扩大。

十三、未建立与岗位相匹配的全员安全生产责任制或者未制定实施生产安全事故隐患排查治理制度。

《安全生产法》对建立健全全员安全生产责任制、生产安全事故隐患排查治理制度作出了明确要求。烟花爆竹生产经营企业要根据本单位生产经营特点、风险分布、危险有害因素的种类和危害程度等情况，建立事故隐患排查治理制度。通过建立与各岗位一一对应的安全生产责任范围及考核标准、事故隐患排查治理制度，推动企业切实落实企业安全生产主体责任，有效消除各类事故隐患，建立安全生产长效机制，有效防范事故特别是较大以上事故发生。据统计，2011年以来烟花爆竹生产企业发生的较大以上事故，均不同程度的存在全员安全生产责任制不健全、不落实,隐患排查治理不深入、不彻底的问题。

十四、出租、出借、转让、买卖、冒用或者伪造许可证。

烟花爆竹为易燃易爆危险物品,在安全管理方面不同于普通物品,必须严管严控。生产、经营等环节如果管控不严,都极有可能引发恶性案件事故。《烟花爆竹安全管理条例》对烟花爆竹生产、经营实行许可证制度。出租、出借、转让、买卖、冒用或者伪造许可证进行烟花爆竹生产经营就是非法违法生产经营,非法生产经营烟花爆竹极易造成重大人员伤亡。如2015年的河北省邢台市宁晋县"7·12"重大事故,非法生产组织者租用废弃的制衣车间非法组织生产双响时发生爆炸,造成22人死亡。

十五、生产经营的产品种类、危险等级超许可范围或者生产使用违禁药物。

《烟花爆竹作业安全技术规程》(GB 11652—2012)对烟花爆竹生产各相关工序的作业安全技术要求、工艺流程等作出了明确规定。生产经营超许可范围的烟花爆竹,将导致工艺路线交叉、超员超量、工(库)房及相关安全防护措施失效等,在不具备安全生产条件的情况下进行生产作业,一旦发生意外,势必造成重大人员伤亡。如黑龙江省伊春市"8·16"特别重大事故企业就是在超许可范围生产礼花弹和B级以上组合烟花时发生的;河南省漯河市"1·19"重大事故企业的许可范围为C级爆竹,但该企业却生产双响炮和B级大爆竹。

烟花爆竹生产使用的违禁药物主要是指氯酸钾等敏感药物,使用氯酸钾等敏感药物配制的烟火药机械感度高,极易引发生事故。如2011年的陕西省宝鸡市凤翔县"1·12"事故的主要原因就是使用氯酸钾生产爆竹,造成9人死亡、2人受伤。

十六、分包转包生产线、工房、库房组织生产经营。

烟花爆竹生产经营企业将部分工(库)房、一条生产线或某个生产品种分包给其他单位或个人组织生产经营,会造成企业安全生产主体责任不明确、不落实,安全管理混乱,伴生超员、超量、擅自改变工房用途、改变生产工艺流程等严重违法违规行为,由此引发的重大事故时有发生。如2016年的河南省通许县通安烟花爆竹有限公司"1·14"重大事故,企业违法将闲置的工库房出租给个人生产烟花爆竹,并违法提供生产原材料,造成10人死亡、7人重伤;广西壮族自治区岑溪"11·1"重大事故,企业多股东分包转包生产线及出租工作组织生产,现场管理极其混乱,造成12人死亡、9人重伤。

十七、一证多厂或者多股东各自独立组织生产经营。

随着烟花爆竹整顿提升关闭工作的大力推进,部分企业在兼并整合过程中出现"假整合""假兼并",没有真正做到统一供销经营、组织生产、招聘用工、安全生产、财务核算等,一证多厂、多股东各自组织独立组织生产经营,造成企业安全生产主体责任不明确、不落实,安全管理混乱,超员、超量等严重违法违规行为,由此引发的重大事故时有发生。如2014年的湖南省醴陵市南阳出口鞭炮烟花厂"9·22"重大事故、2011年的河南省漯河市郾城区豫田花炮厂"1·19"重大事故的主要原因均是各股东各自独立组织生产烟花爆竹。

十八、许可证过期、整顿改造、恶劣天气等停产停业期间组织生产经营。

许可证过期、责令停产停业整顿改造期间进行生产经营是严重的违法行为,《烟花爆竹作业安全技术规程》(GB 11652—2012)明确规定天气恶劣(如雷电、暴风雨、高温)等5种情况下必须停止有药工序的作业,否则在不具备安全生产条件的情况下强行作业,势必导致事故甚至重大事故。如2012年的河南省周口市淮阳县东屯花炮厂"6·18"重大事故,就是在安全生产许可证过期、停产整改期间,利用未拆除的1.3级工房擅自组织人员违法生产爆竹时发生的;2017年江西省万载县荣兴烟花爆竹有限责任公司"8·26"事故企业在地高温天气停产期间,违法违规组织生产组合烟花引发事故,造成3人死亡。

十九、烟花爆竹仓库存放其它爆炸物等危险物品或者生产经营违禁超标产品。

烟花爆竹仓库存放的其它爆炸物等危险物品是指执法部门收缴的假冒伪劣烟花爆竹、"鱼雷"等,这些爆炸物品的性质不稳定、感度高,储存条件、爆炸特性、作业要求等与烟花爆竹产品均不相同,摩擦、撞击、静电等极易引发爆炸,造成重大人员伤亡。如2015年的湖南省岳阳市华容县恒兴烟花鞭炮有限公司"2·25"事故,涉事批发企业非法储存"鱼雷"等违禁物品和禁止内销的摩擦型产品;2013年的河南省三门峡市连霍高速义昌大桥"2·1"重大事故,涉事货车运输的就是烟花爆竹生产企业生产的超大药量爆炸物。

《烟花爆竹 安全与质量》(GB 10631—2013)根据烟花爆竹产品的药量等划分为不同的危险等级,违禁超标产品的药量大、感度高,危险等级升级,在低危险等级的工库房中生产、储存,安全防护措施基本失效,装药、搬运等作业极易引发爆炸,造成重大危害。如2017年陕西省富平县祥乐花炮制造有限责任公司"6·24"事故,在生产外径1.2厘米、长7厘米、含药量约1克(国家标准允许最大含药量的5倍)的超规格爆竹时发生爆炸,造成4人死亡。

二十、零售点与居民居住场所设置在同一建筑物内或者在零售场所使用明火。

烟花爆竹产品为具有爆炸、燃烧性质的烟火药制品,属于危险物品,摩擦、撞击、明火等均可引发其爆炸、燃烧,并产生大量的浓烟。《消防法》《烟花爆竹经营许可实施办法》(国家安全监管总局令第65号)等法律法规明确要求严禁烟花爆竹零售点与居民居住场所设置在同一建筑物内、严禁零售场所使用明火。零售场所使用明火,会造成存在的烟花爆竹燃烧爆炸,并产生大量的高温浓烟,将零售场所设置在居民居住场所,人员密集,浓烟等极易造成重大人员伤亡,造成重大社会影响。如2015年的浙江省金华市永康市文雄烟花爆竹零售点"2·19"事故、2017年的湖南省岳阳市经发区久盛烟花爆竹有限公司"1·24"事故,涉事的零售场所均与居民居住场所设置在同一建筑物内,2起事故共造成11人死亡。

2018年2月2日

烟花爆竹 标志
（GB 24426—2015）

前 言

本标准的全部技术内容为强制性。

本标准按照 GB/T 1.1—2009 给出的规则起草。

GB 10631《烟花爆竹 安全与质量》是烟花爆竹产品的通用要求，适用于本标准。

本标准代替 GB 24426—2009《烟花爆竹 标志》。

本标准与 GB 24426—2009 相比，技术内容的主要变化包括：
——增加了安全警示语字体颜色要求、点火位置标注；
——增加了专业燃放类的安全警示语、燃放说明要求；
——完善了个人燃放类烟花安全警示语内容、燃放说明及其他要求；
——新增了个人燃放类各大类及小类的安全警示语和燃放说明示例。

本标准由中国轻工业联合会提出。

本标准由全国烟花爆竹标准化技术委员会（SAC/TC 149）归口。

本标准起草单位：湖南出入境检验检疫局烟花爆竹检测中心、浏阳市颐和隆烟花集团有限公司、湖南省浏阳市文家市玩具烟花出口厂、国家烟花爆竹产品质量监督检验中心、浙江星耀花炮有限公司、云南恒邦烟花销售有限公司。

本标准主要起草人：谭爱喜、张光辉、黄荼香、李志坚、黄光辉、江资成、江放明。

本标准所代替标准的历次版本发布情况为：
——GB 24426—2009。

1 范围

本标准规定了烟花爆竹产品销售包装标志和运输包装标志的要求。

本标准适用于国内销售的烟花爆竹产品销售包装标志和运输包装标志的标注和检验。

2 规范性引用文件

下列文件对于本文件的应用是必不可少的。凡是注日期的引用文件，仅注日期的版本适用于本文件。凡是不注日期的引用文件，其最新版本（包括所有的修改单）适用于本文件。

GB 190 危险货物包装标志
GB/T 191 包装储运图示标志
GB 10631 烟花爆竹 安全与质量

3 术语和定义

GB 10631 界定的以及下列术语和定义适用于本文件。

3.1
标志 labeling

用于识别产品及其质量、数量、特征和使用方法所做的各种表示的统称。产品标志可以用文字、符号、数字、图案以及其他说明物等表示。

3.2
燃放安全区域 safety zone for set off

当按照说明燃放时,为确保人身安全或财产不受到伤害,距离产品及其燃放轨迹规定的范围。

3.3
生产日期 date of manufacture

烟花爆竹成为最终产品的日期。

3.4
保质期 date of minimum durability

产品从生产日期起至能确保安全和燃放效果的期限。

3.5
主展示版面 principal display panel

包装上最容易观察到的版面。

4 技术要求

4.1 内容要求

4.1.1 应符合本标准及 GB 10631 的规定。

4.1.2 标志内容应清晰、醒目、持久;应使消费者购买时易于辨认和识读。

4.1.3 标志内容应通俗易懂、准确、有科学依据;不应标注封建迷信、淫秽色情、贬低同类产品或违背科学常识的内容。

4.1.4 标志内容不应以虚假、使消费者误解或用欺骗性的文字、图形等方式介绍产品。

4.1.5 标志内容不应与包装物或包装容器分离。

4.2 文字要求

4.2.1 文字应使用国家规定的规范汉字,但不包括注册商标。

4.2.2 可以同时使用与中文有对应关系的汉语拼音或少数民族文字,但汉语拼音或少数民族文字字体不应大于相应的汉字。

4.2.3 可以同时使用与中文有对应关系的外文,但外文字体不应大于相应的汉字(国外注册商标除外)。

4.3 字体高度要求

4.3.1 运输包装上的"消费类别"字体高度≥28 mm,其他字体高度≥6 mm。

4.3.2 销售包装上"安全警示语及内容"字体高度≥4 mm,其他字体高度应符合以下要求:

  a) 销售包装主展示版面最大表面积大于 30 cm^2 时,标注内容的文字、符号、数字的高度≥4 mm;

  b) 销售包装主展示版面最大表面积大于 20 cm^2 小于 30 cm^2 时,标注内容的文字、符号、数字的高度≥2.2 mm。

5 销售包装标志内容及要求

5.1 个人燃放类

个人燃放类产品销售包装标志应符合 GB 10631 的规定,基本信息应包含:产品名称、消费类别、产品级别、产品类别、制造商名称及地址、含药量(总药量和单发药量)、警示语、燃放说明、生产日期、保质期、执行标准编号。计数类产品应标明数量。

5.1.1 产品名称
应在主展示版面醒目位置,清晰标注规范的产品名称。

5.1.2 消费类别
应在主展示版面醒目位置,用绿色字体清晰标注消费类别"个人燃放"字样。

5.1.3 产品级别
标注的产品级别应符合 GB 10631 中的分级规定。
混合包装以包装中产品最高级别为该包装的标注级别。

5.1.4 产品类别
5.1.4.1 单个产品标注的产品类别应符合 GB 10631 的规定。
5.1.4.2 组合类烟花除标注组合烟花外,还应标注所有组合单元的类别。

5.1.5 燃放安全区域
由"燃放安全区域:数字 m(米)"组成。如"燃放安全区域:××m(米)以外"。

5.1.6 制造商名称、地址
应标注制造商经依法登记注册的名称和地址。
进口产品应标注:原产地(国家/地区)以及代理商或进口商或销售商在中国依法登记注册的名称和地址。

5.1.7 含药量
5.1.7.1 单个产品的含药量标注为:"含药量:××g(克)"。
5.1.7.2 组合烟花类产品和爆竹类结鞭爆竹产品标注为:"总药量:××××g(克),单发(个)药量:××g(克)"。

5.1.8 安全警示语

5.1.8.1 安全警示语内容
个人燃放类烟花爆竹参考附录 A 给出的示例内容标明安全警示语。附录 A 所给出的安全警示为基本要求,必要情况下还可包含其他适用的信息。

5.1.8.2 安全警示语字体颜色要求
安全警示语应使用区别于包装底色的字体清晰标明。

5.1.9 燃放说明
应按附录 A 给出的示例内容标明燃放说明,附录 A 所给出的燃放说明为基本要求,必要情况下还应包含其他适用的信息。

5.1.10 生产日期
5.1.10.1 应标注产品真实的生产日期。生产日期标注应采用加盖生产日期印章或加贴不易脱落的不干胶等不能篡改的方式。
5.1.10.2 应按年、月的顺序标注日期,如××××年××月。年代号一般应标注 4 位数字;

难以标注4位数字的小包装产品,可以标注2位数字。

5.1.11 保质期
保质期应标注为:"保质期为×年"。

5.1.12 产品标准编号
应标注所执行的产品标准编号。

5.1.13 点火位置标注
应在产品引线保护装置上标明点火位置,采用摩擦头点火方式的应在摩擦头附近标明点火位置。

5.1.14 其他
5.1.14.1
由于产品太小而不能完整标注5.1.1~5.1.12的全部内容时,应在销售包装上标明完整标注5.1.1~5.1.12的全部内容以及"不应拆开销售"的字样。
5.1.14.2
销售包装应标明数量(个、发等)。

5.2 专业燃放类
专业燃放类产品销售包装标志应符合GB 10631的规定,基本信息应包含:产品名称、消费类别、产品级别、产品类别、制造商名称及地址、含药量(总药量和单发药量)、警示语、燃放说明、生产日期、保质期、执行标准编号,计数类产品应标明数量。

5.2.1 一般要求
专业燃放类烟花应清晰标注5.1.1、5.1.3~5.1.7、5.1.10~5.1.13及5.2.2~5.2.3的全部内容,并用红色字体标注消费类别"专业燃放"字样。礼花弹应有产品流向登记标签。

5.2.2 安全警示
5.2.2.1 安全警示内容
安全警示语内容应为"本产品为专业燃放类烟花,必须由专业人员燃放。"
5.2.2.2 安全警示字体颜色要求
安全警示语字体颜色应为红色。

5.2.3 燃放说明
应按产品特性和燃放要求标明燃放说明,包括加工、安装方法,标注发射高度、辐射半径、火焰熄灭高度、燃放轨迹及其他燃放注意事项等。设计为水上效果的产品应标注其适用的水域范围。

6 运输包装标志内容及要求
运输包装标志应符合GB 10631的规定,基本信息应包含:产品名称、消费类别、产品级别、产品类别、制造商名称及地址、安全生产许可证号、箱含量、箱含药量、毛重、体积、生产日期、保质期、执行标准编号以及产品运输危险级别、产品流向登记标签、安全警示语及图示标志。

6.1 产品名称
见5.1.1的规定。

6.2 消费类别
按GB 10631的规定和运输包装内产品实际标注消费级别。

6.3 产品级别

见 5.1.3 的规定。

6.4 产品类别

标注的产品类别应符合 GB 10631 的规定。

6.5 制造商名称、地址

见 5.1.6 的规定。

6.6 安全生产许可证号

按"(×)YH 安许证字〔20××〕×××××"格式,标注生产企业安全生产许可证号。

6.7 箱含量

包装箱内所装产品数量。由数字和计数单位构成。如:"箱含量:××个"。

6.8 箱含药量

包装箱内所装产品的药量总和,由数字和质量单位组成。如:"箱含药量:××kg(千克)"。

6.9 毛重

包装箱及其所装产品的质量总和,由数字和质量单位组成,如:"毛重:××kg(千克)"。

6.10 体积

包装箱的体积,用长(mm 或毫米)×宽(mm 或毫米)×高(mm 或毫米)标注。

6.11 生产日期

应标注产品真实的生产日期,并按年、月的顺序标注,如××××年××月。年代号一般应标注 4 位数字;难以标注 4 位数字的小包装产品,可以标注最后 2 位数字。

6.12 保质期

见 5.1.11 的规定。

6.13 产品标准编号

见 5.1.12 的规定。

6.14 产品运输危险级别

应标注与箱内产品运输危险级别相适应的运输危险级别和相对应的危规标志。

6.15 流向登记标签

运输包装应有流向登记标签,流向登记标签示例见 GB 10631。

6.16 安全警示语及图示标志

运输包装上应有"烟花爆竹""防火防潮""轻拿轻放"等安全警示语或图示标志,组合烟花除此之外还应标注"严禁倒置"等安全警示语或图案。安全图示及标志应符合 GB 190、GB/T 191 的有关规定。

6.17 其他

当销售包装与运输包装等同时,标注的内容及字体要求应同时符合销售包装和运输包装的要求,但不应重复。

烟花爆竹运输包装应当符合危险货物包装标志以及其他有关标准要求。

6.18 示例

运输包装标志示例见 GB 10631。

附 录 A
（资料性附录）
个人燃放类烟花警示语和燃放说明示例

个人燃放类烟花警示语和燃放说明示例见图 A.1～图 A.14。

警示语

严禁在相关法规和县级以上人民政府规定的禁止燃放烟花爆竹的地点燃放；
严禁未成年人、无完全民事行为能力人独立燃放；
严禁手持或甩向空中及人群中；严禁酒后燃放；
严禁在室内或封闭容器内燃放；严禁将单个爆竹扯下燃放；
严禁在离产品小于 8 米的区域观看。

燃放说明

选择在远离人群和易燃易爆物品的室外燃放。将产品放置在干燥的地面燃放。点火前，人体偏离爆竹 0.5 米以外，用香烟或香棒点燃，人立即离开至离产品 8 米外的安全区域观看。燃放过程中如发生断火、熄引，切勿立即靠近和探头察看，严禁再次点燃，15 分钟后灌水处理。未成年人应在成年人监护下燃放。

图 A.1　爆竹类：结鞭爆竹警示语和燃放说明示例

警示语

严禁在相关法规和县级以上人民政府规定的禁止燃放烟花爆竹的地点燃放；
严禁未成年人、无完全民事行为能力人独立燃放；
严禁手持或甩向空中及人群中；严禁酒后燃放；
严禁在室内或封闭容器内燃放；
严禁在离产品小于 8 米的区域观看。

燃放说明

选择在远离人群和易燃易爆物品的室外燃放。将产品放置在干燥的地面或悬挂燃放。点火前，人体偏离爆竹 0.5 米以外，用香烟或香棒点燃，人立即离开至离产品 8 米外的安全区域观看。燃放过程中如发生断火、熄引，切勿立即靠近和探头察看，严禁再次点燃，15 分钟后灌水处理。未成年人应在成年人监护下燃放。

图 A.2　爆竹类：单个爆竹警示语和燃放说明示例

警示语

严禁在相关法规和县级以上人民政府规定的禁止燃放烟花爆竹的地点燃放；

严禁未成年人、无完全民事行为能力人独立燃放；

严禁手持燃放；严禁酒后燃放；严禁在室内燃放；

严禁在离产品小于×米(C级8米；D级1米)的区域观看。

燃放说明

选择在远离人群和易燃易爆物品的室外燃放。燃放时按向上标志，放置在坚实、平整的地面(平静水面)燃放。点火前，人体偏离爆竹0.5米以外，用香烟或香棒点燃，人立即离开至离产品×米(C级8米；D级1米)外的安全区域观看。燃放过程中如发生断火、熄引，切勿立即靠近和探头察看，严禁再次点燃，15分钟后灌水处理。未成年人应在成年人监护下燃放。

图 A.3　喷花类：地面(水上)喷花警示语和燃放说明示例

警示语

严禁在相关法规和县级以上人民政府规定的禁止燃放烟花爆竹的地点燃放；

严禁未成年人、无完全民事行为能力人独立燃放；

严禁酒后燃放；严禁在室内燃放；

严禁对准他人、易燃易爆物品和障碍物燃放；

严禁在离产品小于×米(C级8米；D级1米)的区域观看。

燃放说明

选择在远离人群和易燃易爆物品的室外燃放。握住手柄，用香烟或香棒点燃引线后伸直手臂，使燃放的产品远离身体其他部位；不可逆风燃放。燃放过程中如发生断火、熄引，切勿探头察看，严禁再次点燃，作浸水处理。未成年人应在成年人监护下燃放。

图 A.4　喷花类：手持式喷花警示语和燃放说明示例

警示语

严禁在相关法规和县级以上人民政府规定的禁止燃放烟花爆竹的地点燃放;

严禁未成年人、无完全民事行为能力人独立燃放;

严禁手持燃放;严禁酒后燃放;严禁在室内燃放;

严禁对准他人、易燃易爆物品和障碍物燃放;

严禁在离产品小于×米(C级8米;D级1米)的区域观看。

燃放说明

选择在远离人群和易燃易爆物品的室外燃放。燃放时按向上标志,将产品牢固垂直插入装置内。点火前,人体偏离烟花0.5米以外,用香烟或香棒点燃,人立即离开至离产品×米(C级8米;D级1米)外的安全区域观看。燃放过程中如发生断火、熄引,切勿立即靠近和探头察看,严禁再次点燃,15分钟后灌水处理。未成年人应在成人监护下燃放。

图 A.5　喷花类:插入式喷花警示语和燃放说明示例

警示语

严禁在相关法规和县级以上人民政府规定的禁止燃放烟花爆竹的地点燃放;

严禁未成年人、无完全民事行为能力人独立燃放;

严禁手持燃放;严禁酒后燃放;严禁在室内燃放;

严禁在离产品小于8米的区域观看。

燃放说明

选择在远离人群和易燃易爆物品的室外燃放。燃放时按向上标志,轴部件朝下,放置在坚实、平整的地面,不可倒放。点火前,人体偏离烟花0.5米以外,用香烟或香棒点燃,人立即离开至离产品8米外的安全区域观看。燃放过程中如发生断火、熄引,切勿立即靠近和探头察看,严禁再次点燃,15分钟后灌水处理。未成年人应在成人监护下燃放。

图 A.6　旋转类:有固定轴旋转烟花警示语和燃放说明示例

警示语

严禁在相关法规和县级以上人民政府规定的禁止燃放烟花爆竹的地点燃放；

严禁未成年人、无完全民事行为能力人独立燃放；

严禁手持燃放；严禁酒后燃放；严禁在室内燃放；

严禁在离产品小于×米(C级8米;D级1米)的区域观看。

燃放说明

选择在远离人群和易燃易爆物品的室外燃放。燃放时按向上标志,放置在坚实、平整的地面,不可倒放。点火前,人体偏离烟花0.5米以外,用香烟或香棒点燃,人立即离开至离产品×米(C级8米;D级1米)外的安全区域观看。燃放过程中如发生断火、熄引,切勿立即靠近和探头察看,严禁再次点燃,15分钟后灌水处理。未成年人应在成人监护下燃放。

图 A.7　旋转类:无固定轴旋转烟花警示语和燃放说明示例

警示语

严禁在相关法规和县级以上人民政府规定的禁止燃放烟花爆竹的地点燃放；

严禁在易燃易爆物品、高层建筑物及居住集中区域燃放；

严禁未成年人、无完全民事行为能力人独立燃放；

严禁对准他人、易燃易爆物品和障碍物燃放；

严禁燃放时将产品横放、斜放、倒放；

严禁手持燃放；严禁酒后燃放；严禁在室内燃放；

严禁在离产品小于8米的区域观看。

燃放说明

选择室外空旷、上空无障碍物、远离人群和易燃易爆物品的区域燃放。燃放时按向上标志,将产品垂直插入装置内。点火前,人体偏离烟花0.5米以外,用香烟或香棒点燃,人立即离开至离产品8米外的安全区域观看。燃放过程中如发生断火、熄引,切勿立即靠近和探头察看,严禁再次点燃,15分钟后灌水处理。未成年人应在成人监护下燃放。

图 A.8　升空类:火箭警示语和燃放说明示例

警 示 语

严禁在相关法规和县级以上人民政府规定的禁止燃放烟花爆竹的地点燃放；
严禁在易燃易爆物品、高层建筑物及居住集中区域燃放；
严禁未成年人、无完全民事行为能力人独立燃放；
严禁对准他人、易燃易爆物品和障碍物燃放；
严禁燃放时将产品横放、斜放、倒放；
严禁手持燃放；严禁酒后燃放；严禁在室内燃放；
严禁在离产品小于8米的区域观看。

燃 放 说 明

选择室外空旷、上空无障碍物、远离人群和易燃易爆物品的区域燃放。燃放时按向上标志，将产品垂直放置在坚实、平整地面。点火前，人体偏离烟花0.5米以外，用香烟或香棒点燃，人立即离开至离产品8米外的安全区域观看。燃放过程中如发生断火、熄引，切勿立即靠近和探头察看，严禁再次点燃，15分钟后灌水处理。未成年人应在成人监护下燃放。

图 A.9 升空类：双响警示语和燃放说明示例

警 示 语

严禁在相关法规和县级以上人民政府规定的禁止燃放烟花爆竹的地点燃放；
严禁在易燃易爆物品、高层建筑物及居住集中区域燃放；
严禁未成年人、无完全民事行为能力人独立燃放；
严禁对准他人、易燃易爆物品和障碍物燃放；
严禁燃放时将产品横放、斜放、倒放；
严禁手持燃放；严禁酒后燃放；严禁在室内燃放；
严禁在离产品小于8米的区域观看。

燃 放 说 明

选择室外空旷、上空无障碍物、远离人群和易燃易爆物品的区域燃放。燃放时按向上标志，将产品放置在坚实、平整地面。点火前，人体偏离烟花0.5米以外，用香烟或香棒点燃，人立即离开至离产品8米外的安全区域观看。燃放过程中如发生断火、熄引，切勿立即靠近和探头察看，严禁再次点燃，15分钟后灌水处理。未成年人应在成人监护下燃放。

图 A.10 升空类：旋转升空烟花警示语和燃放说明示例

警示语

严禁在相关法规和县级以上人民政府规定的禁止燃放烟花爆竹的地点燃放；

严禁在易燃易爆物品、高层建筑物及居住集中区域燃放；

严禁未成年人、无完全民事行为能力人独立燃放；

严禁对准他人、易燃易爆物品和障碍物燃放；

严禁手持燃放；严禁酒后燃放；严禁在室内燃放；

严禁在离产品小于8米的区域观看。

燃放说明

选择室外空旷、上空无障碍物、远离人群和易燃易爆物品的区域燃放。燃放时按向上标志，将产品插入地面或固定装置内。点火前，人体偏离烟花0.5米以外，用香烟或香棒点燃，人立即离开至离产品8米外的安全区域观看。燃放过程中如发生断火、熄引，切勿立即靠近和探头察看，严禁再次点燃，15分钟后灌水处理。未成年人应在成人监护下燃放。

图 A.11　吐珠类：警示语和燃放说明示例

警示语

严禁在相关法规和县级以上人民政府规定的禁止燃放烟花爆竹的地点燃放；

严禁未成年人、无完全民事行为能力人独立燃放；

严禁手持燃放；严禁酒后燃放；严禁在室内燃放；

严禁在离产品小于×米（C级8米；D级1米）的区域观看。

燃放说明

选择在远离人群和易燃易爆物品的室外燃放。燃放时按向上标志，放置在坚实、平整的地面。点火前，人体偏离烟花0.5米以外，用香烟或香棒点燃，人立即离开至离产品×米（C级8米；D级1米）外的安全区域观看。燃放过程中如发生断火、熄引，切勿立即靠近和探头察看，严禁再次点燃，15分钟后灌水处理。未成年人应在成人监护下燃放。

图 A.12　玩具类：玩具造型烟花警示语和燃放说明示例

警 示 语

严禁在相关法规和县级以上人民政府规定的禁止燃放烟花爆竹的地点燃放；

严禁未成年人、无完全民事行为能力人独立燃放；

严禁酒后燃放；严禁在室内燃放；

严禁在离产品小于×米（C级8米；D级1米）的区域观看。

燃放说明

选择在远离人群和易燃易爆物品的室外燃放。燃放时伸开手臂，握住手柄，远离身体其他部位，避免火花接近衣服或其他易燃物质，切勿触摸非手持部分。用香烟或香棒点燃，不应逆风燃放，一次只能点燃一根产品。燃放过程中如发生断火，切勿探头察看，严禁再次点燃，作浸水处理。未成年人应在成人监护下燃放。

图 A.13　玩具类：线香型烟花警示语和燃放说明示例

警 示 语

严禁在相关法规和县级以上人民政府规定的禁止燃放烟花爆竹的地点燃放；

严禁在易燃易爆物品、高层建筑物及居住集中地带燃放；

严禁在室内、建筑物阳台或建筑物顶燃放；

严禁两盆以上（含两盆）联结燃放。严禁手持燃放；严禁酒后燃放；严禁未满18周岁、无完全民事行为能力人燃放；

严禁燃放时发射口对准他人、易燃易爆物品和障碍物；

严禁将产品拆开成单个或多个筒体燃放；严禁在离建筑物小于25米的地点燃放；

严禁在离产品小于30米的区域观看。

燃放过程中如发生间隔时间超长、中途断火、熄引，切勿靠近，严禁探头察看，禁止再次点燃引火线。

图 A.14　组合烟花（个人燃放类）警示语和燃放说明示例

燃放说明

选择室外空旷、上空无障碍物、远离人群、离建筑物 25 米以上,且远离易燃易爆物品和居住集中区域听场所燃放。燃放时,请将烟花直立平放于坚实、平整地面,并注意按向上标志摆放,防止烟花因燃放产生震动而倾斜或倾倒。点火前,撕开点火引线贴,人体偏离烟花 0.5 米以外,身体任何部位切勿置于产品上方,用香烟或香棒点燃绿色安全引火线(无绿色安全引火线严禁燃放),人迅速离开,至离产品 30 米以外的安全区域观看。燃放过程中如发生间隔时间超长、断火、熄引,切勿立即靠近和探头察看,严禁再次点燃,15 分钟后灌水处理。

图 A.14（续）

烟花爆竹 包装(GB 31368—2015)

前言

本标准的全部技术内容为强制性。

本标准按照 GB/T 1.1—2009 给出的规则起草。

GB 10631《烟花爆竹 安全与质量》是烟花爆竹产品的通用要求，适用于本标准。

本标准由中国轻工业联合会提出。

本标准由全国烟花爆竹标准化技术委员会(SAC/TC 149)归口。

本标准起草单位：湖南烟花爆竹产品安全质量监督检测中心、山东省淄博市鞭炮烟花日杂公司、浏阳市荷花山枣出口花炮厂、浏阳市东方红烟花制造艺术燃放有限公司、浏阳市金刚金利烟花制造有限公司。

本标准主要起草人：朱玉平、黄荼香、方钊、王贤震、曾小军、闫金亮。

1 范围

本标准规定了烟花爆竹包装的术语和定义、基本要求、检验方法、检验规则。

本标准适用于烟花爆竹产品的包装，不适用于黑火药、烟火药、引火线的包装。

2 规范性引用文件

下列文件对于本文件的应用是必不可少的。凡是注日期的引用文件，仅注日期的版本适用于本文件。凡是不注日期的引用文件，其最新版本（包括所有的修改单）适用于本文件。

GB/T 191　包装储运图示标志

GB/T 462　纸、纸板和纸浆　分析试样水分的测定

GB/T 2679.7　纸板　戳穿强度的测定

GB/T 4857.4　包装　运输包装件基本试验　第4部分：采用压力试验机进行的抗压和堆码试验方法

GB/T 4857.7　包装　运输包装件基本试验　第7部分：正弦定频振动试验方法

GB 10631　烟花爆竹　安全与质量

GB 12463　危险货物运输包装通用技术条件

GB 19270　水路运输危险货物包装检验安全规范

GB 19359　铁路运输危险货物包装检验安全规范

GB 19433　空运危险货物包装检验安全规范

GB 24426　烟花爆竹　标志

3 术语和定义

下列术语和定义适用于本文件。

3.1
同类包装　single pack

同类烟花爆竹产品进行充装的包装方式。

3.2
混合包装　mixed pack

两种或两种以上不同类烟花爆竹产品进行混合充装的包装方式。

3.3
填充材料　filling material

防止包装内产品产生相对运动的缓冲材料。

3.4
瓦楞纸箱　corrugated box

由瓦楞纸板经模切、压痕、钉箱或粘箱制成的包装箱。

3.5
彩色包装纸　color package paper

表面印刷或粘贴有彩色图案、文字等产品信息的纸张。

3.6
彩箱　color box

瓦楞纸箱的一种,其面纸为彩色包装纸。

4 要求

4.1 总则

4.1.1 烟花爆竹产品应有运输包装和销售包装。

4.1.2 烟花爆竹包装宜采用瓦楞纸箱包装,在满足质量安全的条件下,可使用其他材质包装箱。

4.1.3 运输包装应具有透气、防潮、抗震、抗压等性能,每件毛重不超过 30 kg。

4.1.4 烟花爆竹产品运输包装和销售包装容器体积应符合包装内产品品种规格的设计要求。

4.1.5 应严格区分专业燃放类和个人燃放类烟花爆竹产品的包装,专业燃放类产品包装(包括运输包装和销售包装)应使用单一色彩(瓦楞纸原色、灰色、草黄)的包装,不应使用其他彩色包装;个人燃放类产品包装可使用对比度鲜明的彩色包装。

4.1.6 运输包装和销售包装应封装牢固、封口严密。

4.1.7 成箱产品的跌落试验应符合 GB 10631 的要求。

4.1.8 烟花爆竹产品采用内卡、填充材料包装后,应保证在正常装卸、运输条件下包装内物品不移动、不露出。

4.1.9 包装内物品产生相对运动的距离应小于等于 5 mm。

4.1.10 运输包装和销售包装的包装箱箱体、包角压痕应深浅一致,压痕线宽应≤15 mm,折线居中,无裂破、断线、重线等缺陷,不应有多余的压痕线。

4.1.11 运输包装和销售包装的包装箱采用粘合方式搭接时,搭舌宽度应≥30 mm,且粘合剂应涂布均匀、充分、无溢出,粘合面剥离时面纸不分离。

4.1.12 运输包装和销售包装的包装箱采用钉合方式搭接时,搭舌宽度应≥35 mm,箱钉应使用带镀层的低碳钢扁丝,不应有锈斑、剥层、龟裂或其他使用上的缺陷,且箱钉应沿搭舌中线钉合,排列整齐,间隔均匀,钉距应≤50 mm,钉合接缝处应钉牢、钉透,不得有叠钉、翘钉、不转脚钉等缺陷。

4.1.13 摩擦类产品的运输包装和销售包装应符合 GB 10631 的要求。

4.2 产品包装

4.2.1 运输包装

4.2.1.1 A级、B级烟花爆竹产品的运输包装应采用五层以上的瓦楞纸箱,C级、D级烟花爆竹产品的运输包装应采用三层以上的瓦楞纸箱(含彩箱),且符合 GB 12463 和 GB 10631 的要求。满足运输安全要求条件下可采用其他材质的包装箱。

4.2.1.2 礼花弹类产品的运输包装应采用五层以上瓦楞纸箱加五层内衬,且包装内产品应使用瓦楞纸盒或内卡进行固定。

4.2.1.3 水路、铁路和空运的运输包装应分别符合 GB 19270、GB 19359、GB 19433 的技术要求。

4.2.1.4 烟花爆竹产品运输包装的其他包装要求见表1。

表 1 烟花爆竹产品包装要求

序号	产品类别	小类	运输包装要求	销售包装要求	包装方式
1	爆竹类	黑药炮	应采用瓦楞纸箱、彩箱等,包装箱内产品应堆放整齐,封装牢固	单挂或单盘的结鞭爆竹应采用油蜡纸、玻璃纸包装,较大规格或为满足客户需求的结鞭爆竹可辅以纸盒进行包装	同类包装或混合包装
		白药炮			
2	喷花类	地面(水上)喷花	应采用瓦楞纸箱、彩箱等,包装箱内产品应采用纸盒、塑封等方式对产品进行固定,堆放整齐	单个产品应采用包装纸包装;多个同规格产品应辅以纸盒、塑封等方式进行包装	同类包装或混合包装
		手持喷花			
		插入式喷花			
	升空类	火箭类			
		双响			
		旋转升空烟花			
	吐珠类	药粒型吐珠			
		内筒型吐珠			
3	旋转类	有轴旋转烟花	应采用瓦楞纸箱、彩箱等,包装内产品应采取隔栅或加塞填充材料等方式对包装内产品进行固定	不宜单个产品进行销售包装,多个产品应用纸盒或塑封等形式进行包装,包装内物品应采用填充材料或捆扎方式固定	同类包装或混合包装
		无轴旋转烟花			
	玩具类	造型玩具类			
		电光花			

表 1（续）

序号	产品类别	小类	运输包装要求	销售包装要求	包装方式
4	架子烟花类	—	同序号 3 运输包装要求,焰火燃放包装产品每件毛重不超过 30 kg	同序号 3 运输包装要求	同类包装
5	礼花类	小礼花	同序号 2 运输包装要求	同序号 2 运输包装要求	同类包装
		礼花弹	应采用五层以上瓦楞纸箱加五层内衬包装,其中 12 号礼花弹产品应采取一箱一弹的方式包装,12 号以下礼花弹产品可一箱多弹,但箱内礼花弹应根据其规格型号采用瓦楞纸盒、内卡等进行固定	同礼花弹运输包装	
6	组合烟花类	—	应采用瓦楞纸箱、彩箱等,包装箱内产品应堆放整齐,封装牢固,不同规格产品不应充装于同一包装箱内	单个产品应采用包装纸、瓦楞纸箱或彩箱包装,多个产品应采用瓦楞纸箱、彩箱包装	同类包装

4.2.2 销售包装

4.2.2.1 烟花爆竹产品的销售包装应封闭包装,无漏药、浮药,多个或多发包装的产品应排列整齐、不松动。

4.2.2.2 销售包装与运输包装等同时,应同时符合销售包装与运输包装要求。

4.2.2.3 烟花爆竹产品销售包装的其他包装要求见表 1。

4.3 印刷标志

4.3.1 包装箱箱体表面印刷图案、文字应清晰正确,无涂改,位置准确。

4.3.2 标志应符合 GB/T 191、GB 10631 和 GB 24426 的要求。

4.4 包装箱(运输包装)规格尺寸

4.4.1 烟花爆竹产品用包装箱纸板厚度应符合下列要求：
——A 级、B 级烟花爆竹产品包装箱纸板厚度应≥4.0 mm;
——C 级烟花爆竹产品包装箱(含彩箱)纸板厚度应≥3.0 mm;
——D 级烟花爆竹产品包装箱(含彩箱)纸板厚度应≥2.0 mm;
——礼花弹类产品包装箱纸板(含内衬)厚度应≥7.0 mm。

4.4.2 包装箱综合尺寸(长+宽+高)应≤1 800 mm。

4.5 包装物要求

4.5.1 一般要求

4.5.1.1 烟花爆竹产品包装用瓦楞纸箱(含彩箱)应采用竖楞纸箱。

4.5.1.2 瓦楞纸箱(彩箱)箱体方正,纸箱各折叠部位互成直角,单面箱面纸板不应拼接。

4.5.1.3 瓦楞纸箱(彩箱)箱体表面清洁、平整,无裂纹、起泡、破损等缺陷,裁切刀口无明显毛刺。

4.5.1.4 销售包装材料应具有防潮性,且不应与烟火药起化学反应。

4.5.1.5 填充材料宜采用软质填充材料,且应具有一定弹性,防潮,防静电,易于分割(切割)以满足不同包装空隙的填充需要。

4.5.1.6 包装箱需要安装提手时,提手安装位置适当,安装牢固,充装产品后至少2 h自由悬挂后提手不松动、脱落。

4.5.1.7 烟花爆竹产品用包装物在正常运输和储存条件下应保证其质量满足本标准规定的其他要求。

4.5.1.8 采用其他材质的包装箱应符合 GB 10631 和本标准规定的要求。

4.5.2 性能要求

4.5.2.1 含水率

瓦楞纸箱含水率应为(12±3)%。

4.5.2.2 箱盖

包装箱箱盖应牢固、封口严实,箱盖对口不重叠,不错位,经先合后开270°往复5次,其面层不得有裂缝,里层裂缝长总和不大于 50 mm。

4.5.2.3 堆码试验

经5.5.2.3试验后,包装箱不应有引起堆码不稳定的任何变形和破损。

4.5.2.4 抗压力试验

包装箱抗压力试验实测值应大于或等于抗压力值 P,抗压力值 P 按式(1)计算。

$$P = K \cdot G(H/h - 1) \times 9.8 \quad\quad\quad\quad (1)$$

式中:

P ——抗压力值,单位为牛(N);

K ——劣变系数(强度系数),见表2;

G ——单件包装毛重,单位为千克(kg);

H ——堆码高度,单位为米(m);

h ——包装箱高度,单位为米(m);

H/h——取整数部分。

表2 劣变系数(强度系数)

贮存期	小于30天	30天~100天	100天以上
劣变系数 K	1.6	1.65	2

4.5.2.5 振动试验

经5.5.2.5试验后,包装箱不应出现偏倒、变形等现象。

4.5.2.6 戳穿强度

三层瓦楞纸箱(含彩箱)戳穿强度应大于等于 6.3 J,五层以上瓦楞纸箱(含彩箱)戳穿强度应大于等于 10.3 J,其他材质包装箱戳穿强度应大于等于 10.3 J。

5 检验方法

5.1 总则
目测和使用符合计量要求的器具进行检验。

5.2 产品包装
用目测方法进行检验。

5.3 印刷标志
用目测方法进行检验。

5.4 包装箱(运输包装)规格尺寸
5.4.1 包装箱纸板厚度用精度为 0.1 mm 的游标卡尺等计量器具进行测量。
5.4.2 箱体尺寸用精度为 1 mm 的符合计量要求的器具进行测量。

5.5 包装物要求
5.5.1 一般要求
用目测方法进行检验。

5.5.2 性能要求
5.5.2.1 含水率
按 GB/T 462 检测。

5.5.2.2 箱盖
用目测方法进行检验。

5.5.2.3 堆码试验
按 GB 12463 检测,堆码高度为 2.5 m,持续时间 24 h。

5.5.2.4 抗压力试验
按 GB/T 4857.4 进行,堆码高度 3 m。

5.5.2.5 振动试验
按 GB/T 4857.7 检测。

5.5.2.6 戳穿强度
按 GB/T 2679.7 进行,包装箱纸板通过裁剪经预处理(温度 23 ℃±2 ℃、相对湿度 50%±5%环境中预处理 24 h)后的包装箱获得,并在相同条件下进行试验。每个箱体应保留 1 个上(下)底面或 1 个侧面,底面与侧面数量之比为 1∶1,裁取的纸板大小和数量应满足检测标准的要求。

6 检验规则

6.1 检验分类
烟花爆竹包装的检验分为出厂检验和型式检验。

6.2 出厂检验
按 4.1~4.4、4.5.1、4.5.2.1 和 4.5.2.6 的要求进行确认和检验。

6.3 型式检验

型式检验项目为 4.1~4.5 规定的全部项目。在下列情况之一时,进行型式试验:
——新产品试制定型或老产品转厂生产时;
——结构、材料、工艺有较大改变,可能影响产品性能时;
——连续停产六个月恢复生产时;
——正常生产每满三年时;
——国家质量监督机构或客户提出要求时。

6.4 抽样

6.4.1 以相同材料、相同工艺制作,同一规格、同时交付的产品为一检验批,最大批量数 5 000。

6.4.2 烟花爆竹包装抽样与合格判定方案见表 3。

表 3 烟花爆竹包装抽样与合格判定方案

批量范围 N	运输包装(瓦楞纸箱)			销售包装(含彩箱)		
	抽样数 件	接收数 件	拒收数 件	抽样数 件	接收数 件	拒收数 件
≤100	5	0	1	5	0	1
101~500	8	1	2	$5+N\times1\%$	0	1
501~1000	20	2	3	$10+N\times0.5\%$	1	2
≥1001	32	3	4	$15+N\times0.1\%$	2	3

6.5 检验

6.5.1 缺陷及项目

6.5.1.1 轻缺陷:每件毛重、包装箱色彩、压痕线、刀口、箱钉、搭舌宽度、印刷标志、箱盖、提手。

6.5.1.2 重缺陷:包装要求(封装封口、填充材料、包装方式等)、包装箱规格尺寸、含水率、堆码性能、跌落性能、振动性能、戳穿强度。

6.5.2 判定规则

6.5.2.1 重缺陷只要有一项不合格,则该件包装不合格,轻缺陷有两项不合格,则该件包装不合格。

6.5.2.2 礼花弹产品包装重缺陷和轻缺陷均只要有一项不合格,则该件包装不合格。

6.5.2.3 每批产品的不合格数小于等于接收数时,则该批产品合格;大于等于拒收数时,则该批产品不合格。

烟花爆竹 安全与质量(GB 10631—2013)

前言

本标准的全部技术内容为强制性。

本标准按照 GB/T 1.1—2009 给出的规则起草。

本标准代替 GB 10631—2004《烟花爆竹 安全与质量》。

本次修订依据《国务院办公厅转发安全监管总局等部门关于进一步加强烟花爆竹安全监督管理工作意见的通知》(国办发〔2010〕53号)文件精神及烟花爆竹安全监管部际联席会议要求,主要修订内容如下:
——完善了术语和定义;
——调整了分类与分级,将烟花爆竹产品分为个人燃放类和专业燃放类两大类,并分别对药种、药量、规格、结构、材质、燃放轨迹、燃放效果等技术要求做出了具体的规定;
——在个人燃放类中取消了小礼花类和内筒型组合烟花中危险性较大的品种,在严格限定单筒内径、单筒药量、开包药量、总药量等安全技术指标的前提下,保留了小部分内筒型组合烟花;
——完善了包装要求和检验方法。

本标准由中国轻工业联合会、国家安全生产监督管理总局、公安部提出。

本标准由全国烟花爆竹标准化技术委员会(SAC/TC 149)归口。

本标准主要起草单位:国家轻工业烟花爆竹安全质量监督检测中心、熊猫烟花集团股份有限公司、江西李渡烟花集团有限公司、东信烟花集团有限公司、浏阳市中洲烟花有限公司、湖南庆泰烟花制造有限公司、浏阳市大吉烟花爆竹制造有限公司、浏阳市集里出口礼花厂、浏阳市德顺鞭炮烟花制作有限公司、四川省广汉金雁花炮有限责任公司、浙江省桐庐县花炮厂、山东省莱芜市花王出口礼花厂、四川省职业安全健康协会烟花爆竹分会、郎溪县烟花爆竹行业协会、江苏省烟花爆竹产品质量监督检验中心。

本标准主要起草人:黄荼香、刘春文、刘捷光、朱玉平、刘东辉、徐莉、邱志雄、刘劲彪、谭爱喜、黎仲畦、张光辉、罗建社、江木根。

本标准所代替标准的历次版本发布情况为:
——GB 10631—1989、GB 10631—2004。

1 范围

本标准规定了烟花爆竹术语和定义、分类与分级、通用安全质量要求、检验方法、检验规则、运输和储存等内容。

本标准适用于烟花爆竹产品,不包括黑火药、烟火药和引火线。

2 规范性引用文件

下列文件对于本文件的应用是必不可少的。凡是注日期的引用文件,仅注日期的版本适用于本文件。凡是不注日期的引用文件,其最新版本(包括所有的修改单)适用于本文件。

GB 190　危险货物包装标志

GB/T 191　包装储运图示标志

GB/T 6284　化工产品中水分测定的通用方法　干燥减量法

GB/T 9724　化学试剂　pH值测定通则

GB/T 10632　烟花爆竹　抽样检查规则

GB 11652　烟花爆竹作业安全技术规程

GB 12463　危险货物运输包装通用技术条件

GB/T 15814.1　烟花爆竹　烟火药成分定性测定

GB 19270　水路运输危险货物包装检验安全规范

GB 19359　铁路运输危险货物包装检验安全规范

GB 19433　空运危险货物包装检验安全规范

GB/T 21242　烟花爆竹　禁限用药剂定性检测方法

GB 24426　烟花爆竹　标志

GB 50161　烟花爆竹工程设计安全规范

QB/T 1941.5　烟花爆竹药剂　吸湿率的测定

SN/T 1730.3　出口烟花爆竹安全性能检验方法　第3部分:低温稳定性试验

3　术语和定义

下列术语和定义适用于本文件。

3.1

烟花爆竹　fireworks

以烟火药为主要原料制成,引燃后通过燃烧或爆炸,产生光、声、色、型、烟雾等效果,用于观赏,具有易燃易爆危险的物品。

3.2

效果药　pyrotechnic charge

用于产生光、声、色、型、烟雾等效果的烟火药。

3.3

开包药　bursting charge

用于炸开效果件并引燃效果药的烟火药。

3.4

发射药　lifting charge

用于发射和推进作用的烟火药,有粒状、粉状两种。

3.5

雷弹　thunder

外壳封闭,内装药全部为爆炸药,以声响效果为主的效果件。

3.6

运输包装　transportation pack

用于运输的烟花爆竹包装单元。

3.7

销售包装　sales package

作为最小零售单位的烟花爆竹包装单元。

3.8

计数类产品　counting products

由一定数量的单一产品组成,通过烧成率进行评价的产品。

3.9

稳定杆　stability stick

用于稳定产品在空中运动方向或轨迹的部件。

3.10

引燃装置　ignition device

用于点火、传火、控制引燃时间以及保护引火线的装置,含引火线、点火头、擦火头、护引套(纸)、引线接驳器等。

3.11

护引套　fuse protector

用于防止引火线被意外点燃,保护引火线的部件。

3.12

引线接驳器　fuse connector

用于烟花连接传火的部件,由插头和插座组成。

3.13

底座　base

用于防止产品在燃放时倒筒的部件。

3.14

底塞　bottom plug

用于防止烟火药燃烧时火焰、气体等从底部喷出而筑填在底部的部件。

3.15

引燃时间　ignition time

从引火线点燃至主体被引燃的时间。

3.16

烧成　successful function

产品在燃放时达到预期效果的现象。

3.17

烧成率　functioning percentage

计数类产品燃放后,烧成个数占燃放总个数的百分比。

3.18

熄引　fuse extinguish

引火线被点燃后,未引燃主体的现象。

3.19

冲头　unpredictable top ejection

燃放时产生不应有的将产品喷射口冲掉或将爆竹的头部冲开的现象。

3.20

冲底　unpredictable plug ejection

燃放时产生不应有的将产品底塞或底座冲开的现象。

3.21

冲射　unpredictable ejection

燃放时产生不应有的快速发射状燃烧的现象。

3.22

倒筒　tipover

燃放时产生不应有的倾倒的现象。

3.23

烧筒　tube burnout

燃放时产生不应有的筒体燃烧的现象。

3.24

炸筒　tube blowout

燃放时产生不应有的筒体炸裂的现象。

3.25

散筒　multi-tube separation

燃放时产生不应有的筒体开裂、穿孔或筒体间分离的现象。

3.26

低炸　low burst

燃放时在规定高度以下开包（炸）的现象。

3.27

炙热物　debris

燃放时产生的高温块状物。

3.28

发射偏斜角　deflection angle of launch

升空产品发射时偏离水平面垂线的角度。

3.29

速燃　rapid burning

燃放时烟火药以大于设计燃速燃烧的现象。

3.30

爆燃　deflagration

燃放时烟火药以接近爆速猛烈燃烧的现象。

3.31

断火　fire off

燃放时主体中途熄灭或留有未被点燃烟火药的现象。

3.32

殉爆　detonation

某一产品或部件爆炸时,引发相邻产品或部件瞬间同时爆炸的现象。

4 分类与分级

4.1 产品类别

根据结构与组成、燃放运动轨迹及燃放效果,烟花爆竹产品分为以下9大类和若干小类(各类及小类与美国、欧盟标准对照表参见附录A),产品类别及定义见表1。

表1 产品类别及定义

序号	产品大类	产品大类定义	产品小类	产品小类定义
1	爆竹类	燃放时主体爆炸(主体筒体破碎或者爆裂)但不升空,产生爆炸声音、闪光等效果,以听觉效果为主的产品	黑药炮	以黑火药为爆响药的爆竹
			白药炮	以高氯酸盐或其他氧化剂并含有金属粉成分为爆响药的爆竹
2	喷花类	燃放时以直向喷射火苗、火花、响声(响珠)为主的产品	地面(水上)喷花	固定放置在地面(或者水面)上燃放的喷花类产品
			手持(插入)喷花	手持或插入某种装置上燃放的喷花类产品
3	旋转类	燃放时主体自身旋转但不升空的产品	有固定轴旋转烟花	产品设置有固定旋转轴的部件,燃放时以此部件为中心旋转,产生旋转效果的旋转类产品
			无固定轴旋转烟花	产品无固定轴,燃放时无固定轴而旋转的旋转类产品
4	升空类	燃放时主体定向或旋转升空的产品	火箭	产品安装有定向装置,起到稳定方向作用的升空类产品
			双响	圆柱型筒体内分别装填发射药和爆响药,点燃发射竖直升空(产生第一声爆响),在空中产生第二声爆响(可伴有其他效果)的升空类产品
			旋转升空烟花	燃放时自身旋转升空的产品
5	吐珠类	燃放时从同一筒体内有规律地发射出(药粒或药柱)彩珠、彩花、声响等效果的产品		

表1（续）

序号	产品大类	产品大类定义	产品小类	产品小类定义
6	玩具类	形式多样、运动范围相对较小的低空产品，燃放时产生火花、烟雾、爆响等效果，有玩具造型、线香型、摩擦型、烟雾型产品等	玩具造型	产品外壳制成各种形状，燃放时或燃放后能模仿所造形象或动作；或产品外表无造型，但燃放时或燃放后能产生某种形象的产品
			线香型	将烟火药涂敷在金属丝、木杆、竹杆、纸条上，或将烟火药包裹在能形成线状可燃的载体内，燃烧时产生声、光、色、形效果的产品
			烟雾型	燃放时以产生烟雾效果为主的产品
			摩擦型	用撞击、摩擦等方式直接引燃引爆主体的产品
7	礼花类	燃放时弹体、效果件从发射筒（单筒，含专用发射筒）发射到高空或水域后能爆发出各种光色、花型图案或其他效果的产品	小礼花	发射筒内径＜76 mm，筒体内发射出单个或多个效果部件，在空中或水域产生各种花型、图案等效果。可分为裸药型、非裸药型；可发射单发、多发
			礼花弹	弹体或效果件从专用发射筒（发射筒内径≥76 mm）发射到空中或水域产生各种花型图案等效果。可分为药粒型（花束）、圆柱型、球型
8	架子烟花类	以悬挂形式固定在架子装置上燃放的产品，燃放时可以喷射火苗、火花，形成字幕、图案、瀑布、人物、山水等画面。分为瀑布、字幕、图案等		
9	组合烟花类	由两个或两个以上小礼花、喷花、吐珠同类或不同类烟花组合而成的产品	同类组合烟花	限由小礼花、喷花、吐珠同类组合，小礼花组合包括药粒（花束）型、药柱型、圆柱型、球型以及助推型
			不同类组合烟花	仅限由喷花、吐珠、小礼花中两种组合
注：烟雾型、摩擦型仅限出口。

4.2 产品级别

按照药量及所能构成的危险性大小，烟花爆竹产品分为 A、B、C、D 四级，具体见表 2 和

表3。

4.2.1 A级:由专业燃放人员在特定的室外空旷地点燃放、危险性很大的产品。

4.2.2 B级:由专业燃放人员在特定的室外空旷地点燃放、危险性较大的产品。

4.2.3 C级:适于室外开放空间燃放、危险性较小的产品。

4.2.4 D级:适于近距离燃放、危险性很小的产品。

4.3 消费类别

按照对燃放人员要求的不同,烟花爆竹产品分为个人燃放类和专业燃放类。

4.3.1 个人燃放类:不需加工安装,普通消费者可以燃放的C级、D级产品,见表2。

4.3.2 专业燃放类:应由取得燃放专业资质人员燃放的A级、B级产品和需加工安装的C级、D级产品,见表3。

5 通用安全质量要求

5.1 标志

5.1.1 产品应有符合国家有关规定的标志和流向登记标签。产品标志分为运输包装标志和销售包装标志。标志应附在运输包装和销售包装上不脱落。包装标志内容样式见附录B。

5.1.2 运输包装标志的基本信息应包含:产品名称、消费类别、产品级别、产品类别、制造商名称及地址、安全生产许可证号、箱含量、箱含药量、毛重、体积、生产日期、保质期、执行标准代号以及"烟花爆竹""防火防潮""轻拿轻放"等安全用语或图案,安全图案应符合GB 190、GB/T 191要求。

5.1.3 销售包装标志的基本信息应包含:产品名称、消费类别、产品级别、产品类别、制造商名称及地址、含药量(总药量和单发药量)、警示语、燃放说明、生产日期、保质期。计数类产品应标明数量。

5.1.4 专业燃放类产品应使用红色字体注明"专业燃放"的字样,个人燃放类产品应使用绿色字体注明"个人燃放"的字样。摩擦型产品应用红色字体注明"不应拆开"的字样。

5.1.5 专业燃放类产品还应标注加工、安装方法,发射高度、辐射半径、火焰熄灭高度、燃放轨迹等信息。设计为水上效果的产品应标注其适用的水域范围。

5.1.6 标注内容正确且清晰可见,易于识别,难以消除并且与背景色对比鲜明。运输包装上的"消费类别"字体高度≥28 mm,其他字体高度≥6 mm,销售包装上的"警示语及内容"字体高度≥4 mm,其他字体高度≥2.2 mm。

5.1.7 燃放说明和警示语内容应符合GB 24426的规定。

5.2 包装

5.2.1 产品应有销售包装(含内包装)和运输包装;销售包装与运输包装等同时,应同时符合销售包装与运输包装要求。

5.2.2 销售包装(含内包装)材料应采用防潮性好的塑料、纸张等,封闭包装,产品排列整齐、不松动。内包装材质不应与烟火药发生化学反应。

5.2.3 运输包装应符合GB 12463的要求。

5.2.4 运输包装容器体积符合品种规格的设计要求,每件毛重不超过30 kg。

5.2.5 水路、铁路运输和空运产品的运输包装应分别符合GB 19270、GB 19359、GB 19433

的技术要求。

5.2.6 专业燃放类产品包装(包括运输包装和销售包装)应使用单一色彩(瓦楞纸原色、灰色、草黄)的包装,不应使用其他彩色包装;个人燃放类产品包装可使用对比度鲜明的彩色包装。

5.2.7 摩擦型产品包装应采取隔栅或填充物等方式。

5.3 外观

5.3.1 产品应保证完整、清洁,文字图案清晰。

5.3.2 产品表面无浮药、无霉变、无污染,外形无明显变形、无损坏、无漏药。

5.3.3 筒标纸粘贴吻合平整,无遮盖、无露头露脚、无包头包脚、无露白现象。

5.3.4 筒体应粘合牢固,不开裂、不散筒。

5.4 部件

5.4.1 底座、底塞和吊线

5.4.1.1 不需要加工安装的 C 级、D 级,且放置在地面燃放主体不运动的烟花(喷花类、玩具类产品),筒高超过外径三倍的,应安装底座,底座的外径或边长应大于主体高度(含安装底座后增加的高度)三分之一。

5.4.1.2 底座应安装牢固,在燃放过程中,底座应不散开、不脱落。

5.4.1.3 底塞应安装牢固,在跌落试验过程中,不开裂、不脱落。

5.4.1.4 吊线应在 50 cm 以上,安装牢固并保持一定的强度。

5.4.2 引燃装置

5.4.2.1 在所有正常、可预见的使用条件下使用引燃装置,应能正常地点燃并引燃效果药。

5.4.2.2 引火线、引线接驳器、电点火头应符合相应的质量标准要求。

5.4.2.3 点火引火线应为绿色安全引线,点火部位应有明显标识。

5.4.2.4 点火引火线应安装牢固,可承受产品自身重量 2 倍或 200 g 的作用力而不脱落或损坏。

5.4.2.5 快速引火线、电点火头和引线接驳器应慎重使用,并遵循下列要求:

  a) 产品不应预先连接电点火头(舞台用焰火采取固定防摩擦且有短路措施的除外);
  b) 个人燃放类产品不应使用电点火头;
  c) 使用快速引火线和引线接驳器(仅限定在特殊的组合烟花)时,快速引火线与安全引火线及引线接驳器之间应安装牢固,可承受 1 kg 的作用力而不脱落或损坏,快速引火线和引线接驳器均应有防火措施;
  d) 快速引火线只能作为连接引火线,颜色应为银色、红色或黄色。

5.4.2.6 点火引火线的引燃时间应保证燃放人员安全离开,且在规定时间内引燃主体。D 级:2 s~5 s;C 级:3 s~8 s;A 级、B 级:6 s~12 s。C 级、D 级产品设计无引燃时间的产品可不计引燃时间,专业燃放类产品采用电点火引燃的不规定引燃时间。

5.4.3 手持部位不应装药或涂敷药物。手持部位长度:C 级≥100 mm,D 级≥80 mm。A 级、B 级产品不应设计为手持燃放。

5.4.4 个人燃放类产品不应含漂浮物和雷弹。

5.4.5 其他部件应符合有关标准要求,安装牢固,不脱落。

5.5 结构和材质

5.5.1 产品的结构和材质应符合安全要求,保证产品及产品燃放时安全可靠。

5.5.2 个人燃放类组合烟花不应两盆以上(含两盆)联结。

5.5.3 个人燃放类组合烟花筒体高度与底面最小水平尺寸或直径的比值应≤1.5,且筒体高度应≤300 mm。

5.5.4 产品运动部件、爆炸部件及相关附件一般采用纸质材料,不应采用金属等硬质材料,以保证在燃放时不产生尖锐碎片或大块坚硬物。如技术需要,固定物可采用木材、订书钉、钉子或捆绑用金属线,但固定物不应与烟火药物直接接触。

5.5.5 带炸效果件和单个爆竹产品内径>5 mm的,如需使用固引剂,应能确保固引剂燃放后散开,固引剂碎片中不应含有直径>5 mm的块状物。

5.6 药种、药量和安全性能

5.6.1 药种

5.6.1.1 产品不应使用氯酸盐(烟雾型、摩擦型的过火药、结鞭爆竹中纸引和擦火药头除外,所用氯酸盐仅限氯酸钾,结鞭爆竹中纸引仅限氯酸钾和炭粉配方),微量杂质检出限量为0.1%。

5.6.1.2 产品不应使用双(多)基火药,不应直接使用退役单基火药。使用退役单基火药时,安定剂含量≥1.2%。

5.6.1.3 产品不应使用砷化合物、汞化合物、没食子酸、苦味酸、六氯代苯、镁粉、锆粉、磷(摩擦型除外)等,爆竹类、喷花类、旋转类、吐珠类、玩具类产品及个人燃放类组合烟花不应使用铅化合物,检出限量为0.1%。

5.6.1.4 喷花类、旋转类、玩具类产品除可含每单个药量<0.13 g的响珠和炸子外,不应使用爆炸药和带炸效果件。

5.6.1.5 架子烟花产品仅限燃烧型烟火药,不应使用爆炸药和带炸效果件。

5.6.2 药量

5.6.2.1 单个产品不应超过最大装药量(见表2和表3,不包括引火线和填充物)。实际药量与标称药量的允许误差:药量≤2 g,误差±20%;2 g<药量≤25 g,误差±10%;药量>25 g,误差±5%。

5.6.2.2 个人燃放类产品最大允许药量见表2。

5.6.2.3 专业燃放类产品最大允许药量见表3。

表 2 个人燃放类产品最大允许药量

序号	产品大类	产品小类	最大允许药量	
			C级	D级
1	爆竹类	黑药炮	1 g/个	—
		白药炮	0.2 g/个	
2	喷花类	地面(水上)喷花	200 g	10 g
		手持(插入)喷花	75 g	10 g
3	旋转类	有固定轴旋转烟花	30 g	—
		无固定轴旋转烟花	15 g	1 g

表2（续）

序号	产品大类	产品小类	最大允许药量 C级	D级
4	升空类	火箭	10 g	—
		双响	9 g	—
		旋转升空烟花	5 g/发	—
5	吐珠类	药粒型吐珠	20 g(2 g/珠)	—
6	玩具类	玩具造型	15 g	3 g
		线香型	25 g	5 g
7	组合烟花类	同类组合和不同类组合，其中： 小礼花单筒内径≤30 mm； 圆柱型喷花内径≤52 mm； 圆锥型喷花内径≤86 mm； 吐珠单筒内径≤20 mm	小礼花：25 g/筒；喷花：200 g/筒； 吐珠：20 g/筒；总药量：1 200 g （开包药：黑火药 10 g， 硝酸盐加金属粉 4 g， 高氯酸盐加金属粉 2 g）	50 g （仅限喷花组合）

注：图中符号"—"代表无此级别产品。

表3 专业燃放类产品最大允许药量

序号	产品大类	产品小类	最大允许药量 A级	B级	C级	D级
1	喷花类	地面（水上）喷花	1 000 g	500 g	—	—
2	旋转类	有固定轴旋转烟花	150 g/发	60 g/发	—	—
		无固定轴旋转烟花	—	30 g	—	—
3	升空类	火箭	180 g	30 g	—	—
		旋转升空烟花	30 g/发	20 g/发	—	—
4	吐珠类	吐珠	400 g(20 g/珠)	80 g(4 g/珠)	—	—
5	礼花类	小礼花		70 g/发		
		礼花弹 药粒型（花束）（外径≤125 mm）	250 g			
		礼花弹 圆柱型和球型（外径≤305 mm）其中雷弹外径≤76 mm	爆炸药 50 g 总药量 8 000 g			
6	架子烟花	架子烟花	—	瀑布 100 g/发 字幕和图案 30 g/发	瀑布 50 g/发 字幕和图案 20 g/发	—

表 3（续）

序号	产品大类	产品小类	最大允许药量			
			A 级	B 级	C 级	D 级
7	组合烟花类	同类组合和不同类组合	药柱型、圆柱型内径≤76 mm 100 g/筒；球型内径≤102 mm 320 g/筒	总药量 8 000 g	内径≤51 mm 50 g/筒 总药量 3 000 g	—	—

注1：图中符号"—"表示无此级别产品。
注2：舞台上用各类产品均为专业燃放类产品。
注3：含烟雾效果件产品均为专业燃放类产品。

5.6.3 安全性能

5.6.3.1 产品及烟火药的安全性能应定期进行检测。新产品批量生产前应对产品及烟火药进行检测。

5.6.3.2 产品安全性能检测包括跌落试验、热安定性、低温试验及烟火药安全性能检测。烟火药安全性能检测包括摩擦感度、撞击感度、火焰感度、静电感度、着火温度、爆发点、相容性、吸湿性、水分、pH 值。

5.6.3.3 产品及烟火药热安定性在 75 ℃±2 ℃、48 h 条件下应无肉眼可见分解现象，且燃放效果无改变。

5.6.3.4 产品低温试验在 −35 ℃～−25 ℃、48 h 条件下应无肉眼可见冻裂现象，且燃放效果无改变。

5.6.3.5 产品的跌落试验不应出现燃烧、爆炸或漏药的现象。

5.6.3.6 产品各类烟火药摩擦感度、撞击感度、火焰感度、静电感度、着火温度、爆发点、热安定性、相容性应符合相关标准要求。

5.6.3.7 烟火药的吸湿率应≤2.0%，笛音药、粉状黑火药、含单基火药的烟火药应≤4.0%。

5.6.3.8 烟火药的水分应≤1.5%，笛音药、粉状黑火药、含单基火药的烟火药应≤3.5%。

5.6.3.9 烟火药的 pH 值应为 5～9。

5.7 燃放性能

5.7.1 喷花类的喷射高度应符合以下规定：D 级≤1 m，C 级≤8 m，B 级≤15 m。

5.7.2 各类升空产品效果出现的最低高度见表 4。

5.7.3 发射升空产品的发射偏斜角应≤22.5°，造型组合烟花和旋转升空烟花的发射偏斜角应≤45°（仅限专业燃放类）。

5.7.4 A 级产品的声级值应≤120 dB，B 级、C 级、D 级产品的声级值应≤110 dB。

5.7.5 个人燃放类产品燃放时产生的火焰、燃烧物、色火或带火残体不应落到距离燃放中心点 8 m 之外的地面。专业燃放类产品燃放时产生的火焰、燃烧物、色火或带火残体不应落到距离燃放中心点 B 级 20 m，A 级 40 m 之外的地面（特殊设计的专业燃放类产品除外）。

表 4 各类升空产品效果出现的最低高度值

产品类别	典型产品	产品型号或级别	最低高度值/m
礼花类	小礼花	B级	35
礼花类	礼花弹	3号	50
礼花类	礼花弹	4号	60
礼花类	礼花弹	5号	80
礼花类	礼花弹	6号	100
礼花类	礼花弹	7号	110
礼花类	礼花弹	8号	130
礼花类	礼花弹	10号	140
礼花类	礼花弹	12号	160
组合烟花类		C级	15
组合烟花类		B级	35
组合烟花类		A级	45(3号)/60(4号)
升空类	旋转升空		3
升空类	其他		5
注:不包括花束和水上效果的产品。			

5.7.6 产品燃放时产生的炙热物与燃放中心点横向距离:C级≤15 m,B级≤25 m,A级≤50 m。

5.7.7 产品燃放时产生的质量>5 g(纸质>15 g,设计效果中的漂浮物除外)的抛射物与燃放中心点横向距离:C级≤20 m,B级≤30 m,A级≤60 m。

5.7.8 产品燃放不应出现倒筒、烧筒、散筒、低炸现象,且燃放后筒体不应继续燃烧超过30 s;其他缺陷应符合 GB/T 10632 的要求。

5.7.9 计数类产品,计量误差应在±5%的范围内。

5.7.10 计数类产品烧成率应>90%。

5.7.11 旋转类产品的允许飞离地面高度应≤0.5 m,旋转直径范围应≤2 m。

5.7.12 线香型产品不应爆燃,燃放高度 1 m±0.1 m 时不应有火星落地。

5.7.13 烟雾效果不应出现明火。

5.7.14 玩具造型产品行走距离应≤2 m。

6 检验方法

6.1 标志检验

目测方法进行检验。

6.2 包装检验

目测及按相关包装标准执行。

6.3 外观检验

目测方法进行检验。

6.4 部件检验

6.4.1 底座牢固性和稳定性检验

6.4.1.1 底座牢固性检验:拿起底座使主体向下,在下垂的主体上吊起 50 g 重物 1 min,观察底座与主体是否分离;观察产品燃放过程,底座是否脱落或者散开。

6.4.1.2 底座稳定性检验:将样品直立放置在用硬木板制成的与水平面成 30°的斜面上,样品不应斜倒,样品旋转任意角度后,也不应倾倒。

6.4.2 引燃装置检验

6.4.2.1 用目测方法观察点火引火线、快速引火线、电点火头、引线接驳器的外观及连接是否完好。

6.4.2.2 引火线牢固性检验:将样品主体提起,在下垂的引火线上吊起 200 g 或自身质量 2 倍(取最小值)的重物 1 min,观察引火线是否脱落;快速引火线与安全引火线及引线接驳器之间应吊起 1 000 g 或自身质量 1 倍(取最小值)的重物 1 min,观察引火线是否脱落。

6.4.2.3 引燃时间测定:用两块精度不低于 0.1 s 的计时秒表,测量从点燃引火线至引燃主体的时间。两块表读的数偏差<0.5 s,则检验结果有效。取其平均值,采用四舍五入法,精确到 0.1 s。

6.4.2.4 快速引火线和接驳器防火测试:露在外面的快速引火线和接驳器旁燃时间应>20 s。

6.4.3 底塞牢固性检验

将主体(安装底座的产品不摘除底座)水平状拿住,从 400 mm 高处,向厚度为 30 mm 以上的硬木板上自由落下,每个样品重复 3 次,观察底塞是否开裂或跌落。

6.4.4 吊线牢固度检验

在吊线上加 50 g 重物后吊起 1 min,观察吊线是否脱落或断线。

6.5 结构与材质检验

目测产品结构和材质是否符合 5.5 的要求,必要时解剖检测其结构。

6.6 药种、药量、安全性能检测

6.6.1 药种采用 GB/T 21242、GB/T 15814.1 标准方法进行。

6.6.2 药量采用计量合格且符合相应精度的天平进行检测。药量≤2 g 的,取 10 个(发)样品分别称量记录,最大值为产品药量;2 g<药量≤25 g 的,取 5 个(发)样品分别称量记录,最大值为产品药量;药量>25 g 的,取 3 个(发)样品分别称量记录,最大值为产品药量。

6.6.3 安全性能检测

6.6.3.1 吸湿性测定按 QB/T 1941.5 规定执行。

6.6.3.2 水分测定:按 GB/T 6284 规定执行(采取烘箱干燥或红外水分测定仪检测)。

6.6.3.3 pH 值测定按 GB/T 9724 规定执行。

6.6.3.4 热安定性测定:单个产品药量<100 g 的,将产品放置在 75 ℃±2 ℃的烘箱中 48 h 无燃烧、爆炸现象,取出放置 24 h 后燃放,观察是否保持原设计效果;单个产品药量≥100 g 的,称取 50 g 烟火药放置在 75 ℃±2 ℃的烘箱中 48 h 无燃烧、爆炸现象,取出放置 24 h 后点燃,观察是否保持原设计效果。

6.6.3.5 低温试验按 SN/T 1730.3 规定执行。

6.6.3.6 跌落试验:将成箱产品从 12 m 高处自由落在平整的水泥地面上,观察产品是否发生燃烧、爆炸和漏药现象。

6.6.3.7 摩擦感度、撞击感度、火焰感度、静电感度、着火温度、爆发点按相关标准检测。

6.7 燃放性能检验

6.7.1 进行燃放性能检验时遇有下列情况,应暂停或终止燃放:
  a) 风力超过 6 级或可能危及安全区内建筑物、电力通讯设施和公众安全;
  b) 突然下雨、起雾等,妨碍燃放正常进行;
  c) 发生膛炸、低炸、筒口炸等危及人身安全的意外情况;
  d) 现场燃放人员认为有必要暂停或终止燃放的情况。

6.7.2 发射高度的测定:可选用标杆、测距仪、经纬仪及其他仪器设备测定,允许误差:发射高度≤30 m 时,±2 m;发射高度 30 m～50 m 时,±4 m;发射高度>50 m 时,±8 m。

6.7.3 发射偏斜角的测定:选择图 1 或图 2 装置,在观测点处将 A 点对准发射点,透过透明板观察发射偏斜角。

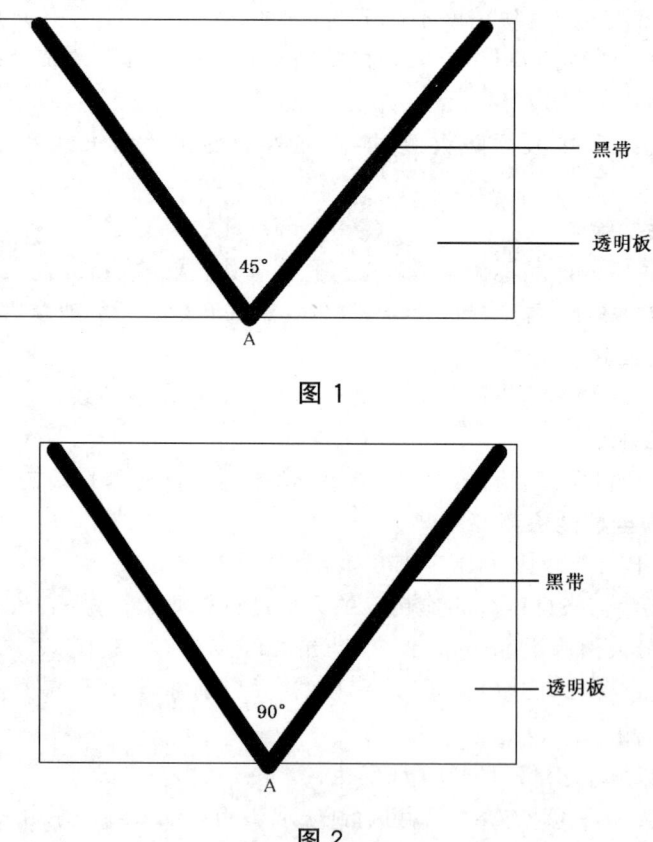

图 1

图 2

6.7.4 声级值检验:随机抽取样品(爆竹 10 个,其他 3 个)进行声级测定,声级计水平放置安装在三脚架上,吸音器中心线距地面 1.5 m,根据不同级别的样品,确定声级计与样品燃放点的水平距离:A 级为 25 m,B 级为 15 m,C 级为 8 m,D 级为 2 m,燃放样品,记录声级数据,取最大值为样品的声级值。(环境条件:室外开阔平坦的硬性地面上,周围 15 m 内无声音反射的物件;环境噪音＜60 dB;风速＜5级,无雨、雾。)

6.7.5 烧成率检验:将一定数量的产品燃放后,统计出烧成数与未烧成数,计算出烧成率。

6.7.6 抛射物检测:目测是否有金属抛射物,观察色火或炙热物是否在规定范围以内。用米尺测量有可能超过指定限度质量残渣离燃放点的距离,并用感量0.1 g的天平称量其质量。

7 检验规则

7.1 组批

以相同原材料、相同工艺条件、同一生产线和班次生产的品种、规格相同的产品为一批。

7.2 型式检验

7.2.1 有下列情况之一应进行型式检验:
   a) 新产品投产之前;
   b) 停产半年以上再生产时;
   c) 原材料、工艺发生重大变化时;
   d) 监督检验部门提出要求时。

7.2.2 型式检验抽样方法:按 GB/T 10632 规定执行。

7.2.3 型式检验项目:标志、包装、外观、部件、结构与材质、药种、药量、安全性能(烟火药涉及新材料的以及需检测的,应检测摩擦感度、撞击感度、静电感度、火焰感度和着火温度等项目)、燃放性能。

7.3 出厂检验和进货验收

7.3.1 出厂检验

7.3.1.1 出厂检验抽样方法:按 GB/T 10632 规定执行。

7.3.1.2 出厂检验项目:标志、包装、外观、部件、药量、燃放性能。

7.3.1.3 每批产品应经生产厂家按本标准规定的方法检验合格,并出具合格证方可出厂。

7.3.2 进货验收

7.3.2.1 进货单位应委托专业检验机构或自行组织对产品的标志、包装、外观、部件、药量、燃放性能等进行检验验收。

7.3.2.2 产品无质量合格证明或有破损、受潮、霉变、变形的应拒收,并视情况作相应处理。

7.3.2.3 供需双方发生质量纠纷,应由法定专业检验机构进行质量仲裁。

8 运输和储存

8.1 运输

产品应符合国家对烟花爆竹运输的统一规定。

8.2 储存

8.2.1 产品储存应按 GB 11652 要求存放在专用危险品仓库。仓库和储存限量应符合 GB 50161规定。

8.2.2 产品从制造完成之日起,在正常条件下运输、储存,保质期三年(含铁砂的产品保质期一年)。

附 录 A
（资料性附录）
烟花爆竹分类与美国、欧盟标准对照表

表 A.1 烟花爆竹分类与美国、欧盟标准对照表

序号	大类	典型产品	对应的美国标准类别	对应的欧盟标准类别
1	爆竹类	黑药炮	爆竹类	爆竹类
		白药炮		
2	喷花类	地面（水上）喷花	地面花筒	花筒
		手持（插入）喷花	手持式花筒	
			插座式花筒	
3	旋转类	有固定轴旋转烟花	地面旋转类	转轮、地面旋转和地面移动类
		无固定轴旋转烟花		
4	升空类	火箭	火箭、飞弹	火箭、小火箭、空中转轮
		双响	—	双响炮
		旋转升空烟花	直升飞机	旋转升空类
5	吐珠类	吐珠	吐珠筒	罗马烛光
6	玩具类	玩具造型	聚会、玩具和烟类	蛇、桌面烟花、玩具火柴
		线香	手持电光花	手持电光花
		烟雾	聚会、玩具和烟类	孟加拉火焰,孟加拉烟花棒
		摩擦	聚会、玩具和烟类之砂炮	摔炮
			聚会、玩具和烟类之拉炮	拉炮
				火帽
			聚会、玩具和烟类之快乐烟花	快乐烟花、圣诞烟花
7	礼花类	小礼花	彗尾、地面花束和礼花弹类	单筒地面礼花
		礼花弹		礼花弹
8	架子烟花	—	—	—
9	组合烟花类	同类组合烟花	组合类	同类组合
		不同类组合烟花		不同类组合

附 录 B
（资料性附录）
烟花爆竹包装标志内容示例

以下示例的文字的字体大小应按照标准要求执行；销售包装和运输包装应按照标准执行；印刷的比例应根据包装的大小规格确定。

消费类别	个人燃放类	产品名称	爆竹 （××××响大地红）
产品类别	爆竹类	产品级别	C级
总药量	×××g	单发(个)药量	0.×g
警示语	按照相关标准规范填写		
燃放说明	按照相关标准规范填写		
生产日期	20××年××月××日	保质期	3年
生产厂家	×××××烟花爆竹×××公司	联系电话	××××－××××××××
地址	××省××市××县××镇××村		

图 B.1 烟花爆竹销售包装标志内容示例 1

消费类别	个人燃放类	产品名称	组合烟花 （××发万紫千红）
产品类别	组合烟花类	产品级别	C级
总药量	×××g	单发(个)药量	××g
警示语	按照相关标准规范填写		
燃放说明	按照相关标准规范填写		
生产日期	20××年××月××日	保质期	3年
生产厂家	××烟花爆竹××公司(厂)	联系电话	××××－××××××××
地址	××省××市××县××镇××村		

图 B.2 烟花爆竹销售包装标志内容示例 2

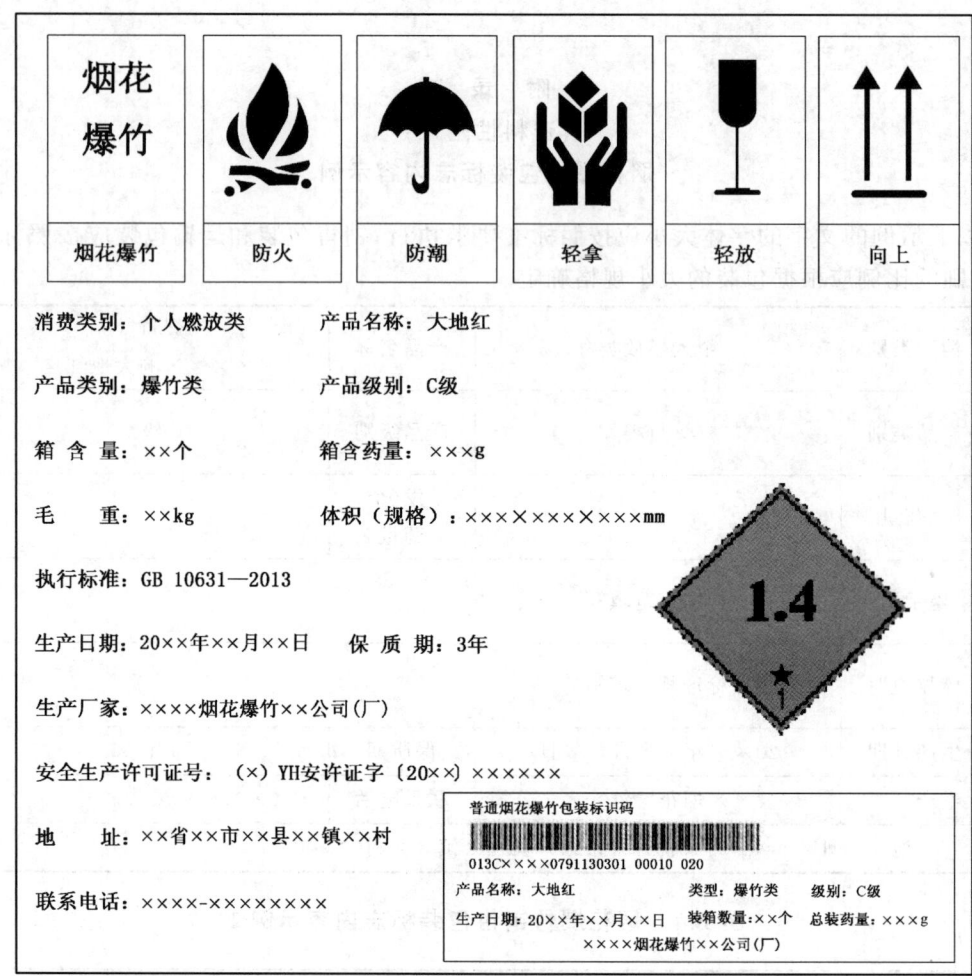

图 B.3 烟花爆竹运输包装标志内容示例

参 考 文 献

［1］ 国务院办公厅转发安全监管总局等部门关于进一步加强烟花爆竹安全监督管理工作意见的通知(国办发〔2010〕53号)

［2］ 烟花爆竹安全监管部际联席会议第二次全体会议纪要(2012年10月)

烟花爆竹安全生产标志(AQ 4114—2011)

前　　言

本标准为强制性标准。

本标准是按照 GB/T 1.1—2009《标准化工作导则　第1部分:标准的结构和编写》的要求进行编写。

本标准由国家安全生产监督管理总局提出。

本标准由全国安全生产标准化技术委员会烟花爆竹安全分技术委员会(TC288/SC4)归口。

本标准起草单位:国家轻工业烟花爆竹安全质量监督检测中心。

本标准主要起草人:黄茶香、赵政、罗建社。

本标准为首次发布。

1　范围

本标准规定了烟花爆竹安全生产标志的分类,标志的图形、设置位置及要求等。

本标准适用于烟花爆竹生产、经营企业。

2　规范性引用文件

下列文件对于本文件的应用是必不可少的。凡是注日期的引用文件,仅注日期的版本适用于本文件。凡是不注日期的引用文件,其最新版本(包括所有的修改单)适用于本文件。

GB 2893　安全色

GB 2894　安全标志及其使用导则

GB 5768　道路交通标志和标线

AQ 1017　煤矿井下安全标志

3　术语和定义

GB 2894界定的以及下列术语和定义适用于本标准。为了便于使用,以下重复列出了GB 2894中的某些术语和定义。

3.1
建(构)筑物标志　building signs

绘制或设置在建(构)筑物上的标志牌,说明该建(构)筑物的用途、危险等级、定员定量等。

3.2
区域标志　regional signs

设置在所属区域的标志,根据生产工序、危险程度的不同分为禁止标志、警告标志、指令标志和指示标志。

3.3
禁止标志 prohibition signs

禁止或制止人们的某种行为的标志。

3.4
警告标志 warning signs

警告人们注意可能发生危险的标志。

3.5
指令标志 directive signs

指示人们必须遵守某种规定的标志。

3.6
指示标志 instruction signs

告知人们目标方向、地点、所处区域的标志,分为分区标志、安全疏散标志和运输标志。

4 分类

根据烟花爆竹生产的安全性能和状态特点分为建(构)筑物标志和区域标志。

5 建(构)筑物标志

5.1 建(构)筑物标志的基本内容和形状要求,如图1所示。

编 号		建(构)筑物用途名称	
面 积		危险等级	
定(限)员		定 量	kg
安全责任人			
注:危险等级指 1.1^{-1} 级、1.1^{-2} 级、1.3级、非危险。			

图 1 建(构)筑物标志的基本内容

5.2 建(构)筑物标志的颜色为白底、红框、黑字、85磅~100磅字体。

5.3 建(构)筑物标志的基本尺寸。长度:70 cm;宽度:50 cm;边宽宽度:2.5 cm。

5.4 建(构)筑物标志设置位置:面向正通道,不低于1.5 m,不高于3 m,并要醒目。

6 区域标志

6.1 适用范围

区域标志适用于厂区内的区域,厂区外的区域标志参照 GB 2894 执行。

6.2 禁止标志

6.2.1 禁止标志的基本形状为带斜杠的圆环,如图2所示。

6.2.2 禁止标志的颜色为白底、红圈、红斜杠、黑图形符号。

6.2.3 禁止标志的基本尺寸。标志外径 D/mm:250;红杠宽度 a/mm:20;红环宽度 b/mm:25;白色衬边宽度 e/mm:5。

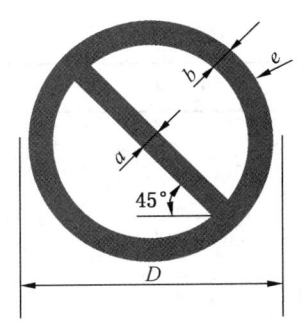

图 2 禁止标志基本形状

6.2.4 禁止标志的种类及设置位置:面向正通道,不低于1.5 m,不高于3 m,并要醒目。禁止标志的图形、名称、设置地点及说明见表1。

表 1 禁止标志的图形、名称、设置地点及说明

序号	标志图形	名 称	设置地点	说 明
1		禁带火种	生产区、仓库区入口醒目处	
2		禁止酒后作业	生产区、仓库区入口醒目处	引用 AQ 1017
3		禁止穿化纤服装作业	危险品生产区、危险品总仓库区	引用 AQ 1017
4		禁止串岗作业	危险品生产区	

887

表1（续）

序号	标志图形	名 称	设置地点	说 明
5		禁止机动车通行	危险品生产区、危险品总仓库区	引用GB 5768
6		禁止超温作业	危险品生产区、危险品总仓库区	
7		禁止超员作业	危险品生产区、危险品总仓库区	
8		禁止超药量作业	危险品生产区、危险品总仓库区	
9		禁止穿带钉鞋、藏沙鞋或拖鞋作业	危险品生产区、危险品总仓库区	
10		禁止老、幼者作业	危险品生产区、危险品总仓库区	

表1（续）

序号	标志图形	名 称	设置地点	说 明
11		禁止病、残者作业	危险品生产区、危险品总仓库区	
12		禁止孕妇者作业	危险品生产区、危险品总仓库区	
13		禁止改变建筑物用途	危险品生产区、危险品总仓库区	

6.3 警告标志

6.3.1 警告标志的基本形状为等边三角形，顶角朝上，如图3所示。

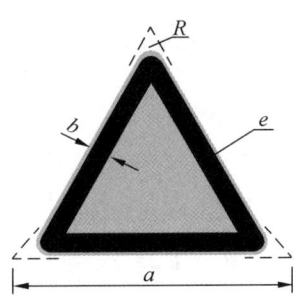

图 3 警告标志基本形状

6.3.2 警告标志的颜色为黄底、黑边、黑图形符号。

6.3.3 警告标志的基本尺寸。三角形边长 $a/mm:340$；黑边宽度 $b/mm:30$；黑边圆角半径 $R/mm:17$；黄色衬边宽度 $e/mm:5$。

6.3.4 警告标志的图形、名称、设置地点及说明见表2。

表 2 警告标志的图形、名称、设置地点及说明

序号	标志图形	名　称	设置地点	说　明
1		当心触电	机电工作区	引用 GB 2894
2		防静电	危险品生产区、危险品总仓库区	引用 AQ 1017
3		当心火灾	所有区域	引用 AQ 1017
4		防爆炸	所有区域	
5		防潮	危险品中转库、危险品总仓库区	
6		防摩擦、撞击	危险品生产区、危险品总仓库区	
7		防盗	危险品中转库、危险品总仓库区	

表2（续）

序号	标志图形	名称	设置地点	说明
8		防雷击	危险品中转库、危险品总仓库区	
9		防机械伤害	生产区	
10		防疲劳作业	生产区	
11		重大危险源	危险品中转库、危险品总仓库区	
12		防止小动物进入	危险品中转库、危险品总仓库区	
13		当心滑倒	生产、储存区域容易引起滑跌的位置	引用 GB 2894

6.4 指令标志

6.4.1 指令标志基本形状为圆形，如图4所示。

6.4.2 指令标志的颜色为蓝底、白色形符号。

6.4.3 指令标志的基本尺寸。圆形直径 D/mm：250；白色衬边宽度 e/mm：5。

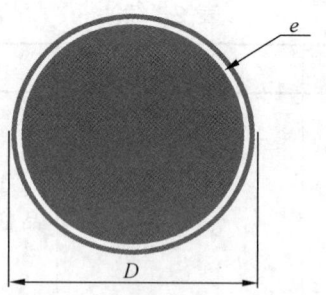

图 4 指令标志基本形状

6.4.4 指令标志的图形、名称、设置地点及说明见表 3。

表 3 指令标志的图形、名称、设置地点及说明

序号	标志图形	名 称	设置地点	说 明
1		必须戴防尘口罩	粉尘作业区	引用 GB 2894
2		必须加锁	危险品总仓库区	引用 GB 2894
3	持证上岗	必须持证上岗	危险品生产区、危险品总仓库区	引用 AQ 1017

6.5 指示标志

6.5.1 指示标志的基本形状为长方形,如图 5 所示。

6.5.2 指示标志的颜色为绿底(红底或黄底)、白图案(黑图案)。文字字体为黑体,大小设置合理。

6.5.3 指示标志的基本尺寸。短边长度 b/mm:220;长边宽度 l/mm:330;白色衬边宽度 e/mm:5。

图 5 指示标志的基本形状

6.5.4 指示标志的图形、名称、设置地点及说明见表4。

表 4 指示标志的图形、名称、设置地点及说明

序号	标志图形	名 称	设置地点	说 明
1	1.1级生产区 ←		1.1级生产区入口	
2	1.3级生产区 ←		1.3级生产区入口	
3	机动车辆通道 ←		机动车辆通道入口	
4	危险品总仓库区 ←		药物总库区、成品仓库、原材料仓库入口	

表 4（续）

序号	标志图形	名　称	设置地点	说　明
5	安全疏散通道 ←	安全疏散通道、方向	安全疏散通道入口附近、入口处及安全疏散通道内	

7 补充标志

7.1 文字补充标志的规定

7.1.1 文字补充标志（不包括提示标志）是将主标志的名称用黑体字横写在矩形的底版上。文字补充标志必须与主标志联用，单独使用没有任何安全含义。

7.1.2 文字补充标志基本形式是矩形边框，放在主标志下方，也可放在左方或右方，如图6、图7所示。

图 6　文字补充标志的位置（在主标志下方）

图 7　文字补充标志的位置（在主标志左方）

7.1.3 文字补充标志的底色应与联用的主标志底色相统一，其文字的颜色，警告标志用黑色，指示标志可用黑色或白色，其他标志均为白色。

7.1.4 文字补充标志为矩形，长边等于圆的直径或三角形边长，宽等于长边的五分之一。

如与方向补充标志联用,其尺寸宽为标志的二分之一,长为标志的三分之一。

7.2 方向补充标志的规定

7.2.1 方向补充标志(不包括提示标志)图形符号是箭头,他应指示被联用主标志所表示意义的方向,必须与主标志联用,单独使用没有任何安全含义。

7.2.2 方向补充标志如系指示左向(包括左上、左下)则放在主标志的左侧,如系右向(包括右上、右下)则放在主标志的右侧,如图8所示。

7.2.3 方向补充标志的底色和箭头颜色应与联用主标志的颜色相统一。

7.2.4 方向补充标志的尺寸,宽为标志的二分之一,长为标志的三分之一。

图 8 方向补充标志

8 颜色

本标准使用的安全色及其安全含义应符合 GB 2893 的规定。

9 制作

9.1 烟花爆竹安全生产标志牌应按本标准规定制作。一般选用金属或塑料为底版。有触电危险场所的标志牌,应使用绝缘材料制作。

9.2 本标准所涉及的颜色,必须符合 GB 2893 所规定色差范围。

10 设置与管理

10.1 烟花爆竹安全生产标志位置应设在与安全有关的明显地方并安装牢固,保证人们有足够的时间注意它所表示的内容。

10.2 烟花爆竹安全生产标志应定期清洗。如有变形、损坏、变色、图形符号脱落等现象应及时修理或更换。

10.3 烟花爆竹安全生产标志由烟花爆竹企业设置和维护。

10.4 在同一区域应设置多个标志时,应按禁止、警告、指令、指示类型的顺序,先左后右、先上后下地排列。

2. 安 全 规 程

烟花爆竹作业安全技术规程
(GB 11652—2012)

前 言

本标准的全部技术内容为强制性的。

本标准按照 GB/T 1.1—2009 给出的规则起草。

本标准代替 GB 11652—1989《烟花爆竹劳动安全技术规程》。

本标准与 GB 11652—1989 相比,对适用范围、烟火药制造、产品制作等方面内容进行了较大幅度的修订,主要技术变化如下:

——将原标准名称中的"劳动"修改为"作业",定名为《烟花爆竹作业安全技术规程》;
——将标准适用范围从仅限于烟花爆竹生产企业扩大到烟花爆竹生产和经营企业;
——更科学地界定了几个重要术语的定义,增加了效果件的定义;
——增加了药物混合时药量的控制和黑火药制造的规定,完善了烟火药的干燥散热和收取包装等安全技术要求;
——考虑了不同生产工序药物定量有规律衔接和现实生产情况,确定了各生产工序的药物定量,对礼花弹装球和烟花组装的定量作了较大修改;
——增加了爆竹插引与封口安全技术要求;
——完善了烘房的安全技术要求;
——将"设备与维修"修改为"设备及设备安装、使用、维修",并根据现实与发展的需要,作了较大的调整和增补;
——完善了危险工序作业人员安全培训要求内容;
——增加了一般性规定、引火线制作、危险性废弃物处置三章。

此外,本标准把主要产品的生产工艺流程图作为资料性附录(附录 A),以便对照查阅。

本标准由国家安全生产监督管理总局提出。

本标准由全国安全生产标准化技术委员会(SAC/TC 288)归口。

本标准起草单位:国家轻工业烟花爆竹安全质量监督检测中心、江西李渡烟花集团有限公司、熊猫烟花集团股份有限公司、浏阳东信烟花集团有限公司、浏阳庆泰烟花有限公司、湖南景泰烟花有限公司、浏阳集里出口礼花厂、河北蠡县德茂花炮厂、浙江桐庐县花炮厂、山东夏津县鲁阳花炮有限公司。

本标准主要起草人:黄茶香、宋汉文、刘宁、黎仲畦、罗建社、刘春文、蔺传球、李金明、孙仕定、刘捷光、肖湘杰、赵伟平、范志宇、杜元金、危成焰、刘刚、姜锡松、卢荣秋、赵政。

本标准所代替标准的历次版本发布情况为:

——GB 11652—1989。

1 范围

本标准规定了烟花爆竹生产和经营企业在烟花爆竹生产、研制、储存、装卸、企业内运输、燃放试验及危险性废弃物处置过程中的作业安全技术要求。

本标准适用于烟花爆竹生产和经营企业。

2 规范性引用文件

下列文件对于本文件的应用是必不可少的。凡是注日期的引用文件，仅注日期的版本适用于本文件。凡是不注日期的引用文件，其最新版本（包括所有的修改单）适用于本文件。

GB 2626　呼吸防护用品自吸过滤式防颗粒物呼吸器
GB 5083　生产设备安全卫生设计总则
GB/T 8196　机械安全　防护装置　固定式和活动式防护装置设计与制造一般要求
GB 10631　烟花爆竹　安全与质量
GB/T 12801　生产过程安全卫生要求总则
GB/T 13869　用电安全导则
GB 24284　大型焰火燃放安全技术规程
GB/T 25295　电气设备安全设计导则
GB 50161　烟花爆竹工程设计安全规范
AQ 4111　烟花爆竹作业场所机械电器安全规范

3 术语和定义

下列术语和定义适用于本文件。

3.1
烟火药　gunpowder

主要由氧化剂与还原剂等组成的，燃烧、爆炸时能产生光、声、色、烟雾、气体等效果的混合物。

3.2
黑火药　black gunpowder

用硝酸钾、炭粉和硫黄或用硝酸钾和炭粉为原材料制成的一种烟火药。

3.3
效果件　effect parts

通过工艺制作形成的烟火药或含有烟火药的单个形体（包括药粒、药柱、药块、药包、药球、效果内筒、效果引线等），分为裸药效果件和非裸药效果件。

3.4
非裸药效果件　non-exposure gunpowder effect parts

用壳体将烟火药紧密包装后的效果件。

3.5
工房　workshop

烟花爆竹生产作业的厂房。

3.6
定机　equipment quota

在危险性场所允许的最多机械设备台(套)数。

3.7
定员　personnel quota

在危险性场所允许的最多人数。

3.8
定量　gunpowder weight quota

在危险场性场所允许存放(或滞留)的最大药物质量(含半成品、成品中的药物质量)。

3.9
危险性废弃物　hazardous waste

在烟花爆竹生产经营过程中,废弃的烟花爆竹产品及含药半成品、烟火药、引火线、危险化学品。

3.10
蘸药(点药)　dipping of wet gunpowder

将湿药粘附在效果件、部件点火端上的过程。

3.11
组装　assembly work

将非裸药效果件、部件组合在一起的过程。

3.12
装、筑(压)药　filling gunpowder

将烟火药、黑火药或裸药效果件装(填、筑、压)入壳体或模具的过程。

4 一般性规定

4.1 应建立健全安全生产管理规章制度和岗位操作规程,并有效实施。

4.2 应在许可的专用场所内,按许可的产品类别、级别范围进行安全生产和储存。

4.3 应按设计用途使用工(库)房,并按规定设置安全标志或标识,不应擅自改变生产作业流程、工(库)房用途和危险等级。

4.4 操作者不应擅自改变药物配方和操作规程;确需改变时,应按相应程序和规定经审查批准后方可操作。

4.5 应遵守本标准定员、定量和定机的规定,不应超定员、定机、定量生产和储存。

4.6 手工直接接触烟火药的工序应使用铜、铝、木、竹等材质的工具,不应使用铁器、瓷器和不导静电的塑料、化纤材料等工具盛装、掏挖、装筑(压)烟火药;盛装烟火药时药面应不超过容器边缘。

4.7 操作工作台应稳定牢固;直接接触烟火药工序的工作台宜靠近窗口,应设置橡胶、纸质、木质工作台面,且应高于窗口,不应使用塑料、化纤等不导静电材质的工作台面。

4.8 烟火药中不应混入与烟火药配方无关的泥沙等杂物、杂质,如意外混入不应使用。

4.9 直接接触烟火药的工序应按规定设置防静电装置,并采取增加湿度等措施,以减少静电积累。

4.10 烟火药、黑火药、引火线、效果件、含药半成品及成品生产、制作、装卸、搬运过程中应轻拿、轻放、轻操作,不应有拖拉、碰撞、抛摔、用力过猛等行为。

4.11 生产作业场所应保证疏散通道畅通,不应闩门、闩窗生产。

4.12 应在工作台上操作,不应把地面当作工作台。

4.13 不应在规定地点外晾晒烟花爆竹成品、半成品及烟火药、黑火药、引火线。

4.14 不应在规定的燃放试验场外燃放试验产品,不应在规定的销毁场外销毁危险性废弃物。

4.15 未安装阻火器的机动车辆不应进入有药生产、储存区域。

4.16 不应擅自增设建(构)筑物、安装电气(器)设备。

4.17 不应在生产、储存区吸烟、生火取暖;不应携带火柴、打火机等火源火种进入生产、储存区;不应在有可燃性气体、药物、可燃物粉尘环境的工(库)房使用无线通信设备。

4.18 有药工序使用新设备和新工艺前,应按有关规定对其安全性能、安全技术要求进行论证。

4.19 储存乙醇、丙酮等易燃液体的库房应保持通风良好。

4.20 工(库)房面积应满足 GB 50161 人均使用面积要求。

4.21 按照 GB 50161 规定,采用抗爆间室、隔离操作的联建1.1级工房,其定员、定机可为单人单机单间。

5 烟火药制造及裸药效果件制作

5.1 基本要求

5.1.1 烟火药制造、裸药效果件制作的各工序应分别在单独工房内进行。

5.1.2 除造粒和制开包(球)药外,电动机械制造(作)烟火药及裸药效果件,在机械运转时人与机械间应有防护设施隔离。

5.2 原材料准备

5.2.1 烟火药的原材料应符合有关原材料质量标准要求,具有产品合格证;进厂应经过检验合格后方可使用。

5.2.2 原材料(药种)的使用应符合 GB 10631 规定。

5.2.3 在开启原材料的包装时,应检查包装是否完整;包装打开后,应检查包装内物质与有关标识是否相符;发现包装内物质与标识不符及物质受潮、变质等现象应停止使用。

5.3 原材料粉碎筛选

5.3.1 原材料筛选粉碎,每栋工房定员2人。

5.3.2 粉碎前应对设备和工具进行全面检查,并认真清除粉尘;粉碎前后应筛选除去杂质。

5.3.3 粉碎氧化剂、还原剂应分别在单独专用工房内进行,每栋工房定员2人;严禁将氧化剂和还原剂混合粉碎筛选;粉碎筛选过一种原材料后的机械、工具、工房应经清扫(洗)、擦拭干净才能粉碎筛选另一种原材料;高感度的材料应专机粉碎;不应用粉碎氧化剂的设备粉碎还原剂,或用粉碎还原剂的设备粉碎氧化剂。

5.3.4 原材料粉碎时应保持通风并防止粉尘浓度过高。

5.3.5 用湿法粉碎时,不应有原材料外溢。

5.3.6 粉碎的原材料包装后,应标明品种、规格、数量和日期。

5.4 原材料称量

5.4.1 原材料称量,每栋工房定员1人,定量200 kg。

5.4.2 称量应符合下列要求:

5.4.2.1 称量前应检查各种原材料的标志标签、色质以及计量器具的准确性。

5.4.2.2 称量应准确,其每份总量应与每次药物混合工序定量相一致。

5.4.2.3 称量氧化剂、还原剂,应分别使用取料工具和计量器具,称好的氧化剂应与还原剂及其他原材料应分别盛装,装入容器后应立即标识。

5.4.2.4 不应在称原材料工房进行药物混合。

5.5 药物混合

5.5.1 烟火药各成分混合宜采用转鼓等机械设备,每栋工房定机1台,定员1人;手工混药,每栋工房定员1人。

5.5.2 黑火药制造宜采用球磨、振动筛混合,三元黑火药制造应先将炭和硫进行二元混合。

5.5.3 含氯酸盐等高感度药物的混合,应有专用工房,并使用专用工具。

5.5.4 机械混药应符合下列要求:

5.5.4.1 药物混合前对设备进行全面检查,并检查粉尘清理情况。

5.5.4.2 应远距离操作,人员未离开机房,不应开机。

5.5.4.3 人工进出料时,应停机断电、散热后进行。

5.5.5 药物混合每栋工房定量应符合表1规定。

表 1 药物混合定量表

序号	烟火药类别	烟火药种别	定量/kg	
			手工	机械
1	硝酸盐烟火药	黑火药	8	200
		含金属粉烟火药	5	20(干法) 100(湿法)
2	高氯酸盐烟火药	含铝渣、钛粉、笛音剂的烟火药、爆炸药	3	10
		光色药、引燃药	5	10
3	氯酸盐烟火药	烟雾药、过火药	8	20
		引火线药	3	10(干法) 100(湿法)
		摩擦药	0.5(湿法)	
4	其他烟火药	响珠烟火药等	5	10
注:表中未注明湿法的均为干法混合。				

5.5.6 多种烟火药混合,每次限量取该若干种烟火药表1限量的平均值。

5.5.7 不应使用石磨、石臼混合药物;不应使用球磨机混合氯酸盐烟火药等高感度药物。

5.5.8 摩擦药的混合,应将氧化剂、还原剂分别用水润湿后方可混合,混合后的烟火药应保持湿度;不应使用干法和机械法混合摩擦药。

5.5.9 每次药物混合后,宜采用竹、木、纸等不易产生静电的材质容器盛装,及时送入下道工序或药物中转库存放,并立即标识。

5.5.10 混合药(除黑火药外)应及时用于制作产品或效果件,湿药应即混即用,保持湿度,防止发热;干药在中转库的停滞时间小于或等于 24 h。

5.5.11 采用湿法配制含铝、铝镁合金等活性金属粉末的烟火药时,应及时做好通风散热处理。

5.5.12 混药结束后应及时清理粉尘和现场。

5.5.13 不应在混药工房进行装药。

5.6 烟火药调湿

5.6.1 每栋工房定员 1 人,每栋工房的定量:使用水溶剂调湿硝酸盐烟火药 100 kg,含氯酸盐或使用易燃有机溶剂(如二硫化碳、酒精、丙酮、油漆)作粘合剂的药物(如擦火头药、擦地炮药)3 kg,其他药物 15 kg。

5.6.2 调湿时如发现温度异常,应迅速摊开散热;搅拌工具应避免与容器摩擦撞击。

5.6.3 调制湿药使用的溶剂和粘合剂 pH 应为 5~8。

5.7 裸药效果件制作

5.7.1 药粒、开包炸药制作:

5.7.1.1 电动机械造粒或制药,每栋工房定机 1 台,定员 1 人,定量(干法 5 kg,湿法 20 kg);手工造粒或制药,每栋工房定员 1 人,定量 5 kg。

5.7.1.2 造粒或制药前应用相应溶剂湿润药罐内壁,造粒或制药后应用相应溶剂清洗药罐内壁。

5.7.1.3 机械运转过程中,药物温度急剧上升时应及时停机处理。

5.7.1.4 药粒的筛选分级应在药粒未干之前进行,每栋工房定员 1 人,定量(干法 5 kg,湿法 20 kg)。

5.7.2 药柱(块、片)制作:

5.7.2.1 制作药柱应采用湿药筑压,定量按表 1 限量的 1/2 计算。

5.7.2.2 机械压药,每栋工房定机 1 台,定员 2 人,人机隔离操作;手工模具压药,每栋工房定员 1 人。

5.7.2.3 褙药柱、药柱蘸(装)药,每栋工房定员 2 人,定量 5 kg。

5.7.2.4 制药块(片)应采用湿药切割,每栋工房定员 1 人,定量 2 kg。

5.7.3 制成的湿效果件应摊开放置,摊开厚度小于或等于 1.5 cm(效果件直径大于 0.75 cm 时,其摊开厚度小于或等于效果件直径的 2 倍)。

5.8 粒状黑火药制作

5.8.1 潮药装模、人工碎(药)片、包装,每栋工房定员 1 人;机械压(药)片、机械碎(药)片、造粒分筛、抛光、精筛,每栋工房定机 1 台,定员 1 人。

5.8.2 各工序工房定量分别为:潮药装模 120 kg、压(药)片 120 kg、散热 800 kg、人工碎(药)片 15 kg、机械碎(药)片 80 kg、造粒分筛 80 kg、抛光 250 kg、精筛 80 kg、包装 80 kg。

5.8.3 添加药和出药操作时,应在停机 10 min 后进行;装模时宜包片,压药应同时均匀加热,温度小于或等于 110 ℃;压药片时应预加压,并缓慢升压,最大压力小于或等于 20 MPa。

5.8.4 定量大的工序到定量小的工序之间应设置中转库。

5.9 其他烟火药(雷酸银)制造

5.9.1 雷酸银制作应在单独专用工房内进行,每栋工房定员1人,每次制作时使用的硝酸银量小于或等于15 g,制作好的雷酸银应保持湿度并迅速混砂。

5.9.2 雷酸银混砂:

5.9.2.1 将湿雷酸银倒入计量的砂堆上,用竹或木片拌匀,不应使用金属棒或用手直接拌混。

5.9.2.2 每次混砂砂量小于或等于10 kg。

5.9.2.3 雷酸银砂混好后,应保持湿度,拌混工具应放入硫代硫酸钠等还原性水中浸泡并清洗干净。

5.10 药物干燥散热、收取包装

5.10.1 药物干燥应采用日光、热水(溶液)、低压热蒸汽、热风干燥或自然晾干,不应用明火直接烘烤药物。

5.10.2 被干燥的药物应摊开放置药盘中,药层厚度小于或等于1.5 cm(效果件直径大于0.75 cm时,其摊开厚度小于或等于效果件直径的2倍);药盘直径或边长应小于或等于60 cm。

5.10.3 日光干燥应符合下列要求:

5.10.3.1 日光干燥应在专用晒场进行,定量应小于或等于1 000 kg,晒坪应硬化、平整、光洁。

5.10.3.2 晒场应设晒架,晒架应稳固,高度宜在25 cm~35 cm,晒架间应留搬运、疏散通道,通道应与主干道垂直,通道宽度大于或等于80 cm。

5.10.3.3 严禁将药物直晒在地面上,气温高于37 ℃时不宜进行日光直晒。

5.10.3.4 晒场应由专人管理,同时进入场内不应超过2人,非管理和操作人员不应进入晒场;不应在晒场进行浆药、筛药、包装等操作。

5.10.3.5 应时刻关注晒场气象情况,在大风、下雨前应将晒场内药物收入散热间或及时采取防雨淋措施;下雨时不应抢收药物,被淋湿的药物应摊开放置,不应堆放,不应放置在封闭室内。

5.10.4 烘房干燥应符合下列要求:

5.10.4.1 水暖干燥时,每栋烘房定量应小于或等于1 000 kg,烘房温度应小于或等于60 ℃;热风干燥时,每栋烘房定量应小于或等于500 kg,烘房温度应小于或等于50 ℃,同时应有防止药物产生扬尘的措施,风速应小于或等于0.5 m/s。

5.10.4.2 烘房应设置温度感应报警装置,保持均匀供热,烘房升温速度应小于或等于30 ℃/h。

5.10.4.3 烘房应有排湿装置并及时排湿。

5.10.4.4 烘房内药物应用药盘盛装,分层平稳地放置在烘架上。

5.10.4.5 烘房内药物堆码应符合表2规定。

表2 烘房内药物堆码要求   单位为厘米

名称	烘架高度	距离地面高度	层间隔	与热源距离
药物	≤120	≥25	≥15	≥30

5.10.4.6 烘架间应留搬运、疏散通道,宽度大于或等于100 cm。
5.10.4.7 烘房应由专人管理,加温干燥药物时任何人不应进入;烘干前后烘房内药物进出操作,每栋定员2人。
5.10.4.8 烘房应保持清洁,散热器上不应留有任何药物。
5.10.5 药物在干燥散热时,不应翻动和收取,应冷却至室温时收取,如另设散热间,其定员、定量、药架设置应与烘房一致并配套;散热间内不应进行收取和计量包装操作,不应堆放成箱药物;湿药和未经摊凉、散热的药物不应堆放和入库。
5.10.6 不应在干燥散热场所检测药物。
5.10.7 干燥后的药物,水分含量应符合烟火药含水量相应标准的规定。
5.10.8 药物计量包装应在专用工房进行,每栋工房定员1人,定量30 kg。
5.10.9 药物进出晒场、烘房、散热、收取和计量包装间,应单件搬运。

6 引火线(含效果引线)制作

6.1 引火线应机械制作,并在专用工房操作;机械动力装置应与制引机隔离。
6.2 干法生产,每栋定机4台,单机单间;水溶剂湿法生产,每栋定机16台,每间定机4台;其他溶剂湿法生产,每栋定机2台,单机单间。
6.3 机械运转时,人机应分离;接引、添药、取引锭时,应停机。
6.4 工房地面应保持湿润,墙体和地面应定时清洗。
6.5 引火线制作定员、定量应符合表3规定。

表3 引火线制作定员定量表

引火线种类		定员/(人/栋)		定量/(kg/台)	
		干法	湿法	干法	湿法
硝酸盐引火线	纸引火线	1	4	3	6
	安全引火线(含效果引火线)	1	4	6	12
	快速引火线	—	2 (有机溶剂)	3	6
高氯酸盐引火线	纸引火线	1	4	3	6
	安全引火线(含效果引火线)	1	4	6	12
	快速引火线	—	2 (有机溶剂)	3	6
氯酸盐引火线	纸引火线	1	4	1	2

6.6 纸引火线上浆、绕引每栋工房定员2人,定量15 kg,单人单间,引锭与人应分离,隔墙应密封。
6.7 安全引火线上漆每栋工房定员2人,定量25 kg,应用调速电动机控制发引端引卷转速,出引卷转速小于或等于40 r/min。
6.8 引火线干燥应在专用晒场或烘房进行;干燥后,应在散热后方可收取,晒场内通道应与主干道垂直,宽度大于或等于100 cm。

6.9 采用烘房干燥的技术要求,按有药半成品干燥的规定执行。

6.10 割引、捆引、切引:

6.10.1 切、割引宜采用机械,当采用机械操作时,每栋工房定员1人,硝酸盐引线定量1 kg,其他引线定量0.6 kg。

6.10.2 操作人员应戴披肩帽、手套、防护面罩进行操作。

6.10.3 割、捆、切引应分别单独进行,不应在晒场、散热间进行;手工操作每栋工房定员1人,定量应符合表4规定。

表4 切、割、捆引定量表

操作名称		药量/kg
		手工
割引	硝酸盐引火线	6
	高氯酸盐引火线	3
	氯酸盐引火线、效果引火线	1.5
捆引	硝酸盐引火线	6
	高氯酸盐引火线	3
	氯酸盐引火线、效果引火线	1.5
切引	硝酸盐引火线	2
	高氯酸盐引火线	1
	氯酸盐引火线、效果引火线	0.5

6.10.4 切、割引的刀刃要锋利,应及时涂油、蜡;严禁在切引间磨(刮)刀具。

6.10.5 切、割引时用力应均匀,严禁来回拉扯。

6.10.6 引头、引尾应及时放至水中,及时销毁。

6.10.7 包装每栋工房定员1人,定量30 kg。

7 产品制作

7.1 基本要求

7.1.1 各工序应分别在单独专用工房进行;烟火药、黑火药、引火线、效果件及有药半成品应设专人管理,各工序应按定量领取并登记。

7.1.2 使用的烟火药为多种时,定量按表1限量的平均值确定;产品制作如定量小于或等于单发(枚)产品药量时,定量为单发(枚)的含药量。

7.1.3 使用含氯酸盐、黄磷、赤磷、雷酸银、笛音剂等高感度烟火药的工房,不应改做其他产品制作工房。

7.1.4 每次限量药物、半成品用完后,应及时将半成品送入中转库或指定地点。

7.1.5 剩余的烟火药,应退还保管人,不应留置工房或临时存药洞过夜。

7.1.6 装、压纸片、安装点火引定员、定量、定机应按其前一道工序执行。

7.2 装、筑(压)药(裸药效果件)

7.2.1 装药前应筛除效果件中的药尘(灰),除药尘(灰)应在单独工房操作,定员、定量按下道工序执行。

7.2.2 1.1级工房每栋工房定员1人;当隔离操作时,每栋工房定员2人,单人单间。

7.2.3 装药每栋工房定量按表1确定。

7.2.3.1 砂炮手工包(装)药砂每栋工房定员24人,每人定量0.5 kg;砂炮机械包(装)药砂每栋工房定机4台,每台机2人,每机定量5 kg。

7.2.3.2 筑(压)药定量按表1限量的1/2确定;笛音药筑(压)药每栋工房定量:手工0.5 kg,机械2 kg。

7.2.4 礼花弹装球时,只能轻轻按压,合球不应猛烈碰合,合球后,不应进行强烈敲击。

7.2.5 当筒体变形、筒体内壁不洁净或效果件变形时,按废弃物处理,不应将药物(效果件)强行装入。

7.2.6 摩擦药(含赤磷、雷酸银)应保持湿润。

7.2.7 筑(压)药的过程中,当模具与药物难以分离时,不应强行分离,采用酒精清洗。

7.2.8 含有较大颗粒的铝、钛、铁粉的烟火药,不应筑压。

7.2.9 礼花弹安装外导火索和发射药盒时,不应有药粉外泄。

7.3 蘸(点)药

7.3.1 效果内筒蘸药每栋工房定员2人,单人单间,效果内筒应单层摆放,每人定量15 kg。

7.3.2 擦炮蘸药每栋工房定员4人,单人单间,含药半成品应单层摆放,每人定量5 kg。

7.3.3 摩擦类产品手工蘸药每栋工房定员4人,每人定量25 g;机械蘸药每栋工房定机2台,单人单间,每人定量50 g。

7.3.4 线香类蘸药(提板)每栋工房定员8人,每人定量(湿药)25 kg。

7.3.5 电点火头手工蘸药每栋工房定员8人,每人定量25 g;机械蘸药每栋工房定员4人,定机4台,每人定量0.1 kg。

7.3.6 蘸(点)药时,不应将湿药粘附在内筒外壁、摩擦类产品的非效果处。

7.3.7 用于蘸(点)药的各类药物干涸后不应对其刮、铲、撞击,应用相应的溶剂,充分溶解后清洗。

7.4 钻孔

7.4.1 有药半成品机械钻孔每栋工房定机1台、定员1人;当隔离操作时,每栋工房定机2台、单人单间。

7.4.2 有药半成品手工钻孔每栋工房定员1人;当隔离操作时,每栋工房定员4人、单人单间。

7.4.3 每栋工房定量按表1规定执行。

7.4.4 钻孔工具刃口应锋利,使用时应涂蜡擦油并交替使用,工具不符合要求时不应强行操作。

7.4.5 裸药效果件或单个药量大于20 g的半成品,不应钻孔;单个含药量大于5 g或不含黑火药、光色药的半成品不应手工钻孔。

7.4.6 有药半成品的机械钻孔，转速小于或等于 90 r/min。

7.5 插引、安（串）引

7.5.1 手工插引，每间定员 4 人，每栋工房定员 16 人；当单间只有 1 个疏散出口时，每间定员 2 人；每人定量 0.5 kg。

7.5.2 机械插引每栋工房定员 4 人，单人单间，每人定量 3 kg。

7.5.3 无药部件插、串、安引每栋工房定员，24 人，每人定量 0.5 kg。

7.5.4 切割刀片应锋利，引锭与插引机应隔离，含药半成品应用有盖的箱子盛装。

7.6 封口（底）

7.6.1 每栋工房定员 2 人。

7.6.2 爆音药半成品封口（底）每人定量 3 kg，其余每人定量 5 kg。

7.6.3 爆竹直接挤压封口，不应猛力敲打。

7.6.4 含爆炸药、笛音药的半成品，不应采用筑（压）方法封口。

7.6.5 半成品的封口应密实，防止药物外泄、受潮。

7.7 结鞭

7.7.1 手工（人力机械）结鞭，每人定量 3 kg。每栋工房定员 24 人，每间定员 4 人；当单间只有 1 个疏散出口时，每间定员 2 人；

7.7.2 动力机械结鞭，每栋工房定机 6 台，单机单间，每机定量 6 kg，每间定员 2 人，带包装的机械结鞭每间定员 3 人。

7.7.3 结鞭时，应除去半成品上粘附的药尘。

7.7.4 结鞭爆竹分割工具应锋利，宜用单刃刀片。

7.8 礼花弹、小礼花类糊球

7.8.1 手工糊球每间工房定员 4 人，每栋工房定员 16 人，每人定量 15 kg；含全爆炸药的每人定量 10 kg。

7.8.2 机械糊球每栋工房定机 8 台，每间定机 2 台，每机 2 人，每机定量 30 kg；含全爆炸药的每机定量 20 kg。

7.8.3 盛装工具应有围框，围框高度应超过弹（球）体直径（高度）的 1/2，5 号以上（含 5 号）弹（球）体应单层放置。

7.8.4 敷弹（球）后应及时进行干燥。

7.9 组装

7.9.1 升空类、吐珠类、小礼花类、组合烟花类直径大于或等于 3.8 cm 或单发药量大于或等于 25 g 的效果内筒（或球）等非裸药效果件的组装、礼花弹组装（含安引、装发射药包、串球），每栋工房定员 1 人，定量 10 kg（含全爆炸药的定量 4 kg）；当工房采用抗爆间室结构时，每栋定员 2 人，单人单间，每间定量 10 kg（含全爆炸药的定量 4 kg）。

7.9.2 升空类、吐珠类、小礼花类、组合烟花类直径小于 3.8 cm 或单发药量小于 25 g 的效果内筒（或球）等非裸药效果件的组装每栋定员 12 人，每间定员 2 人，每人定量 12 kg（含全爆炸药的定量 7 kg）。操作时，效果内筒（或球）应单层摆放，不应堆积存放。

7.9.3 喷花类、架子烟花类、造型玩具类、旋转类、烟雾类、旋转升空类等产品组装每栋工房定员 24 人，每人定量 15 kg。

7.9.4 礼花弹安装定时引线时,应使用竹、铜钎轻轻刺破中心管的纱纸。

7.9.5 组装前,应除去半成品、效果件、无药部件上粘附的药尘。

7.10 包装(褙皮、封装、装箱)

每栋工房定员 24 人;每人定量按表 1 规定的 3.5 倍执行。

7.11 成品、有药半成品的干燥

7.11.1 应在专用场所(晒场、烘房)进行。

7.11.2 每栋工房定员、定量、热能选择、干燥方式等要求按 5.10 规定执行。

7.11.3 晒礼花弹的抬架,应有围框,围框高度应超过礼花弹直径的 1/2,弹体(球)宜单层放置。

7.11.4 产品干燥不应与药物干燥在同一晒场(烘房)进行,摩擦类产品不应与其他类产品在同一晒场(烘房)干燥。

7.11.5 蒸汽干燥的烘房温度小于或等于 75 ℃,升温速度小于或等于 30 ℃/h,不宜采用肋形散热器。

7.11.6 热风干燥成品、有药半成品室温小于或等于 60 ℃,风速小于或等于 1 m/s;循环风干燥应有除尘设备,除尘设备要定期清扫。

7.11.7 烘房中堆码高度等按表 5 规定执行。

表 5 烘房内产品堆码要求

单位为厘米

名称	架码高度	距离地面高度	与热源距离
成品、半成品	≤150	≥25	≥20

7.11.8 烘房应设置温度报警装置,烘房看管人员应严格控制温度的升降,发现异常情况应及时处理并报告安全管理负责人。

7.11.9 干燥后的成品、有药半成品应通风散热。在干燥散热时,不应翻动和收取,应冷却至室温时收取。

7.12 燃放试验

7.12.1 燃放试验应在规定场所进行,燃放试验场地与生产区及非生产区的距离应符合 GB 50161 规定。

7.12.2 燃放试验时,应设专人警戒;现场操作人员不应超过 2 人,其余人员应在安全区域观看;操作时应戴头盔,点火时身体应偏离产品燃放轨迹,并及时撤离至安全区域内。

7.12.3 燃放试验时,产品及导向筒应牢固固定,严防倒筒、散筒。

7.12.4 待燃放产品应妥善存放,并采取防火隔离措施。

7.12.5 燃放试验时应注意风向风速,对熄引的试验物应妥善处理。

7.12.6 燃放试验后的残留物应进行清扫和妥善处理。

8 设备及设备安装、使用、维修

8.1 设备

8.1.1 各种机电设备应符合 GB/T 25295 要求,各种机械电器应符合 AQ 4111 要求,各种设备防护装置应符合 GB/T 8196 要求。

8.1.2 带电设备应按 GB 5083 的要求设置,有防止意外起动的联锁安全装置和防止传动部件摩擦发热的措施。

8.1.3 电气装置在使用前应确认其符合相应的环境要求和使用等级要求。

8.1.4 非标准和自制的生产设备应打磨平整光洁后方可投入使用。

8.1.5 危险性工房所用设备的动力部分,可使用三相防爆电机,使用单相电机时应使用防爆型电容运转电机,使用其他电机时应符合防爆要求。

8.1.6 凡接触药物的机械传动部分,不应采用金属搭扣皮带和不宜采用平板皮带或万能皮带,应采用三角皮带轮或齿轮减速箱。

8.1.7 带电的机械设备应有可靠的接地设施,接地电阻小于或等于 4 Ω。

8.1.8 进行二元或三元黑火药混合的球磨机与药物接触的部分不应使用铁制部件,可用黄铜、杂木、楠竹和皮革及导电橡胶等材料制成。进行烟火药混合的设备应达到不产生火花和静电积累的要求,不应使用易产生火花(铁质)和静电积累(塑料)材质。

8.1.9 特种设备应由有资质的生产厂家生产,经法定检验机构检验合格方可投入使用,并应定期检验合格。

8.1.10 不应在危险场所架设临时性的电气设施,确需架设电气设施时应符合 GB 50161 规定。

8.2 安装

8.2.1 设备安装应按 GB 50161 规定和设备安装要求进行,且满足劳动者的劳动保护要求。

8.2.2 设备安装位置应符合 GB/T 12801 和 AQ 4111 的要求,保证疏散通道畅通,不影响操作人员的安全出入;与墙体等物体之间有相应的距离,便于检修和维护。

8.2.3 设备安装后的人均使用面积应符合 GB 50161 规定。

8.3 使用

8.3.1 设备使用应根据设备的要求制定安全操作规程,并有效实施。

8.3.2 应定期对机械设备进行维护和保养。

8.3.3 发生故障应立即断电停机。

8.4 维修

8.4.1 机械设备应有专人负责日常维修保养,定期进行检查、维修和保养,非设备专管人员不应擅自装拆移动。

8.4.2 在有药工房进行设备检修时,应将工房内的药物、有药半成品、成品搬走,清洗设备及操作台、地面、墙壁的药尘,修理结束应清理修理现场。

8.4.3 带电设备的维修应按 GB/T 13869 的要求进行,应由具有电工作业资格的专人负责维修保养,非电工作业人员不应从事任何电工作业。进行设备维修需临时使用明火或从事易产生火花作业时,应制定安全措施,由企业有关负责人审查签发动火作业证,经现场管理人员检查符合要求后方可动火作业,动火作业过程中应有专人进行现场监护。

8.4.4 经维修后的电气装置应重新确认其符合相应的环境要求和使用等级要求。

9 装卸、运输、储存

9.1 装卸

9.1.1 装卸前应打开仓库相应的安全出口,机动车应熄火平稳停靠在仓库门前 2.5 m 以外。

9.1.2 装卸烟火药、黑火药、引火线、有药半成品时,进入库房定员 2 人;装卸烟花爆竹成品,进入库房定员 8 人;不应有无关人员靠近,电瓶车、板车、手推车不应进入烟火药(黑火药)、引火线、有药半成品仓库内。

9.1.3 应单件装卸;不应有碰撞、拖拉、抛摔、翻滚、摩擦、挤压等操作行为;不应使用铁锹等铁质工具。

9.2 运输

9.2.1 运输工具应使用符合安全要求的机动车、板车、手推车,不应使用自卸车、挂车、三轮车、摩托车、畜力车和独轮手推车等;工房之间的物品搬运可采用肩挑、手抬(提)等方式。

9.2.2 所运输的物品堆码应平稳、整齐,遮盖严密,物品堆码高度不应超过运输工具围板、挡板高度。

9.2.3 厂内运输应遵守以下规定:

9.2.3.1 机动车辆进入生产区和仓库区时,排气管应安装阻火器,速度小于或等于 15 km/h。

9.2.3.2 使用手推车、板车在坡道上运输时,应有人协助并以低速行驶。

9.2.3.3 道路纵坡大于 6°时不应使用板车、手推车运输。

9.2.3.4 手推车、板车以及抬架应安装挡板,外延轮盘应是橡胶制品,车(架)脚应为木质或包裹橡胶。

9.2.3.5 肩挑、手抬(提)的绳索、扁担、挑、抬(提)架应牢靠、稳固。

9.2.4 厂区、库区之间运输应遵守以下规定:

9.2.4.1 车辆应配备消防灭火器,并设置明显的爆炸危险品标志。

9.2.4.2 车辆速度应低于有关限速规定,应当保持车距,不应抢道,避免紧急制动。

9.2.5 危险品运输车辆不应混装性质不相容的物品,除驾驶员和押运员外,不应有其他人员搭乘。

9.3 储存

9.3.1 各类物品应按不同性质分别设库储存,性质不相容的物品不应混存。

9.3.2 危险品仓库的危险等级划分应按 GB 50161 规定执行。

9.3.3 不应改变危险等级或超过核定数量储存,应储存在危险等级高的仓库、中转库的物品不应储存在危险等级低的仓库、中转库,摩擦药、含摩擦药的半成品、成品应在单独专用库房储存。

9.3.4 仓库内木地板、垛架和木箱上使用的铁钉,钉头要低于木板外表面 3 mm 以上,钉孔要用油灰填实;未做防潮处理的地面,应铺设防潮材料或设置大于或等于 20 cm 高的垛架。

9.3.5 库房温度控制范围应为 −20 ℃~45 ℃,相对湿度控制范围为 50%~85%;库房内应有温、湿度计,每天对库房内温、湿度进行检测记录;应适时作好库房通风、防潮、降温处理,环境湿度较高的地区应设除(去)湿设备。

9.3.6 烟火药、效果件、引火线等应经彻底干燥、冷却经包装后方可收存入库;包装物或盛装容器应使用防潮、防静电的材质,包装应符合 GB 10631 等标准要求。

9.3.7 仓库内应保持卫生整洁,通道畅通,物品摆放整齐、平码堆放;堆垛与库墙之间宜留有大于或等于 0.45 m 的通风巷,堆垛与堆垛之间应留有大于或等于 0.7 m 的检查通道,通往安全出口的主通道宽度应大于或等于 1.5 m,每个堆垛的边长应小于或等于 10 m。

9.3.8 仓库内物品堆垛高度应符合表 6 规定。

表 6　仓库内物品堆码要求　　　　　　　　　　　　　　　　　　　单位为厘米

名　称	烟火药（黑火药、效果件）	散装成品、半成品、引火线	成箱成品
高　度	≤100	≤150	≤250

9.3.9　仓库应设专门保管人员；保管人员应熟悉所储存物品的安全性能和消防器材的使用方法，加强对消防设施（器材）以及通风、防潮、防鼠等设施的维护，保障其功能有效、适用安全要求；应分库建立危险品登记台账，严格出入库登记手续，并定期进行货账核对。

9.3.10　严禁在库房区域内进行钉箱、分箱、成箱、串引、蘸（点）药、封口等生产作业；总仓库区域内物品应整箱（件）出入。

9.3.11　危险品分类储存条件和灭火物质应符合表 7 规定。

表 7　危险品分类储存条件和灭火物质要求

序号	类别	名　称	储存条件	灭火物质
1	氧化剂	氯酸钾	专库储存，不应与还原剂、易燃易爆物及酸类物质混存	水、沙土、泡沫
		高氯酸钾、高氯酸铵、硝酸钾、硝酸钡、硝酸锶	可同间分离储存，不应与还原剂、易燃易爆物及酸类物质混存	水、沙土、泡沫
		氧化铜、四氧化三铅、三氧化二铋、四氧化三铁	可同间分离储存，不应与铝粉、铝镁合金、钛粉、铁粉及酸类物质混存	水、沙土、泡沫
2	还原剂	铝粉、铝镁合金粉、钛粉、铁粉	可同间分离储存，通风防潮，不应与氧化剂、酸类物质混存	沙土、干粉
		炭粉	专库储存，保持阴凉干燥，新制木炭在炭化后 7 d 内不应入库储存	水
		硫、硫化锑、碳素粉、虫胶、酚醛树脂、淀粉	可同间分离储存，不应与氧化剂混存	水、干粉
		赤磷	专间储存，室温低于 40 ℃	水
		白磷	专间储存，存放于水中，室温低于 40 ℃	水
3	特殊效应物质	苯甲酸钾、苯二甲酸钾、成烟物	可同间分离储存，不应与氧化剂混存	水
4	着色剂	碱式碳酸铜、碳酸锶、草酸钠、氟硅酸钠、氟铝酸钠	可同间分离储存	水、沙土、泡沫
5	含氯物质	聚氯乙烯、六氯乙烯、氯化石蜡	可同间分离储存	水、干粉
6	酸类	硝酸	专间储存，干燥通风，不应与易燃易爆物及硫、磷等混存	沙土、泡沫
7	可燃性液体	酒精、丙酮、防潮剂	专间储存，不应与氧化剂混存	泡沫

表 7（续）

序号	类别	名称	储存条件	灭火物质
8	烟火药	裸药效果件、黑火药、开球炸药、其他烟火药	按 GB50161 中的分级分类规定储存在相应的仓库	水、沙土、泡沫
9	引火线	快速引火线、慢速引火线		
10	烟花爆竹	半成品		
11		成品		
12	单基药	硝化棉、单基发射药	专库储存,通风散热,室温低于 40 ℃	水、沙土、泡沫

10 生产经营条件和环境

10.1 生产条件和环境

10.1.1 生产企业应有符合 GB 50161 规定,满足其生产的品种及生产规模的建(构)筑物,防爆、防雷、防静电、消防等安全设施设备;

10.1.2 防爆、防雷、防静电、消防设施设备应经检测(或验收)合格,消防器材方便取用。

10.1.3 危险性作业场所、库区应设有明显的安全警示标志。

10.1.4 烟火药采用新材料或改变组成成分时,应经检测符合国家或行业有关安全标准方可使用。

10.1.5 工房应配置适合操作人员的设备设施,配备保护工作人员健康安全的防护用具。

10.1.6 粉尘较大的工序应设更衣室。

10.1.7 在有药工序的作业过程中,出现如下情况时应停止生产:

10.1.7.1 电源线路发生漏电、短路和机器运转不正常。

10.1.7.2 天气恶劣,如雷电、暴风雨天气。

10.1.7.3 发现药物温度异常升高或产生异味。

10.1.7.4 直接接触烟火药的操作工序室温超过 34 ℃ 或低于 0 ℃ 时;其他危险工序室温超过 36 ℃ 或低于 0 ℃ 时。

10.1.7.5 工作人员身体状况不佳或情绪异常。

10.1.8 应建立事故应急组织机构,编制应急预案,配备必要的应急救援队伍、设施设备、物资,并每年至少演练 1 次。

10.1.9 工房和仓库应经常清扫(洗)、整理,应保持整洁、干净。

10.1.10 在清扫(洗)有药工房时应符合下列要求:

10.1.10.1 清扫(洗)前,应将药物、半成品等搬走。

10.1.10.2 药物粉尘小的工房可采用湿法清扫,粉尘大的工房应用水冲洗,不应使用铁器清理。

10.1.10.3 搬动物件时,应轻抬轻放,不应拖拉、摔打。

10.1.11 含有有毒、易燃、易爆等物质的废水处理,应符合下列要求:

10.1.11.1 排水系统应有相应的沉淀池,并及时清理。

10.1.11.2 排水系统应保持光洁,保证废水排放顺畅。

10.1.12 含有易燃易爆废渣和垃圾等固体物质不应埋入地层或排入水体,应到指定地点销毁。

10.1.13 厂区宜种植阔叶绿化植物,不应影响疏散通道;危险品生产区、库区不应种植庄稼、蔬菜。

10.1.14 应有控制人员和车辆进入危险品生产区、库区的措施,有严格的出入登记制度,无关人员和车辆不应进入危险品生产区、库区。

10.1.15 不应将危险品存放在非规定场所或擅自带离规定的生产经营场所。

10.2 经营条件和环境

10.2.1 经营企业应具备与其经营规模相适应的经营场所,并设置明显安全警示标志。

10.2.2 批发企业应有符合 GB 50161 规定的仓库及防爆、防雷、防静电、消防等安全设施,并配备符合规定要求的仓库保管、守护员。

10.2.3 批发企业宜分设办公区、样品陈列区和商品存放(仓库)区,样品陈列区陈列的样品应是无药样品。

10.2.4 批发企业应建立事故应急组织机构,编制应急预案,配备必要的应急救援队伍、设施设备、物资,并每年至少演练 1 次。

10.2.5 零售点宜专店销售,应有明显安全警示标志,并配备足够的消防器材;店内不应吸烟、生火。

10.2.6 零售点不应与居住场所设置在同一建筑物内,并与加油站等易燃易爆生产、储存及人员密集场所保持足够的安全距离。

10.2.7 零售点应根据周围环境、距离确定总药量,但最大不宜超过 300 kg。

10.2.8 产品销售过程中应提示并指导消费者按燃放说明燃放。

11 劳动防护用品

11.1 应根据工作性质和作业条件配备符合国家标准要求的防护用品,并指导、监督使用。

11.2 从事原材料药物粉碎、混合、造粒、筛选、装药、筑药、压药、搬运等高危高粉尘工序操作人员的防护用品应符合下列要求:

11.2.1 佩戴自吸过滤式防尘口罩,应符合 GB 2626 要求。

11.2.2 应穿着紧口棉麻质长袖长裤工作服、披肩帽、布袜、不藏泥砂的软底鞋,尽量减少身体的裸露部分,衣着简单易脱;不应赤膊或穿着背心、短袖衣、短裤、硬底鞋、钉底鞋、拖鞋和产生静电积累、易燃的化纤衣服上岗作业。

11.3 用于配制药物的专用工作服,不应在从事其他作业时穿用;离开工作岗位前应更衣,不应穿戴有药尘的工作服进入其他工房。

12 人员要求

12.1 所有从事烟花爆竹有药工序生产、经营、管理人员应身体健康,且年龄满 18 周岁。

12.2 从事混药、造粒、筛选、装药、筑药、压药、切引、插引、封口、搬运的人员不应有身体残疾、精神障碍或年龄超过 60 周岁。

12.3 从事粉尘作业或与有毒有害物质接触的人员在上岗前应进行健康检查,上岗后定期进行健康检查;患职业禁忌证者,不应安排从事有禁忌的作业。

12.4 企业的主要负责人、分管负责人、安全管理人员、危险工序作业人员应依法培训考核合格,持证上岗。

12.5 从业人员均应经相应的安全知识教育培训后方可上岗,从事新工种、新工艺的人员应进行相应安全知识和操作技能的教育和培训。

12.6 不应擅自变换工作岗位、离岗、互相串岗和违反劳动纪律。

13 危险性废弃物处置

13.1 企业应及时收集并妥善处置危险性废弃物,不应随意丢弃、转让、赠送、销售危险性废弃物;危险性废弃物不应与合格产品混存。

13.2 生产产生的危险性废弃物当日妥善处置,避免大批量集中一次性销毁。

13.3 处置危险性废弃物应明确专人负责,制定专门的处置方案,采取有效安全措施,确保安全。

13.4 大批量处置危险性废弃物:

13.4.1 销毁大批量危险性废弃物应分类、分批进行;处置前应制定处置作业方案,处置总含药量超过1 000 kg的作业方案应经相关专业专家组评估。

13.4.2 处置作业方案应包括下列内容:处置规模概况、处置时间地点、所处置的危险性废弃物的危险性、种类数量、处置方式方法、安全距离与安全警戒的范围、现场组织机构设置、现场人员分工岗位职责、危险性废弃物的运输和装卸安全措施、处置时的保卫措施和应急处置措施。

13.5 进行危险性废弃物的收集、装卸、运输、销毁等处置作业的人员应进行专业知识培训。

13.6 处置方法:

13.6.1 含烟火药(黑火药)和可燃物宜采用焚烧销毁法,其他危险性废弃物应根据其性质采用化学中和法等相应的方法妥善处置;不应将危险性废弃物掩埋或倒入地面水体;不应将危险性废弃物混入其他普通废弃物中进行处置。

13.6.2 采用焚烧销毁法时,应符合下列安全要求:

13.6.2.1 处置场所应符合GB 50161有关安全距离规定,并在处置场所设立明显的安全警示标志;销毁时,应采取远距离点火方式;处置人员应戴头盔并撤离至安全区域;待处理危险性废弃物应远距离防火隔离保管。

13.6.2.2 根据处置场所的安全距离及环境确定每次销毁量;烟火药、具有爆炸危险的效果件应摊成厚度小于或等于3 cm(单个效果件超过3 cm的应单层摊放)、宽度小于或等于2 m的带状、长度应根据现场环境确定。

13.6.2.3 废弃礼花弹宜单个进行解剖取出发射药、烟火药;解剖应在符合安全条件的场所进行。

13.6.2.4 升空类产品应在符合安全条件的场所取出稳定杆、发射药筒后进行烧毁。

13.6.2.5 其他烟花爆竹制品、含药半成品,应尽量摊开直接焚毁。

13.6.2.6 危险性废弃物为流质型的(沉淀池、浸泡池、废水沟等内含有危险性废弃物的残渣)应带水清理,将残渣倒成厚度小于或等于5 cm,宽度小于或等于2 m的带状,待残渣水分稍渗干后,浇燃油或助燃物进行烧毁。

13.6.3 焚烧完毕应对现场进行清理,确认彻底销毁。

13.6.4 对装运危险性废弃物的车辆、容器在处置后应当立即冲洗干净。

13.7 采用其他方法处置时,应采取相应的安全技术措施。

附 录 A
（资料性附录）
生产工艺流程图

本附录给出了烟花爆竹产品制作流程图,如图 A.1~图 A.22 所示。本流程图作参考件。

a) 可以根据区域环境、产品结构、产品技术要求的不同进行调整。

b) 各工序的危险等级按 GB 50161 确定。

c) 切纸、卷筒、筑底等统称为无药部件制作。

d) 各个工序之间宜设置中转。

e) 图中虚线表示的工序为需要设置时,宜放在该位置。

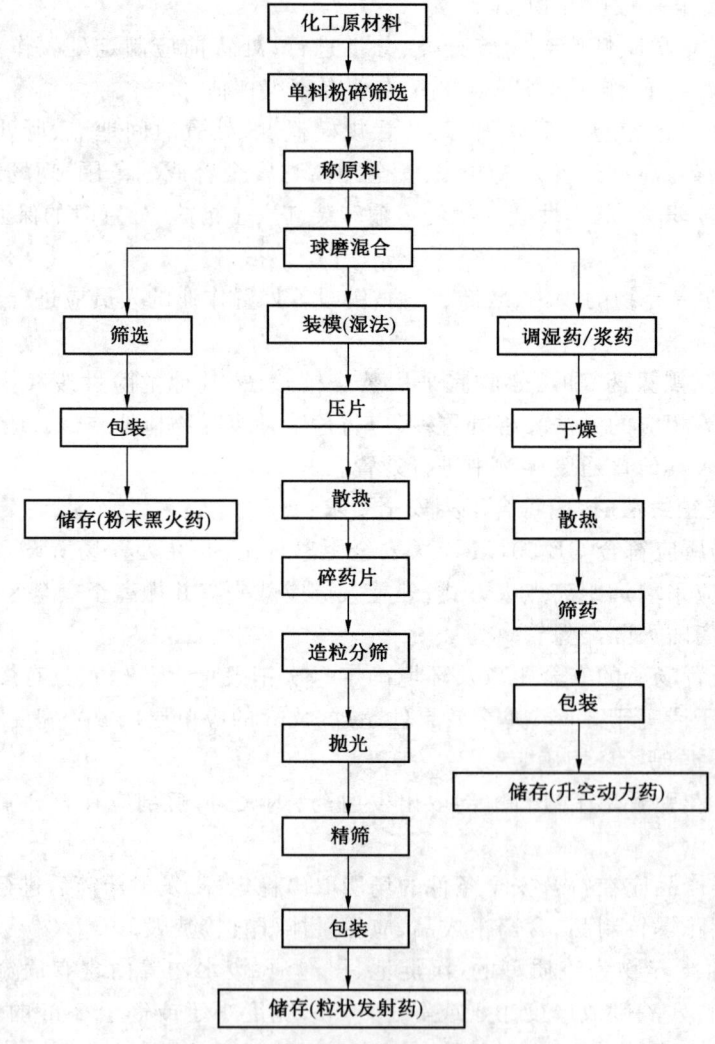

图 A.1 黑火药制造工艺流程图
（粉状黑火药、粒状发射药、升空动力药）

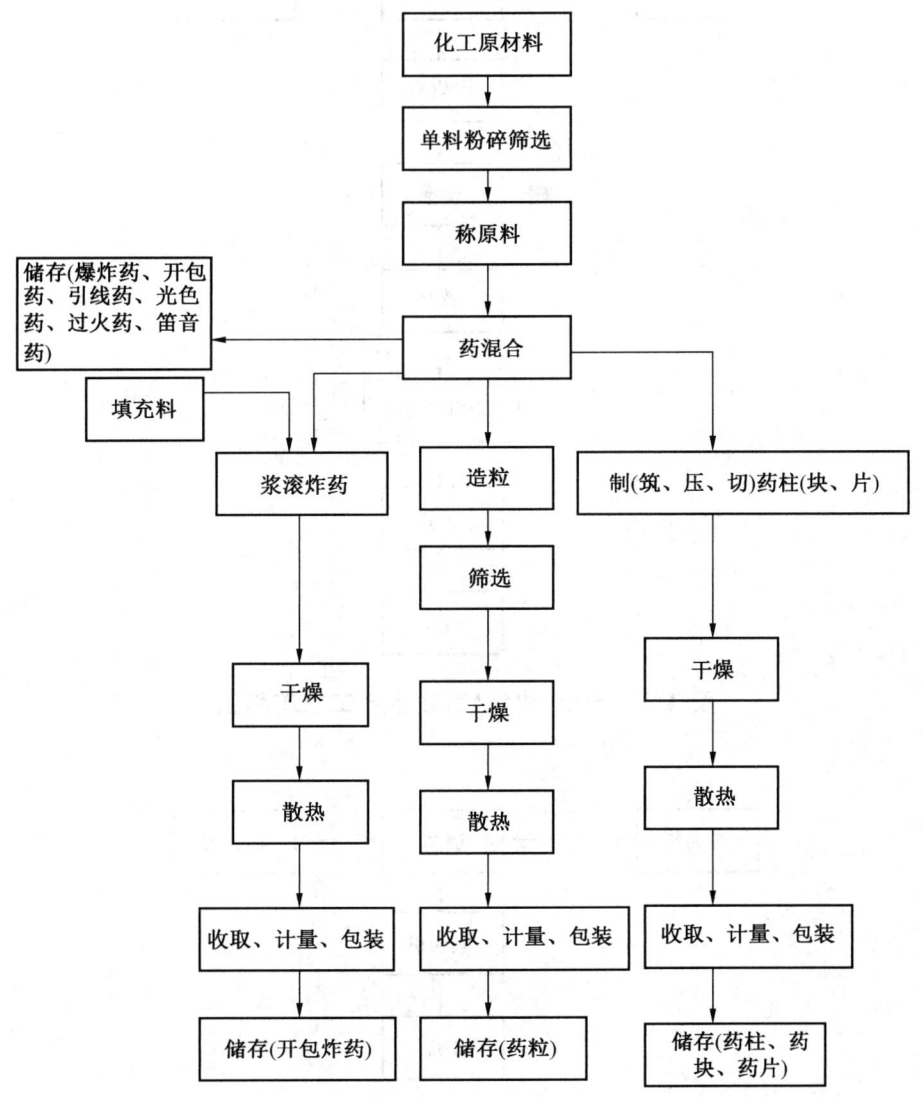

图 A.2 药物裸药效果件生产工艺流程图
［爆炸药、开包药、药粒、药柱（块、片）、引线药、光色药、过火药、笛音药］

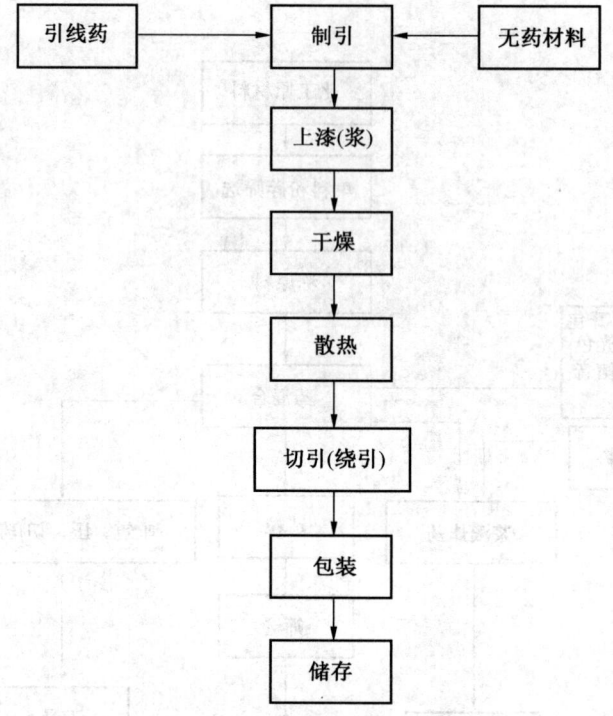

图 A.3 安全(皮纸)引线生产工艺流程图

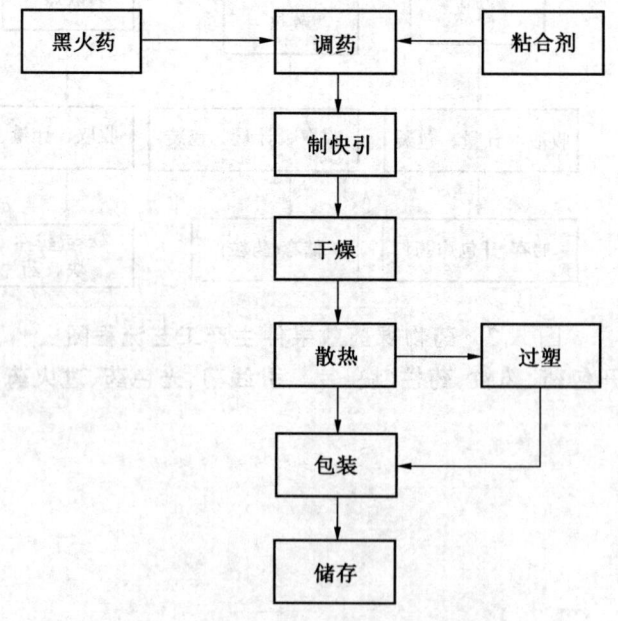

图 A.4 皮纸快引生产工艺流程图

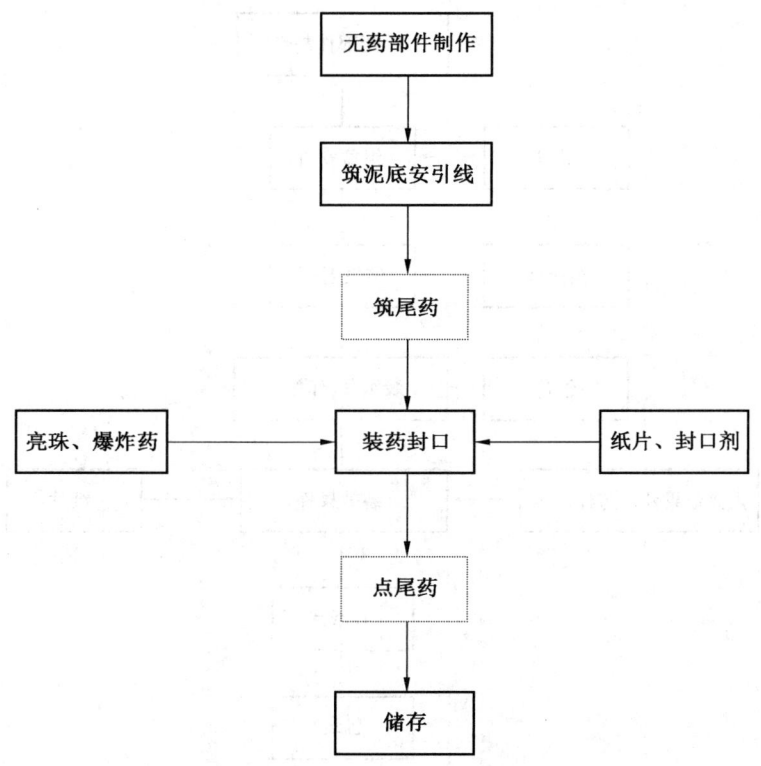

图 A.5 效果内筒生产工艺流程

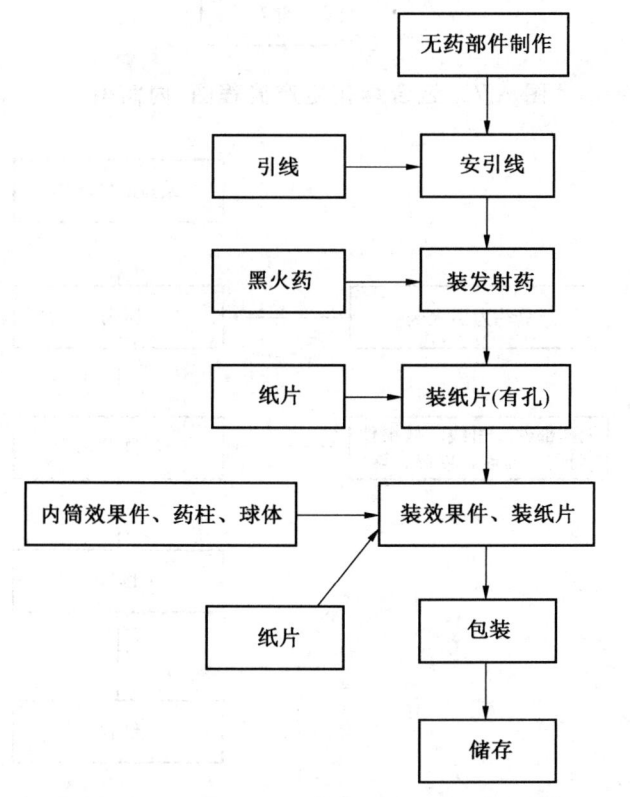

图 A.6 （单个）小礼花生产工艺流程图

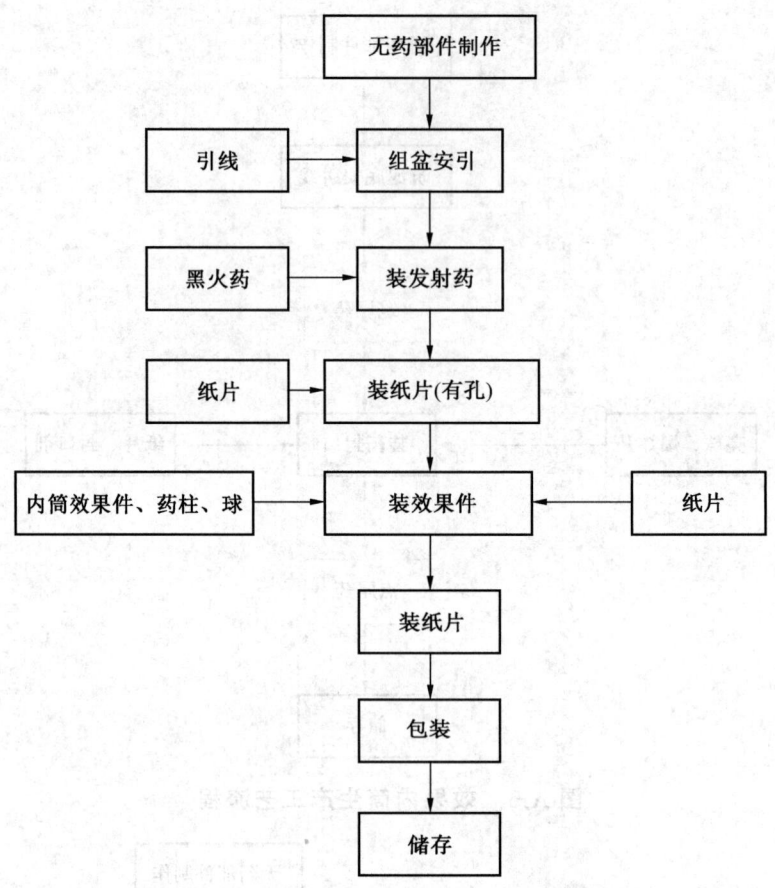

图 A.7 组合烟花生产流程图(内筒型)

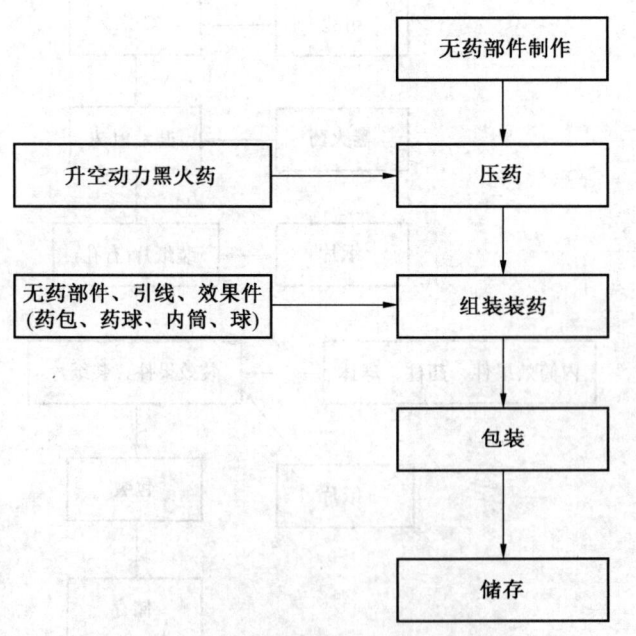

图 A.8 升空类(火箭 A、B 级)生产流程图

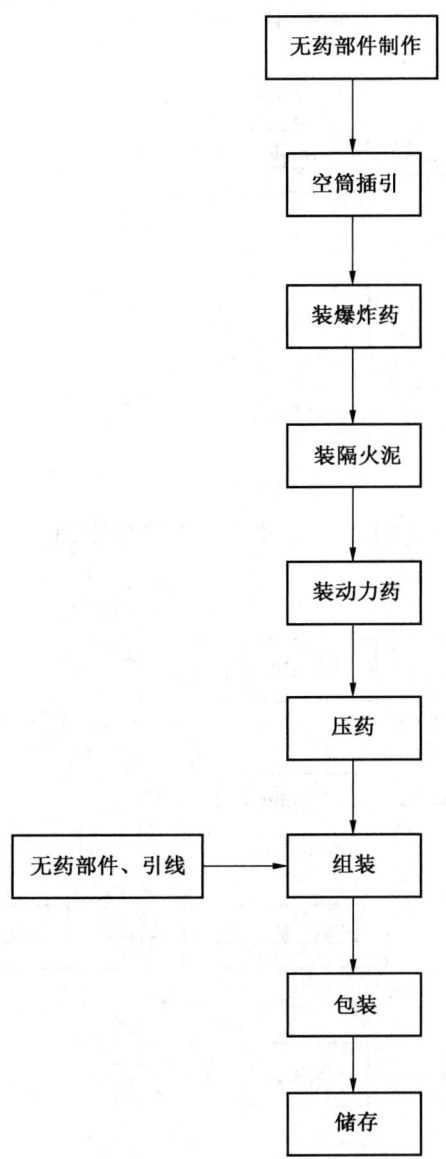

图 A.9 升空类(小型火箭之一)生产流程图

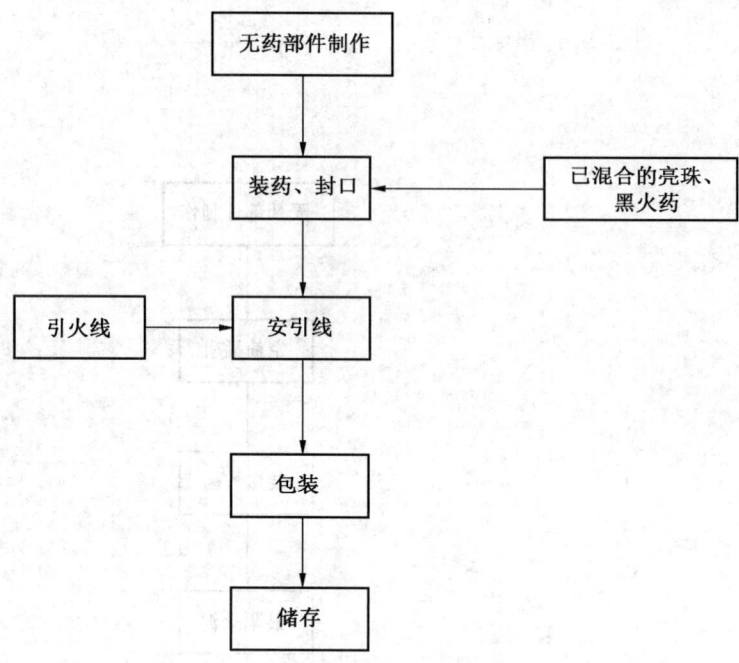

图 A.10 喷花类生产流程图

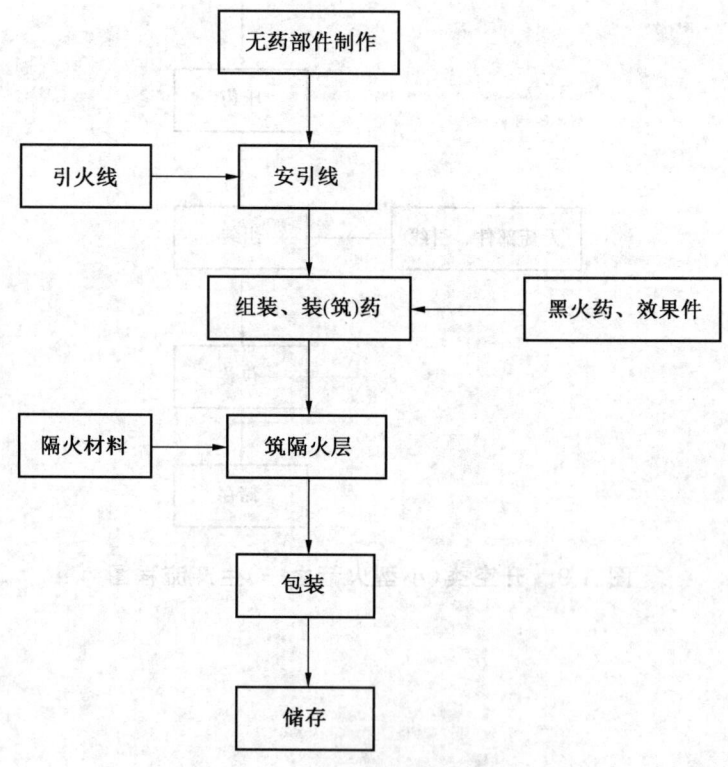

图 A.11 吐珠类生产流程图

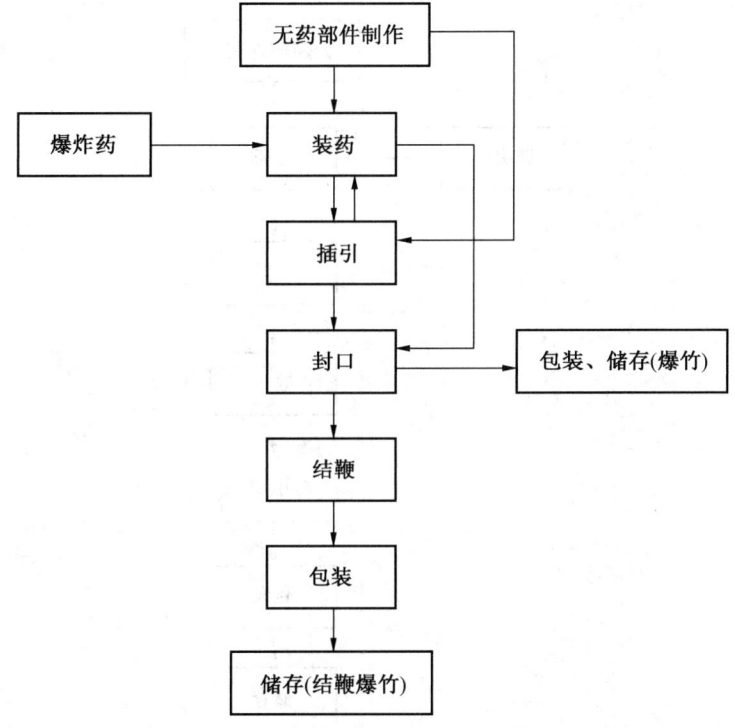

图 A.12 结鞭类爆竹生产流程图

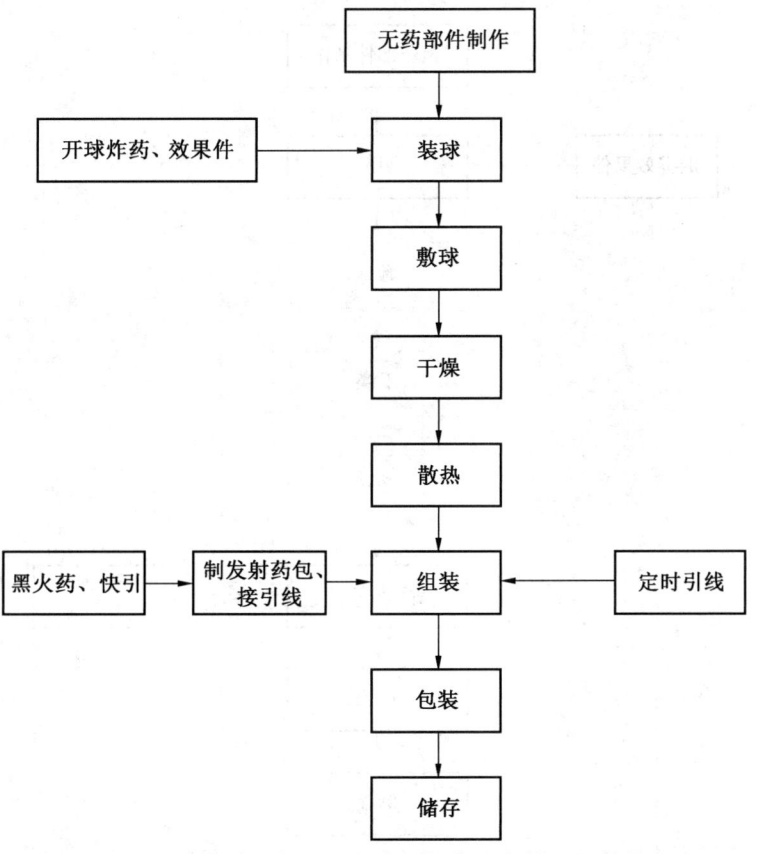

图 A.13 礼花弹(球型)(包括球型小礼花)生产流程图

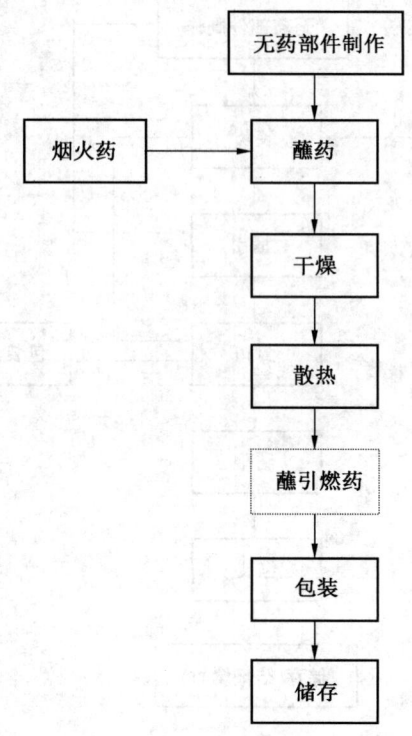

图 A.14 线香类(涂敷型)生产流程图

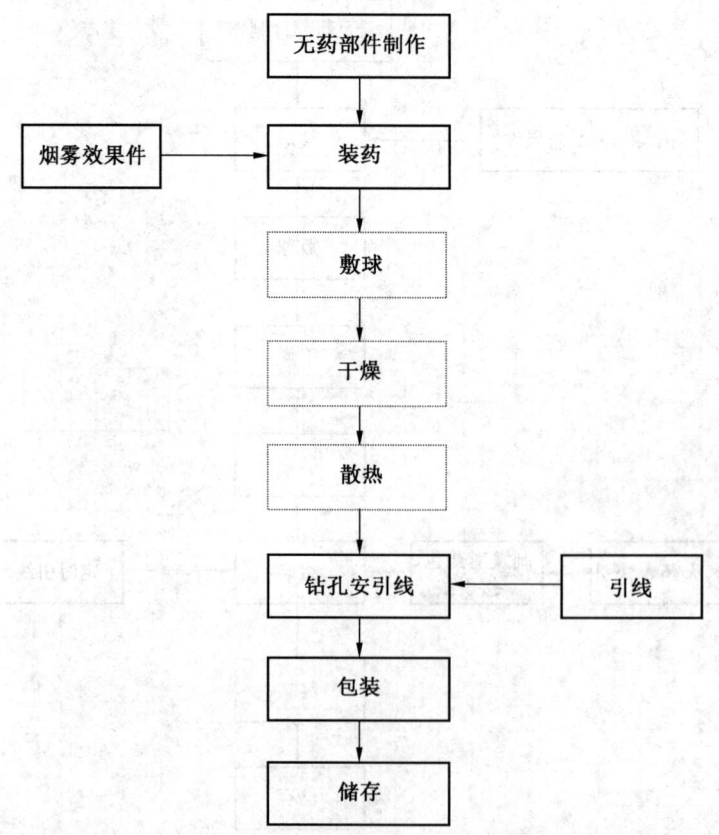

图 A.15 烟雾类生产工艺流程图

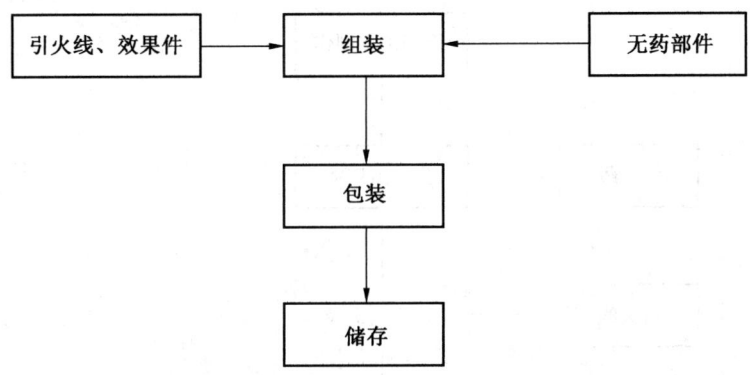

图 A.16 架子烟花生产工艺流程图

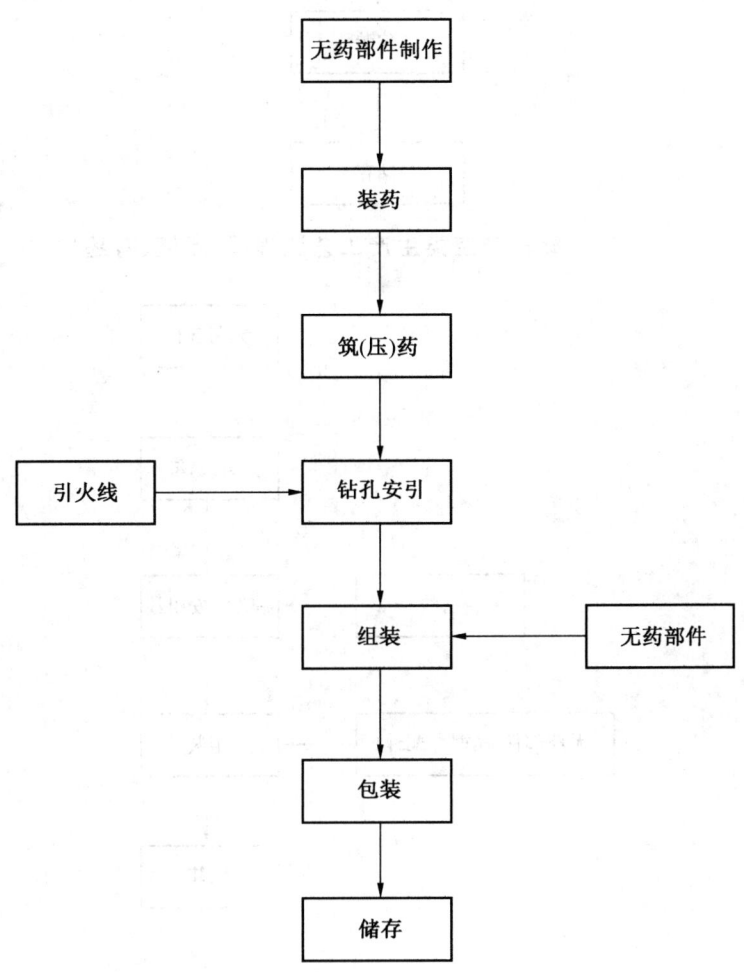

图 A.17 旋转类生产工艺流程图(无轴、有轴)

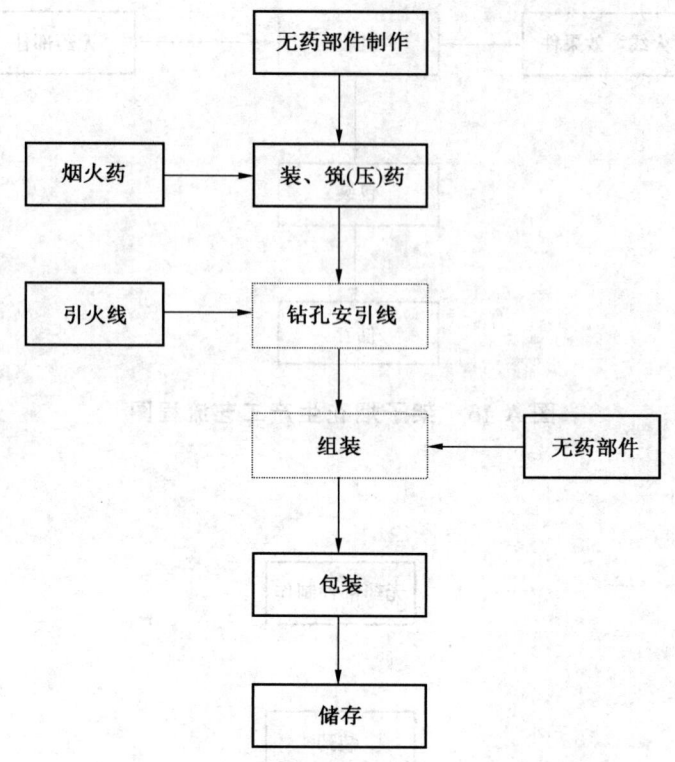

图 A.18 旋转升空类生产工艺流程图(无翅、有翅)

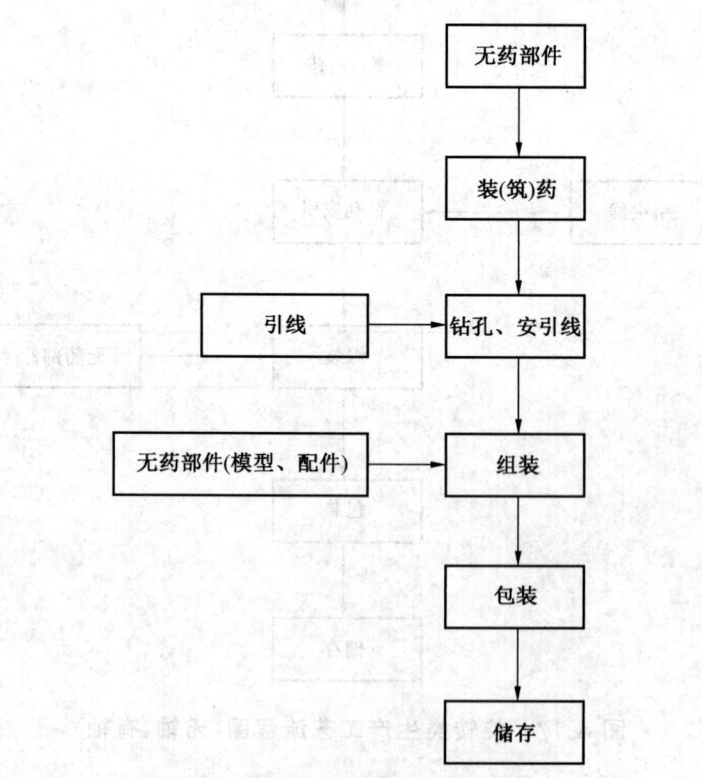

图 A.19 造型玩具类生产流程图

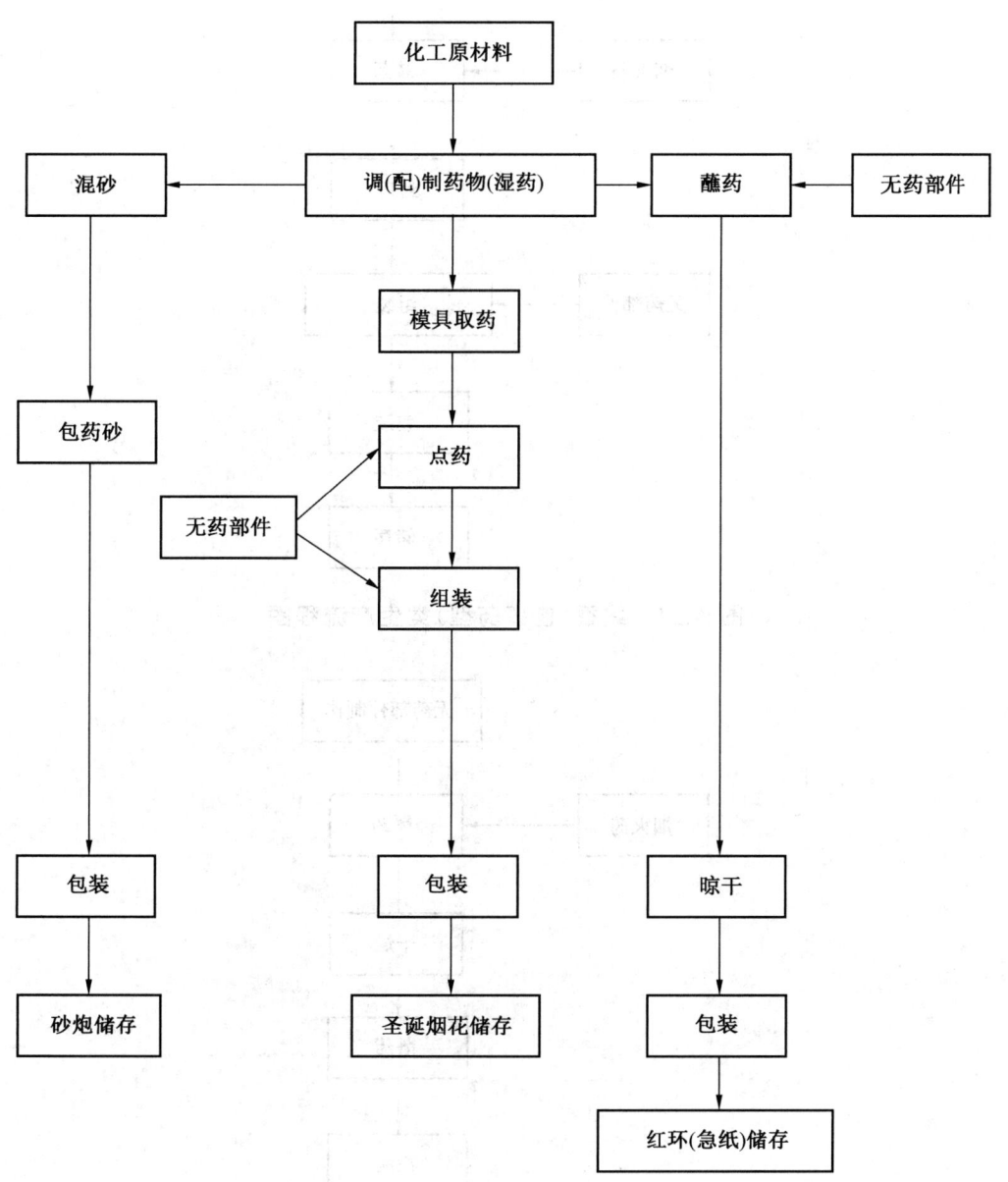

图 A.20 摩擦类生产流程图（砂炮、圣诞烟花、红环）

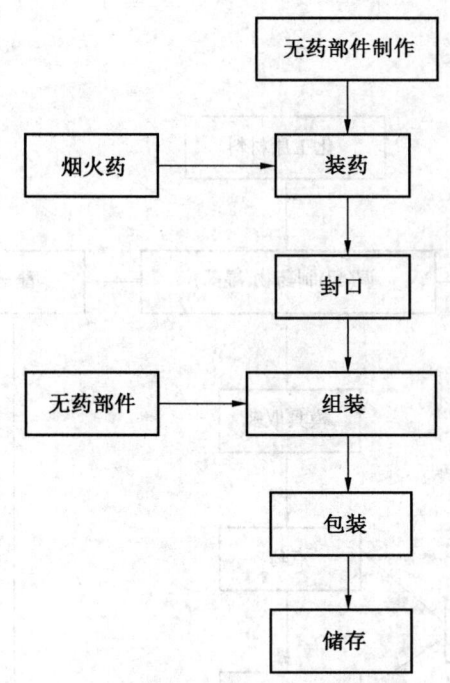

图 A.21 线香(包裹药型)类生产流程图

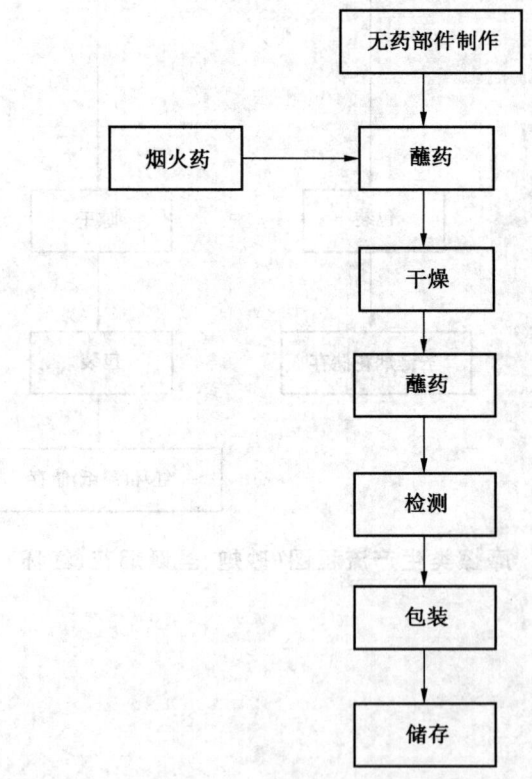

图 A.22 电点火头生产流程图

民用爆炸物品生产、销售企业安全管理规程
(GB 28263—2012)

前　言

本标准的 5.18、5.19、5.20、5.22、6.2.1、6.2.2、6.2.5、6.2.6、6.2.7、6.2.8、6.2.11、6.2.12、6.2.13、6.2.14、6.2.15、6.2.16、7.1、7.2.1.1、7.2.1.2、7.2.2.1、7.2.2.3、7.2.2.7、7.2.2.8、7.3.1.2、7.3.1.3、7.4.2、7.5.4、7.6.1、7.6.2、7.6.3、7.6.7、7.7.2、7.7.5、7.7.6、7.7.8、7.7.10、8.2.2、8.2.3、9.1.1、9.1.4、9.1.8、9.1.15、9.2.7、9.2.8、9.2.9、10、11.2.2 **为强制性的，其余为推荐性的。**

本标准依据 GB/T 1.1—2009 的规则起草。

本标准由中华人民共和国工业和信息化部提出。

本标准由工业和信息化部民爆器材标准化技术委员会归口。

本标准起草单位：中国爆破器材行业协会、五洲工程设计研究院、湖北凯龙化工集团股份有限公司、北京北方天亚工程设计有限公司、兵器工业安全技术研究所、北京国科安联科技咨询有限公司、浙江物产民爆器材实业发展有限公司、湖北东神化工科技有限公司、中国兵器工业标准化研究所。

本标准主要起草人：杨祖一、张利洪、肖月华、高晓莉、秦卫国、乔枫革、王建国、王春乐、曹晓宏、马福民、尹利、韩永宏。

1　范围

本标准规定了民用爆炸物品(简称民爆物品)生产(含现场混装炸药)和销售企业安全管理总则、综合安全管理、生产工艺管理、设备与设施管理、作业场所管理、运输与储存管理、试验与销毁管理，以及事故应急救援预案与事故报告等要求。

本标准适用于民爆物品生产、销售企业安全管理。民爆物品科研、检测单位可参照执行。

2　规范性引用文件

下列文件对于本文件的应用是必不可少的。凡是注日期的引用文件，仅注日期的版本适用于本文件。凡是不注日期的引用文件，其最新版本(包括所有的修改单)适用于本文件。

GB 4387　工业企业厂内铁路、道路运输规程

GB/T 14659　民用爆破器材术语

GB 50089　民用爆破器材工程设计安全规范

GB 50140　建筑灭火器配置设计规范

AQ 3004　危险化学品汽车运输安全监控车载终端

GA 837　民用爆炸物品储存库治安防范要求

JT 618　汽车运输、装卸危险货物作业规程

WJ 9048　民用爆炸物品行业安全评价导则
WJ 9063　民用爆炸物品专用生产设备安全使用年限管理规定
WJ 9065　民用爆炸物品危险作业场所监控系统设置要求
WJ 9068　民用爆破器材企业报废生产线销爆安全管理规程

《生产安全事故报告和调查处理条例》(中华人民共和国国务院　2007.6.1　第 493 号令)

《道路危险货物运输管理规定》(中华人民共和国交通部　2005.7.12　第 9 号令)

3　术语和定义

GB/T 14659、GB 50089 界定的以及下列术语和定义适用于本文件。

3.1
企业安全负责人　enterprise security leader
协助主要负责人主管安全生产工作的企业领导人。

3.2
企业技术负责人　enterprise technology leader
协助主要负责人主管生产技术工作的企业领导人。

3.3
企业机电设备负责人　mechanical and electrical equipment enterprise leader
协助主要负责人主管机电设备工作的企业领导人。

3.4
定员　allowable number of persons
危险性建筑物内或操作工位上允许的生产人员数量。
注:定员分为操作定员和最大允许定员。

3.5
操作定员　operation fixed number of persons
危险性建筑物内或操作工位上满足生产需要的最低操作人数。

3.6
最大允许定员　the maximum allowable fixed number of persons
最多允许进入该危险性建筑物内或操作岗位上的操作人员和临时人员人数。
注:临时人员指检修、取样、装卸、安检、参观等人员。

3.7
定量　allowable amount
危险性建筑物内或操作工位上允许存放的危险品最大计算药量。

3.8
定置　set position management
生产作业区、库房或其他设施内,规定各类物品分区、定点管理放置。

3.9
超产　overcapacity
生产企业超过安全生产许可或行政主管部门批准的计划限定产量组织生产的行为。

3.10
超时 overtime

超过规定的作业时间组织生产的行为。

3.11
超员 overstaff

生产、经营企业在危险作业场所超过规定定员的行为。

3.12
超量 over-amount

生产、经营企业在生产或储运场所超过规定定量进行作业、存放和运输的行为。

3.13
专用生产设备 special production equipment

直接用于民爆物品生产的专用设备。

注：专用生产设备根据其使用场所的危险情况和发生事故概率,可分为0类、Ⅰ类、Ⅱ类、Ⅲ类。0类、Ⅰ类、Ⅱ类专用生产设备实行目录管理制度,目录由国家民用爆炸物品行业行政主管部门定期发布。

3.14
人机隔离 separation between man and machine

危险品生产时,通过设置防护装置和采用自动控制措施,使操作人员与危险品隔离的作业方式。

3.15
基础雷管 basic detonator

已经完成火工药剂和其他火工元件装填或装配,尚未装配引火元件的半成品雷管。

3.16
炸药制品 products of industrial explosives

由各类火药、炸药(不含起爆药)加工制造而成的各种不同形状、不同用途的爆炸物品,如导爆索、震源药柱、起爆具、爆裂管、射孔弹、压裂弹等。

4 总则

4.1 企业在科研、生产、储存、装卸、运输、试验、销毁等作业过程中,应坚持"安全第一、预防为主、综合治理"的方针,认真执行国家和有关行政主管部门颁发的有关安全生产的法律、法规、标准、规范和规定。

4.2 企业安全生产管理的目的是防止和减少安全事故发生,保障人民群众生命和财产安全。

4.3 企业应按照国家民爆行业行政主管部门行政许可的品种、产量组织建设和生产经营,严禁非法建设、非法生产、非法销售。

4.4 民爆物品生产、储存设施建设项目的安全设施与建设项目主体工程同时设计、同时施工、同时投入生产使用。

4.5 民爆物品生产宜采用连续化、自动化、人机隔离的工艺,并贯彻执行在线危险品存量少、工房内定员少、危险作业工序少,在有固定操作人员的情况下,非危险建筑物与危险建筑物隔开、非危险生产线与危险生产线隔开、非危险操作与危险操作隔开的原则。

4.6 企业应从消除事故隐患、降低事故危害程度出发,在管理制度、工艺技术、设备设施、操作方法、作业环境以及劳动组织等方面采取有效措施,防止发生燃烧、爆炸、中毒等事故,减少职业危害;一旦发生伤亡事故,应按照《生产安全事故报告和调查处理条例》以及本标准的有关规定处置。

4.7 企业不应使用国家和行业行政主管部门明令淘汰禁止使用的生产工艺和设备,应按照WJ 9063的有关要求使用和管理专用生产设备。鼓励采用自动化、信息化技术,提高本质安全水平及安全防护能力,保障安全生产。

5 综合安全管理

5.1 企业主要负责人应是本单位安全生产的第一责任人,对本单位的安全生产工作全面负责。企业主要负责人和安全生产管理人员应当接受安全培训,并按照民爆行业行政主管部门的有关规定取得安全资格证书后,方可任职。

5.2 企业应建立、健全本单位安全生产管理机构,配备与企业规模相适应的专职安全生产管理人员,并建立安全生产责任制,明确各级各类人员的安全生产责任。

5.3 企业应编制本单位安全生产规章制度和安全技术操作规程,并能有效指导安全生产。

5.4 企业应建立保证本单位安全投入及其有效性的管理责任制。

5.5 企业应建立本单位从业人员安全生产教育和安全技能培训考核制度。危险工序作业人员应经考核合格后方可上岗;特种作业人员应按国家规定持证上岗。

5.6 企业应依法参加工伤保险,为从业人员缴纳保险费。

5.7 企业应为从业人员配备符合国家或行业标准规定的劳保防护用品。

5.8 企业应建立完善的工艺技术、专用生产设备设施、事故等档案及其管理制度。

5.9 企业应按照国家对重大危险源管理的有关规定,建立本单位重大危险源的管理制度,确保重大危险源处于安全和受控状态。

5.10 企业应结合本单位实际制定生产安全事故应急救援预案,建立企业生产安全事故应急救援预案管理制度,并定期进行演练。

5.11 企业应依法建立生产安全事故报告制度。

5.12 企业在委托中介机构对本企业进行安全技术咨询、工程设计、安全评价等活动中,应对所提供资料的真实性、时效性负责。

5.13 企业应按照WJ 9065的规定设置监控系统。应建立视频监视和安监人员现场检查相结合的危险点安全检查制度,发现隐患应采取有效整改措施。

5.14 企业应根据民爆物品生产的危险特性,制定科学合理的劳动作业班制;在生产技术不能满足24 h连续作业的安全条件下,当日零点至六点期间(允许企业根据地域时差作顺延调整),不应组织工业炸药及其炸药制品的生产作业;当日二十二点至次日六点期间(允许企业根据地域时差作顺延调整),不应组织起爆器材的生产作业。因地域时差作顺延调整作息时间时,人、机连续工歇时间应与对应产品一致。

5.15 企业应根据安全生产许可或行政主管部门批准的计划产量,均衡组织生产,严禁超产、超时、超员、超量。

5.16 当恶劣天气危及安全生产时,应立即停止生产并采取有效的安全处理措施。遇有地震、台风、洪水等重大自然灾害时，应及时启动应急预案，按照规定程序处理生产现场；造成安全生产设施破坏，恢复生产时应由省级民爆行业行政主管部门组织验收后方可复产。

5.17 企业应根据产品性质、生产设备结构特性等情况，制定停产时设备和现场的清扫制度。

5.18 民爆物品生产线建设（包括新建和改造）工程竣工后，在带危险物料进行试生产应符合以下条件：

  a) 符合 GB 50089 和国家有关建设工程竣工验收规定的要求；建筑物（含土建）、消防、防雷等设施通过当地主管部门或专业机构的验收和检测。

  b) 编制试生产计划、试生产应急救援预案并配备相应的应急器材；受让方会同技术提供方编制试生产安全技术操作规程，并经受让方技术负责人审批同意。

  c) 安全预评价、设计文件以及设计文件审查时提出的安全对策、措施已全部落实。

  d) 主要生产设备、安全设施、仪表、工器具已经空车或用非危险物料试运行达到正常；设备、设施的安装、施工、调试记录完整；压力容器、安全计量仪表、安全保护装置等进行检定或标定的记录齐全、完整。其中标准仪器、仪表、压力容器的检定证书由有资质的单位出具，非标装置的标定试验报告由仪表设备提供方出具。

  e) 建立定员、定量、定置管理制度。

  f) 建立试生产劳动组织并制定各岗位责任制，各工位操作人员已经培训且考试合格后持证上岗。

5.19 民爆物品生产设施建设工程验收除应符合5.18的要求外，还应满足以下条件：

  a) 试生产期间发现的问题已经得到解决；

  b) 试生产总结能充分证明主要设备、设施运行正常、安全可靠；生产线按照正常劳动作业班制连续试生产产品数量应达到生产许可产量的5%以上（特种产品不少于20个批次以上），但最多不应超过生产线年许可产量的10%～20%，试生产时间不应超过6个月；

  c) 试生产产品的质量应经有资质的机构检测合格；

  d) 试生产应经有资质的安全评价机构安全验收评价合格；

  e) 环保和职业卫生设施通过当地主管部门或有资质的专业机构的验收和检测合格；

  f) 工程竣工图纸、安全技术操作规程、安全管理制度齐全完整并归档；

  g) 受让方和技术提供方均同意申请投产验收；

  h) 法律、法规规定的其他有关要求。

5.20 民爆物品储存设施建设工程验收应符合 5.18a)、5.18c)、5.18e)、5.19d)、5.19f)、5.19h)的要求。

5.21 拆除报废危险性工（库）房和生产设施时，应按 WJ 9068 的规定进行。

5.22 严禁在正常生产的同时进行试验。从事新产品、新设备（处于研制阶段的专用生产设备）、新材料、新工艺等科研创新活动，需要在生产线上进行批量试制、试用时，应参照5.18的有关要求完成试验准备，经研制单位和试生产（试用）企业组织内部安全论证，或经有资质的安全评价机构安全咨询符合要求，并将安全论证或安全评价资料报省级民爆行业行政主管部门备案后方可进行。试验期间，该生产线停止其他正常生产；疏散与试验无关的人员；试验中应指定专人负责安全监督工作。试验完毕生产线恢复正常生产前，企业应组织内部验收,并经企业主要负责人批准。

5.23 企业应对进入危险生产区、库区的生产作业人员、试验人员、检验人员、外来人员等建立管理制度,并应符合以下要求:

  a) 对于本企业生产作业人员,应按照工业炸药类、起爆器材类生产工种作业人员分区管理,未经企业人事或安全保卫部门批准,不应进入非本职工作的生产区、库区和试验区;不同区域生产作业人员宜采用不同颜色的服装或鞋帽等予以区分;

  b) 对外来参观、工作检查的人员,进入危险工(库)房和危险区域时,应按照企业规定办理审批手续,并进行相关安全知识教育;穿戴好劳保护具,在指定人员的陪同下方可进入;每次进入危险性工(库)房的人数不应超过三人且不应超过最大允许定员;

  c) 外单位工作人员进入危险生产区或试验场地参加危险性试验时,应与试生产(试用)企业签订安全责任协议书,明确双方责任和义务;

  d) 外来人员进入企业管辖区内从事其他临时性工程作业时,企业应与外来人员所在单位或本人签订安全责任协议书,明确双方安全责任和义务;

  e) 严禁将移动通讯工具带入民爆物品生产区、储存区、试验区和销毁场。

5.24 生产区、总仓库区入口处应有"严禁烟火"警示标志;民爆物品生产场所、危险性建筑物内的安全疏散通道应有指示性标志;危险设施及设备应有警示标志。

5.25 企业在变更危险性建筑物用途、危险等级和计算药量时,应由有资质的设计单位进行设计或由有资质的安全评价机构出具安全咨询意见,并经企业安全负责人和技术负责人共同签批后方可实施,相关技术资料应及时整理归档,并向省级民爆行业行政主管部门备案。

6 生产工艺管理

6.1 基本要求

6.1.1 企业应结合本企业实际,及时将国家或行业颁布实施的有关民爆物品生产安全技术方面的标准、规定编入本企业相关的安全技术操作规程中,编制安全技术操作规程的内容要求参见附录A。

6.1.2 企业引进新产品、新技术时,应结合实际编制或完善安全技术操作规程。

6.1.3 企业在局部调整原生产线生产工艺、改变工艺参数和设备布置、更新专用生产设备时,应组织专业技术人员充分论证,或经有资质的安全评价机构咨询后,再经企业安全负责人和安全技术负责人共同签批后方可实施,相关技术资料应及时整理归档,并向省级民爆行业行政主管部门备案。

6.2 技术要求

6.2.1 所有用于生产的原材料和辅料在储存、加工过程中应按照各自的理化性能存放或加工,性质相抵触的物质应分隔存储。

6.2.2 在硝酸铵粉碎、加热干燥工序中不宜加入有机物。因工艺需要加入有机物时,应经省级以上行业行政主管部门组织的专家论证、评审后方可进行,且有机物质加入量(质量分数)不应超过0.2%。

6.2.3 粉状铵油类炸药连续化生产中的混药工序宜采用冷混工艺。

6.2.4 经加工后的易燃易爆原材料、辅料和半成品因工艺需要存放或保温时,应有防止自行分解或加热分解而导致发生火灾和爆炸的安全技术措施。易燃易爆物品存放时,应距离加热器(包括暖气片)和热力管线 300 mm 以上。

6.2.5 生产过程中需用热媒加热危险物料或加工中可能引起物料温升的作业点,均应设温度检测仪器并采取温控措施。

6.2.6 生产过程中应根据加工、运输或添加物料等危险作业特点,采取防止人员受伤害的有效措施。

6.2.7 所有液态物料进入混合工序前,应设置过滤装置除去固体杂质;工业炸药原材料进入制药工序前应设置除铁装置;起爆药、延期药、点火药等生产工艺用水和液态半成品(中间体)应设置除去杂质的过滤装置。

6.2.8 危险性物料输送装置应有防止液体结晶或固体物料粘结器壁的技术措施,并应结合工艺特点和生产情况制定定期清扫制度。严禁轴承设置在粉状危险性物料中混药、输送等;输送螺旋和混药设备应有应急消防雨淋装置,输送螺旋和混药设备应选择有利于泄爆、清扫、应急处理的封闭方式。

6.2.9 采用湿法粉碎混合单质炸药或点火药、延期药时,应待物料全部浸湿后方可开机;当采用金属球和金属球磨筒方式进行单质炸药或点火药、延期药的粉碎和混合时,宜用水或含水溶剂作为介质。

6.2.10 单质炸药的粉碎加工的开、停机操作应在控制室内,控制室的设置应符合 GB 50089 的规定,设备运行过程中工房内不应留有人员;延期药、点火药剂的混合、造粒、筛分应根据药量设置可靠的防护设施,操作应人机隔离。

6.2.11 新建工业雷管半成品装填生产线应具备人机隔离、自动添加药、自动在线检测药高、自动剔除废品、自动安全报警、自动安全联锁、可靠防止工序间殉爆的连续化生产功能。现有条件下的自动化工业雷管装填生产线生产能力应符合:单班年产不超过 3 000 万发;两班年产不超过 5 000 万发。

6.2.12 工业雷管电阻检查、卡口(腰)、打把、装盒(袋)、排模、卸模、导爆管拉制加药等作业工序应设置有效安全防护设施。

6.2.13 生产线危险工序的抗爆结构应具有民爆物品设计甲级资质的专业设计单位设计,或经抗爆试验验证;在连续化生产线工序之间传送危险品时应有可靠的防殉爆措施和防传爆措施。

6.2.14 工业炸药制造过程中采用机械搅拌混合氧化剂水溶液和可燃剂的工艺,应限制机械搅拌强度和输送泵的有关技术参数。其中乳化炸药(含粉状乳化炸药)的乳化、基质冷却、基质温度低于 70 ℃ 的敏化工序宜采用敞口作业;连续化生产线的密闭式乳化器不应采用两台(含两台)以上机械强力搅拌乳化,乳化器和螺杆泵的结构、技术参数应符合附录 B 的要求。

6.2.15 起爆药生产废水处理系统、危险性粉状物料除尘系统、炸药熔化蒸汽排除系统应定期清理。清理出的危险性残渣应及时销毁。

6.2.16 生产过程中产生的不合格品和废品应隔离存放、及时处理;危险物品内包装材料应统一回收存放在远离热源的场所,并及时销毁。

7 设备与设施管理

7.1 基本要求

7.1.1 新研制的民爆物品专用生产设备投入使用,应通过科技成果鉴定。

7.1.2 民爆物品生产线建设和更新专用生产设备时,选用的设备应符合以下要求:
   a) 0类、Ⅰ类、Ⅱ类设备已经被列入民爆物品专用生产设备目录;
   b) Ⅲ类设备已经通过科技成果鉴定。

7.1.3 应建立专用生产设备易损件的强制更换制度。应定期检查乳化器和螺杆泵的转子、定子和密封件,磨损超过规定值或发现异常应立即处理。

7.1.4 企业应根据设备供应单位提供的有关技术资料,结合本企业实际编制能正确指导作业人员操作和维护设备的技术文件。

7.1.5 设备在更新或大修后投入使用前,企业应组织专业技术人员进行现场验收,验收投产报告应经企业安全负责人和机电设备负责人签批,技术资料应及时整理归档。

7.2 机械

7.2.1 一般要求

7.2.1.1 生产过程中所用的设备、工装、器具、仪表与危险物品接触时应相容;对用于加工、输送、存储危险物品的各种设备、器具或有可能接触危险物品的转动部件,均应有防止产生摩擦、撞击、静电积累的措施。

7.2.1.2 设计制造危险性物料螺旋输送机时,其长度和强度应能保证螺旋叶片与槽体之间不发生摩擦;应有防止物料进入空心轴和夹套的技术措施;不应采用螺纹连接。螺旋叶片和槽体之间应采用有色金属材料制作。

7.2.1.3 设备机械传动部位应设置防护罩。

7.2.1.4 产生噪声的设备应采取措施满足国家相关规定,作业场所操作人员应采取个体防护措施。

7.2.1.5 在压力容器、计量仪表和安全保护装置等设备和设施安装前,应查验设备和设施检定合格证或试验报告。

7.2.2 检修

7.2.2.1 在对有可能产生燃烧、爆炸或中毒事故的设备和设施进行检修前,应制定检修安全规程,检修安全规程的主要内容应包括:危险物料的处理措施、施工前后检查验收方法、施工过程注意事项、安全防护和应急救援措施等。

7.2.2.2 企业应对从事危险品生产设备和设施检修的人员进行安全知识培训,并通过考核持证上岗。

7.2.2.3 在检修危险工房内的设备前应停止生产并切断电源,应有防止他人合闸的措施;应彻底清理所要检修的设备、管道及作业场所的危险品,必要时应做销爆处理;不产生明火的检修应经生产现场负责人检查合格后方可进行。

7.2.2.4 若需对危险工房内的设备进行零部件拆卸或组件检修时,宜将可拆卸部件卸下后移至工房外的安全地带进行。不应在带有压力的管线和容器上检修或拆卸阀门等部件。

7.2.2.5 检修工具应符合安全要求,登高作业台、脚手架和起重设施等应安全可靠,随身携带的工具应有防坠落措施。

7.2.2.6 检修用材料、填料和润滑油应符合安全技术要求。

7.2.2.7 拆除或修理含有起爆药的污水池、下水管和沉淀池前,应先做化学处理或其他有效的销爆处理。在起爆药生产区周围进行工程施工时,应制定专门的安全技术措施。

7.2.2.8 在危险区域内的焊接与动火作业应符合以下要求:

a) 应制定焊接与动火许可审批制度,在危险场所施工或检修危险品生产设备时,焊接人员应了解危险品的性能和应急处理措施,并持证上岗;

b) 宜在危险生产区内设置固定的焊接动火地点,焊接动火地点与危险工房或场地的距离不应小于 50 m,焊接动火地点周围 5 m 范围内应无杂草和其他可燃物品,固定的焊接动火地点应由企业安全部门审定,且不应变动,如遇特殊情况需要变动动火地点时应重新审批;

c) 在危险性建筑物和构筑物内,生产期间或停产后未进行彻底清理和未经安检人员验收,严禁焊接与动火;

d) 与危险品接触的设备及与危险品有金属连接的一切设备进行焊接时宜使用气焊,并有防止火花飞溅的措施;因工艺需要不能拆卸且使用电焊时,应由企业安全部门批准,并在被焊接的设备与其他设备之间应采取可靠的绝缘措施或防止杂散电流扩散的措施;

e) 焊接动火期间应设专人监护,工作结束后应彻底清理现场。

7.2.3 危险性废旧器材处理

危险性废旧器材处理应符合以下要求:

a) 所有与危险品接触的废旧器材(主要指设备、设施及器具)应制定销爆措施,并指定专人负责清理,确保器材内外部不存有危险品;

b) 经过处理的危险性废旧器材应按器材种类分别存放在指定地点,并建立台账设专人管理;管理人员不应接收未进行清理和销爆处理的废旧危险性器材;

c) 经销爆处理后的危险性废旧器材应解体后方可回收处理。

7.3 电气与通讯

7.3.1 电气

7.3.1.1 一般要求

7.3.1.1.1 电气设备及线路除应符合 GB 50089 的规定外,还应符合国家其他有关规范、标准的规定。企业制定的安全技术操作规程中应包括电气设备安全技术管理的内容,并能有效指导实际操作。

7.3.1.1.2 电气设备及线路的安装验收应符合施工图和设计文件的要求,并按有关电气装置安装工程施工及验收规范的规定进行,验收合格后方能投入运行。

7.3.1.1.3 在危险作业场所内不宜架设临时线路,确需安装临时线路时,应经企业安全部门审批,临时线路使用完毕后应及时拆除。

7.3.1.1.4 电气设备操作人员应了解有关规范,掌握电气设备产品使用说明书及安全技术操作规程,并经考核合格,持证上岗。企业应对电气设备及线路维护、检修人员进行培训,并经考核合格,持证上岗。

7.3.1.2 运行与维护

7.3.1.2.1 应定期试用备用电源和各种安全事故报警信号等装置,确保安全事故报警信号等装置处于完好状态。

7.3.1.2.2 应保持电气设备处于良好的清洁、通风、散热状态。

7.3.1.2.3 运行中如发生下列情况,操作人员应采取紧急措施并立即上报企业安全部门:

a) 电气设备发出异常声响或异常气味;

b) 负载电流突然超过允许值;
c) 电气设备及线路突然出现高温或冒烟;
d) 电气设备连接部件松动或产生火花;
e) 设备壳罩破损;
f) 自控设备出现异常启动、停机等;
g) 其他异常情况。

7.3.1.2.4 易燃易爆作业场所中的电气设备不应任意变动。如需变动应由企业机电设备负责人批准。

7.3.1.2.5 不应任意更改或拆除经验收合格投入运行的电气联锁装置及其他安全保护装置,如确需更改,应报企业技术负责人和机电设备负责人批准后方可进行。

7.3.1.2.6 生产工房应按照 GB 50089 的规定配备应急照明设备并保持良好的照明状态。

7.3.1.2.7 生产结束后,除保持必要的值班照明和监控设施用电外,应将其他电源关闭。

7.3.1.2.8 值班及操作人员应严格遵守交接班制度,并作好值班、操作及运行记录。

7.3.1.3 检修

7.3.1.3.1 对所有的电气设备及线路应制定定期检修和定期检查制度,发现问题应及时处理。

7.3.1.3.2 拆修有易燃易爆危险物品存放的危险场所的电气设备时应按以下规定进行:
a) 制定安全技术措施,并按企业规定办理审批手续;
b) 彻底清理检修现场,将易燃易爆危险物品移至安全场所;
c) 切断该设备的电源,并悬挂"有人工作,禁止合闸"的警示标志牌。

7.3.1.3.3 更换或检修后的电气设备及线路,应经验收和试运行合格后方能投入正式使用。

7.3.1.3.4 应保持电气设备的接地保护系统完好,并定期检测。

7.3.2 通讯

7.3.2.1 企业应有方便快捷的对内、对外通讯系统,有固定操作人员的各类危险作业场所应能与企业生产调度中心、企业安全部门及医务室等保持通讯畅通。

7.3.2.2 有固定操作人员的危险性生产工房内应设置防爆电话机,非防爆电话机应安装在非危险性工房或非危险性工作间出入口处的外面。允许工作业务电话兼作报警电话。

7.3.2.3 民爆物品仓库区应设报警电话。

7.4 消防

7.4.1 企业的消防设施除应符合 GB 50089 和 GB 50140 的要求外,还应根据危险物料性质配置相应种类和数量的消防器材、消防设备和设施。

7.4.2 消火栓、灭火器、雨淋装置等消防设施应定期检查、定期维修,保持消防设施处于良好状态。

7.4.3 企业不应随意拆除、移动和改装消防设施。

7.5 采暖与通风

7.5.1 危险工房内采暖所用的加热介质、散热器及其安装要求等应符合 GB 50089 的要求。

7.5.2 采暖设施使用前应进行试运行,其温度、压力、运行性能应符合安全要求。采用低压蒸汽采暖的设施,蒸汽进入工房前应设置减压阀、安全阀和压力表。

7.5.3 在产生有毒有害粉尘或气体的作业场所应设置通风或除尘装置,有毒有害粉尘或气体不应直接向室外排放。

7.5.4 爆炸、燃烧危险性粉尘除尘系统应采用水浴除尘器,水浴除尘器应按规定保持一定水位。

7.5.5 空调系统的过滤器应定期清洗。

7.6 自动控制

7.6.1 自动控制系统的设置除符合本标准的要求外,还应符合 GB 50089、WJ 9065 的相关要求。

7.6.2 生产过程中易引起燃烧爆炸事故的机械化作业,应根据危险程度选择设置自动报警、自动停机、自动泄爆、自动雨淋等自动控制装置;抗爆间室的防爆门与抗爆间室内的设备应有安全联锁装置;自动化生产线的单机设备除有自动控制系统监控外,在生产现场还应设置应急控制操作装置。

7.6.3 乳化器、敏化器、输送泵等密闭式带有机械搅动装置的乳化炸药专用生产设备,应有防止超压、超温、断料干磨的自动控制装置。

7.6.4 对开、停车有顺序要求的操作宜设程序控制装置。

7.6.5 突然发生停气、停电、停水时,应有安全措施确保工艺操作和设备运转安全。

7.6.6 自动控制系统中执行机构的动作形式及调节器正反作用的选择,应使自动控制系统在突然停电或停气时能满足再次开机的安全要求。

7.6.7 生产线自动控制系统的自动记录装置均应设备用电源。

7.6.8 控制或检测信号电缆、脉冲管线由危险区域至非危险区域,或不同危险区域之间穿越隔墙或穿越楼板时,应采用金属管护套或阻燃材料严密封堵。控制或检测信号电缆不应与动力电缆混在一起或通过同一个预留孔出入工作室。

7.6.9 自动控制系统应设专业人员管理,应定期检查、试验或标定传感器、转换器、执行器、信号传输线及自动保护装置,每次检查、试验或标定后应做记录,并由检查、试验或标定人员签字保留。

7.7 防静电与防雷

7.7.1 防静电与防雷设施及其接地应符合 GB 50089 的要求。

7.7.2 危险物料粉碎混合加工过程中易产生静电积聚的工序应设置自动导出静电的装置,出料时应将接料车和出料器用导线可靠连接并整体接地。生产工序中盛装火工药剂及其炸药制品的盒、盘等活动器具应采用防静电材料制品,活动器具对地电阻值应为 1.0×10^4 Ω~1.0×10^8 Ω。

7.7.3 静电危险场所不应存在电容大于 3 pF 的孤立导体。装有产品的金属容器应直接放置在防静电地面上。

7.7.4 工业雷管药剂生产工房的入口处应设导出静电的门帘、扶手及人体静电检测仪,工房地面、工作台面、椅子、脚踏等应铺设防静电材料。

7.7.5 进入工业雷管药剂生产工房内的作业人员,应穿戴防静电(或纯棉)工作服、防静电(或纯棉)鞋袜,经静电检测合格后方可进入,人体对地电阻值应为 1.0×10^4 Ω~1.0×10^8 Ω。

7.7.6 企业应根据危险物品特性、静电危害风险以及生产加工作业方式等因素,规定危险作业场所空气相对湿度下限。以下生产工房(工作间)内的空气相对湿度不应低于 60%(工艺有特殊要求的生产企业可另行规定):

a) 起爆药制造:分盘工作间、筛分工作间、称量工作间;
b) 炸药粉碎工房;
c) 延期药(点火药)制造:混合工作间、造粒工作间、筛分工作间、称量分盒工作间;
d) 导爆药制造:配料工作间、混合工作间、筛药工作间、分盒工作间;
e) 基础雷管装填线:有危险品和作业人员同时存在的工作间;
f) 雷管装配:电雷管装配工房、编码工房、包装工房;
g) 起爆具和震源药柱制造:炸药称量工作间、过筛工作间、TNT熔化工作间、灌装工作间;
h) 有必要控制相对湿度的生产工房。

7.7.7 防静电用品及器材主要技术性能指标应符合以下要求:
a) 导静电胶板对地电阻值为 5.0×10^4 Ω～1.0×10^8 Ω;
b) 人体静电测试仪检测范围为 1.0×10^7 Ω～1.0×10^8 Ω,测量值误差应不大于 ±10%;
c) 防静电工作服的摩擦带电量每件应小于 0.5 μC,防静电工作服布料的摩擦起电电位应低于 500 V,防静电鞋对地等效电阻值为 5.0×10^4 Ω～1.0×10^8 Ω;
d) 生产工器具使用的棉织品或防静电织品的电荷面密度应小于 1 μC/m²,摩擦起电电位应低于 500 V。

7.7.8 生产线和危险品仓库的防静电接地系统应每半年检测一次,起爆器材生产线防静电地面、防静电台面等装置每月应不少于一次抽查,应经常检查各工序、工位的静电接地线是否连接可靠,发现安全隐患应立即处理。

7.7.9 避雷针塔附近应根据实际情况设立警示标志牌或护栏。

7.7.10 防雷接地装置应按当地气象部门的规定定期检测。

8 作业场所管理

8.1 生产现场

8.1.1 应保持作业场所整齐清洁,疏散通道畅通。

8.1.2 工房内设备与工作台的布置应有利于工序间物流传递、方便操作、方便设备维修及方便操作人员安全疏散。物流、人流宜设置各自通行路线和标识,避免交叉。

8.1.3 应对作业场所的人员、物料、成品、工具及其在制品实行定置管理。作业现场危险物品的存放方式应有利于防止殉爆。

8.1.4 危险工房内的楼梯、平台应装设坚固可靠的扶手和护栏;楼梯的宽度和角度应便于人员通行和疏散;平台和楼梯的表层材料应符合相关要求;设备的入料口设在平台或楼板上时,入料口四周应有防肢体误入措施;厂区内的地沟、地坑、沉淀池等应有盖板或护栏;升降口和提升平台应加围栏,提升平台的围栏高度不应低于 1 m。

8.1.5 有操作人员作业的场所照度应满足要求。

8.1.6 在易发生燃烧或爆炸事故的工序之间不宜设置用于传递危险品的过墙孔洞。因工艺需要设置时,应有隔火或隔爆的安全措施。

8.1.7 穿越危险工房隔墙和楼板的管道安装完毕并经检验合格后,应将墙洞、楼板洞与管道之间的空隙在粉刷或油漆前用阻燃材料填封密实,通风管道中的空隙部分应选用柔性阻燃材料填封。

8.1.8 危险工房内外通道、安全出口(含安全窗口)及安全疏散隧道等应设置明显的警示标志,严禁堆放任何物品,严禁设置坎、沟、台阶等。

8.1.9 顶棚、墙面应光洁,地面应平整无裂缝、无坑洼,门窗应完好无损、开启灵活。

8.1.10 危险工房维修前应按停工要求彻底清扫,清扫的垃圾应存放在指定地点并统一定期销毁。

8.2 定员、定量

8.2.1 企业应制定危险工(库)房及操作岗位的定员、定量审批和监督检查制度。

8.2.2 工(库)房内危险品总定量应符合 GB 50089 的规定;抗爆间室内爆炸物品的存量不应超出抗爆间室的设计药量;各岗位(工位)的定量在满足生产的前提下应尽量控制在下限。

8.2.3 工业炸药及其炸药制品生产线危险工房(工位)操作定员、最大允许定员和危险品定量应符合附录 C 的要求;起爆器材生产线危险工位操作定员、最大允许定员和危险品定量应符合附录 D 要求;无人操作的连续化、自动化基础雷管装填线,成品雷管装配生产线(工位),索类产品生产线(工位)的危险品定量应符合设计药量或抗爆试验验证药量。

8.2.4 应在危险工(库)房外墙的显著位置设立警示标志牌,警示标志牌式样和内容参见附录 E。

8.3 环境保护与职业卫生

8.3.1 新建、改建、扩建和技术改造的企业,涉及影响环境和职业卫生时应按照国家有关要求办理相关手续。其防治污染和职业危害的设施应与主体工程同时设计、同时施工、同时投入生产使用,竣工时应经环保主管部门和劳动卫生管理部门验收合格后方可投入生产。

8.3.2 生产过程中的生产用水宜循环使用。

8.3.3 生产产生的废水、废气、废渣、噪声等应达到国家有关排放和控制标准的要求。危险性废水应经销爆后送废水处理工房统一处理;固体残渣应根据不同的危险成分或有害成分分别销毁处理;有害粉尘应消除其危害后再排入大气。

8.3.4 应对从事有毒有害作业的人员定期进行体检,若体检发现不宜从事有毒有害作业,应及时更换。

9 运输与储存管理

9.1 运输

9.1.1 民爆物品运输应符合《道路危险货物运输管理规定》、JT 618、GB 50089 和 GB 4387 的有关规定。采用铁路、水路或航空运输时应符合国家相关规定。

9.1.2 生产区至总仓库区的运输路线通过企业外部公路时,由企业和当地交通安全管理部门确定运输路线,不应随意更改。

9.1.3 生产区至总仓库区运输道路应坚实牢固、路面平整、边坡稳定,并应按照国家相关规定设置必要的交通标志。

9.1.4 在社会公路上运输民爆物品时,应使用符合国家有关爆破器材运输车安全技术标准要求的专用运输车。厂内、库区内使用普通汽车运输民爆物品时,排气管应安装灭火罩,车厢底部应铺软垫。

9.1.5 运输工业电雷管的车辆安装卫星定位导航终端时,应符合以下要求:

9.1.5.1 当运输的工业电雷管发火冲能大于或等于 $2.0 A^2 \cdot ms$ 时：
  a) 卫星定位导航终端的工作频率为 900 MHz 时，输出功率应不大于 2 W；工作频率为 1 800 MHz 时，输出功率应不大于 1 W；天线增益应不大于 3 dB；
  b) 卫星定位导航终端的安装应符合 AQ 3004 的规定，终端天线的位置不应高于车体；
  c) 卫星定位导航终端的天线与运输车内电雷管的距离不应小于 0.5 m。

9.1.5.2 当运输的工业电雷管发火冲能小于 $2.0 A^2 \cdot ms$ 时，卫星定位导航终端的技术参数和安装要求除应符合 9.1.5.1a)和 9.1.5.1b)的要求外，卫星定位导航终端的天线与电雷管的距离应按国家有关标准要求计算和测试后确定。

9.1.6 采用电瓶车运输民爆物品时，电瓶车应符合防爆要求；采用防爆叉车装运民爆物品时，叉杆应有防止火花产生的安全措施。

9.1.7 人力手推车运输工业炸药时，所载工业炸药质量不宜超过 300 kg，运输过程中应采取防滑、防摩擦产生火花等安全措施；人力手推车运输散装工业炸药药粉时应保持车厢清洁、干净，装药高度不应超过车厢高度，并应有防止工业炸药药粉撒落的安全措施。

9.1.8 人工传送起爆药时，应有专用道路并保持道路平整；传送人员和传送工具应有明显标志；传送人员行走时应与他人保持 5 m 以上间距。

9.1.9 在生产区和总仓库区内运输民爆物品的机动车行车速度不应超过 15 km/h，前后车之间的距离不应小于 50 m。

9.1.10 运输民爆物品的汽车司机除应取得公安部门批准的与驾驶车辆相符合的正式驾照外，还应具有 50 000 km 和三年以上安全驾驶经历，并由企业安全部门考核批准后方可上岗。

9.1.11 从事运输和装卸民爆物品的作业人员，应掌握所运输和装卸民爆物品的理化性能及应急措施。不应穿带有铁钉的工作鞋和易产生静电的工作服，严禁将火种带入装卸作业区。

9.1.12 运输民爆物品应配备押运人员，押运人员应随车携带符合行政许可审批要求的有关证件，应掌握押运产品的数量、质量、规格和装载等情况，了解所押运物品的主要危险特性和安全防护知识。押运人员应与库房管理人员当面点清所押运民爆物品的数量，运达时应与接收人员办理有关交接手续。

9.1.13 从事民爆物品运输的管理人员应经培训且考试合格后持证上岗；企业应对民爆物品运输管理人员定期进行安全教育和应急事故训练；每年应对民爆物品运输管理人员的素质进行一次安全审核，不符合要求应及时调整。

9.1.14 装有民爆物品的车辆在厂区及库区的运输，应符合国家和地方有关部门的相关规定。

9.1.15 民爆物品装卸应符合以下要求：
  a) 非防爆机动车辆不应直接进入危险性建筑物或构筑物内，装卸作业宜在距危险性建筑物不小于 2.5 m 处进行；
  b) 当危险性建筑物或构筑物内有火炸药粉尘或易燃易爆溶剂挥发气体时，装卸机动车应在距危险性建筑物不小于 5 m 处进行；
  c) 用于装卸民爆物品的高位站台应设置防止车辆顶撞站台的缓冲设施或采取其他有效措施；
  d) 装卸和搬运民爆物品时应轻拿轻放，严禁翻滚、拖拉，严禁用撬棍、榔头等铁器敲打包装件；

e) 厂内普通汽车装载民爆物品时,车厢底部应铺软垫,不应倒置或侧放;装载量不应超过额定装载量;产品包装箱超出车厢的高度不应超过产品包装箱高度的三分之一;雷管装车高度应低于车厢三分之一;车厢应盖好篷布,捆绑牢固,在确保包装件固定可靠后,方可关严车厢栏板;

f) 专用运输车装载民爆物品时,装载质量不应超过额定装载量;包装件应码放整齐并根据运输量确定合适的码放高度;中途卸车后及时调整包装件的堆放高度,防止高位坠落和撞击;正确使用车内专用捆绑带和挂钩;

g) 装运民爆物品时,驾乘人员应对民爆物品的包装进行检查,发现不符合包装要求和破损的,应及时报告和处理;

h) 同车(包括同船等)运输不同品种的民爆物品时,应符合不同品种的民爆物品同库存放的相关要求。

9.1.16 运输民爆物品的车辆出车或收车前应将车厢打扫干净,清出的药粉、药渣应存放在指定地点并统一定期销毁。

9.1.17 在暴雨和雷电等恶劣天气情况下,产品不应出入库;恶劣天气的能见度在 5 m 以内,或道路坡度在 6% 以上且能见度在 10 m 以内时,运输民爆物品的车辆应停止行驶。

9.1.18 民爆物品生产、销售企业需委托其他单位运输民爆物品时,应审查承运单位是否具备运输危险物品的资质,并与承运单位签订运输安全责任合同。

9.1.19 装有民用爆炸物品的车辆遇有临时停车时,应避开人员密集地区和重要设施,并设专人监护;车辆故障必须进行检修时,严禁在装有民用爆炸物品的车辆周围近 50 m 范围内进行明火产生的作业。

9.2 储存

9.2.1 设置民爆物品仓库的企业应取得"民用爆炸物品生产许可证"或"民用爆炸物品销售许可证"。

9.2.2 企业生产点的爆炸性材料仓储能力应满足生产需要,安全许可能力(不含现场混装炸药)与成品总库储存能力应满足以下要求:

a) 工业炸药及其炸药制品:
   1) 安全许可能力小于或等于 10 000 t 时,总库储存能力应不小于安全许可能力的 3.0%,且不少于 200 t;
   2) 安全许可能力大于 10 000 t 小于或等于 20 000 t 时,总库储存能力应不小于安全许可能力的 2.5%,且不少于 300 t;
   3) 安全许可能力大于 20 000 t 时,总库储存能力应不小于安全许可能力的 2.0%,且不少于 500 t;

b) 工业雷管成品总库储存能力应不小于安全许可能力的 10%;

c) 工业导爆索成品总库储存能力应不小于安全许可能力的 10%。

9.2.3 企业应建立严格的民爆物品进出仓库检查制度,设置仓库负责人,并配备相应的仓库管理人员和足够的安防人员。安防人员应设置固定岗哨和流动岗哨,并按公安部门规定配备必要的警用器具。

9.2.4 仓库管理人员应了解仓库所储存产品的安全性能,掌握防火、防爆等知识,熟悉仓库的各项安全规定并经培训且考试合格后持证上岗。

9.2.5 外来人员进入民爆物品仓库应经本企业保卫部门审查批准,在了解仓库有关管理规定的前提下由仓库管理人员带领进入。

9.2.6 出库后返回的产品应有验收手续方可入库,拆包的产品应另库存放。

9.2.7 各类民爆物品宜单独品种专库存放,仓库内严禁储存无关物品。以下品种的民爆物品允许同库存放:
  a) 单质炸药、工业导爆索、工业炸药及其炸药制品允许同库存放;
  b) 包装完好的塑料导爆管允许与工业雷管(含继爆管)、单质炸药、工业导爆索、工业炸药及其炸药制品同库存放。

9.2.8 废品或未进行安定性试验的新产品应单独存放。

9.2.9 民爆物品仓库应环境整洁、通风良好,仓库内产品的堆放应整齐、稳固、标志清晰、利于行走、搬运方便,具体应符合以下要求:
  a) 产品应按生产批号成垛堆放,不同规格的民爆物品应分垛堆放。
  b) 仓库内装运通道应满足不同的运输方式,最小宽度应不小于1.2 m;人行检查通道宽度、清点通道宽度、堆垛边缘与墙之间的距离及堆垛之间的距离应符合GB 50089的规定。
  c) 堆放工业炸药、索类火工品成品箱的堆垛总高度不应大于1.8 m;堆放工业雷管和其他起爆器材成品箱的堆垛总高度不应大于1.6 m。

9.2.10 严禁在民爆物品仓库内开箱;需取出产品时应在仓库管理人员监督下,将产品箱移至库房防护屏障外指定地点进行;应使用不产生火花的启箱工具。

9.2.11 维修民爆物品仓库时,应采取可靠的安全措施。门窗小修可移至室外指定地点进行;库房大修应将仓库内的产品全部搬出,库房清扫干净后方可进行。

9.2.12 应按GA 837的规定在仓库设置安全防范电子监控装置,并确保监控装置完好。

10 试验与销毁管理

10.1 基本要求

10.1.1 应建立完整的民爆物品试验与销毁记录,每次试验与销毁均应清点民爆物品的数量,账物应一致,并由参与试验或销毁的主要操作人员共同签字。

10.1.2 起爆器材生产企业应有固定的试验场和销毁场;工业炸药及其炸药制品生产企业应有固定的工业炸药性能试验场,并根据需要设置固定的销毁场。试验场或销毁场的设置应满足GB 50089的要求。

10.1.3 试验或销毁工作不应单人进行,试验人员或销毁操作人员应是专职人员并经培训且考试合格后持证上岗。

10.1.4 进行试验或用爆炸法、烧毁法进行销毁时,引爆或点火前应发出音响警告信号;在销毁场以外销毁时,应按规定在销毁场地四周安排警戒人员,严格控制所有可能进入危险区域的人员和车辆。

10.1.5 起爆器的手柄或钥匙应始终由指定的放炮员随身携带。放炮员应亲自接通放炮线和启动起爆器,严禁其他人员进行上述作业。

10.1.6 试验或销毁工作结束后应检查和清理现场、熄灭余烬,确认无残留爆炸物后方可离开场地。

10.2 性能试验

10.2.1 民爆物品性能试验场的设置应符合 GB 50089 的有关规定。当周围环境允许一次最大试验药量大于 2 kg 时,应经企业安全负责人和企业技术负责人审批后方可进行。

10.2.2 样品准备间的工业雷管与工业炸药应分开放置。只有在准备工作全部完毕后、放炮员撤离试验场地前,方可将工业雷管插入药卷中。

10.2.3 采用工业电雷管起爆时,通电线路应设置双重开关,第一道开关合闸时应发出音响报警信号。

10.2.4 试验完毕后剩余的民爆物品应按企业相关规定处理。

10.3 销毁

10.3.1 企业应建立严格的民爆物品销毁制度,制定具体的销毁安全规程。销毁过程应在技术人员和安全人员的监护下进行。

10.3.2 销毁场内不应设置待销毁的民爆物品储存库,允许设置为销毁时使用的点火件或起爆件掩体。

10.3.3 销毁方法应根据民爆物品的特点采用炸毁法、烧毁法、溶解法或化学分解法。新研制的民爆物品销毁方法应由研制单位经试验后提出,由企业安全负责人和企业技术负责人审批后方可进行。

10.3.4 采用炸毁法销毁民爆物品时,应符合以下要求:
   a) 被销毁的民爆物品应放置在销毁坑中进行,当销毁场地周围没有自然屏障时,在销毁坑周围宜设高度不低于 3 m 的防护土堤;
   b) 一次销毁药量(不包括工业雷管)不宜超过 2 kg,周围环境允许且已制定可靠的安全措施时,经企业安全负责人和企业技术负责人审批后,允许适当扩大销毁药量;
   c) 应采用工业电雷管和导爆管雷管在安全距离外起爆。采用电雷管起爆的爆炸场地不应设在有射频电源、高压电网和其他有电磁波干扰源的附近,其杂散电流不应大于 30 mA;
   d) 销毁工业雷管时,允许在工业雷管上面放置适量的单质炸药,每次销毁的工业雷管和单质炸药的总质量不应超过 1 kg;基础雷管应整齐地装入纸盒内进行销毁操作;零散工业电雷管或导爆管雷管应在安全防护下将脚线或导爆管剪下,装入纸盒内进行销毁操作;
   e) 每次起爆后应停留 10 min 以上人员方可进入现场检查。未爆炸或怀疑爆炸不完全时,应停留 30 min 后人员方可进入现场处理。

10.3.5 采用烧毁法销毁民爆物品时,应符合以下要求:
   a) 禁止不同性质的民爆物品混合烧毁,烧毁前应进行彻底检查,严防起爆药或装有起爆药的制品等混入被烧毁物中。
   b) 铺设烧毁物的方向应与当时的风向平行,点火点应设在下风向烧毁物的端头。
   c) 烧毁工业炸药前应将工业炸药在地面上铺成厚度不超过 3 cm、宽度为 20 cm～30 cm 的带状长条,条距不应低于 3m。硝酸铵类炸药一次最大烧毁量不应超过 200 kg;梯恩梯、黑索今、太安等单质炸药一次最大烧毁量不应超过 100 kg。严禁成箱成堆烧毁,结块的工业炸药应用木锤轻轻打碎后再进行烧毁。
   d) 烧毁纸壳工业雷管药柱(不含起爆药)时,应将其铺成厚度为 8 cm～10 cm、宽度为

50 cm～60 cm 的带状长条,条距不应低于 3 m。每条药柱质量不应超过 10 kg,每次烧毁应不超过两条,允许均匀掺入少量废黑索今同时烧毁。

e) 烧毁导爆索时,应将索团松开铺成厚度不超过 10 cm,宽度不超过 1 m 的条状,条距不应低于 3 m。导爆索不应成团或堆积在一起,不应混入工业炸药。每条药柱质量应不超过 10 kg,每次烧毁应不超过两条。

f) 烧毁太乳炸药时应单片平铺在地面上,片与片之间的间距为 0.5 cm～1.0 cm,严禁叠加,每次烧毁药量不应超过 10 kg。

g) 烧毁法的引火材料可用蜡纸、木材等,应在点火点铺 1 m～2 m 长的引火物,烧毁时应先点燃引火物,不应直接点燃待销毁的民爆物品。

h) 在同一地点分多次烧毁民爆物品时,每次烧毁后应待烧毁场地地面温度降至常温后方可再次进行烧毁。

i) 应待烧毁场地地面冷却后再彻底清理烧毁场地,清理动作应轻、稳。当发现有未烧毁的民爆物品时应立即组织就地烧毁。

j) 操作人员点火后应立即离开烧毁点撤到安全距离以外(安全距离视销毁药量和品种确定)。

10.3.6 采用溶解法销毁民爆物品时,应使民爆物品全部溶解后,滤出其中的不溶物另行处理。

10.3.7 采用化学分解法销毁民爆物品时,应使药剂和溶剂充分混合并完全分解,其溶液应经处理,符合有关规定后再排入下水道。

10.3.8 销毁起爆药时宜采用化学分解法。用硫化钠销毁二硝基重氮酚宜在橡胶桶内进行,硫化钠溶液浓度宜控制在 4%～10% 范围内。销毁时首先应使二硝基重氮酚在水中充分分散,然后缓慢地加入硫化钠溶液,并控制反应的速度和温度,保证充分散热,直至化学反应停止。将废液倒入废水池时,还应不断地加入上述硫化钠溶液,以防止销毁不完全。销毁其他起爆药时,应根据相应起爆药性质制定销毁规程。

10.3.9 待销毁的民爆物品严禁在阳光下暴晒;严禁将销毁不彻底的民爆物品随地散失和任意处理。

10.3.10 严禁在夜间、暴风、雷雨、大雪、大雾和风向不定等恶劣天气进行销毁作业。

11 生产安全事故应急救援预案与事故报告

11.1 生产安全事故应急救援预案

11.1.1 应根据本企业生产、经营的实际情况,以"以防为主,防救结合"为原则,制定生产安全事故应急救援预案,并按《生产安全事故报告和调查处理条例》的规定上报所在地县级以上地方人民政府安全生产监督管理部门和民爆行业行政主管部门备案。

11.1.2 生产安全事故应急救援预案编制原则:

a) 应结合本企业危险源的特点,内容有较强的针对性;
b) 救援措施、避险要领应简洁明了,有较强的可操作性;
c) 企业自救应与社会救援相结合。

11.1.3 生产安全事故应急救援预案的主要内容应包含:

a) 危险源辨识与评价结果;

b) 事故类型及可能造成的危害分析;
c) 事故应急救援及紧急避险措施;
d) 事故应急救援组织指挥机构、救援队伍及职责分工;
e) 事故应急救援器材、装备;
f) 需要请求社会救援的事项;
g) 事故应急预案演练的考核评价标准;
h) 事故应急预案管理制度。

11.1.4 事故应急救援预案中指挥机构的负责人应由企业主要负责人承担,企业相关负责人为指挥机构成员,下设日常办事机构。

11.1.5 为应急救援配备的器材和装备不应移做他用,器材和装备应保持完好、有效状态。

11.1.6 应与当地有关单位保持良好的消防、救护、救援等协同联系。

11.1.7 应根据本单位实际,将事故应急救援方案分解到各基层车间(分厂)、各危险点;每年应至少组织一次综合应急预案演练或专项应急预案演练,并有记录。

11.1.8 企业应根据事故应急救援预案管理制度,定期对预案中规定的机构、责任制、报警系统、预防措施、演练记录和救援设施等内容进行检查,发现问题及时纠正。

11.2 生产安全事故报告

11.2.1 民爆物品生产安全事故是指科研、生产和经营活动中发生火灾、爆炸、中毒等人身伤害和较大经济损失事故。事故等级划分应按 WJ 9048 的有关规定进行。

11.2.2 企业发生伤亡事故后,企业主要负责人应当迅速采取有效措施,组织抢救,防止事故扩大,减少人员伤亡和财产损失,并按照《生产安全事故报告和调查处理条例》的有关规定如实上报当地政府主管部门外,还应上报省级和国家民爆行业行政主管部门,并积极调查事故原因。不应瞒报、谎报、故意迟延不报,不应故意破坏事故现场、毁灭事故证据。

11.2.3 事故报告应包括以下内容:
a) 事故发生的单位、时间、地点及事故现场情况;
b) 事故的简要经过、伤亡人数(包括下落不明人数)和直接经济损失的初步估计;
c) 事故发生原因的初步判断;
d) 事故发生后采取的措施及事故控制情况;
e) 事故报告单位及主要负责人、联系人、联系电话。

11.2.4 企业根据事故报告制度对发生的事故处理完毕后,应填写《民用爆炸物品企业火灾、爆炸、中毒事故档案》(封面及格式参见附录F)报民爆行业行政主管部门。

11.2.5 上报事故资料应按以下规定进行:
a) 事故造成人员伤亡或经济损失已达到《生产安全事故报告和调查处理条例》规定的等级时,应按照《生产安全事故报告和调查处理条例》以及民爆行业行政主管部门的有关规定上报;
b) 企业发生伤害事故,应在事故发生后的一个月内将事故调查报告上报至省级和国家民爆行业行政主管部门。

附 录 A
（资料性附录）
民用爆炸物品生产安全技术操作规程的主要内容

A.1　安全守则

安全守则的内容应包括：
a) 物品危险、有害性说明；
b) 个人防护要求；
c) 主要安全设施及使用方法；
d) 作业现场管理（定员、定量、定置和清扫等要求）；
e) 现场应急程序；
f) 特许作业审批规定；
g) 其他。

A.2　工艺规程

工艺规程的内容应包括：
a) 原材料、辅助材料技术标准；
b) 主要工艺技术参数；
c) 仪器设备检查和校准；
d) 质量控制措施（材料或半成品技术指标、抽检方法和记录要求等）；
e) 不合格品和废品管理：
　　——分类；
　　——隔离存放要求；
　　——合理利用的方法；
　　——废品（废弃物）的处理方法。
f) 其他。

A.3　操作规程

操作规程的内容应包括：
a) 材料配制或准备过程；
b) 操作程序：
　　——启动程序；
　　——操作过程；
　　——收工程序；
c) 安全注意事项：
　　——紧急停机（异常）；
　　——生产故障排除指导说明（应急情况处理方法和现场记录等）；
　　——报警和警告。

A.4 其他

根据具体情况需要规定的其他有关要求。

附 录 B

（规范性附录）

乳化器和螺杆泵的主要技术参数

B.1 乳化器

B.1.1 胶状乳化炸药乳化器

机械搅拌连续式胶状乳化炸药乳化器的主要技术参数应符合以下要求：
a) 主轴工作转速不大于 1 500 r/min；
b) 转子线速度不大于 15 m/s；
c) 产能与装机功率之比不小于 300 kg/kW；
d) 转子与定子（无定子的以容器内壁计）径向间隙不小于 2.5 mm，转子的轴向间隙不小于 3.0 mm；
e) 物料出口直径不小于 50 mm；
f) 有防止轴承碎裂引起主轴径向和轴向位移的技术措施；有防止物料进入轴承和机械密封的技术措施；
g) 有效容积不大于 5 L。

B.1.2 粉状乳化炸药乳化器

机械搅拌连续式粉状乳化炸药乳化器的主要技术参数应符合以下要求：
a) 转子线速度不大于 10.0 m/s；
b) 转子直径不大于 200 mm；
c) 转子与定子（无定子的以容器内壁计）径向间隙不小于 3.25 mm；
d) 物料出口直径不小于 50 mm；
e) 有防止轴承碎裂引起主轴径向和轴向位移的技术措施；有防止药体进入轴承和机械密封的技术措施。

B.2 输送乳化基质或乳化炸药的螺杆泵主要技术参数

输送乳化基质或乳化炸药的螺杆泵的主要技术参数应符合以下要求：
a) 定子材质：
   ——应选用耐油、耐温型，宜采用非金属软性材料；
   ——定子的耐温性应高于被输送物料 20 ℃以上。
b) 螺杆的工作转速不宜超过 150 r/min；宜有超压自动泄爆装置。
c) 转动部件不应有进入危险物料的可能。

B.3 其他

乳化炸药乳化器主要技术参数与国家民爆行业行政主管部门最新公布的专用生产设备

目录编录要求有差别的,以最新要求为准。

附 录 C
（规范性附录）
工业炸药及其炸药制品生产线危险工房(工位)操作定员、最大允许定员和危险品定量

工业炸药及其炸药制品生产线危险工房(工位)操作定员、最大允许定员和危险品定量见表C.1。

表C.1 工业炸药及其炸药制品生产线危险工房(工位)操作定员、最大允许定员和危险品定量

项目	序号	工房名称	操作定员/最大允许定员/危险品定量	主要操作工位
工业炸药	1	原料制备工房	6/9/设计定量	硝酸甲胺中和、浓缩/其他爆炸性原材料准备
	2	制药工房	6/9/设计定量	原料准备、混制、在线检查等
	3	制药与装药工房	12/15/设计定量	原料准备、混制、在线检查、装药等
	4	装药与包装工房	22/25/设计定量	半成品输送、装药、包装、装运
	5	制药与装药、包装联建工房	15/18/设计定量	原料准备、混制、在线检查、半成品输送、装药、包装、装运
	6	包装工房	6/9/设计定量	包装、装运
震源药柱、起爆具	1	工业炸药制药与装药联建工房	15/18/设计定量	配料、熔化、塑化、罐装
	2	装药与包装联建工房	22/25/设计定量	装药、炸药制品整理、装箱、包装、装运等
	3	包装工房	6/9/设计定量	包装、装运
	4	起(传)爆药柱压制(铸装)	3/5/工位	压制(铸装)
石油射孔弹(分工房和工位计算)	1	单质炸药准备	1/2/抗爆间设计定量	炸药准备
	2	称量	1/2/6 kg(工位)	每一个工位1人称量,加送药交叉2人
	3	压药	1/2/3 kg(工位、抗爆间设计定量)	每一个工位1人压药,加搬运交叉2人
	4	擦药	2/3/8 kg(工位)	每一个工位2人擦药,加搬运交叉3人
	5	口部涂胶	2/3/8 kg(工位)	每一个工位2人涂胶,加搬运交叉3人

表 C.1（续）

项目	序号	工房名称	操作定员/最大允许定员/危险品定量	主要操作工位
石油射孔弹（分工房和工位计算）	6	插压丝	2/3/8 kg（工位）	每一个工位2人压丝，加搬运交叉3人
	7	固化	0/2/20 kg（工作室）	无人操作，搬运交叉2人
	8	外观检查	1/2/12 kg（工位）	每一个工位1人检查，加搬运交叉2人
	9	喷码	2/3/12 kg（工位）	排弹2人，加运输交叉3人
	10	装箱、包装	5/6/12 kg（工位）	传送、装箱、包装5人，加搬运交叉6人
		累计	17/22/工房设计总量	—
注：其他炸药制品生产线危险工房（工位）操作定员、最大允许定员和危险品定量由生产企业参照本标准相关类别的产品制定。					

附 录 D
（规范性附录）
起爆器材生产线危险工房（工位）操作定员、最大允许定员和危险品定量

起爆器材生产线危险工位操作定员、最大允许定员和危险品定量见表D.1。

表 D.1 起爆器材生产线危险工位操作定员、最大允许定员和危险品定量

项目	序号	工位名称	操作定员/最大允许定员/危险品定量	主要操作工位及防护要求
工业雷管	1	起爆药化合	1/3/抗爆间设计定量	LA、GTG、NHN等的化合在抗爆间内，人机隔离下的辅助操作
			4/6/设计定量或规定定量	同一个工房内DDNP中和、还原、重氮，人工操作
	2	洗涤、抽滤	1/3/抗爆间设计定量	LA、GTG、NHN等洗涤、抽滤在抗爆间室内人机隔离下的辅助操作
			1/3/抗爆间设计定量	同一个工房内DDNP洗涤、抽滤，人工操作

表 D.1（续）

项目	序号	工位名称	操作定员/最大允许定员/危险品定量	主要操作工位及防护要求
工业雷管	3	分盘	1/2/抗爆间设计定量	同一抗爆间内,湿起爆药人工分盘
	4	干燥	1/2/抗爆间设计定量	同一抗爆间内真空干燥或烘房干燥
	5	筛药	1/1/抗爆间设计定量	同一抗爆间内防爆墙外人机隔离操作
	6	起爆药传送	1/2/3 kg	人工室内外传送干品
			1/2/企业规定定量	工序间传送湿品
	7	延期药混合	1/1/设计定量或规定定量	有防护的人机隔离辅助操作
	8	延期药造粒	1/1/设计定量或规定定量	有防护的人机隔离辅助操作
	9	延期药干燥	1/1/设计定量或规定定量	有防护的人机隔离辅助操作
	10	延期药筛分	1/1/设计定量或规定定量	有防护的人机隔离辅助操作
	11	装延期药	1/2/设计定量或规定定量	有防护的人机隔离辅助操作
	12	炸药传送	1/2/装填线暂存间定量	人工室内外传送
	13	装单质炸药	1/2/抗爆间内执行设计定量、室外 400 发	抗爆间室外人工辅助操作
	14	装起爆药	1/1/抗爆间内执行设计定量、室外防爆装置内 200 发	抗爆间室外人工辅助操作
	15	压药、压合	1/1/抗爆间内执行设计定量、室外防爆装置内 200 发	抗爆装甲外人工辅助操作
	16	拔管、擦浮药、装盒、检查	1/2/320 发工业雷管（作业台上 100 发,其余在防爆装置内）	抗爆装甲外人工辅助操作
	17	剔废品	1/2/320 发工业雷管（作业台 120 发,其余在防爆装置内）	有防护罩下的人工操作

表 D.1（续）

项目	序号	工位名称	操作定员/最大允许定员/危险品定量	主要操作工位及防护要求
工业雷管	18	混制点火药	1/2/抗爆间设计定量	抗爆间室外人机隔离辅助操作
			1/1/20g(干基)	有防护罩下的人工操作
	19	卡中腰	1/2/320发工业雷管（作业台2发，其余存防爆装置内）	防护装甲间内，防护罩下的人工操作
	20	卡成品	1/2/320发工业雷管（作业台20发，其余存防爆装置内）	防护装甲间内，防护罩下的人工操作
	21	工业电雷管导通	1/2/220发工业雷管（作业台上防爆装置内20发，其余存防爆装置内）	防护装甲间内，防护罩下的人工操作
	22	编码排管	1/2/220发工业雷管（作业台上基础管100发或60发工业电雷管或60发导爆管雷管，其余存防爆装置内）	防护装甲间内，防护罩下的人工操作
	23	编码拆模、检查	1/2/220发工业雷管（作业台上120发工业电雷管或50发导爆管雷管，其余存防爆装置内）	防护装甲间内，防护罩下的人工操作
	24	工业雷管打把、验数	1/2/400发工业雷管（作业台上100发，其余存防爆装置内）	防护装甲间内，防护罩下的人工操作
	25	沾蜡	1/2/200发工业雷管	防护装甲间内，人工操作
	26	装盒	1/2/500发工业雷管（作业台上100发，其余存防爆装置内）	防护装甲间内，防护罩下的人工操作
	27	包中包	2/2/600发工业雷管	防护装甲或独立工作间内的人工操作
	28	传送带	半自动线:1/2/100发工业雷管	人工辅助操作，传送带上各工位上的量
	29	装箱	1/2/2 000发成品雷管（基础雷管5 000发）	一个装箱间内

表 D.1（续）

项目	序号	工位名称	操作定员/最大允许定员/危险品定量	主要操作工位及防护要求
工业雷管	30	成品组批或待运	1/2/6 箱成品工业雷管（6000 发）或基础雷管 4 箱	一个暂存间内
	31	基础雷管传送	1/1/20 000 发	工房之间、工库房之间人力车
	32	成品传送	1/2/6 000 发工业雷管	手推车人工操作
	33	半成品试验	1/2/200（作业台上 10 发,其余存防爆装置内）	防护装甲或独立工作间内的人工操作
	34	质检抽样	1/2/300 发工业雷管	防护装甲间内的人工操作
	35	成品试验	2/2/按照企业相关规定执行	—
	36	销毁	2/2/按照企业相关规定执行	—
导爆管	1	混药	1/1/抗爆设计定量	抗爆墙外人机隔离下的辅助操作
	2	干燥	1/1/抗爆设计定量	抗爆墙外人机隔离下的辅助操作
	3	制管（机台）	1/2/40 g（药斗）或按抗爆设计	单台机的加药和收管操作
工业导爆索	1	单质炸药准备	1/2/设计定量	太安、黑索今等炸药造粒、过筛
	2	制索	1/2/抗爆间设计定量	人机隔离下的制索巡检、收卷操作
	3	涂塑	1/2/设计定量	涂塑巡检、收卷
	4	包装	5/6/设计定量	盘卷分切、包卷、装箱、装运

注：DDNP 为二硝基重氮酚起爆药的缩写；LA 为叠氮化铅起爆药的缩写；GTG 为高氯酸三碳酰肼合镉（Ⅱ）起爆药的缩写；NHN 为硝酸肼镍起爆药的缩写。

附 录 E
（资料性附录）
危险工(库)房警示标志牌式样

E.1 "危险工(库)房警示标志牌"尺寸应为 700 mm×660 mm；材质应有一定强度，不易变形；字体大小按字数多少排列并居中；标志牌颜色与字体颜色应有明显反差，且宜采用白底黑字。

E.2 危险工(库)房警示标志牌样式见图 E.1。

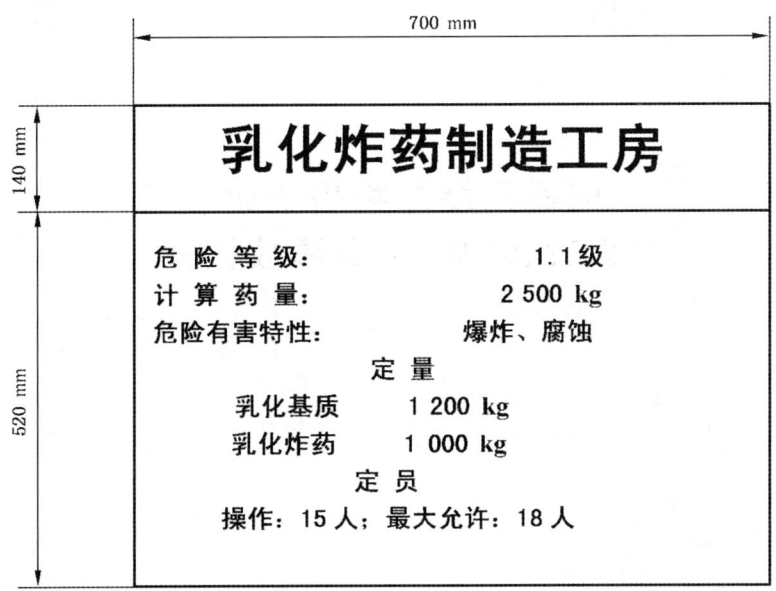

图 E.1 危险工(库)房警示标志牌样式

E.3 警示标志牌内容应符合以下要求：
  a) "危险工(库)房名称"按建筑物内实际生产或存储主要危险品名称确定，如：乳化炸药制造工房、工业雷管库；
  b) "工(库)房危险等级、计算药量"按 GB 50089 的规定确定；
  c) "危险工(库)房操作定员和最大允许定员"按附录 C、附录 D 的规定确定；
  d) "危险品名称及定量"按建筑物内存放的主要危险性原材料、半成品及成品的名称和最大允许存放危险品的数量确定；
  e) "危险、有害特性"按危险品的主要危险性和有害性确定。

附 录 F
（资料性附录）
民用爆炸物品企业火灾、爆炸、中毒事故档案

F.1 民用爆炸物品企业火灾、爆炸、中毒事故档案封面格式见图 F.1。

民用爆炸物品企业
火灾、爆炸、中毒事故档案

事故企业名称 _____

企业注册地省份 _____

事故地点省份 _____

年　　月　　日

图 F.1　民用爆炸物品企业火灾、爆炸、中毒事故档案封面格式

F.2 民用爆炸物品企业火灾、爆炸、中毒事故记录表格样式见表 F.1。

表 F.1 民用爆炸物品企业火灾、爆炸、中毒事故记录表格样式

企业名称						
发生事故时间			年 月 日 时 分			
发生事故单位、地点						
事故性质						
事故类别						
伤亡人数	死亡 人		重伤 人		轻伤 人	
直接经济损失(万元)						
破坏程度						
事故概况						
事故经过						
原因分析						
整改措施						
填报单位意见	填表人(签字)　　　　　　企业负责人(签字)　　　　　　单位(公章)　　　　　年 月 日　　　　　　　　　　年 月 日					
注1：凡有事故现场的录像带、照片等资料随此表一并附上。 注2：表格内内容填不下时可附页。						

烟花爆竹工程设计安全规范(GB 50161—2009)

前 言

本规范是根据原建设部《关于印发〈2007年工程建设标准规范制订、修订计划(第二批)〉的通知》(建标〔2007〕126号)的要求,由兵器工业安全技术研究所和国家安全生产宜春烟花爆竹检测检验中心会同有关单位,对原国家标准《烟花爆竹工厂设计安全规范》GB 50161—92进行修订而成。

本规范在修订过程中,遵照《中华人民共和国安全生产法》和国家基本建设的有关政策,贯彻"安全第一,预防为主,综合治理"的方针,对湖南、江西、广西等烟花爆竹主产区30多个烟花爆竹生产、经营企业进行了调查研究。总结了我国烟花爆竹生产的实践经验,参考了有关国内标准和国外标准。在全国范围内广泛征求了有关行业协会、科研检测单位、大专院校、企业单位及行业主管部门的意见,最后经审查定稿。

本规范共分12章和1个附录。主要内容包括工艺、总图、建筑、结构、消防、废水处理、采暖通风、电气等专业的安全必要规定。

本次修订的主要技术内容有:增加了术语一章,调整了建筑物的危险等级,增加了工艺安全要求,调整了危险性建筑物的内外部最小允许距离,增加了结构防护要求,修订了电气危险场所的类别划分,补充了电气安全要求。

本规范中以黑体字标志的条文为强制性条文,必须严格执行。

本规范由住房和城乡建设部负责管理和对强制性条文的解释,国家安全生产监督管理总局安全监督管理三司负责日常管理,兵器工业安全技术研究所负责具体技术内容的解释。

本规范在执行过程中,如发现需要修改或补充之处,请将意见和有关资料寄送兵器工业安全技术研究所(地址:北京市55号信箱,邮政编码:100053,传真:010-83111943),以供今后修订时参考。

本规范主编单位、参编单位、主要起草人和主要审查人员:

主 编 单 位:兵器工业安全技术研究所
国家安全生产宜春烟花爆竹检测检验中心
参 编 单 位:湖南烟花爆竹产品安全质量监督检测中心
江西省李渡烟花集团有限公司
熊猫烟花集团股份有限公司
主要起草人:魏新熙 范军政 郑志良 李后生 王爱凤
陶少萍 陈 洁 侯国平 尹君平 张幼平
白春光 管怀安 董文学 王建国 阎 翀
万 军 郭玲香 罗建社 黄茶香
主要审查人员:赵家玉 黄明章 刘幼贞 张兴林 韩国庆
杜元金 潘功配 李金明 李增义 黄玉国
刘春文 肖湘杰 余建国 袁学群

1 总则

1.0.1 为贯彻《中华人民共和国安全生产法》,坚持"安全第一、预防为主、综合治理"的方针,规范烟花爆竹工程的设计,预防和减少生产安全事故,保障人民群众生命和财产安全,促进烟花爆竹行业安全、持续、健康发展,制定本规范。

1.0.2 本规范适用于烟花爆竹生产项目和经营批发仓库的新建、改建和扩建工程设计;本规范不适用于经营零售烟花爆竹的储存,以及军用烟火的制造、运输和储存。

1.0.3 本规范有关外部安全距离的规定也适用于在烟花爆竹生产企业和经营批发企业仓库周边进行居民点、企业、城镇、重要设施的规划建设。

1.0.4 本规范规定了烟花爆竹生产项目和经营批发仓库工程设计的基本技术要求。当本规范与国家法律、行政法规的规定相抵触时,应按国家法律、行政法规的规定执行。

1.0.5 烟花爆竹生产项目和经营批发仓库的工程设计除应执行本规范的规定外,尚应符合国家现行有关标准的规定。

2 术语

2.0.1
烟花爆竹生产项目 fireworks and firecracker project
指生产烟花、爆竹及生产用于烟花、爆竹产品的黑火药、烟火药、引火线、电点火头等的厂房、场所及配套的仓库。

2.0.2
危险品 hazardous goods
指本规范范围内的烟火药、黑火药、引火线、氧化剂等,以及用以上物品制成的烟花、爆竹在制品、半成品、成品。

2.0.3
在制品 work in-process
指正在各生产阶段加工的产品。

2.0.4
半成品 semi-finished product
指在某些生产阶段上已完工,尚需进一步加工的产品。

2.0.5
危险品生产厂房 production building of hazardous goods
生产、制造、加工危险品的建筑物。

2.0.6
中转库 transit store
在生产过程中,在厂区内用于暂存药物、半成品、成品、引火线及有药部件的建(构)筑物。

2.0.7
危险品总仓库区 hazardous goods general store area
指储存成品、化工原材料、药物(黑火药、烟火药、亮珠、药柱、药块)、效果内筒、引火线的危险品仓库集中的区域。

2.0.8

临时存药洞 temporary explosive storage cave

指在危险性建筑物附近自然山体内镶嵌的临时存放药物的洞室。

2.0.9

危险性建筑物 hazardous goods building

指生产或储存危险品的建(构)筑物,包括危险品生产厂房、储存库房(仓库)、晒场、临时存药洞等。

2.0.10

计算药量 explosive quantity

能形成同时爆炸或燃烧的危险品最大药量。

2.0.11

摩擦类药剂 friction ignited powder

含氯酸钾、硫化锑、雷酸银等药剂,经摩擦能产生引燃(爆)作用的药剂。

2.0.12

笛音剂 whistling powder

含高氯酸钾、苯甲酸氢钾、苯二甲酸氢钾等药剂,能产生哨音效果的药剂。

2.0.13

爆炸音剂 powder with detonation sound

含高氯酸盐、硝酸盐、硫磺、硫化锑、铝粉等药剂,能产生爆炸音响效果的药剂。

2.0.14

外部最小允许距离 external separation distance

指危险性建筑物与外部各类目标之间,在规定的破坏标准下所允许的最小距离。它是按建筑物的危险等级和计算药量确定的。

2.0.15

内部最小允许距离 imernal separation distance

指危险品厂房、库房与相邻建筑物之间,在规定的破坏标准下所允许的最小距离。它是按建筑物的危险等级和计算药量确定的。

2.0.16

防护屏障 protecting barrier

有天然屏障和人工屏障,其形式、强度均能按规定方式限制爆炸冲击波、碎片、火焰对附近建筑物及设施的影响。

2.0.17

人均使用面积 useable floor area per capita

厂房内有效使用面积按作业人员平均,每个作业人员所占有的面积。

2.0.18

轻型泄压屋盖 light relief roof

泄压部分(不包括檩条、梁、屋架)由轻质材料构成,当建筑物内部发生事故时,具有泄压效能,使建筑物主体结构尽可能不受到破坏的屋盖。

轻型泄压部分的单位面积重量不应大于 0.8 kN/m^2。

2.0.19

轻质易碎屋盖 light fragile roof

由轻质易碎材料构成,当建筑物内部发生事故时,不仅具有泄压效能,且破碎成小块,减轻对外部影响的屋盖。

轻质易碎部分的单位面积重量不大于 1.5 kN/m²。

2.0.20

抗爆间室 blast resistant chamber

具有承受本室内因发生爆炸而产生破坏作用的间室,对间室外的人员、设备以及危险品起到保护作用。可根据间室内生产或储存的危险品性质、恢复生产的要求,可承受一次或多次爆炸破坏作用的间室。

2.0.21

抗爆屏院 blast resistant shield yard

当抗爆间室内发生爆炸事故时,为阻止爆炸破片和减弱爆炸冲击波向泄爆方向扩散而在抗爆间室轻型窗外设置的屏院。

2.0.22

装甲防护装置 armor protective device

装于特定场所或设于单个特定设备或操作岗位的装置,以防止装置外的人员、物资或设备受到可能发生的局部火灾或爆炸侵害的金属防护体。

2.0.23

安全出口 emergency exit

建筑物内的作业人员能直接疏散到室外安全地带的门或出口。

2.0.24

生活辅助用室 auxiliary room

指更衣室、盥洗室、浴室、洗衣房、休息室、厕所等。

2.0.25

电气危险场所 electrical installation in hazardous locations

爆炸或燃烧性物质出现或预期可能出现的数量达到足以要求对电气设备的结构、安装和使用采取预防措施的场所。

2.0.26

可燃性粉尘环境 combustible dust atmosphere

在大气环境条件下,粉尘或纤维状的可燃性物质与空气的混合物点燃后,燃烧传至全部未燃混合物的环境。

2.0.27

爆炸性气体环境 explosive gas atmosphere

在大气环境条件下,气体或蒸气可燃性物质与空气的混合物点燃后,燃烧传至全部未燃混合物的环境。

2.0.28

直接接地 direct-earthing

将金属设备或金属构件与接地系统直接用导体进行可靠连接。

2.0.29

间接接地 indirect-earthing

将人体、金属设备等通过防静电材料或防静电制品与接地系统进行可靠连接。

2.0.30

防静电材料 anti-electrostatic material

通过在聚合物内添加导电性物质（炭黑、金属粉等）、抗静电剂等，以降低电阻率，增加电荷泄漏能力的材料统称为防静电材料。

2.0.31

防静电制品 anti-electrostatic ware

由防静电材料制成，具有固体形状，电阻值在 5×10^4 Ω～1×10^8 Ω 范围内的物品。

2.0.32

静电非导体 static non-conductor

体电阻率值大于或等于 1.0×10^{10} Ω·m 的物体或表面电阻率大于或等于 1.0×10^{11} Ω 的物体。

2.0.33

允许最高表面温度 maximum permissible surface temperature

为了避免粉尘点燃，允许电气设备在运行中达到的最高表面温度。

2.0.34

独立变电所 independent electrical substation

变电所为独立的建筑物。

2.0.35

防静电地面 anti-electrostatic floor

能有效地泄漏或消散静电荷，防止静电荷积累的地面。

2.0.36

静电泄漏电阻 electrostatically leakage resistance

物体的被测点与大地之间的总电阻。

2.0.37

防火墙 fire wall

指能够截断火焰及火星传播且在一定时间内能起到隔绝温度传播的不燃烧体材料制成的实心砌体，耐火极限不小于 3 h。防火墙上不应开设门、窗和洞口。

3 建筑物危险等级和计算药量

3.1 建筑物危险等级

3.1.1 危险性建筑物的危险等级，应按下列规定划分为 1.1、1.3 级：

1 1.1 级建筑物为建筑物内的危险品在制造、储存、运输中具有整体爆炸危险或有迸射危险，其破坏效应将波及周围。根据破坏能力划分为 1.1^{-1}、1.1^{-2} 级。

1.1^{-1} 级建筑物为建筑物内的危险品发生爆炸事故时，其破坏能力相当于 TNT 的厂房和仓库；

1.1^{-2} 级建筑物为建筑物内的危险品发生爆炸事故时，其破坏能力相当于黑火药的厂房和仓库。

2 1.3级建筑物为建筑物内的危险品在制造、储存、运输中具有燃烧危险,偶尔有较小爆炸或较小迸射危险,或两者兼有,但无整体爆炸危险,其破坏效应局限于本建筑物内,对周围建筑物影响较小。

3.1.2 厂房的危险等级应由其中最危险的生产工序确定。仓库的危险等级应由其中所储存最危险的物品确定。

3.1.3 危险品生产工序的危险等级分类应符合表3.1.3-1的规定。危险品仓库的危险等级分类应符合表3.1.3-2的规定。

表3.1.3-1 危险品生产工序的危险等级分类

序号	危险品名称	危险等级	生 产 工 序
1	黑火药	1.1^{-2}	药物混合(硝酸钾与碳、硫球磨),潮药装模(或潮药包片),压药,拆模(撕片)、碎片、造粒、抛光、浆药、干燥、散热、筛选、计量包装
		1.3	单料粉碎、筛选、平燥、称料,硫、碳二成分混合
2	烟火药	1.1^{-1}	药物混合,造粒,筛选,制开球药,压药,浆药,干燥,散热,计量包装
		1.1^{-2}	褙药柱(药块),湿药调制,烟雾剂干燥、散热、计量包装
		1.3	氧化剂、可燃物的粉碎与筛选,称料(单料)
3	引火线	1.1^{-2}	制引,浆引,漆引,干燥,散热,绕引,定型裁割,捆扎,切引,包装
4	爆竹类	1.1^{-1}	装药
		1.1^{-2}	黑火药装药
		1.3	插引(含机械插引,手工插引和空筒插引),挤引,封口,点药,结鞭,包装
5	组合烟花类、内筒型小礼花类	1.1^{-1}	装药,筑(压)药,内筒封口(压纸片、装封口剂)
		1.1^{-2}	装发射药,黑火药装(压)药,已装药部件钻孔,装单个裸药件,单筒药量≥25 g非裸药件组装,外筒封口(压纸片)
		1.3	蘸药,安引,组盆串引(空筒),单筒药量<25 g非裸药件组装,包装
6	礼花弹类	1.1^{-1}	装球
		1.1^{-2}	包药,组装(含安引、装发射药包、串球),剖引(引线钻孔),球干燥,散热,包装
		1.3	空壳安引,糊球
7	吐珠类	1.1^{-2}	装(筑)药
		1.3	安引(空筒),组装,包装
8	升空类(含双响炮)	1.1^{-1}	装药,筑(压)药
		1.1^{-2}	黑火药装(筑、压)药,包药,装裸药效果件(含效果药包),单个药量≥30 g非裸药件组装
		1.3	安引,单个药量<30 g非裸药效果件组装(含安稳定杆),包装

表 3.1.3-1（续）

序号	危险品名称	危险等级	生产工序
9	旋转类（旋转升空类）	1.1^{-1}	装药、筑（压）药
		1.1^{-2}	黑火药装、筑（压）药，已装药部件钻孔
		1.3	安引，组装（含引线、配件、旋转轴、架），包装
10	喷花类和架子烟花	1.1^{-2}	装药、筑（压）药，已装药部件的钻孔
		1.3	安引，组装，包装
11	线香类	1.1^{-1}	装药
		1.3	粘药，干燥，散热，包装
12	摩擦类	1.1^{-1}	雷酸银药物配制，拌药砂，发令纸干燥
		1.1^{-2}	机械蘸药
		1.3	包药砂，手工蘸药，分装，包装
13	烟雾类	1.1^{-2}	装药、筑（压）药
		1.3	糊球，安引，球干燥，散热，组装，包装
14	造型玩具类	1.1^{-1}	装药、筑（压）药
		1.1^{-2}	已装药部件钻孔
		1.3	安引，组装，包装
15	电点火头	1.3	蘸药，干燥（晾干），检测，包装

注：表中未列品种、加工工序，其危险等级可依照本规范第 3.1.1 条并对照本表确定。

表 3.1.3-2　危险品仓库的危险等级分类

贮存的危险品名称	危险等级
烟火药（包括裸药效果件），开球药	1.1^{-1}
黑火药，引火线，未封口含药半成品，单个装药量在 40 g 及以上已封口的烟花半成品及含爆炸音剂、笛音剂的半成品，已封口的 B 级爆竹半成品，A、B 级成品（喷花类除外），单筒药量 25 g 及以上的 C 级组合烟花类成品	1.1^{-2}
电点火头，单个装药量在 40 g 以下已封口的烟花半成品（不含爆炸音剂、笛音剂），已封口的 C 级爆竹半成品，C、D 级成品（其中，组合烟花类成品单筒药量在 25 g 以下），喷花类成品	1.3

注：表中 A、B、C、D 级为现行国家标准《烟花爆竹　安全与质量》GB 10631 规定的产品分级。

3.1.4 氧化剂、可燃物及其他化工原材料的火灾危险性分类应符合现行国家标准《建筑设计防火规范》GB 50016 的有关规定。

3.2　计算药量

3.2.1 危险性建筑物的计算药量应为该建筑物内（含生产设备、运输设备和器具里）所存放的黑火药、烟火药、在制品、半成品、成品等能形成同时爆炸或燃烧的危险品最大药量。

3.2.2 防护屏障内的危险品药量应计入该屏障内的危险性建筑物的计算药量。

3.2.3 危险性建筑物中抗爆间室的危险品药量可不计入危险性建筑物的计算药量。

3.2.4 危险性建筑物内采取了分隔防护措施,危险品相互间不会引起同时爆炸或燃烧的药量可分别计算,取其最大值为危险性建筑物的计算药量。

4 工程规划和外部最小允许距离

4.1 工程规划

4.1.1 烟花爆竹生产项目和经营批发仓库的选址应符合城乡规划的要求,并避开居民点、学校、工业区、旅游区、铁路和公路运输线、高压输电线等。

4.1.2 烟花爆竹生产项目应根据所生产的产品种类、工艺特性、生产能力、危险程度进行分区规划,分别设置非危险品生产区、危险品生产区、危险品总仓库区、燃放试验场区和销毁场、行政区。

4.1.3 烟花爆竹生产项目规划应符合下列要求:

　　1 根据生产、生活、运输、管理和气象等因素确定各区相互位置。危险品生产区、危险品总仓库区宜设在有自然屏障或有利于安全的地带,燃放试验场和销毁场宜单独设在偏僻地带。

　　2 非危险品生产区可靠近住宅区布置。

　　3 无关人流和货流不应通过危险品生产区和危险品总仓库区。危险品货物运输不宜通过住宅区。

4.1.4 当烟花爆竹生产项目建在山区时,应合理利用地形,将危险品生产区、危险品总仓库区、燃放试验场或销毁场区布置在有自然屏障的偏僻地带。不应将危险品生产区布置在山坡陡峭的狭窄沟谷中。

4.1.5 烟花爆竹经营批发企业设置危险品仓库时,应符合本规范第4.3节危险品总仓库区外部最小允许距离和第5.3节危险品总仓库区内部最小允许距离的规定。

4.2 危险品生产区外部最小允许距离

4.2.1 危险品生产区内的危险性建筑物与其周围零散住户、村庄、公路、铁路、城镇和本企业总仓库区等外部最小允许距离,应分别按建筑物的危险等级和计算药量计算后取其最大值。外部最小允许距离应自危险性建筑物的外墙算起,晒场自晒场边缘算起。

4.2.2 危险品生产区1.1级建筑物、构筑物的外部最小允许距离不应小于表4.2.2的规定。

表 4.2.2　危险品生产区 1.1 级建筑物、构筑物的外部最小允许距离　　　　(m)

项　　目	计 算 药 量 (kg)									
	≤10	>10 ≤20	>20 ≤30	>30 ≤50	>50 ≤100	>100 ≤200	>200 ≤300	>300 ≤500	>500 ≤800	>800 ≤1 000
10户或50人以下的零散住户,50人以下的企业围墙,本企业独立的总仓库区建筑物边缘,无摘挂作业铁路中间站站界及建筑物边缘,110 kV架空输电线路	50	60	65	70	80	110	120	140	170	190

表 4.2.2（续） (m)

项 目	计算药量 (kg)								
	≤10	>10 ≤20	>20 ≤30	>30 ≤50	>50 ≤100	>100 ≤200	>200 ≤300	>300 ≤500	>500 ≤800	>800 ≤1 000
村庄边缘,学校,职工人数在50人及以上的企业围墙,有摘挂作业的铁路车站站界及建筑物边缘,220 kV 以下的区域变电站围墙,220 kV 架空输电线路	60	70	80	100	120	160	180	210	250	270
城镇规划边缘,220 kV 及以上的区域变电站围墙,220 kV 以上的架空输电线路	110	130	150	180	220	290	330	370	450	490
铁路线、二级及以上公路路边、通航的河流航道边缘	35	40	50	60	70	95	110	120	150	160
三级公路路边、35 kV 架空输电线路	35	35	40	50	60	80	90	110	130	140

4.2.3 危险品生产区 1.3 级建筑物、构筑物的外部最小允许距离不应小于表 4.2.3 的规定。

表 4.2.3 危险品生产区 1.3 级建筑物、构筑物的外部最小允许距离 (m)

项 目	计算药量 (kg)					
	≤100	>100 ≤200	>200 ≤400	>400 ≤600	>600 ≤800	<800 ≤1000
10 户或 50 人以下的零散住户,50 人以下的企业围墙,本企业独立的总仓库区建筑物边缘,无摘挂作业铁路中间站站界及建筑物边缘,110 kV 架空输电线路	35	35	35	35	35	35
村庄边缘,学校,职工人数在 50 人及以上的企业围墙,有摘挂作业的铁路车站站界及建筑物边缘,220 kV 以下的区域变电站围墙,220 kV 架空输电线路	40	42	44	46	48	50
城镇规划边缘,220 kV 及以上的区域变电站围墙,220 kV 以上的架空输电线路	60	65	70	75	80	90
铁路线、二级及以上公路路边、通航的河流航道边缘	35	35	40	40	40	40
三级公路路边、35 kV 架空输电线路	35	35	35	35	35	35

4.3 危险品总仓库区外部最小允许距离

4.3.1 危险品总仓库区内的危险性建筑物与其周围零散住户、村庄、公路、铁路、城镇和本企业生产区等外部最小允许距离,应分别按建筑物的危险等级和计算药量计算后取其最大值。外部最小允许距离应自危险性建筑物的外墙算起。

4.3.2 危险品总仓库区1.1级仓库的外部最小允许距离不应小于表4.3.2的规定。

表4.3.2 危险品总仓库区1.1级仓库的外部最小允许距离　　　　　　　　(m)

项　目	计　算　药　量　(kg)										
	≤500	>500 ≤1 000	>1 000 ≤2 000	>2 000 ≤3 000	>3 000 ≤4 000	>4 000 ≤5 000	>5 000 ≤6 000	>6 000 ≤7 000	>7 000 ≤8 000	>8 000 ≤9 000	>9 000 ≤10 000
10户或50人以下的零散住户,50人以下的企业围墙,本企业生产区建筑物边缘,无摘挂作业铁路中间站站界及建筑物边缘,110 kV架空输电线路	115	145	185	210	230	250	260	275	290	300	310
村庄边缘,学校,职工人数在50人及以上的企业围墙,有摘挂作业的铁路车站站界及建筑物边缘,220 kV以下的区域变电站围墙,220 kV架空输电线路	175	220	280	320	350	380	400	420	440	460	480
城镇规划边缘,220 kV及以上的区域变电站围墙,220 kV以上的架空输电线路	315	400	510	580	630	690	720	760	800	830	860
铁路线、二级及以上公路路边、通航的河流航道边缘	100	125	155	180	195	210	220	235	245	255	270
三级公路路边、35 kV架空输电线路	80	90	110	120	130	140	150	160	170	180	190

4.3.3 危险品总仓库区 1.3 级仓库的外部最小允许距离不应小于表 4.3.3 的规定。

表 4.3.3　危险品总仓库区 1.3 级仓库的外部最小允许距离　　　　（m）

项　目	计　算　药　量　（kg）										
	≤500	>500 ≤2 000	>2 000 ≤3 000	>3 000 ≤4 000	>4 000 ≤5 000	>5 000 ≤6 000	>6 000 ≤7 000	>7 000 ≤8 000	>8 000 ≤9 000	>9 000 ≤10 000	>10 000 ≤20 000
10 户或 50 人以下的零散住户，50 人以下的企业围墙，本企业生产区建筑物边缘，无摘挂作业铁路中间站站界及建筑物边缘，110 kV 架空输电线路	35	40	45	48	50	55	57	60	65	78	85
村庄边缘，学校，职工人数在 50 人及以上的企业围墙，有摘挂作业的铁路车站站界及建筑物边缘，220 kV 以下的区域变电站围墙，220 kV 架空输电线路	40	65	75	80	85	90	95	100	105	110	140
城镇规划边缘，220 kV 及以上的区域变电站围墙，220 kV 以上的架空输电线路	70	110	120	130	140	150	160	170	180	190	250
铁路线、二级及以上公路路边、通航的河流航道边缘	40	50	50	50	50	50	50	50	53	55	70
三级公路路边、35 kV 架空输电线路	35	35	38	40	43	45	48	50	53	55	70

4.3.4 若将总仓库区和生产区相邻或相连时,两者之间距离应按照各自外部最小允许距离要求计算,取大值。

4.4 燃放试验场和销毁场外部是小允许距离

4.4.1 燃放试验场的外部最小允许距离不应小于表4.4.1的规定。

表4.4.1 燃放试验场的外部最小允许距离　　　　　　　　　（m）

项　目	燃放试验场类别				
	地面烟花	升空烟花	≤4号礼花弹	≥5号礼花弹<10号礼花弹	≥10号礼花弹
危险品生产区及危险品仓库易燃易爆液体库	50	200	300	600	800
居民住宅	30	100	150	300	400

注:外部最小允许距离自燃放试验场边缘算起。

4.4.2 烟花爆竹企业的危险品销毁场边缘距场外建筑物的外部最小允许距离不应小于65 m,一次烧毁药量不应超过20 kg。

5 总平面布置和内部最小允许距离

5.1 总平面布置

5.1.1 危险品生产区的总平面布置应符合下列规定:

1 同时生产烟花爆竹多个产品类别的企业,应根据生产工艺特性、产品种类分别建立生产线,并应做到分小区布置。

2 生产线的厂(库)房的总平面布置应符合工艺流程及生产能力的要求,宜避免危险品的往返和交叉运输。

3 危险性建筑物之间、危险性建筑物与其他建筑物之间的距离应符合内部最小允许距离的要求。

4 同一危险等级的厂房和库房宜集中布置;计算药量大或危险性大的厂房和库房,宜布置在危险品生产区的边缘或其他有利于安全的地形处;粉尘污染比较大的厂房应布置在厂区的边缘。

5 危险品生产厂房宜小型、分散。

6 危险品生产厂房靠山布置时,距山脚不宜太近。当危险品生产厂房布置在山凹中时,应考虑人员的安全疏散和有害气体的扩散。

5.1.2 危险品总仓库区的总平面布置应符合下列规定:

1 应根据仓库的危险等级和计算药量结合地形布置。

2 比较危险或计算药量较大的危险品仓库,不宜布置在库区出入口的附近。

3 危险品运输道路不应在其他防护屏障内穿行通过。

4 不同类别仓库应考虑分区布置,同一危险等级的仓库宜集中布置,计算药最大或危险性大的仓库宜布置在总仓库区的边缘或其他有利于安全的地形处。

5.1.3 危险品生产区和危险品总仓库区的围墙设置应符合下列规定:

1　危险品生产区和危险品总仓库区应设置高度不低于2m的围墙。
　　2　围墙与危险性建筑物、构筑物之间的距离宜为12m,且不得小于5m。
　　3　围墙应为密砌墙,特殊地形设置密砌围墙有困难时,局部地段可设置刺丝网围墙。
5.1.4　危险品生产区和危险品总仓库区的绿化,宜种植阔叶树。
5.1.5　距离危险性建筑物、构筑物外墙四周5m内宜设置防火隔离带。

5.2　危险品生产区内部最小允许距离

5.2.1　危险品生产区内各建筑物之间的内部最小允许距离,应分别按照各危险性建筑物的危险等级及其计算药量所确定的距离和本节各条所规定的距离,取其最大值。内部最小允许距离应自建筑物的外墙算起,晒场自晒场边缘算起。
5.2.2　危险品生产区内 1.1^{-1} 级建筑物与邻近建筑物的内部最小允许距离,应符合表5.2.2的规定。

表5.2.2　危险品生产区内 1.1^{-1} 级建筑物与邻近建筑物的内部最小允许距离

计算药量(kg)	双有屏障(m)	单有屏障(m)	因屏障开口形成双方无屏障(m)
≤5	12(7)	12(7)	14
10	12(7)	12(8)	16
20	12(7)	12(10)	20
30	12(7)	12	24
40	12(8)	14	28
60	12(9)	15	30
80	12(10)	16	32
100	12	18	36
200	14	22	44
300	16	25	50
400	18	28	55
500	20	30	60
800	23	35	70
1000	25	38	76

注:当两座相邻厂房相对的外墙均为防火墙时,可采用括号内数字。

5.2.3　危险品生产区内 1.1^{-2} 级建筑物与邻近建筑物的内部最小允许距离,应符合表5.2.2中的数字乘以0.8,但不得小于表中相应列的最小值。
5.2.4　1.1级建筑物有敞开面时,该敞开面方向的内部最小允许距离应按本规范表5.2.2的要求计算后再增加20%。
5.2.5　在一条山沟中,当1.1级建筑物镶嵌在山坡陡峻的山体中时,与其正前方建筑物的内部最小允许距离应按本规范第5.2.2条或第5.2.3条的要求计算后再增加50%。
5.2.6　危险品生产区内布置有进射危险产品的生产线时,该生产线有进射危险品的建筑物与其他生产线建筑物的内部最小允许距离,应分别按各自的危险等级和计算药量计算后再增加50%。

5.2.7 危险品生产区内1.1级建筑物与公用建筑物、构筑物的内部最小允许距离应符合下列规定：

1 与锅炉房、独立变电所、水塔、高位水池（包括地上、地下或半地下）及消防蓄水池、有明火或散发火星的建筑物的内部最小允许距离，应按本规范表5.2.2的要求计算后再增加50%，并不应小于50 m。

2 与厂区内办公室、食堂、汽车库的内部最小允许距离，应按本规范表5.2.2的要求计算后再增加50%，并不应小于65 m。

5.2.8 危险品生产区内1.3级建筑物与邻近建筑物的内部最小允许距离应符合表5.2.8的规定。

表5.2.8 危险品生产区内1.3级建筑物与邻近建筑物的内部最小允许距离

计算药量（kg）	内部最小允许距离（m）
≤50	12
100	14
200	16
400	18
600	20
800	22
1 000	25

注：当两座相邻厂房相对的外墙均为防火墙时，表中距离可乘以0.8，但不得小于12 m。

5.2.9 危险品生产区内1.3级建筑物与公用建筑物、构筑物的内部最小允许距离应符合下列规定：

1 与锅炉房、有明火或散发火星的建筑物的内部最小允许距离不应小于50 m。

2 与独立变电所、水塔、高位水池（包括地上、地下或半地下）及消防蓄水池的内部最小允许距离不应小于35 m。

3 与厂区内办公室、食堂、汽车库的内部最小允许距离不应小于50 m。

5.2.10 在山区建厂利用山体设置临时存药洞时，临时存药洞洞口相对位置不应布置建筑物，临时存药洞外壁与相邻建筑物之间的内部最小允许距离应符合表5.2.10的规定。

表5.2.10 临时存药洞外壁与邻近建筑物之间的内部最小允许距离

计算药量（kg）	内部最小允许距离（m）
≤5	4
10	5

5.3 危险品总仓库区内部最小允许距离

5.3.1 危险品总仓库区内各建筑物之间的内部最小允许距离，应按各仓库的危险等级和计算药量分别计算后取其最大值。内部最小允许距离应自建筑物的外墙算起。

5.3.2 危险品总仓库区内 1.1^{-1} 级仓库与邻近危险品仓库的内部最小允许距离应符合表5.3.2的规定。

表 5.3.2 危险品总仓库区内 1.1^{-1} 级仓库与邻近危险品仓库的内部最小允许距离

计算药量(kg)	单有屏障(m)	双有屏障(m)
≤100	20	12
>100 ≤500	25	15
>500 ≤1 000	30	20
>1 000 ≤3 000	40	25
>3 000 ≤5 000	50	30
>5 000 ≤7 000	56	33
>7 000 ≤9 000	62	37
>9 000 ≤10 000	65	40

5.3.3 危险品总仓库区内 1.1^{-2} 级仓库与邻近危险品仓库的内部最小允许距离应符合表5.3.2中规定的距离乘以0.8,但不得小于表中相应列的最小值。

5.3.4 危险品总仓库区内1.3级仓库与邻近危险品仓库的内部最小允许距离应符合表5.3.4的规定。

表 5.3.4 危险品总仓库区内1.3级仓库与邻近危险品仓库的内部最小允许距离

计算药量(kg)	内部最小允许距离(m)
≤500	15
>500 ≤1 000	20
>1 000 ≤5 000	25
>5 000 ≤10 000	30
>10 000 ≤15 000	35
>15 000 ≤20 000	40

5.3.5 危险品总仓库区 10 kV 及以下变电所与危险品仓库的内部最小允许距离应符合下列规定：
 1 与 1.1^{-1} 级、1.1^{-2} 级仓库的内部最小允许距离应分别符合本规范第 5.3.2 条和第 5.3.3 条的规定，并不应小于 50 m。
 2 与 1.3 级仓库的内部最小允许距离应符合表 5.3.4 的规定，并不应小于 25 m。

5.3.6 危险品总仓库区值班室宜结合地形布置在有自然屏障处，与危险品仓库的内部最小允许距离应符合下列规定：
 1 与 1.1^{-1} 级仓库的内部最小允许距离应符合表 5.3.6-1 的规定。
 2 与 1.1^{-2} 级仓库的内部最小允许距离按表 5.3.6-1 的要求乘以 0.8，但不得小于表中相应列的最小值。
 3 与 1.3 级仓库的内部最小允许距离应符合表 5.3.6-2 的规定。
 4 当值班室采取抗爆结构时，其与各级仓库的内部最小允许距离按设计确定。

表 5.3.6-1 1.1^{-1} 级仓库与库区值班室的内部最小允许距离

计算药量（kg）	值班室无防护屏障（m）	值班室有防护屏障（m）
≤500	50	35
>500 ≤1 000	65	50
>1 000 ≤5 000	110	80
>5 000 ≤10 000	140	100

表 5.3.6-2 1.3 级仓库与库区值班室的内部最小允许距离

计算药量（kg）	内部最小允许距离（m）
≤500	25
>500 ≤1 000	30
>1 000 ≤5 000	35
>5 000 ≤10 000	40
>10 000 ≤20 000	50

5.3.7 当危险品总仓库区设置无固定值班人员岗哨时，岗哨与危险品仓库的距离可不受本规范第 5.3.6 条的限制。

5.3.8 当采用洞库或覆土库储存危险品时,洞库或覆土库应符合现行国家标准《地下及覆土火药炸药仓库设计安全规范》GB 50154 中的有关规定。

5.4 防护屏障

5.4.1 防护屏障的形式应根据总平面布置、运输方式、地形条件、建筑物内计算药量等因素确定。防护屏障可采用防护土堤、钢筋混凝土防护屏障或夯土防护墙等形式。防护屏障的设置,应能对本建筑物及邻近建筑物起到防护作用。防护屏障的防护范围应按本规范附录 A 确定。

5.4.2 危险品生产区和危险品总仓库区防护屏障的设置应符合下列规定:
    1 1.1 级建筑物应设置防护屏障。
    2 1.1 级建筑物内计算药量小于 100 kg 时,可采用夯土防护墙。
    3 1.3 级建筑物可不设置防护屏障。

5.4.3 防护屏障内坡脚与建筑物外墙之间的水平距离应符合下列规定:
    1 有运输或特殊要求的地段,其距离应按最小使用要求确定,但不应大于 9 m,并适当增加防护屏障高度。
    2 无运输或特殊要求时,其距离不应大于 3 m,且不宜小于 1.5 m。

5.4.4 防护屏障的高度不应低于防护屏障内危险性建筑物侧墙顶部与被保护建筑物屋檐或道路中心线上 3.7 m 处之间连线的高度,并应符合本规范附录 A 的规定。

5.4.5 防护屏障的设置应满足生产运输及安全疏散的要求,并应符合下列规定:
    1 当防护屏障采用防护土堤时,应设置运输通道或运输隧道,并应符合下列规定:
        1) 运输通道和运输隧道应满足运输要求,并应使其防护土堤的无防护作用区为最小。汽车运输通道净宽度不宜大于 5 m。汽车运输隧道净宽度宜为 3.5 m,净高度不宜小于 3.0 m,其结构应符合本规范第 8.7.2 条的规定。
        2) 运输通道的防护土堤端部需设挡土墙时,其结构宜为钢筋混凝土结构。
    2 当在危险品生产厂房的防护土堤内设置安全疏散隧道时,应符合下列规定:
        1) 安全疏散隧道应设置在危险品生产厂房安全出口附近。
        2) 安全疏散隧道的平面形式宜将内端的一半与土堤垂直,外端的一半成 35°角,宜按本规范附录 A 确定。
        3) 安全疏散隧道的净高度不宜小于 2.2 m,净宽度宜为 1.5 m,其结构应符合本规范第 8.7.2 条的规定。
        4) 安全疏散隧道不得兼作运输用。
    3 当防护屏障采用其他形式时,生产运输及安全疏散的要求由抗爆设计确定。

5.4.6 防护土堤的构造应符合下列规定:
    1 防护土堤的顶宽不应小于 1.0 m,底宽应根据不同土质材料确定,但不应小于防护土堤高度的 1.5 倍。防护土堤的边坡应稳定。
    2 在取土困难地区可在防护土堤内坡脚处砌筑高度不大于 1.0 m 的挡土墙,外坡脚处砌筑高度不大于 2.0 m 的挡土墙;在特殊困难情况下,允许在防护土堤底部距建筑物地面标高 1.0 m 范围内填筑块状材料。

5.4.7 夯土防护墙的顶宽不应小于 0.7 m,墙高不应大于 4.5 m,边坡度宜为 1∶0.2～1∶0.25,应采用灰土为填料,地面至地面以上 0.5 m 范围内墙体应采用砌体或石块砌护墙。

5.4.8 钢筋混凝土防护屏障应根据防护屏障内危险性建筑物的计算药量由抗爆设计确定,并应满足抗爆炸空气冲击波及爆炸碎片的作用。当建筑物外墙为钢筋混凝土墙,且满足抗爆设计要求时,该外墙可作为防护屏障。

6 工艺与布置

6.0.1 烟花爆竹的生产工艺宜采用机械化、自动化、自动监控等可靠的先进技术。对有燃烧、爆炸危险的作业宜采取隔离操作,并应坚持减少厂房内存药量和作业人员的原则,做到小型、分散。

6.0.2 烟花爆竹生产应按产品类型设置生产线,生产工序的设置应符合产品生产工艺流程要求,各危险性建筑物或各生产工序的生产能力应相互匹配。

6.0.3 有燃烧、爆炸危险的作业场所使用的设备、仪器、工器具应满足使用环境的安全要求。

6.0.4 有易燃易爆粉尘散落的工作场所应设置清洗设施,并应有充足的清洗用水。

6.0.5 在危险品生产区内,危险品生产厂房允许最大存药量应符合现行国家标准《烟花爆竹劳动安全技术规程》GB 11652 的有关规定;危险品中转库最大存药量不应超过两天生产需要量,且单库不应超过本规范第 7.1.2 条的规定;临时存药间或临时存药洞的最大存药量不应超过单人半天的生产需要量,且不应超过 10 kg。

6.0.6 1.1 级、1.3 级厂房和库房(仓库)应为单层建筑,其平面宜为矩形。

6.0.7 1.1 级厂房应单机单栋或单人单栋独立设置,当采取抗爆间室、隔离操作时可以联建。引火线制造厂房应单间单机布置,每栋厂房联建间数不超过 4 间。

6.0.8 1.3 级厂房设置应符合下列规定:
  1 工作间联建时应采用密实砌体墙隔开,且联建间数不应超过 6 间,当厂房建筑耐火等级为三级时,联建间数不应超过 4 间。
  2 机械插引厂房工作间联建间数不应超过 4 间,且每个工作间应为单人、单机布置。
  3 原料称量、氧化剂的粉碎和筛选、可燃物的粉碎和筛选,应独立设置厂房。

6.0.9 不同危险等级的中转库应独立设置,且不得和生产厂房联建。

6.0.10 有固定作业人员的非危险品生产厂房不得和危险品生产厂房联建。

6.0.11 1.1 级厂房内不应设置除更衣室外的辅助用室,1.3 级厂房内可设置生产辅助用室(如工器具室等)。

6.0.12 危险品生产厂房内设置临时存药间或在厂房附近设置临时存药洞时,临时存药间与操作间应采用钢筋混凝土墙或不小于 370 mm 的密实砌体墙隔开,临时存药洞的设置应符合本规范第 5.2.10 条和第 8.1.6 条的规定。

6.0.13 危险品生产厂房内的工艺布置应便于作业人员操作、维修以及发生事故时迅速疏散。

6.0.14 对危险品进行直接加工的岗位宜设置防护装甲、防护板或采取人机隔离、远距离操作。对于作业人员与药物直接接触的混药、造粒、装药等工序应设置防护隔离罩、隔离板或其他个体防护装置。对有升空迸射危险的生产岗位宜设置防迸射措施。

6.0.15 1.1 级厂房的人均使用面积不宜少于 9.0 m²,1.3 级厂房的人均使用面积不宜少于 4.5 m²。

6.0.16 有升空迸射危险的生产厂房与相邻厂房的门、窗不宜正对设置。若正对设置时,在门、窗前不大于 3.0 m 处应设置拦截装置,拦截装置的宽度应大于门窗宽 0.5 m(每侧),高度应超出门窗高 1.5 m,高出的 1.5 m 应斜向本建筑物,倾斜角度 30°～45°。

6.0.17 烟花爆竹成品、有药半成品和药剂的干燥,宜采用热水、低压蒸汽或利用日光干燥,严禁采用明火烘干。干燥场所应符合下列规定:

  1 干燥厂房内应设置排湿装置、感温报警装置及通风凉药设施。

  2 热水、低压蒸汽干燥厂房内的温度应符合现行国家标准《烟花爆竹劳动安全技术规程》GB 11652 的有关规定。

  3 热风干燥厂房可对没有裸露药剂的成品、半成品及无药半成品进行干燥;当对药剂和带裸露药剂的半成品采用热风干燥时,应有防止药物产生扬尘的措施。烘干温度应符合现行国家标准《烟花爆竹劳动安全技术规程》GB 11652 的有关规定。

  4 日光干燥应在专门的晒场进行,晒场场地要求平整。危险品晒场周围应设置防护堤,防护堤顶面应高出产品面 1 m。

6.0.18 晒场宜设置凉药间或凉药厂房。当有可靠的防雨和防溅措施时,可不设凉药厂房。

6.0.19 运输危险品的廊道应采用敞开式或半敞开式,不宜与危险品生产厂房直接相连。

6.0.20 产品陈列室应陈列产品模型,不应陈列危险品。陈列实物时应单独建设陈列场所,并应满足本规范中的有关条款规定。

7 危险品储存和运输

7.1 危险品储存

7.1.1 危险品的储存应符合现行国家标准《烟花爆竹劳动安全技术规程》GB 11652 中有关储存的规定。

7.1.2 库房(仓库)危险品的存药量和建设规模应符合下列规定:

  1 危险品生产区内,1.1 级中转库单库存药量不应超过 500 kg,1.3 级中转库单库存药量不应超过 1 000 kg。

  2 危险品总仓库区内,1.1 级成品仓库单库存药量不宜超过 10 000 kg,1.3 级成品仓库单库存药量不宜超过 20 000 kg,烟火药、黑火药、引火线仓库单库存药量不宜超过 5 000 kg。

  3 危险品总仓库区内,1.1 级成品仓库单栋建筑面积不宜超过 500 m^2,1.3 级成品仓库单栋建筑面积不宜超过 1 000 m^2,每个防火分区面积不超过 500 m^2,烟火药、黑火药、引火线仓库单栋建筑面积不宜超过 100 m^2。

7.1.3 库房(仓库)内危险品的堆放应符合下列规定:

  1 危险品堆垛间应留有检查、清点、装运的通道。堆垛之间的距离不宜小于 0.7 m,堆垛距内墙壁距离不宜少于 0.45 m;搬运通道的宽度不宜小于 1.5 m。

  2 烟火药、黑火药堆垛的高度不应超过 1.0 m,半成品与未成箱成品堆垛的高度不应超过 1.5 m,成箱成品堆垛的高度不应超过 2.5 m。

7.2 危险品运输

7.2.1 危险品的运输宜采用符合安全要求并带有防火罩的汽车运输;厂内运输可采用符合安全要求的手推车运输,厂房之间的运输也可采用人工提送的方式。不宜采用三轮车运输,严禁用畜力车、翻斗车和各种挂车运输。

7.2.2 危险品生产区运输危险品的主干道中心线与各级危险性建筑物的距离应符合下列

规定：
1 距1.1级建筑物不宜小于20 m,有防护屏障时可不小于12 m。
2 距1.3级建筑物不宜小于12 m,距实墙面可不小于6 m。
3 运输裸露危险品的道路中心线距有明火或散发火星的建筑物不应小于35 m。

7.2.3 危险品总仓库区运输危险品的主干道中心线与各级危险性建筑物的距离不应小于10 m。

7.2.4 危险品生产区和危险品总仓库区内汽车运输危险品的主干道纵坡不宜大于6%,手推车运输危险品的道路纵坡不宜大于2%。

7.2.5 机动车不应直接进入1.1级和1.3级建筑物内,装卸作业宜在各级危险性建筑物门前不小于2.5 m以外处进行。

7.2.6 人工提送危险品时,宜设专用人行道,道路纵坡不宜大于8%,路面应平整,且不应设有台阶。

8 建筑结构

8.1 一般规定

8.1.1 各级危险性建筑物的耐火等级和化学原料仓库的耐火等级除本规范第8.1.2条规定者外,均不应低于现行国家标准《建筑设计防火规范》GB 50016中二级耐火等级的规定。

8.1.2 建筑面积小于20 m²的1.1级建筑物或建筑面积不超过300 m²的1.3级建筑物的耐火等级可为三级。

8.1.3 危险性建筑物应有适当的净空,室内梁或板中的最低净空高度不宜小于2.8 m,并应满足正常的采光和通风要求。

8.1.4 危险品生产区内宜设有供1.1级、1.3级建筑物内操作人员使用的洗涤、淋浴、更衣、卫生间等生活辅助用室和办公用室。危险品总仓库区内应设置门卫值班室,不宜设置其他辅助用室。

8.1.5 危险品生产区的办公用室和生活辅助用室宜独立设置或布置在非危险性建筑物内。当危险品生产厂房附设办公用室和生活辅助用室时,应符合下列规定：
1 1.1级厂房可附设更衣室。
2 1.3级厂房除可附设更衣室外,还可附设其他生活辅助用室和车间办公用室,但应布置在厂房较安全的一端,并应采用防火墙与生产工作间隔开。

车间办公用室和生活辅助用室应为单层建筑,其门窗不宜面向相邻厂房危险性工作间的泄爆面。

8.1.6 在危险品生产区内,当在两个危险性建筑物之间设置临时存药洞时,应符合下列规定：
1 临时存药洞应镶嵌在天然山体内。存药洞门应离山体前坡脚不小于800 mm。
2 临时存药洞的净空尺寸宽不大于800 mm,高不大于1 000 mm,存药洞净深不大于600 mm,存药洞底宜高出存药洞外人行地面600 mm。
3 临时存药洞前面宜设置平开木门。
4 临时存药洞墙体可采用不小于240 mm的密实砌体或钢筋混凝土墙体。
5 临时存药洞上部覆土厚度不应小于500 mm,两侧墙顶覆土宽度不应小于1 500 mm。
6 临时存药洞内应用水泥砂浆抹面,四周有土处应采取防水及隔潮措施。存药洞上部应有良好的排水措施。

8.1.7 距离本厂围墙小于 12 m 的危险性建筑物，危险性建筑物面向围墙方向的外墙宜为实体墙；如设有门、窗或洞口，应采取防火措施。

8.2 危险品生产区危险性建筑物的结构选型和构造

8.2.1 1.1 级建筑物的结构形式应符合下列规定：
　　1 除本规范第 8.2.1 条第 2 款规定以外的 1.1 级建筑物，均应采用现浇钢筋混凝土框架结构。
　　2 当符合下列条件之一者，可采用钢筋混凝土柱、梁承重结构或砌体承重结构：
　　　　1) 建筑面积小于 20 m^2，且操作人员不超过 2 人的厂房。
　　　　2) 远距离控制而室内无人操作的厂房。

8.2.2 1.3 级建筑物的结构形式应符合下列规定：
　　1 除本规范第 8.2.2 条第 2 款规定以外的 1.3 级建筑物，均应采用现浇钢筋混凝土框架结构。
　　2 当符合下列条件之一者，可采用钢筋混凝土柱、梁承重结构或砌体承重结构：
　　　　1) 同时满足跨度不大于 7.5 m、长度不大于 30 m、室内净高不大于 4 m，且横隔墙间距不大于 15 m 的厂房。
　　　　2) 横隔墙较密且间距不大于 6 m 的厂房。

8.2.3 采用砌体承重结构的 1.1 级、1.3 级建筑物不得采用独立砖柱承重。危险性建筑物的砌体厚度不应小于 240 mm，并不得采用空斗墙和毛石墙。

8.2.4 1.1 级、1.3 级厂房屋盖宜采用现浇钢筋混凝土屋盖，并与框架连成整体；也可采用轻质泄压屋盖。当采用钢筋混凝土柱、梁或砌体承重结构时，宜采用轻质泄压屋盖，当采用轻质泄压屋盖（如彩色复合压型钢板等）时，宜采取防止成片或整块屋盖飞出伤人的措施。1.1^{-2} 级黑火药生产厂房宜采用轻质易碎屋盖或轻质泄压屋盖。当 1.3 级厂房屋盖采用现浇钢筋混凝土屋盖时，宜设置能较好泄压的门窗等。

8.2.5 有易燃、易爆粉尘的厂房，应采用外形平稳、不易积尘的结构构件和构造。

8.2.6 1.1 级、1.3 级厂房结构构造应符合下列规定：
　　1 在梁底标高处，沿外墙和内横墙应设置现浇钢筋混凝土闭合圈梁。
　　2 梁与墙或柱应锚固可靠，梁与圈梁应连成整体。
　　3 围护砌体和钢筋混凝土柱之间应加强联结，纵横砌体之间也应加强联结。
　　4 门窗洞口应采用钢筋混凝土过梁，过梁的支承长度不应小于 250 mm。当门洞口大于 2 700 mm 时宜设置钢筋混凝土门框架或门槛。
　　5 砌体承重结构的外墙四角及单元内外墙交接处应设构造柱。

8.3 抗爆间室和抗爆屏院

8.3.1 抗爆间室墙厚及屋盖应根据设计药量计算后确定，并应符合下列规定：
　　1 当设计药量大于 1 kg 时，抗爆间室的墙及屋盖应采用现浇钢筋混凝土结构，墙厚不宜小于 300 mm。
　　2 当设计药量不大于 1 kg 时，抗爆间室的墙及屋盖宜采用现浇钢筋混凝土结构，墙厚不应小于 200 mm。
　　3 当设计药量不大于 1 kg 时，抗爆间室的墙及屋盖可采用钢板或组合钢板结构。

8.3.2 抗爆间室的墙(不包括轻型窗所在墙)和屋盖计算应符合下列规定:
 1 在设计药量爆炸空气冲击波和破片的局部作用下,不应产生震塌、飞散和穿透。
 2 在设计药量爆炸空气冲击波的整体作用下,允许产生一定的残余变形。按使用要求,抗爆间室的墙和屋盖按弹性或弹塑性理论设计。
8.3.3 抗爆间室朝室外的一面应设置轻型窗。窗台的高度不应高于室内地面 0.4 m。
8.3.4 在抗爆间室轻型窗的外面应设置现浇钢筋混凝土抗爆屏院,并应符合下列规定:
 1 抗爆屏院的平面形式和最小进深应符合表 8.3.4 的规定。

表 8.3.4 抗爆屏院的平面形式和最小进深 (m)

设计药量(kg)	小于 3	大于等于 3 并小于 15	大于等于 15 并小于 30	大于等于 30 并小于 50
平面形式	⊐	⊐	⊐	⊐
最小进深(m)	3	4	5	6

 2 抗爆屏院的高度不应低于抗爆间室的檐口高度。当抗爆屏院的进深超过 4 m 时,抗爆屏院中墙高度应增高,增加的高度不应小于进深超过量的 1/2,抗爆屏院边墙由抗爆间室的檐口高度逐渐增加至屏院中墙高度。
 3 当采用平面形式为"⊐"的抗爆屏院时,在轻型窗处宜设置进出抗爆屏院的出入口。
8.3.5 危险品生产厂房中,采用抗爆间室时应符合下列规定:
 1 抗爆间室之间或抗爆间室与相邻工作间之间不应设地沟相通。
 2 输送有燃烧爆炸危险物料的管道,在未设隔火隔爆措施的条件下,不应通过或进出抗爆间室。
 3 当输送没有燃烧爆炸危险物料的管道必须通过或进出抗爆间室时,应在穿墙处采取密封措施。
 4 抗爆间室的门、操作口、观察孔和传递窗的结构应能满足抗爆及不传爆的要求。
 5 抗爆间室门的开启应与室内设备动力系统的启停进行联锁。
 6 抗爆间室的墙高出厂房相邻屋面应不少于 0.5 m。
8.3.6 当危险品仓库均采用抗爆间室时,可不设抗爆屏院,结构可按不殉爆设计。

8.4 危险品生产区危险性建筑物的安全疏散

8.4.1 危险品生产厂房安全出口的设置应符合下列规定:
 1 1.1 级、1.3 级厂房每一危险性工作间的建筑面积大于 18 m^2 时,安全出口的数目不应少于 2 个。
 2 1.1 级、1.3 级厂房每一危险性工作间的建筑面积小于 18m^2,且同一时间内的作业人员不超过 3 人时,可设 1 个安全出口,但必须设置安全窗。当建筑面积为 9 m^2,且同一时间内的作业人员不超过 2 人时,可设 1 个安全出口。
  3 安全出口应布置在建筑物室外有安全通道的一侧。
  4 须穿过另一危险性工作间才能到达室外的出口,不应作为本工作间的安全出口。
  5 防护屏障内的危险性厂房的安全出口,应布置在防护屏障的开口方向或安全疏散隧道的附近。

8.4.2 1.1 级、1.3 级厂房外墙上宜设置安全窗。安全窗可作为安全出口,但不计入安全出口的数目。

8.4.3 1.1 级、1.3 级厂房每一危险工作间内由最远工作点至外部出口的距离,应符合下列规定:
  1 1.1 级厂房不应超过 5 m。
  2 1.3 级厂房不应超过 8 m。

8.4.4 厂房内的主通道宽度不应小于 1.2 m,每排操作岗位之间的通道宽度和工作间内的通道宽度不应小于 1.0 m。

8.4.5 疏散门的设置应符合下列规定:
  1 应为向外开启的平开门,室内不得装插销。
  2 当设置门斗时,应采用外门斗,门的开启方向应与疏散方向一致。
  3 危险性工作间的外门口不应设置台阶,应做成防滑坡道。

8.5 危险品生产区危险性建筑物的建筑构造

8.5.1 1.1 级、1.3 级厂房的门应采用向外开启的平开门,外门宽度不应小于 1.2 m。危险性工作间的门不应与其他房间的门直对设置,内门宽度不应小于 1.0 m。内、外门均不得设置门槛。外门口不应设置影响疏散的明沟和管线等。

8.5.2 危险品生产区内建筑物的门窗玻璃宜采用防止碎玻璃伤人的措施。

8.5.3 黑火药和烟火药生产厂房应采用木门窗。门窗的小五金应采用在相互碰撞或摩擦时不产生火花的材料。

8.5.4 安全窗应符合下列规定:
  1 窗洞口的宽度不应小于 1.0 m。
  2 窗扇的高度不应小于 1.5 m。
  3 窗台的高度不应高出室内地面 0.5 m。
  4 窗扇应向外平开,不得设置中梃。
  5 窗扇不宜设插销,应利于快速开启。
  6 双层安全窗的窗扇,应能同时向外开启。

8.5.5 危险性工作间的地面应符合现行国家标准《建筑地面设计规范》GB 50037 的有关要求,并应符合下列规定:
  1 对火花能引起危险品燃烧、爆炸的工作间,应采用不发生火花的地面。
  2 当工作间内的危险品对撞击、摩擦特别敏感时,应采用不发生火花的柔性地面。
  3 当工作间内的危险品对静电作用特别敏感时,应采用不发生火花的防静电地面。

8.5.6 有易燃易爆粉尘的工作间不宜设置吊顶,当设置吊顶时,应符合下列规定:
  1 吊顶上不应有孔洞。
  2 墙体应砌至屋面板或梁的底部。

8.5.7 危险性工作间的内墙应抹灰。有易燃易爆粉尘的工作间,其地面、内墙面、顶棚面应平整、光滑,不得有裂缝,所有凹角宜抹成圆弧。易燃易爆粉尘较少的工作间内墙面应刷1.5 m~2.0 m高油漆墙裙;经常冲洗的工作间,其顶棚及内墙面应刷油漆,油漆颜色与危险品颜色应有所区别。收集冲洗废水的排水沟,其内壁宜平整、光滑,所有凹角宜抹成圆弧,不得有裂缝,排水沟的坡度不宜小于1%。

8.6 危险品总仓库区危险品仓库的建筑结构

8.6.1 危险品仓库应根据当地气候和存放物品的要求,采取防潮、隔热、通风、防小动物等措施。

8.6.2 危险品仓库宜采用现浇钢筋混凝土框架结构,也可采用钢筋混凝土柱、梁承重结构或砌体承重结构。屋盖宜采用现浇钢筋混凝土屋盖,也可采用轻质泄压或轻质易碎屋盖。1.3级仓库屋盖当采用现浇钢筋混凝土屋盖时,宜多设置门和高窗或采用轻型围护结构等。

8.6.3 危险品仓库安全出口的设置应符合下列规定:
   1 当仓库(或储存隔间)的建筑面积大于100 m²(或长度大于18 m)时,安全出口不应少于2个。
   2 当仓库(或储存隔间)的建筑面积小于100 m²,且长度小于18 m时,可设1个安全出口。
   3 仓库内任一点至安全出口的距离不应大于15 m。

8.6.4 危险品仓库门的设计应符合下列规定:
   1 仓库的门应向外平开,门洞的宽度不宜小于1.5 m,不得设门槛。
   2 当仓库设计门斗时,应采用外门斗,且内、外两层门均应向外开启。
   3 总仓库的门宜为双层,内层门为通风用门,通风用门应有防小动物进入的措施。外层门为防火门,两层门均应向外开启。

8.6.5 危险品总仓库的窗宜设可开启的高窗,并应配置铁栅和金属网。在勒脚处宜设置可开关的活动百叶窗或带活动防护板的固定百叶窗。窗应有防小动物进入的措施。

8.6.6 危险品仓库的地面应符合本规范第8.5.5条的规定。当危险品已装箱并不在库内开箱时,可采用一般地面。

8.7 通廊和隧道

8.7.1 危险品运输通廊设计应符合下列规定:
   1 通廊的承重及围护结构宜采用不燃烧体。
   2 通廊宜采用钢筋混凝土柱或符合防火要求的钢柱承重。
   3 运输中有可能撒落药粉的通廊,其地面面层应与连接的危险性建筑物地面面层相一致。

8.7.2 防护屏障的隧道应采用钢筋混凝土结构。运输中有可能撒落药粉的隧道地面,应采用不发生火花地面,且不应设置台阶。

9 消防

9.0.1 烟花爆竹生产项目和经营批发仓库必须设置消防给水设施。消防给水可采用消火栓、手抬机动消防泵等不同形式的给水系统。

9.0.2 消防给水的水源必须充足可靠。当利用天然水源时,在枯水期应有可靠的取水设施;当水源来自市政给水管网而厂区内无消防蓄水设施时,消防给水管网应设计成环状,并有两条输水干管接自市政给水管网;当采用自备水源井时,应设置消防蓄水设施。

9.0.3 当厂区内设置蓄水池或有天然河、湖、池塘可利用时,应设有固定式消防泵或手抬机动消防泵。消防泵宜设有备用泵。

9.0.4 危险品生产厂房和中转库的室外消防用水量,应按现行国家标准《建筑设计防火规范》GB 50016 中甲类建筑物的规定执行。当单个建筑物的体积均不超过 300 m³ 时,室外消防用水量可按 10 L/s 计算,消防延续时间可按 2 h 计算。

9.0.5 1.3 级厂房宜设室内消火栓系统,室内消火栓系统的设置应符合现行国家标准《建筑设计防火规范》GB 50016 中对甲类建筑物的规定。

9.0.6 易发生燃烧事故的工作间宜设置雨淋灭火系统,并应符合下列规定:

    1 存药量大于 1 kg 且为单人作业的工作间内,宜在工作台上方设置手动控制的雨淋灭火系统或翻斗水箱等相应灭火设施。翻斗水箱容积应根据工作台面积,按 16 L/m² 计算确定。

    2 作业人员少于 6 人,建筑面积大于 9 m² 且小于 60 m² 的工作间内,宜设置手动控制的雨淋灭火系统,消防延续时间按 30 min 计算。

    3 雨淋灭火系统的喷水强度不宜低于 16 L/(min·m²),最不利点的喷头压力不宜低于 0.05 MPa。

9.0.7 对产品或原料与水接触能引起燃烧、爆炸或助长火势蔓延的厂房,不应设置以水为灭火剂的消防设施,应根据产品和原料的特性选择灭火剂和消防设施。

9.0.8 危险品总仓库区根据当地消防供水条件,可设消防蓄水池、高位水池、室外消火栓或利用天然河、塘。室外消防用水量应按现行国家标准《建筑设计防火规范》GB 50016 中甲类仓库的规定执行,消防延续时间按 3 h 计算。供消防车或手抬机动消防泵取水的消防蓄水池的保护半径不应大于 150 m。

9.0.9 消防储备水应有平时不被动用的措施。使用后的补给恢复时间不宜超过 48 h。

9.0.10 烟花爆竹生产项目和经营批发仓库宜按现行国家标准《建筑灭火器配置设计规范》GB 50140 的有关规定配置灭火器。

10 废水处理

10.0.1 烟花爆竹生产项目的废水排放设计,应遵循清污分流、少排或不排出废水的原则。有害废水应采取必要的治理措施,并应达到国家现行有关排放标准的规定后排放。

10.0.2 有易燃易爆粉尘散落的工作间宜用水冲洗,并应设排水沟。排水沟的设计应符合国家现行有关标准的规定。

10.0.3 含药废水宜用管道集中收集。集中收集的含药废水宜先经污水池沉淀或过滤,再集中处理排放,沉淀及过滤的沉渣应定期挖出销毁。污水沉淀或过滤池的设计应符合国家现行有关标准的规定。

11 采暖通风与空气调节

11.1 采暖

11.1.1 当危险性建筑物需采暖时,宜采用散热器采暖,严禁使用火炉或其他明火采暖,并应符合下列规定:

    1 黑火药生产的 1.1^{-2} 级厂房、烟火药生产的 1.1^{-1} 级厂房及其他危险品生产中危险品呈干燥松散和裸露状态的厂房,采暖热媒应采用不高于 90 ℃ 的热水。

2 黑火药制品和烟火药制品加工的生产厂房,采暖热媒宜采用不高于110 ℃的热水或压力不大于0.05 MPa的低压蒸汽。

11.1.2 危险性建筑物散热器采暖系统的设计应符合下列规定:

1 散发燃烧爆炸危险性粉尘的厂房,散热器应采用光面管或其他易于擦洗的散热器,不应采用带肋片或柱形散热器。散热器和采暖管道外表面油漆颜色与燃烧爆炸危险性粉尘的颜色应有所区别。

2 散热器外表面距墙内表面不应小于60 mm,距地面不宜小100 mm,散热器不应设在壁龛内。

3 抗爆间室的散热器不应设在轻型面。采暖干管不应穿过抗爆间室的墙,抗爆间室内散热器支管上的阀门应设在操作走廊内。

4 采暖管道不应设在地沟内。当必须设在过门地沟内时,应对地沟采取密闭措施。

5 蒸汽或高温水管道的入口装置和换热装置不应设在危险工作间内。

11.1.3 当危险性建筑物采用热风采暖时,送风温度宜大于35 ℃并小于70 ℃。热风采暖系统的设置应符合本规范第11.2节中的有关规定。

11.2 通风和空气调节

11.2.1 在危险品生产厂房内,对散发燃烧爆炸危险性粉尘或气体的设备和操作岗位宜设局部排风,并宜分别设置。

11.2.2 危险品生产厂房的通风和空气调节系统设计应符合下列规定:

1 散发燃烧爆炸危险性粉尘或气体厂房的通风和空气调节系统应采用直流式,其送风机的出口应装止回阀。

2 散发燃烧爆炸危险性粉尘或气体的厂房内,通风和空气调节系统风管上的调节阀应采用防爆型。

3 黑火药生产厂房内不得设计机械通风。

11.2.3 空气中含有燃烧爆炸危险性粉尘或气体的厂房中,机械排风系统的设计应符合下列要求:

1 排除燃烧爆炸危险性粉尘或气体的风机及电机应采用防爆型,且电机和风机应直联。

2 含有燃烧爆炸危险性粉尘的空气应经过除尘处理后再排入大气,除尘处理宜采用湿法方式。当粉尘与水接触能引起爆炸或燃烧时,不应采用湿法除尘。除尘装置应置于排风系统的负压段上,且排风机应采用防爆型。

3 水平风管内的风速应按燃烧爆炸危险性粉尘不在风管内沉积的原则确定。水平风管应设有不小于1%的坡度。

4 排风管道不宜穿过与本排风系统无关的房间。

11.2.4 危险品生产厂房的通风和空气调节机室应单独设置,不应与危险性工作间相通,且应设置单独的外门。

11.2.5 各抗爆间室之间、抗爆间室与其他工作间及操作走廊之间不应有风管、风口相连通。

11.2.6 散发燃烧爆炸危险性粉尘厂房内的通风、空气调节系统的风管不宜暗设。

11.2.7 危险性建筑物中,送、排风管道宜采用圆形截面风管,风管上应设置检查孔,并架空敷设;风管应采用不燃烧材料制作,且风管和设备的保温材料也应采用不燃烧材料。风管涂漆颜色与燃烧爆炸危险性粉尘的颜色应易于分辨。

12 危险场所的电气

12.1 危险场所类别的划分

12.1.1 危险场所划分为 F0、F1、F2 三类,并应符合下列规定:

1 F0 类:经常或长期存在能形成爆炸危险的黑火药、烟火药及其粉尘的危险场所。
2 F1 类:在正常运行时可能形成爆炸危险的黑火药、烟火药及其粉尘的危险场所。
3 F2 类:在正常运行时能形成火灾危险,而爆炸危险性极小的危险品及粉尘的危险场所。
4 各类危险场所均以工作间(或建筑物)为单位。
5 生产、加工、研制危险品的工作间(或建筑物)危险场所分类和防雷类别应符合表 12.1.1-1 的规定。储存危险品的场所、中转库和仓库危险场所分类和防雷类别应符合表 12.1.1-2 的规定。

表 12.1.1-1 生产、加工、研制危险品的工作间(或建筑物)危险场所分类和防雷类别

序号	危险品名称	工作间(或建筑物)名称	危险场所分类	防雷类别
1	黑火药	药物混合(硝酸钾与碳、硫球磨),潮药装模(或潮药包片),压药,拆模(撕片),碎片,造粒,抛光,浆药,干燥,散热,筛选,计量包装	F0	一
		单料粉碎、筛选、干燥、称料、硫、碳二成分混合	F2	二
2	烟火药	药物混合,造粒,筛选,制开球药,压药,浆药,干燥,散热,计量包装。梢药柱(药块),湿药调剂,烟雾剂干燥、散热、包装	F0	一
		氧化剂、可燃物的粉碎与筛选,称料(单料)	F2	二
3	引火线	制引,浆引,漆引,干燥,散热,绕引,定型,裁割,捆扎,切引,包装	F1	一
4	爆竹类	装药	F0	一
		插引(含机械插引,手工插引和空筒插引),挤引,封口,点药,结鞭	F1	二
		包装	F2	二
5	组合烟花类、内筒型小礼花类	装药,筑(压)药,内筒封口(压纸片、装封口剂)	F0	一
		已装药部件钻孔,装单个裸药件,单发药量≥25 g 非裸药件组装,外筒封口(压纸片)	F1	一
		蘸药,安引,组盆串引(空筒),单筒药量<25 g 非裸药件组装,包装	F2	二
6	礼花弹类	装球,包药	F0	一
		组装(含安引、装发射药包、串球),剖引(引线钻孔),球干燥、散热,包装	F1	一
		空壳安引,糊球	F2	二

表 12.1.1-1（续）

序号	危险品名称	工作间（或建筑物）名称	危险场所分类	防雷类别
7	吐珠类	装（筑）药	F0	一
		安引（空筒），组装，包装	F2	二
8	升空类（含双响炮）	装药，筑（压）药	F0	一
		包药，装裸药效果件（含效果药包），单个药量≥30 g 非裸药件组装	F1	一
		安引，单个药量＜30 g 非裸药效果件组装（含安稳定杆），包装	F2	二
9	旋转类（旋转升空类）	装药、筑（压）药	F0	一
		已装药部件钻孔	F1	一
		安引，组装（含引线、配件、旋转轴、架），包装	F2	二
10	喷花类和架子烟花	装药、筑（压）药	F0	一
		已装药部件的钻孔	F1	一
		安引，组装，包装	F2	二
11	线香类	装药	F0	一
		干燥，散热	F1	二
		粘药，包装	F2	二
12	摩擦类	雷酸银药物配制，拌药砂，发令纸干燥	F0	一
		机械蘸药	F1	一
		包药砂，手工蘸药，分装，包装	F2	二
13	烟雾类	装药、筑（压）药	F0	一
		球干燥，散热	F1	二
		糊球，安引，组装，包装	F2	二
14	造型玩具类	装药、筑（压）药	F0	一
		已装药部件钻孔	F1	一
		安引，组装，包装	F2	二
15	电点火头	蘸药，干燥（晾干），检测，包装	F2	二

注：1 表中装药、筑（压）药包括烟火药、黑火药的装药、筑（压）药；
  2 当本规范表 3.1.3-1 生产工序危险等级分类为 1.1 级建筑物同时满足总存药量小于 10 kg、单人操作、建筑面积小于 12 m² 时，其防雷类别可划为二类；
  3 表中未列品种、加工工序，其危险场所分类和防雷类别划分可参照本表确定。

表12.1.1-2 储存危险品的场所、中转库和仓库危险场所的分类与防雷类别

场所(或建筑物)名称	危险场所分类	防雷类别
烟火药(包括裸药效果件),开球药,黑火药,引火线,未封口含药半成品,单个装药量在40 g及以上已封口的烟花半成品及含爆炸音剂、笛音剂的半成品,已封口的B级爆竹半成品,A、B级成品(喷花类除外),单筒药量25 g及以上的C级组合烟花类成品	F0	一
电点火头,单个装药量在40 g以下已封口的烟花半成品(不含爆炸音剂、笛音剂),已封口的C级爆竹半成品,C、D级成品(其中,组合烟花类成品单筒药量在25 g以下),喷花类产品	F1	二

12.1.2 当危险场所既存在黑火药、烟火药,又存在易燃液体时,危险场所类别的划分除应符合本规范的规定外,还应符合现行国家标准《爆炸和火灾危险环境电力装置设计规范》GB 50058中有关爆炸性气体环境危险区域划分的规定。

12.1.3 危险场所与相毗邻场所采取不燃烧体密实墙隔开且隔墙上设有相通的门,当门经常处于关闭状态(除有人出入外)时,与危险场所相毗邻的场所类别可按表12.1.3确定;当门经常处于敞开状态时,与危险场所相毗邻的场所类别应与危险场所类别相同。

表12.1.3 与危险场所相毗邻的场所类别

危险场所类别	用一道有门的密实墙隔开的工作间危险场所类别	用两道有门的密实墙通过走廊隔开的工作间危险场所类别
F0	F1	非危险场所
F1	F2	
F2	非危险场所	

注:1 本条不适用于配电室(电机室、控制室、仪表室等);
2 密实墙应为不燃烧体的实体墙,墙上除门外无其他孔洞。

12.1.4 排风室的危险场所类别应按下列规定分类:
1 为F0类危险场所(黑火药除外)服务的排风室划为F1类危险场所。
2 为F1类、F2类危险场所服务的排风室与所服务的危险场所类别相同。
3 为各类危险场所服务的排风室,当采用湿式净化装置时,可划为F2类危险场所(黑火药除外)。

12.1.5 为危险场所服务的送风室,当通往危险场所的送风管能阻止危险物质回到送风室时,该送风室危险场所类别可划为非危险场所。

12.1.6 运输危险品的敞开式或半敞开式通廊,其危险场所类别应划为F2类,防雷类别宜为二类。

12.1.7 雷雨天存放危险品的晒场宜设置防直击雷装置,避雷装置保护范围的滚球半径可取60 m。

12.2 电气设备

12.2.1 危险场所的电气设备应符合下列规定:

1　正常运行和操作时,可能产生电火花或高温的电气设备应安装在无危险或危险性较小的场所。
　　2　危险场所采用的防爆电气设备必须是按照现行国家标准生产的合格产品。
　　3　危险场所电气设备允许最高表面温度为 T4(135 ℃)。
　　4　危险场所采用的接线盒、挠性连接等选型,应与该场所电气设备防爆等级相一致。
　　5　危险场所电动机的电气设计应符合现行国家标准《通用用电设备配电设计规范》GB 50055中第二章电动机的规定。
　　6　生产时严禁工作人员入内的工作间,其用电设备的控制按钮应安装在工作间外,并应将用电设备的启停与门连锁,门关闭后用电设备才能启动。
　　7　危险场所不宜设置接插装置。当确需设置时,应选择相应防爆型、插座与插销带连锁保护装置,并满足断电后插销才能插入或拔出的要求。
　　8　危险场所不应使用无线遥控设备等。
12.2.2　危险场所采用非防爆电气设备隔墙传动时,应符合下列规定:
　　1　安装电气设备的工作间应采用不燃烧体密实墙与危险场所隔开,隔墙上不应设门、窗、洞口。
　　2　传动轴通过隔墙处的孔洞必须采用填料函封堵或有同等效果的密封措施。
　　3　安装电气设备工作间的门应设在外墙上或通向非危险场所,且门应向室外或非危险场所开启。
12.2.3　F0类危险场所不应安装电气设备。当确有必要时,可设置检测仪表(黑火药除外),检测仪表选型应符合本规范第12.2.5条的规定。
12.2.4　F0类危险场所电气照明应采用可燃性粉尘环境21区用电气设备 DIP21,外壳防护等级为 IP65级的灯具,安装在固定窗外照明或采用能够满足有关规范安全要求的壁龛灯。
　　门灯及安装在外墙外侧的开关、控制按钮、控制箱等,选型应选用与灯具防爆级别相同的产品。
12.2.5　F1类危险场所电气设备的选型应符合下列规定:
　　1　电气设备应采用可燃性粉尘环境用电气设备 21区 DIP21、IP65,爆炸性气体环境用电气设备Ⅱ类 B级隔爆型、本质安全型(IP54),灯具及控制按钮可采用增安型。
　　2　门灯及安装在外墙外侧的开关应采用可燃性粉尘环境用电气设备不低于 22区 DIP22、IP54。
12.2.6　F2类危险场所电气设备、门灯及安装在外墙外侧的开关应采用可燃性粉尘环境用电气设备 22区 DIP22、IP54。

12.3　室内电气线路

12.3.1　危险场所电气线路应符合下列规定:
　　1　危险性建筑物低压配电线路的保护应符合现行国家标准《低压配电设计规范》GB 50054的有关规定。
　　2　电气线路严禁采用绝缘电线明敷或穿塑料管敷设。
　　3　电气线路应采用铜芯阻燃绝缘电线或铜芯阻燃电缆。
　　4　电气线路的电线和电缆的额定电压不得低于 450 V/750 V。保护线的额定电压应与相线相同,并应在同一钢管或护套内敷设。电话线路电线的额定电压不应低于 300 V/

500 V。

  5 插座回路应设置额定动作电流不大于 30 mA、瞬时切断电路的剩余电流保护器。

  6 检测仪表线路可采用线芯截面不小于 1.0 mm² 的铜芯聚氯乙烯护套内钢带铠装控制电缆；也可采用线芯截面不小于 1.5mm² 的铜芯阻燃绝缘电线穿镀锌焊接钢管敷设。

  7 危险场所电气线路绝缘电线或电缆线芯的材质和最小截面应符合表 12.3.1 的规定。

表 12.3.1 危险场所电气线路绝缘电线或电缆线芯的材质和最小截面

危险场所类别	绝缘电线或电缆线芯最小截面(mm²)		
	电力	照明	控制按钮
F0	—	—	铜芯 1.5
F1	铜芯 2.5	铜芯 2.5	铜芯 1.5
F2	铜芯 1.5	铜芯 1.5	铜芯 1.5

  8 保护线(PE 线)截面的确定应符合现行国家标准的有关规定。

12.3.2 危险场所电气线路穿钢管敷设应符合下列规定：

  1 穿电线的钢管应采用公称口径不小于 15 mm 的镀锌焊接钢管，钢管间应采用螺纹连接，且连接螺纹不应少于 6 扣。在有剧烈振动的场所应设防松装置。

  2 电气线路与防爆电气设备连接处必须作隔离密封。

  3 电气线路宜采用明敷。

12.3.3 危险场所电气线路采用电缆敷设应符合下列规定：

  1 电缆明敷时，应采用金属铠装电缆。

  2 电缆沿桥架敷设时，宜采用绝缘护套电缆；桥架应采用金属槽式结构。

  3 电缆不宜敷设在电缆沟内。当必须敷设在电缆沟内时，应设置防止水及危险物质进入沟内的措施，电缆沟在过墙处应设隔板，并对孔洞严密封堵。

  4 电力电缆不应有分支或中间接头。照明线路的分支接头应设在接线盒内。

  5 在有机械损伤可能的部位应穿钢管保护。

12.3.4 F0 类危险场所电气线路应符合下列规定：

  1 危险场所不应敷设电力和照明线路，可敷设本工作间的控制按钮及检测仪表线路。灯具安装在固定窗外的电气线路应采用线芯截面不小于 2.5 mm² 的铜芯绝缘电线穿镀锌焊接钢管敷设，亦可采用线芯截面不小于 2.5 mm² 的铜芯金属铠装电缆明敷。

  2 当采用穿钢管敷设时，接线盒的选型应与防爆电气设备的等级相一致。当采用铠装电缆时，与设备连接处应采用铠装电缆密封接头。

  3 控制按钮线路线芯截面选择应符合本规范表 12.3.1 的规定。

12.3.5 F1 类危险场所电气线路应符合下列规定：

  1 电线或电缆线芯截面选择应符合本规范表 12.3.1 的规定。

  2 引至 1 kV 以下的单台鼠笼型感应电动机供电回路，电线或电缆线芯截面长期允许载流量不应小于电动机额定电流的 1.25 倍。

  3 移动电缆应采用线芯截面不小于 2.5 mm² 的重型橡套电缆。

12.3.6 F2类危险场所的电气线路应符合下列规定：

　　1 电气线路采用的绝缘电线或电缆的线芯截面选择应符合本规范表12.3.1的规定。

　　2 引至1 kV以下的单台鼠笼型感应电动机供电回路,绝缘电线或电缆线芯截面长期允许载流量不应小于电动机的额定电流。当电动机经常接近满载运行时,线芯的载流量应留有适当裕量。

　　3 移动电缆应采用线芯截面不小于1.5 mm²的中型橡套电缆。

12.4 照明

12.4.1 烟花爆竹生产厂房主要工作间的照度标准宜为200 lx,且主要生产的工作间出入口应设置应急照明,其照度值应不低于该场所正常照明照度值的10%,应急时间宜为30 min。

12.4.2 烟花爆竹生产的辅助厂房、库房的照度标准宜分别为100 lx、50 lx。

12.5 10 kV及以下变（配）电所和厂房配电室

12.5.1 烟花爆竹企业的供电设计应符合现行国家标准《供配电系统设计规范》GB 50052中有关三级负荷的规定。

12.5.2 烟花爆竹生产过程中因突然中断供电有可能导致燃爆事故发生的用电设备,以及企业设置的视频监控系统、安全防范系统均应设置应急电源。消防系统宜设置应急电源。

12.5.3 危险品生产区10 kV及以下变电所应为独立变电所。危险品总仓库区10 kV及以下变电所宜为独立变电所。

12.5.4 变电所设计除执行本规范外,尚应符合现行国家标准《10 kV及以下变电所设计规范》GB 50053的有关规定。

12.5.5 变压器低压侧中心点接地电阻不应大于4 Ω。

12.5.6 厂房配电室、电机间、控制室可附建于各类危险性建筑物内,但应符合下列规定：

　　1 与危险场所相毗邻的隔墙应为不燃烧体密实墙,且不应设门、窗与危险场所相通。

　　2 门、窗应设在建筑物的外墙上,且门应向外开启。

　　3 与配电室、电机间、控制室无关的管线不应通过配电室、电机间、控制室。

　　4 设在黑火药生产厂房内的配电室、电机间、控制室除应满足上述要求外,配电室、电机间、控制室的门、窗与黑火药生产工作间的门、窗之间的距离不宜小于3 m。

12.6 室外电气线路

12.6.1 引入危险性建筑物的1 kV以下低压线路的敷设应符合下列规定：

　　1 从配电端到受电端宜全长采用金属铠装电缆埋地敷设,在入户端应将电缆的金属外皮、钢管接到防雷电感应的接地装置上。

　　2 当全线采用电缆埋地有困难时,可采用钢筋混凝土杆和铁横担的架空线,并应使用一段金属铠装电缆或护套电缆穿钢管直接埋地引入,其埋地长度应符合下式的要求,但不应小于15 m。

$$L \geqslant 2\sqrt{\rho} \quad\quad\quad\quad\quad\quad\quad\quad (12.6.1)$$

　　式中：

　　L——金属铠装电缆或护套电缆穿钢管埋于地中的长度(m)；

　　ρ——埋电缆处的土壤电阻率(Ω·m)。

　　3 在电缆与架空线换接处尚应装设避雷器。避雷器、电缆金属外皮、钢管和绝缘子的铁脚、金属器具等应连在一起接地,其冲击接地电阻不应大于10 Ω。

12.6.2 引入黑火药生产工房的 1 kV 以下低压线路,从配电端到受电端应全长采用铜芯金属铠装电缆埋地敷设。

12.6.3 与烟花爆竹企业无关的电气线路和通信线路严禁穿越、跨越危险品生产区和危险品总仓库区。当在危险品生产区或危险品总仓库区围墙外敷设时,10 kV 及以下电力架空线路和通信架空线路与危险性建筑物外墙的水平距离不应小于 35 m。

12.6.4 危险品生产区和危险品总仓库区 10 kV 及以下的高压线路宜采用埋地敷设。当采用架空敷设时,其轴线与危险性建筑物的距离应符合下列规定:
　　1　距 1.1 级厂房外墙不应小于 35 m,距 1.1 级仓库外墙不应小于 50 m。
　　2　距 1.3 级建筑物外墙不应小于电杆高度的 1.5 倍。

12.6.5 当危险品生产区和危险品总仓库区架空敷设 1 kV 以下的电气线路和通信线路时,其轴线与 1.1 级、1.3 级建筑物外墙的距离不应小于电杆高度的 1.5 倍,与生产烟火药和干法生产黑火药建筑物外墙的距离不应小于 35 m。

12.6.6 危险品生产区和危险品总仓库区不应设置无线通信塔。当无线通信塔设置在危险品生产区和危险品总仓库区围墙外时,无线通信塔与围墙的距离不应小于 100 m。

12.7　防雷与接地

12.7.1 危险性建筑物应采取防雷措施。防雷设计应符合现行国家标准《建筑物防雷设计规范》GB 50057 的有关规定。危险性建筑物防雷类别应符合本规范表 12.1.1-1 和 12.1.1-2 的规定。

12.7.2 变电所引至危险性建筑物的低压供电系统宜采用 TN-C-S 接地形式,从建筑物内总配电箱开始引出的配电线路和分支线路必须采用 TN-S 系统。

12.7.3 危险性建筑物内电气设备的工作接地、保护接地、防雷电感应等接地、防静电接地、信息系统接地等应共用接地装置,接地电阻值应取其中最小值。

12.7.4 危险性建筑物内穿电线的钢管、电缆的金属外皮、除输送危险物质外的金属管道、建筑物钢筋等设施均应等电位联结。

12.7.5 危险性建筑物总配电箱内应设置电涌保护器。

12.7.6 当危险场所设有多台需要接地的设备且位置分散时,工作间内应设置构成闭合回路的接地干线。接地体宜沿建筑物墙外埋地敷设,并应构成闭合回路,且每隔 18 m~24 m 室内与室外连接一次,每个建筑物的连接不应少于两处。

12.7.7 架空敷设的金属管道应在进出建筑物处与防雷电感应的接地装置相连接。距离建筑物 100 m 内的金属管道应每隔 25 m 左右接地一次,其冲击接地电阻不应大于 20 Ω。埋地或地沟内敷设的金属管道在进出建筑物处亦应与防雷电感应的接地装置相连。

12.7.8 平行敷设的金属管道,当其净距小于 100 mm 时,应每隔 25 m 左右用金属线跨接一次;当交叉净距小于 100 mm 时,其交叉处亦应跨接。

12.8　防静电

12.8.1 危险场所中可导电的金属设备、金属管道、金属支架及金属导体均应进行直接静电接地。

12.8.2 静电接地系统应与电气设备的保护接地共用同一接地装置。

12.8.3 危险场所中不能或不宜直接接地的金属设备、装置等,应通过防静电材料间接接地。

12.8.4 当危险场所采用防静电地面及工作台面时,其静电泄漏电阻值应控制在 0.05 MΩ～1.0 MΩ。

12.8.5 危险场所需要采用空气增湿方法泄漏静电时,其室内空气相对湿度宜为 60%。黑火药生产的危险场所空气相对湿度应为 65%。当工艺有特殊要求时可按工艺要求确定。

12.8.6 危险场所不应使用静电非导体材料制作的工装器具。当必须使用静电非导体材料制作的工装器具时,应对其进行导静电处理,使其静电泄漏电阻值符合要求。

12.8.7 黑火药、烟火药生产危险场所入口处的外墙外侧应设置人体综合电阻监测仪和人体静电指示及释放仪,在其附近宜设置备用接地端子。

12.9 通讯

12.9.1 危险品生产区和危险品总仓库区应设置畅通的固定电话。

12.9.2 危险场所电话设备选型及线路的技术要求应符合本规范的有关规定。

12.10 视频监控系统

12.10.1 危险品生产场所和危险品总仓库区宜设置视频监控系统,系统的构成应符合相关规范的规定。

12.10.2 危险场所视频监控设计,电气设备选型、线路技术要求及敷设方式等均应符合本规范的规定。

12.11 火灾报警系统

12.11.1 危险品生产区和危险品总仓库区可设置火灾自动报警系统。

12.11.2 危险场所火灾自动报警设计,电气设备选型、线路技术要求及敷设方式、防雷接地均应符合本规范的规定。

12.11.3 当危险品生产区和危险品总仓库区不设置火灾自动报警系统时,可采用畅通的电话系统兼作火灾报警装置。

12.12 安全防范工程

12.12.1 烟花爆竹总仓库区及库房的安全防范措施应采用"人防、物防、技防"相结合的方式。

12.12.2 烟花爆竹的危险品仓库及库区宜设置安全防范系统。

12.13 控制室

12.13.1 烟花爆竹生产项目和经营批发仓库的消防控制室、安全防范系统监控中心及自动控制室宜设置在单独建筑物内,亦可附建在非危险性建筑物内。

12.13.2 1.1 级建筑物内不应附建有人值班的控制室。1.3 级建筑物内可附建控制室,但应符合本规范第 12.5.6 条的规定。

12.13.3 当 1.1 级建筑物需要设置有人值班的控制室时,应将控制室嵌入防护土堤外侧或布置在防护土堤外符合安全要求的位置。

附录 A 防护屏障的防护范围

A.0.1 防护屏障的防护范围见图 A.0.1。

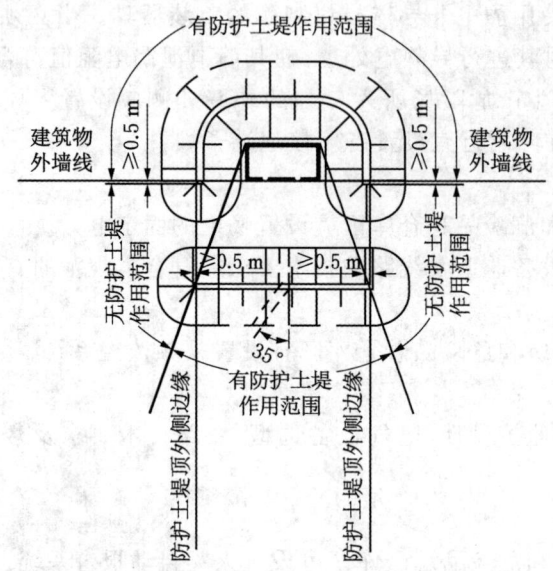

图 A.0.1 防护屏障的防护范围

A.0.2 "一字防护土挡墙"防护屏障的防护要求见图 A.0.2。

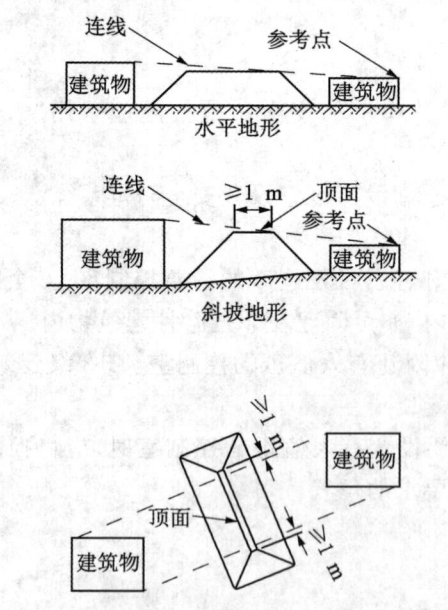

图 A.0.2 "一字防护土挡墙"防护屏障的防护要求

本规范用词说明

1 为便于在执行本规范条文时区别对待,对要求严格程度不同的用词说明如下:
   1) 表示很严格,非这样做不可的:
      正面词采用"必须",反面词采用"严禁";
   2) 表示严格,在正常情况下均应这样做的:
      正面词采用"应",反面词采用"不应"或"不得";
   3) 表示允许稍有选择,在条件许可时首先应这样做的:
      正面词采用"宜",反面词采用"不宜";
   4) 表示有选择,在一定条件下可以这样做的,采用"可"。
2 条文中指明应按其他有关标准执行的写法为:"应符合……的规定"或"应按……执行"。

引用标准名录

《烟花爆竹 安全与质量》GB 10631—2004
《烟花爆竹劳动安全技术规程》GB 11652—1989
《建筑设计防火规范》GB 50016—2006
《建筑地面设计规范》GB 50037—1996
《供配电系统设计规范》GB 50052—1995
《10 kV 及以下变电所设计规范》GB 50053—1994
《低压配电设计规范》GB 50054—1995
《通用用电设备配电设计规范》GB 50055—1993
《建筑物防雷设计规范》GB 50057—1994
《爆炸和火灾危险环境电力装置设计规范》GB 50058—1992
《建筑灭火器配置设计规范》GB 50140—2005
《地下及覆土火药炸药仓库设计安全规范》GB 50154—2009

中华人民共和国国家标准

烟花爆竹工程设计安全规范

GB 50161—2009

条文说明

修订说明

国家标准《烟花爆竹工厂设计安全规范》GB 50161—92(以下简称原规范)自 1992 年发布实施后,为规范烟花爆竹行业规划建设、设计管理、安全生产等提供了重要的法规性决策依据,对工厂的安全生产起到了重要的保障作用。近年来,随着国家对安全生产越来越重视,"以人为本"的安全理念不断深入,烟花爆竹行业法制化建设的不断健全、生产企业周边环境的不断变化、社会安全性责任的不断加强,国家安全生产监督管理总局对烟花爆竹行业发展提出了新要求:即工厂化、机械化、科技化、标准化、集约化,推进行业技术进步,提高生产工艺技术水平;对于高风险的烟花爆竹行业有必要提升准入的基础条件,提高企业的本质安全度,防止重大群死群伤事故的发生。为适应烟花爆竹行业安全形势和发展需要,促进行业安全、健康发展,有必要对原规范进行一次全面修订。

本次修订遵循的是安全第一、科技进步、与国际接轨、覆盖行业范围、实事求是、可操作性及全面修订的基本原则。修订后的规范名称为《烟花爆竹工程设计安全规范》。

原规范 11 章、2 个附录,共 134 条。本次修订在原规范的基础上,保留了 33 条,修改了 98 条,取消了 3 条、2 个附录,增加了 114 条、1 个附录。规范修订后分 12 章、1 个附录,共 245 条,主要内容包括工艺、总图、建筑、结构、消防、废水处理、采暖通风、电气等专业的安全必要规定。主要修订内容有:

1. 对建筑物危险等级进行了修订。将原规范的 A 级、C 级修订为 1.1 级、1.3 级。对 1.1 级建筑物根据建筑物内危险品的破坏威力分为 1.1^{-1} 级和 1.1^{-2} 级。采用 1.1、1.2、1.3……的分级方法,首先可以避免与现行国家标准《烟花爆竹 安全与质量》GB 10631—2004 中产品等级 A、B、C、D 相混淆;其次与国际、国内标准接轨,便于交流与合作。

2. 对生产工序危险等级分类表和仓库危险等级分类表进行了修订。修订后的生产工序危险等级分类表 3.1.3-1,包括了现行国家标准《烟花爆竹 安全与质量》GB 10631—2004 中的全部 14 类产品的生产工序,比原规范分类更细、更易于操作;同时对部分工序的名称进行了修订,尽可能与行业内其他规范统一;根据行业发展和技术进步的成果对部分工序的危险等级进行了调整。

3. 根据国家、行业对安全生产的要求,增加了安全防护的规定。在生产工艺上,提倡采用机械化、自动化、自动监控的生产工艺技术;在安全防护上,对有燃烧、爆炸危险的作业要求采取隔离操作,并采取防传爆、防殉爆措施;在生产工房布置上,对燃烧、爆炸危险性大的工序要求单独设置厂房。体现了"以人为本"的安全理念。

4. 总结工厂的实践经验,增加了临时存药洞的相关安全规定。临时存药洞投资少、使用方便,而且对减少操作人员身边的存药量能起到一定作用,在烟花爆竹主产区应用非常普遍。但是各地的临时存药洞五花八门,存在不少安全隐患。对临时存药洞的设置条件、存药量、安全距离、结构等进行规定非常必要。

5. 总体规划增加了烟花爆竹批发经营企业仓库的内容,扩大了规范涵盖的范围。原规范只对烟花爆竹工厂设计提出规定,没有涵盖经营批发企业仓库等单位,修订后的规范覆盖了国家安全生产监督管理总局对烟花爆竹行业的监管范围,增加了经营批发企业仓库设计的安全规定。

6. 对部分危险性建筑物内、外部最小允许距离要求进行了修订,对烟花爆竹工厂燃放试验场的安全距离进行了修订,鉴于原规范安全距离标准比较低,在规范修订过程中,重新核算了原规范给出的安全距离数值,结合历史上兵器工业安全技术研究所爆炸试验的科学研究成果,参考事故调查报告,通过详细计算,对危险品生产区和危险品总仓库区的内部最小允许距离作了适当调整,对防护屏障的设置提高了要求,以符合提升安全的生产要求。

根据专家评审意见、考虑行业现状,并参照国家现行标准《焰火晚会烟花爆竹燃放安全规程》GA 183 附录 B 中礼花弹基本安全参数,结合工厂燃放试验的特点通过计算对工厂燃放试验场的安全距离进行了适当调整。

7. 对危险性建筑物的结构选型进行了修订,吸收了国内、外有关抗爆结构要求,引入抗爆间室特种结构形式,对抗爆间室和抗爆屏院提出了具体要求,有利于在工程建设中采用。

8. 对危险场所电气进行了修订,增加了工厂供电负荷等级、防静电、火灾报警、视频监控、安全防范工程的要求,对电气危险场所的分类重新进行了规定,根据行业危险性建筑物发生雷电事故的可能性和后果对其防雷类别进行了适当调整,与原规范相比更符合行业现状。

随着烟花爆竹行业的发展,不断出现新型烟花爆竹药物配方,需要对新型烟花爆竹药物的相容性、安全性能参数、TNT 当量进行试验测试,建立药物配方与安全性能参数的数据库。

为便于广大设计、施工、科研、学校等单位有关人员在使用本标准时能正确理解和执行条文规定,《烟花爆竹工程设计安全规范》编制组按章、节、条顺序编制了本标准的条文说明,对条文规定的目的、依据以及执行中需注意的有关事项进行了说明,还着重对强制性条文的强制性理由作了解释。但是,本条文说明不具备与标准正文同等的法律效力,仅供使用者作为理解和把握标准规定的参考。

1 总则

1.0.1 本条强调了烟花爆竹工程设计必须贯彻的安全方针,以及制定本规范的目的,使所建工程从本质上符合安全要求,以利投入使用后对国家和人民生命财产安全有一定保障。

1.0.2 本条规定了本规范的适用范围和不适用范围。对新建、扩建工程,应按规范要求建成一个本质安全型的企业。对现有企业,由于历史原因,存在着不少安全隐患,在改建时为了消除这些不安全因素,防止事故发生以及限制事故波及范围,所以也应遵守本规范,使改建部分达到规范要求。

本次修订明确了烟花爆竹批发经营企业的仓库建设工程适用本规范。

对零售烟花爆竹的储存,以及军用烟火的制造、运输和储存,因其条件不同,不适用本规范。

1.0.3 本条是从保障人民群众生命和财产安全出发强调了外部安全距离规定的外延要求。

1.0.5 本规范主要规定了烟花爆竹建设工程在安全上的特殊要求,不能包括工程设计中的所有问题,因此,本规范未规定的其他问题应执行现行国家工程建设相关标准、规范的规定,如《建筑设计防火规范》GB 50016、《工业企业设计卫生标准》GBZ 1 以及土建、供排水、电气设计等一系列有关专业的标准、规范。

3 建筑物危险等级和计算药量

3.1 建筑物危险等级

3.1.1 对烟花爆竹生产项目的建筑物划分危险等级,主要是为了便于确定危险性建筑物与相邻的建筑物、构筑物、设施及场所的安全距离,其次是为了确定危险性建筑物的结构形式和应采取的安全措施。

建筑物的危险等级是根据建筑物内所含的生产工序和制造、加工或储存危险品的危险性决定的。危险品的危险性是根据危险品的感度、一旦发生爆炸事故时所产生的对外界的破坏力为主要依据。本规范中的危险品指烟花、爆竹成品、已装药的半成品及其药剂,事故指涉及烟花、爆竹成品、已装药的半成品及其药剂的燃烧、爆炸事故。

实践证明,烟花爆竹企业的事故主要有两种形式,即爆炸和燃烧,这两种情况下,对外界破坏遵循的规律不一样,须分别处理。本规范中将危险等级分为两级:1.1级为具有整体爆炸危险的建筑物,1.3级为具有燃烧危险的建筑物。

1.1级建筑物主要特点是其中的危险品具有整体爆炸危险或有迸射危险性。该建筑物一旦发生事故,主要以爆炸冲击波和爆炸破片的形式对外界产生破坏,且这种破坏不局限于本建筑物中,周围的建筑物及附近的人员也会受到严重破坏和伤害,尤其是冲击波和破片的速度非常快,来不及疏散或采取相应的补救措施,一般多采用安全距离来防范对周围的危害。

通过我们对典型烟花爆竹药剂的TNT当量试验和全国范围的调研发现,烟花爆竹药剂爆炸时,其破坏威力变化很大,有的与TNT相当,有的与黑火药相当。对每种威力的药都定一个档次,既不可能,也不必要。经过反复的考虑和比较,借鉴现行国家标准《民用爆破器材工程设计安全规范》GB 50089和国内、外同类标准的制定经验,考虑到工程处置、管理上方便,本次修订把1.1级再细分为:破坏威力与TNT相当的作为1.1^{-1}级,破坏威力与黑火药相当的作为1.1^{-2}级。这两级主要区别在破坏威力不同,因此在工程处置、管理上的差别主要在于安全距离不同。

1.3级建筑物主要特点是其中的危险品具有燃烧危险和较小爆炸或较小迸射危险,或两者兼有,但无整体爆炸危险性。该建筑物一旦发生事故,主要是燃烧事故,事故对外界的破坏主要是靠火焰以及辐射出的热量烧伤人员和引燃其他财产,但考虑到其中的危险品多数是有爆炸可能的含有烟火药、黑火药的危险品,不同于普通的危化品,因此,不能笼统地按防火规范处理,需在本规范中单独列为一个等级以考虑它的特殊性。如烟花产品的包装厂房,所包装的对象中含有烟火药、黑火药这样一些爆炸品,但加工方式(加工时不直接接触药剂)和这些爆炸品存在的状态(分散在各个产品中)使之不易发生整体爆炸事故,只发生燃烧事故或较小爆炸事故,故将其定为1.3级建筑物。

1.3级建筑物还包括一种情况,即建筑物内的危险品偶尔有轻微爆炸,但这种爆炸轻微到破坏效应只局限于本建筑物内。同样以包装厂房为例,在包装厂房中发生火灾事故时,其中的爆竹会发生爆炸,但其威力不会波及厂房以外,因此,包装厂房在包装某些产品时,也是属于偶尔有轻微爆炸,但其破坏效应只局限于本建筑物内的厂房。

危险品成品仓库要求在仓库内只有成箱产品的搬动,没有其他操作。

本条中的制造、储存、运输均指危险建筑物内,正常生产运行时所发生的制造、储存、运输。

3.1.3 本条是根据建筑物危险等级的划分原则,对烟花爆竹企业危险品生产、加工厂房和危险品储存库房的具体规定。

通过81个典型配方的5 000多次的冲击与摩擦感度试验和9个代表性配方的49次TNT当量试验,结果表明:含氯酸盐、高氯酸盐的药剂的TNT当量均大于黑火药,有些含有惰性剂的烟火药剂的TNT当量与黑火药相当,甚至还小。

因此,分级的原则主要是把烟花爆竹生产使用的烟火药剂定为1.1^{-1}级;把黑火药和含有惰性剂(如碳酸锶)的烟火药,以及其他TNT当量值相当于黑火药的烟火药定为1.1^{-2}

级。对 1.1^{-1}级药剂进行加工的工序,定为 1.1^{-1}级工序,烟火药的 TNT 当量值有高有低,但在生产中间一厂房不同当量的烟火药没有区分开,因此按高的划分;对 1.1^{-2}级药剂进行加工的工序,定为1.1^{-2}级工序。对药量比较少且分散或不直接加工危险药剂的工序定为1.3级工序。

本规范表 3.1.3-1 和表 3.1.3-2 就是依据上述原则,并考虑危险品的感度、生产工艺的危险程度、事故频率及产品包装情况等因素,对生产工序和库房划分危险等级。厂房的危险等级由其中生产工序的危险等级确定,库房的危险等级由其中储存的危险品的危险等级确定。

表 3.1.3-1 中所列工序,是修编组根据现场调研,综合全国大部分地区的实际情况,参照现行国家标准《烟花爆竹 安全与质量》GB 10631 中的产品分类定出的,基本上能概括烟花爆竹生产的危险工序。由于各地各厂的工艺流程不同、生产习惯不同,因此难以把全国各地所有的烟花爆竹生产企业的工序一一列出,对于那些没列出的工序,可参照本规范表3.1.3-1确定危险等级。

将烟花爆竹生产中所有药物(黑火药、烟火药、效果件、开球药等)生产工序(包括烟花爆竹产品制作装药前的药物计量)的危险等级统一归入表 3.1.3-1 中的黑火药、烟火药栏目。

单料称料工序,定义为:只有称量这一操作,称量的物质没有爆炸或自燃性质,并且称量后分开存放在容器内。这样的厂房称为原料厂房,作 1.3 级处理。称量的物质有爆炸或自燃性质或有混合这一操作的作为混合厂房。

氧化剂、可燃物的粉碎和筛选厂房还没形成爆炸品,较少发生能波及建筑物以外的爆炸事故,因此作 1.3 级厂房,但其粉尘很大,事故几率相对大一些。同时,其对周围环境污染也很大,这样一是影响周围厂房的工人健康,二是易将火灾传播出去,故要求原料称量,氧化剂、可燃物的粉碎和筛选厂房单独建设,不与其他厂房联建,这在本规范第 6.0.8 条中有规定。

无论黑火药引线还是烟火药引线,基本上采用机械制引,生产过程中一人管理多台设备,每台设备的药量与引火线的规格有关,随着氯酸盐药物的禁止使用,制引工序发生事故的频率大大降低,发生事故后的危害程度主要与引火线的规格有关系,修订时把引火线的制作等工序归入 1.1^{-2}级,不再细分黑火药引线和烟火药引线。该条目中的"切引"工序还包括烟花爆竹产品制作过程中的切引。

烟花爆竹已装药的钻孔工序,药都分散在纸筒、引线中,因没有集中在一起的裸露药,不易发生波及建筑物以外的爆炸事故,但该工序事故频率较高,因此,该工序在爆竹和烟花制造中定为 1.1^{-2}级,以强调它的危险性,并采用相应的措施(如单独建设)。从全国调研情况看,各厂对这一厂房一般都是单独建设的,这样要求大家也能接受。

对于组合烟花类、礼花弹类、小礼花类、升空类、旋转类、旋转升空类、造型玩具类产品中,对烟火药或同时有烟火药、黑火药的装药、压药工序定为 1.1^{-1}级,对只有黑火药的装药、压药工序列入其中的 1.1^{-2}级;吐珠类、喷花类、架子烟花、烟雾类产品的装药,药物主要成分是黑火药、含惰性剂的烟火药,或者药物为湿态,这些产品的装药工序定为 1.1^{-2}级。

烟花爆竹制造中的插引(含机械插引,手工插引和空筒插引)工序药物分散在纸筒、引线中,不易发生波及建筑物以外的爆炸事故,在禁止使用氯酸盐药物的情况下,发生事故的频率大大降低,因此,修订中把插引工序列入 1.3 级,考虑到机械插引这一工序的切引具有危险性,曾引发过燃爆事故,本规范第 6.0.8 条对机械插引工序的工艺布置进行了特别规定。

组装、包装和礼花弹制造中的糊球工序,由于不对裸露药剂进行直接加工,厂房不易发生事故,即使发生了事故,只要不严重违反技术安全规程,不大量存放成品或待加工品,是不会酿成波及本建筑物以外的爆炸事故的,故也将这几道工序定为1.3级。

电子点火头蘸药在湿态下进行,由于电子点火头药量分散,不易发生波及工房外的爆炸事故,故将检测、干燥(晾干)、包装等工序也列入1.3级。

摩擦类产品雷酸银药物配制没有包括在黑火药和烟火药范围内,故单独列出雷酸银药物配制与拌药砂工序,列入1.1^{-1}级;发令纸中含有赤磷、高氯酸盐等物质,干燥(晾干)时可能发生燃爆事故,故发令纸干燥工序列入1.1^{-1}级;机械蘸药工序虽然药物为湿态,但药量较多,且机械设备残留物干燥后也易于发生事故,故将机械蘸药工序列入1.1^{-2}级;其他工序药量很少或药物为湿态不易发生事故,故列入1.3级;线香类产品装药工序列入1.1^{-1}级,其他制作工序药物为湿态或分散,不易发生事故,故列入1.3级。

表3.1.3-2包括中转库和成品总仓库,中转库是指准备进入下一道工序的待加工品(半成品)或成品进总库区前在厂区内集中暂存的库房。

半成品的面很广,有封口的也有未封口的,有很危险的也有危险性小的,这与产品的品种、加工工艺及外贸需求有关。已封口的含爆炸音剂、笛音剂半成品感度较高,考虑药剂有纸壳约束,使爆炸威力有所削弱,因此把已封口的含爆炸音剂、笛音剂的半成品定为1.1^{-2}级。对于已封口的单个装药量在40 g及以上的烟花半成品、单个装药量在30 g及以上的升空类半成品、B级及以上爆竹半成品,单个威力不小,在库房中又是集中堆放,一旦发生事故,殉爆的可能性很大,即会酿成爆炸事故,一旦发生事故,可能殉爆周围产品,考虑药剂有纸壳约束,使爆炸威力有所削弱,故将其定为1.1^{-2}级。未封口的半成品、半成品的引火线和烟火药常暴露在外,事故几率相对增加,产生同时爆炸的可能性也大,加之半成品库中存药量大,因此,发生爆炸事故后不易仅局限在本库房内,如1988年1月4日,山西某爆竹厂在中转库领爆竹并编爆竹,整房爆竹半成品(已制好,待编鞭)爆炸,炸死几人,并抛到几十米外;同年四川某县也有一次类似事故。因此有裸药的半成品中转库应为1.1级,考虑半成品的药剂有纸壳约束,使爆炸威力有所削弱,故将其归入1.1^{-2}级。

A、B级成品(喷花类除外)每个装药量都很大,单个威力不小,在库房中又是集中堆放,一旦发生事故,殉爆的可能性很大,即会酿成爆炸事故,如2008年2月,广东某仓储公司仓库发生爆炸,库区20栋库房不同程度损毁(3栋库房整体炸毁、15栋库房过火烧毁、2栋库房顶板脱落),其中储存有礼花弹等大药量A、B级产品的3栋库房发生了整体爆炸。故A、B级成品仓库应为1.1级,考虑产品中的药剂有纸壳约束,使爆炸威力有所削弱,故将其归入1.1^{-2}级。

根据现行国家标准《烟花爆竹 安全与质量》GB 10631,C级组合烟花类产品药最可能达到1 500 g,如果单筒药量过大(特别是含爆炸药剂较多时),一旦产品中的某一个筒子发生意外爆炸,可能导致整个产品发生爆炸,进而可能引起恶性爆炸事故,在进行的试验中,曾发生过一个筒子爆炸殉爆整个产品的情况,特别是当筒子壁厚较薄时发生殉爆的可能更大,标技委及相关专家反复讨论,将单筒药量≥25 g的列入1.1^{-2}级。

在中转库、总仓库中将C、D级产品(含A、B级喷花类产品)、电子点火头定为1.3级的依据,是参考了美国、德国烟花爆竹规范,并结合我国的分级原则和事故经验确定的。如对C级爆竹成品库定为1.3级,就借鉴了一例事故的经验:1983年广西合浦某爆竹厂因装卸时擦着引线,燃爆满屋的爆竹,事后爆竹的碎纸近半米厚,可是爆炸仅局限在这一厂房内,甚至该厂房都没受到损坏,也没产生火灾。

表 3.1.3-1 和表 3.1.3-2 中,"单个"产品是指没有组合的个体产品,"单筒"是特指组合烟花类产品中,相对独立的个体筒子。

3.1.4 烟花爆竹企业涉及的氧化剂、可燃物及其他化工原材料的火灾危险性类别在防火规范中均有规定,在烟花爆竹企业储存时其性质没有发生变化,故本规范不对其仓库的危险等级重新进行规定。而对危险性可能发生变化的使用工序(比如粉碎、混合等)的危险等级进行了规定。

3.2 计算药量

3.2.1 危险性建筑物的计算药量是确定建筑物安全距离的重要根据,它考虑建筑物中发生事故时对外界可能造成的最严重破坏,这就要计算建筑物正常运转中可能有的能同时爆炸或燃烧的最大药量。许多实验和事故证明,一次爆炸(燃烧)的药量若分几次爆炸(燃烧),其威力就小得多。因此,确定计算药量的原则是:能形成同时爆炸(燃烧)或殉爆(燃)的药量,就要合起来计算;不会引起殉爆(燃)或不同时爆炸(燃烧)的药量可分别计算,取最大者。因各企业情况千差万别,很难再定得很细,作为规范也没必要很细,故这一节只定原则要求。

存药量是建筑物中所有的药量之和,而计算药量是指存药量中那些能形成同时爆炸(燃烧)的药量之和,两者是不同的。但在实践中由于难以确定存药量中哪些能同时爆(燃),哪些不能同时爆(燃),故常把存药量作为计算药量。

3.2.2 防护屏障内的危险品药量及运输工具内的药量,与危险性建筑物同处在一个防护屏障内,同时殉爆(燃)的可能性很大,所以应该计入危险性建筑物的计算药量内。

3.2.3 危险性建筑物抗爆间室内的药量,因考虑结构采取了抗爆防护,该部分药量不应殉爆厂房内的存药,厂房内的存药一旦发生事故,也不会引起抗爆间室内的药量爆炸(燃烧),为此,该部分药量可不计入危险性建筑物的计算药量。

3.2.4 当厂房内几处存药,采取防护措施(如防爆箱)隔离,不会相互引起爆炸或燃烧,则可以分别计算,取其中最大值作为危险性建筑物的计算药量。

4 工程规划和外部最小允许距离

4.1 工程规划

4.1.1 烟花爆竹生产属于危险性行业,有发生燃烧、爆炸事故的危险,一旦发生燃烧、爆炸事故,将有可能波及周围,并有一定的破坏性。所以在选择厂址时,应重点考虑避免对外界重要设施的影响,故作此特别规定。对于企业选址还应符合现行国家标准《工业企业总平面设计规范》GB 50187 的规定。

4.1.2 总结易燃、易爆危险品生产、储存的实践经验和过去的事故教训(比如:1985 年 4 月太原某烟花厂特大燃烧爆炸事故、1993 年 12 月广西某爆竹厂特大燃烧爆炸事故、2000 年 3 月江西某花炮厂燃爆事故),工程规划时,应从整体布局上考虑,根据组成企业的各区功能、性质,做到分区、分开布置,这不仅有利于安全,而且便于企业管理。

4.1.3 本条具体规定了在进行分区规划时应遵循的基本原则和应考虑的主要问题。

1 本款强调在分区规划、确定各区位置时,应该全面考虑条文中所说的各种因素,同时提出危险品生产区宜设在适当位置。一个企业最主要也是最重要的部分是生产区,其他部分是对它的配套、辅助,是为它服务的。因而布局是否合理、安全决定于危险品生产区的布置。历来的经验表明,在总体布局上合理布置,确定危险品生产区的位置是企业安全的保证,同时有助于各区的联系,合理组织生产、方便职工生活。

  危险品总仓库区是集中存放危险品的地方,存药量比较大,从安全角度上考虑,宜设在有自然屏障或有利于安全的地带。燃放试验场和销毁场都是散发火星的地方,而且也容易出事,为不影响危险品生产区,故宜单独布置,且设在有利于安全的偏僻地带。

  2 非危险品生产区系指不涉及烟火药或爆竹药等危险品的生产区,对内外不存在危险,所以在满足生产的原则上,可将非危险品生产区靠近住宅区方向布置,以方便职工。

  3 为了确保安全,减少不安全因素,本款强调不应使无关人员和货流通过危险品生产区和危险品总仓库区,同时考虑到住宅区人员密集,从人对危险品运输的影响和危险品运输一旦出事对人员的影响两方面考虑,强调提出危险品货物运输不宜通过住宅区。这里住宅区是指本厂的住宅区。

4.1.4 在山区建厂,充分利用有利地形,布置危险性建筑物,既有利于安全,又可减少占地。但本条规定不应将危险品生产区布置在山坡陡峭的狭窄沟谷中。对于狭窄沟谷,首先人员疏散困难;第二,一旦发生爆炸,产生的有害气体不易扩散;第三,山体对爆炸冲击波还有反射作用,将加剧破坏,鉴于这三点制定本规定。

4.1.5 本条为新增条文,针对烟花爆竹批发经营企业建设危险品仓库的情况,对其应执行的外部最小允许距离和内部最小允许距离作出了明确规定。

4.2 危险品生产区外部最小允许距离

4.2.1 危险品生产区内的危险性建筑物与其周围村庄、企业、公路、铁路、城镇和本企业生活区等之间的距离,均属外部最小允许距离。由于危险品生产区内各危险性建筑物的危险等级及其计算药量不尽相同,因而所需外部最小允许距离也不一样。所以在确定外部距离时,应根据危险品生产区内1.1级、1.3级建筑物的各自要求分别计算,取最大值。

  外部最小允许距离自危险性建筑物的外墙算起,与原规范相一致。对于晒场,则自晒场边缘算起。

4.2.2 本规范中,1.1级建筑物是具有集中爆炸危险品的建筑物。试验表明,不同性质的爆炸物品爆炸后所形成的空气冲击波峰值超压,在较远处差别不太明显,为此,根据试验资料、事故调查和国内外有关文献,经分析整理后,提出用本规范表4.2.2来确定1.1级建筑物的外部最小允许距离,不再区分1.1^{-1}级和1.1^{-2}级建筑物。

  1 对零散住户和本企业总仓库区,考虑到人员较少,按轻度破坏标准考虑,即:玻璃大部分粉碎,木窗扇大量破坏、木窗框和木门扇破坏,板条内墙抹灰大量掉落,砖外墙出现较小裂缝,钢筋混凝土结构无损坏。

  2 对村庄、中小型企业,考虑人员较多且相对集中;对220 kV以下区域变电站、220 kV架空输电线路,考虑其地区性,一旦出事影响面较广。所以以上各项均按次轻度破坏标准考虑,即:玻璃少部分到大部分破碎,木窗扇少量破坏,板条内墙抹灰少量掉落,钢筋混凝土结构和砖混结构均无损坏。

  3 对于城镇规划边缘,考虑人员较多且集中,各种设施也多;对220 kV以上区域变电站、220 kV以上架空输电线路,考虑其跨区域性,一旦出事影响面非常广。所以以上各项均按次轻度破坏标准下限确定外部最小允许距离。

4 对铁路、二级及以上公路、通航河道和 35 kV 架空输电线等,考虑是活动目标和线形目标,参照零散住户外部距离再适当降低确定。

5 在计算药量栏增加 800 kg 和 1 000 kg 两档主要是考虑生产区内烘干厂房的计算药量可能超过 500 kg,增加相应外部最小允许距离要求。

本次修订从爆炸产生冲击波的峰值超压、爆炸飞散物密度、防火等因素考虑,规定当单个建筑物计算药量小于等于 10 kg 时的外部最小允许距离:距零散住户、本企业独立总仓库区边缘不小于 50 m,距村庄边缘不小于 60 m,距铁路、二级及以上公路路边不小于 35 m,距三级公路路边不小于 35 m。

由于无法将外部目标一一罗列,可根据人数规模和重要性选用相应项目栏来确定外部最小允许距离(如本企业住宅区可根据人数规模选择第一项或第二项的外部最小允许距离要求)。若外部目标要求的安全距离大于本规范规定,则执行外部目标的规定。本规范中所指住户指具备法定居住条件的有固定人员的居住场所。

4.2.3 1.3 级建筑物外部最小允许距离在参照了国内外同类标准后,主要考虑的是防火,既防止外来的火引燃危险品,又防止一旦发生事故,明火传到外界,波及外部;再考虑综合安全系数。本次修订规定当单个建筑物计算药量小于 100 kg 时的外部最小允许距离:距零散住户、本企业独立总仓库区边缘不小于 35 m,距村庄边缘不小于 40 m,距铁路、二级及以上公路路边不小于 35 m,距三级公路路边不小于 35 m。

4.3 危险品总仓库区外部最小允许距离

4.3.1 烟花爆竹危险品总仓库区与其周围村庄、企业、铁路、公路、城镇和本企业生产区、住宅区等之间的距离,均属外部最小允许距离,由于总仓库区内各危险品仓库的危险等级和计算药量不尽相同,所以要求的外部最小允许距离也不一样。故在确定总仓库区的外部最小允许距离时,应分别按总仓库区内各个仓库的危险等级和计算药量计算,取大值。

4.3.2 本条规定原则与本规范第 4.2.2 条基本相同,鉴于危险品总仓库区发生爆炸事故的几率很少,本着节约土地、节省投资等原则,有集中爆炸危险品的 1.1 级仓库,按轻度破坏标准偏下限来确定与零散住户和本厂危险品生产区边缘的外部最小允许距离;与其他目标项目的外部距离,根据其重要性确定。

4.3.3 1.3 级仓库的外部最小允许距离,主要考虑防火要求,为此规定最小防火距离为 35 m;同时参照了国外同一类别烟火安全距离的标准,制定了本规范表 4.3.3。

本次修订根据国内现有烟花爆竹危险品总仓库的实际储存情况,库房的最小计算药量从原规范 2 000 kg 降至 500 kg,相应的外部最小允许距离降至:距零散住户、本企业危险品生产区边缘不小于 35 m,距村庄边缘不小于 40 m,距铁路、二级及以上公路路边不小于 40 m,距三级公路路边不小于 35 m。

4.3.4 本条为新增条文。明确总仓库区和生产区之间执行外部最小允许距离,且取各自要求的最大值。

4.4 燃放试验场和销毁场外部最小允许距离

4.4.1 本条规定了燃放试验场的外部最小允许距离,根据专家评审意见并参照《焰火晚会烟花爆竹燃放安全规程》GA 183 附录 B 中礼花弹基本安全参数进行了适当调整。表 4.4.1 中的地面烟花燃放试验主要指鞭炮、玩具类烟花、喷花类产品(A 级产品除外)的燃放试验。

4.4.2 本条规定了烟花爆竹生产企业日常销毁危险品的销毁场外部最小允许距离。危险品的销毁可以采用多种方式,常用的是烧毁法。本条规定了当采用烧毁法时,考虑有可能发生爆炸的危险,限定一次烧毁药量不应超过 20 kg,以控制一旦爆炸对外界的影响,同时规定外部最小允许距离不应小于 65 m,是按次轻度破坏标准确定的。

5 总平面布置和内部最小允许距离

5.1 总平面布置

5.1.1 总结多年来的生产、建设实践经验,为使厂区布置更加科学、合理,确保安全,本条提出了对危险品生产区总平面布置的一般原则和基本要求。

  1 根据多年的生产、建设经验,企业根据生产工艺特性、产品种类分别建立生产线,做到分小区布置,不仅方便管理,也有利于安全。

  2 本款提出生产线的厂房布置应符合生产匹配,且应符合工艺流程,宜避免危险品往返和交叉运输,是从生产能力配套、安全生产、减少危险品的运输环节和相互影响等方面考虑而制定的。

  3 建筑物之间的距离要满足内部最小允许距离的要求,是为了控制一旦发生事故,对周围建筑物的影响不得超过允许的破坏标准。

  4 本款提出同一危险等级的厂房和库房宜集中布置,是指同一生产线上的同类厂房和库房,目的是为了减少较危险的厂房和库房对危险性小的厂房的影响,使整个厂区危险性降低,这样不仅可以减少厂区的占地面积,还有利于安全。

  5 本款强调了危险品生产区厂房布置的总原则,小型、分散,留有防护距离。这对于机械化程度不高,大量手工操作的烟花爆竹行业的生产是非常必要的,是多年来烟花爆竹生产经验和事故教训的总结。

  6 当危险品生产厂房靠山布置时,要考虑到山体的稳定、防洪以及山体对空气冲击波阻挡而产生的反射波。靠山布置太近时,山体对空气冲击波的反射作用会使邻近厂房和相对面产生的灾害加强,所以不宜太近,具体距离多少要综合考虑。

  对于危险品生产厂房布置在山凹中,从利用地形因素上讲是合适的,但不利于人员的安全疏散和有害气体的扩散,所以提出应考虑人员安全疏散的问题。

5.1.2 本条提出了对危险品总仓库区的总平面布置的一般原则。

  1 一般危险品的总仓库存药量较大,发生爆炸事故时破坏性较强,所以结合地形,布置不同等级的危险品仓库,不仅可以减少占地,而且有利于安全。

  2 比较危险或计算药量最大的危险品仓库一般容易发生爆炸事故,或者一旦出事破坏性较大,考虑到库区的值班室一般都设在库区出入口附近,而且车辆、人员都必须经过出入口,故本款提出不宜布置在库区出入口附近。

  3 本款规定运输道路设计时,运输危险品的车辆不应在其他防护屏障内通过是为了安全起见。因为车辆通过其他防护屏障内,增加了车和人与危险品仓库的接触,增加了不安全因素,提高了发生事故的几率。

  4 本款为新增条款。本款提出同一等级的仓库宜集中布置,计算药量大和危险性大的仓库宜布置在总仓库区的边缘地带,目的是为了减少较危险的仓库对危险性较小的仓库的影响,使整个总仓库区危险性降低,这样不仅可以减少库区的占地面积,还有利于安全。

5.1.3 为确保危险品生产区和危险品总仓库区的安全,方便管理,也为了能真正起到防护作用,本条强调应分别设置密砌围墙。特殊地形设置密砌围墙有困难时,也应设置围墙,但设置方法可以结合具体地形条件因地制宜处理。

对于围墙与危险性建筑物的距离,由原规范规定不宜小于 5 m 现改为宜为 12 m,不得小于 5 m 的规定是为了提高防火能力,防止从围墙外扬进火星把危险性建筑物引燃。在新建时宜加大围墙与危险性建筑物、构筑物的距离。

5.1.4 危险品生产区和危险品总仓库区的绿化不仅可以美化环境,调节气温,改善工人工作条件,而且还有助于削弱爆炸产生的冲击波,同时还能阻挡爆炸产生的飞片,从而达到减少对周围建筑物的破坏。本条提出宜种植阔叶树,是因为它不易引燃,在此强调选择树种时,不应选用易引燃的针叶树或竹子。

5.1.5 本条为新增条文,是为了提高防山火的能力。

5.2 危险品生产区内部最小允许距离

5.2.1 危险品生产区内各建筑物之间距离属于内部最小允许距离,由于危险品生产区内有着不同等级的危险性厂房,还有为危险品生产区服务的车间办公室,公用建筑物、构筑物,如锅炉房、变电所、水塔等,而且各危险性厂房的计算药量又不尽相同,对这些不同危险等级、不同计算药量和不同用途、不同重要性的各公用建筑物、构筑物,都有自己各自不同的内部最小允许距离要求,在确定各建筑物之间的内部最小允许距离时,要全面考虑彼此各方的要求,综合结果,取大值。同时根据危险性建筑物的耐火等级,还应符合现行国家标准《建筑设计防火规范》GB 50016 的有关规定。

内部最小允许距离自危险性建筑物的外墙算起,与原规范一致。对于晒场,则自晒场边缘算起。

5.2.2 本条规定了危险品生产区内 1.1^{-1} 级建筑物内部最小允许距离。这是根据国内多年爆炸危险品生产的实践,试验资料的总结,事故材料的统计结果,并参考了现行国家标准《民用爆破器材工程设计安全规范》GB 50089 而确定的。

表 5.2.2 规定的 1.1^{-1} 级建筑物内部最小允许距离,是按一旦危险性建筑物发生爆炸,周围邻近砖混建筑物按次严重破坏的标准考虑确定的,即:玻璃粉碎、木门窗扇摧毁、窗框掉落、砖外墙出现严重裂缝并有严重倾斜,砖内墙也出现较大裂缝。在制定表 5.2.2 时,主要考虑冲击波破坏,不考虑偶尔飞片的破坏和杀伤。

1.1 级建筑物应设防护屏障。表 5.2.2 中所列的双方无屏障是指由于防护屏障有开口,形成了无防护作用范围,造成无防护作用范围内的建筑物与该建筑物之间形成双方无防护的情况。

根据现状调研,原规范规定的内部距离表中计算药量小于等于 1 kg 的建筑物存在意义不大,故在表 5.2.2 中删除。原规范在确定建筑物内部最小允许距离时要求有防火墙,但实际上并未设置,导致小药量的内部最小允许距离要求偏小,故本次修订增加对防火墙的要求,否则加大内部最小允许距离。

5.2.3 本条为新增条文。涵盖了原规范中对 A_3 级建筑物的内部距离要求。

5.2.4 本条为新增条文。原规范规定的建筑物内部距离要求建筑物均应有外墙,但企业现状存在大部分建筑物为无墙体的敞开面,故对这种情形作出增加 20% 内部最小允许距离的规定。

5.2.5 本条为新增条文。对于镶嵌在山坡陡峻的山体中的危险性建筑物,考虑到山体对爆炸冲击波有反射作用,漏泄出的冲击波压力将加强。同时参考现行国家标准《地下及覆土火药炸药仓库设计安全规范》GB 50154 中危险性建筑物面对面布置时内部距离增大系数的规定,而制定本条。

5.2.6 本条为新增条文。根据国内多年事故资料的统计结果,有迸射危险产品的生产线在发生事故时,对周围建筑物影响加大,故对生产这类产品的建筑物内部最小允许距离作出增加50%的规定。

5.2.7 本条规定了1.1级建筑物与公用建筑物、构筑物之间的内部最小允许距离。鉴于公用建筑物服务面广,牵涉范围大,所以根据不同的公用建筑物、构筑物的重要性和对安全的影响程度,采用不同的允许破坏标准来确定内部最小允许距离。

　　1 锅炉房考虑到它们是全厂供热的中心,一旦遭破坏将直接影响整个企业,独立变电所、水塔和高位水池及消防蓄水池考虑到它们是全厂供电、供水的中心,一旦遭破坏将直接影响整个企业,故内部最小允许距离按砖混结构轻度破坏标准计算,破坏特征:玻璃大部分粉碎,木窗扇大量破坏、木窗框和木门扇破坏,板条内墙抹灰大量掉落,砖外墙出现较小裂缝,钢筋混凝土结构无损坏。

　　2 厂部办公室、辅助部分建筑物考虑到人员密集,故内部最小允许距离按砖混结构轻度破坏标准下限计算。

5.2.8 本条规定了危险品生产区内1.3级建筑物与邻近建筑物的内部最小允许距离。1.3级建筑物主要是集中燃烧的危险,着重从防火的角度确定与邻近建筑物的最小允许距离,同时考虑了偶尔有轻微爆炸的危险。表5.2.8 所规定的内部最小允许距离是总结了国内外军工、烟花爆竹标准中集中燃烧级的内部最小允许距离规定而制定的。

　　本次修订根据国内现有烟花爆竹危险品生产区内的实际生产、储存情况,对表5.2.8 中的计算药量进行适当调小,增加了计算药量≤50 kg 和100 kg 两档;针对原规范实际要求建筑物的外墙为防火墙,但部分企业并未设置,导致内部距离要求偏小,故增加对防火墙的设置要求。

5.2.9 本条规定了1.3级建筑物与公用建筑物、构筑物之间的内部最小允许距离,主要还是考虑防止火灾。

5.2.10 本条为新增条文。为减少厂房内作业人员身边的存药量,部分企业使用了此种存储方式。表5.2.10 规定的内部最小允许距离,一是按照临时存药洞事故时不致引起邻近建筑物内药物发生殉爆的距离,二是为避免临时存药洞事故时对邻近建筑物产生抛掷现象,按照相邻建筑物设置在临时存药洞爆炸漏斗半径以外的距离。该距离允许相邻建筑倒塌。

5.3 危险品总仓库区内部最小允许距离

5.3.1 危险品总仓库区内各建筑物之间的距离属于危险品总仓库区的内部最小允许距离。由于危险品总仓库区内各仓库的危险等级不一,计算药量不相同,所以要求也不一样。在确定危险性仓库之间的内部最小允许距离时,应根据各仓库危险等级、计算药量分别计算,取大值。

5.3.2 本条规定了危险品总仓库区内1.1^{-1}级仓库的内部最小允许距离。表5.3.2 中列出的单有、双有屏障的内部最小允许距离是参考了国内外有关资料,一旦某仓库爆炸,相邻仓库按允许次严重破坏标准上限而定的,即:门窗框掉落、门窗扇摧毁,木屋架杆件偶然折裂,木檩条折断,支座错位,钢筋混凝土屋盖出现明显裂缝,砖外墙出现严重裂缝并有严重倾斜,砖内墙出现较大裂缝,但不至于倒塌。

本次修订根据国内现有烟花爆竹危险品库区内的实际储存情况,对表5.3.2中的计算药量进行适当调小,增加了药量≤100 kg的档;删除了药量>10 000 kg且≤15 000 kg和>15 000 kg且≤20 000 kg的档。

5.3.3 本条为新增条文。涵盖了原规范对A_3级仓库的内部距离要求。

5.3.4 本条规定了危险品总仓库区内1.3级仓库的内部最小允许距离。表5.3.4中列出的内部最小允许距离是根据燃烧试验和美国有关烟火库的标准而制定的。

5.3.5 本条规定了在危险品总仓库区内设置10 kV及以下变电所时,变电所与各级仓库的内部最小允许距离。

5.3.6 库区值班室是昼夜有固定人员的地方,为保证安全,本条强调宜结合地形布置在有自然屏障的地方,既方便管理,又确保安全。

值班室与1.1级仓库的内部最小允许距离,按一旦仓库爆炸,值班室受到中等破坏标准而制定。

值班室与1.3级仓库的内部最小允许距离,按防火要求确定。本次修订增加了表5.3.6-2。

5.3.7 为管理方便,在危险品总仓库区内可以设置无固定值班人员的岗哨位。考虑岗哨位无固定人员,岗哨位与各级仓库的距离不限。

5.3.8 本条为新增条文。明确洞库和覆土库应执行的规范。

5.4 防护屏障

5.4.1 本条指出防护屏障有多种形式,可以根据需要采用不同的形式。规范中规定的为人工防护屏障,同时强调设置的防护屏障要能真正起到对被保护建筑物的防护作用。

5.4.2 本条规定了在危险品生产区和危险品总仓库区内各级危险性建筑物设置防护屏障的要求。

1 强调了对于有集中爆炸危险的1.1级建筑物应设置防护屏障,以阻挡爆炸产生的飞散物,削弱爆炸产生的冲击波,达到减少对周围影响的目的。

2 本款是针对夯土防护墙的结构强度作出的修订。对于计算药量小的建筑物,采用简易的夯土防护墙就可起到防护作用。

3 对1.3级建筑物,主要考虑燃烧危险,即使轻微爆炸对外影响也很小,故可以不设防护屏障。

5.4.3 防护屏障从阻挡爆炸空气冲击波和阻拦爆炸飞散物防护作用来讲,与建筑物的距离越小防护作用越好,但考虑到施工、使用、采光、排水等因素,两者之间还应有一定距离。

1 规定了当建筑物前面与防护屏障之间需考虑汽车回转半径、联系通道时,防护屏障的内坡脚与建筑物外墙的水平距离不应大于9 m,同时应增加防护屏障的高度,宜增高1 m。

2 规定了当只考虑建筑物采光、排水等因素时,防护屏障的内坡脚与建筑物外墙的水平距离不应大于3 m,且不应小于1.5 m。

5.4.4 防护屏障的高度直接影响防护屏障的作用效果,为有效阻挡爆炸空气冲击波,阻拦大部分飞散物,起到防护作用,故作本条规定。

5.4.5 在设置防护屏障时,应同时考虑生产运输、人员疏散。本次修订补充了对运输通道、运输隧道和安全疏散隧道的具体要求。

5.4.6 本条规定了防护土堤的具体做法要求。该要求是试验、事故、实践的总结，只有这样的防护土堤，才能有真正的防护作用。

　　防护土堤应分层夯实，确保其整体强度、边坡稳定。防护土堤坡度应根据不同土质材料确定；当采用土堤底宽为高度的1.5倍时，由于坡度很陡，应采取构造措施。

5.4.7 本条规定了夯土防护墙的具体做法要求。

5.4.8 当采用钢筋混凝土防护挡墙时，应根据建筑物的计算药量、与建筑物的距离，通过计算爆炸作用荷载来确定钢筋混凝土防护挡墙的厚度和配筋。

6 工艺与布置

6.0.1 烟花爆竹行业属高危行业，从安全上考虑，鼓励烟花爆竹生产采用机械化、自动化，采用隔离操作工艺技术，以减少事故对人员的伤害，有利于安全。

　　在工程建设和管理中，应尽可能减少危险性建筑物的存药量和作业人员，做到小型分散，这是根据我国的国情和烟花爆竹行业长期实践中总结出来的控制事故规模、减少事故损失的经验，应推广。

6.0.2 本条为新增条文，强调工艺设计的配套、协调、顺畅，不交叉、不倒流，满足产品生产流程，各工序与生产能力应匹配，不出现生产瓶颈，从工程设施上保证达到均衡、安全生产的条件。

6.0.3 各种机械和监控设施在危险场所的应用必须满足环境的安全要求，即电气设备应防尘、防爆或采取隔墙传动等技术防护措施，接触危险品物料的设备、仪器、工器具的材质应与接触的危险品物料具有相容性，且应符合安全使用要求。

6.0.4 本条要求在有易燃易爆粉尘的工作场所应设置清洗设施，是为了及时清洗易燃易爆粉尘，避免粉尘聚集引发事故。

6.0.5 危险品生产厂房的允许最大存药量在满足生产的前提下，应尽量减少。

　　现行国家标准《烟花爆竹劳动安全技术规程》GB 11652对各危险品生产厂房的允许最大存药量均进行了规定，本规范不再作具体规定。从全国烟花爆竹主产区现场调研情况看，有些地方烘干房药量比较大，对生产区的安全是一个很大威胁，应严格执行《烟花爆竹劳动安全技术规程》GB 11652的有关要求。

　　危险品中转库的允许最大存药量，考虑到有利于生产周转，故限定不超过两天生产需要量。因不同企业、不同规模、不同产品相差较大，有些企业某些产品两天的生产量过大，而生产区不允许大量集中存放，故对中转库单库最大存药量进行了限制。

　　临时存药间和临时存药洞是从减少作业人员身边的存药量和便于组织生产，减少从中转库取药次数而设置的。临时存药间与操作间一般仅一墙之隔，存药量不宜过大；临时存药洞一般布置在两个厂房中间的防护土堤内，药量过大与生产厂房的安全距离难以保证，故其最大存药量以不超过10 kg为限。

6.0.6 单层厂房比两层厂房的事故危害要小，加之发生事故时，楼上的人员不好疏散，因此，从安全上要求危险厂房和仓库都应为单层。矩形的厂房和库房（仓库）当某一点发生偶然事故时，对本厂房和库房（仓库）中其余部分的影响要比其他形式的建筑物小，所以危险厂房和库房（仓库）的平面都宜采用矩形。

6.0.7 1.1级厂房危险性相对较大,事故率高,历年来烟花爆竹工厂的事故多集中在这一类厂房。规定这类厂房单机单栋或单人单栋、独立建设,可限制事故规模,避免引起连锁反应,造成重大事故。但若采取有效的抗爆防护措施,如抗爆间室或经计算确定的其他防护间,在一个工作间内的燃烧爆炸事故不会影响相邻工作间时,则可以联建,可减少占地面积。从调研情况看,引火线制造均采用机械制引,一人可以看管几台设备,每台制引机的药量较少,发生事故基本上是爆燃事故,工作间之间采用符合防护要求的实体墙隔离后,可以联建,但不超过4间,这样可以减轻作业人员的劳动条件、减少占地面积,厂房危险品数量也不至于过大。

6.0.8 1.3级厂房联建时,应采用密实砌体墙隔开。机械插引的引线数量相对较多,为避免事故时的相互影响及操作人员的及时疏散,每个工作间只能布置插引机1台,应采用密实墙隔离,可以联建但不应超过4间。1.3级厂房中的原料称量,氧化剂、可燃剂的粉碎和筛选厂房,粉尘很多,这些粉尘又都是可燃剂和氧化剂,容易发生燃烧甚至粉尘爆炸,和其他1.3级厂房比事故率高;结合我国烟花爆竹工厂的实际情况,以上几个厂房应独立建设。

6.0.9 中转库存药量大,生产厂房事故率高,两者联建容易产生恶性事故。

6.0.10 危险性建筑物与非危险性建筑物分开布置是易燃易爆危险品生产、储存工程建设的基本准则,本条规定有固定操作人员的非危险品生产厂房不得与危险品厂房联建,主要是考虑危险品厂房有可能发生燃爆事故的风险,如与非危险品厂房联建,将波及该厂房,扩大事故的灾害。另外,非危险品生产的作业人员可避免受危险品生产的威胁,所以不允许联建。

6.0.11 设置必需的生产辅助用室(如工器具室等),可以减少工器具的搬动和作业人员的交叉,利于安全管理。但1.1级厂房固有的危险性决定了它不要附建除更衣室外的其他辅助用室。

6.0.12 本条是新增条文,是对设置临时存药间和临时存药洞的基本要求。从对全国主产区调研情况看,设置临时存药间和临时存药洞可以最大限度达到"存药岗位不操作、操作岗位少存药"对减少事故发生概率和降低事故伤害程度是有利的。

6.0.13 本条是对危险品生产厂房工艺路线、工艺设备布置的原则要求。设备挡住操作者的疏散道路、工作面太小等在发生事故时不利于人员迅速疏散。

6.0.14 危险品生产宜采取人机隔离、远距离操作。对危险品进行直接加工的工序当无法远距离操作时,应设置有效的个体防护隔离措施。从发生的事故案例和试验分析,作业人员与危险品面对面操作时,一旦发生燃爆事故就可能对作业人员的脸部和胸部烧伤,根本来不及跑开,对这些工序设置个体防护设施是保护作业人员的最有效可行的措施。

6.0.15 规定人均最少使用面积,以利于减少作业场地小,互相干扰而引起的事故。还可控制人员密度,减少事故的伤亡。1.1级厂房人均面积不宜少于9.0 m² 是通过核算单机单栋(或单人单栋)设备或作业台的面积而定的,1.3级厂房的人均使用面积不宜少于4.5 m² 是通过核算作业台面积、人员疏散要求等设定的。通过对全国主产区的调研情况看,在原规范的基础上适当增大人均面积是必要的,也符合大多数企业的现状。

6.0.16 本条为新增条文,是根据升空迸射类产品的危险特性及事故案例而规定的。例如,2006年湖南浏阳某烟花厂升空迸射类产品生产工房发生事故,迸射出的产品引起邻近中转库发生燃烧爆炸,导致多人死亡,整个工厂基本被毁。

6.0.17 采用日光干燥方式,可以节约能源、减少投资。但近年来因日光干燥出现安全生产事故比较多,故本次修订对采用日光干燥提出了安全要求。

采用暖气干燥方式,要求热媒采用热水或低压饱和蒸汽,热水温度不高于 90 ℃,低压饱和蒸汽压力不大于 0.05 MPa,经军用烟火生产企业实践证明,这样可保证药粉掉在散热器上不至于马上引燃。

从调研情况看,部分企业采用热风干燥方式。对药剂和带裸药的半成品采用热风干燥方式,干燥厂房容易形成药剂扬尘,增加事故风险。在满足烘干温度要求的情况下,对无裸露药剂的成品、半成品和无药的半成品可采用热风干燥的方式,若药剂和带裸药半成品的烘干采用热风干燥,应采取防止药物发生扬尘的有效措施,以降低事故风险。

由于明火,温度不好控制,易直接引燃药物。故严禁采用明火烘烤,包括火炕、在锅上烘烤等间接的形式。

6.0.18 本条为新增条文,对干燥的产品为防止在产品未完全凉透之前进行装箱,造成热量积聚,引发事故,需要配套凉药厂房。从调研情况看,有些地区晒场(特别是亮珠晒场)产品进入晒场后一直到产品晾晒达到要求后才收集,没有设置凉药工房,对于这种情况要求晒场设置可靠的防雨设施,同时要求晒架不能太低,能可靠防止雨水反溅影响产品。

6.0.19 当危险品运输采用廊道时,应采用敞开式和半敞开式廊道,防止传爆,不允许采用封闭式廊道。

6.0.20 本条为新增条文,曾有产品陈列室发生过事故,故作此规定。

7 危险品储存和运输

7.1 危险品储存

7.1.1 危险品应分类分级分库存放,防止相互影响,扩大事故。

7.1.2 对危险品库房(仓库)的单库存药量和面积进行限定,是为了减少库房一旦发生燃烧、爆炸时对外界造成的影响。危险品生产区内作业人员较多,严格控制生产区内中转库房的存药量,以防止一旦发生事故造成重大人员伤亡。本规范主要根据单栋仓库中存药量发生事故对周围建筑物的影响考虑的,故对单栋仓库中最大存药量进行限制。为防止仓库越建越大、提供超储的可能,本次规范修订在本条第 3 款对危险品总仓库的最大面积作了限制,仓库建筑面积宜根据单库存药量的多少及其他要求进行确定,建议"1.3 级成品仓库单栋建筑面积不宜超过 1 000 m²,每个防火分区的最大允许建筑面积不应超过 500 m²;1.1 级成品仓库单栋建筑面积不宜超过 500 m²。"

7.1.3 对危险品的堆放通道,定出垛间距及堆垛与内墙壁的距离,是为了便于通风和人员检查,按一般人体肩宽 0.4 m~0.5 m 而定的。搬运通道宽 1.5 m,主要考虑手推车运输和搬运作业的需要。

对危险品的堆放高度,成箱成品的堆垛高度限定,主要从不压坏最底层包装箱和便于装卸防止倒垛考虑而定。散件成品、半成品的堆垛高度是为了方便搬运而定的。

7.2 危险品运输

7.2.1 危险品运输从安全上有特殊的要求,本条规定应采用带有防火罩装置的汽车运输。三轮车不易控制,不宜用于危险品运输;畜力车、翻斗车和挂斗车,更由于有失控和不灵活等不安全因素,故而严禁使用。对于危险品运输车的具体规定以及运输危险品从业人员的管理规定还需执行相关的法律法规。

7.2.2 本条第1、2款的规定,一方面是考虑在生产过程中,危险品药粉有可能散落在1.1级和1.3级建筑物的附近,保持一定距离可以避免行驶车辆碾压危险品药粉而发生事故;另一方面是从运输、生产过程中发生事故时减少相互影响考虑的。第3款的规定是防止火星飞到运输的危险品车上造成事故。本次修订补充了有相应防护条件情况下可减少主干道中心线与各类建筑物的距离。

主干道为连接危险品生产区(或库区)主要出入口用于运输危险品的公用道路。

7.2.3 本条为新增条文,原规范只对危险品生产区有规定,而危险品总仓库区没有相应规定,本次修订考虑危险品总仓库区运输的危险品主要是包装好的、无散落的危险品粉尘,故危险品总仓库区运输危险品的主干道中心线与各类建筑物的距离较危险品生产区的规定有所减小。

7.2.4 根据现行国家标准《厂矿道路设计规范》GBJ 22的规定,厂内各类道路的最大纵坡,在平原微丘区主干道为6%,在山岭重丘区主干道为8%。考虑到危险品生产区和危险品总仓库区运输危险品的特殊要求,故对主干道纵坡规定不宜大于6%,用手推车运输的道路纵坡不宜大于2%,以防止重车上、下坡停不住而发生意外。

7.2.5 本条规定机动车应在危险性建筑物门前2.5 m以外进行作业,是考虑一旦建筑物内发生偶然事故时,机动车不会堵住门口,有利于人员疏散。

7.2.6 对人工提送危险品的人行道,规定不应设有台阶,是防止踩空、绊脚,造成危险品掉落,发生意外事故。

8 建筑结构

8.1 一般规定

8.1.1 现行国家标准《建筑设计防火规范》GB 50016规定,甲类生产厂房或库房均要求不低于二级耐火等级。而烟花爆竹生产均含有甲类第五项物质,理应遵守该规定。本次修订明确了化学原料仓库建筑物耐火等级的规定。

8.1.2 鉴于烟花爆竹生产的作业做到少量、分散,有的建筑物很小,为此按生产特点和现行国家标准《建筑设计防火规范》GB 50016的规定,对建筑面积小于20 m² 的1.1级建筑物和建筑面积不超过300 m² 的1.3级建筑物适当放宽,可不低于三级耐火等级。

8.1.3 本条增加危险性建筑物应有适当的净空,以满足正常的采光和通风要求。一般工房的净空不小于3.2 m,面积较大、人员较多的1.3级工房,房内净空高度一般均在4 m以上。根据行业的现状和特点,本条仅提出设计时同时满足梁或板中的最低净空要求不宜小于2.8 m,避免出现室内净空太低的情况。其他建筑规范有具体的采光和通风要求,本规范不作具体规定。

8.1.4 在危险品生产区内设置办公用室和生活辅助用室,一是直接指挥生产和紧急处理事故;二是工人卫生保健,不带粉尘离开危险品生产区,宜在危险品生产区内更换洁净后方可离开。明确了危险品仓库区内除设置警卫值班室外,不宜设置其他辅助用室。

8.1.5 生活辅助用室系指洗涤、更衣室、浴室、厕所等,考虑到1.1级厂房具有爆炸危险不应设置,防止扩大危害;而1.3级厂房则主要为燃烧危险,可以设置,但应布置在较安全一端,并用防火墙分隔,万一出事,可以及时疏散。同时,规定门窗不宜面对相邻厂房的泄爆面,主要避免波及生活辅助用室。

车间办公室是与生产调度、现场管理直接相关的,为方便管理,可以附设在1.3级厂房,它的设置与生活辅助用室的要求相同。

办公室一般为生产指挥首脑机构,不应在发生事故时一起摧毁而失去紧急指挥,所以宜单独设置。

8.1.6 本条为新增加条文。明确是在"生产区内",为了减少生产作业厂房的药量,在两个危险性建筑物之间的天然山体等内镶嵌临时存放药物的洞室,对临时存放药物洞室的尺寸及做法等提出具体要求。把药物临时存放在洞室内,不对药物进行直接操作且临时存药洞四周覆土,极大减少了发生事故的概率,万一发生事故,则因有覆土减弱了冲击波和破片的次生灾害。

8.1.7 对建筑物外墙与本厂围墙的距离小于12 m的危险性建筑物,为了防止围墙外有火星等传入建筑物内,此墙不宜开设门洞和窗户。如开设时,面向围墙方向的外墙尽量少开设门洞和窗户,且对开设的门洞和窗户宜采取防止火焰传播的措施,如采用防火门、窗户外设置挡板或密格铁丝网等措施、加高围墙至不低于屋脊高度及留有不小于12 m的防火隔离带等防火措施。

8.2 危险品生产区危险性建筑物的结构选型和构造

8.2.1 1.1级建筑物有爆炸危险,为防止墙倒屋塌,所以对墙体有一定要求。砖墙承受爆炸冲击波的能力较低,容易倒塌,所以1.1级建筑物的结构形式除符合本条第2款条件者外,应采用现浇钢筋混凝土框架结构。现浇钢筋混凝土框架结构整体性及抗震性能较好,采用现浇钢筋混凝土框架承重结构,墙即使倒塌,柱仍能支持屋盖,不会出现墙倒屋塌的灾难性次生灾害事故。而符合本条第2款条件者,可采用钢筋混凝土柱、梁承重结构或砌体承重结构,主要是考虑鉴于有些厂房不大、人员也少,或室内无人的厂房,在满足规定的条件下,允许采用钢筋混凝土柱、梁承重结构或砖墙承重结构。

8.2.2 1.3级建筑物主要是燃烧危险,但一般厂房较大、人员也较多,为防止墙倒屋塌对室内人员的重大伤害,所以对结构形式有一定要求。砖墙承受爆炸冲击波的能力较低,容易倒塌,所以1.3级建筑物的结构形式除符合本条第2款条件者外,也应采用现浇钢筋混凝土框架结构。当厂房不大、人员也少,或横隔墙比较密的情况下,也可采用钢筋混凝土柱、梁承重结构或砖墙承重结构。当采用砖墙承重结构时,第1款对跨度、长度、净高、横隔墙间距同时提出要求,第2款对药量较小的理化、分析室等,只对横隔墙提出了要求,是为了避免1.3级厂房中人员较密集而厂房采用砖墙承重结构,由于横隔墙间距太大带来的安全隐患。

8.2.3 独立砖柱、180 mm墙、空斗墙、毛石墙,强度不高,较容易为气浪摧毁,所以独立砖柱、180 mm墙不应使用。虽然空斗墙、毛石墙在南方普遍使用,但现行国家标准《建筑抗震设计规范》GB 50011和《砌体结构设计规范》GB 50003中也不允许采用180 mm墙、空斗墙等墙体承重,所以规定危险性建筑物不得采用。

8.2.4 屋面采用钢筋混凝土屋盖,容易做到平整光滑,易于满足规范中表面平整光滑的要求。但一旦发生事故,发生事故的建筑物本身也会造成重大损失。原规范建议危险性厂房屋盖宜采用轻质易碎屋盖,主要考虑屋盖泄压的作用。根据烟花爆竹的事故分析,当采用现浇钢筋混凝土屋盖,可以在发生爆炸事故的相邻建筑物产生隔燃、隔爆的作用,可以避免"火烧连营"的事故,基本不会发生某一建筑物发生事故时,造成整个工厂或库区全部毁灭性破坏的局面。故本次修订规范首先建议使用现浇钢筋混凝土屋盖。对易燃易爆建筑物可采用轻质易碎或轻质泄压屋盖。现在南方普遍采用小青瓦屋盖,该屋盖总重量可能符合要求,但不属于易碎,在爆炸事故时,每一片瓦都成为破片,对周围破坏比较大,且易于积尘掉灰。本次提出危险性建筑物采用的轻质泄压屋盖(如彩色复合压型钢板等)时,应采取防止成片或整块屋盖飞出伤人的措施的要求,如采取屋檐处板上加钢梁加强锚固而屋脊处减弱连接的方法等。

当1.3级厂房屋盖采用现浇钢筋混凝土屋盖时,须满足门窗泄压面积 $F \geqslant 3P$(其中,P为存药量,单位为 t;F 为泄压面积,单位为 m^2)的要求。一般情况,工房开设的门窗面积均比要求的泄压面积多。当门窗面积不能满足泄压的要求时,可在现浇钢筋混凝土屋盖上开设泄压孔洞,以满足泄压面积的要求。1.1级厂房因整体爆炸,不考虑泄压面积的问题。

8.2.5 危险性建筑物要求外形平整,主要防止积尘,有利于清洗,以免留下隐患,扩大事故危害。

8.2.6 对危险性建筑物采取构造措施,加强建筑物整体刚度,防止局部墙体倒塌而造成整体屋盖垮塌,在试验和事故中证明是有效的。本次规范主要增加钢筋混凝土构造柱、圈梁的设置要求和采用钢筋混凝土过梁的要求等。

8.3 抗爆间室和抗爆屏院

8.3.1 本条是对抗爆间室的结构形式作出的规定。

抗爆间室一般情况下应采用钢筋混凝土结构。目前国内广泛采用矩形钢筋混凝土抗爆间室,使用效果较好。钢筋混凝土系弹塑性材料,具有一定的延性,可经受爆炸荷载的多次反复作用,又具有抵抗破片穿透和爆炸震塌的局部破坏的性能。

抗爆间室的屋盖做成现浇钢筋混凝土的较好,其整体性强,可使间室的空气冲击波和破片对相邻部分不产生破坏作用,与轻质易碎屋盖相比,在爆炸事故后具有不须修理即可继续使用的优点。所以在一般情况下,抗爆间室宜做成现浇钢筋混凝土屋盖。本次修订增加了药量较小时可采用钢板或组合钢板结构,一是工程需要,二是有了具体设计及施工方法。

8.3.2 本条是对抗爆间室提出的设防标准和要求。明确抗爆间室在设计药量爆炸空气冲击波和破片的局部作用下,不能震塌、飞散和穿透;在设计药量爆炸空气冲击波的整体作用下,允许变形、破坏的程度。

8.3.3 抗爆间室朝向室外的一面应设置轻型窗,这是为了保证抗爆间室至少有一个泄爆面,以减少爆炸冲击波反射产生的荷载。增加窗台高度的规定,是为了防止室外雨水的侵入,又要尽可能扩大泄爆面。

8.3.4 抗爆间室轻型面的外面设置抗爆屏院,主要是从安全要求提出来的。抗爆屏院是为了承受抗爆间室内爆炸后泄出的空气冲击波和爆炸飞散物所产生的两类破坏作用,一是爆炸空气冲击波对屏院墙面的整体破坏作用,二是爆炸飞散物对屏院墙面造成的震塌和穿透的局部破坏作用。因此,必须确保在空气冲击波作用下,屏院不致倒塌或成碎块飞出。当抗爆间室是多室时,屏院还应阻挡经间室轻型窗泄出的空气冲击波传至相邻的另一间室而导致发生殉爆的可能。为了更好地保证抗爆屏院的作用,本次修订提出了抗爆屏院的平面形式和最小进深、高度以及构造的要求。

8.3.5 抗爆间室内发生爆炸事故可能性相对较大,为了避免一个抗爆间室发生爆炸时波及另一个抗爆间室或相邻工作间引起连锁爆炸,本条作了相关规定。

8.3.6　本条为新增条文。

8.4　危险品生产区危险性建筑物的安全疏散

8.4.1　安全出口是保障人员快速疏散到室外的有效措施，一般情况下不少于2个，防止有一个被堵住，尚有另一出口可通向室外。

当生产间很小且人员很少时，要设2个出口一无可能，二无必要，因此，对厂房分别规定不同的限额，可设1个，不等于一定设1个。在南方有条件多设更好，在北方由于气候关系而允许设1个，同时另有安全窗可作为逃脱口。

穿过危险工作间到达外部的出口，有可能被阻而失去疏散作用，故而不应作为本工作间的安全出口。

1.1级、1.3级厂房每一危险性工作间的面积大于18 m²时，安全出口不应少于2个。因本规范第6.0.15条规定，1.1级厂房的人均使用面积不宜少于9.0 m²，则面积大于18 m²时基本为2人及2人以上，故规定安全出口不应少于2个。

防护土堤内厂房的安全出口应布置在防护土堤的开口方向，以利于人员安全疏散，避免被堵在土堤内。

8.4.2　为便于岗位操作工人用最短的时间就近疏散，一般在岗位附近外墙上设安全窗，以便于疏散，但它不是专门用作厂房内所有工人的疏散，因此不计入安全出口的数目。

8.4.3　本条规定是为了既能迅速疏散人员到室外，又能满足生产上的要求。该最远疏散距离是根据现有厂房估算的，与国外同类标准的要求基本一致。

8.4.4　本条规定是保证通道通畅，避免操作岗位上的工人相互影响，以利于安全；通道上是不允许堆放杂物的，以保证厂房内比较整洁，方便生产过程的联系。

8.4.5　对疏散门的设置提出具体规定，门向外开启适合人向外疏散，不许设室内插销，为防止万一发生事故人员疏散受阻。寒冷风沙地区可设门斗，应采用外门斗；门开启方向与疏散门一致，易于人员疏散；外门口不应设台阶，为防止疏散时人员摔倒。

8.5　危险品生产区危险性建筑物的建筑构造

8.5.1　1.1级、1.3级厂房门的设置要求：一是向外开，便于人流由室内顺利向室外疏散；二是门的宽度需与厂房内的疏散通道宽度匹配且不应小于1.2 m，不致在出口时造成拥塞。

8.5.2　为了减少破碎玻璃伤人的次生灾害问题，增加了本条的要求，可采用塑性透光材料（如阳光板）或普通玻璃贴防爆膜及玻璃内外加密格钢丝网等方法。

8.5.3　生产厂房要求采用木门窗是考虑安全要求，钢门窗易碰撞冒火星，对黑火药、烟火药都是危险的。故而作此规定。

8.5.4　本条规定是为便于一定身高的人员能快速顺利地从安全窗疏散出去。

8.5.5　本条对地面作原则规定，材料可以自选。总的目标是不允许产生火花。常用的有不发火水磨石地面、不发火沥青地面、不发火导静电沥青地面以及导静电地面等。目前烟花爆竹行业大多采用大方砖地面，缺点是表面不光滑、拼缝较多，易积粉尘，不易清扫，更有甚者是土地面，时间长了，药尘和土混合在一起，存有隐患，这是不适宜的。

8.5.6　对有易燃易爆粉尘的工作间一般不允许设吊顶，目的是为了防止粉尘飞扬积存在吊顶内。而现在大多数为冷摊小青瓦屋顶，粉尘容易积存到小青瓦上，存在安全隐患。所以有的企业就设置了吊顶。为此规定当设置吊顶时不允许设人孔，即要求密闭；且隔墙砌到板底，起隔火墙的作用。

8.5.7 规定危险性工作间的内墙要粉刷,有利于清扫墙面上积存的粉尘。对粉尘较多的工作间要求油漆,便于用水冲洗;对粉尘较少的工作间,采用油漆墙裙,可用湿布擦洗。总之,不能让药粉长期积存在墙面上而留下隐患。本次增加了对排水沟的要求。

8.6 危险品总仓库区危险品仓库的建筑结构

8.6.1 本条为危险品仓库总的原则规定,考虑当地气候条件以及防小动物的措施。

8.6.2 本条规定危险品仓库宜采用现浇钢筋混凝土框架结构。也可采用砌体承重,即仓库允许墙倒屋塌,因为室内无人,但里面的所有产品可能爆炸、烧毁或无法继续使用。屋盖宜采用钢筋混凝土结构,在某种程度上它比轻质易碎、轻质泄压屋盖有利。采用轻质易碎、轻质泄压结构,虽然不致造成更严重的后果且易于清理;但有可能产生次生灾害较大。

当 1.3 级仓库屋盖采用现浇钢筋混凝土屋盖时,也须满足门窗泄压面积(m^2)$F \geqslant 3P$(P 为存药量,单位为 t)的要求。一般情况下,仓库开设的门窗面积均比要求的泄压面积多。当门窗面积不能满足泄压的要求时,可在现浇钢筋混凝土屋盖上开设泄压孔洞,以满足泄压面积的要求。

8.6.3 危险品仓库(或储存隔间)安全出口数目不应少于 2 个,以便于快速疏散和互为备用。当仓库小时,设 2 个出口将使仓库堆放面积减少,为此,规定在仓库面积小于 100 m^2 且长度小于 18 m 时,可设 1 个。原规范"当仓库面积小于 150 m^2,且长度小于 18 m 时,可设 1 个"中面积小于 150 m^2 改为面积小于 100 m^2。主要为了与现行国家标准《建筑设计防火规范》GB 50016 中的要求(面积小于 100 m^2 时,可设置 1 个)相协调。考虑到 3 个柱距内至少设 1 个门,故从库内最远点到安全出口的距离不应大于 15 m,该距离大了,不安全;小了,仓库设计将增加不少门,仓库的利用面积太小。

8.6.4 危险品仓库的内、外门向外开且不设门槛,易于疏散,门宽不小于 1.5 m 既方便运输也利于疏散。

长期储存危险品的仓库为双层门,要定期开门通风,内层门为通风门,可不打开,有利于防盗、防小动物。

8.6.5 危险品仓库的窗既要采光,又要通风,且能防盗、防小动物。故而宜配置铁栅、金属网,在勒脚处设能符合防护要求的进风小窗。

8.6.6 危险品仓库的地面应和相应生产间的要求一样,主要考虑有撒药的可能性。如果都以成品包装箱存放并不在库内开箱作业时,没有撒药的可能,则可采用一般地面。

8.7 通廊和隧道

8.7.1 本条为新增条文。室外通廊与厂房相比,属于次要建筑物,但通廊与生产厂房又直接连接,为了防止火灾通过通廊蔓延,故对通廊建筑物结构的材料提出要求,考虑到施工、安装的方便、快速以及工厂现状,规定通廊的承重及围护结构的防火性能不应低于非燃烧体。

8.7.2 本条为新增条文,是对穿过防护土堤的疏散隧道、运输隧道结构的具体规定。

9 消防

9.0.1 烟花爆竹的生产、储存具有燃烧爆炸危险性,消防是防止事故扩大的重要措施之一,因此必须设有消防给水设施。考虑到烟花爆竹生产区和危险品仓库区距城镇消防站较远,一般情况都应设消火栓给水系统,尤其应设室外消火栓,当火灾发生时,接上消防水龙带即可灭火。考虑厂房、库房(仓库)分散,如有天然河湖或池塘可利用或建消防蓄水池,也可采用固定消防泵或手抬机动消防泵取水加压灭火。

9.0.2 本条从确保消防供水安全的角度考虑,烟花爆竹工程必须有充足的消防水源,否则无法扑救火灾。水源来自市政管网时,要求厂区设计成环状管网,并有两条输水干管接自市政给水管网,主要是提高消防供水的可靠性,考虑其中一段给水管发生故障、断水、检修时,其他管段仍可保证消防供水。对自备水源井,要求设置消防蓄水设施,如水池、水塘等,主要考虑一旦水源井取水泵损坏,厂区仍有足够的消防储备水可满足灭火需要,以防事故扩大。

9.0.3 一般烟花爆竹工程远离市镇,无法接引市镇给水管网,只能依靠天然或自备水源(如天然河、湖、池塘,水源井、水池、水塔等),利用消防泵或手台机动消防泵加压灭火。要求设有备用消防泵,主要考虑火灾时的供水安全。

9.0.4 本条规定危险品生产厂房和中转库的室外消防用水量,应按现行国家标准《建筑设计防火规范》GB 50016 中甲类建筑的规定执行。考虑到烟花爆竹工厂建筑物分散,又有防护距离要求的特点,对建筑物体积小于 300 m^3 的工厂,适当放宽室外消防用水量的计算要求。

9.0.5 本条为新增条文。根据 1.3 级危险品生产厂房的危险特性,同时考虑到一般 1.3 级厂房面积较大,作业人员较多,室内消火栓可起到控制初期火灾的作用。

9.0.6 本条根据易发生燃烧事故厂房的不同情况,提出了设置雨淋灭火系统的要求,雨淋系统启动后,立即大面积下水,能有效遏制和扑救火灾,防止事故扩大,因此推荐设置。雨淋灭火系统的喷淋强度和最不利点喷头的压力是参照现行国家标准《自动喷水灭火系统设计规范》GB 50084 中严重危险级给出的。

9.0.7 有些产品和原材料遇水易引起燃烧爆炸危险,故不能采用水型灭火剂,本条提出应根据产品和原料的特性选择灭火剂和消防设施。如铝粉可采用干砂或石粉灭火。

9.0.8 本条是对危险品仓库区消防的规定。随着国家对燃放烟花政策的逐步放开,烟花仓库越建越大,危险性也随库房存药量的增加而增大,为确保有足够的消防储备水量,能及时扑灭火灾,避免事故扩大,因此本条要求烟花仓库的室外消防用水量按现行国家标准《建筑设计防火规范》GB 50016 中甲类仓库的规定执行。

9.0.9 规定消防储备水平时不能被动用,是为了保证火灾时有足够的消防水用以灭火。使用后,储水量的恢复时间也作了明确规定。

9.0.10 本条为新增条文,是对灭火器配置所作的规定。

10 废水处理

10.0.1 本条是对废水排放的原则规定。要求对废水进行治理,排出厂外的废水应达到国家现行有关排放标准的规定。

10.0.2、10.0.3 对有易燃易爆粉尘散落的工作间,采用水冲洗可有效避免扬尘和摩擦危险,减少发生燃爆事故的可能性。用水冲洗时,废水较多,工作间内可设排水沟,然后用管道收集后集中处理。由于悬浮物易附着在地面、沟壁,留下安全隐患,故室外不宜采用明沟收集。

要求集中收集的含药废水先经污水池沉淀或过滤,再集中处理排放,目的是降低废水中的悬浮固体浓度,减少废水处理设施的处理负荷,提高处理效率。沉淀及过滤的沉渣仍具有一定的危险性,因此规定应定期挖出销毁。

排水沟和沉淀池的一般要求见本规范建筑结构部分规定,具体做法由设计人员依据国家有关规范进行设计。

11 采暖通风与空气调节

11.1 采暖

11.1.1 本条是对采暖热媒的规定。

黑火药和烟火药对火焰的敏感度都比较高，与明火接触便会剧烈燃烧或爆炸，因此规定危险性建筑物内禁止用火炉和其他明火采暖。

黑火药和烟火药对温度的敏感度也较高，与高温物体接触也能引起燃烧、爆炸事故。其危险性的大小与接触物体表面温度的高低成正比。散状药物的危险性比制品和成品的危险性大，所以分别作出不同的规定。

11.1.2 本条是对采暖系统设计的安全规定。

1 规定散热器的选型要求，是为了便于清扫和擦洗，及时清除沉积于散热器表面的危险性粉尘，避免引起事故。规定散热器和管道外表面油漆的颜色应与危险性粉尘的颜色相区别，是为了易于发现和识别散热器及采暖管道表面积存的危险性粉尘，以便及时擦洗。

2 该规定是为了留出必要的操作空间，以便能将散热器和采暖管道上积存的危险性粉尘擦洗干净。

3 抗爆间室轻型面的作用是泄压，为了防止发生爆炸事故时，散热器被气浪掀出，导致事故扩大，故规定不应将散热器安装在轻型面的一面。采暖干管不应穿过抗爆间室的墙，也是避免抗爆间室发生爆炸事故时，采暖干管受到破坏而可能引起的传爆。把散热器支管上的阀门装在操作走廊内，是考虑当抗爆间室内发生爆炸，散热器及其管道受到破坏时，能及时将阀门关闭。

4 本款是为了防止危险性粉尘进入地沟，日积月累，造成隐患而规定的。

5 蒸汽管道、高温水管道的入口装置和换热装置所使用的热媒的压力和温度都可能超过本规范第11.1.1条规定，为避免发生事故，所以规定了不应设在危险工作间内。

11.1.3 本条为新增条文。热风采暖的送风温度是参照现行国家标准《采暖通风与空气调节设计规范》GB 50019制定的。从安全角度考虑，强调热风采暖系统的设置应符合本规范第11.2节的有关规定。

11.2 通风和空气调节

11.2.1 厂房中散发的危险性粉尘，如不及时处理，不仅危害工人的身体健康，而且有可能引发事故，危及工人安全。为此，规定在这些设备和岗位上宜设局部排风。为了避免事故沿风管蔓延扩大，规定局部排风系统应按操作岗位分别设置。

11.2.2 本条是对危险品生产厂房的通风、空气调节系统的设计规定。

1 散发易燃易爆危险性粉尘的厂房，若将空气循环使用，会使危险性粉尘浓度逐渐增高，当遇到火花时就会发生燃烧、爆炸，因此规定通风、空调系统应采用直流式，不允许回风。出口装止回阀是为了防止当风机停止运转时，含有危险性粉尘的空气倒流入通风机或空气调节机内。

2 采用防爆型是因为防爆阀门在调节风量、转动阀板时不会产生火花。

3 黑火药生产厂房内，由于黑火药的摩擦感度和火焰感度都比较高，含有黑火药粉尘的空气在风管内流动时，会产生电压很高的静电，在一定条件下会放电产生火花，引起事故。

为安全起见,规定了黑火药生产厂房内不应设计机械通风。

11.2.3 本条是对有燃烧爆炸危险性粉尘的厂房中机械排风系统的设计规定。

1 排除含有燃烧爆炸危险性粉尘的排风系统,由于系统内外的空气中均含有危险性粉尘,遇火花即可能引起燃烧或爆炸,为此,规定了其排风机及电机均为防爆型。规定通风机和电机应直联,是因为采用三角胶带或联轴器传动会由于摩擦产生静电而发生爆炸事故。

2 含有燃烧爆炸危险性粉尘的空气不经净化处理直接排放,不仅会污染环境,还会留下隐患,因此规定必须经过净化处理后方允许排入大气。从安全考虑,净化装置宜采用湿法除尘。对于与水接触易引起爆炸或燃烧的危险性粉尘,则不能采用湿法净化。将净化装置放于排风机的负压段上,目的是使粉尘经过净化后再进入排风机,减少事故发生的可能。经过净化处理后的空气中仍会含有少量危险性粉尘,所以置于湿式除尘器后的排风机仍应采用防爆型。

3 风速过低,危险性粉尘易沉积在管底,留下隐患。水平风管要求设有一定坡度,是为了便于清理。

4 本款规定为了避免发生事故时,火焰和冲击波通过风管波及无关房间。

11.2.4 目的是为了当危险工作间发生事故时,通风机室内的人员和设备可免受伤害和损坏。

11.2.5 为了避免抗爆间室发生燃烧、爆炸时,会通过风管波及其他抗爆间室或操作走廊而引起连锁燃烧、爆炸事故,因此规定了抗爆间室之间或抗爆间室与操作走廊之间不允许有风管、风口相连通。

11.2.6 为了便于清扫沉积于风管表面的危险性粉尘,规定风管不宜设在吊顶内。

11.2.7 风管采用圆形风管主要是为了减少危险性粉尘在其外表面的聚集,且便于清洗。设置检查孔,是便于检查、清洗风管内的粉尘。规定风管架空敷设的目的,是为了防止一旦风管爆炸时减少对建筑物的危害程度,并便于检修。为了避免火灾通过通风、空调系统的风管进一步扩大,规定了风管及风管和设备的保温材料应采用非燃烧材料制作。风管涂漆颜色应与危险性粉尘易于识别,是为了易于发现风管外表面所积存的危险性粉尘,便于及时擦洗。

12 危险场所的电气

12.1 危险场所类别的划分

12.1.1 由于烟花爆竹生产过程中,主要原料为烟火药和黑火药等危险物质,这些物质遇电火花及高温能引起燃烧爆炸。为了防止危险场所由于电气设备和线路在运行中产生电火花和高温等危险因素,将危险场所划分为三类,工程设计时根据不同的危险场所采取相应的电气安全措施。

危险场所类别划分的依据:

1 危险品存药量。

危险场所(或建筑物)中,危险品存药量的多少决定了事故风险的大小。存药量大时,一旦发生事故后的破坏程度就大,波及面广,所以危险品仓库危险类别划分的高。

2 危险品电火花感度及热感度。

危险场所(或建筑物)中,危险品种类不同,对电火花的感度及热感度是不一样的,分类应根据危险品电火花和热感度性能确定,如黑火药虽然引燃温度比较高,但点燃能量比较小,电火花感度高,因此,危险场所类别划分得比较高。

3 危险品粉尘浓度及积聚。

危险场所(或建筑物)中,危险品的粉尘扩散到空气中,当粉尘浓度未达到爆炸下限值时,一般不易发生爆炸。但当危险场所粉尘浓度达到下限值时,遇到热源、火源会引起燃烧、爆炸,粉尘浓度大,发生事故的可能性高;另外,空气中的粉尘会降落在电气设备外壳上,粉尘浓度越高积聚的厚度可能加厚,发生事故的几率就高,因此,生产过程粉尘浓度较大的场所,危险场所类别划分得比较高。

本条所列各种危险场所分类划分,不可能包括的很齐全,在表12.1.1-1和表12.1.1-2中将常用危险品工作间及总仓库举例列出。但划分危险场所的因素很多,如生产过程中危险物质存药量的控制、散露程度、空气中散发的粉尘浓度、粉尘积聚程度、危险品干湿程度、空气流通状况等都与生产管理有着密切关系,在设计时应根据生产情况,合理确定危险场所类别,采取合理的电气安全防范措施。

危险场所的类别与建筑物危险等级不同,前者是以工作间(或建筑物)为单位,后者是以整个建筑物为单位。防雷类别也是以整个建筑物为单位。

12.1.2 本条为新增条文。危险场所中存在烟火药、黑火药,又存在易燃液体(如酒精等)时,除应符合本规范要求外,还应符合相关的现行国家标准,如果二者不一致时,则以其中要求安全措施较高者为准。

12.1.3 本条规定主要是防止危险物质(含粉尘)进入非危险环境的工作间。因为配电室、电机室等工作间安装的电气设备及元器件均为非防爆产品,操作时易产生火花或电弧,所以配电室不应采用本条的规定。

12.1.4 本条是对排风室危险场所的分类:

1 为F0类危险场所服务的排风室(生产黑火药的工作间不得安装机械排风),危险程度有所降低,故可划为F1类危险场所。

2 该内容是借鉴了乌克兰相关规范的规定而制定的。

3 采用湿式净化装置时,由于排出的危险物质已用水过滤,排风室内粉尘很少,故可划为F2类危险场所。

12.1.5 送风机系统在正常运行情况时为保持正压,且送风管道能阻止危险物质进入送风室,故可划为非危险场所。

12.1.7 设在室外的危险品晒场需要在雷雨天存放危险品时应执行本条规定。

12.2 电气设备

12.2.1 本条为危险场所电气设备的一般规定。

2 该款内容原规范不是强制性规定,本次修订改为强制性条款。目前防爆电气设备生产厂家很多,以假乱真的现象时有发生,一旦安装了不合格的防爆电气设备,有可能产生电火花和电弧等危险因素。

3 原规范危险场所电气设备最高表面温度为140 ℃～160 ℃,由于该数值不符合现行国家防爆电气设备最高表面温度的生产标准(T1～T6)的规定,因此修订后改为T4(135 ℃),安全要求比原规范严格了。

7 接插装置是为移动设备提供电源的,移动设备是不固定的,容易造成危险事故,本条规定不推荐使用移动设备。

12.2.2 由于目前我国生产的防爆电动机外壳防护等级不能满足危险场所的安全要求,所以采取电动机隔墙传动。

12.2.3、12.2.4 在F0类危险场所中,生产或储存时可能出现比较多的粉尘或存药量大的工作间,发生事故的几率比较高,且发生事故后后果严重;同时黑火药、烟火药危险场所适用的防爆电气设备没有解决,必须采取最安全的措施,所以该场所不得安装电气设备。照明采用可燃性粉尘环境用灯具安装在固定窗外,这些措施是防止由于电气设备或线路而引发的危险。

由于生产工艺确有必要安装检测仪表(黑火药除外)时,仪表的外壳应具有一定防护能力防止粉尘进入壳内,且满足最高允许表面温度值要求。该内容是借鉴了瑞典国家电气检验局的有关规定而制定的。

由于我国黑火药生产工艺一般采用干法生产,生产时危险场所粉尘很多,同时黑火药粉尘的最小点火能量较小,因此,黑火药生产的危险场所不得安装电气设备和检测仪表。

12.2.5 根据烟花爆竹生产过程及产品的特点,F1类危险场所中,生产过程粉尘较多的工作间,电气设备采用能够阻止粉尘进入壳内的产品比较合适。目前我国现行标准《可燃性粉尘环境用电气设备 第1部分:用外壳和限制表面温度保护的电气设备 第2节:电气设备的选择、安装和维护》GB 12476.2—2006等同于国际电工委员会标准IEC 6124-1-2(1999年)。烟花爆竹生产的危险场所采用尘密外壳(DIP IP65级)电气设备,比较适用于F1类危险场所选用。同时爆炸性气体环境用电气设备dⅡB级隔爆型产品,在类似危险场所已采用多年,也可以选用。

12.2.6 F2类危险场所选用可燃性粉尘环境用电气设备防尘外壳(IP54级)比较合适。

12.3 室内电气线路

12.3.1 电气线路严禁使用绝缘电线明敷或穿塑料管敷设,是因为其机械强度低、易受损伤、绝缘易受腐蚀破坏、容易着火等。对电线或电缆线芯的材质与最小截面进行规定是为了从物理性能和机械强度方面提高可靠性,防止因线路事故中断供电或引起燃爆事故。

12.3.2 第3款规定电气线路采用明敷目的是为了方便与防爆电气连接。

12.3.3 第3款规定危险场所尽量不采用电缆敷设在电缆沟内,主要考虑电缆沟内容易积聚危险物质,又不易清除,容易形成安全隐患;另外,危险场所需经常用水冲洗地面,电缆沟有可能进水,形成安全隐患。

12.3.4 F0类危险场所不安装电气设备,当然也不敷设电气线路。控制按钮及检测仪表线路技术要求及敷设方式应满足相关条文的安全要求。

12.3.5

2 鼠笼型感应电动机有一定的过载能力,因此,引至电动机配电线路的电线或电缆线芯截面长期允许载流量应大于电动机额定电流。

3 移动电缆为了满足机械强度的要求,故需选用不小于2.5 mm² 的铜芯重型橡套电缆。

12.4 照明

12.4.1 现行国家标准《建筑照明设计标准》GB 50034中没有明确规定烟花爆竹生产危险场所的照度值,本条提供了设计参考值。

考虑因突然停电时,操作人员能及时安全撤离现场,因此,危险场所宜设置应急照明。

12.4.2 对非危险的生产辅助厂房、库房(仓库)的照度没有特殊要求,执行现行国家相关标准的规定。

12.5 10 kV 及以下变(配)电所和厂房配电室

12.5.2 烟花爆竹生产时,一般不会因突然停电而引起燃烧爆炸事故,三级供电负荷基本能满足生产要求。但对供电有特殊要求的工序、系统等应设置应急电源。随着科学技术的发展,烟花爆竹生产工艺技术也有所改进,有可能实现连续化生产和自动控制,有条件时,提高供电负荷的等级是必要的。

12.5.3 独立变电所的安全性和可靠性都比较好。

12.5.6 附建于各类危险性建筑物内的配电室,考虑其安装的均为非防爆电气设备(含电气设备、仪表、电子元器件等),为防止危险物质及粉尘进入配电室引起事故,故应采取必要的安全防护措施。

12.6 室外电气线路

12.6.1 为了防止雷击电气线路时,高电位侵入危险性建筑物内引起燃烧爆炸事故,低压供电线路宜采用从配电端到受电端埋地敷设,不得将架空线路直接引入建筑物内。全线埋地有困难时,允许架空线路换接一段金属铠装电缆或护套电缆穿钢管埋地引入。应特别强调在架空线与电缆换接处和进建筑物时,必须采取规范中规定的安全措施,这样电缆进户端的高电位就可以降低很多,起到保护作用。

12.6.2 我国目前黑火药生产一般采用干法生产,生产过程危险场所粉尘很多,且黑火药的电火花感度高,为了防止电气线路引入高电位引发燃爆事故,所以要求低压供电线路从变电所至厂房应全长采用金属铠装电缆埋地敷设。

12.6.3 一是考虑烟花爆竹企业发生偶然爆炸事故时避免对外单位供电系统和通信系统的破坏,特别是高压供电线路一般为区域性供电线路,一旦遭到破坏影响大、波及面广;二是考虑外系统的供电、通信线路发生故障时,不致危及烟花爆竹企业的安全,故制定本条规定。

12.6.6 主要考虑防止电磁辐射引发安全生产事故,同时为防止烟花爆竹生产、储存发生偶然爆炸时,破坏无线电通信设施。

12.7 防雷与接地

12.7.1 根据送审稿专家审查意见和现行国家标准《建筑物防雷设计规范》GB 50057 中防雷类别的划分原则,分析了烟花爆竹行业生产现状和发生雷电事故的人员伤亡和经济损失情况,在本规程表 12.1.1-1 中适当调整了危险性建筑物的防雷类别并补充了注 2 要求。原规范是遵循 1983 年版本的《建筑防雷设计规范》制定的,现行防雷规范采用滚球法确定接闪器的保护范围,保护范围比旧版小。

12.7.2 危险性建筑物的低压供电系统采用 TN-S 接地形式比较安全。因为该系统中 PE 线不通过电流,但是造价比较高。等电位联结能使电气装置内的电位差减少或消除,在爆炸和火灾危险场所电气装置中可有效地避免电火花发生。总等电位联结可消除 TN-C-S 系统电源线路中 PEN 线电压降在危险环境内引起的电位差,因此,各类危险性建筑物内实施等电位联结后,电源引入线可采用 TN-C-S 形式。但 PE 线和 N 线必须在总配电箱开始分开后严禁再混接。

12.7.3、12.7.4 是对等电位接地的要求。一类防雷建筑物防直击雷接地必须单独设置接地装置。

12.7.5 安装电涌保护器是为了钳制过电压,使其过电压限制在设备所能耐受的数值内,使设备受到保护,避免雷电损坏设备。

12.8 防静电

本节为新增内容。

12.8.2 危险场所的防静电接地应与防雷电感应、防止高电位引入、电气装置内不带电金属部分等接地共用同一接地装置。

12.8.4 危险场所中防静电地面、工作台面等泄漏电阻只给出范围,具体阻值应按照该场所中危险品的类别确定,因为危险品的种类不同,防静电地面、台面泄漏电阻要求不同。

12.8.5 危险场所中湿度对静电影响很大。美国兵工安全规范中规定危险场所内相对湿度大于65%,在澳大利亚标准《The control of undesirable static electricity》AS 1020—1984中规定,起爆药静电感度高的危险场所相对湿度不低于70%,对静电不敏感场所相对湿度要求在50%以上。本规范参考了上述标准,并作适当的调整后确定为危险场所相对湿度宜控制在60%。黑火药静电感度高,相对湿度要求高些,应为65%。

12.8.7 黑火药、烟火药生产过程粉尘很多,同时两种危险品粉尘电火花和静电感度比较高,最小引燃能量比较小,因此,黑火药、烟火药生产危险场所除进行等电位联结外,还需要设置下列的防静电措施:如工作间地面、工作台面、工作器具、操作人员的工作服(含工作鞋、腕带)等应采用导静电材料制作,同时在危险场所入口处设置泄漏静电和检测静电装置,如果危险场所采取了以上的导静电措施后,就可以防止和减少由于静电引起的燃爆事故。静电安全与企业安全生产管理关系非常密切,所以企业必须加强管理,确保安全生产。

12.9 通讯

12.9.1 烟花爆竹生产区应设置电话设施,为生产调度与物流提供信息系统,必要时可兼作火灾报警系统。危险品总仓库区的值班室应设置畅通电话系统设施,作为对外联络的通信系统,必要时可兼作火灾报警系统。

12.10 视频监控系统

烟花爆竹企业的原料、半成品及成品基本属于易燃易爆危险品,烟花爆竹的生产属于劳动密集型的高危行业。为防止生产、储存过程中的超药量、超人员和超范围,防止违章指挥、违章作业、违反劳动纪律等现象的发生,提高企业安全管理手段和水平,实现全天候监视危险场所的工作状况,本规范提出烟花爆竹生产区危险品生产场所和危险品总仓库区宜设置监控系统。

12.11 火灾报警系统

烟花爆竹属于易燃易爆物品,一旦发生燃烧或由此引发爆炸事故造成的后果是很严重的。为了及时检测和发现火情,以便迅速采取措施避免重大事故的发生,防止酿成重大损失,要求在危险场所设置火灾报警信号,有条件时最好设置火灾自动报警系统。安装在危险场所的火灾检测设备及线路的技术要求应符合本规范的规定,对于系统的构成及控制可按现行国家标准《火灾自动报警系统设计规范》GB 50116的有关规定进行设计。

12.12 安全防范工程

由于烟花爆竹属于易燃易爆物品,特别是仓库储存大量的烟花爆竹等危险品,一旦遭受破坏或流入社会而引发燃烧或爆炸事故,会造成严重的后果。为了维护社会公共安全,保障人身安全和国家、集体、个人财产安全,所以烟花爆竹生产库房和危险品总仓库区宜设置安全防范系统。

12.13 控制室

12.13.1 烟花爆竹生产项目和经营批发仓库的消防控制室、安全防范系统监控中心及自动控制室可分项设在单独建筑物内,也可三项合建在一个建筑物内,也可附建在非危险性建筑物内。

民用爆炸品危险货物危险特性检验安全规范
(GB 19455—2004)

前 言

本标准的第 5 章、第 7 章和第 8 章为强制性的,其余为推荐性的。

本标准与联合国《关于危险货物运输的建议书 规章范本》(第 13 修订版)及《关于危险货物运输的建议书 试验和标准手册》(第 4 修订版)的一致性程度为非等效,其有关技术内容与上述规章一致,在标准文本格式上按 GB/T 1.1—2000 做了编辑性修改。

附录 A 和附录 B 为规范性附录。

本标准由全国危险化学品管理标准化技术委员会(SAC/TC 251)提出并归口。

本标准负责起草单位:国家质量监督检验检疫总局危险品中心实验室。

本标准参加起草单位:天津出入境检验检疫局、亚太地区危险品协会、江南大学。

本标准主要起草人:王利兵、黄勇、尚为、张莱、刘军、吕刚。

本标准为首次制订。

1 范围

本标准规定了民用爆炸品危险货物危险性的分类、要求、试验、代码和标签、检验规则。

本标准适用于民用爆炸品危险货物危险特性的检验。

本标准不适用于对下述货物危险性的检验:
——军用爆炸品的危险性;
——在生产过程中的爆炸品的危险性;
——无包装的爆炸物质在运输中的危险性;
——因受静电或电磁场的影响所造成的危险性;
——因操作不当或违章操作所引起的危险性;
——其他非正常运输条件下的特殊危险性。

2 规范性引用文件

下列文件中的条款通过本标准的引用而成为本标准的条款。凡是注日期的引用文件,其随后所有的修改单(不包括勘误的内容)或修订版均不适用于本标准,然而,鼓励根据本标准达成协议的各方研究是否可使用这些文件的最新版本。凡是不注日期的引用文件,其最新版本适用于本标准。

GB 19458—2004 《危险货物危险特性检验安全规范 通则》

联合国《关于危险货物运输的建议书 规章范本》(第 13 修订版)

联合国《关于危险货物运输的建议书 试验与标准手册》(第 4 修订版)

3 术语和定义

GB 19458—2004 确立的以及下列术语和定义适用于本标准。

3.1
爆炸 explosion

在极短时间内,释放出大量能量,产生高温,并放出大量气体,在周围造成高压的化学反应或状态变化的现象。

3.2
爆炸性物质 explosion substance

能够通过其自身化学反应产生气体,反应时在温度、压力和速度下能对周围环境造成破坏的某一种固态或液态物质(或这些物质的混合物)。烟火物质,即使不放出气体时,也包括在内。

3.3
爆炸性物品 explosion articles

含有一种或多种爆炸性物质的物品。

3.4
整体爆炸 mass detonation or explosion of total contents

全部物质或物品同时发生爆炸。

3.5
配装组 compatibility group

在爆炸品中,如果两种或两种以上物质或物品在一起能安全积载或运输,而不会明显的增加事故率或在一定量的情况下不会明显的提高事故危害程度的,可视其为同一配装组。

4 分类

4.1 民用爆炸品的划分

危险品按照《关于危险货物运输的建议书 规章范本》(第13修订版)的规定分为9类,民用爆炸品属于第1类,第1类具体划分为6项,见表1。

表 1 民用爆炸品的划分

项别	民用爆炸品说明
1.1 项	有整体爆炸危险的物质和物品。
1.2 项	有迸射危险,但无整体爆炸危险的物质或物品。
1.3 项	有燃烧危险和有较小爆炸或较小迸射危险或同时有此两种危险,但无整体爆炸危险的物质和物品;本项物质和物品包括: 1)能够放出大量辐射热的物质和物品;或 2)相继燃烧,产生较小爆炸或迸射效应,或同时产生两种效应的物质和物品。
1.4 项	无重大危险的物质和物品;本项包括运输中万一发生点燃或激发时仅有很小危险的物质和物品。其影响主要限于包件本身,估计不会产生较大的碎片,射程也不远。外部火烧不会引起几乎全部包装内容物的整体爆炸。
1.5 项	有整体爆炸危险但极不敏感物质;本项包括有整体爆炸危险、但在正常运输条件下引爆或由燃烧转为爆炸的可能性都很小的物质。

表 1（续）

项别	民用爆炸品说明
1.6项	没有整体爆炸危险的极不敏感物品；本项包括仅含有极不敏感爆炸物质，并证明事故发生或蔓延的可能性极小的物品。
注：第1.6项物品的危险仅限于单个物品的爆炸。	

4.2 配装组的划分

按民用爆炸品的理化性能、爆炸性能、内外包装方式、特殊危险性等不同特点，划分为A、B、C、D、E、F、G、H、J、K、L、N和S共13个配装组，见表2。

表 2 配装组

配装组	待分类物质和物品的说明
A	一级爆炸性物质，例如起爆药。
B	含有一级爆炸性物质、而不含两种或多种以上有效保险装置的物品。某些物品虽然本身不含有一级炸药，不具有爆炸性，例如引爆雷管，用于引爆和导火线，火帽型的雷管组装物，也应包括在内。
C	作为推进剂的爆炸性物质或其他爆燃爆炸性物质，或含有这类爆炸物质的物品，例如推进剂、发射药。
D	二级起爆物质或黑火药或含二级起爆物质的物品，无引发装置和发射药；或含有一级爆炸性物质和两种或两种以上有效保护装置的物品。
E	含有二级起爆物质的物品，无引发装置，带有发射药（含有易燃液体、胶体或自燃液体的除外）。
F	含有二级起爆炸药的物品，带有引发装置，带有发射药（含有易燃液体或胶体或自燃液体的除外）或不带有发射药。
G	烟火物质或含有烟火物质的物品或既含有爆炸性物质和照明、燃烧、催泪或发烟物质的物品（水激活的物品或含有白磷、磷化物、自燃物、易燃液体或胶体、自燃液体的物品除外）。
H	含有爆炸性物质和白磷的物品。
J	含有爆炸性物质和易燃液体或胶体的物品。
K	含有爆炸性物质和毒性化学药剂的物品。
L	爆炸性物质或含有爆炸性物质并且具有特殊危险（如由于水激活作用或含有自燃液体、磷化物或自燃物）需要彼此隔离的物品，即配装组L的货物仅能与配装组L内的相同类型的货物一起运输。
N	只含有极不敏感爆炸物质的物品。
S	其包装或设计的物质或物品，除了包件被火烧损的情况外，能使意外起爆引起的任何危险效应，仅限于包件内部，在包件被火烧损的情况下，所有爆炸和迸射效应也有限，不会妨碍或阻止在包件紧邻处救火或采取其他应急措施。

5 要求

5.1 具有或被怀疑具有爆炸性质的任何物质和物品应考虑划入爆炸品。划入爆炸品的物质和物品应划定适当的类别和配装组。

下列情况的货物不划入爆炸品：
—— 极敏感被禁止运输的爆炸性物质(经主管机关特别批准的除外)；
—— 根据爆炸品的定义,被明确地排除在爆炸品之外的物质和物品；
—— 不具有爆炸特性的物质和物品。

5.2 在下列情况时应提供由国家质量监督检验检疫部门认可的检验机构出具的危险品分类、定级和危险特性检验报告：
—— 首次运输或生产的；
—— 首次出口的；
—— 国家质检部门认为有必要时。

5.3 危险类别的评估通常根据试验结果得出。物质或物品被确定的危险类别,应与对提交运输形式的该物质或物品所作试验的结果相一致。

5.4 国家主管当局可根据试验结果和爆炸品的定义,把物品或物质排除于爆炸品之外。

5.5 配装要求：

5.5.1 分类代码相同的货物(L组除外)可以配装。

5.5.2 属于配装组 L 的货物不能同其他组的货物配装。而且只能与该组中同一危险的货物配装。

5.5.3 属于配装组 A 至 K 的货物,配装组相同,但项别不同,只要全部视为属于具有较小号码的项就可以配装。但是 1.5 项 D 组的货物同 1.2 项 D 组的货物配装时,整个货物应视为 1.1 项 D 组。

5.5.4 属于配装组 C、D、E 和 F 的货物可以配装,其总体视为具有较后字母的配装组。

5.5.5 属于配装组 G 的制品(不包括烟火剂制品和要求特殊装载的制品),只要在同一舱室中没有爆炸物质,则可与配装组 C、D 和 E 的制品配装。

5.5.6 配装组 N 的货物一般不与其他配装组(S组除外)的货物配装,但是,如果配装组 N 的货物与配装组 C、D、E 的货物配装时,配装组 N 的货物应视为配装组 D。

5.5.7 属于配装组 S 的货物可以同除配装组 A 和 L 以外的其他配装组的货物配装。

6 试验

6.1 分类程序

6.1.1 程序包括爆炸品认定程序、爆炸品分类程序(见图1)和配装组的确定三部分,最后确定爆炸品的分类代码。

6.1.2 对待分类物质或物品确定它是否属于爆炸品危险货物应遵照附录 A 的规定进行分析和试验。

6.1.3 对已被暂定为爆炸品的物质或物品,应遵照附录 B 的规定进行分析和试验。

6.1.4 配装组的确定：

6.1.4.1 将待确定配装组的各种爆炸品的特性与表 3 中所给出的特征说明进行对照分析,

并参考已确定分类代码的类似爆炸品,确定该货物的配装组别。除S组和N组以外,配装组的确定一般不必进行试验。

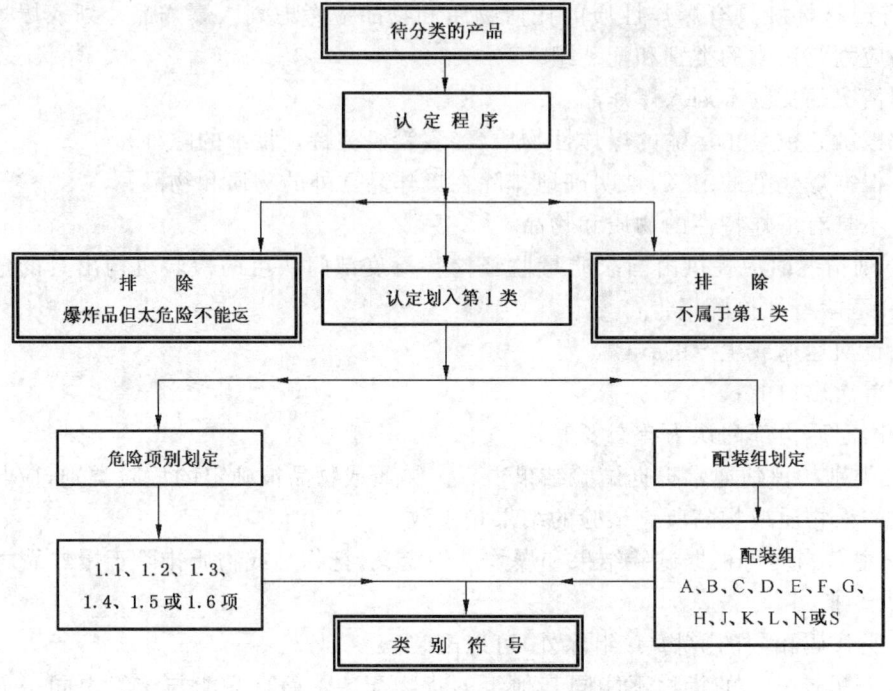

图 1 爆炸品分类程序

表 3 分类代码

危险项别	配装组													Σ 1.1~1.6
	A	B	C	D	E	F	G	H	J	K	L	N	S	
1.1	1.1A	1.1B	1.1C	1.1D	1.1E	1.1F	1.1G		1.1J		1.1L			9
1.2		1.2B	1.2C	1.2D	1.2E	1.2F	1.2G	1.2H	1.2J	1.2K	1.2L			10
1.3			1.3C			1.3F	1.3G	1.3H	1.3J	1.3K	1.3L			7
1.4		1.4B	1.4C	1.4D	1.4E	1.4F	1.4G						1.4S	7
1.5				1.5D										1
1.6												1.6N		1
Σ 1.1~1.6	1	3	4	4	3	4	4	2	3	2	3	1	1	35

6.1.4.2 4.2中的配装组定义适用于彼此不相容的物质或物品,属于配装组S的物质或物品除外。由于配装组S的标准是一种以试验为依据的标准,确定这个配装组的试验需要联系确定1.4项的试验。

6.1.4.3 N组的确定要与确定1.6项的试验相符合。

6.2 试验系列 1

6.2.1 试验项目:

类型(a)——隔板试验、类型(b)——克南试验、类型(c)——时间/压力试验的试验方法见《关于危险货物运输的建议书　试验和标准手册》(第 4 修订版)。

6.2.2　试验目的是回答爆炸品认定程序图(图 A1)中框 4 的问题:"它是爆炸性物质吗?"在试验中,只要有 1 项试验结果为"+",就认为该试样有爆炸性。

6.3　试验系列 2
6.3.1　试验项目:

类型(a)——隔板试验、类型(b)——克南试验、类型(c)——时间/压力试验的试验方法见《关于危险货物运输的建议书　试验和标准手册》(第 4 修订版)。

6.3.2　试验目的是回答爆炸品认定程序图(图 A1)中框 6 的问题:"物质是否太不敏感不应认定划入爆炸品?"在试验中,只要有 1 项试验结果为"+",该问题的答案即为"否"。

6.4　试验系列 3
6.4.1　类型(a)——撞击敏感度试验
6.4.1.1　试验仪器

德国联邦材料检验局 BAM 落锤仪或其他等效仪器。

6.4.1.2　试验样品

糊状或胶状以外的固态物质应遵守以下几点:

——粉末状物质要过筛(筛孔 0.5 mm),通过筛子的物质用于做试验;对于含有一种以上成分的物质,用于做试验的筛出部分应能代表原来的物质。

——压缩、浇注或以其他方式压实的物质要打碎成小块过筛,通过 1.0 mm 筛但留在 0.5 mm 筛上的部分用于试验;对于含有一种以上成分的物质,用于做试验的筛出部分应能代表原来的物质。

——只以装药形式运输的物质要以圆片(小片)形式做试验,圆片体积为 40 mm³(大约直径 4 mm,厚 3 mm)。

对于粉末状物质,试样用容积 40 mm³ 的量器(直径 3.7 mm,高 3.7 mm)量取。

对于液体物质,用容积 40 mm³ 的移液管量取。对于粉末、糊状或胶状物质,轻压上面的撞击圆柱与试样接触,但不压平。液体试样使液体充满下承受撞击面与导向环之间的槽,用测深规使上面的撞击圆柱下降到距下撞击圆柱 2 mm 处,固定。

6.4.1.3　试验程序

根据公式 $E_{撞击能}(J) \approx m_{落锤质量}(kg) \times g(取\ 10\ N/kg) \times h_{落锤落高}(m)$。试验开始从 10 J 进行 1 次试验。如在此试验中观察到"爆炸"(爆炸声、火花或火焰),就逐渐降低撞击能继续进行试验,直到观察到"分解"或"无反应"为止。在这一撞击能水平下重复进行试验,如果不发生爆炸,重复 5 次;否则就再逐级降低撞击能,直到测定出极限撞击能为止。如果在 10 J 撞击能水平下,观察到的结果是"分解"(颜色改变或有味道)或"无反应"(即不爆炸),则逐级增加撞击能继续进行试验,直到第 1 次得到"爆炸"的结果。那么再降低撞击能,直到测定出最低撞击能。

6.4.1.4　试验判定

如果在 6 次试验中至少出现 1 次"爆炸"的最低撞击能是 2 J 或更低,试验结果为"+",即物质太危险不能以其进行试验的形式运输。否则结果为"－"。

注:允许使用被证明与本方法等效的其他方法。

6.4.2 类型(b)——摩擦感度试验

6.4.2.1 试验仪器

德国联邦材料检验局 BAM 摩擦仪或其他等效仪器。

6.4.2.2 试验样品

通常以物质收到时的形式进行试验。湿润物质应以运输规定的湿润含量最小者进行试验。此外对于糊状或胶状以外的固态物质应遵守以下几点：

——粉末状物质要过筛(筛孔 0.5 mm)，通过筛子的物质用于做试验；对于含有一种以上成分的物质，用于做试验的筛出部分应能代表原来的物质。

——压缩、浇注或以其他方式压实的物质要打碎成小块过筛，通过 0.5 mm 筛上的部分用于试验；对于含有一种以上成分的物质，用于做试验的筛出部分应能代表原来的物质。

——仅以装药形式运输的物质要以体积 10 mm³(最小直径 4 mm)的圆片或小片形式进行试验。

——用于试验的物质数量约为 10 mm³，粉末状物质用量具(直径 2.3 mm、深 2.4 mm)量取；糊状或胶状物质用壁厚 0.5 mm 的带 2 mm×10 mm 窗孔的矩形量具量取。

6.4.2.3 试验程序

——瓷板和瓷棒表面的每 1 部分只能使用 1 次；每根瓷棒的两个端面可做两次试验，而瓷板的两个摩擦面可做 3 次试验。将瓷板固定在摩擦仪的托架上，使海绵纹路的槽沟与运动方向横切。将牢固卡紧的磁棒置于试样上，在荷重臂上加上所要求的砝码，启动开关。应注意确保磁棒贴在试样上，而且当瓷板移动到磁棒前时，有足够的物质进入磁棒下面。

——试验从用 360 N 荷重进行第 1 次试验开始。如果在第 1 次试验中观察到"爆炸"(爆炸声、火花或火焰)结果，便逐级减少荷重继续进行试验，直到观察到"分解"(颜色改变或有味道)或"无反应"(即不爆炸)结果为止。在此摩擦荷重水平上重复进行试验，如果不爆炸，重复进行 6 次试验，否则就再逐级减少荷重，直到在 6 次实验中没有发生"爆炸"的最低荷重得到确定为止。如果在 360 N 的第 1 次试验中，结果为"分解"或"无反应"，那么此试验也要再进行 5 次。如在这最高荷重的 6 次试验中，结果都是"分解"或"毛反应"，即可认为物质对摩擦是不敏感的，如在这最高荷重的 6 次试验中得到 1 次"爆炸"结果，就按上述的方法减少荷重。

6.4.2.4 试验判定

如果在 6 次试验中出现 1 次"爆炸"的最低摩擦荷重小于 80 N，试验结果为"＋"，即物质太危险不能以其进行试验的形式运输。否则结黑为"－"。

注：允许使用被证明与本方法等效的其他方法。

6.4.3 类型(c)——75 ℃ 热稳定性试验

6.4.3.1 试验仪器：温度可以保持和记录 75 ℃±2 ℃ 的带有双重温度自动调节器、有防爆和通风装置的电烘箱，精度为±0.1 g 的天平，3 个热电偶。

6.4.3.2 试验程序：

——将少量试样在 75 ℃ 下加热 48 h，如试样在试验中没有发生爆炸反应，那么应进行下述步骤；如发生爆炸或着火，物质即为太热不稳定不能运输。

——将 50 g 试样放入烧杯,加盖后放进烘箱,将烘箱加热到 75 ℃,试样在这一温度下保持 48 h 或直到出现着火、爆炸现象,以较早发生者为准。如果没有出现着火或爆炸但出现某种自加热现象(如冒烟或分解),那应当进行下述试验。如物质没有显示不稳定现象,则可当它是稳定的,不需进行下一步测试。

——将 100 g(或 100 cm³,如密度小于 1 000 kg/m³)试样放在一根管子里,将同样数量的参考物质放在另一根管子里。将热电偶 T1 和 T2 插到管内物质一半高度的地方。如热电偶对于被试物质和参考物质来说不是惰性的,则应用惰性外罩包住。将热电偶 T3 和加了盖的两根管子放入烘箱内,在试样和参考物质达到 75 ℃ 以后的 48 h 内,测量试样与参考之间的温度差,记下试样分解的迹象。

6.4.3.3 试验判定:在程序第 2 步中,如果出现着火或爆炸,结果为"+",如果没有观察到变化,结果为"-"。在程序第 3 步中,如果出现着火或爆炸或记录到的温度差(即自加热)为 3 ℃ 或更大,结果即为"+"。如果记录到的自加热小于 3 ℃,但观察到一定分解现象,则需进行附加试验或评价,再确定试验结果。如果试验结果为"+",则物质为太热不稳定不能运输。

6.4.4 类型(d)——小型燃烧试验

6.4.4.1 试验材料:煤油浸泡过的锯木屑(约 100 g 木屑和 200 cm³ 煤油),1 个点火器和 1 个薄的正好可以盛下试验物质并与试样兼容的塑料烧杯。

6.4.4.2 试验程序:在烧杯内放置 10 g 物质,将烧杯置于木屑底座(30 cm 长,30 cm 宽,1.3 cm 厚;对于不易点燃的物质厚度增至 2.5 cm)的中央,然后用电点火器将木屑点燃。用 10 g 试样进行两次试验,再用 100 g 进行两次,观察到爆炸则停止试验。

6.4.4.3 试验判定:如果试样发生"爆炸",试验结果为"+",即物质太危险不能以其进行试验的形式运输。如试样"未点着"或"点着并燃烧",试验结果为"-"。

6.5 试验系列 4

类型(a)——无包装物品和包装物品的热稳定性试验、类型(b)——液体的钢管跌落试验、类型(c)——无包装物品、包装物品和包装物质的 12 m 跌落试验的试验方法见《关于危险货物运输的建议书 试验和标准手册》(第 4 修订版)。

6.6 试验系列 5

类型(a)——雷管敏感度试验、类型(b)——爆燃转爆轰试验、类型(c)——1.5 项的外部火烧试验的试验方法见《关于危险货物运输的建议书 试验和标准手册》(第 4 修订版)。

6.7 试验系列 6

类型(a)——单个包件试验、类型(b)——堆垛试验、类型(c)——外部火烧试验的试验方法见《关于危险货物运输的建议书 试验和标准手册》(第 4 修订版)。

6.8 试验系列 7

类型(a)——极不敏感引爆物质的雷管试验、类型(b)——极不敏感引爆物质的隔板试验、类型(c)——脆性试验、类型(d)——极不敏感引爆物质的子弹撞击试验、类型(e)——极不敏感引爆物质的外部火烧试验、类型(f)——极不敏感引爆物质的缓慢升温试验、类型(g)—1.6 项物品的外部火烧试验、类型(h)——1.6 项物品的外部火烧试验、类型(j)——1.6 项物品的子弹撞击试验、类型(k)——1.6 项物品的堆垛试验的试验方法见《关于危险货物运输的建议书 试验和标准手册》(第 4 修订版)。

7 代码和标签

7.1 分类代码

7.1.1 爆炸品的分类代码见表3。

7.1.2 分类代码由表示类、项的两个阿拉伯数字和一个表示配装组的字母组成。

7.2 标签

7.2.1 爆炸品标签的图形

见 GB 19458—2004。

7.2.2 爆炸品标签的使用

见 GB 19458—2004。

8 检验规则

8.1 检验项目

按本标准第5章、第6章和第7章的要求逐项进行检验。

8.2 民用爆炸品危险货物检验的条件

有下列情况之一时,应进行检验:
——新产品投产或老产品转产时;
——正式生产后,如材料、工艺有较大改变,可能影响产品性能时;
——在正常生产时,每半年一次;
——产品长期停产后,恢复生产时;
——出厂检验结果与上次性能检验结果有较大差异时;
——使用新设计的或新包装类型,包括新型内包装或新的物品排列方式的物质或物品;
——不拟用作炸药、但具有或被怀疑具有爆炸性质的新物质或物品;
——国家质量监督机构提出进行性能检验。

8.3 判定规则

按照本标准第6.2条至第6.8条进行试验,依据试验结果与本标准第6.1条的要求,对民用爆炸品危险货物的危险特性进行判定,确定民用爆炸品危险货物的类别及危险等级。

附 录 A
（规范性附录）
认 定 程 序

A.1 按图 A.1 所示的程序对待分类物质或物品进行分析、试验和判断,确定它是否属于第1类民用爆炸品危险货物。

A.2 认定试验程序中系列试验1～4编号是表示评估结果的顺序,而不是进行试验的顺序。

A.3 试验系列1是用于表明不是设计用于产生爆炸效果的物质是否实际上具有潜在的爆炸性。

A.4 试验应从系列3开始,因这些试验所用试样量小,可减少对试验人员的危险性。

A.5 如在进行系列3试验时,应先进行了3C试验,其试验结果为"+",则物质不稳定不能运输。

A.6 在第三组试验中,如3C结果为"—",但其他各项试验结果中至少有1项为"+",就认为该物质运输太危险,需要采取一定措施。如果改变物质成分就要按新物质处理,如改善包装,则需对包装后物质进行第 4 组试验判定。

A.7 待分类的物质或物品,如果根据已有可靠试验资料能够做出明确判断具有爆炸特性,可直接进行第 4 组试验,以判断该物质或物品是否危险不能以进行试验形式运输。

A.8 在第 2 组 2(a)和 2(b)试验中均给出"—"结果的物质,如果不需要进一步判断其是否具有爆炸性,则不必进行第 1 组试验,即可判断该物质不属于第 1 类危险货物。

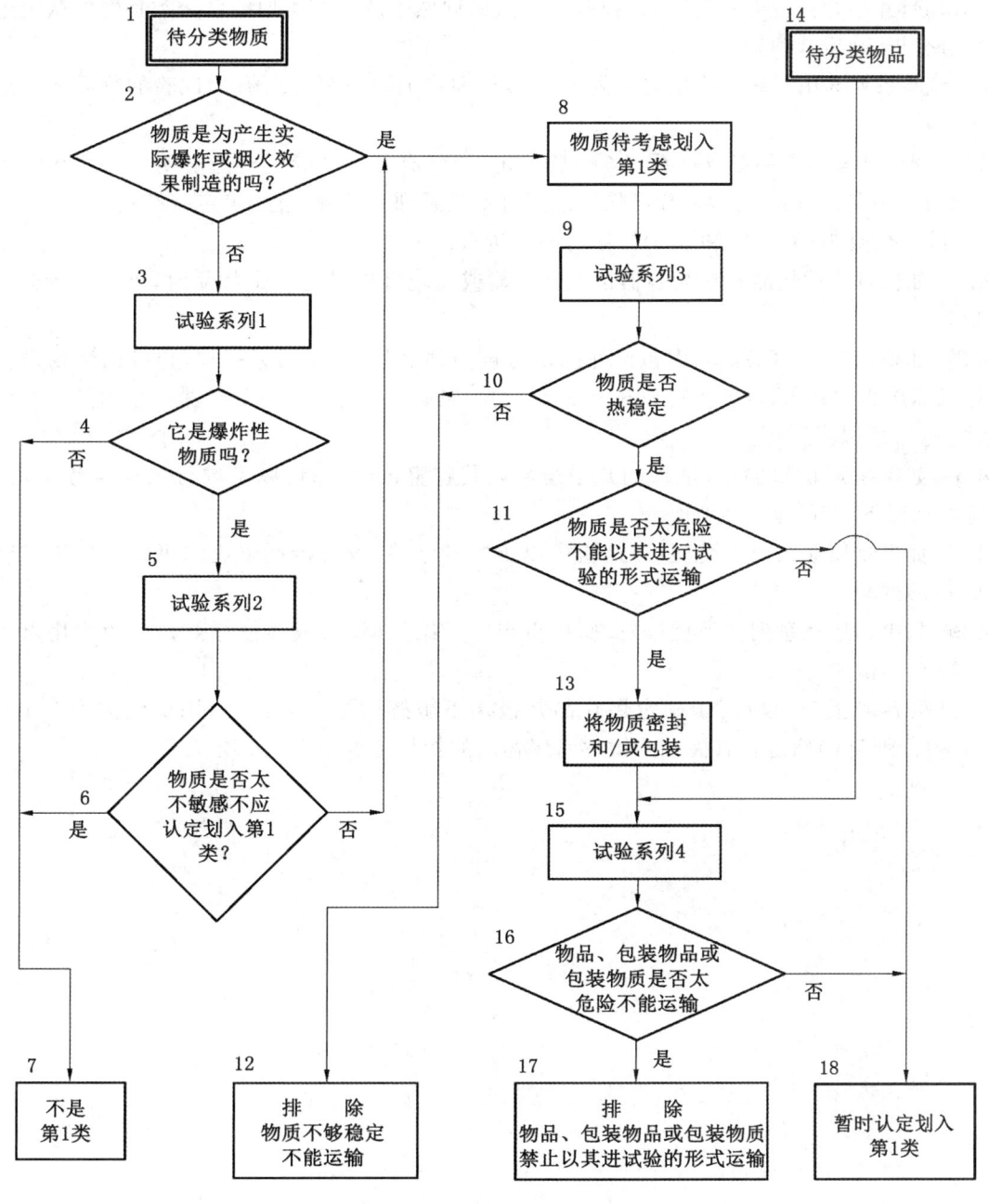

图 A.1 爆炸品认定程序

附 录 B
（规范性附录）
分 类 程 序

B.1 爆炸品分类程序：对已被暂定为爆炸品的物质或物品，应按图 B.1 所示的程序进行分析和试验，并结合其他有关资料，以及曾发生过的偶然事故或对类似的已分类货物的认定进行综合分析，确定其项别。

B.2 试验系列 5 用于确定物质可否划入 1.5 项，只有通过系列 5 所有的试验的物质才可划入 1.5 项。

B.3 项别 1.1 至 1.4 一般通过系列 6 试验确定，如已有可靠试验资料能够明确判定货物为1.1 项、1.2 项、1.3 项或 1.4 项（S 组除外），则可不做系列 6 试验，直接确定其类别。

B.4 试验类型 6(a),6(b) 和 6(c) 按字母顺序进行。

B.4.1 如果爆炸性物品是在无容器情况下运输或者包件中只有一个物品时，可不进行6(a)试验。

B.4.2 如果在每次 6(a) 试验中包件外部没有被内部爆轰和/或着火损坏，包件内装物没有爆炸或爆炸非常微弱，以至于可以排除试验 6(b) 中爆炸效应会从一个包件传播到另一个包件，则 6(b) 可以不进行。

B.4.3 如果在 6(b) 试验中，堆垛的几乎全部内装物整体爆炸，可以不进行试验类型 6(c)，在这种情况下，产品划入 1.1 项。

B.4.4 如果物质在系列 1 类型(a)试验中得出"－"结果（没有传播爆轰），可以免去用雷管进行 6(a) 试验。

B.4.5 如果物质在系列 2 类型(c)试验中得出"－"结果（没有或缓慢爆炸），可免去用点火器进行 6(a) 试验。

试验 7(a) 至 7(f) 应用于确定爆炸品是极端不敏感引爆物质，然后用试验类型 7(g)、7(h)、7(j)和 7(k)确定含有极端不敏感引爆物质的物品是否划入 1.6 项。

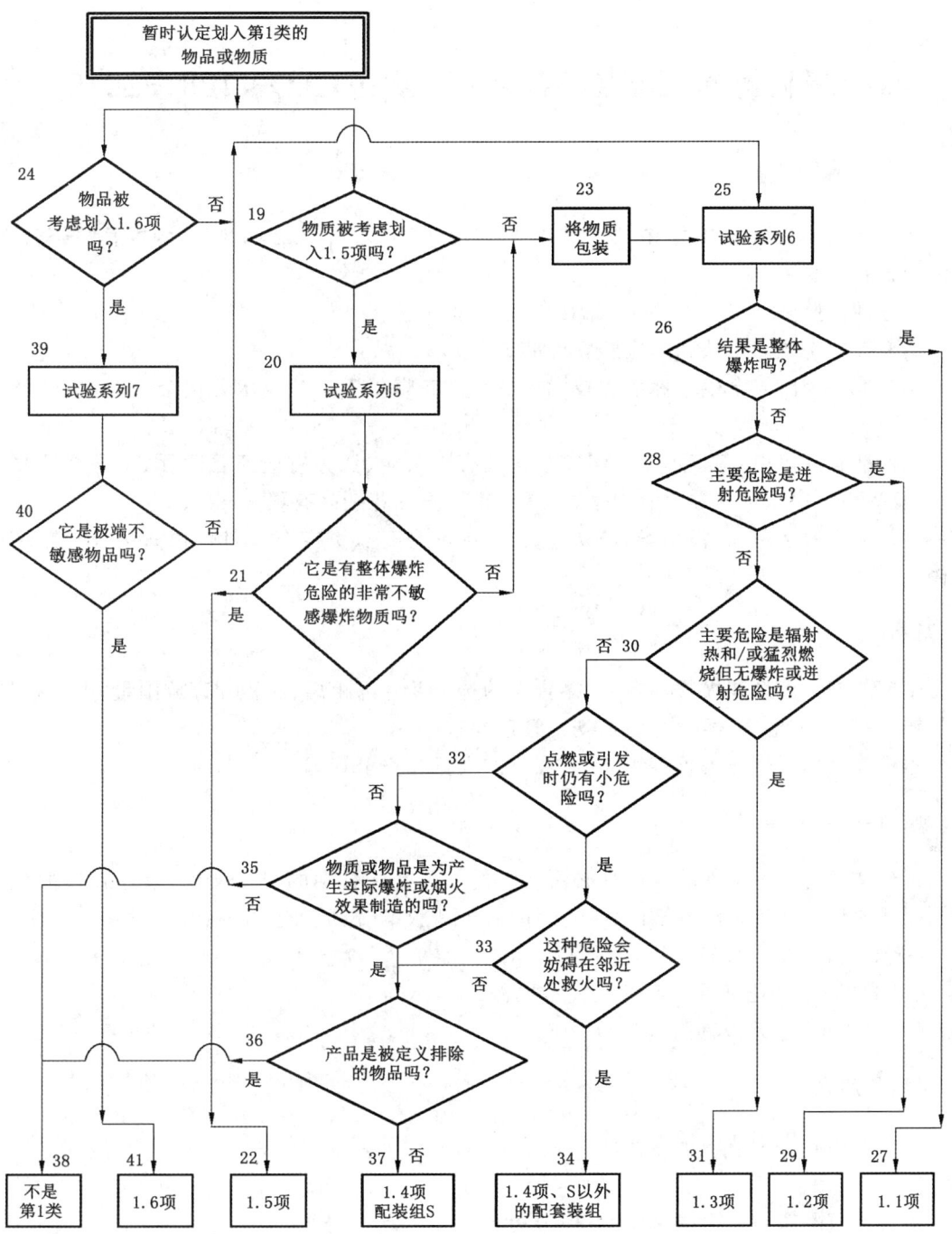

图 B.1 划定第 1 类项别的程序

烟花爆竹零售店(点)安全技术规范(AQ 4128—2019)

前　言

本标准第 4 章至第 10 章中，除 7.1.1、7.1.6、7.1.7、7.2.1、7.2.2 和 8.2.3 为推荐性条款外，其他为强制性条款。

本标准按照 GB/T 1.1—2009 给出的规则起草。

本标准由中华人民共和国应急管理部提出。

本标准由全国安全生产标准化技术委员会烟花爆竹安全分技术委员会(SAC/TC 288/SC 4)归口。

本标准起草单位：南京理工中爆安全科技有限公司、江苏省应急管理厅、中国烟花爆竹协会、宜兴市万家乐烟花爆竹有限公司、常州市平安烟花杂品有限公司。

本标准主要起草人：曾宪华、柏立金、王金朝、李江龙、樊宝有、李谦、黄海辉、李增义、巢雍俊、谢仕纯。

1 范围

本标准规定了烟花爆竹零售店、零售点的选址及外部距离、面积和存放限量、平面布置、建筑结构、消防和电气、经营行为及安全管理要求。

本标准适用于烟花爆竹零售店、零售点的设置和安全管理。

2 规范性引用文件

下列文件对于本文件的应用是必不可少的。凡是注日期的引用文件，仅注日期的版本适用于本文件。凡是不注日期的引用文件，其最新版本(包括所有的修改单)适用于本文件。

GB 10631　烟花爆竹　安全与质量

GB 11652　烟花爆竹作业安全技术规程

GB 50016　建筑设计防火规范

3 术语和定义

下列术语和定义适用于本文件。

3.1

烟花爆竹零售店　fireworks retail shop

依法取得经营许可,有效期限超过 3 个月的烟花爆竹零售场所。

3.2

烟花爆竹零售点　fireworks retail location

依法取得经营许可,有效期限不超过 3 个月的烟花爆竹零售场所。

3.3

专店销售　store sales

在商店内依法仅从事烟花爆竹零售业务。

3.4

专柜销售 the counter sales

在商店内划定区域依法零售烟花爆竹,其他区域同时销售其他商品。

3.5

产品储存仓 product storange bin

专门用于储存零售烟花爆竹的设施。

4 选址及外部距离

4.1 选址

烟花爆竹零售店、零售点的选址应符合下列要求:
  a) 应选择在消防车辆可以顺畅到达的区域;
  b) 不应设置在军事管理区、文物保护区等禁止燃放烟花爆竹区域内;
  c) 不应设置在居民集中居住小区内,以及桥下与涵洞内;
  d) 不应与居住场所设置在同一建筑物内,不应设置在地下及半地下室内;
  e) 不应设置在其地下、室内或上方有输送石油、天然气等易燃易爆物质管道的建筑物内;
  f) 不应设置在电压高于1 kV的电力线路下方。

4.2 外部距离

烟花爆竹零售店、零售点外部最小允许距离应符合表1的规定,还应符合GB 50016等有关国家标准规定。外部最小允许距离自烟花爆竹零售场所外墙或与其他场所隔墙外侧算起;专柜销售的自烟花爆竹零售场所与其他场所之间隔断外侧算起。

表 1 烟花爆竹零售店(点)外部最小允许距离

项 目	烟花爆竹总药量			
	≤80 kg	>80 kg 且 ≤100 kg	>100 kg 且 ≤200 kg	>200 kg 且 ≤300 kg
220 kV及以上的区域变电站围墙,220 kV以上的架空输电线路	50 m	60 m	65 m	70 m
学校,医院,幼儿园,养老院,集贸市场,文物古迹、博物馆,展览馆,档案馆,图书馆,危险品生产、储存及加油站、加气站等易燃易爆场所边缘	100 m			
其他烟花爆竹零售店、零售点	50 m			
注:采用临时建筑物,以及两个烟花爆竹零售店或零售点之间门、窗等洞口直接相对时,两个烟花爆竹零售店或零售点之间最小允许距离为80 m。				

5 面积和存放限量

5.1 面积

5.1.1 烟花爆竹零售店、零售点的使用面积不应小于 10 m²,且不应大于 200 m²。

5.1.2 专柜销售烟花爆竹的商店,总建筑面积不应大于 300 m²。

5.2 存放限量

5.2.1 烟花爆竹零售店、零售点允许存放烟花爆竹数量,应根据其周边环境和使用面积确定。

5.2.2 烟花爆竹零售店、零售点允许存放烟花爆竹的总药量:专店不应超过 300 kg,专柜不应超过 100 kg;允许存放烟花爆竹总箱数:专店不应超过 300 箱,专柜不应超过 100 箱;且应同时符合表 2 规定。

表 2 烟花爆竹零售店(点)最大允许存放量

零售场所使用面积 m²	最大允许存放烟花爆竹总药量 kg	最大允许存放烟花爆竹总箱数 箱
10	50	50
>10 且≤15	70	70
>15 且≤25	100	100
>25 且≤35	140	140
>35 且≤50	190	190
>50 且≤70	250	250
>70 且≤200	300	300

6 平面布置

6.1 一般要求

6.1.1 当烟花爆竹零售店、零售点建筑物与其他场所联建时应符合如下要求:

　　a) 零售场所与其他房间之间不应有楼梯或洞口相通;

　　b) 零售场所正上方房间不应作为营业场所,不应作为培训教室、会议室,不应有人员留宿。

6.1.2 不应将烟花爆竹零售场所作为其他生产、经营和生活等场所的进出通道。

6.1.3 烟花爆竹零售店、零售点采用临时建筑物时,应独立设置。

6.2 内部平面布置

6.2.1 烟花爆竹零售店、零售点内平面布置,应本着有利于经营安全原则。

6.2.2 烟花爆竹存放区和销售柜台应分区布置,并保证安全疏散通道畅通。

6.2.3 烟花爆竹零售店、零售点内不应设置床铺。

6.2.4 专柜销售的内部平面布置,还应符合如下要求:

a) 所在商店内不应存放其他易燃易爆危险物品;
b) 设置在商店的侧边且相对独立,烟花爆竹与其他商品之间的距离不应小于 0.7 m;
c) 商店内最远人员活动点至外部出口的距离大于 8 m 时,与其他商品销售场所之间设不燃材料密实隔断,且隔断至房间屋面板(或楼板)的底面基层;
d) 其他商品销售场所的安全疏散通道不应通过专柜,且不应影响安全疏散。

7 建筑结构

7.1 烟花爆竹零售店

7.1.1 建筑物可采用现浇钢筋混凝土框架结构,也可采用钢筋混凝土柱、梁承重结构、砌体承重结构、刚架结构等,也可采用拼接式板房、产品储存仓。

7.1.2 建筑物的耐火等级应符合 GB 50016 的规定,且不应低于三级。当建筑物独立设置且与其他建筑物相距超过 12 m 时,其耐火等级可为四级。

7.1.3 与其他场所联建时,其隔墙应为厚度不小于 180 mm 的密实砖墙或耐火极限不低于 3.00 h 的其他密实墙,隔墙上不应设置门窗和洞口。

7.1.4 外墙门窗等洞口与其正上方房间对应开口之间应设置高度不小于 1.2 m 的实体墙,或挑出宽度不小于 1 m、长度不小于开口宽度的防火挑檐,或安装挑出宽度不小于 1 m、长度不小于开口宽度的不燃材料制作的雨搭。

7.1.5 安全出口应通畅。建筑面积不大于 100 m² 时,可设 1 个安全出口;建筑面积大于 100 m² 时,安全出口不应少于 2 个;店内任意一点至安全出口的距离不应大于 15 m;顾客进出的门宽不应小于 1.5 m。

7.1.6 安全疏散门宜采用向外开启的平开门。采用其他形式的门时,应符合安全疏散要求。

7.1.7 搬运烟花爆竹进出的门宽不宜小于 1.2 m。

7.2 烟花爆竹零售点

7.2.1 可采用符合 7.1 要求的固定建筑物,也可采用拼接式板房或产品储存仓等临时建筑物。

7.2.2 临时建筑物为板式结构时,宜采用板厚不小于 50 mm 的彩钢岩棉夹芯板作墙面和屋面。

7.2.3 临时建筑物为搭棚形式时,搭建材料应为不燃或难燃材料,棚的两侧及后侧应密实围护。

7.2.4 门的设置符合 7.1.5、7.1.6、7.1.7 的要求。

7.2.5 应能承受当地的风载荷或雪载荷,有可靠的防止雨水浸入的措施。

7.3 产品储存仓

产品储存仓应满足如下要求:
a) 有泄压面,泄压面积不应小于 1 m²;
b) 结构和填充材料应为不燃材料,结构强度应符合有关国家标准规定;
c) 与其他建筑物相邻布置时,相邻一侧的围护结构不应留门窗和洞口,其耐火极限不应低于 3.00 h;
d) 应采取防止漏雨及防止烟花爆竹受潮的措施;

e) 安装稳定性良好。

8 消防和电气

8.1 消防

8.1.1 烟花爆竹零售店、零售点内严禁有明火。

8.1.2 不应采用产生明火和有强热辐射的采暖设备,且烟花爆竹与采暖设备的距离不应小于 300 mm。

8.1.3 烟花爆竹零售店、零售点周围 25 m 范围内若有明火或散发火花地点,两者之间应有不燃材料实体隔挡。

8.1.4 烟花爆竹零售店、零售点应配备 5 kg 及以上的磷酸铵盐干粉灭火器,放置在便于取用位置。使用面积不大于 100 m² 时,应至少配备 2 具;使用面积大于 100 m² 时,应至少配备 4 具且分为 2 个设置点。

8.2 电气

8.2.1 零售场所的电气线路不应有明接头。

8.2.2 室内电气线路可采用普通导线穿钢管敷设,也可采用带有阻燃护套电缆或阻燃型绝缘导线。线路接头处可采用防护等级不低于 IP54 的接线盒。

8.2.3 用电设备、照明灯具、开关及插座宜采用可燃性粉尘环境用电气设备 22 区 DIP22、IP54。

8.2.4 当采用普通电气设备时,应与烟花爆竹保持不小于 1.2 m 的水平投影距离,且不应使用白炽灯、射灯等容易产生高温的灯具。

9 经营行为

9.1 烟花爆竹零售店、零售点仅允许零售符合 GB 10631 规定的个人燃放类产品,不得销售超标、违禁或者非法的烟花爆竹。

9.2 不应在许可证载明的场所外销售、存放烟花爆竹,不应在店外随意摆放烟花爆竹。

9.3 不应在零售场所外 30 m 范围内燃放爆竹等地面类产品,不应在零售场所外 80 m 范围内燃放组合烟花等升空类产品。

9.4 在零售场所醒目位置设置"严禁烟火""易燃易爆",以及周边设置"严禁燃放烟花爆竹"等安全警示标识。

9.5 烟花爆竹的堆放应稳固,堆放高度不应超过 2.0 m。

9.6 烟花爆竹不应与其他商品或杂物混合存放。

9.7 烟花爆竹存放应防水防潮。

10 安全管理

10.1 烟花爆竹零售店、零售点的负责人应依法参加安全教育培训并经考核合格。其他从业人员应经过相关安全知识教育培训。

10.2 应制定并张贴烟花爆竹零售经营安全责任制、安全管理制度和安全操作规程。

10.3 安全责任制应包括负责人安全责任制和销售人员、看护人员安全责任制。

10.4 安全管理制度应包括现场管理、安全检查、隐患整改、事故报告等制度。

10.5 安全操作规程应包括烟花爆竹的查验、拆箱、搬运、堆码等安全要求。

10.6 从业人员应严格执行安全管理制度和安全操作规程,妥善保管购销票据、产品配送单。

10.7 应制定并张贴现场应急处置措施,在适当的醒目位置张贴应急联系电话信息。

10.8 应在醒目位置悬挂烟花爆竹零售经营者营业执照和烟花爆竹经营(零售)许可证。

烟花爆竹工程设计安全审查规范(AQ 4126—2018)

前言

本标准全部技术内容为强制性条款。

本标准按照 GB/T 1.1—2009 给出的规则起草。

本标准由原国家安全生产监督管理总局监管三司提出。

本标准由全国安全生产标准化技术委员会烟花爆竹安全分技术委员会(SAC/TC 288/SC 4)归口。

本标准起草单位:湖南省职业安全健康协会、长沙矿山研究院有限责任公司。

本标准主要起草人:李金明、谭杜艳、宋汉文。

1 范围

本标准规定了烟花爆竹新建、改建和扩建工程建设项目设计安全审查的申请、形式、内容、方法及有关要求。

本标准适用于烟花爆竹新建、改建和扩建工程建设项目安全设施的设计安全审查,也适用于烟花爆竹新建、改建和扩建工程建设项目整体的设计安全审查。

2 规范性引用文件

下列文件对于本文件的应用是必不可少的,凡是注明日期的引用文件,仅注日期的版本适应于本文件。凡是不注明日期的引用文件,其最新版本(包括所有的修改单)适应于本文件。

GB 50161 烟花爆竹工程设计安全规范

3 术语和定义

GB 50161 界定的以及下列术语和定义适用于本文件。

3.1

烟花爆竹专业 fireworks major

从事烟花爆竹产品和烟火药剂研究及其生产工艺研究、安全生产管理等相关专业。

4 审查申请和形式

4.1 审查申请

4.1.1 建设单位在设计单位完成施工设计图后,按照规定向审查部门提出书面设计安全审查申请。

4.1.2 建设单位提出审查申请时,应提交下列文件资料:
   a) 《烟花爆竹工程设计安全审查申请表》(参见附录 A);
   b) 立项资料(所在地县级以上人民政府出具的项目批准文件);
   c) 安全设计专篇(包括:安全设施专项设计和道路、供电、暖通、给排水设计);

d) 安全预评价报告；
e) 设计单位、评价单位资质证明；
f) 设计生产能力与厂（库）房匹配计算及说明书；
g) 设计说明书，总平面布置图、施工设计图等设计图纸；
h) 工程用地及外部安全距离2倍之内周边环境图［显示地形及各类建（构）筑物、城镇规划、文物保护目标等和项目用地红线范围］。

4.2 审查形式

4.2.1 设计安全审查应成立专家组，采取审查会的形式。

4.2.2 审查专家组至少有烟花爆竹、建筑、电气、机械、消防与给排水5个专业的技术人员组成，且均应具备中级以上技术职称。

5 审查内容和方法

5.1 审查内容

5.1.1 设计安全审查主要内容为GB 50161规定的各项强制性要求，包括选址与总平面布置、生产工艺、建筑物结构、电气与防雷电、消防与给排水、暖通工程、其他安全设施等。

5.1.2 具有相关专业设计资质机构出具的特殊防爆、消防、电气、防雷、防静电、电子监控等设备设施的专项设计文件或检测检验资料，可作为审查合格的依据。

5.2 审查方法

5.2.1 设计安全审查采用检查表法。

5.2.2 设计安全审查表（参见附录B）按专业类别划分为8个单元。

5.2.3 设计安全审查应遵循的基本原则及问题处理。

各单元审查内容为国家或行业标准强制性条文要求的，其检查结果均应为合格。每个单元中强制性条文要求的项目有一个不合格，该审查单元为不合格。所有审查单元均合格，方为通过审查。设计安全审查不合格时，按下列原则进行处理：

a) 文件资料单元审查不合格的，由建设单位在15个工作日内补充完整后交设计安全审查部门，可不重新审查。

b) 经审查不合格的其他单元，属于国家或行业标准强制性条文要求的，设计单位修改设计后，应重新审查；属于国家或行业标准推荐性条文要求的，可由设计单位修改设计并出具《修改设计说明》，交设计安全审查部门审核备案，不再重新审查。

c) 通过修改设计仍不能满足国家标准规范要求的，不得通过审查。

5.2.4 按照设计安全审查表对照审查后，应填写《烟花爆竹工程设计安全审查意见汇总表》（参见附录C）。

5.2.5 设计安全审查通过后，审查部门应出具《烟花爆竹工程设计安全审查报告书》（参见附录D）。

5.2.6 《烟花爆竹工程设计安全审查报告书》应为准予烟花爆竹工程施工建设的必备条件之一。

6 简易程序

6.1 改扩建项目

改建规模超过原规模1/2或扩建规模是原规模1倍以上（含1倍）的工程项目，应按新建工程进行设计安全审查。其他改扩建工程项目的设计安全审查可按如下简化程序进行。

6.2 审查人员
审查专家组按4.2.2的规定,至少由5位专业技术人员组成。

6.3 提交的文件资料
6.3.1 一般情况下,建设单位应提交4.1.2规定中a)、e)、f)、g)项文件资料和烟花爆竹安全生产许可证(或烟花爆竹经营许可证)复制件。

6.3.2 当改扩建项目涉及新增用地时,建设单位应提交4.1.2规定中a)、b)、e)、g)、h)项文件资料和烟花爆竹安全生产许可证(或烟花爆竹经营许可证)复制件。

6.3.3 当改扩建项目涉及调整产能时,建设单位还应提交4.1.2规定中f)项文件资料。

6.4 审查内容
对改扩建部分,应参照附录B划分单元进行审查;对依托原有生产、储存条件的,应对其依托条件进行审查。

附 录 A
（资料性附录）
烟花爆竹工程设计安全审查申请表

项目名称		联系人		联系电话	
工程地址		投资规模（万元）		总占地面积(m^2)	
				建筑面积(m^2)	
生产品种		生产规模			
建设单位				申请时间	
设计单位				设计资质等级	
	资料名称		文件名称		备注
1	立项批准文件				
2	安全设计专篇				
3	安全预评价报告				
4	设计单位和评价单位资质证明				
5	设计生产能力与厂（库）房匹配计算及说明书				
6	设计说明书				
7	总平面布置图				
8	施工设计图				
9	工程用地周边环境图				
10	相关许可证复印件				改扩建工程提供
申请单位意见：					
				申请人： 年 月 日	

附 录 B
（资料性附录）
烟花爆竹工程设计安全审查表

序号	单元名称	检查项目	检查记录或标准符合性说明	备注
1	申请文件资料	所在地县级以上人民政府出具的建设项目批准文件		
		安全设计专篇		
		安全预评价报告		
		设计单位和评价单位资质证明文件		
		设计生产能力与和厂（库）房匹配计算及说明书		
		设计说明书		
		总平面布置图		
		施工设计图等设计图纸		
		工程用地及外部安全距离 2 倍以上的周边环境图		
		相关许可证复印件		
2	选址与总平面布置	项目选址应符合城乡规划，避开居民点、学校、工业区、旅游区、铁路和公路运输线、高压输电线等；危险品生产区不应布置在山坡陡峭的狭窄沟谷中		
		生产项目应根据所生产的产品种类、工艺特性、生产能力、危险程度进行分区规划，分别设置非危险品生产区、危险品生产区、危险品总仓库区、燃放试验区和销毁场、行政区		
		危险品生产区、总仓库区宜设置在有自然屏障或有利于安全的地带，燃放试验场和销毁场宜单独设置在偏僻的地带		
		无关人流和货流不应通过危险品生产区和总仓库区，危险品货物运输不宜通过住宅区；危险品运输道路不应在其他防护屏障内穿行通过		
		危险性建筑物与其周围零散住户、村庄、公路、铁路、城镇和本企业总仓库等外部安全距离符合标准规定		
		危险性建筑物之间、危险性建筑物与其他建筑物之间的内部最小距离符合标准规定		
		燃放试验场外部最小距离符合标准规定；危险品销毁场边缘距场外建筑物的外部最小距离不小于 65 m		

（续）

序号	单元名称	检查项目	检查记录或标准符合性说明	备注
2	选址与总平面布置	危险品总仓库区 10 kV 及以下变电所与危险品仓库的内部最小允许距离符合标准规定		
		危险品总仓库区值班室结合地形布置在有自然屏障处，与危险品仓库的内部最小距离符合标准规定		
		危险品洞库或覆土库的选址和布置，应符合 GB 50154 的规定		
		危险品生产区和总仓库区，运输危险品的主干道中心线与各级危险性建筑物的距离符合标准规定		
		同时生产多个产品类别的企业，根据生产工艺特性、产品种类分别建立生产线，且应分小区布置		
		厂（库）房的总平面布置应符合工艺流程及生产能力的要求，宜避免危险品的往返和交叉运输		
		计算药量大或危险性大的厂房和库房，布置在危险品生产区的边缘或其他有利于安全的地形处；比较危险或计算药量较大的危险品仓库，不宜布置在库区出入口附近；粉尘污染比较大的厂房应布置在厂区边缘		
3	生产工艺	生产工艺采用机械化、自动化、自动监控等可靠的先进技术，机械化生产符合有关安全规定和要求		
		按产品类型设置生产线，生产工序的设置符合工艺流程要求，各危险性建筑物或各工序的生产能力相匹配		
		有燃烧、爆炸危险的作业场所使用的设备、仪器、工器具满足使用环境的安全要求		
		危险品生产厂房允许最大存药量符合 GB 11652 的有关规定；危险品中转库最大存药量不超过两天生产需要量，单库容量应符合标准规定；临时存药间（洞）最大存药量不应超过单人半天生产需要量，且不超过 10 kg		
		成品、有药半成品和药剂的干燥，采用热水、低压蒸汽或利用日光干燥，且干燥场所符合标准规定		
		干燥厂房内设置排湿装置、感温报警装置及通风凉药设施。并采取防止药物产生扬尘的措施		

（续）

序号	单元名称	检查项目	检查记录或标准符合性说明	备注
4	建（构）筑物结构	危险品厂房和库房应为单层建筑，其平面为矩形		
		各级危险性建筑物的耐火等级和化学原料仓库的耐火等级不低于 GB 50016 的规定		
		危险品生产工序的危险等级、危险品仓库的危险等级分类符合标准的规定		
		1.1 级、1.3 级建筑物符合 GB 50616 的规定，采用现浇钢筋混凝土框架结构		
		采用砌体承重结构的 1.1 级、1.3 级建筑物不得采用独立砖柱承重。危险性建筑物的砌体厚度不小于 240 mm，不得采用空斗墙和毛石墙		
		1.1 级、1.3 级厂房结构构造、屋盖设置符合标准规定。砌体承重结构外墙四角及外墙交接处应设构造柱		
		抗爆间室的设置符合标准规定的要求；抗爆间室轻型窗的外面设置现浇钢筋混凝土抗爆屏院，抗爆屏院的平面形式、最小进深及高度符合标准规定		
		有易燃、易爆粉尘的厂房，采用外形平整、不易积尘的结构构件和构造		
		危险性建筑物的净空、室内梁或板的最小净空、应满足正常的采光和通风要求		
		对于作业人员与药物直接接触的混药、造粒、装药等工序应设置防护隔离罩、隔离板或其他个体防护装置。对有升空迸射危险的生产岗位设置防迸射措施		
		危险品生产厂房安全出口的设置符合相关标准规定，1.1 级、1.3 级厂房每一危险性工作间的建筑面积大于 18 m² 时，安全出口的数目不应少于 2 个		
		危险品生产厂房安全窗、疏散门、主通道的设置符合标准规定		
		厂房的人均使用面积的设置符合标准规定。1.1 级厂房的人均使用面积不少于 9.0 m²，1.3 级厂房的人均使用面积不少于 4.5 m²		
		危险性工作间的门、窗、内墙面、吊顶、地面的设置符合标准规定。黑火药和烟火药生产厂房应采用木门窗。门窗的小五金采用在相互碰撞或摩擦时不产生火花的材料		

(续)

序号	单元名称	检查项目		检查记录或标准符合性说明	备注
4	建(构)筑物结构	危险品仓库建筑结构、安全出口、门窗、地面符合标准规定,采取防潮、隔热、通风、防小动物等措施			
		危险品运输通廊和隧道的设置符合标准规定			
		厂房布置	1.1级厂房应单机单栋或单人单栋独立设置。当采取抗爆间室、隔离操作时可以联建。引火线制造厂房应单间单机布置,每栋联建不超过4间		
			1.3级厂房联建时应采用密实砌体墙隔开,且联建间数不应超过6间,当厂房建筑耐火等级为三级时,联建间数不超过4间		
			机械插引厂房工作间联建间数不应超过4间,且每个工作间应为单人、单机布置		
			原料称量、氧化剂的粉碎和筛选、可燃物的粉碎和筛选,应独立设置厂房		
			不同危险等级的中转库应独立设置,且不得和生产厂房联建。有固定作业人员的非危险品生产厂房不得和危险品生产厂房联建		
			危险品生产区内生活辅助用室和办公用室、门卫值班室设置符合标准规定		
			在危险品生产区内,当在两个危险性建筑物之间设置临时存药洞时,应符合标准规定		
			危险品生产厂房内的工艺布置应便于作业人员操作、维修以及发生事故时迅速疏散		
			危险品晒场场地平整,周围设置防护堤,防护堤顶面高出产品面1 m		
			消防控制室、安全防范系统监控中心及自动控制室的设置符合标准规定		
		仓库设置	危险品中转库、药物总库、成品总库与设计生产能力相匹配		
			中转库单库存药量:1.1级不超过500 kg,1.3级不超过1 000 kg		
			成品仓库单库存药量:1.1级不超过10 000 kg,1.3级不超过20 000 kg;烟火药、黑火药、引火线不超过5 000 kg		

（续）

序号	单元名称	检查项目	检查记录或标准符合性说明	备注
4	建（构）筑物结构	仓库设置	成品仓库单栋建筑：1.1级不超过500 m^2，1.3级不超过1 000 m^2，每个防火分区不超过500 m^2；烟火药、黑火药、引火线不超过100 m^2	
5	防雷与电气	厂区防雷设计应符合GB 50057的规定		
		危险场所的防静电措施设置符合标准规定		
		厂房配电室、电机间、控制室的设置符合标准规定		
		危险场所的电气设备符合标准规定；采用的防爆电气设备应是按照现行国家标准生产的合格产品		
		生产时严禁工作人员入内的工作间，其用电设备的控制按钮应安装在工作间外，并应将用电设备的启停与门连锁，门关闭后用电设备才能启动		
		危险场所不设置接插装置。当确需设置时，应选择相应防爆型、插座与插销带连锁保护装置，并满足断电后插销才能插入或拔出的要求		
		危险场所采用非防爆电气设备隔墙传动时，应符合标准规定，采取密封等安全措施		
		F0类危险场所不应安装电气设备；F0危险场所电气照明应采用可燃性粉尘环境21区用电气设备DIP21，外壳防护等级为IP65级的灯具，安装在固定窗外照明或采用满足安全要求的壁龛灯		
		F0类危险场所的门灯及安装在外墙外侧的开关、控制按钮、控制箱等，选型应当选用与灯具防爆级别相同的产品		
		F1类危险场所电气设备应采用可燃性粉尘环境用电气设备21区DIP21、IP65，爆炸性气体环境用电气设备Ⅱ类B级隔爆型、本质安全型(IP54)，灯具及控制按钮可采用增安型		
		F1类危险场所电气设备的选型符合标准规定。门灯及安装在外墙外侧的开关应采用可燃性粉尘环境用电气设备不低于22区DIP22 IP54。F2类危险场所电气设备、门灯及安装在外墙外侧的开关应采用可燃性粉尘环境用电气设备22区DIP22、IP54		

(续)

序号	单元名称	检查项目	检查记录或标准符合性说明	备注
5	防雷与电气	危险场所电气线路及敷设符合标准规定要求,电气线路严禁采用绝缘电线明敷或穿塑料管敷设		
		生产厂房、辅助厂房以及库房的照度符合标准规定		
		供电设计应符合 GB 50052 有关三级负荷的规定,变电所设计符合 GB 50053 的有关规定		
		生产过程中因突然中断供电有可能导致燃爆事故发生的用电设备、视频监控系统,安全防范系统、消防系统均设置应急电源		
		引入危险性建筑物的 1 kV 以下低压线路的敷设符合标准规定		
		引入黑火药生产工房的 1 kV 以下低压线路,从配电端到受电端全长采用铜芯金属铠装电缆埋地敷设		
		与本企业无关的电气线路和通信线路是否穿越、跨越危险品生产区和总仓库区。当在危险品生产区或总仓库区围墙外敷设时,10 kV 及以下电力架空线路和通信架空线路与危险性建筑物外墙的水平距离不小于 35 m		
		危险品生产区和危险品总仓库区 10 kV 及以下的高压线路采用埋地敷设。当采用架空敷设时,其轴线距 1.1 级厂房外墙不小于 35 m,距 1.1 级仓库外墙不小于 50 m;距 1.3 级建筑物外墙不小于电杆高度的 1.5 倍		
		危险品生产区和总仓库区架空敷设 1 kV 以下的电气线路和通信线路时,其轴线与 1.1 级、1.3 级建筑物外墙的距离不小于电杆高度的 1.5 倍,与生产烟火药和干法生产黑火药建筑物外墙的距离不小于 35 m		
		危险品生产区和总仓库区不应设置无线通信塔。当无线通信塔设置在危险品生产区和总仓库区围墙外时,无线通信塔与围墙的距离不小于 100 m		
		危险性建筑物应采取防雷措施。防雷设计符合 GB 50057 有关规定。危险性建筑物防雷类别符合标准规定要求		
		危险性建筑物内电气设备的工作接地、保护接地、防雷电感应接地、防静电接地、信息系统接地符合标准规定		

（续）

序号	单元名称	检查项目	检查记录或标准符合性说明	备注
5	防雷与电气	危险场所中可导电的金属设备、金属管道、金属支架及金属导体均应进行直接静电接地。静电接地系统应与电气设备的保护接地共用同一接地装置。危险场所中不能或不直接接地的金属设备、装置等,应通过防静电材料间接接地		
		危险场所的防静电地面及工作台面,其静电泄漏电阻值控制在 0.05 MΩ～1.0 MΩ		
		黑火药、烟火药生产危险场所入口处的外墙外侧应设置人体综合电阻监测仪和人体静电指示及释放仪,在其附近设置备用接地端子		
6	消防与给排水	消防给水系统的设置,消防水源、给水管网的设计符合标准规定		
		危险性厂库房室外消防用水量、消防储备水的补给与恢复符合标准规定		
		其他消防设施如室内消火栓系统、消防蓄水池、高位水池、室外消火栓等的设置符合标准规定		
		仓库应按照 GB 50140 的有关规定配置灭火器		
		易发生燃烧事故的工作间内设置的雨淋灭火系统符合标准规定要求		
		有易燃易爆粉尘散落的工作场所设置清洗设施,并有充足的清洗用水		
		废水排放设计遵循清污分流、少排或不排出废水的原则。有害废水采取必要的治理措施		
		有易燃易爆粉尘散落的工作间设置排水沟。排水沟的设计符合国家现行有关标准的规定		
7	暖通工程	采暖系统的形式与设计符合标准规定		
		危险品生产厂房内的排风设计符合标准规定		
		危险品生产厂房的通风和空气调节机室单独设置,不应与危险性工作间相通,且应设置单独的外门		
		机械排风系统的设计符合标准规定要求;黑火药生产厂房内不得设计机械通风		
		危险性建筑物中,送、排风管道的形式、材质等符合标准规定		

（续）

序号	单元名称	检查项目	检查记录或标准符合性说明	备注
8	其他安全设施	1.1级危险性建筑物应设置安全防护屏障,安全防护屏障的结构、形式等符合GB 50161规定		
		钢筋混凝土防护屏障应根据防护屏障内危险性建筑物的计算药量由抗爆设计确定		
		危险品生产区和总仓库区应设置高度不低于2 m的围墙;围墙与危险性建构筑物之间的距离宜为12 m,且不得小于5 m		
		距离危险性建(构)筑物外墙四周5 m范围内,设置防火隔离带		
		危险品生产区和总仓库区视频监控、火灾自动报警系统、通信设施、安全防范系统的设置符合标准规定		

附 录 C
（资料性附录）
烟花爆竹工程设计安全审查意见汇总表

项目名称			建设单位	
设计单位				
序号	审查单元	审查意见		审查人员签名
1	申请文件资料			
2	选址与总平面布置			
3	生产工艺			
4	建筑物结构			
5	防雷与电气			
6	消防与给排水			
7	暖通工程			
8	其他安全设施			

附 录 D
（资料性附录）
烟花爆竹工程设计安全审查报告书

项目名称		
设计单位		
序号	审查单元	审查结果	审查人员签名
1	申请文件资料		
2	选址与总平面布置		
3	生产工艺		
4	建筑物结构		
5	防雷与电气		
6	消防与给排水		
7	暖通工程		
8	其他安全设施		
审查结论	审查组组长(签名)：　　　　　　　　　　　　　年　　月　　日		
其他说明			

参 考 文 献

[1] 《烟花爆竹安全管理条例》(国务院令第 455 号)
[2] GB 50016　建筑设计防火规范
[3] GB 50052　供配电系统设计规范
[4] GB 50053　10 kV 及以下变电所设计规范
[5] GB 50057　建筑物防雷设计规范
[6] GB 50154　地下及覆土火药炸药仓库设计安全规范

烟花爆竹防止静电通用导则(AQ 4115—2011)

前　言

本标准的 6.3.4 条为推荐性条款,其余为强制性条款。

本标准是按照 GB/T 1.1—2009《标准化工作导则　第1部分:标准的结构和编写》的要求进行编写。

本标准由国家安全生产监督管理总局提出。

本标准由全国安全生产标准化技术委员会烟花爆竹安全分技术委员会(TC288/SC4)归口。

本标准起草单位:北京理工大学、北京市烟花爆竹质量监督检验站、湖南东信烟花集团有限公司。

本标准主要起草人:欧阳吉庭、缪劲松、李增义。

本标准为首次发布。

1　范围

本标准规定了在烟花爆竹生产、储存过程中防止静电危害的基本方法和措施,包括静电引燃起因、预防静电危害的基本方法、预防静电危害的技术措施、预防静电危害的管理措施等内容。

本标准适用于烟花爆竹生产、储存过程中静电危害的预防。

2　规范性引用文件

下列文件对于本文件的应用是必不可少的。凡是注日期的引用文件,仅注日期的版本适用于本文件。凡是不注日期的引用文件,其最新版本(包括所有的修改单)适用于本文件。

GB 4385　防静电鞋、导电鞋技术要求

GB 11652　烟花爆竹劳动安全技术规程

GB 12014　防静电工作服

GB 12158—2006　防止静电事故通用导则

GB 15463　静电安全术语

WJ 1911—2004　烟火药生产防静电安全规程

3　术语

GB 15463 界定的以及下列术语和定义适用于本标准。为了便于使用,以下重复列出了 GB 15463 中的某些术语和定义。

3.1

易燃易爆场所　combustible and explosive area

指烟花爆竹企业在生产、使用、储存、装卸和运输烟火药及其制品等过程中,可能由于静电或其他原因引起燃烧和爆炸的危险性场所。

3.2
直接静电接地　direct static earthing

利用金属导体将金属设备或部件与接地系统直接进行电气上的可靠连接的一种接地方式。

3.3
间接静电接地　indirect static earthing

利用非金属静电导体或防静电材料将物体(一般是非金属物品或可移动的物品)与接地系统进行电气上的可靠连接的一种接地方式。

3.4
接地电阻　ground resistance

指生产装置(设备)的静电接地体与大地间的电阻阻值。

3.5
最小点燃能量　minimum ignition energy

在常温常压下,影响物质点燃的各因素均处于最敏感条件时,点燃物质所需的最小电气能量。

4 静电引燃起因

在烟花爆竹生产、搬运、装卸等作业过程中,药物或操作人员都可能产生静电电荷的聚积。当聚积的电荷引发静电放电,产生的电火花的能量大于烟火药或黑火药的最小点燃能量时,将会引起它们的燃烧和爆炸。

典型静电放电的特点和其相对引燃能力参见 GB 12158—2006 的第 4.1 条。

5 预防静电危害的基本方法

5.1 接地法

5.1.1 直接静电接地

在易燃易爆场所严禁存在孤立导体,生产设备或器具上的所有非带电金属体应通过金属导体进行直接静电接地,使其在生产过程中不易积累静电。

5.1.2 间接静电接地

在易燃易爆场所中的工作人员及非金属物品,应采用防静电材料或不易产生静电的材料进行间接静电接地,例如在工作台和作业场所地面上铺设防静电材料,这样可防止生产过程中的静电积累。

5.2 增湿法

空气相对湿度高可使带电体表面吸附一定量的水分,降低其表面电阻率,静电更易于泄漏进入大地或相互中和,达到有效消除静电的目的。采用增湿法来消除静电时,应尽量采用局部增湿法,在易产生静电的工房利用增湿法增加相对湿度,这样可大大降低可能产生的静电电压。

6 预防静电危害的技术措施

6.1 静电接地

6.1.1 对易燃易爆场所使用设施中的非带电金属体,如球磨机、筛药机、造粒机等设备上的

金属部件,应进行直接静电接地,接地电阻值应小于 100 Ω,在山区等土壤电阻率较高的地区,接地电阻值也不应大于 1 000 Ω。

6.1.2 直接静电接地线可使用三相五线制供电系统中的 PE 线,但严禁使用三相四线制供电系统中的零线。

6.1.3 直接静电接地线可使用设备的接地线或防感应雷的接地线,但严禁使用防直击雷的接地线。

6.1.4 在易燃易爆场所中,工作台和作业场所地面上应铺设防静电材料,防静电材料的接地电阻值应在 5×10^4 Ω~1×10^9 Ω 范围内。

6.1.5 工作台上的防静电材料宜通过金属导体进行接地,当防静电材料与接地导体连接时,其紧密接触面积不应小于 20 cm^2。

6.2 增加空气的湿度

6.2.1 在易产生静电的工艺过程或作业场所,如粉碎、筛分、混药和装药等工房,在工艺条件允许前提下,宜采用保持地面潮湿或增湿机等方式,增加空气湿度到 60% 及以上。

6.2.2 在清扫工房、车间时,宜采用湿法清洁,如用水冲洗。

6.3 减少和预防人体静电

6.3.1 在易燃易爆场所,作业人员严禁穿化纤、丝绸、毛料等材质的服装,应穿防静电工作服(参见 GB 12014)或纯棉工作服。

6.3.2 在易燃易爆场所,作业人员严禁穿绝缘鞋、戴绝缘手套和帽子,应穿防静电工作鞋(参见 GB 4385)、戴棉制品手套和棉制品工作帽。

6.3.3 在易燃易爆场所,作业人员动作应平缓,严禁跑、跳等剧烈运动,严禁做穿脱衣帽、梳头及类似动作。

6.3.4 作业人员进入易燃易爆场所前,应进行必要的人体静电检测。检测参数包括人体对地电阻、人体静电电位及人体静电能。作业人员的人体对地电阻应在 1×10^5 Ω~1×10^9 Ω 范围内,静电电位应小于 1 000 V,静电能应低于 0.2 mJ。如果作业人员的静电参数不在规定范围内,应禁止其进入易燃易爆场所。在更换着装后应重新进行测量,符合要求后方能进入厂房。

人体静电参数的测量方法及其注意事项参见附录 A。

6.4 工艺操作中的防静电技术措施

6.4.1 在烟花爆竹的生产过程中,除严格按照 GB 11652 的规定进行操作外,在某些因摩擦而极易产生静电的工序,如粉碎、筛分、混药和装药等工序中,操作速度不能过快,操作完成后,须静置 2 min~3 min,方能进入下一步工序。

6.4.2 在极易产生静电的工序中所使用的设备和器具应严格采用防静电或不易产生静电的材质,如在烟火药各成分的干法混合工序中,宜采用木转鼓、纸转鼓、导电橡胶转鼓等设备。

6.4.3 装药、筑药工具应采用木、铜、铝或其他不发火材料,严禁使用易产生撞击火花的黑色金属等。

6.4.4 生产工序中的接料小车、运输小车、接料箱、检药盘、装药箱等器具,应选用防静电材料制作,并应可靠接地。

6.4.5 在各道工序中严禁拖、拉等极易产生静电的动作。

7 预防静电危害的管理措施

7.1 制定防静电危害实施方案

在易燃易爆场所,应制定静电危害控制方案,并成为单位内部管理规范性文件的一部分,具体内容详见 GB 12158—2006 的第 5.1 条。

7.2 人员培训

在易燃易爆场所工作的人员,应定期进行防静电危害培训,培训内容详见 GB 12158—2006 的第 5.2 条。

7.3 防静电检测

烟花爆竹作业场所需定期进行相应的防静电检测,检测的主要项目包括:直接和间接接地装置的接地电阻、防静电工作服带电电荷量、防静电鞋电阻及人体综合电阻。相应静电参数的检测方法参见 WJ 1911—2004 的第 8 章。

7.4 防静电设施的检查和维护

对所有防静电设施(包括设备、装置及防护用品等)应进行定期检查和维护,建立相应的档案。凡不符合技术要求的,应对其静电安全性和危害程度进行分析,及时采取防范措施。

附 录 A
(规范性附录)
人体静电参数的测量方法及其注意事项

A.1 范围

本附录规定了测量人体对地电阻,人体电位、人体对地电容及其人体静电能的方法和注意事项。

A.2 人体对地电阻的测量

A.2.1 通常用特制高阻计进行测量,高阻计的两极分别是人体和置于地面上的金属平板,金属平板的面积应大于人双脚的站立面积。

A.2.2 测量时,人站在金属平板上,并用手触摸与高阻计另一极相连的导体球,高阻计就可显示人体对地电阻。当测得人体对地电阻不在规定对地电阻范围内时,仪器可发出警报。

A.3 人体电位的测量

A.3.1 测量人体电位可用各种类型的静电计,如感应型、旋叶型和振动电极型等。测量仪器的接地端子应该接地,测量开始前应该调零。

A.3.2 当测得人体电位高于规定电位范围的上限时,仪器可发出警报。

A.4 人体对地电容的测量

A.4.1 通常用特制电容计进行测量,电容计的两极分别是人体和置于地面上的金属平板,金属平板的面积应大于人双脚的站立面积。

A.4.2 测量时,人站在金属平板上,并用手触摸与电容计另一极相连的导体球,电容计就可显示人体对地电容。

A.5 人体静电能

人体静电能按式(A.1)进行计算

$$W=\frac{1}{2}CV^2 \quad\quad\quad\quad\quad\quad\quad\quad (\text{A.1})$$

式中：
W——人体静电能，单位为焦耳(J)；
C——人体对地电容，通过附录A.4的方法测得，单位为法拉(F)；
V——人体的对地电位，通过附录A.3的方法测得，单位为伏特(V)。

3. 安 全 管 理

烟花爆竹流向登记通用规范(AQ 4102—2008)

前 言

  本标准的第 4.2.4、4.3.2 条和第 4.5 节,对未进行产品标识的企业和地区为推荐性,其他为强制性。
  本标准由国家安全生产监督管理总局提出。
  本标准由全国安全生产标准化技术委员会归口。
  本标准主要起草单位:中国民用爆破器材流通协会、北京网新中广科技发展有限责任公司、上海中京电子标签集成技术有限公司、北京金安国泰科技有限责任公司。
  本标准主要起草人:韩国庆、彭杰、冀京秋、周婧。
  本标准首次发布。

1 范围

  本规范规定了烟花爆竹和氯酸钾流向登记、管理、监督的基本要求。
  本规范适用于烟花爆竹、氯酸钾生产、经营单位的流向登记管理和安全监管部门对烟花爆竹、氯酸钾流向的监督管理。

2 规范性引用文件

  下列文件中的条款通过本规范的引用而成为本规范的条款。凡是注明日期的引用文件,其随后所有的修改单(不包括勘误内容)或修订版均不适用于本规范。然而,鼓励根据本规范达成协议的各方研究是否可使用这些文件的最新版本。凡是不注明日期的引用文件,其最新版本适用于本规范。
  GB 10631 烟花爆竹安全与质量
  ISO/IEC 18000—3 信息技术—分类管理射频识别技术 第 3 部分:13.56 MHz 通信接口参数
  GB/T 18284—2000 快速响应矩阵码

3 术语、定义和缩略语

  下列术语、定义和缩略语适用于本规范。

3.1
  流向登记管理 flow of registration and management
  记录烟花爆竹和氯酸钾取得的来源、给付(拨出)的去向,并对来源和去向的合法性、合理性进行有效管理。

3.2
  登记单位 registration enterprise

按本规范实施流向登记管理的烟花爆竹生产、经营(批发)企业和氯酸钾生产、经营单位。

3.3

产品代码　product code

赋予某一类产品的统一代码。

3.4

编号　serial number

由管理系统赋予登记标签的唯一编号。

3.5

登记标签　registration tag

粘贴在烟花爆竹包装箱上,对烟花爆竹进行唯一性标识的标签。标签由集成电路芯片及其天线组成,基于射频原理接收和返回数据,表面印制产品信息和QR码图形。

3.6

产品标签　product tag

粘贴在产品上,对产品进行标识的标签,表面印制QR码图形和说明文字。

3.7

QR码图形　QR code figure

按照GB/T 18284要求生成的快速响应矩阵码图形。

4 登记管理要求

4.1 登记范围和环节

4.1.1 登记范围

流向登记范围包括产品和单位。产品包括：烟花爆竹产品、烟火药、黑火药、引火线和氯酸钾；单位包括：烟花爆竹生产、经营(批发)企业和氯酸钾生产、经营单位。

4.1.2 登记环节

流向登记环节包括烟花爆竹生产和经营企业之间,氯酸钾生产、经营单位和烟花爆竹生产企业之间的产品交接环节。

4.2 登记内容

4.2.1 流向内容

包括,但不仅仅是表1烟花爆竹流向登记表内容。

4.2.2 单位内容

包括,但不仅仅是表2-1、表2-2单位信息登记表内容。

4.2.3 产品内容

包括,但不仅仅是表3产品信息登记表内容。烟火药、黑火药、氯酸钾不需登记产品内容。

4.2.4 编号与登记

对产品和包装箱标识并编号的,应登记产品和包装的编号。

4.2.5 流向登记表

按表4确定的产品类别,每一个类别产品应填写一张烟花爆竹流向登记表。烟花爆竹流向登记表式样如图1所示。

烟花爆竹流向登记表

登记单位名称：
产品类别：　　　　　　　　　　　　　　　　　　　　　　　计量单位：

序号	时间	产品代码	产品名称	单位序号	供货/购买单位名称	经办人	收入量	拨出量	结余量	备注
(1)	(2)	(3)	(4)	(5)	(6)	(7)	(8)	(9)	(10)	(11)

图 1　烟花爆竹流向登记表式样

4.2.6　单位登记表

与烟花爆竹和氯酸钾流向相关的每一单位，应填写单位信息登记表。单位信息登记表式样如图2、图3所示。

供货单位信息登记表

登记单位名称：

序号	单位序号	供货单位名称	许可证编号	地址	负责人		联系人	
					姓名	电话	姓名	电话
(1)	(2)	(3)	(4)	(5)	(6)	(7)	(8)	(9)

图 2　供货单位信息登记表式样

购买单位信息登记表

登记单位名称：

序号	单位序号	购买单位名称	许可证编号	地址	负责人		联系人	
					姓名	电话	姓名	电话
(1)	(2)	(3)	(4)	(5)	(6)	(7)	(8)	(9)

图 3　购买单位信息登记表式样

4.2.7　产品信息登记表

产品信息登记表式样如图 4 所示。

产品信息登记表

序号	产品代码	产品名称	产品类别	级别	规格	型号	含药量	箱含量	净重	体积	备注
(1)	(2)	(3)	(4)	(5)	(6)	(7)	(8)	(9)	(10)	(11)	(12)

图 4　产品信息登记表式样

4.2.8　产品代码

4.2.8.1　编码要求

实行流向登记的产品，应按产品类别、规格、型号编制规范性代码，并进行登记和管理。

已经编制代码的产品，交付给其他单位，接受单位不需重新编制代码，仍用原代码进行登记管理；代码编制单位应将代码内容提交给接受单位。

4.2.8.2　代码格式

产品代码使用 9 位数字代码规则编制，格式如下：

$$X_1 X_2 X_3 \text{-} X_4 X_5 X_6 \text{-} X_7 X_8 X_9$$

$X_1 X_2 X_3$ 为产品类别代码，应按表 4 的要求统一编制；

$X_4X_5X_6$ 宜为主要规格代码，$X_7X_8X_9$ 宜为型号、次要规格或花色差异分类代码，由登记单位自行确定。

烟火药、黑火药、氯酸钾仅需按表 4 的要求编制 3 位代码。

表 4 产品类别代码表

代码	产品类别	代码	产品类别
101	喷花类	111	礼花弹类
102	旋转类	112	架子烟花
103	升空类	113	爆竹类
104	旋转升空类	114	组合烟花
105	吐珠类	215	引火线
106	线香类	216	黑火药
107	烟雾类	217	烟火药
108	造型玩具类	218	氯酸钾
109	摩擦类	219	电点火头
110	小礼花类		

4.3 登记要求和方法

4.3.1 登记要求

4.3.1.1 对应关系

表 1 的第 3、4 栏分别与表 3 的第 2、3 栏对应；表 1 的第 5、6 栏分别与表 2-1 或 2-2 的第 2、3 栏对应。

4.3.1.2 数量平衡

登记单位在某一检查时期内，产品的来源、去向和库存应平衡。即：

检查期期初库存＋来源量＝检查期期末库存量＋去向量＋合理损耗量。

4.3.2 登记方法

流向登记宜使用计算机记录和数据处理。

4.4 管理要求

4.4.1 合法、合理性要求

登记单位应按规定的表式建立登记台账，认真登记并有效管理烟花爆竹和氯酸钾流向。

登记单位的烟花爆竹和氯酸钾的来源和去向须合法、合理。

登记单位应及时核对产品来源和去向，不合法的须立即终止执行。

4.4.2 流向、实物与记录一致性要求

登记单位流入、流出和库存的烟花爆竹和氯酸钾应与登记记录的内容一致。

登记单位应定期核查库存实物与登记记录是否相符，发现不相符时，应及时查明原因并向本单位负责人和当地有关部门报告。

4.4.3 登记记录存留

登记单位的流向登记记录应保存 2 年备查。

4.5 产品标识编号

条件具备的企业或地区,可对烟花爆竹包装箱及产品进行标识并编号。其产品标签、登记标签、登记管理流程、管理系统等,应符合附录 A 的要求。

附 录 A
（规范性附录）
产品标识编号登记管理要求

对烟花爆竹产品和包装箱进行标识并编号的,应符合本附录要求。

A.1 流程

标识编号、登记管理流程如图 A.1 所示。

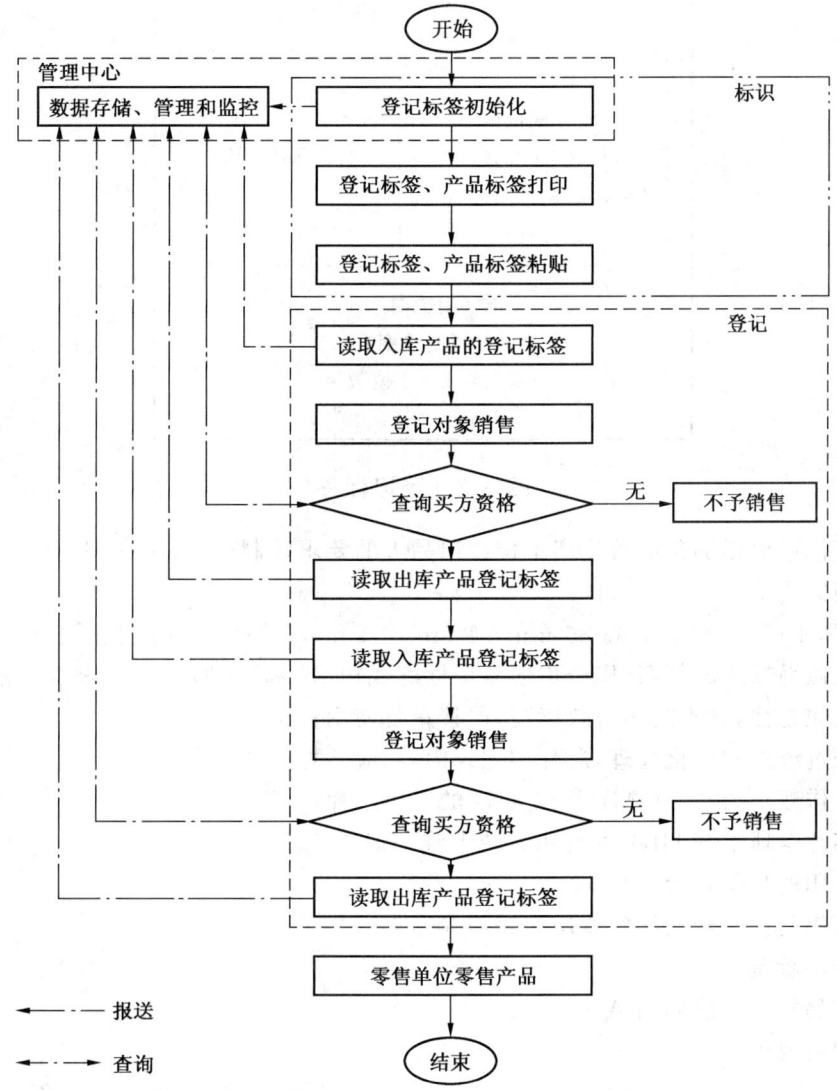

图 A.1 流向登记管理流程图

A.2 标识

登记单位得到的烟花爆竹,应在包装箱上粘贴登记标签;包装箱内产品需要标识并编号的,应在产品上粘贴产品标签。

已经按本附录标识的烟花爆竹,不需再次标识。

A.2.1 标签

A.2.1.1 登记标签

a) 登记标签外形如图 A.2 所示。

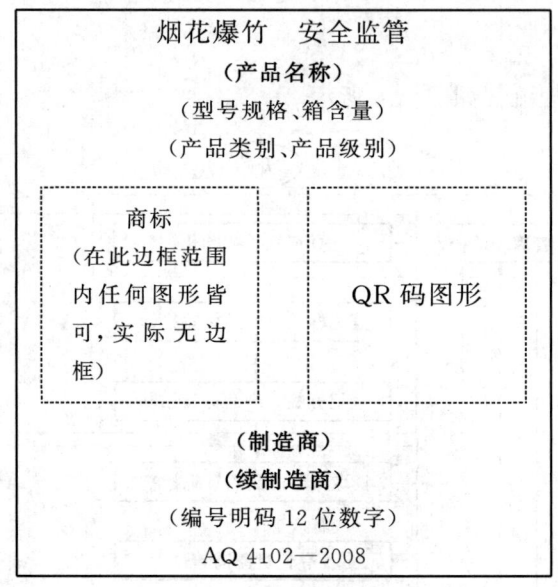

图 A.2 登记标签

商标可根据烟花爆竹生产单位或出品人的要求印制,也可不印制商标。

b) 相关要求

宽 54 mm±1 mm,高 86 mm±1 mm,0.1 mm≤厚≤1 mm(包括芯片所在位置);

应做易撕毁的预切(横竖贯通整个标签或边缘"米"字形),一旦附着后被撕下应不具完整性,且不能被有效读写,严禁重复使用;

经过统一初始化处理,芯片中记录内容,应予加密认证存储;

工作频率为 13.56 MHz±7 kHz 的专用芯片;

芯片全球唯一 UID,本应用系统下唯一编号;

可用的数据容量≥4 kbit;

标签与读写器之间的感应距离≥30 mm。

A.2.1.2 产品标签

a) 产品标签外形如图 A.3 所示。

b) 相关要求

宽 54 mm±1 mm,高 40 mm±1 mm,QR 码图形不大于 20 mm×20 mm;

同一登记标签下的产品唯一编号;

```
┌─────────────────────────────────────────────┐
│  ┌─────────┐                                │
│  │         │   读取的产品信息,可以通过短信确认  │
│  │ QR码图形 │   是否正确,并能回复销售单位名称。  │
│  │         │                                │
│  └─────────┘                                │
└─────────────────────────────────────────────┘
(编号明码12位 QR码编号4位)
```

图 A.3　产品标签

应做易撕毁的预切(横竖贯通整个标签或边缘"米"字形),一旦附着后被撕下应不具完整性,且不能被有效读写,严禁重复使用。

A.2.2 粘贴要求

产品标签靠近产品标识粘贴,登记标签粘贴在包装箱的表面;包装箱中产品标签的编号应与包装箱表面登记标签的编号相同。

A.3 登记要求

使用计算机登记管理,并与管理中心进行核对。

A.4 管理要求

来源、去向以及对方的资格,应与管理中心核对确认。

A.5 系统要求

A.5.1 系统结构

系统结构如图 A.4 所示:

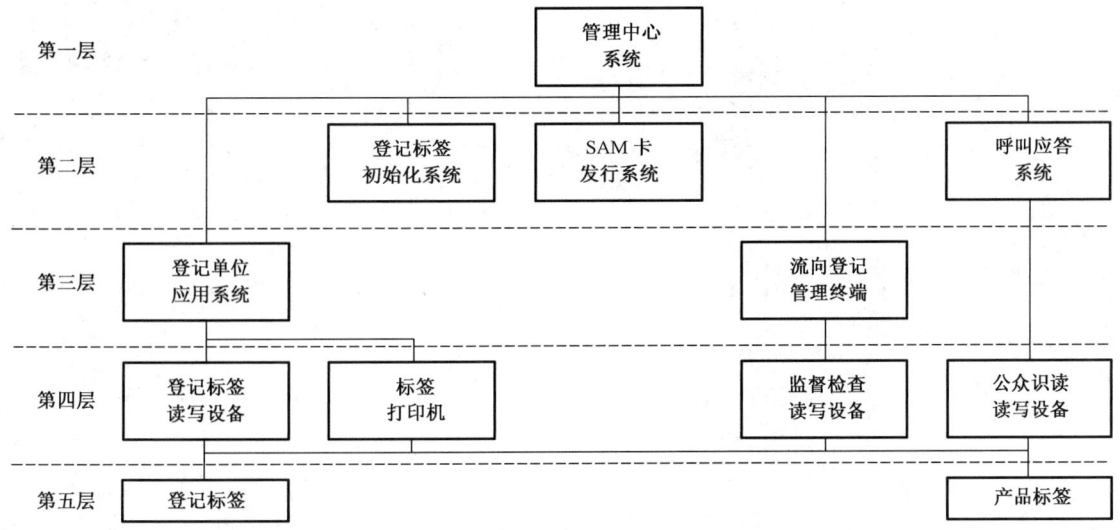

图 A.4　系统结构

A.5.2 管理中心系统

接收、存储、交换和处理流向登记管理的数据，控制流向登记管理业务流程，管理登记标签初始化、SAM 卡发行、呼叫应答系统，维持流向登记管理体系安全运行，提供监督管理平台。

A.5.3 登记单位应用系统

控制本单位登记标签读写设备和标签打印机操作，处理相关流向登记内容，管理烟花爆竹接收和给付，接收、存储和监控本单位内部登记标签状态信息，查询进出本单位的烟花爆竹情况，发送和接收与管理中心交换的流向登记信息。

烟花爆竹出厂包装检验规程
（AQ 4112—2008）

前 言

本标准的全部技术内容为强制性。

本标准由国家安全生产监督管理总局提出。

本标准由全国安全生产标准化技术委员会归口。

本标准主要起草单位：国家安全生产醴陵烟花爆竹检测检验中心、醴陵神马花炮有限公司。

本标准主要起草人：肖湘杰、邹海峰、唐炳祥、易力群、廖建文、陈妮、钟长虎、周联仙、陆恩武、邓琼香。

本标准首次发布。

1 范围

本规程规定了烟花爆竹（烟火药、黑火药除外）出厂包装的技术要求、试验方法和检验规则。

本规程适用于烟花爆竹（烟火药、黑火药除外）出厂包装的检验。

2 规范性引用文件

下列文件中的条款通过本规程的引用而成为本规程的条款，凡是注明日期的引用文件，其随后所有的修改单（不包括勘误的内容）或修订版均不适用本规程。然而鼓励根据本规程达成协议的各方研究是否可以使用这些文件的最新版本。凡是未注明日期的引用文件，其最新版本适用于本规程。

GB 191　包装储运图示标志

GB 10631　烟花爆竹　安全与质量

GB/T 4857.3　包装　运输包装件静载荷堆码试验方法

GB/T 4857.5　包装　运输包装件跌落试验方法

SN/T 0262　出口商品运输包装　瓦楞纸箱检验规程

3 基本技术要求

3.1 基本要求

3.1.1 除特殊情况外，烟花爆竹出厂包装应采用瓦楞纸箱，禁止使用牛皮纸、编织袋等简易包装作为出厂包装。

3.1.2 包装箱应质量良好，构造和密闭性应能防止在正常运输条件下撒漏或破损。

3.1.3 包装箱采用巷钉紧固或钉合时，钉要钉实，钉尖应盘倒。

3.1.4 包装箱应有足够的强度和防潮性。

3.1.5 包装箱应为方形或矩形，综合尺寸（长＋宽＋高）≤250 cm；且长、宽之比不大于 2.5∶1，高、宽之比不大于 2∶1 并不小于 0.15∶1。

3.1.6 瓦楞纸箱应采用双摇盖。

3.1.7 瓦楞纸箱的含水率应为(14±2)%。

3.2 标志要求

3.2.1 每一包装件应有外包装标志，并符合 GB 191 的要求，文字应清晰，不易磨损。

3.2.2 外包装标志内容包括：产品名称、产品级别、商标、制造商或出品人名称和地址、生产日期（或批号）、箱含量、含药量、净重和体积以及"烟花爆竹""防火防潮""轻拿轻放"等安全用语或安全图案及执行标准代号。

3.3 使用要求

3.3.1 烟花爆竹出厂包装应有内包装，内包装应符合 GB 10631 的要求。

3.3.2 包装规格尺寸应符合设计要求，装好相应的产品后，与外包装内壁间隙应≤1.5 cm。

3.3.3 包装箱内摇盖间隙≥100 mm 时，应加填空板。

3.3.4 瓦楞纸箱摇盖经开、合 180°往复 5 次，箱面层纸张和里层纸张都不得有裂缝。

3.3.5 包装箱应完好无损，封口应平整牢固，打包带应紧固箱体。

3.3.6 包装箱表面应清洁，不允许有烟火药残留物和污染。

3.4 性能要求

3.4.1 烟花爆竹出厂包装应进行跌落试验和堆码试验。

3.4.2 出厂包装经跌落试验应能保持完整，无散漏。

3.4.3 出厂包装经堆码试验应无破损，无散漏，不倒塌。

4 试验方法

4.1 试验条件

4.1.1 跌落试验和堆码试验样品应在 23 ℃±2 ℃保持 24 h。

4.1.2 试样内装物可采用物理性能与拟装物相同的物质来代替，允许使用添加物。

4.2 试验方法

基本要求、标志要求和使用要求采用目测和符合相应精度量具检测。

4.3 含水率检验

4.3.1 快速水分测定法

用快速水分仪在每个样箱不同部位测量 4 个点，最后求 5 个样箱的平均值。

使用快速水分测定仪时，仪器应事先进行校正。当产生疑义时，则用烘箱法测定含水率。

4.3.2 烘箱测定法

从每一个样箱的不同部位，称取约 50 g 试样（精确度 0.001 g）。撕成小薄片，置于已知质量的称量瓶中。在 100 ℃～105 ℃的烘箱中，烘干至恒重。

含水率计算公式：

$$X=\frac{m_1-m_2}{m_1}$$

式中：

X ——含水率；

m_1 ——干燥前试样质量，g；

m_2 ——干燥后试样质量，g。

4.4 跌落试验

4.4.1 跌落试验按 GB/T 4857.5 规定进行。

4.4.2 跌落高度为 1.2 m。

4.4.3 试验步骤

  a. 第一次跌落：以箱底平落。

  b. 第二次跌落：以箱顶平落。

  c. 第三次跌落：以一长侧面平落。

  d. 第四次跌落：以一个短侧面平落。

  e. 第五次跌落：以一个角跌落。

  注：试验应在预处理相同的温湿度条件下进行，如果达不到相同条件，则必须在试样离开预处理环境 5 min 内开始试验。

4.5 堆码试验

4.5.1 堆码试验按 GB/T 4857.3 规定进行。

4.5.2 堆码载荷计算

$$M_0 = \left(\frac{X}{H} - 1\right) \times M_1$$

式中：

M_0 ——加载的负荷，kg；

X ——堆码高度（不低于 3 m），m；

H ——单个包装箱高度，m；

M_1 ——单个包装箱内毛重，kg；

$\frac{X}{H}$ ——堆码层数。

4.5.3 堆码试验方法

  将试样置于堆码地面上，载荷平板置于试样顶面中心位置，然后将定量块在不造成冲击力的情况下，均匀与载荷平板接触，施加的载荷应均匀分布。定量块和载荷平板的总重量与计算值的误差为±2%，负荷物的重心离载荷平板的垂直距离不得超过试样高度的 50%，堆码 24 h，或使用堆码机进行试验。

4.6 瓦楞纸箱其他技术指标要求应符合 SN/T 0262 标准要求。

5 检验规则

5.1 抽样

5.1.1 以同一原材料、同一结构、同一工艺加工的包装箱为一检验批，最大批量为 2.5 万个。

5.1.2 抽样数量。

5.1.2.1 基本要求、标志要求和使用要求检验的抽样数量见表 1。

表 1　　　　　　　　　　　　　　　　　　　　　　　　　　　　　　　单位:个

批　　量	抽　样　数　量
≤90	5
91～150	8
151～280	13
281～500	20
501～1 200	32
1 201～25 000	50

5.1.2.2　性能要求检验的抽样数量见表2。

表 2　　　　　　　　　　　　　　　　　　　　　　　　　　　　　　　单位:个

检　验　项　目	抽　样　数　量
跌落试验	不少于5
堆码试验	保证堆码高度不低于3 m

5.2　判定规则

5.2.1　基本要求、标志要求和使用要求判定规则

5.2.1.1　单个样品的各项指标均符合3.1、3.2、3.3的相关内容要求,则判定为合格;有一项不符合要求,则判定为不合格。

5.2.1.2　批的判定按表3执行。

表 3　　　　　　　　　　　　　　　　　　　　　　　　　　　　　　　单位:个

抽样数量	判定合格	判定不合格
5	不合格样品数≤1	不合格样品数≥2
8	不合格样品数≤2	不合格样品数≥3
13	不合格样品数≤3	不合格样品数≥4
20	不合格样品数≤5	不合格样品数≥6
32	不合格样品数≤7	不合格样品数≥8
50	不合格样品数≤10	不合格样品数≥11

5.2.2　跌落试验判定规则

所有样品经跌落试验符合3.4.2要求,则判定为合格;其中有一个样品不合格,则判定为不合格。

5.2.3　堆码试验判定规则

所有样品经堆码试验符合3.4.3要求,则判定为合格;其中有一个样品不合格,则判定为不合格。

5.2.4　基本要求、标志要求和使用要求的批判定合格,且样品的跌落试验、堆码试验判定均合格,则判定该批包装合格;否则判定该批包装不合格。

烟花爆竹企业安全评价规范(AQ 4113—2008)

前 言

本标准对烟花爆竹企业安全评价的原则和目的、基本内容、方法和程序、报告格式等作出了规定,适用于烟花爆竹企业安全验收评价和安全现状评价。

本标准的全部内容为强制性,附录A、附录B、附录C为规范性附录。

本标准由国家安全生产监督管理总局提出。

本标准由全国安全生产标准化技术委员会归口。

本标准主要起草单位:中国民用爆破器材流通协会、兵器工业安全技术研究所、江西省安全生产监督管理局、湖南省安全生产监督管理局。

本标准主要起草人:韩国庆、魏新熙、余建国、范志宇、李金明。

本标准首次发布。

1 范围

本标准规定了烟花爆竹生产和批发经营企业(以下简称烟花爆竹企业)安全评价的原则、目的、内容、方法、程序以及评价报告的格式和要求。

本标准适用于烟花爆竹企业的安全现状评价和安全验收评价,也适用于烟花爆竹企业自身的安全管理。

本标准不适用于烟花爆竹企业的安全预评价,也不适用于烟花爆竹零售经营单位。

2 原则和目的

2.1 原则

贯彻"安全第一、预防为主、综合治理"的方针,坚持客观、科学、公正的原则。

2.2 目的

通过安全评价,有针对性地提出科学、合理、可行的安全对策、措施和建议,提高企业安全管理水平和安全保障能力。

3 规范性引用文件

下列文件中的条款通过本规范的引用而成为本规范的条款,凡是注明日期的引用文件,其随后所有的修改单(不包括勘误的内容)或修订版均不适用本规范。然而鼓励根据本标准达成协议的各方研究是否可以使用这些文件的最新版本。凡是未注明日期的引用文件,其最新版本适用于本标准。

AQ 8001—2007 安全评价通则

4 术语和定义

AQ 8001—2007的术语和定义适用于本标准。

5 评价机构要求

承担烟花爆竹企业安全评价的机构,应当具有符合规定的安全评价资质,并对做出的安全评价结果负责,保守委托方的商业秘密。

6 基本内容

6.1 安全现状评价的内容一般包括但不仅仅是:
  a) 对烟花爆竹企业的安全管理综合情况进行审查评价,主要对其组织机构、从业人员、规章制度等方面的资料进行审核。
  b) 对烟花爆竹企业的总体布局、安全条件和设施进行现场检查评价,主要对其选址、布局、安全设施等进行检查。
  c) 对烟花爆竹企业的每个建筑物(厂房、工房、库房)进行现场检查评价,主要对其每一个建筑物的建筑结构、防护屏障、定员定量、消防、防雷与防静电、电气设施、储存运输等进行检查。
  d) 对烟花爆竹生产企业的生产能力进行评价,主要对其设计生产能力、各大类产品产量等方面进行分析、预测、评价。
  e) 对评价机构认为有必要的、与安全生产有关的其他项目进行检查。

6.2 安全验收评价的内容一般包括但不仅仅是:
  a) 检查烟花爆竹建设项目是否按设计文件施工建设,是否满足设计生产产品的工艺能力要求。
  b) 检查烟花爆竹建设项目安全设施是否与主体工程同时设计、同时施工、同时投入生产和使用。
  c) 评价烟花爆竹建设项目及与之配套的安全设施是否符合国家有关安全生产的法律法规和技术标准。
  d) 从整体上评价烟花爆竹建设项目的运行状况是否正常,安全管理是否有效。
  e) 对评价机构认为有必要的、与安全生产有关的其他项目进行检查。

7 方法和程序

7.1 评价方法

7.1.1 烟花爆竹企业安全评价主要采用安全检查表法。

烟花爆竹企业安全评价一般可划分为资料审核、总体布局和生产经营场所等3个评价单元。其中生产经营场所评价单元可根据生产线、储存区等划分评价子单元。

资料审核表、现场检查表见规范性附录 A、B、C。

7.1.2 对于构成重大危险源的评价单元,应选用合理的定量评价方法进行评价。

7.1.3 对于现场检查不合格项,应进行分析论证或选用合理的定性、定量方法评价。

7.2 评价程序

7.2.1 委托

烟花爆竹企业自主选择具有规定资质的评价机构,提出安全评价委托要求,并与评价机构签订安全评价委托书或合同。

7.2.2 前期准备

评价机构备齐有关安全评价所需的设备、工具，收集国内外相关法律法规、标准、规章、规范等资料。

7.2.3 提供资料

委托方应向评价机构提供评价需要的相关资料。

7.2.3.1 基本资料

a) 委托方的基本情况。
b) 营业执照或法人条件证明。
c) 标明内、外部距离的平面布置图（比例为1：500）。
d) 设计施工图、竣工验收图（新建、改建企业或工程）。
e) 工房、储存仓库目录和基本情况。
f) 安全设施目录及合格或检测证明。
g) 产品范围（包括产品类别和产品级别）。
h) 从业人员基本情况（包括姓名、年龄、工作岗位、从事本工作的年限等）。
i) 安全生产组织机构及安全管理人员。
j) 相关人员培训资质证明。
k) 安全管理制度和操作规程。
l) 从业人员工伤保险名单。
m) 消防设施和设备清单。
n) 特种设备检测合格证明。
o) 事故应急救援预案。
p) 事故记录和隐患整改记录等其他相关资料。
q) 评价机构需要的其他资料。

7.2.3.2 生产企业还需要提供的资料：

a) 主要产品的烟火药剂安全性能检测报告。
b) 主要产品的技术文件（产品结构图、药物成分表、工艺规程、产品规格、产品标准）。
c) 主要生产设施、设备和专用工具清单（名称、型号、状况、安装使用场所等）。
d) 生产设备出厂检测合格证明和现场设备状态检测合格证明。
e) 化工原材料清单。
f) 有运输车辆的，须提供运输车辆清单、状况、资质证明和驾驶、押运人员资质证明。

7.2.3.3 批发经营企业还需要提供的资料：

a) 运输车辆清单和状况、资质证明。
b) 驾驶、押运人员资质证明。

7.2.4 资料审核

7.2.4.1 评价机构按烟花爆竹企业安全生产基本条件的要求，对委托方提供的资料进行审核，审核资料是否完整、准确。资料审核的内容见附录A。

7.2.4.2 评价机构应将资料审核的情况反馈到委托方，以便其采取相应的改进措施。

7.2.5 辨识分析危险、有害因素

辨识危险、有害因素，确定其存在的部位、方式，以及发生作用的途径和变化规律，重大

危险源的分布和监控,为制定安全对策措施提供科学依据。

7.2.6 现场评价

7.2.6.1 对烟花爆竹企业总体布局、条件和设施进行现场检查,检查的内容见附录B。

7.2.6.2 根据划分的评价单元,对每个评价单元进行现场检查,检查的内容见附录C。

7.2.6.3 针对危险、有害因素及现场检查的结论意见,对现场设施、装置、防护措施和管理措施进行评价。对构成重大危险源的部分应采用其他定性、定量评价方法进行针对性评价。

7.2.6.4 现场评价必须根据检查项目对应标准条文要求的严格程度,作出检查结论。

    a) 标准条文要求表示很严格,实际情况必须符合标准要求,方为合格。

    b) 标准条文要求表示严格或允许稍有选择,实际情况与标准要求不吻合的,评价机构应根据不吻合程度对企业整体安全产生的影响,作出是否合格的判定。对整体安全不产生影响的,可以视为合格;对整体安全产生影响,但通过其他措施可以消除影响的,并且措施可以保证实施,可以视为合格;对整体安全产生影响,但通过其他措施难以消除影响的,应判为不合格。

    c) 实际情况与标准要求不吻合,评价机构作出合格判定的,评价机构必须充分说明判定合格的理由。

7.2.7 提出安全对策、措施和建议

根据现场评价情况,评价机构将发现的问题和提出的安全技术对策、措施、安全管理建议通知委托单位。

7.2.8 整改

委托单位根据评价机构提出的对策、措施和建议,及时进行整改。

7.2.9 复查

评价机构对企业整改落实情况进行现场复查,确认整改符合要求。

7.2.10 提出安全评价结论

7.2.10.1 提出安全评价结论应综合考虑下列因素:

    a) 资料审核的结论意见。

    b) 总体布局、条件和设施现场检查的结论意见。

    c) 评价单元现场检查的结论意见。

    d) 采用其他定量评价方法对重大危险源进行评价的结论意见。

7.2.10.2 确定安全评价结论意见的原则是:

    a) 附录A、附录B、附录C汇总表中所列的审查和检查项目全部合格的,为符合安全条件。

    b) 附录A、附录B、附录C汇总表中所列的审查和检查项目有1项不合格的,为不符合安全条件。

    c) 评价机构根据评价实际增加的其他审查和检查项目,由评价机构根据实际给出结论,判定其是否符合安全条件。

    d) 对审查和检查中的不合格项,均应采取措施进行整改,整改后由评价机构认定能达到安全要求的,视为符合安全条件。

7.2.10.3 安全评价结论分为下列两种:

    a) 符合安全条件。

        b) 不符合安全条件。
7.3 编制安全评价报告
    报告正文内容一般包括：
7.3.1 安全评价概述
        a) 安全评价的目的。
        b) 安全评价的原则。
        c) 安全评价的依据。
        d) 安全评价的范围。
7.3.2 企业的基本情况
        a) 企业概况。
        b) 项目概况。
        c) 地区气象、水文、地质情况。
        d) 企业生产经营流程。
        f) 原材料预计用量。
        g) 主要生产经营设施设备。
        h) 安全、消防设施。
        i) 厂(库)区内外部安全距离。
        j) 企业安全管理情况。
        k) 公用工程介绍。
7.3.3 主要危险因素辨识与分析
        a) 危险因素分析方法。
        b) 原料、成品、半成品的危险因素分析。
        c) 重大危险源辨识。
        d) 工艺过程危险因素分析。
        e) 主要设备危险因素分析。
        f) 储运过程危险因素分析。
        g) 环境危险因素分析。
        h) 燃放试验和余药、废弃物销毁危险因素分析。
        i) 人员因素危险性分析。
7.3.4 评价单元的划分及评价方法的选择
        a) 评价单元的划分。
        b) 评价方法的选择。
7.3.5 定性、定量评价
        a) 资料审核评价。
        b) 总体布局、条件和设施评价,生产能力评估。
        c) 生产工艺安全性评价。
        d) 安全防护设施、措施评价。
        e) 电器、机械、工具安全特性评价。
        f) 周边环境危险性评价。

g) 重大危险源评价。
   h) 评价单元/车间现场检查情况。
   i) 事故后果模拟分析。
   j) 其他定量评价。
   k) 综合评价结果。
  7.3.6 安全对策和整改
   a) 安全对策措施建议。
   b) 整改的复查情况。
  7.3.7 安全评价结论
  7.3.8 烟花爆竹企业安全评价资料审核表和现场检查表。
  7.3.9 实际情况与标准要求不吻合,评价机构作出合格判定的项目汇总表。
  7.3.10 审查和检查的不合格项采取措施整改后,评价机构认定达到安全要求的项目汇总表。
  7.3.11 安全评价报告还应载明 AQ 8001—2007 规定的内容。
  7.3.12 评价机构认为需要的其他内容。
7.4 安全评价报告交付
   由评价机构按照合同约定或委托单位完成整改情况,将安全评价报告交付委托单位。

8 评价报告

8.1 报告的格式
报告的格式应符合 AQ 8001—2007 规定的要求。

8.2 报告的要求
8.2.1 安全评价报告应内容全面,条理清楚,数据完整;查出的问题准确,提出的对策措施具体可行,评价结论公正。
8.2.2 评价机构应当对评价报告的真实性负法律责任。

附 录 A
（规范性附录）
烟花爆竹企业安全评价资料审核表

表 A.1 烟花爆竹生产企业安全评价资料审核表

企业名称： 　　　　　　　　　　　　　　　　　　　　评价人员：
评价机构： 　　　　　　　　　　　　　　　　　　　　审核日期：

序号	项目	审核项目	审核情况	审核结论
1	组织机构	法人条件证明		
		安全生产组织机构		
		原材料和产品质量检测检验管理机构		
		保卫组织机构		
		应急救援组织		

表 A.1（续）

序号	项目	审核项目	审核情况	审核结论
2	从业人员	主要负责人、分管负责人、安全管理人员培训考核上岗资格证明		
		危险工序作业人员、特种作业人员培训考核上岗资格证明		
		驾驶、押运人员资格证明		
		其他从业人员培训上岗资格证明		
		从业人员工伤保险名单		
3	规章制度	安全生产责任制度		
		安全管理责任制度		
		隐患排查整改制度		
		安全设施设备管理制度		
		从业人员安全教育培训制度		
		安全目标管理与奖惩制度		
		动火作业管理制度		
		安全投入保障制度		
		技术档案管理制度		
		职业卫生管理制度		
		安全检查制度		
		安全操作规程		
		重大危险源评估与监控措施		
		产品购销流向登记管理制度		
		工艺和技术管理制度		
		烟火药安全性检测制度		
		原料购买、检验、验收、领用制度		
		余药及废弃物安全处置规定		
		产品入出库管理制度		
		不合格产品处置制度		
		隐患排查整改和事故记录		
		事故应急救援预案		
		其他相关资料		

表 A.1（续）

序号	项目	审核项目	审核情况	审核结论
4	技术资料	设计说明书		
		平面布局图		
		工（库）房施工设计图		
		安全设施和设备清单		
		消防设施和设备清单		
		主要生产设施、设备检测合格证明		
		特种设备检测合格证明		
		产品类别和产品级别		
		主要类别烟火药剂安全性能检测报告（撞击、摩擦、相容性、安定性项目必检）		
		主要产品的技术文件（产品结构图、药物成分表、工艺规程、产品标准）		
		化工原料、产品、半成品质量检测检验资料		
		运输车辆情况		
		资料审查结论意见		

说明：评价机构可根据评价对象不同，对检查项目适当增补。

表 A.2 烟花爆竹批发经营企业安全评价资料审核表

企业名称：　　　　　　　　　　　　　　　　　评价人员：
评价机构：　　　　　　　　　　　　　　　　　审核日期：

序号	项目	审核项目	审核情况	审核结论
1	组织机构	法人条件证明		
		安全生产组织机构		
		产品质量检测检验管理机构		
		保卫组织机构		
		应急救援组织		
2	从业人员	主要负责人、分管负责人、安全管理人员培训考核上岗资格证明		
		守护员、保管员培训考核上岗资格证明		
		驾驶、押运人员资格证明		
		其他从业人员培训上岗资格证明		
		从业人员工伤保险名单		

表 A.2（续）

序号	项目	审核项目	审核情况	审核结论
3	规章制度	安全生产责任制度		
		安全管理责任制度		
		隐患排查整改制度		
		安全设施设备管理制度		
		从业人员安全教育培训制度		
		安全目标管理与奖惩制度		
		动火作业管理制度		
		安全投入保障制度		
		安全检查制度		
		安全操作规程		
		重大危险源评估与监控措施		
		产品流向登记管理制度		
		产品入库检验验收制度		
		不合格产品处置制度		
		隐患排查整改和事故记录		
		事故应急救援预案		
		其他相关资料		
4	技术资料	设计说明书		
		平面布局图		
		库房施工设计图		
		安全设施和设备清单		
		消防设施和设备清单		
		主要生产设施和设备检测合格证明		
		特种设备检测合格证明		
		配送运输车辆情况		
	资料审查结论意见			

说明：评价机构可根据评价对象不同，对检查项目适当增补。

附 录 B
（规范性附录）
烟花爆竹企业安全评价总体布局和条件设施现场检查表

表 B.1 烟花爆竹生产企业安全评价总体布局和条件设施现场检查表

企业名称： 　　　　　　　　　　　　　　　　　　　　评价人员：
评价机构： 　　　　　　　　　　　　　　　　　　　　审核日期：

序号	项目	检查项目	实际情况	检查结论
1	总体布局	选址		
		围墙		
		功能分区		
		建筑物危险等级划分和布置		
		危险品运输通道		
		外部安全距离		
		安全疏散条件		
2	工艺布置	根据产品种类、生产特性，分区布置生产线		
		工(库)房的生产、储存能力相互适应、配套		
		核算药量大或危险性大的工(库)房布置位置		
		粉尘和有害气体污染比较大的工房布置位置		
		危险品的运输路线		
3	条件与设施	生产、储存区内的主要道路的宽度、坡度，建筑物之间的通道宽度(*)		
		生产机械、设备(*)		
		消防设施、消防水源水量、保护范围、补充时间		
		废水沉淀处理设施(*)		
		危险工(库)房安全疏散条件		
		安全监控保卫设施和固定值班电话		
		生产环境状况		
	总体布局和条件设施现场检查结论意见			

说明：1. 以上各检查项目可以在附录 C.1 检查表中检查的，应选用附录 C.1 的检查表列表检查，不再列入本表检查。

2. 带(*)检查项目包含多个(多个路段、多台设备、多个废水沉淀池等)，应逐个检查，并将检查情况附于本表。

3. 评价机构可根据评价对象不同，对检查项目适当增补。

表 B.2 烟花爆竹批发经营企业安全评价总体布局和条件设施现场检查表

企业名称：　　　　　　　　　　　　　　　　　　　评价人员：
评价机构：　　　　　　　　　　　　　　　　　　　审核日期：

序号	项目	检查项目	实际情况	检查结论
1	总体布局	选址		
		围墙		
		功能分区		
		建筑物危险等级划分和布置		
		危险品运输通道		
		值班室		
		外部安全距离		
		安全疏散条件		
2	条件和设施	库区主要道路的宽度、坡度,建筑物之间的通道宽度(＊)		
		消防设施、消防水源水量、保护范围、补充时间		
		安全监控保卫设施和固定值班电话		
总体布局和条件设施现场检查结论意见				

说明：1. 以上各检查项目可以在附录C.2检查表中检查的,应选用附录C.2的检查表列表检查,不再列入本表检查。
　　　2. 带(＊)检查项目包含多个的,应逐个检查,并将检查情况附于本表。
　　　3. 评价机构可根据评价对象不同,对检查项目适当增补。

附　录　C
（规范性附录）
烟花爆竹企业安全评价评价单元（车间）现场检查表

表 C.1　评价单元/车间现场检查意见及结论意见表

企业名称：　　　　　　　　　　　　　　　　　　　评价人员：
评价机构：　　　　　　　　　　　　　　　　　　　审核日期：

评价单元/车间(库房)名称	现场检查表编号	评价单元/车间(库房)现场检查意见
评价单元/车间现场检查结论意见		

表 C.2 烟花爆竹生产企业安全评价现场检查表

评价单元/车间名称： 评价单元/车间检查表编号：

序号	项目	检查项目	实际情况	检查结论
1	定级定量	建筑物危险等级		
		核定存药量		
		内部距离		
		安全标识		
2	建筑结构	建筑设计、建筑结构		
		建筑物防火等级		
		门的开启方向、宽度、数量、材质,门槛的设置,门与其他建筑物门的对应方向等		
		窗洞口的高度、窗扇的高度、结构及开启方向,窗台的高度,小五金、双层窗的开启方向,插销等		
		屋盖的材料、结构		
		墙的结构、厚度,内墙面,梁或过梁的设置等		
		地面阻燃性、柔性、导静电性能		
		工作台		
		仓库防潮、隔热、通风与防小动物		
3	疏散要求	安全出口的数量,设置方向、位置,疏散距离		
		建筑物内的通道宽度		
		门口的台阶及坡度		
4	人员	核定数量		
		培训和上岗证		
		衣着		
		防护用品及材质		
		年龄和身体状况		
5	防护屏障	防护屏障设立		
		防护屏障的形式和防护能力		

表 C.2（续）

序号	项目	检查项目	实际情况	检查结论
6	消防	设施、器材的配置和检验		
		防火措施		
7	设备电气和生产工具	机械设备的选型与安装		
		电气设备的选型与安装		
		照明灯具的选型与安装		
		电线的选型、连接、敷设		
		建筑物的防雷		
		设备和电气的接地		
		设备的检修和维护		
		消除人体静电装置		
		工具材质		
8	贮存与运输	危险品堆垛的高度，堆垛间距，运输通道的宽度		
		库房地面防潮措施		
		库房内温度、湿度、通风的控制		
		原材料的贮存		
		厂内机动车行驶及危险品运输		
9	废药废水处理	药尘的清扫		
		含药废水的排放和沉淀		
		沉淀物的处理		
10	采暖通风	采暖的方式及温度、湿度		
		采暖系统的管道，散热器以及与墙、地面的距离		
		蒸汽或高温水管道的入口装置和换热装置		
		通风系统		
		散发粉尘的送风系统		
		机械排风系统防爆型风机选用，风口位置和入口风速，水平风管坡度		
		送风机的出口止回阀		

表 C.2（续）

序号	项目	检查项目	实际情况	检查结论
11	干燥	干燥烘房的热源的形式及设备		
		干燥房中温度和湿度监控措施、记录以及报警装置		
		晾晒架材质、高度		
		烘房中烘盒、烘垫、烘架的材质，堆码的高度		
12	制度规程	岗位安全管理制度		
		岗位安全操作规程		

说明：评价机构可根据评价对象不同，对检查项目适当增补。

表 C.3 烟花爆竹经营企业安全评价现场检查表

评价单元/库房名称： 评价单元/库房检查表编号：

序号	项目	检查项目	实际情况	检查结论
1	定级定量	建筑物危险等级		
		核定存药量		
		内部安全距离		
		安全标识标志		
2	建筑结构	建筑设计和结构		
		建筑物防火等级		
		门的开启方向、宽度、数量以及与其他建筑物门的对应方向等		
		窗的结构、材料及开启方向		
		屋盖的材料、结构		
		墙的结构、厚度，内墙面，梁或过梁的设置等		
		地面阻燃性、柔性、导静电性能		
		仓库防潮、隔热、通风与防小动物		
3	疏散要求	安全出口的数量，设置方向和位置，疏散距离		
		建筑物内的通道宽度		
		门口的台阶及坡度		

表 C.3（续）

序号	项目	检查项目	实际情况	检查结论
4	人员	核定数量		
		培训和上岗证		
		衣着		
		防护用品及材质		
		年龄和身体状况		
5	防护屏障	防护屏障设立		
		防护屏障的形式和防护能力		
6	消防	设施、器材的配置和检验		
		防火设备和措施		
		电气设备的选型与安装		
		电气照明的选型与安装		
		电线的选型、连接、敷设		
		建筑物的防雷		
		设备和电气的接地		
		设备的检修和维护		
		消除人体静电装置		
7	贮存与运输	产品堆垛的高度和堆垛间距		
		运输通道的宽度		
		库房地面防潮措施		
		库房内温度、湿度、通风的控制		
		机动车库区行驶路线和装卸		
8	制度规程	岗位安全管理制度		
		岗位安全操作规程		

说明：评价机构可根据评价对象不同，对检查项目适当增补。

四、矿山安全

1. 基础通用

悬挂输送机安全规程（GB 11341—2008）

前　言

本标准的全部内容为强制性。

本标准是对 GB 11341—1989《悬挂输送机安全规程》的修订。

本标准与 GB 11341—1989 相比主要变化如下：
——增加了前言；
——编排次序进行了调整；
——增加了"术语和定义"一章（本版第 3 章）；
——增加了规范性附录"悬挂输送机各部件检修内容及周期"（见附录 A）。

本标准的附录 A 为规范性附录。

本标准由国家安全生产监督管理总局提出。

本标准由全国安全生产标准化技术委员会（SAC/TC 288）归口。

本标准起草单位开滦（集团）有限责任公司、煤炭科学研究总院唐山研究院、济南南方输送设备有限公司、唐山钢铁股份有限公司。

本标准主要起草人：裴华、张健、梅海斌、刘永革、程玉贵、陈洪香、夏晓光。

本标准所代替标准的历次版本发布情况为：
——GB 11341—1989。

1 范围

本标准规定了悬挂输送机在设计、制造、安装、使用、维护和管理等方面的安全技术要求。

本标准适用于通用悬挂输送机和积放式悬挂输送机、地面链式输送机，单轨悬挂小车输送机可参照使用。

2 规范性引用文件

下列文件中的条款通过本标准的引用而成为本标准的条款。凡是注日期的引用文件，其随后所有的修改单（不包括勘误的内容）或修订版均不适用于本标准，然而，鼓励根据本标准达成协议的各方研究是否可使用这些文件的最新版本。凡是不注日期的引用文件,其最新版本适用于本标准。

GB 2893　安全色

GB 2894　安全标志及其使用导则

GB 3836.15　爆炸性气体环境用电气设备　第15部分:危险场所分电气安装(煤矿除外)

GB 3836.16　爆炸性气体环境用电气设备　第16部分:电气装置的检查和维护(煤矿除外)

GB 4053.1　固定式钢直梯安全技术条件

GB 4053.2　固定式钢斜梯安全技术条件

GB 4053.3　固定式工业防护栏杆安全技术条件

GB 4053.4　固定式工业钢平台

GB/T 5972　起重机用钢丝绳检验和报废实用规范

GB 50256　电气装置安装工程低压电器施工及验收规范

JB/T 7011—1993　悬挂输送机　术语

3　术语和定义

下列术语和定义适用于本标准。

3.1
轨道　track

组成输送机线路,小车与链条在其上运行的刚性承载件。

[JB/T 7011—1993,定义5.1]

3.2
捕捉器　safety device for vertical curves

当牵引件意外破断时,在倾斜段上及时卡住运动部件,使之不能下滑的安全装置。

[JB/T 7011—1993,定义5.6]

3.3
升降段　drop section

输送线路上能够携带承载小车升降的装置。

[JB/T 7011—1993,定义7.8]

3.4
止退器　thrust terminator

限制输送物体后退的构件。

3.5
夹紧器　clamp

固定输送物吊具的构件。

3.6
吊具　sling

承载输送物体的构件。

4 一般要求

4.1 应通过设计尽可能排除或减少所有潜在的危险因素。

4.2 通过设计不能避免或充分限制的危险,应采取必要的安全防护装置(防护装置、安全装置)。

4.3 对于无法通过设计排除或减少的,而且安全防护装置对其无效或不完全有效的留有危险,应用信息通知和警告操作者。

4.4 悬挂输送机的零部件以及将悬挂输送机固定于建筑物上的构件应满足强度、刚度和稳定性要求。

4.5 在制造、安装、运输、贮存和使用时,不得对人员、设备和环境造成危险。

5 设计、制造和安装要求

5.1 轨道的安全系数应不小于2,许用挠度应不大于跨度的1/300。单轨悬挂小车输送机轨道的许用挠度应不大于跨度的1/400。

5.2 牵引链条的安全系数应不小于10,对钢铁、汽车行业使用的6吋牵引链条安全系数应不小于12,应采用电加热液压模锻工艺和预拉伸工艺,链条破断负荷应不小于500 kN,预拉伸负荷应不小于250 kN。

5.3 吊板、吊具的安全系数应不小于5。

5.4 承载小车主要受力件的安全系数应不小于5。

5.5 升降段应由两条钢丝绳或链条提升,其端部应设置缓冲装置。每根钢丝绳按额定载荷计算的安全系数应不小于7,链条的安全系数应不小于10。升降段提升钢丝绳尾端固定装置应有防松和自紧功能。

5.6 所有起动和停止装置应有明显标志并易于接近。悬挂输送机线路上应安装紧急停车开关,一般应30 m范围内不少于一个。在操作工位,升降段和线路转弯处应安装紧急停车开关。紧急停车开关的颜色为安全色——红色,并应在所有控制点和装卸点能够迅速而无危险地操纵。

5.7 设备应设置声光警示信号,在设备开动以前警告其他人员注意安全。

5.8 驱动装置应配备过载保护装置,在牵引链条的拉力超过许用值的1.5倍时切断电动机电源,在产品说明书上标明调整方法并在设备相应部位标记。

5.9 张紧装置应配备极限行程开关,以便保持适当的张力,并在张力超出规定值范围时切断电动机电源。

5.10 在轨道的上坡和下坡段应安装捕捉器,当链条意外破断时迅速将链条或小车卡住,同时自动切断电动机电源。捕捉器的间隔应满足落差不大于1.5 m的要求。

5.11 在积放式悬挂输送机中,推杆与承载小车应可靠地啮合。在倾斜段上,若无机件毁坏,即使用人工方法也不应使其分离。

5.12 在积放式悬挂输送机和单轨悬挂小车输送机的活动轨段接头处(如升降段或道岔装置等部位),应装有防止承载小车掉落的安全装置。

5.13 吊具与承载小车应可靠连接,不得自行脱开。吊具应能够防止物品在运行中由于倾斜而打滑或掉落。

5.14 升降段应有上、下限位开关,以使升降段到位时切断升降电动机电源。极限位置应装有挡块并满足强度要求。

5.15 由人工装卸时,应考虑操作的方便和安全性,下列情况应采用机械装置:
   a) 装卸质量大于 55 kg 的成件物品;
   b) 移动速度大于 15 m/min 的成件物品。

5.16 在积放式悬挂输送机道岔附近应设置联锁装置,防止将工作输送线的小车送往非工作输送线或满位输送线。

5.17 所有常用润滑点应便于注油,润滑时不应拆卸防护罩。

5.18 设备下方的行人通道净空高度不得小于 1.9 m,并设有安全防护装置。

5.19 当操作人员进行操作、维护、调整的工作位置在坠落基准面 2 m 以上时,应配置平台和防护栏杆。

5.20 悬挂输送机在跨越工作位置或通过人员上方时,应设置护网或护板。

5.21 当悬挂输送机穿越楼层时,孔口应设防护栏杆。

5.22 直梯、斜梯、防护栏杆和平台应分别符合 GB 4053.1~4053.4 的要求。

5.23 在地面与 2 m 高度之间悬挂输送机不得有工作人员易于触及的尖角,否则应加以防护。

5.24 悬挂输送机以额定载荷额定速度运转时,距设备 1 m 各点的噪声应不大于 80 dB(A)。

5.25 悬挂输送机的安全色及照明应符合 GB 2893 的规定。设备易发生危险的部位应有符合 GB 2894 的安全标志。

5.26 电气设备的安装应符合 GB 50256 的有关规定,危险场所电气设备的安装应符合 GB 3836.15 的有关规定。

6 使用、维护和管理要求

6.1 除指定人员外,任何人不得开动设备或干预设备的正常工作。

6.2 悬挂输送机的操作和维护人员应经过安全技术培训考核合格并持证上岗。

6.3 设备紧急停车后,只有当事故排除后方可开动。

6.4 直梯、斜梯、防护栏杆和平台等防护装置安装好前,设备不得投入使用。

6.5 升降段应有防止意外升降的安全设施,应避免操作人员在升降段的正下方操作。

6.6 操作人员应按规定加载,不得超载。在装载工位附近的明显位置应注明装料操作规程,规程应包括允许的装载量,定位方式和极限尺寸。

6.7 应保持设备特别是驱动装置、牵引链条和吊具的良好工作状态,及时保养。所有装载、卸载和操作工位以及悬挂输送机通道应保持整洁。

6.8 若拆除防护装置的部位位于作业区或人员行经的地方,该部位应用围栏隔开,防止人员靠近。

6.9 当防护装置从运转的输送机上拆除后,维护工作只能由指定人员进行。指定人员应身穿紧身工作服,并由专人在停车开关处监护。防护装置重新装好后,应经安全技术部门同意或维护检查人员和操作人员共同认可后方可重新起动。

6.10 设备运转中不得进行人工润滑,除非润滑部件的位置允许或备有特殊装置,能够确认安全时才允许进行,如润滑需打开护罩,应停机进行润滑。

6.11 牵引链条应采用润滑油定期润滑,不得用润滑脂润滑。

6.12 严禁在链条或轨道上依靠或放置器物(梯子、跳板等),如维护人员不得不这样做时,应停机进行。

6.13 悬挂输送机不得用来完成设计规定以外的任务,也不得在不符合产品技术文件规定的作业条件下使用。

6.14 在悬挂输送机的使用和维护中,不得任意改变电路,以免安全装置失效;危险场所电气设备的维护应符合 GB 3836.16 的有关规定。

6.15 悬挂输送机各部件的检修内容及周期应按附录 A 中规定执行。

6.16 悬挂输送机设备的检查、调整、维护和清理应符合制造厂技术文件的要求。

6.17 每套设备应备有记载维护、故障、修理等内容的设备档案。

6.18 轨道如出现下述情况之一时应报废:
   a) 工作翼缘局部变形大于 2 mm;
   b) 工作表面磨损达翼缘厚度的 30%。

6.19 升降段提升链条的啮合节距增大 5%时,链条应报废。

6.20 牵引链条的啮合节距增大 5%时,链条应报废。

6.21 走轮和导轮如出现下述情况之一时应报废:
   a) 裂纹;
   b) 直径减少 4%;
   c) 椭圆度达 0.8 mm。

6.22 升降段提升钢丝绳的检验和报废应符合 GB/T 5972 的有关规定。

附 录 A
（规范性附录）
悬挂输送机各部件检修内容及周期

表 A.1 检修内容及周期

部件	检修内容	周期
减速机	减速机解体,检查各级齿轮、轴、轴承、电机固定螺栓,润滑系统清洗或更换,测定转动件的磨损量,更换报废零部件,按规定调整间隙。	1年
驱动装置	对驱动轮、驱动链与张紧轮进行检查,测量磨损量,更换报废零部件,检查清洗托轨、调整螺栓,调整托轨、链轮的位置精度。	6个月
张紧装置	检测光轮和导轮轴承、所有密封、螺栓、轨道磨损和水平度,并调整或更换。	3个月
回转装置	解体检测回转轮,清洗或更换轴、轴承及螺栓。	3个月
小车	检查、清洗或更换导轮、轴、升降爪等。	1个月
牵引链及钢丝绳	检查链节、销轴及钢丝绳,更换报废零部件。	1年
轨道	检查测定轨道的磨损、标高及水平度,更换报废零件。	3个月
停止器夹紧器	检查气路管线、密封,测定位置精度、磨损量,更换报废零件。	3个月
岔道	检测磨损量和位置,更换报废零件并润滑。	3个月

矿山安全标志(GB 14161—2008)

前 言

本标准的全部技术内容为强制性。

本标准是对国家标准 GB 14161—1993 进行修订的标准。

本标准代替 GB 14161—1993《矿山安全标志》。

本标准与 GB 14161—1993 相比主要变化如下:

a) 修改标志图型、文字 11 处;
b) 增加新标志 22 个;
c) 取消原标志 4 个;
d) 取消原标准"核激发夜光材料"的使用条款(原标准 11.2);
e) 在附录 A 中取消了原标准中的色品坐标、色品图、逆向反射系数表,代之以 GB 2893《安全色》中的相关表、图。

本标准附录 A 为资料性附录,附录 B 为规范性附录。

本标准由国家安全生产监督管理总局提出。

本标准由全国安全生产标准化技术委员会归口。

本标准起草单位:国家安全生产监督管理总局信息研究院、兖州煤业(集团)有限责任公司、山西焦煤(集团)有限责任公司、开滦矿业(集团)有限责任公司、四川省安全生产监督执法总队。

本标准主要起草人:黄盛初、王捷帆、陈昌、陈国瑞、倪兴华、王登刚、莫志中、杨树民、余致远。

本标准所代替标准的历次版本发布情况为:
——GB 14161—1993。

1 范围

本标准规定了矿山传递安全警示信息的主要标志。

本标准主要适用于各类矿山对安全标志的设置要求。

2 规范性引用文件

下列文件中的条款通过本标准的引用而成为本标准的条款。凡是注日期的引用文件,其随后所有的修改单(不包括勘误的内容)或修订版均不适用于本标准,然而,鼓励根据本标准达成协议的各方研究是否可使用这些文件的最新版本。凡是不注日期的引用文件,其最新版本适用于本标准。

GB 2894 安全标志及其使用导则
GB 5768 道路交通标志和标线
GB/T 10001(所有部分) 标志用公共信息图形符号

AQ 1017 煤矿井下安全标志

3 分类

3.1 矿山安全标志分为主标志和补充标志两类。
3.2 主标志
3.2.1 禁止标志:禁止或制止人们的某种行为的标志。
3.2.2 警告标志:警告人们注意可能发生危险的标志。
3.2.3 指令标志:指示人们必须遵守某种规定的标志。
3.2.4 路标、名牌、提示标志:提示人们目标方向、地点的标志。
3.3 补充标志
  补充标志是主标志的文字说明或方向指示,它只能与主标志同时使用。

4 禁止标志

4.1 禁止标志的基本形状为带斜杠的圆环,如图1所示。
4.2 禁止标志的颜色,为白底,红圈、红斜杠,黑图形符号。

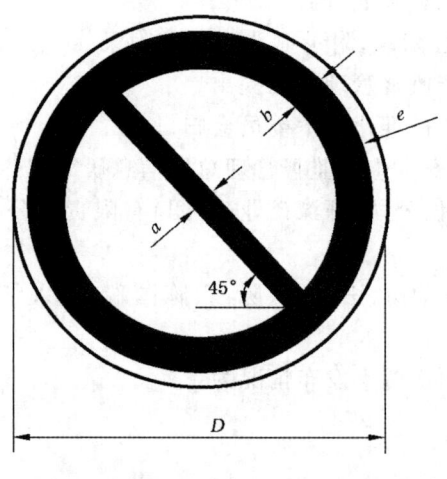

图 1

4.3 禁止标志的基本尺寸应根据最大观察距离(L)确定,按表1选取。

表 1 禁止标志尺寸与最大观察距离的关系
单位为毫米

标志尺寸	逆向反射标志		自发光标志	
	$L=10$ m	$L=15$ m	$L=10$ m	$L=15$ m
标志外径 D	250	375	250	320
红杠宽度 a	20	30	20	26
红环宽度 b	25	38	25	32
白边宽度 e	5	7	5	7

4.4 禁止标志的种类及设置地点。

禁止标志的种类、名称、设置地点及说明见表2。

表 2

编号	符 号	名 称	设置地点	说 明
2-1		禁带烟火	禁止烟火地点	
2-2		禁止酒后入井	有人出入的井口和矿坑	引用 AQ 1017
2-3		禁止明火	禁止明火作业地点	
2-4		禁止启动	不允许启动的机电设备	引用 GB 2894
2-5		禁止合闸	变电室、移动电源开关停电检修等	引用 AQ 1017
2-6		禁止扒乘矿车	运输大巷交叉口、乘车场、扒车事故多发地段	
2-7		禁止扒、登、跳人车	井下人车巷道,每隔 50 m 设一个	引用 AQ 1017

表 2（续）

编号	符号	名称	设置地点	说明
2-8		禁止车间乘人	斜井、平巷运人列车车站、串车提升斜井上下口	
2-9		禁止登钩	串车提升斜井上下口	引用 AQ 1017
2-10		禁止跨、乘输送带	链板、带式输送机、钢丝绳牵引运输不许跨越的地方,间隔 30 m 设置	引用 AQ 1017
2-11		禁止攀牵线缆	设在敷有电缆、信号线等巷道内,间隔 100 m 设置	
2-12		禁止人料同罐	设在开凿立井井口处	
2-13		禁止入内	井下封闭区、瓦斯区、盲巷、废弃巷道及禁止人员入内的地点	引用 AQ 1017
2-14		禁止通行	井下危险区、放炮警戒处、不兼作行人的绞车道、材料道及禁止行人的通道口等	引用 GB 2894

表 2（续）

编号	符　号	名　称	设置地点	说　明
2-15		禁止停车	井下禁止停放车辆的地段	引用 AQ 1017
2-16		禁止打手机	防爆场所禁止接打手机	
2-17		禁止驶入	线路终点和禁止机车驶入地段	引用 GB 5768
2-18		禁止穿化纤服装入井	人员出入的井口	引用 AQ 1017
2-19		禁止放明炮、糊炮	井下采掘爆破工作面及井下其他爆破地点	引用 AQ 1017
2-20		禁止井下睡觉	井下各工序岗位和作业区	引用 AQ 1017
2-21		禁止同时打开两道风门	井下巷道风门处	引用 AQ 1017
2-22		禁止井下随意拆卸、敲打、撞击矿灯	入井口、井下工作面	引用 AQ 1017

5 警告标志

5.1 警告标志的基本尺寸为等边三角形,顶角朝上,如图 2 所示。

5.2 警告标志的颜色为黄底,黑边,黑图形符号。

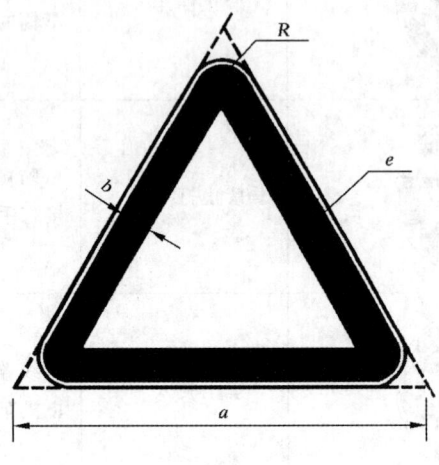

图 2

5.3 警告标志的基本尺寸应根据最大观察距离（L）确定,按表 3 选取。

表 3 警告标志尺寸与最大观察距离的关系　　　　　　　　　　　　单位为毫米

标志尺寸	逆向反射标志		自发光标志	
	$L=10$ m	$L=15$ m	$L=10$ m	$L=15$ m
三角形边长 a	340	510	300	450
黑杠宽度 b	30	30	25	25
黑边圆角半径 R	17	26	15	23
黄边宽度 e	5	7	5	7

5.4 警告标志的种类及设置地点。

警告标志的种类、名称、设置地点见表 4。

表 4

编号	符　号	名　称	设置地点	说　明
4-1	⚠	注意安全	提醒人们注意安全的场所及设备安置的地方	引用 GB 2894

表4（续）

编号	符号	名称	设置地点	说明
4-2		当心瓦斯	井下瓦斯集聚地段、盲巷口、瓦斯抽放地点、巷道冒高处	
4-3		当心冒顶	井下冒顶危险区、巷道维修地段	引用GB 2894
4-4		当心火灾	仓库、爆炸材料库、油库、带式输送机、充电室和有发火预兆的地区	引用GB 2894
4-5		当心水灾	有透水或水患地点	
4-6		当心煤（岩）与瓦斯突出	井下煤（岩）与预计有害气体突出地区	引用AQ 1017
4-7		当心有害气体中毒	井下CO、H_2S、NO_x等有害气体危险地区、露天矿深部通风不良的火区	
4-8		当心爆炸	爆炸材料库、运送火药、雷管的容器和设备上	引用GB 2894
4-9		当心触电	有触电危险部位	引用GB 2894

表 4（续）

编号	符 号	名 称	设置地点	说 明
4-10		当心坠落	建井施工、井筒维修及井内高空作业处	引用 GB 2894
4-11		当心坠入溜井	井下溜煤（矸）眼、溜矿井、溜矿仓	
4-12		当心片帮、滑坡	有片帮、滑坡危险地段	
4-13		当心列车通过	行人巷道与运输巷道交叉处	
4-14		当心交叉道口	巷道交叉口处	
4-15		当心弯道	弯道处	
4-16		当心巷道变窄	井下巷道前方变窄的地段	
4-17		当心发生冲击地压	井下有冲击地压的作业区域	引用 AQ 1017

表 4（续）

编号	符 号	名 称	设置地点	说 明
4-18		当心绊倒	井下地面有障碍物，绊倒易造成伤害的地方	
4-19		当心滑跌	井下巷道有易造成伤害的滑跌地点	

6 指令标志

6.1 指令标志基本形状为圆形，如图 3 所示。

6.2 指令标志的颜色为蓝底、白图形符号。

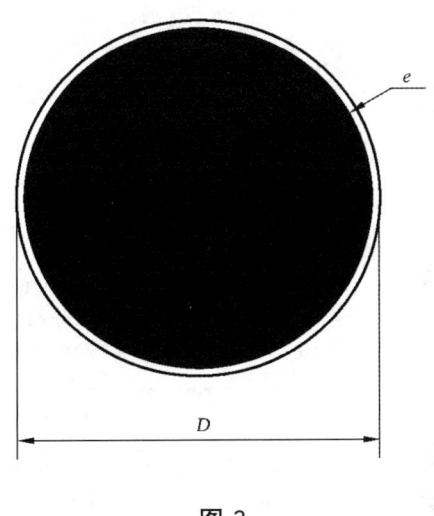

图 3

6.3 指令标志的基本尺寸应根据最大观察距离（L）确定，按表 5 选取。

表 5 指令标志尺寸与最大观察距离的关系   单位为毫米

标志尺寸	逆向反射标志		自发光标志	
	$L=10$ m	$L=15$ m	$L=10$ m	$L=15$ m
圆形直径 D	250	375	250	320
白边宽度 e	5	7	5	7

6.4 指令标志的种类及设置地点。

指令标志的种类、名称、设置地点见表6。

表6

编号	符 号	名 称	设置地点	说 明
6-1		必须戴矿工帽	人员出入的井口、更衣房、矿灯房及井下人员休息候车等醒目地方	
6-2		必须携带矿灯	入井口处、更衣房、矿灯房等醒目地方	
6-3		必须随身携带自救器	入井口处、更衣室、领自救器房等醒目地方	
6-4		必须穿带绝缘保护用品	设在高压电器设备室内	
6-5		必须系安全带	建井施工处、高空作业、井筒检修地点	引用GB 2894
6-6		必须戴防尘口罩	打眼施工、炮烟区、喷浆等产尘作业地段	引用GB 2894
6-7		必须桥上通过	设有人行桥的地方	
6-8		走人行道	设在人行道两端	

表 6（续）

编号	符号	名称	设置地点	说明
6-9		鸣笛	机车通过巷道交叉处、道岔口和弯道前 20 m～30 m 鸣笛处	引用 GB 5768
6-10		必须加锁	剧毒品、爆炸物、危险品库房等地点	引用 GB 2894
6-11		必须持证上岗	井口、配电室、炸药库等必须出示上岗证的地点	引用 AQ1017
6-12		注意通风	需要供风的工作场所	

7 路标、名牌、提示标志

7.1 路标、名牌、提示标志的基本形状为长方形，如图 4 所示。

7.2 路标、名牌、提示标志的颜色为绿底、白图案，白字亦可用黑字。

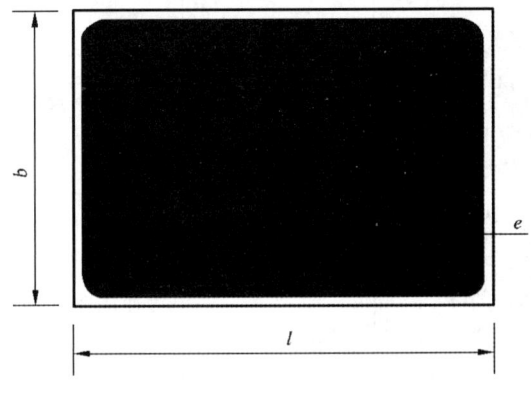

图 4

7.3 路标、名牌、提示标志的基本尺寸应根据最大观察距离（L）确定，按表 7 选取路标牌的尺寸根据实际需要可按比例放大。

表7 提示标志尺寸与最大观察距离的关系　　　　　　　　单位为毫米

标志尺寸	逆向反射标志		自发光标志	
	$L=10$ m	$L=15$ m	$L=10$ m	$L=15$ m
短边长度 b	220	320	200	300
长边长度 l	330	480	300	450
白边宽度 e	5	7	5	7

7.4 路标、名牌、提示标志的种类及设置地点。

路标、名牌、提示标志的种类、名称、设置地点见表8。

表8

编号	符号	名称	设置地点	说明
8-1		安全出口	设在矿井采区安全出口路线上(间隔100 m)和改变方向处	引用 GB/T 10001
8-2		电话	通往电话的通道上	
8-3		躲避硐	井下通往躲避硐室的通道及躲避硐室入口处	引用 GB 2894
8-4		急救站	通往急救站通道上	引用 GB/T 10001
8-5		可动火区	经有关部门划定的可使用明火的地点	引用 GB 2894
8-6		爆破警戒线	爆破警戒线处	

表 8（续）

编号	符 号	名 称	设置地点	说 明
8-7	××危险区 ←	危险区	井下火灾、瓦斯、水患等危险区附近	
8-8	沉 陷 区 ←	沉陷区	地表沉陷滑落区	
8-9	前方慢行 ←	前方慢行	风门、交叉道口、弯道、车场、翻罐等须减速慢行地点	
8-10	进风巷道 ←	进风巷道	进风巷道	
8-11	回风巷道 ←	回风巷道	回风巷道	
8-12	运输巷道 ←	运输巷道	井下运输巷道	引用 AQ 1017
8-13	正在检修 不准送电	指示牌	根据需要自行书写自行设置	示例
8-14	← ××水平 → ××石门 ×石门 ××石门	路标	自行设置	

1101

表 8（续）

编号	符号	名称	设置地点	说明
8-15	避火灾、瓦斯(煤尘)爆炸路线 ←	避火灾、瓦斯爆炸路线	井下躲避火灾、瓦斯、煤尘爆炸的通道上	引用 AQ 1017
8-16	避水灾路线 ←	避水灾路线	井下躲避水灾的通道上	引用 AQ 1017
8-17	避有毒有害气体路线 ←	避有毒有害气体路线	井下躲避有毒有害气体路线的通道上	引用 AQ 1017
8-18	永久密闭 编号： 材料： 时间：	永久密闭	井下废巷、盲巷入口处	引用 AQ 1017
8-19	测风牌	测风牌	井下掘进、采煤工作面等处	引用 AQ 1017
8-20	一炮三检牌	炮检牌	井下采、掘工作面等要求设置的地点	引用 AQ 1017
8-21	瓦斯巡检牌	瓦斯巡检牌	井下采、掘工作面等要求设置的地点	引用 AQ 1017

8 补充标志

8.1 文字补充标志的规定

8.1.1 文字补充标志是将主标志的名称用黑体字横写在矩形的底板上。文字补充标志必须与主标志联用,单独使用没有任何安全含义。

8.1.2 文字补充标志基本形式是矩形边框,放在主标志下方,也可放在左方或右方,见图5、图6所示。

8.1.3 文字补充标志的底色应与联用的主标志底色相统一,其文字的颜色,除警告标志用黑色外,其他标志均为白色。

8.1.4 文字补充标志为矩形,长边等于圆的直径或三角形边长,宽等于长边的五分之一。如与方向补充标志联用,其尺寸宽为标志的二分之一,长为标志的三分之一。

8.2 方向补充标志的规定

8.2.1 方向补充标志图形符号是箭头,它应指示被联用主标志所表示意义的方向,必须与主标志联用,单独使用没有任何安全含义。

8.2.2 方向补充标志如系指示左向(包括左上、左下)则放在主标志的左侧,如系指示右向(包括右上、右下)则放在主标志的右侧,如图6所示。

8.2.3 方向补充标志的底色和箭头颜色应与联用主标志的颜色相统一。

8.2.4 方向补充标志的尺寸,宽为标志的二分之一,长为标志的三分之一。

图 5

图 6

9 颜色

本标准使用的安全色及其安全含义应符合 GB 2893 的规定。各种材料的色度坐标和亮度因数应符合表 A.1 的规定,逆向反射材料的反射系数应符合表 A.2 的规定。见附录 A。

10 矿山安全标志牌的制作与检验

10.1 矿山安全标志牌应按本标准规定制作。制作图示例见附录 B。应采用逆向反光材料和自发光材料制作安全标志图形。一般选用金属或其他阻燃材料为底板。有触电危险场所的标志牌,应使用绝缘材料制作。

10.2 矿山安全标志牌必须经国家技术监督部门认可的安全产品质量检验单位检查合格后方可使用。

11 矿山安全标志牌的设置与管理

11.1 矿山安全标志牌位置应设在与安全有关的明显的地方,并保证人们有足够的时间注意它所表示的内容。

11.2 矿山安全标志牌应定期清洗,每季至少检查一次。如有变形、损坏、变色、图形符号脱落、亮度老化等现象应及时修理或更换。

附 录 A
（资料性附录）
颜 色 范 围

A.1 色度坐标与色品区域图。

表 A.1 普通材料、发光材料、逆反射材料和组合材料的色度坐标和亮度因数

颜色		许用颜色范围的角点色度坐标（标准照明体 D_{65}，2°视场）				亮度因数 β				
		1	2	3	4	普通材料	发光材料	逆反射材料		组合材料
								类型1	类型2	
红	x	0.735	0.681	0.579	0.655	≥0.07	≥0.03	≥0.05	≥0.03	≥0.25
	y	0.265	0.239	0.341	0.345					
蓝	x	0.049	0.172	0.210	0.137	≥0.05	≥0.05	≥0.01	≥0.01	≥0.03
	y	0.125	0.198	0.160	0.038					
黄	x	0.545	0.494	0.444	0.481	≥0.45	≥0.80	≥0.27	≥0.16	≥0.70
	y	0.454	0.426	0.476	0.518					
绿	x	0.201	0.285	0.170	0.026	≥0.12	≥0.40	≥0.04	≥0.03	≥0.35
	y	0.776	0.441	0.364	0.399					
白	x	0.350	0.305	0.295	0.340	≥0.75	≥1.0	≥0.35	≥0.27	—
	y	0.360	0.315	0.325	0.370					
黑	x	0.385	0.300	0.260	0.345	≥0.03	—	—	—	—
	y	0.355	0.270	0.310	0.395					

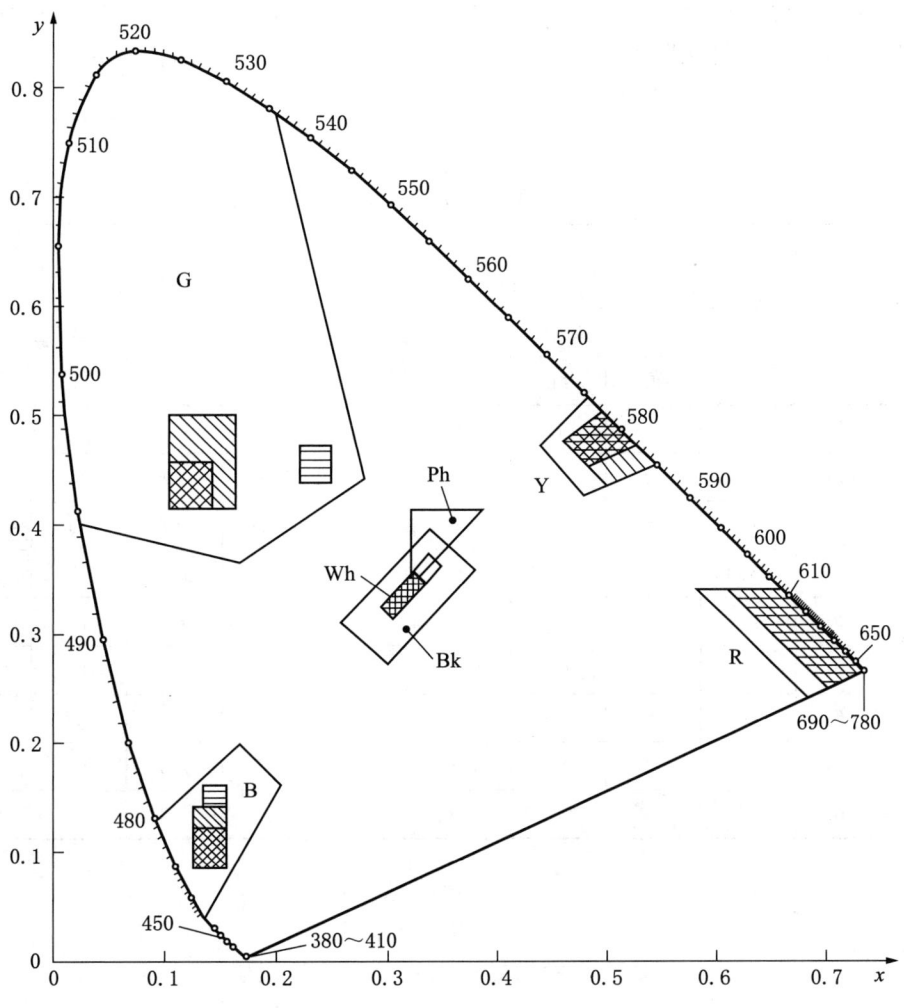

图例：

R 红色 Wh 白色
Y 黄色 Bk 黑色
G 绿色 Ph 浅黄的白色磷光
B 蓝色

□ 与表2一致的安全色范围

▤ 与表3一致的安全色范围，普通材料

▨ 与表3一致的安全色范围，逆反射材料类型1

▧ 与表3一致的安全色范围，逆反射材料类型2

图 A.1 安全色和对比色的色品区域

A.2 逆向反射系数(在平面反光材料的表面上):该系数是在观察方向上,一种材料的反光强度(I)对垂直入射光照度(E_1)和该反射面积(A)乘积之比。用符号R'表示。

$$R' = \frac{I}{E_1 \times A} \quad \cdots\cdots\cdots\cdots\cdots\cdots\cdots (A.1)$$

表 A.2 最小逆反射系数 R'

观察角	入射角	最小逆反射系数 (单位:$cd \cdot lx^{-1} \cdot m^{-2}$,光源:标准照明体 A)									
		类型 1					类型 2				
		白	黄	红	绿	蓝	白	黄	红	绿	蓝
12′	5°	70	50	14.5	9	4	250	170	45	45	20
	30°	30	22	6	3.5	1.7	150	10	25	25	11
	40°	10	7	2	1.5	0.5	110	70	16	16	8
20′	5°	50	35	10	7	2	180	122	25	21	14
	30°	24	16	4	3	1	100	67	14	11	7
	40°	9	6	1.8	1.2	0.4	95	64	13	11	7
2′	5°	5	3	0.8	0.6	0.2	5	3	0.8	0.6	0.2
	30°	2.5	1.5	0.4	0.3	0.1	2.5	1.5	0.4	0.3	0.1
	40°	1.5	1.0	0.3	0.2	0.06	1.5	1.0	0.3	0.2	0.06

附 录 B
(规范性附录)
矿山安全标志牌制作图示例

图 B.1

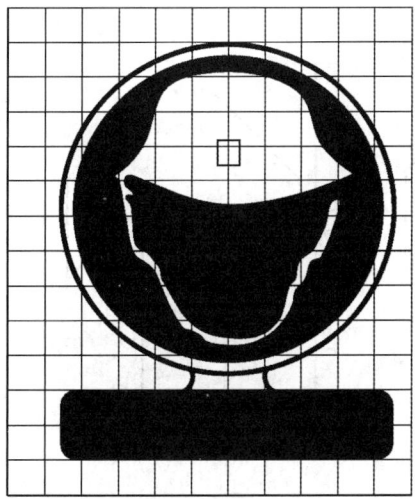

图 B.2

图 B.3

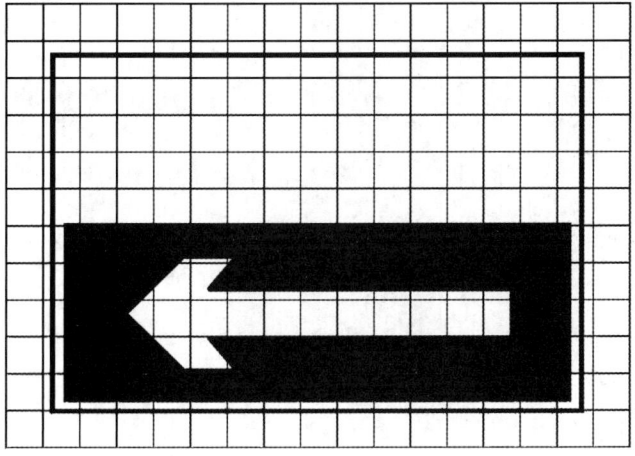

图 B.4

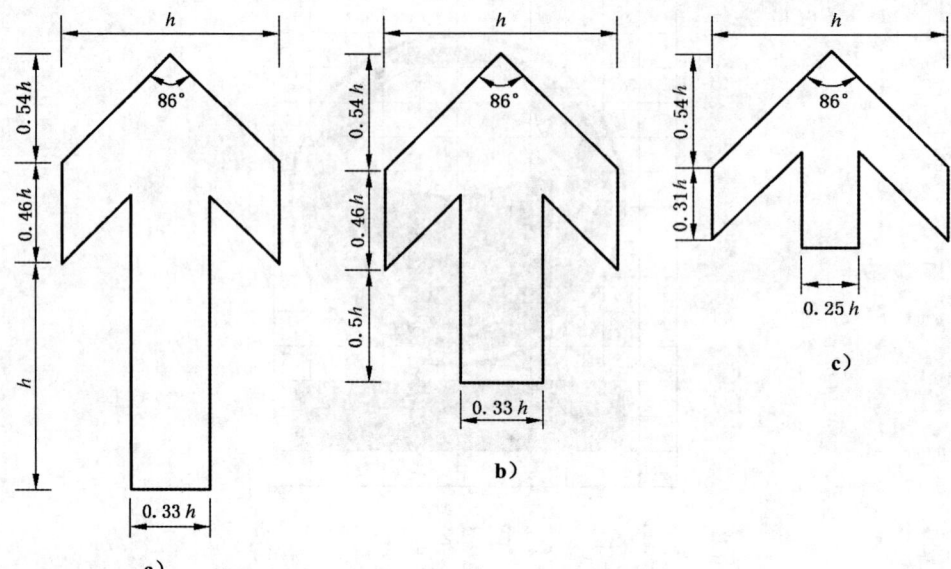

图 B.5

矿用电梯安全技术要求(AQ 2069—2019)

前 言

本标准的全部技术内容为强制性条款。

本标准按照 GB/T 1.1—2009 给出的规则起草。

本标准由中华人民共和国应急管理部提出。

本标准由全国安全生产标准化技术委员会非煤矿山安全分技术委员会(SAC/TC 288/SC 2)归口。

本标准起草单位:长沙矿山研究院有限责任公司、湖北电梯厂、安标国家矿用产品安全标志中心有限公司、国家安全生产长沙矿山机电检测检验中心、金属矿山安全技术国家重点实验室、中国矿业大学。

本标准主要起草人:翟守忠、贺建国、杨大明、李广、熊新洲、朱真才、李富伟、钟漱生、陈淼、王四现、朱华平、郭鑫、王西涛、余洪伟、左英杰、王秋敏、张立博、龚文、季光洲、曹国华、曹胜、谭斯格、周建、王正、杨锦涛、李勇。

1 范围

本标准规定了矿用电梯的基本要求、安全技术要求、安全使用要求、检测检验方法、检测检验规则。

本标准适用于矿山竖井升降人员或升降人员和物料的电力驱动的曳引式矿用电梯。

2 规范性引用文件

下列文件对于本文件的应用是必不可少的。凡是注日期的引用文件,仅注日期的版本适用于本文件。凡是不注日期的引用文件,其最新版本(包括所有的修改单)适用于本文件。

GB/T 3797　电气控制设备

GB 3836.1　爆炸性环境　第1部分:设备　通用要求

GB 3836.2　爆炸性环境　第2部分:由隔爆外壳"d"保护的设备

GB 3836.4　爆炸性环境　第4部分:由本质安全型"i"保护的设备

GB 4208　外壳防护等级(IP代码)

GB/T 5023.6　额定电压 450/750 V 及以下聚氯乙烯绝缘电缆　第6部分:电梯电缆和挠性连接用电缆

GB/T 7024　电梯、自动扶梯、自动人行道术语

GB 7588　电梯制造与安装安全规范

GB 8903　电梯用钢丝绳

GB/T 10058　电梯技术条件

GB/T 10059—2009　电梯试验方法

GB/T 12173　矿用一般型电气设备

GB/T 20645　特殊环境条件高原用低压电器技术要求
GB/T 22562　电梯 T 型导轨
GB/T 24478　电梯曳引机
GB/T 27903　电梯层门耐火试验　完整性、隔热性和热通量测定法
AQ 1043　矿用产品安全标志标识
AQ 2058　金属非金属矿山在用矿用电梯安全检验规范
MT/T 386　煤矿用电缆阻燃性能的试验方法和判定规则

3 术语和定义

GB/T 7024 和 AQ 2058 界定的以及下列术语和定义适用于本文件。

3.1
机房　machine room

安装矿用电梯曳引机及其附属设备的专用房间或硐室。

3.2
柔性导轨　flexible guide rail

采用钢丝绳作为导向部件供轿厢和对重运行的导轨。

3.3
曳引钢丝绳安全系数　towing wire rope safety factor

装有额定载荷的轿厢停靠在最低层站时，曳引钢丝绳的最小破断负荷与其所受的最大静张力之间的比值。

3.4
制动绳　brake rope

在柔性轨道作为导向部件的矿用电梯中，与安全钳配合实施安全制动的钢丝绳。

3.5
安全钳　safety gear

当矿用电梯速度超过限速器设定的速度限值时，或在悬挂绳发生断裂和松弛的情况下，由限速器操纵，将轿厢或对重紧急制停并夹持在导轨或制动绳上的安全装置。

4 基本要求

4.1 矿用电梯应按本标准的规定进行专门设计，并按批准的图样及技术文件制造。

4.2 矿用电梯所用的主要原材料、安全保护装置、主要部件应有供应厂家的正式标记及合格证，并经检验合格后方可使用。

注：矿用电梯的安全保护装置是指限速器、安全钳、缓冲器、门锁装置、轿厢上行超速保护装置、含有电子元件的安全电路和可编程电子安全相关系统、轿厢意外移动保护装置等部件；矿用电梯的主要部件是指曳引机、轿厢、控制柜、层门、轿门、绳头组合、钢丝绳、绳轮、电缆、导轨、导靴等部件。

4.3 所有标牌、须知、标记及操作说明应清晰易懂和具有永久性，并采用不易撕毁的耐用材料制成，设置在明显位置。

4.4 矿用电梯电缆应采用阻燃电缆，且符合 MT/T 386 的相关规定，随行电缆还应符合 GB/T 5023.6 的要求。

4.5 矿用电梯的控制电路和轿厢照明装置供电电压,采用交流电源应不超过 36 V、采用直流电源应不超过 24 V;井道照明供电电压,采用交流电源应不超过 127 V。

4.6 矿用电梯底坑内的电气设备或部件外壳防护等级不低于 GB 4208 规定的 IP67 的要求,其余电气设备和外部组件的外壳防护等级不低于 GB 4208 规定的 IP55 的要求。此外,电气设备还应符合 GB/T 12173 的其他规定。

4.7 矿用电梯相关部件应根据其使用环境采取相应的防腐措施。

4.8 矿用电梯的下列部件应适合于矿山井下使用的环境(包括高低温、高湿、淋水、粉尘、腐蚀、电磁干扰、易燃易爆等环境),并提供相关检测检验报告:

    a) 曳引机;
    b) 限速器;
    c) 安全钳;
    d) 缓冲器;
    e) 轿厢上行超速保护装置;
    f) 门锁装置;
    g) 防火层门;
    h) 含有电子元件的安全电路和可编程电子安全相关系统(如有时)。

4.9 对于易于接近的、可能产生危险的旋转部件、传动部件(如曳引轮、滑轮等),应采取有效的防护措施。对于未采取防护措施的盘车手轮、制动轮等光滑圆形部件,应涂成黄色或部分涂成黄色。

4.10 对于提升速度≥3.5 m/s 或提升高度≥200 m 的矿用电梯,应配有用于限速器动作速度校验的辅助装置。

4.11 对于爆炸性环境中使用的矿用电梯,还应符合 GB 3836 的规定。

4.12 矿用电梯应按相关规定,取得矿用产品安全标志。

5 安全技术要求

5.1 整机要求

5.1.1 运行速度

电源为额定频率和额定电压时,载有 50% 额定载重量的轿厢向上和向下运行至行程中段(匀速段)时的速度,应不大于额定速度的 105%,且不小于额定速度的 92%。

5.1.2 加、减速度

矿用电梯正常运行时,轿厢的加速度和减速度应不超过 0.75 m/s²。

5.1.3 振动加速度

矿用电梯轿厢运行在恒加速度区域内的垂直(Z 轴)振动的最大峰峰值不应大于 0.30 m/s²,平均值不应大于 0.20 m/s²。

矿用电梯轿厢运行期间水平(X 轴和 Y 轴)振动的最大峰峰值不应大于 0.20 m/s²,平均值不应大于 0.15 m/s²。

5.1.4 运行噪声

曳引机在运行时不应有异常的振动和异常的噪声。机房内的最大噪声值及矿用电梯运行中、开门过程中轿厢内的噪声均不应超过 85 dB(A)。

5.1.5 平层准确度和保持精度

轿厢的平层准确度应为±20 mm。平层保持精度应为±40 mm，如果装卸载时超出±40 mm，应校正到±20 mm以内。

5.1.6 平衡系数

矿用电梯的平衡系数应在0.4～0.5范围内。

5.1.7 曳引能力

5.1.7.1 轿厢装载至125%额定载荷时，应能保持平层状态不打滑。

5.1.7.2 轿厢空载上行和额定载荷下行时应能正常运行和平层。

5.1.7.3 当对重压在缓冲器上而曳引机按矿用电梯上行方向旋转时：
   a) 如果满足滞留工况，应不能提升空载轿厢；
   b) 如果不能满足滞留工况，应设置轿厢防冲顶和坠地的保护措施。

5.1.8 安全制动装置

5.1.8.1 轿厢下行安全制动装置

5.1.8.1.1 轿厢应装有能在下行时制动的安全钳。在达到限速器动作速度时，或在悬挂装置断裂的情况下，安全钳应能夹紧导轨或者制动绳，使装有额定载重量的轿厢制停并保持静止状态。

5.1.8.1.2 采用渐进式安全钳时，轿厢重载下行安全制动平均减速度应为 $1.96 \text{ m/s}^2 \sim 9.80 \text{ m/s}^2$。

5.1.8.2 轿厢上行安全制动装置

应安装轿厢上行安全制动保护装置，且空载轿厢上行的安全制动平均减速度不应大于 9.80 m/s^2。

5.1.9 负载运行能力

轿厢内载有110%额定载重量的载荷，在启动、全程运行、停止、开关门过程中，矿用电梯应能正常运行。

5.1.10 消防返回功能

如果矿用电梯设有消防返回功能，应符合以下要求：
   a) 消防开关应设在基站或者撤离层站，防护措施应当完好，并且标有"消防"字样；
   b) 消防功能启动后，矿用电梯不应响应外呼和内选信号，轿厢应直接返回基站或指定撤离层站，开门待命。

5.1.11 曳引机制动系统

5.1.11.1 矿用电梯应设有失效安全型制动系统，且制动器应直接作用在与曳引轮刚性连接的部件上。

5.1.11.2 在动力电源或者控制电路电源失电时能自动制动。

5.1.11.3 制动力矩应不低于曳引机额定转矩的2.5倍。

5.1.12 曳引机温度

曳引电机定子绕组和制动器线圈在采用B级或者F级绝缘时，温升分别不超过80 K或者105 K。减速器油温不应超过85 ℃。

5.1.13 密封性能

曳引机减速箱箱体分割面、观察窗(孔)盖等处应紧密连接，不应渗漏油。

5.1.14 接地电阻

矿用电梯曳引电机、控制柜应可靠接地,其接地电阻应符合下列要求:
a) 地面不应大于 4 Ω;
b) 井下不应大于 2 Ω。

5.1.15 轿厢位置监测

在电动或手动紧急操作时,应确保在机房内易于监测轿厢是否处于开锁区。

5.1.16 安全保护

5.1.16.1 检修活板门有效闭合的联锁保护

当设置有检修活板门时,应设置监测检修活板门关闭状态的联锁保护装置。当检修活板门未关闭时,应防止矿用电梯曳引机启动或立即使其停止运转,并切断制动器电源。

5.1.16.2 层门锁紧和闭合的联锁保护

应设置层门锁紧状态和层门闭合位置的联锁保护装置。层门未锁紧或未闭合时,应防止矿用电梯曳引机启动或立即使其停止运转,并切断制动器电源。

5.1.16.3 层门防撞保护

动力驱动的自动层门应具有防撞保护功能。在层门关闭过程中,当乘客或物体通过入口被门扇撞击或将被撞击时,能使层门重新自动开启。层门再次自动关闭时的动能不应大于 4 J,该作用可在每个主动门扇最后 50 mm 的行程中被消除。

当轿门和层门联动时,该保护功能可以由轿门的防撞保护装置实现。

5.1.16.4 无锁门扇闭合位置联锁保护

当采用间接机械连接的无锁门扇时,应设置其闭合位置的联锁保护装置。无锁门扇未闭合时,应防止矿用电梯曳引机启动或立即使其停止运转,并切断制动器电源。

5.1.16.5 轿门防撞保护

动力驱动的自动轿门应具有防撞功能。在自动轿门关闭过程中,当人员或物体通过入口被撞击或即将被撞击时,轿门应自动重新开启。轿门再次自动关闭时的动能不应大于 4 J,该作用可在每个主动门扇最后 50 mm 的行程中被消除。

5.1.16.6 轿门闭合位置联锁保护

应设置轿门闭合位置的联锁保护。轿门未闭合时,应能防止矿用电梯曳引机启动或立即使其停止运转,并切断制动器电源。

5.1.16.7 轿厢安全窗锁紧状态联锁保护

应设置轿厢安全窗锁紧状态的联锁保护装置。轿厢安全窗未锁紧时,应防止矿用电梯曳引机启动或立即使其停止运转,并切断制动器电源。

5.1.16.8 防跳装置联锁保护

设置有补偿绳时,应设置补偿绳防跳装置联锁保护装置。当补偿绳跳动超过极限时,矿用电梯应停止运行。

5.1.16.9 安全钳动作联锁保护

矿用电梯应具有安全钳动作联锁保护功能。当安全钳发生作用时,曳引机应停止运转,同时曳引机的制动装置实施制动。

5.1.16.10 超速保护

矿用电梯应具有轿厢下行超速保护和轿厢上行超速保护功能。

a) 当轿厢下行速度达到限速器的电气保护速度时,曳引机应停止运转,同时曳引机的制动装置实施制动。当轿厢下行速度超过限速器机械保护速度时,安全钳应发生制动作用。

b) 当轿厢上行速度达到限速器的电气保护速度时,矿用电梯曳引机应停止运转,同时曳引机的制动装置实施制动。当轿厢上行速度超过限速器机械保护速度时,轿厢上行超速保护装置应发生作用。

5.1.16.11 限速器状态保护

应具有限速器复位状态联锁保护功能。如果限速器未复位,矿用电梯不能启动。

5.1.16.12 限速器钢丝绳断裂或松弛保护

应设置限速器钢丝绳断裂或松弛保护装置。当限速器钢丝绳断裂或松弛时,矿用电梯曳引机应停止运转,同时曳引机的制动装置实施制动。

5.1.16.13 轿厢上行超速保护装置动作的联锁保护

应具有轿厢上行超速保护装置动作联锁保护功能。当轿厢上行超速保护装置发生作用时,矿用电梯曳引机应停止运转,同时曳引机的制动装置实施制动。

5.1.16.14 终端缓冲保护

矿用电梯应安装终端缓冲器。当采用耗能型缓冲器时,应装设缓冲器复位保护装置,确保在缓冲器恢复后,矿用电梯才能正常运行。缓冲器应设置在轿厢和对重的行程底部极限位置。

5.1.16.15 极限位置保护

矿用电梯应设置轿厢上、下极限位置保护装置。轿厢达到极限位置时,矿用电梯曳引机应停止运转,同时曳引机的制动装置实施制动,且不应自动恢复运行。

5.1.16.16 轿门锁紧状态联锁保护

当轿门设有轿门锁时,应设置轿门锁紧状态的联锁保护。当轿门未有效锁紧时,矿用电梯不能启动或立即使其停止运转,并切断制动器电源。

5.1.16.17 盘车手轮联锁保护

采用可拆卸盘车手轮时,应具有盘车手轮联锁保护功能。当装上盘车手轮时,应能切断曳引电机和制动器的电源。

5.1.16.18 超载保护

应具有轿厢超载保护功能。在超载情况下,应能防止矿用电梯正常启动,且应满足下列要求:

a) 轿厢内应有音响和发光信号通知使用人员;
b) 动力驱动门应保持在完全打开位置;
c) 手动门应能从轿厢内正常开启。

5.1.16.19 曳引机制动器断电装置故障保护

应具有曳引制动器断电装置故障保护功能。应至少采用两个独立的电气装置切断制动器电源,两个独立的电气装置应串联于电源电路中。当矿用电梯停止时,如果其中一个电气装置失效,最迟到下一次运行方向改变时,应防止矿用电梯再运行。

5.1.16.20 曳引电机运行保护

5.1.16.20.1 应具有曳引电机断电装置故障保护功能。应采用两个独立的电气断电装置切断曳引电机电源,两个独立的电气装置均应串联于电源电路中。当矿用电梯停止时,如果其中一个电气装置失效,最迟到下一次运行方向改变时,应防止矿用电梯再运行。

5.1.16.20.2 矿用电梯应具有曳引电机运转时间保护功能。在下述情况下,应能使矿用电梯停止并保持在停止状态:

a) 当启动矿用电梯时,曳引机不转;
b) 轿厢或对重向下运动时,由于障碍物阻碍停止下行,导致曳引绳在曳引轮上打滑。

曳引电机运转时间保护应不大于 45 s。恢复正常运行只能通过手动复位。恢复断开的电源后,曳引机无须保持在停止位置。曳引电机运转时间保护不应影响到轿厢检修运行和紧急电动运行。

5.1.16.20.3 矿用电梯应设置曳引电机超温保护装置。曳引电机任意一组绕组温度超过设计温度时,轿厢到达最近的目标层站后不能再继续运行。矿用电梯应在曳引电机得到充分冷却后自动恢复正常。

5.1.16.21 安全回路意外接地故障保护

应具安全回路意外接地故障保护功能。当含有电气安全装置的电路发生意外接地时:

a) 应使矿用电梯立即停止运转,或在第一次正常停止运转后,不能再启动;
b) 应只能通过手动复位方式恢复矿用电梯再运行。

5.1.16.22 承接装置的联锁保护

设有承接装置的矿用电梯,应具有承接装置位置的联锁保护功能。当承接装置处于打开位置时,矿用电梯应不能启动和运行。

5.1.17 安全标志及警告(示)说明

5.1.17.1 轿厢内应设有以下标识:

a) 铭牌,标明额定载重量、乘人数、制造厂名称或商标。改造后的矿用电梯,铭牌上应标明额定载重量、乘人数、改造单位名称、改造竣工日期等。
b) 各层站水平标高的标识。
c) 黄色铃形符号标识的报警装置。
d) 安全使用须知。
e) 符合 AQ 1043 规定的矿用产品安全标志标识牌。

5.1.17.2 轿顶有护栏时,应有关于俯伏或斜靠护栏危险的警示符号或须知。

5.1.17.3 各矿用电梯主开关及照明开关应当设置标志以便于区分。

5.1.17.4 在矿用电梯曳引机上靠近盘车手轮处,应明显标出轿厢运行方向。如果手轮不能拆卸,则可在手轮上标出。

5.1.17.5 在紧急电动运行按钮上或其近旁应标出轿厢运行方向。

5.1.17.6 在矿用电梯机房内应设有详细的说明,明示矿用电梯发生故障时应遵循的规程,尤其应包括手动或电动紧急操作装置和层门开锁钥匙的使用说明。

5.1.17.7 在停止装置上或者其近旁,应当标有"停止"标识。

5.1.17.8 重要安全部件应有铭牌和标识。

5.1.17.9 控制柜上或测试装置上应设置上行超速保护装置试验和复位操作说明。

5.1.17.10 限速器上应标明与安全钳动作相应的旋转方向。

5.2 部件要求

5.2.1 曳引机

5.2.1.1 曳引机整机质量

曳引机整体质量应符合 GB/T 24478 的规定。

5.2.1.2 曳引轮

5.2.1.2.1 曳引轮直径应符合设计要求。

5.2.1.2.2 曳引轮绳槽面应采用与曳引钢丝绳耐磨性能匹配的材质,曳引轮绳槽面材质应均匀,表面无缺陷,其硬度差不应大于 15HB。

5.2.1.3 曳引电机

5.2.1.3.1 曳引电机绝缘电阻应符合表 1 的要求。

表 1 电气绝缘要求

安装位置	标称电压 U V	测试电压(直流) V	绝缘电阻 MΩ
地面	$U \leqslant 100$	250	$\geqslant 0.25$
	$100 < U \leqslant 500$	500	$\geqslant 0.50$
	$U > 500$	1 000	$\geqslant 1.00$
井下	$U \leqslant 100$	250	$\geqslant 0.25$
	$100 < U \leqslant 250$	500	$\geqslant 0.50$
	$380 < U \leqslant 500$	500	$\geqslant 1.00$
	$U > 500$	1 000	$\geqslant 2.00$
注:其他电压等级时应符合相关标准的要求。			

5.2.1.4 制动系统

5.2.1.4.1 制动系统至少应具有一个摩擦型机-电式制动器。

5.2.1.4.2 机-电式制动器应满足下列要求:

当轿厢载有 125% 额定载荷并以额定速度向下运行时,操作机-电式制动器应能使曳引机停止运转。

所有参与向制动轮或盘施加制动力的制动器机械部件应分两组装设。如果一组部件不起作用,应仍有足够的制动力使载有额定载荷以额定速度下行的轿厢减速下行。

5.2.1.4.3 应能手动松开曳引机制动器并使其保持为松开状态。

5.2.1.4.4 制动响应时间不应超过 0.5 s。

5.2.1.5 应急措施

曳引机应设置手动紧急操作装置,以便能将轿厢移动到一个层站。手动紧急操作装置应采用平滑且无辐条的盘车手轮。

5.2.2 限速器

5.2.2.1 操纵轿厢安全钳限速器的限速值应不小于额定速度的 115%,但应小于下列各值:

  a) 除不可脱落滚柱式以外的瞬时式安全钳为 0.8 m/s;

  b) 不可脱落滚柱式瞬时式安全钳为 1 m/s;

c) 额定速度小于或等于 1 m/s 的渐进式安全钳为 1.5 m/s;
  d) 额定速度大于 1 m/s 的渐进式安全钳为 $1.25v+0.25/v$(m/s)。

5.2.2.2 可调部件在调整后应加封记。

5.2.2.3 对于仅靠摩擦力来产生张力的限速器,其槽口应经过附加的硬化处理或具有一个符合GB 7588 要求的切口槽。

5.2.2.4 限速器动作时,限速器钢丝绳的张力不应小于安全钳起作用所需力的 2 倍,且不应小于 300 N。

5.2.2.5 对重安全钳的限速器动作速度应大于规定的轿厢安全钳的限速器动作速度,但不应超过 10%。

5.2.2.6 限速器应由限速器钢丝绳驱动,且满足下列要求:
  a) 限速器钢丝绳的安全系数(即最小破断载荷与限速器动作时产生的限速器钢丝绳的张力之比)不应小于8。对于摩擦型限速器,摩擦系数宜按0.2 计算。
  b) 限速器钢丝绳的公称直径不应小于 6 mm。
  c) 限速器绳轮的节圆直径与限速器钢丝绳的公称直径之比不应小于 30。
  d) 限速器钢丝绳应采用张紧轮张紧,张紧轮(或其配重)应有导向装置。
  e) 安全钳制动时,即使制动距离大于正常值,限速器钢丝绳及其附件也应保持完整无损。
  f) 限速器钢丝绳应易于从安全钳上取下。
  g) 当矿用电梯的提升距离大于 200 m 或速度大于 2.5 m/s 时,还应设置防止限速器钢丝绳横向摆动的措施。

5.2.3 安全钳

5.2.3.1 对于采用刚性导轨制动的矿用电梯,应满足以下要求:
  a) 当额定速度大于 0.63 m/s 时,轿厢应采用渐进式安全钳;当额定速度小于或等于 0.63 m/s 时,轿厢可采用瞬时式安全钳。
  b) 当轿厢装有数套安全钳时,则应全部采用渐进式安全钳。
  c) 当额定速度大于 1 m/s 时,对重安全钳应采用渐进式安全钳;其他情况下,可采用瞬时式安全钳。

5.2.3.2 对于采用制动绳制动的矿用电梯,轿厢和对重可采用瞬时式安全钳或者渐进式安全钳。

5.2.3.3 安全钳的动作应由限速器控制,不应采用电气、液压或气动装置控制安全钳。

5.2.3.4 轿厢空载或载荷均匀分布的情况下,安全钳制动后轿厢地板的倾斜度不应大于其正常状态的 5%。

5.2.3.5 如果对重之下有人能够到达的空间,应在对重上装设安全钳,或者将对重侧缓冲器安装在延伸到坚固地面的实心桩墩上。

5.2.4 缓冲器

5.2.4.1 蓄能型缓冲器

5.2.4.1.1 适用范围

蓄能型缓冲器(包括线性和非线性)适用于额定速度不大于 1 m/s 的矿用电梯。

5.2.4.1.2 线性蓄能型缓冲器

a） 线性蓄能型缓冲器的总行程应不小于 $0.135v^2(m)$，且不应小于 65 mm；

b） 在静载荷为轿厢质量与额定载重量之和的 2.5～4 倍或为对重质量的 2.5～4 倍时，线性蓄能型缓冲器的设计缓冲行程应满足本条款 a）的规定。

5.2.4.1.3 非线性蓄能型缓冲器

当载有额定载重量的轿厢下行，并以 115％额定速度撞击轿厢缓冲器时，应满足下列要求：

a） 缓冲器作用期间的平均减速度不大于 $9.80\ m/s^2$；

b） $25.0\ m/s^2$ 以上的减速度时间不大于 0.04 s；

c） 轿厢反弹的速度不超过 1.0 m/s。

5.2.4.2 耗能型缓冲器

5.2.4.2.1
耗能型缓冲器的总行程应不小于相应于 115％额定速度的重力制停距离，即 $0.067v^2(m)$。

5.2.4.2.2
当载有额定载重量的轿厢自由下落并以 115％额定速度撞击缓冲器时，应满足下列要求：

a） 缓冲器作用期间的平均减速度不大于 $9.80\ m/s^2$；

b） $25\ m/s^2$ 以上的减速度时间不大于 0.04 s。

5.2.5 轿厢上行超速保护装置

轿厢上行超速保护装置应符合下列要求：

a） 作用于轿厢，或对重，或钢丝绳系统，或曳引轮；

b） 动作保护速度不小于矿用电梯额定速度的 1.15 倍，且不大于轿厢安全钳的动作速度 1.10 倍；

c） 能使轿厢制停或至少使其速度降低至对重缓冲器的设计范围。

5.2.6 轿厢、轿门

5.2.6.1 高度与面积

5.2.6.1.1 轿厢内部净高度及使用人员正常出入轿厢入口的净高度均不应小于 2 m。

5.2.6.1.2 轿厢最大有效面积应符合表 2 的规定。

表 2 轿厢额定载重量与轿厢最大有效面积关系表

轿厢额定载重量 kg	轿厢最大有效面积 m^2	轿厢额定载重量 kg	轿厢最大有效面积 m^2
225	0.70	630	1.66
300	0.90	675	1.75
375	1.10	750	1.90
400	1.17	800	2.00
450	1.30	825	2.05
525	1.45	900	2.20
600	1.60	975	2.35

表 2（续）

轿厢额定载重量 kg	轿厢最大有效面积 m²	轿厢额定载重量 kg	轿厢最大有效面积 m²
1 000	2.40	1 350	3.10
1 050	2.50	1 425	3.25
1 125	2.65	1 500	3.40
1 200	2.80	1 600	3.56
1 250	2.90	2 000	4.20
1 275	2.95	2 500	5.00

注：轿厢额定载重量超过 2 500 kg 时，每增加 100 kg，轿厢最大有效面积增加 0.16 m²。对中间的轿厢额定载重量，其轿厢最大有效面积由线性插入法确定。

5.2.6.1.3 轿厢有效面积应满足每人所占底板面积不小于 0.2 m²。

5.2.6.2 开口

轿厢只允许有下列开口：
a) 使用人员正常出入口；
b) 轿厢安全窗；
c) 通风孔；
d) 防冲击波孔。

5.2.6.3 护脚板

轿厢地坎下应装设护脚板，其垂直部分的高度不应小于 0.75 m，宽度不应小于层站入口宽度。

5.2.6.4 轿门机械强度

当轿厢处于关闭位置时，轿门应具有足够的机械强度。

5.2.6.5 阻止关门的力

动力驱动的自动门阻止关门力不应大于 150 N。

5.2.6.6 间隙

门关闭后，门扇之间及门扇与立柱、门楣和地坎之间的间隙应不大于 10 mm。

5.2.6.7 轿顶

5.2.6.7.1 轿顶应有防水措施，且防水措施不应影响安全窗的正常打开。

5.2.6.7.2 轿顶应有足够的强度，在轿顶的任何位置上，应能支撑两个人的体重。

5.2.6.7.3 轿顶外侧边缘有水平方向超过 0.30 m 的自由距离时，轿顶应装设高度不低于 1.10 m 护栏。

5.2.6.8 轿厢内部设施

5.2.6.8.1 轿厢应设照明灯。

5.2.6.8.2 应具有通风措施。

5.2.6.8.3 速度超过 3.5 m/s 的矿用电梯应设置扶手，扶手的设置高度应为 1.60 m

±0.05 m。

5.2.6.8.4 对于需要提升矿车的矿用电梯,还应满足以下要求:
a) 轿底应敷设轨道,且敷设与轨道等长的护轨,防止轿厢内矿车掉道,轨道与承接装置的搭接部位应耐磨、耐冲击且易更换。
b) 轿厢内应设置坚固可靠的阻车器。阻车器的阻爪在阻车时不应自行打开。
c) 矿车与轿厢两侧的最小安全间隙:固定车箱式矿车不应小于 50 mm,翻斗式矿车不应小于 75 mm。矿车与轿厢两端的最小安全间隙不应小于 100 mm。

5.2.6.8.5 轿厢内应装设乘客易于识别和触及的报警装置,该装置应采用对讲系统以便与救援服务持续联系。且该装置的供电应来自轿厢应急电源或等效电源。

5.2.6.9 安全窗

轿厢应设有带手动锁紧装置的安全窗,并遵守下列规定:
a) 轿厢安全窗的开启应不需要钥匙。
b) 轿厢安全窗不应向轿厢内开启。轿厢安全窗的开启位置,不应超出矿用电梯轿厢的边缘。

5.2.6.10 轿厢的制造要求
a) 轿厢侧壁应具有足够的机械强度;
b) 轿底应满铺厚度不小于 4 mm 的无孔花纹钢板或由具有同等强度的其他材料制成;
c) 轿壁、轿厢地板和顶板不应使用易燃材料制成。

5.2.7 层门和门锁

5.2.7.1 尺寸与间隙

5.2.7.1.1 层门入口的净高度不应小于 2 m。

5.2.7.1.2 进入轿厢的井道开口处应装设层门,层门关闭后,门扇之间及门扇与立柱、门楣和地坎之间的间隙应不大于 10 mm。

5.2.7.1.3 在水平滑动门的开启方向,以 150 N 的人力施加在一个最不利的点上时,5.2.7.1.2规定的间隙可大于 10 mm,但对于旁开门不应大于 30 mm;对于中分门的总和不应大于 45 mm。

5.2.7.2 机械强度

层门及其门锁在锁紧位置时,应具有足够的强度。

5.2.7.3 导向装置

5.2.7.3.1 层门的设计应防止正常运行中脱轨、机械卡阻或行程终端时错位。由于磨损、锈蚀或火灾原因可能造成导向装置失效时,应设有应急的导向装置使层门保持在原有位置上。

5.2.7.3.2 水平滑动层门的顶部和底部都应设置导向装置。

5.2.7.4 动力驱动的自动门

5.2.7.4.1 阻止关门力不应大于 150 N。

5.2.7.4.2 层门及其刚性连接的机械零件的动能,在平均关门速度下的测量值或计算值不应大于 10 J。

5.2.7.4.3 矿用电梯在正常使用中,如果轿厢没有得到运行指令,则等待一段时间后,层门应自动关闭。

5.2.7.4.4 在轿门驱动层门的情况下,应设置层门自动关闭的装置(重块或弹簧)。当轿厢处于开锁区域之外打开层门时,该装置能使层门自动关闭。

5.2.7.5 手动开启的层门

5.2.7.5.1 应至少采取下列措施之一,操作人员在开门前,能清楚地观察轿厢是否在本层站的开门区域:

    a) 层门设置可视窗或可视孔。

    b) 在轿厢即将停在或已经停在本层站时,发出光信号。且在轿厢停留时,保持光信号。

5.2.7.5.2 到站时,手动关门与开门的力应不大于300 N。

5.2.7.6 层门的锁紧装置

5.2.7.6.1 轿厢启动前应将层门有效地锁紧在关闭位置上,只有在锁紧元件啮合不小于7 mm时轿厢才能启动。

5.2.7.6.2 应采用重力、永久磁铁或弹簧产生和保持锁紧动作,并满足以下要求:

    a) 采用弹簧产生锁紧力时,应采用压缩产生作用力的压缩弹簧,应具有导向装置,同时弹簧的结构应满足在开锁时弹簧不会被压并圈;

    b) 永久磁铁(或弹簧)失效时,重力不应导致锁紧失效;

    c) 如果锁紧元件是通过永久磁铁的作用保持其锁紧位置,则加热或冲击等不应导致其失效。

5.2.7.6.3 每个层门均应能用专用钥匙从外面开启。

5.2.7.7 防火性能

制造层门所需的材料应具有防火性能。

5.2.7.8 坠落防护措施

5.2.7.8.1 在正常操作情况下,任何一扇层门打开时,应不能启动矿用电梯或保持矿用电梯继续运行,但可以进行轿厢运行的预备操作。

5.2.7.8.2 正常运行时,当轿厢距离层站地平面上下0.2 m范围内时,才能开启层门。

5.2.7.9 地坎间的距离

轿厢地坎与层门地坎间的水平距离应不大于35 mm。

5.2.7.10 门之间的距离

轿门与层门间的水平距离不应大于0.12 m。

5.2.7.11 防冲击波性能

层门可能遭受爆破冲击波影响时,应采取相应的防范措施。

5.2.8 悬挂装置和补偿绳

5.2.8.1 曳引钢丝绳应符合GB 8903的规定;曳引钢丝绳用钢丝应采用防腐蚀材料或经表面防腐蚀处理。

5.2.8.2 曳引钢丝绳的公称直径应不小于8 mm,曳引轮、滑轮的节圆直径与曳引钢丝绳的公称直径之比不应小于40。

5.2.8.3 曳引钢丝绳的数量不应少于4根,且每根钢丝绳应相互独立。曳引钢丝绳和端接装置的安全系数不应小于13。

5.2.8.4 曳引钢丝绳末端应固定在轿厢、对重或系结钢丝绳固定部件的悬挂部位上。固定时,应采用金属或树脂填充的绳套、自锁紧楔形绳套或具有同等安全性能的任何其他装置。

5.2.8.5 采用下列措施使曳引钢丝绳张力均衡:

a) 每根曳引钢丝绳至少应设置可以平衡钢丝绳张力的调节装置。如果用弹簧来调节张力,则弹簧应在压缩状态下工作。应采取防松措施,防止调节装置在调整后自行松动。

b) 当提升距离大于 200 m 时,悬挂钢丝绳的一端宜装设有松绳与过载保护装置;当提升距离大于 350 m 时,悬挂钢丝绳的一端应设有钢丝绳张力自动平衡装置。

5.2.8.6 使用补偿绳时应符合下列条件:

a) 设置补偿绳的张紧轮;
b) 张紧轮的节圆直径与补偿绳的公称直径之比不小于 30;
c) 张紧轮设置防护装置;
d) 用重力保持补偿绳的张紧状态;
e) 矿用电梯额定速度大于 3.5 m/s 时,应设置防跳装置。

5.2.9 对重

对重应由对重块组成,且应将重块固定在一个框架内。

5.2.10 导轨

5.2.10.1 采用刚性导轨时,刚性导轨应选用符合 GB/T 22562 规定的 T 型导轨,且应符合 GB/T 10058 关于导轨的相关规定。

5.2.10.2 采用柔性导轨时:

a) 应优先选用密封式钢丝绳。
b) 每个轿厢设有 4 根导轨绳时,每根导轨绳的最小刚性系数不应小于 500 N/m,各导轨绳张紧力之差不应小于平均张紧力的 5%。1 个轿厢只有 2 根导轨绳时,每根导轨绳的刚性系数不应小于 1 000 N/m,各导轨绳的张紧力之差不应大于平均张紧力的 3%。每个对重设有 2 根导轨绳时,每根导轨绳的刚性系数不应小于 500 N/m,各导轨绳的张紧力之差不应大于平均张紧力的 3%。
c) 轿厢与井道的间隙和轿厢与对重的间隙满足相关规程的规定。

5.2.11 控制柜与控制功能

5.2.11.1 绝缘电阻

控制柜所有通电导体与地之间的绝缘电阻最小值应符合表 3 的规定。

5.2.11.2 耐压性能

控制柜导电部分(36 V 及以下的除外)对地之间进行耐压试验时,不应出现击穿或闪络现象。

表 3 绝缘电阻的最小值

标称电压 V	测试电压(直流) V	绝缘电阻 MΩ
安全电压	250	≥0.25
≤500	500	≥0.50
>500	1 000	≥1.00

5.2.11.3 断相、错相保护装置

每台矿用电梯控制系统均应具有断相保护功能;当矿用电梯运行与电路相序有关时,还应装设错相保护装置。

5.2.11.4 电源保护

5.2.11.4.1 直接与主电源连接的曳引电机应具有短路保护。

5.2.11.4.2 直接与主电源连接的曳引电机应采用自动断路器进行过载保护,该断路器应切断曳引电机的所有供电。

5.2.11.5 检修运行控制功能

轿顶和轿厢内应设置检修控制装置。检修控制装置开关应为双稳态开关,且应符合以下要求:

a) 进入检修模式时,应使下列操作失效,且只有再一次操作检修开关,退出检修模式,才能使矿用电梯重新恢复正常运行:
  1) 正常运行控制,包括所有自动门的操作;
  2) 紧急电动运行。

b) 轿厢运行应依靠持续按压按钮,此按钮应有防止误操作的保护,并应清楚地标明运行方向。

c) 轿厢检修运行速度不应大于 0.63 m/s。

d) 不应超过轿厢的正常行程范围。

e) 矿用电梯运行时安全装置仍应有效。

f) 如果多个检修控制装置切换到"检修"状态,操作任意一检修控制装置,均不能使轿厢运行,除非同时操作所有切换到"检修"状态的检修控制装置上的相同方向按钮。

5.2.11.6 紧急电动运行控制功能

矿用电梯机房内应设置紧急电动运行装置的开关。同时应满足下列条件:

a) 允许从机房内操作紧急电动运行开关,由持续按压具有防止误操作保护的按钮控制轿厢运行,并清楚地标明运行方向。

b) 紧急电动运行开关操作后,除由该开关控制的功能以外,应防止轿厢的一切运行。检修运行一旦实施,则紧急电动运行应失效。

c) 进入紧急电动运行模式时,下列电气装置应失效:
  1) 安全钳上的电气安全装置;
  2) 限速器上的电气安全装置;
  3) 轿厢上行超速保护装置上的电气安全装置;
  4) 极限开关;
  5) 缓冲器上的电气安全装置。

d) 紧急电动运行开关及其操纵按钮应设置在使用时易于直接观察矿用电梯曳引机的地方。

e) 轿厢的紧急电动运行速度不应大于 0.63 m/s。

5.2.11.7 停止装置

矿用电梯应设置停止装置,用于停止矿用电梯并使矿用电梯包括动力驱动的门保持在

非服务的状态。应在下列位置设置停止装置：
  a) 底坑；
  b) 滑轮间；
  c) 轿顶；
  d) 机房。
  停止装置应为双稳态，误动作不能使矿用电梯恢复运行。

5.2.12 主开关

5.2.12.1 每台矿用电梯均应单独设置用于控制曳引机电源的主开关。

5.2.12.2 主开关不应切断轿厢的照明和通风、机房的照明和电源插座、轿顶和底坑的电源插座、井道照明、报警装置的供电电路。

5.2.12.3 主开关应具有稳定的断开和闭合位置，并且在断开位置时能用挂锁或其他等效装置锁住，能够有效地防止误操作。

5.2.13 承接装置

  当矿用电梯用于提升矿车时，应在层站入口处装设相应的承接装置。

5.2.14 随行电缆

  随行电缆应避免与限速器钢丝绳、限位与极限开关等装置干涉，当轿厢压实在缓冲器上时，电缆不应与底坑地面和轿厢底边框接触；当矿用电梯的提升距离大于200 m或速度大于2.5 m/s时，还应设置防止随行电缆横向摆动的措施。

6 安全使用要求

6.1 基本要求

6.1.1 矿用电梯不应运送易燃易爆和腐蚀性等危险物品。

6.1.2 应按照制造单位的要求定期对矿用电梯进行检查和维护保养。

6.1.3 矿用电梯系统的各部分，包括机房设施、轿厢、端接装置、安全钳、上行超速保护装置、限速器、曳引机、导靴、导轨、阻车器、承接装置、缓冲器、张力调节装置、门系统和钢丝绳及各种保护装置和闭锁装置等，每天应由专职人员检查一次，发现问题应立即处理，并将检查结果和处理情况记录存档。

6.1.4 当矿用电梯使用完毕后，司机或管理人员应将轿厢停于基站，并将操纵盘上开关全部断开，关闭基站层门，切断基站呼梯盒上的钥匙开关。

6.1.5 放炮作业可能对矿用电梯有影响时，矿用电梯应停止运行，并撤出轿厢人员。

6.1.6 矿用电梯在安装、改造或者重大维修后投入使用前应进行验收检验。投入使用后还应对矿用电梯进行定期检验，检验周期不超过一年。检测检验机构应具备国家规定的资质条件。

6.2 机房及相关设备

6.2.1 矿用电梯应设置专用机房。井下机房长度超过6 m时，应增加通风措施。

6.2.2 机房不应存放易燃易爆和有毒物品，应配备干粉或干冰等适用于电气设备的灭火器，灭火器应在有效期限内，取用灭火器时应不需要借助任何工具。

6.2.3 在通往机房和滑轮间的门或活板门的外侧应设有"机房重地，闲人免进"警示牌，或者有其他类似警示标志。只有经过批准的专业人员才能进入矿用电梯的机房。

6.2.4 机房应设置永久性电气照明和应急照明。

6.2.5 机房底板强度应不低于6000 N/m²。对于钢结构机房底板,底板应可靠固定。机房顶部应采取防渗漏措施。

6.2.6 机房通道门的宽度应不小于0.60 m,高度应不小于1.80 m,且门不应向机房内开启。

6.2.7 机房设备的安装应便于维护和检修。

6.2.8 当导向滑轮安装在井道的顶层空间时,导向滑轮应位于轿顶投影部分的外面,并且能够安全地从轿顶或从井道外进行检查、测试和维修工作。

6.2.9 当对重导向的单绕或复绕的导向滑轮安装在轿顶的上方时,从轿顶上应能完全安全地触及导向轮的轮轴。

6.2.10 供人员进出的检修活板门,其净通道尺寸应不小于0.80 m×0.80 m,且开门后能保持在开启位置。检修活板门应具有足够的强度,当处于关闭位置时,应至少能支撑两个人的重量。检修活板门不应向下开启。

6.2.11 主开关的安装位置应便于操作。

6.2.12 如果不同矿用电梯的部件共用一个机房,则不同矿用电梯的部件应分别标记,每台矿用电梯的主开关应与曳引机、控制柜、限速器、盘车手轮等采用相同的标志。

6.2.13 机房内钢丝绳和楼板孔洞的间隙应在20 mm～40 mm范围内,位于井道上方的开口必须采用圈框,此圈框应当凸出地面至少50 mm。

6.2.14 对于可拆卸的盘车手轮,应放置在机房内容易接近的地方。

6.2.15 机房应有防鼠措施。

6.3 层站

6.3.1 井道与各层站的连接处,应有足够的照明和设置高度不小于1.5 m的栅栏或金属网。

6.3.2 当矿用电梯用于提升矿车时,层门入口处应装设有效的阻车装置。

6.3.3 在层门外的应明示额定载重量和额定乘人数。

6.3.4 层门钥匙应由专人管理。

6.4 井筒设施与要求

6.4.1 井道内应设置梯子间。

6.4.2 在井道最高位置、中间位置和底坑底面最高允许水位之上0.5 m处应分别装设永久性电气照明装置。在所有的门关闭时,在轿顶面以上和底坑地面以上1 m处的照度应不低于50 lx。

6.4.3 采用柔性导轨的矿用电梯,底坑应设柔性导轨的定位装置。张紧重锤的最低位置到底坑最高允许水位的距离,应不小于1.5 m。

6.4.4 柔性导轨应有20 m～30 m备用长度;柔性导轨的定位装置和张紧装置应定期检查,及时串动和转动柔性导轨。

6.4.5 井道内防护措施应符合下列要求:
   a) 对重在底坑运行区域应采用刚性隔障保护,该隔障从底坑地面上不大于0.50 m处,向上延伸到离底坑地面至少2.50 m的高度,该隔障的宽度方向两侧应分别超出对重0.10 m以上;
   b) 采用柔性导轨的矿用电梯,轿厢与对重的防撞措施应满足相关规程规定。

6.4.6 底坑空间应符合GB 7588的要求。

6.4.7 如果缓冲器设置于轿厢底部随轿厢运行,应在底坑设置支撑物(如缓冲器支座),以确保在轿厢意外下行时,底坑空间符合 GB 7588 的要求,保证底坑内作业人员的安全。

6.4.8 应有防止底坑积水的措施。

6.5 曳引钢丝绳

6.5.1 矿用电梯曳引钢丝绳的使用期限应根据使用条件确定,但最长不应超过 2 年。

6.5.2 应定期检查曳引钢丝绳的截面积损失和断丝情况,当截面积损失和断丝达到提升用钢丝绳的报废规定时,应同时全部更换。

6.5.3 各曳引钢丝绳受力应相近,其偏差应不大于 5%。

6.6 曳引轮

6.6.1 当各绳槽磨损相差达到曳引钢丝绳直径的 10%,或严重凹凸不平而影响使用时,应重车绳槽或更换曳引轮。

6.6.2 当曳引钢丝绳与绳槽底的间隙≤1 mm 时,应重车绳槽或更换曳引轮。重车时,应确保切口下部的轮缘厚度不小于相应钢丝绳的直径。

6.7 导轨

6.7.1 采用刚性导轨时:
   a) 每根导轨应至少有 2 个导轨支架,其间距宜不大于 2.50 m(如果间距大于 2.50 m 应有计算依据)。
   b) 支架应安装牢固,焊接支架应采用双面连续焊缝,锚栓(如膨胀螺栓)固定应在井道壁的混凝土构件或坚固岩石上使用。
   c) 各列导轨工作面与每 5 m 铅垂线之间测量值的最大相对偏差:
      ——对于轿厢导轨和设有安全钳的 T 型对重导轨应不大于 1.2 mm;
      ——对于不设安全钳的 T 型对重导轨应不大于 2.0 mm。
   d) 两列导轨顶面的距离偏差值,轿厢导轨应不大于 2.0 mm,对重导轨应不大于 3.0 mm。

6.7.2 滑动导靴与导轨的啮合长度不应小于 30 mm。

7 检测检验方法

7.1 通用要求

审查相关技术文件。

7.2 运行速度

轿厢运行速度的检测检验按 GB/T 10059—2009 中 4.2.1.1 的规定进行。

7.3 加、减速度

轿厢加速度和减速度的检测检验按 GB/T 10059—2009 中 4.2.2 的规定进行。

7.4 振动加速度

振动加速度的检测检验按 GB/T 10059—2009 中 4.2.6 的规定进行。

7.5 运行噪声

运行噪声的检测检验按 GB/T 10059—2009 中 4.2.5 的规定进行。

7.6 平层准确度和保持精度

平层准确度和保持精度的检测检验按 GB/T 10059—2009 中 4.2.3 的规定进行。

7.7 平衡系数

平衡系数的检测检验按 GB/T 10059—2009 中 4.2.1.2 的规定进行。

7.8 曳引能力
曳引能力的检测检验按 GB/T 10059—2009 中 4.1.13 的规定进行。

7.9 安全制动减速度
矿用电梯在额定负载和额定速度运行时,检测安全钳和轿厢上行超速保护装置的制动减速度。

7.10 负载运行能力
向轿厢内加载 110% 额定载重量的载荷,观察矿用电梯在启动、全程运行、停止、正常开关门过程中的运行状态。

7.11 消防返回功能
目测消防开关的设置位置、防护措施和标识;人为启动消防功能,目测矿用电梯对外呼和内选信号的响应情况,观察轿厢的返回位置及矿用电梯门状态。

7.12 曳引机制动系统
目测曳引机制动系统的类型和安装方式;制动力矩采用准确度不低于 2 级的测力计或拉力传感器进行测定。

7.13 曳引机温度
矿用电梯往复运行 30 min 后用准确度不低于 ±1.5% 的测温仪进行测定。

7.14 接地电阻
用准确度不低于 ±5% 的接地电阻测试仪进行测量。

7.15 安全保护

7.15.1 检修活板门有效闭合的联锁保护
打开检修活板门,目测电气安全装置是否动作,矿用电梯是否能自动停止运行。

7.15.2 层门锁紧和闭合的联锁保护
层门锁紧和闭合的联锁保护检测检验按 GB/T 10059—2009 中 4.1.5.1 的规定进行。

7.15.3 层门防撞保护
层门的防撞保护检测检验按 GB/T 10059—2009 中 5.7.2c) 的规定进行。

7.15.4 无锁门扇闭合位置联锁保护
人为使无锁门扇处于非闭合位置,目测矿用电梯运行和制动情况。

7.15.5 轿门防撞保护
轿门防撞保护的检测检验按 GB/T 10059—2009 中 5.7.2c) 的规定进行。

7.15.6 轿门闭合位置联锁保护
轿门闭合位置联锁保护的检测检验按 GB/T 10059—2009 中 4.1.5.1 的规定进行。

7.15.7 轿厢安全窗锁紧状态联锁保护
打开轿厢安全窗,查看电气装置是否动作,目测矿用电梯运行和制动情况。

7.15.8 防跳装置联锁保护
人为使防跳装置的极限位置开关动作,目测矿用电梯运行和制动情况。

7.15.9 安全钳动作联锁保护
安全钳动作联锁保护的检测检验按 GB/T 10059—2009 中 4.1.2.2 的规定进行。

7.15.10 超速保护
对轿厢下行超速保护,按 GB/T 10059—2009 中 4.1.2.2 的规定进行检验;对轿厢上行超速保护,按 GB/T 10059—2009 中 4.1.6 的规定进行检验。

7.15.11 限速器状态保护
目测限速器未复位时,矿用电梯对运行指令的响应情况。

7.15.12 限速器钢丝绳断裂或松弛保护
模拟限速器钢丝绳松弛状态,目测矿用电梯运行和制动情况。

7.15.13 轿厢上行超速保护装置动作的联锁保护
人为使监测轿厢上行超速保护装置的电气装置动作,目测矿用电梯曳引机运转情况和曳引机制动装置制动情况。

7.15.14 终端缓冲保护
目测缓冲器的安装位置;当采用耗能型缓冲器时,人为模拟耗能型缓冲器的复位状态,目测矿用电梯对运行指令的响应情况。

7.15.15 极限位置保护
极限位置保护的检测检验按 GB/T 10059—2009 中 4.1.4 的规定进行。

7.15.16 轿门锁紧状态联锁保护
人为使轿门锁紧状态的电气装置动作,目测矿用电梯运行和制动情况。

7.15.17 盘车手轮联锁保护
目测装上盘车手轮时,曳引电机和制动器电源的通断情况。

7.15.18 超载保护
超载保护的检测检验按 GB/T 10059—2009 中 4.1.15 的规定进行。

7.15.19 曳引机制动器断电装置故障保护
目测曳引机制动器的控制电路,是否采用两个独立且串联的电气装置切断制动器电源。当矿用电梯停止时,分别模拟每一个电气装置发生故障,目测到下一次运行方向改变时,矿用电梯运行和制动情况。

7.15.20 曳引电机运行保护
7.15.20.1 目测曳引机的控制电路,是否采用两个独立且串联的电气装置来切断曳引电机电源。当矿用电梯停止时,分别模拟每一个电气装置发生故障,目测到下一次运行方向改变时,矿用电梯运行和制动情况。

7.15.20.2 曳引电机运转时间保护试验按 GB/T 10059—2009 中 4.1.12 的规定进行。

7.15.21 安全回路意外接地故障防护保护
人为模拟含有电气安全装置的相关电路接地,目测该电路中电气安全装置的动作情况及矿用电梯的运行和制动情况。观察消除电路接地故障后,矿用电梯恢复运行的情况。

7.15.22 承接装置的联锁保护
目测承接装置处于打开位置时,矿用电梯运行和制动情况。

7.16 曳引机
7.16.1 分别检测曳引轮直径与绳槽表面布氏硬度。

7.16.2 用准确度不低于±5%的绝缘电阻测量仪器测量曳引电机绝缘电阻。

7.16.3 机-电式制动器试验按 GB/T 10059—2009 中 4.1.11 的规定进行;制动响应时间试验按 GB/T 24478 的规定进行;目测是否能手动松开曳引机制动器并使其保持为松开状态。

7.17 限速器

7.17.1 通过证件审查限速器的限速值与矿用电梯额定速度的符合性;目测限速器可调整部件的封记施加情况和槽口情况。

7.17.2 采用准确度不低于±3%的测量装置测量限速器动作时,限速器钢丝绳的张力值。

7.17.3 审查对重安全钳限速器和轿厢安全钳限速器的证件,确定其动作速度。

7.17.4 分别测量限速器钢丝绳及其绳轮直径,计算其直径之比。

7.17.5 目测当安全钳制动距离大于正常值时,能使限速器钢丝绳及其附件不受损坏的措施。

7.17.6 目测限速器钢丝绳的张紧方式及导向装置的配置、限速器钢丝绳从安全钳上取下的难易程度、防止限速器钢丝绳横向摆动措施的设置等情况。

7.18 安全钳

7.18.1 通过审查技术文件,检查安全钳类型及控制方式的符合性。

7.18.2 在轿厢空载或载荷均匀分布的情况下实施安全制动,测量制动后轿厢底板的倾斜度。

7.19 缓冲器

7.19.1 通过审查技术文件,检查缓冲器类型及技术参数的符合性。

7.19.2 使载有额定载重量的轿厢下行,并以115%额定速度撞击轿厢缓冲器,测量轿厢的减速度、持续时间和轿厢反弹速度。

7.20 轿厢上行超速保护装置

7.20.1 通过审查技术文件,检查轿厢上行超速保护装置动作保护速度符合性。

7.20.2 在电梯以额定速度向上运行时,使轿厢上行超速保护装置动作,目测轿厢的减速情况,测量轿厢的末速度。

7.21 轿厢、轿门

7.21.1 用分辨率优于1 mm的长度测量器具测量轿厢高度、面积、护脚板、轿顶护栏、轿内间隙、扶手高度、轿底材料厚度等尺寸。

7.21.2 轿门机械强度试验按GB/T 10059—2009中5.7.1的规定进行。

7.21.3 对于动力驱动的自动门,阻止关门的力试验按GB/T 10059—2009中5.7.2a)的规定进行。

7.21.4 对于轿厢侧壁强度,沿轿厢内向轿厢外,在轿壁强度最薄弱位置垂直施加300 N的力(此力应均匀分布在5 cm² 的圆形或方形面积内),外力消除后轿壁应无永久变形,弹性变形应不大于15 mm。

7.22 层门和门锁

7.22.1 用分辨率优于1 mm的长度测量器具测量层门的尺寸与相关间隙。

7.22.2 层门的机械强度试验按GB/T 10059—2009中5.7.1的规定进行。

7.22.3 对于动力驱动的自动门,阻止关门力试验按GB/T 10059—2009中5.7.2a)的规定进行。

7.22.4 层门及其刚性连接的机械零件的动能依据测得的层门关门速度计算。测算滑动门的平均关门速度时,滑动门的平均关门速度按其总行程减去下面的数字计算:

    a) 对于中分式门,在行程的每个末端减去25 mm;
    b) 对于旁开式门,在行程的每个末端减去50 mm。

7.22.5 对于手动开启的层门,目测在打开层门前,轿厢位置的指示信号或可视情况。轿厢到站时,分别用准确度不低于±1%的测力装置测量层门开门与关门时所需的水平力。

7.22.6 对于层门的锁紧装置,用分辨率优于 0.02 mm 的长度测量器具测量层门锁锁紧元件啮合尺寸;在啮合尺寸小于 7 mm 的情况下,目测轿厢是否能正常启动;目测层门锁紧装置的符合性;目测各个层门是否能用专用钥匙从外面开启。

7.22.7 层门制造材料的防火性能试验按 GB/T 27903 的规定进行。

7.22.8 对于坠落防护措施,目测在任意一扇层门开启时,防止矿用电梯运行的符合性;目测层门开启位置的符合性。

7.22.9 当层门可能遭受爆破冲击波影响时,审查技术文件对防范措施的符合性,目测实际所采取措施的符合性。

7.23 悬挂装置和补偿绳

用分辨率优于 1 mm 的测量器具直接测量曳引钢丝绳、张紧钢丝绳、曳引轮、滑轮、张紧轮直径,分别计算各直径比。安全系数依据钢丝绳质量证明书和设计文件计算。目测曳引钢丝绳数量及张力均衡措施。

7.24 导轨

7.24.1 对于刚性导轨,检查技术文件的符合性。

7.24.2 对于柔性导轨,采用准确度不低于±3%的测量装置测算柔性导轨刚性系数。

7.25 控制柜与控制功能

7.25.1 用准确度不低于±5%的绝缘测量仪器,按 GB/T 10059—2009 中 5.11.1 的规定测量控制柜的绝缘电阻。

7.25.2 对于控制柜耐压试验,试验前,应拆除半导体电子元件,防止电子元件损坏。并断开其余电路,用耐压试验设备在控制柜导电部分(36 V 及以下的除外)对地之间通过施加 2 倍的电路最高电压+1 000 V 的交流电压,历时 1 min,不应有击穿或闪络现象。

7.25.3 断相、错相保护装置试验按 GB/T 10059—2009 中 4.1.1 的规定进行。

7.25.4 控制柜与控制功能试验按 GB/T 10059—2009 中 5.11.3 的规定进行。

7.26 其余项目

目测检验。

8 检测检验规则

矿用电梯检测检验包括出厂检验、验收检验和型式检验,要求见表 4。

表 4 矿用电梯出厂检验、验收检验和型式检验要求表

序号	项 目		技术要求	检验方法	出厂检验	验收检验	型式检验
1	通用要求		4.2	7.1	√	√	√
2	整机性能	运行速度	5.1.1	7.2	—	√	√
3		加、减速度	5.1.2	7.3	—	√	√
4		振动加速度	5.1.3	7.4	—	√	√
5		运行噪声	5.1.4	7.5	—	√	√
6		平层准确度和保持精度	5.1.5	7.6	—	√	√

表 4（续）

序号	项目		技术要求	检验方法	出厂检验	验收检验	型式检验
7	整机性能	平衡系数	5.1.6	7.7	—	√	√
8		曳引能力	5.1.7	7.8	—	√	√
9		安全制动减速度	5.1.8	7.9	—	√	√
10		负载运行能力	5.1.9	7.10	—	√	√
11		消防返回功能	5.1.10	7.11	—	√	√
12		曳引机制动系统	5.1.11	7.12	—	√	√
13		曳引机温度	5.1.12	7.13	—	√	√
14		密封性能	5.1.13	7.14	—	√	√
15		接地电阻	5.1.14	7.15	—	√	√
16		轿厢位置监测	5.1.15	7.16	—	√	√
17		安全保护	5.1.16	7.17	—	√	√
18		安全标志及警告（示）说明	5.1.17	7.18	—	√	√
19		曳引机	5.2.1	7.19	√	√	√
20		限速器	5.2.2.1～5.2.2.3	7.20	√	√	√
			5.2.2.4～5.2.2.6		—		
21		安全钳	5.2.3.1～5.2.3.4	7.21	√	√	√
			5.2.3.5		—		
22		缓冲器	5.2.4	7.22	—	√	√
23		轿厢上行超速保护装置	5.2.5	7.23	—	√	√
24		轿厢、轿门	5.2.6.1～5.2.6.4、5.2.6.9、5.2.6.10	7.24	√	√	√
			5.2.6.5～5.2.6.8		—	√	√
25		层门和门锁	5.2.7.2、5.2.7.3、5.2.7.7	7.25	√	√	√
			5.2.7.1、5.2.7.4～5.2.7.6、5.2.7.8～5.2.7.11		—		
26		悬挂装置和补偿绳	5.2.8.1～5.2.8.4	7.26	√	√	√
			5.2.8.5～5.2.8.6		—		
27		对重	5.2.9	7.26	—	√	√
28		导轨	5.2.10	7.28	—	√	√
29		控制柜与控制功能	5.2.11	7.29	√	√	√
30		主开关	5.2.12	7.26	—	√	√
31		承接装置	5.2.13	7.26	—	√	√
32		随行电缆	5.2.14	7.26	—	√	√
注："—"表示不检验项目；"√"表示检验项目。							

矿用产品安全标志标识（AQ 1043—2007）

前　　言

为规范矿用产品安全标志标识的制作、使用与管理，制定本标准。

本标准全文为强制性标准。

本标准由国家安全生产监督管理总局提出。

本标准由全国安全生产标准化技术委员会煤矿安全技术委员会归口。

本标准起草单位：安标国家矿用产品安全标志中心（矿用产品安全标志办公室）。

本标准起草人：袁庆国、孟金锁、杨大明、王春平、胡继红、戎明彦、陈杰、王磊、毛云萍。

1　范围

本标准规定了矿用产品安全标志标识的分类、型式、尺寸、材质、颜色、使用及管理等要求。

本标准适用于纳入安全标志管理并已取得安全标志的矿用产品。

2　术语和定义

下列术语和定义适用于本标准。

2.1

矿用产品　Mining Products

矿山使用的设备、材料、仪器仪表的总称。

2.2

矿用产品安全标志标识　Mining Products Safety Label

矿用产品安全标志的图形和数字代码。

3　一般要求

3.1　矿用产品安全标志管理制度是对涉及作业场所安全和作业人员健康的矿用产品所采取的强制性的管理制度，凡纳入安全标志管理的矿用产品，只有取得矿用产品安全标志后方可生产、销售和使用。

3.2　矿用产品安全标志是确认矿用产品符合国家标准、行业标准，准许生产单位生产和销售，使用单位采购和使用的凭证。

3.3　矿用产品安全标志由矿用产品安全标志证书和矿用产品安全标志标识两部分组成。

3.4　矿用产品安全标志标识（以下简称"标识"）是表明矿用产品符合国家标准、行业标准和矿山安全生产有关规定的专用标识。

凡生产纳入安全标志管理的矿用产品，只有取得矿用产品安全标志后，方可使用标识。

3.5　取得矿用产品安全标志的产品，只有加施标识后生产单位方可销售，使用单位方可采购和使用。

4 标识类型

标识分煤矿矿用产品安全标志标识和金属非金属矿山矿用产品安全标志标识,有标准型和非标准型两种型式。

4.1 煤矿矿用产品安全标志标识

标准型标识为六边形边框内加汉语拼音缩写"MA",意为"煤安",边框线表示全国煤矿范围适用,数字代码为安全标志编号,如图1所示。

图 1 煤矿矿用产品安全标志标识图形

4.2 金属非金属矿山矿用产品安全标志标识

标准型标识为六边形边框内加汉语拼音缩写"KA",意为"矿安",边框线表示全国金属非金属矿山范围适用,数字代码为安全标志编号,如图2所示。

图 2 金属非金属矿山矿用产品安全标志标识图形

5 标识图形和参数

5.1 标准型标识

5.1.1 标准型标识图形及参数如图 3、图 4 所示。

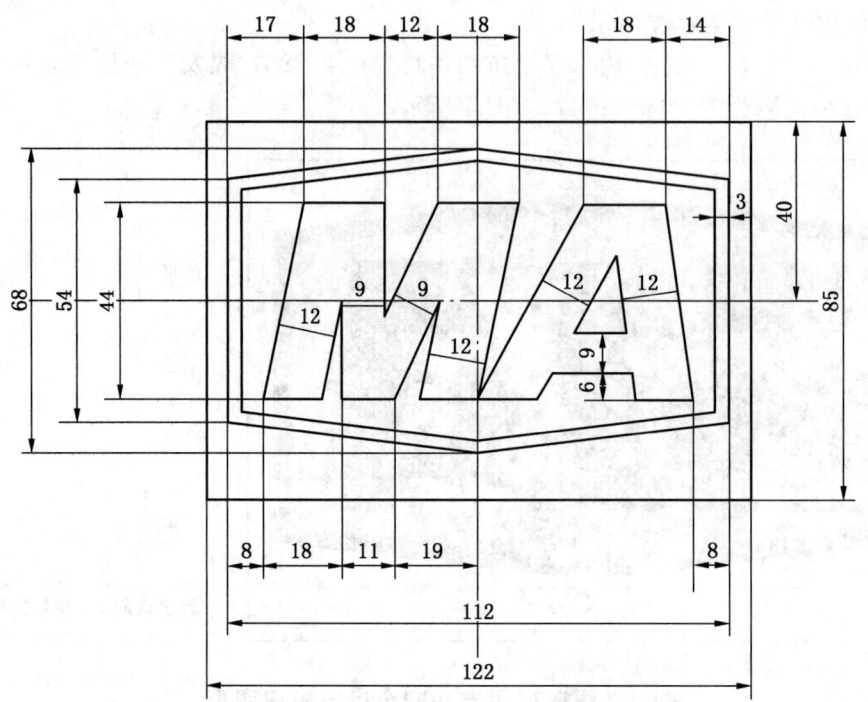

图 3 煤矿矿用产品安全标志标识图形及参数

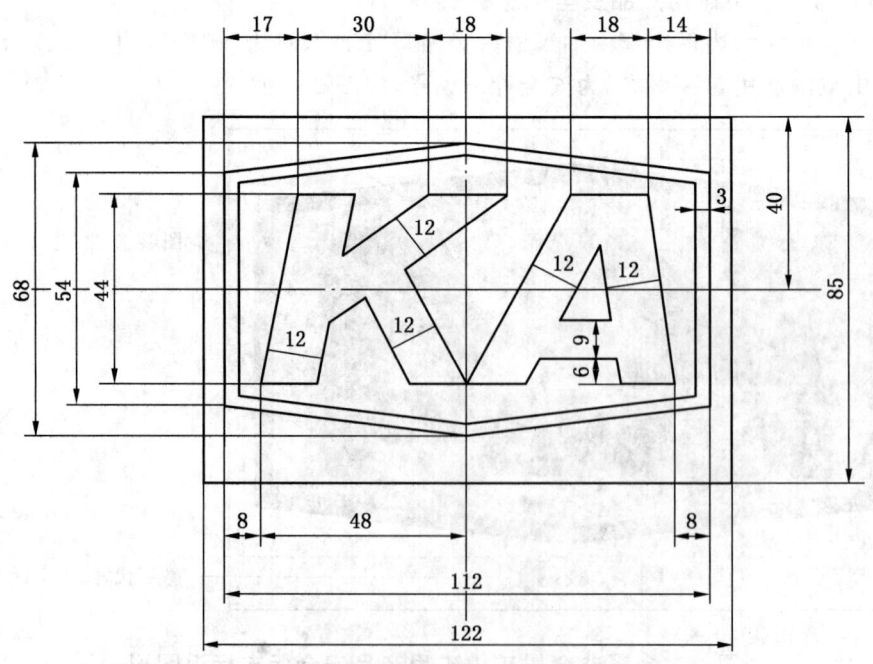

图 4 金属非金属矿山矿用产品安全标志标识图形及参数

5.1.2 标准型标识分五种规格,各规格尺寸与图3或图4中标注尺寸的比值见表1。

表 1 标准型标识规格尺寸

规格	1	2	3	4	5
比例	1.00	0.80	0.60	0.40	0.20

5.1.3 数字代码(安全标志编号)标注在六边形边框下方,标识中央处。
5.1.4 标准型标识为黄色底版,边框及"MA""KA"为黑色。

5.2 非标准型标识

不便于使用标准型标识时,可采用印刷、模压、烙印等方式在产品上加施非标准型标识,其数字代码位置、图形尺寸、颜色和是否使用六边形边框可视具体情况而定。

6 标识其他要求

6.1 标识材质

标准型标识应使用矿山安全允许的材料制作,一般采用黄铜或不锈钢材料。

6.2 标识表面质量

标识应清晰,无毛刺。

7 标识的使用

7.1 标识应加施在产品外体明显位置,选用的规格应与产品外形尺寸相适应。
7.2 电缆、输送带、管材、风筒(布)等产品,加施标识的间距不大于10 m,并保证在产品最小使用单元内具有不少于一处的标识。
7.3 在产品本体上不能加施标识的,其标识应加施在产品最小包装上。
7.4 取得安全标志的矿用产品,应在出厂前加施标识;按批次取得安全标志的进口矿用产品,应在产品交付使用前加施标识。

8 标识的管理

8.1 标识由国家授权的矿用产品安全标志审核发放机构统一管理。
8.2 非标准标识,由取得安全标志的生产单位向国家授权的矿用产品安全标志审核发放机构提出申请,经确认备案后方可使用。
8.3 凡纳入安全标志管理的矿用产品,没有取得矿用产品安全标志,不得使用标识。

矿山救护规程(AQ 1008—2007)

前　　言

本标准是以《中华人民共和国安全生产法》《中华人民共和国矿山安全法》《煤矿安全规程》《金属非金属矿山安全规程》等国家有关安全生产的法律、法规、规程和标准为依据制定的。标准的总体结构和内容是根据矿山企业安全生产与建设事故的应急救援实际需要,就其涉及的相关工作和方面进行了规范与规定。

本标准以《煤矿救护规程》为基础修订。

本标准为强制性标准。

本标准由国家安全生产监督管理总局提出。

本标准由全国安全生产标准化技术委员会煤矿安全分技术委员会归口。

本标准起草单位:国家安全生产监督管理总局矿山救援指挥中心、武汉安全与环保研究院。

本标准主要起草人:王志坚、孟斌成、邱雁、田得雨、肖文儒、张安琦、李文俊、彭兴文、侯建明、王立兵、张军义、张延寿。

1　范围

本标准规定了矿山救护工作涉及的矿山应急救援组织、矿山救护队军事化管理、矿山救护队装备与设施、矿山救护队培训与训练、矿山事故应急救援一般规定、矿山事故救援等各项内容。

本标准适用于中华人民共和国境内矿山企业,矿山救护队伍及管理部门,不适用于石油和天然气、液态矿等。

2　规范性引用文件

下列文件中的条款通过本标准的引用而成为本标准的条款。凡是标注日期的引用文件,其随后所有的修改本(不包括勘误的内容)或修订版均不适用于本标准。然而,鼓励根据本标准达成协议的各方研究是否可使用这些文件的最新版本。凡是不标注日期的引用文件,其最新版本适用于本标准。

GB/T 15663.8—1995　煤矿科技术语

GB 16423—2006　金属、非金属矿山安全规程

《煤炭科技名词》　全国自然科学名词审定委员会　1996

《煤矿安全规程》　2006年版

3　术语和定义

GB/T 15663.8—1995《煤炭科技名词》确立的术语和定义以及下列术语和定义适用于本标准。

3.1

矿山救护队指挥员　commander of mine rescue team

矿山救护队担任副小队长以上职务人员、技术人员的统称。

3.2

地面基地　surface rescue base

在处理矿山事故时,为及时供应救援装备和器材、提供气体组分分析和矿山医疗急救而设在矿山地面的后勤支持系统。

3.3

井下基地　underground rescue base

选择在井下靠近灾区、通风良好、运输方便、不易受灾害事故直接影响的安全地点,用于井下救灾指挥、通信联络、存放救灾物资、待机小队停留和急救医务人员值班等需要而设立的工作场所。

3.4

反风演习　ventilation reversal exercise

生产矿山用以检查矿井反风设施是否处于灵活、可靠,保证在处理矿山灾害事故需要反风时迅速实现矿井反风的一项安全技术性演练。

3.5

火风压　fire-heating air pressure

井下发生火灾时,高温烟流流经有高差的井巷所产生的附加风压。

3.6

风流逆转　inversion of air flow

由于煤与瓦斯突出或爆炸冲击波及火风压的作用,改变了矿井通风网络中局部或全部正常风流方向的现象。

3.7

直接灭火　direct extinguishing

用水、砂子、灭火器等器材灭火或直接挖除火源的方法。

3.8

高泡灭火　high expansion foam extinguishing

利用高倍数泡沫灭火机产生的空气泡沫混合体进行灭火的方法。

3.9

干粉灭火　dry-chemical fire extinguishing

通过内装高压气瓶为动力,将干粉灭火剂发射到着火地点,以扑灭矿山初期明火和油类、电气设备等火灾的方法。

3.10

惰性气体灭火　fire extinguishing by inert gas

使用低氧、不燃烧、不助燃的混合气体,扑灭井下火灾的方法。

3.11

隔绝灭火　extinguishing with air-sealed wall

在通往火区的所有巷道内构筑风墙,截断空气的供给,使火灾逐渐自行熄灭。

3.12

临时风墙　temporary bulkhead

用木板、帆布、砖等轻便材料建造的简易风墙。

3.13

抗爆墙　antiknock wall

一种特殊加强结构,能承受一定爆炸压力和冲击波的构筑物。

3.14

风障　air brattice

在矿井巷道或工作面内,利用帆布等软体材料构筑的阻挡或引导风流的临时设施。

3.15

防火门　fire-proof door

井下防止火灾蔓延和控制风流的安全设施。

3.16

综合灭火　complex extinguishing

采取风墙封闭、均压、向封闭的火区灌注泥浆或注入惰性气体等两种以上配合使用的灭火方法。

3.17

水幕　water curtain

在巷道中安设的多组喷嘴,通过高压水流喷出的水雾所形成的覆盖全断面的屏障。

3.18

非常仓库　emergency storage

井下贮存救灾材料和设备的硐室。

3.19

风流短路　air flow short out

打开入、排风联络巷道的风门或挡风墙,使进风巷道的风流直接进入回风巷。

3.20

区域反风　regional reversing of airflow

在矿井主要通风机正常运转的情况下,利用通风设施,使井下局部区域实现风流反向的方法。

3.21

锁风　locking air

在启封井下火区时,为阻止向火区进风,首先在需要启封的风墙外面增设临时风墙控制风流,或需要缩小火区范围时,随推进先增加临时风墙,再拆除外面的风墙,始终至少保持有一道控制风流的临时风墙的一种控风方法。

3.22

风门　air door

在需要通过人员和车辆的巷道中设置的隔断风流的门。

3.23

煤(岩)与瓦斯突出　coal(rock) and gas outburst

简称"突出"。在地应力和瓦斯的共同作用下,破碎的煤、岩和瓦斯由煤体或岩体内突然向采掘空间抛出的异常的动力现象。

3.24

　　老空水　abandoned goaf water
　　废弃的井巷和采空区内积存的水源。

3.25

　　防水墙　water proof dam
　　在井下受水害威胁的巷道内,为防止地下水突然涌入其他巷道而设置的截流墙。

3.26

　　中暑　get sun-stroke
　　由于在炎热潮湿的环境下工作或运动,人体内热量不能及时散发而引起的机体体温调节障碍。

3.27

　　休克　shock
　　由于伤情严重或大出血,致使伤员血压下降,循环衰竭、脏器功能衰竭的现象。

3.28

　　包扎　bind up
　　为防止受伤人员感染、出血,减轻疼痛和对骨折进行临时固定的一项急救技术。

3.29

　　人工呼吸　artificial respiration
　　借助人工的方法,在自然呼吸停止、不规则或不充分时,强迫空气进出肺部,帮助伤员恢复呼吸功能的一项急救技术。

3.30

　　呼吸器班　respirator team
　　以 4 h 氧气呼吸器的有效使用时间进行计算,1 个呼吸器班为 3~4 h。

3.31

　　避难硐室　refuge chamber
　　当灾害发生,人员无法撤出灾区时,为防止有毒、有害气体的侵袭而设置的避难场所。

3.32

　　氧气呼吸器　respirator
　　是一种自带氧源的隔绝式再生氧闭路循环的个人特种呼吸保护装置。

3.33

　　氧气呼吸器校验仪　calibrator of respirator
　　用以准确检验氧气呼吸器的各项技术指标是否符合规定标准的专用仪器。

3.34

　　氧气充填泵　oxygen pump
　　将氧气从氧气瓶抽出并充入小容积氧气瓶内的升压泵。

3.35

　　自动苏生器　automatic resuscitator
　　对中毒或窒息的伤员自动进行人工呼吸或输氧的急救器具。

3.36

高倍数泡沫灭火器　extinguisher with high expansion of foam

由发泡泵、局部通风机、发泡网、高倍数发泡液等组成的灭火装置。

3.37

惰气发生装置　inert gas generator

能够产生大量惰气，用于扑灭封闭的火区或有限空间内的火灾，以及抑制瓦斯爆炸的灭火装备。

3.38

灾区　disaster Area

事故的发生点及波及的范围。

3.39

佩带氧气呼吸器　carry a respirator

救护人员背负氧气呼吸器，但未戴面罩或口具、鼻夹，未打开氧气瓶吸氧。

3.40

佩用氧气呼吸器　carry and use a respirator

救护人员背负氧气呼吸器，戴上面罩或口具、鼻夹，打开氧气瓶吸氧。

3.41

矿山救护队　mine rescue team

处理矿山灾害事故的职业性、技术性并实行军事化管理的专业队伍。

3.42

兼职矿山救护队　part-time rescue brigade team

由符合矿山救护队员身体条件，能够佩用氧气呼吸器的矿山骨干工人、工程技术人员和管理人员兼职组成，协助专业矿山救护队处理矿山事故的组织。

4　总则

4.1　为保证安全、快速、有效地实施矿山企业生产与建设事故应急救援，保护矿山职工和救护人员的生命安全，减少国家资源和财产损失，根据国家有关法律、法规制定本标准。

4.2　矿山救护队是处理矿山灾害事故的专业队伍，实行军事化管理。矿山救护队指战员是矿山一线特种作业人员。

4.3　矿山救护队必须经过资质认证，取得资质证书后，方可从事矿山救护工作。

4.4　矿山企业（包括生产和建设矿山的企业）（以下同）均应设立矿山救护队，地方政府或矿山企业，应根据本区域矿山灾害、矿山生产规模、企业分布等情况，合理划分救护服务区域，组建矿山救护大队或矿山救护中队。生产经营规模较小、不具备单独设立矿山救护队条件的矿山企业应设立兼职救护队，并与就近的取得三级以上资质的矿山救护队签订有偿服务救护协议，签订救护协议的救护队服务半径不得超过 100 km；矿井比较集中的矿区经各省（区）煤炭行业管理部门规划、批准，可以联合建立矿山救护大（中）队。矿山救护队驻地至服务矿井的距离，以行车时间不超过 30 min 为限。年生产规模 60×10^4 t（含）以上的高瓦斯矿井和距离救护队服务半径超过 100 km 的矿井必须设置独立的矿山救护队。

4.5　矿山救护队必须贯彻执行国家安全生产方针以及"加强战备、严格训练、主动预防、积极抢救"的工作指导原则,坚持矿山救护队质量标准化建设,切实做好矿山灾害事故的应急救援和预防性安全检查工作。

4.6 矿山救护资金实行国家、地方、矿山企业共同保障体制,矿山救护队社会化服务实行有偿服务。

4.7 各级政府有关部门、矿山企业在编制生产建设和安全技术等发展规划时,必须将矿山救护发展规划列为其内容的组成部分。

4.8 矿山救护队必须备有所服务矿山的应急预案或灾害预防处理计划、矿井主要系统图纸等有关资料。矿山救护队应根据服务矿山的灾害类型及有关资料,制订预防处理方案,并进行训练演习。

4.9 矿山救护队所在企(事)业单位和上级有关部门,应对在矿山抢险救灾中作出重大贡献的救护指战员给予奖励;对在抢救遇险人员生命、国家和集体财产中因工牺牲的救护指战员,应为其申报"革命烈士"称号。

5 矿山应急救援组织

5.1 矿山救护队伍

5.1.1 救护大队

a) 救护大队由2个以上中队组成。

b) 救护大队负责本区域内矿山重大灾变事故的处理与调度、指挥,对直属中队直接领导,并对区域内其他矿山救护队、兼职矿山救护队进行业务指导或领导,应具备本区域矿山救护指挥、培训、演习训练中心的功能。

c) 救护大队设大队长1人,副大队长2人,总工程师1人(分别为正、副矿处级),副总工程师1人,工程技术人员数人;应设立相应的管理及办事机构(如办公、战训、培训、后勤等),并配备必要的管理人员和医务人员。矿山救护大队指挥员的任免,应报省级矿山救援指挥机构备案。

5.1.2 救护中队

a) 救护中队由3个以上的小队组成,是独立作战的基层单位。

b) 救护中队设中队长1人,副中队长2人(分别为正、副区科级),工程技术人员1人。直属中队设中队长1人,副中队长2~3人,工程技术人员至少1人。救护中队应配备必要的管理人员及汽车司机、机电维修、氧气充填等人员。

5.1.3 救护小队

救护小队由9人以上组成,是执行作战任务的最小战斗集体。救护小队设正、副小队长各1人。

5.1.4 兼职矿山救护队

a) 兼职矿山救护队应根据矿山的生产规模、自然条件、灾害情况确定编制,原则上应由2个以上小队组成,每个小队由9人以上组成。

b) 兼职矿山救护队应设专职队长及仪器装备管理人员。兼职矿山救护队直属矿长领导,业务上受矿总工程师(或技术负责人)和矿山救护大队指导。

c) 兼职矿山救护队员由符合矿山救护队员条件,能够佩用氧气呼吸器的矿山生产、通风、机电、运输、安全等部门的骨干工人、工程技术人员和干部兼职组成。

5.1.5 救护指战员条件

a) 大队指挥员应由熟悉矿山救护业务及其相关知识,热爱矿山救护事业,能够佩用氧气呼吸器,从事矿山井下工作不少于5年,并经国家级矿山救护培训机构培训取得资格证的人员担任。

b) 大队长应具有大专以上文化程度,大队总工程师应具有大专以上学历并中级以上职称。

c) 中队指挥员应由熟悉矿山救护业务及其相关知识,热爱矿山救护事业,能够佩用氧气呼吸器,从事矿山救护工作不少于3年,并经培训取得资格证的人员担任。

d) 中队长应具有中专以上文化程度,中队技术员应具有中专以上学历并初级以上职称。

e) 新招收的矿山救护队员应具有高中(中技)以上文化程度,年龄在25周岁以下,身体符合矿山救护队员标准,从事井下工作在1年以上,并经过培训、考核、试用,取得合格证后,方可从事矿山救护工作。

f) 救护队实行队员服役合同制。正式入队前,必须由矿山救护队、输送队员单位和队员本人三方签订服役合同,合同期为3～5年。队员服役合同期满,本人表现较好、身体条件等符合要求的可再续签合同,延长服役年限。

g) 凡有下列疾病之一者,严禁从事矿山救护工作:
   1) 有传染性疾病者;
   2) 色盲、近视(1.0以下)及耳聋者;
   3) 脉搏不正常,呼吸系统、心血管系统有疾病者;
   4) 强度神经衰弱,高血压、低血压、眩晕症者;
   5) 尿内有异常成分者;
   6) 经医生检查确认或经实际考核身体不适应救护工作者;
   7) 脸形特殊不适合佩用面罩者。

救护队指战员每年应进行1次身体检查,对身体不合格人员,必须立即调整。企业应根据其自身状况安置工作。

救护队员年龄不应超过40岁,中队指挥员年龄不应超过45岁,大队指挥员年龄不应超过55岁。但根据救护工作需要,允许保留少数(指挥员和队员分别不超过1/3的)身体健康、能够下井从事救护工作、有技术专长及经验丰富的超龄人员,超龄年度不大于5岁。

超龄人员每半年应进行1次身体检查,符合条件方可留用。

5.2 矿山救护队任务与职责

5.2.1 救护队任务

a) 抢救矿山遇险遇难人员。

b) 处理矿山灾害事故。

c) 参加排放瓦斯、震动性爆破、启封火区、反风演习和其他需要佩用氧气呼吸器作业的安全技术性工作。

d) 参加审查矿山应急预案或灾害预防处理计划,做好矿山安全生产预防性检查,参与矿山安全检查和消除事故隐患的工作。

e) 负责兼职矿山救护队的培训和业务指导工作。

f) 协助矿山企业搞好职工的自救、互救和现场急救知识的普及教育。

5.2.2 兼职救护队任务

a) 引导和救助遇险人员脱离灾区,协助专职矿山救护队积极抢救遇险遇难人员。
b) 做好矿山安全生产预防性检查,控制和处理矿山初期事故。
c) 参加需要佩用氧气呼吸器作业的安全技术工作。
d) 协助矿山救护队完成矿山事故救援工作。
e) 协助做好矿山职工自救与互救知识的宣传教育工作。

5.2.3 救护队指战员职责

5.2.3.1 救护队指战员的一般职责

a) 热爱矿山救护工作,全心全意为矿山安全生产服务。
b) 加强体质锻炼和业务技术学习,适应矿山救护工作素质需要。
c) 自觉遵守有关安全生产法律、法规、标准和规定。
d) 爱护救护仪器装备,做好仪器装备的维修保养,使其保持完好。
e) 按规定参加战备值班工作,坚守岗位,随时做好出动准备。
f) 服从命令,听从指挥,积极主动地完成各项工作任务。

5.2.3.2 大队长职责

a) 对救护大队的救援准备与行动,技术培训与训练,日常管理等工作全面负责。
b) 组织制订大队长远规划,年度、季度和月度计划,并组织实施,定期进行检查、总结、评比等。
c) 负责组织全大队的矿山救护业务活动。
d) 事故救援时的具体职责是:
   1) 及时带队出发到事故矿井;
   2) 在事故现场负责矿山救护队具体工作的组织,必要时亲自带领救护队下井进行矿山救援工作;
   3) 参加抢救指挥部的工作,参与事故救援方案的制订和随灾情变化进行方案的重新修订,并组织制订矿山救护队的行动计划和安全技术措施;
   4) 掌握矿山救护工作进度,合理组织和调动战斗力量,保证救护任务的完成;
   5) 根据灾情变化与指挥部总指挥研究变更事故救援方案。

5.2.3.3 副大队长职责

a) 协助大队长工作,主管救援准备及行动、技术训练和后勤工作。当大队长不在时,履行大队长职责;
b) 事故救援时的具体职责是:
   1) 根据需要带领救护队伍进入灾区抢险救灾,确定和建立井下救灾基地,准备救护器材,建立通信联系;
   2) 经常了解井下事故救援的进展,及时向救援指挥部报告井下救护工作进展情况;
   3) 当大队长不在或工作需要时,代替大队长领导矿山救护工作。

5.2.3.4 大队总工程师职责

a) 在大队长领导下,对大队的技术工作全面负责。

b) 组织编制大队训练计划,负责指战员的技术教育。
c) 参与审查各服务矿井的矿井灾害预防和处理计划或应急预案。
d) 组织科研、技术革新、技术咨询及新技术、新装备的推广应用等项工作。
e) 负责事故救援和其他技术工作总结的审定工作。
f) 事故救援时的具体职责是:
   1) 参与救援指挥部事故救援方案的制订;
   2) 与大队长一起制订矿山救护队的行动计划和安全技术措施,协助大队长指挥矿山救护工作;
   3) 采取科学手段和可行的技术措施,加快事故救援的进程;
   4) 必要时根据抢救指挥部的命令,担任矿山救护工作的领导。

5.2.3.5 中队长职责

a) 负责本中队的全面领导工作。
b) 根据大队的工作计划,结合本中队情况制订实施计划,开展各项工作,并负责总结评比。
c) 事故救援时的具体职责是:
   1) 接到出动命令后,立即带领救护队奔赴事故矿井,担负中队作战工作的领导责任;
   2) 到达事故矿井后,组织各小队做好下井准备,同时了解事故情况,向抢救指挥部领取救护任务,制订中队行动计划并向各小队下达救援任务;
   3) 在救援指挥部尚未成立、无人负责的特殊情况下,可根据矿山灾害事故应急预案或事故现场具体情况,立即开展先期救护工作;
   4) 向小队布置任务时,应讲明完成任务的方法、时间,应补充的装备、工具和救护时的注意事项和安全措施等;
   5) 在救护工作过程中,始终与工作小队保持经常联系,掌握工作进程,向工作小队及时供应装备和物资;
   6) 必要时亲自带领救护队下井完成任务;需要时,及时召请其他救护队协同救援。

5.2.3.6 副中队长职责

a) 协助中队长工作,主管救援准备、技术训练和后勤管理。当中队长不在时,履行中队长职责。
b) 事故救援时的具体职责是:
   1) 在事故救援时,直接在井下领导一个或几个小队从事救护工作;
   2) 及时向救援指挥部报告所掌握的事故救援和现场情况。

5.2.3.7 中队技术人员职责

a) 在中队长领导下,全面负责中队的技术工作。
b) 事故救援时的具体职责是:
   1) 协助中队长做好事故救援的技术工作;
   2) 协助中队长制订中队救护工作的行动计划和安全措施;
   3) 记录事故救援经过及为完成任务而采取的一切措施;

4) 了解事故的处理情况并提出修改补充建议；
5) 当正、副中队长不在时,担负起中队工作的指挥责任。

5.2.3.8 小队长职责
a) 负责小队的全面工作,带领小队完成上级交给的任务。
b) 领导并组织小队的学习和训练,做好日常管理和救援准备工作。
c) 事故救援时的具体职责是：
  1) 小队长是小队的直接领导,负责指挥本小队的一切救援行动,带领全队完成救援任务；
  2) 接受上级布置的任务,了解事故类别、矿井概括、事故简要经过、井下人员分布、已经采取的救灾措施等；
  3) 向队员布置救护任务,说明灾情类型、与其他队的分工、任务要点、行动路线、联系方式、安全措施、注意事项等；
  4) 必须保持与上级指挥员或救援指挥部经常联系；
  5) 带领队员做好救灾前检查和下井准备工作；
  6) 进入灾区前,确定在灾区作业时间和撤离时氧气呼吸器最低氧气压力；
  7) 在井下工作时,必须注意队员的疲劳程度,指导正确使用救护装备,检查队员和本人氧气呼吸器的氧气消耗；
  8) 出现有人自我感觉不良、氧气呼吸器发生故障或受到伤害时,应带领全小队人员立即撤出灾区；
  9) 带领小队撤出灾区后,经过检查气体情况符合安全规定,确定摘掉氧气呼吸器面罩(或口具)的地点；
  10) 从灾区撤出后,应立即向指挥员(指挥部)报告灾区状况和小队任务完成情况。

5.2.3.9 副小队长职责
协助小队长工作。当小队长不在时,履行小队长职责并指定临时副小队长。

5.2.3.10 队员职责
a) 遵守纪律、听从指挥,积极主动地完成领导分配的各项任务。
b) 保养好技术装备,使之达到战斗准备标准要求。
c) 积极参加学习和技术、体质训练,不断提高思想、技术、业务、身体素质。
d) 事故救援时的具体职责：
  1) 在事故救援时,应迅速、准确地完成指挥员的命令,并与之保持经常的联系；
  2) 了解本队的救援任务,熟练运用自己的技术装备；
  3) 积极救助遇险人员和消灭事故；
  4) 在行进或作业时,时刻注意周围的情况,发现异常现象立即报告小队长；
  5) 注意自己仪器的工作情况和氧气呼吸器的氧气压力,发生故障及时报告小队长；
  6) 在工作中帮助同志,在任何情况下都不准单独离开小队；
  7) 撤出矿井后,应迅速整理好氧气呼吸器及个人分管的装备。

6 矿山救护队军事化管理

6.1 工作规范管理

6.1.1 救护队各项工作应按《矿山救护队质量标准化考核规范》的要求定期进行检查、验收评比。矿山救护中队应每季度组织一次达标自检,矿山救护大队应每半年组织一次达标检查,省级矿山救援指挥机构应每年组织一次检查验收,国家矿山救援指挥机构适时组织抽查。

6.1.2 救护队应建立健全以下制度:岗位责任制度,值班工作制度,待机工作制度,交接班制度,技术装备检查维护保养制度,学习和训练制度,考勤制度,战后总结讲评制度,预防性检查制度,内务卫生管理制度,材料装备库房管理制度,车辆管理使用制度,计划、财务管理制度,会议制度,评比检查制度,奖惩制度等各项规章制度。

6.1.3 救护队应建立以下牌板:"队伍组织机构牌板""服务矿井交通示意图""主要技术装备管理牌板""值班工作安排牌板""事故接警电话记录牌板""救护队伍营区管理分布示意图""竞赛评比检查牌板"等牌板。

6.1.4 救护队应建立和完善以下记录和报表:救护工作日志、大中型装备维护保养记录、小队装备维护保养记录、个人装备维护保养记录、体质训练记录、一般技术训练记录、仪器设备操作训练记录、急救训练记录、理论学习记录、军训记录、预防性检查记录、事故救援记录、战后总结评比记录、安全技术工作记录、竞赛评比记录、各种会议记录、好人好事记录、违章违纪记录、考勤记录、请销假记录、交接班记录、事故电话记录等记录簿。

6.1.5 救护队必须建立昼夜值班制度。战备值班以小队为单位,按照轮流值班表担任值班队、待机队、工作队,值班小队负责电话值班。中队以上指挥员及汽车司机须轮流上岗值班,有事故时和小队一起出动。

6.1.6 值班和待机小队的技术装备,必须装在值班、待机汽车上,保持战斗准备状态。听到事故警报,必须保证在规定时间内出动。

6.1.7 值班室应装备以下设备和图板:
    a) 普通电话机。
    b) 专用录音电话机。
    c) 事故电话记录。
    d) 事故记录牌板。
    e) 矿井位置、交通显示图。
    f) 计时钟。
    g) 事故紧急出动报警装置。

6.1.8 救护队应做到年有计划、季有安排、月有工作与学习日程表。计划内容包括:队伍建设,教育与训练,技术装备管理,矿井预防性安全检查,内务管理,战备管理,劳动工资及财务,设备维修等。

6.1.9 救护大队(含独立中队)应按规定上报下列报告:
    a) 年度计划、年度工作总结、人员和装备情况报表。
    b) 每次救援后,应填写救援登记卡(见表1)及写出救援报告,在救援工作结束15天内上报省级矿山救援指挥机构。跨省(自治区、直辖市)区域救援,应立即报告省级矿山救援指挥机构,省级矿山救援指挥机构应将情况报告国家矿山救援指挥机构。

c) 救护队发生自身伤亡后,应在12 h内报省级矿山救援指挥机构;省级矿山救援指挥机构接报后,应在12 h内报国家矿山救援指挥机构,15天内上报自身伤亡教训总结材料及其有关图纸(见表2)。

d) 科研成果在通过技术鉴定后报出。

上述报告同时上报主管部门。

表1 救援登记卡

填报单位： 报出时间：

事故单位名称						
事故发生地点			遇险人员	名	事故性质	
来电时间	月 日 时 分		遇难人员	名	招请人姓名	
出动时间	月 日 时 分		出动人数	名	抢救总指挥	
返回队部时间	月 日 时 分		出动总时间	小时	救护队负责人	
事故现场情况及处理经过						
主要经验与教训						
事故现场示意图	另附事故现场示意图					
佩用呼吸器时间	小时		运出尸体	具	救出受伤人员	人
未佩用呼吸器时间	小时		恢复巷道	米	挽回经济损失	万元
其他工作内容						
填表人姓名						

注1：每次事故救援返队后15天内填写此卡一式四份,分别上报省级矿山救援指挥机构和国家矿山救援指挥机构;存档二份。

注2：此卡应打印填报,人工填写,字迹清楚。

表2 矿山救护人员伤亡事故报告表

填报单位：　　　　　　　　　　　　　　　　　　　　　报出时间：

事故发生时间	事故发生地点	伤亡(人)	重伤(人)	队　别	伤亡主要原因
伤亡人员名单					
姓名	年龄	队龄	职务	备注	

单位负责人：　　　　　　　　　　　　　　　　　　　　　填表人：

6.1.10 救护队应利用信息电子网络建立技术、人员档案，加强对技术资料和各种重要记录的管理。技术档案内容包括：

  a) 矿山救护队指战员登记卡(见表3)。
  b) 各项工作、会议记录，收集整理的与救护有关的技术资料及经验材料。
  c) 矿区交通图、矿山救护队到达各矿(井)的距离和行车时间表、矿山事故应急预案(灾害预防和处理计划)、通风系统图等服务矿井的资料。
  d) 历年救护工作总结，技术状况和评比情况，事故救援报告等。
  e) 上级的有关指示、通知、文件及有关规定。
  f) 大型装备、设备的性能(说明书及有关技术资料)及维护、使用情况等。

6.1.11 救护队进行预防性检查工作时，应做到：

  a) 了解矿井巷道及采掘工作面、采空区的分布和管理情况。
  b) 了解矿井通风、排水、运输、供电、压风、消防、监测等系统的基本情况。
  c) 检查矿井有害气体情况。
  d) 了解矿井各硐室分布情况和防火设施。
  e) 了解矿井瓦斯、水害、自然发火、顶板、煤与瓦斯突出等方面的重大事故隐患，以及矿井火区的分布与管理情况。
  f) 检查了解矿井应急预案或灾害预防和处理计划执行情况。
  g) 熟悉井下非常仓库的地点及材料、设备的储备情况。

6.1.12 在预防性检查工作中，救护人员发现危及安全生产的重大事故隐患，应通知作业人员立即停止作业并撤出现场人员，同时报告有关主管部门；对查出的重大事故隐患和问题应提出排除建议，并填写三联单，交给企业有关负责人和上级主管部门。

6.2 技术装备管理

6.2.1 救护队个人、小队、中队及大队应定期检查、准确掌握在用、库存救护装备状况及数量，并认真填写登记，保持完好状态。

6.2.2 根据技术装备的使用情况，做出装备的报废、更新、备品备件的补充计划，并及时补充。

表3 矿山救护队指战员登记卡

单位：　　　　　　　　　　　　　　　　　　　　　　　　　　编号：

姓　名		性别		民族		出生		年月日		照片
政治面貌		文化程度			籍贯					
毕业院校及专业		职称			职务					
参工时间		年 月	入队时间	年 月		入队前工种				
身　高		血　型			身份证号码					
培训时间		培训地点			证书编号					
个人工作简历										
参加事故救援经历										

复训情况				体检情况			
年度	结论	年度	结论	年度	结论	年度	结论

通信地址		联系电话	

6.2.3 库房须设专人管理,保持库房清净卫生,设备存放整齐,严格审批领用制度,做到账、物、卡"三相符"。

6.2.4 小队和个人救护装备应达到"全、亮、准、尖、利、稳"的标准：

全:小队和个人装备应齐全。
亮:装备带金属的部分要亮。
准:仪器经检查达到技术标准。
尖:带尖的工具要尖锐。
利:带刃的工具要锋利。
稳:装把柄的工具要牢靠、稳固。

6.2.5 救护队的各种仪器仪表,须按国家计量标准要求定期校正,使之达到规定标准。小队和个人装备使用后,必须立即进行清洗、消毒、去垢除锈、更换药品、补充备品备件,并检查其是否达到技术标准要求,保持完好状态。

6.2.6 必须保证使用的氧气瓶、氧气和二氧化碳吸收剂的质量,具体要求:
   a) 氧气符合医用氧气的标准。
   b) 库存二氧化碳吸收剂每季度化验一次,对于二氧化碳吸收剂的吸收率低于30%,二氧化碳含量大于4%,水分不能保持在15%~21%之间的不准使用。
   c) 用过的二氧化碳吸收剂,无论其使用时间长短,严禁重复使用。
   d) 氧气呼吸器内的二氧化碳吸收剂3个月及以上没有使用的,须更换新的二氧化碳吸收剂,否则氧气呼吸器不准使用。
   e) 使用的氧气瓶,须按国家压力容器规定标准,每3年进行除锈清洗、水压试验;达不到标准的氧气瓶不准使用。

6.2.7 新装备使用前必须组织培训,使用人员考试合格后方可上岗操作使用。

6.2.8 救护装备不得露天存放。大型设备,如高倍数泡沫灭火机、惰性气体发生装置、水泵等,应每季检查、保养一次,使其保持完好状态。

6.2.9 任何人不得随意调动矿山救护队、救护装备和救护车辆从事与矿山救护无关的工作。

6.3 内务管理

6.3.1 救护队应根据营区条件,有计划地绿化和美化环境,创造舒适、整洁的环境。

6.3.2 内务卫生要求:
   a) 集体宿舍墙壁悬挂物体一条线,床上卧具叠放整齐一条线,保持窗明壁净。
   b) 个人应做到:常洗澡、常理发、常换衣服。
   c) 人员患病应早报告、早治疗。

6.4 后勤管理

6.4.1 氧气充填泵必须由专人操作,充填工必须遵守有关操作规程。并做到:
   a) 氧气充填泵在20 MPa压力检查时,应不漏油、不漏气、不漏水、无杂音。
   b) 容积为40 L的氧气瓶不得少于5个,其压力应在10 MPa以上。空瓶和实瓶应分别存放,并标明充填日期。
   c) 氧气瓶应做到轻拿轻放,距暖气片和高温点的距离在2 m以上。
   d) 新购进或经水压试验后的氧气瓶在充填前须稀释2~3次后,方可进行充氧。
   e) 充填泵房应安装防爆灯具,并严禁烟火,严禁存放易燃、易爆物品。
   f) 泵房必须保持通风良好、卫生清洁。

6.4.2 救护大队应设立化验室,配备能化验 O_2、CO_2、CH_4、CO、SO_2、H_2S、C_2H_4、C_2H_2 及

N_2 等成分的设备。并做到：

  a) 化验员按操作规程规定准确操作,并认真填写化验单,经本人签字,负责人审核后送报样单位,存根保存期不低于 2 年。
  b) 化验室内温度应保持在 15 ℃～23 ℃之间,不允许明火取暖和阳光曝晒。
  c) 应保持化验设备完好和化验室整洁,备有足够数量的备品。

6.4.3 救护队应自备矿灯,并按有关规定管理。

6.5 劳动保障

6.5.1 矿山救护属特殊工种,并从事高危环境工作。救护指战员应享受与井下采掘工同等待遇,并实行救护岗位津贴。

6.5.2 救护队指战员凡佩用氧气呼吸器工作,应享受特殊津贴。在高温或浓烟恶劣环境佩用氧气呼吸器工作津贴提高一倍。

6.5.3 救护队着装按企业专职消防人员标准配备,劳动保护用品应按井下一线职工标准发放。

6.5.4 救护队指战员除执行企业职工保险政策外,应享受人身意外伤害保险。

6.6 队容、风纪、礼节

6.6.1 救护指战员应严格遵守队容、风纪、礼节的规定。

6.6.2 严格按企业专职消防人员标准着装,不得擅自更改着装标准和样式。着装时应遵守下列规定：

  a) 按规定佩戴帽徽、领章、臂章。
  b) 着装必须衣帽配套,扣好领扣、衣服扣、裤扣,不得挽袖、卷裤腿,穿拖鞋。
  c) 便服和队服不得混穿。

6.6.3 救护指战员应将队列训练作为日常训练科目。

6.7 救护队标志

  救护队的队旗、队徽、队歌应按规定制作、管理和使用。

7 矿山救护队装备与设施

7.1 救护队应配备以下装备和器材：

  a) 个人防护装备。
  b) 处理各类矿山灾害事故的专用装备与器材。
  c) 气体检测分析仪器,温度、风量检测仪表。
  d) 通信器材及信息采集与处理设备。
  e) 医疗急救器材。
  f) 交通运输工具。
  g) 训练器材等。

7.2 救护队使用的装备、器材、防护用品和安全检测仪器,必须符合国家标准、行业标准和矿山安全有关规定。纳入矿用产品安全标志管理目录的产品,应取得矿用产品安全标志,严禁使用国家明令禁止和淘汰的产品。

7.3 救护队应根据技术和装备水平的提高不断更新装备,并及时对其进行维护和保养,以确保矿山救护设备和器材始终处于良好状态。各级矿山救护队、兼职矿山救护队及救护队指战员的基本装备配备标准,见表4、表5、表6、表7和表8。

7.4 救护队值班车上基本配备装备和进入灾区侦察时所携带的基本配备装备,必须符合表9、表10的规定。矿山救护小队进入灾区抢救时必须携带的技术装备,由矿山救护大队或中队根据本区情况、事故性质作出规定。

表4 矿山救护大队(独立中队)基本装备配备标准

类别	装备名称	要求及说明	单位	大队数量	独立中队数量
车辆	指挥车	附有应急警报装置	辆	2	1
	气体化验车	安装气体分析仪器,配有打印机和电源	辆	1	1
	装备车	4~5 t卡车	辆	2	1
通信器材	移动电话	指挥员1部/人	部		
	视频指挥系统	双向可视、可通话	套	1	
	录音电话	值班室配备	部	2	1
	对讲机	便携式	部	6	4
灭火装备	惰气(惰泡)灭火装备	或二氧化碳发生器(1 000 m³/h)	套	1	
	高倍数泡沫灭火机	400型	套	1	
	快速密闭	喷涂、充气、轻型组合均可	套	5	5
	高扬程水泵		台	2	1
	高压脉冲灭火装置	12 L储水瓶2支;35 L储水瓶1支	套	1	1
检测仪器	气体分析化验设备		套	1	1
	热成像仪	矿用本质安全或防爆型	台	1	1
	便携式爆炸三角形测定仪		台		
	演习巷道设施与系统	具备灾区环境与条件	套	1	1
	多功能体育训练器械	含跑步机、臂力器、综合训练器等	套	1	1
	多媒体电教设备		套		
	破拆工具		套		
信息处理设备	传真机		台	1	1
	复印机		台	1	1
	台式计算机	指挥员1台/人	台		
	笔记本电脑	配无线网卡	台	2	1
	数码摄像机	防爆	台	1	1
	数码照相机	防爆	台	1	1
	防爆射灯	防爆	台	2	1

表 4（续）

类别	装备名称	要求及说明	单位	大队数量	独立中队数量
材料	氢氧化钙		t	0.5	
	泡沫药剂		t	0.5	
	煤油	已配备惰性气体灭火装置的	t	1	

表 5 矿山救护中队基本装备配备标准

类别	装备名称	要求及说明	单位	数量
运输通信	矿山救护车	每小队 1 辆	辆	
	移动电话	指挥员 1 部/人	部	
	灾区电话		套	2
	程控电话		部	1
	引路线		m	1 000
个人防护	4 h 氧气呼吸器		台	6
	2 h 氧气呼吸器		台	6
	便携式自动苏生机		台	2
	自救器	压缩氧	台	30
	隔热服		套	12
灭火装备	高倍数泡沫灭火机		套	1
	干粉灭火器	8 kg	个	20
	风障	≥4 m×4 m	块	2
	水枪	开花、直流各 2 个	支	4
	水龙带	直径 63.5 或 50.8 mm	m	400
	高压脉冲灭火装置	12 L 储水瓶 2 支,35 储水瓶 1 支	套	1
检测仪器	呼吸器校验仪		台	2
	氧气便携仪	数字显示,带报警功能	台	2
	红外线测温仪		台	2
	红外线测距仪		台	1
	多种气体检测仪	CH_4、CO、O_2 等 3 种以上气体	台	1
	瓦斯检定器	10%、100%各 2 台	台	4
	一氧化碳检定器		台	2
	风表	机械中、低速各 1 台;电子 2 台	台	4
	秒表		块	4
	干湿温度计		支	2
	温度计	0～100 ℃	支	10

表5（续）

类别	装备名称	要求及说明	单位	数量
装备工具	液压起重器	或起重气垫	套	1
	液压剪		把	1
	防爆工具	锤、斧、镐、锹、钎等	套	2
	氧气充填泵		台	2
	氧气瓶	40 L	个	8
		4 h呼吸器备用1个/台	个	
		2 h呼吸器，备用	个	10
	救生索	长30 m，抗拉强度3 000 kg	条	1
	担架	含2副负压多功能担架	副	4
	保温毯	棉织	条	3
	快速接管工具		套	2
	手表	副小队长以上指挥员1块/人	块	
	绝缘手套		副	3
	电工工具		套	1
	绘图工具		套	1
	工业冰箱		台	1
	瓦工工具		套	1
	灾区指路器	或冷光管	支	10
设施	演习巷道		套	1
	体能训练器械		套	1
药剂	泡沫药剂		t	1
	氢氧化钙		t	0.5

表6 矿山救护小队基本装备配备标准

类别	名称	要求及说明	单位	数量
通信器材	灾区电话		套	1
	引路线		m	1 000
个人防护	矿灯	备用	盏	2
	氧气呼吸器	2 h、4 h氧气呼吸器各1台	台	2
	自动苏生器		台	1
	紧急呼救器	声音≥80 dB	个	3

表 6（续）

类别	名 称	要求及说明	单位	数量
灭火装备	灭火器		台	2
	风障		块	1
	帆布水桶		个	2
检测仪器	呼吸器校验仪		台	2
	光学瓦斯检定器	10%、100%各1台	台	2
	一氧化碳检定器	检定管不少于30支	台	1
	氧气检定器	便携式数字显示，带报警功能	台	1
	多功能气体检测仪	检测 CH_4、CO、O_2 等	台	1
	矿用电子风表		套	1
	红外线测温仪		支	1
装备工具	氧气瓶	2 h、4 h氧气瓶备用	个	4
	灾区指路器	冷光管或灾区强光灯	个	10
	担架		副	1
	采气样工具	包括球胆4个	套	2
	保温毯		条	1
	液压起重器	或起重气垫	套	1
	刀锯		把	2
	铜顶斧		把	2
	两用锹		把	1
	小镐		把	1
	矿工斧		把	2
	起钉器		把	2
	瓦工工具		套	1
	电工工具		套	1
	皮尺	10 m	个	1
	卷尺	2 m	个	1
	钉子包	内装钉子各1 kg	个	2
	信号喇叭	一套至少2个	套	1
	绝缘手套		副	2
	救生索	长30 m，抗拉强度3 000 kg	条	1
	探险棍		个	1
	充气夹板		副	1

表6（续）

类别	名 称	要求及说明	单位	数量
装备工具	急救箱		个	1
	记录本		本	2
	圆珠笔		支	2
	备件袋		个	1
其他	个人基本配备装备	不包括企业消防服装，见表8	套/人	1

注1：急救箱内装止血带、夹板、酒精、碘酒、绷带、胶布、药棉、消炎药、手术刀、镊子、剪刀，以及止痛药、中暑药和止泻药等。

注2：备件袋内装保明片、防雾液、各种垫圈每件10个，以及其他氧气呼吸器易损件等。

表7 兼职矿山救护队基本装备配备标准

类别	装备名称	要求及说明	单位	数量
通信器材	灾区电话		套	1
	引路线		m	1 000
个人防护	氧气呼吸器	4 h氧气呼吸器1台/人	台	
		2 h氧气呼吸器	台	2
	压缩氧自救器		台	20
	自动苏生器		台	2
灭火装备	干粉灭火器		只	20
	风障		块	2
检测仪器	呼吸器校验仪		台	2
	一氧化碳检定器		台	2
	瓦斯检定器	10%、100%各1台	台	2
	氧气检定器		台	1
	温度计		支	2
装备工具	采气样工具	包括球胆4个	套	1
	防爆工具	锤、钎、锹、镐等	套	1
	两用锹		把	2
	氧气充填泵		台	1
	氧气瓶	40 L	个	5
		4 h	个	20
		2 h	个	5
	救生索	长30 m，抗拉强度3 000 kg	条	1
	担架	含1副负压担架	副	2

表 7（续）

类别	装备名称	要求及说明	单位	数量
装备工具	保温毯	棉织	条	2
	绝缘手套		双	1
	铜钉斧		把	2
	矿工斧		把	2
	刀锯		把	2
	起钉器		把	2
	手表	指挥员1块/人	块	
	电工工具		套	1
药剂	氢氧化钙		t	0.5

表 8 矿山救护队指战员（含兼职矿山救护队指战员）个人基本装备配备标准

类别	装备名称	要求及说明	单位	数量
个人防护	氧气呼吸器	4 h	台	1
	自救器	压缩氧	台	1
	战斗服	带反光标志	套	1
	胶靴		双	1
	毛巾		条	1
	安全帽		顶	1
	矿灯	双光源、便携	盏	1
检测仪器	温度计		支	1
装备工具	手套	布手套、线手套各1副	副	2
	灯带		条	2
	背包	装战斗服	个	1
	联络绳	长2 m	根	1
	氧气呼吸器工具		套	1
	粉笔		支	2

表 9 矿山救护队值班车上基本装备配备标准

类别	装备名称	要求及说明	单位	数量
个人防护	压缩氧自救器		台	10

表9（续）

类别	装备名称	要求及说明	单位	数量
装备工具	负压担架		副	1
	负压夹板		副	1
	4 h呼吸器氧气瓶		个	10
	防爆工具		套	1
检测仪器	机械风表	中、低速各1台	台	2
药剂	氢氧化钙		kg	30
其他	小队基本配备装备	见表6	套/小队	1

注1：急救箱内装止血带、夹板、碘酒、绷带、胶布、药棉、消炎药、手术刀、镊子、剪刀，以及止痛药和止泻药等。
注2：备件袋内装呼吸器易损件。

表10 矿山救护小队进入灾区侦察时所携带的基本装备配备标准

类别	装备名称	要求及说明	单位	数量
通信器材	灾区电话	与井下基地联系	台	1
	引路线		m	500
个人防护	2 h氧气呼吸器		台	1
	自动苏生器	放在井下基地	台	1
检测仪器	瓦斯检定器	10%、100%各1台	台	2
	一氧化碳检定器	含各种气体检测管	台	1
	温度计	0～100 ℃	支	1
	采气样工具	包括球胆4个	套	1
	氧气检定器	便携式数字显示，带报警功能	台	1
装备工具	担架		副	1
	保温毯	可放在井下基地	条	1
	4 h呼吸器氧气瓶		个	2
	刀锯		把	1
	铜钉斧		把	1
	两用锹		把	1
	探险棍		个	1
	灾区指路器	或冷光管	个	10
	皮尺	10 m	个	1

表 10（续）

类别	装备名称	要求及说明	单位	数量
装备工具	急救箱		个	1
	记录本		本	2
	圆珠笔		支	2
	电工工具		套	1
其他	个人基本配备装备	见表 8	套/人	1

注：必要时，应携带热成像仪、红外线测温仪和红外线测距仪进入灾区侦察。

7.5 救护队应有下列设施：电话接警值班室、夜间值班休息室、办公室、学习室、会议室、娱乐室、装备室、修理室、氧气充填室、化验室、战备器材库、汽车库、演习训练设施、体能训练设施、运动场地、单身宿舍、浴室、食堂、仓库等。

7.6 兼职矿山救护队应有下列建筑设施：电话接警值班室、夜间值班休息室、办公室、学习室、装备室、修理室、氧气充填室、战备器材库等。

8 矿山救护队培训与训练

8.1 救护队培训

8.1.1 企业有关负责人和救援管理人员应经过救护知识的专业培训。矿山救护队及兼职矿山救护队指战员，必须经过救护理论及技术、技能培训，并经考核取得合格证后，方可从事矿山救护工作。

承担矿山救护培训的机构，应取得相应的资质。

8.1.2 救护人员实行分级培训

　　a) 国家级矿山应急救援培训机构，承担矿山救护中队长以上指挥员（包括工程技术人员）、大队战训科的管理人员和矿山企业救护管理人员的培训、复训工作。

　　b) 省级矿山应急救援培训机构，承担本辖区内矿山救护中队副职、正副小队长的培训、复训工作。

　　c) 救护大队培训机构，承担本区域内矿山救护队员（含兼职矿山救护队员）的培训、复训工作。

8.1.3 培训时间

　　a) 中队以上指挥员（包括工程技术人员）岗位资格培训时间不少于 30 天(144 学时)；每两年至少复训一次，时间不少于 14 天(60 学时)。

　　b) 中队副职、正副小队长岗位资格培训时间不少于 45 天(180 学时)；每两年至少复训一次，时间不少于 14 天(60 学时)。

　　c) 救护队新队员岗位资格培训时间不少于 90 天(372 学时)，再进行 90 天的编队实习；每年至少复训一次，学习时间不少于 14 天(60 学时)。

　　d) 兼职矿山救护队员岗位资格培训时间不少于 45 天(180 学时)；每年至少复训一次，时间不少于 14 天(60 学时)。

8.1.4 培训内容和要求

8.1.4.1 岗位资格培训
a) 中队以上的指挥员(包括工程技术人员)培训内容:矿山救护相关安全法律、法规和技术标准,矿井灾害发生机理、规律及防治技术与方法,矿山自救互救及创伤急救技术,矿山救护队的管理。通过培训,达到以下要求:
1) 掌握与矿山救护工作有关的管理知识、专业理论知识、救护业务基本知识及新技术、新装备的应用知识;
2) 了解国内外有关矿山救护工作的先进技术和管理经验;
3) 具备较熟练地制订矿山灾变事故救援方案、救护队行动计划的能力。
b) 中队副职、正副小队长培训内容:矿山救护相关安全法律、法规和技术标准,矿山救护个人防护装备、矿山救护检测仪器的使用与管理、矿山救护技战术、矿井通风技术理论、矿山事故的预防与处理、自救互救与现场急救等。通过培训,达到以下要求:
1) 掌握与矿山救护工作有关的管理知识、专业理论知识、救护业务基本知识及新技术、新装备的应用知识;
2) 具备根据事故救援方案带队独立作战的能力。
c) 救护队新队员培训内容:矿山救护相关安全法律、法规和技术标准,矿井生产技术、矿井通风与灾害防治、爆破安全技术,机电运输安全技术,矿山救护技战术理论,矿井灾变事故的处理,矿山救护技术操作,矿山救护装备与仪器的使用和管理,自救互救与现场急救等。通过培训,达到以下要求:
1) 了解矿山救护队的发展史,矿山救护队的组织、任务、性质和工作特点,队员及各类人员的职责等;
2) 熟练掌握矿山井下开拓系统图、井上井下对照图、通风系统图、配电系统图和井下电气设备布置图等基本图纸的知识;
3) 掌握救护仪器、装备的操作技能;
4) 了解灾变处理的基本知识;
5) 掌握一般技术的操作方法;
6) 掌握现场急救的基本常识。
d) 兼职矿山救护队员参照矿山救护队员培训内容和要求执行。

8.1.4.2 岗位复训内容
a) 中队以上的指挥员(包括工程技术人员)复训内容:有关矿山应急救护的新法律、法规、标准;有关矿山应急救护的新技术、新材料、新工艺、新装备及其安全技术要求,国内外矿山应急救护管理经验,典型矿山应急救护事故案例分析。
b) 中队副职、正副小队长复训内容:有关矿山应急救护的新法律、法规、标准;有关矿山应急救护的新技术、新材料、新工艺、新装备及其安全技术要求,国内外矿山应急救护管理经验分析,典型矿山应急救护事故案例研讨。
c) 救护队员复训内容:有关矿山应急救护的新法律、法规、标准;有关矿山应急救护的新技术、新材料、新工艺、新装备及其安全技术要求,预防和处理各类矿山事故的新方法,典型矿山应急救护事故案例讨论。
d) 兼职矿山救护队员参照矿山救护队员复训内容执行。

8.2 救护队训练

8.2.1 日常训练

a) 军事化队列训练。
b) 体能训练和高温浓烟训练。
c) 防护设备、检测设备、通信及破拆工具等操作训练。
d) 建风障、木板风墙和砖风墙,架木棚,安装局部通风机,高倍数泡沫灭火机灭火,惰性气体灭火装置安装使用等一般技术训练。
e) 人工呼吸、心肺复苏、止血、包扎、固定、搬运等医疗急救训练。
f) 新技术、新材料、新工艺、新装备的训练。

8.2.2 模拟实战演习

a) 演习训练,必须结合实战需要,制订演习训练计划;每次演习训练佩用呼吸器时间不少于 3 h。
b) 大队每年召集各中队进行一次综合性演习,内容包括:闻警出动、下井准备、战前检查、灾区侦察、气体检查、搬运遇险人员、现场急救、顶板支护、直接灭火、建造风墙、安装局部通风机、铺设管道、高倍数泡沫灭火机灭火、惰性气体灭火装置安装使用、高温浓烟训练等。
c) 中队除参加大队组织的综合性演习外,每月至少进行一次佩用呼吸器的单项演习训练,并每季度至少进行一次高温浓烟演习训练。
d) 兼职救护队每季度至少进行一次佩用呼吸器的单项演习训练。

8.2.3
建立救护技术竞赛制度。救护队及各级矿山救援指挥机构应定期组织矿山救护技术竞赛。

9 矿山事故应急救援一般规定

9.1 矿山救护程序

9.1.1 事故报告

矿山发生灾害事故后,现场人员必须立即汇报,在安全条件下积极组织抢救,否则应立即撤离至安全地点或妥善避难。企业负责人接到事故报告后,应立即启动应急救援预案,组织抢救。

9.1.2 救护队出动

9.1.2.1 救护队接到事故报告后,应在问清和记录事故地点、时间、类别、遇险人数、通知人姓名(联系人电话)及单位后,立即发出警报,并向值班指挥员报告。

9.1.2.2 救护队接警后必须在 1 min 内出动,不需乘车出动时,不得超过 2 min;按照事故性质携带所需救护装备迅速赶赴事故现场。当矿山发生火灾、瓦斯或矿尘爆炸,煤与瓦斯突出等事故时,待机小队应随同值班小队出动。

9.1.2.3 救护队出动后,应向主管单位及上一级救护管理部门报告出动情况。在途中得知矿山事故已经得到处理,出动救护队仍应到达事故矿井了解实际情况。

9.1.2.4 在救援指挥部未成立之前,先期到达的救护队应根据事故现场具体情况和矿山灾害事故应急救援预案,开展先期救护工作。

9.1.2.5 救护队到达事故矿井后,救护人员应立即做好战前检查,按事故类别整理好所需装备,做好救护准备;根据抢救指挥部命令组织灾区侦察、制订救护方案、实施救护。

9.1.2.6　救护队指挥员了解事故情况,接受任务后应立即向小队下达任务,并说明事故情况、完成任务要点、措施及安全注意事项。

9.1.3　返回驻地

9.1.3.1　参加事故救援的救护队只有在取得救援指挥部同意后,方可返回驻地。

9.1.3.2　返回驻地后,救护队指战员应立即对所有救护装备、器材进行认真检查和维护,恢复到值班战备状态。

9.2　矿山救护指挥

9.2.1　发生重、特大灾害事故后,必须立即成立现场救援指挥部并设立地面基地。救护队指挥员为指挥部成员。

9.2.2　在事故救援时,救护队长对救护队的行动具体负责、全面指挥。事故单位必须向救援指挥部提供全面真实的技术资料和事故状况,矿山救护队必须向救援指挥部提供全面真实的探查和事故救援情况。

9.2.3　如果有多支救护队联合作战时,应成立矿山救护联合作战部,由事故所在区域的救护队指挥员担任指挥,协调各救护队救援行动。如果所在区域的救护队指挥员不能胜任指挥工作,则由救援指挥部另行委任。

9.2.4　到达事故现场后,救护队指挥员必须详细了解:
  a)　事故发生的时间,事故类别、范围,遇险人员数量及分布,已经采取的措施。
  b)　事故区域的生产、通风系统,有毒、有害气体,矿尘,温度,巷道支护及断面,机械设备及消防设施等。
  c)　已经到达的和可以动用的救护小队数量及装备情况。

9.2.5　救护队指挥员应根据指挥部的命令和事故的情况,迅速制订救援行动计划和安全措施,同时调动必要的人力、设备和材料。

9.2.6　救护队指挥员下达任务时,必须说明事故情况、行动路线、行动计划和安全措施。在救护中应尽量避免使用混合小队。

9.2.7　遇有高温、塌冒、爆炸、水淹等危险的灾区,在需要救人的情况下,经请示救援指挥部同意后,指挥员才有权决定小队进入,但必须采取安全措施,保证小队在灾区的安全。

9.2.8　救护指挥员应轮流值班和下井了解情况,并及时与井下救护队、地面基地、井下基地及后勤保障部门联系。

9.2.9　救护队应派专人收集有关矿山的原始技术资料、图纸,做好事故救护的各项记录,包括:
  a)　灾区发生事故的前后情况。
  b)　事故救援方案、计划、措施、图纸。
  c)　出动小队人数,到达事故矿山时间,指挥员及领取任务情况。
  d)　小队进入灾区时间、返回时间及执行任务情况。
  e)　事故救援工作的进度、参战队次、设备材料消耗及气体分析和检测结果。
  f)　指挥员交接班情况。

9.2.10　在事故抢救结束后,必须形成全面、准确、翔实的事故救援报告,报救援指挥部及上级应急救援管理部门。

9.3 矿山救护保障

9.3.1 基地保障
在事故救援时,事故单位应为救护队提供必要的场所、物质等后勤保障。

9.3.1.1 地面基地
根据事故的范围、类别及参战救护队的数量设置地面基地,并应有:
a) 救护队所需的救护装备、器材、通信设备等。
b) 气体化验员、医护人员、通信员、仪器修理员、汽车司机等。
c) 食物、饮料和临时工作与休息场所。

9.3.1.2 井下基地
a) 井下基地应设在靠近灾区的安全地点,并应有:
   1) 直通指挥部和灾区的通信设备;
   2) 必要的救护装备和器材;
   3) 值班医生和急救医疗药品、器材;
   4) 有害气体监测仪器;
   5) 食物和饮料。
b) 井下基地指挥负责人由指挥部指派。井下基地电话应安排专人值守,做好记录,并经常同救援指挥部、地面基地和在灾区工作的救护小队保持联系。
c) 井下救灾过程中,基地指挥负责人应设专人检测基地及其附近区域有害气体的浓度并注意其他情况的变化。灾情突然发生变化时,井下基地指挥负责人应采取应急措施,并及时向指挥部报告。
d) 若改变井下基地位置,必须取得救援指挥部的同意,并通知在灾区工作的救护小队。

9.3.2 通信工作

9.3.2.1 救护通信方式包括:
a) 派遣通信员。
b) 显示讯号与音响信号。
c) 程控电话和灾区电话。
d) 移动手机、对讲机。

9.3.2.2 在事故救援时,必须保证通信畅通:
a) 抢救指挥部与地面基地、井下基地。
b) 井下基地与灾区救护小队。
c) 队员之间。

9.3.2.3 通信联络的一般规定:
a) 在灾区内使用的音响信号:
   一声——停止工作或停止前进;
   二声——离开危险区;
   三声——前进或工作;
   四声——返回;
   连续不断的声音——请求援助或集合。

b) 在竖井和倾斜巷道用绞车上下时使用的信号：
   一声——停止；
   二声——上升；
   三声——下降；
   四声——慢上；
   五声——慢下。
c) 灾区中报告氧气压力的手势：
   伸出拳头表示 10 MPa，伸出五指表示 5 MPa，伸出一指表示 1 MPa，报告时手势要放在灯头前表示。

9.3.3 气体分析
a) 对灾区气体定时、定点取样，及时分析气样，并提供分析结果。
b) 绘制有关测点气体和温度变化曲线图。
c) 整理总结整个事故救援中的气体分析资料。
d) 必要时可携带仪器到井下基地直接进行化验分析。

9.3.4 医疗站
事故救护时，应建立医疗站，任务是：
a) 派出医疗人员在井下基地值班。
b) 对从灾区撤出的遇险人员进行急救。
c) 检查和治疗救护人员的伤病。
d) 做好卫生防疫工作。
e) 及时向指挥部汇报伤员救助情况。

9.4 灾区行动的基本要求

9.4.1 进入灾区侦察或作业的小队人员不得少于 6 人。进入灾区前，应检查氧气呼吸器是否完好，并应按规定佩用。小队必须携带备用全面罩氧气呼吸器 1 台和不低于 18 MPa 压力的备用氧气瓶 2 个，以及氧气呼吸器工具和装有配件的备件袋。

9.4.2 如果不能确认井筒和井底车场有无有毒、有害气体，应在地面将氧气呼吸器佩用好。在任何情况下，禁止不佩带氧气呼吸器的救护队下井。

9.4.3 救护小队在新鲜风流地点待机或休息时，只有经小队长同意才能将呼吸器从肩上脱下；脱下的呼吸器应放在附近的安全地点，离小队待机或休息地点不应超过 5 m，确保一旦发生灾变能及时佩用。基地以里至灾区范围内不得脱下呼吸器。

9.4.4 在窒息或有毒有害气体威胁的灾区侦察和工作时，应做到：
a) 随时检测有毒有害气体和氧气含量，观察风流变化，佩用或不佩用氧气呼吸器的地点由现场指挥员确定。
b) 小队长应至少间隔 20 min 检查一次队员的氧气压力、身体状况，并根据氧气压力最低的 1 名队员来确定整个小队的返回时间。如果小队乘电机车进入灾区，其返回安全地点所需时间应按步行所需时间计算。
c) 小队长应使队员保持在彼此能看到或听到信号的范围以内。如果灾区工作地点离新鲜风流处很近，并且在这一地点不能以整个小队进行工作时，小队长可派不少于 2 名队员进入灾区工作，并保持直接联系。

d) 在窒息区域内,任何情况下都严禁指战员单独行动。佩用负压氧气呼吸器时,严禁通过口具或摘掉口具讲话。

9.4.5 佩用氧气呼吸器的人员工作1个呼吸器班后,应至少休息6 h。但在后续救护队未到达而急需抢救人员的情况下,指挥员应根据队员体质情况,在补充氧气、更换药品和降温器并校验呼吸器合格后,方可派救护队员重新投入救护工作。

9.4.6 在窒息或有毒、有害气体威胁的灾区抢救遇险人员时应做到:
   a) 在引导及搬运遇险人员时,应给遇险人员佩用全面罩氧气呼吸器或隔绝式自救器。
   b) 对受伤、窒息或中毒的人员应进行简单急救处理,然后迅速送至安全地点,交现场医疗救护人员处置,并尽快送医院治疗。
   c) 搬运伤员时应尽量避免振动;注意防止伤员精神失常时打掉队员的面罩、口具或鼻夹,而造成中毒。
   d) 在抢救长时间被困在井下的遇险人员时,应有医生配合;对长期困在井下的人员,应避免灯光照射其眼睛,搬运出井口时应用毛巾盖住其眼睛。
   e) 在灾区内遇险人员不能一次全部抬运时,应给遇险者佩用全面罩氧气呼吸器或隔绝式自救器;当有多名遇险人员待救时,矿山救护队应根据"先活后死、先重后轻、先易后难"的原则进行抢救。

9.4.7 救护队有义务协助事故调查,在满足救援的情况下应保护好现场,在搬运遇难人员和受伤矿工时,将矿灯等随身所带物品一并运送。

9.4.8 救护队返回到井下基地时,必须至少保留5 MPa气压的氧气余量。在倾角小于15°的巷道行进时,将1/2允许消耗的氧气量用于前进途中,1/2用于返回途中;在倾角大于或等于15°的巷道中行进时,将2/3允许消耗的氧气量用于上行途中,1/3用于下行途中。

9.4.9 救护队撤出灾区时,应将携带的救护装备带出灾区。

9.4.10 救护侦察时,应探明事故类别、范围、遇险、遇难人员数量和位置,以及通风、瓦斯、粉尘、有毒有害气体、温度等情况。中队或以上指挥员应亲自组织和参加侦察工作。

9.4.11 指挥员布置侦察任务时应该做到:
   a) 讲明事故的各种情况。
   b) 提出侦察时所需要的器材。
   c) 说明执行侦察任务时的具体计划和注意事项。
   d) 给侦察小队以足够的准备工作时间。
   e) 检查队员对侦察任务的理解程度。

9.4.12 带队侦察的指挥员应该做到:
   a) 明确侦察任务。任务不清或感到人力、物力、时间不足时,应提出自己的意见。
   b) 认真研究行进路线及特征,在图纸上标明小队行进的方向、标志、时间,并向队员讲清楚。
   c) 组织战前检查。了解指战员的氧气呼吸器氧气压力,做到仪器100%的完好。
   d) 贯彻事故救援的行动计划和安全措施,带领小队完成侦察工作。

9.4.13 侦察时必须做到:
   a) 井下应设待机小队,并用灾区电话与侦察小队保持联系;只有在抢救人员的情况下,才可不设待机小队。

b) 进入灾区侦察,必须携带救生索等必要的装备。在行进时应注意暗井、溜煤眼、淤泥和巷道支护等情况,视线不清时可用探险棍探查前进,队员之间要用联络绳联结。
c) 侦察小队进入灾区时,应规定返回时间,并用灾区电话与基地保持联络。如没有按时返回或通信中断,待机小队应立即进入救护。
d) 在进入灾区前,应考虑到如果退路被堵时所采取的措施。
e) 侦察行进中,在巷道交叉口应设明显的标记,防止返回时走错路线;对井下巷道情况不清楚时,小队应按原路返回。
f) 在进入灾区时,小队长在队列之前,副小队长在队列之后,返回时与此相反。在搜索遇险、遇难人员时,小队队形应与巷道中线斜交式前进。
g) 侦察人员应有明确分工,分别检查通风、气体浓度、温度、顶板等情况,并做好记录,把侦察结果标记在图纸上。
h) 在远距离或复杂巷道中侦察时,可组织几个小队分区段进行侦察。
i) 侦察工作应仔细认真,做到灾害波及范围内有巷必查,走过的巷道要签字留名做好标记,并绘出侦察路线示意图。

9.4.14 侦察时应首先把侦察小队派往遇险人员最多的地点。

9.4.15 侦察过程中,在灾区内发现遇险人员应立即救助,并将他们护送到新鲜风流巷道或井下基地,然后继续完成侦察任务。发现遇难人员应逐一编号,并在发现遇难、遇险人员巷道的相应位置做好标记;同时,检查各种气体浓度,记录遇难、遇险人员的特征,并在图上标明位置。

9.4.16 在侦察过程中,如有队员出现身体不适或氧气呼吸器发生故障难以排除时,全小队应立即撤到安全地点,并报告救援指挥部。

9.4.17 在侦察或救护行进中因冒顶受阻,应视扒开通道的时间决定是否另选通路;如果是唯一通道,应采取安全措施,立即进行处理。

9.4.18 侦察结束后,小队长应立即向布置侦察任务的指挥员汇报侦察结果。

10 矿山事故救援

10.1 煤矿事故救援
10.1.1 矿井火灾事故救援
10.1.1.1 一般要求
10.1.1.1.1 处理矿井火灾应了解以下情况:
a) 发火时间、火源位置、火势大小、波及范围、遇险人员分布情况。
b) 灾区瓦斯情况、通风系统状态、风流方向、煤尘爆炸性。
c) 巷道围岩、支护状况。
d) 灾区供电状况。
e) 灾区供水管路、消防器材供应的实际状况及数量。
f) 矿井的火灾预防处理计划及其实施状况。

10.1.1.1.2 处理井下火灾应遵循的原则:
a) 控制烟雾的蔓延,防止火灾扩大。
b) 防止引起瓦斯或煤尘爆炸,防止因火风压引起风流逆转。

c) 有利于人员撤退和保护救护人员安全。
　　d) 创造有利的灭火条件。

10.1.1.1.3 指挥员应根据火区的实际情况选择灭火方法。在条件具备时,应采用直接灭火的方法。采用直接灭火法时,须随时注意风量、风流方向及气体浓度的变化,并及时采取控风措施,尽量避免风流逆转、逆退,保护直接灭火人员的安全。

10.1.1.1.4 在下列情况下,采用隔绝方法或综合方法灭火:
　　a) 缺乏灭火器材或人员时。
　　b) 火源点不明确、火区范围大、难以接近火源时。
　　c) 用直接灭火的方法无效或直接灭火法对人员有危险时。
　　d) 采用直接灭火不经济时。

10.1.1.1.5 井下发生火灾时,根据灾情可实施局部或全矿井反风或风流短路措施。反风前,应将原进风侧的人员撤出,并注意瓦斯变化;采取风流短路措施时,必须将受影响区域内的人员全部撤离。

10.1.1.1.6 灭火中,只有在不使瓦斯快速积聚到爆炸危险浓度,且能使人员迅速撤出危险区时,才能采用停止通风或减少风量的方法。

10.1.1.1.7 用水灭火时,必须具备下列条件:
　　a) 火源明确。
　　b) 水源、人力、物力充足。
　　c) 有畅通的回风道。
　　d) 瓦斯浓度不超过2%。

10.1.1.1.8 用水或注浆的方法灭火时,应将回风侧人员撤出,同时在进风侧有防止溃水的措施。严禁靠近火源地点作业。用水快速淹没火区时,密闭附近不得有人。

10.1.1.1.9 灭火应从进风侧进行。为控制火势可采取设置水幕、拆除木支架(不致引起冒顶时)、拆掉一定区段巷道中的木背板等措施阻止火势蔓延。

10.1.1.1.10 用水灭火时,水流不得对准火焰中心,随着燃烧物温度的降低,逐步逼向火源中心。灭火时应有足够的风量,使水蒸气直接排入回风道。

10.1.1.1.11 扑灭电气火灾,必须首先切断电源。电源无法切断时,严禁使用非绝缘灭火器材灭火。

10.1.1.1.12 进风的下山巷道着火时,应采取防止火风压造成风流紊乱和风流逆转的措施。如有发生风流逆转的危险时,可将下行通风改为上行通风,从下山下端向上灭火;在不可能从下山下端接近火源时,应尽可能利用平行下山和联络巷接近火源灭火。改变通风系统和通风方式时,必须有利于控制火风压。在风量发生变化、特别是流向变化时,或在水源供水或灭火材料供应中断时,救护队员应立即撤退。

10.1.1.1.13 扑灭瓦斯燃烧引起的火灾时,不得使用震动性的灭火手段,防止扩大事故。

10.1.1.1.14 处理火灾事故过程中,应保持通风系统的稳定,指定专人检查瓦斯和煤尘,观测灾区气体和风流变化。当瓦斯浓度超过2%,并继续上升时,必须立即将全体人员撤到安全地点,采取措施排除爆炸危险。

10.1.1.1.15 检查灾区气体时,应注意全断面检查瓦斯、氧气浓度,并注意氧气浓度低等因素会导致CH_4、CO气体浓度检测出现误差。在检测气体时,应同时采集灾区气样。对采集的气样应及时化验分析,校对检测误差。

10.1.1.1.16 巷道烟雾弥漫能见度小于1 m时,严禁救护队进入侦察或作业,需采取措施,提高能见度后方可进入。

10.1.1.1.17 采用隔绝法灭火时,必须遵守下列规定:
a) 在保证安全的情况下,应尽量缩小封闭范围。
b) 隔绝火区时,首先建造临时风墙,经观察和气体分析表明灾区趋于稳定后,方可建造永久风墙。
c) 在封闭火区瓦斯浓度迅速增加时,为保证施工人员安全,应进行远距离的封闭火区。
d) 在封闭有瓦斯、煤尘爆炸危险的火区时,根据实际情况,可先设置抗爆墙(见表11)。在抗爆墙的掩护下,建立永久风墙。砂袋抗爆墙应采用麻袋或棉布袋,不得用塑料编织袋装砂。

表11 各类抗爆墙的最小厚度

井巷断面/ m²	水砂充填厚度/ m	石膏墙		砂袋墙	
		厚度/ m	石膏粉/ t	厚度/ m	砂袋数量/ 袋
5.0	≤5	2.2	11	5	1 500
7.5	5~8	2.5	19	6	2 600
10.5	8~10	3	30	7	4 200
14	10~15	3.5以上	42	8	6 400

10.1.1.1.18 隔绝火区封闭风墙的3种方法:
a) 首先封闭进风巷中的风墙。
b) 进风巷和回风巷中的风墙同时封闭。
c) 首先封闭回风侧风墙。

10.1.1.1.19 封闭火区风墙时应做到:
a) 多条巷道需要进行封闭时,应先封闭支巷,后封闭主巷。
b) 火区主要进风巷和回风巷中的风墙应开有通风孔,其他一些风墙可以不开通风孔。
c) 选择进风巷和回风巷的风墙同时封闭时,必须在建造这两个风墙时预留通风孔。封堵通风孔时必须统一指挥,密切配合,以最快的速度同时封堵。在建造砂袋抗爆墙时,也应遵守这一规定。

10.1.1.1.20 建造火区风墙时应做到:
a) 进风巷道和回风巷道中的风墙应同时建造。
b) 风墙的位置应选择在围岩稳定、无破碎带、无裂隙、巷道断面小的地点,距巷道交叉口不小于10 m。
c) 拆掉压缩空气管路、电缆、水管及轨道。
d) 在风墙中应留设注惰性气体、灌浆(水)和采集气样测量温度用的管孔,并装上有阀门的放水管。

e) 保证风墙的建筑质量。
f) 设专人随时检测瓦斯变化。

10.1.1.1.21 在建造有瓦斯爆炸危险的火区风墙时,应做到:
a) 采取控风手段,尽量保持风量不变。
b) 注入惰性气体。
c) 检测进风、回风侧瓦斯浓度、氧气浓度、温度等。
d) 在完成密闭工作后,迅速撤至安全地点。

10.1.1.1.22 火区封闭后,必须遵守下列原则:
a) 人员应立即撤出危险区。进入检查或加固密闭墙,应在 24 h 之后进行。
b) 封闭后,应采取均压灭火措施,减少火区漏风。
c) 如果火区内 O_2、CO 含量及温度没有下降趋势,应查找原因,采取补救措施。

10.1.1.1.23 火区风墙被爆炸破坏时,严禁立即派救护队探险或恢复风墙。如果必须恢复破坏的风墙或在附近构筑新风墙前,必须做到:
a) 采取惰化措施抑制火区爆炸。
b) 检查瓦斯,只有在火区内可燃气体浓度已无爆炸危险时,方可进行火区封闭作业;否则,应在距火区较远的安全地点建造风墙。

10.1.1.2 高温下的救护工作

10.1.1.2.1 井下巷道内温度超过 30 ℃时,即为高温,应限制佩用氧气呼吸器的连续作业时间。巷道内温度超过 40 ℃时,禁止佩用氧气呼吸器工作,但在抢救遇险人员或作业地点靠近新鲜风流时例外;否则,必须采取降温措施。

10.1.1.2.2 为保证在高温区工作的安全,应采取降温措施,改善工作环境。

10.1.1.2.3 在高温作业巷道内空气升温梯度达到 0.5~1 ℃/min 时,小队应返回基地,并及时报告井下基地指挥员。

10.1.1.2.4 在高温区工作的指挥员必须做到:
a) 向出发的小队布置任务,并提出安全措施。
b) 在进入高温巷道时,要随时进行温度测定。测定结果和时间应做好记录,有可能时写在巷道帮上。如果巷道内温度超过 40 ℃,小队应退出高温区,并将情况报告救护指挥部。
c) 救人时,救护人员进入高温灾区的最长时间不得超过表 12 中的规定。

表 12 救护人员进入高温灾区的最长时间值

巷道中温度/℃	40	45	50	55	60
进入时间/min	25	20	15	10	5

d) 与井下基地保持不断的联系,报告温度变化、工作完成情况及队员的身体状况。
e) 发现指战员身体有异常现象时,必须率领小队返回基地,并通知待机小队。
f) 返回时,不得快速行走,并应采取一些改善其感觉的安全措施,如手动补给供氧,用水冷却头、面部等。

g) 在高温条件下,佩用氧气呼吸器工作后,休息的时间应比正常温度条件下工作后的休息时间增加1倍。

h) 在高温条件下佩用氧气呼吸器工作后,不应喝冷水。井下基地应备有含0.75%食盐的温开水和其他饮料。

10.1.1.3 扑灭不同地点火灾的方法

10.1.1.3.1 进风井口建筑物发生火灾时,应采取防止火灾气体及火焰侵入井下的措施:

a) 立即反风或关闭井口防火门;如不能反风,应根据矿井实际情况决定是否停止主要通风机。

b) 迅速灭火。

10.1.1.3.2 正在开凿井筒的井口建筑物发生火灾时,如果通往遇险人员的通道被火切断,可利用原有的铁风筒及各类适合供风的管路设施向遇险人员送风;同时,采取措施将火扑灭,以便尽快靠近遇险人员进行抢救。扑灭井口建筑物火灾时,事故矿井应召请消防队参加。

10.1.1.3.3 回风井筒发生火灾时,风流方向不应改变。为了防止火势增大,应适当减少风量。

10.1.1.3.4 竖井井筒发生火灾时,不管风流方向如何,应用喷水器自上而下的喷洒。只有在确保救护人员生命安全时,才允许派遣救护队进入井筒灭火。灭火时,应由上往下进行。

10.1.1.3.5 扑灭井底车场的火灾时,应坚持的原则:

a) 当进风井井底车场和毗连硐室发生火灾时,应进行反风(反风前,撤离进风侧人员)、停止主要通风机运转或风流短路,不使火灾气体侵入工作区。

b) 回风井井底发生火灾时,应保持正常风向,可适当减少风量。

c) 救护队要用最大的人力、物力直接灭火和阻止火灾蔓延。

d) 为防止混凝土支架和砌碹巷道上面木垛燃烧,可在碹上打眼或破碹,安设水幕。

e) 如果火灾的扩展危及关键地点(如井筒、火药库、变电所、水泵房等),则主要的人力、物力应用于保护这些地点。

10.1.1.3.6 扑灭井下硐室中的火灾时,应坚持的原则:

a) 着火硐室位于矿井总进风道时,应反风或风流短路。

b) 着火硐室位于矿井一翼或采区总进风流所经两巷道的连接处时,应在可能的情况下,采取短路通风,条件具备时也可采用区域反风。

c) 爆炸材料库着火时,有条件时应首先将雷管、导爆索运出,然后将其他爆炸材料运出;否则,关闭防火门,救护队撤往安全地点。

d) 绞车房着火时,应将相连的矿车固定,防止烧断钢丝绳,造成跑车伤人。

e) 蓄电池机车库着火时,为防止氢气爆炸,应切断电源,停止充电,加强通风并及时把蓄电池运出硐室。

f) 硐室发生火灾,且硐室无防火门时,应采取挂风障控制入风,积极灭火。

10.1.1.3.7 火灾发生在采区或采煤工作面进风巷,为抢救人员,有条件时可进行区域反风;为控制火势减少风量时,应防止灾区缺氧和瓦斯积聚。

10.1.1.3.8 火灾发生在倾斜上行风流巷道时,应保持正常风流方向,可适当减少风量。

10.1.1.3.9 火源在倾斜巷道中时,应利用联络巷等通道接近火源进行灭火。不能接近火源时,可利用矿车、箕斗将喷水器送到巷道中灭火,或发射高倍数泡沫、惰气进行远距离灭火。需要从下方向上灭火时,应采取措施防止落石和燃烧物掉落伤人。

10.1.1.3.10 位于矿井或一翼总进风道中的平巷、石门和其他水平巷道发生火灾时,应采取有效措施控风;如采取短路通风措施时,应防止烟流逆转。

10.1.1.3.11 采煤工作面发生火灾时,应做到:
   a) 从进风侧利用各种手段进行灭火。
   b) 在进风侧灭火难以取得效果时,可采取区域反风,从回风侧灭火,但进风侧要设置水幕,并将人员撤出。
   c) 采煤工作面回风巷着火时,应防止采空区瓦斯涌出和积聚造成危害。
   d) 急倾斜煤层采煤工作面着火时,不准在火源上方灭火,防止水蒸气伤人;也不准在火源下方灭火,防止火区塌落物伤人;而要从侧面利用保护台板和保护盖接近火源灭火。
   e) 用上述方法灭火无效时,应采取隔绝方法和综合方法灭火。

10.1.1.3.12 处理采空区或巷道冒落带火灾时,必须保持通风系统的稳定可靠,检查与之相连的通道,防止瓦斯涌入火区。

10.1.1.3.13 独头巷道发生火灾时,应在维持局部通风机正常通风的情况下,积极灭火。矿山救护队到达现场后,应保持独头巷道的通风原状,即风机停止运转的不要开启,风机开启的不要停止,进行侦察后再采取措施。

10.1.1.3.14 矿山救护队到达井下,已经知道发火巷道有爆炸危险,在不需要救人的情况下,指挥员不得派小队进入着火地点冒险灭火或探险;已经通风的独头巷道如果瓦斯浓度仍然迅速增长,也不得入内灭火,而应在远离火区的安全地点建筑风墙,具体位置由救护指挥部确定。

10.1.1.3.15 在扑灭独头巷道火灾时,矿山救护队必须遵守下列规定:
   a) 平巷独头巷道掘进头发生火灾,瓦斯浓度不超过2%时,应在通风的情况下采用直接灭火。灭火后,必须仔细清查阴燃火点,防止复燃引起爆炸。
   b) 火灾发生在平巷独头煤巷的中段时,灭火中必须注意火源以里的瓦斯情况,设专人随时检测,严禁将已积聚的瓦斯经过火点排出。如果情况不清,应远距离封闭。
   c) 火灾发生在上山独头煤巷的掘进头时,在瓦斯浓度不超过2%的情况下,有条件时应直接灭火,灭火中应加强通风;如瓦斯超过2%仍在继续上升,应立即把人员撤到安全地点,远距离进行封闭。若火灾发生在上山独头巷的中段时,不得直接灭火,应在安全地点进行封闭。
   d) 上山独头煤巷火灾不管发生在什么地点,如果局部通风机已经停止运转,在无需救人时,严禁进入灭火或侦察,应立即撤出附近人员,远距离进行封闭。
   e) 火灾发生在下山独头煤巷掘进头时,在通风的情况下,瓦斯的浓度不超过2%,可直接进行灭火。若火灾发生在巷道中段时,不得直接灭火,应远距离封闭。

10.1.1.3.16 救护队处理不同地点火灾时,小队执行紧急任务的安排原则:
   a) 进风井井口建筑物发生火灾时,应派一个小队去处理火灾,另一个小队去井下救人和扑灭井底车场可能发生的火灾。
   b) 井筒和井底车场发生火灾时,应派一个小队灭火,派另一个小队去火灾威胁区域救人。

c) 当火灾发生在矿井进风侧的硐室、石门、平巷、下山或上山,火烟可能威胁到其他地点时,应派一个小队灭火,派另一个小队到最危险的地点救人。

d) 当火灾发生在采区巷道、硐室、工作面中,应派一个小队从最短的路线进入回风侧救人,另一个小队从进风侧灭火、救人。

e) 当火灾发生在回风井井口建筑物、回风井筒、回风井底车场,以及其毗连的巷道中时,应派一个小队灭火,派另一个小队救人。

10.1.1.3.17 处理矸石山火灾事故时,应做到:

a) 查明自燃的范围、温度、气体成分等参数。

b) 处理火源时,可采用注黄泥浆、飞灰、凝胶、泡沫等措施。

c) 直接灭火时,应防止水煤气爆炸,避开矸石山垮塌面和开挖暴露面。

d) 在清理矸石山爆炸产生的高温抛落物时,应戴手套、防护面罩、眼镜,穿隔热服,使用工具清除,并设专人观察矸石山变化情况。

10.1.2 瓦斯、煤尘爆炸事故救援

10.1.2.1 处理瓦斯、煤尘爆炸事故时,救护队的主要任务是:

a) 灾区侦察。

b) 抢救遇险人员。

c) 抢救人员时清理灾区堵塞物。

d) 扑灭因爆炸产生的火灾。

e) 恢复通风。

10.1.2.2 爆炸产生火灾,应同时进行灭火和救人,并应采取防止再次发生爆炸的措施。

10.1.2.3 井筒、井底车场或石门发生爆炸时,在侦察确定没有火源,无爆炸危险的情况下,应派一个小队救人,另一个小队恢复通风。如果通风设施损坏不能恢复,应全部去救人。

10.1.2.4 爆炸事故发生在采煤工作面时,派一个小队沿回风侧、另一个小队沿进风侧进入救人,在此期间必须维持通风系统原状。

10.1.2.5 井筒、井底车场或石门发生爆炸时,为了排除爆炸产生的有毒、有害气体,抢救人员,应在查清确无火源的基础上,尽快恢复通风。如果有害气体严重威胁回风流方向的人员,为了紧急救人,在进风方向的人员已安全撤退的情况下,可采取区域反风。之后,矿山救护队应进入原回风侧引导人员撤离灾区。

10.1.2.6 处理爆炸事故,小队进入灾区必须遵守下列规定:

a) 进入前,切断灾区电源,并派专人看守。

b) 保持灾区通风现状,检查灾区内各种有害气体的浓度、温度及通风设施的破坏情况。

c) 穿过支架破坏的巷道时,应架好临时支架。

d) 通过支架松动的地点时,队员应保持一定距离按顺序通过,不得推拉支架。

e) 进入灾区行动应防止碰撞、摩擦等产生火花。

f) 在灾区巷道较长、有害气体浓度大、支架损坏严重的情况下,如无火源、人员已经牺牲时,必须在恢复通风、维护支架后方可进入,确保救护人员的安全。

10.1.3 煤与瓦斯突出事故救援

10.1.3.1 发生煤与瓦斯突出事故时,救护队的主要任务是抢救人员和对充满有害气体的巷道进行通风。

10.1.3.2 救护队进入灾区侦察时,应查清遇险、遇难人员数量及分布情况,通风系统和通风设施破坏情况,突出的位置,突出物堆积状态,巷道堵塞情况,瓦斯浓度和波及范围,发现火源立即扑灭。

10.1.3.3 采掘工作面发生煤与瓦斯突出事故后,一个小队从回风侧、另一个小队从进风侧进入事故地点救人。

10.1.3.4 侦察中发现遇险人员应及时抢救,为其配用隔绝式自救器或全面罩氧气呼吸器,使其脱离灾区,或组织进入避灾硐室等待救护。对于被突出煤矸阻困在里面的人员,应及时打开压风管路,利用压风系统呼吸,并组织力量清除阻塞物。如需在突出煤层中掘进绕道救人时,必须采取防突措施。

10.1.3.5 发生突出事故时,应立即对灾区采取停电、撤人措施。在逐级排出瓦斯后,方可恢复送电。

10.1.3.6 灾区排放瓦斯时,必须撤出回风侧的人员,以最短路线将瓦斯引入回风道,排风井口50 m范围内不得有火源,并设专人监视。

10.1.3.7 发生突出事故时,不得停风和反风,防止风流紊乱和扩大灾情。如果通风系统和通风设施被破坏,应设置临时风障、风门及安装局部通风机,逐级恢复通风。

10.1.3.8 因突出造成风流逆转时,应在进风侧设置风障,并及时清理回风侧的堵塞物,使风流尽快恢复正常。

10.1.3.9 瓦斯突出引起火灾时,应采用综合灭火或惰气灭火。如果瓦斯突出引起回风井口瓦斯燃烧,应采取控制风量的措施。

10.1.3.10 在处理突出事故时,必须做到:
   a) 进入灾区前,确保矿灯完好;进入灾区内,不准随意启闭电气开关和扭动矿灯开关或灯盖。
   b) 在突出区应设专人定时定点检查瓦斯浓度,并及时向指挥部报告。
   c) 设立安全岗哨,非救护队人员不得进入灾区;救护人员必须配用氧气呼吸器,不得单独行动。
   d) 当发现有异常情况时,应立即撤出全部人员。

10.1.3.11 处理岩石与二氧化碳突出事故时,除执行煤与瓦斯突出的各项规定外,还应对灾区加大风量,迅速抢救遇险人员。佩用负压氧气呼吸器进入灾区时,应戴好防烟眼镜。

10.1.4 水灾事故救援

10.1.4.1 矿山发生水灾事故时,救护队的任务是抢救受淹和被困人员,恢复井巷通风。

10.1.4.2 救护队到达事故矿井后,应了解灾区情况、水源、事故前人员分布、矿井有生存条件的地点及进入该地点的通道等,并分析计算被堵人员所在空间体积,O_2、CO_2、CH_4浓度,计算出遇险人员最短生存时间。根据水害受灾面积、水量和涌水速度,提出及时增大排水设备能力、抢救被困人员的有关建议。

10.1.4.3 救护队在侦察中,应探查遇险人员位置、涌水通道、水量、水的流动线路,巷道及水泵设施受淹程度,巷道冲坏和堵塞情况,有害气体(CH_4、CO_2、H_2S等)浓度及在巷道中的分布和通风状况等。

10.1.4.4　采掘工作面发生水灾时,救护队应首先进入下部水平救人,再进入上部水平救人。

10.1.4.5　救助时,被困灾区的人员,其所在地点高于透水后水位时,可利用打钻、掘小巷等方法供给新鲜空气、饮料及食物,建立通信联系;如果其所在地点低于透水后水位时,则禁止打钻,防止泄压扩大灾情。

10.1.4.6　矿井涌水量超过排水能力,全矿和水平有被淹危险时,在下部水平人员救出后,可向下部水平或采空区放水;如果下部水平人员尚未撤出,主要排水设备受到被淹威胁时,可用装有黏土、砂子的麻袋构筑临时防水墙,堵住泵房口和通往下部水平的巷道。

10.1.4.7　救护队在处理水淹事故时,必须注意下列问题:

　　a) 水灾威胁水泵安全,在人员撤往安全地点后,救护小队的主要任务是保护泵房不致被淹。

　　b) 小队逆水流方向前往上部没有出口的巷道时,应与在基地监视水情的待机小队保持联系;当巷道有很快被淹危险时,立即返回基地。

　　c) 排水过程中保持通风,加强对有毒、有害气体的检测。

　　d) 排水后进行侦察、抢救人员时,注意观察巷道情况,防止冒顶和底板塌陷。

　　e) 救护队员通过局部积水巷道时,应采用探险棍探测前进。

10.1.4.8　处理上山巷道水灾时,应注意下列事项:

　　a) 检查并加固巷道支护,防止二次透水、积水和淤泥的冲击。

　　b) 透水点下方要有能存水及存沉积物的有效空间,否则人员要撤到安全地点。

　　c) 保证人员在作业中的通信联系和退路安全畅通。

　　d) 指定专人检测 CH_4、CO、H_2S 等有毒、有害气体和氧气浓度。

10.1.5　顶板事故救援

10.1.5.1　发生冒顶事故后,救护队应配合现场人员一起救助遇险人员。如果通风系统遭到破坏,应迅速恢复通风。当瓦斯和其他有害气体威胁到抢救人员的安全时,救护队应抢救人员和恢复通风。

10.1.5.2　在处理冒顶事故前,救护队应向冒顶区域的有关人员了解事故发生原因、冒顶区域顶板特性、事故前人员分布位置,检查瓦斯浓度等,并实地查看周围支架和顶板情况,在危及救护人员安全时,首先应加固附近支架,保证退路安全畅通。

10.1.5.3　抢救被埋、被堵人员时,用呼喊、敲击等方法,或采用探测仪器判断遇险人员位置,与遇险人员联系,可采用掘小巷、绕道或使用临时支护通过冒落区接近遇险者;一时无法接近时,应设法利用钻孔、压风管路等提供新鲜空气、饮料和食物。

10.1.5.4　处理冒顶事故时,应指定专人检查瓦斯和观察顶板情况,发现异常,应立即撤出人员。

10.1.5.5　清理大块矸石等压人冒落物时,可使用千斤顶、液压起重器、液压剪、起重气垫等工具进行处理。

10.1.6　淤泥、黏土和流砂溃决事故救援

10.1.6.1　处理淤泥、黏土和流砂溃决事故时,救护队的主要任务是救助遇险人员,加强有毒、有害气体检查,恢复通风。

10.1.6.2　溃出的淤泥、黏土和流砂如果困堵了人员,应用呼喊、敲击等方法与他们取得联

系,并及时采取措施输送空气、饮料和食物。在进行清除工作的同时,寻找最近距离掘小巷接近他们。

10.1.6.3 当泥砂有流入下部水平的危险时,应将下部水平人员撤到安全处。

10.1.6.4 开采急倾斜煤层,黏土和淤泥或流砂流入下部水平巷道时,救护工作只能从上部水平巷道进行,严禁从下部接近充满泥砂的巷道。

10.1.6.5 当矿山救护小队在没有通往上部水平安全出口的巷道中逆泥浆流动方向行进时,基地应设待机小队,并与进入小队保持不断联系,以便随时通知进入小队返回或进入帮助。

10.1.6.6 在淤泥已停止流动,寻找和救助人员时,应在铺于淤泥上的木板上行进。

10.1.6.7 因受条件限制,需从斜巷下部清理淤泥、黏土、流砂或煤渣时,必须设置牢固的阻挡设施,并制订专门措施,由矿长亲自组织抢救,设有专人观察,防止泥砂积水突然冲下;并应设置有安全退路的躲避硐室。出现险情时,人员立即进入躲避硐室暂避。在淤泥下方没有阻挡的安全设施时,严禁进行清除工作。

10.2 非煤矿山事故救援

10.2.1 火灾事故救援

10.2.1.1 灭火方法的选择

10.2.1.1.1 按灭火原理,常用的灭火方法有:
   a) 冷却法:使用各种水流、惰性气体、泡沫灭火。
   b) 覆盖法:用泡沫、沙子、泥土等覆盖灭火。
   c) 抑制法:用干粉、强水流、卤代烷等灭火。
   d) 窒息法:用高倍泡沫、快速气囊封堵巷道,设风墙阻绝火源。
   e) 其他方法:反风控制火势蔓延和火烟流向,撤除可燃烧物品,防止火势扩大。

10.2.1.1.2 在选择灭火方法时,指挥员应该考虑火灾的特点,发生地点、范围,以及灭火的人力、物力。一般情况下,应该尽量采用直接灭火法。

10.2.1.1.3 在下列情况下,应采用隔绝方法或综合方法灭火:
   a) 缺乏灭火器材或人员时。
   b) 难以接近火源时。
   c) 用直接灭火法无效或用直接灭火法对灭火人员有危险时。

采用隔绝窒息法灭火时,应待火焰已经熄灭和温度降低后,再打开风墙用直接法灭火。

10.2.1.2 灭火方法的具体要求

10.2.1.2.1 用水或卤代烷、泡沫或注浆的方法灭火时,应将回风侧人员撤出。

10.2.1.2.2 用水灭火时,必须具备下列条件:
   a) 火源明确。
   b) 水源、人力、物力充足。
   c) 有畅通的回风巷。
   d) 瓦斯浓度不超过2%。

10.2.1.2.3 采用隔绝法灭火时,必须遵守下列规定:
   a) 在保证安全的情况下,应尽量缩小封闭范围。
   b) 隔绝火区时,首先建造临时风墙,然后建造永久风墙。在有爆炸危险时,应先设置抗爆墙,在抗爆墙的掩护下,建造永久风墙。

10.2.1.3 处理井下火灾应遵循的原则
参照 10.1.1 执行,并应考虑非煤矿山特点采取措施。
10.2.2 水害事故救援
参照 10.1.4 执行,并应考虑非煤矿山特点采取措施。
10.2.2.1 地面水处理
分析地面水系与灾区水源的关系,积极处理可能导致灾情扩大的地面水系,采取疏干、截流等办法,防止地面水流向灾区。
10.2.3 冒顶、边坡及尾矿库事故救援
10.2.3.1 发生冒顶片帮事故后,救护队应配合现场人员一起救助遇险人员。如果通风系统遭到破坏,应迅速恢复通风。当有毒、有害气体威胁到抢救人员的安全时,救护队应积极抢救遇险人员和恢复通风。

10.2.3.2 在处理冒顶片帮事故前,救护队应向在附近地区工作的人员了解事故发生原因,冒顶、片帮地区地压特征,事故前人员分布位置,有毒、有害气体浓度等情况,并实地查看周围巷道支护情况,必要时加固有关巷道,保证退路畅通。

10.2.3.3 抢救人员时,用喊话、敲击等方法判断遇险人员位置,与遇险人员保持联系,要求他们配合救护工作。对于被埋、被堵的人员,应在支护好顶板的情况下,用掘小巷、绕道通过冒落区或使用矿山救护轻便支架穿越冒落区接近遇险者;一时无法接近时,应设法利用风管提供新鲜空气、饮料和食品。

10.2.3.4 在处理冒顶片帮事故过程中,应指定专人监测地压活动情况,监测有害、有毒气体浓度变化情况,发现异常,应立即撤出救护人员。

10.2.3.5 清理堵塞物时,使用工具要避免伤害遇险人员;遇有大块矿石、木柱、金属网、铁梁、铁柱等物压住遇险人员时,可使用千斤顶、液压起重器、液压剪、多功能钳、金属切割机等工具进行处理。

10.2.3.6 露天矿边坡坍塌或排土场滑坡事故救护处理时。救护队应快速进入灾区,侦察灾区情况,救助遇险人员;对可能坍塌的边坡进行支护,并要加强现场观察,保证救护人员安全;配合事故救护工程人员挖掘被埋遇险人员,在挖掘过程中应避免伤害被困人员。

10.2.3.7 尾矿库事故救护时,应通过查阅资料和现场调查了解以下情况:
a) 尾矿库事故前实际坝高、库容、尾矿物质组成、坝体结构、坝外坡坡比。
b) 尾矿库溃坝发生时间、溃坝规模、破坏特征。
c) 溃坝后库内水体情况、坝坡稳定性情况。
d) 遇险人员数量、可能的被困位置。
e) 下游人员分布现状及村庄、重要设施、交通干线等。

10.2.3.8 尾矿库事故救护时,救护队员应戴安全帽、穿救生服装、系安全联络绳,首先抢救被困人员,将被困人员转移到安全地点救护。

10.2.3.9 对坍塌、溃堤的尾矿坝进行加固处理,用抛填块石、打木桩、砂袋堵塞等方法堵塞决堤口。在挖掘抢救被掩埋人员过程中,要采用合理的挖掘方法,加强观察,不得伤害被埋困人员。

10.2.3.10 如果不能保证救护人员安全,应首先对尾矿库堤坝进行加固和水砂分流,保证救护人员和被困人员安全。

10.2.3.11 尾矿泥沙仍处于持续流动状态,对下游村庄、重要工矿企业、交通干线形成威胁时,应采取拦截、疏导、改变尾矿砂流向等办法,避免事故损失的扩大。

10.2.3.12 在夜间实施尾矿坝事故救护时,救护现场充足的照明条件应得到保证。

10.2.4 爆破事故救援

10.2.4.1 炮烟中毒事故

a) 处理爆破炮烟中毒事故时,救护队的主要任务是救助遇险人员,加强通风,监测有毒、有害气体。

b) 对独头巷道、独头采区或采空区发生的炮烟中毒事故,在救护过程中,应在分析并确认没有气体爆炸危险情况下,采用局部通风的方式,稀释该区域的炮烟浓度。

c) 救护小队进入炮烟事故区域,应不间断地与救护基地保持通信联系。如果救护小队有1人出现体力不支或者呼吸器氧气压力不足的情况,全小队应立即撤出事故区域,返回基地。

10.2.4.2 炸药库意外爆炸事故

a) 首先侦察爆炸现场的有毒、有害气体浓度,温度,巷道及硐室坍塌情况,爆炸前人员情况,以及爆炸事故发生后人员伤亡情况。救护指挥部制订救护计划,恢复矿井通风系统进行排烟通风。

b) 救护小队佩用防护面具或全面罩呼吸器进入事故现场救助遇险人员,撤出尚未爆炸的爆破器材,控制并迅速扑灭因爆炸产生的火灾。

10.3 安全技术性工作

10.3.1 救护队佩用氧气呼吸器在井下从事的各项非事故性工作,均属安全技术工作。矿山救护队在实施安全技术工作时,应和矿山有关部门共同研究实施措施,并制订行动方案。

10.3.2 救护队排放瓦斯工作,应按下列规定进行:

a) 对排放瓦斯措施,应逐项检查,符合规定后方可排放。

b) 对已确定的措施和方案,应向参与救护人员进行贯彻落实。

c) 排放前,应撤出回风侧人员,切断回风流电源,并派专人看守;如果回风侧有火区时,应进行认真检查,并予以严密的封闭。

d) 进入瓦斯巷道的救护队员,必须佩用氧气呼吸器;在排放瓦斯过程中,应有专人检查瓦斯,排出的瓦斯与全风压风流混合处的瓦斯浓度不得超过1.5%,并要采用增阻或减阻的方法进行控制,逐段排放,严禁一风吹。

e) 排放结束后,救护队应与现场通风、安监部门一起进行检查,待通风正常后,方可撤出工作地点。

10.3.3 救护队启封火区,必须按下列规定进行:

a) 贯彻火区启封措施,逐项检查落实,制订救护队行动安全措施。

b) 启封前,应检查火区的温度、各种气体浓度及密闭前巷道支护等情况;切断回风流电源,撤出回风侧人员;在通往回风道交叉口处设栅栏、警示标志;做好重新封闭的准备工作。

c) 启封时,必须在佩用氧气呼吸器后采取锁风措施,逐段检查各种气体和温度,逐段恢复通风。有复燃征兆时,必须立即重新封闭火区;火区进风端密闭启封时,应注意防止二氧化碳等有害气体溃出。

d) 启封后3天内,每班必须由救护队检查通风状况,测定水温、空气温度和空气成分,并取气样进行分析,只有确认火区完全熄灭时,方可结束启封工作。

10.3.4 救护队参加实施震动爆破措施时,应按下列规定进行:
a) 按照批准的措施,检查准备工作落实情况。
b) 佩带氧气呼吸器,携带灭火器和其他必要的装备在指定地点待机。
c) 爆破30 min后,救护队佩用氧气呼吸器进入工作面检查,发现爆破引起火灾应立即灭火。
d) 在瓦斯全部排放完毕后,救护队应与通风、安监等部门共同检查,通风正常后,方可离开工作地点。

10.3.5 救护队参加反风演习,必须按下列规定进行:
a) 按照批准的反风演习计划措施,逐项检查准备工作落实情况。
b) 贯彻反风计划措施,并制订出救护队行动计划和安全措施。
c) 反风前,救护队应佩带氧气呼吸器和携带必要的技术装备在井下指定地点值班,同时测定矿井风量和检查瓦斯浓度。
d) 反风10 min后,经测定风量达到正常风量的40%,瓦斯浓度不超过规定时,应及时报告指挥部。
e) 恢复正常通风后,救护队应将测定的风量、检测的瓦斯浓度报告指挥部,待通风正常后方可离开工作地点。

10.4 医疗急救

10.4.1 救护队必须配备急救器材和训练器材,并应符合表13、表14的规定。

表13 救护中队急救器材基本配备清单

器材名称	单位	数量	备注
模拟人	套	1	
抗休克服	套	3	
背夹板	副	4	
充气夹板	套	3	
颈托	副	5	
聚酯夹板	副	10	
止血带	个	20	
三角巾	块	20	
绷带	m	50	
剪子	个	5	
手术刀	个	5	
镊子	个	10	
口式呼吸面具	个	5	

表 13（续）

器材名称	单位	数量	备注
医用手套	副	20	
开口器	个	6	
夹舌器	个	6	
伤病卡	张	100	
相关药剂		若干	碘酒、消炎药、止泻药、止痛药
环甲膜穿刺针	个	5	
医疗急救箱	个	1	

表 14 小队急救药品基本配备清单

器材名称	单位	数量	备注
颈托	副	2	
聚酯夹板	副	2	
三角巾	块	10	
绷带	m	5	
消炎药水	瓶	2	
药棉	卷	2	
剪子	个	1	
衬垫	卷	5	
冷敷药品	份	2	
口式呼吸面具	个	2	
医用手套	副	2	
夹舌器	个	1	
开口器	个	1	
镊子	个	2	
手术刀	个	2	
止血带	个	5	
伤病卡	个	20	
无菌敷料	份	10	或无菌纱布

10.4.2 矿山救护队指战员必须熟练掌握现场急救常识及处理技术，主要内容有：伤员的伤情检查和诊断，常用医疗急救器材的使用方法及人工呼吸，以及胸外心脏按压、止血、包扎、骨折固定、伤员搬运等。

10.4.3 救护队应将急救常识和现场急救处理技术的培训纳入每年度的复训中,并进行考核。

10.4.4 救护队在医疗救护人员没有到达现场之前,应采取适当的急救措施:
   a) 检查现场是否安全。观察周围环境,确保抢救人员和伤员的安全。不要轻易移动伤员。
   b) 人体隔离防护。在接触伤员以前,要使用合适的个人防护用具。
   c) 分析受伤机理。了解伤员受伤的原因以及体检的阳性特征。
   d) 确定受伤人数。依据受害者的伤病情况,按轻、中、重、死亡分类,分别以"红、黄、蓝、黑"的伤病卡作出标志,置于伤病员的左胸部或其他明显部位,便于医疗救护人员辨认并及时采取相应的急救措施。
   e) 固定脊椎。怀疑脊椎受伤,应先固定头部。
   f) 技术处理。根据伤情的特点,采取相关的处理技术。
   g) 伤员搬运。不同的伤势,应采用不同的搬运方法。

10.4.5 救护队应以最快的速度,把伤员移交给到达现场的医疗救护人员。医疗救护人员对伤员再进行必要的技术处理后,需提供医疗文书一式二份,一份向抢救指挥部提交,一份向接纳伤员的医疗机构提交。搬运危重伤员时必须由医疗救护人员护送。

10.4.6 有害气体中毒伤员的抢救措施:
   a) 当感到有刺激性气体,有臭鸡蛋气味或有毒气体中毒症状产生时,除应立即向调度室汇报外,所有人员应立即戴好防护装置迅速将中毒人员抬离现场,撤到通风良好而又比较安全的地方,并就地立即进行抢救。
   b) 对中、重度中毒的人员应立即给予吸氧、保暖,严重窒息者,应在给予吸氧的同时进行人工呼吸。
   c) 有因喉头水肿致呼吸道阻塞而窒息者,医疗救护人员应速用环甲膜穿刺术,以确保呼吸道畅通。
   d) 若呼吸和心跳停止时,应立即进行心肺复苏。
   e) 昏迷伤员可予针灸,针刺人中、内关、合谷等穴位,以促其苏醒。
   f) 快速转送至医院进行综合救治。

10.4.7 溺水伤员的抢救措施:
   a) 立即将溺水者救至安全、通风、保暖的地点,首先清除口鼻内的异物,确保呼吸道的通畅。将救起的伤员俯卧于救护者屈曲的膝上,救护者一腿跪下,一腿向前屈膝,使溺水者头向下倒悬,以利于迅速排出肺内和胃内的水,同时用手按压背部做人工呼吸。
   b) 如上述抢救效果欠佳,应立即改为俯卧式或口对口人工呼吸法,至少要连续做20 min不间断;然后再解开衣服检查心音,抢救工作不要间断,直至出现自主呼吸才可停止。
   c) 心跳停止时,应立即采取心肺复苏术。
   d) 呼吸恢复后,可在四肢进行向心按摩,促使血液循环的恢复;神志清醒后,可给热开水喝。
   e) 经过抢救后,应立即转运至医院进行综合治疗。

10.4.8 触电伤员的抢救措施:

a) 立即切断电源,或以绝缘物将电源移开,使伤员迅速脱离电源,防止救护者触电。
b) 将伤员迅速移至通风安全处,解开衣扣、裤带,检查有无呼吸、心跳。若呼吸、心跳停止时,应立即进行心脏按压和口对口人工呼吸术以及输氧等抢救措施。
c) 抢救同时可针刺或指掐人中、合谷、内关、十宣等穴,以促其苏醒。
d) 轻型伤员可给予保暖,对烧伤、出血及骨折等症,应给予及时的包扎、止血及骨折固定。
e) 病情稳定后,迅速转运出井至医院进行综合治疗。

10.4.9 烧伤伤员的抢救措施:
a) 首先应使伤员迅速脱离灼热物体及现场,尽快设法以就地翻滚、按压、泼水等方法扑灭伤员身上的火,力求尽量缩短烧伤时间。
b) 立即用冷水直接反复泼浇伤面,若有可能可用冷水浸泡 5 min～10 min,彻底清除皮肤上的余热,以减轻伤势和疼痛,少起水疱,降低伤面深度。
c) 脱衣困难时,应快速将衣领、袖口、裤腿提起,反复用冷水浇泼,待冷却后再脱去伤员的衣服,用被单或毯子包裹覆盖伤面和全身。
d) 衣服和皮肉贴住时,切勿强行拉扯,可先用剪子剪开粘连周围的衣服,再进行包扎。水泡不应弄破,焦痂不应扯掉。烧伤创口不应涂任何药物,只需用敷料覆盖包扎即可。
e) 检查有无并发症,如有呼吸道烧伤,面部五官烧伤,CO中毒、窒息、骨折、脑震荡、休克等并发症,要及时予以抢救处理。
f) 转运要快速,少颠簸,途中应有医护人员照顾,随时注意预防窒息和休克的发生。

10.4.10 休克伤员的抢救措施:
a) 将伤员迅速撤至安全、通风、保暖的地方,松解伤员衣服,让伤员平卧或两头均抬高 30°左右,以增加血流的回心量,改善脑部血流量。
b) 清除伤员呼吸道内的异物,确保呼吸道的畅通。
c) 迅速找出休克病因,尽力予以祛除,出血者立即止血,骨折者迅速固定,剧痛者予以止痛剂,呼吸心跳停止者应立即进行心脏按压及口对口人工呼吸。
d) 保持伤员温暖,有可能时可让伤员喝点热开水,但腹部内脏损伤疑有内出血者不能喝水。也可针刺或用手掐人中、合谷、内关、十宣等急救穴位,以促其苏醒。
e) 针对休克的不同的病理生理反应及主要病症积极进行抢救,尽量制止原发病的继续恶化。出血性休克应尽快止血、输液、输氧等。不可过早使用升压药物,以免加重出血。
f) 经抢救,休克症状消失,伤员清醒、血压、脉律相对稳定时才可运送。运送途中应继续输液、输氧,并时刻注意伤员的呼吸、脉搏、血压的变化。昏迷伤员运送时面部应偏向一侧,以防呕吐物阻塞呼吸道。

10.4.11 昏迷伤员的抢救措施:
a) 立即将伤员撤至安全、通风、保暖的地方,使其平卧,或两头抬高 30°,以增加血流的回心量,改善脑部血流量。解松衣扣,清除呼吸道内的异物,可给热水喝。呕吐时头应偏向一侧,以免呕吐物吸入气管和肺内。
b) 可针刺或指掐人中、内关、合谷、十宣等穴位,以促其苏醒。

c) 迅速转送至医院进行救治。

10.4.12 常用的止血方法:
　　a) 加压包扎止血法。适用范围:小静脉出血、毛细血管出血,头部、躯干、四肢以及身体各处的伤口均可使用。
　　b) 指压止血法。适用范围:头面部、四肢部位出血。
　　c) 止血带止血法。用加压包扎法止血不能奏效的四肢大血管出血,应及时采用止血带止血,并要标记止血带止血部位和时间,每 60~90 min 放松一次。适用范围:受伤肢体有大而深的伤口,血液流动速度快;多处受伤,出血量大;受伤同时伴有开放性骨折;肢体完全离断或部分离断;受伤部位可见喷血。

10.4.13 常用的包扎方法。

10.4.13.1 三角巾包扎法。
　　a) 头部包扎法:底边齐眉,沿耳上方拉向脑后,将顶角从头顶拉向脑后,两底角压住顶角,再绕至前额部打结。
　　b) 单眼包扎法:将三角巾折成四横指宽的布条,斜盖在伤员眼上。三角巾长度的 1/3 向上,2/3 向下。下部的一端从耳下绕到脑后,再从另一只耳上绕到前额,压住眼上的一端,然后将上部的一端向外翻转,向脑后拉紧,与另一端相遇打结。
　　c) 下腹部置碗包扎法:在伤口上放置一只小碗(或代用品),三角巾顶角向下从会阴部拉向腰后,底边横放在腹部,两底角在腰后与顶角打结。
　　d) 胸部包扎法:底边放在伤侧胸部,顶角拉过肩到背后,与左右底角在背后打结。
　　e) 手足部包扎法:将手(足)掌心向下放在三角巾中央,手(足)指(趾)朝向三角巾的顶角,底边横向腕(踝)部把顶角折回,两底角分别围绕手(足)掌左右交叉压住顶角之后,在腕(踝)部打结。最后顶角折回固定好。
　　f) 膝(肘)关节包扎法:根据伤口的情况,把三角巾折成适当宽度,使之成为带状,然后把它的中段斜放在膝(肘)部的伤处,两端向膝(肘)后交叉,再绕到膝(肘)前外侧打结固定。

10.4.13.2 绷带包扎法。
　　a) 环形包扎法:多用于圆柱形部位短部位的包扎。
　　b) 螺旋包扎法:用于肢体周径近似均等部位较长距离的包扎。
　　c) 螺旋反折包扎法:用于肢体周径悬殊部位的较长距离的包扎。
　　d) "8"字形包扎法:主要用于关节部位的包扎。

10.4.14 常用的骨折固定方法。

10.4.14.1 前臂固定法:选用长度与前臂相当的,宽 6 cm 的小夹板两块,用绷带包好后夹住前臂,用绷带固定四道或缠绕固定,然后用三角巾或绷带将前臂悬吊在胸前。

10.4.14.2 肱骨骨折固定法:用两块长度与上臂适宜,宽 6 cm 的小夹板,缠绕上绷带之后,放在上臂内外两侧固定好,然后把前臂屈曲固定在胸前。

10.4.14.3 大腿骨折固定法。
　　a) 夹板固定法:用长度从腋下到踝部宽 12 cm 及长度从腹股沟到足底宽 8 cm 的木板各一块,缠绕绷带后,在踝、膝、髋部加垫,放在伤肢内外两侧,再用双股绷带或三角巾分 5~7 处固定好。

b) 利用健肢固定法:将伤肢与健肢伸直并拢,在两侧踝关节、小腿中段、膝关节、大腿上段和髋关节处用双股绷带或布条等将两下肢分5段扎紧固定。

10.4.14.4　小腿骨折固定法。
　　a) 利用健肢固定法:固定方式同大腿骨折相似。两下肢并拢,分别在踝、膝、大腿中段以三角巾或绷带固定。
　　b) 夹板固定法:用长80 cm,宽约1 cm的小夹板2块固定,方法与大腿骨折固定相似。

10.4.14.5　脊柱骨折固定法:对有脊柱骨折的伤员,多用"T"形夹板固定。用长约75 cm和长60 cm,宽8 cm,厚约2 cm的夹板各一块,绑成"T"字形,固定于双肩与脊柱上。

10.4.15　常用的搬运方法。
　　a) 平托法:将担架放在病人的一侧,搬运者3~4人蹲在病人的另一侧,两手分别托住头部、肩背部、髋臀部、双下肢,然后动作一致地将伤员托起,平放在担架上,并用2条绷带将伤员固定在担架上。此方法适用于脊柱骨折、颅脑损伤等重伤员。
　　b) 翻滚法:搬运者双手伸入伤员的头部、前胸部、腹部、髋部、膝关节部,然后动作一致地将伤员翻滚在担架上,伤员应仰卧。此方法适用于脊柱骨折,颅脑损伤等重伤员。
　　c) 颈椎骨折搬运法:一人专门牵引头部,不使头部左右转动,用平托法搬运到担架上,再用专制的小沙袋2只或就地取材用毛巾、衣服折叠成小枕头,塞在伤员的颈部两侧,以防止搬运时头部左右摆动造成脊髓损伤。
　　d) 骨盆骨折搬运法:用2块三角巾对叠四层,在骨盆部做环行包扎固定后,再用平托法搬运到担架上。
　　e) 胸部损伤搬运法:胸部损伤的伤员,均有呼吸困难的症状,搬运时应让伤员上半身靠起,呈端坐位,这样能减轻呼吸困难的症状。在平托搬运时,托头部的人应将伤员的上半身托高搬到担架上,使伤员上半身靠起。

2. 煤 矿 安 全

(1) 煤矿安全规程

煤矿重大事故隐患判定标准

(2020年11月2日应急管理部令第4号公布,自2021年1月1日起施行)

第一条 为了准确认定、及时消除煤矿重大事故隐患,根据《中华人民共和国安全生产法》和《国务院关于预防煤矿生产安全事故的特别规定》(国务院令第446号)等法律、行政法规,制定本标准。

第二条 本标准适用于判定各类煤矿重大事故隐患。

第三条 煤矿重大事故隐患包括下列15个方面:

(一)超能力、超强度或者超定员组织生产;
(二)瓦斯超限作业;
(三)煤与瓦斯突出矿井,未依照规定实施防突出措施;
(四)高瓦斯矿井未建立瓦斯抽采系统和监控系统,或者系统不能正常运行;
(五)通风系统不完善、不可靠;
(六)有严重水患,未采取有效措施;
(七)超层越界开采;
(八)有冲击地压危险,未采取有效措施;
(九)自然发火严重,未采取有效措施;
(十)使用明令禁止使用或者淘汰的设备、工艺;
(十一)煤矿没有双回路供电系统;
(十二)新建煤矿边建设边生产,煤矿改扩建期间,在改扩建的区域生产,或者在其他区域的生产超出安全设施设计规定的范围和规模;
(十三)煤矿实行整体承包生产经营后,未重新取得或者及时变更安全生产许可证而从事生产,或者承包方再次转包,以及将井下采掘工作面和井巷维修作业进行劳务承包;
(十四)煤矿改制期间,未明确安全生产责任人和安全管理机构,或者在完成改制后,未重新取得或者变更采矿许可证、安全生产许可证和营业执照;
(十五)其他重大事故隐患。

第四条 "超能力、超强度或者超定员组织生产"重大事故隐患,是指有下列情形之一的:

(一)煤矿全年原煤产量超过核定(设计)生产能力幅度在10%以上,或者月原煤产量大于核定(设计)生产能力的10%的;
(二)煤矿或其上级公司超过煤矿核定(设计)生产能力下达生产计划或者经营指标的;
(三)煤矿开拓、准备、回采煤量可采期小于国家规定的最短时间,未主动采取限产或者停产措施,仍然组织生产的(衰老煤矿和地方人民政府计划停产关闭煤矿除外);

（四）煤矿井下同时生产的水平超过2个，或者一个采（盘）区内同时作业的采煤、煤（半煤岩）巷掘进工作面个数超过《煤矿安全规程》规定的；

（五）瓦斯抽采不达标组织生产的；

（六）煤矿未制定或者未严格执行井下劳动定员制度，或者采掘作业地点单班作业人数超过国家有关限员规定20%以上的。

第五条 "瓦斯超限作业"重大事故隐患，是指有下列情形之一的：

（一）瓦斯检查存在漏检、假检情况且进行作业的；

（二）井下瓦斯超限后继续作业或者未按照国家规定处置继续进行作业的；

（三）井下排放积聚瓦斯未按照国家规定制定并实施安全技术措施进行作业的。

第六条 "煤与瓦斯突出矿井，未依照规定实施防突出措施"重大事故隐患，是指有下列情形之一的：

（一）未设立防突机构并配备相应专业人员的；

（二）未建立地面永久瓦斯抽采系统或者系统不能正常运行的；

（三）未按照国家规定进行区域或者工作面突出危险性预测的（直接认定为突出危险区域或者突出危险工作面的除外）；

（四）未按照国家规定采取防治突出措施的；

（五）未按照国家规定进行防突措施效果检验和验证，或者防突措施效果检验和验证不达标仍然组织生产建设，或者防突措施效果检验和验证数据造假的；

（六）未按照国家规定采取安全防护措施的；

（七）使用架线式电机车的。

第七条 "高瓦斯矿井未建立瓦斯抽采系统和监控系统，或者系统不能正常运行"重大事故隐患，是指有下列情形之一的：

（一）按照《煤矿安全规程》规定应当建立而未建立瓦斯抽采系统或者系统不正常使用的；

（二）未按照国家规定安设、调校甲烷传感器，人为造成甲烷传感器失效，或者瓦斯超限后不能报警、断电或者断电范围不符合国家规定的。

第八条 "通风系统不完善、不可靠"重大事故隐患，是指有下列情形之一的：

（一）矿井总风量不足或者采掘工作面等主要用风地点风量不足的；

（二）没有备用主要通风机，或者两台主要通风机不具有同等能力的；

（三）违反《煤矿安全规程》规定采用串联通风的；

（四）未按照设计形成通风系统，或者生产水平和采（盘）区未实现分区通风的；

（五）高瓦斯、煤与瓦斯突出矿井的任一采（盘）区，开采容易自燃煤层、低瓦斯矿井开采煤层群和分层开采采用联合布置的采（盘）区，未设置专用回风巷，或者突出煤层工作面没有独立的回风系统的；

（六）进、回风井之间和主要进、回风巷之间联络巷中的风墙、风门不符合《煤矿安全规程》规定，造成风流短路的；

（七）采区进、回风巷未贯穿整个采区，或者虽贯穿整个采区但一段进风、一段回风，或者采用倾斜长壁布置，大巷未超前至少2个区段构成通风系统即开掘其他巷道的；

（八）煤巷、半煤岩巷和有瓦斯涌出的岩巷掘进未按照国家规定装备甲烷电、风电闭锁装置或者有关装置不能正常使用的；

(九)高瓦斯、煤(岩)与瓦斯(二氧化碳)突出矿井的煤巷、半煤岩巷和有瓦斯涌出的岩巷掘进工作面采用局部通风时，不能实现双风机、双电源且自动切换的；

(十)高瓦斯、煤(岩)与瓦斯(二氧化碳)突出建设矿井进入二期工程前，其他建设矿井进入三期工程前，没有形成地面主要通风机供风的全风压通风系统的。

第九条 "有严重水患，未采取有效措施"重大事故隐患，是指有下列情形之一的：

(一)未查明矿井水文地质条件和井田范围内采空区、废弃老窑积水等情况而组织生产建设的；

(二)水文地质类型复杂、极复杂的矿井未设置专门的防治水机构、未配备专门的探放水作业队伍，或者未配齐专用探放水设备的；

(三)在需要探放水的区域进行采掘作业未按照国家规定进行探放水的；

(四)未按照国家规定留设或者擅自开采(破坏)各种防隔水煤(岩)柱的；

(五)有突(透、溃)水征兆未撤出井下所有受水患威胁地点人员的；

(六)受地表水倒灌威胁的矿井在强降雨天气或其来水上游发生洪水期间未实施停产撤人的；

(七)建设矿井进入三期工程前，未按照设计建成永久排水系统，或者生产矿井延深到设计水平时，未建成防、排水系统而违规开拓掘进的；

(八)矿井主要排水系统水泵排水能力、管路和水仓容量不符合《煤矿安全规程》规定的；

(九)开采地表水体、老空水淹区域或者强含水层下急倾斜煤层，未按照国家规定消除水患威胁的。

第十条 "超层越界开采"重大事故隐患，是指有下列情形之一的：

(一)超出采矿许可证载明的开采煤层层位或者标高进行开采的；

(二)超出采矿许可证载明的坐标控制范围进行开采的；

(三)擅自开采(破坏)安全煤柱的。

第十一条 "有冲击地压危险，未采取有效措施"重大事故隐患，是指有下列情形之一的：

(一)未按照国家规定进行煤层(岩层)冲击倾向性鉴定，或者开采有冲击倾向性煤层未进行冲击危险性评价，或者开采冲击地压煤层，未进行采区、采掘工作面冲击危险性评价的；

(二)有冲击地压危险的矿井未设置专门的防冲机构、未配备专业人员或者未编制专门设计的；

(三)未进行冲击地压危险性预测，或者未进行防冲措施效果检验以及防冲措施效果检验不达标仍组织生产建设的；

(四)开采冲击地压煤层时，违规开采孤岛煤柱，采掘工作面位置、间距不符合国家规定，或者开采顺序不合理、采掘速度不符合国家规定、违反国家规定布置巷道或者留设煤(岩)柱造成应力集中的；

(五)未制定或者未严格执行冲击地压危险区域人员准入制度的。

第十二条 "自然发火严重，未采取有效措施"重大事故隐患，是指有下列情形之一的：

(一)开采容易自燃和自燃煤层的矿井，未编制防灭火专项设计或者未采取综合防灭火措施的；

（二）高瓦斯矿井采用放顶煤采煤法不能有效防治煤层自然发火的；

（三）有自然发火征兆没有采取相应的安全防范措施继续生产建设的；

（四）违反《煤矿安全规程》规定启封火区的。

第十三条 "使用明令禁止使用或者淘汰的设备、工艺"重大事故隐患，是指有下列情形之一的：

（一）使用被列入国家禁止井工煤矿使用的设备及工艺目录的产品或者工艺的；

（二）井下电气设备、电缆未取得煤矿矿用产品安全标志的；

（三）井下电气设备选型与矿井瓦斯等级不符，或者采（盘）区内防爆型电气设备存在失爆，或者井下使用非防爆无轨胶轮车的；

（四）未按照矿井瓦斯等级选用相应的煤矿许用炸药和雷管、未使用专用发爆器，或者裸露爆破的；

（五）采煤工作面不能保证2个畅通的安全出口的；

（六）高瓦斯矿井、煤与瓦斯突出矿井、开采容易自燃和自燃煤层（薄煤层除外）矿井，采煤工作面采用前进式采煤方法的。

第十四条 "煤矿没有双回路供电系统"重大事故隐患，是指有下列情形之一的：

（一）单回路供电的；

（二）有两回路电源线路但取自一个区域变电所同一母线段的；

（三）进入二期工程的高瓦斯、煤与瓦斯突出、水文地质类型为复杂和极复杂的建设矿井，以及进入三期工程的其他建设矿井，未形成两回路供电的。

第十五条 "新建煤矿边建设边生产，煤矿改扩建期间，在改扩建的区域生产，或者在其他区域的生产超出安全设施设计规定的范围和规模"重大事故隐患，是指有下列情形之一的：

（一）建设项目安全设施设计未经审查批准，或者审查批准后作出重大变更未经再次审查批准擅自组织施工的；

（二）新建煤矿在建设期间组织采煤的（经批准的联合试运转除外）；

（三）改扩建矿井在改扩建区域生产的；

（四）改扩建矿井在非改扩建区域超出设计规定范围和规模生产的。

第十六条 "煤矿实行整体承包生产经营后，未重新取得或者及时变更安全生产许可证而从事生产，或者承包方再次转包，以及将井下采掘工作面和井巷维修作业进行劳务承包"重大事故隐患，是指有下列情形之一的：

（一）煤矿未采取整体承包形式进行发包，或者将煤矿整体发包给不具有法人资格或者未取得合法有效营业执照的单位或者个人的；

（二）实行整体承包的煤矿，未签订安全生产管理协议，或者未按照国家规定约定双方安全生产管理职责而进行生产的；

（三）实行整体承包的煤矿，未重新取得或者变更安全生产许可证进行生产的；

（四）实行整体承包的煤矿，承包方再次将煤矿转包给其他单位或者个人的；

（五）井工煤矿将井下采掘作业或者井巷维修作业（井筒及井下新水平延深的井底车场、主运输、主通风、主排水、主要机电硐室开拓工程除外）作为独立工程发包给其他企业或者个人的，以及转包井下新水平延深开拓工程的。

第十七条 "煤矿改制期间,未明确安全生产责任人和安全管理机构,或者在完成改制后,未重新取得或者变更采矿许可证、安全生产许可证和营业执照"重大事故隐患,是指有下列情形之一的:

(一)改制期间,未明确安全生产责任人进行生产建设的;

(二)改制期间,未健全安全生产管理机构和配备安全管理人员进行生产建设的;

(三)完成改制后,未重新取得或者变更采矿许可证、安全生产许可证、营业执照而进行生产建设的。

第十八条 "其他重大事故隐患",是指有下列情形之一的:

(一)未分别配备专职的矿长、总工程师和分管安全、生产、机电的副矿长,以及负责采煤、掘进、机电运输、通风、地测、防治水工作的专业技术人员的;

(二)未按照国家规定足额提取或者未按照国家规定范围使用安全生产费用的;

(三)未按照国家规定进行瓦斯等级鉴定,或者瓦斯等级鉴定弄虚作假的;

(四)出现瓦斯动力现象,或者相邻矿井开采的同一煤层发生了突出事故,或者被鉴定、认定为突出煤层,以及煤层瓦斯压力达到或者超过 0.74MPa 的非突出矿井,未立即按照突出煤层管理并在国家规定期限内进行突出危险性鉴定的(直接认定为突出矿井的除外);

(五)图纸作假、隐瞒采掘工作面,提供虚假信息、隐瞒下井人数,或者矿长、总工程师(技术负责人)履行安全生产岗位责任制及管理制度时伪造记录,弄虚作假的;

(六)矿井未安装安全监控系统、人员位置监测系统或者系统不能正常运行,以及对系统数据进行修改、删除及屏蔽,或者煤与瓦斯突出矿井存在第七条第二项情形的;

(七)提升(运送)人员的提升机未按照《煤矿安全规程》规定安装保护装置,或者保护装置失效,或者超员运行的;

(八)带式输送机的输送带入井前未经过第三方阻燃和抗静电性能试验,或者试验不合格入井,或者输送带防打滑、跑偏、堆煤等保护装置或者温度、烟雾监测装置失效的;

(九)掘进工作面后部巷道或者独头巷道维修(着火点、高温点处理)时,维修(处理)点以里继续掘进或者有人员进入,或者采掘工作面未按照国家规定安设压风、供水、通信线路及装置的;

(十)露天煤矿边坡角大于设计最大值,或者边坡发生严重变形未及时采取措施进行治理的;

(十一)国家矿山安全监察机构认定的其他重大事故隐患。

第十九条 本标准所称的国家规定,是指有关法律、行政法规、部门规章、国家标准、行业标准,以及国务院及其应急管理部门、国家矿山安全监察机构依法制定的行政规范性文件。

第二十条 本标准自 2021 年 1 月 1 日起施行。原国家安全生产监督管理总局 2015 年 12 月 3 日公布的《煤矿重大生产安全事故隐患判定标准》(国家安全生产监督管理总局令第 85 号)同时废止。

煤矿建设项目安全审核基本要求(AQ 1049—2018)

前 言

本标准的全部技术内容为强制性。

本标准按照 GB/T 1.1—2009 给出的规则起草。

本标准代替《煤矿建设项目安全核准基本要求》AQ 1049—2008,与 AQ 1049—2008 相比,除编辑性修改外主要技术变化如下:

——修改了标准名称为"煤矿建设项目安全审核基本要求";
——修改了标准适用范围,由"重大煤矿建设项目"扩大到"煤矿建设项目"(见 1 范围);
——删除了规范性引用文件的版本限制,增加了部分引用标准(见 2 规范性引用文件);
——删除了"安全核准"的定义,增加了"安全审核"的定义(见 3 术语和定义);
——修改了"安全核准基本内容"为"安全审核资料要求",并删除了对井田地质勘查报告和安全预评价报告的审查要求(见 2008 版的 4.1 和 4.3);
——修改了"安全核准基本要求"为"安全审核基本内容"(见 5 安全审核基本内容);
——增加了矿井瓦斯等级确定方法(见 5.1.1);
——增加了对新建突出矿井进行突出危险性评估的要求(见 5.1.2);
——增加了应按煤与瓦斯突出矿井设计的两种情况(见 5.1.3,2008 版的 5.5.2、5.5.3 和 5.5.4);
——增加了对新建突出矿井先抽后建的要求(见 5.1.4);
——增加了矿井水文地质类型的确定方法(见 5.2.1);
——增加了对煤、岩冲击倾向性测定的要求(见 5.5);
——删除了对可行研究报告编制单位的资质要求(见 2008 版的 4.2.1);
——增加了对煤矿设计能力的下限要求(见 5.7);
——增加了禁采区域(煤层)(见 5.8);
——增加了与其他矿产矿权或基础设施位置重叠的情况应签订安全开采协议的要求(见 5.9.2);
——增加了关于非控股股东方负责建设煤矿的有关要求(见 5.10.2)。

本标准由国家煤矿安全监察局科技装备司提出。

本标准由全国安全生产标准化技术委员会煤矿安全分技术委员会(SAC/TC 288/SC 1)归口。

本标准起草单位:国家煤矿安全监察局安全监察司、原国家安全生产监督管理总局研究中心。

本标准主要起草人:颜爱华、王国栋、王世杰、李泽荃、卢鉴章、倪斌、吴国强、沈明、张川、王结义、张达贤、于正义。

本标准所代替标准的历次版本发布情况为:

——AQ 1049—2008

1 范围

本标准规定了煤矿建设项目安全审核内容和要求。

本标准适用于煤矿建设项目。

2 规范性引用文件

下列文件对于本文件的应用是必不可少的。凡是注日期的引用文件,仅所注日期的版本适用于本文件。凡是不注日期的引用文件,其最新版本(包括所有的修改单)适用于本文件。

GB 50197　煤炭工业露天矿设计规范

GB 50215　煤炭工业矿井设计规范

AQ 1018　矿井瓦斯涌出量预测方法

煤矿防治水细则

3 术语和定义

以下术语和定义适用于本文件。

安全审核　safety audit

审查煤矿建设项目可行性研究报告和建设单位业绩报告等资料,确定煤矿建设项目是否具备开发建设的安全条件,建设单位是否具备安全管理经验及业绩。

4 安全审核资料要求

安全审核资料包括:

a) 煤矿建设项目可行性研究报告;

b) 建设单位业绩报告。

5 安全审核基本内容

5.1 煤层瓦斯

5.1.1 煤矿瓦斯等级

应依据地质报告、相邻煤矿、煤矿生产条件等资料,按 AQ 1018 选取瓦斯含量最大的煤层预测采掘工作面和矿井瓦斯涌出量,并确定煤矿瓦斯等级。

5.1.2 煤层突出危险性评估

新建矿井应当对矿井内采掘工程可能揭露的所有平均厚度在 0.3 m 以上的煤层进行突出危险性评估,评估结论适应于全矿井井田范围。

5.1.3 突出矿井设计

有下列情况之一的应按煤与瓦斯突出矿井设计:

a) 地质报告预测井田内煤层存在突出危险可能性的;

b) 突出危险性评估报告认为有突出危险性的;

c) 经有资质的机构认定井田内存在突出危险性煤层的;

d) 煤层部分突出危险性单项临界指标值参数超标且相邻矿井为突出矿井的;

e) 煤层瓦斯测算压力达到或者超过 0.74 MPa 的。

5.1.4 瓦斯抽采
新建煤与瓦斯突出矿井应进行地面钻井预抽,应提交预抽方案,做到先抽后建。

5.2 井田水文地质

5.2.1 煤矿水文地质类型
应预算初期开采阶段煤矿地下正常涌水量和最大涌水量,按照《煤矿防治水细则》类比确定煤矿水文地质类型。

5.2.2 涌水量变化预测
应预测煤矿地下涌水量的变化趋势和开采过程中发生突水的可能性及地段。

5.2.3 改扩建煤矿
改扩建煤矿应提供煤矿生产地质报告及水文地质类型划分报告。

5.3 煤层自燃倾向性
应确定每个可采煤层的自燃倾向性。

5.4 煤尘爆炸危险性
应确定每个可采煤层的煤尘爆炸性。

5.5 煤、岩冲击倾向性
应确定每个可采煤层及其顶底板岩层的冲击倾向性。

5.6 露天煤矿
露天矿应进行边坡稳定性评价,确定露天边坡类型,评述露天边坡各岩层岩性、水理性质及物理力学性质,确定是否需要进行专门的工程地质勘探及岩土物理力学试验作为下步设计依据。

5.7 设计生产能力

5.7.1 设计依据
煤矿设计生产能力应符合 GB 50197、GB 50215 相关规定。设计井田范围不得超出矿产资源行政主管部门批准的矿权设置范围。

5.7.2 生产能力要求
a) 新建煤与瓦斯突出煤矿,设计生产能力应在 $90×10^4$ t/a 及以上,但不得高于 $50×10^4$ t/a。

b) 新建高瓦斯煤矿设计生产能力应在 $30×10^4$ t/a 及以上且不得高于 $800×10^4$ t/a。

c) 新建低瓦斯煤矿设计生产能力应在 $30×10^4$ t/a 及以上且不得高于 $1\,500×10^4$ t/a。

d) 扩建煤矿项目扩建后的生产能力,按新建煤矿要求执行。

e) 设计生产能力同时应符合国家产业政策规定。

5.8 禁止开采区域(煤层)

5.8.1 开采深度
新建大中型煤矿开采深度(第一水平)超过 1 000 m(突出矿井超过 800 m),新建、改扩建煤矿项目最大采深超过 1 200 m(小型矿井超过 600 m)。

5.8.2 瓦斯压力
煤层瓦斯测算压力达到 3 MPa 及以上(通过地面钻井预抽能降至 3 MPa 以下的除外)。

5.8.3 冲击地压
经评估论证,冲击地压危险等级为强。
5.8.4 急倾斜煤层
有煤与瓦斯突出危险的急倾斜煤层(改建矿井除外),地表水、强含水层和老空水淹区域下的急倾斜煤层。
5.9 老窑及其他矿山
5.9.1 查明内容
应查明井田内和邻近区域现有矿井、老窑的分布与开采情况,基本确定各类采空区范围及其积水情况。
5.9.2 矿权重叠
井田范围内不得有正在开采的其他煤矿和非煤矿山。存在与油气、煤层气等矿权重叠的,或地面存在不能搬迁的基础设施的,双方应签订安全开采协议。
5.10 建设单位
5.10.1 业绩报告
建设单位业绩报告应包括企业基本情况,开办煤矿历史、灾害类型、生产能力及近 3 年发生事故情况等内容,并对报告的真实性负责。
5.10.2 资格要求
开发建设灾害严重(属高瓦斯、煤与瓦斯突出、冲击地压、容易自然发火或水文地质条件复杂和极复杂等情况之一)的煤矿,应由具有相应灾害类型煤矿安全管理经验和业绩的煤炭企业建设。股份制企业由非控股股东负责建设的,应明确该股东对安全生产、安全投入和安全管理等拥有决策权及相应安全责任。
5.10.3 安全生产业绩要求
建设单位直属(包括控股)的生产煤矿、施工队伍发生过一次死亡 3 人及以上煤与瓦斯突出事故的,一年内不得申请煤与瓦斯突出煤矿建设项目;发生过一次死亡 10 人及以上责任事故,该单位一年内不能申报煤矿建设项目;发生过一次死亡 30 人及以上责任事故的,三年内不能申报煤矿建设项目。

中央或省级煤炭集团公司,其下属相当于原矿务局一级的法人单位所属生产煤矿或施工企业发生过一次死亡 3 人及以上煤与瓦斯突出事故的,一年内不得申请煤与瓦斯突出煤矿建设项目;发生过一次死亡 10 人及以上责任事故的,该法人单位一年内不能申报煤矿建设项目;发生过一次死亡 30 人及以上责任事故的,三年内不能申报煤矿建设项目。

煤矿建设项目安全设施设计审查和竣工验收规范
(AQ 1055—2018)

前 言

本标准的全部技术内容为强制性。

本标准按照 GB/T 1.1—2009 给出的规则起草。

本标准代替 AQ 1055—2008《煤矿建设项目安全设施设计审查和竣工验收规范》，与 AQ 1055—2008 相比，除编辑性修改外主要技术变化如下：

——修改了原"3.11 矿山救援、保健和安全培训"为"4.11 应急救援、安全避险、职业卫生和安全管理"；

——增加了"4.11.1 应急救援""4.11.2 安全避险""4.11.3 职业卫生""4.11.4 安全管理"；

——修改合并原"4.11 矿山救护保健和个体防护"及"4.12 安全管理"为"5.11 应急救援、安全避险、职业卫生和安全管理"；

——增加了"5.11.1 应急救援""5.11.2 安全避险""5.11.3 职业卫生""5.11.4 安全管理"；

——修改了原"5.11 其他"为"6.11 应急救援、职业卫生和安全管理"；

——增加了"6.11.1 应急救援""6.11.2 职业卫生""6.11.3 安全管理"；

——修改了原"6.11 其他"为"7.11 应急救援、职业卫生和安全管理"；

——增加了"7.11.1 应急救援""7.11.2 职业卫生""7.11.3 安全管理"；

——增加了"目次""引言"和"2.规范性引用文件"。

本标准由国家煤矿安全监察局科技装备司提出。

本标准由全国安全生产标准化技术委员会煤矿安全分技术委员会（SAC/TC 288/SC 1）归口。

本标准起草单位：中国煤炭工业安全科学技术学会、中国煤炭工业发展研究中心、原国家安全生产监督管理总局信息研究院。

本标准主要起草人：申宝宏、杨国栋、高富基、周德昶、洪益清、何建平、孙继平、肖文儒、解连江、于新胜、邓星利、檀新忠、李德文、贺明新、夏仕柏、朱泽虎、张步勤、田子建、赵恩彪、张平、郭昭华、刘爱兰、王恺。

本标准所代替标准的历代版本发布情况为：

——AQ 1055—2008

引 言

《煤矿建设项目安全设施设计审查和竣工验收规范》(简称《规范》)修订是一项事关煤矿安全生产基础建设的重要工作。《规范》颁发已有十年之久，编制的主要依据《煤矿安全规程》等法规标准，随着煤矿新工艺、新技术、新装备、新材料的推广应用及总结煤矿事故的经验教训，已对一些安全设施标准做出了调整，如不及时对《规范》进行修订调整，会产生一些条文和现行法规、规程、标准相抵触或不完善等问题，影响煤矿安全设施科学、合理建设，其至造成煤矿投入生产前就存在事故隐患,因此,必须对《规范》进行全面修订。

本次《规范》修订分析、总结、吸收了近年来煤矿安全生产建设、职业卫生、应急救援、安全管理等技术成果和实践经验,完善了与《煤矿安全规程》(2016)等相关标准规范的衔接,细化了煤矿安全设施设计审查与竣工验收的具体要求,将全面提升煤矿建设项目安全设施设计审查和竣工验收工作的标准化和科学化水平,保障煤矿安全生产。

1 范围

本标准规定了煤矿建设项目安全设施设计审查和安全设施竣工验收工作的条件、内容和要求。

本标准适用于新建、改建、扩建煤矿建设项目。

2 规范性引用文件

下列文件对于本文件的应用是必不可少的。凡是注日期的引用文件,仅所注日期的版本适用于本文件。凡是不注日期的引用文件,其最新版本(包括所有的修改单)适用于本文件。

GBJ 22—1987　厂矿道路设计规范
GBJ 12　工业企业标准轨距铁路设计规范
GB 50215—2015　煤炭工业矿井设计规范
GB/T 50518　矿井通风安全装备标准
MT/T 757　煤矿自然发火束管监测系统通用技术条件
MT 390—1995　矿井压风自救装置技术条件
AQ 1027—2006　煤矿瓦斯抽放规范
NB/T 51044—2015　煤矿在用瓦斯抽采系统主要技术指标检测检验规范
《煤矿安全规程》(2016)
安监总煤装〔2017〕66号国家安全监管总局、国家煤矿安监局、国家能源局、国家铁路局关于印发《建筑物、水体、铁路及主要井巷煤柱留设与压煤开采规范》的通知

3 术语和定义

GB/T 15663煤矿科技术语及《煤矿安全规程》(2016)中界定的术语和定义适用于本文件。

4 井工矿安全设施设计审查

4.1 设计必备条件

4.1.1　安全设施设计应由具有相应资质的设计单位编制。
4.1.2　已取得项目主管部门项目核准(审批)的批复文件。
4.1.3　已取得经国土资源部门评审备案的井田勘探地质报告。

4.2 矿井开拓与开采

4.2.1 矿井开拓

4.2.1.1 设计生产能力

4.2.1.1.1 新建煤与瓦斯突出矿井设计生产能力不得低于 90×10^4 t/a,且不得高于 500×10^4 t/a。

4.2.1.1.2 新建高瓦斯矿井设计生产能力不得低于 30×10^4 t/a,且不得高于 800×10^4 t/a。

4.2.1.1.3 新建低瓦斯矿井设计生产能力不得低于 30×10^4 t/a,且不得高于 $1\,500\times10^4$ t/a。

4.2.1.1.4 改扩建矿井,其建成后的设计生产能力不得超过同类新建矿井的设计生产能力。

4.2.1.2 井田范围及开采深度

4.2.1.2.1 设计井田范围应符合国土资源部门批准的井田范围。

4.2.1.2.2 新建大中型矿井开采深度(第一水平)不应超过 $1\,000$ m,其中新建煤与瓦斯突出矿井第一生产水平开采深度不得超过 800 m;改扩建大中型矿井开采深度不应超过 $1\,200$ m;小型矿井开采深度不应超过 600 m。

4.2.1.2.3 矿井同时生产的水平原则上不得超过 1 个(水平交替期间除外)。

4.2.1.3 井筒

4.2.1.3.1 回风井不得兼作提升和行人通道,紧急情况下可作为安全出口。

4.2.1.3.2 井筒保护煤柱的留设应符合《煤矿安全规程》(2016)和 GB 50215—2015 的规定。

4.2.1.3.3 进风井口与其他井口间距不得小于 30 m。

4.2.1.3.4 每个生产矿井应至少有 2 个能行人的通达地面的安全出口,各个出口之间的距离不得小于 30 m。采用中央式通风的矿井,设计中应规定井田边界附近的安全出口。

4.2.1.3.5 采用无轨胶轮车运输的井筒及巷道应在弯道处设缓冲装置。

4.2.1.3.6 立井井筒与各水平车场的连接处,应设专用的人行道,人员不得通过提升间。

4.2.1.3.7 立井井筒穿过预测涌水量大于 10 m³/h 的含水岩层或破碎带时,应采用地面或工作面预注浆等方法进行堵水或加固。

4.2.1.4 井底车场、硐室及主要巷道

4.2.1.4.1 井底车场巷道及硐室应布置在比较稳定坚硬的岩(煤)层中,并应避开断层、陷落柱、强含水层和松散破碎岩(煤)层以及膨胀性岩层,不得布置在有突出危险的煤(岩)层以及有冲击地压危险的煤层中。

4.2.1.4.2 开拓巷道和永久硐室不得布置在有突出危险或有严重冲击地压的煤层中。

4.2.1.4.3 采用倾斜分层或水平分层采煤法开采时,采区上(下)山应布置在岩层中或不易自燃的煤层中;布置在容易自燃和自燃煤层中时,应采用锚喷或砌碹支护。

4.2.1.4.4 开采容易自燃和自燃单一厚煤层或煤层群的矿井,集中运输大巷和总回风巷应布置在岩层中或不易自燃的煤层中;布置在容易自燃和自燃的煤层中时,应采用锚喷或砌碹支护。

4.2.1.4.5 每个水平到上一个水平和各个采(盘)区都应至少有 2 个便于行人的安全出口,并与通达地面的安全出口相连。

通达地面的安全出口和 2 个水平之间的安全出口,倾角不大于 45°时,应设置人行道,并根据倾角大小和实际需要设置扶手、台阶或者梯道。倾角大于 45°时,应设置梯道间或者梯子间,斜井梯道间应分段错开设置,每段斜长不得大于 10 m;立井梯子间中的梯子角度不得大于 80°,相邻 2 个平台的垂直距离不得大于 8 m。

4.2.1.4.6 主要绞车道不得兼作人行道。提升量不大、保证行车时不行人的,不受此限。

4.2.1.4.7 井下爆炸物品库设置应符合《煤矿安全规程》(2016)第三百三十一条、第三百三十二条、第三百三十三条和第三百三十四条的规定。

4.2.1.4.8 井下爆炸物品发放硐室设置应符合《煤矿安全规程》(2016)第三百三十五条的规定。

4.2.1.4.9 永久性井下中央变电所和井底车场内的其他机电设备硐室设置应符合《煤矿安全规程》(2016)第四百五十六条的规定。

4.2.1.4.10 变电硐室长度超过6 m时,应在硐室的两端各设1个出口。

4.2.1.4.11 巷道净断面应符合《煤矿安全规程》(2016)第九十条的规定。

4.2.1.4.12 运输巷的一侧,从巷道道碴面起1.6 m的高度内,应留有宽0.8 m(综合机械化采煤及无轨胶轮车运输的矿井为1 m)以上的人行道,管道吊挂高度不得低于1.8 m。

在人车停车地点的巷道上下人侧,从巷道道碴面起1.6 m的高度内,应留有宽1 m以上的人行道,管道吊挂高度不得低于1.8 m。

4.2.1.4.13 在双向运输巷中,两车最突出部分之间的距离应符合以下要求:

a) 采用轨道运输的巷道:对开时不得小于0.2 m,采区装载点不得小于0.7 m,矿车摘挂钩地点不得小于1 m。

b) 采用单轨吊车运输的巷道:对开时不得小于0.8 m。

c) 采用无轨胶轮车运输的巷道:单车道应根据运距、运量、运速及运输车辆特性在巷道的合适位置设置机车绕行道或错车硐室,并应设置方向标识。双车道行驶时,来往车辆各行其道,会车安全间距不得小于0.5 m。

4.2.1.4.14 石门、大巷及上下山等主要井巷应按规定留设保护煤柱。

4.2.2 矿井开采

4.2.2.1 矿井同时生产的采煤工作面个数不得超过2个,其中煤与瓦斯突出、冲击地压、水文条件极复杂,以及$60×10^4$ t/a以下高瓦斯矿井,矿井采煤工作面个数不得超过1个(开采保护层的工作面以及各煤层厚度变化较大的煤层群开采或煤质相差较大需进行配采的工作面除外,但最多不能超过2个)。

一个采(盘)区内同一煤层的一翼最多只能布置1个采煤工作面和2个煤(半煤岩)巷掘进工作面同时作业。一个采(盘)区内同一煤层双翼开采或多煤层开采的,该采(盘)区最多只能布置2个采煤工作面和4个煤(半煤岩)巷掘进工作面同时作业。

4.2.2.2 高瓦斯、煤与瓦斯突出、有容易自燃或自燃煤层的矿井,不得采用前进式采煤方法。

4.2.2.3 采煤工作面应保持至少2个畅通的安全出口,一个通到进风巷道,另一个通到回风巷道。

采煤工作面所有安全出口与巷道连接处超前压力影响范围内应加强支护,且加强支护的巷道长度不得小于20 m;综合机械化采煤工作面,此范围内的巷道高度不得低于1.8 m,其他采煤工作面,此范围内的巷道高度不得低于1.6 m。

采煤工作面不得任意使用木支柱支护(极薄煤层除外)和金属摩擦支柱支护。

4.2.2.4 开采容易自燃和自燃的急倾斜煤层用垮落法管理顶板时,在主石门和采区运输石门上方,应留有煤柱。不得采掘留在主石门上方的煤柱。

4.2.2.5 煤与瓦斯突出矿井的采掘工作应符合《煤矿安全规程》(2016)第一百九十六条的规定。

4.2.2.6 采用综合机械化采煤时应符合《煤矿安全规程》(2016)第一百一十四条的规定。
4.2.2.7 采用放顶煤开采时应符合《煤矿安全规程》(2016)第一百一十五条的规定。
4.2.2.8 采用水力采煤时应符合《煤矿安全规程》(2016)第一百一十三条的规定。
4.2.2.9 使用滚筒式采煤机采煤时应符合《煤矿安全规程》(2016)第一百一十七条的规定。
4.2.2.10 使用刨煤机采煤时应符合《煤矿安全规程》(2016)第一百一十八条的规定。

4.2.3 顶板管理

4.2.3.1 应对开采煤层顶板进行分级分类。
4.2.3.2 选择采煤方法时,应根据顶板类型选择液压支架。
4.2.3.3 采煤工作面应进行矿压观测,配备必要的矿压观测仪器和设备。
4.2.3.4 采煤工作面为坚硬顶板时,应采用必要的顶板控制措施,保证顶板及时垮落。
4.2.3.5 采煤工作面为易冒落松软顶板时,应制定控制冒顶的措施。
4.2.3.6 采煤工作面过断层、破碎带和陷落柱等地质构造带时,应制定专门的顶板管理措施。
4.2.3.7 新建矿井应当在可行性研究阶段,根据井田地质动力条件和地质勘查单位提供的基础资料进行冲击危险性评估。
4.2.3.8 矿井防治冲击地压工作应符合《煤矿安全规程》(2016)第二百二十八条的规定。
4.2.3.9 新建矿井有冲击地压危险的,应编制防冲设计。防冲设计应当包括开拓方式、保护层的选择、采区巷道布置、工作面开采顺序、采煤方法、生产能力、支护形式、冲击危险性预测方法、冲击地压监测预警方法、防冲措施及效果检验方法、安全防护措施等内容。
4.2.3.10 冲击地压矿井巷道布置与采掘作业应符合《煤矿安全规程》(2016)第二百三十一条的规定。
4.2.3.11 应建立区域与局部相结合的冲击地压危险性监测制度。
4.2.3.12 冲击地压矿井区域与局部防冲措施应符合《煤矿安全规程》(2016)第二百三十七条、第二百三十八条和第二百三十九条的规定。
4.2.3.13 冲击地压安全防护措施应按《煤矿安全规程》(2016)第五章第四节的要求。

4.3 矿井通风

4.3.1 通风方式

新建高瓦斯矿井、煤与瓦斯突出矿井、煤层容易自燃矿井及有热害的矿井应采用分区式通风或者对角式通风;初期采用中央并列式通风的只能布置一个采区生产。

4.3.2 矿井通风系统

4.3.2.1 多风机通风时,在满足风量按需分配的原则下,各主通风机的工作风压应接近。当通风机的风压相差较大时,应减少共用风路的风压,使其不超过任何一个通风机风压的30%。进、出风井井口标高差在150 m以上或进、出风井井口标高相同但井深在400 m以上时,应计算矿井自然风压。
4.3.2.2 矿井通风的设计负(正)压,不应超过2 940 Pa。在矿井设计的后期或风量超过20 000 m³/min时,不宜超过3 920 Pa。
4.3.2.3 主要通风机使用寿命期内,应明确划分矿井通风容易时期和困难时期所服务的空间和时间范围。
4.3.2.4 井巷中的风流速度应满足表1要求。

表 1 井巷中的允许风流速度　　　　　　　　单位为 m/s

井巷名称	允许风速	
	最低	最高
无提升设备的风井和风硐		15
专为升降物料的井筒		12
风桥		10
升降人员和物料的井筒		8
主要进、回风巷		8
架线电机车巷道	1.0	8
运输机巷,采区进、回风巷	0.25	6
采煤工作面、掘进中的煤巷和半煤岩巷	0.25	4
掘进中的岩巷	0.15	4
其他通风人行巷道	0.15	

4.3.2.5 设有梯子间的井筒或修理中的井筒,风速不得超过 8 m/s;梯子间四周经封闭后,井筒中的最高允许风速可按表 1 规定执行。

4.3.2.6 矿井通风系统图应标明风流方向、风量和通风设施的安装地点。多煤层同时开采的矿井,应绘制分层通风系统图。矿井应绘制通风系统立体示意图和矿井通风网络图。

4.3.3 水平及采区通风

4.3.3.1 生产水平和采(盘)区应实行分区通风。

4.3.3.2 矿井开拓新水平和准备新采(盘)区的回风,应引入总回风巷或主要回风巷中。在有瓦斯喷出或有突出危险的矿井中,开拓新水平和准备新采(盘)区时,应先在无瓦斯喷出或无突出危险的煤(岩)层中掘进巷道并构成通风系统。

4.3.3.3 高瓦斯、煤与瓦斯突出矿井的每个采(盘)区和开采容易自燃煤层的采(盘)区,应设置至少 1 条专用回风巷;低瓦斯矿井开采煤层群和分层开采采用联合布置的采(盘)区,应设置 1 条专用回风巷。

4.3.3.4 采(盘)区进、回风巷应贯穿整个采(盘)区,不得一段为进风巷、一段为回风巷。

4.3.3.5 采、掘工作面应实行独立通风。2 个采煤工作面不得串联通风。开采有瓦斯喷出、有突出危险的煤层或者在距离突出煤层垂距小于 10 m 的区域掘进施工时,任何 2 个掘进工作面之间不得串联通风。

4.3.3.6 有煤与瓦斯突出危险的采煤工作面不得采用下行通风。

4.3.3.7 采掘工作面的进风和回风不得经过采空区或冒顶区。

4.3.4 局部通风

4.3.4.1 掘进巷道应采用矿井全风压通风或局部通风机通风。煤巷、半煤岩巷和有瓦斯涌出的岩巷掘进通风要配备双风机、双电源,并能自动切换。

4.3.4.2 煤巷、半煤岩巷和有瓦斯涌出的岩巷的掘进通风方式应采用压入式,不得采用抽出式(压气、水力引射器不受此限)。

4.3.5 主要硐室通风

4.3.5.1 井下爆炸物品库应有独立的通风系统,回风风流应直接引入矿井的总回风巷或主要回风巷中。应保证爆炸物品库每小时能有其总容积4倍的风量。

4.3.5.2 井下充电室应有独立的通风系统,回风风流应引入回风巷。井下充电室,在同一时间内,5 t及其以下的电机车充电电池的数量不超过3组、5 t以上的电机车充电电池的数量不超过1组时,可不采用独立的风流通风,但应在新鲜风流中。

4.3.5.3 井下机电设备硐室应设在进风风流中,采区变电所及实现采区变电所功能的中央变电所应有独立的通风系统。

4.3.6 井下通风设施及构筑物布置

4.3.6.1 进、回风井之间和主要进、回风巷之间的每个联络巷中,应砌筑永久性风墙;需要使用的联络巷中,应安设2道联锁的正向风门和2道反向风门。

4.3.6.2 不应在倾斜运输巷中设置风门;开采突出煤层时,工作面回风侧不得设置调节风量的设施。

4.3.7 矿井风量及等积孔

4.3.7.1 各地点的实际需要风量,应使该地点风流中的瓦斯、二氧化碳、氢气和其他有害气体的浓度、风速、温度、每人供风量符合《煤矿安全规程》(2016)的有关规定,要分别计算矿井通风容易和困难时期的风量。

4.3.7.2 使用煤矿用防爆型柴油动力装置机车运输的矿井,行驶车辆巷道的供风量应符合《煤矿安全规程》(2016)的有关规定

4.3.8 通风设备

4.3.8.1 主要通风机选型,应符合下列要求:

a) 风机能力应留有一定的余量,轴流式通风机在最大设计负压和风量时,轮叶运转角度应比允许范围小5°,离心式风机的选型设计转速不宜大于允许最高转速的90%;

b) 轴流式通风机应校验电动机正常启动容量,还应校验反风时的容量。

4.3.8.2 矿井应采用机械通风,主要通风机的安装和使用应符合下列要求:

a) 主要通风机应安装在地面;装有通风机的井口应封闭严密,其外部漏风率在无提升设备时不得超过5%,有提升设备时不得超过15%;

b) 应安装2套同等能力的主要通风机装置,其中1套作备用,备用通风机应能在10 min内开动;

c) 不得采用局部通风机或风机群作为主要通风机使用;

d) 装有主要通风机的出风井口应安装防爆门;

e) 矿井反风设施和反风量应符合有关规定。

4.3.8.3 主要通风机房不得兼作他用。

4.3.9 井口以下空气温度

进风井口以下的空气温度(干球温度,下同)应在2 ℃以上。

4.4 瓦斯防治

4.4.1 设计要求

新建矿井应参照地质报告提供的瓦斯等级进行设计,并按矿井各可采煤层中最大瓦斯

含量预测采煤、掘进工作面绝对瓦斯涌出量和矿井相对、绝对瓦斯涌出量,确定矿井瓦斯等级。有下列情形之一,应按要求设计:

  a) 井田地质勘查报告(含补充地质资料)既没有按规定提供瓦斯煤样技术数据,也没有提供资质部门对井田范围内采掘工程可能揭露的所有平均厚度在 0.3 m 及以上的煤层进行突出危险性评估、并确定矿井瓦斯等级资料的,视同不具备矿井安全设施设计条件;

  b) 井田地质勘查报告中部分煤与瓦斯突出参数超标,且相邻有煤与瓦斯突出矿井,按煤与瓦斯突出矿井设计;

  c) 经论证,认为井田内煤层有突出可能的,按煤与瓦斯突出矿井设计。

4.4.2 瓦斯等有害气体浓度

4.4.2.1 矿井总回风巷或一翼回风巷瓦斯或二氧化碳浓度不得超过 0.75%。

4.4.2.2 采区回风巷、采掘工作面回风巷风流中瓦斯浓度不得超过 1.0%,二氧化碳浓度不得超过 1.5%。

4.4.2.3 矿井设计应有防止瓦斯积聚的措施。

4.4.2.4 在有油气爆炸危险的矿井中,应使用能检测油气成分的仪器检查各个地点的油气浓度,并定期采样化验油气成分和浓度。

4.4.3 煤(岩)与瓦斯(二氧化碳)突出防治

4.4.3.1 有突出危险煤层的新建矿井设计,应编制防突专项设计。

4.4.3.2 煤与瓦斯突出矿井的防突设计应坚持区域综合防突措施先行、局部综合防突措施补充的原则。

  区域综合防突措施包括区域突出危险性预测、区域防突措施、区域防突措施效果检验和区域验证等内容;局部综合防突措施包括工作面突出危险性预测、工作面防突措施、工作面防突措施效果检验和安全防护措施等内容。

4.4.3.3 有突出危险煤层的新建矿井应先抽后建。矿井建设开工前,应当对首采区突出煤层进行地面钻井预抽瓦斯,且预抽率应当达到 30% 以上。应落实以地面钻井预抽、保护层开采、岩巷穿层钻孔预抽为主的区域治理措施。不得采用顺层钻孔预抽煤巷条带煤层瓦斯作为区域防突措施。

  其中,选择保护层应遵循的原则:优先选择无突出危险的煤层;优先选择上保护层,选择下保护层时不得破坏被保护层的开采条件;当煤层群中有几个煤层都可作为保护层时,择优开采保护效果最好的煤层;当煤层群中所有煤层都有突出危险时,择优开采突出危险程度较小的煤层。

4.4.3.4 防突仪器及装备应满足防突需要。主要包括:可解吸瓦斯含量测定仪、瓦斯压力测定仪、瓦斯放散初速度测定仪、突出危险预报仪、瓦斯成分测定仪以及钻机等。

4.4.4 瓦斯抽采

4.4.4.1 煤与瓦斯突出的矿井,以及相对瓦斯涌出量大于 10 m³/t、绝对瓦斯涌出量大于 40 m³/min、任一掘进工作面绝对瓦斯涌出量大于 3 m³/min 和任一采煤工作面绝对瓦斯涌出量大于 5 m³/min 的矿井,应建立地面永久抽采瓦斯系统。

4.4.4.2 设计应基本确定瓦斯抽采系统抽采泵型号、抽采方法、抽采管路、瓦斯抽采量、抽采浓度、抽采负压等。

4.4.4.3 瓦斯抽采应采用地面永久抽采瓦斯系统以及井下临时抽采瓦斯系统的,应确定管路铺设方案、泵站设置。

抽采瓦斯泵及其附属设备,至少应有 1 套备用,备用泵能力不得小于运行泵中最大一台单泵的能力。

4.4.4.4 抽采瓦斯站场地布置,应遵守下列规定:
a) 场地选择:宜设在回风井工业场地内,站房距井口和主要建筑物、居住区不得小于 50 m;
b) 平面布置:地面泵房和泵房周围 20 m 范围内,不得堆积易燃物和有明火;
c) 抽采控制范围和应达到的指标,应符合有关规定。

4.5 粉尘防治

4.5.1 煤尘爆炸性

应根据地质勘探报告明确矿井各可采煤层的煤尘爆炸性。

4.5.2 粉尘监测

4.5.2.1 粉尘监测应采用定点监测和个体监测两种方法。

4.5.2.2 煤矿应对生产性粉尘进行监测,并应遵守下列规定:
a) 总粉尘浓度,井工煤矿每月测定 2 次;露天煤矿每月测定 1 次。粉尘分散度每 6 个月测定 1 次;
b) 呼吸性粉尘浓度,每月测定 1 次;
c) 粉尘中游离 SiO_2 含量,每 6 个月测定 1 次,在变更工作面时也应测定 1 次。

4.5.2.3 粉尘监测采样点布置要求见表2。

4.5.2.4 煤矿应当使用粉尘采样器、直读式粉尘浓度测定仪等仪器设备进行粉尘浓度的测定。采煤工作面回风巷、掘进工作面回风侧应当设置粉尘浓度传感器,并接入安全监测监控系统。

表 2 粉尘监测采样点布置要求

类别	生产工艺	测尘点布置
采煤工作面	司机操作采煤机、打眼、人工落煤及攉煤	工人作业地点
	多工序同时作业	回风巷距工作面 10 m~15 m 处
掘进工作面	司机操作掘进机、打眼、装岩(煤)、锚喷支护	工人作业地点
	多工序同时作业(爆破作业除外)	距掘进头 10 m~15 m 回风侧
其他场所	翻罐笼作业、巷道维修、转载点	工人作业地点
地面作业场所	地面煤仓、储煤场、输送机运输等处进行生产作业	作业人员活动范围内

4.5.3 防降尘措施

4.5.3.1 煤层及其围岩具备相应条件时,应采取注水防尘措施。

4.5.3.2 采煤机作业时,应使用内、外喷雾装置。液压支架应安装自动喷雾降尘装置,实现降柱、移架同步喷雾。破碎机应安装防尘罩,并加装喷雾装置或者除尘器。放顶煤采煤工作面的放煤口,应安装高压喷雾装置或者采取压气喷雾降尘。

4.5.3.3 矿井应建立防尘供水系统,并遵守下列规定:
　　a) 应在地面建永久性消防防尘储水池,储水池应经常保持不少于 200 m³ 的水量,且储水量不得小于井下连续 2 h 的用水量。备用水池贮水量不得小于储水池的一半;
　　b) 防尘用水水质悬浮物含量不得超过 30 mg/L,粒径不大于 0.3 mm,水的 pH 值应当在 6～9 范围内,水的碳酸盐硬度不超过 3 mmol/L;
　　c) 主要运输巷、带式输送机斜井与平巷、上山与下山、采区运输巷与回风巷、采煤工作面运输巷与回风巷、掘进巷道、煤仓放煤口、溜煤眼放煤口、卸载点等地点都应敷设防尘供水管路,并安设支管和阀门。防尘用水均应过滤。

4.5.3.4 采煤工作面回风巷、掘进工作面回风侧应当分别安设至少 2 道自动控制风流净化水幕;炮采炮掘工作面应采用湿式钻眼、冲洗煤(岩)壁、水炮泥、爆破喷雾,出煤(装岩)洒水等综合防尘措施。

4.5.3.5 掘进机作业时,应采用内、外喷雾及通风除尘等综合措施。掘进机无水或喷雾装置不能正常使用时,应停机。

4.5.3.6 喷射混凝土时应采用潮喷或湿喷工艺,并配备除尘装置,对上料口、余气口除尘。距离喷浆作业点下风流 100 m 内,应设置风流净化水幕。

4.5.3.7 井下煤仓(溜煤眼)放煤口、输送机转载点和卸载点,应安设喷雾装置或除尘器。

4.5.3.8 煤矿企业应为接触职业病危害因素的从业人员提供符合要求的个体防护用品,并指导和督促其正确使用。
　　作业人员应佩戴和正确使用防尘口罩或防毒等个体防护用品。

4.5.3.9 在煤、岩层中钻孔作业时,应采取湿式降尘等措施。
　　在冻结法凿井和在遇水膨胀的岩层中不能采用湿式钻眼(孔)、突出煤层或松软煤层中施工瓦斯抽采钻孔难以采取湿式钻孔作业时,可采取干式钻孔(眼),但应采取除尘器除尘等降尘措施。

4.5.4 防爆、隔爆措施

4.5.4.1 应提出清除巷道中浮煤、沉积煤尘或定期撒布岩粉及定期对主要大巷刷浆等措施。

4.5.4.2 应提出预防火源和火花的措施,如对放炮火焰、电气火花、自然发火、切割摩擦火花、静电等预防措施。

4.5.4.3 开采有煤尘爆炸危险煤层的矿井,应有预防和隔绝煤尘爆炸的措施。矿井的两翼、相邻的采区、相邻的煤层、相邻的采煤工作面间,煤层掘进巷道同与其相连的巷道间,煤仓同与其相通的巷道间,采用独立通风并有煤尘爆炸危险的其他地点同与其相连通的巷道间,应用水棚或岩粉棚隔开。

4.5.4.4 高瓦斯矿井、煤与瓦斯突出矿井和有煤尘爆炸危险的矿井,煤巷和半煤岩巷掘进工作面应安设隔爆设施。

4.6 防灭火

4.6.1 设计要求

4.6.1.1 矿井应具有各可采煤层的自燃倾向性鉴定报告。

4.6.1.2 开采容易自燃和自燃煤层时,应制定防治采空区(特别是工作面始采线、终采线、上下煤柱线和三角点)、巷道高冒区、煤柱破坏区自然发火的技术措施。

4.6.1.3 开采容易自燃,采用分层开采或采用放顶煤开采自燃煤层的矿井,应设计以灌浆为主的两种及以上综合防灭火系统。

4.6.1.4 开采容易自燃和自燃煤层时,应开展自然发火监测工作,建立自然发火监测系统,确定煤层自然发火标志气体及临界值,健全自然发火预测预报及管理制度。

4.6.2 防灭火系统

4.6.2.1 采用灌浆防灭火时,应遵守下列规定:
    a) 应明确灌浆材料种类、主要灌浆参数、制浆方法、灌浆方式、灌浆方法、灌浆地点、灌浆时间及灌浆管理等内容,并附有灌浆工艺系统图;
    b) 采(盘)区设计应明确规定巷道布置方式、隔离煤柱尺寸、灌浆系统、疏水系统、预筑防火墙的位置以及采掘顺序;
    c) 应有灌浆前疏水和灌浆后防止溃浆、透水的措施。

4.6.2.2 采用氮气防灭火时,应遵守下列规定:
    a) 矿井氮气防灭火设计应明确氮气制备设备种类、氮气防灭火系统形式、注氮工艺和方法、注氮主要技术参数、注氮安全措施和管理等内容,并附有注氮工艺系统图;
    b) 采用氮气防灭火时其他设计要求按《煤矿安全规程》(2016)第二百七十一条(一)、(二)、(三)、(四)、(五)的规定。

4.6.2.3 采用阻化剂防灭火时,应遵守下列规定:
    a) 应对阻化剂的种类和数量、喷洒压注工艺系统、喷洒压注设备、阻化效果等主要参数做出明确规定;
    b) 采用阻化剂防灭火时其他设计要求按《煤矿安全规程》(2016)第二百六十八条(一)、(三)的规定。

4.6.2.4 采用凝胶防灭火时,应遵守下列规定:
    a) 选用的凝胶和促凝剂材料,不得污染井下空气和危害人体健康;
    b) 编制的设计中应明确规定凝胶的配方、促凝时间、压注量和压注设备等参数。

4.6.3 自然发火束管监测系统

建立的自然发火束管监测系统应符合 MT/T 757 的规定。

4.6.4 井下机电设备硐室防火措施

永久性井下中央变电所和井底车场内的其他机电设备硐室的防灭火设计要求,符合《煤矿安全规程》(2016)第四百五十六条的规定。

4.6.5 消防洒水

矿井应设地面消防水池和井下消防管路系统的防灭火设计要求,符合《煤矿安全规程》(2016)第二百四十九条的规定。

4.6.6 井下防火构筑物

开采容易自燃和自燃的煤层时,在采(盘)区开采设计中,应预先选定构筑防火门的位置。

4.6.7 防灭火器材

井下爆炸物品库、机电设备硐室、检修硐室、材料库、井底车场、使用带式输送机或液力偶合器的巷道以及采掘工作面附近的巷道中,应备有灭火器材,其数量、规格和存放地点,应在设计中确定。

4.6.8 消防材料库

4.6.8.1 井上、下均须设置消防材料库。

4.6.8.2 井上消防材料库应设在井口附近，但不得设在井口房内。

4.6.8.3 井下消防材料库应设在每一个生产水平的井底车场或主要运输大巷中，并应装备消防车。消防材料库储存材料、工具的品种和数量应符合《矿井通风安全装备标准》等有关规定。

4.6.9 防止地面明火引发井下火灾的措施

防止地面明火引发井下火灾的设计要求，符合《煤矿安全规程》(2016)第二百四十七条的规定。

4.7 防治水

4.7.1 矿井水文地质条件

4.7.1.1 查明矿井水文地质条件，掌握地下水的运动变化规律；查清受采掘工程直接和间接影响的含水层含(富)水性、厚度、水位变化及与开采煤层间的岩柱厚度等。当矿井水文地质条件尚未查清时，应当进行水文地质补充勘探工作。确定矿井水文地质类型。

4.7.1.2 初步确定矿井水害类型与威胁程度、有无突水淹井的危险、预计矿井的正常涌水量和最大涌水量。

4.7.2 防治水机构

水文地质条件复杂、极复杂的煤矿，应当设立专门的防治水机构，配备满足工作需要的防治水专业技术人员。

4.7.3 矿井防治水措施

4.7.3.1 矿井开拓、开采应采取的水害防治措施

4.7.3.1.1 煤层顶、底板有强岩溶承压含水层时，主要运输巷、轨道巷、回风巷和硐室应布置在不受水害威胁的层位中，并以石门分区隔离开采；有突水危险的回采工作面应有专门的疏水巷。

4.7.3.1.2 煤层顶板存在富水性中等及以上含水层或者其他水体威胁时，应据垮落带、导水裂隙带发育高度，进行专项设计，确定防隔水煤(岩)柱尺寸。当导水裂隙带范围内的含水层或者老空积水等水体影响采掘安全时，在掘进、回采前，应当对含水层采取超前疏放措施；进行专门水文地质勘探和试验，并编制疏放方案，选定疏放方式和方法，综合评价疏放开采条件和技术经济合理性。

4.7.3.1.3 开采底板有承压含水层的煤层，隔水层能够承受的水头值应当大于实际水头值；当承压含水层与开采煤层之间的隔水层能够承受的水头值小于实际水头值时，应当有采取疏水降压、注浆加固底板改造含水层或者充填开采等措施的专项设计，将水压疏降到安全临界水压以内。

4.7.3.1.4 应给出需要疏水降压的主要含水层及疏水降压的地点、方法和疏降水头值等。

4.7.3.1.5 疏水降压设计应给出设备的选择依据或技术参数，确定疏水降压设备台数及型号和管路选型、趟数，并制定疏水降压的安全技术措施。

4.7.3.1.6 井巷确需揭穿含水层或者地质构造带等可能突水地段前，应编制探放水设计，并制定相应的防治水措施。

4.7.3.2 防水煤(岩)柱留设

4.7.3.2.1 应明确指出需要留设防水煤(岩)柱的地表水体,并按有关规程、标准要求留设防水煤(岩)柱。

4.7.3.2.2 在冲积层和煤层露头下部布置采掘工作面时,应根据露头附近的水文地质条件和开采技术条件,按照有关规程、标准要求留设防水、防砂或防塌煤(岩)柱。

4.7.3.2.3 含水、导水及与强含水层相接触的断层、陷落柱等构造应按规定留设防隔水煤(岩)柱。

4.7.3.2.4 相邻矿井的分界处,应留防隔水煤(岩)柱;矿井以断层分界的,应在断层两侧留有防隔水煤(岩)柱。

4.7.3.3 井下探放水措施

4.7.3.3.1 煤矿企业应当建立健全各项防治水制度,配备满足工作需要的防治水专业技术人员,配齐专用探放水设备,建立专门的探放水作业队伍,储备必要的水害抢险救灾设备和物资。

4.7.3.3.2 根据矿井的水文地质条件和矿井开拓、采掘实际情况等,制定井下探放水基本原则,并据不同水害类型制定有针对性的探放水措施。

4.7.3.3.3 应给出探放水设备的选择依据或技术参数,给出并说明井下探放水设备种类及数量。

4.7.3.3.4 应制定相应的避灾路线和避灾措施。

4.7.3.4 岩溶水的防治

具有岩溶突水威胁的矿井要特别注意加强矿井水文地质工作,编制隔水层或相对隔水层等厚线图(包括水文地质实际资料),建立健全井上、下水文动态长期观测网,应采用物、化、钻探等综合勘探方法查明主要突水危险区。要根据水害威胁程度制定相应的防治岩溶水技术措施或技术方案。

4.7.3.5 小窑、老空积水区、水淹区防水

4.7.3.5.1 水淹区域应当在采掘工程平面图和矿井充水性图上标出积水线、探水线和警戒线的位置。

4.7.3.5.2 受水淹区积水威胁的区域,应在排除积水、消除威胁后方可进行采掘作业;如果无法排除积水,开采倾斜、缓倾斜煤层的,应按照《建筑物、水体、铁路及主要井巷煤柱留设与压煤开采规范》中有关水体下开采的规定,编制专项开采设计。

不得开采地表水体、强含水层、采空区水淹区域下且水患威胁未消除的急倾斜煤层。

4.7.3.6 封闭不良钻孔防治水措施

对封闭不良或质量可疑、有突水可能的钻孔,应设计有扫封孔措施,否则应留设防水煤柱或提出其他防治措施。

4.7.3.7 地表水防治

4.7.3.7.1 煤矿应当查清井田及周边地面水系和有关水利工程的汇水、疏水、渗漏情况;了解当地水库、水电站大坝、江河大堤、河道、河道中障碍物等情况;掌握当地历年降水量和最高洪水位资料,建立疏水、防水和排水系统,并建立灾害性天气预警和预防机制。

4.7.3.7.2 矿井井口和工业场地内建筑物的地面标高应高于当地历年最高洪水位;在山区还应避开可能发生泥石流、滑坡等地质灾害危险的地段。

矿井井口及工业场地内主要建筑物的地面标高低于当地历年最高洪水位的,应当修筑堤坝、沟渠或者采取其他可靠防御洪水的措施。不能采取可靠安全措施的,应当封闭填实该井口。

4.7.3.7.3 当矿井井口附近或者开采塌陷波及区域的地表有水体或者积水时,应采取安全防范措施

4.7.3.7.4 主要防洪标准及防洪坝墙设计频率应符合表3的规定。

表 3 防洪设计标准

企业规模及工程性质	设计频率	校核频率
大、中型矿井井口	1/100	1/300
大、中型矿井工业场地	1/100	

4.7.4 井下防治水安全设施
4.7.4.1 排水设施
4.7.4.1.1 主要水仓布置及容量

矿井水仓一般应布置在稳定、坚固的岩层中,在煤层稳定、坚固条件下,经技术论证可行的,可以将矿井水仓布置在煤层中。

正常涌水量在1 000 m^3/h 以下时,矿井主要水仓的有效容量应能容纳8 h 的正常涌水量;正常涌水量大于1 000 m^3/h 的矿井,主要水仓有效容量可按规定的公式计算确定。

采区水仓的有效容量应能容纳4 h 的采区正常涌水量。

矿井最大涌水量和正常涌水量相差特大的矿井,对排水能力、水仓等容量应编制专门设计。

4.7.4.1.2 主要水泵型号、规格、台数、运行工况及计算轴功率

应给出主要水泵的型号、规格、台数、运行工况及计算轴功率等,应有工作、备用和检修的水泵。工作水泵的能力,应能在20 h 内排出矿井24 h 的正常涌水量(包括充填水及其他用水)。备用水泵的能力,应不小于工作水泵能力的70%。工作和备用水泵的总能力,应能在20 h 内排出矿井24 h 的最大涌水量。检修水泵的能力应不小于工作水泵能力的25%。

水文地质条件复杂、极复杂的矿井,可以在主泵房内预留安装一定数量水泵的位置。

确定水泵扬程时,应计入排水管淤积所增加的阻力,并应验算水泵在初期运行时工况点的电动机容量。

配电设备应同工作、备用以及检修水泵相适应,能够保证工作水泵和备用水泵同时运转。

4.7.4.1.3 排水管路趟数、型号、规格

应有工作和备用的水管。工作水管的能力应能配合工作水泵在20 h 内排出矿井24 h 的正常涌水量。工作和备用水管的总能力,应能配合工作和备用水泵在20 h 内排出矿井24 h 的最大涌水量。

4.7.4.1.4 主要水泵房和通道布置

主要水泵房至少有2个出口,一个出口用斜巷通到井筒,并应高出泵房底板7 m 以上;另一个出口通到井底车场,并设置易于关闭的能防水、防火的密闭门。泵房和水仓的连接通

道,应设置可靠的控制闸门。

主要水泵房地面标高,应分别比其出口与井底车场或大巷连接处的底板标高高出 0.5 m。

主排水泵房应靠近敷设排水管路的井筒。与井底车场巷道连接的通道中应设栅栏门和易于关闭的密闭门,主变电所与主排水泵房之间应设置防火门。

4.7.4.2 防水闸门及硐室设施

水文地质条件复杂、极复杂或者有突水淹井危险的矿井,应当在井底车场周围设置防水闸门或在正常排水系统基础上另外安设由地面直接供电控制,且排水能力不小于最大涌水量的潜水泵。在其他有突水危险的采掘区域,应在其附近设置防水闸门;不具备设置防水闸门条件的,应制定防突(透)水措施。

4.8 电气

4.8.1 矿井电源及电力线路

4.8.1.1 矿井应有两回路电源线路(即来自两个不同变电站或来自不同电源进线的同一变电站的两段母线)。当任一回路发生故障停止供电时,另一回路应担负矿井全部用电负荷。

正常情况下,矿井电源应采用分列运行方式。若一回路运行,另一回路应带电备用。带电备用电源的主变压器可热备用;若冷备用,备用电源应能及时投入,保证主要通风机在 10 min 内启动和运行。

矿井的两回路电源线路上都不得分接任何负荷。

矿井电源线路上不得装设负荷定量器等各种限电断电装置。

4.8.1.2 矿井电源架空线路在通过沉陷区时,两回路间应有足够的安全距离,并采取必要的安全措施;电源架空线路不得跨越易燃、易爆物的仓储区域;在多雷区和至主通风机房、地面瓦斯抽采泵站的架空线路应有全线避雷设施。

10 kV 及其以下的矿井架空电源线路不得共杆架设。

4.8.2 地面供配电

4.8.2.1 矿井地面主变电所的位置,其周围环境应无明显污秽、避开火灾及爆炸设施、有较好的终端塔位及进出线走廊,避开断层、滑坡、采空区、溶洞地带;在山区时应不受山体塌滑、危石滚落、边坡开挖和山洪的影响,站区的挡土墙、边坡顶部应设有铺砌的截水沟或泄洪沟;在湿陷性黄土地区时站区的填方厚度不应过大;站区场地标高应高于频率为 2% 的洪水位或历史最高内涝水位,或采取措施使主要设备底座和主要建筑物的室内地坪不低于上述高水位。

矿井地面主变电所的主变压器不应少于 2 台,当 1 台停止运行时,其余变压器的容量应保证主变压器的一级和二级负荷用电。

4.8.2.2 矿井 6 000 V 及以上高压电网,应采取措施限制单相接地电容电流,新建矿井不超过 10 A,改扩建矿井不超过 20 A。

地面变电所的高压馈电线上,应具备选择性的单相接地保护。

4.8.2.3 主要通风机、提升人员的立井提升机、地面抽采瓦斯泵、地面安全监控中心等主要设备房,应各有两回路直接由变(配)电所馈出的供电线路;受条件限制时,其中的一回路可引自上述设备房的配电装置。

向煤与瓦斯突出矿井自救系统供风的压风机、井下移动瓦斯抽采泵应各有两回路直接由变（配）电所馈出的供电线路。

上述供电线路应来自各自的变压器或母线段，线路上不应分接任何负荷。

上述设备的控制回路和辅助设备，应有与主要设备同等可靠的备用电源。

4.8.2.4 当主要通风机为高压同步电动机驱动时，励磁装置的低压电源应引自高压供电的同一母线段。

4.8.2.5 向采区供电的同一电源线路上，串接的采区变电所数量不得超过3个。

直接向井下供电的馈电线路上，不得装设自动重合闸。

4.8.2.6 正常排水系统配电设备的能力应与工作、备用和检修水泵的能力相匹配，能够保证全部水泵同时运转。

抗灾潜水电泵应由地面直接供电控制。

4.8.2.7 地面瓦斯抽采泵房内的电气设备、照明、其他电气和检测仪表，应采用矿用防爆型。

4.8.3 地面防雷、防雷电波侵入井下及应急照明

4.8.3.1 矿井地面的主变电所、主通风机房、瓦斯抽采泵站、提升机房和井塔/井架等主要工业建筑物，应根据当地年平均雷暴日数、建筑物预计雷击次数、井塔/井架高度等，采取防直击雷和防雷电波侵入的措施，设置避雷针、避雷带等防雷装置，需符合现行国家标准的有关要求。瓦斯抽采泵站放空管管口应按第一类防雷建筑物采取防雷措施。

4.8.3.2 为防止雷电侵入井下，应遵守下列规定：

a) 经由地面架空线路引入井下的供电线路和电机车架线，应在入井处装设防雷电装置；

b) 由地面直接入井的轨道、金属架构及露天架空引入（出）井的管路，应在井口附近对金属体设置不少于2处的良好的集中接地。直接入井、大巷至采（盘）区的轨道均应至少有2处绝缘。

4.8.3.3 地面的主通风机房、瓦斯抽采站、提升机房、井塔大厅、主斜井带式输送机房、副井井口房、压缩空气机站、主变电所、抗灾潜水电泵地面配电控制室、矿调度室和监控室、矿山救护站值班室等应设有应急照明设施。

4.8.4 井下电缆

4.8.4.1 应选用经检验合格并取得煤矿矿用产品安全标志的煤矿用阻燃电缆。

4.8.4.2 井下电缆的选用应遵守《煤矿安全规程》（2016）第四百六十三条的规定。

4.8.4.3 在总回风巷、专用回风巷及机械提升的进风倾斜井巷（不包括输送机上、下山）中不应敷设电力电缆。确需在机械提升的进风倾斜井巷（不包括输送机上、下山）中敷设电力电缆时，应有可靠的保护措施。

4.8.5 井下电气设备

4.8.5.1 井下电气设备的选用应符合《煤矿安全规程》（2016）第四百四十一条的规定。

4.8.5.2 凡纳入煤矿矿用产品安全标志管理目录的电器产品，应具有煤矿矿用产品安全标志。

4.8.6 井下变电所

4.8.6.1 对井下各水平中央变电所和采（盘）区变（配）电所的供电线路，不得少于两回路。当任一回路停止供电时，其余回路应承担全部用电负荷。向局部通风机供电的井下变（配）电所应采用分列运行方式。

4.8.6.2 井下各水平中央变电所和具有低压一级负荷的变(配)电所的动力变压器不得少于2台。当其中1台停止运行时,其余变压器应能保证一、二级负荷用电。

4.8.6.3 井下不得使用油浸式电气设备。煤与瓦斯突出矿井不得使用煤电钻。40 kW及以上的电动机,应采用真空电磁启动器控制。

4.8.7 井下电气设备保护

4.8.7.1 井下变电所的高压馈电线上,应具备选择性的单相接地保护;向移动变电站和电动机供电的高压馈电线上,应具有选择性的动作于跳闸的单相接地保护。

4.8.7.2 井下高压电动机、动力变压器的高压控制设备,应具有短路、过负荷、接地和欠压释放保护。井下由采区变电所、移动变电站或配电点引出的馈电线上,应具有短路、过负荷和漏电保护。低压电动机的控制设备,应具备短路、过负荷、单相断线、漏电闭锁保护及远程控制功能。

4.8.7.3 井下配电网路(变电器馈出线路、电动机等)的保护,应符合《煤矿安全规程》(2016)第四百五十二条的规定。

4.8.7.4 井下低压馈电线上,应装设检漏保护装置或有选择性的漏电保护装置。煤电钻应使用设有检漏、漏电闭锁、短路、过负荷、断相远距离控制功能的综合保护装置。

4.8.7.5 井下照明和信号的配电装置,应当具有短路、过负荷和漏电保护的照明信号综合保护功能。

4.8.8 采掘设备用电电压规定

采掘工作面用电设备电压超过3 300 V时,应制定专门的安全措施。

4.8.9 局部通风机的供配电及风电、瓦斯电闭锁

局部通风机的供配电及风电、瓦斯电闭锁,应符合《煤矿安全规程》(2016)第一百六十四条(三)、(四)、(七)款的规定。

4.8.10 电气信号

电气信号应符合如下要求:
a) 矿井电气信号,除信号集中闭塞外应能同时发声和发光;
b) 提升设备应设置提升信号装置,并符合现行国家标准;
c) 升降人员和主要井口提升机的信号装置的直接供电线路上,不得分接其他负荷。

4.9 提升运输和空气压缩机

4.9.1 提升装置

4.9.1.1 提升装置的天轮、卷筒、摩擦轮、导向轮和导向滚等的最小直径与钢丝绳直径之比值,应符合《煤矿安全规程》(2016)第四百一十七条的要求。

4.9.1.2 各种提升装置的滚筒上缠绕的钢丝绳层数,应符合《煤矿安全规程》(2016)第四百一十八条(一)、(二)、(五)的要求。

4.9.1.3 各种用途的钢丝绳悬挂时的安全系数,应符合《煤矿安全规程》(2016)第四百零八条的要求。

4.9.1.4 矿井提升系统的加(减)速度和提升速度,应符合《煤矿安全规程》(2016)第四百二十二条的要求。

4.9.1.5 提升装置应装设安全保护,并符合《煤矿安全规程》(2016)第四百二十三条的要求。

4.9.1.6 提升机应装设可靠的提升容器位置指示器、减速声光示警装置,应设置机械制动和

电气制动装置。

4.9.1.7 各类提升机的制动装置发生作用时,提升系统的安全制动减速度,应符合《煤矿安全规程》(2016)第四百二十七条的要求。

摩擦式提升机经安全制动防滑校验,当一级制动装置不能满足防滑要求时,应采用二级制动装置或恒减速制动装置。

4.9.1.8 立井提升装置的过卷和过放距离,应符合《煤矿安全规程》(2016)第四百零七条的要求。

4.9.1.9 提升设施,应遵守下列规定:
a) 主井箕斗提升应采用定重装载;
b) 升降人员或升降人员和物料的单绳提升罐笼,应装设可靠的防坠器;
c) 提升矿车的罐笼内应装有阻车器。升降无轨胶轮车时,应设置专用定车或锁车装置。

4.9.1.10 立井和斜井使用的各类连接装置的安全系数,应符合《煤矿安全规程》(2016)第四百一十六条(一)款的要求。

4.9.1.11 倾斜井巷绞车提升,应遵守以下规定:
a) 井巷上端的过卷距离根据巷道倾角、设计载荷、最大提升速度和实际制动力等参量计算确定,并有1.5倍的备用系数;
b) 串车提升的各车场应设信号硐室及躲避硐;
c) 串车提升的倾斜井巷内应安设能够将运行中断绳、脱钩的车辆阻止住的跑车防护装置,并在各车场安设阻车器、挡车栏。上述挡车装置应经常关闭,放车时方准打开;
d) 倾斜巷道中轨道提升系统与架空乘人装置同巷布置时,应设置电气闭锁,两种设备不得同时运行,并应确保斜巷串车提升的跑车防护装置与架空乘人装置不相互干涉;
e) 一次串车提升的终端载荷不得大于矿车连接器允许强度。

4.9.1.12 每一提升装置应装设符合《煤矿安全规程》(2016)第四百零三条要求的信号装置。

4.9.2 带式输送机运输

4.9.2.1 采用滚筒驱动带式输送机运输时,应遵守《煤矿安全规程》(2016)第三百七十四条的规定,还需符合下列要求:
a) 所设制动装置的制动力矩不得小于带式输送机所需制动力矩的1.5倍;
b) 在一台输送机上采用多台机械逆止器时,如不能保证均匀分担载荷,则每台逆止器都应满足整台输送机所需的逆止力矩。

4.9.2.2 矿井不得使用钢丝绳牵引带式输送机。

4.9.3 轨道机车运输

4.9.3.1 轨道机车的选用,应遵守《煤矿安全规程》(2016)第三百七十六条(一)、(二)、(三)款的规定。

4.9.3.2 采用矿用防爆型柴油机车时,应配备灭火器。

4.9.3.3 采用蓄电池电机车时,应遵守《煤矿安全规程》(2016)第三百七十九条的规定。

4.9.3.4 轨道机车运输信号控制系统的设置,应遵守《煤矿安全规程》(2016)第三百七十七条(一)款的规定。

4.9.4 人员运输及架空乘人装置

4.9.4.1 矿井不得采用普通轨斜井人车运输。

4.9.4.2 长度超过1.5 km的主要运输平巷或者高超过50 m的人员上下的主要倾斜井巷,应当采用机械方式运送人员。运送人员的车辆应为专用车辆,严禁使用非乘人装置运送人员。

4.9.4.3 采用架空乘人装置运送人员时,应遵守《煤矿安全规程》(2016)第三百八十三条的规定。

4.9.5 无轨胶轮车运输

采用防爆柴油机无轨胶轮车运输时,应遵守下列规定:
a) 应随车配备灭火器及阻车装置;不得在井下加油或检修;
b) 应设置随车通信系统或车辆位置监测系统;
c) 井底车场和运输大巷,同一水平无轨胶轮车工作台数为5台及以上时,应设置无轨运输车辆信号监控系统。同一巷道有对向行驶的无轨胶轮车,且巷道宽度不能满足错车需求时,应设置具有联锁闭塞功能的运输信号局部控制系统。

4.9.6 井下其他辅助运输设备

使用的单轨吊车、卡轨车、齿轨车、胶套轮车、无极绳连续牵引车,应符合《煤矿安全规程》(2016)第三百九十条(一)、(二)、(七)款,及第三百九十一条(一)、(二)、(四)款的规定。

4.9.7 空气压缩机

4.9.7.1 在地面集中设置空气压缩机站,全部机组的供气能力应满足在灾变期间能够向所有采掘作业地点提供压缩空气的要求。严禁使用滑片式空气压缩机。

对深部多水平开采或供气距离过远的矿井,空气压缩机安装在地面难以保证对井下作业点有效供气时,可在其供风水平以上2个水平的进风井井底车场或距用气地点较近的安全可靠的位置安装。

在井下设置空气压缩设备时,应遵守《煤矿安全规程》(2016)第四百三十一条的相关规定。

4.9.7.2 空气压缩机站设备应符合《煤矿安全规程》(2016)第四百三十二条(一)、(三)款的要求。

4.9.7.3 空气压缩机站的储气罐应符合《煤矿安全规程》(2016)第四百三十三条的要求。

4.9.7.4 空气压缩设备的保护,应遵守《煤矿安全规程》(2016)第四百三十四条的规定。

4.10 安全监控与通信

4.10.1 所有矿井应装备安全监控系统、人员位置检测系统、有线调度通信系统、井下应急广播系统,并符合《煤矿安全规程》(2016)有关规定。

4.10.2 矿井安全监控系统主干线缆应分设两条,从不同的井筒或一个井筒保持一定间距的不同位置进入井下。安全监控系统不得与图像监视系统共用同一芯光纤。

系统应具有防雷电保护,入井线缆的入井口处应具有防雷措施。

安全监控主机及联网主机应双机热备份,连续运行。

安全监控系统显示和控制终端应设置在矿调度室,全面反映监控信息。

4.10.3 安全监控设备的供电电源应取自被控开关的电源侧或专用电源,不得接在被控开关的负荷侧。

4.10.4 煤矿应向上一级调度室上传实时监控数据。

4.10.5 井下以下地点应设置甲烷传感器,煤与瓦斯突出矿井采煤工作面及其进回风巷和掘进巷道内设置的甲烷传感器应为全量程或高低浓度甲烷传感器:

a) 采煤工作面及其回风巷和回风隅角,高瓦斯和煤与瓦斯突出矿井采煤工作面回风巷长度大于1 000 m时回风巷中部;
b) 煤巷、半煤岩巷和有瓦斯涌出的岩巷掘进工作面及其回风流中,高瓦斯和煤与瓦斯突出矿井的掘进巷道长度大于1 000 m时掘进巷道中部;
c) 煤与瓦斯突出矿井采煤工作面进风巷和掘进工作面分风口处;
d) 采用串联通风时,被串采煤工作面的进风巷;被串掘进工作面的局部通风机前;
e) 采区回风巷、一翼回风巷、总回风巷;
f) 地面瓦斯抽采泵房内,井下临时瓦斯抽采泵站下风侧栅栏外;
g) 煤仓上方、地面封闭的带式输送机地面走廊;
h) 使用架线电机车的主要运输巷道内装煤点处;
i) 瓦斯抽采泵输入、输出管路中。

4.10.6 井下以下设备应设置甲烷断电仪或便携式甲烷检测报警仪:

a) 采煤机、掘进机、掘锚一体机、连续采煤机;
b) 梭车、锚杆钻车;
c) 采用防爆蓄电池或防爆柴油机为动力装置的运输设备;
d) 其他需要安装的移动设备。

4.10.7 突出煤层采煤工作面进风巷、掘进工作面进风的分风口应设置风向传感器。突出煤层采煤工作面回风巷和掘进巷道回风流中应设置风速传感器。

4.10.8 每一个采区、一翼回风巷及总回风巷的测风站应设置风速传感器,主要通风机的风硐应设置压力传感器。主要通风机、局部通风机应设置设备开停传感器,局部通风机的风筒末端应设置风筒传感器。主要风门应设置风门开关传感器。甲烷电闭锁和风电闭锁的被控开关的负荷侧应设置馈电状态传感器。

4.10.9 瓦斯抽采泵站的抽采泵吸入管路中应设置瓦斯浓度传感器、流量传感器、温度传感器和压力传感器及相应参数的显示仪表或自动监测系统。利用瓦斯时,还应在输出管路中设置流量传感器、温度传感器和压力传感器。

4.10.10 使用防爆柴油动力装置的矿井及开采容易自燃、自燃煤层的矿井,应设置一氧化碳传感器和温度传感器。

4.10.11 各个人员出入井口、重点区域出入口、限制区域等地点应设置读卡分站,并能满足监测携卡人员出入井、出入重点区域、出入限制区域的要求;巷道分支处应设置分站,并能满足监测携卡人员出入方向的要求。

煤矿紧急避险设施入口和出口应分别设置人员定位系统分站,对出、入紧急避险设施的人员进行实时监测。

矿井调度室应设人员定位系统地面中心站。配备的主机及系统联网主机应双机备份。

4.10.12 矿井通信应遵守下列规定:

a) 煤矿应安装有线调度电话系统、井下应急广播系统和无线通信系统。井下无线通信系统应与调度电话互联互通；

  b) 地面的主变电所、主要通风机房、主副井提升机房、压风机房、瓦斯抽采泵站、爆炸物品库，井下的主要水泵房、中央变电所、井底车场、运输调度室、采（盘）区变电所、上下山绞车房、采（盘）区水泵房、带式输送机集中控制硐室、紧急避难设施、瓦斯抽采泵站、爆炸物品库等主要硐室及采煤工作面、掘进工作面、突出煤层采掘工作面附近，爆破时撤离人员集中地点、煤与瓦斯突出矿井井下爆破起爆点、采区和水平最高点等应设有直通矿调度室的有线调度电话；

  c) 下列地点应设直通电话：采掘工作面及与其有直接联系的环节之间；防火灌浆站与灌浆地点之间；罐笼提升的井底—井口—提升机房之间及箕斗提升的装载点—卸载点—提升机房之间；升降人员的斜井或斜巷的车场与提升机房之间；

  d) 矿山救护队、消防站，应设有与矿井调度室直通的有线调度电话，并应配有地面无线对讲系统；

  e) 矿井主变电所至上一级变电所，应设置专用的电力通信设施。

4.10.13 安装图像监视系统的矿井，应在矿调度室设置集中显示装置。

4.11 应急救援、安全避险、职业卫生和安全管理

4.11.1 应急救援

4.11.1.1 煤矿企业应建立应急救援机构，健全规章制度，编制应急预案。储备应急救援物资、装备，建立应急救援装备和物资台账。重点加强潜水电泵及配套管线、救援钻机及其配套设备、快速掘进与支护设备、应急通信装备等的储备。

4.11.1.2 井工煤矿企业应设立矿山救护队，不具备设立矿山救护队条件的煤矿企业，所属煤矿应设立兼职救护队，并与就近的救护队签订救护协议。大型煤矿、灾害严重的中型煤矿、最近矿山救护队至矿井的行车时间超过 30 min 的中、小型煤矿，应建立矿山救护队。

4.11.1.3 应明确井下发生灾害时的避灾路线并绘制避灾路线图。

4.11.1.4 矿井应设置井下应急广播系统，保证井下人员能够清晰听见应急指令。

4.11.1.5 井下应根据需要在避灾路线上设置自救器补给站。

4.11.1.6 矿山救护队应配备救援车辆及通信、灭火、侦察、气体分析、个体防护等救援装备，建有演习训练等设施。

4.11.1.7 救援装备、器材、物资、防护用品和安全检测仪器、仪表，应符合国家标准或行业标准。

4.11.1.8 救护队指战员应经过救护理论及技术、技能培训，并经考核取得合格证。

4.11.1.9 煤矿企业应对井下人员进行安全避险和应急救援培训。

4.11.2 安全避险

4.11.2.1 所有井工煤矿应建设包括安全监控、人员位置监测、紧急避险、压风自救、供水施救和通信联络系统在内的"六大系统"，各系统之间有机联系，形成井下整体安全避险系统。

4.11.2.2 矿井安全监控系统应符合下列规定：

  a) 应按 4.10.1～4.10.4 的要求设置矿井安全监控系统；

  b) 应按 4.10.5～4.10.10 的要求设置井下、地面主要通风机房和瓦斯抽采泵站的安全监控系统分站、传感器；

  c) 紧急避险设施内外应设置分站、传感器等，对避险设施内过渡室内的氧气、一氧化

碳,生存室内的氧气、甲烷、二氧化碳、一氧化碳、温度、湿度和避险设施外的氧气、甲烷、二氧化碳、一氧化碳进行检测并实时监测。向监控分站供电的电源容量,应满足额定防护时间不低于96 h的要求;

d) 应有井下安全监控布置图和断电控制图。

4.11.2.3 人员位置监测系统应符合下列规定:

a) 应按4.10.1的要求设置井下人员位置监测系统;
b) 应按4.10.11的要求安设下井人员位置监测系统的地面、井下分站和地面中心站;
c) 井下人员位置监测系统的配套设备应符合相关标准规定;
d) 应有井下人员位置监测系统图。

4.11.2.4 紧急避险系统应符合下列规定:

a) 所有井工煤矿应为入井人员配备额定防护时间不低于30 min的隔离式自救器;
b) 所有煤与瓦斯突出矿井都应建设井下紧急避险设施。其他矿井在发生险情或者事故时井下人员依靠自救器或者1次自救器接力不能安全撤至地面的,应建设井下紧急避险设施。煤与瓦斯突出矿井应建设采区避难硐室,并按照永久避难硐室的标准建设。永久避难硐室应具备应急逃生出口或采用2个安全出口,有条件的矿井,逃生出口或安全出入口应分别布置在2条不同的巷道中,如在1条巷道中,其间距应不小于20 m;
c) 突出煤层的掘进巷道长度及采煤工作面推进长度超过500 m时,应在距离工作面500 m范围内建设临时避难硐室或者其他临时避险设施。其他矿井应建设采区避难硐室,或者在距离采掘工作面1 000 m范围内建设避难硐室或者其他临时避险设施;
d) 紧急避险设施的数量、容量、位置应满足服务区域所有人员紧急避险需要,包括生产人员、管理人员及可能出现的其他临时人员,并按规定留有一定的备用系数;
e) 紧急避险设施应具备安全防护、氧气供给保障、有害气体去除、环境监测、通信、照明、动力供应、人员生存保障等基本功能,在无任何外界支持的条件下额定防护时间不低于96 h;
f) 紧急避险设施的设置应与矿井避灾路线相结合,设置在避灾路线上,并有醒目标识。矿井井下有关巷道和场所应按规定设置矿井安全标识,应明确井下发生各种灾害时的不同避灾路线,并绘制相应避灾路线图。紧急避险设施应在矿井避灾路线图中应明确标注紧急避险设施的位置、规格和种类,井巷中应有紧急避险设施方位指示;
g) 制定应急预案;
h) 紧急避险系统应与监测监控、人员定位、压风自救、供水施救、通信联络等系统相互连接。

4.11.2.5 压风自救系统应符合下列规定:

a) 采区避灾路线上应设置压风管路。管路规格应按供气量、供气距离、阻力损失等计算确定,但主管路直径不小于100 mm,采掘工作面管路直径不小于50 mm。压风管路上应设置的供气阀门,阀门间隔不大于200 m。水文地质条件复杂和极复杂的矿井,应在各水平、采区和上山巷道最高处敷设压风管路,并设置供气阀门;

b) 突出与冲击地压煤层,应在距采掘工作面 25 m～40 m 的巷道内、爆破地点、撤离人员与警戒人员所在位置、回风巷有人作业处等地点,至少设置 1 组压风自救装置;在长距离的掘进巷道中,应根据实际情况增加压风自救装置的设置组数。每组压风自救装置应可供 5～8 人使用,平均每人空气供给量不得少于 0.1 m³/min。其他矿井掘进工作面应敷设压风管路,并设置供气阀门;

c) 接入紧急避难设施的压风管路,应设置供气阀门,接入的压风管路应设减压、消音、过滤装置和控制阀,压风出口压力在(0.1～0.3)MPa 之间,供气量不低于 0.3 m³/min·人,连续噪声不大于 70 dB(A);

d) 井下压风管路应敷设牢固平直,避难硐室应优先选择专用管路供氧(风)等方式。采用井下压风管路作为避难硐室专用管路供风的,应当对专用管路采取必要的防护措施,防止灾变时被破坏。接入紧急避险设施前的 20 m 压风管路要采取有效的保护措施;

e) 应有井下压风管路系统图。

4.11.2.6 供水施救系统应符合下列规定:

a) 采区避灾路线上应敷设供水管路。压风自救装置处和供压气阀门附近应安装供水阀门;

b) 供水水源应引自地面消防水池或专用水池。有井下水源的,井下水源应与地面供水管网形成系统;

c) 矿井供水管路应接入紧急避险设施,并设置供水阀,水量和水压应满足额定数量人员避险时的需要。接入紧急避险设施前的 20 m 供水管路要采取有效的保护措施;

d) 应有井下供水管路系统图。

4.11.2.7 通信联络系统应符合下列规定:

a) 应按 4.10.12a)的要求设置煤矿通信联络系统;

b) 应按 4.10.12 a)～e)的要求安设地面、井下有线调度电话;

c) 距掘进工作面 10 m～50 m 范围内,应安设电话;距采煤工作面两端 10 m～20 m 范围内,应分别安设电话;采掘工作面的巷道长度大于 1 000 m 时,在巷道中部应安设电话;

d) 井下电话机应使用本质安全型;

e) 井下通信联络系统的配套设备应符合相关标准规定;

f) 应有井下通信系统图。

4.11.3 职业卫生

4.11.3.1 总体要求

4.11.3.1.1 煤矿企业应建立健全职业卫生档案。采取有效措施控制粉尘、噪声、高温和有毒有害物质等因素的危害。

4.11.3.1.2 煤矿企业应开展职业病危害因素日常监测,配备监测人员和设备。

4.11.3.1.3 煤矿企业应为接触职业病危害因素的从业人员提供符合要求的个体防护用品。

4.11.3.1.4 煤矿应当在醒目位置设置公告栏,公布有关职业病危害防治的规章制度、操作规程和作业场所职业病危害因素检测结果;对产生严重职业病危害的作业岗位,应当在醒目位置设置警示标识和警示说明。

4.11.3.2 粉尘防治
粉尘防治见4.5.2和4.5.3。

4.11.3.3 热害防治
4.11.3.3.1 应进行矿井风温预测计算,超温地点应有降温设计。采取通风等非机械制冷降温措施无法达到环境温度要求时,应采用机械制冷降温措施。

4.11.3.3.2 当采掘工作面空气温度超过26 ℃、机电设备硐室超过30 ℃时,应缩短超温地点工作人员的工作时间,并给予高温保健待遇。

当采掘工作面的空气温度超过30 ℃、机电设备硐室超过34 ℃时,应停止作业。

4.11.3.4 噪声防治
4.11.3.4.1 优先选用低噪声设备,应针对不同的噪声源和地点明确采取的隔声、消声、吸声、减振、减少接触时间等具体措施以降低噪声危害。

4.11.3.4.2 噪声每半年至少监测1次。噪声监测点应布置在主要通风机、空气压缩机、局部通风机、采煤机、掘进机、风动凿岩机、破碎机、主水泵等设备使用的地点。

4.11.3.4.3 作业人员每天连续接触噪声时间达到或者超过8 h的,噪声声级限值为85 dB(A)。每天接触噪声时间不足8 h的,可根据实际接触噪声的时间,按照接触噪声时间减半、噪声声级限值增加3 dB(A)的原则确定其声级限值。

4.11.3.5 有害气体防治
4.11.3.5.1 煤矿应当对氧化氮(转换成二氧化氮)、一氧化碳、二氧化硫至少每3个月监测1次,硫化氢至少每月监测1次。

4.11.3.5.2 煤矿作业场所存在硫化氢、二氧化硫等有害气体时,应加强通风降低有害气体的浓度。在采用通风措施无法达到作业环境标准时,应采用集中抽取净化、化学吸收等措施降低硫化氢、二氧化硫的浓度。

4.11.4 安全管理
4.11.4.1 矿井安全定员应满足安全生产需要。煤矿安全定员应包括安全管理人员、井下安全人员和地面安全人员。配齐安全副矿长,配足通风、地质、测量、瓦斯检测、安全监测、防尘、爆破、主通风机操作等工种人员,高瓦斯和煤与瓦斯突出矿井应配有瓦斯抽采人员,煤与瓦斯突出矿井还应配有防突人员,煤层容易自燃矿井应配有防灭火、灌浆、注氮人员,水害严重的矿井应配有防治水人员,其他安全定员应满足安全生产需要。

4.11.4.2 矿井每个采区同时作业的人员每小班不得超过100人。

4.11.4.3 矿井安全培训应符合国家相关规定,有固定场所、设备和师资力量。

5 井工矿安全设施竣工验收

5.1 竣工验收必备条件
5.1.1 矿井安全设施及条件竣工验收前,应完成建设项目的全部安全工程、设施、装备,生产系统和防灾系统健全,经过联合试运转,具备安全生产条件,并取得采矿许可证。

5.1.2 煤矿企业应对从业人员进行安全教育和培训。培训不合格的,不得上岗作业。主要负责人和安全生产管理人员应具备煤矿安全生产知识和管理能力,并经考核合格,取得相应合格证书。特种作业人员应按国家有关规定培训合格,取得资格证书。

5.1.3 单位工程经工程质量认证机构认证,并取得质量合格的认证书。

5.1.4 矿井投产验收前应对已揭露的煤层进行瓦斯等级、煤尘爆炸性和自燃倾向性做出鉴定;按煤与瓦斯突出矿井设计的应有已揭露开采煤层及其他可能对采掘活动造成威胁的煤层的突出危险性鉴定或者认定报告;对可能有冲击地压危险的矿井,应有已揭露可采煤层(或者其顶底板)的冲击倾向性鉴定报告。

5.1.5 矿井提升机及提升绞车、提升钢丝绳、提升容器及连接装置、主要带式输送机、架空乘人装置、主通风机、空气压缩机、主排水泵等大型固定设备经有资质的部门检测检验,并出具检验合格报告。

5.1.6 委托有资质的安全评价机构做出安全验收评价报告。

5.1.7 应提交建井地质报告。

5.2 开拓与开采

5.2.1 矿井开拓

5.2.1.1 设计生产能力

设计生产能力应符合批准的安全设施设计要求。

5.2.1.2 井田范围及开采深度

井田范围及开采深度应符合批准的安全设施设计要求。

5.2.1.3 井筒

5.2.1.3.1 井筒的数目、功能及布置形式、保护煤柱留设应符合批准的安全设施设计要求。

5.2.1.3.2 矿井的安全出口应符合批准的安全设施设计要求。

5.2.1.4 井底车场、硐室及主要巷道

5.2.1.4.1 大巷布置层位、井底车场及硐室、保护煤柱留设等应符合批准的安全设施设计要求。

5.2.1.4.2 井下每一个水平到上一个水平、各个采(盘)区的安全出口应符合批准的安全设施设计要求。

5.2.1.4.3 井底车场、主要运输巷、主要回风巷断面应符合批准的安全设施设计要求。

5.2.1.4.4 井下爆炸物品库设置应符合批准的安全设施设计要求。

5.2.1.4.5 井下爆炸物品库的最大贮存量,不得超过矿井3天的炸药需要量和10天的电雷管需要量。

每个硐室贮存的炸药量不得超过2 t,电雷管不得超过10天的需要量;每个壁槽贮存的炸药量不得超过400 kg,电雷管不得超过2天的需要量。

库房的发放爆炸物品硐室允许存放当班待发的炸药,但其最大存放量不得超过3箱。

5.2.1.4.6 爆炸物品发放硐室设置应符合批准的安全设施设计要求。

发放硐室爆炸物品的贮存量不得超过1天的供应量,其中炸药量不得超过400 kg。

5.2.1.4.7 井下爆炸物品库应采用矿用防爆型(矿用增安型除外)照明设备,照明线应使用阻燃电缆,电压不得超过127 V。不得在贮存爆炸物品的硐室或壁槽内安设照明设备。不设固定式照明设备的爆炸物品库,可使用带绝缘套的矿灯。

5.2.2 矿井开采

5.2.2.1 采区巷道布置、采区接替、首采工作面位置、工作面参数、采煤工艺、采区煤仓及溜煤眼的设置等应符合批准的安全设施设计要求。

5.2.2.2 采煤工作面的安全出口应符合批准的安全设施设计要求。

5.2.2.3 开拓、准备、回采煤量符合以下要求：大中型矿井开拓煤量可采期应大于3年，准备煤量可采期应大于1年，回采煤量可采期应大于4个月；小型矿井开拓煤量可采期应大于2年，准备煤量可采期应大于8个月，回采煤量可采期应大于3个月。

5.2.2.4 煤仓、溜煤（矸）眼应有防止人员、物料坠入和煤、矸堵塞的设施。煤仓、溜煤（矸）眼不得兼做流水道。

5.2.2.5 采、掘工作面应编制作业规程，并按规定履行了报批和贯彻程序。工作面应按批准的作业规程要求及时支护，不得空顶作业。采掘过程中不得任意扩大和缩小设计规定的煤柱。

5.2.2.6 同一采煤工作面中，不得使用不同类型和不同性能的支柱（支架）。单体液压支柱入井使用前应逐根进行压力实验。使用单体液压支柱和液压支架支护的采煤工作面其乳化液泵站的出口压力值应达到作业规程的规定值，乳化液管路无漏液。

5.2.2.7 工作面煤层倾角大于15°时应采取防倒、防滑措施；工作面转载机安有破碎机时，应有安全防护装置；综采面巷道高度不得低于1.8 m，其他采煤工作面，巷道高度不得低于1.6 m。

5.2.3 顶板管理

顶板管理应符合批准的安全设施设计要求。

5.3 矿井通风

5.3.1 矿井通风系统

5.3.1.1 矿井通风系统应符合批准的安全设施设计要求，竣工验收前应对矿井进行1次矿井通风阻力测定，验收时应提交矿井通风阻力测定报告。

5.3.1.2 矿井井下空气成分、有害气体浓度、温度应符合规定要求，应建立测风制度，每10天进行1次全面测风，并有测风记录。

5.3.1.3 井下各用风地点的风量和风速应符合安全设施设计和《煤矿安全规程》（2016）规定。

5.3.1.4 生产水平和采（盘）区应实行分区通风。准备采（盘）区应在采（盘）区构成通风系统后，方可开掘其他巷道；采用倾斜长壁布置的，大巷应至少超前2个区段，并构成通风系统后，方可开掘其他巷道。采煤工作面应在采（盘）区构成完整的通风、排水系统后，方可回采。

5.3.1.5 高瓦斯、煤与瓦斯突出矿井的每个采（盘）区和开采容易自燃煤层的采（盘）区，应设置至少1条专用回风巷；低瓦斯矿井开采煤层群和分层开采采用联合布置的采（盘）区，应设置1条专用回风巷。

5.3.1.6 采（盘）区进、回风巷应贯穿整个采（盘）区，不得一段为进风巷、一段为回风巷。

5.3.1.7 采煤工作面应采用矿井全风压通风，不得采用局部通风机稀释瓦斯。

5.3.1.8 采、掘工作面应实行独立通风。不得2个采煤工作面串联通风。开采有瓦斯喷出、有突出危险的煤层或者在距离突出煤层垂距小于10 m的区域掘进施工时，任何2个工作面之间不得串联通风。

5.3.1.9 有煤（岩）与瓦斯（二氧化碳）突出危险的采煤工作面不得采用下行通风。

5.3.1.10 采掘工作面的进风和回风不得经过采空区或冒顶区。

5.3.1.11 井下爆炸物品库、井下充电室、采区变电所及实现采区变电所功能的中央变电所应有独立的通风系统。井下机电设备硐室应设在进风风流中。

5.3.2 主要通风机

5.3.2.1 主要通风机和附属设施应按设计安装建成,投入使用前应进行1次通风机性能测定,并提交性能测定报告。

5.3.2.2 主要通风机应装有反风设施,并能在10 min内改变巷道中的风流方向。矿井竣工验收时应提交矿井反风实验报告,其反风风量不应小于正常供风量的40%。

5.3.2.3 主要通风机房不得兼做他用。主要通风机房内应安装水柱计(压力表)、电流表、电压表、轴承温度计等仪表,有直通矿调度室的电话,有反风操作系统图、司机岗位责任制和操作规程。主要通风机的运转应由专职司机负责,司机应每小时将通风机运转情况记入运转记录簿内;发现异常,立即报告。实现主要通风机集中监控、图像监视的主要通风机房可不设专职司机,但应实行巡检制度。

5.3.3 局部通风

5.3.3.1 掘进巷道应采用矿井全风压通风或局部通风机通风。煤巷、半煤岩巷和有瓦斯涌出的岩巷掘进通风要配备双风机、双电源,并能自动切换。

5.3.3.2 煤巷、半煤岩巷和有瓦斯涌出的岩巷的掘进通风方式应采用压入式,不得采用抽出式(压气、水力引射器不受此限)。

5.3.4 井下通风设施及构筑物布置

5.3.4.1 控制风流的风门、风桥、风墙、风窗等设施应可靠。需要使用的联络巷中,应安设2道联锁的正向风门和2道反向风门。开采突出煤层时,工作面回风侧不得设置调节风量的设施。

5.3.4.2 在主要风巷中要建立测风站,测风站应设在平直的巷道中,前后10 m不得有障碍物或拐弯。

5.4 瓦斯防治

5.4.1 瓦斯管理

矿井应建立瓦斯、二氧化碳和其他有害气体检查制度,其人员配备、测点设置、检查次数等要求应符合下列规定:

a) 矿长、矿总工程师、爆破工、采掘区队长、通风区队长、工程技术人员、班长、流动电钳工等下井时,应携带便携式甲烷检测报警仪。瓦斯检查工应携带便携式光学甲烷检测仪和便携式甲烷检测报警仪。安全监测工应携带便携式甲烷检测报警仪;

b) 所有采掘工作面、硐室、使用中的机电设备的设置地点、有人员作业的地点,都应纳入检查范围;

c) 采掘工作面的瓦斯浓度检查次数,低瓦斯矿井每班至少2次,高瓦斯矿井每班至少3次,突出煤层的采掘工作面,有瓦斯喷出危险的采掘工作面和瓦斯涌出较大、变化异常的采掘工作面,应有专人经常检查;

d) 对于未进行作业的采掘工作面,可能涌出或积聚瓦斯、二氧化碳的硐室和巷道,应每班至少检查1次瓦斯或二氧化碳浓度;

e) 瓦斯检查人员应执行瓦斯巡回检查制度和请示报告制度,并填写瓦斯检查班报;

f) 有自然发火危险的矿井,应定期检查一氧化碳浓度、气体温度等的变化情况;

g) 每天至少检查1次井下停风地点栅栏外风流中的甲烷浓度,每周至少检查1次挡

风墙外的甲烷浓度;

h) 通风瓦斯日报应送矿长、矿总工程师审阅,一矿多井的矿应同时送井长、井技术负责人审阅。

5.4.2 煤(岩)与瓦斯(二氧化碳)突出防治

5.4.2.1 煤与瓦斯突出矿井应符合批准的安全设施设计要求,确定合理的采掘部署,使煤层的开采顺序、巷道布置、采煤方法、采掘接替等有利于区域防突措施的实施。

5.4.2.2 煤与瓦斯突出矿井编制生产发展规划和年度生产计划时,应同时编制有相应的区域防突措施规划和年度实施计划,将保护层开采、区域预抽煤层瓦斯等工程与矿井采掘部署、工程接替等统一安排,使矿井的开拓区、抽采区、保护层开采区和被保护层有效保护区按比例协调配置,确保采掘作业在区域防突措施有效区内进行。

5.4.2.3 突出煤层采掘工作面应编制专项防突设计。矿井防突措施的技术参数应通过实际效果考察确定。

5.4.2.4 开采保护层应符合下列规定:

a) 有效保护范围的划定及有关参数应实际考察确定。如果被保护层的最大膨胀变形量大于千分之三,则检验和考察结果可适用于其他区域的同一保护层和被保护层;否则,应当对每个预计的被保护区域进行区域措施效果检验;

b) 正在开采的保护层采煤工作面,应超前于被保护层的掘进工作面,其超前距离不得小于保护层与被保护层之间法向距离的3倍,并不得小于100 m;

c) 保护层开采厚度等于或小于0.5 m、上保护层与突出煤层间距大于50 m或下保护层与突出煤层间距大于80 m时,应对保护层的保护效果进行检验。

5.4.2.5 预抽煤层瓦斯应符合下列要求:

a) 预抽煤层瓦斯钻孔应当控制:倾斜、急倾斜煤层巷道上帮轮廓线外至少20 m,下帮至少10 m;其他为巷道两侧轮廓线外至少各15 m,钻孔控制范围均为沿煤层层面方向;

b) 穿层钻孔预抽煤巷条带煤层瓦斯区域防突措施的钻孔应当控制整条煤层巷道及其两侧一定范围内的煤层;

c) 顺层钻孔预抽煤巷条带煤层瓦斯时,应控制的煤巷条带前方长度不小于60 m和煤层两侧一定范围;

d) 厚煤层分层开采时,预抽钻孔应控制开采分层及其上部法向距离至少20 m、下部10 m范围内的煤层;

e) 预抽瓦斯钻孔能够按设计参数控制整个预抽区域。

5.4.2.6 煤与瓦斯突出矿井应及时编制矿井瓦斯地质图。

5.4.2.7 煤与瓦斯突出矿井的入井人员应携带隔离式自救器,数量应符合批准的安全设施设计要求和实际需求。

5.4.2.8 煤与瓦斯突出矿井应有防治煤与瓦斯突出专门机构或队伍。煤与瓦斯突出危险预测预报和防突效果检验仪器满足防突需要。

5.4.2.9 安全防护措施应符合下列要求:

a) 避灾硐室应安设隔离门,室内净高不得低于2 m,并设调度电话;

b) 压风自救系统安设位置:距采掘工作面25 m~40 m处、放炮地点、回风道有人作

业处等;长距离掘进巷道,每隔50 m设置一组;

c) 反向风门安设位置:掘进工作面进风侧。门框厚度:不小于100 mm;风门厚度:不小于50 mm;两道风门间距:不小于4 m。反向风门距工作面的距离和反向风门的组数应满足突出强度的要求。

5.4.3 瓦斯抽采

5.4.3.1 瓦斯抽采系统应符合批准的安全设施设计要求。煤层瓦斯抽采方法、抽采工艺、抽采参数应符合专项瓦斯抽采设计和煤矿瓦斯抽采基本指标的要求,并制定安全措施。

5.4.3.2 管路敷设及附属装置应符合下列规定:

a) 抽采管路与电缆分挂在巷道两侧并且要吊高或垫高,若吊挂应吊挂平直,距地高度不小于0.3 m、运输巷道内抽放管路与矿车最外缘的间隙应大于0.7 m,地面瓦斯管路不得从地下穿过房屋或其他建筑物;

b) 附属装置应包括瓦斯计量装置、放水器、除渣装置、测压装置、控制阀门;

c) 管路防护应采取防腐、防冻、防漏气、防砸、电气防爆、防静电、防带电、防挤压等措施;

d) 立井、斜井管路应采取在罐道梁上固定、设防滑卡等防滑措施。

5.4.3.3 封孔质量应符合下列要求:

a) 本煤层瓦斯抽采钻孔封孔工艺:采用充填材料进行压风封孔,封孔长度10 m~12 m;

b) 邻近层瓦斯抽采钻孔封孔工艺:采用封孔器或水泥砂浆封孔,封孔长度8 m~10 m。

5.4.3.4 瓦斯抽采系统的抽采计量测点布置、计量器具应符合AQ 1027—2006、NB/T 51044—2015和《矿井瓦斯抽放设计手册》的有关规定。

5.4.3.5 瓦斯抽采工程竣工资料(图)除应有与设计对应的内容外,还应包括各工程开竣工时间以及工程施工过程中的异常现象(如喷孔、顶钻、卡钻等)等内容。

5.5 粉尘防治

5.5.1 防尘供水系统应符合批准的安全设施设计要求,系统运转正常,永久性防尘水池容量、贮水量、备用水池容量、防尘管路应符合设计要求,防尘用水水质应符合设计规定;矿井应制定综合防尘措施、预防和隔绝煤尘爆炸措施及管理制度,并组织实施。

矿井应提供防尘用水的水质检测报告、粉尘中游离SiO_2含量的检测报告、粉尘分散度检测报告、煤层注水可注性测试报告以及各尘源点的粉尘浓度(包括总粉尘浓度、呼吸性粉尘浓度)监(检)测记录。

5.5.2 煤层注水措施与效果应符合批准的安全设施设计要求。煤层注水过程中应当对注水流量、注水量及压力等参数进行监测和控制。

5.5.3 正常生产过程中各作业场所粉尘浓度控制在国家有关规定允许范围内;煤尘隔爆设施的安装地点、数量、水量或岩粉量以及安装质量应符合设计要求。

5.5.4 采煤机作业时,应使用内、外喷雾装置。内喷雾压力不得低于2 MPa,外喷雾压力不得低于4 MPa。内喷雾装置不能正常使用时,应加装外喷雾装置,喷雾压力不得低于8 MPa,否则采煤机应停机。液压支架应安装自动喷雾降尘装置,实现降柱、移架同步喷雾。放顶煤采煤工作面的放煤口,应安装高压喷雾装置(喷雾压力不低于8 MPa)或者采取压气喷雾降尘。破碎机应安装防尘罩,并加装喷雾装置或者除尘器。

5.5.5 掘进机作业时,应当使用内、外喷雾装置和控尘装置、除尘器等构成的综合防尘措施。掘进机内喷雾压力不得低于2 MPa,外喷雾压力不得低于4 MPa。内喷雾装置不能正常使用时,应加装外喷雾装置,喷雾压力不得低于8 MPa。

5.5.6 采煤工作面回风巷应安设风流净化水幕。煤仓放煤口、溜煤眼放煤口、输送机转载点和卸载点等地点,都应安设喷雾装置或除尘器。

5.5.7 炮采炮掘工作面、喷射混凝土作业及在煤、岩层中钻孔作业时应分别符合设计要求。

5.5.8 矿井应建立测尘制度,配备必需的仪器设备和专业测尘人员。粉尘监测人员应经培训合格,粉尘传感器布置应符合有关规定,监测仪器应按规定进行维修、校准,测尘点位置、数量、粉尘监测周期应符合相关规定。

5.6 防灭火

5.6.1 矿井须提供各可采煤层的自燃倾向性鉴定报告。

5.6.2 开采容易自燃和自燃煤层的矿井,应编制矿井防灭火设计。

5.6.3 矿井建成的综合防灭火系统应符合4.6.1.3的规定。

5.6.4 矿井应建立防灭火管理和火情监测分析预报制度。开采容易自燃和自燃的煤层时,应明确选定自然发火观测站或观测点的位置并按设计建立监测系统、确定煤层自然发火的标志气体和建立自然发火预测预报制度。所有检测分析结果应记录在专用的防火记录簿内,并定期检查、分析整理。

5.6.5 矿井建成的注浆、注氮、阻化剂、凝胶防灭火系统,应符合4.6.2的规定,系统运转正常。

5.6.6 矿井建成的自然发火束管监测系统符合4.6.3的规定,系统功能齐全,运转正常。

5.6.7 井下机电设备硐室防火设施符合4.6.4的规定。

5.6.8 消防洒水设施符合4.6.5的规定。

5.6.9 采煤工作面防火门墙设置符合设计要求,并储备足够数量的封闭防火门的材料。

5.6.10 井下防灭火器材的设置符合4.6.7的规定。

5.6.11 井上下消防材料库符合4.6.8条的规定。

5.6.12 采取的防止地面明火引发井下火灾的措施符合4.6.9的规定。

5.7 防治水

5.7.1 矿井防治水

5.7.1.1 煤矿应查明矿区和矿井水文地质条件,当矿井水文地质条件尚未查清时,应当进行水文地质补充勘探工作;地质勘探报告应经相关部门评审备案。

5.7.1.2 矿井应当对主要含水层进行长期水位、水质动态观测,设置矿井和各出水点涌水量观测点,建立涌水量观测成果等防治水基础台账,并开展水位动态预测分析工作。

5.7.1.3 矿井应当编制下列防治水图件,并至少每半年修订1次:
  a) 矿井充水性图;
  b) 矿井涌水量与相关因素动态曲线图;
  c) 矿井综合水文地质图;
  d) 矿井综合水文地质柱状图;
  e) 矿井水文地质剖面图。

5.7.1.4 煤矿企业应当建立健全各项防治水制度,配备满足工作需要的防治水专业技术人员,配齐专用探放水设备,建立专门的探放水作业队伍。

水文地质条件复杂、极复杂的煤矿,应当设立专门的防治水机构。

5.7.1.5 当煤层底板以下赋存高水压、岩溶裂隙含水层(组)时,应编制隔水层或相对隔水层等厚线图,对有突水可能的区域进行预测,并按设计落实防治水技术措施。

5.7.1.6 防水安全煤(岩)柱留设应符合安全设施设计规定。

5.7.1.7 主要排水设施应做全负荷运转试验。

5.7.1.8 疏水降压措施及封闭不良钻孔防治水措施符合批准的安全设施设计要求。

5.7.2 地表水防治

5.7.2.1 煤矿每年雨季前应对防治水工作进行全面检查。受雨季降水威胁的矿井,应当制定雨季防治水措施,建立雨季巡视制度并组织抢险队伍,储备足够的防洪抢险物资。

5.7.2.2 矿井井口和工业场地内建筑物的地面标高应高于当地历年最高洪水位;在山区还应避开可能发生泥石流、滑坡等地质灾害危险的地段。

矿井井口及工业场地内主要建筑物的地面标高低于当地历年最高洪水位的,应当修筑堤坝、沟渠或者采取其他防御洪水的措施。不能采取安全措施的,应当封闭填实该井口。

5.7.2.3 使用中的钻孔,应当安装孔口盖。报废的钻孔应当及时封孔,并将封孔资料和实施负责人的情况记录在案,存档备查。

5.7.3 井下防治水设施

5.7.3.1 水文地质条件复杂、极复杂或有突水淹井危险的矿井,应当在井底车场周围设置防水闸门或在正常排水系统基础上另外安设由地面直接供电控制,且排水能力不小于最大涌水量的潜水泵。在其他有突水危险的采掘区域,应当在其附近设置防水闸门;不具备建筑防水闸门的隔离条件的,可以不建筑防水闸门,但应制定防突(透)水措施。

5.7.3.2 防水闸门应当符合下列要求:

a) 防水闸门应采用定型设计;

b) 防水闸门的施工及其质量,应符合设计。闸门和闸门硐室不得漏水;

c) 防水闸门硐室前、后两端,应当分别砌筑不小于 5 m 的混凝土护碹,碹后用混凝土填实,不得空帮、空顶。防水闸门硐室和护碹应采用高标号水泥进行注浆加固,注浆压力应当符合设计;

d) 防水闸门来水一侧 15 m~25 m 处,应当加设 1 道挡物箅子门。防水闸门与箅子门之间,不得停放车辆或者堆放杂物。来水时先关箅子门,后关防水闸门。如果采用双向防水闸门,应当在两侧各设 1 道箅子门;

e) 通过防水闸门的轨道、电机车架空线、带式输送机等应灵活易拆;通过防水闸门墙体的各种管路和安设在闸门外侧的闸阀的耐压能力,都应与防水闸门设计压力相一致;电缆、管道通过防水闸门墙体时,应用堵头和阀门封堵严密,不得漏水;

f) 防水闸门应安设观测水压的装置,并有放水管和放水闸阀;

g) 防水闸门竣工后,应按设计要求进行验收;对新掘进巷道内建筑的防水闸门,应进行注水耐压试验,防水闸门内巷道的长度不得大于 15 m,试验的压力不应低于设计水压,其稳压时间应当在 24 h 以上,试压时应当有专门安全措施;

h) 防水闸门应灵活可靠,并每年进行 2 次关闭试验,其中 1 次应当在雨季前进行。

关闭闸门所用的工具和零配件应专人保管,专地点存放,不得挪用丢失。

防水闸门按批准的设计组织施工后,验收合格,验收报告书完整规范。

5.7.3.3 设计采用潜水电泵的,潜水电泵系统的设备选型、泵窝形式、安装方式等应符合安全设施设计规定。

5.7.3.4 井下主要水仓设施要按批准的设计组织施工,经验收合格且验收报告书完整规范。

5.8 电气

5.8.1 矿井供电电源及电力线路、地面主变电所应按批准的安全设施设计建成。

5.8.2 地面主变电所主变压器运行方式应符合规定,电气设备不应超过额定值运行;电缆所经路径应采取防止电缆火灾发生和蔓延的阻燃、隔离措施;矿井应备有符合《煤矿安全规程》(2016)第四百四十七条要求的井上、下供配电系统图、井下电气设备布置示意图和供电线路平面敷设示意图。

5.8.3 井下配电变压器中性点不得直接接地。不得由地面中性点直接接地的变压器或发电机直接向井下供电。

5.8.4 矿井地面提升人员的立井提升机房、主通风机房、瓦斯抽采站、地面安全监控中心电气应符合 4.8.2.3 的规定。

5.8.5 地面防雷、防雷电波侵入井下及应急照明应符合 4.8.3 的规定。

5.8.6 井下电缆应当符合下列要求:

  a) 井下电缆的选用应符合 4.8.4 的规定;

  b) 井下电缆敷设应符合《煤矿安全规程》(2016)第四百六十四条、第四百六十五条、第四百六十六条的规定。

5.8.7 井下电气设备和保护应当符合下列要求:

  a) 防爆电气设备到矿验收时,应检查产品合格证、煤矿矿用产品安全标志,并核查与安全标志审核的一致性;入井前,应进行防爆检查,签发合格证后,方准入井;

  b) 井下电气设备的防爆等级、电气保护应符合 4.8.5、4.8.7 的规定;

  c) 井下机电设备硐室,应符合《煤矿安全规程》(2016)第四百五十六条的要求;

  d) 容易碰到的、裸露的带电体及机械外露的转动和传动部分必须加装护罩或者遮栏等防护设施。

5.8.8 井下电气设备保护接地应当符合下列要求:

  a) 电气设备及电缆的保护接地,应符合《煤矿安全规程》(2016)第四百七十五条的规定;

  b) 井下总接地网的接地电阻值和接地连接导线的电阻值,应符合《煤矿安全规程》(2016)第四百七十六条的规定;

  c) 井下接地网的设置,应符合《煤矿安全规程》(2016)第四百七十七条的规定;

  d) 局部接地极的设置,应符合《煤矿安全规程》(2016)第四百七十八条的规定。

5.8.9 井下照明和信号应当符合下列要求:

  a) 井下照明的设置,应符合《煤矿安全规程》(2016)第四百六十九条的规定;

  b) 矿灯及矿灯房应符合《煤矿安全规程》(2016)第四百七十一条(一)、(二)、(六)、(七)款,第四百七十二条的规定;

  c) 电气信号应符合 4.8.10 的规定。

5.8.10 使用蓄电池的设备充电,应遵守《煤矿安全规程》(2016)第四百八十五条的要求。

5.9 提升运输与空气压缩机

5.9.1 矿井提升运输设施应按批准的安全设施设计建成。

5.9.2 立井井筒设施应当符合下列要求:
   a) 立井井口的防坠落,应符合《煤矿安全规程》(2016)第一百三十二条的规定;
   b) 提升速度大于 3 m/s 的提升系统,应设防撞梁和托罐装置;
   c) 提升容器的罐耳在安装时与罐道之间所留的间隙,应符合《煤矿安全规程》(2016)第三百九十六条(一)款的要求;
   d) 立井提升容器间及提升容器与井壁、罐道梁、井梁之间的最小间隙,应符合《煤矿安全规程》(2016)第三百九十七条的要求。

5.9.3 主要提升装置应经有资质的机构检测检验合格,并且具有《煤矿安全规程》(2016)第四百三十条规定的各项资料。

5.9.4 钢丝绳、连接装置、防坠器应经规定相关试验或测试合格。

5.9.5 罐笼和箕斗的最大提升载荷和最大提升载荷差,应在井口公布,不得超载和超最大载荷差运行。

5.9.6 提升机安全制动性能应当符合下列要求:
   a) 提升机的机械制动装置产生的制动力矩,应符合《煤矿安全规程》(2016)第四百二十六条(三)款的要求;
   b) 提升机机械制动装置的类型和功能,应符合《煤矿安全规程》(2016)第四百二十五条的要求。

5.9.7 罐笼提升作业,应符合《煤矿安全规程》(2016)第三百九十三条(三)款和第三百九十四条(七)款的要求。

5.9.8 提升钢丝绳及连接装置应当符合下列要求:
   a) 各种用途的钢丝绳悬挂时的安全系数,应符合《煤矿安全规程》(2016)第四百零八条的要求;
   b) 钢丝绳应经有资质的机构检测检验合格,并具有检验报告;
   c) 立井和斜井使用的连接装置,应符合《煤矿安全规程》(2016)第四百一十六条(一)、(五)、(六)款的要求。

5.9.9 提升信号与联锁应当符合下列要求:
   a) 提升信号装置的设置,应符合《煤矿安全规程》(2016)第四百零三条的要求;
   b) 井底车场的信号发送,应符合《煤矿安全规程》(2016)第四百零四条的要求;
   c) 多层罐笼升降人员或物料时,井上、下信号工发送信号时,应遵守《煤矿安全规程》(2016)第四百零五条的规定;
   d) 立井罐笼提升井口、井底和各水平的安全门与罐笼位置、摇台或锁罐装置、阻车器之间的联锁,应符合《煤矿安全规程》(2016)第三百九十五条的要求。

5.9.10 带式输送机系统应按批准的安全设施设计要求建成,并遵守《煤矿安全规程》(2016)第三百七十四条(七)、(八)、(九)款的规定。

5.9.11 机车与信号设施应当符合下列要求:
   a) 轨道机车系统应按批准的安全设施设计要求建成,并符合《煤矿安全规程》(2016)

第三百七十七条(二)、(三)、(四)、(九)、(十一)款的要求;
- b) 轨道线路应符合《煤矿安全规程》(2016)第三百八十条(一)、(二)、(三)款的要求;
- c) 采用架线式电机车运输时,架空线应符合《煤矿安全规程》(2016)第三百八十一条(一)、(二)款的要求;
- d) 采用平巷人车运送人员时,应遵守《煤矿安全规程》(2016)第三百八十五条(三)、(四)、(五)款的规定。

5.9.12 架空乘人装置系统应按批准的安全设施设计要求建成,并经国家授权的机构检测检验合格。还应符合《煤矿安全规程》(2016)第三百八十三条(五)、(八)款的规定。

5.9.13 无轨胶轮车运输,还应符合《煤矿安全规程》(2016)第三百九十二条(五)、(七)、(八)、(九)、(十)款的规定。

5.9.14 柴油机和蓄电池单轨吊车、齿轨车和胶套轮车的牵引机车或头车上,应设置车灯和喇叭,列车的尾部应设置红灯。

5.9.15 压风系统应当符合下列要求:
- a) 空气压缩机设备应按批准的安全设施设计要求建成,并经国家授权的机构检测检验合格;
- b) 已建立符合4.11.2.4要求的压风自救系统;
- c) 压风管路的材质须满足供气强度、阻燃、抗静电要求。压风管路和阀门型号符合设计要求,连接紧密、不漏风。在管路安装的较低点,应安设油(气)水分离器;
- d) 压风自救装置应符合 MT 390—1995 的要求,应具有减压、节流、消噪声、过滤和开关等功能,并取得煤矿矿用产品安全标志。
- e) 压风自救装置应安装在宽敞、支护良好、无杂物堆积的人行道侧,人行道宽度应保持在 0.5 m 以上。零部件的连接应牢固、可靠,不得存在无风、漏风或自救袋破损现象。
- f) 在使用压风自救装置时,应感到舒适、无刺痛和压迫感,工作时的噪声应小于85 dB(A)。
- g) 每组压风自救装置应可供5~8人使用,且压风自救装置的数量应能满足服务区域人员的需要。

5.10 安全监控与通信

5.10.1 安全监控系统符合批准的安全设施设计要求。

5.10.2 系统应连续运行。电网停电后,备用电源应能保持系统连续工作时间不小于 2 h。

5.10.3 安全监控设备应具有故障闭锁功能。当与闭锁控制有关的设备未投入正常运行或故障时,应切断该监控设备所监控区域的全部非本质安全型电气设备的电源并闭锁;当与闭锁控制有关的设备工作正常并稳定运行后,自动解锁。

安全监控系统应具备甲烷电闭锁和风电闭锁功能。当主机或系统线缆发生故障时,应保证实现甲烷电闭锁和风电闭锁的全部功能。系统应具有断电、馈电状态监测和报警功能。

5.10.4 甲烷传感器(断电仪)的设置地点,报警、断电、复电浓度和断电范围应符合表4的规定。

5.10.5 配制甲烷校准气样的装备和方法应符合国家有关标准的规定,选用纯度不低于99.9%的甲烷标准气体做原料气。配制好的甲烷校准气体不确定度应小于5%。

表 4 甲烷传感器(断电仪)的设置地点,报警、断电、复电浓度和断电范围

设置地点	报警浓度 %	断电浓度 %	复电浓度 %	断电范围
采煤工作面回风隅角	≥1.0	≥1.5	<1.0	工作面及其回风巷内全部非本质安全型电气设备
低瓦斯和高瓦斯矿井的采煤工作面	≥1.0	≥1.5	<1.0	工作面及其回风巷内全部非本质安全型电气设备
煤与瓦斯突出矿井的采煤工作面	≥1.0	≥1.5	<1.0	工作面及其进、回风巷内全部非本质安全型电气设备
采煤工作面回风巷	≥1.0	≥1.0	<1.0	工作面及其回风巷内全部非本质安全型电气设备
煤与瓦斯突出矿井采煤工作面进风巷	≥0.5	≥0.5	<0.5	工作面及其进、回风巷内全部非本质安全型电气设备
采用串联通风的被串采煤工作面进风巷	≥0.5	≥0.5	<0.5	被串采煤工作面及其进、回风巷内全部非本质安全型电气设备
高瓦斯、煤与瓦斯突出矿井采煤工作面回风巷中部	≥1.0	≥1.0	<1.0	工作面及其回风巷内全部非本质安全型电气设备
采煤机	≥1.0	≥1.5	<1.0	采煤机电源
煤巷、半煤岩巷和有瓦斯涌出岩巷的掘进工作面	≥1.0	≥1.5	<1.0	掘进巷道内全部非本质安全型电气设备
煤巷、半煤岩巷和有瓦斯涌出岩巷的掘进工作面回风流中	≥1.0	≥1.0	<1.0	掘进巷道内全部非本质安全型电气设备
煤与瓦斯突出矿井的煤巷、半煤岩巷和有瓦斯涌出岩巷的掘进工作面的进风分风口处	≥0.5	≥0.5	<0.5	掘进巷道内全部非本质安全型电气设备
采用串联通风的被串掘进工作面局部通风机前	≥0.5	≥0.5	<0.5	被串掘进巷道内全部非本质安全型电气设备
	≥0.5	≥1.5	<0.5	被串掘进工作面局部通风机
高瓦斯矿井双巷掘进工作面混合回风流处	≥1.0	≥1.0	<1.0	除全风压供风的进风巷外,双掘进巷道内全部非本质安全型电气设备
高瓦斯和煤与瓦斯突出矿井掘进巷道中部	≥1.0	≥1.0	<1.0	掘进巷道内全部非本质安全型电气设备

表 4（续）

设置地点	报警浓度 %	断电浓度 %	复电浓度 %	断电范围
掘进机、连续采煤机、锚杆钻车、梭车	≥1.0	≥1.5	<1.0	掘进机、连续采煤机、锚杆钻车、梭车电源
采区回风巷	≥1.0	≥1.0	<1.0	采区回风巷内全部非本质安全型电气设备
一翼回风巷及总回风巷	≥0.75	—	—	
使用架线电机车的主要运输巷道内装煤点处	≥0.5	≥0.5	<0.5	装煤点处上风流 100 m 内及其下风流的架空线电源和全部非本质安全型电气设备
矿用防爆型蓄电池电机车	≥0.5	≥0.5	<0.5	机车电源
矿用防爆型柴油机电车、无轨胶轮车	≥0.5	≥0.5	<0.5	车辆动力
井下煤仓	≥1.5	≥1.5	<1.5	煤仓运煤的各类运设备及其他非本质安全型电气设备
封闭的带式输送机地面走廊内，带式输送机滚筒上方	≥1.5	≥1.5	<1.5	带式输送机地面走廊内全部非本质安全型电气设备
地面瓦斯抽采泵房内	≥0.5			
井下临时瓦斯抽采泵站下风侧栅栏外	≥1.0	≥1.0	<1.0	瓦斯抽采泵站电源

5.10.6 人员位置监测系统应具备检测标识卡是否正常和唯一性的功能。应遵守下列要求：

    a） 下井人员应携带标识卡；

    b） 矿调度室值班员应监视人员位置等信息，填写运行日志。

5.10.7 有线调度通信系统应具有选呼、急呼、全呼、强插、强拆、录音等功能。

    有线调度通信系统的调度电话至调度交换机（含安全栅）应采用矿用通信电缆直接连接，不得利用大地作回路。调度电话不得由井下就地供电，或经有源中继器接调度交换机。调度电话至调度交换机的无中继器通信距离应不小于 10 km。

    距掘进工作面 30 m～50 m 范围内应安设电话，距采煤工作面两端 10 m～20 m 范围内应分别安设电话，采掘工作面的巷道长度大于 1 000 m 时应在巷道中部安设电话。

5.10.8 井下移动通信系统应具有以下功能：

    a） 选呼、组呼、全呼等调度功能；

    b） 移动台与移动台、移动台与固定电话之间互联互通功能；

    c） 短信收发功能；

    d） 通信记录存储和查询功能；

e) 录音和查询功能。

井下基站、基站电源应设置在便于观察、调试、检验和围岩稳定、支护良好、无淋水、无杂物的地点。

5.10.9 图像监视系统应具有存储和查询功能。

5.11 应急救援、安全避险、职业卫生和安全管理

5.11.1 应急救援

5.11.1.1 煤矿企业应急救援机构,规章制度,应急预案,储备应急救援物资、装备,建立应急救援装备和物资台账符合批准的安全设施设计要求。

5.11.1.2 矿山救护队或兼职矿山救护队已按批准的安全设施设计要求设置建成。建立兼职救护队的煤矿企业已与就近的救护队签订救护协议。

5.11.1.3 井下应急广播系统符合批准的安全设施设计要求。

5.11.1.4 矿井避灾路线图中应明确标注紧急避险设施的位置、规格和种类,井巷中应有紧急避险设施方位指示。符合批准的安全设施设计要求。

5.11.1.5 井下自救器补给站应有清晰、醒目的标识。

5.11.1.6 煤矿企业为紧急避险设施建立了技术档案,并有维护记录。

5.11.1.7 矿山救护队装备及演习训练设施符合安全设施设计要求。

5.11.1.8 救援装备、器材、物资、防护用品和安全检测仪器、仪表的配备应符合安全设施设计要求。

5.11.1.9 矿山救护队已经省级矿山应急救援机构质量标准化考核通过评级,救护队指战员已经救护理论及技术、技能培训,并经考核取得合格证。

5.11.1.10 井下人员已经安全避险和应急救援培训,熟悉应急预案和避灾路线,能熟练掌握自救器和紧急避险设施的使用方法。

5.11.2 安全避险

5.11.2.1 煤矿企业井下紧急撤离和避险设施设置符合批准的安全设施设计要求。井下紧急撤离和避险的设备、设施的安全标志证、检测检验报告齐全,各系统功能完备并运行稳定。

紧急避险设施内应有简明、易懂的使用说明,指导避险矿工正确使用。

5.11.2.2 紧急避险系统应遵守以下规定:
  a) 永久避难硐室应按规定进行功能测试,提交测试报告。应进行硐室安全避险模拟综合防护性能试验;
  b) 紧急避险设施内应设一体式矿灯、矿用防爆荧光灯和应急照明。接入紧急避险设施前的20 m的线缆要采取有效的保护措施;
  c) 紧急避险设施内配备在紧急情况下满足基本生存条件的动力供应设施,如矿用隔爆型变配电装置、备用电池箱,矿用隔爆兼本安直流稳压/充电电源等。接入紧急避险设施前的20 m的动力电缆要采取有效的保护措施。

5.11.2.3 安全监控系统设置应符合批准的安全设施设计要求。

紧急避险设施应配备独立的内外环境参数监测分站、传感器或监测仪器等,对避险设施内过渡室内的氧气、一氧化碳,生存室内的氧气、甲烷、二氧化碳、一氧化碳、温度、湿度,和避险设施外的氧气、甲烷、二氧化碳、一氧化碳进行检测并实时监测。如紧急避险设施采用液态二氧化碳气瓶制冷方式,还应在二氧化碳气瓶室内加装二氧化碳监测。接入紧急避险设

施前 20 m 的线缆要采取有效的保护措施。

5.11.2.4 人员位置监测系统应符合批准的安全设施设计要求。紧急避险设施入口和出口应分别设置人员置监测位系统分站,对出、入紧急避险设施的人员进行实时监测。接入紧急避险设施前 20 m 的线缆要采取有效的保护措施。

5.11.2.5 通信联络系统应符合批准的安全设施设计要求。紧急避险设施内应设直通矿调度室的有线调度电话,无线通信基站(含基站电源)。接入紧急避险设施前的 20 m 的线缆要采取有效的保护措施。

5.11.2.6 压风自救系统应符合批准的安全设施设计要求。

紧急避险设施应接入压风管路,并设置供气阀门。接入后的压风应设减压、消音、过滤装置和控制阀,出口压力 0.1 MPa～0.3 MPa,供风量 $\geqslant 0.3$ m³/min·人,连续噪声 $\leqslant 70$ dB(A)。接入紧急避险设施前 20 m 的压风管路应采取有效的保护措施(如在底板埋设或采用高压软管等)。

紧急避险设施可采用专用压风管路供气,或采用压缩氧、自生氧供气方式。紧急避险设施采用专用压风管路供氧(风)方式时,在满足人员避险需求的前提下,可简化或不再配置避难硐室高压氧气瓶、有毒有害气体去除和温湿度调节装置。但专用管路应由地面直至避险设施,须全程对专用管路采取必要的防护措施,防止灾变时被破坏。

5.11.2.7 供水施救系统应符合批准的安全设施设计要求。

紧急避险设施应接入供水施救管路,并设置供水阀门,水量和水压应满足额定数量人员避险时的需要。接入紧急避险设施前 20 m 的供水管路要采取有效的保护措施。

5.11.3 职业卫生

5.11.3.1 职业病危害防治管理,应遵守以下规定:

a) 煤矿应建立职业病危害防治领导机构,设置或指定管理机构,配备专职职业卫生管理人员;
b) 煤矿应建立健全职业病危害防治制度;
c) 煤矿应当配备专职或者兼职的职业病危害因素监测人员,监测仪器设备数量应满足表 5 的要求;
d) 煤矿应当在醒目位置设置公告栏,公布有关职业病危害防治的规章制度、操作规程和作业场所职业病危害因素检测结果;对产生严重职业病危害的作业岗位,应当在醒目位置设置警示标识和警示说明;
e) 煤矿主要负责人、职业卫生管理人员应接受职业病危害培训。煤矿应对劳动者进行上岗前、在岗期间的定期职业病危害防治知识培训;
f) 煤矿应建立健全职业卫生档案和劳动者健康监护档案。

表 5 测尘仪器配备表

设备名称	数量	备注
粉尘采样器或直读式粉尘浓度测量仪	2 台	
粉尘浓度传感器	每个采面工作面回风巷、掘进工作面回风侧各 1 台	
噪声测定仪	2 台	

5.11.3.2 粉尘防治应符合5.5的规定。

5.11.3.3 热害防治应符合批准的安全设施设计要求。

5.11.3.4 噪声防治应符合批准的安全设施设计要求。

5.11.3.5 有毒有害物质防治应符合批准的安全设施设计要求。

5.11.4 安全管理

5.11.4.1 矿井应建立安全管理机构,健全管理制度。

5.11.4.2 安全培训机构设置、场所与设施符合批准的安全设施设计要求。

5.11.4.3 按批准的劳动定员组织生产,安全定员符合批准的安全设施设计要求。

6 露天矿安全设施设计审查

6.1 设计必备条件

应符合4.1的规定。

6.2 采剥工程

6.2.1 台阶

6.2.1.1 间断开采工艺挖掘机或装载机采掘台阶高度,应符合以下要求:

a) 不需爆破的岩土台阶高度不得大于最大挖掘高度;

b) 需爆破的煤、岩台阶,爆破后台阶高度不得大于最大挖掘高度的1.2倍;

c) 上装车台阶高度不应大于采装设备最大卸载高度与运输设备高度加卸载安全高度之和的差。卸载安全高度可按0.5 m确定。

6.2.1.2 轮斗挖掘机采掘台阶宜采用组合台阶。组合台阶中的主台阶高度不得超过轮斗挖掘机挖掘高度,各台阶高度按转载机允许高度的0.9倍确定。

6.2.1.3 拉斗铲倒堆台阶高度应根据倒堆物料岩性、拉斗铲线性参数、工作位置、工作面及排土场相关参数等条件经计算和方案比较确定。

6.2.2 钻孔爆破

6.2.2.1 应选择具有捕尘或除尘等防尘措施的钻机。

6.2.2.2 爆炸源与人员和其他保护对象之间的安全允许距离,应按爆破各种有害效应(地震波、冲击波、个别飞散物等)分别核定,并取最大值。松动爆破安全允许距离计算应符合《煤矿安全规程》(2016)第五百三十一条的规定。

6.2.2.3 爆破设计应确定总起爆药量和一次最大起爆药量。

6.2.2.4 当采掘场有老空区时,应查明老空区分布范围,绘制井上、下对照图,并制定安全技术措施。

6.2.2.5 深孔爆破炸药品种,应根据岩体强度、钻孔中地下水等因素选择。水孔应选用防水炸药或采取其他防水措施。

6.2.3 煤岩采装

6.2.3.1 间断开采工艺开采参数和开采方法,在设计时采装设备的尾部至台阶坡面不应小于1 m,运输设备之间的安全距离不应小于1 m。

6.2.3.2 最小工作平盘宽度,应保证采掘、运输设备的安全运行和供电通信线路、供排水系统、安全挡墙等的正常布置。

6.2.3.3 单斗挖掘机的工作线长度,应符合下列规定:

a) 采用铁路运输时,不应小于1 000 m;
b) 采用公路运输时,不应小于300 m。

6.2.3.4 连续开采工艺的采掘带宽度,应按内侧回转角75°～85°,外侧回转角40°～45°确定。

6.2.3.5 拉斗铲工作线长度应根据推进强度、设备作业安全距离、运煤通道设置以及钻孔、爆破、采掘作业区长度等确定,一般不应小于800 m。

6.2.3.6 拉斗铲采掘带宽度应根据岩性、台阶高度、拉斗铲线性参数并结合煤层厚度确定。

6.2.4 破碎站

6.2.4.1 固定式破碎站应采用钢筋混凝土结构或钢结构,半移动式破碎站应采用钢结构。

6.2.4.2 卸车平台应设矿用卡车卸料安全限位车挡及防止物料滚落安全防护挡墙。

6.2.4.3 破碎站应设受料仓,受料仓的有效容积不宜小于移动供料设备一次供料量的1.5倍,多台同时卸料时,宜为一次总供料量的1.2～1.4倍。

6.2.4.4 受料仓卸载处应设有降尘设施或除尘设备。

6.2.4.5 破碎站卡车作业区应有良好照明系统,卸载应安装卸料指示信号安全装置。

6.2.4.6 移动式破碎站履带外缘距工作平盘坡底线和下台阶坡顶线距离应设计确定。

6.3 矿山运输

6.3.1 公路运输时,矿山道路应符合以下要求:
a) 载重68 t以上的矿用卡车双车道路面宽度应包括养路设备作业宽度,可按3～4倍车体宽度设计;
b) 运输道路在路堤和半路堑路段应设置安全挡墙,填方路堤路段,路面两侧各设一条安全挡墙,半路堑段在路面外侧设一条安全挡墙,安全挡墙高度为矿用卡车轮胎直径的2/5～3/5倍;
c) 运输道路最大纵坡坡度最大值为,生产干线8%,生产支线9%,重车下坡地段,相应减少1%;
d) 载重68 t以上的大型矿用卡车运输道路平面圆曲线半径,生产干线不宜低于40 m,生产支线不宜低于25 m;
e) 长距离坡道运输系统,应在适当位置设置缓坡道;
f) 矿山内部运输范围内的上部建筑界限,应按自卸卡车厢斗最大举升高度加0.5 m～0.8 m的安全间距确定。

6.3.2 采用铁路运输时,铁路线路技术标准,应符合下列规定:
a) 采用电力机车牵引时,区间线路的限制坡度不宜超过30‰;
b) 区间线路的平面曲线半径,不应小于表6的规定。

表6 区间线路的平面曲线半径　　　　　　　　　　　　　　　　单位为m

固定线		半固定线		移动线	
空车	重车	空车	重车	空车	重车
250	200	200	180	150	300

6.3.3 铁路附近的建(构)筑物和设备接近限界,应符合《铁路技术管理规程》(普速铁路部

分,2014版)的规定。

桥梁、隧道应按规定设置人行道、避车台、避车洞、电缆沟及必要的检查和防火设施,立体交叉处的桥梁两侧应设防护设施。

6.3.4 铁路与道路平面交叉时,应符合下列规定:
  a) 铁路与道路交叉,宜为正交,斜交时,交叉角不得小于45°。
  b) 平交道口应设置防护设施,并符合下列要求:
    1) 设置栅栏;
    2) 设置看守房和带有信号的栏木;
    3) 在道口钢轨两侧的道路上,应设限界架,其净高为4.5 m。

6.3.5 场区道路设计,应符合下列规定:
  a) 场区道路应避开不良地质地段和地下活动、采空区域;
  b) 路面宽度符合GBJ 22的规定;
  c) 道路的平坡或下坡长直线段的尽头处,不得采用最小曲线半径。当受地形条件限制,采用最小曲线半径时,应设置限速标志,并在弯道外侧设置安全防护堤;
  d) 道路纵坡连续大于5%时,应在表7规定的长度内设置缓和段。缓和段的坡度不应大于3%,长度不应小于50 m。当受地形条件限制时,通往设施的次要道路可适当缩短,但不应小于30 m。

表 7 道路纵坡限制长度

纵坡 %	限制长度 m
5～6	800
>6～7	500
>7～8	300
>8～9	200
>9～10	150
>10～11	100

6.3.6 道路与带式输送机交叉时,应布置为立体交叉。
6.3.7 带式输送机布置应符合下列规定:
  a) 根据地形条件、工艺布置应尽量减少输送机转载点数量;
  b) 长距离输送机沿线应设维修通道和排水沟;
  c) 当长距离输送机无横向通道时,应设人行栈桥。人行栈桥的间距不宜大于150 m;
  d) 栈桥或地道垂直于斜面的净高度应不小于2.2 m,当为拱形结构时,其拱脚高度不应小于1.8 m;
  e) 栈桥或地道人行道宽度不得小于0.7 m,两条并列的带式输送机中间人行道宽度

不应小于 1.0 m,检修道宽度不应小于 0.5 m;
- f) 人行道和检修道的坡度大于 5°时,应设防滑条;大于 8°时,应设踏步;
- g) 输送机栈桥跨越铁路或道路时,栈桥下的净空尺寸应符合 GBJ 12 和 GBJ 22 的规定;
- h) 输送机栈桥跨越设备或人行道时,应设防物料撒落保护栈桥设施;
- i) 输送机地道应设置通风、除尘、防火设施,地道两个相邻出口距离,不大于 150 m;
- j) 设备检修操作平台上部的净高度,不小于 1.9 m。

6.3.8 输送带安全系数,应根据输送带类型、工作条件、接头方式、输送机启制动性能等因素确定,并应符合下列规定:
- a) 织物芯输送带取 8~9;尼龙、聚酯织物芯输送带取 10~12;
- b) 钢丝绳芯输送带取 7~9;
- c) 采取可控软启制动措施时取 5~7;
- d) 工作环境温度低于 −25 ℃时,应选耐寒输送带。

6.3.9 带式输送机应设有防止跑偏、打滑、撕裂、过载和断带等保护装置,线路上应设有开车声光信号、紧急停车装置以及电气联锁保护等。

各装、卸料点,应设有与输送机联锁的空仓、满仓、堵料等保护装置,并设有声光信号。

6.3.10 发生逆转的上运带式输送机,应装设制动装置或逆止装置;发生逆转的上运大型带式输送机,应同时装设制动装置和逆止装置。

6.3.11 下运带式输送机应装设制动装置,并设有防止超速和断电的安全保护装置。

6.3.12 带式输送机输送物料的最大倾角应符合下列规定:
- a) 向上不应大于 16°,向下不应大于 12°;
- b) 寒冷地区工作条件较差时,向上不应大于 14°,向下不应大于 12°;
- c) 输送机系统应采取粉尘防治措施,输送干燥粉状等易起尘物料时,应在输送机卸料处设置密封罩,并设吸尘或除尘装置。

6.4 排土工程

6.4.1 排土场位置选择,应符合下列要求:
- a) 排土场位置的选择,应保证排弃土岩时,不致因大块滚落、滑坡、塌方等威胁采场、工业场地、居民区、铁路、公路、农田和水域的安全;
- b) 外排土场至重要建筑物的安全距离,应大于排土场总高度的 1.5 倍;
- c) 排土场最终边坡角,应符合排土场稳定边坡角的要求。

6.4.2 排土场位置选定后,应进行地质测绘和工程、水文地质勘探,以确定排土参数。

6.4.3 排土场周围应修筑可靠的截泥、防洪和排水设施。

6.4.4 内排土场最下一个台阶坡底与采掘台阶坡底之间应留有足够的安全距离。

6.4.5 矿用卡车排土场应符合以下要求:
- a) 排土场卸载区,应有连续的安全挡墙,车型小于 240 t 时安全挡墙高度不得低于轮胎直径的 0.4 倍,车型大于 240 t 时安全挡墙高度不得低于轮胎直径的 0.35 倍。不同车型在同一地点排土时,应按最大车型的要求修筑安全挡墙;
- b) 排土工作面向坡顶线方向应有 3%~5% 的反坡。

6.4.6 铁路排土线路应符合以下要求:

a) 路基面向场地内侧按段高形成反坡;
b) 排土线设置移动停车位置标志和停车标志。

6.4.7 排土机排土时,宜采用上排台阶和下排台阶的组合台阶排弃方式,并应符合下列要求:

a) 上排台阶高度应根据排料臂长度、倾角、排弃物料抛出水平距离、排土机中心线至排土台阶坡底线安全距离以及排土台阶坡面角等确定;
b) 下排台阶高度应根据排料臂水平投影长度,排土机中心线至排土台阶坡顶线安全距离以及排土台阶坡面角等确定;
c) 上排台阶宽度应根据排土机中心线与卸料臂间夹角,排土台阶坡面角等确定;
d) 下排台阶宽度应根据排土机卸料半径和排土机中心线至排土台阶坡顶线安全距离等确定,同时应考虑基底因素;
e) 最小工作平盘宽度,应根据排土宽度、排土机至下排台阶坡顶线安全距离,排土机至带式输送机中心线跟离合带式输送机中心线至上排台阶坡底线的安全距离等因素确定;
f) 排土机排土线长度宜为 1 000 m 以上。

6.5 边坡稳定工程

6.5.1 边坡设计前应进行专门的边坡工程地质勘探岩土物理力学试验,并进行稳定性分析评价。

6.5.2 边坡设计应确定最终边坡角及其与稳定系数 K 之间的曲线。必要时,应根据岩层的岩性、赋存条件、地质构造、边坡外形轮廓,对不同深度、不同部位边坡进行稳定性验算。

6.5.3 最终边坡角的确定,应符合下列规定:

a) 采用极限平衡法计算;
b) 对具有水压的边坡应计算水压对边坡稳定性的影响,并进行水压监测和敏感性分析;
c) 对弱层强度随不同含水率有明显变化的边坡,应进行强度随含水率变化的边坡稳定性敏感性分析。

6.5.4 采掘场安全平盘的宽度不应小于 3 m,且应每隔 2~3 个安全平盘设一清扫平盘。

6.5.5 最终煤台阶应采取防止煤风化、自然发火及沿煤层底板滑坡措施。

6.6 防治水

6.6.1 采掘场排水设计,应符合下列规定:

a) 采掘场排水计算的暴雨频率:大型露天煤矿不低于 2%;中型露天煤矿不低于 5%;
b) 用露天采场深部做储水池排水时,应采取安全措施,备用水泵的能力不得小于工作水泵能力的 50%。

6.6.2 地面防排水设计,应符合下列规定:

a) 防洪标准应根据露天煤矿的规模、服务年限等因素确定,并应符合表8的规定;
b) 当水深小于 2 m 时,排水沟的安全高度不应小于 0.3 m;当水深大于 2 m 时,安全高度不应小于 0.5 m。

表 8 防洪标准　　　　　　　　　　　　　　　　　　　　　　　　　　　单位为年

露天煤矿规模	重现期			
	小河改道及堤坝		排水沟	
			Ⅰ类	Ⅱ类
	设计	校核	设计	设计
大型	50～100	100～300	50～100	20～50
中型	20～50	50～100	20～50	20

注：Ⅰ类排水沟系指洪水泛滥时危及采掘场安全的排水沟；
　　　Ⅱ类排水沟系指洪水泛滥时不危及采掘场安全的排水沟。

6.6.3 地下水控制设计,应符合下列规定：

a) 地下水对采掘、运输、排土、边坡及煤层底板稳定有严重影响时,应采取疏干或堵截等控制措施；

b) 当采用疏干方式降低地下水位时,应采取超前降低水位的措施,并确定超前时间和水位的降低深度；

c) 地下水控制,应包括观测地下水控制效果和区域地下水动态变化的观测孔网；

d) 永久性降水孔排应靠近被保护区,位于开采境界外的降水孔至采掘场地表境界线的距离不宜小于 20 m；

e) 当采用巷道法时,巷道应设置稳定的岩层或煤层内。当在松散含水层底板设置巷道时,巷道底部嵌入隔水岩层深度宜为 0.5 m～1.0 m。巷道的纵坡不宜小于 2‰。

6.6.4 地下水的控制方法应符合下列规定：

a) 对渗透系数大于 2 m/d 的含水层,采用垂直降水孔法；

b) 对边坡的地下水降压,采用水平放水孔法；

c) 水文地质条件简单,含水层产状较稳定,埋深较浅的松散含水层,采用明渠和暗沟法；

d) 对以补给量为主,且补给来源丰富,底部有稳定的隔水层,边界条件清楚,深度为 20 m～50 m 的松散含水层,采用地下隔水墙法；

e) 水文地质条件复杂、水力联系不大的多含水层,或含水层厚度、水压及透水性变化较大,埋藏较深的,且不适用降水孔法的含水层,采用巷道法。

6.6.5 地下水控制设备及设施,应符合下列规定：

a) 降水孔排水泵的排水能力,应按一昼夜运转 24h 计算。降水孔的数量应为排水量计算的降水孔数量的 1.2 倍。降水孔排水泵的备用及检修台数,应为工作台数的 40%～50%;当工作台数小于 10 台时,不应小于工作台数的 50%；

b) 巷道排水泵的数量、水仓的容积等,应符合 GB 50215—2015 的规定；

c) 排水管道及材料,应按不同品种及规格留有备用量,预应力钢筋混凝土管和石棉水泥管为 10%～15%。铸铁管为 7%～12%,钢管和连接用胶管为 5%～10%；

d) (半)地下疏干泵房,应采用机械通风,并根据当地气候条件采取保温措施。

6.6.6 工业场地各功能分区的地面排水系统,应统一规划并应符合下列规定:
   a) 场区地面宜采用管道或明沟加盖板为主的排水系统。对场地位于岩石挖方地段、暴雨集中、流水夹带泥沙及场内边缘的排水地段,宜采用明沟排水系统。排水明沟应进行铺砌,沟底纵坡坡度不宜小于3‰;
   b) 场区内排水管沟的布置应与道路相结合,使雨水以较短的流径排入场外的河沟或雨水管道。

6.6.7 对低于当地历史最高洪水位工业场地的设施,应按规定采取修筑堤坝、沟渠,疏通水沟等防洪措施。

6.7 防灭火

6.7.1 开采易自燃的煤层,应采取如下防灭火措施:
   a) 已暴露煤层的采煤期,应小于煤层自然发火期;
   b) 应有可靠消防灭火水源,优先采用矿坑积水或疏干水;
   c) 对到界的端帮煤台阶,应采取浇水、掩埋或其他工程措施;
   d) 对废弃的煤矸石应与露天剥离物混排。

6.7.2 储煤场应根据储存的煤种采取相应的防灭火措施。

6.7.3 矿内的采掘、运输、排土等主要设备,应配备灭火器材。

6.8 电气

6.8.1 供电系统和变电所

6.8.1.1 采场内的主排水泵站应设置备用电源,当供电线路发生故障时,备用电源应能担负最大排水负荷。

6.8.1.2 采掘场和排土场的低压配电电压不得超过1 kV,不带漏电保护的手持式电气设备的额定电压不高于220 V,带漏电保护的手持式电气设备电压不得超过380 V。

6.8.1.3 地面变电站位置的选择,应符合 GB 50215—2015(地面电力)的规定,并应符合下列要求:
   a) 距采场最终境界200 m以外;
   b) 应设在爆炸物品库爆炸危险区以外;
   c) 不应设在不稳定的排土场内;
   d) 不应设在塌陷区;
   e) 变电站周围应设有围墙或栅栏。

6.8.1.4 移动变电站箱体应有保护接地。

6.8.1.5 开关柜箱体应有保护接地。

6.8.2 供配电线路和电力牵引

6.8.2.1 采掘场内固定供电线路和通信线路应设置在稳定的边坡上。采掘场架空线应有与移动变电站地线监测系统配套的接地线和监控线。

6.8.2.2 采掘场的高压架空输电线截面不得小于35 mm²,低压架空输电线截面不得小于25 mm²。由架空线向移动式高压电气设备和移动变电站供电的分支线路应采用橡套电缆。

6.8.2.3 架设在同一电杆上的高低压输(配)电线路不得多于两回;上下横担的距离直线杆不得小于800 mm,转角杆不得小于500 mm(10 kV线路及以下);同一电杆上的高压线路,应由同一电压等级的电源供电;垂直向采场供电的配电线路,同一杆上只能架设一回。

6.8.2.4　1 kV 以上的架空电源线不得与接触网电杆同杆架设。380 V 动力线、照明线及铁路信号外线和接触网电杆同杆架设时,应使用绝缘导线,其吊挂高度距钢轨顶面距离,正接触网不得大于 3 m,旁接触网不得大于 1.5 m。照明灯具应装在电杆与接触网相反一侧。

6.8.2.5　由变(配)电所供电的馈电线及回流线,10 kV 及以下架空电源线距接触网最顶点不得小于 2 m;10 kV 以上架空电源线距接触网最顶点不得小于 3 m。

6.8.3　防雷与电气设备继电保护、接地

6.8.3.1　变(配)电设施、油库、爆炸物品库、高大或易受雷击的建筑,应装设防雷电装置。

6.8.3.2　采掘场和排土场架空电力线路,应在电源入口处、分支处、移动设备的接电点及正常分断的开关两侧装设避雷器。

6.8.3.3　固定变电站或移动变电站向移动电气设备供电的输配电线路的电压高于 1 kV 时,应装设短路和过负荷保护装置。交流电压大于 110 V 的线路,应安装漏电保护装置。短路和单相接地(漏电)保护应采取二级保护。

6.8.3.4　高压电动机、电力变压器的高压侧,应有短路、过负荷和欠电压释放保护。低压电气设备过电流继电器的整定和熔断器熔体的选择,应符合国家标准。

6.8.3.5　与接触网直接连接的电动机和整流装置,应有过负荷、过流、过压、短路等保护装置。

6.8.3.6　向移动式高压电力设备供电的变压器应采用中性点不直接接地方式,且中性线不得引出;当采用中性点经限流电阻接地方式供电时,应将变压器接地和移动设备外壳用架空地线或电缆接地线连接起来。向固定设备供电的变压器,一般采用中性点直接接地方式,固定设备外壳应直接重复接地。

6.8.3.7　变压器中性点不直接接地时,高压、低压电气设备应设接地保护,并应在变压器低压侧装设能自动断开电源的漏电保护装置。变压器中性点直接接地的低压电力网,宜采用保护线与中性线分开系统(TN-S)或保护线与中性线部分分开系统(TN-C-S)。

6.8.3.8　36 V 以上的交流电气设备和内绝缘损坏可能带有触电危险的电气设备的金属外壳、构架等,应设保护接地。

6.8.3.9　采场内电气设备的接地装置应符合下列要求:
   a)　高压架空线的接地线应使用截面大于 35 mm² 的钢绞线,并应设在架空线横担下 0.5 m 处;
   b)　移动变电站和用电设备应采用橡套电缆的专用接地芯线接地或接零,并应配备相应的地线监测系统。

6.8.3.10　低压接零系统的架空线路的终端和支线的终端应重复接地,交流线路零线的重复接地应用人工接地体,不得与地下金属管网有联系。

6.8.4　通信与信号

6.8.4.1　变电所(站)、整流站、绞车房等重要场所,以及大中型采掘运输设备应配备能满足安全生产需要的通信设备。

6.8.4.2　生产调度室与急救、消防部门应设调度电话及外线电话。

6.8.4.3　铁路接轨站、编组站、剥离站、选煤站以及其他固定车站,均应采用电气集中联锁或计算机联锁。

6.8.4.4　区间内正线上的道岔,应与闭塞设备联锁。

6.8.4.5 复线区段的自动闭塞或半自动闭塞,应按单向运行设计。

6.8.4.6 铁路信号设备应设置测试(自动或手动)和故障自动报警设备。

6.8.5 **爆炸物品库和炸药加工区配电**

6.8.5.1 爆炸物品库和加工区的 10 kV 及以下的变电所,采用户内式时,不应设在 A 级建筑物内。变电所与 A 级建筑物的距离不得小于 50 m;柱上变电亭与 A 级建筑物的距离不得小于 100 m,与 B 级和 D 级建筑物不得小于 50 m。

6.8.5.2 1~10 kV 的室外架空线路,不得跨越危险场所的建筑物。其边线与建筑物的水平距离,应符合下列要求:

a) 与 A 级和 B 级建筑物的距离,不应小于电杆间距的 2/3,且不应小于 35 m;与生产炸药的 A 级建筑物的距离,不应小于 50 m;

b) 与 D 级建筑物的距离,不应小于电杆高的 1.5 倍。

6.8.5.3 由变(配)电所至有爆炸危险的工房(库房)的 380/220 V 级配电线路,应采用金属铠装电缆,并在地下敷设。电缆埋地长度不应小于 15 m。电缆的入户端金属外皮或装电缆的钢管应接到防雷电接地装置上。在电缆与架空线的连接处应装设防雷电装置。防雷电装置、电缆金属外皮或钢管和绝缘铁脚应连在一起并接地,其冲击接地电阻不应大于 10 Ω。

6.8.5.4 低压配电应采用 TN-S 系统。

6.9 **爆破物品**

6.9.1 危险品生产区内,D 级建筑物的外部距离应符合下列规定:

a) 硝酸铵仓库的外部距离,不小于 200 m;

b) 除硝酸铵仓库外的 D 级建筑物,其外部距离不小于 50 m。

6.9.2 危险品总仓库区与其周围村庄、公路、铁路、城镇和本厂生活区等的外部距离,危险品总仓库区 D 级仓库的外部距离,不应小于 100 m。但硝酸铵仓库的外部距离,不应小于 200 m。

6.9.3 建有爆破物品制造厂的矿区总库,所有库房贮存各种炸药的总容量不得超过该厂 1 个月生产量,雷管的总容量不得超过该厂 3 个月生产量。没有爆炸物品制造厂的矿区总库,所有库房贮存各种炸药的总容量不得超过由该库所供应的露天矿 2 个月的计划需要量,雷管的总容量不得超过 6 个月的计划需要量。单个库房的最大容量:炸药不得超过 200 t,雷管不得超过 500 万发。

地面分库所有库房贮存爆炸物品的总容量:炸药不得超过 75 t,雷管不得超过 25 万发。单个库房的炸药最大容量不得超过 25 t。地面分库贮存各种爆炸物品的数量,还不得超过由该库所供应的煤矿 3 个月的计划需要量。

6.9.4 危险品生产区 D 级建筑物与其邻近建筑物的最小允许距离,应分别符合下列规定要求:

a) D 级建筑物与邻近建筑物的最小允许距离,不应小于 25 m。硝酸铵仓库与任何建筑物的最小允许距离,不应小于 50 m;

b) D 级建筑物与公用建筑物、构筑物的最小允许距离,应符合下列规定:

1) 与锅炉房、厂部办公室、食堂、汽车库、消防车库、有明火或散发火星的建筑物及场地等的距离,不应小于 50 m;

2) 与 35 kV 总降压变电所、总配电所、钢筋混凝土结构的水塔、地下或半地下高

　　　　　3) 与车间办公室、车间食堂(无明火)、辅助生产部分建筑物的距离,不应小于35 m。

6.9.5　危险品总仓库区内,D级仓库之间的最小允许距离不应小于20 m,硝酸铵仓库之间的最小允许距离不应小于50 m。D级仓库与A级仓库邻近时,其与A级仓库相对面的一侧应设置防护屏障,其最小允许距离除应符合D级仓库要求外,还应计算A级仓库的要求,取其最大值。D级仓库与10 kV及以下变电所的最小允许距离,不应小于60 m。

6.9.6　危险品生产区运输危险品的主干道中心线与各类建筑物的距离,应符合下列规定:
　　a) 距A级建筑物不宜小于20 m;
　　b) 距B级、D级建筑物不宜小于15 m;
　　c) 距有明火或散发火星地点不宜小于35 m。

6.9.7　危险品生产区及危险品总仓库区内运输危险品的主干道,纵坡坡度不宜大于6%,以运输硝酸铵为主的道路纵坡坡度不宜大于8%。用手推车运输危险品的道路纵坡坡度不大于2%。

6.10　总平面布置

6.10.1　工业场地应避开污染源和滑坡、崩塌、岩溶、泥石流、采空区及开采后工程地质条件变坏等不良工程地质地段。

6.10.2　选煤厂、变电所(站)、机电维修设施及其他重要建(构)筑物的位置应符合下列规定:
　　a) 至采掘场地表境界的安全距离,应符合下列规定:
　　　　1) 当开采深度小于200 m时,安全距离不宜小于最大开采深度;
　　　　2) 当开采深度大于200 m时,安全距离不宜小于200 m。
　　b) 至排土场的安全距离,宜大于排土场总高度的1.5倍。

6.10.3　变配电所(站)应便于输电线路布置和靠近用电负荷中心,并宜布置在不受粉尘污染的地点。

6.10.4　自然地形坡度大于4%,或受洪水危害的高填方场区,其竖向布置形式宜采用半坡式、台阶式和混合式布置。工业场地内的台阶高度不宜低于2 m。当需要时为6 m～9 m,并应采取防坠措施。

6.10.5　工业场地场区道路网应符合线路短捷、人流和物流分开,与场区竖向设计相协调,符合运输和消防要求。

6.11　应急救援、职业卫生和安全管理

6.11.1　应急救援

6.11.1.1　应建立应急救援机构,健全规章制度,编制应急预案。

6.11.1.2　应建立专职救护队或与就近的矿山救护队签订救护协议。

6.11.1.3　应有创伤急救系统为其服务。创伤急救系统应配备救护车辆、急救器材、急救装备和药品等。

6.11.2　职业卫生

6.11.2.1　职业卫生应遵守下列总体要求:
　　a) 应建立健全职业卫生档案。采取有效措施控制粉尘、噪声和有毒有害物质等因素的危害;

b) 应开展职业病危害因素日常监测,配备监测人员和设备;
c) 应为接触职业病危害因素的从业人员提供符合要求的个体防护用品;
d) 应当在醒目位置设置公告栏,公布有关职业病危害防治的规章制度、操作规程和作业场所职业病危害因素检测结果;对产生严重职业病危害的作业岗位,应当在醒目位置设置警示标识和警示说明。

6.11.2.2 应建立完善的防尘供水系统,并遵守下列规定:
a) 设置有专门稳定可靠供水水源的加水站(池);
b) 钻孔作业应采取捕尘或除尘器除尘等防尘措施;
c) 矿内运输道路应洒水降尘;
d) 破碎站、转载点、输送机等应采用喷雾降尘或除尘器除尘。

6.11.2.3 应优先选用低噪声设备,针对不同的噪声源和地点明确采取的隔声、消声、吸声、减振、减少接触时间等具体措施,以降低噪声危害。

6.11.2.4 露天煤矿噪声监测点应布置在钻机、挖掘机、破碎机等设备使用地点。噪声每半年至少监测1次。

6.11.2.5 露天煤矿作业人员每天连续接触噪声时间达到或者超过8 h的,噪声声级限值为85 dB(A)。每天接触噪声时间不足8 h的,可根据实际接触噪声的时间,按照接触噪声时间减半、噪声声级限值增加3 dB(A)的原则确定其声级限值。

6.11.3 安全管理

矿井应建立安全管理机构,健全管理制度。应有安全教育培训场所,煤矿安全定员应满足安全生产需要。

7 露天矿安全设施竣工验收

7.1 竣工验收必备条件

7.1.1 煤矿安全设施竣工验收前,应完成建设项目的全部安全工程、设施、装备,生产系统健全,经过联合试运转的检测调试,具备安全生产条件。

7.1.2 应取得采矿许可证,矿长应具备安全专业知识,具有领导安全生产和处理煤矿事故的能力。主要负责人和安全生产管理人员应具备煤矿安全生产知识和管理能力,并经考核合格。特种作业人员应按国家有关规定培训合格,取得资格证书。应对所有从业人员进行安全教育和培训。

7.1.3 单位工程经工程质量监督部门验收,并取得质量合格的认证书。

7.1.4 各项安全管理制度健全。

7.1.5 委托有资质的安全评价机构完成安全验收评价。

7.1.6 所有设备需有产品合格证,防爆设备还应有煤矿矿用产品安全标志。

7.1.7 应提交建矿地质报告。

7.2 采剥工程

7.2.1 台阶

7.2.1.1 间断开采工艺单斗挖掘机或装载机采掘的台阶高度符合批准的安全设施设计要求。

7.2.1.2 轮斗挖掘机的采掘台阶高度符合批准的安全设施设计要求。

7.2.1.3 拉斗铲的采掘台阶高度符合批准的安全设施设计要求。

7.2.2 钻孔爆破

7.2.2.1 钻机应具备捕尘或除尘等防尘功能。

7.2.2.2 爆破源至人员及其他保护对象之间的安全距离、总起爆药量或一次最大起爆药符合批准的安全设施设计要求。

7.2.2.3 水孔爆破应采用防水炸药或采取防水措施。

7.2.2.4 采掘场有老空区时,应查明老空区分布范围,绘制井上、下对照图,制定安全技术措施并遵照执行。

7.2.3 煤岩采装

7.2.3.1 最小工作平盘宽度符合批准的安全设施设计要求。

7.2.3.2 单斗挖掘机、拉斗铲的工作线长度符合批准的安全设施设计要求。轮斗挖掘机、拉斗铲的采掘带宽度、工作面和行走道路坡度符合批准的安全设施设计要求。

7.2.4 破碎站

7.2.4.1 符合批准的安全设施设计要求。

7.2.4.2 卸车平台设卡车卸料的安全限位车挡、安全防护挡墙、卸料指示信号装置。

7.2.4.3 移动式破碎站履带外缘距工作平盘坡底线和下台阶坡顶线距离符合批准的安全设施设计要求。

7.3 矿山运输

7.3.1 用于公路运输的矿山道路技术参数、采用电力机车牵引的铁路运输区间线路的限制坡度、工作面铁路线路的布置符合批准的安全设施设计要求。

7.3.2 地面铁路符合下列规定:

 a) 铁路车站信号机外制动距离内超过 6‰ 的下坡道车站,在正线或到发线的接车方向的末端设置安全线,安全线的有效长度一般不小于 50 m;

 b) 铁路专用线在区间或站内与正线,到发线牵出线接轨时,设安全线。

7.3.3 列车运行,符合下列条件:

 a) 列车在限制坡度的下坡道上紧急制动距离为 400 m;

 b) 铁路列车的最高行车速度不大于表 9 的规定。

表 9 铁路列车的最高行车速度　　　　　　　　　　　单位为 km/h

线路类别		最高行车速度	
		空车	重车
固定线		50	40
半固定线		40	30
移动线	采掘线	20	
	排土线		15

7.3.4 地面铁路应符合下列规定:

 a) 铁路中心线至建筑物或设备的距离,符合国家有关标准规定;

 b) 铁路车站信号机外制动距离内超过 6‰ 的下坡道车站,在正线或到发线的接车方

向的末端设置安全线。安全线的有效长度一般不小于50 m;

c) 铁路专用线在区间或站内与正线,到发线牵出线接轨时,设安全线。

7.3.5 铁路与道路平面交叉时符合批准的安全设施设计要求。

7.3.6 应设置由地面通往各开采工作面的联络道。

7.3.7 带式输送机布置符合批准的安全设施设计要求。

7.3.8 上运带式输送机、下运输送机装设的安全装置符合批准的安全设施设计要求。

7.3.9 输送机系统的粉尘防治措施及防尘、除尘装置符合设计要求。

7.4 排土工程

7.4.1 当排土场地面顺向坡度大于10%或基底有弱层滑动时,采取防治滑坡的措施。

7.4.2 非倒堆开采工艺的内排土场,最下部台阶有采掘运输设备作业时,最下一个排土台阶的坡底线与最下部采煤台阶坡底线的安全距离,应不小于50 m。

7.4.3 铁路排土线符合下列要求:

a) 排土台阶高度符合批准的安全设施设计要求;

b) 路基面应向内侧按段高反坡;

c) 排土线应设置移动停车位置标志和停车标志。

7.4.4 单斗挖掘机排土时,符合下列规定:

a) 受土坑的坡面角不得大于70°;

b) 站立台阶坡顶线安全距离符合表10规定。

表 10 挖掘机站立台阶坡顶线安全距离

单位为 m

台阶高度	10以下	11~15	16~20	20以上
安全距离	6	8	11	制定安全措施

7.4.5 矿用卡车排土场符合下列要求:

a) 排土台阶高度符合批准的安全设施设计要求;

b) 排土场卸载区,有连续的安全挡墙,高度符合批准的安全设施设计要求;

c) 排土工作面向坡顶线方向有3%~5%的反坡。

7.4.6 排土机排土宜采用由上排台阶和下排台构成的组合台阶排弃方式符合批准的安全设施设计要求。

7.5 边坡稳定工程

7.5.1 建立岩移永久观测线或采用其他边坡监测技术。

7.5.2 在到界边坡上,建立永久观测线,并进行稳定性分析评价。

7.5.3 在地下水对边坡稳定性影响较大的地段或进行疏干排水的边坡地段,设置地下水位、水压观测孔。

7.5.4 边坡工程地质条件复杂煤矿配备专职边坡工作人员。

7.5.5 采掘场边坡及安全平盘符合批准的安全设施设计要求。

7.5.6 排土场边坡符合批准的安全设施设计要求。

7.5.7 最终煤台阶采取防止煤风化、自然发火及沿煤层底板滑坡措施。

7.6 防治水

7.6.1 采场排水系统符合批准的安全设施设计要求。

7.6.2 地面防排水设施应符合以下规定:
  a) 对低于当地洪水位的建筑,按设计修筑堤坝、沟渠等防洪措施;
  b) 排水沟的安全高度符合批准的安全设施设计要求;
  c) 在采掘场、排土场范围内,对自然纵坡较大的冲沟修筑临时拦水坝。

7.6.3 地下水疏干符合设计,(半)地下疏干泵房设置通风设施。

7.7 防灭火

7.7.1 开采易自然发火的煤层,按设计建立防灭火系统,并采取相应防范措施。

7.7.2 制定采场内的防火措施。

采掘、运输、排土等主要设备备有灭火器材或自动灭火装置。

7.8 电气

7.8.1 供配电系统符合批准的安全设施设计要求。

7.8.2 采场内的主排水泵站设置备用电源,当供电线路发生故障时,备用电源能担负最大排水负荷。

7.8.3 电力牵引时,接触线距铁路轨面的垂直距离符合下列要求:
  a) 正接触线为 5 750 mm,不大于 6 000 mm,不小于 5 400 mm,终点保持 6 200 mm～6 500 mm;
  b) 旁接触线为 4 300 mm,不大于 4 500 mm,不小于 4 100 mm,终点保持 4 300 mm～4 700 mm;
  c) 原有正接触线高度为 5 400 mm±200 mm 的可继续使用。

7.8.4 供配电系统和电力牵引,以及防雷与电气设备继电保护、接地符合批准的安全设施设计要求。

7.8.5 通信与信号符合批准的安全设施设计要求。

7.8.6 爆炸物品库和炸药加工区配电符合批准的安全设施设计要求。

7.9 爆炸物品加工和储运

7.9.1 危险品生产区内的危险性建筑物和 D 级建筑物,与其周围村庄、公路、铁路、城镇和本厂生活区等的外部距离符合批准的安全设施设计要求。

7.9.2 防护屏障的形式,符合批准的安全设施设计要求或国家标准。

7.9.3 矿区所有库房贮存爆炸物品的容量和数量符合批准的安全设施设计要求。

7.10 总平面布置

变电所(站)、机电维修车间及其他重要建(构)筑物的位置符合批准的安全设施设计要求。

7.11 应急救援、职业卫生和安全管理

7.11.1 应急救援

7.11.1.1 应建立应急救援机构,制定规章制度,编制应急预案。

7.11.1.2 应建立矿山救护队或与就近的矿山救护队签订救护协议。

7.11.1.3 应有创伤急救系统为其服务。创伤急救系统应配备救护车辆,急救器材、急救装备和药品等。

7.11.2 职业卫生

7.11.2.1 职业病危害防治管理应符合下列要求:

a) 应建立职业病危害防治领导机构,设置或指定管理机构,配备专职职业卫生管理人员;
b) 应建立健全职业病危害防治制度;
c) 应当配备专职或者兼职的职业病危害因素监测人员,装备相应的监测仪器设备(粉尘监测仪器不少于4台,噪声测定仪不少于2台);
d) 符合5.11.2.1.4的规定;
e) 应当在醒目位置设置公告栏,公布有关职业病危害防治的规章制度、操作规程和作业场所职业病危害因素检测结果;对产生严重职业病危害的作业岗位,应当在醒目位置设置警示标识和警示说明;
f) 主要负责人、职业卫生管理人员应接受职业病危害培训。应对劳动者进行上岗前、在岗期间的定期职业病危害防治知识培训;
g) 应建立健全职业卫生档案和劳动者健康监护档案。

7.11.2.2 粉尘防治应符合批准的安全设施设计要求。

7.11.2.3 噪声防治应符合批准的安全设施设计要求。

7.11.2.4 有毒有害物质防治应符合批准的安全设施设计要求。

7.11.3 安全管理

7.11.3.1 矿井应建立安全管理机构,健全管理制度。应有安全教育培训场所和专兼职教师。安全定员应符合设计要求,满足安全生产需要。

7.11.3.2 爆破工、老空管理人员、边坡监测人员和大型设备操作人员应当培训合格方可上岗作业。

参 考 文 献

[1] 中华人民共和国安全生产法
[2] 中华人民共和国煤炭法
[3] 中华人民共和国矿山安全法
[4] 中华人民共和国职业病防治法
[5] 中华人民共和国消防法
[6] 中华人民共和国劳动合同法
[7] 煤矿安全监察条例
[8] 中华人民共和国矿产资源法实施条例
[9] 地质灾害防治条例

煤矿建设安全规范(AQ 1083—2011)

前　言

本标准在认真总结分析《煤矿建设安全规定(试行)》(原煤炭工业部1997年发布)实施情况基础上,依据《中华人民共和国安全生产法》《中华人民共和国建筑法》《煤矿安全规程》等有关法律法规和标准,规定了煤矿建设施工中应具备和满足的各项安全条件及要求。

本标准为全文强制性标准。

本标准由国家安全生产监督管理总局提出。

本标准由全国安全生产标准化技术委员会煤矿安全分技术委员会(TC288/SC1)归口。

本标准起草单位:中煤能源集团第一建设公司、第五建设公司、平朔煤业有限公司。

本标准主要起草人:孟凡良、刘敏、刘爱兰、孙银河、解志勇、耿孝辉、吕志江、陈士强、黄家贫。

1 范围

本标准规范了煤矿建设期间安全生产设施的设置和安全环境的要求,以及参与建设活动的各责任主体(包括煤矿建设、设计、施工和监理等单位)的安全资格与安全行为。

本标准适用于全国各类煤矿建设活动,包括新建、改建、扩建煤矿。

2 规范性引用文件

下列文件对于本文件的应用是必不可少的。凡是注日期的引用文件,仅注日期的版本适用于本文件。凡是不注日期的引用文件,其最新版本(包括所有的修改单)适用于本文件。

GB 6722—2003　爆破安全规程
GB 6067—1985　起重机械安全规程
GB 5976—1986　钢丝绳夹
GB 3811—1983　起重机设计规范
AQ 1029—2007　煤矿安全监控系统及检测仪器使用管理规范
AQ 1028—2006　煤矿井工矿开采通风技术条件
AQ 1027—2006　煤矿瓦斯抽放规范
AQ 1026—2006　煤矿瓦斯抽采基本指标
AQ 1025—2006　矿井瓦斯等级鉴定规范
煤矿安全规程
防治煤与瓦斯突出规定
煤矿防治水规定

3 术语和定义

下列术语和定义适用于本标准。

3.1

凿井井架　sinking headframe

用于悬挂凿井提升容器和井筒内各种凿井设备和设施的工程结构物。

3.2

稳车　winch（凿井绞车　sinking winder）

开凿立井时悬吊井内设备、设施的绞车。

3.3

天轮平台　sheave wheel platform

为悬吊凿井设备、设施、提升人员和物料在井架上部或暗立井封口盘以上由天轮梁、天轮及附属设施等组成的平台。

3.4

翻矸台　strike board

为了将凿井产生的矸石（渣石）、废弃物排出井外，在井架上设置的专用工作平台。

3.5

封口盘　shaft cover

立井、暗立井施工期间，在井上口安装的便于人员工作和防止坠物的封盖（一般为钢结构或钢木结构）。

3.6

井盖门　shaft door

在封口盘提升吊桶通过口上安装的能够开闭的盖门。

3.7

固定盘　shaft collar

在封口盘以下 5 m～6 m 处为延接风筒、管路、电缆等安装作业的工作平台。

3.8

保护盘　protective platform

专指在延深立井时，为保护延深作业人员安全，在延深的暗立井天轮平台上方安装的保护平台。

3.9

吊盘　stage

用于立井施工作业及保护作业人员安全，悬吊在井筒内可升降的工作平台。

3.10

辅助盘　auxiliary platform

悬吊在吊盘下方的单层或多层作业平台，一般用于短时间或临时作业。

3.11

临时锁口　temporary collar

立井井筒建设初期，为留出永久设施的位置，安装凿井封口盘，而砌筑的一段临时井壁。

3.12

壁间注浆　grouting between linings

井筒采用双层井壁支护时，为预防或封堵井壁漏水，在两层井壁之间的空隙注入封水材料。

3.13

壁后注浆　grouting behind lining

在井壁外侧和围岩裂隙中注入封水材料。

3.14

喇叭口　bell-mouth opening

安装在吊盘上,便于吊桶顺利通过起导向作用的设施。

3.15

滑架　sliding guide

装于吊桶上方,对吊桶起导向和保护作用的设施。

3.16

建井风机　construction ventilator

矿井建设期间安装在地面或井下提供通风动力(正压或负压),为全矿井、一翼、1个分区或1个井筒供风的临时主要通风机。

3.17

临时改绞　temporary winding modification

将吊桶提升改为临时罐笼提升。

3.18

一期工程　phase-1 project

从施工井筒(平硐)开始到井底车场施工前的全部井下工程。

3.19

二期工程　phase-2 project

从施工井底车场开始,到进入采(盘)区车场施工前的工程,包括井底车场、石门、主要运输大巷、回风大巷、中央变电所、水泵房、水仓、井底煤仓、炸药库等。

3.20

三期工程　phase-3 project

从施工采(盘)区车场开始到整个采(盘)区布置的工程,包括采(盘)区车场、采区上下山(盘区大巷)、采(盘)区变电所、采煤工作面、上下顺槽、切眼、运煤通道等。

4 基础管理

4.1 煤矿建设项目开工前必须取得国家有关部门或地方政府规定的所有证照和批准文件。

4.2 煤矿施工单位必须取得国家颁发的建筑业企业资质和安全生产许可证,并严格按资质等级许可的范围承建相应规模的煤矿建设项目,严禁超资质等级施工。

煤矿建设项目招标时应合理划分工程标段,一个建设项目单项工程(或同类专业工程),原则上发包给1家有相应资质的施工单位,大型及以上项目单项工程(或同类专业工程)施工单位不得超过2家。

高瓦斯及煤(岩)与瓦斯(二氧化碳)突出矿井、水文地质条件复杂及以上的矿井、立井井深大于600 m、斜井长度大于1 000 m或垂深大于200 m的项目,施工单位必须具有相应的煤矿施工业绩,同时具有国家一级及以上施工资质。

4.3 煤矿建设、施工单位必须建立健全安全生产责任制度、安全目标管理制度、安全投入保障制度、安全教育与培训制度、事故隐患排查与整改制度、安全监督检查制度、安全技术审批制度、安全会议等制度。

4.4 煤矿建设、施工单位必须设置安全生产管理机构,配备满足安全生产需要的专职安全生产管理人员和装备。

4.5 煤矿施工项目部必须配备满足需要的矿建、机电、通风、地测等工程技术人员和特种作业人员。

4.6 煤矿建设单位必须对建设项目实行全面安全管理,为施工单位提供必要的安全施工条件,不得随意压减工程造价影响施工安全投入,不得强令施工单位改变正常施工工艺,不得强令施工单位抢进度、冒险施工。

4.7 设计单位必须取得国家颁发的、与工程项目规模相适应的设计资质。

4.8 煤矿建设项目监理单位必须取得国家颁发的、与工程项目规模相适应的监理资质。现场监理人员必须取得监理资格证书,人员配备能够满足工程监理需要。

煤矿建设项目由2家施工单位共同施工的,由建设单位负责组织制定和督促落实有关安全技术措施,并签订安全生产管理协议,指定专职安全生产管理人员进行安全检查与协调。

4.9 煤矿施工单位各级主要负责人和安全生产管理人员必须具备相应的安全生产知识和管理能力,经由具备相应资质的培训机构培训并考核合格,取得安全资格证书。

4.10 煤矿建设项目的安全设施必须和主体工程同时设计、同时施工、同时投入生产和使用。

4.11 单项工程施工组织设计由项目总承包单位负责组织编制,并根据年度施工进展情况进行调整。没有实行总承包的由建设单位负责组织编制。施工组织设计需经设计、监理、施工等相关单位会审后组织实施,原设计变更的应作相应调整变更。

4.12 单位工程施工组织设计、作业规程、安全技术措施,由施工单位(工程处或项目部)组织编制,报上一级主管单位审批,批准后报送建设单位和监理单位;无上级主管单位的施工单位,报送建设单位批准实施。

4.13 施工单位必须严格按批准的设计、施工组织设计组织施工。当施工过程中发现设计存在重大缺陷,或者地质条件变化较大时,应立即停止施工并向建设单位报告。建设单位应及时组织相关各方制定应急安全防范措施,组织修改设计并按规定重新报批。

4.14 工程施工前,施工项目技术负责人必须组织作业人员学习贯彻施工组织设计和作业规程。施工中必须严格按照施工组织设计和作业规程作业。

4.15 煤矿建设安全工作必须实行群众监督,发挥职工群众安全监督作用。职工有权制止违章作业,拒绝违章指挥;当工作地点出现险情时,有权立即停止作业,撤到安全地点;当险情没有得到处理、不能保证人身安全时,有权拒绝作业。

4.16 煤矿施工单位特种作业人员,必须按照国家有关法律法规的规定接受专门的安全培训,经考核合格,取得特种作业操作资格证书后,方可上岗作业。

4.17 煤矿施工单位必须对职工进行安全培训,经考核合格后方可上岗作业。新招收的井下作业人员必须进行不少于72学时的安全教育培训,考试合格后,必须在有安全工作经验的职工带领下工作满4个月后经考核合格,方可独立工作。露天煤矿建设工人必须进行不少于40学时的安全教育培训,经考核合格,方可上岗作业。调整工作岗位或离岗一年以后重新上岗的,应当重新接受安全培训。

不具备安全培训条件的煤矿施工单位,应当委托具有相应资质的安全培训机构,对员工进行安全培训。

4.18 煤矿施工单位必须建立员工安全培训档案,记录培训及考核情况。

4.19 煤矿建设单位在编制工程概算时,应保证工程建设期间的安全投入。施工单位应按国家规定提取使用安全费用。

4.20 煤矿井下施工使用的涉及安全生产的产品,必须取得煤矿矿用产品安全标志。未取得煤矿矿用产品安全标志的,不得使用。

4.21 煤矿施工单位必须建立各种设备、设施检查维修制度,定期进行检查维修,并做好记录。严禁使用国家明令淘汰的施工设备。大型施工设备改造,必须在具备资质的机构进行性能检测和鉴定后方可使用。

4.22 煤矿施工应积极推广使用新技术、新工艺、新设备、新材料,严禁使用国家明令淘汰的施工工艺。试验涉及安全生产的新技术、新工艺、新设备、新材料前,必须经过论证、安全性能检验和鉴定,并制定安全措施。

4.23 煤矿施工单位必须建立干部值班和下井带班制度,保证井下24 h有领导干部轮流带班,并建立下井带班登记档案。

4.24 入井人员必须戴安全帽、随身携带自救器和矿灯,严禁携带烟草和点火物品,严禁穿化纤衣服,入井前严禁喝酒。必须建立入井检身制度和出入井人员清点制度。

4.25 矿井施工二、三期工程时,每班同时进行掘进作业人员不得超过100人。

4.26 井工煤矿建设必须及时填绘反映实际情况的下列图纸:

  a) 地质和水文地质图;

  b) 井上、下对照图;

  c) 巷道布置图;

  d) 采掘工程平面图;

  e) 通风系统图;

  f) 安全监测装备布置图及断电控制图;

  g) 井下运输系统图;

  h) 排水、防尘、压风、抽放瓦斯等管路系统图;

  i) 井下通信系统图;

  j) 井上、下配电系统图和井下电气设备布置图;

  k) 井下避灾路线图。

4.27 露天煤矿建设必须及时填绘反映实际情况的下列图纸:

  a) 地形地质图;

  b) 工程地质平面图、断面图,综合水文地质平面图;

  c) 采剥工程平面图、断面图;

  d) 排土工程平面图;

  e) 运输系统图;

  f) 输配电系统图;

g) 通信系统图;
h) 防排水系统及排水设备布置图;
i) 边坡监测系统平面图、断面图;
j) 井工老空与露天矿平面对照图。

4.28 煤矿建设项目必须有矿山救护队为其服务。

4.29 煤矿建设单位、施工单位应根据工程进展情况组织编制应急预案,成立应急救援领导小组,指定兼职应急救援人员,配备必要的救援器材、设备,并进行经常性维护、保养,保证正常运转。

应急救援领导小组应根据具体情况及时修订应急预案,每年必须至少组织1次矿井救灾演习。

4.30 煤矿建设项目发生生产安全事故后,施工单位必须立即报告上级主管单位和项目建设单位,由项目建设单位按国家规定向有关部门报告。

5 地质测量

5.1 一般规定

5.1.1 矿井开工前,建设单位必须根据工程项目发包范围向施工单位提供符合国家有关规定的下列地质、测量成果、成图资料:

a) 井田勘探地质报告;
b) 井筒检查孔资料(斜井:沿与斜井纵向中心线平行线布置的检查孔不少于3个);
c) 矿井供水水源勘探报告;
d) 井田首采(盘)区三维地震补充勘探成果资料;
e) 井田范围内的国家(或矿区)基本控制测量成果资料;
f) 近井点和井筒十字基桩点成果资料;
g) 工业广场及居住区界址点标定成果资料;
h) 井田范围的1/5 000地形图;
i) 矿区范围的1/10 000、1/50 000地形图;
j) 钻井法施工的井筒有效断面和有效断面中心点坐标等成果资料;
k) 井田新建矿井范围内老空区及正在开发的小煤窑的有关地质、测量成果成图资料。

5.1.2 当地质、水文地质、工程地质、瓦斯地质、勘探资料与实际情况出入较大时,建设单位必须及时安排相应的补充地质勘探工作。

5.1.3 矿井施工期间,施工单位必须建立下列主要基础资料:

a) 井筒地质预计及实测的井筒地质柱状或剖面图,构造复杂部位或层段可增做展开图;
b) 各类井巷工程实测的地质素描剖面图,局部构造复杂部位和层段可增做展开图;
c) 施工范围的涌水量台账;
d) 井下水动态观测成果资料;
e) 掘进工程实测平面图;
f) 井巷工程的实测导线、水准成果资料;

g) 各类工程的施工测量成果资料；
h) 反映井筒有关参数的成果、成图资料(主要包括井筒断面、井壁、罐道竖直程度、提升几何关系等)；
i) 工业广场及居住区实测平面图(包括地下管线的实际敷设)；
j) 首采(盘)区的井上下对照图。

5.1.4 露天开采矿山必须建立矿坑边帮及排弃场稳定监测系统,并定期进行监测预报。

5.1.5 井工开采沉陷区域,应建立必要的监测系统,并定期进行监测预报。

5.2 地质

5.2.1 单项工程、单位工程开工前,施工单位必须根据建设单位提供的地质资料,编制承包工程范围内的地质预测报告,说明施工过程中可能遇到地质灾害因素及采取的预防措施。

5.2.2 在施工期间,施工单位应根据工程进度情况,适时编制单位工程地质预报,必须做到一工程一预报。

5.2.3 当井巷工程施工至接近有预报的地质灾害区域时,施工单位的地测部门必须提前发出地质、水文地质通知单,并制定预防地质灾害因素的专项措施。

5.2.4 建设单位应根据施工单位提供的地质变化情况,及时组织、制定和实施相应的安全技术措施。

5.3 测量

5.3.1 测量工作必须严格遵照《煤矿测量规程》规定,坚持独立复测、复算的双复制度,严禁仅1人兼作观测、记录、计算作业,确保按设计要求正确标定和及时准确实测各类工程的几何关系,认真编绘各类工程的成图、成果资料。

5.3.2 两个施工单位的井巷贯通测量工作,应由建设单位组织实施。

5.3.3 井巷工程施工测量工作必须符合如下要求：
a) 在接近贯通前(综合机械化掘进巷道相距50 m前、其他巷道相距20 m前),测量工作人员必须及时、准确地掌握两条掘进巷道工作面之间的贯通安全距离,采用书面方式提前通知施工人员；
b) 必须及时将已施工的井巷工程填绘在相应的采掘工程平面图上；
c) 临时停止施工的盲巷,在封闭前,测量工作人员应及时进行实测,并填绘在采掘工程平面图上；
d) 测量标定工作,必须坚持业务联系书工作制度；
e) 对未按测量通知单要求施工的井巷工程,测量工作人员有权阻止施工人员继续施工并及时上报。

6 井工部分

6.1 矿建工程

6.1.1 一般规定

6.1.1.1 开凿平硐、斜井和立井时,自井口到坚硬岩层之间的井巷必须砌碹,并向坚硬岩层内至少延深5 m。

井口布置在山坡下时,井口顶、侧必须构筑防护墙和防洪水沟。防护墙必须进行稳定性计算,并能将水引入排水系统。

6.1.1.2 在表土中开凿立井,其临时锁口标高低于永久锁口设计时,应满足防洪、防滑坡、防沉降等要求。

6.1.1.3 掘进井巷和硐室时,必须采取湿式钻眼、冲洗井壁巷帮、水炮泥、爆破喷雾、装岩(煤)洒水和净化风流等综合防尘措施。

立井凿井期间冻结段和在遇水膨胀的岩层中掘进不宜采用湿式钻眼时,可采用干式钻眼,但必须采取捕尘措施,并使用个体防尘保护用品。

6.1.1.4 井巷交岔点,必须设置路标,标明所在地点,指明通往安全出口的方向。井下工作人员必须熟悉通往安全出口的路线。

6.1.1.5 因施工需要而开凿的井下临时巷道,其净断面必须满足行人、运输、通风和安全设施及设备安装、检修、施工的需要,并符合下列要求:
  a) 运输设备最突出部分与巷道支护间距离不得小于 0.5 m,另一侧在自轨面起 1.6 m 高度内必须留有宽 0.8 m 以上的人行道;
  b) 信号室、躲避硐室宽度不得小于 1.2 m,深度不得小于 1.0 m,高度不得小于 1.8 m,硐室内严禁堆放物料;
  c) 在人车停车地点的上下人侧,从巷道底板起 1.6 m 高度内,必须有宽 1.0 m 以上的人行道;
  d) 泵房、变电所以及绞车、电机车、充电等硐室必须按有关规定确定净断面;
  e) 双轨运输巷(包括弯曲巷道),应使两列对开车辆最突出部分之间的距离不得小于 0.2 m。在矿车摘挂钩地点,两列车辆之间最突出部分之间距离不得小于 1 m,运输巷的一侧,从巷道底板起 1.6 m 的高度内,必须留有宽 0.8 m 以上的人行道。

6.1.1.6 冬季或用冻结法开凿立井时,必须有防冻、清除冰凌的措施。

6.1.1.7 立井井筒内必须设有在提升设备发生故障时专供人员出井的安全设施,其中设计有永久梯子间的,该设施必须保留至永久梯子间安装到位并投入使用,永久梯子间未投入使用的,不得施工三期工程。安全设施可按工作面到吊盘、吊盘到地面分段设置。

6.1.2 立井普通法开凿和支护

6.1.2.1 表土段施工必须制定防片帮的专项安全措施;基岩爆破作业时必须制定防止爆破损坏井口及井内设施的专项安全措施。

6.1.2.2 立井的永久或临时支护到井筒工作面的距离及防止片帮的措施必须根据岩性、水文地质条件和施工工艺在作业规程中明确规定。

6.1.2.3 立井井筒穿过表土层、砂层、松软岩层或煤层时,必须制定专项措施。措施中必须明确规定一次开挖的深度、临时支护的形式。施工时应确保临时支护安全可靠,并及时进行永久支护。在建立永久支护前,每班应派专人观测地面沉降和临时支护及井帮变化情况;发现危险预兆时,必须立即停止工作,撤出人员,进行处理。

6.1.2.4 立井井筒采用井壁注浆堵水时,必须编制施工措施并遵守下列规定:
  a) 井壁必须有承受最大注浆压力的强度。
  b) 钻孔可能发生涌砂时,应采取套管法或其他安全措施。采用套管法注浆时,安装套管的钻孔深度应小于井壁厚度 200 mm,套管安装牢固后在套管外端安装抗压能力大于注浆终压 1.5 倍的孔口球阀,必须对套管的固结强度进行耐压试验,只有达到注浆终压力后,方可在套管内打透井壁并注浆封堵。井筒采用双层井壁支护进行壁间注浆时,注浆孔应穿过内壁进入外壁 100 mm。当井壁破裂必须采用破壁注浆时,必须制定专项措施。

   c) 注浆管、套管必须固结在井壁中,并装有抗压能力大于注浆终压的球形阀门。

   d) 在罐笼顶上进行钻孔注浆作业时,必须安设牢固的工作台和注浆管路安全阀,作业人员必须佩带保险带,并在井口设专职值班人员。

   e) 井上、下都必须有可靠的通信设施,升降注浆作业吊盘或工作台时,必须得到值班人员的允许。

   f) 井筒内进行钻孔注浆作业时,井底不得有人。注浆过程中必须观察井壁,发现问题必须停止作业,及时处理。

   g) 钻孔时应经常检查孔内涌水量和含砂量。涌水量较大或涌水中含砂时,必须停止钻进,及时注浆;钻孔中无水时,必须及时严密封孔。

   h) 注浆管露出井壁的管端与提升容器之间的间隙,必须符合本规范 6.8.2.8 的容器与井壁之间的规定。

6.1.2.5 在施工组织设计中,必须有吊盘、保护盘以及凿岩、抓岩、出矸等设备的设置、运行、维修的安全措施。

6.1.2.6 吊盘增加负荷时,必须对吊盘悬吊钢丝绳强度重新进行验算,并符合本规范6.8.3.3规定。

6.1.2.7 严禁用吊桶、抓岩机等井筒内悬吊设备撞击模板进行脱模;拆除井筒内的设施时,不得用稳车、绞车强拉硬拽。

6.1.2.8 工作人员在下列情况下必须佩带保险带:

   a) 乘吊桶或随吊盘升降时;

   b) 在井架上或井筒内的悬吊设备上作业时;

   c) 拆除保险盘或掘凿保护岩柱时;

   d) 在井圈、模板及井内临时作业平台上作业时;

   e) 在倒矸台上围栏外作业时。

保险带定期按有关规定试验。保险带必须拴在牢固的构件上。每次使用前必须检查,发现损坏时,立即更换。

6.1.2.9 立井翻矸台翻矸时,井口所有盖门不得开启;双钩提升在井口上下人员时,另一个井盖门也不得开启。

6.1.2.10 严禁在井盖门上接卸矸石,在封口盘、固定盘上接装混凝土时,必须制定专项安全措施。

6.1.2.11 吊盘升降后,必须找平找正并稳固,并及时通知绞车司机吊盘位置,空罐试运行后方可正常提升。

6.1.2.12 延深立井井筒时,必须用坚固的保护盘或留保护岩柱与上部生产水平隔开。只有在井筒装备完毕、井筒与井底车场连接处的开凿和支护完成,制定安全措施后,方可拆除保护盘或掘凿保护岩柱。

6.1.2.13 采用反向凿井法掘凿暗立井、溜眼及倾角大于60°的煤仓时,应优先采用反井钻机施工,当采用反井钻机施工不合理时,可采用人工反井法施工,并应遵守下列规定:

   a) 用木垛盘支护时,必须及时支护。爆破前最末一道木垛盘与工作面的距离不得超过1.6 m。木垛盘的基墩必须牢固可靠。行人、运料眼与溜矸眼之间,必须用木板隔开。在人行眼内必须有木梯和护头板,护头板的间距最大不得超过3 m,护头板上的矸石必须及时清理。爆破前,必须将人行眼和运料眼盖严。爆破后,首先通风,吹散炮烟,之后方可进入检查,检查人员不得少于2人。经过检查,确认通风、信号正常,人行间、隔板、护头板、顶板、井帮等无危险情况后,方可进行作业。

b) 采用吊罐法施工时,绳孔偏斜率不得超过0.5%,绞车房与出矸水平之间,必须装设2套信号装置,其中1套必须设在吊罐内。爆破前必须摘下吊罐,放置在巷道内安全地点,将提升钢丝绳提到安全位置。爆破后必须指定专人检查提升钢丝绳和吊具,如有损坏,修复后方可使用。吊罐内有人作业时,严禁在吊罐下方进行工作或通行。

c) 采用反井钻机施工时,在扩孔期间,严禁人员在孔的下方停留、通行或观察。扩孔完毕,必须在孔的外围设置栅栏,防止人员进入。

d) 正向扩井时,必须有防止人员坠落的安全措施。爆破前必须拆除爆破孔底以下0.3 m范围内的木垛盘。

溜矸眼内的矸石必须经常放出,防止卡眼,但不得影响通风。严禁站在溜矸眼的矸石上作业。

6.1.3 立井特殊法开凿和支护

6.1.3.1 采用钻井法施工必须遵守下列规定:

a) 钻井的设计与施工最终位置必须通过风化带,并向不透水的完整基岩至少延深5 m。

b) 钻井期间,采用封口平台时,必须将井口封盖严密;采用井口梁时,必须有可靠的防坠措施。

c) 钻井过程中,护壁泥浆的各项参数必须定时测定,发现问题立即调整。井筒内的泥浆面,必须保持高于地下静止水位。

d) 井筒允许偏斜度及测点的间距必须在施工组织设计中明确规定。钻井时必须测定井筒的偏斜度。偏斜超过规定时,必须及时纠正。钻井完毕后,必须绘制井筒的纵横剖面图,井筒中心线和有效断面必须符合设计要求。

e) 预制井壁的质量,必须逐节检查验收。井壁连接部位必须有可靠的防蚀、防水措施,合格后方可下沉井壁。

f) 井壁下沉完成后,必须检查井壁偏斜度,标定实际的井筒中心坐标和井筒中心十字线,只有符合要求后方可进行壁后充填,壁后充填必须密实。充填材料必须经过试验,满足强度和凝固时间的要求,并保证能够置换出泥浆。开凿沉井井壁的底部或开掘马头门之前,必须检查破壁处及其上方至少30 m范围内壁后的充填质量,发现不合格时,必须采取可靠的补救措施。

g) 开凿钻井井壁的底部和开掘马头门采用爆破作业时,必须制定安全措施。

6.1.3.2 采用冻结法施工应遵守下列规定:

a) 冻结深度必须根据井筒检查孔提供的表土层厚度,风化带厚度,完整基岩深度及隔水性能,基岩含水层埋深、层厚,预计井筒掘进时涌水量以及井壁结构等资料确定,并应进入不透水完整岩层不小于10 m。冻结段最深的掘砌位置必须浅于冻结深度 5 m～8 m。

b) 钻进冻结孔、测温孔、水文观测孔时,必须测定钻孔的方向和偏斜度,测斜的最大间隔不得超过 30 m,并绘制冻结孔实际偏斜平面位置图,相邻两孔的任意位置的间距和偏斜度超过规定时,必须及时纠正。因钻孔偏斜影响冻结效果时,必须补孔。

c) 井筒地质检查钻孔不得打在冻结的井筒内。水文观察孔必须设在井内,偏斜不得超出井筒净径,深度以不进入风化岩层为宜。

d) 当冻结孔穿过井下巷道时,下冻结管前应制定冻结孔壁与冻结管之间充填的安全技术措施;在巷道掘进进入冻结管区域前,除制定穿越冻结管的安全技术措施外,还应制定破除冻结壁后和解冻后的防水措施。

e) 冻结管应采用无缝钢管,其材质为低碳钢时宜采用内衬箍对焊,且管箍、底锥材质应与冻结管一致,焊条材质应与管材相匹配;冻结管下放深度不得小于设计冻结深度 0.5 m,每个冻结孔下放的每一节冻结管应有长度和管径记录、编号,严禁冻结管内有任何杂物,冻结管下入冻结孔后应进行试漏检验,发现渗漏现象必须及时处理。

f) 开始冻结后,必须经常观察水文观测孔的水位变化。只有在水文孔冒水 7 d、水量正常,确认冻结壁已交圈后,且根据冻结温度场的观测资料分析,确认井筒掘至各层位时冻结壁的强度和厚度能满足设计要求后,方可开挖。冻结和开凿过程中,要经常检查盐水温度和流量、井帮温度和位移,以及井帮和工作面渗漏盐水等情况。检查应有详细记录,发现异常,必须及时处理。锁口施工时,在静水位低于锁口底板 1 m 时,可以提前开挖。但必须保护好水文观测管。

g) 在冻结的表土层开凿井筒时,可以采用爆破作业,但必须制定安全技术措施。

h) 掘进施工过程中,必须有防止冻结壁变形、片帮、掉石、断管等安全措施。

i) 生根壁座应落在含水较少的完整坚硬的基岩中。

j) 冻结深度小于 300 m 时,永久井壁施工全部完成后,方可停止冻结。冻结深度大于 300 m 时,停止冻结的时间由冻结单位、建设单位和监理单位根据冻结温度场观测资料分析冻结壁发展的实际情况共同研究确定。

k) 应尽可能避免在冻结段内设置梁窝,如必须设置应制定防止漏水的措施。

l) 不论冻结管能否回收,对全孔必须及时用水泥砂浆或混凝土充填,充填容积不得小于计算容积的 95%。

m) 冻结站必须用不燃性材料建筑,并应有通风装置。应经常测定站内空气中的氨气含量,其浓度不得超过 0.004%。站内严禁烟火,并必须备有急救和消防器材。氨瓶和氨罐必须经过试验,合格后方准使用;在运输、使用和存放期间,应制定安全措施。

n) 冷冻站拆除前,必须回收氨和盐水,严禁随意排放污染环境。

6.1.3.3 井筒穿过含水岩层或破碎带,采用地面或工作面预注浆法进行堵水或加固时,应遵守下列规定:

a) 注浆施工前,必须编制注浆工程设计。

b) 注浆段长度必须大于注浆的含水岩层的厚度,并深入不透水岩层或硬岩层 5 m～

10 m。井底的设计位置在注浆的含水岩层内时,注浆深度必须大于实际井深 10 m。

c) 地面预注浆的钻孔,除定向钻孔外,每钻进 40 m 必须测斜 1 次,钻孔偏斜率不得超过 0.5%。
d) 注浆前,必须进行注浆泵和输浆管路系统的耐压试验。试验压力必须达到最大注浆压力的 1.5 倍,试验时间不得小于 15 min,无异常情况后,方可使用。
e) 注浆过程中,注浆压力突然上升时,必须停止注浆泵运转,卸压后方可处理。
f) 每次注浆后,应至少停歇 30 min,方可提拔止浆塞,以防高压浆顶出钻杆。
g) 冬季注浆施工时,注浆站和地面输浆管路,必须采取防冻措施。
h) 井筒工作面预注浆前,在注浆的含水岩层上方,必须按设计要求预留止浆岩帽或设置混凝土止浆垫。含水岩层厚度大,需采用分段注浆和掘砌时,对每一注浆段,必须按设计要求预留止浆岩帽或设置混凝土止浆垫。岩帽厚度和混凝土止浆垫的结构形式、厚度应根据最大注浆压力、岩石性质和工作条件确定。混凝土止浆垫由井壁支承时,应对井壁强度进行验算,不能满足需要时,应加固或提前加大支护强度。
i) 孔口管必须按设计参数埋设牢固,并安设高压阀门,必要时安设防喷装置。注浆前,必须对止浆垫和孔口管进行耐压试验,试验压力必须大于注浆压力 1 MPa。
j) 钻注浆孔时,钻机必须安设牢固,并使用能够防止钻具被水顶出的钻头。
k) 井内应设排水设施,及时排除井底积水。当钻进注浆孔时,如井筒涌水量接近额定排水能力,必须停止钻进,提出钻具,关闭高压阀门,及时注浆。
l) 注浆站设在地面时,井上、下必须有可靠的通信联系。
m) 制浆和注浆的工作人员,应佩戴防护眼镜和口罩,制浆站内应采取防尘措施。
n) 注浆结束后,必须检验注浆效果,达到设计要求后,方可开凿井筒。

6.1.4 平巷与斜井(巷)的掘进和支护

6.1.4.1 掘进工作面严禁空顶作业。靠近掘进工作面 10 m 内的支护,在爆破前必须加固。爆破崩倒、崩坏的支架必须先行修复,之后方可进入工作面作业。修复支架时必须先检查顶、帮,并由外向里逐架进行。

在松软的煤、岩层或流砂性地层中及地质破碎带掘进平斜巷时,必须采取前探支护或其他措施。

在坚硬和稳定的煤、岩层中,确定巷道不设支护时,必须制定安全措施。

6.1.4.2 施工时,掘进工作面煤、矸和其他堆积物不得超过巷道断面的 1/3。

6.1.4.3 支架间应设牢固的撑木或拉杆。可缩性金属支架应用金属支拉杆,并用机械或力矩扳手拧紧卡缆。支架与顶帮之间的空隙必须塞紧、背实。巷道砌碹时,碹体与顶帮之间必须用不燃物充满填实;巷道冒顶空顶部分,可用支护材料接顶,但在碹拱上部必须充填不燃物垫层,其厚度不得小于 0.5 m。

6.1.4.4 掘进巷道在揭露老空前,必须制定探查老空的安全措施,包括接近老空时必须预留的煤(岩)柱厚度和探明水、火、瓦斯等内容。必须根据探明的情况采取措施,进行处理。

在揭露老空时,必须将人员撤至安全地点。只有经过检查,证明老空内的水、瓦斯和其他有害气体等无危险后,方可恢复工作。

6.1.4.5 开凿或延深斜井、下山时,必须在斜井、下山的上口设置防止跑车装置,在掘进工作面的上方设置坚固的跑车防护装置。跑车防护装置与掘进工作面的距离必须在施工组织设计或作业规程中规定。斜长较大时,还应在适当位置设置防跑车装置。提升容器与提升绳之间还应设置保险绳。

斜井(巷)施工期间兼作行人道时,必须每隔 40 m 设置躲避硐。设有躲避硐的一侧必须有畅通的人行道,上下人员必须走人行道。必须设红灯和语音提示装置。行车时红灯亮并有语音提示,行人立即进入躲避硐;红灯熄灭后,方可行走。

6.1.4.6 斜巷采用多级提升和上山掘进提升时,绞车上方必须有坚固的遮挡。

6.1.4.7 斜巷施工时,若绞车基础布置在煤层或软岩中,必须制定专项措施。

6.1.4.8 在煤(岩)层中掘进的作业规程中,必须有预防瓦斯、煤尘、透水、冒顶、堵人等灾害的安全措施。

6.1.4.9 严格执行敲帮问顶制度。作业前,班组长必须对工作面安全情况进行全面检查,确认无危险后,方准人员进入工作面。

斜井由表土进入基岩,采用钻爆法施工时,必须有专项安全技术措施。

6.1.4.10 使用掘进机掘进应遵守下列规定:

a) 掘进机必须装有只准以专用工具开、闭的电气控制回路开关,专用工具必须由专职司机保管。司机离开操作台时,必须断开掘进机上的电源开关。

b) 在掘进机非操作侧,必须装有能紧急停止运转的按钮。

c) 掘进机必须装有前照明灯和尾灯。

d) 开动掘进机前,必须发出警报。只有在铲板前方和截割臂附近无人时,方可开动掘进机。

e) 掘进机作业时,应使用内、外喷雾装置,内喷雾装置的使用水压不小于 3 MPa,外喷雾装置的使用水压不小于 1.5 MPa;如果内喷雾装置的使用水压小于 3 MPa 或无内喷雾装置,则必须使用外喷雾装置和除尘器。

f) 掘进机停止工作和检修以及交班时,必须将掘进机切割头落地,并断开掘进机上的电源开关和磁力起动器的隔离开关。

g) 检修掘进机时,严禁人员在截割臂和转载桥下方停留或作业。

6.1.4.11 使用耙装机必须遵守下列规定:

a) 耙装机作业时必须有充足照明。

b) 耙装机绞车的刹车装置必须完整、可靠。

c) 必须装有封闭式金属挡绳栏和防耙斗出槽的护栏;在拐弯巷道装岩(煤)时,必须使用可靠的双向辅助导向轮,清理好机道,并有专人指挥和信号联系。

d) 固定钢丝绳滑轮的锚桩及其孔深与牢固程度,必须根据岩性条件在作业规程中作出明确规定。

e) 在装岩(煤)前,必须将机身和尾轮固定牢靠。严禁在耙斗运行范围内进行其他工作和行人。在倾斜井巷移动耙装机时,下方不得有人。倾斜井巷倾角大于 20°时,在司机上方必须打护身柱或设挡板,并在耙装机上方增设固定装置。倾斜井巷使用耙装机时,必须有防止机身下滑的措施。

f) 耙装机作业时,其与掘进工作面的最大和最小允许距离必须在作业规程中明确规定。

g) 使用耙装机时,严禁手扶或碰撞运行中的钢丝绳。在倾斜巷道移动耙装机时,必须制定专项措施。

6.1.4.12 高瓦斯区域、煤与瓦斯突出危险区域的煤巷掘进工作面,严禁使用钢丝绳牵引的耙装机。

6.1.4.13 使用液压凿岩台车时应遵守下列规定:
a) 液压凿岩台车必须配有专用电气控制开关,并配专用工具开、闭,专用工具必须由专职司机保管。司机离开操作台时,必须断开液压凿岩台车专用电控开关;液压凿岩台车必须装有前照明灯和尾灯,通电后必须能正常照明。
b) 液压凿岩台车启动前必须检查各操作手柄位置,确认无误后,方可通电,并设专人警戒,确保液压凿岩台车四周无人。
c) 液压凿岩台车行走前必须将钻臂收拢并尽可能降低重心,抬起前支腿至水平位置,并设专人负责拖拉动力电缆。
d) 液压凿岩台车行走过程中必须有3人负责监视,台车前方两侧各1人,台车尾部1人,用哨音联络。行走过程中,台车车体两侧严禁站人。
e) 液压凿岩台车停止工作或检修时,必须将钻臂和支腿落地,并断开专用电控开关。
f) 液压凿岩台车检修时必须断开专用电控开关,并悬挂警戒牌;需要在钻臂下检修机器时,必须垫枕木支撑钻臂。

6.1.4.14 掘进工作面的移动式机器,每班工作结束后和司机离开机器时,必须立即切断电源,并打开离合器。

6.1.4.15 掘进工作面各种移动式掘进机械的橡套电缆,必须严加保护,避免水淋、撞击、挤压和炮崩。每班必须进行检查,发现损伤,及时处理。

6.1.5 防止坠落

6.1.5.1 立井井口必须用栅栏或金属网围住,进出口设置栅栏门。井筒与各水平的连接处必须有栅栏。栅栏门只准在通过人员或车辆时打开。

立井井筒与各水平车场的连接处,必须设有专用的人行道,严禁人员通过提升间。如果在立井井筒一侧设人行道,人行道上方必须设防护设施。

罐笼提升立井的井口和井底、井筒与各水平的连接处,进车侧应设置复式阻车器,出车侧设置单式阻车器。禁止用电机车顶车通过罐笼。

6.1.5.2 下放电缆时,应制定防下滑措施。

6.1.5.3 倾角在25°以上的小眼、人行道、上山和下山的上口,必须设有防止人员和物料坠落的设施。

6.1.5.4 煤仓、溜煤(矸)眼必须有防止人员、物料坠入和煤、矸堵塞的设施。检查煤仓、溜煤(矸)眼和处理堵塞时,必须制定安全措施,严禁人员从下方进入。

严禁煤仓、溜煤(矸)眼兼作流水道。煤仓与溜煤(矸)眼内有淋水时,必须采取封堵或疏干措施;没有得到妥善处理不得使用。

6.2 通风和瓦斯、粉尘防治

6.2.1 通风

6.2.1.1 煤矿施工单位应设立通风管理机构,配备足够的通风、瓦斯技术管理人员。通风管理机构由施工单位技术负责人直接领导,负责本单位的"一通三防"技术管理工作。

施工矿井一期工程时,项目部必须配备专职通风瓦斯管理人员和通风、瓦斯检查人员;

施工矿井二、三期工程时,项目部必须设立通风瓦斯管理机构并配备相应的专业技术人员,由项目部技术负责人直接领导,负责矿井的通风、防治瓦斯、煤尘、防灭火以及安全监控工作。

有煤(岩)与瓦斯(二氧化碳)突出危险的矿井,必须建立专职防突机构;瓦斯抽放矿井必须建立专职瓦斯抽放队伍,并配备足够的专业人员。

6.2.1.2 井下空气成分必须符合下列要求:
  a) 掘进工作面的进风流中,氧气浓度不低于20%,二氧化碳浓度不超过0.5%;
  b) 有害气体的浓度不超过表1规定。

表 1 矿井有害气体最高允许浓度

名 称	最高允许浓度 %
一氧化碳(CO)	0.002 4
氧化氮[换算成二氧化氮(NO_2)]	0.000 25
二氧化硫(SO_2)	0.000 5
硫化氢(H_2S)	0.000 66
氨(NH_3)	0.004

注1:瓦斯、二氧化碳和氢气的允许浓度按本规范的有关规定执行。
注2:矿井中所有气体的浓度均按体积的百分比计算。

6.2.1.3 井巷中的风流速度应符合表2要求。

表 2 井巷中的允许风流风速

井 巷 名 称	允许风速 m/s	
	最 低	最 高
无提升设备的风井和风硐		15
专为升降物料的井筒		12
风 桥		10
升降人员和物料的井筒		8
主要进、回风巷		8
架线电机车巷道	1.0	8
运输机巷	0.25	6
掘进中的煤巷和半煤岩巷	0.25	4
掘进中的岩巷	0.15	4
其他通风人行巷道	0.15	

注1:设有梯子间的井筒或修理中的井筒,风速不得超过8 m/s;梯子间四周经封闭后,井筒中的最高允许风速可按表2规定执行。
注2:无瓦斯涌出的架线电机车巷道中的最低风速可低于表2的规定值,但不得低于0.5 m/s。

6.2.1.4 进风井口以下的空气温度(干球温度,下同)应在 2 ℃以上,否则必须采取井筒防结冰措施,已经结冰的,要采取除冰措施。

建设项目设计时,必须进行风温预测计算,超温地点必须有制冷降温设计,配齐降温设施。

掘进工作面空气温度不得超过 26 ℃,机电设备硐室的空气温度不得超过 30 ℃;当空气温度超过时,必须缩短超温地点工作人员的工作时间,并给予高温保健待遇。

掘进工作面空气温度超过 30 ℃、机电设备硐室的空气温度超过 34 ℃时,必须停止作业,采取措施,进行处理。

6.2.1.5 矿井施工所需风量应按下列要求计算:

 a) 立井人工开挖时所需风量可按每人每分钟不少于 4 m³ 的标准计算。

 b) 立井爆破作业所需风量必须保证井筒的平均风速不小于 0.15 m/s,确保有效排除炮烟。同时立井爆破作业所需风量必须使该地点风流中瓦斯、二氧化碳和其他有害气体的浓度及温度,符合本规范的有关规定。

  立井爆破作业所需风量,通常按排炮烟方法计算:

$$Q = 7.8[KA(S \cdot L)^2]^{1/3}/T$$

  式中:

  Q——工作面配风量,m³/min;

  K——淋水系数,按表 3(0.15~0.8)取值;

  A——一次起爆炸药量,kg;

  S——巷道净断面,m²;

  T——排炮烟时间,min(一般取 40 min~60 min);

  L——掘进井筒(巷道)通风长度,m。

 c) 其他施工地点的实际需要风量,必须使该地点风流中的瓦斯、二氧化碳、氢气和其他有害气体的浓度,风速以及温度,每人供风量符合本规范的有关规定。

 d) 矿井施工总风量应按下列要求分别计算,并取其中的最大值:

  1) 按井下同时工作的最多人数计算,每人每分钟供风量不得少于 4 m³;

  2) 按掘进巷道、硐室及其他地点实际需要风量的总和进行计算。

表 3 淋水系数 K 取值表

涌 水 特 征	淋水系数 K
涌水量小于 1 m³/h 的各种深度的干燥井筒或深度小于 200 m 的含水井筒	0.8
井深大于 200 m,且涌水量为 1 m³/h~6 m³/h 的含水井筒	0.6
井深大于 200 m,且涌水量为 6 m³/h~15 m³/h 的含水井筒	0.3
井深大于 200 m,且涌水量大于 15 m³/h 的含水井筒	0.15

6.2.1.6 必须建立测风制度,对掘进工作面和其他用风地点,应根据实际需要随时测风。井筒施工进入基岩段后,每 10 d 进行 1 次全面测风,每次测风结果应记录并写在测风地点的记录牌上。

应根据井下有害气体变化、施工实际、测风结果采取措施,及时进行风量调节。

6.2.1.7 立井施工必须有专用回风出口,确保风流畅通。

矿井二、三期工程必须建立合理可靠的通风系统,改变全矿井通风系统时,必须编制通风设计及安全措施。

两个及以上施工单位共用一个系统时,应由建设单位统一通风管理。

6.2.1.8 主、副井掘至井底水平时,应尽快在它们之间掘一条联络巷道,以便尽早构成通风系统;主井与副井贯通后,直至主、副井与风井贯通前,应利用贯通巷道及时构成通风系统。每完成一次贯通,应及时调整通风系统,局部通风机及时移到合理位置。

6.2.1.9 贯通巷道必须遵守下列规定:

a) 掘进巷道贯通前,综合机械化掘进巷道在相距 50 m 前、其他巷道在相距 20 m 前,必须停止一个工作面作业,做好调整通风系统的准备工作。

b) 贯通时,必须由专人在现场统一指挥,必须有可靠的联系方式。停掘的工作面必须保持正常通风,设置栅栏及警标,经常检查风筒的完好状况和工作面及其回风流中的瓦斯浓度,瓦斯超限时,必须立即处理。掘进的工作面每次爆破前,必须派专人和瓦斯检查员共同到停掘的工作面检查工作面及其回风流中的瓦斯浓度,瓦斯浓度超限时,必须先停止在掘进工作面的工作,然后处理瓦斯,只有在两个工作面及其回风流中的瓦斯浓度都在 1.0% 以下时,掘进的工作面方可爆破。每次爆破前,两个工作面入口都必须有专人警戒。

c) 贯通后,必须停止附近区域的一切工作,立即调整通风系统,风流稳定正常后,方可恢复工作。

d) 两个施工单位施工的巷道贯通时,由建设单位制定通风系统调整方案,并统一管理。间距小于 20 m 的平行巷道的联络巷贯通,必须遵守本节贯通规定的各项条款。

6.2.1.10 掘进工作面应实行独立通风。相邻的 2 个掘进工作面布置独立通风有困难时,在制定措施后,可采用串联通风,但串联通风的次数不得超过 1 次。同时,必须在进入被串联工作面的进风流中装设甲烷传感器,且瓦斯和二氧化碳浓度都不得超过 0.5%,其他有害气体应符合本规范 6.2.1.2 规定。

在有瓦斯喷出或有煤(岩)与瓦斯(二氧化碳)突出危险的煤层中掘进巷道时,严禁任何两个工作面之间串联通风。

6.2.1.11 矿井二、三期工程必须绘制通风系统图,标明风流方向、风量、通风设施、安全监测监控设备、防尘设施的安设地点,当系统发生变化时,必须及时补充完善通风系统图。

6.2.1.12 矿井必须采用机械通风,并遵守下列规定:

a) 使用建井风机时,应安装 2 台同等能力的通风机,其中 1 台备用,备用通风机必须能在 10 min 内启动,使用主要通风机的,通风机必须安装在地面。

b) 立井施工在安装吊盘后必须实行机械通风。井筒施工及主、副(风)井贯通前,建井风机应安装在地面,离地高度不得小于 1 m,距离井口不得小于 20 m,且不得放在井架上。

c) 建井风机或主要通风机应避开永久通风机房及风道的位置,不影响施工期间的运输和提升。井下排除的污风要避开当地常年主要风向,以免造成井口空气污染;

建井风机必须与各局部通风机实现风电闭锁,当建井风机停止运转时,局部通风机必须停止运转,以免产生循环风。

  d) 主、副(风)井贯通后,应尽快改装通风设备,安装建井风机或地面主要通风机,实现全风压通风。
  e) 低瓦斯矿井施工二期工程,建井风机可根据实际情况安装在井下,但必须制定安全措施,实现全风压通风,确保通风安全。
  f) 高瓦斯、煤(岩)与瓦斯(二氧化碳)突出矿井不得将建井风机安装在井下,且在进入二期工程前,必须形成地面风机供风的全风压通风系统。
  g) 矿井进入三期工程前,地面主要通风机必须投入使用并保持正常运行,实现全风压通风。

6.2.1.13 立井施工期间风筒要悬吊竖直,固定牢靠,井筒内吊挂的风筒接头连接牢固。

6.2.1.14 因检修、停电或其他原因停止建井风机运转时,必须制定停风措施。

建设单位应与供电部门签订协议,变电所或电厂在停电以前,必须将预计停电时间通知项目部调度室。

建井风机停止运转时,受停风影响的地点,必须立即停止工作、切断电源,工作人员先撤到进风巷道中,由值班负责人迅速决定全矿井是否停止施工、工作人员是否全部撤出。

建井风机停止运转期间,必须打开有关风门,利用自然风压通风。

6.2.1.15 施工组织设计和作业规程中必须有通风设计,进行风量计算,明确通风方式、风机选型、风筒直径及通风机安装位置;建井二期工程的通风设计由项目技术负责人组织编制,报工程处总工程师审批;建井三期工程的通风设计由工程处总工程师组织编制,报集团公司总工程师审批。

6.2.1.16 掘进巷道必须采用矿井全风压通风或局部通风机通风。

煤巷、半煤岩巷和有瓦斯涌出的岩巷的掘进通风方式应采用压入式,如采用混合式,必须制定安全措施;不得采用抽出式(压气、水力引射器不受此限)。

瓦斯喷出区域和煤(岩)与瓦斯(二氧化碳)突出煤层的掘进通风方式必须采用压入式。

6.2.1.17 使用局部通风机通风的掘进工作面,不得停风;因检修、停电、故障等原因停风时,必须将人员全部撤至新鲜风流中,并切断电源。

井下局部通风机恢复通风前,必须由专职瓦斯检查员检查瓦斯。只有在局部通风机及其开关附近 10 m 以内风流中的瓦斯浓度都不超过 0.5% 时,方可由指定人员开启局部通风机。

6.2.2 瓦斯防治

6.2.2.1 矿井在设计前,设计单位应根据地质勘探部门提供的煤层瓦斯含量等资料预测的瓦斯涌出量和邻近生产矿井的瓦斯涌出量资料,预测矿井瓦斯等级,作为计算风量和设计的依据。矿井瓦斯涌出量预测方法按 AQ 1018—2006 执行。

6.2.2.2 建设单位应提供各煤层的瓦斯含量资料,第一次揭露煤层前必须组织测定煤层原始瓦斯含量和压力,并根据揭穿各煤层的实际情况,重新验证煤层的突出危险性。

6.2.2.3 建设项目每年必须根据实际测定的瓦斯涌出量和瓦斯涌出形式鉴定矿井瓦斯等级,同时进行矿井二氧化碳涌出量的测定工作,作为核定和调整风量的依据。

单条掘进巷道的绝对瓦斯涌出量大于 3 m^3/min 时,矿井应按高瓦斯区域管理;在掘进过程中发生过煤(岩)与瓦斯(二氧化碳)突出矿井应定为煤(岩)与瓦斯(二氧化碳)突出矿井。

如果鉴定结果与矿井设计不符时,应提出修改矿井瓦斯等级的专门报告,报有关部门审定。建设单位应根据新的矿井瓦斯等级批复意见委托原设计单位修改矿井设计和安全专篇设计,并报原审查机构批准。

6.2.2.4 新建矿井必须进行瓦斯涌出量预测。瓦斯涌出量预测由具有国家规定资质的专业机构和建设单位共同完成,预测结果经专家审定后以报告形式提供给建设单位、施工单位和有关部门。

6.2.2.5 根据地质报告提供的瓦斯资源或参照邻近矿井参数而达到6.2.2.15条件时,必须将瓦斯抽放工程纳入矿井设计中,但设计所依据的瓦斯参数必须经具有相关资质的专业机构进行可行性论证。

6.2.2.6 新建矿井瓦斯抽放工程设计应以批准的精查地质报告为依据,并参照邻近或条件类似生产矿井的瓦斯资料;改(扩)建矿井应以本矿地质、瓦斯资料为依据。

6.2.2.7 二、三期工程总回风流中瓦斯或二氧化碳浓度超过0.75%时,必须立即查明原因,进行处理。

6.2.2.8 掘进工作面回风巷风流中瓦斯浓度超过1.0%或二氧化碳浓度超过1.5%时,必须停止工作,撤出人员,采取措施,进行处理。

6.2.2.9 掘进工作面及其他作业地点风流中瓦斯浓度达到1.0%时,严禁用电钻打眼;爆破地点附近20 m以内风流中瓦斯浓度达到1.0%时,严禁爆破。

掘进工作面及其他作业地点风流中、电动机或其开关安设地点附近20 m以内风流中的瓦斯浓度达到1.5%时,必须停止工作,切断电源,撤出人员,进行处理。

掘进工作面及其他巷道内,体积大于0.5 m³的空间内积聚的瓦斯浓度达到2.0%时,附近20 m内必须停止工作,撤出人员,切断电源,进行处理。

因瓦斯浓度超过规定被切断电源的电气设备,必须在瓦斯浓度降到1.0%以下时,方可通电开动。

6.2.2.10 掘进工作面风流中二氧化碳浓度达到1.5%时,必须停止工作,撤出人员,查明原因,制定措施,进行处理。

6.2.2.11 必须从施工管理上采取措施,防止瓦斯积聚;当发生瓦斯积聚时,必须及时处理。

必须有因停电和检修建井风机停止运转或通风系统遭到破坏以后恢复通风、排除瓦斯和送电的安全措施。恢复正常通风后,所有受到停风影响的地点,都必须经过通风、瓦斯检查人员检查,证实无危险后,方可恢复工作。所有安装电动机及其开关的地点附近20 m的巷道内,都必须检查瓦斯,只有瓦斯浓度符合本规范规定时,方可开启。

临时停工的地点,不得停风;否则必须切断电源,设置栅栏,悬挂警戒牌,禁止人员进入,并向调度室报告。停工区内瓦斯或二氧化碳浓度达到3.0%或其他有害气体浓度超过本规范6.2.1.2规定不能立即处理时,必须在24 h内封闭完毕,切断通往密闭墙内的铁轨和管线,并在密闭墙前设置栅栏,悬挂警戒牌。

恢复已封闭的停工区或掘进工作接近这些地点时,必须事先排除其中积聚的瓦斯。排放瓦斯工作必须制定安全措施。

严禁在停风或瓦斯超限的区域内作业。

立井施工需要停风作业时必须制定专项安全措施。

6.2.2.12 井下局部通风机因故停止运转,在恢复通风前,必须首先检查瓦斯,只有停风区中最高瓦斯浓度不超过 1.0% 和最高二氧化碳浓度不超过 1.5%,且符合本规范 6.2.1.17 开启局部通风机的条件时,方可人工开启局部通风机,恢复正常通风。

停风区中瓦斯浓度超过 1.0% 或二氧化碳浓度超过 1.5%,最高瓦斯浓度和二氧化碳浓度均不超过 3.0% 时,必须采取安全措施,控制风流排放瓦斯,严禁一风吹。

停风区中瓦斯浓度或二氧化碳浓度超过 3.0% 时,必须制订安全排瓦斯措施,并报上一级主管单位技术负责人审批后实施,由两家施工单位同时施工的必须报建设单位审批,并由建设单位组织实施。

在排放瓦斯过程中,排出的瓦斯与全风压风流混合处的瓦斯和二氧化碳浓度都不得超过 1.5%,且回风系统内必须停电撤人,其他地点的停电撤人范围、警戒地点和警戒人员都应在措施中明确规定。只有恢复通风的巷道风流中瓦斯浓度不超过 1.0% 和二氧化碳浓度不超过 1.5% 时,方可人工恢复局部通风机供风巷道内电气设备的供电和回风系统内的供电。

井筒施工进入基岩段后,建井风机的停、送风必须执行上述有关规定。排放瓦斯时,井口周围 20 m 范围内严禁明火,电气设备必须切断电源。

6.2.2.13 掘进工作面第一次接近各煤层时,必须按有关地质资料预计煤层的位置,在距煤层垂距 10 m 以外开始打探煤钻孔,探明煤层赋存状况,钻孔超前工作面的距离不得小于 5 m,并有专职瓦斯检查工经常检查瓦斯。岩石井巷掘进遇到煤线或接近地质构造带时,必须有专职瓦斯检查工经常检查瓦斯,发现瓦斯大量增加或其他异状时,必须停止掘进,撤出人员,进行处理。

6.2.2.14 在地质构造复杂区域施工时,为避免误穿煤层,发生煤与瓦斯突出和水害事故,应布置超前探钻,探明前方煤层和水患情况。

6.2.2.15 有下列情况之一的矿井,建设单位必须建立抽放瓦斯系统:
a) 1 个掘进工作面瓦斯涌出量大于 3 m^3/min,用通风方法解决瓦斯问题不合理的。
b) 矿井绝对瓦斯涌出量达到以下条件的:
—— 大于或等于 40 m^3/min;
—— 设计为 1.0 Mt~1.5 Mt 的矿井,大于 30 m^3/min;
—— 设计为 0.6 Mt~1.0 Mt 的矿井,大于 25 m^3/min;
—— 设计为 0.4 Mt~0.6 Mt 的矿井,大于 20 m^3/min;
—— 设计为或小于 0.4 Mt 的矿井,大于 15 m^3/min。
c) 在有煤与瓦斯突出危险煤层中施工的。

煤与瓦斯突出矿井必须在揭露突出煤层前形成瓦斯抽放系统,高瓦斯矿井必须在进入三期工程前形成瓦斯抽放系统。

6.2.2.16 矿井瓦斯抽放系统必须监测抽放管道中的瓦斯浓度、流量、负压、温度和一氧化碳等参数,同时监测抽放泵站内瓦斯泄漏等。当出现瓦斯抽放浓度过低、一氧化碳超限、泵站内有瓦斯泄漏等情况时,应能报警并使抽放泵主电源断电。

6.2.2.17 必须建立瓦斯、二氧化碳和其他有害气体检查制度,并遵守下列规定:
a) 项目负责人、技术负责人、爆破工、掘进队长、通风队长、工程技术人员、班长、流动

  电钳工下井时,必须携带便携式甲烷检测仪。瓦斯检查工必须携带便携式甲烷检测报警仪和光学甲烷检测仪。安全监测工必须携带便携式甲烷检测报警仪或光学甲烷检测仪。

b) 进入基岩段后,所有掘进工作面、硐室、使用中的机电设备的设置地点、有人作业的地点都应纳入检查范围。

c) 掘进工作面的瓦斯浓度检查次数如下:
  1) 低瓦斯矿井中每班至少检查2次;
  2) 高瓦斯矿井中每班至少检查3次;
  3) 有煤(岩)与瓦斯(二氧化碳)突出危险的掘进工作面,有瓦斯喷出危险的掘进工作面和瓦斯涌出较大、变化异常的掘进工作面,必须有专人经常检查,并安设甲烷风电闭锁装置。

d) 掘进工作面二氧化碳浓度应每班至少检查2次;有煤(岩)与二氧化碳突出危险的掘进工作面,二氧化碳涌出量较大、变化异常的掘进工作面,必须有专人经常检查二氧化碳浓度。本班未进行工作的掘进工作面,瓦斯和二氧化碳应每班至少检查1次;可能涌出或积聚瓦斯或二氧化碳的硐室和巷道的瓦斯或二氧化碳应每班至少检查1次。

e) 瓦斯检查人员必须执行瓦斯巡回检查制度和请示报告制度,并认真填写瓦斯检查班报。每次检查结果必须记入瓦斯检查班报、手册和检查地点的记录牌上,并通知现场工作人员。瓦斯浓度超过本规范有关条文规定或变化异常时,瓦斯检查人员有权责令现场人员停止工作,并撤到安全地点。

f) 在有自然发火危险的矿井,必须定期检查一氧化碳浓度、气体温度等的变化情况。

g) 井下停风地点栅栏外风流中的瓦斯浓度每天至少检查1次,挡风墙外的瓦斯浓度每周至少检查1次。

h) 通风值班人员必须审阅瓦斯报表,掌握瓦斯变化情况,发现问题,及时处理,并向调度室汇报。建设项目实行总承包的,通风瓦斯日报必须送施工项目负责人、技术负责人审阅,并报建设单位备案;建设项目实行单项工程分包的,通风瓦斯日报必须送建设单位项目负责人、技术负责人审阅。对重大的通风、瓦斯问题,应制定措施,进行处理。

6.2.3 粉尘防治

6.2.3.1 建设项目的地质精查报告中,必须有各煤层的煤尘爆炸性鉴定资料。揭露煤层时,建设单位应委托国家授权单位进行煤尘爆炸性鉴定工作,鉴定结果必须报煤矿安全监察机构备案并提供给施工单位,施工单位应根据鉴定结果采取相应的安全措施。

6.2.3.2 必须建立防尘供水系统。没有防尘供水管路的掘进工作面不得施工。主要运输巷、带式输送机斜井与平巷、掘进巷道、卸载点等地点都必须敷设防尘供水管路,并安设支管和阀门。

6.2.3.3 对产生煤(岩)尘的地点必须采取综合防尘措施:
  a) 掘进工作面及特殊凿井法施工的防尘措施必须符合本规范6.1.1.3的规定。
  b) 掘进机作业的防尘必须符合本规范6.1.4.10 e)的规定。
  c) 在煤、岩层中钻孔,应采取湿式钻孔。煤(岩)与瓦斯(二氧化碳)突出煤层或软煤层中瓦斯抽放钻孔难以采取湿式钻孔时,可采取干式钻孔,但必须采取捕尘、降尘措施,工作人员必须佩戴防尘保护用品。

d) 在有煤尘爆炸危险煤层中掘进时,必须有预防和隔绝煤尘爆炸的措施。煤层掘进巷道同与其相连的巷道间,采用独立通风并有煤尘爆炸危险的地点同与其相连通的巷道间,必须用水棚或岩粉棚隔开。必须及时清除巷道中的浮煤,清扫或冲洗沉积煤尘,定期撒布岩粉。

6.2.3.4 施工单位应制定综合防尘措施、预防和隔绝煤尘爆炸措施及管理制度,并组织实施。每周至少检查 1 次煤尘隔爆设施的安装地点、数量、水量或岩粉量及安装质量是否符合要求。

6.3 通风安全监控

6.3.1 一般规定

6.3.1.1 井筒施工进入基岩段后,必须装备甲烷风电闭锁装置。

所有矿井进入二期工程后必须安装矿井安全监控系统。矿井安全监控系统的安装、使用和维护必须符合本规范和相关规定的要求。

6.3.1.2 安全监控系统必须 24 h 连续运转。

6.3.1.3 安全监控系统传感器的数据或状态应传输到地面主机。

6.3.1.4 矿井二期工程的施工组织设计、作业规程和安全措施,必须对安全监控设备的种类、数量和位置,信号电缆和电源电缆的敷设,断电区域等做出明确规定,并绘制布置图和断电控制图。

6.3.1.5 安全监控设备布置图和断电控制图应标明传感器、声光报警器、断电器、分站、电源、中心站等设备的位置、接线、断电范围、传输电缆等,并根据实际布置及时修改。

6.3.1.6 地面中心站应设置在调度室内,实行 24 h 值班制度。中心站必须实时监控全部掘进工作面瓦斯浓度变化及被控设备的通电状态。中心站主机应不少于 2 台,其中 1 台备用。中心站设备应有可靠的接地装置和防雷装置。

6.3.1.7 安全监控日报表必须报建设、施工项目负责人和技术负责人审阅。

6.3.2 安装、使用和维护

6.3.2.1 安全监控系统使用前和大修后,必须按产品使用说明书的要求测试、调校合格,并在地面试运行 24 h~48 h 方能下井。

6.3.2.2 安全监控设备之间必须使用专用阻燃电缆连接,严禁与调度电话电缆或动力电缆等共用。

6.3.2.3 井下分站,应设置在便于人员观察、调试、检验及支护良好、无滴水、无杂物的进风巷道或硐室中,安设时应垫支架,使其距巷道底板不小于 300 mm。

6.3.2.4 隔爆兼本质安全型等防爆电源严禁设置在下列区域:

a) 断电范围内;
b) 掘进工作面内;
c) 采用串联通风的被串掘进巷道内。

6.3.2.5 安全监控设备的供电电源必须取自被控开关的电源侧,严禁接在被控开关的负荷侧。

6.3.2.6 安装断电控制系统时,必须根据断电范围要求,提供断电条件,并接通井下电源及控制线。断电控制器与被控开关之间必须正确接线,具体方法由项目部技术负责人审定。

6.3.2.7 拆除或改变与安全监控设备关联的电气设备的电源线及控制线、检修与安全监控设备关联的电气设备、需要安全监控设备停止运行时,须报告项目部和矿调度室,并制定安全措施后方可进行。

6.3.2.8 模拟量传感器应设置在能正确反映被测物理量的位置。开关量传感器应设置在能正确反映被监测状态的位置。声光报警器应设置在经常有人工作便于观察的地点。

6.3.2.9 安全监控设备必须定期进行调试、校正,每月至少1次。甲烷传感器、便携式甲烷检测报警仪等采用载体催化元件的甲烷检测设备,每10 d必须使用校准气样和空气样调校1次。每10 d必须对甲烷超限断电闭锁和甲烷风电闭锁功能进行测试。

6.3.2.10 传感器经过调校检测误差仍超过规定值时,必须立即更换;安全监控设备发生故障时,必须及时处理,在更换和故障处理期间必须采用人工监测等安全措施,并填写故障记录。

6.3.2.11 低浓度甲烷传感器经大于4%CH_4的甲烷冲击后,应及时调校或更换。

6.3.2.12 配制甲烷校准气样的装备和方法必须符合MT 423—1995的规定,选用纯度不低于99.9%的甲烷标准气体作原料气。配置好的甲烷校准气体应以标准气体为标准,用气相色谱议或红外线分析仪分析定值,其不确定度应小于5%。

6.3.2.13 监控系统的分站、传感器等装置在井下连续运行6个月~12个月,必须升井检查。

6.3.2.14 必须每天检查安全监控设备及电缆是否正常,使用便携式甲烷检测报警仪或便携式光学甲烷检测仪与甲烷传感器进行对照,并将记录和检查结果报地面中心站值班员;当两者读数误差大于允许误差时,先以读数较大者为依据,采取安全措施,并必须在8 h内将2种仪器调准。

6.3.2.15 与安全测控仪器关联的电气设备,电源线和控制线在拆除或改线时,必须与安全监控管理部门共同处理。检修与安全监控设备关联的电气设备,需要监控设备停止运行时,须经项目部主要负责人或主要技术负责人同意,并制定安全措施后方可进行。

6.3.3 甲烷传感器和其他传感器的设置

6.3.3.1 甲烷传感器应垂直悬挂在巷道上方风流稳定的位置,距顶板(顶梁)不得大于300 mm,距巷道侧壁不得小于200 mm,并应安装维护方便,不影响行人和行车。

6.3.3.2 甲烷传感器的设置地点、报警浓度、断电浓度、复电浓度及断电范围必须符合表4规定。

表 4 甲烷传感器的设置地点、报警浓度、断电浓度、复电浓度及断电范围

甲烷传感器设置地点	甲烷传感器编号	报警浓度 %CH_4	断电浓度 %CH_4	复电浓度 %CH_4	断 电 范 围
煤巷、半煤岩巷和有瓦斯涌出岩巷的掘进工作面	T_1	≥1.0	≥1.5	<1.0	掘进巷道内全部非本质安全型电气设备
煤巷、半煤岩巷和有瓦斯涌出岩巷的掘进工作面回风流中	T_2	≥1.0	≥1.0	<1.0	掘进巷道内全部非本质安全型电气设备

表 4（续）

甲烷传感器设置地点	甲烷传感器编号	报警浓度 %CH$_4$	断电浓度 %CH$_4$	复电浓度 %CH$_4$	断电范围
采用串联通风的被串掘进工作面局部通风机前	T$_3$	≥0.5	≥0.5	<0.5	被串掘进巷道内全部非本质安全型电气设备
		≥0.5	≥1.5	<0.5	包括局部通风机在内的被串掘进巷道内全部非本质安全型电气设备
高瓦斯矿井双巷掘进工作面混合回风流处	T$_3$	≥1.5	≥1.5	<1.0	包括局部通风机在内的双巷掘进巷道内全部非本质安全电源
高瓦斯和煤与瓦斯突出矿井掘进巷道中部		≥1.0	≥1.0	<1.0	掘进巷道内全部非本质安全型电气设备
掘进机		≥1.0	≥1.5	<1.0	掘进机电源
掘进机设置的便携式甲烷检测报警仪		≥1.0			
采（盘）区回风巷		≥1.0	≥1.0	<1.0	采（盘）区回风巷内全部非本质安全型电气设备
一翼回风巷及总回风巷		≥0.7	—	—	
回风流中的机电硐室的进风侧		≥0.5	≥0.5	<0.5	机电硐室内全部非本质安全型电气设备
使用架线电机车的主要运输巷道内装煤点处		≥0.5	≥0.5	<0.5	装煤点处上风流100 m内及其下风流的架空线电源和全部非本质安全型电气设备
高瓦斯矿井进风的主要运输巷道内使用架线电机车时，瓦斯涌出巷道的下风流处		≥0.5	≥0.5	<0.5	瓦斯涌出巷道上风流100 m内及其下风流的架空线电源和全部非本质安全型电气设备
矿用防爆特殊型蓄电池电机车内		≥0.5	≥0.5	<0.5	机车电源

表 4（续）

甲烷传感器设置地点	甲烷传感器编号	报警浓度 %CH₄	断电浓度 %CH₄	复电浓度 %CH₄	断 电 范 围
矿用防爆特殊型蓄电池电机车内设置的便携式甲烷检测报警仪		≥0.5			
矿用防爆特殊型柴油机车内设置的便携式甲烷检测报警仪		≥0.5			
兼做回风井的装有带式输送机的井筒		≥0.5	≥0.7	<0.7	井筒内全部非本质安全型电气设备
采（盘）区回风巷、一翼回风巷及总回风巷道内施工电气设备上风侧		≥1.0	≥1.0	<1.0	采（盘）区回风巷、一翼回风巷及总回风巷道内全部非本质安全型电气设备
地面瓦斯抽放泵站室内		≥0.5	—	—	
井下临时抽放泵站下风侧栅栏外		≥0.5	≥1.0	<0.5	抽放瓦斯泵电源
瓦斯抽放泵输入管路中		≤25	—	—	—
利用瓦斯时，瓦斯抽放泵站输出管路中		≤30	—	—	—
不利用瓦斯、采用干式抽放瓦斯设备的瓦斯抽放泵站输出管路中		≤25	—	—	—

6.3.3.3 装备安全监控系统的矿井，建井风机、局部通风机应设置设备开停传感器；主要风门应设置风门开关传感器；测风站应设置风速传感器；被控设备开关的负荷侧应设置馈电状态传感器；在容易自燃和自燃煤层中施工时，应安设一氧化碳传感器和温度传感器。

传感器的具体设置位置按 AQ 1029—2007 规定执行。

6.4 煤（岩）与瓦斯（二氧化碳）突出防治

煤矿建设期间的煤（岩）与瓦斯（二氧化碳）突出防治工作，按照《煤矿安全规程》和《防治煤与瓦斯突出规定》执行。

6.5 防灭火

6.5.1 建设单位应结合生产、生活供水，建立消防管路系统，保证足够的消防用水。消防管路系统可以与防尘供水系统共用。

6.5.2 井下严禁使用灯泡取暖和使用电炉。

6.5.3 井下和井口房内不得从事电焊、气焊和喷灯焊接等工作。如果必须在井下硐室、巷道和井口房内进行电焊、气焊和和喷灯焊接等工作时,每次必须制定安全措施。项目由一家施工单位总承包的,由施工单位负责人审批,由两家及以上施工单位承包的,由建设单位负责人审批,并遵守下列规定:

  a) 指定专人在场检查和监督。
  b) 电焊、气焊和喷灯焊接等工作地点的前后两端各 10 m 的井巷范围内,应是不燃性材料支护,并有专人负责喷水。上述工作地点应至少备有 2 个灭火器。
  c) 在井口房、井筒和倾斜巷道内进行电焊、气焊和喷灯焊接等工作时,必须在工作地点的下方用不燃性材料设施接受火星。
  d) 电焊、气焊和喷灯焊接等工作地点的风流中,瓦斯浓度不得超过 0.5%,只有在检查证明作业地点附近 20 m 范围内巷道顶部和支护背板后无瓦斯积存时,方可进行作业。
  e) 电焊、气焊和喷灯焊接等工作完毕后,工作地点应再次用水喷洒,并应有专人在工作地点检查 1 h,发现异状,立即处理。
  f) 在有煤(岩)与瓦斯(二氧化碳)突出危险的矿井中进行电焊、气焊和喷灯焊接时,必须停止突出危险区内的一切工作。

  煤层中未采用砌碹或喷浆封闭的硐室和巷道中,不得进行电焊、气焊和喷灯焊接等工作。

  高瓦斯、煤(岩)与瓦斯(二氧化碳)突出矿井严禁在回风流中进行电焊、气焊和和喷灯焊接等工作。

6.5.4 地面要害车间、井上下爆炸材料库、机电设备硐室、检修硐室、材料库、井底车场、使用带式输送机或液力耦合器的巷道、掘进工作面附近的巷道中,以及井下机动车和掘进设备应备有足够的灭火器材,其数量、规格和存放地点,应在应急预案中确定,并定期检查和更换。

  工作人员必须熟悉灭火器材的使用方法,并熟悉本职工作区域内灭火器材的存放地点。

6.5.5 每季度应对矿井消防管路及消防器材的设置情况进行一次检查,发现问题,及时解决。

6.5.6 揭露新煤层时,建设单位必须对煤层的自燃倾向性进行鉴定。

6.5.7 在容易自燃和自燃的煤层中施工时,必须建立自然发火预测预报制度。

6.5.8 在容易自燃和自燃的煤层中施工时,对出现的冒顶区必须及时进行防火处理,并定期检查。

6.5.9 任何人发现井下火灾时,应视火灾性质、灾区通风和瓦斯情况,立即采取一切可能的方法直接灭火,控制火势,并迅速报告调度室。调度室在接到井下火灾报告后,应立即按应急预案通知有关人员组织抢救灾区人员和实施灭火工作。

  值班调度和现场区、队、班组长应按应急预案规定,将所有可能受火灾威胁地区中的人员撤离,并组织人员灭火。电气设备着火时,应首先切断其电源;在切断电源前,只准使用不导电的灭火器材进行灭火。

  抢救人员和灭火过程中,必须指定专人检查瓦斯、一氧化碳、煤尘、其他有害气体和风向、风量的变化,还必须采取防止瓦斯、煤尘爆炸和人员中毒的安全措施。

6.6 防治水

6.6.1 煤矿建设期间防治水工作,按照《煤矿防治水规定》执行,同时应遵守下列规定:

6.6.2 建设单位应将查明矿区和矿井的水文地质条件(包括相邻煤矿和废弃老窑的详细情况)的相关资料及时提供给施工单位,施工单位应根据建设单位提供的资料,编制防治水计划,并组织实施。

建设单位和施工单位每年雨季前必须对防治水工作进行全面检查。

6.6.3 雨季受水威胁的矿井,应制定雨季防治水措施;建立雨季巡视制度并组织抢险队伍,储备足够的防洪抢险物资。当暴雨威胁矿井安全时,必须立即停工撤出井下全部人员,只有在确认暴雨洪水隐患彻底消除后方可恢复施工。

6.6.4 建设单位必须查清矿区及其附近地面水流系统的汇水、渗漏情况,疏水能力和有关水利工程情况,掌握当地历年降水量和最高洪水位资料,建立疏水、防水和排水系统。

6.6.5 井筒临时锁口标高和工业场地临时建筑物地面标高必须高于当地历年最高洪水位,若低于最高洪水位时,必须采取防洪措施;在山区还必须避开可能发生泥石流、滑坡的地段。

6.6.6 建设项目必须做好水害分析预报和充水条件分析,坚持预测预报、有疑必探、先探后掘、先治后采的防治水原则,采取防、堵、疏、排、截的综合治理措施。

水文地质条件复杂时,施工项目部应配备相应的水文地质专业人员或建立防治水机构。

6.6.7 在斜、立井井筒施工过程中,永久排水设施未形成之前,对穿过的主要含水层(段),必须采取探、堵水的施工措施。

6.6.8 立井基岩段施工应遵循快速、打干井的原则,并遵守下列规定:
   a) 单层涌水量小于 10 m^3/h 的含水层段,应强行穿过;
   b) 单层涌水量大于 10 m^3/h,且含水层层数多,层段又较集中的地段,应进行地面预注浆;
   c) 单层涌水量大于 10 m^3/h,但含水层层数少,或层段分散的地段,应进行工作面预注浆或短探、短注、短掘;
   d) 对于采取何种探水注浆堵水的施工方案,还应结合特殊施工的深度(冻结、钻井深度)及其他因素综合考虑。

6.6.9 立井井筒采取工作面探水注浆,工作面的静水压力大于 1 MPa 时,孔口管应安装防喷装置。

6.6.10 探水注浆方案确定之后,必须编制探水注浆工程设计。

6.6.11 当井筒深度较大时如果设置转水站,转水站平台外沿应设高度不低于 1.2 m 的安全护栏,受力钢梁要进行承载强度验算同时还必须设置通讯和信号装置。

6.6.12 井筒开凿到底后,临时水仓和排水硐室未形成前,可以利用井底水窝作临时水仓,在井底附近安装具有一定排水能力的临时过渡排水泵和供电设备,确保安全。

6.6.13 井筒或开拓新水平的暗斜井、暗立井到底后,或独立施工的区域,应尽快施工临时水仓和临时排水硐室,安装临时供电和排水泵。应根据该区域涌水量确定排水能力和临时水仓容积,当预计涌水量小于 50 m^3/h 时,临时水仓容积应大于 4 h 正常涌水量;当预计涌水量大于 50 m^3/h 时,临时水仓容积应大于 8 h 正常涌水量。临时排水硐室必须采用混凝土砌筑或锚喷支护,不得有淋水,底板标高应比大巷轨面高 300 mm,断面应满足设备布置需要。

排水能力的配备应满足使用、备用和检修的要求,工作和备用的排水能力不小于正常涌水量的2倍。

井巷施工各阶段的临时排水系统,应在矿井施工组织设计中确定。矿井必须优先建立永久排水系统,在永久排水系统形成前,不得施工三期工程。

6.6.14 在井巷工程施工期间,遇到下列情况之一者,必须坚持有疑必探的原则,并于排除水患因素之后,再行施工:
   a) 井巷工程要穿过主要导水断层破碎带;
   b) 井巷工程临近岩溶富水地段;
   c) 井巷工程要穿过煤系地层主要含水层段;
   d) 井巷工程要穿过或者接近富水的陷落柱;
   e) 井巷工程接近老空区或被淹没的井巷工程区段;
   f) 井巷工程贯通的掘进工作面有积水。

6.6.15 井巷揭穿含水层、地质构造带前,必须编制探放水和注浆堵水设计。

井巷揭露的主要出水点或地段,必须进行水温、水量、水质等地下水动态和松散含水层涌水含砂量综合观测和分析,防止滞后突水。

6.6.16 抽排水恢复被淹没的井巷工程工作,建设、施工单位必须共同编制专项安全技术措施,其内容应包括地面水源和水文观测孔的观测。

6.6.17 井巷工程施工的工作面或者其他地段发现有透水征兆(如水温异常、涌水量增大、水色发浑、压力增大、出现雾气等异常现象)时,必须立即停止作业、向矿总调度室报告、撤出受水害威胁区域内的所有人员到安全地点,分析查找原因,采取有效措施,消除水患。

6.7 爆破管理

6.7.1 实行工程总承包的,由总承包单位建立地面临时爆炸材料库,并负责管理;没有实行工程总承包的,由建设单位建立地面临时爆炸材料库并负责统一管理,或者由建设单位指定一家施工单位负责管理。

地面临时性爆炸材料库选址、库容、安全距离、照明、防火措施及附属设施等,必须符合国家有关规定。

6.7.2 必须建立爆炸材料运输、储存、发放、领退、使用、销毁等管理制度。

6.7.3 必须对爆炸材料押运员、放炮员、库管员等涉爆人员进行严格培训,取得相应资格证书,持证上岗。

6.7.4 井下爆破作业,除井筒冻结段外必须使用煤矿许用炸药和煤矿许用电雷管。

6.7.5 井筒冻结段爆破作业应采用与冻结温度相适应的防冻炸药。

6.7.6 井上、下接触爆炸材料的人员,必须穿棉布或抗静电衣服。

6.7.7 井下爆破工作必须由专职爆破工担任。在煤与瓦斯(二氧化碳)突出煤层中,专职爆破工的工作必须固定在一个工作面,并配备便携式瓦斯报警仪或报警矿灯。

爆破作业必须执行"一炮三检制""三人联锁放炮制"。

6.7.8 爆破作业必须编制爆破作业说明书,爆破工必须依照说明书进行爆破作业。

6.7.9 不得使用过期或严重变质的爆炸材料,不能使用的爆炸材料必须交回爆炸材料库。

6.7.10 装药前和爆破前有下列情况之一的,严禁装药、爆破:
   a) 掘进工作面的控顶距离不符合作业规程的规定,或者支架有损坏;
   b) 爆破地点附近20 m以内风流中瓦斯浓度达到1.0%;
   c) 在爆破地点20 m以内,矿车,未清除的煤、矸或其他物体堵塞巷道断面1/3以上;

d) 炮眼内发现异状、温度骤高骤低、有显著瓦斯涌出、煤岩松散、透老空等情况;
e) 掘进工作面风量不足。

6.7.11 爆破前,必须加强对设备和电缆等的保护或将其移出工作面,班组长必须亲自布置专人在警戒线和可能进入爆破地点的所有通路上担任警戒工作,警戒人员必须在安全地点警戒,警戒线处应设置警戒牌、栏杆或拉绳。

6.7.12 爆破工必须最后离开爆破地点,并必须在安全地点起爆。

6.7.13 起爆地点到爆破地点的距离及爆破后的通风时间必须在作业规程中明确规定。

6.7.14 爆破后,待工作面的炮烟被吹散,爆破工、瓦斯检查工和班组长必须首先巡视爆破地点,检查通风、瓦斯、煤尘、顶板、支架、拒爆、残爆等情况。如有危险情况,必须立即处理。

6.8 运输和提升

6.8.1 平巷和倾斜巷运输

6.8.1.1 在瓦斯矿井中使用机车运输,宜使用蓄电池电机车或防爆型柴油机车,并遵守下列规定:

a) 低瓦斯矿井运输:井底车场和主要运输大巷可采用矿用一般型蓄电池电机车;煤巷和采(盘)区巷道应使用矿用防爆特殊型蓄电池机车或矿用防爆柴油机车。
b) 高瓦斯矿井运输:应使用矿用防爆特殊型蓄电池机车或矿用防爆柴油机车。
c) 煤(岩)与瓦斯(二氧化碳)突出矿井和瓦斯喷出区域中,如果使用机车运输,必须使用矿用防爆特殊型蓄电池电机车或矿用防爆柴油机车。

6.8.1.2 机车司机必须按信号指令行车,在开车前必须发出开车信号。机车运行中,严禁将头或身体探出车外。司机离开座位时,必须切断电动机电源,将控制手把取下保管好,扳紧车闸,但不得关闭车灯。

6.8.1.3 必须定期检修机车和矿车,并经常检查,发现隐患,及时处理。机车的闸、灯、警铃(喇叭)、连接装置和撒砂装置,任何一项不正常或防爆部分失去防爆性能时,都不得使用该机车。

6.8.1.4 采用矿用防爆型柴油动力装置,应遵守下列规定:

a) 排气口的排气温度不得超过 70 ℃,其表面温度不得超过 150 ℃。
b) 排出的各种有害气体被巷道风流稀释后,必须符合 6.2.1.2 的规定。
c) 各部件不得用铝合金制造,使用的非金属材料应具有阻燃和抗静电性能。油箱及管路必须用不燃性材料制造。油箱的最大容量不超过 8 h 的用油量。
d) 燃油的闪点应高于 70 ℃。
e) 必须配置适宜的灭火器。

6.8.1.5 采用机车运输,应遵守下列规定:

a) 列车或单独机车都必须前有照明后有红灯。
b) 正常运行时,机车必须在列车前端。
c) 同一区段轨道上,不得行驶非机动车辆。如果需要行驶时,必须经井下调度部门同意,并制定专项安全措施。
d) 列车通过的风门,必须设有当列车通过时能够发出在风门两侧都能接收到声光信号的装置。
e) 巷道内应装设路标和警标。机车行近巷道口、硐室口、弯道、道岔、坡度较大或噪声大等地段,以及前面有车辆或视线有障碍时,都必须减速,并发出警示信号。
- f) 必须有用矿灯发送紧急停车信号的规定。非危险的情况下,任何人不得使用紧急停车信号。
- g) 2车或2车在同一轨道同一方向行驶时,必须保持不少于100 m的距离。
- h) 列车投入使用时必须测定制动距离,之后每年至少测定一次。运送物料时不得超过40 m;运送人员时不得超过20 m。
- i) 在弯道或司机视线受阻的区段,应设置列车警示信号。

6.8.1.6 对运行7 t及其以上机车或3 t及其以上矿车的轨道,应采用不低于30 kg/m钢轨。

6.8.1.7 临时轨道的铺设应符合下列要求:
- a) 扣件必须齐全、牢固并与轨型相符。轨道接头的间隙不得大于10 mm,高低和左右错差都不得大于3 mm。
- b) 直线段2条钢轨顶面的高低差,以及曲线段外轨按设计加高后和内轨顶面的高低差,都不得大于5 mm。
- c) 直线段或加宽后的曲线段轨距上偏差为+5 mm,下偏差为-2 mm。
- d) 在曲线段内应设置轨距拉杆。
- e) 斜井(巷)运送人员轨道的铺设,轨道接头间隙不得大于5 mm,高低和左右错差都不得大于2 mm。

6.8.1.8 严禁使用固定车厢式矿车、翻转车厢式矿车、底卸式矿车、材料车和平板车等运送人员。

6.8.1.9 用人车运送人员时,应遵守下列规定:
- a) 每班发车前,应检查各车的连接装置、轮轴和车闸等。
- b) 严禁同时运送有爆炸性的、易燃性的或腐蚀性的物品,或附挂物料车。
- c) 列车行驶速度不得超过4 m/s。
- d) 人员上、下车地点应有照明,架空线必须安设分段开关或自动停送电开关,人员上、下车时必须切断该区段架空线电源。
- e) 双轨巷道乘车场必须设信号区间闭锁,人员上、下车时,严禁其他车辆进入乘车场。

6.8.1.10 乘车人员必须遵守下列规定:
- a) 听从司机及乘务人员的指挥,开车前必须关上车门或挂上防护链。
- b) 人体及所携带的工具和零件严禁露出车外。
- c) 列车行驶中和尚未停稳时,严禁上、下车和在车内站立。
- d) 严禁在机车上或任何2车厢之间搭乘。
- e) 严禁超员乘坐。
- f) 车辆掉道时,必须立即向司机发出停车信号。
- g) 严禁扒车、跳车和坐矿车。

6.8.1.11 井下蓄电池充电室内必须采用矿用防爆型电气设备。测定电压时,可使用普通型电压表,但必须在揭开电池盖10 min以后进行。

在井下检修矿用防爆型蓄电池电机车,必须制定专项措施。

6.8.1.12 人力推车时,必须遵守下列规定:
   a) 1次只准推1辆车。严禁在矿车两侧推车。同向推车的间距,在轨道坡度小于或等于5‰时,不得小于10 m;坡度大于5‰时,不得小于30 m。
   b) 推车时必须时刻注意前方。在开始推车、停车、掉道、发现前方有人或有障碍物,从坡度较大的地方向下推车以及接近道岔、弯道、巷道口、风门、硐室出口时,推车人必须及时发出警号。
   c) 严禁放飞车。巷道坡度大于7‰时,严禁人力推车。

6.8.1.13 各种车辆的两端必须装置碰头,每端突出的长度不得小于100 mm。

6.8.1.14 不得在能自动滑行的坡道上停放车辆。确需停放时,必须用可靠的制动器将车辆稳住。

6.8.1.15 人员上下的主要倾斜井巷,垂深超过50 m时,应采用机械运送人员。

6.8.1.16 倾斜井巷运送人员的人车必须有顶盖,车辆上必须装有可靠的防坠器。当断绳时,防坠器能自动发生作用,也能人工操纵。

6.8.1.17 倾斜井巷运送人员的人车必须有跟车人,跟车人必须坐在设有手动防坠器把手或制动器把手的位置上。
   每班运送人员前,必须检查人车的连接装置、保险链和防坠器,并必须先放1次空车。

6.8.1.18 斜井人车必须设置使跟车人在运行途中任何地点都能向司机发送紧急停车信号的装置。
   多水平运输时,从各水平发出的信号必须有区别。人员上、下地点应悬挂信号牌。任一区段行车时,各水平必须有信号显示。

6.8.1.19 倾斜井巷内使用串车提升时必须遵守下列规定:
   a) 斜井井口处必须安设安全挡车门。
   b) 在倾斜井巷内安设能够将运行中断绳、脱钩的车辆阻止住的跑车防护装置。
   c) 在各车场安设能够防止带绳车辆误入非运行车场或区段的阻车器。
   d) 在上部平车场入口安设能够控制车辆进入摘挂钩地点的阻车器。
   e) 在上部平车场接近变坡点处,安设能够阻止未连挂的车辆滑入斜巷的阻车器。
   f) 在变坡点下方略大于1列车长度的地点,设置能够防止未连挂的车辆继续往下跑车的挡车栏。
   g) 在各车场安设甩车时能发出警号的信号装置。

上述挡车装置必须经常关闭,放车时方准打开。兼作行驶人车的倾斜井巷,在提升人员时,倾斜井巷中的挡车装置和跑车防护装置必须是常开状态,并可靠地锁住,但斜井施工期间,下部挡车装置必须处于关闭状态。

6.8.1.20 倾斜井巷使用绞车提升时必须遵守下列规定:
   a) 轨道的铺设质量符合本规范6.8.1.7的规定,并采取轨道防滑措施。
   b) 托绳轮(辊)按设计要求设置,并保持转动灵活。
   c) 倾斜井巷上端有足够的过卷距离。过卷距离根据巷道倾角、设计载荷、最大提升速度和实际制动力等参数计算确定,并有1.5倍的备用系数。
   d) 串车提升的各车场设有信号硐室及躲避硐;运人斜井各车场设有信号和候车硐室,候车硐室具有足够的空间。斜井施工期间可不受此限。

6.8.1.21 斜井提升时,严禁蹬钩、行人。

运送物料时,开车前把钩工必须检查牵引车数、各车的连接和装载情况。牵引车数超过规定,连接不良或装载物料超重、超高、超宽或偏载严重有翻车危险时,严禁发出开车信号。

6.8.1.22 采用滚筒驱动带式输送机运输时,应遵守下列规定:
   a) 必须使用阻燃输送带。带式输送机托辊的非金属材料零部件和包胶滚筒的胶料,其阻燃性和抗静电性必须符合有关规定。
   b) 巷道内装载点、转载点、机头、机尾及过桥等处应有充分照明。
   c) 必须装设驱动滚筒防滑保护、堆煤保护和防跑偏装置。
   d) 应装设温度保护、烟雾保护和自动洒水装置。
   e) 在主要运输巷道内安设的带式输送机还必须装设:
      1) 输送带张紧力下降保护装置和防撕裂保护装置;
      2) 在机头和机尾防止人员与驱动滚筒和导向滚筒相接触的防护栏。
   f) 倾斜井巷中使用的带式输送机,上运时,必须同时装设防逆转装置和制动装置;下运时,必须装设制动装置。
   g) 液力耦合器严禁使用可燃性传动介质(调速型液力耦合器不受此限)。
   h) 带式输送机巷道中行人跨越带式输送机处应设过桥。
   i) 带式输送机应加设软启动装置,下运带式输送机应加设软制动装置。

6.8.2 立井提升

6.8.2.1 立井中升降人员,应使用吊桶、罐笼或带乘人间的箕斗。在井筒内作业或其他原因,需要使用普通箕斗或救急罐升降人员时,必须制订安全措施。

立井施工期间,采用吊桶升降人员时,必须遵守下列规定:
   a) 应采用不旋转提升钢丝绳。
   b) 吊桶必须沿钢丝绳罐道升降。在凿井初期尚未装设罐道时,吊桶升降距离不得超过 40 m;凿井时吊盘下面不装罐道的部分也不得超过 40 m;悬挂吊盘的钢丝绳可以兼作罐道使用,但必须制定安全措施。
   c) 必须佩带保险带。
   d) 吊桶上方必须装保护伞。
   e) 吊桶边缘上不得坐人。
   f) 装有物料的吊桶不得乘人。
   g) 严禁用自动翻转式、底卸式吊桶升降人员。
   h) 提升到地面时,人员必须在井盖门关闭,吊桶停稳后从井口平台进出。
   i) 吊桶内每人占有的有效面积应不小于 $0.2 m^2$。每次能容纳的人数应明确规定,严禁超员。

6.8.2.2 专为升降人员和升降人员与物料的罐笼(包括有乘人间的箕斗),必须符合下列要求:
   a) 乘人层顶部应设置可以打开的铁盖或铁门,两侧装设扶手。
   b) 罐底必须满铺钢板,如果需要设孔时,必须设置牢固可靠的门;两侧用钢板挡严,并不得有孔。
   c) 进出口必须装设罐门或罐帘,高度不得小于 1.2 m。罐门或罐帘下部边缘至罐底的距离不得超过 250 mm,罐帘横杆的间距不得大于 200 mm。罐门不得向外开,门轴必须防脱。

d) 提升矿车的罐笼内必须装有阻车器。

e) 单层罐笼和多层罐笼的最上层净高(带弹簧的主拉杆除外)不得小于1.9 m,其他各层净高不得小于1.8 m。带弹簧的主拉杆必须设保护套筒。

f) 罐笼内每人占有的有效面积应不小于0.18 m^2。罐笼每层内1次能容纳的人数应明确规定,严禁超员。

6.8.2.3 提升装置的最大载重量和最大载重差,应在井口公布,严禁超载和超最大载重差运行。

6.8.2.4 升降人员或升降人员和物料的单绳提升罐笼、带乘人间的箕斗,必须装设可靠的防坠器。

6.8.2.5 立井使用罐笼提升时,井口、井底和中间运输巷的安全门必须与罐位和提升信号联锁;罐笼到位并发出停车信号后安全门才能打开;安全门未关闭,只能发出调平和换层信号,但发不出开车信号;安全门关闭后才能发出开车信号;发出开车信号后,安全门打不开。井口、井底和中间运输巷都应设置摇台,并与罐笼停止位置、阻车器和提升信号系统联锁:罐笼未到位,放不下摇台,打不开阻车器;摇台未抬起,阻车器未关闭,发不出开车信号。立井井口和井底使用罐座时,必须对罐座设置闭锁装置,罐座未打开,发不出开车信号。升降人员时,严禁使用罐座。

6.8.2.6 提升容器的罐耳在安装时与罐道之间所留的间隙:使用滑动罐耳的刚性罐道每侧不得超过5 mm;钢丝绳罐道的罐耳滑套直径与钢丝绳直径之差不得大于5 mm;采用滚轮罐耳的组合钢罐道的辅助滑动罐耳,每侧间隙应保持10 mm～15 mm。

6.8.2.7 罐道和罐耳的磨损达到下列程度时,必须更换:

a) 钢轨罐道轨头任一侧磨损量超过8 mm,或轨腰磨损量超过原有厚度的25%;罐耳的任一侧磨损量超过8 mm,或在同一侧罐耳和罐道的总磨损量超过10 mm,或者罐耳与罐道的总间隙超过20 mm。

b) 组合钢罐道任一侧的磨损量超过原有厚度的50%。

c) 钢丝绳罐道与滑套的总间隙超过15 mm。

6.8.2.8 立井提升容器间及提升容器与井壁、罐道梁、井梁之间的最小间隙,必须符合表5规定。

提升容器在安装或检修后,第1次开车前必须检查各个间隙,不符合规定时,不得开车。

表 5 立井提升容器间及提升容器与井壁、罐道梁、井梁间的最小间隙值

单位为毫米

罐道和井梁布置		容器与容器之间	容器与井壁之间	容器与罐道梁之间	容器与井梁之间	吊桶与罐道绳之间
罐道布置在容器一侧[a]		200	150	40	150	
罐道布置在容器两侧[b]	钢罐道	200	50	200		
		150	40	150		
罐道布置在容器正面	钢罐道	200	200	50	200	
		200	150	40	150	

表 5（续） 单位为毫米

罐道和井梁布置	容器与容器之间	容器与井壁之间	容器与罐道梁之间	容器与井梁之间	吊桶与罐道绳之间
钢丝绳罐道[c]		罐笼 350 吊桶 450		350	100

[a] 罐耳与罐道卡子之间为20。
[b] 有卸载滑轮的容器，滑轮与罐道梁间隙增加25。
[c] 井筒深度小于300 m时，2个提升容器的导向装置最突出部分之间的间隙不得小于300 mm；300 m～900 m时，上述间隙不得小于500 mm；900 m以上时，上述间隙不得小于0.2+H/3000 m（H—提升高度，m）。当提升容器之间的间隙小于上述规定时，必须设防撞绳（防撞绳刚性系数不得小于1 000 N/m），但容器之间最小间隙不得小于上述规定最小间隙的70%。

6.8.2.9 每个提升容器（平衡锤）设有4根罐道绳时，每根罐道绳的最小刚性系数不得小于500 N/m，各罐道绳张紧力之差不得小于平均张紧力的5%，内侧张紧力大，外侧张紧力小。

1个提升容器（平衡锤）只有2根罐道绳时，每根罐道绳的刚性系数不得小于1 000 N/m，2根罐道绳的张紧力应相等。单绳提升的2根主提升钢丝绳必须采用同一捻向或不旋转钢丝绳。

吊桶提升时每根罐道绳的最小刚性系数不得小于500 N/m，2根罐道绳的张紧力应相等。

6.8.2.10 检修人员站在罐笼或箕斗顶上工作时，必须遵守下列规定：
a) 罐笼或箕斗顶上，必须装设保险伞和栏杆；
b) 必须佩带保险带；
c) 提升容器的速度，一般为0.3 m/s～0.5 m/s，最大不得超过2 m/s；
d) 检修用信号必须安全可靠。

6.8.2.11 提升装置及其相关的各部分，包括提升容器、连接装置、防坠器、罐耳、罐道、阻车器、罐座、摇台、安全门、装卸设备（翻矸装置、抓岩机）、天轮梁、天轮和钢丝绳，以及提升绞车各部分，包括滚筒、传动装置、制动装置、深度指示器、防过卷装置、限速装置、调绳装置、电动机和控制设备以及保护和闭锁装置等，每天必须由专职人员检查1次，每月必须组织有关专业人员检查1次。发现问题，必须立即处理，检查、检测试验和处理结果都必须留有记录。

稳车各部分，包括滚筒、传动装置、差动装置、制动装置、锁绳装置、钢丝绳垫板、钢丝绳导向装置、电动机和控制设备及保护和闭锁装置等，每天必须由专职人员检查1次，每月必须组织有关专业人员检查1次。发现问题，必须立即处理，检查、检测试验和处理结果都必须留有记录。

6.8.2.12 井口、翻矸台、井底等作业地点必须有把钩工。

人员上下井时，必须遵守乘罐制度，听从把钩工指挥。开车信号发出后严禁进出吊桶或罐笼。

严禁在吊桶或同一层罐笼内人员和物料混合提升。

6.8.2.13 立井施工期间，每套吊桶提升装置必须设有从掘进工作面到吊盘、吊盘至井口、转水站至井口、井口至绞车房的独立信号装置，井口信号装置必须与绞车的控制回路相闭锁，只有在井口信号工发出信号后,绞车才能启动。吊盘和转水站至井口、井口至绞车房必须安装直通电话。

井口、井底信号工应在吊桶提起适当高度后,先发暂停信号,进行稳罐;待吊桶稳定,清理罐底附着物后,才能发出下降或提升信号。信号工必须目接、目送吊桶安全通过责任段。

6.8.2.14 每套罐笼(带乘人间的箕斗)提升装置,必须设有从井底至井口和从井口至绞车房的信号装置。井口信号装置必须与绞车的控制回路相闭锁,只有在井口信号工发出信号后,绞车才能启动。井底车场与井口之间,井口与绞车司机台之间必须装设直通电话,电话电缆与信号电缆应分开敷设。

1套提升装置服务几个水平使用时,从各水平发出的信号必须有区别。

6.8.2.15 信号必须由信号工发送,紧急情况下不受此限。井内作业人员必须熟悉并会发送信号。

严禁不经过井口信号工直接从井内向绞车房发送信号。

6.8.2.16 用罐笼提升时,在提升速度大于3 m/s的提升系统内,必须设防撞和托罐装置。防撞装置必须能够挡住过卷后上升的容器或平衡锤;托罐装置必须能够将撞击防撞装置后再下落的容器或配重托住,并保证其下落的距离不超过0.5 m。

6.8.2.17 立井提升装置的过卷和过放应符合下列规定:
   a) 罐笼和箕斗提升,过卷高度和过放距离不得小于表6所列数值;
   b) 吊桶提升,其过卷高度不得小于按表6确定数值的1/2;
   c) 在过卷高度或过放距离内,应安设性能可靠的缓冲装置。缓冲装置应能将全速过卷(过放)的容器或平衡锤平稳地停住;并保证不再反向下滑(或反弹)。吊桶提升不受此限;
   d) 临时改绞时,井底水窝的深度必须满足过放距离的要求。过放距离内不得积水和堆积杂物。

表 6 立井提升装置的过卷高度和过放距离

提升速度[a] m/s	≤3	4	6	8	≥10
过卷高度、过放距离 m	4.0	4.75	6.5	8.25	10.0

[a] 提升速度为表6中所列速度的中间值时,用插值法计算。

6.8.3 钢丝绳和连接装置

6.8.3.1 使用和保管提升钢丝绳时,必须遵守下列规定:
   a) 新绳到货后,应由检验单位进行验收检验。合格后应妥善保管备用,防止损坏或锈蚀;
   b) 对每卷钢丝绳必须保存有包括出厂厂家合格证、验收证书等完整的原始资料;
   c) 保管超过1年的钢丝绳,在悬挂前必须再进行1次检验,合格后方可使用;
   d) 直径为18 mm及其以下的专为提升物料用的钢丝绳(立井提升用绳除外),有厂家合格证书,外观检查无锈蚀和损伤,可以不进行本条a)、c)项所要求的检验。

6.8.3.2 提升钢丝绳的检验应使用符合条件的设备和方法进行,检验周期应符合下列要求:

a) 升降人员或升降人员和物料用的钢丝绳,自悬挂起每隔6个月检验1次;悬挂吊盘的钢丝绳,每隔12个月检验1次。

b) 升降物料用的钢丝绳,自悬挂起12个月时进行第一次检验,以后每隔6个月检验1次。

摩擦轮式绞车用的钢丝绳、平衡钢丝绳以及直径为18 mm及其以下的专为升降物料用的钢丝绳(立井提升用绳除外),不受此限。

6.8.3.3 各种用途的钢丝绳悬挂时的安全系数必须符合表7的规定。

表 7 钢丝绳安全系数最低值

用 途 分 类			安全系数[a]的最低值
单绳缠绕式提升装置	专为升降人员		9
	升降人员和物料	升降人员时	9
		混合提升时[b]	9
		升降物料时	7.5
	专为升降物料		6.5
摩擦轮式提升装置	专为升降人员		$9.2-0.0005H$[c]
	升降人员和物料	升降人员时	$9.2-0.0005H$
		混合提升时	$9.2-0.0005H$
		升降物料时	$8.2-0.0005H$
	专为升降物料		$7.2-0.0005H$
倾斜钢丝绳牵引带式输送机	运人		$6.5-0.001L$[d] 但不得小于6
	运物		$5-0.001L$ 但不得小于4
倾斜无极绳绞车	运人		$6.5-0.001L$ 但不得小于6
	运物		$5-0.001L$ 但不得小于3.5
架空乘人装置			6
悬挂安全梯使用的钢丝绳			6
罐道绳、防撞绳、起重用的钢丝绳			6
悬挂吊盘、水泵、排水管、模板、抓岩机等用的钢丝绳			6
悬挂风筒、风管、供水管、注浆管、输料管、电缆用的钢丝绳			5
拉紧装置用的钢丝绳			5
防坠器的制动绳和缓冲绳(按动载荷计算)			3
[a] 钢丝绳的安全系数,等于实测的合格钢丝拉断力的总和与其所承受的最大静拉力(包括绳端载荷和钢丝绳自重所引起的静拉力)之比; [b] 混合提升指多层罐笼同一次在不同层内提升人员和物料; [c] H 为钢丝绳悬挂长度,单位为米(m); [d] L 为由驱动轮到尾部绳轮的长度,单位为米(m)。			

6.8.3.4 提升装置使用中的钢丝绳做定期检验时,安全系数有下列情况之一的,必须更换:
a) 专为升降人员用的小于 7。
b) 升降人员和物料用的钢丝绳:升降人员时小于 7;升降物料时小于 6。
c) 专为升降物料用的和悬挂吊盘用的小于 5。

6.8.3.5 新钢丝绳悬挂前的检验(包括验收检验)和在用绳的定期检验,必须按下列规定执行:
a) 新绳悬挂前的检验。必须对每根钢丝做拉断、弯曲和扭转 3 种试验,并以公称直径为准对试验结果进行计算和判定。
   1) 不合格钢丝的断面积与钢丝总断面积之比达到 6%,不得用作升降人员;达到 10%,不得用作升降物料。
   2) 以合格钢丝拉断力总和为准算出的安全系数,如低于本规范 6.8.3.3 的规定时,该钢丝绳不得用于原设计的用途。
b) 在用绳的定期检验。可只做每根钢丝的拉断和弯曲 2 种试验。试验结果,仍以公称直径为准进行计算和判定:
   1) 不合格钢丝的断面积与钢丝总断面积之比达到 25%时,该钢丝绳必须更换。
   2) 以合格钢丝拉断力总和为准算出的安全系数,如低于本规范 6.8.3.4 的规定时,该钢丝绳必须更换。
c) 新绳和在用绳的韧性指标必须符合表 8 的规定。

表 8 不同钢丝绳的韧性指标

钢丝绳用途	钢丝绳种类	钢丝绳韧性指标下限	
		新 绳	在 用 绳
升降人员或升降人员和物料	光面绳	MT 716 中光面钢丝韧性指标	新绳韧性指标的 90%
	镀锌绳	MT 716 中 AB)类镀锌钢丝韧性指标	新绳韧性指标的 85%
	面接触绳	GB/T 16269—1996 中钢丝韧性指标	新绳韧性指标的 90%
升降物料	光面绳	MT 716 中光面钢丝韧性指标	新绳韧性指标的 80%
	镀锌绳	MT 716 中 A 类镀锌钢丝韧性指标	新绳韧性指标的 80%
	面接触绳	GB/T 16269—1996 中钢丝韧性指标	新绳韧性指标的 80%
罐道绳	密封绳	特	普

6.8.3.6 提升钢丝绳、罐道绳必须每天检查 1 次,防坠器制动绳(包括缓冲绳)、架空乘人装置钢丝绳和井筒悬吊钢丝绳必须至少每周检查 1 次。对易损坏和断丝或锈蚀较多的一段应停车详细检查。断丝的突出部分应在检查时剪下,并将检查结果记入钢丝绳检查记录簿。

6.8.3.7 各种股捻钢丝绳在 1 个捻距内断丝断面积与钢丝总断面积之比,达到下列数值时,必须更换:
a) 升降人员或升降人员和物料用的钢丝绳为 5%;
b) 专为升降物料用的钢丝绳、平衡钢丝绳、防坠器的制动钢丝绳(包括缓冲绳)为 10%;

c) 罐道钢丝绳为15%；
　　d) 架空乘人装置、专为无极绳运输用的钢丝绳为25%。

6.8.3.8 以钢丝绳标称直径为准计算的直径减小量达到下列数值时，必须更换：
　　a) 提升钢丝绳或制动钢丝绳为10%；
　　b) 罐道钢丝绳为15%。

6.8.3.9 钢丝绳在运行中遭受到卡罐、突然停车等猛烈拉力时，必须立即停车检查，发现下列情况之一者，必须将受力段剁掉或更换全绳：
　　a) 钢丝绳产生严重扭曲或变形；
　　b) 断丝超过本规范6.8.3.7的规定；
　　c) 直径减小量超过本规范6.8.3.8的规定；
　　d) 遭受猛烈拉力的一段的长度伸长0.5%以上。
　　在钢丝绳使用期间，断丝数突然增加或伸长突然加快，必须立即更换。

6.8.3.10 钢丝绳的钢丝有变黑、锈皮、点蚀麻坑等损伤时，不得用作升降人员。
　　钢丝绳锈蚀严重，或点蚀麻坑形成沟纹，或外层钢丝松动时，不论断丝数多少或绳径是否变化，必须立即更换。

6.8.3.11 使用有接头的钢丝绳时，必须遵守下列规定：
　　a) 有接头的钢丝绳，只可在下列设备中使用：
　　　　1) 平巷运输设备；
　　　　2) 30°以下倾斜井巷中专为升降物料的绞车；
　　　　3) 斜巷无极绳绞车；
　　　　4) 斜巷架空乘人装置。
　　b) 在倾斜井巷中使用的钢丝绳，其插接长度不得小于钢丝绳直径的1 000倍。

6.8.3.12 凿井期间，提升装置应根据在用钢丝绳的状况、凿井工期和井筒条件对钢丝绳的腐蚀程度等因素，确定是否需要备有检验合格的钢丝绳。对使用中的钢丝绳，应根据井巷条件及锈蚀情况进行涂油。

6.8.3.13 立井施工期间，提升钢丝绳与吊桶的连接，应采用矿山专用钩头装置。钢丝绳与钩头装置之间采用合金浇注或板卡连接时，严格按照钩头装置厂家的技术要求进行。钩头装置必须有保险装置，卸力装置应处于灵活状态。钩头装置每年应进行一次无损探伤试验。
　　立井提升罐笼（或箕斗）与提升钢丝绳的连接，应采用楔形连接装置。每次更换钢丝绳时，必须对连接装置的主要受力部件进行探伤检验，合格后方可继续使用。楔形连接装置的累计使用期限单绳提升不得超过10 a。
　　倾斜井巷运输时，矿车之间的连接、矿车与钢丝绳之间的连接，必须使用不能自行脱落的连接装置，并加装保险绳。
　　倾斜井巷运输用的钢丝绳连接装置，在每次换钢丝绳时，必须用2倍于其最大静荷重的拉力进行试验。
　　倾斜井巷运输用的矿车连接装置，必须至少每年进行1次2倍于其最大静荷重的拉力试验。

6.8.3.14 新安装或大修后的防坠器，必须进行脱钩试验，合格后方可使用。对使用中的立井罐笼防坠器，应每6个月进行1次不脱钩试验，每年进行1次脱钩试验。对使用中的斜井人车防坠器,应每班进行1次手动落闸试验、每月进行1次静止松绳落闸试验、每年进行1次重载全速脱钩试验。防坠器的各个连接和传动部分,必须处于灵活状态。

6.8.3.15 立井和斜井使用的连接装置的性能指标和投用前的试验,必须符合下列要求:
a) 各类连接装置主要受力部件以破断强度为准的安全系数必须符合下列规定:
1) 专为升降人员或升降人员和物料的提升容器的连接装置,不小于13;
2) 专为升降物料的提升容器的连接装置,不小于10;
3) 斜井人车的连接装置,不小于13;
4) 矿车的车梁、碰头和连接插销,不小于6;
5) 无极绳的连接装置,不小于8;
6) 吊桶的连接装置,不小于13;
7) 立井施工用吊盘、安全梯、水泵、抓岩机的悬挂装置,不小于10;
8) 立井施工用风管、水管、风筒、注浆管的悬挂装置,不小于8;
9) 倾斜井巷中使用的单轨吊车、卡轨车和齿轨车的连接装置,运人时不小于13,运物时不小于10。
b) 各种环链及吊桶提梁等的安全系数,必须以曲梁理论计算的应力为准,并同时符合以下2项要求:
1) 按材料屈服强度计算的安全系数,不小于2.5;
2) 以模拟使用状态拉断力计算的安全系数,不小于13。
c) 各种连接装置主要受力件的冲击功必须符合下列规定:
1) 常温(15 ℃)下大于或等于100 J;
2) 低温(-30 ℃)下大于或等于70 J。
d) 各种保险链以及矿车的连接环、链和插销等,必须执行下列规定:
1) 批量生产的,必须做抽样拉断试验,不符合要求时不得使用;
2) 初次使用前和使用后每隔2 a,必须逐个以2倍于其最大静荷重的拉力进行试验,发现裂纹或永久伸长量超过0.2%时,不得使用。

6.8.3.16 施工立井和倾斜井巷时,升降人员和物料的提升装置的连接装置,不得作其他用途。

6.8.4 提升装置

6.8.4.1 除移动式的或辅助性的绞车外,提升装置的天轮、滚筒、摩擦轮、导向轮和导向滚等的最小直径与钢丝绳直径之比值,应符合下列要求:
a) 落地式及有导向轮的塔式摩擦提升装置的摩擦轮及导向轮(包括天轮),井上不得小于90,井下不得小于80;无导向轮的塔式摩擦提升装置的摩擦轮,井上不得小于80,井下不得小于70。
b) 井上永久提升装置的滚筒和围抱角大于90°的天轮,不得小于80;围抱角小于90°的天轮,不得小于60。
c) 井下永久提升装置及建井期间提升装置的滚筒、井下架空乘人装置的主导轮和尾导轮、围抱角大于90°的天轮,不得小于60;围抱角小于90°的天轮,不得小于40。
d) 矸石山提升装置的滚筒和导向轮,不得小于50。
e) 悬挂水泵、吊盘、管子用的稳车滚筒和天轮,倾斜井巷提升绞车的游动天轮,矸石山绞车的压绳轮以及无极绳运输的导向滚等,不得小于20。

6.8.4.2 立井的天轮、主动摩擦轮、导向轮的直径或滚筒上绕绳部分的最小直径与钢丝绳中最粗钢丝的直径之比值,必须符合下列要求:
   a) 井上永久提升装置,不小于1 200;
   b) 井下永久提升装置和建井期间提升装置,不小于900;
   c) 悬挂水泵、吊盘等用的稳车,不小于300。

6.8.4.3 天轮到滚筒上的钢丝绳的最大内、外偏角都不得超过1°30′。单层缠绕时,内偏角应保证不咬绳。

6.8.4.4 各种提升装置的滚筒上缠绕的钢丝绳层数严禁超过下列规定:
   a) 立井中升降人员或升降人员和物料的,1层;专为升降物料的,2层。
   b) 倾斜井巷中升降人员或升降人员和物料的,2层;升降物料的,3层。
   c) 建井期间升降人员和物料的,2层。
   d) 现有在用的绞车,如果在滚筒上装设过渡绳楔,滚筒强度满足要求且滚筒边缘高度符合本规范6.8.4.5规定,可按本条a)、b)、c)所规定的层数增加1层。

   移动式的或辅助性的专为升降物料的(包括矸石山和向天桥上提升等)以及凿井期间专为升降物料的,准许多层缠绕。

6.8.4.5 滚筒上缠绕2层或2层以上钢丝绳时,必须符合下列要求:
   a) 滚筒边缘高出最外1层钢丝绳的高度,至少为钢丝绳直径的2.5倍;
   b) 滚筒上必须设有带绳槽的衬垫;
   c) 钢丝绳由下层转到上层的临界段(相当于绳圈1/4长的部分)必须经常检查,并应在每季度将钢丝绳移动1/4绳圈的位置。

   对现有不带绳槽衬垫的在用绞车,只要在滚筒板上刻有绳槽或用1层钢丝绳作底绳,可继续使用。

6.8.4.6 钢丝绳绳头固定在滚筒上时,应符合下列要求:
   a) 必须有特备的容绳或卡绳装置,严禁系在滚筒轴上;
   b) 绳孔不得有锐利的边缘,钢丝绳的弯曲不得形成锐角;
   c) 滚筒上应经常缠留3圈绳,用以减轻固定处的张力,还必须留有作定期检验用的补充绳。

6.8.4.7 通过天轮的钢丝绳必须低于天轮的边缘,其高差:提升用天轮不得小于钢丝绳直径的1.5倍;悬吊用天轮不得小于钢丝绳直径的1倍。天轮的各段衬垫磨损到1根钢丝绳直径的深度时,或沿侧面磨损达到钢丝绳直径的1/2时,必须更换。

6.8.4.8 立井中升降人员的提升容器的加速度和减速度,都不得超过0.75 m/s²。

   用罐笼升降人员时最大速度,不得超过用下列公式所求得的数值,且最大不得超过12 m/s。

$$v=0.5\sqrt{H}$$

式中:
   v ——最大提升速度,单位为米每秒(m/s);
   H ——提升高度,单位为米(m)。

立井中用吊桶升降人员时的最大速度:在使用钢丝绳罐道时,不得超过上述公式求得数值的1/2;无罐道时,不得超过1 m/s。

6.8.4.9 立井升降物料时,提升容器的最大速度,不得超过用下列公式所求得的数值:

$$v = 0.6\sqrt{H}$$

式中:

v ——最大提升速度,单位为米每秒(m/s);

H ——提升高度,单位为米(m)。

立井中用吊桶升降物料时的最大速度:在使用钢丝绳罐道时,不得超过用上述公式求得数值的2/3;无罐道时,不得超过2 m/s。

6.8.4.10 斜井提升容器的最大速度和最大加、减速度应符合下列要求:

a) 升降人员时的速度,不得超过5 m/s,并不得超过人车设计的最大允许速度。升降人员时的加速度和减速度,不得超过0.5 m/s²;

b) 用矿车升降物料时,速度不得超过5 m/s;

c) 用箕斗升降物料时,速度不得超过7 m/s;当铺设固定道床并采用大于或等于38 kg/m钢轨时,速度不得超过9 m/s。

6.8.4.11 提升装置必须装设下列保护装置,并符合下列要求:

a) 防止过卷装置:当提升容器超过正常终端停止位置(或出车平台)0.5 m时,必须能自动断电,并能使保险闸发生制动作用。

b) 防止过速装置:当提升速度超过最大速度15%时,必须能自动断电,并能使保险闸发生作用。

c) 过负荷和欠电压保护装置。

d) 限速装置:提升速度超过3 m/s的提升绞车必须装设限速装置,以保证提升容器(或平衡锤)到达终端位置时的速度不超过2 m/s。如果限速装置为凸轮板,其在1个提升行程内的旋转角度应不小于270°。

e) 深度指示器失效保护装置:当指示器失效时,能自动断电并使保险闸发生作用。

f) 闸间隙保护装置:当闸间隙超过规定值时,能自动报警。

g) 松绳保护装置:缠绕式提升绞车必须设置松绳保护装置并接入安全回路和报警回路,在钢丝绳松弛时能自动断电并报警。吊桶提升时,可不受此限。

h) 减速功能保护装置:当提升容器(或平衡锤)到达设计减速位置时,能示警并开始减速。

防止过卷装置、防止过速装置、限速装置和减速功能保护装置应设置为相互独立的双线型式。

立井、斜井缠绕式提升绞车应加设定车装置。

6.8.4.12 提升绞车必须装设深度指示器、开始减速时能自动示警的警铃与不离开座位即能操纵的常用闸和保险闸,保险闸必须能自动发生制动作用。

常用闸和保险闸共同使用1套闸瓦制动时,操纵和控制机构必须分开。双滚筒提升绞车的2套闸瓦的传动装置必须分开。

对具有2套闸瓦只有1套传动装置的双滚筒绞车,应改为每个滚筒各自有其控制机构的弹簧闸。

提升绞车除设有机械制动闸外,还应设有电气制动装置。

严禁司机离开工作岗位、擅自调整制动闸。

6.8.4.13 保险闸必须采用配重式或弹簧式的制动装置,除可由司机操纵外,还必须能自动抱闸,并同时自动切断提升装置电源。

常用闸必须采用可调节的机械制动装置。

对现用的使用手动式常用闸的绞车,如设有可靠的保险闸时,可继续使用。

用于辅助物料运输的滚筒直径在 0.8 m 及其以下的绞车或提升重量在 8 t 以下的稳车,可用手动闸。

6.8.4.14 保险闸或保险闸第一级由保护回路断电时起至闸瓦接触到闸轮上的空动时间:压缩空气驱动闸瓦式制动闸不得超过 0.5 s,储能液压驱动闸瓦式制动闸不得超过 0.6 s,盘式制动闸不得超过 0.3 s。对斜井提升,为保证上提紧急制动不发生松绳而必须延时制动时,上提空动时间不受此限。盘式制动闸的闸瓦与制动盘之间的间隙应不大于 2 mm。保险闸施闸时,杠杆和闸瓦不得发生显著的弹性摆动。

6.8.4.15 提升绞车的常用闸和保险闸制动时,所产生的力矩与实际提升最大静荷重旋转力矩之比 K 值不得小于 3。对质量模数较小的绞车,上提重载保险闸的制动减速度超过本规范 6.8.4.16 所规定的限值时,可将保险闸的 K 值适当降低,但不得小于 2。立井施工期间,升降物料用的绞车 K 值不得小于 2。

在调整双滚筒绞车滚筒旋转的相对位置时,必须锁住游动滚筒,其提升容器应放在井口。制动装置在各滚筒闸轮上所发生的力矩,不得小于该滚筒所悬重量(钢丝绳重量与提升容器重量之和)形成的旋转力矩的 1.2 倍。

计算制动力矩时,闸轮和闸瓦摩擦系数应根据实测确定,一般采用 0.30～0.35;常用闸和保险闸的力矩应分别计算。

6.8.4.16 立井和倾斜井巷中使用的提升绞车的保险闸发生作用时,全部机械的减速度必须符合表 9 的要求。严禁用常用闸进行紧急制动。

6.8.4.17 主要提升装置必须配有正、副司机,在交接班升降人员的时间内,必须正司机操作,副司机监护。每班升降人员前,应先开 1 次空车,检查绞车动作情况;但连续运转时,不受此限。

发生故障,必须立即向调度室报告。

表 9 全部机械的减速度规定值

倾 角		<15°	15°≤θ≤30°	>30°
减速度规定值 m/s²	上提重载	≤Ac[a]	≤Ac	≤5
	下放重载	≥0.75	≥0.3Ac	≥1.5

[a] $Ac = g(\sin\theta + f\cos\theta)$

式中:
Ac ——自然减速度,单位为米每平方米(m/s²);
g ——重力加速度,单位为米每平方米(m/s²);
θ ——井巷倾角,单位为度(°);
f ——绳端载荷的运行阻力系数,一般取 0.010～0.015。

6.8.4.18 新安装的主要提升装置,必须经检查、测试、验收合格后方可投入使用。投入运行后的设备,必须每3年进行1次检测,认定合格后方可继续使用。

检查验收和测试内容,应包括下列项目:
- a) 本规范 6.8.4.11 所规定的各保险装置;
- b) 天轮的垂直和水平程度、有无轮缘变形和轮辐弯曲现象;
- c) 电气、机械传动装置和控制系统的情况;
- d) 各种调整和自动记录装置以及深度指示器的动作状况和精密程度;
- e) 检查常用闸和保险闸的各部间隙及连接、固定情况,并验算其制动力矩;
- f) 测试保险闸空动时间和制动减速度;
- g) 测试盘形闸的贴闸压力;
- h) 井架的变形、损坏、锈蚀和震动情况;
- i) 井筒罐道绳的张紧情况,或刚性罐道垂直度及固定情况。

检查和测试结果必须写成报告书,针对发现的缺陷,必须提出改进措施,并限期解决。

6.8.4.19 主要提升装置必须具备下列资料,并妥善保管:
- a) 绞车说明书;
- b) 绞车总装配图;
- c) 制动装置结构图、制动系统图和润滑系统图;
- d) 电气系统图;
- e) 提升装置(绞车、钢丝绳、天轮、提升容器、防坠器和罐道等)的检查记录簿;
- f) 钢丝绳的检验和更换记录簿;
- g) 安全保护装置试验记录簿;
- h) 事故记录簿;
- i) 岗位责任制和设备完好标准;
- j) 司机交接班记录簿;
- k) 操作规程。

制动系统图、电气系统图、润滑系统图、提升装置的技术特征和岗位责任制等必须悬挂在绞车房内。

6.9 凿井主要设备

6.9.1 凿井井架

6.9.1.1 凿井井架的选择应符合下列要求:
- a) 能够安全承担施工中的全部荷载;
- b) 保证足够的过卷高度;
- c) 满足施工材料、设备的运输及天轮平台、翻矸台布置的需要。

利用永久井架凿井时,永久井架设计时应兼顾凿井的需要,满足上述要求,使用前应验算。

6.9.1.2 凿井井架,每次移设后都应除锈并涂防腐剂。

6.9.1.3 凿井井架的选用,应对悬吊荷重进行验算。

6.9.1.4 凿井井架安装竣工后必须测量井架十字中心线实际位置。实际位置与设计位置偏差不得超过±5 mm。

6.9.1.5 当提升钢丝绳仰角大于35°时,必须对天轮轴的强度进行验算,如果天轮轴受力超过规定,必须重新选择或采取其他措施。

6.9.1.6 提升天轮、悬吊天轮强度必须大于实际选用的钢丝绳钢丝破断力总和。

6.9.1.7 设计时应对天轮平台的副梁及有关连接部分进行强度验算。受力超过规定时要采取措施。

6.9.1.8 斜井井架应使提升钢丝绳的牵引方向与斜井轨道平行。

6.9.1.9 斜井井架的过卷开关向下至第一个道岔的距离应大于1.5倍允许列车的长度。

6.9.1.10 斜井天轮处的钢丝绳距轨道面高度应大于提升容器与钢丝绳连接处距轨道面高度200 mm。

6.9.1.11 翻矸平台的高度除满足溜矸槽倾角36°~45°外,直接采用矿车或汽车排矸时,溜矸槽下缘与排矸矿车或汽车通过部分的距离应大于500 mm。

6.9.1.12 翻矸平台除吊桶、管路、电缆等通过的孔口外,铺板必须用不易燃材料,提升孔四周设安全栏杆,提升孔和滑架的安全间隙应不小于100 mm。

6.9.2 井筒施工用盘

6.9.2.1 立井施工必须设封口盘、吊盘,可根据需要设置固定盘。井口工作范围应用栅栏围住,人员进出地点安装栅栏门;封口盘和井盖门必须坚固严密,井盖门的两端必须安装栅栏;封口盘、固定盘与井壁之间必须封严,盘面孔洞必须安设盖门或防护围栏。采用可燃性材料做封口盘时,必须进行阻燃处理。

6.9.2.2 固定盘盘面除管线通过孔外,其余应用不燃或阻燃材料铺严。吊桶通过的提升孔周围应设围栏。

6.9.2.3 立井施工作业吊盘必须使用两层或多层吊盘,并采用稳车悬吊。利用吊盘悬吊单层辅助盘时,必须制定专项措施。

6.9.2.4 双层(或多层)吊盘应根据施工中承受的载荷分别对各层盘的钢梁和立柱及连接部分进行强度验算,保证有足够的强度,从上层盘的悬吊点到最下层盘加装保险绳。

6.9.2.5 吊盘突出部分与永久井壁间隙不大于100 mm;吊盘应安设安全可靠的稳盘装置,用以固定吊盘。

6.9.2.6 吊盘上应设置吊桶通过的喇叭口,吊桶外缘与通过口最小距离不得小于150 mm。

6.9.3 吊桶、钩头

6.9.3.1 选用的吊桶和钩头装置,必须具有"产品合格证"。

6.9.3.2 吊桶上方必须安设带保护伞的滑架。滑架应灵活可靠,与提升孔的安全距离不得小于100 mm。

6.9.3.3 吊桶连接装置每年进行一次探伤;钩头装置、吊桶提梁、罐耳及销轴出厂前、发生断绳事故后、长期不用在使用前,各主件必须进行探伤,合格后方可使用。

6.9.3.4 钩头装置、滑架每天检查1次,并保留记录。检查项目:钩头、联板、销、轴、缓冲装置、U形环、弹簧、保护伞、滑轮、滑套完整无损、螺栓、背帽、垫圈、开口销齐全紧固、不变形、无裂纹。

6.9.3.5 钩头、U形环、销轴三者配合应符合下列规定:

    a) 销孔磨损间隙不大于0.7 mm。

    b) 回转轴丝扣完整无损,回转轴外径与压力轴承内径配合,间隙不大于0.07 mm。固定压力轴承应每 2 周打开检查 1 次并加油,检查加油应有记录。

6.9.3.6　滑架的滑套(滑轮)应齐全,滑动(转动)灵活,钢丝绳罐道与滑套的总间隙超过 15 mm 时必须更换滑套。

6.9.3.7　钩头挂钩后,把钩工应检查确认钩头闭锁可靠后方可提升。钩头提起后目测检查,发现问题立即停钩进行处理。

6.9.3.8　吊桶应每周检查 1 次,各部铆钉、加强圈、开口销、卸载环等应完整、齐全、紧固;桶体无严重变形,提梁不得有裂纹;销轴与孔的最大磨损间隙:直径 30 mm 以下不大于 0.7 mm,直径 30 mm 以上不大于 1 mm。

6.9.4　稳车

6.9.4.1　稳车安装应符合规范和设计要求,并做好原始记录。稳车使用前应组织人员进行检查验收,验收合格后方可使用。

6.9.4.2　稳车应挂牌编号,标明用途,使用中按规定定期检查。

6.9.4.3　悬挂吊盘、水泵和其他设备的稳车,必须装设可靠的制动装置和防逆转装置,并设有电气闭锁。稳车还必须设短路和过载保护装置。

6.9.4.4　联轴器传动销、缓冲胶圈应齐全完好。

6.9.4.5　制动系统应完好可靠,使用前必须检验安全闸、工作闸的可靠性。安全闸敞闸时,闸与闸轮间隙小于 2 mm,抱闸时的接触面积大于 80%;工作闸敞闸时,闸与闸轮间隙小于 2 mm,抱闸时的接触面积大于 75%。

6.9.4.6　钢丝绳绳根压板应齐全、紧固,排绳整齐,层间垫板规范。

6.9.4.7　电机、电控设备应有防雨设施。

6.9.4.8　使用集中控制的稳车群,开车前和开车时必须有专人巡视检查。

6.9.5　水泵和井筒管线悬吊

6.9.5.1　井筒施工所安装的水泵,排水能力应不小于预计涌水量的 1.5 倍,并配有同等能力的备用泵。水患严重的矿井,应留有安装备用排水系统的位置。

6.9.5.2　泵的额定扬程应比排水需要扬程大 50 m 以上。

6.9.5.3　多级排水时,中间转水站水仓必须能容纳下一级 4 h 的最大排水量。水仓应定期清理淤泥杂物,以保证容水量。

6.9.5.4　吊泵安装和使用应符合下列要求:
a)　吊泵与井壁的间隙应不小于 300 mm;
b)　两台吊泵外缘的间隙应不小于 500 mm;
c)　工作面的吊泵悬挂方式必须保证吊泵随时能够升降;
d)　工作面吊泵司机旁必须安设直通井口信号房的信号器。

6.9.5.5　井筒施工使用卧泵排水时,吊盘必须有足够的空间和承载能力,以满足水泵、水箱等排水设施的安装需要。

6.9.5.6　应设置与排水能力相匹配的排水管路和供电系统。

6.9.5.7　悬吊的管、线与永久井壁的距离不小于 300 mm(固定于井壁的管、线按设计施工)。

6.9.5.8　悬吊的管线最突出部分与提升容器最突出部分的距离:井深在 400 m 之内时不小于 500 mm;井深在 400 m~500 m 时不小于 600 mm;井深超过 500 m 时不小于 800 mm。

6.9.5.9 悬吊的各种管、线应符合下列要求：
  a) 悬吊的管、线及其卡子的最突出部分与其通过的各盘、台孔的距离不小于 100 mm；
  b) 悬吊的照明、动力电缆与通信、爆破电缆之间的距离应大于 300 mm；
  c) 悬吊的爆破、信号电缆与压风管的距离应大于 1 000 mm；
  d) 爆破电缆必须单独悬吊；
  e) 管、线每周应检查 1 次，钢丝绳悬吊管、线起落后应进行检查。

6.9.6 伞钻和抓岩机

6.9.6.1 使用伞钻应符合下列要求：
  a) 下井和升井的摘挂钩工作应由专人负责，并检查各臂收拢及绑扎情况。
  b) 通过施工盘口时有专人监视。
  c) 支撑臂的位置不得影响吊桶、吊泵等升降。
  d) 支撑臂支撑井壁必须上仰 10°，支撑完成后方可放松伞钻悬吊钢丝绳，但不得摘钩。在松动支撑臂之前严禁再扳动调高器手柄。
  e) 提升伞钻的钢丝绳套安全系数不得低于 8，每次使用前必须检查。

6.9.6.2 抓岩机在下井前应把所有的连接件连接牢固，检查抓岩机使用钢丝绳的索具、卸扣，合格后方可使用。下井用的钢丝绳套安全系数不得小于 8，2 根钢丝绳套应等长。抓岩机下井前应做试吊试验并由专人挂钩，确认无误后方可下放。抓岩机在安装 4 个 U 形卡时设专人检查。

6.9.6.3 抓岩机在使用过程中每班专人检查 1 次，主要包括 U 形卡螺栓、各构件的连接装置和提升抓斗用的钢丝绳，发现问题立即处理。提升抓斗用的钢丝绳按说明书选用，并定期更换。在检查中发现钢丝绳断丝或磨损超限，应立即更换并做好记录。

6.9.6.4 每次抓矸完毕，抓斗必须进行清理，收缩锁牢抓齿；必须将抓斗锁于抓岩机机身上，锁抓斗的索具每班必须检查。

6.9.7 侧卸式装岩机

6.9.7.1 侧卸式装岩机必须配有专用电控开关，并配专用工具开、闭，专用工具必须由专职司机保管。司机离开操作台时，必须断开装岩机专用电控开关。装岩机必须装有前照明灯和尾灯，通电后必须能正常照明。

6.9.7.2 侧卸式装岩机启动前必须检查各操作手柄，确认无误后方可通电。起动电机前，必须有专人警戒，确保装岩机四周无人、无障碍。

6.9.7.3 侧卸式装岩机用铲斗起重严禁超载；行走时，机体四周严禁站人。

6.9.7.4 侧卸式装岩机停止工作时，必须将铲斗落地平放，主令开关手柄闭锁在中间位置并切断专用控制开关电源。

6.9.7.5 侧卸式装岩机检修时必须断开专用电控开关，并悬挂警戒牌；需要在铲斗下检修机器时，必须插好斗臂上的安全销，并在铲斗下加垫枕木。

6.10 电气

6.10.1 一般规定

6.10.1.1 煤矿建设项目应有两回路电源线路。当任一回路停止供电时，另一回路应能担负起全部负荷。暂不能实现双回路供电，采用单回路供电时，必须有备用电源，备用电源的容量必须满足通风和撤出人员的需要。

两回路电源线路上都不得分接任何负荷。

正常情况下,两回路电源应采用分列运行方式,一回路运行时另一回路必须带电备用,以保证供电的连续性。

高瓦斯、煤(岩)与瓦斯(二氧化碳)突出及水患严重的矿井进入二期工程、其他矿井进入三期工程必须形成双回路供电。

10 kV 及其以下的架空电源线路不得共杆架设。

电源线路上严禁装设负荷定量器。

6.10.1.2 严禁井下配电变压器中性点直接接地。

严禁由地面中性点直接接地的变压器(或发电机)直接向井下供电。

6.10.1.3 选用的井下电气设备,必须符合表10的要求。

普通型携带式电气测量仪表,必须在瓦斯浓度1.0%以下的地点使用,并实时监测使用环境的瓦斯浓度。

表 10 井下电气设备选用规定

类别	使用场所			
	煤(岩)与瓦斯(二氧化碳)突出矿井和瓦斯喷出区域	瓦斯矿井		
		进风巷道		回风巷道
		低瓦斯矿井	高瓦斯[a] 矿井	
高低压电机和电气设备	矿用防爆型[b] (矿用增安型除外)	矿用一般型	矿用防爆型	矿用防爆型 (矿用增安型除外)
照明灯具	矿用防爆型[c] (矿用增安型除外)	矿用一般型	矿用防爆型	矿用防爆型 (矿用增安型除外)
通信、自动化装置和仪表、仪器	矿用防爆型 (矿用增安型除外)	矿用一般型	矿用防爆型	矿用防爆型 (矿用增安型除外)
[a] 使用架线电机车运输的巷道中及沿该巷道的机电设备硐室内可以采用矿用一般型电气设备(包括照明灯具、通信、自动化装备和仪表、仪器); [b] 煤(岩)与瓦斯(二氧化碳)突出矿井的井底车场的主泵房内,可使用矿用增安型电动机; [c] 允许使用经安全检测鉴定,并取得煤矿矿用产品安全标志的矿灯。				

6.10.1.4 井下不得带电检修、搬迁电气设备和电缆、电线。检修或搬迁前,必须切断电源,检查瓦斯,在其巷道风流中瓦斯浓度低于1.0%时,再用与电源电压相适应的验电笔检验;检验无电后,方可进行导体对地放电。控制设备内部安有放电装置的,不受此限。所有开关的闭锁装置必须能可靠地防止擅自送电,防止擅自开盖操作,开关把手在切断电源时必须闭锁,并悬挂"有人工作,不准送电"字样的警示牌,只有执行这项工作的人员才有权取下此牌送电。

6.10.1.5 操作井下电气设备应遵守下列规定:
  a) 非专职人员或非值班电气人员不得擅自操作电气设备;
  b) 操作高压电气设备主回路时,操作人员必须戴绝缘手套,并穿电工绝缘靴或站在绝缘台上；

  c) 手持式电气设备的操作手柄和工作中必须接触的部分必须有良好绝缘。

6.10.1.6 容易碰到的、裸露的带电体及机械外露的转动和传动部分必须加装护罩或遮栏等防护设施。

6.10.1.7 井下各级配电电压和各种电气设备的额定电压等级，应符合下列要求：

  a) 高压，不超过 10 000 V；

  b) 低压，不超过 1 140 V；

  c) 照明、信号、电话和手持式电气设备的供电额定电压，不超过 127 V；

  d) 远距离控制线路的额定电压，不超过 36 V。

6.10.1.8 井下低压配电系统同时存在 2 种或 2 种以上电压时，低压电气设备上应明显地标出其电压额定值。

6.10.1.9 必须备有井上、下配电系统图，井下电气设备布置示意图和电力、电话、信号、电机车等线路平面敷设示意图，并随着情况变化定期填绘。图中应注明：

  a) 电动机、变压器、配电设备、信号装置、通信装置等装设地点；

  b) 每一设备的型号、容量、电压、电流种类及其他技术性能；

  c) 馈出线的短路、过负荷保护的整定值，熔断器熔体的额定电流值以及被保护干线和支线最远点两相短路电流值；

  d) 线路电缆的用途、型号、电压、截面和长度；

  e) 保护接地装置的安设地点。

6.10.1.10 电气设备不应超过额定值运行。

  井下防爆电气设备变更额定值使用和进行技术改造时，必须经国家授权的矿用产品质量监督检验部门检验合格后，方可投入运行。

6.10.1.11 防爆电气设备入井前，应检查其"产品合格证""煤矿矿用产品安全标志"及安全性能；检查合格并签发合格证后，方准入井。

6.10.2 电气设备和保护

6.10.2.1 井下电力网的短路电流不得超过其控制用的断路器在井下使用的开断能力，并应校验电缆的热稳定性。

6.10.2.2 硐室外严禁使用油浸式低压电气设备。

  40 kW 及以上的电动机，必须采用真空电磁起动器控制。

6.10.2.3 井下高压电动机、动力变压器的高压控制设备，应具有短路、过负荷、接地和欠压释放保护。井下由变电所、移动变电站或配电点引出的馈电线上，应装设短路、过负荷和漏电保护装置。低压电动机的控制设备，应具备短路、过负荷、单相断线、漏电闭锁保护装置。

6.10.2.4 井下配电网路（变压器馈出线路、电动机等）均应装设过流、短路保护装置；必须用该配电网路的最大三相短路电流校验开关设备的分断能力和动、热稳定性以及电缆的热稳定性。必须正确选择熔断器的熔体。

  必须用最小两相短路电流校验保护装置的可靠动作系数。保护装置必须保证配电网路中最大容量的电气设备或同时工作成组的电气设备能够起动。

6.10.2.5 高压电网，必须采取措施限制单相接地电容电流不超过 20 A。

  地面变电所和井下变电所的高压馈电线上，必须装设有选择性的单相接地保护装置；供移动变电站的高压馈电线上，必须装设有选择性的动作于跳闸的单相接地保护装置。

井下低压馈电线上，必须装设检漏保护装置或有选择性的漏电保护装置，保证自动切断漏电的馈电线路。

每天必须对低压检漏装置的运行情况进行1次跳闸试验。

煤电钻必须使用设有检漏、漏电闭锁、短路、过负荷、断相、远距离起动和停止煤电钻功能的综合保护装置。每班使用前，必须对煤电钻综合保护装置进行1次跳闸试验。

6.10.2.6 直接向井下供电的高压馈电线上，严禁装设自动重合闸。手动合闸时，必须事先同井下联系。井下低压馈电线上有可靠的漏电、短路检测闭锁装置时，可采用瞬间1次自动复电系统。

6.10.2.7 井上、下必须装设防雷电装置，并遵守下列规定：
   a) 经由地面架空线路引入井下的供电线路和电机车架线，必须在入井处装设防雷电装置；
   b) 由地面直接入井的轨道及露天架空引入（出）的管路，必须在井口附近将金属体进行不少于2处的良好的集中接地；
   c) 通信线路必须在入井处装设熔断器和防雷电装置。

6.10.3 井下临时机电设备硐室

6.10.3.1 井下机电设备硐室应用不燃性材料支护，硐室内必须配备足够数量的扑灭电气火灾的灭火器材。

井下变电所和主要排水泵房的地面标高，应分别比其出口与井底车场或大巷连接处的底板标高高出0.5 m。

6.10.3.2 掘进工作面配电点的位置和空间必须能满足设备检修和巷道运输、矿车通过及其他设备安装的要求，并用不燃性材料支护。

6.10.3.3 硐室内各种设备与墙壁之间应留出0.5 m以上的通道，各种设备相互之间，应留出0.8 m以上的通道。对不需从两侧或后面进行检修的设备，可不留通道。

6.10.3.4 硐室入口处必须悬挂"非工作人员禁止入内"字样的警示牌。硐室内必须悬挂与实际相符的供电系统图。硐室内有高压电气设备时，入口处和硐室内必须在明显地点悬挂"高压危险"字样的警示牌。

硐室内的设备，必须分别编号，标明用途，并有停送电的标志。

6.10.4 井下电缆

6.10.4.1 在机械提升的进风的倾斜井巷（不包括输送机上、下山）和立井井筒中敷设电缆时，必须有可靠的安全措施。

溜放煤、矸、材料的溜道中严禁敷设电缆。

6.10.4.2 井下电缆的选用应遵守下列规定：
   a) 电缆应带有供保护接地用的足够截面的导体。
   b) 严禁采用铝包电缆。
   c) 必须选用取得煤矿矿用产品安全标志的阻燃电缆。
   d) 电缆主线芯的截面应满足供电线路负荷的要求。
   e) 对固定敷设的高压电缆：
      1) 在立井井筒或倾角为45°及其以上的井巷内，应采用聚氯乙烯绝缘粗钢丝铠

    装聚氯乙烯护套电力电缆、交联聚乙烯绝缘粗钢丝铠装聚氯乙烯护套电力电缆;
  2) 在水平巷道或倾角在45°以下的井巷内,应采用聚氯乙烯绝缘钢带或细钢丝铠装聚氯乙烯护套电力电缆、交联聚乙烯钢带或细钢丝铠装聚氯乙烯护套电力电缆。

f) 固定敷设的低压电缆,应采用MVV铠装或非铠装电缆或对应电压等级的移动橡套软电缆。

g) 非固定敷设的高低压电缆,必须采用符合MT 818标准的橡套软电缆。移动式和手持式电气设备应使用专用橡套电缆。

h) 照明、通信、信号和控制用的电缆,应采用铠装或非铠装通信电缆、橡套电缆或MVV型塑力缆。

i) 低压电缆不应采用铝芯。

6.10.4.3 敷设电缆(与手持式或移动式设备连接的电缆除外)应遵守下列规定:

a) 水平巷道或倾角在30°以下的井巷中,电缆应用吊钩悬挂;在立井井筒或倾角在30°及其以上的井巷中敷设电缆,应用夹子、卡箍或其他夹持装置,夹持装置应能承受电缆重量,并不得损伤电缆。电缆敷设必须制定安全措施。

b) 水平巷道或倾斜井巷中悬挂的电缆应有适当的弛度,并能在意外受力时自由坠落。其悬挂高度应保证电缆在矿车掉道时不受撞击,在电缆坠落时不落在轨道或输送机上。

c) 电缆悬挂点间距,在水平巷道或倾斜井巷内不得超过3 m,在立井井筒内随钢丝绳下放不得超过6 m;随管路下放不得超过单节管路的长度,单节管路长度超过10 m时应在中间绑扎。

d) 沿钻孔敷设的电缆必须绑紧在钢丝绳上,钻孔必须加装套管。

6.10.4.4 电缆上严禁悬挂任何物件。平斜巷电缆不应悬挂在风管或水管上,不得遭受淋水,电缆与压风管、供水管在巷道同一侧敷设时,必须敷设在管子上方,并保持0.3 m以上的距离。在有瓦斯抽放管路的巷道内,电缆(包括通信、信号电缆)必须与瓦斯抽放管路分挂在巷道两侧;立井电缆可随悬吊管路钢丝绳下放。盘圈或盘"8"字形的电缆不得带电,但给掘进机组、立井施工、井筒安装供电的电缆不受此限。

井筒和巷道内的通信和信号电缆应与电力电缆分挂在井巷的两侧,如果受条件所限:在井筒内,应敷设在距电力电缆0.3 m以外的地方;在巷道内,应敷设在电力电缆上方0.1 m以上的地方。

高、低压电力电缆敷设在巷道同一侧时,高、低压电缆之间的距离应大于0.1 m。高压电缆之间、低压电缆之间的距离不得小于50 mm。

井下巷道内的电缆,沿线每隔一定距离、拐弯或分支点以及连接不同直径电缆的接线盒两端、穿墙电缆墙的两边都应设置注有编号、用途、电压和截面的标志牌。

6.10.4.5 立井井筒中所用的电缆中间不得有接头,因井筒太深需设接头时,应将接头设在中间水平巷道内。

运行中因故需要增设接头而又无中间水平巷道可利用时,可在井筒中设置接线盒,接线盒应放置在托架上,不应使接头承力。

6.10.4.6　电缆穿过墙壁部分应用套管保护,并严密封堵管口。

6.10.4.7　电缆的连接应符合下列要求:

a) 电缆与电气设备的连接,必须用与电气设备性能相符的接线盒。电缆线芯必须使用齿形压线板(卡爪)或线鼻子与电气设备进行连接。

b) 不同型电缆之间严禁直接连接,必须经过符合要求的接线盒、连接器或母线盒进行连接。

c) 同型电缆之间直接连接时必须遵守下列规定:

　　1) 橡套电缆的修补连接(包括绝缘、护套已损坏的橡套电缆的修补)必须采用阻燃材料进行硫化热补或与热补有同等效能的冷补。在地面热补或冷补后的橡套电缆,必须经浸水耐压试验,合格后方可下井使用。在井下冷补的电缆必须定期试验。

　　2) 塑料电缆连接处的机械强度以及电气、防潮密封、老化等性能,应符合该型矿用电缆的技术标准。

6.10.5　照明、通信和信号

6.10.5.1　井下下列地点必须有足够的照明:

a) 井底车场及其附近;

b) 机电设备硐室、调度室、机车库、爆炸材料库、候车室、信号站、瓦斯抽放泵站等;

c) 使用机车的主要运输巷道、兼作人行道的集中带式输送机巷道、升降人员的绞车道以及升降物料和人行交替使用的绞车道,其照明灯的间距不得大于 30 m;

d) 主要进风巷的交岔点;

e) 从地面到井下的专用人行道。

　　地面的通风机房、绞车房、压风机房、变电所、矿调度室等必须设有应急照明设施。

6.10.5.2　严禁用电机车架空线作照明电源。

6.10.5.3　立井井筒施工期间,井筒内单独作业人员必须携带矿灯。井底工作面必须有充足照明,并至少备有 4 盏矿灯。夜间施工翻矸台工作人员必须携带矿灯。

6.10.5.4　矿灯的管理和使用应遵守下列规定:

a) 完好的矿灯总数,至少应比经常用灯的总人数多 10%。

b) 矿灯应集中统一管理。每盏矿灯必须编号,经常使用矿灯的人员必须专人专灯。

c) 矿灯应保持完好,出现电池漏液、亮度不够、单一光源、电线破损、灯锁失效、灯头密封不严、灯头圈松动、玻璃破裂等情况时,严禁发放。发出的矿灯,最低应能连续正常使用 11 h。

d) 使用矿灯人员严禁拆开、敲打、撞击矿灯。人员出井后(地面领用矿灯人员,在下班后),必须立即将矿灯交还灯房。

e) 在每次换班 2 h 内,灯房人员必须把没有还灯人员的名单报告调度室。

f) 矿灯必须装有可靠的短路保护装置。高瓦斯矿井应装有短路保护器。

6.10.5.5　地面绞车房、井底车场、井下调度室、上、下山绞车房、水泵房、带式输送机控制硐室等主要机电设备硐室和掘进工作面,必须安装电话。

　　井下电话线路严禁利用大地作回路。

6.10.5.6　电气信号应符合下列要求:

a) 矿井中的电气信号应能同时发声和发光。重要信号装置附近,应标明信号的种类和用途。

b) 升降人员和主要提升绞车的信号装置的直接供电线路上,严禁分接其他负荷。

6.10.5.7 井下照明和信号装置,应采用具有短路、过载和漏电保护的照明信号综合保护装置配电。

6.10.5.8 井下防爆型的通信、信号和控制等装置,应优先采用本质安全型。

6.10.5.9 提升机房、信号房、井口、翻矸平台等要害场所应安装视频监控系统,其图像记录保留时间不低于 7 d。

6.10.6 井下电气设备保护接地

6.10.6.1 电压在 36 V 以上和由于绝缘损坏可能带有危险电压的电气设备的金属外壳、构架,铠装电缆的钢带(或钢丝)、铅皮或屏蔽护套等必须有保护接地。

6.10.6.2 接地网上任一保护接地点的接地电阻值不得超过 2 Ω。每一移动式和手持式电气设备至局部接地极之间的保护接地用的电缆芯线和接地连接导线的电阻值,不得超过 1 Ω。

6.10.6.3 所有电气设备的保护接地装置(包括电缆的铠装、铅皮、接地芯线)和局部接地装置,应与主接地极连接成 1 个总接地网。

主接地极应在主、副水仓或临时水窝中各埋设 1 块。主接地极应用耐腐蚀的钢板制成,其面积不得小于 0.75 m^2、厚度不得小于 5 mm。

在钻孔中敷设的电缆不能与主接地极连接时,应单独形成一分区接地网,其接地电阻值不得超过 2 Ω。

6.10.6.4 下列地点应装设局部接地极:

a) 移动变电站和移动变压器;

b) 装有电气设备的硐室和单独安设的高压电气设备;

c) 低压配电点或装有 3 台以上电气设备的地点;

d) 由变电所单独供电的掘进工作面,至少应分别设置 1 个局部接地极;

e) 连接高压动力电缆的金属连接装置。

局部接地极可设置于巷道水沟内或其他就近的潮湿处。设置在水沟中的局部接地极应用面积不小于 0.6 m^2、厚度不小于 3 mm 的钢板或具有同等有效面积的钢管制成,并应平放于水沟深处。设置在其他地点的局部接地极,可用直径不小于 35 mm、长度不小于 1.5 m 的钢管制成,管上应至少钻 20 个直径不小于 5 mm 的透孔,并垂直全部埋入底板;也可用直径不小于 22 mm、长度为 1 m 的 2 根钢管制成,每根管上应钻 10 个直径不小于 5 mm 的透孔,2 根钢管相距不得小于 5 m,并联后埋入底板,垂直埋深不得小于 0.75 m。

6.10.6.5 连接主接地极的接地母线,应采用截面不小于 50 mm^2 的铜线,或截面不小于 100 mm^2 的镀锌铁线,或厚度不小于 4 mm、截面不小于 100 mm^2 的扁钢。

电气设备的外壳与接地母线或局部接地极的连接,电缆连接装置两头的铠装、铅皮的连接,应采用截面不小于 25 mm^2 的铜线,或截面不小于 50 mm^2 的镀锌铁线,或厚度不小于 4 mm、截面不小于 50 mm^2 的扁钢。

6.10.6.6 橡套电缆的接地芯线,除用作监测接地回路外,不得兼作他用。

6.10.7 井下电气设备、电缆的检查、维护和调整

6.10.7.1 电气设备的检查、维护和调整,必须由电气维修工进行。高压电气设备的修理和调整工作,应有工作票和施工措施。

高压停、送电的操作,可根据书面申请或其他可靠的联系方式,得到批准后,由专责电工执行。

6.10.7.2 井下防爆电气设备的运行、维护和修理,必须符合防爆性能的各项技术要求。防爆性能遭受破坏的电气设备,必须立即处理或更换,严禁继续使用。

6.10.7.3 电气设备和电缆应按表11的规定进行检查、调整。检查和调整结果应记入专用的记录簿内。检查和调整中发现的问题,应指派专人限期处理。

6.10.7.4 电气设备使用的绝缘油的物理、化学性能检测和电气耐压试验,每年应进行1次。

不符合标准的绝缘油必须及时处理或更换。油浸电气设备的绝缘油量应定期检查,并保持规定油量。

更换和试验矿用设备绝缘油应有记录。

表 11 电气设备和电缆的检查、调整规定

检查、调整项目	检查周期
使用中的防爆电气设备的防爆性能检查[a]	每月1次
配电系统继电保护装置检查整定高压电缆的泄漏和耐压试验[b]	每6个月1次每年1次
主要电气设备绝缘电阻的检查	每6个月不少于1次
固定敷设电缆的绝缘和外部检查[c]	每季1次
移动式电气设备的橡套电缆绝缘检查[d]	每月1次
接地电网接地电阻值测定	每季1次
新安装的电气设备绝缘电阻和接地电阻的测定[e]	

[a] 每日应由分片负责电工检查1次外部;
[b] 负荷变化时应及时整定;
[c] 每周应由专责电工检查1次外部和悬挂情况;
[d] 每班由当班司机或专责电工检查1次外皮有无破损;
[e] 投入运行以前。

6.11 安装工程

6.11.1 一般规定

6.11.1.1 地面、井下各种提升、运输、通风、压风、排水、供电和起重运输等设备、金属井架及各种钢结构设施的安装,各类管线的敷设(架设),以及井筒装备施工,可参照有关部门的规范执行;遇有与本规范相抵触的,应按本规范执行。

6.11.1.2 对从事焊接、防腐、登高及井下作业等工作人员必须按有关规定定期进行体检,严禁身体条件不符合工种要求的人员从事上述作业。

6.11.1.3 进入井巷、高处、起重等有物体坠落危险场所的人员必须戴安全帽。在井筒、高处、悬崖、陡坡和桥侧等场所施工的人员必须系安全带。上下平行交叉作业,应有防护措施,

出入口应搭防护棚。

6.11.1.4 建设单位必须提供施工现场地面、地下设施的种类、用途、位置、走向等相关资料，并根据施工需要制订合理可行的保护、搬迁措施。

6.11.1.5 施工现场应做到：
   a) 行人及运输通道畅通。
   b) 在现场内有井口、悬崖、陡坡、深坑、酸洗池、施工预留孔洞以及室外带电设备等，必须有防护设施并挂警示标志。
   c) 材料、构件、设备的堆放要整齐稳定，不得超高。废料应及时清理，保持现场整洁；临时存放的游动天轮、大型扇风机等，要设置隔离栅栏或将转动部分固定。
   d) 施工现场必须设有保证施工安全要求的夜间照明。
   e) 与施工无关的人员严禁进入现场。

6.11.1.6 施工现场必须制订消防管理制度、配备符合消防要求的消防设施，并保持完好状态。

6.11.1.7 在施工现场使用、存放易燃易爆的器材，以及在电气焊、化学除锈、防腐等作业过程中产生有害气体时，必须采取安全措施。

6.11.1.8 施工现场中的脚手板、斜道板、跳板和交通运输通道等应及时清理，遇雨水、冰雪应采取防滑措施。

6.11.2 井下安装工程

6.11.2.1 施工期间，井下运输、通风、瓦斯、电气防爆及地质灾害预防的管理执行本规范有关规定。

6.11.2.2 井下动用电、气焊，必须严格执行本规范井下防灭火的有关规定。

6.11.2.3 井下施工现场或运输现场（通道），必须有足够的照明。

6.11.2.4 井下高压管路试验或带载检查时，严禁人员面对检查口。

6.11.3 立井井筒装备

6.11.3.1 在高瓦斯矿井和煤与瓦斯突出矿井中，已揭煤的尚未贯通的井筒和处于回风的井筒，严禁进行井筒装备施工。

6.11.3.2 天轮平台、封口盘改装及吊盘挂设必须编制专项措施。井口应封严，管线通过口应设置折页盖板，侧面应预留满足通风要求的通风口，通风口要设防护网。

6.11.3.3 吊盘钢丝绳应选择左右捻向并成对布置，或选用不旋转钢丝绳，否则要编制防止吊盘旋转的专项措施。

6.11.3.4 吊盘提升孔应设喇叭口或盖门，吊盘缺口处应设折页或栏杆。

6.11.3.5 严禁吊盘和提升容器同时运行。吊盘每次提升或下落，必须及时将吊盘实际位置标在绞车深度指示器上。

6.11.3.6 在井筒中下放托管梁、操车设备等外形尺寸较大的物件时，应有防旋转措施，并慢速升降。

6.11.3.7 升降物料所用索具及卡具应每钩检查，发现问题及时更换。

6.11.3.8 吊盘升降后，先固定吊盘，再作业。

6.11.3.9 井筒中作业应有牢靠的立足处，并视具体情况，配置防护栏网、临时平台等安全设施。所用的索具、脚手板、吊篮、平台等承载能力均应验算，符合安全要求方可使用，施工中严禁超载。

6.11.3.10　吊盘上放置的设备、材料箱等必须固定牢靠。小型材料、工具应入箱,工具使用时应拴绳,严禁抛掷工具。吊盘上、下层平行作业时必须制定措施,防止坠物伤人。

6.11.3.11　井筒中使用的所有电气设备,均应有防水措施。

6.11.4　电气焊

6.11.4.1　焊工必须持证上岗,并配备电焊帽、电焊手套等安全防护用品。

6.11.4.2　井架、井口、井筒及井下电焊作业时,必须严格遵守本规范6.5.3规定,且焊机地线必须直接连工件,焊完及时停电。在有淋水的场所施焊时,必须制定防漏电的安全技术措施。

6.11.4.3　焊接设备应保持完好。手持式电动打磨工具必须有漏电保护。

6.11.4.4　在箱形井架组装过程中,凡在箱体内进行除锈、防腐及施焊操作时,必须有良好的通风措施。宜采用抽吸式通风,操作人员应在进风侧工作,1人操作1人监护,防止有害气体中毒。

6.11.4.5　登高施焊(气割)时,焊(割)件应固定牢靠,地面派专人配合输送焊把线(气带),扑灭落地火花。

6.11.4.6　各种气瓶在存放和使用时,与明火距离不得小于10 m,并避免在阳光下曝晒。搬动时应加盖安全帽并不得碰撞。氧气瓶距乙炔瓶不得小于5 m,在井筒安装中必须采取隔离措施。

6.11.4.7　施焊和气割作业完毕,应断开电源和气源,清理现场,灭掉遗留火种。

6.11.5　搬运及起重吊装作业

6.11.5.1　多人同时进行搬运、起重等工作时,必须由1人统一指挥。

6.11.5.2　施工中需机械搬运时,应提前对设备、吊具、索具认真检查,符合相关规定后方可搬运。

6.11.5.3　起吊大型物件应设溜绳,防止碰撞。被吊物件离开地面后,吊运范围内严禁站人。

6.11.5.4　起吊用的主要卷扬机应1人操作,1人监护。

6.11.5.5　起吊用的主要卷扬机与支撑面的安装定位应平整牢固,卷筒与导向滑车中心线应对正。卷筒中心线与导向滑车轴心线的距离不应小于卷筒长的20倍。钢丝绳应从卷筒下方卷入。卷扬机工作前应检查钢丝绳、制动器、棘爪等,确认可靠方可起吊。

6.11.5.6　地锚吨位、方位、仰角及结构型式必须符合设计,埋设过程应有质检员监督,使用前进行预拉。用作地锚的钢丝绳埋设前必须涂油。

6.11.5.7　地锚应设标志牌,标明规格、用途等情况。旧地锚使用前,必须掌握其实际埋设情况(吨位、方位、仰角、埋设日期等),经试拉合格后方可使用。

6.11.5.8　焊接链、吊钩、卡环及连接件,磨损量达10%或发生永久性变形和裂纹时必须更换。

6.11.5.9　起重用钢丝绳的设计选择应符合《钢丝绳》(GB/T 8918—1996)的规定;检验和报废执行《起重机械用钢丝绳检验和报废使用规范》(GB 5972—1986)。

6.11.5.10　钢丝绳卡的规格、数量和间距必须符合要求,并遵守以下规定:

　　a)　绳卡的夹座应扣在钢丝绳的工作段上,U型螺栓扣在钢丝绳的尾段上,不得正反交叉;

b) 绳卡的使用数量符合表 12。间距等于钢丝绳直径的 6~7 倍;
c) 绳卡初次受力后,要再次紧固;
d) 绳卡卡紧的依据:以绳子压扁 1/4~1/3 为准;
e) 绳卡连接的强度不得小于钢丝绳破断拉力的 85%。

表 12 钢丝绳连接时绳卡的数量

钢丝绳直径 mm	7~18	19~27	28~37	38~45
绳卡数量	3	4	5	6

6.11.5.11 起吊带有棱角的物件,必须消除棱角对绑结绳的影响。

6.11.5.12 起重钢丝绳及索具的安全系数应满足以下规定:
a) 缆风绳不得小于 3.5;
b) 手动起重用钢丝绳不得小于 4.5,机动起重用钢丝绳不得小于 5.5;
c) 吊挂和捆绑用钢丝绳不得小于 6;
d) 牵引绳不得小于 4;
e) 起吊用钢丝绳扣不得小于 13。使用插接的钢丝绳扣,其插接长度不得小于钢丝绳直径的 15 倍,最短不得小于 300 mm,连接强度不得小于钢丝绳破断力的 75%。

6.11.5.13 卸扣的使用注意事项:
a) 使用的卸扣必须有合格证;
b) 禁止超载使用;
c) 不得横向受拉;
d) 螺纹式必须上满扣,销子式必须上保险销。

6.11.5.14 滑车及滑车组不得超载使用,钢丝绳运动速度不得超过表 13 的数值。

表 13 钢丝绳在滑车中的运动速度

额定起重量 t	0.32~16	16~80	80~200	200~320
钢丝绳的运动速度 m/min	30	25	20	16

6.11.5.15 滑车使用前必须检查轮槽、轮轴、拉板、吊钩等部位,确认无裂纹、损伤,各部件转动灵活、润滑良好,螺钉无松动现象后方可使用。

6.11.5.16 滑车存在下列情况时严禁使用:
a) 滑轮槽面磨损深度超过钢丝绳直径的 1/4;
b) 滑轮裂纹或轮槽壁磨损达 10%;
c) 轮轴中段直径磨损超过轴径的 2%;
d) 滑轮轴套磨损超过壁厚的 1/10;
e) 组成滑轮组的吊钩与吊环的危险断面的实际高度小于基本尺寸的 95%。

6.11.5.17 使用的钢丝绳直径必须与滑轮相匹配,滑轮直径(槽底径)与钢丝绳直径的比值不得小于 20 倍。

6.11.5.18 钢丝绳与滑轮偏角不得超过 5°。

6.11.5.19 滑车吊钩应设有防止脱钩的闭锁装置。严禁用焊接补强的方法来修补滑轮缺陷。

6.11.5.20 若使用多门滑车中的几门滑车时,滑车的起重量应降低,降低的数量按门数比例确定,其受力中心线必须与滑车中心线重合。

6.11.5.21 起吊大型物件时,起吊前必须进行试吊,并有明显标志。

6.11.5.22 使用三角架起吊时,杆距相等,杆脚固定可靠,不得斜吊。

6.11.5.23 工作中严禁用手直接校正已被重物张紧的钢丝绳、链条等;吊运中如绳索松动、吊运工具发生异常,应立即停止吊运,及时处理。

6.11.5.24 起重机行驶的道路及吊装时支腿所处的地面必须平整坚实,对有积水、淤泥、软土或地下有空穴等隐患的,必须采取措施处理。

6.11.5.25 用钢丝绳起吊时,两绳夹角最大不超过 120°;如吊件有油污,应将捆绑处油污擦净。

6.11.5.26 在任何情况下,严禁用人身重量来平衡吊运物件。

6.11.5.27 吊运成批零星物件,必须使用专用吊篮、吊斗等器具。

6.11.5.28 扒杆选型必须经过验算,满足强度及稳定性的要求。扒杆基础必须按设计载荷进行承压能力验算,夯实垫牢,并用方木或钢板垫平,确保起吊时扒杆底座受力均匀。

6.11.5.29 扒杆的连接螺栓必须达到设计强度,并用专用工具拧紧。竖立前应检查一遍各段的连接情况。

6.11.5.30 新扒杆组装时,中心线偏差不得大于总支撑长度的千分之一;多次使用过的扒杆,在重新组装时,每 5 m 长度内中心线偏差和局部塑性变形均不应大于 40 mm,在扒杆全长内,中心线偏差不应大于总支撑长度的 1/500。

6.11.5.31 扒杆的连接板、头部锁绳处及底部球头(铰链)等,应每年对变形、腐蚀、铆、焊或螺栓连接进行一次检查。在每次使用前也应进行检查。

6.11.5.32 扒杆起立时,两侧应有缆风绳控制偏摆,并始终带预张力。缆风绳与地面夹角应为 30°~60°,禁止将缆风绳固定在树木、电杆上。扒杆竖立后必须装设避雷装置。

6.11.5.33 绊腿的吨位、受力方向、张紧装置必须满足设计要求,连接索具的安全系数满足本规范 6.11.5.12 的规定。

6.11.5.34 铰链规格必须满足设计要求,销轴使用前必须做探伤检查。固定铰链的预埋铁件必须按设计要求进行加工制作和预埋。铰链安装应严格控制标高和方位,必须有专业人员复核后方准焊接。

6.11.5.35 使用吊耳,必须进行设计计算,满足强度条件。受侧向拉力的吊耳应有抗侧弯结构。吊耳的加工安装必须按设计进行。

6.11.5.36 如遇恶劣气候(大雾、大雨、大雪及五级以上大风等)时,不得起吊。

6.11.5.37 大型设备必须试起吊。将吊装物吊离地面 0.2 m 左右,停车对主提升稳车、主牵引地锚、扒杆底座、铰链、吊耳、滑轮组的受力情况进行一次全面检查,确认无问题后方可正式起吊。

6.11.5.38 吊装作业时,起吊范围必须设警戒线,严禁非施工人员进入现场。

6.11.5.39 吊装作业时,吊具、辅具、钢丝绳、缆风绳及吊装物与输电线的最小距离不得小于表14规定的数值。

表14 吊具、辅具、钢丝绳、缆风绳及吊装物与输电线的最小距离

输电线路电压 kV	<1	1～35	≥60
最小距离 m	1.5	3	$0.01(V-50)+3$

注：式中V为输电线路电压。

6.11.5.40 井架、杆塔类设施起立后,应按设计要求及时安装避雷装置。

6.11.5.41 吊装期间,总电源应有专人负责,上班开锁,下班断电落锁。每天上班前必须对各稳车巡视1遍,确保设备开关全部处于停止状态下方可送电。

6.11.6 高处作业

6.11.6.1 高处作业人员必须穿紧口工作服和系带软底鞋。高处作业地点应有符合要求的防护设施。

6.11.6.2 同一空间,严禁同时在同一垂直方向多层作业。凡因工序原因必须同时在同一垂直线上工作时,必须采取可靠防范措施,上层作业不得威胁下层人员安全,否则不准作业。

6.11.6.3 遇有恶劣气候(大雾、大雪、暴雨和六级以上大风等),严禁高处作业。确需在雨、雪天作业时,必须采取可靠的防滑、防寒和防冻等措施。

6.11.6.4 高处作业所用的材料应放置平稳,小型工器具装入专用的工具袋内,易脱手的工具拴工具绳,不用时放在可靠的地方。登高人员上下时,手中不得拿物,严禁上下抛掷工具物品。

6.11.6.5 在易燃、易爆、有毒气体的厂房上部及塔罐顶部施工时,应有专人监护。

6.11.6.6 高处作业人员必须注意作业地点周围情况,遇架空线时,应采取安全隔离措施。

7 露天部分

7.1 一般规定

7.1.1 建设单位必须审查施工单位资质等相关资料,经确认后,方可向施工单位提供准确的相关资料、图纸。

7.1.2 施工单位的临时工程必须选择在安全地段。

7.1.3 施工作业场所主要地区应设人行通道或梯子,梯子应设置安全护栏;横跨铁路或矿山运输道路,必须设置警示标志。

7.1.4 未经许可,严禁无关人员及车辆进入作业区。

7.1.5 施工作业的危险区域必须采取防护措施并设警示标志;电器设施应加设围栏并加锁;矿山道路必须设置限速、道口等标志,特殊路段设警示标志;汽车运输为左侧通行的矿山,在过渡区段内必须设置醒目的换向标志。

7.1.6 雷电、暴雨、大雾等天气,能见度低的情况下作业时,应采取拉大车距、打开车灯等安全措施。能见度低于30 m或夜间无良好照明的设备严禁作业。

人员在高处作业时,所用的各类梯子或平台应牢固、平稳。应佩带经检验合格的安全带或设置安全网;在室外进行高处作业时,遇有六级以上大风,必须停止作业。

7.1.7 采掘、运输、排土等设备作业时(轮斗系统作业除外),严禁人员上下设备;在危及人身安全的作业范围内,严禁人员停留或通过。

7.1.8 设备的供电电缆必须绝缘良好,电缆横过运输道路时,必须采取防护措施。

7.1.9 所有坑内、地面排水管路横过运输道路时,应采用加套管等防护措施。

7.1.10 施工组织设计必须有安全篇章,对存在有较大的安全危险有害因素应详细说明,并制定防范措施。

7.2 采剥

7.2.1 台阶

7.2.1.1 挖掘机采装的台阶高度应符合下列规定:

a) 不需爆破的土岩台阶高度不得大于挖掘机的最大挖掘高度;
b) 爆破后的爆堆高度不得大于挖掘机的最大挖掘高度的1.1~1.2倍,台阶顶部不得有悬浮的大块;
c) 上装车台阶高度不得大于挖掘机最大卸载高度与运输容器高度及卸载安全高度之和的差。

7.2.1.2 采场最终边坡的台阶坡面角和边坡角,必须符合最终边坡设计要求。

7.2.1.3 最小工作平盘宽度,必须保证采掘、运输设备的安全运行和供电线路、排水沟等正常布置。

7.2.2 穿孔

7.2.2.1 穿孔作业必须按设计的穿孔参数要求进行,误差必须保证在允许范围之内。

7.2.2.2 干式穿孔机必须有良好的除尘设施,否则严禁作业。

7.2.2.3 穿孔机在采空区、自然发火区等危险地段作业时,必须制定专项安全措施。

7.2.2.4 穿孔机在有装药的炮孔和瞎炮孔边补孔时,新钻孔与原装药孔的距离不得小于10倍的炮孔直径,并保证两孔平行;严禁在不明真相的旧孔上穿孔。

7.2.2.5 穿孔机在台阶边缘进行穿孔作业和行走之前,应查明台阶边缘的伞檐情况,作业和行走时,履带边缘与坡顶线的距离如表15所示。

表 15 穿孔机作业和走行安全距离　　　　　　　单位为米

台阶高度	<4	4~10	>10
安全距离	1~2	2~2.5	2.5~3.5

穿边行孔时,穿孔机应垂直于台阶坡顶线(最小夹角不小于45°);在有顺层滑落的危险区,必须压碴穿孔。

7.2.2.6 穿孔机在高压线下作业、通过时,应依据高压线的电压等级、空气湿度、风力等情况,确定并保证安全距离,穿孔机在坡道或长距离行走(超过300 m)时,必须先落好钻架。

7.2.3 爆破

7.2.3.1 爆炸材料的购买、运输、储存、使用和销毁,爆炸材料库建筑结构及各种防护设施和安全保卫措施,库区的内外部安全距离等,必须符合国家有关法规和标准的规定。

7.2.3.2 爆破作业使用的器材必须符合国家或行业标准,并遵守《爆破安全规程》的规定。

7.2.3.3 运输爆炸材料必须使用专用车辆,专用车辆必须经有关部门审批,并保持完好状态,同时设专职司机和押运员。

7.2.3.4 在运输爆炸材料过程中,严禁中途停车,如果遇特殊情况必须停车时,必须采取保护措施;装运量不得超过汽车额定载重量的80%,并用帆布盖好、绑牢;严禁炸药和雷管同车装运。

7.2.3.5 从事装卸、运输爆炸材料人员严禁携带火柴、打火机等燃火物品,其着装应符合安全要求。采用铵油炸药混装车和乳化炸药车时,必须对装料、混药、装车运输和装药作业制定安全措施。

7.2.3.6 爆炸材料的领取、运输和使用必须严格执行账、卡、物一致的管理制度,爆破负责人对爆炸材料验收后方可与押运人员双方签字认可。

7.2.3.7 爆破后剩余的爆炸材料,必须立即退回爆炸材料库,严禁销毁和存放,并严格履行退库手续。

7.2.3.8 在爆破区域内放置和使用爆炸材料过程中,20 m 以内严禁烟火,10 m 以内严禁非爆破工作人员进入。任何机动设备不得进入已装过炸药的爆破区域,遇特殊情况,必须由爆破人员指挥,在确保安全的条件下,方可进入。

7.2.3.9 装药时,每个炮孔同时操作人员不应超过 3 人,应清除炮孔边缘的石块等杂物;严禁向炮孔内投掷起爆具和受冲击易爆的炸药;严禁使用塑料、金属或带金属包头的炮杆。

7.2.3.10 炮孔充填时,不得使用块状岩土。如果充填物发生堵塞时,要进行处理,否则不得联网起爆。

7.2.3.11 爆破安全警戒必须遵守下列规定:
a) 爆破负责人确定警戒范围,并向爆破影响范围边缘的所有通道派出警戒人员。
b) 凡在爆破影响范围内的人员、设备必须按爆破负责人的指令,在规定的时间内撤离到安全地区,并由爆破负责人确认。
c) 警戒人员、爆破工(起爆人员)、调度室必须与爆破负责人保证信息畅通。在爆破负责人确认可以起爆时,先通告调度室,由调度室向矿区有关单位或部门发出爆破警告,并确认可以爆破的条件下,由调度室再通告爆破负责人可以爆破,爆破负责人方可下达起爆令。
d) 爆破警戒的解除令由爆破负责人下达,并同时通告调度室。

7.2.3.12 爆破安全警戒距离必须符合下列要求:
a) 深孔松动爆破(孔深大于 5 m)距爆破区边缘:软岩不得小于 100 m;硬岩不得小于 200 m。
b) 浅孔爆破(孔深小于 5 m),无充填预裂爆破,不得小于 300 m。
c) 二次爆破,炮眼法不得小于 200 m;裸露爆破药量不超过 20 kg 时,不得小于 200 m;药量超过 20 kg 时,不得小于 400 m。
d) 扩孔爆破,不得小于 100 m。
e) 轰水,不得小于 50 m。

7.2.3.13 各种机电设备距爆区边缘的安全距离:深孔爆破不得小于 40 m;浅孔或二次爆破不得小于 50 m。

机动设备应撤到警戒范围之外,因故不能撤离时,必须采取安全措施。

爆区边缘与电杆距离不得小于 5 m,在 5 m~10 m 时应停电,并采取减震措施。

7.2.3.14 爆破地震安全距离应符合下列要求:

　　a) 各类建(构)筑物地面质点的安全震动速度不应超过下列数值:
　　　　1) 重要工业厂房,4 mm/s;
　　　　2) 土窑洞、土坯房、毛石房,10 mm/s;
　　　　3) 一般砖房、非抗震的大型砌块建筑物,20 mm/s~30 mm/s;
　　　　4) 钢筋混凝土框架房屋,50 mm/s;
　　　　5) 水工隧道,100 mm/s;
　　　　6) 交通涵洞,150 mm/s;
　　　　7) 矿山巷道,100 mm/s~200 mm/s。

　　b) 爆破地震安全距离应按下式计算:

$$R=(k/v)^{1/a} \cdot Q^m$$

式中:

　　R ——爆破地震安全距离,单位为米(m);
　　Q ——药量(齐发爆破取总量,延期爆破取最大一段药量),单位为千克(kg);
　　v ——安全质点振动速度,单位为厘米每秒(cm/s);
　　m ——药量指数,取 $m=1/3$;
　　k,a ——与爆破地点地形、地质条件有关的系数和衰减指数。

遇有特殊情况时,必须进行爆破地震效应的监测和试验,以确定被保护物的安全性。

7.2.3.15 一般不得使用裸露爆破,特殊情况下,必须裸露爆破时,应按下式确定安全装药量:

$$Q=(R_k/25)^3$$

式中:

　　Q ——安全装药量(延期爆破时,Q 为一次起爆的药量),单位为千克(kg);
　　R_k ——被保护建筑物、设备距爆破地点的距离,单位为米(m)。

7.2.3.16 实施硐室爆破、抛掷大爆破、老空区爆破等特殊爆破时,必须编制设计,制定安全措施。

7.2.3.17 在自然发火区进行爆破作业时,装药前必须测试孔内温度,孔内有明火或温度在 80 ℃ 以上必须采取灭火和降温措施。

高温孔处理合格后,应迅速装药起爆。高温孔应采用热感度低的炸药或将炸药、雷管做隔热包装。

7.2.3.18 爆破时应使用电雷管起爆,当使用火雷管起爆时,必须采取安全措施,保证起爆人员的安全。

7.2.3.19 应根据爆破所采用的炸药、起爆方式等,制定处理发生拒爆和熄爆的安全措施。

7.2.4 采装

7.2.4.1 单斗挖掘机向汽车装载时必须遵守下列规定:

a) 勺斗容积和物料块度应与汽车载重相适应,严禁装载大于勺斗容积的物料。
b) 单面装车时,必须由挖掘机司机发出进车信号,汽车开到装车位置,发出装车信号后,方可装车;双面装车作业时,正面装车汽车可提前进入装车位置;反面装车应由勺斗引导汽车进入装车位置。
c) 挖掘机勺斗不得跨越电缆装车,严禁勺斗从汽车驾驶室上方越过。
d) 挖掘提升后,如勺斗边缘有悬浮的大块时,严禁回转装车,应放下大块,重新挖掘。
e) 装第一勺时,不得装较大的物料;卸料时应尽量放低勺斗,勺斗底部距车厢地板不得超过 0.5 m。
f) 严禁装偏车和超载装车,车厢顶部不得装大块物料。

7.2.4.2 单斗挖掘机在作业过程中遇下列情况时,必须停止作业,退到安全地点,报告有关部门检查处理:
a) 发现台阶崩落或有滑动迹象;
b) 工作面有伞檐或大块物料;
c) 暴露出未爆炸的炸药、导爆材料;
d) 遇有冒落危险的老空区或火区;
e) 遇有松软岩、土层或涌水;
f) 发现不明地下埋藏物。

7.2.4.3 单斗挖掘机的操作必须遵守下列规定:
a) 运转中严禁维护和注油,不得有人员停留在操作室之外;无关人员不得进入作业半径内。
b) 回转时,勺斗必须离开工作面;严禁跨越任何设备、设施;严禁勺斗突然改变方向。
c) 调整挖掘机位置时,扭转角度应在 15°~20°的增量进行,严禁倒退扭转。
d) 遇坚硬岩体时,严禁强行挖掘;严禁在地表不平的地方和不符合机器性能的纵横坡面上作业。
e) 挖掘机作业时,必须对工作面进行全面检查,严禁将金属物等和拒爆的爆炸材料装入车内。
f) 正常作业时,天轮距高压线应依据不同的电压等级,保持足够的安全距离,遇雨雪天气时,严禁在高压线下方作业。
g) 当室外气温超过挖掘机允许作业值时,应停止作业。

7.2.4.4 2台以上挖掘机在同一台阶或相邻上下台阶作业时,必须遵守下列规定:
a) 汽车运输时,2台挖掘机的间距不得小于最大挖掘半径的 2.5 倍,并制定安全措施。
b) 2台挖掘机在相邻的上下台阶作业时,两者的相对位置影响上下台阶的设备、设施安全时,必须制定安全措施。

7.2.4.5 依据台阶高度和运输设备型号,必须制定台阶坡面、运输设备与挖掘机尾部之间的最小安全距离。

7.2.4.6 挖掘机行走和升降段应遵守下列规定:
a) 严禁碾压任何电缆,包括已覆土掩埋的电缆。
b) 行走前应检查行走机构及制动系统。

c) 应依据台阶高度、坡面角及土岩的稳定性等因素,使挖掘机的行走路线与坡顶线和坡底线保持一定的安全距离。当道路松软、含水或通过老窑区有沉陷危险时,必须采取安全措施。

d) 挖掘机行走超过 300 m 时必须设专人指挥,行走时主动轴应在后面,并与行走线路两侧的设施保持安全距离。

e) 上下坡时,应预先采取移动式的防滑措施,坡道的坡度不得超过挖掘机规定的最大允许值;如果因故障停在坡道上时,必须立即采取固定式的防滑措施。

7.2.4.7 雨天作业时,应注意水淹和片帮,并确保供电线路不被水淹,如遇停电,必须由供电人员处理,严禁未查明原因就送电。

7.2.4.8 轮斗挖掘机作业和行走的线路必须坚实稳固平整。在有老窑区地段作业和走行之前要进行处理,否则不得进入。

7.2.4.9 轮斗挖掘机作业时必须遵守下列规定:
a) 开机作业前必须对安全装置进行检查。
b) 启动或行走前,必须按规定发出音响信号。
c) 严禁斗轮工作装置带负荷启动。
d) 应根据工作面物料的变化和采掘工艺要求及时调整切削厚度和回转速度,遇有硬岩夹层时应另行处理,严禁超负荷作业。
e) 轮斗臂下方严禁人员通过或停留,卸料臂、转载机下方严禁人员和设备停留。

7.2.4.10 采用轮斗挖掘机—带式输送机—排土机连续开采工艺系统时,应遵守下列规定:
a) 各单机人员接班后,经检查可以开机时,应立即向集中控制室发出可以开机信号;如有异常现象,应向集中控制室报告,待故障解除后,再向集中控制室发出可以开机信号。
b) 连续工作的电机,不应频繁启动,紧急停机开关必须在会发生重大设备事故或危及人身安全时才能使用。
c) 各单机间应实行安全闭锁控制,单机发生故障时,必须立即停车,同时向集中控制室汇报,严禁擅自处理故障。

7.2.4.11 2 台以上转载机与轮斗挖掘机联合作业时,必须制定安全措施。

7.3 运输

7.3.1 汽车运输

7.3.1.1 汽车在作业时,其制动、转向系统和安全装置必须完好,夜间作业时,各种灯必须齐全完好,大型车应开示宽灯。

7.3.1.2 矿内道路应依据具体情况(弯道、坡度、限速路段、危险地段等)设置警示、警告标志。

7.3.1.3 矿内道路必须设置护堤,其高度为矿用汽车轮胎直径的 2/5～3/5,底部宽度不得小于 3 m。

生产干线不大于 8%;生产支线不大于 9%;联络线不大于 10%;重车下坡地段,按上述规定相应减少 1%。避免连续坡道长度超过 800 m,如果连续坡道长度超过 800 m,必须在下坡一侧设置制动失灵的"避险车道"。

7.3.1.4 依据设备性能设定道路最小曲线半径,并保证驾驶视距不小于 50 m。

7.3.1.5 道路排水应遵守下列规定：
   a) 凡出入沟路堑、主干道两侧应设排水沟；半路堑的干道、平盘干道的一侧应设排水沟；干道平坡段其水沟自流水坡度不小于3‰；深路堑应设天沟截水。
   b) 工作面道路、联络道路、坡道区段一侧应设排水沟，低洼处应设横过道路的涵管，其截面不得小于排水沟的1.2倍。

7.3.1.6 严禁汽车超速行驶，同类汽车不得超越。矿内各种车辆（作业的道路工程机械设备除外）必须为采矿汽车让行。道路工程机械设备必须装配警示灯。

7.3.1.7 使用大型卡车的矿山，小型车辆必须装配警示灯、旗杆，杆的高度必须超过卡车的驾驶室平台，小型车辆严禁停在卡车的盲区。

7.3.1.8 冬季应及时清除路面上的积雪和结冰，并采取防滑措施，前后车距不得小于50 m，行驶时不得急刹车、急转弯或超车。

7.3.1.9 矿用汽车不得拖挂其他车辆，否则，必须采取安全措施，并由专人指挥监护。

7.3.1.10 停放的汽车在启动前或倒车时必须检查车附近的情况，防止视线盲区内有人员或障碍物；正在启动的汽车视线盲区内严禁人员和设备进入。

7.3.1.11 禁止溜车发动车辆，下坡行驶中严禁空挡滑行；在正常情况下不准在坡道上停车，如遇特殊情况或汽车故障只能将车停在坡道上时，必须采取安全措施。

7.3.1.12 在运输道路上，夜间因故障停放的任何设备，前后必须设置安全警示标志，并采取防护措施。

7.3.1.13 矿内运输应配备足够的洒水车，防止路面扬尘，冬天宜采用雾状和间断式的喷洒，或采取其他防止路面结冰的措施。

7.3.1.14 汽车在工作面装车时必须遵守下列规定：
   a) 等待进入装车位置的汽车，必须停在挖掘机最大回转半径之外，装车时必须停在挖掘机尾部回转半径之外。如装车位置有洒落岩土，应清除后方可进入。
   b) 汽车排队等待装车时，车与车之间必须保持足够的安全距离，并不得倒车，如需倒车，必须有专人指挥。
   c) 正在装载的汽车必须给上制动，司机不得将身体的任何部位伸出驾驶室之外，严禁其他人员上下车和检查维修。
   d) 汽车在进入挖掘机单面装车方式或双面装车方式的反面装车位置时，必须在挖掘机发出驶入信号后，方可进入，装车完毕后，必须在挖掘机发出使出信号后，方可离开。

7.3.1.15 自卸汽车卸载时，不得冲撞安全挡墙或挡车设施。

7.3.1.16 自卸卡车厢斗必须落回原位方可驶出，排卸场地出口应设置保护架空设施的限高防护拉线，且防护拉线的强度不宜过大，拉线上应装有明显物或警报装置。

7.3.2 带式输送机运输

7.3.2.1 采用带式输送机运输应遵守下列规定：
   a) 带式输送机运输物料的最大倾角，上行不得大于16°，严寒地区不得大于14°；下行不得大于12°特种带式输送机除外；
   b) 钢丝绳芯输送带的静安全系数，不得小于表16中的数值；
   c) 带式输送机的运输能力应与前置设备能力相匹配。

表 16 钢丝绳芯输送带的静安全系数值

工作条件	接 头 型 式	
	采用一级或二级接头型式的输送机	采用三级接头型式的输送机
有利	7.0	7.4
一般	8.0	8.4
不利	9.5	10.0

7.3.2.2 布设固定带式输送机应遵守下列规定：
  a) 应避开工程地质不良地段、老空区，必要时采取安全措施。
  b) 应在适当地点设置行人栈桥。
  c) 当输送机跨越建筑或道路时,下部净空间应符合现行国家标准的有关规定。当输送机跨越设备和人行道时应设置防物料撒落的防护装置。
  d) 应设防护罩或防雨棚,必要时设通廊。倾斜带式输送机人行走廊地面应防滑,并设置扶手栏杆。
  e) 封闭式带式输送机必须设置通风、除尘及防火设施,暗道应按一定距离设置通向地面的安全通道。
  f) 在转载点和机头处应设置消防设施。

7.3.2.3 带式输送机应设置下列安全保护装置：
  a) 应设置防止输送带跑偏、驱动滚筒打滑、纵向撕裂和溜槽堵塞等保护装置;上行带式输送机应设置防止输送带逆转的安全保护装置,下行带式输送机应设置防止超速的安全保护装置。
  b) 在带式输送机沿线应设紧急联锁停车装置。
  c) 在驱动、传动和自动拉紧装置的旋转部件周围,应设防护装置。
  d) 各装料点和卸料点,应设固定保护装置、电气保护和信号灯。

7.3.2.4 带式输送机运行时,必须遵守下列规定：
  a) 严禁用输送采剥物料的带式输送机运送工具、材料、设备、人员和规定物料以外的其他物料。
  b) 输送带与滚筒打滑时,严禁在输送带与滚筒间楔木板和缠绕杂物,严禁用脚蹬踩、用手推拉或压杠子等办法处理。
  c) 采用绞车拉紧的带式输送机必须配备可靠的测力计。
  d) 物料的最大块度应不大于 350 mm。
  e) 堆料宽度应比胶带宽度至少小 200 mm。
  f) 应及时停车清除输送带、传动轮和改向轮上的杂物,严禁在运行的输送带下清理杂物。严禁人员攀越输送带。

7.3.2.5 维修带式输送机必须遵守下列规定：
  a) 维修时必须停机上锁,并有专人监护。
  b) 在地下或暗道内用电焊、气焊或喷灯焊检修带式输送机时,必须制定安全措施。

7.3.2.6 清扫滚筒和托辊时,带式输送机必须停机上锁,并有专人监护。清扫工作完毕后解锁送电,并通知有关人员。

7.4 排土

7.4.1 当排土场地面顺向坡度大于10%或基底有弱层滑动时,应采取防止滑坡的措施。高台阶、多台阶排土场应在最下层排弃中硬以上岩石,必要时应清理基底。

7.4.2 排土场最终坡底线与建(构)筑物或设施的距离,应根据排土场地基的稳定性及相邻建(构)筑物或设施的性质综合确定。

7.4.3 排土场周围应修筑可靠的截泥、防洪和排水设施。当排土场范围内有出水点时,必须在排土之前用盲沟等方法将水疏出。排土场应保持平整,不应有积水。排土场最终边坡,在边坡验算稳定的前提下,应按水土保持和土地复垦工程的需要进行修正。

7.4.4 排土机排土必须遵守下列规定:
  a) 排土机必须在稳定的平盘上作业,外侧履带与台阶坡顶线之间必须保持一定的安全距离。
  b) 工作场地和行走道路的坡度必须符合排土机的技术要求。
  c) 排土机长距离走行时,受料臂、排料臂应与走行方向成一直线,并将其吊起、固定;配重小车在前靠近回转中心一端,到位后用销子固定;严禁上坡转弯。
  d) 上排台阶高度应根据排料臂长度、倾角、排弃物料抛出水平距离,排土机中心线至排土台阶坡底线安全距离以及排土台阶坡面角等确定。
  e) 下排台阶高度应根据排料臂水平投影长度,排土机中心线至排土台阶坡顶线安全距离及排土台阶坡面角等确定。对软岩应对下排台阶进行稳定性验算。
  f) 上排台阶排土带宽度应根据排土机中心线与卸料臂间夹角,排土台阶坡面角等确定。
  g) 下排台阶排土带宽度应根据排土机卸载半径和排土机中心线至下排台阶坡顶线安全距离等确定。

7.4.5 排土场卸载区应有通信设施或联络信号,夜间应有照明。

7.4.6 汽车运输排土场及排弃作业应遵守下列规定:
  a) 排土场卸载区,应有连续的安全墙,其高度不得低于轮胎直径的2/5,特殊情况下必须制定安全措施。
  b) 排土工作面向坡顶线方向应有3%~5%的反坡。
  c) 应按规定顺序排弃土岩,在同一地段进行卸车和推土作业时,设备之间必须保持足够的安全距离。
  d) 卸土时,汽车应垂直排土工作线;严禁高速倒车、冲撞安全墙。
  e) 推土时,严禁推土机沿平行坡顶线方向推土。

7.4.7 当出现滑坡征兆或其他危险时,必须停止排土作业,制定安全措施。

7.5 滑坡防治

7.5.1 建设单位应做好工程、水文地质勘查、测绘工作和边坡稳定性评价并制定边坡稳定措施。

建设单位应建立岩移永久性观测线(网),定期观测。

7.5.2 非工作帮及排土场形成一定范围的到界台阶后,应定期进行边坡稳定分析和评价,对影响生产安全的不稳定边坡必须采取安全措施。

7.5.3 非工作帮及排土边坡在临近最终设计的边坡之前,必须对其进行稳定性分析和评价。当原设计的最终边坡达不到稳定的安全系数时,应修改设计或采取治理措施。
7.5.4 建设单位的年度基建计划,必须进行边坡稳定性验算,达不到边坡稳定要求时,应修改基建计划并制定安全措施。
7.5.5 边坡稳定系数 K 可按表17选用。

表 17 边坡稳定系数 K

边 坡 类 型	服务年限 a	稳定系数 K
边坡上有特别重要建筑物或边坡滑落会造成生命财产重大损失者	≥20	>1.5
采掘场最终边坡	≥20	1.3~1.5
非工作帮边坡	<10 10~20 ≥20	1.1~1.2 1.2~1.3 1.3~1.5
工作帮边坡	临时	1.0~1.2
外排土场边坡	≥20	1.2~1.5
内排土场边坡	<10 ≥10	1.2 1.3

7.5.6 当采场附近有河流经过时,应就河流对边坡的影响进行详细的技术分析。
7.5.7 采场最终边坡的管理应遵守下列规定:
　　a) 采掘作业必须按设计进行,坡底线不得超挖;
　　b) 临近到界台阶时,应采用控制爆破,不得超钻并采取减震措施,严禁采用硐室爆破;
　　c) 含有露头煤的到界台阶,应采取防止露头煤风化、自燃及沿煤层底板滑坡的措施。
7.5.8 随着排土场边坡的形成和发展,必须定期进行边坡稳定分析,如有不稳定因素应修改排土参数或采取防治措施。
7.5.9 应定期巡视采场及排土场边坡,发现有滑坡征兆时,必须设明显标志牌。对设有运输道路、采运机械和重要设施的边坡,必须及时采取安全措施。

7.6 防治水

7.6.1 每年雨季前必须对防排水设施做全面检查,制定当年的防排水计划和措施。
7.6.2 对低于当地洪水位的建筑,必须按规定采取修筑堤坝、沟渠,疏通水沟等防洪措施。
7.6.3 地表及边坡上的防排水设施,应避开有滑坡危险的地段。排水沟应经常检查、清淤,不应渗漏、倒灌或漫流。当采场内有滑坡区时,应在滑坡区周围设截水沟。当水沟经过有变形、裂缝的边坡地段时,应采取防渗措施。
7.6.4 地层含水影响基建工程正常进行时,应提前进行疏干。
7.6.5 地下水影响较大和已进行疏干排水工程的边坡,应进行地下水位、水压及涌水量的观测,分析地下水对边坡稳定的影响程度及疏干的效果,制定地下水治理措施。

7.7 电气

7.7.1 一般规定

7.7.1.1 各种电气设备、电力和通信系统的设计、安装、验收、运行、检修、试验和安全防护等工作,必须符合国家标准。

7.7.1.2 有淹没危险的主排水泵站的电源线路必须设两回路,当一回路停电时,另一回路的供电能力应能承担最大排水负荷。

7.7.1.3 采场和排土场的低压配电电压不得超过 1 kV,手持式电气设备的电压应采用 220 V,带漏电保护的手持式电气设备电压不得超过 380 V。

7.7.1.4 供电系统应安装漏电保护装置(专供电力机车变流设备用的变压器除外)。向移动式高压电力设备供电的变压器应采用中性点不直接接地方式,且中性线不得引出;当采用中性点经限流电阻接地方式供电时,必须将变压器接地和移动设备外壳用架空地线或电缆接地线连接起来。向固定设备供电的变压器,一般采用中性点直接接地方式,固定设备外壳必须直接重复接地。

7.7.1.5 在带电导线、电气设备及油开关附近,不得有引起电气火灾的热源。

7.7.2 变电所(站)和配电设备

7.7.2.1 地面变电所的位置选择,应符合有关标准和设计规范,并符合下列要求:
 a) 距采场最终境界 200 m 以外;
 b) 应设在爆炸材料库爆炸危险区以外,距离间隔应符合有关规范要求;
 c) 不应设在不稳定的排土场内;
 d) 不应设在塌陷区;
 e) 变电所与高噪声源的距离,应满足主控制室背景噪声不大于 60 dB(A)的要求;
 f) 变电所附近灰尘、煤粉的污染应限制在有关标准范围内;
 g) 变电所道路应畅通,变电所周围必须设有围墙,其高度不低于 1.8 m,并在周围悬挂安全警示牌。

7.7.2.2 设人值班的固定变电所(站)必须悬挂一、二次架空线和电缆的配电系统图以及有关操作、维护等规程。

7.7.2.3 采场变电亭应用不燃性材料修建,亭内变电装置与墙的距离不得小于 0.8 m,距顶部不得小于 1 m。变电亭的门应向外开,门口悬挂"非工作人员禁止入内"字样的警示牌。

全封闭式移动变电站,箱体应有可靠的保护接地。

无人值班的变电亭(移动变电站)的门应加锁。亭(站)内设备应编号,并注明用途;应有停、送电标志和送电开关的锁紧装置。

采场变电亭、非全封闭式移动变电站,四周应有围墙或栅栏,其设置应符合国家标准《严酷条件下户外场所电气设施》要求。

7.7.2.4 高压开关柜的配出端必须悬挂受电设备的标志牌或供电电路名称。移动变电站、开关柜各柜门及高压接线箱在使用时均需加挂安全锁,否则不得使用。

7.7.2.5 移动变电站配电装置的操作按钮(可远控)和手柄应设在带门锁的箱体内。隔离开关与主开关之间应有可靠的机械或电气闭锁。对高压配变电设备单人巡视时,不得进入护栏或高压室内。对坑内移动变电站、开关柜一人操作时,另一人监护,不得在带电的情况下进入高压室进行任何工作。对上述设备高压部分进行故障处理时,严禁单独作业;电杆和高处严禁单人作业,必须有人在地面做安全监护。

7.7.2.6 在低压配电盘、配电箱和低压电源干线上作业时,应停电进行作业,并在开关处悬挂停电作业牌并加锁。工作结束后恢复送电时必须由作业者合闸。如确需带电作业,必须采取有效的防触电措施,并派熟悉该工作的电工监护其作业。

7.7.3 照明、通信和信号

7.7.3.1 固定式照明灯具使用的电压不得超过 220 V,手灯或移动式照明灯具的电压不得超过 48 V,在金属容器内作业用的照明灯具的电压不得超过 24 V。

在同一地点安装不同照明电压等级的电源插座时,应有明显区别标志。

7.7.3.2 各作业场所的照度应符合表 18 要求。

表 18 各作业场所照度表

地 点	照度 Lx	照 明 平 面
挖掘机、列车和自卸汽车等的装卸点及转载点	3 5	地表水平面 垂直面
带式输送机流水线	5	地表水平面、带式输送机表面
带式输送机滚筒维护区	10	水平面
带式输送机手选矸石地点	30	带式输送机表面从选矸人员起到输送带运行相反方向 1.5 m 的距离内
钻机作业地点	5 3	在整个钻机高度内的垂直平面上 地表水平面
采场及排土场道路	0.2	地表水平面
上下台阶梯子	3	梯子垂直面
站场、主要人行道和行车道	0.5	地表水平面
其他移动机械	5	地表水平面
人行固定线路	1	水平面
汽车道路	0.5~3	汽车运行水平面

7.7.3.3 变电所(站)、整流站、绞车房等重要场所,以及大中型采掘运输设备应配备通信设备。通信设备应不受高压线、雷雨放电和杂散电流的影响。

7.7.4 电气设备操作、维护和调整

7.7.4.1 不得带电检修、搬迁电气设备和电缆。特殊情况带电作业时,必须制定安全措施。

7.7.4.2 电工在工作前,必须熟悉工作的供配电系统和运行状态,否则不得作业。

7.7.4.3 电工须穿防砸绝缘鞋,戴安全帽。

7.7.4.4 绝缘手套及绝缘鞋要进行编号,发放前应进行耐压试验,此后应每 6 个月进行 1 次,并记录结果。高压试电笔、绝缘杆、绝缘台每 6 个月检查 1 次。

7.7.4.5 在危及人身、设备安全的情况下,电工可直接停电或接受当班调度的指令进行停电作业。

7.7.4.6 电工送电前,必须依据有关停送电规程进行作业。

7.7.4.7 在架空输(配)电线下附近行驶或作业的设备,其提升(伸出)部分最高(最远)点至电线的垂直(水平)距离,6 kV线路不得小于0.7 m,35 kV线路不得小于2.5 m(海拔超过1 000 m,高度每增加100 m,上述安全距离增加1%)。

7.7.4.8 电气设备的安全锁必须经过批准专门发放,不得用于其他用途。

7.7.4.9 为确保应锁的设备已被锁闭,在加锁之后必须就地试验所停的电路上的"启动/停止"按钮,确认锁闭后方可工作。

7.7.4.10 操作电气设备必须遵守下列规定:

a) 非专职和非值班的电气人员,严禁擅自操作电气设备。
b) 操作高压电气设备回路时,操作人员必须戴绝缘手套,穿电工绝缘靴或站在绝缘台上。
c) 在高压设施上进行工作时,应有足够的安全空间,带电部分只能在工作人员的一侧。操作人员身体任何部分与电气设备裸露带电部分的最小距离应符合表19的要求;否则,必须设置安全隔栏、护架等。
d) 手持式电气设备的操作柄和工作中必须接触的部分,必须有良好的绝缘,其外壳必须可靠接地(直流充电手持式工具除外)。

表 19 操作人员与电气设备裸露带电部分最小距离

电压等级 kV	最小距离 m
10及以下	0.70
35	0.90
60～110	1.50
220	2.50

7.7.4.11 检修多用户使用的输配电线路时,应制定安全措施。

7.7.4.12 操作人员及其携带的工具、材料与带电体的最小距离,应符合表20的要求。

表 20 操作人员及其携带的工具、材料与带电体的最小距离

电压等级 kV	最小距离 m
≤6	0.7
10	1.0
35	2.5
60	3.0
110	3.5
220	4.5

7.7.4.13 高压变配电设备和线路的检修及停送电,必须严格执行停电申请和工作票制度。停电线路维修作业必须遵守下列规定:
   a) 必须由负责人统一指挥。
   b) 必须有明显的断开点,该线路断开的电源开关把手,必须专人看管或加锁,并悬挂"有人作业,严禁合闸"警示牌。
   c) 停电后必须验电、放电,并挂好接地线。
   d) 作业时必须有专人监护。
   e) 确认所有作业完毕后,摘除接地线和警示牌,由负责人检查无误后通知调度恢复送电。

7.7.4.14 高处作业传递物件严禁上下抛扔,必须使用绳索系住传递。上电杆作业人员必须系好安全带,上下时手中不得持有物件。

7.7.4.15 拖拽带电的高压橡套电缆时,必须使用绝缘工具或戴绝缘手套。

7.7.4.16 进行高压试验时,必须遵守高压测试操作程序。测试时,测试物周围须加围栏或有专人警戒。

7.7.4.17 在电气设备上检修结束送电前,应遵守下列规定:
   a) 将全体人员撤出高压区,并清点人数;
   b) 撤除全部接地线及停电作业牌;
   c) 按程序联系送电。

7.7.4.18 更换熔断器时应切断电源。在打雷或下雨时更换熔断器,必须采取安全措施。

7.7.4.19 超过 5.5 kW 的电动机,不得使用闸刀开关直接操作。跌落熔断器可分断与闭合空载架空线路、空载变压器和小负荷电流,隔离开关只允许在无负荷时分合电路。

7.7.4.20 验电时应使用经过试验、并且在有效期内的验电器。验电前应确认验电器指示正确。

7.8 设备检修

7.8.1 严禁在设备运转中进行检修。检修时,必须切断供电电源、水源、汽源、风源、油源等,并悬挂"正在检修,禁止启动"警示牌。

高处作业人员必须系挂好安全带。

电气检修操作必须两名以上人员进行。

7.8.2 设备检修人员,在维修、保养、调整或试运操作前,必须阅读并熟悉所修设备的使用操作说明书、维修手册、工厂手册和有关补充资料,应清楚该设备的相关安全技术要求,了解运行情况。

7.8.3 多人、多工种同时作业或交叉作业时,必须制定安全防护措施,并由专人指挥。

7.8.4 凡检修设备高压管路系统(液压、气压、其他工作质压力)时,维修人员应将系统内的压力释放,严格按照设备手册的安全事项指南与步骤进行拆卸和安装。

7.8.5 用完的空桶(润滑油、冷却剂、清洗剂、化学用剂、溶剂)应送到指定的回收地点,严禁将废油倒入污水处理系统或河流等不允许的地方。

8 职业危害

8.1 煤矿建设和施工单位必须加强职业危害的防治和管理,建立、健全职业病防治责任制,配备专职或兼职的职业卫生专业人员,做好作业场所的职业卫生和劳动保护工作。采取有效措施控制尘、毒危害,保证作业场所符合国家职业卫生标准。

8.2 施工单位与员工订立劳动合同时,应将工作过程中可能产生的职业病危害及其后果、职业病防护措施和待遇等如实告知员工,并在劳动合同中写明,不得隐瞒或欺骗。施工单位对员工进行岗前安全培训时必须同时进行职业卫生培训。

8.3 施工单位必须按国家有关法律、法规的规定,对新招入员工进行职业健康检查,并建立健康监护档案;定期对接触粉尘、毒物及有害物理因素等的作业人员进行职业健康检查。

8.4 粉尘、毒物及有害物理因素超过国家职业卫生标准的作业场所,除采取防治措施外,作业人员必须佩戴防尘或防毒等个体劳动防护用品。

煤层气地面开采防火防爆安全规程
（AQ 1081—2010）

前　　言

本标准为强制性标准。

本标准由国家安全生产监督管理总局提出。

本标准由全国安全生产标准化技术委员会非煤矿山分技术委员会归口。

本标准起草单位：中联煤层气有限责任公司

本标准主要起草人：张政和、郭本广、王明寿、傅小康、李鸿飞。

本标准为首次发布。

1　范围

本标准规定了煤层气地面钻井、井下作业和排水采气防火防爆安全生产的基本要求。

本标准适用于未受煤炭采动影响的煤层气地面钻井、井下作业和排水采气。

2　规范性引用文件

下列文件对于本文件的应用是必不可少的。凡是注日期的引用文件，仅注日期的版本适用于本文件。凡是不注日期的引用文件，其最新版本（包括所有的修改单）适用于本文件。

中华人民共和国安全生产法（中华人民共和国主席令第 70 号 2002 年 11 月 1 日起施行）

安全生产许可证条例（中华人民共和国国务院令第 397 号 2004 年 1 月 13 日起施行）

生产经营单位安全培训规定（国家安全生产监督管理总局令第 3 号 2006 年 3 月 1 日起施行）

3　术语和定义

下列术语和定义适用于本标准。

3.1
煤层气　coalbed methane

本标准所称煤层气是指与煤炭共伴生、赋存于煤层及围岩中、以甲烷为主要成分的混合气体。

3.2
煤层气地面开采　coalbed methane surface exploitation

指在未受煤炭采动影响的煤田区域地面抽采煤层气的作业活动。

3.3
工业动火　hotwork

在易燃易爆危险区域内和煤层气容器、管线、设备或盛装过易燃易爆物品的容器上，使用焊、割等工具,能直接或间接产生明火的施工作业。

3.4

承包商　contractor

由业主或者经营者雇佣完成某些工作或提供服务、物资或设备的个人、合作者、厂商或公司。

4　一般规定

4.1　一般管理要求

4.1.1　贯彻落实《中华人民共和国安全生产法》,坚持"安全第一、预防为主、综合治理"的方针。

4.1.2　企业应依法达到安全生产条件,遵照《安全生产许可证条例》取得安全生产许可证;建立、健全安全生产责任制,制定完备的安全生产规章制度和操作规程;设置安全生产管理机构,配备专、兼职安全生产管理人员。

4.1.3　按相应的规定和要求进行安全生产检查,对发现的问题和隐患采取纠正措施,并限期整改。

4.1.4　进行全员安全生产教育和培训,普及安全生产法规和安全生产知识,进行专业技术、技能培训和应急培训;特种作业人员、高危险岗位、重要设备和设施的作业人员,应经过安全生产教育和技能培训,应符合《生产经营单位安全培训规定》。

4.1.5　编制安全生产发展规划和年度安全生产计划,按规定提取、使用满足安全生产需求的安全专项费用,改善安全生产条件。

4.1.6　开采作业项目工程设计、施工和工程监理应由具有相应资质的单位承担;业主应对其安全生产进行监督管理。

4.1.7　在开采作业项目投标时,业主应对承包商的资质进行审查;签约同时签订安全合同,明确安全生产要求,在项目实施中对承包商的安全生产进行监督管理,保证安全生产。

4.1.8　发生事故后,应按规定及时报告,并按程序进行调查和处理。

4.1.9　企业应根据本标准制定煤层气开采防火防爆安全管理制度。

4.1.10　开采作业项目应配备消防设施、器材。防火防爆措施的采用及消防设施配备应根据作业性质和危险分析结果确定。

4.1.11　作业区域内禁止烟火,禁止使用一切可能产生电火花的设备(包括移动电话等),禁止使用闪光灯,作业人员所穿衣服应具有防静电功能。

4.1.12　应对煤层气作业活动和排采实施风险管理,根据风险程度建立风险管理的工作程序和制度,并对承包商的活动和服务所带来的风险和影响进行管理。风险管理过程应包括危险因素辨识、风险评价、制定风险控制措施等。

4.1.13　对钻井、井下作业、排水采气、动火作业等关键作业活动,应建立风险控制程序或制度。

4.2　应急管理

4.2.1　应系统地识别和确定潜在突发事件,并充分考虑作业内容、环境条件、设施类型、应急救援资源等因素,编制应急预案。

4.2.2　防火防爆应急预案的编制应符合国家现行法规与标准的要求。

4.2.3 开采作业项目配备专职或兼职应急人员,并与专业应急组织签订应急救援协议,配备相应的应急救援装备和物资。

4.2.4 当发生事故或出现可能引发事故的险情时,应按应急预案的规定实施应急处置和响应,防止事态扩大,控制衍生的事故,避免人员伤亡和减少财产损失。

4.2.5 当发生应急预案中未涉及的事故时,现场人员应及时向现场最高指挥员报告,最高指挥员应确定并采取相应的措施,并及时上报。

4.2.6 进行应急培训,员工应熟悉相应岗位的应急要求和措施;定期组织应急演习,并根据实际情况对防火防爆应急预案进行修订。

5 井场布置与防火间距

5.1 井场布置原则

5.1.1 根据自然环境、作业设备类型及施工工艺要求确定井场位置和大小、设备安放位置、大门方向及防火防爆安全警示标识。

5.1.2 满足防火、防爆、防毒、防冻等安全要求。

5.1.3 在环境有特殊要求的井场布置时,应有防护措施。

5.1.4 有废弃物回收设施或措施。

5.1.5 防火防爆及消防设施、器材应摆放布置合理。

5.1.6 井场应设置紧急集合点和逃生出口,并有明显标识,在明显位置应悬挂或张贴危险区域图、逃生路线图。

5.2 防火间距

5.2.1 气井与周围建(构)筑物的防火间距:
— 气井井口距架空电力线的距离应不小于1.5倍杆高,距35 kV及以上独立变电所应不小于20 m;
— 距100人以上居住区、村镇、公共福利设施应不小于25 m;
— 距国家铁路应不小于20 m,距工业企业铁路应不小于15 m,距高速公路应不小于20 m,距其他公路应不小于10 m;
— 距储罐,甲、乙类容器,相邻厂矿企业等场所应不小于20 m。

5.2.2 井场设备、设施布置防火间距:
— 作业现场的生活区与井口的距离应不小于22.5 m;
— 值班房等井场工作房、油罐区距井口应不小于20 m;
— 发电房与油罐区相距应不小于20 m。

6 钻井

6.1 钻井设备与设施

6.1.1 所有设备应按施工设计的要求摆放,并按程序安装。立、放井架及吊装作业应与高、低压架空线路保持安全距离,并采取措施防止损害架空线路。

6.1.2 设备部件、附件、安全装置设施应齐全、完好,且固定牢靠。

6.1.3 应在井场及周围有光照和照明的地方设置风向标,其中一个风向标应挂在施工现场以及在其他临时安全区的人员都能看到的地方。安装风向标的位置可以是绷绳、工作现场周围的立柱、临时安全区、道路入口处、井架上等。

6.1.4 在油罐区、井场明显处,应设置防火防爆安全警示标识。

6.1.5 柴油机排气管应无破损、无积炭,并有冷却和火花消除装置,其出口不应指向循环罐,不得指向油罐区。

6.1.6 井场电气安装要求:
—— 电气设备、线路的安装应规范、合理;
—— 井场自发电时,应按井场配置的电气设备的负载、功率来配备发电机组;
—— 井场主电路电缆应采用防油橡套电缆;
—— 井场距井口 30 m 以内的电气系统的所有电气设备(如电机、开关、照明灯具、仪器仪表、电器线路以及接插件、各种电动工具等)应符合防爆要求;
—— 每路主电缆敷设到电气设备后,应留有一定的余量;
—— 电缆敷设位置应考虑避免电缆受到腐蚀和机械损伤;
—— 主电路及分支电路电缆严禁破开接外来动力线;
—— 电缆与电气设备连接时,各电气设备的输入与输出应按额定工作电压、电流、功率选用防爆接插件连接;
—— 接照明电源时,应三相负载平衡;
—— 井场场地照明灯,应用专线控制;
—— 市电供电时变压器安装位置距井口不得小于 50 m,变压器围栏上设置"有电危险"的警示牌;
—— 井场电路安装后应进行严格检查,不得有错接及配备不合理等现象;
—— 井场电路在启用前,应先试通电,确定整个井场电网运转正常后,才能正式启用。

6.1.7 施工现场应有可靠的通信联络,并保持全天候畅通。

6.1.8 井场的井架、计量油罐应安装防雷防静电接地装置,其接地电阻应不大于 10 Ω。

6.2 钻井施工

6.2.1 在钻井施工设计中应有根据危险源辨识、风险评价结果编制的防火防爆措施和应急预案的独立章节。

6.2.2 钻井施工队伍应严格执行钻井施工设计中有关防火防爆的安全技术要求。

6.2.3 安全存储和放置可燃物和易燃物。钻台上下及井口周围不得堆放易燃易爆物品及其他杂物。

6.2.4 远程控制台及其周围应无易燃易爆、易腐蚀物品。

6.2.5 井口附近的设备、钻台和地面等处应风流通畅,无易燃易爆气体聚集。

6.2.6 井场严禁存放火源。

6.2.7 井场储存和使用易燃易爆物品的管理应符合国家有关危险化学品管理的规定;在施工过程中,对易燃易爆物质的泄漏或外溢物应迅速处理。

6.2.8 所有靠近井口的工作车辆,应采取安装阻火器等相应的安全技术措施。

6.2.9 禁止在井场内擅自动用电焊、气焊(割)等明火。必须动用明火时,需按如下规定执行:
—— 实行工业动火申请报告书制度,凡工业动火申请报告书未经批准,未落实动火安全措施以及未设现场动火监护人的,一律不准动火作业;

——申请报告书应详细说明动火作业范围、确定危害和评价风险、制定交叉作业防范措施及应急预案;
——制定动火方案;
——动火作业申请报告书只在签发的一个场所、一个作业班次有效;
——应指定动火作业监督人和监护人,负责动火现场的协调和管理,并检查和确认动火措施的落实;参加动火作业的焊工、电工、起重工等特种作业人员应持证上岗;动火监护人员应经过严格培训,做到持证上岗;
——动火作业期间,如发现异常情况,应立即停止动火作业。

6.2.10 在一个新区块钻实验孔时要制订防井喷措施和应急预案,必要时应配备井口防喷器。

7 井下作业

7.1 井下作业地面设备

7.1.1 立、放井架及吊装作业应与高压电等架空线路保持安全距离,并采取措施防止损害架空线路。

7.1.2 机动车辆禁止在埋地管道上方行驶;对易遭车辆碰撞和人畜破坏的局部管道采取防护措施,设置标志。

7.1.3 根据作业需要,施工中进出井场的车辆排气管应安装阻火器。施工车辆通过井场地面裸露的气管线及电缆,应采取防止碾压的保护措施。

7.1.4 井场配电线路应采用橡套软电缆,并应考虑防火措施。电缆拖地使用时,应采用重型橡套软电缆。井场所有电缆不应有中间接头。

7.1.5 配电箱等用电器的金属壳体都应作保护接地,并有明显安全警示标识。

7.2 施工作业

7.2.1 井下作业(包括射孔、压裂等作业)施工设计中应有根据危险源辨识、风险评价结果编制的防火防爆措施和应急预案的独立章节。

7.2.2 施工队伍应严格执行施工设计中有关防火防爆的安全技术要求。

7.2.3 进入施工作业现场的所有人员应穿戴相应的安全防护用品。

7.2.4 所有特种作业人员应持证上岗。

7.2.5 施工作业前,应详细了解井场内地下管线及电缆分布情况。按安全设计做好施工前准备,应对设备、场地、照明装置等进行检查,合格后方可施工。

7.2.6 所有设备及装置应不漏油、不漏气、不漏电。

7.2.7 井口操作应避免金属撞击产生火花。作业机排气管道应安装阻火器。

7.2.8 射孔施工过程中,不允许使用无线通信器材及动用明火。

7.2.9 施工过程中,若遇到狂风、雷雨、冰雹等恶劣天气,应暂停施工,同时妥善保管火工品。

8 排水采气

8.1 井场布置

8.1.1 排采井场应根据钻井施工后移交的井场条件,满足防火防爆要求,防火间距按本标准 5.2 执行。本着保证修井作业要求的原则，合理布置抽油机、发电机组以及气管线、水管线、分离器、排水沉淀池、放空管、大门等位置，确定排采井场范围。

8.1.2 放空管宜位于站场生产区最小频率风向的上风侧，且宜布置在站场外地势较高处。检修放空管距井场的距离应不小于 10 m。

8.1.3 井场应设围栏，特殊情况应有明确的警示标识。

8.1.4 排水沉淀池和放空火炬宜布置在排采围栏范围内，特殊情况排水沉淀池或放空火炬布置在排采围栏范围外时，宜另对排水沉淀池或放空火炬围设独立围栏。

8.1.5 应在排采井场大门或其他醒目处安装"严禁烟火"、"穿戴劳动防护用品"等安全警示标志，并应悬挂牢固。井场范围内危险区域要有明显警示标志牌。

8.1.6 排采井场应平整、坚实、清洁，能满足修井作业要求。

8.1.7 通向井场的道路应能够满足作业以及消防、抢险车辆通行要求。

8.2 采气井生产

8.2.1 排采方案中应包含根据危险源辨识、风险评价结果编制的防火防爆应急预案的内容。

8.2.2 排采设备、仪器、仪表等应由有资质的生产厂商生产并出具合格证书，必须满足防火防爆要求，定期检验、检定；电气设备、线路应参考本标准 6.1.6 执行。

8.2.3 采气井口装置各零部件损坏时，不得采用焊接方式来修补，应更换新的零部件。新购设备或零部件的材料、牌号及机械性能应与原装置或零部件的性能一致。

8.2.4 井场出站管线上应设置截断阀。

8.2.5 井口装置、地面管线、设备应定期涂漆防腐，排水管线识别色为绿色，采气管线识别色为黄色。

8.2.6 放空火炬应制定安全的点火措施，与树林等间距应在 30 m 以上。

8.2.7 发电机房要远离放空火炬，发电机排气筒方向不能正对井口。

8.2.8 有人值守的井场消防器材应齐全、性能良好，要有专人负责，定期检查。

8.2.9 井场内危险区域和装置、管线、容器等生产设施上的一切动火作业应按本标准 6.2.9 执行；井场内动火与井场内、外放空，不能同时进行；动火施工期间，应保持系统压力平稳。

8.2.10 冬季应对排水管线、计量仪器、气水分离器等实施保温。

8.2.11 仪表间、阀组间等封闭场所和相对密度大于 1.0 煤层气井场，应设置可燃气体探测报警系统。

8.3 采气井废弃

停止生产后必须对储层用水泥封固，水泥封固高度需高出目的层顶板 100 m 以上。

矿井密闭防灭火技术规范(AQ 1044—2007)

前 言

本标准对 MT/T 698—1997 进行了修订,主要变化如下：
—— 对原标准第 1 条的适用条件进行了限定,指出了本标准适用于采用密闭防灭火技术的煤矿矿井火灾防治。
—— 增加了规范性引用文件条款。
—— 根据标准技术内容的相关性,删除了原标准 3.1.2.3"防水密闭"项。
—— 对原标准的 4.2.1,5.2.3,7.2,9.4 中有争议的"分步缩封"技术条文进行了修订或删除。
—— 对原标准 4.6.2 封闭方案内容进行补充与完善。
—— 对原标准 8.2,9.1 进行了修订,按自然发火标志气体指标,增加了 C_2H_4 和 C_2H_2 气体分析观测内容,对具体技术途径不作限制。
—— 对原标准 9.3 按《煤矿安全规程》对密闭火区的熄灭标准及启封或注销条件进行了修订。

本标准的附录 A 和附录 B 均为规范性附录。
本修订标准由国家安全生产监督管理总局提出。
本标准由全国安全生产标准化技术委员会煤矿安全分技术委员会归口。
本标准修订单位：煤炭科学研究总院抚顺分院、湖南省煤炭科学研究所、大同矿务局通风处。
本标准主要起草人：梁运涛、黄翰文、孟凡龙、罗海珠。

1 范围

本标准规定了矿井密闭防灭火技术的使用范围、使用通则；技术方案的制定、实施、管理,防灭火效果强化和效果检验。
本标准适用于采用密闭防灭火技术的煤矿矿井火灾防治。

2 规范性引用文件

下列文件中的条款通过本标准的引用而成为本标准的条款。凡是注日期的引用文件,其随后所有的修改单(不包括勘误的内容)或修订版均不适用于本标准,然而,鼓励根据本标准达成协议的各方研究是否可使用这些文件的最新版本。凡是不注日期的引用文件,其最新版本适用于本标准。

AQ/T 1019 煤层自然发火标志气体色谱分析及指标优选方法
MT 142 煤矿井下气体采样方法
MT/T 626 矿井均压防灭火技术规范
MT/T 701 煤矿用氮气防灭火技术规范

MT/T 702 煤矿注浆防灭火技术规范
MT/T 757 煤矿自然发火束管监测系统通用技术条件
《矿山救护规程》
《煤矿安全规程》

3 术语和定义

本标准采用下列定义。

3.1

矿井密闭防灭火技术 technology on prevention and extinguish of mine fire by fire seal

一种采取封闭措施断绝氧气来源的矿井防灭火技术。采用这种技术将井下有煤炭自燃危险的区域进行封闭，断绝其氧气来源，以达到防火的目的；采用这种技术将井下已经发生自燃火灾或外源火灾的区域进行封闭，断绝其氧气来源，以达到灭火的目的。

注：封闭措施指封堵漏风以达到矿井正常生产期间防火和灾变期间灭火的技术手段。包括建筑各种密闭、建立隔绝带、留隔离煤柱、堵塞各种裂隙和空隙、形成采空区压实带、人工假顶及水封等。建立密闭是实施密闭防灭火技术的基础。

3.2

密闭（名词） air stopping

建筑在矿井生产区与欲封闭区之间的连通巷道中，用于切断连通巷道中的空气流动，同时防止人员进入的隔离构筑物。

为封闭火区而砌筑的密闭隔墙特指防火墙。

3.3

密闭（动词） seal

建筑密闭的行为。

3.4

封闭区 sealed area

矿井中为了防灭火用封闭措施隔离的区域。

3.5

火区 sealed area of fire

矿井中发生火灾时被封闭的火灾区域。

3.6

危险漏风 air leakage in dangerous condition

渗漏入封闭区或火区而产生发火危险的新鲜供氧风流。

4 总则

4.1 密闭的分类与命名

4.1.1 按墙体倾角分

4.1.1.1 垂直密闭

墙体垂直布置，用于水平巷道和倾角小于等于 30°的倾斜巷道中，墙体自重主要由基础支承。

4.1.1.2 倾斜密闭
墙体垂直于巷道轴线,用于倾角大于30°的倾斜巷道中,墙基表现为基座形式,墙体自重由基座支承,底板一侧受有侧压。

4.1.1.3 水平密闭
墙体水平布置,用于垂直巷道中,墙体自重由基座支承,基座四周均受有侧压。

4.1.2 按墙体受力特点及使用性能分

4.1.2.1 普通密闭
墙体重要承受地压与自重,用于一般场合。

4.1.2.2 防爆密闭
墙体能承受一定爆炸压力和冲击波,用于有瓦斯、煤尘爆炸危险的场合。

4.1.2.3 防水密闭
墙体能承受较大静水压力,用于尚需堵水的场合。

4.1.3 按服务时间分

4.1.3.1 临时防密闭
发生火灾时,为了紧急切断风流控制火势或缩封火区锁风,用木板、帆布、砖等轻便材料建造的简易密闭。

4.1.3.2 永久密闭
为了长期封堵漏风、密闭防火或封闭灭火,用砖、石、水泥等不燃性材料建造的坚固密闭。

4.1.3.3 防火门
防止井下火灾蔓延和控制风流的安全设施,包括为了紧急控制与隔离机电硐室等地点发生的外源火灾而设置的常开风门,以及工作面投产时进、回风顺槽构建的防火用常开风门等设施。

4.1.4 按墙体材料和结构分

4.1.4.1 木板密闭
墙体由立柱、顶梁、墙板上涂抹的黏土、石灰石或水泥砂浆组成,用作临时密闭。

4.1.4.2 排柱密闭
墙体由单排密集支柱和涂抹的黏土、石灰石或水泥砂浆组成,用作临时密闭。

4.1.4.3 风布密闭
墙体由立柱、衬板和衬板上钉挂的风布组成,用作临时密闭。

4.1.4.4 喷塑密闭
墙体由立柱、衬底和衬底上喷涂的泡沫塑料组成,用作临时密闭。

4.1.4.5 木段密闭
墙体用木段垒砌,木段之间逐层充填黏土或砂浆,可耐动压,常用作临时密闭。

4.1.4.6 沙(土)袋密闭
墙体用沙(土)袋垒砌,沙(土)袋常用麻袋、编织袋,每袋装其容量的60%～80%,不超过50 kg。能耐动压,抗冲击,可用作临时密闭或防爆密闭。

4.1.4.7 石膏密闭
墙体用石膏浇筑,整体性密封性强,可用作防爆防火墙。

4.1.4.8 砖墙密闭
墙体用砖砌筑,可用作临时密闭或永久密闭。

4.1.4.9 料石(或片石)密闭
墙体用料石(或片石)砌筑,承压性好,可用作永久密闭。

4.1.4.10 混凝土密闭
墙体用混凝土浇筑,整体性和承压性好,能防水、防爆,可用作永久密闭。

4.1.4.11 单墙充填密闭
仅用于倾角大于30°的倾斜巷道和垂直巷道,在砖密闭或料石密闭上方,充填河沙、黏土或粉煤灰等不燃性材料构筑的密闭,可做永久密闭。

4.1.4.12 双墙充填密闭
由两座密闭及其间充填的河沙、黏土、粉煤灰或凝胶等材料组成,能耐压,用于倾斜巷道和水平巷道,可做永久密闭。

4.1.4.13 充气气囊密闭
用塑料布或橡胶布等制成的气囊在现场充气,用作快速临时密闭。

4.2 密闭防灭火技术的使用范围
密闭防灭火技术主要适用于采煤工作面回采结束后的采空区、报废的煤巷、煤巷高冒区或空洞的自燃火灾防治,以及直接灭火缺乏条件或有危险或不奏效的外源火灾灭火。

4.3 密闭防灭火技术的使用通则
4.3.1 必须对发火地点、发火原因及漏风状况进行详细的分析,使密闭防灭火技术做到有的放矢、因地制宜。

4.3.2 必须正确选择密闭的位置、结构和施工方法,尽可能缩小封闭范围,减少密闭数量,并保证密闭的施工安全和工程质量,以提高密闭防灭火的窒息效果。

4.3.3 必须加强对封闭区的管理,加强对密闭的维护和检修,严格限制其邻近区域生产活动对封闭区的采动影响,以保证封闭区良好的密闭状态。

4.3.4 必须选定可靠的观测地点,建立完善的观测制度,随时随地掌握密闭区的自然发火趋势或火情变化。

5 密闭防灭火方案的制定

5.1 火情及漏风分析
5.1.1 对密闭防火而言必须分析掌握最易发生自燃的危险地点。

5.1.2 对密闭灭火而言必须查明发火原因、火源显现和潜伏的位置。

5.1.3 必须查明漏风分布、流向和危险漏风通道。

5.1.4 对存在疑问的漏风通道应做连通性分析判断,难以判断的可采用六氟化硫(SF_6)示踪气体做连通性判断(按 MT/T 626 进行)。

5.2 封闭范围圈定
5.2.1 封闭范围的圈定应尽可能小。

5.2.2 相邻的采空区与火区之间应尽可能隔离,避免连通。

5.2.3 几个相邻的封闭区可以再圈成一个大封闭区进行双层封闭。

5.3 密闭位置选择

5.3.1 密闭位置的选择应在确保施工安全的条件下使封闭范围尽可能小,尽可能靠近火源。

5.3.2 密闭位置应选择在动压影响小、围岩稳定、巷道规整的巷段内,密闭外侧离巷口应留有 4～5 m 的距离。

5.4 密闭结构选择

5.4.1 密闭的总体结构包括墙体和辅助设施,密闭的墙体必须具有足够的承压强度、气密性能和使用寿命,满足特殊使用性能;密闭的辅助设施应根据需要配齐。

5.4.2 临时密闭要求结构简单严密、材料质量轻、施工方便迅速,完成任务后需要拆除的应便于拆除。临时密闭一般选用木板密闭、风布密闭、喷塑密闭、砖密闭、石膏密闭或沙(土)袋密闭。

5.4.3 永久密闭必须采用不燃性建筑材料。

5.4.4 永久密闭要求墙体结构稳定严密、材料经久耐用,墙基与巷壁必须紧密结合,连成一体。永久密闭一般采用掏槽结构,也可采用锚杆注浆结构。煤巷密闭必须掏槽,帮槽深度为见实煤后 0.5 m,顶槽深度为见实煤后 0.3 m,底槽深度为见实煤后 0.2 m,掏槽宽度大于墙厚 0.3 m;岩巷不要求掏槽,但必须将松动岩体刨除,见硬岩体。

墙身应选用高强度材料砌筑或浇筑,墙厚可见附录 A,墙面覆盖层厚度应大于 20 mm,石墙不抹面的应勾缝,四周应抹裙边,厚度应大于 20 mm,宽度应大于 200 mm。

5.4.5 在倾角超过 30°的巷道砌筑密闭时,密闭墙体宜垂直于巷道轴线,并采用基座结构,用以承受侧压和墙体自重。墙基四周必须嵌入巷帮一定深度,岩壁宜大于 0.5 m,煤壁宜大于 1 m。墙体上方可充填河沙、黏土或粉煤灰等惰性材料或予以注浆。

5.4.6 对密闭有防爆要求时宜先作防爆密闭,再建筑永久密闭。

5.4.7 要求耐动压时宜选用木段密闭。

5.4.8 在巷帮破裂的巷道中可选用充填型密闭,或对巷帮进行注浆或喷混凝土处理。

5.4.9 要求承受一定的静水或灌浆压力时,宜选用料石或混凝土密闭,并进行承压计算。料石密闭内侧应边砌边用水泥砂浆抹面,静水压力大于 0.1 MPa 时,应专门进行设计。

5.5 观测系统的确定

5.5.1 火区密闭和防火永久密闭都应在离底板高度为墙高的 2/3 处设置直径不小于 25 mm 的检测口,用于观测压差、气温和取气样;离底板高度为 0.3 m 处应安装直径不小于 50 mm 的放水管,并带有水封结构或安装阀门,用于观测水温、释放积水;在密闭的顶部还要安装直径不小于 100 mm 的防灭火备用管。

5.5.2 选择封闭区回风侧密闭,定期观测封闭区内的气体状态,重点掌握封闭区内气体成分的变化,严格检验密闭防灭火方案的实施效果。用球胆或聚乙烯袋采集密闭内气样(按 MT 142 进行),或通过束管监测系统采取气样(按 MT/T 757 进行)进行气体成分分析,并将气体分析浓度等观测结果写入观测记录。

5.6 方案图纸与方案说明

5.6.1 以通风系统为底图绘制密闭防灭火方案图,图上应按统一的符号和文字标明密闭的位置、漏风的路线和有关的通风设施。同时绘制封闭方案的通风网络图,在网络图中要详细绘出封闭区与系统的连接关系,在各节点要标明节点编号和节点压能值。网络图自下而上绘制进风段、用风段和回风段,用虚线绘出漏风路线。

5.6.2 封闭方案应有详尽的说明书,其内容应包括:
   a) 基本情况的分析;
   b) 封闭范围的圈定;
   c) 密闭位置的选择;
   d) 密闭结构的选择;
   e) 观测系统的确定;
   f) 方案实施的安排;
   g) 封闭效果的预计;
   h) 封闭时的装备保障;
   i) 封闭时的安全技术措施。

6 密闭防灭火方案的实施

6.1 为了抓住密闭防火的有利时机,应根据煤的自然发火期,回采工作面回采结束后要及时进行封闭,必须在回采结束后 45 天内完成封闭。

6.2 必须制定可靠的安全措施,确保密闭施工安全。

6.2.1 密闭前 5 m 巷道内必须支护牢固,防止冒顶、片帮事故。

6.2.2 瓦斯矿井采用密闭灭火时,密闭结构必须具有足够的防爆能力。一般先作防爆密闭,再建筑永久密闭。

6.2.3 应根据通风方式和瓦斯涌出量大小合理确定火区封闭顺序(火区封闭顺序及工作实施按《矿山救护规程》进行)。

6.2.4 密闭过程中,必须严格掌握火区气体的爆炸危险趋向,采取正确的通风措施。建议采用爆炸三角形法判断火区气体的爆炸危险性和危险趋向(见附录 B)。

6.3 必须确保密闭的工程质量,严格按质量要求验收,密闭完成后应出具验收报告。

7 封闭区的管理

7.1 必须绘制封闭系统图(实施后的实际封闭方案图),所有密闭都必须编号、登记、上图。

7.2 所有密闭前都必须安设栅栏、警标和记事牌。记事牌内容包括密闭编号、密闭地点、密闭检查观测记录。

7.3 必须建立密闭管理卡片。密闭管理卡片内容包括密闭编号、密闭地点、巷道倾角、墙体结构、性能要求、建筑日期及完好程度、维修记录、观测记录等。

7.4 必须建立火区管理卡片。火区管理卡片在密闭工程管理卡片的基础上增加密闭观测记录汇总与灭火效果分析。

7.5 必须加强密闭的检查和维修,保证密闭完好。

7.6 严格限制对密闭防灭火效果有破坏作用的生产活动。

8 防灭火效果的强化

8.1 应加强对整个封闭区的封闭堵漏。

8.1.1 封闭区的所有通道均应密闭,所有密闭均应加强维修和堵漏。

8.1.2 井下大面积漏风地点宜建立隔绝带实行堵漏。

8.1.3 巷帮裂隙及碹外空帮等漏风地点宜采取注浆、充填等有效的局部堵漏措施。

8.1.4 地面漏风裂隙应采用黄土覆盖、充填等堵漏措施。

8.2 采取均压措施以降低封闭区的漏风压差,按 MT/T 626 进行技术实施,并满足以下要求:

    a) 设法使封闭区成为通风网络中的角联分支,进行均压调节;

    b) 设法使封闭区所有密闭同时处于通风系统中的进风侧或回风侧;

    c) 设法开辟与封闭区并联的通路。

8.3 采取灌注惰性气体的措施可以提高封闭区的惰化程度(封闭区注氮按 MT/T 701 进行),对于瓦斯矿井灭火还可以起到阻爆的作用。

8.4 采取注水、注浆、注凝胶等措施可以降低封闭区内部温度(封闭区浆按 MT/T 702 进行),加快灭火速度。

9 防灭火效果的检验

9.1 定期测定封闭区密闭内外压差,进行漏风分析。

9.2 指定有代表性的回风侧密闭,测定封闭区内、外的 O_2、CO、CO_2、CH_4、C_2H_4、C_2H_2 等气体浓度,空气温度及密闭四帮煤、岩温度,测定频率为每天一次。

9.3 每次测定都必须仔细填写观测记录,至少记录观测地点、观测日期和观测人名,并绘制观测曲线。

9.4 根据测定,出现下列现象之一即认定封闭区有自燃火灾隐患或危险:

    a) 密闭内出现 CO 等火灾标志性气体(标志气体指标确定按 AQ/T 1019 进行),且呈上升趋势;

    b) 密闭内水温、气温呈上升趋势;

    c) 密闭附近煤温、岩温呈上升趋势;

    d) 密闭内出现烟雾。

9.5 密闭火区熄灭、启封或注销按《煤矿安全规程》第二百四十八条执行。

9.6 火区长期封闭仅 O_2 浓度达不到熄灭条件且各种气体浓度综合分析不存在爆炸危险性时,可组织进行火区侦察,以确认火区是否熄灭。火区侦察必须制定侦察方案,报上级部门批准后由矿山救护队组织实施。

9.7 火区达到熄灭条件需要启封时,可以制定启封方案申报启封。启封时发现火尚未熄灭应立即进行直接灭火,直接灭火有危险或不奏效时,应立即重新封闭火区。

附 录 A
(规范性附录)
各种防火墙使用条件汇总表

表 A.1

密闭结构	密闭厚度 m	服务年限 年	巷道断面 m^2	特殊性能
木 板	0.3	0.25~0.3	小于10	临时快速密闭
风 布	—	0.1	小于8	临时快速密闭

表 A.1（续）

密闭结构		密闭厚度 m	服务年限 年	巷道断面 m²	特殊性能
喷 塑		—	0.1	小于 8	临时快速密闭
木 段		0.8	0.5	小于 8	抗动压
沙（土）袋		4～10	1	—	防爆、抗冲击
石 膏		2	1	—	充填密封
砖		0.24	1	小于 8	抗较大地压
		0.37	2	小于 10	
		0.50	3	小于 15	
		0.75	3	小于 15	
料 石		0.80	大于 5	大于 10	抗较大地压和静水压力
		1.60	大于 5	大于 10	
混凝土		0.50	大于 6	小于 10	抗很大地压和静水压力
		0.75	大于 6	小于 10	
		1.00	大于 6	小于 10	
单墙充填	木板墙	充填 0.5,1	1	小于 6	抗一般地压
	砖 墙	充填 2.0	1.3	小于 10	抗较大地压
	料石墙	充填 2.0	3.6	大于 10	抗很大地压
双墙充填	木板墙	充填 0.5,1	1	小于 8	抗一般地压
	砖 墙	充填 3.5	1.3	小于 10	抗较大地压
	料石墙	充填 3.5	3.6	大于 10	抗很大地压

附 录 B
（规范性附录）
判断火区气体爆炸危险性的爆炸三角形法

判断火区内气体爆炸危险性的爆炸三角形法，分为爆炸三角形合成法和爆炸三角形归一法两种。

B.1 爆炸三角形合成法

设火区气体中含有 n 种可爆炸气体，浓度分别为 $X_i(i=1,2,\cdots,n)$；含两种超量惰性气体（CO_2 和 N_2），浓度分别为 $\overline{X}_1$ 和 $\overline{X}_2$；含氧气浓度为 Y_P，火区气体爆炸三角形三顶点坐标按下列各式计算：

上限点 U 的坐标：

$$\left. \begin{array}{l} X_U = \dfrac{\sum X_{Ui} \cdot X_i}{\sum X_i} \\ Y_U = \dfrac{\sum Y_{Ui} \cdot X_i}{\sum X_i} \end{array} \right\} \quad \cdots\cdots\cdots\cdots\cdots(B-1)$$

下限点 L 的坐标：

$$\left.\begin{array}{l} X_L = \dfrac{\sum X_{Li} \cdot X_i}{\sum X_i} \\[2mm] Y_L = \dfrac{\sum Y_{Li} \cdot X_i}{\sum X_i} \end{array}\right\} \quad\cdots\cdots\cdots\cdots\cdots\cdots (\text{B-2})$$

临界点 S 的坐标：

$$\left.\begin{array}{l} X_S = \dfrac{\sum X_{Si} \cdot X_i}{\sum X_i} \\[2mm] Y_S = \dfrac{\sum Y_{Si} \cdot X_i}{\sum X_i} \end{array}\right\} \quad\cdots\cdots\cdots\cdots\cdots\cdots (\text{B-3})$$

式中：

$$\left.\begin{array}{l} X_{Si} = \dfrac{\sum X_{Sij} \cdot \overline{X}_j}{\sum X_j} \\[2mm] Y_{Ui} = \dfrac{\sum Y_{Sij} \cdot \overline{X}_j}{\sum X_j} \end{array}\right\} \quad\cdots\cdots\cdots\cdots\cdots\cdots (\text{B-4})$$

$$(j=1,2)$$

至此，可在直角坐标系中绘出火区气体合成爆炸三角形图。

按下式计算火区气体组成状态点 P 的横坐标：

$$X_P = \sum X_i \quad\cdots\cdots\cdots\cdots\cdots\cdots (\text{B-5})$$

根据 X_P，Y_P 在爆炸三角形图中绘出 P 点，根据危险性的分区即可判断该火区气体的爆炸危险性（图 B-1）。

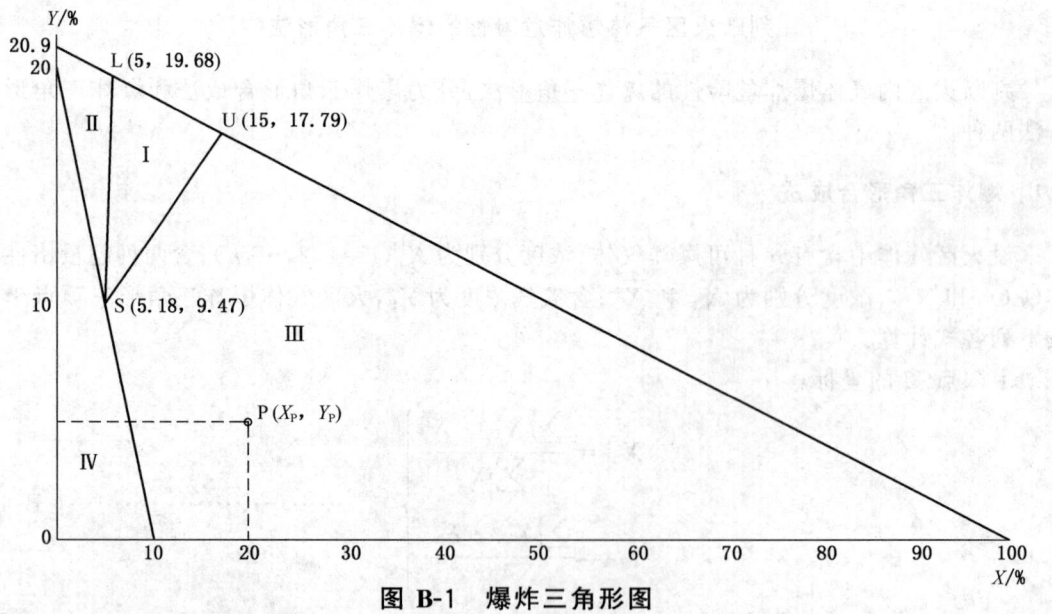

图 B-1　爆炸三角形图

P点位于爆炸三角形图中的"爆炸危险区(即Ⅰ区)"时,随时存在爆炸危险性,应当立即停止作业,撤退人员;

P点位于"减风危险区(即Ⅱ区)"时,应当适当增加风量;

P点位于"增风危险区(即Ⅲ区)"时,应当适当减少风量;

P点位于"增减风安全区(即Ⅳ区)"时,增减风量均无危险。

几种火区可爆性气体爆炸三角形三顶点坐标值见表B.1。

表 B.1

气体名称	爆炸下限 %		爆炸上限 %		临界点 S,%			
					超 N_2 时		超 CO_2 时	
	X_L	Y_L	X_U	Y_U	X_S	Y_S	X_S	Y_S
CH_4	5.00	19.88	15.0	17.79	5.18	9.47	5.96	12.32
H_2	4.00	20.09	74.2	5.40	4.20	5.13	5.20	8.46
CO	12.5	18.81	74.2	5.40	13.06	5.16	15.57	8.01
C_2H_2	2.5	20.41	80.0	4.19	2.36	5.07	3.27	8.51
C_2H_4	2.75	20.35	28.6	14.49	2.89	6.06	3.53	9.45
C_2H_6	3.00	20.30	12.5	18.31	3.12	8.41	3.82	11.17
C_3H_6	2.00	20.51	11.1	18.61	2.09	7.62	2.50	10.92
C_3H_8	2.12	20.49	9.35	18.97	2.21	8.36	2.61	11.57
C_4H_{10}	1.86	20.54	8.41	19.17	1.93	8.39	2.29	11.57

B.2 爆炸三角形归一法

下面介绍库—马归一法。该法由波兰库库兹卡河马楚拉提出,CH_4 爆炸三角形图为归一基准图,一爆炸气体总浓度为横坐标,按下式计算修正后的气体组成状态点 P 的坐标,根据危险性分区即可判别该火区气体的爆炸危险性。

$$\left. \begin{array}{l} X'_\rho = \dfrac{\sum(c_i + d_i + eY_P + f_i\alpha\beta_i)X_i}{\sum X_i} \\ \text{注} \quad Y'_\rho = \dfrac{\sum(c'_i + d'_i + e'Y_P + f'_i\alpha\beta_i)X_i}{\sum X_i} \end{array} \right\} \quad\cdots\cdots\cdots\cdots(B\text{-}6)$$

$$(i=1,2,\cdots,n)$$

式中:

α——CO_2 对爆炸三角形的影响系数,

$$\alpha = \frac{\overline{X}_1 - 0.03}{\overline{X}_1 + \overline{X}_2}$$

β——CO_2 对 P 点坐标的影响系数，

$$\beta = \frac{20.93 - (Y_P + 0.2093 \sum X_i)}{a_i - ab_i}$$

a_i、b_i、c_i、d_i、f_i、e_i、c'_i、d'_i、e'_i、f'_i——换算系数，由表 B.2 查得。

表 B.2

气体名称	换算系数									
	a_i	b_i	c_i	d_i	f_i	e_i	c'_i	d'_i	e'_i	f'_i
CH_4	10.376	3.016	0	1	0	−0.78	0	0	1	−2.852
H_2	14.918	2.533	4.643	0.14	−0.01	−0.107	5.401	0.116	0.698	−2.435
CO	13.039	3.396	3.117	0.101	−0.007	−0.4	3.622	0.144	0.797	−2.619
C_2H_2	15.308	3.577	4.901	0.277	0.011	−0.044	5.719	0.115	0.68	2.415
C_2H_4	14.269	3.526	4.121	0.385	−0.009	−0.216	4.849	0.072	0.729	−2.519
C_2H_6	11.872	2.909	1.937	1.052	−0.005	−0.724	2.233	−0.037	0.875	−2.391
C_3H_6	12.896	3.383	2.937	1.098	−0.006	−0.429	3.442	−0.061	0.808	−2.637
C_3H_8	12.105	3.294	2.164	1.952	−0.005	−0.538	2.537	−0.110	0.859	−2.710
C_4H_{10}	12.139	3.264	2.296	1.525	−0.006	−0.530	2.562	−0.140	0.856	−2.677

煤矿瓦斯抽放规范（AQ 1027—2006）

前　言

为切实贯彻落实先抽后采的方针，加强瓦斯抽放技术管理，保证瓦斯抽放工程的安全，提高瓦斯抽放效果，防止瓦斯事故，保护环境，制定本标准。

本标准以国家安全生产监督管理局、国家煤矿安全监察局2004年颁布的《煤矿安全规程》、煤炭工业部1997年制定的《矿井瓦斯抽放管理规范》《矿井抽放瓦斯工程设计规范》（MT 5018—96）为依据，在充分考虑煤矿瓦斯抽放工艺技术特点和目前我国煤矿瓦斯抽放现状及发展趋势的基础上编制而成。

本标准代替MT/T 692—1997《煤矿瓦斯抽放技术规范》。

本标准与《煤矿瓦斯抽放技术规范》（MT/T 692—1997）相比内容上有了较大增加：

——增加了矿井瓦斯抽放工程设计的内容；
——增加了移动泵站瓦斯抽放系统；
——增加了瓦斯抽放方法；
——增加了瓦斯抽放管理；
——增加了瓦斯利用；
——增加了瓦斯抽放系统的报废；
——对一些词句进行了修改。

本标准的附录A、附录B、附录C、附录D、附录E为规范性附录。

本标准由国家安全生产监督管理总局提出。

本标准由全国安全生产标准化技术委员会煤矿安全分技术委员会归口。

本标准负责起草单位：中国煤炭工业劳动保护科学技术学会。

本标准参加起草单位：煤炭科学研究总院抚顺分院。

本标准主要起草人：窦永山、王魁军、邱宝杓、张兴华、高坤、曹垚林、富向。

1　范围

本标准规定了建立矿井瓦斯抽放系统的条件及工程设计要求、瓦斯抽放方法、瓦斯抽放管理及职责、瓦斯利用、抽放系统的报废程序，以及瓦斯抽放基础参数的测算方法、各类瓦斯抽放方法的抽放率、瓦斯抽放监控系统监测参数的指标要求和瓦斯抽放工程设计有关计算方法。

本标准适用于全国煤矿企业、管理部门及有关事业单位。

2　规范性引用文件

下列文件中的条款通过本标准的引用而成为本标准的条款。凡是注日期的引用文件，其随后所有的修改单（不包括勘误的内容）或修订版均不适用于本标准，然而，鼓励根据本标准达成协议的各方研究是否可使用这些文件的最新版本。凡是不注日期的引用文件，其最新版本适用于本标准。

　　MT 5018—96　矿井抽放瓦斯工程设计规范
　　《煤矿安全规程》(2004 年版)
　　《煤矿瓦斯抽放管理规范》(1997 年版)
　　GB 50187—1993　工业企业总平面设计规范
　　GB 50215—2005　煤炭工业矿井设计规范

3　术语和定义

下列术语和定义适用于本标准。

3.1

瓦斯抽放　gas drainage

采用专用设备和管路把煤层、岩层和采空区中的瓦斯抽出或排出的措施。

3.2

未卸压抽放瓦斯　gas drainage without pressure relief

抽放未受采动影响和未经人为松动卸压煤(岩)层的瓦斯,亦称为预抽。

3.3

卸压抽放瓦斯　gas drainage with pressure relief

抽放受采动影响和经人为松动卸压煤(岩)层的瓦斯。

3.4

本煤层抽放瓦斯　gas drainage from extracting seam

抽放开采煤层的瓦斯。

3.5

邻近层抽放瓦斯　gas drainage from adjacent seam

抽放受开采层采动影响的上、下邻近煤层(可采煤层、不可采煤层、煤线、岩层)的瓦斯。

3.6

采空区抽放瓦斯　gas drainage from gob

抽放现采工作面采空区和老采空区的瓦斯。前者称现采空区(半封闭式)抽放,后者称老采空区(全封闭式)抽放。

3.7

围岩瓦斯抽放　gas drainage from surrounding rock

抽放开采层围岩内的瓦斯。

3.8

地面瓦斯抽放　gas drainage on surface

在地面向井下煤(岩)层打钻孔抽放瓦斯。

3.9

综合抽放瓦斯　combined gas drainage

在一个矿井或工作面同时采用 2 种或 2 种以上方法进行抽放瓦斯。

3.10

强化抽放　forced gas drainage

针对一些透气性低、采用常规的预抽方式难以奏效的煤层而采取的特殊抽放方式。

3.11

预抽　gas drainage from virgin coal seam

在煤层未受采动以前进行的瓦斯抽放。

3.12

瓦斯储量　gas reserves

煤田开采过程中,能够向开采空间排放瓦斯的煤层和岩层中赋存瓦斯的总量。

3.13

矿井瓦斯抽放量(纯瓦斯抽放量)　gas drainage volume

矿井抽出瓦斯气体中的甲烷含量。

3.14

矿井可抽瓦斯量　drainable gas quantity

瓦斯储量中在当前技术水平下能被抽出来的最大瓦斯量。

3.15

煤层透气性系数　gas permeability coefficient of coal seam

表征煤层对瓦斯流动的阻力,反映瓦斯沿煤层流动难易程度的系数。

3.16

钻孔瓦斯流量衰减系数　damping factor of gas flow-rate per hole

表示钻孔瓦斯流量随时间延长呈衰减变化的系数。

3.17

瓦斯抽放率　gas drainage effeciency

矿井、采区或工作面等的抽放瓦斯量占其抽排瓦斯总量的百分比。

3.18

边采边抽　gas drainage while extraction

抽放回采工作面前方卸压煤体的瓦斯或厚煤层开采时抽放未采分层卸压煤体的瓦斯。

3.19

边掘边抽　gas drainage while drivage

掘进巷道的同时,抽放巷道周围卸压煤体内瓦斯。

3.20

穿层钻孔　crossing hole

在岩石巷道或煤层巷道内向相邻煤层施工的钻孔。

3.21

顺层钻孔　hole drilled along seam

在煤层巷道内,沿煤层布置的钻孔。

3.22

斜交钻孔　inclined cross hole

与工作面呈一定夹角布置的顺层钻孔。

3.23

平行钻孔　parallel holes

与工作面平行布置的顺层钻孔。

1337

3.24

交叉钻孔 cross holes

平行钻孔与斜交钻孔交替布置的钻孔。

3.25

高位钻孔 highly-located hole

在风巷向煤层顶板施工的抽放钻孔(进入裂隙带)。

3.26

高抽巷 highly-located drainage roadway

在开采层顶部处于采动影响形成的裂隙带内挖掘的专用抽放巷道。

3.27

水力压裂 hydraulic crackin

在钻孔内以水作为动力,在无自由面的情况下使煤体裂隙畅通的一种措施。

3.28

水力割缝 hydraulic cutting

在钻孔内运用高压水射流对钻孔两侧的煤体进行切割,形成一定深度的扁平缝槽的一种措施。

3.29

深孔预裂爆破 deep-hole pre-splitting blasting

在钻孔内利用炸药爆破作为动力,使煤体裂隙增大,提高煤层透气性的一种措施。

3.30

封孔器 hole packer

瓦斯抽放和煤层注水钻孔孔口的密封装置。

3.31

放水器 drainage device

用于储存和放出抽放管路中积水的专用装置。

3.32

防回火装置 flame arrestor

在抽放瓦斯管路中,阻止火焰蔓延的安全装置。

3.33

水封防爆箱 explosive-proof box

在抽放瓦斯管路中,用以隔爆的一种水箱式安全装置。

4 建立抽放瓦斯系统

4.1 凡符合下列情况之一的矿井,必须建立地面永久瓦斯抽放系统或井下移动泵站瓦斯抽放系统。

4.1.1 一个采煤工作面绝对瓦斯涌出量大于 5 m^3/min 或一个掘进工作面绝对瓦斯涌出量大于 3 m^3/min,用通风方法解决瓦斯问题不合理的。

4.1.2 矿井绝对瓦斯涌出量达到以下条件的:

——大于或等于 40 m^3/min;

——年产量1.0 Mt~1.5 Mt的矿井,大于30 m³/min;

——年产量0.6 Mt~1.0 Mt的矿井,大于25 m³/min;

——年产量0.4 Mt~0.6 Mt的矿井,大于20 m³/min;

——年产量等于或小于0.4 Mt的矿井,大于15 m³/min。

4.1.3 开采具有煤与瓦斯突出危险煤层。

4.2 凡符合4.1条件,并同时具备下列两个条件的矿井,应建立地面永久瓦斯抽放系统:

——瓦斯抽放系统的抽放量可稳定在2 m³/min以上;

——瓦斯资源可靠、储量丰富,预计瓦斯抽放服务年限在五年以上。

4.3 新建瓦斯抽放系统的矿井,必须经具有相关资质的专业机构进行可行性论证,由企业技术负责人组织瓦斯抽放工程设计。

4.4 新建或改扩建矿井,根据地质报告提供的瓦斯资源或参照邻近矿井参数而达到第4.1条条件时,必须将瓦斯抽放工程纳入矿井设计中,但设计所依据的瓦斯参数必须经具有相关资质的专业机构进行可行性论证。

5 地面永久瓦斯抽放系统

5.1 地面永久瓦斯抽放系统工程设计内容

——矿井概况:煤层赋存条件、矿井煤炭储量、生产能力、巷道布置、采煤方法及通风状况;

——瓦斯基础数据:瓦斯等级鉴定、矿井瓦斯涌出量、煤层瓦斯压力、含量、矿井瓦斯储量及可抽量、煤层透气性系数与钻孔瓦斯流量及其衰减系数;

——抽放方法:钻孔(巷道)布置与抽放工艺参数;

——抽放设备:抽放泵、管路系统、监测及安全装置;

——泵站建筑:泵房、供电系统、电控设备、供水系统及软化水装置、采暖、避雷系统;

——瓦斯利用:利用方式和利用量、资金概算;

——技术经济指标:投资概算及工期;

——设计文件:设计说明书、设备与器材清册、资金概算、相关图纸。

5.2 瓦斯抽放系统工程设计的一般规定

5.2.1 瓦斯抽放工程设计应体现安全第一、技术经济合理原则,因地制宜地采用新技术、新工艺、新设备、新材料。

5.2.2 新建矿井瓦斯抽放工程设计应以批准的精查地质报告为依据,并参照邻近或条件类似生产矿井的瓦斯资料;改(扩)建及生产矿井应以本矿地质、瓦斯资料为依据。

5.2.3 瓦斯抽放工程设计应与矿井开采设计同步进行,合理安排掘进、抽放、回采三者间的超前与接替关系,保证有足够的工程施工及抽放时间。

5.2.4 瓦斯抽放站的建设方式,应经技术经济比较确定。一般情况下,宜采用集中建站方式。当有下列情况之一时,可采用分散建站方式:

——分区开拓或分期建设的大型矿井,集中建站技术经济不合理;

——矿井瓦斯抽放量较大且瓦斯利用点分散;

——一套瓦斯抽放系统难以满足要求。

5.2.5 分期建设、分期投产的矿井,瓦斯抽放工程可一次设计,分期建设、分期投抽。

5.2.6 瓦斯抽放工程设计应进行矿井瓦斯资源的评价。

5.3 矿井瓦斯储量、可抽瓦斯量、瓦斯抽放率、年抽放量及抽放年限

5.3.1 矿井瓦斯储量应为矿井可采煤层的瓦斯储量、受采动影响后能够向开采空间排放的不可采煤层及围岩瓦斯储量之和。

5.3.2 矿井可抽瓦斯量是指矿井瓦斯储量中在当前技术水平下能被抽出来的最大瓦斯量。

5.3.3 设计瓦斯抽放率，可根据煤层瓦斯抽放方法、瓦斯涌出来源等因素综合确定；也可参照邻近生产矿井或条件类似矿井的数值选取。抽放率指标应符合第8.6.3条的有关规定。

5.3.4 矿井设计年瓦斯抽放量或矿井设计年瓦斯抽放规模按设计的日瓦斯抽放量乘以矿井设计年工作日数计算。

5.3.5 矿井或水平的抽放年限应与其抽放瓦斯区域的开采年限相适应。

5.4 抽放管路系统

5.4.1 抽放管路系统应根据井下巷道的布置、抽放地点的分布、瓦斯利用的要求以及矿井的发展规划等因素确定，避免或减少主干管路系统的频繁改动，确保管道运输、安装和维护方便，并应符合下列要求：

——抽放管路通过的巷道曲线段少、距离短，管路安装应平直，转弯时角度不应大于50°；

——抽放管路系统宜沿回风巷道或矿车不经常通过的巷道布置；若设于主要运输巷内，在人行道侧其架设高度不应小于1.8 m，并固定在巷道壁上，与巷道壁的距离应满足检修要求；瓦斯抽放管件的外缘距巷道壁不宜小于0.1 m；

——当抽放设备或管路发生故障时，管路内的瓦斯不得流入采掘工作面及机电硐室内；

——管径要统一，变径时必须设过渡节。

5.4.2 瓦斯抽放管路的管径应按最大流量分段计算，并与抽放设备能力相适应，抽放管路按经济流速为5 m/s～15 m/s和最大通过流量来计算管径，抽放系统管材的备用量可取10%。

5.4.3 当采用专用钻孔敷设抽放管路时，专用钻孔直径应比管道外形尺寸大100 mm；当沿竖井敷设抽放管路时，应将管道固定在罐道梁上或专用管架上。

5.4.4 抽放管路总阻力包括摩擦阻力和局部阻力；摩擦阻力可用低负压瓦斯管路阻力公式计算；局部阻力可用估算法计算，一般取摩擦阻力的10%～20%。

5.4.5 地面管路布置：

——尽可能避免布置在车辆通行频繁的主干道旁。

——不得将抽放管路和动力电缆、照明电缆及通讯电缆等敷设在同一条地沟内。

——主干管应与城市及矿区的发展规划和建筑布置相结合。

——抽放管道与地上、下建（构）筑物及设施的间距，应符合《工业企业总平面设计规范》的有关规定。

——瓦斯管道不得从地下穿过房屋或其他建（构）筑物，一般情况下也不得穿过其他管网，当必须穿过其他管网时，应按有关规定采取措施。

5.4.6 抽放管路附属装置及设施：

——主管、分管、支管及其与钻场连接处应装设瓦斯计量装置；

——抽放钻场、管路拐弯、低洼、温度突变处及沿管路适当距离（间距一般为200 m～300 m，最大不超过500 m）应设置放水器；

——在抽放管路的适当部位应设置除渣装置和测压装置；

——抽放管路分岔处应设置控制阀门,阀门规格应与安装地点的管径相匹配;

——地面主管上的阀门应设置在地表下用不燃性材料砌成的不透水观察井内,其间距为 500 m~1000 m。

5.4.7 当条件适当时,可选用新材料的瓦斯抽放管,但井下抽放管路禁止采用玻璃钢管。

5.4.8 在倾斜巷道中,管路应设防滑卡,其间距可根据巷道坡度确定,对 28°以下的斜巷,间距一般取 15 m~20 m。

5.4.9 抽放管路应有良好的气密性及采取防腐蚀、防砸坏、防带电及防冻等措施。

5.4.10 通往井下的抽放管路应采取防雷措施。

5.5 抽放设备及抽放站

5.5.1 矿井瓦斯抽放设备的能力,应满足矿井瓦斯抽放期间或在瓦斯抽放设备服务年限内所达到的开采范围的最大抽放量和最大抽放阻力的要求,且应有不小于 15% 的富裕能力。矿井抽放系统的总阻力,必须按管网最大阻力计算,瓦斯抽放系统应不出现正压状态。

5.5.2 在一个抽放站内,瓦斯抽放泵及附属设备只有一套工作时,应备用一套;两套或两套以上工作时,应至少备用一套。

5.5.3 抽放站位置:

——设在不受洪涝威胁且工程地质条件可靠地带,应避开滑坡、溶洞、断层破碎带及塌陷区等;

——宜设在回风井工业场地内,站房距井口和主要建筑物及居住区不得小于 50 m;

——站房及站房周围 20 m 范围内禁止有明火;

——站房应建在靠近公路和有水源的地方;

——站房应考虑进出管敷设方便,有利瓦斯输送,并尽可能留有扩能的余地。

5.5.4 抽放站建筑:

——站房建筑必须采用不燃性材料,耐火等级为二级;

——站房周围必须设置栅栏或围墙。

5.5.5 站房附近管道应设置放水器及防爆、防回火、防回水装置,设置放空管及压力、流量、浓度测量装置,并应设置采样孔、阀门等附属装置。放空管设置在泵的进、出口,管径应大于或等于泵的进、出口直径,放空管的管口要高出泵房房顶 3 m 以上。

5.5.6 泵房内电气设备、照明和其他电气、检测仪表均应采用矿用防爆型。

5.5.7 抽放站应有双回供电线路。

5.5.8 抽放站应有防雷电、防火灾、防洪涝、防冻等设施。

5.5.9 干式瓦斯抽放泵吸气侧管路系统必须装设防回火、防回气、防爆炸的安全装置。

5.5.10 站房必须有直通矿调度室的电话。

5.5.11 抽放泵运转时,必须对泵水流量、水温度、泵轴温度等进行监测、监控。

5.5.12 抽放站应有供水系统。站房设备冷却水一般采用闭路循环。给水管路及水池容积均应考虑消防水量。污水应设置地沟排放。

5.5.13 抽放站采暖与通风应符合现行的《煤炭工业矿井设计规范》的有关规定。

5.5.14 废水、噪声和对空排放瓦斯不得超过工业卫生规定指标,抽放站场地应搞好绿化。

5.6 瓦斯抽放参数的监测、监控

5.6.1 地面永久瓦斯抽放系统必须建立瓦斯抽放参数监控系统。

5.6.2 矿井瓦斯抽放系统必须监测抽放管道中的瓦斯浓度、流量、负压、温度和一氧化碳等参数,同时监测抽放泵站内瓦斯泄漏等。当出现瓦斯抽放浓度过低、一氧化碳超限、泵站内有瓦斯泄漏等情况时,应能报警并使抽放泵主电源断电。

5.6.3 抽放站内应配置专用检测瓦斯抽放参数的仪器仪表。

6 井下移动泵站瓦斯抽放系统

6.1 根据4.1、4.2规定,不具备建立地面永久瓦斯抽放系统条件的,对高瓦斯区应建立井下移动泵站瓦斯抽放系统。

6.2 建立井下移动泵站瓦斯抽放系统时,由企业技术负责人负责组织编制设计和安全技术措施。井下移动泵站瓦斯抽放工程设计可按地面永久瓦斯抽放工程设计的相关内容进行。

6.3 井下移动瓦斯抽放泵站应安装在瓦斯抽放地点附近的新鲜风流中。抽出的瓦斯必须引排到地面、总回风道或分区回风道;已建永久抽放系统的矿井,移动泵站抽出的瓦斯可直接送至矿井抽放系统的管道内,但必须使矿井抽放系统的瓦斯浓度符合《煤矿安全规程》第一百四十八条规定。

6.4 移动泵站抽出的瓦斯排至回风道时,在抽放管路出口处必须采取安全措施,包括设置栅栏、悬挂警戒牌。栅栏设置的位置,上风侧为管路出口外推 5 m,上下风侧栅栏间距不小于 35 m。两栅栏间禁止人员通行和任何作业。移动抽放泵站排到巷道内的瓦斯,其浓度必须在 30 m 以内被混合到《煤矿安全规程》允许的限度以内。栅栏处必须设警戒牌和瓦斯监测装置,巷道内瓦斯浓度超限报警时,应断电、停止瓦斯抽放、进行处理。监测传感器的位置设在栅栏外 1 m 以内。两栅栏间禁止人员通行和任何作业。

6.5 井下移动瓦斯抽放泵站必须实行"三专"供电,即专用变压器、专用开关、专用线路。

7 瓦斯抽放方法

7.1 一般规定

7.1.1 建立瓦斯抽放系统的矿井必须实施先抽后采或边采边抽。

7.1.2 按矿井瓦斯来源实施开采煤层瓦斯抽放、邻近层瓦斯抽放、采空区瓦斯抽放和围岩瓦斯抽放。

7.1.3 多瓦斯来源的矿井,应采用综合瓦斯抽放方法。

7.2 瓦斯抽放方法选择

7.2.1 开采层瓦斯抽放方法:

未卸压煤层进行预抽,煤层瓦斯抽放的难易程度可划分为三类,见表1。

表 1 煤层瓦斯抽放难易程度表

类　别	钻孔流量衰减系数 d^{-1}	煤层透气性系数 $m^2/MPa^2 \cdot d$
容易抽放	<0.003	>10
可以抽放	0.003～0.05	10～0.1
较难抽放	>0.05	<0.1

——煤层透气性较好、容易抽放的煤层,宜采用本层预抽方法,可采用顺层或穿层布孔方式。
——煤层透气性较差、采用分层开采的厚煤层,可利用先采分层的卸压作用抽放未采分层的瓦斯。
——单一低透气性高瓦斯煤层,可选用加密钻孔、交叉钻孔、水力割缝、水力压裂、松动爆破、深孔控制预裂爆破等方法强化抽放。煤与瓦斯突出危险严重煤层,应选择穿层网格布孔方式。
——煤巷掘进瓦斯涌出量较大的煤层,可采用边掘边抽或先抽后掘的抽放方法。

7.2.2 邻近层瓦斯抽放方法:
——通常采用从开采层回风巷(或回风副巷)向邻近层打垂直或斜交穿层钻孔抽放瓦斯的方法。
——当邻近层瓦斯涌出量大时,可采用顶(底)板瓦斯巷道(高抽巷)抽放。
——当邻近层或围岩瓦斯涌出量较大时,可在工作面回风侧沿开采层顶板布置迎面水平长钻孔(高位钻孔)抽放上邻近层瓦斯。

7.2.3 采空区瓦斯抽放方法:
——老采空区应选用全封闭式抽放方法。
——现采空区可根据煤层赋存条件和巷道布置情况,采用顶(底)板钻孔法,有煤柱及无煤柱垂直及斜交钻孔法,插(埋)管法等抽放方法,并应采取措施,提高瓦斯抽放浓度。
——开采容易自燃或自燃煤层的采空区,必须经常检测抽放管路中CO浓度和气体温度等有关参数的变化。发现有自然发火征兆时,必须采取防止煤自燃的措施。

7.2.4 埋藏浅、瓦斯含量高的厚煤层或煤层群,有条件时,可采用地面钻孔预抽开采层瓦斯、抽放卸压邻近层瓦斯或抽放采空区瓦斯的方法。

7.2.5 对矿井瓦斯涌出来源多、分布范围广、煤层赋存条件复杂的矿井,应采用多种抽放方法相结合的综合抽放方法。

7.2.6 煤与瓦斯突出矿井开采保护层时,必须同时抽放被保护煤层的瓦斯。

7.3 专用瓦斯抽放巷道的要求
——专用瓦斯抽放巷道的位置、数量应能达到良好的抽放效果。
——必须提前掘好巷道,保证有足够的抽放时间,有较大的抽放范围。
——专用于敷设抽放管路、布置钻场、钻孔的瓦斯抽放巷道采用矿井全压通风时,巷道风速不得低于 0.5 m/s。

7.4 钻场钻孔布置
——钻场的布置应免受采动影响,避开地质构造带,便于维护,利于封孔,保证抽放效果。
——尽量利用现有的开拓、准备和回采巷道布置钻场。
——对开采层未卸压抽放,除按钻孔抽放半径确定合理的孔间距外,应尽量增大钻孔的见煤长度。
——邻近层卸压抽放,应将钻孔打在采煤工作面顶板冒落后所形成的裂隙带内,并避开冒落带。

——强化抽放布孔方式除考虑应取得好的抽放效果外,还应考虑措施施工方便。
——边采边抽钻孔的方向应与开采推进方向相迎,避免采动首先破坏孔口或钻场。
——钻孔方向应尽可能正交或斜交煤层层理。
——穿层钻孔终孔位置,应在穿过煤层顶(底)板 0.5 m 处。

7.5 封孔

7.5.1 封孔方法的选择应根据抽放方法及孔口所处煤(岩)层位、岩性、构造等因素综合确定,因地制宜地选用新方法、新工艺。

7.5.2 岩壁钻孔,宜采用封孔器封孔。封孔器械应满足密封性能好、操作便捷、封孔速度快的要求。

7.5.3 煤壁钻孔,宜采用充填材料进行压风封孔。封孔材料可选用膨胀水泥、聚氨酯等新型材料。在钻孔所处围岩条件较好的情况下,亦可选用水泥砂浆或其他封孔材料。

7.5.4 封孔长度:
——孔口段围岩条件好、构造简单、孔口负压中等时,封孔长度可取 2 m~3 m;
——孔口段围岩裂隙较发育或孔口负压高时,封孔长度可取 4 m~6 m;
——在煤壁开孔的钻孔,封孔长度可取 5 m~8 m;
——采用除聚氨酯外的其他材料封孔时,封孔段长度与封孔深度相等;
——采用聚氨酯封孔时,封孔参数见表 2。

表 2 聚氨酯封孔参数

单位为 m

封孔材料	钻孔条件	封孔段长度	封孔深度
聚氨酯	孔口段较完整	0.8	3~5
	孔口段较破碎	1.0	4~6

7.5.5 钻孔封孔质量检查标准:
——预抽瓦斯钻孔抽放过程中孔口瓦斯浓度不应小于 40%;
——邻近层瓦斯抽放钻孔抽放过程中孔口瓦斯浓度不应小于 30%;
——当钻孔封孔质量达不到上述标准时,应加大封孔段长度。

7.5.6 当采用地面钻孔瓦斯抽放时,抽放结束后应全孔封实。

8 瓦斯抽放管理

8.1 矿井瓦斯抽放工作由企业技术负责人负全面技术责任,应定期检查、平衡瓦斯抽放工作;负责组织编制、审批、实施、检查瓦斯抽放工作长远规划、年度计划和安全技术措施,保证瓦斯抽放工作的正常衔接,做到"掘、抽、采"平衡。企业行政正、副职负责落实和检查所分管范围内的有关瓦斯抽放工作;企业各职能部门负责人对本职范围内的瓦斯抽放工作负责。瓦斯抽放所需要的费用、材料和设备等,必须列入企业财务、供应计划和生产计划。煤炭企业必须配备专业技术人员,负责瓦斯抽放日常管理,总结分析瓦斯抽放效果,研究和改进抽放技术,组织新技术推广等。

8.2 瓦斯抽放矿井必须建立专门的瓦斯抽放队伍,负责打钻、管路安装回收等工程的施工和瓦斯抽放参数测定等工作。

8.3 瓦斯抽放矿井必须建立健全岗位责任制、钻孔钻场检查管理制度、抽放工程质量验收制度。

8.4 瓦斯抽放矿井必须有下列图纸和技术资料：

  a) 图纸：
    1) 瓦斯抽放系统图；
    2) 泵站平面与管网（包括阀门、安全装备、检测仪表、放水器等）布置图；
    3) 抽放钻场及钻孔布置图；
    4) 泵站供电系统图。

  b) 记录：
    1) 抽放工程和钻孔施工记录；
    2) 抽放参数测定记录；
    3) 泵房值班记录。

  c) 报表：
    1) 抽放工程年、季、月报表；
    2) 抽放量年、季、月、旬报表。

  d) 台账：
    1) 抽放设备管理台账；
    2) 抽放工程管理台账；
    3) 瓦斯抽放系统和抽放参数、抽放量管理台账。

  e) 报告：
    1) 矿井和采区抽放工程设计文件及竣工报告；
    2) 瓦斯抽放总结与分析报告。

8.5 加强瓦斯抽放参数（抽放量、瓦斯浓度、负压、正压、大气压、温度等）的监测，发现问题时，及时处理。抽放量的计算用大气压为 101.325 kPa、温度为 20℃ 时标准状态下的数值。

8.6 抽放瓦斯管理

8.6.1 "多打孔、严封闭、综合抽"是加强瓦斯抽放工作的方向。瓦斯抽放矿井应增加瓦斯抽放钻孔量，提高瓦斯管路敷设质量、严密封孔及对多瓦斯源矿井（工作面）采用综合抽放方法，以提高抽放效果。

8.6.2 永久抽放系统的年瓦斯抽放量应不小于 100 万 m^3，移动泵站不小于 10 万 m^3。

8.6.3 瓦斯抽出率：

  ——预抽煤层瓦斯的矿井：矿井抽出率应不小于 20%，回采工作面抽出率应不小于 25%；
  ——邻近层卸压瓦斯抽放的矿井：矿井抽出率应不小于 35%，回采工作面抽出率应不小于 45%；
  ——采用综合抽放方法的矿井：矿井抽出率应不小于 30%；
  ——煤与瓦斯突出矿井，预抽煤层瓦斯后，突出煤层的瓦斯含量应小于该煤层始突深度的原始煤层瓦斯含量或将煤层瓦斯压力降到 0.74 MPa 以下。

8.6.4 预抽煤层瓦斯的钻孔量：

  ——当采用顺层孔抽放时，钻孔量见表 3；
  ——当采用穿层钻孔抽放时，钻孔见煤点的间距可参照下列数据：容易抽放煤层 15 m～

20 m;可以抽放煤层 10 m～15 m；较难抽放煤层 8 m～10 m。

表 3 吨煤钻孔量表　　　　　　　　　　　　　单位为 m/t

煤层类别	薄煤层	中厚煤层	厚煤层
容易抽放	0.05	0.03	0.01
可以抽放	0.05～0.1	0.03～0.05	0.01～0.03
较难抽放	＞0.1	＞0.05	＞0.03

8.7 严格瓦斯抽放工程施工质量，所有瓦斯抽放工程都须按质量标准进行验收，不符合设计标准的应重新施工直到合格为止。

8.8 瓦斯抽放管路必须进行防腐处理，外部涂红色以示区别。

8.9 瓦斯抽放量的计量器具必须采用符合国家标准的计量器具。

9 瓦斯利用

9.1 瓦斯抽放的矿井应加强瓦斯利用工作，变害为利，保护环境并以用促抽，以抽保用。年瓦斯抽放量在 100 万 m³ 及以上的矿井，必须开展瓦斯利用工作。矿井瓦斯利用须经相关资质的专业机构进行可行性论证。

9.2 进行瓦斯抽放论证和设计时，要同时对瓦斯利用进行论证和设计。

9.3 瓦斯利用设计内容包括：确定瓦斯利用量和利用方式、储气装置及容积、输送气方法、输气管路系统、安全及检测装置、利用工艺，绘制瓦斯利用工程系统布置图，编制设备材料清册、土建工程计划、资金概算、劳动组织及管理制度、安全技术措施、经济分析等。

10 地面永久瓦斯抽放系统的报废

10.1 矿井永久瓦斯抽放系统报废申请报告，由煤矿企业技术负责人组织编制，经具有相关资质的专门机构论证。

10.2 矿井永久瓦斯抽放系统报废申请报告内容：
——矿井概况：煤层赋存条件、矿井保有储量、生产能力、巷道布置、采煤方法及通风状况。
——瓦斯基础资料：历年瓦斯抽放数据、瓦斯等级鉴定数据、主要煤层瓦斯含量等值线图、瓦斯涌出量等值线图、矿井瓦斯现有储量等。

附 录 A
（规范性附录）
瓦斯抽放基础参数测算

A.1 瓦斯压力测定

应在岩石巷道向煤层打钻孔、封孔及安装压力表直接测定煤层瓦斯压力：
——测定地点要选在无断层、裂隙等地质构造处，瓦斯赋存状况要具有代表性；
——测压巷道距煤层的岩柱距离不应小于 10 m；
——测压孔的孔径以 75 mm 为宜，要贯穿整个煤层（厚煤层应钻入煤层 3 m 以上），完钻后应及时封孔,封孔要严密,测压管接头不得漏气。

A.2 瓦斯含量测定与计算

煤层瓦斯含量是指每吨煤或每立方米煤体中含有的瓦斯量,单位为 m^3/t 或 m^3/m^3。

常用的煤层瓦斯含量测算法是:取煤样送实验室做煤的吸附性能实验,求出吸附常量 a、b 值,并在井下相应地点测定煤层的瓦斯压力,以下列公式计算瓦斯含量:

$$X = \frac{abP}{1+bP} \times \frac{100 - A_{ad} - M_{ad}}{100} \times \frac{1}{1+0.31M_{ad}} + \frac{10KP}{\gamma} \quad \cdots\cdots(1)$$

式中:

X ——煤层瓦斯含量,m^3/t;
a ——吸附常数,试验温度下的极限吸附量,m^3/t;
b ——吸附常数,MPa^{-1};
P ——煤层绝对瓦斯压力,MPa;
A_{ad}——煤的灰分,%;
M_{ad}——煤的水分,%;
K ——煤的孔隙体积,m^3/m^3;
γ ——煤的视密度,t/m^3。

A.3 矿井瓦斯储量计算

瓦斯储量系指煤田开发过程中,能够向开采空间排放瓦斯的煤岩层赋存的瓦斯总量。其计算公式为:

$$W_k = W_1 + W_2 + W_3 \quad \cdots\cdots(2)$$

式中:

W_k ——矿井瓦斯储量,Mm^3;
W_1 ——可采煤层的瓦斯储量总和,Mm^3,

$$W_1 = \sum_{i=1}^{n} A_{1i} \times X_{1i} \quad \cdots\cdots(3)$$

A_{1i}——矿井每一个可采煤层的煤炭储量,Mt;
n ——矿井可采煤层数;
X_{1i}——每一个可采煤层的瓦斯含量,m^3/t;
W_2 ——可采煤层采动影响范围内的不可采邻近煤层的瓦斯储量总和,Mm^3,

$$W_2 = \sum_{j=1}^{n} A_{2i} \times X_{2i} \quad \cdots\cdots(4)$$

A_{2i}——可采煤层采动影响范围内每一个不可采煤层的煤炭储量,Mt。采动影响范围:
上邻近层取 50 m~60 m,下邻近层取 20 m~30 m;
X_{2i}——可采煤层采动影响范围内每一个不可采煤层的瓦斯含量,m^3/t;
n ——矿井可采煤层采动影响范围内的不可采煤层数;
W_3 ——围岩瓦斯储量,Mm^3;当围岩瓦斯很小时,$W_3=0$;若含瓦斯量多时,可实测或

按下式计算，
$$W_3 = K(W_1 + W_2) \quad \cdots\cdots\cdots\cdots\cdots\cdots\cdots\cdots\cdots\cdots (5)$$

K ——围岩瓦斯储量系数，一般取 $K=0.05\sim0.20$。

A.4 矿井设计年瓦斯抽放量或矿井设计年瓦斯抽放规模计算

按设计的日瓦斯抽放量乘以矿井设计年工作日数计算。其计算式为：
$$Q_a = Q_d \times N \quad \cdots\cdots\cdots\cdots\cdots\cdots\cdots\cdots\cdots\cdots (6)$$

式中：

Q_a——矿井设计年瓦斯抽放量，Mm^3/a；

Q_d——矿井设计日瓦斯抽放量（应根据矿井的采掘部署、矿井（采区、采掘、工作面）瓦斯涌出量预测、通风能力、选用的瓦斯抽放方法及其抽放率等来确定），Mm^3/d；

N ——矿井设计年工作日数，d。

A.5 可抽瓦斯量概算

可抽瓦斯量是指瓦斯储量中在当前技术水平能被抽出来的最大瓦斯量。其概算法是：
$$可抽瓦斯量 = 瓦斯储量 \times 抽放率 \quad \cdots\cdots\cdots\cdots\cdots\cdots (7)$$

A.6 抽放率计算

矿井（或采区）抽放率：
$$\eta_k = \frac{100 Q_{kc}}{Q_{kc} + Q_{kf}} \quad \cdots\cdots\cdots\cdots\cdots\cdots\cdots\cdots\cdots\cdots (8)$$

式中：

η_k ——矿井月平均瓦斯抽放率，%；

Q_{kc}——矿井月平均瓦斯抽放量，m^3/min；

Q_{kf}——矿井月平均风排瓦斯量，m^3/min。

工作面瓦斯抽放率：
$$\eta_m = \frac{100 Q_{mc}}{Q_{mc} + Q_{mf}} \quad \cdots\cdots\cdots\cdots\cdots\cdots\cdots\cdots\cdots\cdots (9)$$

式中：

η_m ——工作面月平均瓦斯抽放率，%；

Q_{mc}——回采期间，工作面月平均瓦斯抽放量，m^3/min；

Q_{mf}——工作面月平均风排瓦斯量，m^3/min。

A.7 抽放量（标量）换算

$$Q_{标} = Q_{测} \frac{P_1 T_{标}}{p_{标} T_1} \quad \cdots\cdots\cdots\cdots\cdots\cdots\cdots\cdots\cdots\cdots (10)$$

式中：

$Q_{标}$——标准状态下的瓦斯抽放量，m^3/min；

$Q_{测}$——测得的抽放瓦斯量，m^3/min；

P_1 ——测定时管道内气体绝对压力,MPa;
T_1 ——测定时管道内气体绝对温度,K,

$$T_1 = t + 273 \quad\quad\quad\quad\quad (11)$$

t ——测定时管道内气体摄氏温度,℃;
$p_{标}$ ——标准绝对压力,101.325 kPa;
$T_{标}$ ——标准绝对温度,(20+273)K。

A.8 钻孔瓦斯流量衰减系数

钻孔瓦斯流量随着时间延续呈衰减变化关系的系数,可作为评估开采层预抽瓦斯难易程度的一个指标。

测算方法:选择具有代表性的地区打钻孔,先测其初始瓦斯流量 q_0,经过时间 t 后,再测其瓦斯流量 q_t,然后以下式计算之:

$$q_t = q_0 \cdot e^{-at} \quad\quad\quad\quad\quad (12)$$

式中:
a ——钻孔瓦斯流量衰减系数,d^{-1};
q_0 ——钻孔初始瓦斯流量,m^3/min;
q_t ——经 t 时间后的钻孔瓦斯流量,m^3/min;
t ——时间,d。

A.9 瓦斯来源分析

矿井瓦斯来源是确定抽放方法的主要依据,因此,应尽量详细地做好下述测定工作:
——必须测定出掘进、采煤与采空区的瓦斯涌出量分别占全矿井瓦斯涌出量的比例;
——必须准确地判断出采区工作面的瓦斯主要是来自本煤层还是邻近层。一般把回采工作面基本顶初次冒落前的平均瓦斯涌出量认为是本煤层的瓦斯涌出量,而将基本顶初次冒落后的平均瓦斯涌出增加量认为是邻近层的瓦斯涌出量。

附 录 B
（规范性附录）
瓦斯抽放方法类别及抽放率

瓦斯抽放方法类别及抽放率见表 B.1。

表 B.1 瓦斯抽放方法分类表

分类		方法简述	适用条件	工作面抽放率 %
开采层瓦斯抽放	未卸压抽放	岩巷揭煤与煤巷掘进抽放	1）由岩巷向煤层打穿层钻孔抽放	高瓦斯煤层或有突出危险煤层	10～30
			2）由巷道工作面打超前钻孔抽放		10～30

表 B.1（续）

分类			方法简述	适用条件	工作面抽放率 %
开采层瓦斯抽放	采动卸压抽放	未卸压抽放	采区（工作面）大面积抽放	有预抽时间的高瓦斯煤层	
			1）由开采层工作面运输巷、回风巷、煤门打上下向顺层钻孔抽放或打交叉钻孔抽放		10～30
			2）由岩巷、石门、邻近层打穿层钻孔抽放，突出煤层瓦斯预抽可采用网格布孔		10～20
			3）地面钻孔抽放		10
			4）密闭开采层巷道抽放		10
		边掘边抽	由巷道两侧或沿巷道向掘进巷道周围打钻孔抽放	瓦斯涌出量大的掘进巷道	20～30
		边采边抽	1）由运输巷、回风巷向工作面前方卸压区打钻孔抽放	煤层透气性较小，预抽时间不充分的煤层	10～20
			2）由岩巷、煤门向开采层上部或下部未采的分层打穿层孔或顺层钻孔抽放		10～20
	人为卸压抽放	水力割缝	1）由工作面运输巷打顺层钻孔用水力割煤	多使用于低透气性煤层预抽	20～30
		松动爆破	2）由工作面运输巷或回风巷打顺层钻孔进行松动爆破		20～30
		水力压裂	3）由岩巷或地面打钻孔进行水力压裂		>30
		控制爆破	4）由工作面运输巷或回风巷打顺层钻孔，控制孔不装药，爆破孔装药进行爆破		>30
邻近煤层瓦斯抽放	上下邻近层		1）由工作面运输巷、回风巷或岩巷向邻近层打钻孔抽放	瓦斯来源于邻近层的工作面	30～60
			2）由工作面运输巷、回风巷打斜交迎面钻孔抽放		30～60
			3）由煤门打顺层钻孔抽放		30～60
			4）在邻近层掘进专用瓦斯巷道抽放		30～60
			5）地面钻孔抽放		30～45
采空区瓦斯抽放	全封闭式抽放		密闭采空区插管抽放	瓦斯涌出量大的老采空区	15
	半封闭式抽放		1）由现采空区后方设密闭墙插管抽放	采空区瓦斯涌出量大的回采工作面	30
			2）由采空区附近巷道向采空区上方打钻孔抽放		30

表 B.1（续）

分类	方法简述		适用条件	工作面抽放率 %
围岩瓦斯抽放	围岩裂隙与溶洞	1）由巷道向裂隙带或溶洞打钻孔抽放 2）密闭巷道抽放	有围岩瓦斯涌出或瓦斯喷出危险地区	

附 录 C
（规范性附录）
瓦斯抽放参数监控系统

C.1 用途

连续监测抽放管路中的浓度、压差、温度、负压、正压等参数，连续监测瓦斯泵房内泄漏瓦斯浓度、抽放泵和电机的轴温等参数。可编制瓦斯抽放报表，由微机完成测量显示、打印等功能。当任一参数超限时，可发出声光报警信号，并按给定的程序停止或启动。

C.2 技术参数

瓦斯抽放监控系统参数指标见表 C.1（供参考）。

表 C.1 瓦斯抽放监控系统监测参数指标

监测参数名称	精度	测试范围	备注
抽放量（通过压差换算）	±2%	抽放泵能力内的全范围	抽放管路参数
瓦斯浓度	（0～50%）±3% （50%～80%）±5% （80%～90%）±10%	0%～100%	
管道内负压	±1%	（0～0.1）MPa	
管道内正压	±1%	（0～0.1）MPa	
负压管道内温度	±1%	（0～100）℃	
正压管道内温度	±1%	（0～100）℃	
泵房内泄漏瓦斯浓度（环境瓦斯浓度）	±1%	0%～5%	抽放泵参数
泵水流量	±2%	全范围	
泵水温度	±1%	（0～100）℃	
泵轴温度	±1%	（0～100）℃	

附 录 D
（规范性附录）
瓦斯抽放工程设计

D.1 瓦斯抽放管径选择

选择瓦斯抽放管径，可按下式计算：

$$D = 0.1457\sqrt{\frac{Q}{V}} \quad\quad\quad\quad\quad (13)$$

式中：
D——瓦斯管内径，m；
Q——管内瓦斯流量，m^3/min；
V——瓦斯在管路中的平均流速，m/s，一般取 $V=10\ m/s \sim 15\ m/s$。

D.2 管路摩擦阻力计算

计算直管摩擦阻力，可按下式计算：

$$H_z = \frac{9.8L\gamma Q^2}{k_0 D^5} \quad\quad\quad\quad\quad (14)$$

式中：
H_z——阻力损失，Pa；
L——管路长度，m；
Q——瓦斯流量，m^3/h；
D——管道内径，cm；
k_0——与管径有关的系数，见表 D.1；
γ——混合瓦斯对空气的相对密度，见表 D.2。

表 D.1 不同管径的系数 K_0 值

通称管径 mm	15	20	25	32	40	50	70	80	100	125	150	150 以上
K_0 值	0.46	0.47	0.48	0.49	0.50	0.52	0.55	0.57	0.62	0.67	0.70	0.71

表 D.2 在 0 ℃ 及 10^5 Pa 气压时的 γ 值

瓦斯浓度 %	0	1	2	3	4	5	6	7	8	9
0	1	0.996	0.991	0.987	0.982	0.978	0.973	0.969	0.964	0.960
10	0.955	0.951	0.947	0.942	0.938	0.933	0.929	0.924	0.920	0.915
20	0.911	0.906	0.902	0.898	0.893	0.889	0.884	0.880	0.875	0.871
30	0.866	0.862	0.857	0.853	0.848	0.844	0.840	0.835	0.831	0.826

表 D.2（续）

瓦斯浓度 %	0	1	2	3	4	5	6	7	8	9
40	0.822	0.817	0.813	0.808	0.804	0.799	0.795	0.791	0 786	0.782
50	0.777	0.773	0.768	0.764	0.759	0.755	0.750	0.746	0.742	0.737
60	0.733	0.728	0.724	0.719	0.715	0.710	0.706	0.701	0.697	0.693
70	0.688	0.684	0.679	0.675	0.670	0.666	0.661	0.657	0.652	0.648
80	0.644	0.639	0.635	0.630	0.626	0.621	0.617	0.612	0.608	0.603
90	0.599	0.595	0 590	0.586	0.581	0.577	0.572	0.568	0.563	0.559
100	0.554	—	—	—	—	—	—	—	—	—

局部阻力可用估算法计算，一般取摩擦阻力的10%～20%。管路系统长，网络复杂或主管管径较小者，可按上限取值，反之则按下限取值。

D.3 瓦斯抽放泵容量的计算

D.3.1 瓦斯泵流量计算

$$Q = \frac{100 Q_z \cdot K}{X \cdot \eta} \quad \cdots\cdots\cdots\cdots (15)$$

式中：

Q ——瓦斯泵的额定流量，m^3/min；

Q_z ——矿井瓦斯最大抽放总量（纯量），m^3/min；

X ——瓦斯泵入口处的瓦斯浓度，%；

η ——瓦斯泵的机械效率，一般取 $\eta=0.8$；

K ——瓦斯抽放的综合系数（备用系统），取 $K=1.2$。

D.3.2 瓦斯泵压力计算

$$\begin{aligned} H &= (H_入 + H_出) \cdot K \\ &= [(h_{入摩} + h_{入局} + h_{钻负}) + (h_{出摩} + h_{出局} + h_{出正})] \cdot K \\ &= (h_摩 + h_局 + h_{钻负} + h_{出正}) \cdot K \end{aligned} \quad \cdots\cdots (16)$$

式中：

H ——瓦斯泵的压力，Pa；

$H_入$ ——井下负压段管路全部阻力损失，Pa；

$H_出$ ——井上正压段管路全部阻力损失，Pa；

K ——备用系数，取 $K=1.2$；

$h_{入摩}$ ——井下负压段管路摩擦阻力损失，Pa；

$h_{入局}$ ——井下负压段管路局部阻力损失，Pa；

$h_{钻负}$ ——井下抽放钻场或钻孔孔口必须造成的负压，Pa；根据经验，对于非卸压煤层可取 $h_{钻负} \geq 13$ kPa；对于卸压煤层可取 $h_{钻负} \geq 6.7$ kPa；对于采空区瓦斯抽放，孔口负压不可太高，以免引起采空区煤的自燃；

$h_{出摩}$——井上正压段管路摩擦阻力损失,Pa;
$h_{出局}$——井上正压段管路局部阻力损失,Pa;
$h_{出正}$——用户在瓦斯出口所需的正压,Pa;
$h_{摩}$——井上、下管路最大总摩擦阻力损失,Pa;
$h_{局}$——井上、下管路最大总局部阻力损失,Pa。

D.3.3 根据 D.3.1、D.3.2 计算出来的流量和压力值,选择所需要的瓦斯泵。

附 录 E
（规范性附录）
主 要 单 位 换 算

主要单位换算:

1 毫米汞柱(mmHg)=133.322 Pa;

1 毫米水柱(mmH_2O)=9.80665 Pa;

1 千克力每平方厘米(kgf/cm^2)=9.80665×10^4 Pa;

1 标准大气压(atm)=1.03125×10^5 Pa。

透气性系数:$1\ m^2/MPa^2 \cdot d \approx 0.025\ mD$（毫达西）

选煤厂安全规程(AQ 1010—2005)

前　言

　　本标准是以《中华人民共和国煤炭法》《中华人民共和国安全生产法》《中华人民共和国环境保护法》《中华人民共和国大气污染防治法》《煤矿安全规程》等国家有关安全生产的法律、法规、规程和标准为依据制定的。标准的总体结构以选煤厂的主要生产环节为基础,规定了各生产环节在安全生产上应遵循的规定。本标准的附录为资料性附录。

　　本标准对选煤厂安全生产问题作出了规定。

　　本标准由国家安全生产监督管理总局提出并归口。

　　本标准起草单位:中国煤炭工业协会选煤分会。

　　本标准主要起草人:单忠健、张殿增、岳胜云、蒋志伟。

　　本标准为首次制定。

引　言

　　选煤厂是煤炭行业对生产原煤进行筛分和洗选以提高煤炭产品质量的加工厂。选煤厂一系列加工生产环节中,大量机电设备的操作和管理都涉及人身安全,为保证选煤厂能实现安全生产,必须坚持"安全第一、预防为主"的方针,制定出适应选煤厂生产安全的客观规律,体现选煤行业科技进步、保护环境和现代化进程的标准。

　　目前,煤炭行业执行的《选煤厂安全规程》是1991年3月由中国统配煤矿总公司制定并颁发的。为适应10多年来选煤行业发生的巨大变化,本标准对原《选煤厂安全规程》进行了修订。

1　范围

　　本标准规定了选煤厂(包括筛选厂)在生产、操作和管理上涉及安全生产应遵守的各项规定。

　　本标准适用于各类筛选厂、选煤厂,也适用水煤浆厂。

2　规范性引用文件

　　下列文件中的条款通过本标准的引用而成为本标准的条款。凡是注明日期的引用文件,其随后所有的修改本(不包括勘误的内容)或修订版不适用于本标准。然而,鼓励根据本标准达成协议的各方研究是否可使用这些文件的最新版本。凡是不注明日期的引用文件,其最新版本适用于本标准。

　　中华人民共和国煤炭法

　　中华人民共和国安全生产法

　　中华人民共和国矿山安全法

　　中华人民共和国环境保护法

中华人民共和国大气污染防治法
煤矿安全规程

3 术语和定义

下列术语和定义也适用于本标准。

3.1
事故隐患　accident potential
可导致事故发生的物的危险状态、人的不安全行为及管理上的缺陷。

3.2
违章指挥　command against rules
强迫职工违反国家法律、法规、规章制度或操作规程进行作业的行为。

3.3
违章操作　operation against rules
职工不遵守规章制度,冒险进行操作的行为。

3.4
职业病　occupational diseases
职工因受职业性有害因素的影响而引起的,由国家以法规形式规定并经国家指定的医疗机构确诊的疾病。

3.5
防护措施　protection measures
为避免职工在作业时身体的某部位误入危险区域或接触有害物质而采取的隔离、屏蔽、安全距离、个人防护等措施或手段。

3.6
危害因素　hazard
可能造成人员伤害、职业病、财产损失、作业环境破坏的因素。

3.7
动筛跳汰机　ROMJIG
支撑被处理物料床层的跳汰筛板在水中可作上下运动的跳汰机。

3.8
数控风阀　numerical control air valve
又称电控气动风阀。用电子数控装置和电磁阀控制跳汰机进气和排气的风阀,其频率和特性曲线可以任意调整。

3.9
浮选柱　columned pneumatic flotation machine
无搅拌叶轮、空气由柱形机体底部经充气器进入与煤浆混合,形成矿化泡沫的浮选设备。

3.10
絮凝剂　flocculant
加入具有分散固体的液体中,使细颗粒聚集形成絮团的药剂。它适用于各种污水净化处理。

3.11

深锥浓缩机　deep cone thickener

机体高度大于直径,上部为圆筒,下部为锥角较小的倒圆锥形澄清、浓缩设备。

3.12

洗水闭路循环　closed water circuit

煤泥水经过充分浓缩、澄清后,煤泥在厂内回收,澄清水全部循环使用的煤泥水流程。

3.13

尾矿场　slurry pond

又称尾煤场。是处理尾煤水的构筑物。

3.14

加压过滤机　pressure filter

将过滤机装入特制的密闭压力容器内,充入压缩空气在过滤介质两侧产生压差而进行过滤的设备。

3.15

水煤浆　coal water mixture CWM

由一定粒度组成的煤、水、少量添加剂混合制备而成的一种流体燃料。一般加水30％～35％、添加剂1％左右。

3.16

捞坑　dredging sump

又称斗子捞坑。构成洗水循环系统之一的水池,沉淀在其中的煤泥或末煤用脱水斗式提升机连续地排出,水池的周边或旁侧有溢流堰,可流出澄清水。

3.17

覆土造田　land reclamation

在矸石层或塌陷区上覆盖土壤造田的过程。选煤厂排放的矸石充填塌陷坑或排到沟、洼处,再覆盖好土,达到种植的目的。

3.18

数控无线调车系统　numerical control system dispatching car

由机车司机、调车员和调度室调度员三者采用对讲机指挥调车作业。代替长期沿用的灯、旗信号调车作业。

3.19

警冲标　warning board

警惕移动车辆碰撞停放在站线上车辆的标志。

3.20

调车绞车　dispatching winch

选煤厂用于受煤坑和装车仓下调度车辆。

3.21

欠电压释放保护装置　low voltage protection

低电压保护装置,当供电电压低至规定的极限值时,能自动切断电源的继电保护装置。

3.22

粉尘 dust

粒度细到足以在空气中悬浮的固体物料颗粒。

4 总则

4.1 为规范选煤厂的安全生产,保障职工安全和健康,防止和减少事故,根据《煤炭法》《安全生产法》《矿山安全法》《环境保护法》,制定本规程。

4.2 从事选煤生产和选煤厂建设活动,必须遵守本规程。

4.3 选煤厂必须遵守国家有关安全生产的法律、法规、规章、规程,以及国家标准、行业标准和技术规范,具备法定的安全生产条件,实现安全生产。

4.4 选煤厂必须建立、健全各级领导安全生产责任制、职能机构安全生产责任制、岗位人员安全生产责任制,以及安全生产奖惩制度和安全生产办公会议制度等各项规章制度。

选煤厂厂长是本厂安全生产的第一责任者。总工程师(或技术负责人)对本厂安全工作负技术责任。各职能部门负责人对本职范围内的安全工作负责。车间主任、班组长对所管辖范围内的安全工作直接负责。

矿务局(集团公司)局长(经理)、矿长必须监督选煤厂安全生产工作,落实安全投入,并对选煤厂的安全生产承担相关责任。

4.5 选煤厂必须设置安全生产管理机构,配备适应工作需要的安全生产人员和装备。

4.6 选煤厂必须实行安全目标管理,层层分解指标。安全生产内容必须纳入经济承包责任中,并定期检查考核。

4.7 选煤厂必须经常组织安全检查,对于检查中发现的问题,应当立即处理;不能处理的,应当及时报告本单位有关负责人;有关负责人应当组织职能机构制定安全措施,限期整改。

4.8 选煤厂在编制生产建设长远发展规划和年度生产建设计划的同时,必须编制安全技术发展规划和安全技术措施计划。安全技术措施所需费用必须列入企业财务、供应计划,不得挪作他用。

4.9 新建、改建、扩建工程项目的设计必须符合本规程的规定。不符合安全生产和劳动保护要求的设计,不得批准;不符合设计要求的工程,不得验收投产。

4.10 选煤厂必须编制年度防洪、防火、防雷、防爆、防冻等灾害预防和处理计划,并组织实施。

4.11 工会依法组织职工参加本单位安全生产工作的民主管理和民主监督,维护职工在安全生产方面的合法权益。

4.12 选煤厂发生事故后,矿长(矿井型选煤厂)和选煤厂厂长必须立即采取措施组织抢救,并按有关规定及时、如实上报。

5 工业厂区和作业场所

5.1 工业厂区

5.1.1 厂区车行道、人行道和救护线路应当平坦畅通,夜间应当有足够的照明。在道路和轨道交叉处,必须有明显和统一的交通标志、信号装置或者落杆。

5.1.2 生产所需的坑、井、壕、池必须设置固定盖板或围栏。在危险处必须设警示牌。夜间必须设置警告红灯。

5.1.3 建筑物必须坚固安全。厂房结构应当无倾斜、裂纹、风化、下塌现象。

5.2 作业场所

5.2.1 升降口、大小孔洞、楼梯、平台、走桥必须加设栏杆(高度 105 cm)。进出口处，栏杆应当拆卸方便，使用后可以及时恢复。严禁从高处向下乱扔物品。

厂房内井、孔、沟的盖板必须与地面齐平。确因安装检修需要在楼板打孔时，必须经有关技术部门审查批准后方可施工。施工结束后，应当恢复原状。

5.2.2 电缆及管道不得设在经常有人通行的地板上。厂房内悬挂的溜槽、管道及电缆的高度不得低于 2 m。

5.2.3 厂房内的主要通道宽度不得小于 1.5 m，次要通道不得小于 0.7 m。凡跨越机器的部位，应当设置过桥或走台。行走路面应当防滑。

5.2.4 作业场所的光线应当充足，采光部位不得遮蔽。通道、走廊和作业场所的照明必须符合操作要求。

5.2.5 冰冻期间，室外管道应当包扎。自卸车应当添加防冻剂。冰冻作业场所应当铺垫防滑材料。高层建筑的冰溜应当清除或在人行过道处设置遮掩防护。

5.2.6 各种设备的传动部分必须安设可靠的防护装置。网状防护装置的网孔不得大于 50 mm×50 mm。各种传动输送带选型必须符合技术要求，安装松紧适度。

5.2.7 设备在运转中发生故障，必须停机处理。检修设备或进入机内清理杂物时，必须严格执行停电挂牌制度，并设专人监护。

5.2.8 清扫作业场所时，不得用水冲洗电气设备、电缆、照明、信号线路以及设备传动部件。不得用水淋浇轴瓦降温。

5.2.9 严禁任何人跨越运行的设备、输送带、钢丝绳和链条。行人横过铁路应当走安全道或安全桥。确因工作需要穿越铁路时，必须做到"一停、二看、三通过"。严禁爬车、钻车或从两车之间通过。

5.2.10 操作人员必须按规定穿戴劳动保护用品。长发应当盘入帽内。禁止穿裙子、穿短裤、戴围巾、穿高跟鞋、穿拖鞋和赤脚在现场作业。

在设备检修、吊装或进入设备底部和机内清理杂物以及在其他低矮狭窄工作场所作业时，必须戴安全帽。

5.3 防火、防水、防爆和防雷

5.3.1 厂区、生产厂房及仓库必须配备必要的消防器材和设施。干燥、浮选、干选、原煤准备车间及各类煤仓、油脂库、氧气库、汽车库、机车库、配电室、集控室等重点防火区，必须配备相应数量的消防栓、水龙带、灭火器、砂箱及其他消防器材、设备和设施。消防器材和设备必须有专人管理，并定期检查和更换。

各单位应当根据需要设立群众义务消防队或者义务消防员。

5.3.2 储存易燃、易爆物品的仓库，必须符合安全和防爆、防火要求。禁止在作业场所储存易燃、易爆物品。少量润滑油及日常用的油脂、油枪必须存放在专用的隔离房间。

5.3.3 重点防火区，禁止明火及吸烟。确因维修或其他工作需要进行电、气焊接时，必须经防火部门批准，并采取必要的防范措施后，方可施工。

5.3.4 煤仓和原煤准备、干选、干燥车间等煤尘比较集中的地点，必须遵守下列规定：

  a) 定期清理地面和设备,防止煤尘堆积。
  b) 电气设备必须防爆或采取防爆措施。
  c) 不得明火作业(特殊情况,必须办理有关手续)和吸烟。
  d) 空气中煤尘含量不得超过 10 mg/m³。

5.3.5 瓦斯量大的煤仓(原煤仓、精煤仓和缓冲仓)及与其相通的房间和走廊,必须遵守下列规定:
  a) 建立三班巡回检查制度,制定检查图表。
  b) 煤仓设置高出房顶的瓦斯排放口。
  c) 使用符合防爆要求的机电设备和照明。
  d) 煤仓内瓦斯浓度达到 1.5% 时,附近 20 m 范围内的电气设备立即停止运转。
  e) 房间和走廊内瓦斯浓度达到 0.5% 时,立即切断全部非本质安全型电源(含照明电源)。

5.3.6 严禁任何人将易燃、易爆物带入车间或混入煤料。一旦发现煤中混有雷管和炸药,必须立即谨慎取出,并送交有关部门处理。

5.3.7 地下泵房、地下走廊和地下建筑必须设置集水池,装设相应的排水泵。排水泵的排水能力必须超过雨季最大涌水量的 20%。

5.3.8 地下煤仓及其他建筑物周围应当开挖排水沟渠,并保持通畅。

5.3.9 选煤厂的高层建筑及其他需要防止雷击的建筑和设施,必须安设避雷装置。避雷装置必须定期检查和测定。

5.3.10 浮选药剂库的罐体、闸阀、地下管路,应当经常检查。

6 卸煤和贮煤

6.1 卸煤

6.1.1 受煤坑上必须盖有坚固的箅子,其眼孔不得大于 300 mm×300 mm。卸煤时,箅子不准拿掉。在受煤坑的工作地点,必须设置声、光信号。

6.1.2 煤车卸煤时,不准由不熟悉操作方法的人开闭车门;开闭车门前,必须通知煤车上及煤车下的有关人员。

6.1.3 卸煤工下煤车必须从车厢的脚蹬上下车,不准从车上跳下。禁止卸煤人员和卸煤机在同一车内同时作业。

6.1.4 发现车内有大块矸石、铁器、坑木时,卸煤工应当配合卸煤司机共同处理,不准将其卸入仓内。在处理大块矸石等物件以及把工具抛向轨道两旁时,作业前必须向车下人员发出警告,待车下无人后方可作业。

6.1.5 卸煤机工作时,人不准站在受煤坑上。卸煤机司机作业时,不得将头或身体探出操纵室外。操纵室门必须安装闭锁保护装置。

6.1.6 卸煤机绞龙检修时,必须将其绑牢或放倒在地。需要放下绞龙时,必须预先与站调度室联系,经同意后方可操作。

6.1.7 使用翻车机卸煤时,应当遵守下列规定:
  a) 煤车车型符合翻车机的要求。
  b) 翻车机在运行中,不准无关人员靠近作业区;放空车时,给绞车司机发出信号。

  c) 清扫车底时,先切断电源,并采取可靠的安全措施。
  d) 不准调车人员乘车辆进入翻车机房。
6.1.8 使用绞车牵引卸煤时,应当遵守下列规定:
  a) 绞车牵引煤车启动时,首先拉风,并按规定车数牵引。
  b) 卸煤机运转时,卸车工及其他人员离开危险区。
  c) 卸完车后,及时清道。

6.2 贮煤

6.2.1 煤仓的检查孔必须加盖板,入料口必须设置坚固的箅格防护,箅格网眼不应大于 200 mm×200 mm。非特殊情况,不准拿掉箅格防护。

6.2.2 原煤粒度细、易起拱的煤仓,应当配备风力或机械破拱和清仓设施。

6.2.3 人工清仓时,必须遵守下列规定:
  a) 制定可靠的安全措施并经安全部门批准,组织清仓人员学习并经本人签字。
  b) 煤仓内瓦斯浓度不得超过1.5%。
  c) 进仓清理人员身体状况良好。患有高血压、聋哑病、心脏病、癫痫病、深度近视等疾病和其他不适宜清仓的人员,不得进仓清理或从事仓上监护工作。
  d) 进仓清理人员穿戴安全鞋帽,使用安全带。安全带的绳子固定在仓外可靠的固定物上,并由监护人员拿住安全带的绳子。
  e) 进仓清理设专人监护,监护人一般不得少于2人;仓内有良好的照明和可靠的安全措施。
  f) 监护人员站立的位置能看见工作人员的动作,听清仓内人员的喊话。每 30 min 进仓清理人员与仓外监护人员通讯联系一次。
  g) 如仓壁有 60°~70°的陡坡积煤,进仓前先将陡坡积煤清除。
  h) 清理煤仓时,仓上输送机及仓下给煤机停止作业并断电。清仓过程中需要卸煤时,仓内清仓人员撤离作业地点或站在安全地点,待仓内散煤卸净、仓下给煤机停止作业后,方可继续清仓。禁止爆破清仓或破拱。
  i) 清仓人员轮流分班工作;清仓完毕,清仓负责人清点人员和工具,一切无误后,关闭仓口。

6.2.4 落煤应当遵守下列规定:
  a) 落煤前,仔细观察落煤点是否有人员或车辆,确认无人及车辆后方可落煤。
  b) 落煤时,禁止人员或车辆在落煤点附近逗留和行走。
  c) 不落煤时,关闭落煤点的仓口或溜槽口。

6.2.5 在贮煤场进行贮煤、推运时,不得形成高差较大的煤壁。落煤时,不得在落煤点推运。确因工作需要在落煤点推运时,应当停止落煤或将落煤点改在其他地点。

6.2.6 贮煤场的贮煤量较多时,煤堆上必须有一条推土机能进出煤场的安全通道,路面坡度低于 25°,宽度在 5 m 以上。

6.3 给煤

6.3.1 煤仓堵塞时,工作人员应当使用专用的工具捅煤。捅煤时,应当站在平台上进行;不准站在栏杆、电机或设备上操作。不准在仓口捅煤。不准用身体顶着工具或放在胸前用手推着工具。

6.3.2 给煤机在运行中被物料卡住堵塞时,不得用手直接清除。

6.3.3 给煤机各转动部位的销子、螺钉必须牢固。使用叶轮给煤机时,发现钢丝绳缠绕在主轴上或大块矸石、铁器、木材卡住轮子,必须紧急停车处理。

7 筛分、破碎和磨碎

7.1 筛分

7.1.1 筛分机(包括脱水筛)应当空载启动。不准筛分机超负荷运行。筛分机的传动装置必须安装防护罩。

7.1.2 筛分机运行中,工作人员不得跳到筛板上打楔子、紧筛板螺钉和擦激振器。清理筛孔及处理事故,必须停车。

7.2 破碎

7.2.1 破碎机必须在密闭状态下工作。破碎机的旋转部件必须设防护罩。不准运转中打开破碎机箱盖。不准操作人员站在破碎机上。

7.2.2 破碎机保险销不得用其他金属销代替。液联易熔塞,不得随意更换或不用。

7.2.3 大块煤破碎前,必须使用除铁器和进行手选,严防金属和木材等不能破碎的物件进入破碎机内。

7.2.4 清理破碎机中的杂物或者进行检修,必须停电并至少有2人在场,1人清理、1人监护。

7.3 磨碎

7.3.1 磨碎机的滚筒两侧必须设置安全防护栏。磨碎机运转时,操作人员不得在传动装置和滚筒下面进行作业,不得从入料端向机体内加钢球。

7.3.2 球磨机入料必须除杂。

7.3.3 清理磨碎机时,必须严格执行停电挂牌制度,并设专人监护。

8 煤炭分选

8.1 手选

8.1.1 手选输送带的两侧必须加设防护板。手选作业点应当至少有2人工作,互相监护。手选工不得蹲在或者坐在带式输送机两侧的护板上作业。

8.1.2 带式输送机的带速不得超过 0.3 m/s,倾角不得大于 12°。输送带宽度超过 0.8 m 时,应当在两侧分别设手选台。

带式输送机必须安装紧急停车按钮。

8.1.3 严禁在手选输送带上行走、跨越或坐卧。操作人员不得在原煤分级筛筛口下 1.2 m 范围内和下料溜槽口处站立或工作。

8.1.4 下矸石仓作业,必须制订安全措施并经批准后,方可进行。

8.1.5 工作人员发现雷管、炸药、金属、木料、特大块矸石等物品,应当及时谨慎选出,必要时可以停机处理。选出的雷管、炸药,不得私自保管、转移或销毁。

8.2 跳汰选煤

8.2.1 在跳汰机运转中,工作人员不得用手在风阀排气口试探风量或者直接用手润滑滑体。

8.2.2 采用气动风阀的跳汰机,其高压风压不得高于0.6 MPa,风阀系统不得在油雾器缺油情况下运行。

8.2.3 检修风箱内部需要使用电焊时,必须将其内部油污清理干净并保持通风良好。

8.2.4 检修和处理跳汰机机体下部梯形溜槽和法兰处漏水时,必须搭设脚手架。操作人员必须系好安全带。

8.2.5 风动排料系统的风压超过1.5 MPa时,安全阀应当能自动放风。

8.2.6 清理跳汰机体时,必须先将床层筛板清理干净。进入机体清理人员必须系好安全带,并设专人监护。

8.2.7 隔膜跳汰机在运转中,不得任意调整冲程。调整冲程时,应当在设备启动按钮上挂停电牌,并至少有2人在场、1人监护、1人调整冲程。操作人员不得用手拉传动三角胶带。

8.2.8 进入动筛跳汰机作业,必须执行停电挂牌制度。

8.3 重介选煤

8.3.1 重介质分选机与给料、产品脱介、介质系统必须实行闭锁运行。

8.3.2 禁止超过规定的铁器或大块矸石进入斜轮分选机。禁止用木棒压着排矸轮传动带强制运行。

8.3.3 使用旋流器分选,应当严格控制入料粒度。禁止金属物件和杂物进入旋流器。

8.3.4 检查、清理磁选机、分选槽或提升轮时,必须执行停电挂牌制度,设专人监护,并制定有效的安全措施。

8.3.5 严禁磁粉进入电机内部。磁介质粉堆放地点与电动机之间应当保持一定距离;若距离难以保证,应当选用防护等级为IP44以上的电机。

8.3.6 介质桶上面必须设置箅子,箅子的孔径不得大于10 mm。操作人员清理箅子上的杂物时,必须系好安全带。

8.4 浮游选煤

8.4.1 清理浮选机、浮选柱、搅拌桶及矿浆准备器时,应当将煤泥放空,并在操作柜上挂停电牌。操作人员进入机内工作,必须系安全带,并设专人监护。

8.4.2 浮选机的加药点必须布置在安全位置,并采取防滑、防火措施。不得使用有害工人健康的浮选药剂。

8.4.3 启动浮选机、浮选柱、搅拌桶前,工作人员必须逐台巡视,查看机体内是否有其他检修人员,转动部位是否有障碍物,待确认无误后方可启动。

8.5 干法选煤

8.5.1 干选设备必须在密闭状态下进行作业。分选过程中,禁止打开箱盖。扬尘点必须密闭并配有除尘设施。作业场所粉尘浓度应当符合规定要求。

8.5.2 清理干选机床面(筛孔堵塞)、旋风集尘器和通风管路时,必须执行停电挂牌制度。清理人员必须戴安全帽。

8.5.3 严禁工作人员携带各种火种进厂和在厂内吸烟。在厂内进行电焊作业,必须停止生产。

8.6 摇床选煤

8.6.1 激振箱上电动机电源线应当配有耐磨、安全可靠的绝缘套管。

8.6.2 设备发生故障,应当立即停车处理。禁止操作人员站在床面或激振箱上处理故障。

9 脱水与干燥

9.1 离心脱水机

9.1.1 离心脱水机不得超负荷运行。入料中不得混有软、硬杂物及大颗粒物料。

9.1.2 离心脱水机的油泵电机、振动电机和回转电机之间必须实现闭锁。

9.1.3 设备运行中,工作人员不得爬到离心机上作业。

9.1.4 沉降式离心机的固定螺栓必须紧固,严防隔振弹簧断裂变形。

9.1.5 沉降式离心机必须装设安全保护装置及传感器。

9.1.6 沉降式离心机的主断阀、入料阀、冲洗阀的开度指标应当准确。

9.2 过滤机

9.2.1 过滤机及缓冲漏斗的操作和巡视平台周围必须设置保护栏杆。缝补或更换滤布时,必须搭设安全架。

9.2.2 在加压过滤机的压力容器壁上,禁止撞击、焊接和开孔。

9.2.3 加压过滤机加压仓和反吹风包,必须根据有关压力容器的规定制定年度检验计划,并报当地安全监察机构及检验单位,经检验单位检验合格并取得使用许可证后,方可使用。

9.2.4 加压过滤机加压仓和反吹风包入口门,必须设置机械、电气闭锁装置。需停机进入加压过滤机加压仓和反吹风包内检修,必须保证其内外空气压力相等。

9.3 压滤机

9.3.1 箱式压滤机(简称压滤机)正常工作时,操作人员不得将脚、手、头伸入压滤机滤板间或从拉开的滤板缝间观察下面的带式输送机或中部槽。禁止将工具放在拉钩架上及滤板的把手上。清除滤饼时,操作人员不得用手扒滤布与煤泥。

9.3.2 禁止操作人员戴手套操纵压滤机开关。机架、机顶、大梁上有人时,不准按动开关。更换滤布、清理滤板中心入料孔中煤泥,必须将传动拉钩拉平。

9.3.3 压滤机液压部分必须安装电接点压力表。

9.3.4 禁止杂物进入带式压滤机,一旦发现,必须立即停机处理。严禁操作人员在带式压滤机网带上行走。

9.3.5 与带式压滤机配套的絮凝剂添加系统应当采取防滑措施。入料停止时,应当将网带及设备周围冲洗干净。

9.4 火力干燥

9.4.1 干燥车间启动前,必须进行全面系统的试验检查。干燥机停止运转前,必须将滚筒中存煤全部排出。

9.4.2 操作人员应当经常检查干燥机给料箱内的返煤情况。排灰时,室内必须有良好的通风,排灰室和除尘器中的一氧化碳含量不得超过 $0.000\ 15\ g/m^3$。清炉排灰时,应当先将炉灰用水熄灭后再排出,禁止带火运出。当多管集尘器中煤粉燃烧时,必须立即停止引风机,打开检查孔将火熄灭。防爆阀每班要检查一次,发现失灵立即更换。

9.4.3 干燥机各点的温度、压力不准超过表1的规定。

9.4.4 干燥机的控制系统必须配备同时能发出声光信号的警报仪表。各种仪表应当定期校验,保证完好。

9.4.5 干燥车间必须设置有效的除尘系统。产生煤尘的设备和转载点必须密闭。设备运行时,车间内粉尘浓度不得超过 10 mg/m³。

表 1 火力干燥机各点温度与压力的最大允许值

干燥机型号 \ 项目	炉膛 温度/℃	炉膛 压力/mmH$_2$O	干燥机入口 温度/℃	干燥机入口 压力/mmH$_2$O	干燥机出口 温度/℃	干燥机出口 压力/mmH$_2$O	引风机 温度/℃	引风机 压力/mmH$_2$O
管式	850	−5	800	−100	150	−190	120	−300
液筒式	1 200	−2	800	−15	200	−50	120	−150
洒落式	800	−5	500	−15	150	−100	120	−200
沸腾式	1 200	385～450	495	−25～25	73	−255～−150	73	130～170

注：1 mmH$_2$O=9.806 65 Pa。

9.4.6 与干燥机直接连接的除尘器或排料除尘器,必须采用耐火材料结构。

9.4.7 干式除尘器必须设置爆炸泄压孔。多管除尘器防爆泄压孔覆盖的镀锌板厚度不得超过 0.5 mm。

9.4.8 干燥车间的建筑必须设有直接通到室外的爆炸泄压孔。泄压孔应当能够迅速展开、击穿或破碎。

9.4.9 干燥机正常运转后方可供热炉风进行作业。

9.4.10 干燥车间需使用电、气焊时,必须制定可靠的安全措施,经车间主任、主管厂长批准后,并在安监人员现场监督下方可进行。

9.4.11 干燥机司炉工进行操作时,必须戴防护眼镜,并配备其他耐高温防护用品。禁止司炉工穿戴化纤类服装进行作业。

9.4.12 需进入干燥机内从事检查或检修,必须先停炉降温,并将机内存煤排净和除尘通风后,方可进行。

10 澄清、浓缩和水煤浆

10.1 分级设施

10.1.1 选煤厂水池、角锥池、捞坑的检查孔,应当安装脚蹬或固定铁梯。

10.1.2 工作人员进入池内检查、清理,必须遵守下列规定：
   a) 配备低压行灯照明,检查脚蹬或铁梯是否牢固。
   b) 工作人员不得少于 2 人,1 人里面检查、1 人外面监护。监护人员站在能看到或听到检查人员工作的地方,并由专职人员担任。
   c) 工作人员必须使用安全带站在梯子上工作。安全带的一端固定在外面牢固的地方。
   d) 工作完毕,工作地点负责人清点人员和工具,待确认无误后,方可盖盖板灌水。

10.1.3 水池、角锥池和捞坑应当根据不同的需要设置盖板、栏杆和走桥。走桥上的花格板必须牢固。禁止工作人员站在无栏杆的池边缘从事清理泡沫、杂物等工作。

10.2 浓缩设施

10.2.1 浓缩设施(浓缩机、深锥、沉淀塔)的走道必须安装栏杆。地板应当采用花纹钢板或花格板,并安装牢固。

10.2.2 禁止在浓缩设施走桥上存放工具等杂物。

10.2.3 使用周边传动的浓缩机,其周边轨道必须保持平整、光滑、无障碍物。禁止任何人在轨道上坐立或进行作业。

10.2.4 浓缩机、深锥、沉淀塔等主体设施,必须建设牢固。深锥阀门处的操作平台及栏杆应当牢固并防滑。

10.2.5 浓缩设施的絮凝剂添加处及其周围必须设有护栏。地面要铺设防滑材料。

10.2.6 工作人员应当严格监控浓缩机底部沉淀物的厚度。

10.3 室外沉淀池和尾矿场

10.3.1 室外沉淀池的周边必须建筑堤坝或配置栏杆,并设有明显的警示牌。禁止非工作人员入内。

10.3.2 沉淀池滑线沟盖板应当采用花纹钢板。

10.3.3 池内管道堵塞清理时,工作人员必须携带安全带、梯子等工具;同时,上面应当有专人监护。

10.3.4 禁止任何人在尾矿场内游泳。

10.4 水煤浆

10.4.1 严禁选煤厂使用有害人体健康的水煤浆添加药剂。

10.4.2 水煤浆搅拌机上应当设置箅格,箅格符合有关要求。清理搅拌机时,必须将水煤浆放空,并至少要有2人工作,1人监护、1人清理。

10.4.3 水煤浆在室外温度0 ℃以下运输时,必须采取防冻措施。

11 厂内外运输

11.1 胶带输送机

11.1.1 带式输送机的机头、机尾必须设置安全防护罩或栏杆。在机下过人的地方,必须设置安全保护板。如果输送机长度超过30 m,必须设置人行过桥。

11.1.2 带式输送机长度超过50 m时,各重要工作地点,必须设置中间"紧急停机"按钮或拉线开关。

"紧急停机"按钮或拉线开关的设置位置,一般应在走廊人行道一侧。3条带式输送机共有的输送带走廊,中间的带式输送机在走廊两侧均应设置"紧急停机"按钮或拉线开关。

11.1.3 倾斜带式输送机必须设置防偏、止逆和过载、防滑停机保护装置。

11.1.4 带式输送机必须设置清扫器。输送机运转过程中,禁止清理或更换托辊,禁止清理机架和滚筒上的存煤,禁止站在机架上铲煤、扫水、触摸输送带。机架较高的带式输送机,必须设置防护遮板。清理托辊、机头、机尾滚筒时,必须执行停电挂牌制度。

11.1.5 禁止任何人在带式输送机输送带上站、行、坐、卧、横跨。禁止使用带式输送机搬运工具或其他物件。

11.1.6 禁止向滚筒撒煤、砂子、垫草袋等杂物。禁止带式输送机超负荷强行启动。禁止在运行中使用刮滚筒积煤的方法进行调偏。

11.1.7 移动式带式输送机走轮应当安装保护罩。禁止操作人员站在移动式带式输送机前进方向的轨道上进行操作。

11.1.8　使用电热胶接输送带时,必须配备必要的消防器材。

11.1.9　大倾角带式输送机运转时,禁止正面站人。温度低于零下19℃时,禁止大倾角带式输送机运行。

11.2　刮板输送机

11.2.1　刮板输送机应当根据工作需要设置人行过桥。刮板输送机的机头、机尾必须设置防护罩或栏杆。严禁任何人横跨未加盖板的刮板输送机。

11.2.2　刮板输送机运行中,发现链条拉斜、跳链或槽箱内卡有杂物,必须停机处理,并由司机在按钮上挂"停车牌"。禁止在运行中清扫刮板输送机。

11.2.3　刮板输送机必须配备过载保护装置。禁止刮板输送机超负荷启动。

11.3　斗式提升机

11.3.1　斗式提升机穿越楼板的孔洞,必须加设防护栏杆或盖板。当检查勺斗物料及斗子运转情况时,操作人员应当站在斗箱侧面。

11.3.2　斗子压住或卡住时,必须立即停车处理。处理时,斗子正面不得站人。

11.3.3　当斗子压住需放水处理时,应当使用事故放水门放水。禁止操作人员打开机尾大盖。

11.3.4　在斗式提升机运转中,禁止操作人员进行检查、维修和清扫。

11.3.5　斗式提升机检修,必须切断电源。进入机壳作业,上下之间必须有完善的信号联系,并设专人负责安全监督工作。检修完毕,检修工作负责人必须清点工作人员及工具,待确实证明内部无人及工具时,才可试车或灌水。

11.3.6　斗式提升机的逆止装置必须安全可靠。

11.4　架空索道

11.4.1　架空索道的牵引速度必须符合表2的规定。

表 2　架空索道最大允许速度

导线滑轮直径/m	最大允许速度/(m·s^{-1})	水平转向轮组曲率半径 R/m	最大允许速度/(m·s^{-1})
5	1.6	20	1.6
		30	1.8
		40	2.0
6	1.8	>40	2.5

11.4.2　承载索进站角度要以5‰～15‰的坡度自上方进站;仰角出站角度,单线索道不得大于15°,双线索道不得大于18°;俯角出站角度,单线索道不得大于25°,双线索道不得大于15°。

11.4.3　承载索必须使用密封式钢丝绳。

11.4.4　站内货车的界限尺寸,应当符合下列规定:

  a)　距卸载仓篦格筛的高度应大于输送物料的最大粒度。篦格筛的边,不小于0.08 m。

  b)　人行道,不小于0.6 m。

c) 距柱子的突出部分,不小于0.2 m。

11.5 机动车运输

11.5.1 机动车的照明灯、倒车灯、刹车灯和转向灯必须齐全、完好。严禁无照和酒后开车。

11.5.2 机动车辆在厂区内正常行驶时,速度不得超过15 km/h;在结冰、积雪、积水情况和能见度在30 m以内恶劣天气时,不得超过10 km/h;进出厂房、仓库大门,上下地中衡,危险地段、生产现场和倒车时,不得超过5 km/h。

11.5.3 机动车辆通过道口,应当遵守下列规定:
    a) 一停、二看、三通过。
    b) 确需在道口停车作业时,作业负责人事前向运输部门提出申请,待办好所有手续后才能进行。
    c) 当机车、车辆占用一部分无人看守道口时,机动车不得通过。

11.5.4 机动车辆运送手选矸石,应当先将车箱对正矸石仓溜槽,再启动溜槽升降绞车,将矸石放入车箱内。工作人员不得站在汽车上由溜槽口捅矸石。

11.5.5 吊装孔装卸货物时,机动车车斗应当对正吊装孔。装货物时,驾驶员应当离开驾驶室,站在安全地带。不准操作人员从高处向车内抛掷货物。

11.5.6 机动车装运原煤和各种产品,必须遵守下列规定:
    a) 多辆汽车同时装卸,沿纵向前后车辆的间距不得小于2 m,沿横向两车辆栏板的间距不小于1.5 m。
    b) 车身后栏板与建筑物的间距不小于0.5 m。
    c) 靠近火车直接倒装时,汽车与铁路车辆的间距不小于0.5 m。

11.5.7 机动车装载大型、超长、超高、超宽、超重设备时,必须遵守下列规定:
    a) 装载的重量不得超过行车执照上核定的限度。如果确须超过时,需经有关部门批准。
    b) 装载货物由有经验的起重工指挥,并捆扎牢固。
    c) 指派专人押车,有专人指挥,并慢速行驶。
    d) 卸车时驾驶员不得离开现场。

11.5.8 汽车卸货,应当选择平坦填实场地。向坑内卸货时,应当与坑边缘保持安全距离。在危险地段卸车时,应当有专人指挥。

11.5.9 使用吊车装卸货物时,应当先检查箱体的底脚是否牢固完好,经试吊确认稳妥后方能起吊。

11.5.10 严禁机动车辆客货混装。机动车辆行驶中,禁止任何人站在车脚踏板或车帮上。禁止机动车辆停放在坡度较大的地段。

11.5.11 检修机动车辆底部,除使用千斤顶支撑外,还必须使用木桩垫实。

11.5.12 严禁烟火接近机动车辆。机动车辆加油时,必须停止发动机。
机动车上必须配备有灭火装置。禁止使用明火取暖、照明和烤烘油水分离器、贮气罐和集流器放油塞等油水冻结部位(应用热水进行熔化)。严禁排气管及电机附近堆放易燃物品。

11.5.13 装载机(铲车)作业时,应当遵守下列规定:
    a) 尽量避免装载货物爬坡。如特殊情况需爬坡时,载重量不可超过额定量的70%。

b) 不得在倾角超过 10°的路面上行驶。
c) 不得作为远距离运载工具。不得在厂外公路上运输物件。
d) 上下坡时,不得换挡变速行驶。下坡时,柴油发动机不得熄火挂空挡行驶。
e) 行驶时,除驾驶室外,其他任何地方不得载人。
f) 任何人员不得进入装载机作业范围。配合机械作业的人员,在铲斗停止作业落地后,方可进入作业地点。

11.5.14 推土机作业,应当遵守下列规定:
a) 雨季施工,作业完毕,停放在较高的坚实平坦地面上,并使推刀着地。
b) 夜间作业,机上及工作地点的照明充足。
c) 行驶中,驾驶员不得与地面人员传递物件。
d) 在陡坡上不得横向行驶,纵向行驶不得拐死弯。
e) 悬崖边缘推土时,推刀不准推到边缘。

11.5.15 叉车作业,应当遵守下列规定:
a) 搬运物货,负荷不得超过规定值,不得使用单个叉尖挑物。
b) 在大于 1/10 的坡道上,上坡向前行驶,下坡倒退行驶。
c) 不得从事装卸作业。上下坡,不得转向。
d) 车上不得载人。操作人员不得站在货叉上或者货叉下或者叉下行走。
e) 操作人员不得在司机座位以外的位置上操纵车辆。
f) 叉车起升高度大于 3 m 时,注意上方货物是否掉下,并采取防护措施。

11.6 铁路运输

11.6.1 选煤厂铁路运输,必须按照铁道部制定的《铁路技术管理规程》的有关要求,结合本厂具体情况,制定站场的安全管理细则和各工种的安全管理制度。

11.6.2 厂内的建筑物、设备和绿化不得妨碍行车视线,不得侵入铁路线路安全限界;已经侵入安全限界的,必须拆除。对于拆除确有困难的永久性建筑物,在未解决前应当制定有效的安全措施,并在侵限处设置侵限昼夜警示标志。

11.6.3 当检修跨越铁路、路基和桥梁敷设的电线、管道,或在厂房内铁路线上进行有碍行车安全的设备时,检修施工单位的负责人,事前必须向运输部门值班调度员提出书面申请,经运输值班调度签字同意后方可施工。在施工线路两端各 50 m 处,应当设立防护信号,并设专人监护。器具、材料的堆放应当在轨道外侧,距枕木头 1.5 m 以外。施工检修完毕后,施工单位负责人应当书面通知值班调度员,并拆除防护信号。

当检修、施工有碍行车安全时,运输值班调度员应当到现场进行检查,并立即对该线路采取封锁措施。确认开通前,值班调度员应当取得检修施工负责人书面通知单后,到现场再次进行检查,确认安全后。方可开通线路恢复使用。

11.6.4 铁路机车车辆进入厂区,厂内机车车辆出入铁路专用线作业,必须执行闭塞制度。

11.6.5 道口值班人员应当坚守岗位,加强瞭望,及时起落栏杆。禁止闲人在道口房逗留闲谈。

11.6.6 扳道员应当遵守"一看、二扳、三确认、四显示"四程序制度,做好人工联锁。

11.6.7 机车运行中乘务人员必须遵守下列规定:

a) 按规定速度行驶。
b) 执行"彻底瞭望,确认信号,高声呼唤,手比眼看"16字呼唤应答制度,按规定鸣笛。严禁臆断行车。
c) 当遇有信号中断、显示不明或危及行车人身安全时,立即停车。
d) 当蒸汽机车在指定地点清炉和开放汽缸排水阀、放水阀时,注意瞭望,防止烫人和冲击建筑物等。禁止机车通过桥梁、山洞、道口和道岔时向外抛掷炉碴、煤炭等物。
e) 内燃机车在进入电力牵引区段以前,司机还须检查机车,确保机车任何部分不得超过机车车辆限界。
f) 机车运行中非工作人员不得蹬乘。
g) 机车停留,设有防溜措施,并有专人看护。

11.6.8 调车人员上下车,必须遵守下列规定:
a) 遇地面不平、照明不好或有积水、结冰障碍物时,不准上下车。
b) 遇脚蹬不在内侧或脚蹬不良和无手把的车辆时,不准上下车。
c) 不得迎面上车和反面下车。
d) 上车时速不得超过 5 km,下车时速不得超过 10 km。

11.6.9 大风、扬沙和沙尘暴天气,司机必须减速慢行,不得进行调车作业。

11.6.10 调车人员移动车辆时,不得从事下列活动:
a) 摘、接风管和提钩(溜放摘钩除外)。
b) 在平车、低边车辆两端、棚车顶上站立行走。
c) 调整钩位,或使用脚蹬钩。
d) 两人同攀一个梯子或机车前进方向的脚踏板上站 3 人。
e) 在连接器上、端板支架上站、蹲、坐。
f) 手扒篷布、绳索、车门、链条和脚蹬在侧架上。

11.6.11 调车人员作业时,必须遵守下列规定:
a) 使用手制动时,戴好安全带。
b) 不准走道心、枕木。不准坐在车底下乘凉避雨。不准在钢轨上或枕木上坐卧。
c) 推进车辆运行时,负责前方进路的确认,不得途中下车。没有显示开车信号,不准挂车。没有司机回示,应立即显示停车信号。
d) 同一条线路两端不得同时作业。两台机车不得同时接近一个进路道岔。
e) 按调车作业计划工作。计划不清时,不准进行调车作业;变更计划时,及时向各有关人员传达清楚,并要求复诵核对。
f) 执行"要道还道"制度,确保进路正确。
g) 不得站在道心或妨碍邻线机车行走的地方显示信号和联系工作。
h) 在平车、煤车上瞭望或引导时,站立位置距车边缘距离不得少于 1 m;在车辆两端站立时,距车端距离不少于 3 m;线路上方有电力机车高压电源时,不得站在煤车上。
i) 值乘小运转或推送车辆时,动车前先试拉手动闸,在前面的车辆上指派连接员确认进路或值乘。

11.6.12 机车取送车辆或对货位,在进入装知地点前必须停车,由连接员通知装卸人员停止作业。然后,由检查人员对装卸地点进行检查。经检查,确认已清好道,关好车门,车辆装载符合要求,装卸机械停止作业,装卸人员、取样人员离开不安全地点后,调车人员方可进行调车作业。

11.6.13 使用无线调车系统进行调车作业,司乘及调车人员必须执行有关规定。严禁无关人员使用无线调车设备或带出作业现场。

11.6.14 装载易燃、易爆物品的车辆,必须停放在固定使用的线路上,并采取相应的安全措施。机车调运易燃、易爆车辆时,禁止易燃、易爆车辆与机车直接接触。严禁机车进入易燃、易爆物品仓库内。

11.6.15 在电力机车动力线下面的车皮上进行采样或从事其他作业,操作人员必须戴安全帽。严禁任何人攀越电力机车或用长的导电物体接触机车。

11.7 装车

11.7.1 装车前,工作人员应当检查车门和拉风,并清扫车底。

11.7.2 装车时,绞车钩头挂好后,禁止工作人员站在绳鼻子上和绞车机尾。严禁工作人员在大绳内侧行走或站立。绞车应当按规定车数牵引,不准超挂。

11.7.3 使用调度绞车或无极绳挂钩(俗称铁牛)牵引、推进重车时,不得使用快速挡。

11.7.4 运转中,发现影响人员及设备安全等异常情况,必须按紧急停车按钮。

11.7.5 机车挂重车时,调度绞车或无极绳挂钩(俗称铁牛)应当与车辆脱离。

11.7.6 无极绳挂钩(俗称铁牛)运行中,不得进行清扫和维护。严禁工作人员在铁牛前进方向的轨道上站立或行走。

11.7.7 调车绞车、重锤和导向轮的四周必须加设围栏。

11.7.8 人工捅煤时,操作人员不得将头伸进溜槽内。风力清仓时,操作人员不得站在给煤机下面。检修设备或工作需要时,风力清仓应当停止。

11.7.9 平车人员站立的位置距车边缘的距离不得少于 1 m。禁止工作人员在车帮上行走。禁止在平车时拉车。装车时,平车人员不得站在轨道衡上或在轨道下进行检修。

11.7.10 禁止机车在轨道衡上启动、停留、紧急制动。机车通过轨道衡时,应当限速行驶。

12 矸石处理

12.1 选煤厂矸石的堆存必须符合国家环境保护法的有关规定。采用矸石充填采空区进行覆土造田,应当将矸石推平、压实,不得形成空洞。覆土层厚度应当大于 500 mm。

12.2 排矸系统的轨道、钢丝绳、绞车、驱动装置、矿车、连接装置、保险装置和其他装置,必须有专人检查维修,并详细记录。

12.3 矸石山排矸系统的轨道应当符合下列要求:
 a) 轨道接头的间隙不得大于 5 mm,高低和左右错位不得大于 2 mm。
 b) 两条轨道顶面高低差不得大于 5 mm(曲线段外轨的加高,不在此限,其加高按曲率半径要求确定)。
 c) 轨道偏差:直线段或曲线段加宽后,最宽不得超过 5 mm,最窄不得超过 2 mm。

d) 轨枕应用道碴填实,道中应经常清理,保持无杂物、无浮矸。

12.4 保险绳、保险挡、阻车器等安全设施必须班班检查。

12.5 矸石山轨道行车时,严禁蹬钩、行人。开车前,挂钩工必须检查牵引车数和各车连接情况。发现牵引车数超过规定或者连接不良时,不得发出开车信号。

12.6 上下矸石山应当使用音响信号联系开停车。禁止使用手势、喊话方式联系工作。

12.7 人力推车时,必须目注前方。同方向推车时,两车的距离不得小于 10 m。严禁放飞车。

12.8 道岔、弯道和坡度较大的地方,必须有警示牌。在能自动滑动的坡度上停放车辆时,必须使用可靠的制动器或木楔刹住。矸石山向下卸车时,一定要观看山下面是否有人。

12.9 矸石山的轨道必须安装牢固;发现有裂纹,立即处理。

12.10 高硫的矸石山必须采取降温灭火措施(例如注石灰浆或水等)。矸石山自燃区域必须设置醒目的警戒线和警示牌。

12.11 矸石山的防洪沟和排水沟必须畅通。严禁在矸石山防洪沟上跨沟建筑。

12.12 矸石山位于河流附近,必须构建堤坝。

13 辅助设备

13.1 溜槽和管道

13.1.1 溜槽必须焊接在刚性支架或吊架上。溜槽的所有连接螺栓必须牢固、齐全。

13.1.2 溜槽必须针对不同物料,采取防尘、防噪音、防漏水、防止物料跳出等措施。输煤溜槽应当留有捅煤孔。捅煤时,操作人员应当站在平台上操作。

13.1.3 管道连接应当遵守下列规定:

a) 管径 80 mm 以下,壁厚 3.5 mm 以下,介质压力在 10 MPa 以下,采用螺纹连接或气焊。

b) 管径大于 80 mm,壁厚大于 3.5 mm,介质压力大于 10 MPa,采用电焊或法兰盘连接。

c) 管径小于 200 mm,使用法兰盘连接的最大间距为 8 m;管径大于 200 mm,使用法兰盘连接的最大间距为 9~12 m。

13.1.4 管道安装应当遵守下列规定:

a) 一般安装在钢筋混凝土柱预埋钢板或支架上。

b) 沿墙安装的支架支梁,埋入墙的深度不得小于 240 mm;在砌体未达到实际强度时,不得安装管件。

c) 大直径的横管不得采用钩钉支架。

d) 立管穿过楼板,每层设置管座。

13.1.5 管道不得穿过变电所、配电室和集中控制室。与电缆交错时,管道应当敷设在电缆的下方。

13.1.6 搬运较长的管子时,应当采取防止伤人、毁物或触及带电部分的安全措施。存放管子应当平放。

13.1.7 检修地下管道,事前必须对输送易燃的介质、检查井内的气体进行分析。发现气体浓度超过允许值(内部可燃物含量必须小于 0.5%,含氧量不低于 19%),要立即停止工作,采取排风措施,经重新检查合格后,方可操作。

13.2 泵类

13.2.1 水泵运行必须遵守下列规定:
a) 不得在无水情况下运行。
b) 不得在闸阀闭死情况下长期运行。
c) 运行中,吸水管淹没深度不得小于 0.5 m。
d) 按泵标方向旋转。

13.2.2 操作千伏级高压水泵开关时,工作人员必须戴绝缘手套和穿电工绝缘鞋,并站在绝缘踏板上。

13.2.3 真空泵及其管路应当符合以下规定:
a) 分配头与泵壁接合处不得漏水、跑气。
b) 进入泵壳内的水压不低于 0.65 MPa。
c) 气水分离封闭水箱及各种管路不得堵塞或漏水、漏气。
d) 泵内各进水孔不得堵塞,气水温度不得太高。

13.3 风机

13.3.1 空气压缩机必须有压力表和安全阀。安全阀和压力调节器必须灵敏可靠。安全阀调整压力的范围不得超过额定压力的 10%。安全阀应当配有断油、断水保护装置和声光信号装置。

13.3.2 单缸空气压缩机的排气温度不得超过 190 ℃,双缸空气压缩机的排气温度不得超过 160 ℃。排气温度应当设有保护装置,在超温时能自动切断电源。压缩机油的闪点不得低于 215 ℃。严禁采用其他油脂作压缩机油。

13.3.3 风包上应当安装有动作可靠的安全阀、放水阀,并开设检查孔。风包内的油垢必须定期清除。风包内的温度不应超过 120 ℃,并安装超温保护装置。新安装或检修后的风包,应当使用 1.5 倍的工作压力做水压试验。风包的出口管道应安装释压阀。释压阀的口径不得小于出风管的直径。

13.3.4 双段式鼓风机应当符合下列规定:
a) 运转时,叶轮不得串动。轴瓦上安装温度计,其温度不得超过 60 ℃。
b) 运转时,油压保持在 0.6～2.5 MPa 范围内。油压低于 0.6 MPa 或高于 2.5 MPa 时,及时调节安全阀。
c) 装设自动停车或自动报警信号。
d) 油质应过滤清洁,油量应高出油箱指示线 55 mm。

13.3.5 罗茨鼓风机的齿轮箱轴颈应当密封严密。安全阀应当按 0.3 MPa 压力调整。禁止润滑油脂进入机壳。

13.3.6 鼓风机应当符合下列规定:
a) 叶轮片安装在叶轮侧板上,不得有裂纹和开焊。
b) 叶轮安装平衡,与机壳的间隙应在 6～15 mm 范围内。
c) 更换叶轮后,必须做动平衡试验。
d) 运转中,不得有串轴和振动现象。

13.3.7 风机的滤风器应当定期清理。清洗滤风圈,必须使用含 0.5% 氢氧化钠热水溶液,不得使用汽油、煤油。

13.4 龙门吊车及桥式抓斗机

13.4.1 钢结构与传动轴应当符合下列规定：
  a) 发现钢结构有断裂变形情况，及时更换和加固。
  b) 上下行人用的梯子与平台连接牢固。梯子踏板和行走平台使用花格板。

13.4.2 抓斗、滚筒及绳轮应当符合下列规定：
  a) 抓斗不得变形、开焊。滚筒上不得有裂纹。绳槽磨损不得超过 2 mm。
  b) 绳轮及导向轮转动灵活，不得卡住不转。
  c) 固定钢丝绳的夹子、卡子不得松脱。使用的夹子数不得少于 3 个。钢丝绳不得扭转工作。禁止使用提斗带动车辆或抓斗斜线提升。
  d) 钢丝绳的磨损、断丝不得超过允许规定值。

13.4.3 制动闸及安全装置应当符合下列规定：
  a) 闸皮磨损厚度不得超过 1/3。闸皮与制动轮的间隙在转动时保持 0.5～0.7 mm 之间，停止时接触紧密。
  b) 大、小车轨道设置限位开关和阻车器。终端开关的控制角铁不得损坏。发现大、小阻车器上的木块腐烂或损坏，及时更换。小阻车器内的弹簧不得有裂纹和损坏。
  c) 大车上的钢轨夹持器及丝杆灵活可靠。
  d) 起吊时，上部钩头终端控制器灵活可靠。

13.4.4 主电源开关必须加锁并设专人负责。闭合主电源前或者工作中突然断电后，所有控制器手柄应当处于零位，当吊车上及周围无人后，再闭合主电源。不得利用极限位置的限位装置停车。

13.4.5 超过 5 级大风或雨雪天气，桥式、龙门吊车必须停止工作，并停放在指定的地方，锁紧风钳。小车应当返回规定位置，放下抓斗，抓满煤泥。

13.4.6 严禁任何人在起吊设备下停留或作业。

13.5 电梯

13.5.1 电引绳在绳槽内不得打滑、振动。电引绳最小根数大于或等于 4，安全系数大于或等于 12。

13.5.2 电梯电引机必须安装电磁常闭式制动器、限速器和安全钳。限速器及安全钳必须灵敏可靠，保证当电梯电引机速度达到额定速度的 115% 时，及时准确动作。

13.5.3 电梯出现下列情况之一时，必须停梯检查：
  a) 电梯升降时井门开着。
  b) 电梯未停在规定位置。
  c) 信号铃不响或电梯间灯不亮。
  d) 电梯运行中有异常声响。

13.5.4 禁止非专职人员开动电梯。严禁电梯超载运行。

13.6 堆取料机

13.6.1 堆取料机电缆缠绕不正常时，必须停机处理。

13.6.2 在风速大于 20 m/s 以及大雾、雷雨、暴风雪等恶劣天气时，堆取料机必须停止作业，并采取稳车措施。

13.6.3 开动可逆输送带时,必须发出信号。

13.6.4 堆煤高度不得超过 6 m。

14 技术检查

14.1 采样

14.1.1 在厂房内采样,必须遵守下列规定:
  a) 在流速较高的水流或煤流中进行人工采取煤样时,所用工具和样品的总质量不得超过 10 kg。采样前,操作人员观察周围情况,并采取必要的安全措施。采样时,操作人员站稳,并紧握工具。
  b) 采样机灵活可靠,操作人员站在采样机活动半径以外。
  c) 操作人员上下台阶搬运煤样时,每人每次不许超过 25 kg。
  d) 在偏僻、困难或危险的采样点(如沉淀塔等)采样时,操作人员不得单独作业。

14.1.2 在货车上采样,必须遵守下列规定:
  a) 货车未停稳时,不得上车采样。
  b) 操作人员 2 人,1 人采样,1 人监护。采样时,操作人员站在车内煤堆上,不得在车帮上行走或跳车。采完样后,确认车下无人时,操作人员方可丢下采样工具下车。操作人员不得随身带煤样和采样工具下车。
  c) 操作人员从一货车向另一货车传递煤样及工具时,每次质量不得超过 20 kg。
  d) 操作人员核对车号,在货车停稳并确认相邻股道无机车运行时才能进行。

14.1.3 在井下采样,必须遵守下列规定:
  a) 遵守井下工作的有关安全规程。
  b) 建立下井考勤制度,发现换班后 2 h 有人尚未上井,及时报告有关领导和矿调度室,查明原因。
  c) 采样时,注意工作地点的安全情况,严格执行敲帮问顶制度,认真检查采样地点的顶板、煤壁、支架等情况。在急倾斜煤层中采样时,严密注意底板情况,确认安全后,方可开始工作。遇到打棚栏和无风的巷道或爆破时,不准进行采样工作。
  d) 在采掘工作面采样时,禁止操作人员单独作业。采取生产检查煤样时,注意车辆的来往,防止车辆伤人。采取煤层煤样时,如果必须拆棚栏,则在采样后立即将棚栏插严背实,防止劈帮冒顶。
  e) 在大巷中采样时,采样工具不得与架线接触。在大巷中缩制煤样,应与车道保持一定距离。
  f) 在运输大巷中使用车辆运送煤样,须在取得井运区调度员允许后,方可运送。推车时,严密注意后方情况,接近道岔、巷道及风口时,向前方发出警号。发现后方有机动车辆,及时与其联系并发出警号。同一方向推车时,两车距离不小于 15 m。禁止放飞车。

14.2 制样

14.2.1 制样必须遵守下列规定:
  a) 破碎煤样前,清拣煤样中的铁块、木屑等杂物。

b) 破碎煤样时,发现杂物进入破碎机,立即停机检查清理,并设专人监视电器开关。发现煤样下料不好,使用小木棒垂直捅煤样。严禁用手和铁棒捅煤样。
c) 破碎机工作时,不得触摸传动装置及破碎部件。
d) 使用多钵干式粉碎机时,盖好防护罩。禁止开罩运行。

14.3 浮沉和筛分试验

14.3.1 浮沉试验必须遵守下列规定:
a) 配制氯化锌密度液和进行浮沉时,操作人员穿戴好防护用品,使用橡胶手套、围裙和防护眼镜。氯化锌溶液接触皮肤后,操作人员立即用水冲洗干净;发现情况严重,立即进行治疗。
b) 熬制回收氯化锌溶液时,采用强行抽风,使蒸发的热气尽快排到室外,或直接在室外进行作业。
c) 使用四氯化碳和其他有机药剂浮沉煤样时,只能在通风良好的地方或通风柜中进行;使用完毕后,立即放入密闭的容器内,并存入毒品专柜。
d) 氯化锌和其他有机药剂设有专人负责保管。
e) 干燥煤样时,严密注意烘干房内温度,严防自燃。

14.3.2 筛分试验使用的移动式设备必须平稳放置。使用移动式设备时,筛板必须压紧,更换筛板必须停机。

14.4 化验

14.4.1 化验应当遵守下列规定:
a) 支领、配制剧毒药品,有领导审批手续,并有两人同时在场;领用剧毒物品后,设有专人负责;使用完后,剩余部分立即交回。
b) 蒸馏易燃物品(如乙醚、汽油、苯、二甲苯等),根据其燃点大小在沙浴或水浴上进行。禁止在电炉上直接加热蒸馏。
c) 蒸发易燃物和进行产生有毒气体试验时,工作场地不得有明火。
d) 试验过程中,操作人员严密掌握试验过程的变化情况。操作人员不得随意离开岗位。
e) 混合或稀释硫酸时,将硫酸注入水中,并缓慢进行。不得将水注入硫酸中。
f) 随时擦净撒落在试验台或地上的化学药品。发现汞撒在试验台或地面时,使用吸管吸起并撒上硫磺粉或其他除汞剂。

14.4.2 使用压缩气体贮气瓶,必须遵守下列规定:
a) 使用的贮气瓶要垂直固定在专用架上,严禁平放。
b) 严禁不经减压而直接使用压缩气体。往氧弹充氧时,一定要慢开。发热量测定中使用的氧弹定期进行耐压($\geqslant 20$ MPa)试验,并且充氧后保持气密。如果氧弹充氧到 3.3 MPa 以上,不得进行下一步燃烧试验,此时应释放氧气,使其压力下降到 3.0 MPa 以下。
c) 使用氧气瓶时,氧气瓶与工作场所要有一定距离。禁止在钢瓶的附件或气门上粘附油脂。禁止使用可燃性(如硬橡胶)衬垫。氧气瓶远离易燃物品和热源。
d) 贮气瓶内气体不能使用干净,要保留一定的压力,压力一般不低于 0.5 MPa。

14.4.3 使用马弗炉、干燥箱、电炉等电气设备时,操作人员应当站在绝缘垫上。

15 机械设备检修及安装

15.1 一般规定

15.1.1 设备安装检修人员应当严格遵守各工种的安全操作规程。维修较大的项目,必须制定安全技术措施。安装检修工作由项目负责人统一指挥并设安全负责人。安装检修工作前,必须检查所用工具和起吊设备的可靠性。严禁超负荷、带病违章作业。

15.1.2 设备检修必须执行停电挂牌制度(不准用电话联系)。检修人员进入机器内部,必须设专人在外监护,必要时还应将断电装置加锁,由进入设备内部的工作人员带好钥匙。

15.1.3 检查、检修设备内部,应当使用符合标准的行灯或手电筒。严禁使用明火照明。

15.1.4 设备检修完毕后,检修人员应当清点工具和清理工作现场,不得将杂物或工具遗留在设备内,经检查确认一切合格后,方可通知有关部门送电试车。

15.1.5 因检修需要移动、拆除栏杆、安全罩、井盖、盖板、花格板等安全设施时,如果工作人员离开作业地点,必须在上述作业地点的周围设置临时护栏、护网,并设置醒目的警示标志。一切工作结束后,应当立即恢复原样。

15.1.6 检修高压、高温设备、容器和管道,应当首先采取泄压降温措施。

15.1.7 更换运转设备的传动带、传动链,必须执行停电挂牌制度。

15.1.8 检修工作中,拆下的零部件不得丢失。检修机械零部件的接合面时,应当将吊起部分垫稳,手不得伸入其间。检查容易倾倒的部件时,必须支撑牢固。

使用扳手时,扳手与接触部分不得粘有油脂。不得将扳手加套筒使用。不得将扳手当作锤使用。

15.2 电焊、气焊和气割

15.2.1 焊接车间必须配备齐消防器材。严禁在瓦斯含量超过 0.5% 或煤尘浓度大于 10 mg/m³ 的场所进行焊接作业。

15.2.2 作业现场必须通风良好,无易燃、易爆物品。各类气瓶与明火的距离必须在 10 m 以上。氧气瓶与乙炔瓶的距离必须在 5 m 以上。禁止作业现场吸烟。

15.2.3 严禁在有压力液体或压力气体的容器、管道、带电设备以及正在运转的机械上进行焊接、气割。

15.2.4 对存放过易燃易爆、有毒物品和情况不明的容器进行焊接时,应当采取彻底清洗或置换惰性气体等防爆措施,并经检查合格后才能操作。

15.2.5 因工作需要进入设备内部或容器内部工作时,焊工要穿干燥工作服和绝缘鞋,并设专人监护。禁止行灯变压器带入设备内和容器内。禁止照明电压超过 12 V。禁止将漏乙炔气的焊炬、割炬携带到设备内和容器内,以防混合气体遇明火爆炸。

15.2.6 氧气瓶必须装置防震圈、安全帽、减压器。减压器上应当设有安全阀。使用的乙炔瓶必须直立放置,不能斜放,更不能卧放。

15.2.7 气瓶连接处、胶管接头、回火防止器和减压器不得沾染油脂。

15.2.8 禁止气瓶在露天曝晒。在冬季,气瓶、回火防止器、减压器被冻住后,只许用热水或蒸汽解冻,严禁火烤。

15.2.9 一旦氧气瓶、乙炔瓶压力表损坏或失灵,必须立即停止作业并更换。

15.2.10 电焊设备及工具,必须绝缘良好。焊机外壳必须接地,必须双线作业。

15.2.11 遇 4 级以上大风和雨雪天气,禁止从事户外露天作业。在潮湿的地方作业,应当穿绝缘鞋并站在绝缘垫上。

15.2.12 工作完毕或暂停时,施焊作业人员必须切断电源、气源,详细检查现场,确认无起火危险后,方可离开作业现场。

15.3 起重工作

15.3.1 进行起重工作前,应当认真检查工作场地以及所用的工具。起重大型设备,必须制定起装方案和相应的安全措施。

15.3.2 起重作业时,必须由专人负责指挥。起重工应当熟悉各种手势、信号和旗语。禁止在高压线下进行起重作业。

15.3.3 起重物体时不得斜吊。禁止吊固定或掩埋不明物件。禁止超负荷吊装以及超负荷使用各类起重工具。

15.3.4 禁止任何人在起重物下面通过或停留。禁止任何人站在起重物上。禁止人与物一起吊运。起重现场应当设警戒线。

15.3.5 禁止将有电缆通过或有滑线电缆的钢梁、水泥梁作为起重支承点。在钢梁、设备及楼板上禁止焊接吊环和打吊装孔,如果确实需要,必须经有关部门同意并计算后,方可进行。吊环焊接必须牢固可靠。

15.3.6 厂房内的吊装孔,每层之间必须有可靠的信号联系装置和安全装置。各吊装孔必须有牢固盖板和栏杆;临时吊装孔、眼,必须设置临时栏杆、盖板和醒目标志。

15.3.7 严禁在运行管道、带电运转机械设备,以及不坚固的建筑物或其他物体上固定滑轮、葫芦、卷扬机等作为起重物的承力点。

15.3.8 起重工具必须经常检查,定期检修维护。电动葫芦、手动葫芦、千斤顶等检修后,必须做超载 20% 的试验,经试验合格后,方可继续使用。

15.3.9 起重设备的起重吨位必须明确、清楚,信号装置、安全自动装置、卷扬机限位装置、行程限位装置、缓冲装置、自动联锁装置等必须灵活可靠。

15.3.10 起重设备必须有专人负责维修保养,定期检查,并建立档案。禁止任意拆卸、更换零部件;确须更换,应经主管部门同意。

15.3.11 吊钩、吊环禁止补焊。有下列情况之一的,应当更换:

a) 表面有裂纹、破口的。
b) 开口度比原尺寸增加 15% 的。
c) 扭转变形超过 10° 的。
d) 危险断面或吊钩颈部产生塑性变形的。
e) 挂绳处断面磨损超过原高度 10% 的。

15.3.12 汽车式起重机应当严格按照《轮胎式起重机安全使用规定和安全操作规程》操作。

15.3.13 自动起重机应当符合《起重机安全管理规程》的技术要求。

15.3.14 钢丝绳有下列情况之一的,必须报废:

a) 钢丝绳被烧坏或断一股的。

b) 钢丝绳表面被腐蚀或磨损达到钢丝绳直径40%以上的。
c) 受过死角擦扭,部分受压变形的。
d) 钢丝绳在一个捻距内的断丝根数达到表3所列数值的。

表 3 不同结构钢丝绳允许断丝根数值　　根

安全系数 \ 钢丝绳结构	6×19+1 互捻制的	6×37+1 互捻制的	6×67+1 互捻制的	18×19+1 互捻制的
6以下	12	22	36	36
6以上	14～16	26～30	38～40	38～40

15.4 高空作业

15.4.1 凡作业地点离地面(楼板)2 m以上,即为高空作业。高空作业,必须执行高空作业规程。

15.4.2 患有高血压、心脏病、癫痫病、手脚残疾、深度近视者,不得从事高空作业。

15.4.3 高空作业必须穿软底鞋、戴安全帽和安全带,不准穿拖鞋、硬底鞋和塑料鞋。安全带应当高挂低用,并拴在结实、牢固的构件上。安全带不得拴在尖锐棱角的构件上。

15.4.4 在厂房内进行高空作业,应当注意电缆、电线、各种机械设备、管道、支架等周围环境。发现有危害工作人员安全的,必须立即处理或停止工作。

15.4.5 使用梯子登高时,梯子中间不得缺层,并牢固地支靠在墙柱上。梯脚应当有防滑措施。梯子靠放斜度应当在30°～40°之间。使用人字梯,必须挂牢挂钩。

15.4.6 高空作业时,不得把工具、器材放在工作点边缘。传递物件应当使用吊绳。严禁上下抛掷工具、器材。

15.4.7 学徒工在没有专职师傅的带领下,不得单独高空作业。

15.4.8 遇6级以上大风和大雨天气,不得从事露天高空作业。确因抢修需要,必须采取有效的安全措施。

15.4.9 登高作业时,手把软线必须扎紧在固定地方,不得缠绕在身上或搭在背上工作。氧气瓶和乙炔瓶与高空焊接点的水平距离要保持10 m以上。

15.5 设备安装

15.5.1 设备安装必须编制安全技术措施,并报请有关部门和领导审批同意。施工前,应当向施工人员详细讲解、交底。施工时,现场应当设专人监督检查。

15.5.2 机座就位时,不得用手直接清理垫铁或杂物。移动部件、调整垫铁、盘动转动机件时,应当采取安全措施。

15.5.3 清洗机件应当使用无铅汽油或煤油。清洗点严禁烟火。废油、破布、棉纱要集中放在有盖的桶内,由专人负责清除。

15.5.4 施工用的组合支架、平台、组件及其临时加固、就位的方法,必须编制专门设计并经审批同意。

15.5.5 在管道支架和对口连接未完成前,不得割去或拆卸加固件。

15.6 砂轮机

15.6.1 砂轮机(包括砂轮切割机)必须设置防护罩。

对于圆周磨削的砂轮机,防护罩的角度不得大于65°,防护罩与砂轮半径方向的间隙不得大于20～30 mm,侧面间隙不得大于10～15 mm。

15.6.2 夹持砂轮的法兰盘直径不得小于砂轮直径的1/3。砂轮与兰盘之间应当垫放弹性纸垫圈或石棉垫圈。

15.6.3 在砂轮机上磨削时,操作者必须戴眼镜,并站在砂轮的侧面。不准戴手套拿工件,不准撞击。

16 电气安全

16.1 一般规定

16.1.1 选煤厂各种电气设备、电力和通信系统的设计、安装、验收、运行、检修、试验和安全维护等工作,必须符合国家标准。

严禁非电气工作人员安装、检修各种电气设备。

16.1.2 电气工作人员必须执行工作票和倒闸操作票制度。部分停电检修及带电作业较为复杂的倒闸操作、双电源倒闸操作和非电气工作人员(如油漆工、起重工、临时工等)在电气场所工作,必须执行专人监护制。

16.1.3 供电系统必须安装漏电保护装置,固定设备外壳必须直接重复接地。

16.1.4 变(配)电所及各高压工作场所,必须配备绝缘和登高作业安全用具、携带式电压和电流指示器、高压验电器、临时接地线等器具。登高作业安全用具必须定期进行试验,试验标准见表4。

表 4 登高作业安全用具的试验标准

名 称	安全带		安全绳	升降板	脚扣	竹(木)梯
	大胶带	小胶带				
试验静拉力/kg	225	150	225	225	100	荷重180
试验周期	半年1次					
外表检查周期	每月1次					
试验时间/min	5					

16.1.5 电气线路必须经常巡视、检查。出现大风、扬沙天气,应当采取有效措施,杜绝重大电气事故。

16.1.6 严禁往电气设备、电缆沟、电缆线路上乱丢油棉纱、木材及其他易燃、易爆物品。在带电导线、电器设备、电缆沟附近,不得有引起火灾的热源。发现电气设备起火,应当迅速切断电源,使用四氯化碳干粉灭火器、砂子扑救。严禁使用水和泡沫灭火器灭火。

16.2 变(配)电所

16.2.1 变电所周围必须设有围墙,并悬挂安全警示牌。围墙高度不得低于1.8 m。配电室(点)入口处应当悬挂"非工作人员禁止入内""高压危险"的警示牌。变电所必须悬挂一次、二次架空线和电缆的配电系统以及有关操作维护等规程、规则。

16.2.2 变(配)电所值班人员必须熟悉所属电器设备。无论高压设备是否带电,值班人员不得单独移开或越过遮拦进行工作。无人值班的变(配)电所必须加锁,钥匙放在固定地点。电工应当定期巡视无人值班的变(配)电所。

16.2.3 变(配)电所值班人员必须经考试取得合格证后,方能从事本职工作。值班人员因故间断电气工作连续3个月以上的,必须重新参加考试取得合格后,方能继续上岗。

16.2.4 变(配)电所进行倒闸操作,必须办理操作票手续,并1人操作、1人监护。雷雨时,严禁进行倒闸操作和更换保险丝。值班人员装卸高压熔断电器,应当停电、验电和放电,并穿绝缘胶鞋、戴绝缘手套。用手拉、合刀闸开关,脸部不准正对开关。发现有危及人身或设备安全的紧急情况,应当立即自行断开电源,事后向领导报告。

16.2.5 操作人员不得带电检修、搬迁、移动电缆和电气设备。检修或搬迁前,必须切断电源且闭锁。进行验电、放电、装设接地线,必须悬挂"有人工作,严禁合闸"字样的警示牌。工作完成后,只有执行此项工作的人员,才有权取下此牌并送电。

16.2.6 配电室(点)的入口处或门口,必须悬挂"非工作人员禁止入内""高压危险"字样的警示牌。

16.2.7 装设接地线,必须验明设备确实无电后方可按操作规程进行。

16.2.8 配备双电源及自备电源的企业,禁止向电网倒送电源和由低压倒送高压。当电网检修时,必须将可能倒送电源的刀闸或空气开关拉开后上锁,并悬挂"有人工作,禁止合闸"字样的警示牌。

16.3 架空线路和电缆线路

16.3.1 高压输配电线路最边上的导线到建筑物或构筑物最近部分的水平距离,在有最大风偏的情况下:线路电压小于或等于10 kV时,水平距离大于或等于2 m;线路电压大于10 kV但小于110 kV时,水平距离大于或等于4 m。

16.3.2 操作人员1人巡视电缆线路及杆上变压器时,不得登杆上变压器台;2人巡视时,允许1人高空作业、1人监护,但巡视人与带电导线保持以下安全距离,6 kV以下0.7 m,10～35 kV之间为1 m。

16.3.3 禁止架空线下堆放其他物品。在最大下垂度的情况下,架空线最下部到地面的垂直安全距离见表5。

表 5 架空线最下部到地面的垂直安全距离 m

线路通过地区	电压等级/kV	
	1	1～10
地面	3	4.5
道路交叉点地面	5	5.5
铁路交叉点	7.5	7.5

16.3.4 检修线路、开关、刀闸、跌落保险时,必须将连接设备的两侧线路全部停电,并验电接地后,方能进行工作。

16.3.5 在带电线路上工作,必须遵守下列规定:
  a) 在低压带电线路上工作时,设专人监护,并使用绝缘柄工具。禁止使用金属尺、刀子、锉刀等金属工具。
  b) 高、低压同杆架设,在低压带电线路上工作时,采取防止误碰带电高压设备的措施。
  c) 在高压带电线路上工作时,天气良好情况下,由有带电作业实践经验的人员带领,按经过主管领导批准的带电作业操作工艺方案和安全措施进行。

16.4 车间电气

16.4.1 检修车间内高低压电气设备和线路时,应当将断开的开关和刀闸操作柄锁住,设专人看护,并悬挂"有人工作,禁止合闸"字样的警示牌。

16.4.2 在停电后的高压电动机回路上和其启动装置上进行检修时,必须办理停电工作票手续。

16.4.3 移动式电气设备的电源及负荷电缆,应当挂在安全可靠的支架或墙上。通过地面的电缆,应当采取防护措施。

16.5 电气试验与测定

16.5.1 电气设备(包括输电导线、电缆等)应当定期进行试验与测定。试验及测定前,必须按技术规程拟定工作计划,准备好试验用的仪表、仪器。

16.5.2 电气设备试验必须在绝缘垫或干燥的绝缘物上进行,工作人员不得少于2人。进行高压试验,工作人员必须穿绝缘靴和戴绝缘手套。

16.5.3 使用钳形电流表测高压电流,必须采取安全措施,并由2名熟练电工进行。测量架空高压线电流,不得使用钳形电流表。

16.5.4 电气试验与测定用具的检查和试验标准见表6。

表6 电气安全用具的检查和试验标准

名称		工作电压/kV	试验标准						试验周期
			耐压/kV		耐压时间/min		泄漏电源/mA		
			出厂	使用	出厂	使用	出厂	使用	
绝缘杆和绝缘夹钳		35及以下	线电压的3倍但不得低于40		5				1~2年
绝缘手套		各种电压	12	8	1		12	9	半年
绝缘靴		各种电压	20	15	2	1	10	7.5	半年
绝缘鞋		1及以下	5	3.5	1		2		半年
绝缘毡和绝缘垫		1及以下	5		以2~3 cm/s的速度拉过		5		2年
		1及以下	15				15		
绝缘站台		各种电压	40		2				3年
高压验电器	本体	35及以下	25		1				半年
	手把	10及以下	40		5				半年
		10及以上	105		5				半年

16.6 电气设备保护和接地

16.6.1 变电所(站)向外输配电线路,必须安装短路、接地和过负荷保护装置,与接触网直接连接的电动机和整流装置。必须安装过负荷、过流、短路、过电压等保护装置。

16.6.2 电力变压器必须安装相间短路、在中性点直接接地侧的接地短路、绕组的匝间短路、外部相间短路引起的过电流、中性点直接接地、电力网中外部接地引起的过电流及中性点过电压、过负荷等保护。高压电动机必须安装短路、过负荷、接地和欠压释放及漏电保护。低压电气设备要有过电流、过负荷和短路保护。

16.6.3 发现变电所(站)、配电室开关跳闸,应当立即报告调度人员。待查明原因,排除故障,并通过安全电器试验合格后,方可送电。

16.6.4 选煤厂中央变电所(站)电源总进线端必须装设阀型避雷器。变电所的每组母线应当装设避雷器。变电所内所有避雷器要以最短的接地线与配电装置的主接地网连接,并在其附近装设集中接地装置。多雷地区低压设备的防雷保护必须按有关规定安装。

16.6.5 在电气设备系统中,下列设备必须接地:
 a) 电机、变压器及其他电器的金属底座和外壳。
 b) 电气设备的传动装置。
 c) 室内外配电装置的金属或钢筋混凝土构架以及靠近带电部分的金属遮拦和金属门。
 d) 配电、控制、保护用盘(台、箱)的框架。
 e) 交、直流电力电缆的接线盒、终端盒的金属外壳和电缆的金属护层,穿线的钢管。
 f) 电缆支架。
 g) 装有避雷线的电力线杆塔。
 h) 装有配电线杆上的电力设备。

16.6.6 运行中的接地装置必须定期进行安全检查,并做好记录。

16.6.7 电气设备的接地部分必须使用单独的接地线与接地装置相连接。严禁将多台电气设备的接地线串联接地。接地线的连接应牢固可靠。严禁用金属管道以及电缆铅护套作为接地极。

16.6.8 重新安装或移动后的电气设备,在运行前必须测量其接地电阻。

16.7 照明、通信和信号

16.7.1 固定式照明灯具使用的电压不得超过 220 V。手灯或移动式照明灯具的电压应小于 36 V。在特别潮湿的地方及金属容器内作业用的照明灯具的电压不得超过 12 V。

在同一地点安装不同照明电压等级的电源插座时,应有明显区别标志。

16.7.2 易燃、易爆工作区域,必须使用防爆灯具照明。照明线路必须符合防爆要求。

16.7.3 选煤厂照明设计、安装应当符合国家标准(表7)。

表 7 选煤厂各作业场所照明度

地　点	照度/lx	照明平面
主厂房各层	3	地表水平面
操作室、配电室	3	地表水平面

表 7（续）

地　　点	照度/lx	照明平面
带式输送机走廊及各转载点	5	地表水平面、带式输送机表面
上下台阶梯子	3	梯子垂直面
储煤仓下及火车装车点	3	垂直面
主要人行道和行车道	0.5	地表水平面
储煤厂及汽车道路	0.5～3	地表水平面及汽车运行水平面
铁道线路	0.5	线路上部结构水平面
胶带输送机滚筒维护区	10	水平面
地表水平面手选矸石地点	30	带式输送机表面从选矸人员起到输送带运行相反方向1.5 m距离内

16.7.4 选煤厂必须配备独立的调度指挥系统。调度室、集控室、变电所、配电室、电梯桥箱内等重要岗位必须配备通讯设备。调度通讯系统应当具备强插功能。

16.7.5 严禁在信号装置的供电线路上接其他负荷。

16.7.6 噪声较大的作业点,应当装设闪光或报警电话。

16.8 电气设备操作和维护

16.8.1 电气设备操作和维护,必须遵守下列规定:

　　a) 非专职和非值班电气人员,严禁擅自操作电气设备;不得用潮湿手指接触电器按钮。

　　b) 操作高压电气设备回路时,操作人员必须戴绝缘手套,穿电工绝缘靴,站在绝缘台上,使用绝缘棒或拉杆操作把手进行作业。停电时,将工作部分进行放电,封好地线。操作低压电器设备主回路时,操作人员戴绝缘手套和穿绝缘鞋。

　　c) 操作人员身体任何部分与电气设备裸露带电部分的最小距离必须符合表8的要求;否则,必须设置安全隔栏、护架等。

表 8 操作人员与电气设备裸露带电部分最小距离

电压等级/kV	最小距离/m
10及以下	0.7
35	0.90
60～110	1.50
220	2.50

　　d) 手持式电气设备的操作柄和工作中必须接触的部分,必须有良好的绝缘,其外壳有可靠接地(直流充电手持式工具除外)。

　　e) 制定检修多用户使用的输配电线路的安全措施。

　　f) 操作人员及其携带的工具、材料与带电体的最小距离,应符合表9的要求。

表 9 操作人员及其携带的工具、材料与带电体的最小距离

电压等级/kV	最小距离/m
≤6	0.7
10	1.0
35	2.5
60	3.0
110	3.5
220	4.5

16.8.2 高压变配电设备和线路的检修及停送电,必须严格执行停电申请和工作票制度,并遵守下列规定:
  a) 必须由负责人统一指挥。
  b) 必须有明显的断开点,该点线路断开的电源开关把手,必须专人看管或加锁,并悬挂"有人作业,严禁合闸"字样的警示牌。
  c) 停电后必须验电,并挂好接地线。
  d) 作业时必须有专人监护。
  e) 确认所有作业完毕后,摘除接地线和警示牌,由负责人检查无误和专职操作人员再次确认无误后,通知调度室恢复送电。

16.8.3 移动金属塔架和大型设备通过架空线时,金属塔架和大型设备必须与架空线保持足够的安全距离;特殊情况下必须采取安全措施。

16.8.4 电气设备和线路的安全保护装置,使用前必须进行校准。

16.8.5 在架空输配电线下或附近区域行驶或作业的机械设备,其提升(伸出)部分最高(最远)点至电线的垂直(水平)距离,不得小于表 9 的规定值。

16.8.6 在 1 650 V 及以下的接触网带电作业时,必须制定安全措施,并遵守下列规定:
  a) 接触网的正、负线使用木杆架设。
  b) 操作人员经过专门训练,持证上岗。
  c) 使用专用的作业车或专用的具有绝缘的梯子。
  d) 雨、雪、雾天等恶劣天气,严禁作业。
  e) 安全负责人在地面监护。

17 自动监控和计算机信息管理

17.1 一般规定

17.1.1 选煤厂用于监测、控制的自动化仪表及自动控制系统的监测装置,必须稳定、可靠、准确、灵活。

17.1.2 选煤厂必须建立完善的自动化仪表及自动控制系统规章制度。

17.1.3 禁止非专业人员对自动化仪表及自动控制系统进行安装、维修、保养、标定和校准。

17.1.4 自动化仪表及自动控制系统所使用的电源必须是交流净化稳压电源。

17.1.5 从事自动监控的维修人员不得穿化纤服装上岗作业,操作前应当先进行人身放电。

17.2 集控室

17.2.1 集控室必须安设良好的减振、密封、通风、隔音性能、安全通道和符合电气消防的消防设施。集控室必须配备完善的通讯设备和事故照明灯。

17.2.2 操作人员必须经专业培训,考试合格后,方可上岗作业。

17.2.3 严禁切断各种设备的报警信号和信号指示灯,确保各种信号显示正常。

17.2.4 正常启动前,操作人员必须发出启车信号,时间不得少于 2 min。

17.3 计算机集中控制

17.3.1 选煤厂计算机集中控制系统必须满足工艺流程需求和符合设备操作、开停的安全操作规程。

17.3.2 计算机集中控制系统的主机应当双机热备,互为备用。集中控制系统发生故障时,不得强行就地开车。

17.3.3 集中控制系统的控制程序需要修改时,必须对新、旧程序分别做好备份。
程序修改必须建立密码制度。

17.3.4 计算机集中控制系统应当安装实时监控防病毒软件,并定期升级。上位机文件应当定期维护。重要数据应当做好备份。

17.3.5 计算机集中控制系统应当设置单独的接地装置,不得和电网的接地系统共用。

17.3.6 计算机集中控制系统主机的供电电源必须是交流净化稳压电源。

17.4 计算机信息管理

17.4.1 计算机信息系统必须根据《中华人民共和国计算机信息系统安全保护条例》《中华人民共和国计算机信息网络国际联网管理暂行规定》等有关法规,制定相应的使用、维护和安全运行管理规定。

17.4.2 设备安全管理,应当遵守下列规定:

a) 计算机信息管理系统的服务器机房、计算机控制室建立人员出入管理登记制度。
b) 重要计算机房按有关标准配置防火、防水、防静电、防盗、防电磁辐射等安全设施。
c) 计算机设备接地可靠。接地电阻小于相应设备的技术要求,并安装防雷电设施。
d) 不能停机的计算机采用双回路供电和大功率 UPS 电源等设施,并配置必要的备份机。
e) 计算机有关的电源接口、通信接口等设备进行经常检查维护。
f) 计算机机房保持清洁,温度、湿度符合设备技术参数要求。

17.4.3 信息安全管理,应当遵守下列规定:

a) 计算机信息管理系统的服务器机、录入终端等重要系统建立密码制度。密码修改有详细记录。
b) 各级人员的权限、职责明确。
c) 重要数据建立数据备份制度,并做到及时、准确保存。
d) 外单位人员维修贮存重要数据的设备时,本单位有人在场监督。
e) 制定预防计算机病毒的相关措施,严防计算机病毒及其他有害数据破坏计算机的正常工作。
- f) 计算机工作人员调离时,按规定移交全部技术资料和有关数据。设有口令和密码的,及时进行更换。涉及重要业务的技术人员调离时,确认对业务不会造成危害后方可调离。

17.4.4 网络通信安全管理,必须遵守下列规定:
- a) 对联网的计算机及其网络设备和通讯设备,各单位要建立、健全安全使用保护管理制度。
- b) 存有重要数据的工控计算机,不得擅自与国际互联网联结。
- c) 设有专人进行管理接入国际互联网的计算机,禁止利用国际联网危害国家安全、泄露国家秘密,禁止侵犯国家的、社会的、集体的利益和公民的合法权益,禁止从事违法犯罪活动。
- d) 发现利用计算机违法、犯罪案件,立即向公安机关计算机管理监察部门报案,并保护好现场。

18 工业卫生

18.1 一般规定

18.1.1 地下煤仓工人作业点的空气温度不得超过28 ℃。室内工作地点的温度高于35 ℃时,应当采取降温或其他防护措施。室内工作场所低于5 ℃时,应当设置取暖设备。

18.1.2 工人作业地点空气中有害物质的浓度,必须按照国家规定的方法定期测定,并建立档案。测定次数符合下列规定:
- a) 粉尘作业地点,每月测定1次。
- b) 其他有毒物质作业地点,每季测定1次。
- c) 水质检验、理化检验,夏季每月测定1次,其他季节每季测定1次;细菌检验,夏季每旬测定1次,其他季节每月测定1次。

18.2 职工健康管理

18.2.1 在有毒性岗位作业的职工必须按要求佩戴防毒器具。对职工身体有害的工作室必须设通风橱或通风机。

18.2.2 接触粉尘和有害物质的作业人员,必须进行定期健康检查,并建立个人健康档案。检查应当符合下列要求:
- a) 接触粉尘的作业人员,当粉尘中含游离二氧化硅10%以上时,每2年至少检查1次;在10%以下时,每3年至少检查1次。对可疑尘肺每年检查1次,每次检查都要照胸部X线片。
- b) 接触其他有害物质的作业人员,其检查期限按卫生部有关规定执行。

18.2.3 作业人员经企业劳动鉴定委员会鉴定,患有下列病症的,应当调离粉尘作业岗位:
- a) 各种活动性肺结核及活动性肺外结核的。
- b) 严重的上呼吸道或支气管疾病,如萎缩性鼻炎、鼻腔肿瘤、支气管喘息及支气管扩张的。

c) 显著影响肺功能的肺脏或胸膜病变,如肺硬化、肺气肿、严重的胸膜肥厚与粘连的。

d) 经医疗单位鉴定不适合于粉尘作业的其他病症的。

18.2.4 职业病患者必须定期进行复查和鉴定。硅肺患者每年复查1次;煤硅肺和其他尘肺患者每2年复查1次;其他职业病由医师根据病情确定复查鉴定期限。

18.2.5 从事射频作业的值机和操作人员,应当定期进行身体健康检查,以便及时作出评价和采取防护措施,保护作业人员健康。

18.2.6 选煤厂必须按照国家规定发给职工个人劳动防护用品。

18.3 防粉尘、防噪声、防废气、防污水污染

18.3.1 在选煤厂火力干燥、原煤准备、干法选煤等工人作业车间的空气中,粉尘浓度必须符合表10的要求。

表10 粉尘含量最大允许浓度

序号	粉尘种类	最大允许浓度/(mg·m^{-3})
1	含10%以上游离二氧化硅的粉尘	2
2	含10%以下游离二氧化硅的煤尘及其他粉尘	10

18.3.2 火力干燥、原煤准备车间等粉尘作业点,必须安装除尘设备。

18.3.3 除尘系统与工艺设备无联锁装置时,除尘系统应在工艺设备启动之前启动,在工艺设备停止5 min之后关闭。除尘管道、易积存煤尘的设备和地面必须定期清扫。

18.3.4 除尘器吸风口、风管连接处、清扫孔、密闭罩等地点应当定期检查。严防漏风损坏。

18.3.5 选煤厂应当根据《工业企业噪声检测规范》的规定,定期对各噪声较强的工作地点进行测试。当工作地点噪声超过标准时,应当根据不同声源,采取吸音、隔音、消音、隔振、阻尼或个人防护等不同措施,降低噪声危害。

18.3.6 选煤厂生产车间和作业场所必须执行工业噪声标准(表11)。

表11 工业噪声标准

每个工作日接触噪声时间/h	允许噪声/dB(A)	
	新建企业	现有企业
8	85	90
4	88	93
2	91	96
1	94	99
最高不得超过115		

18.3.7 选煤厂锅炉、取暖煤炉应当加强工业废气污染物的治理,根据环保要求定期测定排放烟尘中二氧化硫、一氧化碳和氮氧化物的浓度。

18.3.8 高硫煤矸石山自燃区附近应当定期测定二氧化硫浓度。超过环保标准的区域划定为危险区。危险区不准任何人进入,并采取措施降低二氧化硫浓度。

18.3.9 新建选煤厂的煤泥水处理工程应当与主体工程同时设计、同时施工、同时投入使用。

进行扩建和技术改造的选煤厂,应当把煤泥水处理作为改扩建和技术改造的重要内容,搞好设计和施工。

18.3.10 选煤厂所排工业污水,必须定期进行悬浮物、石油类、挥发性酚、硫化物等有害成分的检查。选煤厂污水排放必须符合国家规定。

18.3.11 选硫铁矿用水中pH值低于6时,应当采取措施(例如加入适量石灰水等),使其pH值控制在6~9范围内。

18.4 防放射源伤害

18.4.1 选煤厂安装、使用、维护、维修放射性同位素检测仪表,必须遵守国务院《放射性同位素及放射性装置防护条例》和卫生部等三单位发布的《放射性同位素工作卫生防护管理办法》的规定。

18.4.2 现场安装放射性同位素检测仪表后,放射性防护监督部门要定期测量现场周围的放射性剂量。测出剂量超过规定标准,必须根据不同放射源采取相应屏蔽措施。安装有放射源检测仪表的地方,必须设放射源警示牌。

18.4.3 在放射性同位素检测仪表周围工作时,其长期工作地点必须距离放射源1 m以上。

18.4.4 选煤厂必须采用带自动开关的放射性同位素仪表。仪表不工作时,要关闭放射源。

18.4.5 更换或倒装放射源时,操作人员必须采用长柄钳子。γ源要采用多层金属铅板防护屏,β源要采用有机玻璃板防护屏与工作人员身体隔离。

换源工作时间较长时,应当采用轮流操作的办法。

放射源强度超过有关规定时,更换必须由提供放射源的单位或专职部门进行。

18.4.6 放射源必须指定专人专库保管。放射源不用时,必须加锁。

18.4.7 距放射性探头2 m以内不许进行电焊。如果必须电焊,应当暂时将放射源关闭。

18.5 工业救护

18.5.1 选煤厂应当制定事故应急救援预案,建立应急救援组织,配备必要的救护器材。卫生所应当配备齐全各种急救器材和药品。

18.5.2 选煤厂应当对职工进行人工呼吸、心脏起搏、伤口包扎等基本紧急救护技巧和能力的培训。

18.5.3 工作现场发生危险时,现场领导、班长应当立即组织职工从安全出口撤离危险区,并通知生产调度和有关领导组织抢救。

18.6 职工安全培训

18.6.1 选煤厂直接从事生产建设的职工,必须进行强制的安全培训。未经安全培训合格的职工,不得上岗作业。实习和参观人员在进车间前,必须学习有关的安全注意事项。

18.6.2 安全培训的对象和时间,可参照下列要求执行:
  a) 厂长、副厂长、总工程师、工程师、技术员、行政职能科室科长等,接受培训时间不少于一个星期。
  b) 车间主任、副主任、工段长、班组长、安全专职人员等,接受培训时间不少于半个月。

- c) 电工、起重工、汽车司机、火车司机、司炉工、锅炉工、受压容器操作工、火力干燥工、电焊工、高空作业及接触剧毒、易燃、易爆等的特殊工种工人,接受培训时间不少于1个月。
- d) 选煤司机、维修钳工等,接受培训时间不少于半个月。
- e) 新进厂的工人(包括合同工、代培人员),接受培训时间不少于1个月,并由有经验的工人带领实习4个月,考核合格后,方可独立工作。
- f) 调换工种的工人,都必须重新培训。
- g) 全厂职工每年都必须进行安全知识更新教育,接受教育时间每年每人不少于4天。

18.6.3 选煤厂厂长对本厂安全培训工作负责。安全卫生管理部门负责安全培训的实施。未按本规定进行安全培训的,由安全生产监督管理部门按有关规定实施处罚。

附　录
计量单位及数学符号说明

mm,m,km	毫米,米,千米
mm^2,m^2	毫米^2,米^2
L,m^3	升,米^3
mg,g,kg,t,Mt	毫克,克,千克,吨,百万吨
ms,s,min,h	毫秒,秒,分,小时
m^3/min,m^3/h	米^3/分,米^3/小时
m/s,km/h,m/s^2	米/秒,公里/小时,米/秒^2
kg/m,mg/m^3	千克/米,毫克/米^3
N,kN	牛[顿],千牛
m^3/t	米^3/吨
Pa,MPa	帕[斯卡],兆帕
℃	摄氏度
(°)	度(平面角)
A,V,kV,Ω,μΩ	安[培],伏[特],千伏,欧[姆],微欧[姆]
W,kW,J	瓦[特],千瓦,焦[耳]
dB(A)	分贝(A级)
>,≥,<,≤	大于,大于或等于,小于,小于或等于
%,‰	百分号,千分号

煤矿井下安全标志(AQ 1017—2005)

前言

本标准是依据国家有关法律法规,针对煤矿井下安全生产特点制定的。制定本标准的目的是为了迅速引起煤矿井下作业人员对现场不安全因素的警觉并采取相应的措施,预防事故的发生。

本标准对煤矿井下安全警示作出了规定。

本标准由国家安全生产监督管理总局提出并归口。

本标准起草单位:煤炭信息研究院、兖州煤业(集团)有限公司、山西焦煤(集团)有限责任公司、开滦矿业(集团)有限责任公司、煤炭科学研究总院抚顺分院、煤炭科学研究总院重庆分院。

本标准主要起草人:黄盛初、王捷帆、陈昌、陈国瑞、倪兴华、王登刚、莫志中、杨树民、张延寿、黄声树、岳超平。

1 范围

本标准规定了煤矿井下传递安全警示信息的安全标志。

本标准适用于各类井工开采的煤矿。

2 规范性引用文件

下列文件中的条款通过本标准的引用而成为本标准的条款。凡是注日期的引用文件,其随后所有的修改单(不包括勘误的内容)或修订版均不适用于本标准,然而,鼓励根据本标准达成协议的各方研究是否可使用这些文件的最新版本。凡是不注日期的引用文件,其最新版本适用于本标准。

GB 2894　安全标志

GB 5768　道路交通标志和标线

GB 6527.2　安全色使用导则

GB/T 8416　视觉信号表面色

GB/T 10001　标志用公共信息图形符号

GB 14161　矿山安全标志

GB 16179　安全标志使用导则

3 术语和定义

煤矿井下安全标志分为主标志和文字补充标志两类。

下列术语和定义适用于本标准。

3.1 主标志

3.1.1 禁止标志:禁止或制止人们的某种行为的标志。

3.1.2 警告标志:警告人们注意可能发生危险的标志。
3.1.3 指令标志:指示人们必须遵守某种规定的标志。
3.1.4 路标、名牌、提示标志:告诉人们目标方向、地点的标志。
3.2 文字补充标志

文字补充标志是主标志的文字说明或方向指示,它只能与主标志同时使用。

4 禁止标志

4.1 禁止标志的基本形状为带斜杠的圆环,如图1所示。

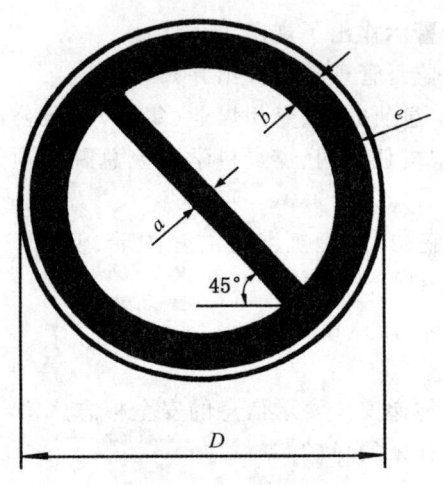

图 1 禁止标志的基本形状

4.2 禁止标志的颜色,为白底、红圈、红斜杠、黑图形符号。
4.3 禁止标志的基本尺寸应根据最大观察距离确定,按表1选取。

表 1 禁止标志尺寸与最大观察距离的关系

种 类		逆向反射标志
最大观察距离/m	10	15
标志外径 D/mm	250	375
红杠宽度 a/mm	20	30
红环宽度 b/mm	25	38
白边宽度 e/mm	5	7

4.4 禁止标志的种类及设置地点。

禁止标志的种类、名称、设置地点及说明见表2。

表 2 禁止标志的种类、名称及设置地点

编号	符　号	名　称	设置地点	说　明
2-1		禁带烟火	煤矿井口及井下	引用 GB 14161
2-2		禁止酒后入井	人员出入的井口	
2-3		禁止明火作业	禁止明火作业地点	引用 GB 2894
2-4		禁止启动	不允许启动的机电设备	引用 GB 2894
2-5		禁止送电	变电室、移动电源开关停电检修等	引用 GB 2894

表 2（续）

编号	符号	名称	设置地点	说明
2-6		禁止扒乘矿车	井下运输大巷交叉口、乘车场、扒车事故多发地段	引用 GB 14161
2-7		禁止扒、登、跳人车	井下巷道，每隔 50 m 设一个	
2-8		禁止登钩	串车提升斜井上下口	
2-9		禁止跨、乘输送带	链板、带式输送机、钢丝绳牵引运输不许跨越的地方，间隔 30 m 设置	
2-10		禁止井下攀牵线缆	井下敷有电缆、信号线等巷道内	引用 GB 14161

表 2（续）

编号	符 号	名 称	设置地点	说 明
2-11		禁止入内	井下封闭区、瓦斯区、盲巷、废弃巷道及禁止人员入内的地点	
2-12		禁止停车	井下禁止停放车辆的地段	
2-13		禁止驶入	线路终点和禁止机车驶入地段	引用 TGB 5768
2-14		禁止通行	井下危险区、爆破警戒处、不兼作行人的绞车道、材料道及禁止行人的通道口等	引用 GB 2894
2-15		禁止穿化纤服装入井	人员出入的井口	

表2（续）

编号	符号	名称	设置地点	说明
2-16		禁止放明炮、糊炮	井下采掘爆破工作面	
2-17		禁止井下睡觉	井下各工序岗位和作业区	
2-18		禁止同时打开两道风门	井下巷道风门处	
2-19		禁止井下随意拆卸矿灯	入井口、井下工作面	

5 警告标志

5.1 警告标志的基本形状为等边三角形，顶角朝上，如图2所示。

5.2 警告标志的颜色为黄底、黑边、黑图形符号。

5.3 警告标志的基本尺寸应根据最大观察距离确定，按表3选取。

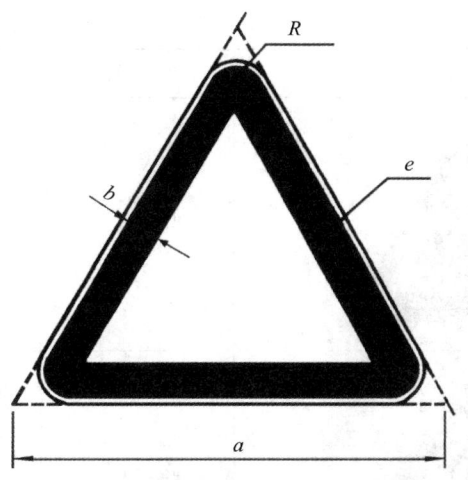

图 2 警告标志的基本形状

表 3 警告标志尺寸与最大观察距离的关系

种 类	逆向反射标志	
最大观察距离/m	10	15
三角形边长 a/mm	340	510
黑边宽度 b/mm	30	30
黑边圆角半径 R/mm	17	26
黄边宽度 e/mm	5	7

5.4 警告标志的种类及设置地点。

警告标志的种类、名称、设置地点见表4。

表 4 警告标志的种类、名称及设置地点

编号	符 号	名 称	设置地点	说 明
4-1		注意安全	提醒人们注意安全的场所及设置安置的地方	引用 GB 2894
4-2		当心瓦斯	井下瓦斯集聚地段、盲巷口、瓦斯抽放地点、巷道冒高处	引用 GB 2894

表 4（续）

编号	符　号	名　称	设置地点	说　明
4-3		当心冒顶	井下冒顶危险区、巷道维修地段	引用 GB 2894
4-4		当心火灾	井下仓库、爆炸材料库、油库、带式输送机、充电室和有发火预兆的地点	引用 GB 2894
4-5		当心水灾	井下有透水或水患地点	引用 GB 14161
4-6		当心煤（岩）与瓦斯突出	井下煤（岩）与瓦斯突出危险作业区	
4-7		当心有害气体中毒	井下 CH_4、CO、H_2S、NO_x 等有害气体危险地点	引用 GB 14161
4-8		当心爆炸	爆炸材料库、运送炸药、雷管的容器和设备上	引用 GB 2894

表 4（续）

编号	符号	名称	设置地点	说明
4-9		当心触电	有触电危险部位	引用 GB 2894
4-10		当心坠落	建井施工、井筒维修及井内高空作业处	引用 GB 2894
4-11		当心坠入溜井	井下溜煤眼、溜矿井、溜矿仓	引用 GB 14161
4-12		当心发生冲击地压	井下有冲击地压的作业区域	
4-13		当心片帮滑坡	井下有片帮、滑坡危险地段	引用 GB 14161
4-14		当心矿车行驶	井下行人巷道与运输巷道交叉处、井下兼行人的倾斜运输巷道内	引用 CB 14161

表 4（续）

编号	符号	名称	设置地点	说明
4-15		当心绊倒	井下地面有障碍物，绊倒易造成伤害的地方	引用 GB 16179
4-16		当心滑跌	井下巷道有易造成伤害的滑跌地点	引用 GB 16179
4-17		当心交叉道口	井下巷道交叉口处	引用 GB 14161
4-18		当心弯道	井下巷道拐弯处	引用 GB 14161
4-19		当心道路变窄（左、右、正向）	井下巷道前方变窄的地段	引用 CB 5768

6 指令标志

6.1 指令标志基本形状为圆形，如图 3 所示。

6.2 指令标志的颜色为蓝底、白图形符号。

6.3 指令标志的基本尺寸应根据最大观察距离确定，按表 5 选取。

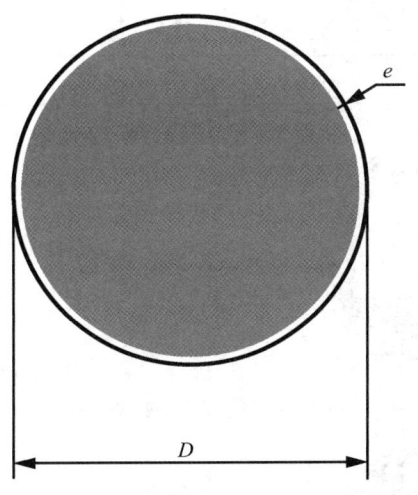

图 3 指令标志基本形状

表 5 指令标志尺寸与最大观察距离的关系

种 类	逆向反射标志	
最大观察距离/m	10	15
圆形直径 D/mm	250	375
白边宽度 e/mm	5	7

6.4 指令标志的种类及设置地点。

指令标志的种类、名称、设置地点见表6。

表 6 指令标志的种类、名称及设置地点

编号	符 号	名 称	设置地点	说 明
6-1		必须戴安全帽	人员出入井口、更衣房、矿灯房等醒目地方	引用 GB 14161
6-2		必须携带自救器	入井口处、更衣室、领自救器房等醒目地方	引用 GB 14161

表6(续)

编号	符 号	名 称	设置地点	说 明
6-3		必须携带矿灯	入井口处、更衣房、矿灯房等醒目地方	引用 GB 14161
6-4		必须穿带绝缘保护用品	井下变配电所(硐室)	引用 GB 14161
6-5		必须系安全带	建井施工处、井筒检修地点	引用 GB 2894
6-6		必须戴防尘口罩	井下打眼施工、炮烟区	引用 GB 2894
6-7		必须桥上通过	井下设有人行桥的地方	引用 GB 14161

表6（续）

编号	符号	名称	设置地点	说明
6-8		必须走人行道	井下人行道两端	引用 GB 14161
6-9		鸣笛	井下机车通过巷道交叉处、道岔口和弯道前20～30 m鸣笛处	引用 GB 5768
6-10		必须加锁	剧毒品、危险品库房等地点	引用 GB 16179
6-11		必须持证上岗	井口、配电室、炸药库等必须出示上岗证的地点	

7 路标、名牌、提示标志

7.1 路标、名牌、提示标志的基本形状为长方形，如图4所示。

7.2 路标、名牌、提示标志的颜色为绿底（红底或黄底）、白图案（黑图案），白字或黑字。

7.3 路标、名牌、提示标志的基本尺寸应根据最大观察距离确定，按表7选取路标牌的尺寸根据实际需要可按比例放大。

图 4 路标、名牌、提示标志的基本形状

表 7 提示标志尺寸与最大观察距离的关系

种 类	逆向反射标志	
最大观察距离/m	10	15
短边长度 b/mm	220	320
长边宽度 l/mm	330	480
白边宽度 e/mm	5	7

7.4 路标、名牌、提示标志的种类及设置地点。

路标、名牌、提示标志的种类、名称、设置地点见表 8。

表 8 路标、名牌、提示标志的种类、名称及设置地点

编号	符 号	名 称	设置地点	说 明
8-1		紧急出口（左、右向）	设在井下采区安全出口路线上（间隔100 m）和改变方向处	引用 GB 2894
8-2		电话	井下通往电话的通道上	引用 GB 3818

表8（续）

编号	符　号	名　称	设置地点	说　明
8-3		躲避硐	井下通往躲避硐室的通道及躲避硐室入口处	引用 GB 2894
8-4		急救站	井下通往急救站通道上	引用 GB/T 10001
8-5		爆破警戒线	井下爆破警戒线处	引用 GB 14161
8-6		危险区	井下火灾、瓦斯、水患等危险区附近	引用 GB 14161
8-7		沉陷区	井下地表沉陷滑落区	引用 GB 14161

表 8（续）

编号	符 号	名 称	设置地点	说 明
8-8	前方慢行 ←	前方慢行	井下风门、交叉道口、弯道、车场、翻罐等须减速慢行地点	引用 GB 14161
8-9	进风巷道 ←	进风巷道	井下进风巷道	
8-10	回风巷道 ←	回风巷道	井下回风巷道	引用 GB 14161
8-11	运输巷道 ←	运输巷道	井下运输巷道	
8-12	正在检修 不准送电	指示牌	根据需要自行设置	

表8（续）

编号	符　　号	名　称	设置地点	说　　明
8-13	←　××水平　→ ××石门 ××石门 ××石门	路标	自行设置	引用 GB 14161
8-14	避火灾、瓦斯爆炸路线 ←	避火灾、瓦斯爆炸路线	井下躲避火灾、瓦斯、煤尘爆炸的通道上	
8-15	避水灾路线 ←	避水灾路线	井下躲避水灾的通道上	
8-16	避有毒有害气体路线 ←	避有毒有害气体路线	井下躲避有毒有害气体路线的通道上	
8-17	永久密闭 编号： 材料： 时间：	永久密闭	井下废巷、盲巷入口处	

1407

表8（续）

编号	符号	名称	设置地点	说明
8-18	测风牌 断面　CH_4 风速　CO_2 风量　温度 地点　湿度 时间　测风员	测风牌	井下掘进、采煤工作面等处	
8-19	炮检牌 浓度＼时间　装药前　放炮前　放炮后 CH_4 CO_2 地点　班次 时间　瓦检员	炮检牌	井下采、掘工作面等要求设置的地点	
8-20	瓦斯巡检牌 浓度＼次数　一次　二次　三次 CH_4 CO_2 地点 时间	瓦斯巡检牌	井下采、掘工作面等要求设置的地点	

8 补充标志

8.1 文字补充标志的规定

8.1.1 文字补充标志是将主标志的名称用黑体字横写在矩形的底板上。文字补充标志必须与主标志联用，单独使用没有任何安全含义。

8.1.2 文字补充标志基本形式是矩形边框，放在主标志下方，也可放在左方或右方，如图5、图6所示。

8.1.3 文字补充标志的底色应与联用的主标志底色相统一，其文字的颜色，除警告标志用黑色外，其他标志均为白色。

8.1.4 文字补充标志为矩形，长边等于圆的直径或三角形边长，宽等于长边的五分之一。如与方向补充标志联用，其尺寸宽为标志的二分之一，长为标志的三分之一。

8.2 方向补充标志的规定

8.2.1 方向补充标志图形符号是箭头，它应指示被联用主标志所表示意义的方向，必须与主标志联用，单独使用没有任何安全含义。

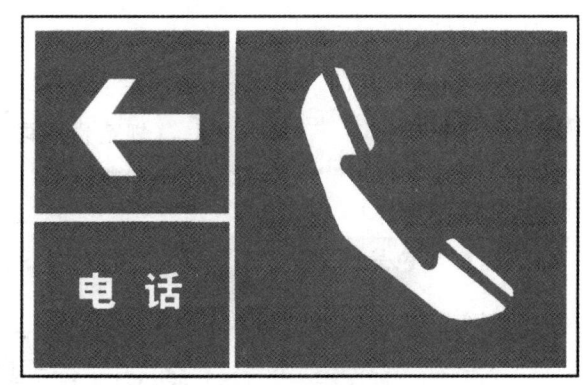

图 5 文字补充标志的位置
（在主标志下方）

图 6 文字补充标志的位置
（在主标志左方）

8.2.2 方向补充标志如系指示左向（包括左上、左下）则放在主标志的左侧，如系指示右向（包括右上、右下）则放在主标志的右侧，如图 6 所示。

8.2.3 方向补充标志的底色和箭头颜色应与联用主标志的颜色相统一。

8.2.4 方向补充标志的尺寸，宽为标志的二分之一，长为标志的三分之一。

9 颜色

本标准使用的安全色及其安全含义应符合 GB 6527.2 的规定。颜色范围和光反射比应符合 GB 8416 的规定，逆向反射材料的反射系数应符合表 A.3、表 A.4 的规定，见附录 A（规范性附录）。

10 煤矿井下安全标志牌的制作与检验

10.1 煤矿井下安全标志牌应按本标准规定制作。制作图示例见附录 B（资料性附录）。应采用逆向反光材料。一般选用金属或塑料为底板。有触电危险场所的标志牌，应使用绝缘材料制作。

10.2 煤矿安全标志牌必须经具有国家规定资质的生产企业生产并经具有资质的检测检验机构检查合格后方可使用。

10.3 本标准所涉及的产品用于煤矿井下，材质必须具有防腐、阻燃、抗老化的性能。

10.4 本标准所涉及的颜色，必须符合 GB 6527.2 所规定色差范围，为使安全色卡达到最佳的分辨率和一律的色度，以便使人们能准确、迅速地辨认，更好地提高人们对不安全因素的警惕，使色觉正常和异常者均能认清，应选择最佳色度范围，确定安全基准色。

11 煤矿井下安全标志牌的设置与管理

11.1 煤矿井下安全标志牌位置应设在与安全有关的明显的地方，并保证人们有足够的时间注意它所表示的内容。

11.2 煤矿井下安全标志牌应定期清洗，每季至少检查一次。如有变形、损坏、变色、图形符号脱落、亮度老化等现象应及时修理或更换。

11.3 煤矿井下安全标志牌由煤炭生产企业设置和维护。

附 录 A
（规范性附录）
颜 色 范 围

A.1 色品坐标与色品图

色品坐标见表 A.1。色品图如图 A.1 所示。

表 A.1 色品坐标

颜 色		色 品 坐 标							
		1		2		3		4	
		x	y	x	y	x	y	x	y
逆向反射物色	红	0.690	0.310	0.658	0.342	0.597	0.313	0.595	0.315
	黄	0.531	0.468	0.464	0.534	0.427	0.483	0.477	0.433
	绿	0.007	0.702	0.026	0.399	0.177	0.362	0.248	0.409
	蓝	0.078	0.170	0.137	0.038	0.210	0.247	0150	0.220
	白	0.350	0.360	0.300	0.310	0.290	0.320	0.340	0.370

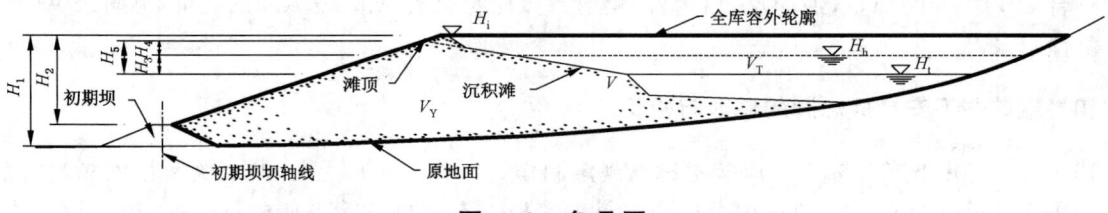

图 A.1 色品图

A.2 光反射比

安全标志逆向反射物各种颜色的光反射比范围应符合表 A.2 的规定。

表 A.2 光反射比

颜 色	逆向反射物的光反射比/%
红	>5
黄	>27
绿	>4
蓝	>1
白	>35
黑	

A.3 逆向反射系数

逆向反射系数(在平面反光材料的表面上):该系数是在观察方向上,一种材料的反光强度(I)对垂直入射光照度(E_1)和该反射面积(A)乘积之比。用符号R'表示。

$$R' = \frac{I}{E_1 \times A} \quad \cdots\cdots\cdots\cdots\cdots\cdots\cdots\cdots\cdots (A.1)$$

逆向反射系数值是逆向反射材料的重要光学特性,其逆向反射系数最低值应符合表A.3(一级品)、表A.4(二级品)的规定。

表 A.3 逆向反射系数最低值(一级品)

观察角	入射角	白	黄	红	绿	蓝
12′	5°	250	170	35	20	20
	30°	200	120	30	15	15
	40°	110	70	15	6	8
20′	5°	180	122	25	21	14
	30°	100	67	14	11	7
	40°	95	64	13	11	7
2°	5°	5	3	0.8	0.6	0.2
	30°	2.5	1.5	0.4	0.3	0.1
	40°	1.5	1.0	0.3	0.2	0.06

表 A.4 逆向反射系数最低值(二级品)

观察角	入射角	白	黄	红	绿	蓝
12′	5°	70	50	12	5.0	4.0
	30°	50	35	10	3.0	3.0
	40°	15	8.0	3.0	1.0	1.0
20′	5°	50	35	10	7.0	2.0
	30°	24	16	4.0	3.0	1.0
	40°	9.0	6.0	1.8	1.2	0.4
2°	5°	5.0	3.0	0.8	0.6	0.2
	30°	2.5	1.5	0.4	0.3	0.1
	40°	1.5	1.0	0.3	0.2	0.06

附 录 B
(资料性附录)
煤矿安全标志牌制作图示例

B.1 煤矿安全标志牌制作图示例如图B.1～图B.5所示。

图 B.1　标志牌制作图示例 1

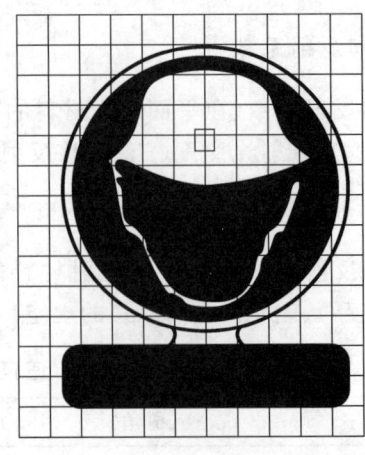

图 B.2　标志牌制作图示例 2

图 B.3　标志牌制作图示例 3

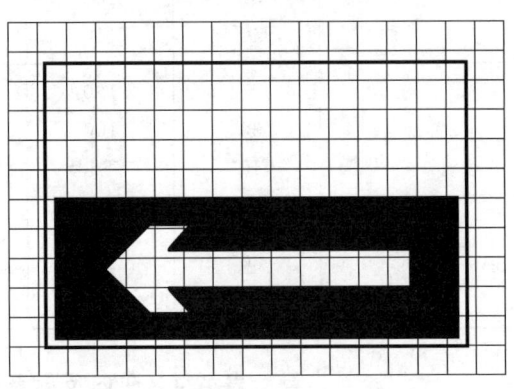

图 B.4　标志牌制作图示例 4

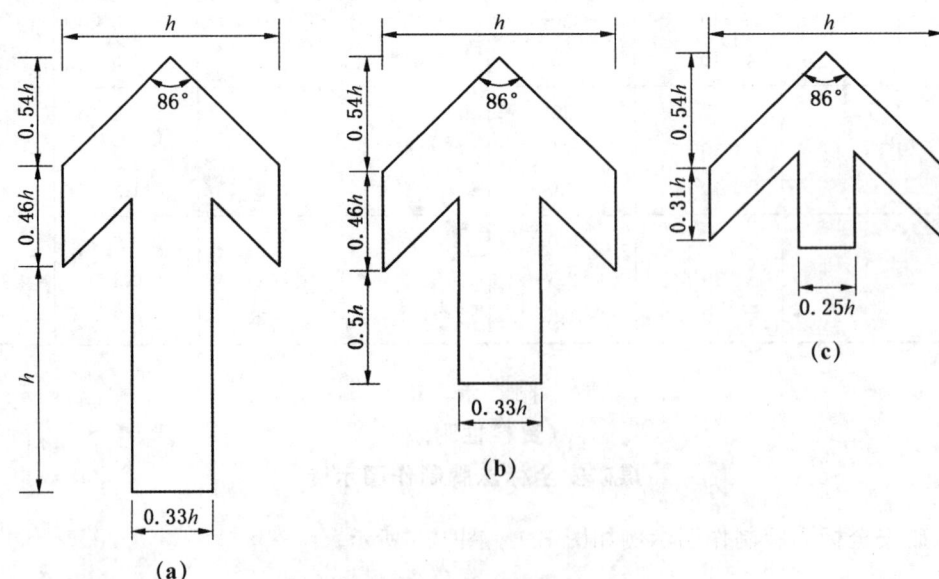

图 B.5　标志牌制作图示例 5

(2)煤矿设备、装置与系统

煤矿用带式输送机 安全规范(GB 22340—2008)

前 言

本标准的全部技术内容为强制性。

本标准修改采用 ISO 1819:1977《连续搬运设备 安全规范 总则》(英文版)。

本标准根据 ISO 1819:1977 重新起草。为了方便比较,在附录 A 中列出了本标准章条编号和 ISO 1819:1977 章条编号的对照一览表。

由于我国法律要求和工业的特殊需要,本标准在采用 ISO 1819:1977 时进行了修改。这些技术性差异用垂直单线标识在它们所涉及的条款的页边空白处。在附录 B 中给出了这些技术性差异及其原因的一览表以供参考。

本标准的附录 A、附录 B 均为资料性附录。

本标准由国家安全生产监督管理总局提出。

本标准由全国安全生产标准化技术委员会归口。

本标准起草单位:煤炭科学研究总院上海分院。

本标准主要起草人:李云海、陈珏、乐卫良、张健、潘发生。

引 言

0.1 煤矿安全生产是煤炭工业可持续发展的重要组成部分。因此,有必要对煤矿用带式输送机(以下简称输送机)的正确设计、制造、安装、使用和维护作出规定,以保证输送机最有效地使用,并尽量防止由于使用不当而产生的任何事故或灾难。

0.2 由于我国地域辽阔,煤矿分布面广,地质、气候等环境条件相差很大。对各种工况下使用输送机的安全规则均作出规定是不合理的,本标准提出的在正常工作条件下适用的安全规则已足以起到规范市场、减少事故发生的作用。

0.3 本标准只适用于正确设计,精心制造和安装的输送设备。

这种输送机是根据被输送产品或物料的特性选定的,并适合于其工作条件。

如果输送机用于输送危险、有毒或有害物料,用户应通知制造厂,必要时还应通知安装单位,并说明应遵守的专用安全规范。

1 范围

本标准规定了煤矿用带式输送机设计、制造、安装、使用和维护的安全要求。

本标准适用于煤矿井下用带式输送机,也适用于有爆炸性危险的露天煤矿、选煤等工作场所用带式输送机,不适用于钢丝绳牵引带式输送机。

2 规范性引用文件

下列文件中的条款通过本标准的引用而成为本标准的条款。凡是注日期的引用文件,其随后所有的修改单(不包括勘误的内容)或修订版均不适用于本标准,然而,鼓励根据本标准达成协议的各方研究是否可使用这些文件的最新版本。凡是不注日期的引用文件,其最新版本适用于本标准。

GB 3836.1 爆炸性气体环境用电气设备 第1部分:通用要求(GB 3836.1—2000,eqv IEC 60079-0:1998)

GB 3836.2 爆炸性气体环境用电气设备 第2部分:隔爆型"d"(GB 3836.2—2000,eqv IEC 60079-1:1990)

GB 3836.3 爆炸性气体环境用电气设备 第3部分:增安型"e"(GB 3836.3—2000,eqv IEC 60079-7:1990)

GB 3836.4 爆炸性气体环境用电气设备 第4部分:本质安全型"i"(GB 3836.4—2000,eqv IEC 60079-11:1999)

GB/T 13561.3—1992 港口连续装卸设备安全规程 带式输送机

MT 113 煤矿井下用聚合物制品阻燃抗静电性通用试验方法和判定规则

MT 450 煤矿用钢丝绳芯输送带阻燃抗静电性试验方法和判定规则

MT 668 煤矿用阻燃钢丝绳芯输送带技术条件

MT 820 煤矿用带式输送机 技术条件

MT 830 煤矿用织物叠层阻燃输送带

MT 872 煤矿用带式输送机保护装置技术条件

MT 914 煤矿用织物整芯阻燃输送带

煤矿安全规程(国家煤矿安全监察局)

3 术语和定义

下列术语和定义适用于本标准。

3.1
正常工作条件 normal working conditions

由使用输送机的有关各方一致同意的规定条件。它是由用户规定并在订货时制造厂同意的,或者是在制造厂印刷标准产品样本时规定的条件。

3.2
人员 personnel

操作输送机本身的人员和法定可在附近停留的人员。

4 基本要求

4.1 输送机的设计、制造和使用应严格执行《煤矿安全规程》的规定,并符合 GB/T 13561.3—1992 中第3章的规定。

4.2 输送机的技术要求应符合 MT 820 的规定。

4.3 输送机的使用条件必须满足其正常工作条件。对有特殊要求的输送机,应另行规定相应的专用安全规则。

4.4 输送机及配套的主要部件应符合相应的技术条件及安全规程。

5 安全规则

5.1 设计和制造阶段

5.1.1 应保证输送机在所有正常工作条件下的稳定性和强度,还应包括签约各方同意的气候条件。

5.1.2 在整个输送机线路上,特别是在装载、卸载或转载点,应能防止输送物料的溢出。

5.1.3 输送机应充分考虑到输送物料的特性,使输送机在正常的工作条件下不应发生滚料、洒料现象。

5.1.4 输送机必须使用阻燃输送带,其安全性能和技术要求应:
——钢丝绳芯输送带符合 MT 668 和 MT 450 的规定;
——织物叠层输送带符合 MT 830 的规定;
——织物整芯输送带符合 MT 914 的规定。

5.1.5 非金属材料的零(部)件,其安全性能应符合 MT 113 的规定。

5.1.6 输送带应具有适合规定输送量和输送物料的宽度。如果需要,在装载点或卸载点装设导料板或调心装置。

5.1.7 与输送机配套的电动机、电控设备及电器保护设备必须符合 GB 3836.1~3836.4 的规定。

5.1.8 输送机任何零部件的表面最高温度不得超过 150 ℃。机械摩擦制动时,不得出现火花现象。

5.1.9 输送机必须装设打滑、烟雾、堆煤、温度保护及防跑偏、飞车、超温洒水等机械电气安全保护装置。其性能应符合 MT 872 的规定。

5.1.10 在主要运输巷道内使用的输送机应装设输送带张紧力下降保护装置和防撕裂保护装置。

5.1.11 输送机长度超过 100 m 时,应在输送机人行道一侧设置沿线紧急停车装置,这些装置只能在故障排除后由专人调整。

5.1.12 所有可能发生超速或逆转的倾斜输送机必须装设安全可靠的制动装置或逆止装置。制动装置或逆止装置应满足如下要求:

a) 各种型式的制动系统在正常制动和停电紧急制动时,应满足:
　　1) 制动加速度为 $-(0.1\sim0.3)\,\mathrm{m/s^2}$。
　　2) 制动系统中制动装置的制动力矩不得小于该输送机所需制动力矩的 1.5 倍。
　　3) 频繁制动(10 次/h)时温度:
　　　——液力制动:介质液温不得超过 85 ℃;
　　　——电制动:绕组温度不得超过 100 ℃(绕组为 F 级绝缘时);
　　　——机械摩擦制动:摩擦表面温度不得超过 150 ℃。

b) 制动轮装配后,应保证闸瓦在松闸状态下,闸瓦不接触制动轮表面。制动时,闸瓦与制动轮的接触面积不低于 90%。

c) 闸瓦式制动器装配后,应保证各油缸中心线和主轴中心线平行。在松闸状态下,闸瓦与制动盘的间隙为 1 mm。制动时,闸瓦与制动盘的接触面积不低于 80%。

d) 逆止装置的额定逆止力矩应大于输送机所需逆止力矩的 1.5 倍。

e) 逆止装置的设置,不得影响减速器正常运转。

5.1.13 在一台输送机上采用多台机械逆止器时,如果不能保证均匀分担载荷,则每台逆止器都必须满足整台输送机所需的逆止力矩。

5.1.14 输送机应采用软起动装置,软起动装置的起动加速度应在 $0 \text{ m/s}^2 \sim 0.2 \text{ m/s}^2$ 范围内。

5.1.15 矿用安全型和限矩型偶合器不允许使用可燃性传动介质。调速型液力偶合器使用油介质时必须确保良好的外循环系统和完善的超温保护措施,并符合相应的检验规范。

5.1.16 张紧装置应保证输送机起动、制动和正常运转时所需的张力。

5.1.17 输送机电控系统应具有起动预告(声响或灯光信号)、起动、停止、紧急停机、系统连锁及沿线通讯等功能,其他功能宜按输送机的设计要求执行。

5.1.18 电气设备的主回路要求有电压、电流仪表指示器,并有欠压、短路、过流(过载)、缺相、漏电、接地等项保护及报警指示。

5.1.19 输送机的前后配套设备应采用联锁装置,不允许任何一台设备向另一台非工作状态或已满载的设备供料。

5.1.20 输送机可移动部件(如伸缩机构或张紧装置等)在极限位置上,必须设置安全挡块以限制其规定的行程。用于升降的移动部件及装置必须装有能防止意外降落的安全装置,并加设防护装置,防止人员进入其下方位置。

5.1.21 在输送机运动部件(如联轴器、输送带与托辊、滚筒等)易咬入或挤夹的部位,如果是人员易于接近的地方,都应加以防护。

5.1.22 如果输送机线路上存在剪切、挤压点或挤压区(如凸弧段处或接近固定部件处),应加保护装置(如固定栅格等)。

5.1.23 在封闭的设备里,通往运动部件的开口均应加保护罩。该保护罩应用手动工具拆卸或锁紧,或与输送机的驱动装置联锁。在设备运转时必须打开的保护罩应增设适当的固定栅格以防触及。

5.1.24 所有常用的润滑点和检查孔应易于接近,并在作业或检查时不需拆卸防护罩。

5.1.25 设计时应使输送机各主要部件便于清扫。

5.1.26 对移动式输送机和附加的移动设备的轮子在正常工作条件下人员容易接近的部位应加以防护。

5.1.27 输送机应避免锐利的边缘和棱角。

5.1.28 移动式输送机的凸出部分应尽可能的小。

5.1.29 输送机结构应保证:易损部件和零件便于更换;驱动装置不需拆除驱动滚筒即可安装和更换(电动滚筒除外)。

5.1.30 输送机的制造必须按规定程序批准的图样和技术文件进行,质量不合格的产品不允许出厂和使用。

5.2 安装阶段(布置、安装和投入使用)

5.2.1 所有零、部件应经检验合格,并进行组装调试后方可出厂进行安装,输送机的安装质量必须满足设计要求。

5.2.2 所有动力设备或全套装置应在明显易见的地方装有永久性和法定性的标牌,并标明:
    a) 产品名称和型号;
    b) 制造或供货者名称;
    c) 制造年份和出厂号。

5.2.3 设备的所有工作台或司机室应保持水平。

5.2.4 所有通道、扶梯、阶梯或平台最少应有 0.5 m 宽的通道,如果输送机的可移动部件与固定障碍物之间的通道宽度小于 0.5 m,应设防护装置。

5.2.5 如果移动式输送机的预定通路和固定障碍物之间的通道自由空间小于 0.5 m,应设防护装置。

5.2.6 高于底板 1.5 m 以上的平台、地板或类似结构物应设有固定的通道。其通道应为带板条的斜坡或阶梯,阶梯与水平的夹角不超过 60°。在采用梯子处,梯子立柱之间的宽度最小应为 0.35 m;在入口侧,梯子与任何连续障碍物之间的自由空间最小应为 0.6 m;在靠近较小宽度的局部障碍物处,此自由空间可减小到 0.4 m;在另一侧,梯子与任何障碍物之间的自由空间最小应为 0.2 m。如果梯子垂直放置,或角度等于或大于 70°,且垂直高度等于或高于 5 m 时,应从离底板 2.5 m 高度处开始设置防护装置(护栏、挡板或其他装置)。

5.2.7 所有平台或通道的底板和阶梯及台阶的踏面应适合输送机的工作条件,且应有防滑措施。

5.2.8 在输送机距底板 2 m 高度以下,人员可以进出的区域内,应避免锋利的突出棱角。否则应加设保护措施。

5.2.9 如果设备下方净空高度小于 1.9 m,建议采用跨越设备的通道。

5.2.10 所有经过批准的通道,如有必要加以防护,应以明显的方式标示。

5.2.11 如果输送机设备伸进坑内或穿过楼层而出现孔口时,应在孔口处设保护栏杆和脚挡板。

5.2.12 如输送机跨越工作台或通道,应设置防止输送物料意外掉落的防护装置。

5.2.13 所有起动和停车装置应清楚地标明并易于接近,建议将它们油漆成统一式样。

5.2.14 建议将所有润滑点油漆成统一式样。

5.2.15 所有通道、扶手拉杆、阶梯、梯子、护栅等均应在输送机投入使用以前装好。

5.2.16 重锤张紧装置附近应采取防护措施,防止人员进入重锤下面的空间。

5.2.17 防护罩应定位牢固,在移动或更换时不需拆卸其他零部件。

5.2.18 在输送机巷道内禁止烧焊,在主要运输巷内烧焊应采取措施并报批后可以进行。输送机机头、机尾和巷道每 50 m 处应设有消火栓,并配备水龙头和足够的灭火器。

5.3 使用和维护阶段

5.3.1 输送机不应用来完成设计规定以外的任务,也不应在非正常工作条件下使用。

5.3.2 用户应注意保证输送机有规律地加料,避免超载。尤其不允许用户在不与设计、制造单位协商的情况下改变装料点位置或增大其输送量以及进行其他影响设备性能的改动。

5.3.3 严禁非载人输送机乘人。对乘人专门设计的输送机,应符合有关运人的专用规则。

5.3.4 输送机的所有部件应设专人定期检查和校验,保证其工作的可靠性。所有装载点、工作站和通道应保持整洁。

5.3.5 输送机主要部件应按制造厂说明书的规定进行良好的保养,对运动部件和清扫装置进行经常性的检查、调整、维护和清扫,这些作业应在设备静止并关闭驱动装置后才能进行。

5.3.6 输送机运转时不允许打开检查孔。

5.3.7 严格输送机专职司机责任制,经常巡回检查输送机的运行状态,如发现异常现象应立即进行修理或更换。这些操作、特别是所有起动的操作必须由经过考核并持有上岗证的人员执行,其他人员一律不得随意操作或干扰设备的正常运转。

5.3.8 沿线停车装置应让全部工作人员了解其功能,装置应操作方便,并定期校验。

5.3.9 输送机正常停机前,须将输送机上的物料全部卸完,方可切断电源。

5.3.10 输送机意外或事故停车再重新起动之前,应预先进行详细检查,弄清停车的原因,并排除故障。

5.3.11 除专门设置的通道外,严格禁止人员跨越输送机设备或从设备下面通过。

5.3.12 在修理防护装置时,应在输送机停车,驱动装置不能起动以后才能进行,重新起动前应装好防护装置。如果不得不在无防护装置的运转设备上进行维修,应有一个人守护着正在工作的人员,守护人应熟悉在意外的情况下采取何种措施,并应紧靠着一个随时可以停车的装置。

5.3.13 除非确认没有危险,严禁在输送机运行时进行润滑。

5.3.14 每台输送机应备有运行、维修记录。

5.3.15 应对输送机的操作和维修人员进行培训,持证上岗。

5.3.16 输送机在运转或使用中的检查和调整作业在设有防护装置的情况下进行,如果不卸除某些防护装置就无法进行所述作业,则应采取必要的防范措施,并严格禁止接近有咬合危险的部位。电气设备的维修和检查必须在断电后进行。

5.3.17 如果拆除防护的部位位于工作区域或过道处,这些区域在设备运转时应围住,防止人员靠近。

附 录 A
(资料性附录)
本标准章条编号和 ISO 1819:1977 章条编号对照

表 A.1 给出了本标准章条编号和 ISO 1819:1977 章条编号对照一览表。

表 A.1 本标准章条编号和 ISO 1819:1977 章条编号对照

本标准章条编号	对应的国际标准章条编号
0.1	1.1 的第 1 段
0.2	—
0.3	0
1	—
3	1.3
4.1	2 的悬置段
4.2	
4.3	1.2 的第 1 段和 0 的第 3 段
4.4	
5.1.1	2.1.1
5.1.2	2.1.2
5.1.3	2.1.3
5.1.4~5.1.10	—

表 A.1（续）

本标准章条编号	对应的国际标准章条编号
5.1.11	2.2.12
5.1.12	2.1.4
5.1.13～5.1.16	—
5.1.17	2.2.13
5.1.18	—
5.1.19	2.2.11
5.1.20	2.1.5
—	2.1.6
5.1.21～5.1.22	2.1.7～2.1.8
—	2.1.9～2.1.10
5.1.23	2.1.11
5.1.24	2.1.12、2.1.13
5.1.25	2.1.14
—	2.1.15
5.1.26	2.1.16
—	2.17～2.18
5.1.27～5.1.28	2.1.19～2.1.20
5.1.29～5.1.30	—
5.2.1	—
5.2.2～5.2.3	2.2.1～2.2.2
5.2.4～5.2.5	2.2.3
5.2.6～5.2.12	2.2.4～2.2.10
5.2.13～5.2.15	2.2.14～2.2.16
—	2.2.17～2.2.18
5.2.16	2.2.19
5.2.17～5.2.18	—
5.3.1～5.3.6	2.3.1～2.3.6
5.3.7	2.3.7、2.3.11
5.3.8	2.3.8
5.3.9	—
5.3.10～5.3.11	2.3.9～2.3.10
5.3.12	2.3.12、2.3.21
5.3.13～5.3.15	2.3.13～2.3.15
—	2.3.16
5.3.16	2.3.17
5.3.17	2.3.18
—	2.3.19～2.3.20

附 录 B
（资料性附录）
本标准和 ISO 1819:1977 技术性差异及其原因

表 B.1 给出了本标准和 ISO 1819:1977 的技术性差异及其原因的一览表。

表 B.1 本标准和 ISO 1819:1977 技术性差异及其原因

本标准的章条编号	技术性差异	原因
1	将 ISO 1819:1977 中 1.1 的第 1 段移至本标准的引言中。将 ISO 1819:1977 中的 1.1 改写为本标准的第 1 章	以符合我国国家标准的编写规定
2	增加引用了相关的安全标准和法规	以适合我国国情
3	将 ISO 1819:1977 中的 1.3 作了编辑性修改	以符合我国国家标准的编写规定
4	将 ISO 1819:1977 中的 1.2 具体化。将 ISO 1819:1977 中引言的一部分移至本标准的第 4 章	适应我国国情和相关法规的要求。此内容属规范性内容，宜安排在标准正文中
5.1.4～5.1.10	增加 5.1.4～5.1.10	以符合我国煤矿安全生产的相关规定
5.1.11	将 ISO 1819:1977 中的 2.2.12 移至本标准的 5.1.11，并修改为"输送机长度超过 100 m 时，应…设置沿线紧急停车装置，…"	此内容应在设计阶段规定。对该条内容作适当修改以符合我国煤矿安全生产的相关规定
5.1.12	增加关于制动装置和逆止装置性能要求的规定	以符合我国煤矿安全生产的相关规定
5.1.13～5.1.16	增加 5.1.13～5.1.16	以符合我国煤矿安全生产的相关规定
5.1.18	增加 5.1.18	以符合我国煤矿安全生产的相关规定
5.1.20	删除 ISO 1819:1977 中 2.1.5 的第 2 段。修改了 ISO 1819:1977 中 2.1.5 的第 1 段	删除和修改的部分内容不适用于带式输送机
—	删除 ISO 1819:1977 中的 2.1.6	我国煤矿用带式输送机无人工加载和(或)卸载的情况
—	删除 ISO 1819:1977 中的 2.1.9	本条在带式输送机系统中不适用

表 B.1（续）

本标准的章条编号	技术性差异	原因
—	删除 ISO 1819:1977 中的 2.1.10	带式输送机上无此类装置
—	删除 ISO 1819:1977 中的 2.1.15	煤矿用带式输送机上无此类装置
—	删除 ISO 1819:1977 中的 2.1.17 和 2.1.18	此内容不适用于带式输送机
5.1.29～5.1.30	增加本标准的 5.1.29 和 5.1.30	以符合我国煤矿安全生产的相关规定
5.2.1	增加本标准的 5.2.1	以符合我国煤矿安全生产的相关规定
5.2.4	删除 ISO 1819:1977 中 2.2.3 的"它们的开口侧面…设备和扶手之间 0.5 米的最小间隙。"	此内容不适用于我国煤矿生产实际情况
5.2.6	删除 ISO 1819:1977 中 2.2.4 的第 4 段	此内容不适用于我国煤矿生产实际情况
—	删除 ISO 1819:1977 中的 2.2.17 和 2.2.18	此内容不适用于带式输送机
5.2.16	将 ISO 1819:1977 中的 2.2.19 修改为"重锤张紧装置附近应设防护措施…"	以适应我国煤矿生产实际情况
5.2.17～5.2.18	增加本标准的 5.2.17～5.2.18	以符合我国煤矿安全生产的相关规定
5.3.2	删除 ISO 1819:1977 中 2.3.2 的第 2 段	此内容不适用于我国煤矿用带式输送机
5.3.7	增加"经常巡回检查输送机的运行状态，如发现异常现象应立即进行修理或更换"	以符合我国煤矿安全生产的相关规定
5.3.9	增加本标准的 5.3.9	以符合我国煤矿生产实际情况
—	删除 ISO 1819:1977 中的 2.3.16	此内容已包含在本标准的 5.3.1 中
—	删除 ISO 1819:1977 中的 2.3.19、2.3.20	此内容不适用于煤矿用带式输送机

煤矿安全监控系统及检测仪器使用管理规范
（AQ 1029—2019）

前　　言

本标准的全部技术内容为强制性条款。

本标准按照 GB/T 1.1—2009 给出的规则起草。

本标准代替 AQ 1029—2007《煤矿安全监控系统及检测仪器使用管理规范》。与 AQ 1029—2007 相比主要技术变化如下：

——增加了风向传感器、粉尘传感器、线缆、光学甲烷检测仪、甲烷断电仪的术语和定义（见 3.20、3.21、3.23、3.25、3.26）；

——增加了支持多网、多系统融合，伪数据标注及异常数据分析，瓦斯涌出、火灾等的预测预警，瓦斯超限、断电等需立即撤人的紧急情况下，可自动与应急广播、通信、人员位置监测等系统应急联动的功能（见 4.6、4.9、4.10）；

——增加了煤矿安全监控系统主干线缆应当分设两条（见 5.2）；

——删除了有专用排瓦斯巷的采煤工作面甲烷传感器的设置（见 2007 年版的 6.3.3）；

——增加了掘锚一体机、连续采煤机、梭车、锚杆钻车、钻机应设置机载式甲烷断电仪或便携式甲烷检测报警仪（见 6.3.4）；

——删除了设在回风流中的机电硐室进风侧必须设置甲烷传感器（见 2007 年版的 6.6）；

——增加了风向传感器的设置（见 7.4）；

——增加了压风机应设置温度传感器（见 7.7.4）；

——增加了煤矿粉尘传感器的设置（见 7.8）；

——删除了"煤矿安全监控系统的分站、传感器等装置在井下连续运行 6 个月～12 个月，必须升井检修"的规定（见 2007 年版的 8.3.7）；

——删除了 2007 年版的附录 A。

本标准的附录 A 为规范性附录。

请注意本文件的某些内容可能涉及专利，本文件的发布机构不承担识别这些专利的责任。

本标准由中华人民共和国应急管理部提出。

本标准由全国安全生产标准化技术委员会煤矿安全分技术委员会（SAC/TC 288/SC 1）归口。

本标准起草单位：中国矿业大学（北京）、江苏三恒科技股份有限公司、中国煤炭科工集团常州研究院有限公司、兖矿集团有限公司、山西煤炭运销集团信息工程有限公司。

本标准主要起草人：孙继平、张元刚、胡穗延、钱晓红、赵旭宏、刘毅、田子建、陶德保。

本标准所代替标准的历次版本发布情况为：

——AQ 1029—2007。

1 范围

本标准规定了煤矿安全监控系统及检测仪器的装备、设计和安装、传感器设置、使用与维护、系统及联网信息处理、管理制度与技术资料等要求。

本标准适用于全国井工煤矿,包括生产、新建和改、扩建矿井。

2 规范性引用文件

下列文件对于本文件的应用是必不可少的。凡是注日期的引用文件,仅注日期的版本适用于本文件。凡是不注日期的引用文件,其最新版本(包括所有的修改单)适用于本文件。

AQ 6201　煤矿安全监控系统通用技术要求

MT/T 423　空气中甲烷校准气体技术条件

3 术语和定义

下列术语和定义适用于本文件。

3.1

煤矿安全监控系统　coal mine safety monitoring system

具有模拟量、开关量、累计量采集、传输、存储、处理、显示、打印、声光报警、控制等功能,用于监测甲烷浓度、一氧化碳浓度、风速、风压、温度、烟雾、馈电状态、风门状态、风筒状态、局部通风机开停、主要通风机开停等,并实现甲烷超限声光报警、断电和甲烷风电闭锁控制等,由主机、传输接口、分站、传感器、断电控制器、声光报警器、电源箱、避雷器等设备组成的系统。

3.2

传感器　transducer

将被测物理量转换为电信号输出的装置。

3.3

甲烷传感器　methane transducer

连续监测矿井环境气体中及抽放管道内甲烷浓度的装置,一般具有显示及声光报警功能。

3.4

风速传感器　air velocity transducer

连续监测矿井通风井巷中风速大小的装置。

3.5

风压传感器　wind pressure transducer

连续监测矿井通风机、风门、密闭巷道、通风巷道等地点通风压力的装置。

3.6

一氧化碳传感器　carbon monoxide transducer

连续监测矿井中一氧化碳浓度的装置。

3.7

温度传感器　temperature transducer

连续监测矿井环境温度高低的装置。

3.8
烟雾传感器 smoke transducer

连续监测矿井中带式输送机输送带等着火时产生的烟雾浓度的装置。

3.9
设备开停传感器 on off status sensor for electromechanical equipment

连续监测矿井中机电设备"开"或"停"工作状态的装置。

3.10
风筒传感器 air pipe transducer

连续监测局部通风机风筒"有风"或"无风"状态的装置。

3.11
风门开关传感器 open/close sensor for air door

连续监测矿井中风门"开"或"关"状态的装置。

3.12
馈电传感器 feed transducer

连续监测矿井中馈电开关或电磁起动器负荷侧有无电压的装置。

3.13
执行器（含声光报警器及断电控制器） actuator

将控制信号转换为被控物理量的装置。

3.14
声光报警器 acousto-optic alarm

能发出声光报警的装置。

3.15
断电控制器 switching off controller

控制馈电开关或电磁起动器等的装置。

3.16
分站 substation

煤矿安全监控系统中用于接收来自传感器的信号，并按预先约定的复用方式远距离传送给传输接口，同时，接收来自传输接口多路复用信号的装置。分站还具有线性校正、超限判别、逻辑运算等简单的数据处理、对传感器输入的信号和传输接口传输来的信号进行处理的能力，控制执行器工作。

3.17
主机 host

一般选用工控微型计算机或普通微型计算机、双机或多机备份。主机主要用来接收监测信号、校正、报警判别、数据统计、磁盘存储、显示、声光报警、人机对话、输出控制、控制打印输出、与管理网络连接等。

3.18
馈电异常 abnormal feed

被控设备的馈电状态与系统发出的断电命令或复电命令不一致。

3.19

瓦斯矿井 gassy colliery

只要有一个煤(岩)层发现瓦斯,该矿井即为瓦斯矿井。瓦斯矿井依照矿井瓦斯等级进行管理,分为低瓦斯矿井、高瓦斯矿井和煤与瓦斯突出矿井。

3.20

风向传感器 transducer of the direction of wind

连续监测风向的装置。

3.21

粉尘传感器 transducer of dust

连续监测煤尘和矿尘的装置。

3.22

便携式甲烷检测报警仪 portable methane detection alarming device

具有甲烷浓度数字显示、超限报警的携带式仪器,包括具有无线传输功能的携带式甲烷检测报警仪。

3.23

线缆 signal cable

用于传输监控等信号的电缆或光缆。

3.24

甲烷检测报警矿灯 digital methane detect and alarm head lamp

具有甲烷浓度数字显示、超限报警功能的携带式照明灯具,包括具有无线传输功能的携带式照明灯具。

3.25

光学甲烷检测仪 optical methane detector

采用光学原理检测甲烷浓度的便携式仪器。

3.26

甲烷断电仪 methane breaker

井下甲烷浓度超限时,能自动切断被控设备电源的装置。

4 一般要求

4.1 矿井应装备煤矿安全监控系统。

4.2 煤矿安全监控系统应 24 h 连续运行。

4.3 煤矿安全监控系统及设备应符合 AQ 6201 的规定。传感器稳定性应不小于 15 d。采掘工作面气体类传感器防护等级不低于 IP65,其余不低于 IP54。突出矿井在采煤工作面进、回风巷,煤巷、半煤岩巷和有瓦斯涌出的岩巷掘进工作面回风流中,采区回风巷、总回风巷设置的甲烷传感器必须是全量程或者高低浓度甲烷传感器,宜采用激光原理甲烷传感器。

4.4 煤矿安全监控系统传感器的数据或状态应传输到地面主机。

4.5 煤矿应按矿用产品安全标志证书规定的型号、安全标志编号选择监控系统的传感器、断电控制器等关联设备。

4.6 煤矿安全监控系统应支持多网、多系统融合,实现井下有线和无线传输网络的有机融合。煤矿安全监控系统应与上一级管理部门联网。

4.7 矿长、矿技术负责人、爆破工、采掘区队长、通风区队长、工程技术人员、班长、流动电钳工、安全监测工下井时,应携带便携式甲烷检测报警仪或甲烷检测报警矿灯。瓦斯检查工下井时应携带便携式甲烷检测报警仪和光学甲烷检测仪。

4.8 煤矿采掘工、打眼工、在回风流工作的工人下井时宜携带甲烷检测报警矿灯。

4.9 煤矿安全监控系统应具有伪数据标注及异常数据分析,瓦斯涌出、火灾等的预测预警,多系统融合条件下的综合数据分析,可与煤矿安全监控系统检查分析工具对接数据等大数据分析与应用功能。

4.10 煤矿安全监控系统应具有在瓦斯超限、断电等需立即撤人的紧急情况下,可自动与应急广播、通信、人员位置监测等系统应急联动的功能。

5 设计和安装

5.1 煤矿编制采区设计、采掘作业规程和安全技术措施时,应对安全监控设备的种类、数量和位置,信号线缆和电源电缆的敷设,断电区域等作出明确规定,并绘制布置图和断电控制图。煤矿安全监控系统设备布置图应以矿井通风系统图为底图,断电控制图应以矿井供电系统图为底图。

5.2 煤矿安全监控系统主干线缆应当分设两条,从不同的井筒或者一个井筒保持一定间距的不同位置进入井下。安全监控系统不得与图像监视系统共用同一芯光纤。系统应具有防雷电保护,入井线缆的入井口处和中心站电源输入端应具有防雷措施。

5.3 井下分站应设置在便于人员观察、调试、检验及支护良好、无滴水、无杂物的进风巷道或硐室中,安设时应垫支架,或吊挂在巷道中,使其距巷道底板不小于 300 mm。

5.4 隔爆兼本质安全型防爆电源设置在采区变电所,不得设置在断电范围内:
   a) 低瓦斯和高瓦斯矿井的采煤工作面和回风巷内;
   b) 煤与瓦斯突出煤层的采煤工作面、进风巷和回风巷;
   c) 掘进工作面内;
   d) 采用串联通风的被串采煤工作面、进风巷和回风巷;
   e) 采用串联通风的被串掘进巷道内。

5.5 安全监控设备的供电电源不得接在被控开关的负荷侧。

5.6 安装断电控制时,应根据断电范围要求,提供断电条件,并接通井下电源及控制线。断电控制器与被控开关之间应正确接线,具体方法由煤矿主要技术负责人审定。

5.7 与安全监控设备关联的电气设备、电源线和控制线在改线或拆除时,应与安全监控管理部门共同处理。检修与安全监控设备关联的电气设备,需要监控设备停止运行时,应经矿主要负责人或主要技术负责人同意,并制定安全措施后方可进行。

5.8 模拟量传感器应设置在能正确反映被测物理量的位置。开关量传感器应设置在能正确反映被监测状态的位置。声光报警器应设置在经常有人工作便于观察的地点。

6 甲烷传感器的设置

6.1 通用要求

6.1.1 甲烷传感器应垂直悬挂,距顶板(顶梁、屋顶)不得大于 300 mm,距巷道侧壁(墙壁)

不得小于 200 mm，并应安装维护方便，不影响行人和行车。

6.1.2 甲烷传感器的报警浓度、断电浓度、复电浓度和断电范围应符合表1的规定。

表 1 甲烷传感器的报警浓度、断电浓度、复电浓度和断电范围

甲烷传感器设置地点	甲烷传感器编号	报警浓度 %CH_4	断电浓度 %CH_4	复电浓度 %CH_4	断电范围
采煤工作面回风隅角	T_0	≥1.0	≥1.5	<1.0	工作面及其回风巷内全部非本质安全型电气设备
低瓦斯和高瓦斯矿井的采煤工作面	T_1	≥1.0	≥1.5	<1.0	工作面及其回风巷内全部非本质安全型电气设备
煤与瓦斯突出矿井的采煤工作面	T_1	≥1.0	≥1.5	<1.0	工作面及其进、回风巷内全部非本质安全型电气设备
采煤工作面回风巷	T_2	≥1.0	≥1.0	<1.0	工作面及其回风巷内全部非本质安全型电气设备
煤与瓦斯突出矿井采煤工作面进风巷	T_3、T_4	≥0.5	≥0.5	<0.5	工作面及其进、回风巷内全部非本质安全型电气设备
采用串联通风的被串采煤工作面进风巷	T_4	≥0.5	≥0.5	<0.5	被串采煤工作面及其进、回风巷内全部非本质安全型电气设备
采用两条以上巷道回风的采煤工作面第二条、第三条回风巷	T_5	≥1.0	≥1.5	<1.0	工作面及其回风巷内全部非本质安全型电气设备
	T_6	≥1.0	≥1.0	<1.0	
高瓦斯、煤与瓦斯突出矿井采煤工作面回风巷中部		≥1.0	≥1.0	<1.0	工作面及其回风巷内全部非本质安全型电气设备
采煤机		≥1.0	≥1.5	<1.0	采煤机及工作面刮板输送机电源
煤巷、半煤岩巷和有瓦斯涌出岩巷的掘进工作面	T_1	≥1.0	≥1.5	<1.0	掘进巷道内全部非本质安全型电气设备
煤巷、半煤岩巷和有瓦斯涌出岩巷的掘进工作面回风流中	T_2	≥1.0	≥1.0	<1.0	掘进巷道内全部非本质安全型电气设备

表 1（续）

甲烷传感器设置地点	甲烷传感器编号	报警浓度 %CH$_4$	断电浓度 %CH$_4$	复电浓度 %CH$_4$	断电范围
煤与瓦斯突出矿井的煤巷、半煤岩巷和有瓦斯涌出岩巷的掘进工作面的进风分风口处	T$_4$	≥0.5	≥0.5	<0.5	掘进巷道内全部非本质安全型电气设备
采用串联通风的被串掘进工作面局部通风机前	T$_3$	≥0.5	≥0.5	<0.5	被串掘进巷道内全部非本质安全型电气设备
		≥0.5	≥1.5	<0.5	包括局部通风机在内的被串掘进巷道内全部非本质安全型电气设备
高瓦斯矿井双巷掘进工作面混合回风流处	T$_3$	≥1.0	≥1.0	<1.0	除全风压供风的进风巷外，双巷掘进巷道内全部非本质安全型电气设备
高瓦斯和煤与瓦斯突出矿井掘进巷道中部		≥1.0	≥1.0	<1.0	掘进巷道内全部非本质安全型电气设备
掘进机、连续采煤机、锚杆钻车、梭车		≥1.0	≥1.5	<1.0	掘进机、连续采煤机、锚杆钻车、梭车电源
采区回风巷		≥1.0	≥1.0	<1.0	采区回风巷内全部非本质安全型电气设备
一翼回风巷及总回风巷		≥0.75	—	—	
使用架线电机车的主要运输巷道内装煤点处		≥0.5	≥0.5	<0.5	装煤点处上风流100 m内及其下风流的架空线电源和全部非本质安全型电气设备
高瓦斯矿井进风的主要运输巷道内使用架线电机车时，瓦斯涌出巷道的下风流处		≥0.5	≥0.5	<0.5	瓦斯涌出巷道上风流100 m内及其下风流的架空线电源和全部非本质安全型电气设备
矿用防爆型蓄电池电机车内		≥0.5	≥0.5	<0.5	机车电源
矿用防爆型柴油机车、无轨胶轮车		≥0.5	≥0.5	<0.5	车辆动力
兼作回风井的装有带式输送机的井筒		≥0.5	≥0.7	<0.7	井筒内全部非本质安全型电气设备

表 1（续）

甲烷传感器设置地点	甲烷传感器编号	报警浓度 %CH₄	断电浓度 %CH₄	复电浓度 %CH₄	断电范围
采区回风巷内临时施工的电气设备上风侧		≥1.0	≥1.0	<1.0	采区回风巷内全部非本质安全型电气设备
一翼回风巷及总回风巷道内临时施工的电气设备上风侧		≥0.75	≥1.0	<1.0	一翼回风巷及总回风巷道内全部非本质安全型电气设备
井下煤仓上方、地面选煤厂煤仓上方		≥1.5	≥1.5	<1.5	煤仓附近的各类运输设备及其他非本质安全型电气设备电源
封闭的地面选煤厂车间内		≥1.5	≥1.5	<1.5	选煤厂车间内全部非本质安全型电气设备
封闭的带式输送机地面走廊内，带式输送机滚筒上方		≥1.5	≥1.5	<1.5	带式输送机地面走廊内全部非本质安全型电气设备
地面瓦斯抽采泵房内		≥0.5	—	—	—
井下临时瓦斯抽采泵站下风侧栅栏外		≥0.5	≥1.0	<0.5	瓦斯抽采泵站电源

6.2 采煤工作面甲烷传感器的设置

6.2.1 长壁采煤工作面甲烷传感器应按图 1 设置。U 形通风方式在回风隅角设置甲烷传感器 T_0（距切顶线≤1 m），工作面设置甲烷传感器 T_1，工作面回风巷设置甲烷传感器 T_2；煤与瓦斯突出矿井在进风巷设置甲烷传感器 T_3 和 T_4；采用串联通风时，被串工作面的进风巷设置甲烷传感器 T_4，如图 1 中分图 a)所示。Z 形、Y 形、H 形和 W 形通风方式的采煤工作面甲烷传感器的设置参照上述规定执行，如图 1 中分图 b)至分图 e)所示。

6.2.2 采用两条巷道回风的采煤工作面甲烷传感器应按图 2 设置。甲烷传感器 T_0、T_1 和 T_2 的设置同图 1 中分图 a)；在第二条回风巷设置甲烷传感器 T_5、T_6。采用三条巷道回风的采煤工作面，第三条回风巷甲烷传感器的设置与第二条回风巷甲烷传感器 T_5、T_6 的设置相同。

6.2.3 高瓦斯和煤与瓦斯突出矿井采煤工作面的回风巷长度大于 1 000 m 时，应在回风巷中部增设甲烷传感器。

6.2.4 采煤机应设置机载式甲烷断电仪或便携式甲烷检测报警仪。

6.2.5 非长壁式采煤工作面甲烷传感器的设置参照上述规定执行，即在回风隅角设置甲烷传感器 T_0，在工作面及其回风巷各设置一个甲烷传感器。

单位为米

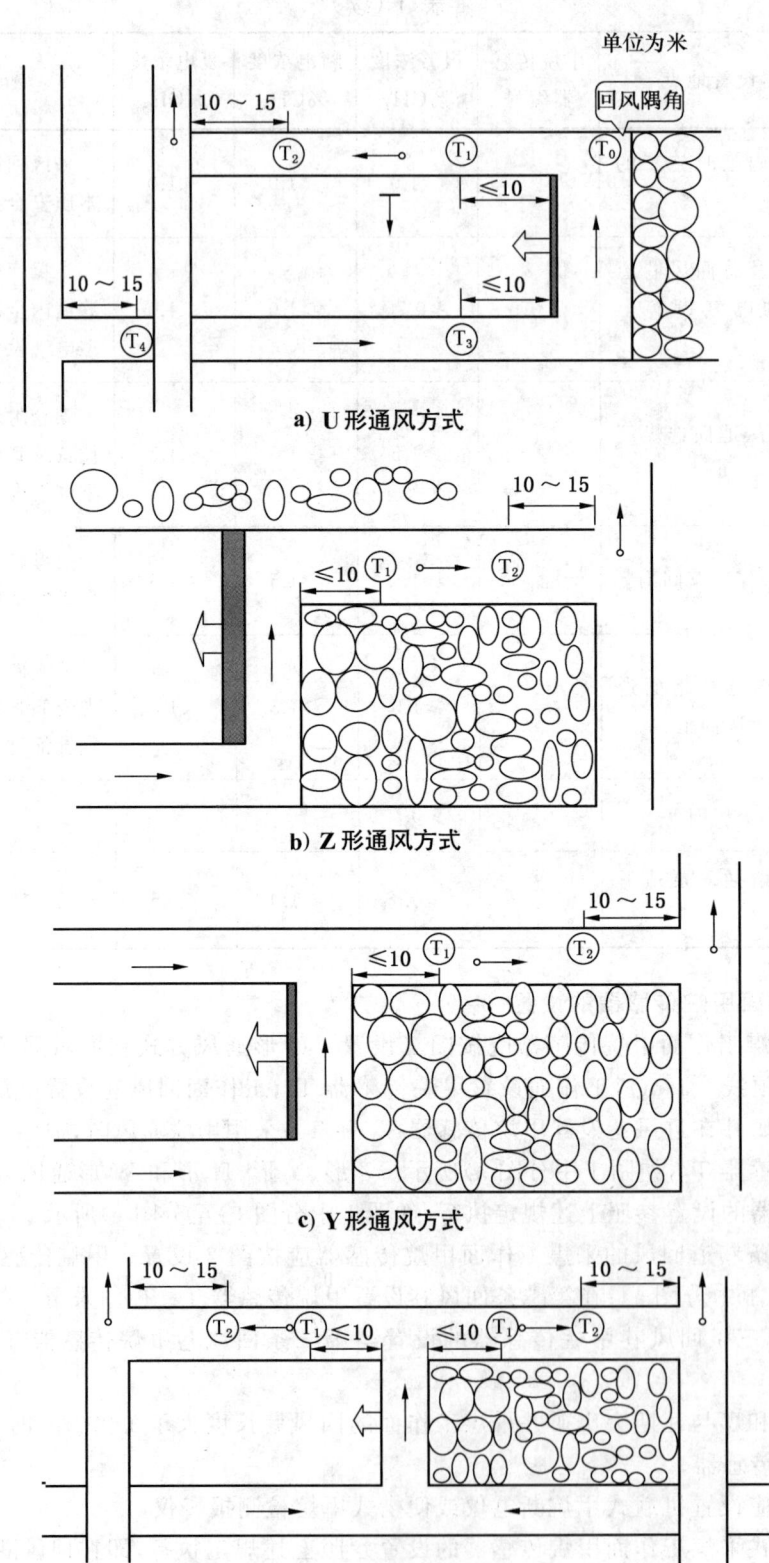

a) U形通风方式

b) Z形通风方式

c) Y形通风方式

d) H形通风方式

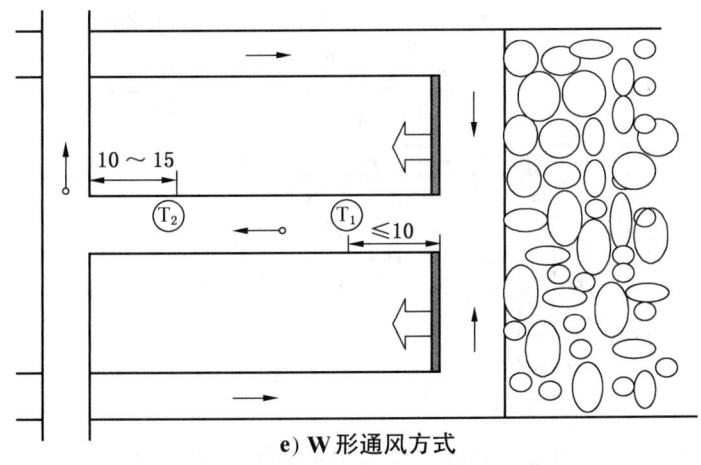

e) W形通风方式

图 1 采煤工作面甲烷传感器的设置

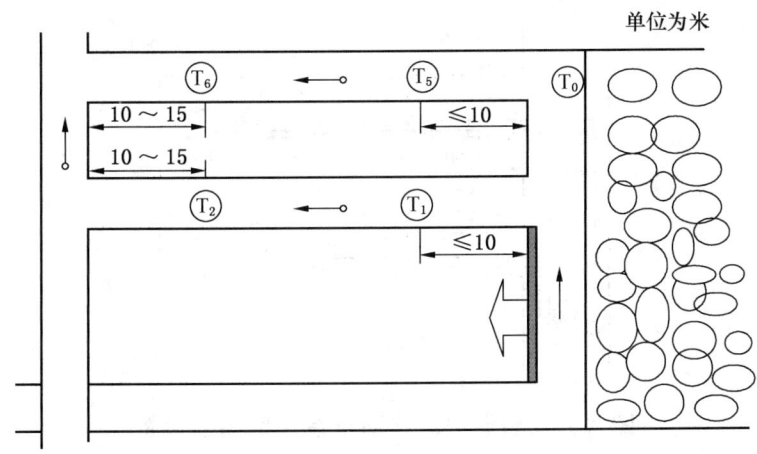

图 2 采用两条巷道回风的采煤工作面甲烷传感器的设置

6.3 掘进工作面甲烷传感器的设置

6.3.1 煤巷、半煤岩巷和有瓦斯涌出岩巷的掘进工作面甲烷传感器应按图3设置,并实现甲烷风电闭锁。在工作面混合风流处设置甲烷传感器 T_1,在工作面回风流中设置甲烷传感器 T_2;采用串联通风的掘进工作面,应在被串工作面局部通风机前设置掘进工作面进风流甲烷传感器 T_3;煤与瓦斯突出矿井掘进工作面的进风分风口处设置甲烷传感器 T_4。

6.3.2 高瓦斯和煤与瓦斯突出矿井双巷掘进工作面甲烷传感器应按图4设置。甲烷传感器 T_1 和 T_2 的设置同图3;在工作面混合回风流处设置甲烷传感器 T_3。

6.3.3 高瓦斯和煤与瓦斯突出矿井的掘进工作面长度大于1 000 m时,应在掘进巷道中部增设甲烷传感器。

6.3.4 掘进机、掘锚一体机、连续采煤机、梭车、锚杆钻车、钻机应设置机载式甲烷断电仪或便携式甲烷检测报警仪。

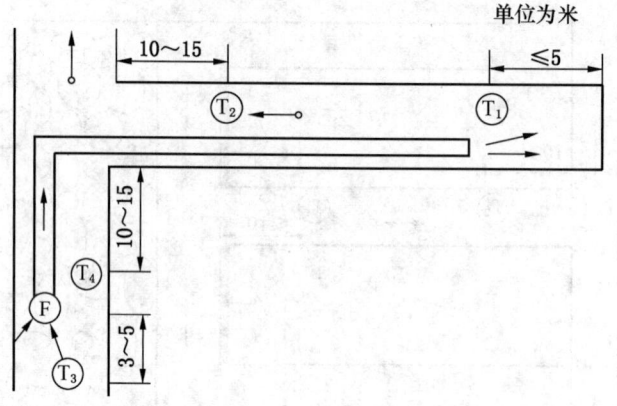

图 3 掘进工作面甲烷传感器的设置

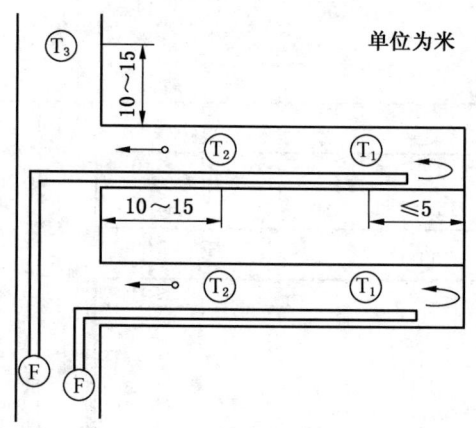

图 4 双巷掘进工作面甲烷传感器的设置

6.4 其他地点甲烷传感器的设置

6.4.1 采区回风巷、一翼回风巷、总回风巷测风站应设置甲烷传感器。

6.4.2 使用架线电机车的主要运输巷道内,装煤点处应设置甲烷传感器,如图 5 所示。

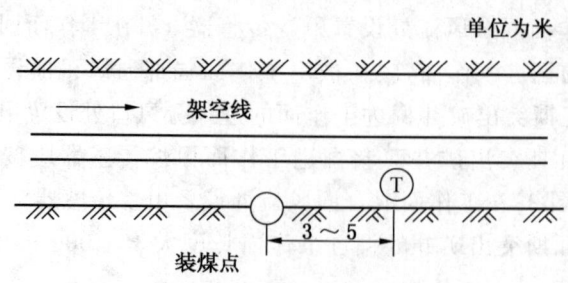

图 5 装煤点甲烷传感器的设置

6.4.3 高瓦斯矿井进风的主要运输巷道使用架线电机车时,在瓦斯涌出巷道的下风流中必须设置甲烷传感器,如图6所示。

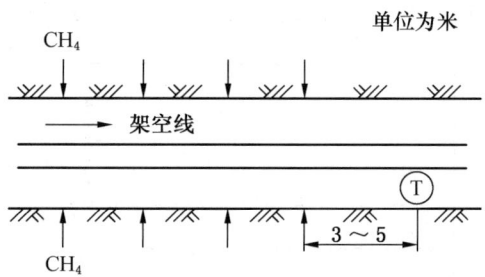

图 6 瓦斯涌出巷道的下风流中甲烷传感器的设置

6.4.4 矿用防爆型蓄电池电机车应设置车载式甲烷断电仪或便携式甲烷检测报警仪;矿用防爆型柴油机车和胶轮车应设置便携式甲烷检测报警仪。

6.4.5 兼作回风井的装有带式输送机的井筒内必须设置甲烷传感器。

6.4.6 采区回风巷、一翼回风巷及总回风巷道内临时施工的电气设备上风侧 10 m~15 m 处应设置甲烷传感器。

6.4.7 井下煤仓、地面选煤厂煤仓上方应设置甲烷传感器。

6.4.8 封闭的地面选煤厂车间内上方应设置甲烷传感器。

6.4.9 封闭的带式输送机地面走廊上方应设置甲烷传感器。

6.4.10 瓦斯抽采泵站应设置甲烷传感器:
  a) 地面瓦斯抽采泵房内应设置甲烷传感器。
  b) 井下临时瓦斯抽采泵站下风侧栅栏外应设置甲烷传感器。
  c) 抽采泵输入管路中应设置甲烷传感器;利用瓦斯时,应在输出管路中设置甲烷传感器;不利用瓦斯、采用干式抽采瓦斯设备时,输出管路中也应设置甲烷传感器。

7 其他传感器的设置

7.1 一氧化碳传感器的设置

7.1.1 一氧化碳传感器应垂直悬挂,距顶板(顶梁)不得大于 300 mm,距巷壁不得小于 200 mm,并应安装维护方便,不影响行人和行车。

7.1.2 开采容易自燃、自燃煤层的采煤工作面应至少设置一个一氧化碳传感器,地点可设置在回风隅角(距切顶线 0~1 m)、工作面或工作面回风巷,报警浓度为$\geqslant 0.002\,4\%$CO,如图7所示。

7.1.3 带式输送机滚筒下风侧 10 m~15 m 处宜设置一氧化碳传感器,报警浓度$\geqslant 0.002\,4\%$CO。

7.1.4 自然发火观测点、封闭火区防火墙栅栏外应设置一氧化碳传感器,报警浓度$\geqslant 0.002\,4\%$CO。

7.1.5 开采容易自燃、自燃煤层的矿井,采区回风巷、一翼回风巷、总回风巷应设置一氧化碳传感器,报警浓度$\geqslant 0.002\,4\%$CO。

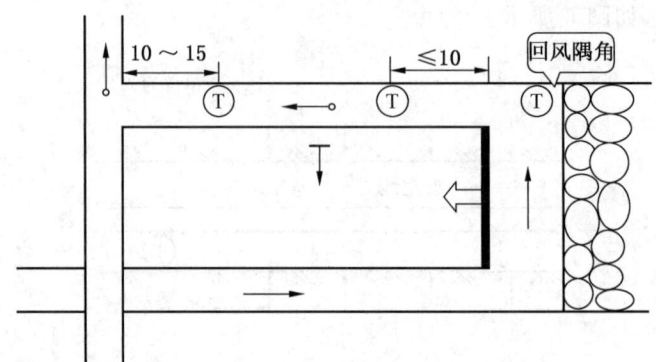

图 7 采煤工作面一氧化碳传感器的设置

7.2 风速传感器的设置

采区回风巷、一翼回风巷、总回风巷的测风站应设置风速传感器。突出煤层采煤工作面回风巷和掘进巷道回风流中应设置风速传感器。风速传感器应设置在巷道前后 10 m 内无分支风流、无拐弯、无障碍、断面无变化、能准确计算风量的地点。当风速低于或超过《煤矿安全规程》的规定值时,应发出声光报警信号。

7.3 风压传感器的设置

主要通风机的风硐内应设置风压传感器。

7.4 风向传感器的设置

突出煤层采煤工作面进风巷、掘进工作面进风的分风口应设置风向传感器。当发生风流逆转时,发出声光报警信号。

7.5 瓦斯抽放管路中其他传感器的设置

瓦斯抽放泵站的抽放泵输入管路中宜设置流量传感器、温度传感器和压力传感器;利用瓦斯时,应在输出管路中设置流量传感器、温度传感器和压力传感器。防回火安全装置上宜设置压差传感器。

7.6 烟雾传感器的设置

带式输送机滚筒下风侧 10 m～15 m 处应设置烟雾传感器。

7.7 温度传感器的设置

7.7.1 温度传感器应垂直悬挂,距顶板(顶梁)不得大于 300 mm,距巷壁不得小于 200 mm,并应安装维护方便,不影响行人和行车。

7.7.2 开采容易自燃、自燃煤层及地温高的矿井采煤工作面应在工作面或回风巷设置温度传感器,如图 8 所示。温度传感器的报警值为 30 ℃。

7.7.3 机电硐室内应设置温度传感器,报警值为 34 ℃。

7.7.4 压风机应设置温度传感器,温度超限时,声光报警,并切断压风机电源。

7.8 粉尘传感器的设置

采煤机、掘进机、转载点、破碎处、装煤口等产尘地点宜设置粉尘传感器。

7.9 设备开停传感器的设置

主要通风机、局部通风机应设置设备开停传感器。

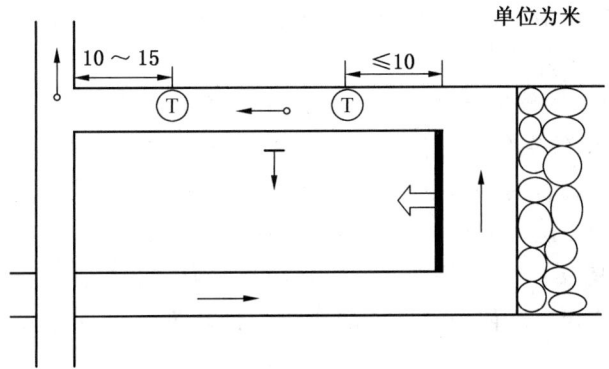

图 8 采煤工作面温度传感器的设置

7.10 风门开关传感器的设置

矿井和采区主要进回风巷道中的主要风门应设置风门开关传感器。当两道风门同时打开时,发出声光报警信号。

7.11 风筒传感器的设置

掘进工作面局部通风机的风筒末端应设置风筒传感器。

7.12 馈电传感器的设置

被控开关的负荷侧应设置馈电传感器或接点。

8 使用与维护

8.1 检修机构

8.1.1 煤矿应建立安全监控设备检修室,负责本矿安全监控设备的安装、调校、维护和简单维修工作。未建立检修室的小型煤矿应将安全监控仪器送到检修中心进行调校和维修。

8.1.2 国有重点煤矿的矿务局(公司)、产煤县(市)应建立安全监控设备检修中心,负责安全监控设备的调校、维修、报废鉴定等工作,有条件的可配制甲烷校准气体,并对煤矿进行技术指导。

8.1.3 安全监控设备检修室宜配备甲烷传感器和测定器校验装置、稳压电源、示波器、频率计、信号发生器、万用表、流量计、声级计、甲烷校准气体、标准气体等仪器装备;安全监控设备检修中心除应配备上述仪器装备外,具备条件的宜配备甲烷校准气体配气装置、气相色谱仪或红外线分析仪等。

8.2 校准气体

8.2.1 配制甲烷校准气样的装备和方法应符合 MT/T 423 的规定,选用纯度不低于 99.9% 的甲烷标准气体作原料气。配制好的甲烷校准气体应以标准气体为标准,用气相色谱仪或红外线分析仪分析定值,其不确定度应小于 5%。

8.2.2 甲烷校准气体配气装置应放在通风良好,符合国家有关防火、防爆、压力容器安全规定的独立建筑内。配气气瓶应分室存放,室内应使用隔爆型的照明灯具及电气设备。

8.2.3 高压气瓶的使用管理应符合国家有关气瓶安全管理的规定。

8.3 调校

8.3.1 安全监控设备应按产品使用说明书的要求定期调校、测试,每月至少 1 次。

8.3.2 安全监控设备使用前和大修后,应按产品使用说明书的要求测试、调校合格,并在地面试运行 24 h~48 h 方能下井。

8.3.3 甲烷传感器应使用校准气样和空气气样在设备设置地点调校,便携式甲烷检测报警仪和甲烷检测报警矿灯等在仪器维修室调校。采用载体催化原理的甲烷传感器、便携式甲烷检测报警仪和甲烷检测报警矿灯等,每 15 d 至少调校 1 次。采用激光原理的甲烷传感器等,每 6 个月至少调校 1 次。调校时,应先在新鲜空气中或使用空气样调校零点,使仪器显示值为零,再通入浓度为 1%~2%CH_4 的甲烷校准气体,调整仪器的显示值与校准气体浓度一致,气样流量应符合产品使用说明书的要求。低浓度载体催化式甲烷传感器调校方法见附录A。

8.3.4 除甲烷以外的其他气体监控设备应采用空气样和标准气样按产品说明书进行调校。风速传感器选用经过标定的风速计调校。温度传感器选用经过标定的温度计调校。其他传感器和便携式检测仪器应按使用说明书要求定期调校。

8.3.5 安全监控设备的调校包括零点、显示值、报警点、断电点、复电点、控制逻辑等。

8.3.6 甲烷电闭锁和风电闭锁功能每 15 d 至少测试 1 次;可能造成局部通风机停电的,每半年测试 1 次。

8.4 维护

8.4.1 井下安全监测工应 24 h 值班,每天检查煤矿安全监控系统及线缆的运行情况。使用便携式甲烷检测报警仪或便携式光学甲烷检测仪与甲烷传感器进行对照,并将记录和检查结果报地面中心站值班员。当两者读数误差大于允许误差时,先以读数较大者为依据,采取安全措施,并应在 8 h 内将两种仪器调准。

8.4.2 下井管理人员发现便携式甲烷检测报警仪或便携式光学甲烷检测仪与甲烷传感器读数误差大于允许误差时,应立即通知安全监控部门进行处理。

8.4.3 安装在采煤机、掘进机和电机车上的机(车)载断电仪,由司机负责监护,并应经常检查清扫,每天使用便携式甲烷检测报警仪与甲烷传感器进行对照,当两者读数误差大于允许误差时,先以读数最大者为依据,采取安全措施,并立即通知安全监测工,在 8 h 内将两种仪器调准。

8.4.4 炮掘工作面和炮采工作面设置的甲烷传感器在爆破前应移动到安全位置,爆破后应及时恢复设置到正确位置。对需要经常移动的传感器、声光报警器、断电控制器及线缆等,由采掘班组长负责按规定移动,不得擅自停用。

8.4.5 井下使用的分站、传感器、声光报警器、断电控制器及线缆等由所在区域的区队长、班组长负责使用和管理。

8.4.6 传感器经过调校检测误差仍超过规定值时,应立即更换;安全监控设备发生故障时,应及时处理,在更换和故障处理期间应采用人工监测等安全措施,并填写故障记录。

8.4.7 采用载体催化原理的低浓度甲烷传感器经大于 4%CH_4 的甲烷冲击后,应及时进行调校或更换。

8.4.8 电网停电后,备用电源不能保证设备连续工作 2 h 时,应及时更换。使用中的传感器应经常擦拭,清除外表积尘,保持清洁。采掘工作面的传感器应每天除尘;传感器应保持干燥,避免洒水淋湿;维护、移动传感器应避免摔打碰撞。

8.5 便携式检测仪器

8.5.1 便携式甲烷检测报警仪和甲烷报警矿灯等检测仪器应设专职人员负责充电、收发及维护。每班要清理隔爆罩上的煤尘,下井前应检查便携式甲烷检测报警仪和甲烷检测报警矿灯的零点和电压值,不符合要求的不得发放使用。

8.5.2 使用便携式甲烷检测报警仪和甲烷报警矿灯等检测仪器时要严格按照产品说明书进行操作,不得擅自调校和拆开仪器。

8.6 备件

矿井应配备传感器、分站等安全监控设备备件,备用数量不少于应配备数量的20%。

8.7 报废

安全监控设备符合下列情况之一者,应当报废:
a) 设备老化、技术落后或超过规定使用年限的;
b) 通过修理,虽能恢复性能和技术指标,但一次修理费用超过原价80%以上的;
c) 失爆不能修复的;
d) 遭受意外灾害,损坏严重,无法修复的;
e) 不符合国家规定及行业标准规定应淘汰的。

9 煤矿安全监控系统及联网信息处理

9.1 地面中心站的装备

9.1.1 煤矿安全监控系统的主机及系统联网主机应双机热备份,24 h不间断运行。当工作主机发生故障时,备份主机应在60 s内投入工作。不得采用虚拟机替代主机。

9.1.2 中心站应双回路供电并配备不小于4 h在线式不间断电源。

9.1.3 中心站设备应有可靠的接地装置和防雷装置。

9.1.4 联网主机应装备网络安全设备。

9.1.5 中心站应使用录音电话。

9.1.6 煤矿安全监控系统显示和控制终端应设置在矿调度室内。

9.2 煤矿安全监控系统信息的处理

9.2.1 地面中心站值班应设置在矿调度室内,实行24 h值班制度。值班人员应认真监视监视器所显示的各种信息,详细记录系统各部分的运行状态,接收上一级管理部门下达的指令并及时进行处理,填写运行日志,打印安全监控日报表,报矿主要负责人和主要技术负责人审阅。

9.2.2 系统发出报警、断电、馈电异常信息时,中心站值班人员应立即通知矿井调度部门,查明原因,并按规定程序及时报上一级管理部门。处理结果应记录备案。

9.2.3 调度值班人员接到报警、断电、馈电异常信息后,应按规定指挥现场人员停止工作,断电时撤出人员,并向矿值班领导汇报。处理过程应记录备案。

9.2.4 当系统显示井下某一区域甲烷超限并有可能波及其他区域时,应按瓦斯事故应急预案手动遥控切断瓦斯可能波及区域的电源。

9.3 联网信息的处理

9.3.1 煤矿安全监控系统联网实行分级管理。煤矿应向上一级安全监控网络中心上传实时监控数据。网络中心对煤矿安全监控系统的运行进行监督和指导。

9.3.2 网络中心应24 h有人值班。值班人员应认真监视监控数据,核对煤矿上传的隐患处理情况,填写运行日志,打印报警信息日报表,报值班领导审阅。发现异常情况要详细查询,按规定进行处理。

9.3.3 网络中心值班人员发现煤矿甲烷超限报警、断电、馈电状态异常情况等应立即通知煤矿核查情况,按应急预案进行处理。

9.3.4 煤矿安全监控系统中心站值班人员接到网络中心发出的报警处理指令后,要立即处理落实,并将处理结果向网络中心反馈。

9.3.5 网络中心值班人员发现煤矿安全监控系统通信中断或出现无记录情况,应查明原因,并根据具体情况下达处理意见,处理情况记录备案,上报值班领导。

9.3.6 网络中心每月应对甲烷超限情况进行汇总分析。

10 管理制度与技术资料

10.1 管理制度

10.1.1 煤矿应建立安全监控管理机构。安全监控管理机构由煤矿主要技术负责人领导,并应配备足够的人员。

10.1.2 煤矿应制定瓦斯事故应急预案、安全监控人员岗位责任制、操作规程、值班制度等规章制度。

10.1.3 安全监控工及检修、值班人员应经培训合格,持证上岗。

10.1.4 煤矿安全监控系统和网络中心应每3个月对数据进行备份,备份的数据介质保存时间应不少于2年。

10.1.5 图纸、技术资料的保存时间应不少于2年。

10.2 账卡及报表

10.2.1 煤矿应建立以下账卡及报表:

  a) 安全监控设备台账;
  b) 安全监控设备故障登记表;
  c) 检修记录;
  d) 巡检记录;
  e) 传感器调校记录;
  f) 中心站运行日志;
  g) 安全监控日报;
  h) 报警断电记录月报;
  i) 甲烷超限断电闭锁和甲烷风电闭锁功能测试记录;
  j) 安全监控设备使用情况月报等。

10.2.2 安全监控日报应包括以下内容:

  a) 表头;
  b) 打印日期和时间;
  c) 传感器设置地点及编号;
  d) 所测物理量名称;
  e) 平均值;

f) 最大值及时刻；

g) 报警次数；

h) 累计报警时间；

i) 断电次数；

j) 累计断电时间；

k) 馈电异常次数及时刻；

l) 馈电异常累计时间等。

10.2.3 报警断电记录月报应包括以下内容：

a) 表头；

b) 打印日期和时间；

c) 传感器设置地点及编号；

d) 所测物理量名称；

e) 报警次数、对应时间、解除时间、累计时间；

f) 断电次数、对应时间、解除时间、累计时间；

g) 馈电异常次数、对应时间、解除时间、累计时间；

h) 每次报警的最大值、对应时刻及平均值；

i) 每次断电累计时间、断电时刻及复电时刻，平均值，最大值及时刻；

j) 每次采取措施时间及采取措施内容等。

10.2.4 甲烷超限断电闭锁和甲烷风电闭锁功能测试记录应包括以下内容：

a) 表头；

b) 打印日期和时间；

c) 传感器设置地点及编号；

d) 断电测试起止时间；

e) 断电测试相关设备名称及编号；

f) 校准气体浓度；

g) 断电测试结果等。

10.3 布置图和断电控制图

煤矿应绘制煤矿安全监控布置图和断电控制图，并根据采掘工作的变化情况及时修改。布置图应标明传感器、声光报警器、断电控制器、分站、电源、中心站等设备的位置、接线、断电范围、报警值、断电值、复电值、传输线缆、供电电缆等；断电控制图应标明甲烷传感器、馈电传感器和分站的位置，断电范围，被控开关的名称和编号，被控开关的断电接点和编号。

附 录 A
（规范性附录）
低浓度载体催化式甲烷传感器调校方法

A.1 在用甲烷传感器调校方法

A.1.1 在用低浓度载体催化式甲烷传感器每隔 15 d 至少调校 1 次。

A.1.2 调校器材包括：$1\%\sim2\%CH_4$ 校准气体、配套的减压阀、气体流量计和橡胶软管、空气样。

A.1.3 调试程序如下：
   a) 空气样用橡胶软管连接传感器气室；调节流量控制阀把流量调节到传感器说明书规定值；调校零点，范围控制在 0～0.03%CH_4 之内。
   b) 校准气瓶流量计出口用橡胶软管连接传感器气室；打开气瓶阀门，先用小流量向传感器缓慢通入 1%～2%CH_4 校准气体，在显示值缓慢上升的过程中，观察报警值和断电值；然后调节流量控制阀把流量调节到传感器说明书规定的流量，使其测量值稳定显示，持续时间大于 90 s，使显示值与校准气浓度值一致；若超差应更换传感器，预热后重新测试。
   c) 在通气的过程中，观察报警值、断电值是否符合要求，注意声光报警和实际断电情况；当显示值小于 1.0%CH_4 时，测试复电功能。
   d) 测试结束后关闭气瓶阀门。

A.1.4 填写调校记录，测试人员签字。

A.2 新甲烷传感器使用前调校方法

A.2.1 新甲烷传感器使用前应调校。

A.2.2 调校仪器及器材包括：载体催化式甲烷测定器检定装置、秒表、温度计、校准气（0.5%、1.5%、2.0%、3.5%CH_4）、直流稳压电源、万用表、声级计、频率计、系统分站等。

A.2.3 调试程序如下：
   a) 检查甲烷传感器外观是否完整，清理表面及气室积尘。
   b) 甲烷传感器与分站连接，通电预热 10 min。
   c) 在新鲜空气中调仪器零点，零值范围控制在 0～0.03%CH_4 之内。
   d) 按说明书要求的气体流量，向气室通入 2.0%CH_4 校准气，调校甲烷传感器精度，使其显示值与校准气浓度值一致，反复调校，直至准确；在基本误差测定过程中不得再次调校。
   e) 基本误差测定：按校准时的流量依次向气室通入 0.5%、1.5%、3.5%CH_4 校准气，持续时间分别大于 90 s，使测量值稳定显示，记录传感器的显示值或输出信号值（换算为甲烷浓度值）。重复测定 4 次，取其后 3 次的算术平均值与标准气样的差值，即基本误差。
   f) 在每次通气的过程中同时要观察测量报警点、断电点、复电点和声光报警情况。以上内容也可以单独测量。
   g) 声光报警测试：报警时报警灯应闪亮，声级计距蜂鸣器 1 m 处，对正声源，测量声级强度。
   h) 测量响应时间：用秒表测量通入 2.0%CH_4 校准气，显示值从 0 升至最大显示值 90%时的起止时间。
   i) 测试过程中记录分站的传输数据，误差值不大于 0.01%CH_4。

A.2.4 填写调校记录，测试人员签字。

煤矿安全监控系统通用技术要求
（AQ 6201—2019）

前　　言

本标准的全部技术内容为强制性条款。

本标准按照 GB/T 1.1—2009 给出的规则起草。

本标准代替 AQ 6201—2006《煤矿安全监控系统通用技术要求》。与 AQ 6201—2006 相比主要技术变化如下：
——删除了甲烷断电仪、风电闭锁装置、甲烷风电闭锁装置的术语和定义（见 2006 年版的 2.17、2.18、2.19）；
——增加了风向传感器、线缆、异地控制、工作方式、甲烷浓度升高的术语和定义（见 3.45、3.46、3.47、3.48、3.49）；
——增加了按传输介质分类（见 4.2.5）；
——增加了多网、多系统融合的系统设计要求（见 5.4.4）；
——增加了掘进工作面煤与瓦斯突出报警和断电闭锁功能（见 5.5.2.3）；
——增加了采煤工作面煤与瓦斯突出报警和断电闭锁功能（见 5.5.2.4）；
——增加了与应急广播、通信、人员定位等系统应急联动功能（见 5.5.2.7）；
——增加了数据加密存储功能（见 5.5.4.2）；
——增加了数据应用分析功能（见 5.5.17）；
——增加了分级报警功能（见 5.6.12.3）；
——增加了逻辑报警功能（见 5.6.12.4）；
——增加了无线传感器蓄电池连续工作时间（见 5.7.16）；
——修改了传输功能（见 5.8）；
——修改了抗干扰性能评价等级（见 5.11）；
——删除了可靠性（见 2006 年版的 4.12）；
——删除了矿用一般型性能（见 2006 年版的 4.14）。

请注意本文件的某些内容可能涉及专利，本文件的发布机构不承担识别这些专利的责任。

本标准由中华人民共和国应急管理部提出。

本标准由全国安全生产标准化技术委员会煤矿安全分技术委员会（SAC/TC 288/SC 1）归口。

本标准起草单位：中国矿业大学（北京）、江苏三恒科技股份有限公司、中国煤炭科工集团常州研究院有限公司、中煤科工集团重庆研究院有限公司、北斗天地股份有限公司。

本标准主要起草人：孙继平、刘坤、蒋玉华、钱晓红、梁宏、樊荣、伍云霞、刘晓阳。

本标准所代替标准的历次版本发布情况为：
——AQ 6201—2006。

1 范围

本标准规定了煤矿安全监控系统的产品分类和技术要求。

本标准适用于煤矿使用的煤矿安全监控系统(以下简称系统)。

2 规范性引用文件

下列文件对于本文件的应用是必不可少的。凡是注日期的引用文件,仅注日期的版本适用于本文件。凡是不注日期的引用文件,其最新版本(包括所有的修改单)适用于本文件。

GB 3836　爆炸性环境(所有部分)

GB/T 17626.2　电磁兼容　试验和测量技术　静电放电抗扰度试验

GB/T 17626.3　电磁兼容　试验和测量技术　射频电磁场辐射抗扰度试验

GB/T 17626.4　电磁兼容　试验和测量技术　电快速瞬变脉冲群抗扰度试验

GB/T 17626.5　电磁兼容　试验和测量技术　浪涌(冲击)抗扰度试验

MT/T 286　煤矿通信、自动化产品型号编制方法和管理办法

MT/T 899　煤矿用信息传输装置

MT/T 1116　煤矿安全生产监控系统联网技术要求

MT/T 1130　矿用现场总线

MT/T 1131　矿用以太网

3 术语和定义

下列术语和定义适用于本文件。

3.1

煤矿安全监控系统　supervision system of coal mine safety

具有模拟量、开关量、累计量采集、传输、存储、处理、显示、打印、声光报警、控制等功能。用来监测甲烷浓度、一氧化碳浓度、二氧化碳浓度、氧气浓度、风速、风压、温度、烟雾、馈电状态、风门状态、风窗状态、风筒状态、局部通风机开停、主要通风机开停等,并实现甲烷超限声光报警、断电和甲烷风电闭锁控制等。

3.2

传感器　transducer

将被测物理量转换为电信号输出的装置。

3.3

甲烷传感器　methane transducer

连续监测矿井环境气体中甲烷浓度的装置,一般具有显示及声光报警功能。

3.4

风速传感器　air velocity transducer

连续监测矿井通风井巷中风速大小的装置。

3.5

风压传感器　wind pressure transducer

连续监测矿井通风机、密闭巷道、通风巷道等地通风压力的装置。

3.6

一氧化碳传感器　carbon monoxide transducer
连续监测矿井中一氧化碳浓度的装置。

3.7

温度传感器　temperature transducer
连续监测矿井环境温度的装置。

3.8

二氧化碳传感器　carbon dioxide transducer
连续监测矿井环境气体中二氧化碳浓度的装置。

3.9

氧气传感器　oxygen transducer
连续监测矿井环境气体中氧气浓度的装置。

3.10

烟雾传感器　smoke transducer
连续监测矿井中带式输送机输送带等着火时产生的烟雾浓度的装置。

3.11

风筒开关传感器　air pipe switch transducer
连续监测局部通风机风筒"有风"或"无风"状态的装置。

3.12

风门开关传感器　air door switch transducer
连续监测矿井中风门"开"或"关"状态的装置。

3.13

馈电传感器　feed transducer
连续监测矿井中馈电开关或电磁起动器负荷侧有无电压的装置。

3.14

执行器（含声光报警器及断电控制器）　actuator
将控制信号转换为被控物理量的装置。

3.15

声光报警器　acousto-optic alarm
能发出声光报警的装置。

3.16

断电控制器　switching off controller
控制电磁起动器和馈电开关等的装置。

3.17

分站　substation
接收来自传感器的信号,并按预先约定的复用方式远距离传送给传输接口,同时,接收来自传输接口多路复用信号。分站还具有线性校正、超限判别、逻辑运算等简单的数据处理能力、对传感器输入的信号和传输接口传输来的信号进行处理的能力,控制执行器工作。

3.18

电源箱　power supply chassis

将交流电网电源转换为系统所需的本质安全型直流电源,并具有维持电网停电后正常供电不小于 4 h 的蓄电池。

3.19

传输接口　transmission interface

接收分站远距离发送的信号,并送主机处理;接收主机信号,并送相应分站。传输接口还具有控制分站的发送与接收、多路复用信号的调制与解调、系统自检等功能。

3.20

主机　host

一般选用工控微型计算机或服务器,双机备份。主机主要用来接收监测信号、校正、报警判别、数据统计、存储、显示、声光报警、人机对话、输出控制、控制打印输出、与管理网络连接等。

3.21

故障闭锁功能　fault interlocking function

当与闭锁控制有关的设备未投入正常运行或故障时,应切断该监控设备所控制区域的全部非本质安全型电气设备的电源并闭锁。

3.22

馈电异常　abnormal feed

被控设备的馈电状态与系统发出的断电命令/复电命令不一致。

3.23

模拟量输入传输处理误差　analog input transmission error

传感器输出值(显示值)与主机显示值之间的误差。

3.24

模拟量输出传输处理误差　analog output transmission error

主机输入值与执行器输入值之间的误差。

3.25

最大巡检周期　cycle of maximum loop check

系统在满容量条件下,传感器输出变化到主机显示所需要的最大时间。

3.26

监测值　monitoring value

系统实时监测到的模拟量数值。

3.27

平均值　average value

对单位时间内多次监测值取平均值。其时间间隔一般为 5 min(或 10 min)、1 h、8 h、24 h、10 d、30 d(1 个月)、3 个月、6 个月和 12 个月。若单位时间内对模拟量 x 采样次数为 N、每次监测值为 x_i($i=1,2,3,\cdots,N$),则模拟量 x 的平均值应满足下列关系:

$$\overline{X} = \frac{x_1 + x_2 + \cdots + x_N}{N} \quad\quad\quad\quad\quad\quad\quad\quad(1)$$

3.28

　　最大值　maximum value

　　对单位时间内多次监测值取最大值。

3.29

　　最小值　minimum value

　　对单位时间内多次监测值取最小值。

3.30

　　实时显示　real-time display

　　在任何显示方式下，将报警、断电、馈电异常等重要信息实时自动显示。

3.31

　　调用显示　selection display

　　根据需要选择所关心的模拟量（或开关量）显示。

3.32

　　报警显示　alarm display

　　当模拟量大于或等于报警浓度（或开关量为报警状态）时，自动将超限时刻及当前数值（或状态）等在屏幕上列表显示。

3.33

　　报警记录查询显示　inquiry display of alarm recording

　　根据需要将某一时间内报警模拟量（或开关量）的报警时刻和解除报警时刻、累计报警次数、累计报警时间、报警期间最大值和每次报警期间最大值等记录调出显示。

3.34

　　断电显示　switching off display

　　当模拟量大于或等于断电浓度（或开关量为断电状态）时，自动将当前模拟量数值（或开关状态）、断电命令及时刻、断电区域、馈电状态等在屏幕上列表显示。

3.35

　　断电记录查询显示　inquiry display of switching off recording

　　根据需要将某一时间内断电和复电命令及时刻、断电区域、馈电状态及时刻、累计断电次数、累计断电时间、断电期间最大值和每次断电期间最大值等调出显示。

3.36

　　统计值记录查询显示　inquiry display of statistical data recording

　　根据需要将某一段时间内模拟量的平均值、最大值等调出，并列表显示。

3.37

　　馈电异常显示　abnormal feed display

　　当断电命令与馈电状态不一致时，自动显示地点、名称、断电或复电命令时刻、断电区域、馈电异常时刻等。

3.38

　　馈电异常查询显示　inquiry display of abnormal feed

　　某一段时间内的断电命令与馈电状态不符记录次数、累计时间、每次起止时间等调出并显示。

3.39

状态变动显示　state alteration display

将当前状态变化的开关量(由"开"变"停"或由"停"变"开")的状态变动时刻和状态变动状况(由"开"变"停"或由"停"变"开")等显示。

3.40

状态变动记录查询显示　inquiry display of state alteration recording

根据需要将某一段时间内开关量状态变动次数、变动时刻和变动状态等调出,并列表显示。

3.41

曲线显示　curve display

将模拟量监测值和统计值随时间变化的状况用带坐标和门限值的曲线等直观地显示出来。

3.42

状态图显示　state diagram display

将开关量状态随时间变化状况用带时间坐标的直线表示。

3.43

柱状图显示　cylindrical diagram display

将开关量单位时间内的开机效率(单位时间内开机时间)用直方图直观显示。

3.44

模拟图显示　mimic diagram display

在具有说明巷道、设备布置等背景图上,将实时监测到的开关量状态,用相应的图样在相应的位置模拟显示,同时将实时监测到的模拟量数值在相应位置显示。

3.45

风向传感器　transducer of the direction of wind

连续监测风向的装置。

3.46

线缆　signal cable

用于传输监控等信号的电缆或光缆。

3.47

异地控制　off-site control

触发控制条件的传感器与被控设备不属同一分站。

3.48

工作方式　operation mode

分站等传输节点对传输信道的占用方式。主从工作方式是指由一个传输节点控制系统中其他所有传输节点收发信息。多主是指由两个及两个以上传输节点控制系统中其他所有传输节点收发信息。无主是指系统中所有传输节点收发信息不受其他节点控制。

3.49

甲烷浓度迅速升高　methane concentration rise rapidly

$\Delta CH_4/\Delta t$ 达到或超过设定值。

4 产品型号、分类

4.1 型号
产品型号应符合 MT/T 286 的规定。

4.2 分类

4.2.1 按复用方式分类
a) 时分制系统；
b) 频分制系统；
c) 码分制系统；
d) 复合复用方式(同时采用频分制、时分制、码分制中两种或两种以上)系统。

4.2.2 按网络结构分类
a) 树形；
b) 环形；
c) 星形；
d) 总线形；
e) 复合形(同时采用星形、环形、树形、总线形中两种或两种以上)。

4.2.3 按调制方式分类
a) 基带；
b) 调幅；
c) 调频；
d) 调相；
e) 其他。

4.2.4 按工作方式分类
a) 主从；
b) 多主；
c) 无主。

4.2.5 按传输介质分类
a) 电缆；
b) 光缆；
c) 无线；
d) 复合型(电缆、光缆、无线中两种或两种以上)。

5 技术要求

5.1 一般要求
系统应符合本标准的规定，系统中的设备应符合有关标准的规定，并按照经规定程序批准的图样及文件制造和成套。

5.2 环境条件
5.2.1 系统中用于机房、调度室的设备，应能在下列条件下正常工作：
a) 环境温度：15 ℃～30 ℃；

b) 相对湿度:40%～70%;
c) 温度变化率:小于10 ℃/h,且不得结露;
d) 大气压力:80 kPa～106 kPa;
e) GB/T 2887 规定的尘埃、照明、噪声、电磁场干扰和接地条件。

5.2.2 除有关标准另有规定外,系统中用于煤矿井下的设备应在下列条件下正常工作:
a) 环境温度:0 ℃～40 ℃;
b) 平均相对湿度:不大于 95%(+25 ℃);
c) 大气压力:80 kPa～106 kPa;
d) 有爆炸性气体混合物,但无显著振动和冲击、无破坏绝缘的腐蚀性气体。

5.3 供电电源

5.3.1 地面设备交流电源
a) 额定电压:380 V/220 V,允许偏差±10%;
b) 谐波:不大于 5%;
c) 频率:50 Hz,允许偏差±5%。

5.3.2 井下设备交流电源
a) 额定电压:127 V/380 V/660 V/1 140 V(去掉了 36 V 档),允许偏差:
  ——专用于井底车场、主运输巷:$^{+10}_{-20}$%;
  ——其他井下产品:$^{+10}_{-25}$%。
b) 谐波:10%。
c) 频率:50 Hz,允许偏差±5%。

5.4 系统设计要求

5.4.1 系统组成
系统一般由主机、传输接口、网络交换机、分站、传感器、执行器(含断电控制器、声光报警器)、电源箱、线缆、接线盒、避雷器和其他必要设备组成。

5.4.2 硬件
5.4.2.1 中心站硬件一般包括传输接口、主机、打印机、不间断电源、投影仪或电视墙、网络交换机、服务器和配套设备等。中心站均应采用当时主流技术的通用产品,并满足可靠性、可维护性、开放性和可扩展性等要求。

5.4.2.2 传感器的稳定性应不小于 15 d,采掘工作面气体类传感器防护等级不低于 IP65,其余不低于 IP54。

5.4.2.3 由外部本安电源供电的设备一般应能在 9 V～24 V 范围内正常工作。

5.4.3 软件
操作系统、数据库、编程语言等应为可靠性高、开放性好、易操作、易维护、安全、成熟的主流产品。软件应有详细的汉字说明和汉字操作指南。

5.4.4 多网、多系统融合
系统应有机融合井下有线和无线传输网络;宜与 GIS 技术有机融合;宜与人员位置监测、应急广播、移动通信、供电监控、视频监视、运输监控、工作面监控等系统有机融合。

5.5 基本功能

5.5.1 数据采集

5.5.1.1 系统应具有甲烷浓度、风速、风压、一氧化碳浓度、温度、粉尘等模拟量采集、显示及报警功能。

5.5.1.2 系统应具有馈电状态、风机开停、风筒状态、风门开关、风向、烟雾等开关量采集、显示及报警功能。

5.5.1.3 系统应具有瓦斯抽采(放)量监测、显示功能。

5.5.2 控制

5.5.2.1 系统应由现场设备完成甲烷浓度超限声光报警和断电/复电控制功能：
a) 甲烷浓度达到或超过报警浓度时，声光报警。
b) 甲烷浓度达到或超过断电浓度时，切断被控设备电源并闭锁；甲烷浓度低于复电浓度时，自动解锁。
c) 与闭锁控制有关的设备(含甲烷传感器、分站、电源、断电控制器等)未投入正常运行或故障时，切断该设备所监控区域的全部非本质安全型电气设备的电源并闭锁；当与闭锁控制有关的设备工作正常并稳定运行后，自动解锁。

5.5.2.2 系统应由现场设备完成甲烷风电闭锁功能：
a) 掘进工作面甲烷浓度达到或超过1.0%时，声光报警；掘进工作面甲烷浓度达到或超过1.5%时，切断掘进巷道内全部非本质安全型电气设备的电源并闭锁；当掘进工作面甲烷浓度低于1.0%时，自动解锁。
b) 掘进工作面回风流中的甲烷浓度达到或超过1.0%时，声光报警、切断掘进巷道内全部非本质安全型电气设备的电源并闭锁；当掘进工作面回风流中的甲烷浓度低于1.0%时，自动解锁。
c) 被串掘进工作面入风流中甲烷浓度达到或超过0.5%时，声光报警、切断被串掘进巷道内全部非本质安全型电气设备的电源并闭锁；当被串掘进工作面入风流中甲烷浓度低于0.5%时，自动解锁。
d) 局部通风机停止运转或风筒风量低于规定值时，声光报警、切断供风区域的全部非本质安全型电气设备的电源并闭锁；当局部通风机且风筒恢复正常工作时，自动解锁。
e) 局部通风机停止运转，掘进工作面或回风流中甲烷浓度大于3.0%时，对局部通风机进行闭锁使之不能启动，只有通过密码操作软件或使用专用工具方可人工解锁；当掘进工作面或回风流中甲烷浓度低于1.5%时，自动解锁。
f) 与闭锁控制有关的设备(含分站、甲烷传感器、设备开停传感器、电源、断电控制器等)故障或断电时，声光报警、切断该设备所监控区域的全部非本质安全型电气设备的电源并闭锁；与闭锁控制有关的设备接通电源1 min内，继续闭锁该设备所监控区域的全部非本质安全型电气设备的电源；当与闭锁控制有关的设备工作正常并稳定运行后，自动解锁。不得对局部通风机进行故障闭锁控制。

5.5.2.3 系统应具有掘进工作面煤与瓦斯突出报警和断电闭锁功能：
掘进工作面甲烷传感器故障或监测到的甲烷浓度迅速升高或达到报警值(1.0%CH$_4$)，掘进巷道回风流甲烷传感器监测到的甲烷浓度迅速升高或达到报警值(1.0%CH$_4$)，掘进巷道回风流风速传感器监测到的风速不低于正常值，发出煤与瓦斯突出报警和断电闭锁信号，切断相关区域全部非本质安全型电气设备电源(掘进工作面甲烷浓度迅速升高且风速不低于正常值)。

  a) 掘进工作面甲烷传感器故障或监测到的甲烷浓度迅速升高或达到报警值($1.0\%CH_4$),掘进巷道回风流甲烷传感器故障或监测到的甲烷浓度迅速升高或达到报警值($1.0\%CH_4$),掘进工作面分风口风向传感器监测到风流逆转,发出煤与瓦斯突出报警和断电闭锁信号,切断相关区域全部非本质安全型电气设备电源(掘进工作面甲烷浓度迅速升高且风流逆转);

  b) 掘进工作面甲烷传感器故障或监测到的甲烷浓度迅速升高或达到报警值($1.0\%CH_4$),掘进巷道回风流甲烷传感器故障或监测到的甲烷浓度迅速升高或达到报警值($1.0\%CH_4$),掘进工作面进风分风口甲烷传感器监测到的甲烷浓度迅速升高或达到报警值($0.5\%CH_4$),发出煤与瓦斯突出报警和断电闭锁信号,切断相关区域全部非本质安全型电气设备电源(掘进工作面甲烷浓度迅速升高且回风、进风甲烷浓度均迅速升高)。

5.5.2.4 系统应具有采煤工作面煤与瓦斯突出报警和断电闭锁功能:

  采煤工作面甲烷传感器故障或监测到的甲烷浓度迅速升高或达到报警值($1.0\%CH_4$),回风隅角甲烷传感器故障或监测到的甲烷浓度迅速升高或达到报警值($1.0\%CH_4$),回风巷甲烷传感器监测到的甲烷浓度迅速升高或达到报警值($1.0\%CH_4$),回风巷风速传感器监测到的风速不低于正常值,发出煤与瓦斯突出报警和断电闭锁信号,切断相关区域全部非本质安全型电气设备电源(采煤工作面甲烷浓度迅速升高且风速不低于正常值)。

  a) 采煤工作面甲烷传感器故障或监测到的甲烷浓度迅速升高或达到报警值($1.0\%CH_4$),回风隅角甲烷传感器故障或监测到的甲烷浓度迅速升高或达到报警值($1.0\%CH_4$),回风巷甲烷传感器故障或监测到的甲烷浓度迅速升高或达到报警值($1.0\%CH_4$),进风巷(靠近工作面)甲烷传感器故障或监测到的甲烷浓度迅速升高或达到报警值($0.5\%CH_4$),进风巷风向传感器监测到风流逆转,发出煤与瓦斯突出报警和断电闭锁信号,切断相关区域全部非本质安全型电气设备电源(采煤工作面甲烷浓度迅速升高且风流逆转);

  b) 采煤工作面甲烷传感器故障或监测到的甲烷浓度迅速升高或达到报警值($1.0\%CH_4$),回风隅角甲烷传感器故障或监测到的甲烷浓度迅速升高或达到报警值($1.0\%CH_4$),回风巷甲烷传感器故障或监测到的甲烷浓度迅速升高或达到报警值($1.0\%CH_4$),进风巷(靠近工作面)甲烷传感器故障或监测到的甲烷浓度迅速升高或达到报警值($0.5\%CH_4$),进风巷(靠近分风口)甲烷传感器监测到的甲烷浓度迅速升高或达到报警值($0.5\%CH_4$),发出煤与瓦斯突出报警和断电闭锁信号,切断相关区域全部非本质安全型电气设备电源(采煤工作面甲烷浓度迅速升高且回风、进风甲烷浓度迅速升高)。

5.5.2.5 系统应具有地面中心站手动遥控断电/复电功能,并具有操作权限管理和操作记录功能。

5.5.2.6 系统应具有异地断电/复电功能。

5.5.2.7 系统应具有与应急广播、通信、人员位置监测等系统应急联动功能。

5.5.3 调节

  系统宜具有自动、手动、就地、远程和异地调节功能。

5.5.4 存储和查询

5.5.4.1 系统应具有以地点和名称为索引的存储和查询功能：
 a） 甲烷浓度、风速、负压、一氧化碳浓度等重要测点模拟量的实时监测值；
 b） 模拟量统计值（最大值、平均值、最小值）；
 c） 报警及解除报警时刻及状态；
 d） 断电/复电时刻及状态；
 e） 馈电异常报警时刻及状态；
 f） 局部通风机、风筒、主要通风机、风门、风向等状态及变化时刻；
 g） 瓦斯抽采（放）量等累计量值；
 h） 设备故障/恢复正常工作时刻及状态等。

5.5.4.2 采掘工作面瓦斯超限报警、断电、馈电异常，局部通风机停风等数据应进行加密存储，宜采用RSA加密算法对数据进行加密。

5.5.5 显示

5.5.5.1 系统应具有列表显示功能：
 a） 模拟量及相关显示内容包括：①地点；②名称；③单位；④报警门限；⑤断电门限；⑥复电门限；⑦监测值；⑧最大值；⑨最小值；⑩平均值；⑪断电/复电命令；⑫馈电状态；⑬超限报警；⑭馈电异常报警；⑮传感器工作状态等。
 b） 开关量显示内容包括：①地点；②名称；③开/停时刻；④状态；⑤工作时间；⑥开停次数；⑦传感器工作状态；⑧报警及解除报警状态及时刻等。
 c） 累计量显示内容包括：①地点；②名称；③单位；④累计量值等。

5.5.5.2 系统应能在同一时间坐标上，同时显示模拟量曲线和开关状态图等。

5.5.5.3 系统应具有模拟量实时曲线和历史曲线显示功能。在同一坐标上用不同颜色显示最大值、平均值、最小值等曲线。

5.5.5.4 系统应具有开关量状态图及柱状图显示功能。

5.5.5.5 系统应具有模拟动画显示功能。显示内容包括：①通风系统模拟图；②相应设备开停状态；③相应模拟量数值等。应具有漫游、总图加局部放大、分页显示等方式。

5.5.5.6 系统应具有系统设备布置图显示功能。显示内容包括：①传感器；②分站；③电源箱；④断电控制器；⑤传输接口和线缆等设备的设备名称；⑥相对位置和运行状态等。若系统庞大一屏容纳不下，可漫游、分页或总图加局部放大。

5.5.6 打印

系统应具有报表、曲线、柱状图、状态图、模拟图、初始化参数等召唤打印功能（定时打印功能可选）。报表包括：①模拟量日（班）报表；②模拟量报警日（班）报表；③模拟量断电日（班）报表；④模拟量馈电异常日（班）报表；⑤开关量报警及断电日（班）报表；⑥开关量馈电异常日（班）报表；⑦开关量状态变动日（班）报表；⑧监控设备故障日（班）报表；⑨模拟量统计值历史记录查询报表等。

5.5.7 人机对话

系统应具有人机对话功能，以便于系统生成、参数修改、功能调用、控制命令输入等。

5.5.8 自诊断

系统应具有自诊断功能。当系统中传感器、分站、传输接口、电源、断电控制器等设备发生故障时，报警并记录故障时间和故障设备，以供查询及打印。自诊断包括：①传感器、控制器的设置及定义；②模拟量传感器维护、定期未标校提醒；③模拟量传感器、控制器、电源箱等设备及通信网络的工作状态；④双机热备、数据库存储、软件模块通信等。

5.5.9 双机切换

系统应具有双机切换功能。系统主机应双机热备份。当工作主机发生故障时，备份主机自动投入工作（2006年版为手动切换）。

5.5.10 备用电源

系统应具有备用电源。当电网停电后，保证对甲烷浓度、风速、风压、一氧化碳浓度、主要通风机、局部通风机开停、风向、风筒状态等主要监控量继续监控。

5.5.11 数据备份

系统应具有数据备份功能。

5.5.12 模拟报警和断电

系统应具有通过现场传感器模拟测试报警和断电功能。

5.5.13 防雷

系统应具有防雷功能。分别在传输接口、入井口、电源等处采取防雷措施。

5.5.14 联网

系统应具有网络通信功能。

5.5.15 软件自监视和容错

系统应具有软件自监视和容错功能。

5.5.16 实时多任务

系统应具有实时多任务功能，能实时传输、处理、存储和显示信息，并根据要求实时控制，能周期地循环运行而不中断。

5.5.17 数据应用分析

系统应具有伪数据标注、异常数据分析、瓦斯涌出、火灾预测预警等大数据应用分析功能，可与煤矿安全监控系统检查分析工具对接数据。

5.6 软件功能

5.6.1 操作管理

软件应具有操作权限管理功能，对参数设置、控制等应使用密码操作，并具有操作记录。

5.6.2 主菜单

在各种显示模式下都应有主菜单显示，主菜单包括：参数设置、页面编辑、控制、列表显示、曲线显示、状态图及柱状图显示、模拟图显示、打印、查询、帮助、其他等。

在主菜单下应设置以下子菜单：

a) 参数设置：系统参数、模拟量、开关量、累计量、其他；
b) 页面编辑：列表、曲线、模拟图、其他；
c) 控制：控制逻辑、操作、其他；
d) 列表显示：报警（模拟量、开关量）、断电控制（模拟量、开关量）、馈电异常（模拟量、开关量）、调用（模拟量、开关量）、设备故障、其他；
e) 曲线显示：报警、断电控制、馈电异常、调用、其他；
f) 状态图与柱状图显示：状态图、柱状图、其他；

g) 模拟图显示:通风系统、瓦斯抽采(放)、系统自检、其他;

h) 打印:编辑、报警(模拟量、开关量)、断电控制(模拟量、开关量)、馈电异常(模拟量、开关量)、调用(模拟量、开关量)、设备故障、其他;

i) 查询:报警(模拟量、开关量)、断电控制(模拟量、开关量)、馈电异常(模拟量、开关量)、调用(模拟量、开关量)、设备故障、其他;

j) 帮助:参数设置、页面编辑、控制、列表显示、曲线显示、状态图与柱状图显示、模拟图显示、打印、查询、其他。

5.6.3 分类查询

软件应具有报警、断电、馈电异常、调用等分类查询功能。

a) 报警查询:根据输入的查询时间,将查询期间内的全部报警的模拟量和开关量显示或打印;

b) 断电查询:根据输入的查询时间,将查询期间内的全部断电的模拟量和开关量列表显示或打印;

c) 馈电异常查询:根据输入的查询时间,将查询期间内的全部馈电异常的开关量和模拟量显示或打印;

d) 调用查询:根据输入的被查询量和查询时间,将查询期间内被查询量显示或打印。

5.6.4 快捷方式

在任何显示模式下,均可直接进入所选监控量的列表显示、曲线显示或状态图及柱状图显示、模拟图显示、打印、参数设置、页面编辑、查询等方式。

5.6.5 中文显示与打印

软件应具有汉字显示、汉字打印和汉字提示功能。

5.6.6 更改存储内容

软件应具有防止修改实时数据和历史数据等存储内容(参数设置及页面编辑除外)功能。

5.6.7 模拟量数据表格显示

5.6.7.1 显示内容

模拟量数据表格显示包括如下内容:①传感器设置地点;②传感器所测物理量;③单位(可缺省);④报警门限(除用于监察外,可缺省);⑤断电门限(除用于监察外,可缺省);⑥复电门限(除用于监察外,可缺省);⑦断电范围(除用于监察外,可缺省);⑧监测值;⑨平均值;⑩最大值;⑪最小值;⑫报警/解除报警状态及时刻;⑬断电/复电命令及时刻;⑭馈电状态及时刻;⑮实时时钟等。

5.6.7.2 实时显示

模拟量报警、模拟量断电、馈电异常应实时显示。

5.6.7.3 调用显示

根据所选择的模拟量显示其相应内容:①地点;②名称;③单位(可缺省)、④报警门限(可缺省);⑤断电门限(可缺省);⑥复电门限(可缺省);⑦监测值;⑧最近一次统计的最大值;⑨平均值;⑩最后一次报警或解除报警时刻;⑪最后一次断电或复电时刻等。

5.6.7.4 报警显示

当模拟量大于或等于报警门限时,自动显示超限时刻等,显示内容包括:①地点;②名称;③单位(可缺省);④报警门限(可缺省);⑤断电门限(可缺省);⑥复电门限(可缺省);⑦监测值;⑧最近一次统计的最大值(可缺省);⑨平均值(可缺省);⑩报警时刻;⑪最后一次断电/复电时刻;⑫断电区域(可缺省);⑬馈电状态、时刻及措施(报警后所采取的安全措施,其中所采用的安全措施为人工录入,采用措施时间自动生成,以下同)等。

5.6.7.5　断电显示

当模拟量大于或等于断电门限时,自动显示断电命令及时刻等,显示内容包括:①地点;②名称;③单位(可缺省);④报警门限(可缺省);⑤断电门限(可缺省);⑥复电门限(可缺省);⑦监测值;⑧报警及时刻;⑨断电及时刻;⑩断电区域(可缺省);⑪馈电状态及时刻、安全措施等。

5.6.7.6　馈电异常显示

当模拟量断电命令与馈电状态不一致时,自动显示馈电异常时刻等,显示内容包括:①地点;②名称;③单位(可缺省);④报警门限(可缺省);⑤断电门限(可缺省);⑥复电门限(可缺省);⑦监测值;⑧报警及时刻;⑨断电及时刻;⑩断电区域(可缺省);⑪馈电状态及时刻;⑫安全措施等。

5.6.7.7　报警记录查询显示

根据所选择的查询时间,显示查询时间内的累计报警次数等,显示内容包括:①地点;②名称;③单位(可缺省);④报警浓度(可缺省);⑤累计报警次数;⑥累计报警时间;⑦报警期间最大值及时刻;⑧每次报警期间最大值及时刻;⑨每次报警时间;⑩每次报警起止时刻;⑪每次报警措施;⑫查询起止时刻等。

5.6.7.8　断电记录查询显示

根据所选择的查询时间,显示查询时间内的累计断电次数等,显示内容包括:①地点;②名称;③单位(可缺省);④断电门限(可缺省);⑤复电门限(可缺省);⑥累计断电次数;⑦累计断电时间;⑧查询期间最大值及时刻;⑨每次断电最大值及时刻;⑩每次断电时间;⑪每次断电命令及起止时刻;⑫断电区域(可缺省);⑬馈电状态及时刻;⑭安全措施;⑮查询起止时刻等。

5.6.7.9　馈电异常记录查询显示

根据所选择的查询时间,显示查询时间内累计馈电异常次数等,显示内容包括:①地点;②名称;③断电区域(可缺省);④馈电异常累计时间;⑤累计次数;⑥每次馈电异常时间;⑦起止时刻;⑧措施;⑨查询起止时刻等。

5.6.7.10　统计值记录查询显示

根据所选择的模拟量及查询时间,显示查询时间内模拟量的平均值、最大值等,显示内容包括:①地点;②名称;③单位(可缺省);④报警门限(可缺省);⑤断电门限(可缺省);⑥复电门限(可缺省);⑦查询期间最大值及时刻;⑧平均值;⑨每次统计起止时刻;⑩最大值;⑪平均值;⑫最小值等。

5.6.8　开关量状态表格显示

5.6.8.1　显示内容

开关量状态表格显示包括以下内容:①所监测设备地点;②所监测设备名称;③报警状态(除用于监察外,可缺省);④断电状态(除用于监察外,可缺省);⑤断电范围(除用于监察外,可缺省);⑥当前状态;⑦状态变动时刻;⑧报警/解除报警时刻;⑨断电/复电时刻;⑩馈电状态及时刻等。

5.6.8.2 调用显示

根据所选择的开关量显示其相关内容：①地点；②名称；③报警及断电状态（可缺省）；④设备状态及时刻；⑤报警/断电及时刻；⑥断电区域（可缺省）；⑦馈电状态及时刻；⑧措施及时刻等。

5.6.8.3 报警与断电显示

当开关量为报警/断电状态时，自动显示报警与断电时刻和状态等，显示内容包括：①地点；②名称；③报警/断电状态（可缺省）；④设备状态及时刻；⑤断电/报警及时刻；⑥断电区域（可缺省）；⑦馈电状态及时刻；⑧措施及时刻等。

5.6.8.4 馈电异常显示

当开关量断电命令与馈电状态不符时，自动显示馈电异常状态及时刻等，显示内容包括：①地点；②名称；③报警/断电状态（可缺省）；④设备状态及时刻；⑤断电/报警及时刻；⑥断电区域（可缺省）；⑦馈电状态及时刻；⑧措施及时刻等。

5.6.8.5 状态变动显示

当开关量状态发生变化时，显示当前状态变化的开关量的状态变动时刻和状态变动状况等，一般保持 5 min 或 10 min。显示内容包括：①地点；②名称；③报警及断电状态（可缺省）；④设备状态及时刻；⑤断电/报警及时刻；⑥断电区域（可缺省）；⑦馈电状态及时刻等。

5.6.8.6 报警及断电记录查询显示

根据所选择的查询时间，显示查询时间内开关量累计报警次数等，显示内容包括：①地点；②名称；③报警/断电状态（可缺省）；④累计报警及断电次数；⑤累计报警及断电时间；⑥每次报警及断电时间；⑦起止时刻；⑧措施及采取措施时刻；⑨查询起止时刻等。

5.6.8.7 馈电异常查询显示

根据所选择的查询时间，显示查询时间内的开关量断电命令与馈电状态不符次数等，显示内容包括：①地点；②名称；③断电区域（可缺省）；④馈电异常累计时间；⑤累次次数；⑥每次时间；⑦起止时刻；⑧措施及采取措施时刻等。

5.6.8.8 状态变动记录查询显示

根据所选择的查询时间，显示查询时间内开关量状态变动次数等，显示内容包括：①地点；②名称；③报警及断电状态（可缺省）；④累计报警/断电时间；⑤累计动作次数；⑥每次动作状态及时刻等。

5.6.9 模拟量曲线显示

将模拟量监测值和统计值随时间变化的状况用带坐标和门限值的曲线直观地显示出来，并可无极放大或弹出放大窗。坐标的竖轴为监测值和统计值，横轴为时间。用平行于横轴的黄色虚线给出报警浓度，用平行于横轴的红色虚线给出断电浓度，用平行于横轴的蓝色虚线给出复电浓度。实时监测值、最大值、平均值、最小值等用不同颜色表示。在屏幕上方标明传感器设置地点、所测物理量名称、起始/终止日期和时间、断电门限（可缺省）、复电门限（可缺省）、报警门限（可缺省）、断电范围（可缺省）、监测值、最大值、平均值、最小值等曲线的颜色等。为便于读值，应设置游标，游标所到之处应标出对应点的时刻、监测值、最大值、平均值、最小值、断电起止时刻及累计时间、报警起止时刻及累计时间、馈电异常起止时刻及累计时间、措施及采取措施时刻等。并随着游标的移动，标出起始/终止日期和时间变化。

5.6.10 开关量状态图与柱状图显示

5.6.10.1 开关量状态图显示

将开关量状态随时间变化的状态用直线显示。在屏幕上方标明传感器的设置地点、所测物理量名称、起始/终止日期和时间、报警状态（可缺省）。为便于读值，应设置游标，游标所到之处应标出对应区间的起止时刻、报警及断电状态、馈电状态、措施等。

5.6.10.2 开关量柱状图显示

将开关量单位时间内的开机效率（单位时间内开机时间）用直方图直观显示。坐标竖轴为开机效率，横轴为时间。在屏幕上方标明传感器设置地点、所测物理量名称、起始/终止日期和时间、报警状态（可缺省）。为便于读值，应设置游标，游标所到之处应标出对应区间的开机效率、开机时间、开停次数等。

5.6.11 模拟图显示

5.6.11.1 在具有说明巷道、设备布置等背景图上，将实时监测到的开关量状态，用相应的图样在相应的位置模拟显示；将实时监测到的模拟量数值在相应位置显示。同时用红色等标注报警、断电及馈电异常。点击设备模拟图或模拟量显示值，可以弹出相关信息的选择菜单，供进一步查询。对于较复杂的系统，模拟图可以分为总图及局部详图，并具有漫游、弹出详图等功能。采用 GIS 技术的模拟图显示还具有地理位置显示等功能。

5.6.11.2 通风系统模拟图显示包括如下内容：
a) 能够说明通风系统网络及设备配置的模拟图；
b) 根据实时监测到的开关量状态，实时显示通风网络风流、设备工况（如主要通风机、局部通风机、风门、风窗等）；
c) 在相应位置实时数字显示甲烷浓度、风速（或风量）、风压、一氧化碳浓度、温度等。

5.6.11.3 瓦斯抽采（放）系统模拟图显示包括如下内容：
a) 能够说明瓦斯抽采（放）系统管路和设备配置的模拟图等；
b) 根据实时监测到的开关量状态，实时显示相关设备工况（如抽放泵、阀门等）；
c) 在相关位置实时数字显示甲烷浓度、温度、风压、流量等。

5.6.11.4 监控系统自检模拟图包括如下内容：
a) 能够说明监控系统设备（传输接口、分站、传感器等）布置和线缆敷设的模拟图形等；
b) 根据系统自检情况，将具有故障的设备用不同颜色显示（如正常时为蓝色，故障时为红色）等。

5.6.12 报警

5.6.12.1 声音报警

当模拟量监测值超限（需要报警或断电）、馈电异常（断电命令与馈电状态不符）或开关量状态为报警状态时，报警喇叭或蜂鸣器应发出声响或语音提示，点击后关闭。

5.6.12.2 光报警

在表格显示方式中，当模拟量监测值超限（需要报警或断电），馈电异常（断电命令与馈电状态不符）或开关量状态为报警状态时，有关该模拟量或开关量的文字、数值和图符等用红色显示，或用红色显示加闪烁。

在模拟量模拟曲线显示和图形显示方式中，当模拟量监测值超限（需要报警或断电）、馈电异常(断电命令与馈电状态不符)或开关量状态为报警状态时,相应的曲线和图样应变为红色,数值变为红色,或红色显示加闪烁。

5.6.12.3 分级报警

系统应具有分级报警功能,根据瓦斯浓度大小及变化率、瓦斯超限持续时间、瓦斯超限范围等,设置不同的报警级别,实施分级响应。分级报警根据实际情况进行设置。

5.6.12.4 逻辑报警

系统应具有逻辑报警功能,根据巷道布置及瓦斯涌出等的内在逻辑关系,实施逻辑报警。逻辑关系根据实际情况进行设置。

5.6.13 存储记录

5.6.13.1 统计值记录

定时将模拟量平均值、最大值、最小值等记录在存储介质上。

5.6.13.2 模拟量报警记录

当模拟量报警、解除报警、填写备注时,自动将相关内容及时刻记录在存储介质上。

5.6.13.3 模拟量断电记录

当模拟量断电、复电、填写备注时,自动将相关内容及时刻记录在存储介质上。

5.6.13.4 模拟量馈电异常记录

当馈电状态由正常变为异常或由异常变为正常、填写备注时,自动将相关内容及时刻记录在存储介质上。

5.6.13.5 开关量状态变动记录

当开关量状态发生变动时,计算机自动将该开关量的状态变动状况和变动时刻记录在存储介质上。

5.6.13.6 开关量报警及断电记录

当开关量由非报警及断电状态变为报警及断电状态,或由报警及断电状态变为非报警及断电状态,或填写备注时,自动将相关内容及时刻记录在存储介质上。

5.6.13.7 开关量馈电异常记录

当馈电异常变为正常、正常变为异常、填写备注时,自动将相关内容及时刻记录在存储介质上。

5.6.13.8 监控设备故障记录

当监控设备(分站、传感器等)故障、恢复正常、填写措施时,自动将相关内容及时刻记录在存储介质上。

5.6.14 打印

5.6.14.1 模拟量日(班)报表

模拟量日(班)报表包括如下内容:①表头;②打印日期和时间;③传感器设置地点;④所测物理量名称;⑤单位(可缺省);⑥报警门限(可缺省);⑦断电门限(可缺省);⑧复电门限(可缺省);⑨平均值(本日或本班平均值);⑩最大值及时刻(本日或本班最大值);⑪报警次数(本日或本班累计报警次数);⑫累计报警时间(本日或本班累计报警时间);⑬断电次数(本日或本班累计断电次数);⑭累计断电时间(本日或本班累计断电时间);⑮馈电异常次数(本日或本班断电命令与馈电状态不符累计次数);⑯馈电异常累计时间(本日或本班断电命令与断电状态不符累计时间)等。

5.6.14.2 模拟量报警日(班)报表

模拟量报警日(班)报表包括如下内容:①表头;②打印日期和时间;③传感器设置地点;④所测物理量名称;⑤单位(可缺省);⑥报警门限(可缺省);⑦报警次数(本日或本班累计报警次数);⑧累计报警时间(本日或本班累计报警时间);⑨最大值及时刻(本日或本班报警期间最大值);⑩平均值(本日或本班报警期间平均值);⑪每次报警时刻及解除报警时刻;⑫每次报警时间;⑬每次报警期间平均值和最大值及时刻等;⑭每次措施及采取措施时刻。

5.6.14.3 模拟量断电日(班)报表

模拟量断电日(班)报表包括如下内容:①表头;②打印日期和时间;③传感器设置地点;④所测物理量名称;⑤单位(可缺省);⑥断电门限(可缺省);⑦复电门限(可缺省);⑧断电范围(可缺省);⑨断电次数(本日或本班累计断电次数);⑩累计断电时间(本日或本班累计断电时间);⑪最大值及时刻(本日或本班断电期间最大值);⑫平均值(本日或本班断电期间平均值);⑬每次断电累计时间、断电时刻及复电时刻;⑭每次断电期间平均值和最大值及时刻;⑮断电区域;⑯馈电状态及其时刻、累计时间;⑰措施及采取措施时刻。

5.6.14.4 模拟量馈电异常日(班)报表

模拟量馈电异常日(班)报表包括下列内容:①表头;②打印日期和时间;③地点;④名称;⑤断电区域(可缺省);⑥累计次数(本日或本班模拟量断电命令与馈电状态不符累计次数);⑦累计时间(本日或本班模拟量断电命令与馈电状态不符累计时间);⑧每次馈电状态累计时间及起止时刻;⑨措施及采取措施时刻等。

5.6.14.5 开关量报警及断电日(班)报表

开关量报警及断电日(班)报表包括如下内容:①表头;②打印日期和时间;③所监测设备地点;④所监测设备名称;⑤报警及断电(可缺省);⑥累计时间(本日或本班累计报警及断电时间);⑦累计次数(本日或本班累计报警及断电次数);⑧每次累计时间及起止时刻等;⑨断电区域(可缺省);⑩馈电状态及起止时刻、累计时间;⑪措施及采取措施时刻。

5.6.14.6 开关量馈电异常日(班)报表

开关量馈电异常日(班)报表包括如下内容:①表头;②打印日期和时间;③被监测设备地点与名称;④断电区域(可缺省);⑤累计时间(本日或本班馈电异常累计时间);⑥累计次数(本日或本班馈电异常累计次数);⑦每次馈电状态;⑧每次累计时间及起止时刻;⑨措施及采取措施时刻等。

5.6.14.7 开关量状态变动日(班)报表

开关量状态变动日(班)报表包括如下内容:①表头;②打印日期和时间;③所监测设备地点;④所监测设备名称;⑤累计运行时间(本日或本班累计运行时间);⑥累计变动次数(本日或本班累计变动次数);⑦状态变动状况及时刻等。

5.6.14.8 监控设备故障日(班)报表

监控设备故障日(班)报表包括如下内容:①表头;②打印日期和时间;③故障设备(传感器或分站)设置地点、编号、名称、所测物理量;④累计时间(本日或本班累计故障时间);⑤累计次数(本日或本班累计故障次数);⑥每次累计时间及起止时刻;⑦措施及时刻;⑧在有传输电缆故障监测的系统中,还应包括电缆故障位置内容等。

5.6.14.9 模拟量统计值历史记录查询报表

统计值记录查询报表包括如下内容:①表头;②查询起始日期、时间和终止日期、时间;

③取平均值、最大值、最小值的时间间隔及每一时间间隔的起止时刻;④传感器设置地点;⑤所测物理量名称;⑥单位(可缺省);⑦报警门限(可缺省);⑧断电门限(可缺省);⑨复电门限(可缺省);⑩平均值和最大值及时刻(查询期间内平均值和最大值);⑪每段时间内平均值和最大值等。

5.7 主要技术指标

5.7.1 模拟量输入传输处理误差

模拟量输入传输处理误差应不大于 0.5%。

5.7.2 模拟量输出传输处理误差

模拟量输出传输处理误差应不大于 0.5%。

5.7.3 累计量输入传输处理误差

累计量输入传输处理误差应不大于 0.5%。

5.7.4 最大巡检周期

系统最大巡检周期应不大于 20 s,并应满足监控要求。

5.7.5 控制执行时间

地面远程控制执行时间应不大于系统最大巡检周期。异地控制时间应不大于 2 倍的系统最大巡检周期。就地控制执行时间应不大于 2 s。

5.7.6 调节执行时间

调节执行时间应不大于系统最大巡检周期。

5.7.7 存储时间

甲烷浓度、温度、风速、负压、一氧化碳浓度等重要测点的实时监测值存盘记录应保存 3 个月以上。模拟量统计值、报警/解除报警时刻及状态、断电/复电时刻及状态、馈电异常报警时刻及状态、局部通风机、风筒、主要通风机、风向、风门等状态及变化时刻、瓦斯抽采(放)量等累计量值、设备故障/恢复正常工作时刻及状态等记录应保存 2 年以上。当系统发生故障时,丢失上述信息的时间长度应不大于 60 s。

5.7.8 画面响应时间

调出整幅画面 85% 的响应时间应不大于 2 s,其余画面应不大于 5 s。

5.7.9 误码率

误码率应不大于 10^{-9}。

5.7.10 最大传输距离

传感器及执行器至分站之间的传输距离应不小于 2 km,大于 2 km 时按整数递增。分站至传输接口最大传输距离应不小于 10 km。无主系统的分站至分站之间最大传输距离应不小于 10 km。无线传感器最大无线传输距离应不小于 100 m。

5.7.11 最大监控容量

系统允许接入的分站数量宜在 8、16、32、64、128、256 中选取,其中被中继器等设备分隔成多段的系统,每段允许接入的分站数量宜在 8、16、32、64、128 中选取。分站所能接入传感器、执行器的数量宜在 2、4、8、16、32、64、128 中选取。

5.7.12 双机切换时间

从工作主机故障到备用主机投入正常工作时间应不大于 60 s。

5.7.13 备用电源工作时间
在电网停电后,备用电源应能保证系统连续监控时间不小于 4 h。

5.7.14 统计值时间
模拟量统计值应是 5 min 的统计值。

5.7.15 本安供电距离
向传感器及执行器远程本安供电距离应不小于 2 km,大于 2 km 时按整数递增。

5.7.16 无线传感器蓄电池连续工作时间
无线传感器蓄电池连续工作时间应不小于 24 h。

5.8 传输性能
系统的信息传输性能应符合 MT/T 899、MT/T 1116、MT/T 1130、MT/T 1131 等有关要求。系统主干网应采用工业以太网。分站至主干网之间宜采用工业以太网,也可采用 RS485、CAN、LonWorks、PROFIBUS。模拟量传感器至分站的有线传输宜采用工业以太网、RS485、CAN;无线传输宜采用 WaveMesh、ZigBee、Wi-Fi、RFID。

5.9 电源波动适应能力
供电电压在产品标准规定的允许电压波动范围内,系统的电气性能应符合各自企业产品标准的规定。

5.10 工作稳定性
系统应进行工作稳定性试验,通电试验时间不小于 7 d,其性能应符合各自企业产品标准的规定。

5.11 抗干扰性能

5.11.1
设于地面的设备应能通过 GB/T 17626.2 规定的严酷等级为 3 级的静电放电抗扰度试验,评价等级为 A。

5.11.2
系统应能通过 GB/T 17626.3 规定的严酷等级为 2 级的射频电磁场辐射抗扰度试验,评价等级为 A。

5.11.3
系统应能通过 GB/T 17626.4 规定的严酷等级为 2 级的电快速瞬变脉冲群抗扰度试验,评价等级为 A。

5.11.4
系统交流电源端口应能通过 GB/T 17626.5 规定的严酷等级为 3 级的浪涌(冲击)抗扰度试验,评价等级为 B。系统直流电源端口和信号端口应能通过 GB/T 17626.5 规定的严酷等级为 2 级的浪涌(冲击)抗扰度试验,评价等级为 B。

5.12 防爆性能
防爆型设备应符合 GB 3836 的规定。

煤矿井下作业人员管理系统通用技术条件
（AQ 6210—2007）

前　言

为规范煤矿井下作业人员管理系统，保证煤矿井下作业人员管理系统安全可靠，促进煤矿安全生产，根据国家有关法律法规和标准的要求，制定本标准。

本标准为强制性标准。

本标准的附录 A 为规范性附录。

本标准由国家安全生产监督管理总局提出。

本标准由全国安全生产标准化技术委员会煤矿安全分技术委员会归口。

本标准起草单位：中国矿业大学（北京）、煤炭科学研究总院常州自动化研究所、平顶山煤业（集团）有限责任公司。

本标准起草人：孙继平、彭霞、卫修君、于励民、田子建。

1　范围

本标准规定了煤矿井下作业人员管理系统的术语和定义、产品分类、技术要求、试验方法和检验规则。

本标准适用于煤矿使用的煤矿井下作业人员管理系统（以下简称系统）及其产品。

2　规范性引用文件

下列文件中的条款通过本标准的引用而成为本标准的条款。凡是注日期的引用文件，其随后所有的修改单（不包括勘误的内容）或修订版均不适用于本标准，然而，鼓励根据本标准达成协议的各方研究是否可使用这些文件的最新版本。凡是不注日期的引用文件，其最新版本适用于本标准。

GB/T 2887　电子计算机场地通用规范

GB 3836.1　爆炸性气体环境用电气设备　第 1 部分：通用要求（eqv IEC 60079-0）

GB 3836.2　爆炸性气体环境用电气设备　第 2 部分：隔爆型"d"（eqv IEC 60079-1）

GB 3836.3　爆炸性气体环境用电气设备　第 3 部分：增安型"e"（eqv IEC 60079-7）

GB 3836.4　爆炸性气体环境用电气设备　第 4 部分：本质安全型"i"（eqv IEC 60079-4）

GB/T 10111　利用随机数骰子进行随机抽样的方法

AQ 6201　煤矿安全监控系统通用技术要求

MT 209　煤矿通信、检测、控制用电工电子产品通用技术要求

MT/T 286　煤矿通信、自动化产品型号编制方法和管理办法

MT/T 772—1998　煤矿监控系统主要性能测试方法

MT/T 899　煤矿用信息传输装置

MT/T 1004　煤矿安全生产监控系统通用技术条件

MT/T 1005　矿用分站
MT/T 1007　矿用信息传输接口
MT/T 1008　煤矿安全生产监控系统软件通用技术要求

3 术语和定义

下列术语和定义适用于本标准。

3.1
煤矿井下作业人员管理系统　management system for the underground personnel in a coal mine

监测井下人员位置,具有携卡人员出/入井时刻、重点区域出/入时刻、限制区域出/入时刻、工作时间、井下和重点区域人员数量、井下人员活动路线等监测、显示、打印、储存、查询、报警、管理等功能。

3.2
识别卡　identification card

由下井人员携带,保存有约定格式的电子数据,当进入位置监测分站的识别范围时,将用于人员识别的数据发送给分站。

3.3
位置监测分站　location monitoring substation

通过无线方式读取识别卡内用于人员识别的信息,并发送至地面传输接口。

3.4
传输接口　transmission interface

接收分站发送的信号,并送主机处理;接收主机信号,并送相应分站;控制分站的发送与接收,多路复用信号的调制与解调,并具有系统自检等功能。

3.5
主机　host

主要用来接收监测信号、报警判别、数据统计及处理、磁盘存储、显示、声光报警、人机对话、控制打印输出、与管理网络连接等。

3.6
并发识别数量　concurrent identification number

携卡人员以最大位移速度同时通过识别区时,系统能正确识别的最大数量。

3.7
漏读率　misreading rate

携卡人员以最大位移速度和最大并发数量通过识别区时,系统漏读和误读的最大数量与通过识别区的识别卡总数的比值。

3.8
工作异常人员　the absentees

未在规定时间到达指定地点的人员。

3.9
识别区域　identifiable area

系统能正确识别识别卡的无线覆盖区域。

3.10

重点区域 key area

采区、采煤工作面、掘进工作面等重要区域。

3.11

限制区域 forbidden area

盲巷、采空区等不允许人员进入的区域。

3.12

最大位移速度 maximum velocity

识别卡能被系统正确识别所允许的最大移动速度。

4 产品分类

4.1 型号

产品型号应符合 MT/T 286 的规定。

4.2 分类

4.2.1 按工作原理分类：

　　a) 场强式；

　　b) 射频标签式；

　　c) 其他。

4.2.2 按信号传输方向分类：

　　a) 单向；

　　b) 半双工；

　　c) 全双工。

4.2.3 按识别卡结构分类：

　　a) 帽卡；

　　b) 胸卡；

　　c) 腰卡；

　　d) 其他。

4.2.4 按系统结构分类：

　　a) 独立式；

　　b) 与煤矿安全监控系统一体；

　　c) 与煤矿井下移动通信系统一体；

　　d) 其他。

4.2.5 按识别卡供电方式分类：

　　a) 无源；

　　b) 有源。

4.2.6 按识别卡的工作频率分类：

　　a) 特高频(300 MHz～3 GHz)；

　　b) 超高频(3 GHz～30 GHz)；

　　c) 其他。

4.2.7 按功能分类：
   a) 非连续监测式；
   b) 连续监测式；
   c) 其他。

5 技术要求

5.1 一般要求

5.1.1 系统及其软件、识别卡、分站、传输接口应符合本标准的规定，符合 MT 209、MT/T 1004、MT/T 1005、MT/T 1007、MT/T 1008、AQ 6201 等标准的有关规定，系统中的其他设备应符合国家及行业有关标准的规定，并按照经规定程序批准的图样及文件制造和成套。

5.1.2 中心站及入井电缆的入井口处应具有防雷措施。

5.1.3 帽卡式识别卡应通过国家有关部门的检测，并出具对人身健康无害的报告。

5.2 环境条件

5.2.1 系统中用于机房、调度室的设备，应能在下列条件下正常工作：
   a) 环境温度：15～30 ℃；
   b) 相对湿度：40%～70%；
   c) 温度变化率：小于 10 ℃/h，且不得结露；
   d) 大气压力：80～106 kPa；
   e) GB/T 2887 规定的尘埃、照明、噪声、电磁场干扰和接地条件。

5.2.2 除有关标准另有规定外，系统中用于煤矿井下的设备应在下列条件下正常工作：
   a) 环境温度：0～40 ℃；
   b) 平均相对湿度：不大于 95%（+25 ℃）；
   c) 大气压力：80～106 kPa；
   d) 有爆炸性气体混合物，但无显著振动和冲击、无破坏绝缘的腐蚀性气体。

5.3 供电电源

5.3.1 地面设备交流电源：
   a) 额定电压：380 V/220 V，允许偏差－10%～＋10%；
   b) 谐波：不大于 5%；
   c) 频率：50 Hz，允许偏差±5%。

5.3.2 井下设备交流电源：
   a) 额定电压：127 V/380 V/660 V/1 140V，允许偏差：
      1) 专用于井底车场、主运输巷：－20%～＋10%；
      2) 其他井下产品：－25%～＋10%。
   b) 谐波：不大于 10%；
   c) 频率：50 Hz，允许偏差±5%。

5.4 系统组成

系统一般由主机、传输接口、分站、识别卡、电源箱、电缆、接线盒、避雷器和其他必要设备组成。

5.5 主要功能

5.5.1 监测

5.5.1.1 系统应具有携卡人员出/入井时刻、出/入重点区域时刻、出/入限制区域时刻等监测功能。

5.5.1.2 系统应具有识别携卡人员出/入巷道分支方向等功能。

5.5.1.3 系统应能对乘坐电机车等各种运输工具的携卡人员进行准确识别。

5.5.1.4 系统应能识别多个同时进入识别区域的识别卡。

5.5.1.5 系统应具有识别卡工作是否正常和每位下井人员携带1张卡唯一性检测功能。

5.5.2 管理

5.5.2.1 系统应具有携卡人员下井总数及人员、出/入井时刻、下井工作时间等显示、打印、查询等功能,并具有超时人员总数及人员、超员人员总数及人员报警、显示、打印、查询等功能。

5.5.2.2 系统应具有携卡人员出/入重点区域总数及人员、出/入重点区域时刻、工作时间等显示、打印、查询等功能,并具有超时人员总数及人员、超员人员总数及人员报警、显示、打印、查询等功能。

5.5.2.3 系统应具有携卡人员出/入限制区域总数及人员、出/入限制区域时刻、滞留时间等显示、打印、查询、报警等功能。

5.5.2.4 系统应具有特种作业人员等下井、进入重点区域总数及人员、出/入时刻、工作时间显示、打印、查询等功能,具有工作异常人员总数及人员、出/入时刻及工作时间等显示、打印、查询、报警等功能。

5.5.2.5 系统应具有携卡人员下井活动路线显示、打印、查询、异常报警等功能。

5.5.2.6 系统应具有携卡人员卡号、姓名、身份证号、出生年月、职务或工种、所在区队班组、主要工作地点、每月下井次数、下井时间、每天下井情况等显示、打印、查询等功能。

5.5.2.7 系统应具有按部门、地域、时间、分站、人员等分类查询、显示、打印等功能。

5.5.3 存储和查询

5.5.3.1 系统应具有存储功能,存储内容包括:
   a) 出/入井时刻;
   b) 出/入重点区域时刻;
   c) 出/入限制区域时刻;
   d) 进入分站识别区域时刻;
   e) 出/入巷道分支时刻及方向;
   f) 超员总数、起止时刻及人员;
   g) 超时人员总数、起止时刻及人员;
   h) 工作异常人员总数、起止时刻及人员;
   i) 卡号、姓名、身份证号、出生年月、职务或工种、所在区队班组、主要工作地点等。

5.5.3.2 系统应具有查询功能。查询类别如下:
   a) 按人员查询;
   b) 按时间查询;
   c) 按地域查询;

d) 按识别区查询；
e) 按超时报警查询；
f) 按超员报警查询；
g) 按限制区域报警查询；
h) 按工作异常报警查询；
i) 按人员分类查询；
j) 按部门查询；
k) 按工种查询等。

5.5.3.3 系统应具有防止修改实时数据和历史数据等存储内容（参数设置及页面编辑除外）功能。

5.5.3.4 系统应具有数据备份功能。

5.5.3.5 分站应具有数据存储功能。当系统通信中断时，分站存储识别卡卡号和时刻；系统通信正常时，上传至中心站。

5.5.4 显示

5.5.4.1 系统应具有汉字显示和提示功能。

5.5.4.2 系统应具有列表显示功能。显示内容包括：下井人员总数及人员、重点区域人员总数及人员、超时报警人员总数及人员、超员报警人员总数及人员、限制区域报警人员总数及人员、特种作业人员工作异常报警总数及人员等。

5.5.4.3 系统应具有模拟动画显示功能。显示内容包括：巷道布置模拟图、人员位置及姓名、超时报警、超员报警、进入限制区域报警、特种作业人员工作异常报警等。应具有漫游、总图加局部放大、分页显示等方式。

5.5.4.4 系统应具有系统设备布置图显示功能。显示内容包括：分站、电源箱、传输接口和电缆等设备的设备名称、相对位置和运行状态等。若系统庞大一屏容纳不了，可漫游、分页或总图加局部放大。

5.5.5 打印

系统应具有汉字报表、初始化参数召唤打印功能（定时打印功能可选）。打印内容包括：下井人员总数及人员、重点区域人员总数及人员、超时报警人员总数及人员、超员报警人员总数及人员、限制区域报警人员总数及人员、特种作业人员工作异常报警总数及人员、领导干部每月下井总数及时间统计等。

5.5.6 人机对话

5.5.6.1 系统应具有人机对话功能，以便于系统生成、参数修改、功能调用、图形编辑等。

5.5.6.2 系统应具有操作权限管理功能，对参数设置等必须使用密码操作，并具有操作记录。

5.5.6.3 在任何显示模式下，均可直接进入所选的列表显示、模拟图显示、打印、参数设置、页面编辑、查询等方式。

5.5.7 自诊断

系统应具有自诊断功能。当系统中分站、传输接口等设备发生故障时，报警并记录故障时间和故障设备，以供查询及打印。

5.5.8 双机切换

系统主机应具有双机切换功能。

5.5.9 备用电源

系统应具有备用电源。

5.5.10 网络通信

系统应具有网络接口,将有关信息上传至各级主管部门。

5.5.11 其他

5.5.11.1 系统应具有软件自监视功能。

5.5.11.2 系统应具有软件容错功能。

5.5.11.3 系统应具有实时多任务功能,对参数传输、处理、存储和显示等能周期地循环运行而不中断。

5.6 主要技术指标

5.6.1 最大位移速度

最大位移速度不得小于 5 m/s。

5.6.2 并发识别数量

并发识别数量不得小于 80。

5.6.3 漏读率

漏读率不得大于 10^{-4}。

5.6.4 最大传输距离

最大传输距离应满足下列要求:

a) 识别卡与分站之间的无线传输距离不小于 10 m;

b) 分站至传输接口之间最大传输距离应不小于 10 km;分站至传输接口之间可串入可靠的中继器(或类似产品),但所串的中继器(或类似产品)最多不超过 2 台。

5.6.5 最大监控容量

最大监控容量应满足下列要求:

a) 系统允许接入的分站数量宜在 8、16、32、64、128 中选取;被中继器等设备分隔成多段的系统,每段允许接入的分站数量宜在 8、16、32、64、128 中选取。

b) 识别卡数量应不小于 8 000 个。

5.6.6 最大巡检周期

系统最大巡检周期应不大于 30 s。

5.6.7 误码率

误码率应不大于 10^{-8}。

5.6.8 存储时间

存储时间应满足下列要求:

a) 携卡人员出/入井时刻、出/入重点区域时刻、出/入限制区域时刻、进入识别区域时刻、出/入巷道分支时刻及方向、超员、超时、工作异常、卡号、姓名、身份证号、年龄、职务或工种、所在区队班组、主要工作地点等记录应保存 3 个月以上。当主机发生故障时,丢失上述信息的时间长度应不大于 5 min;

b) 分站存储数据时间应不小于 2 h。

5.6.9 画面响应时间
调出整幅画面 85% 的响应时间应不大于 2 s,其余画面应不大于 5 s。

5.6.10 双机切换时间
从工作主机故障到备用主机投入正常工作时间应不大于 5 min。

5.6.11 识别卡电池寿命
不可更换电池的识别卡的电池寿命应不小于 2 年。可更换电池的识别卡的电池寿命应不小于 6 个月。

5.6.12 识别卡电池工作时间
采用可充电电池的识别卡,每次充电应能保证识别卡连续工作时间不小于 7 d。

5.6.13 备用电源工作时间
在电网停电后,备用电源应能保证系统连续监控时间不小于 2 h。

5.6.14 远程本安供电距离
远程本安供电距离应不小于 2 km。

5.7 传输性能
系统的信息传输性能应符合 MT/T 899 的有关要求。

5.8 电源波动适应能力
供电电压在产品标准规定的允许电压波动范围内,系统的位置监测、并发识别、最大传输距离、最大监控容量、最大巡检周期应能满足要求。

5.9 工作稳定性
系统应进行工作稳定性试验,通电试验时间不小于 7 d,系统的位置监测、并发识别、最大传输距离、最大监控容量、最大巡检周期应能满足要求。

5.10 防爆性能
防爆型设备应符合 GB 3836.1～GB 3836.4 的规定。

6 试验方法

6.1 环境条件
按 MT/T 772—1998 中 3.1 的有关规定进行。

6.2 电源条件
按 MT/T 772—1998 中 3.2 的有关规定进行。

6.3 测试仪器和设备
6.3.1 测试仪器和设备的准确度应保证所测性能对准确度的要求,其自身准确度应不大于被测参数 1/3 倍的允许误差。

6.3.2 测试仪器和设备的性能应符合所测性能的特点。

6.3.3 测试仪器和设备应按照计量法的相关规定进行计量,并检定或校准合格。

6.3.4 测试仪器和设备的配置应不影响测量结果。

6.3.5 主要测试仪器和设备的特性要求应满足附录 A 的规定。

6.4 受试系统的要求
6.4.1 现场检验时,按实际配置的系统进行检验。

6.4.2 出厂检验和型式检验时，系统测试至少应具备下列设备：
a) 中心站设备一套，一般包括传输接口1台、主机（含显示器）2台、打印机、网络设备等，可根据具体情况适当增加设备；
b) 构成识别区所必需的设备；
c) 分站：出厂检验时，为订货的全部分站；型式检验时应不少于3台；若具备分站电源，应包括在其中；若有多种型式的分站或具有分站功能的设备，每种至少1台；
d) 每种本安电源最大组合负载的各种设备；
e) 最大并发数量的识别卡，其地址编码在识别卡最大数量范围内任意选择；
f) 构成系统的其他必要设备。

6.4.3 受试系统中的设备应是出厂检验和型式检验合格的产品。

6.5 受试系统的连接

6.5.1 受试系统使用规定的传输介质按以下要求连接：
a) 树形系统按图1连接设备，N 为参与试验的分站数（实际分站数加模拟分站数）；
b) 总线形系统按图2连接设备，N 为参与试验的分站数（实际分站数加模拟分站数）；
c) 环形系统按图3连接设备；
d) 星形系统按图4连接设备。

图中，仿真线 L_1 模拟系统最大传输距离的传输线。仿真线 L_2 模拟二分之一倍的 L_1。

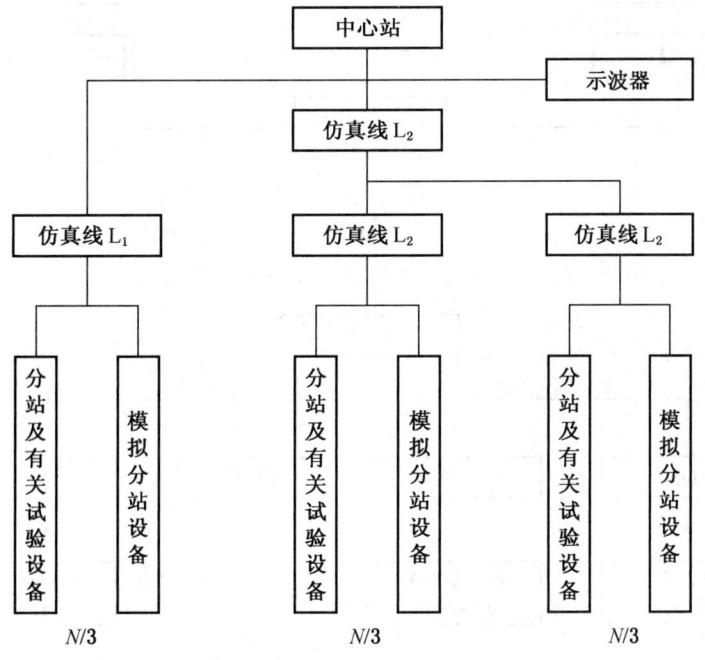

图 1

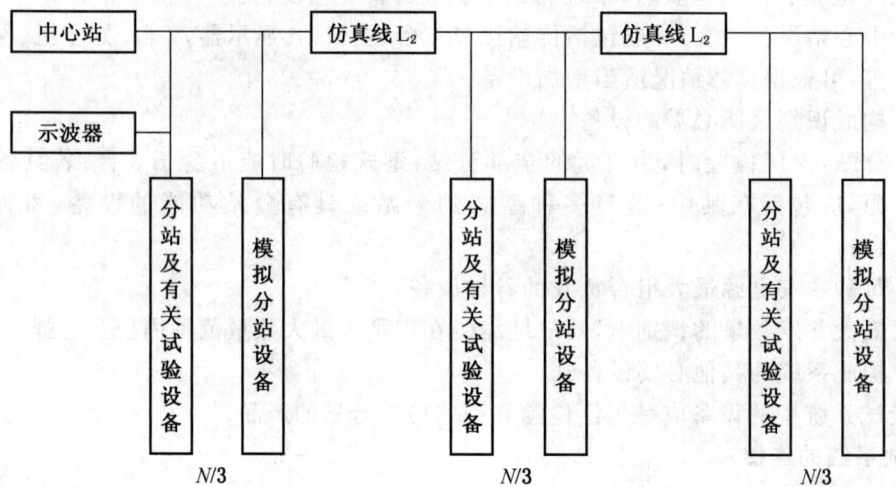

图 2

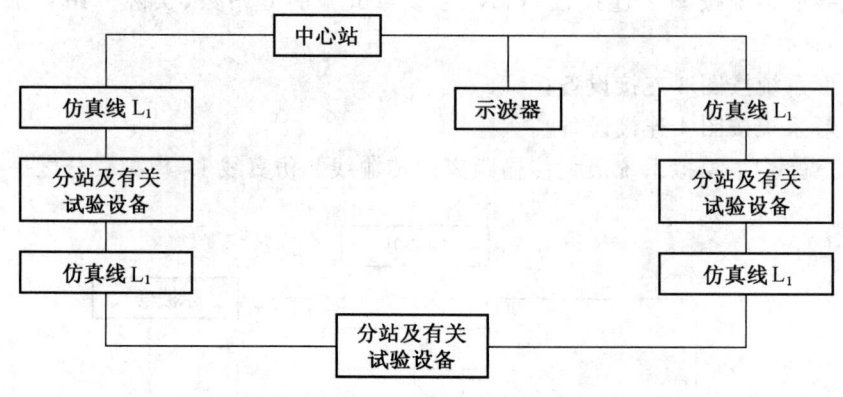

图 3

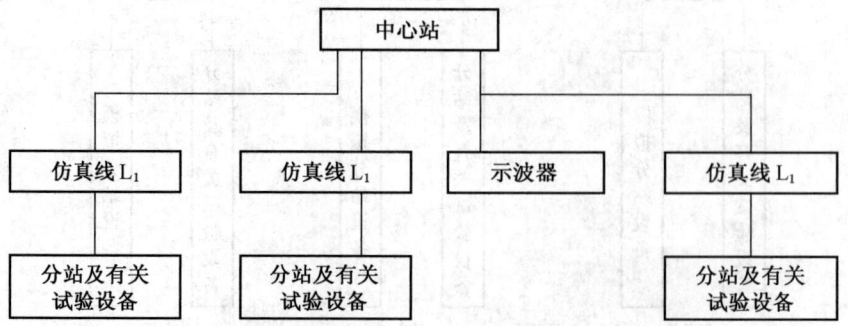

图 4

6.5.2 中心站设备的连接见图5。

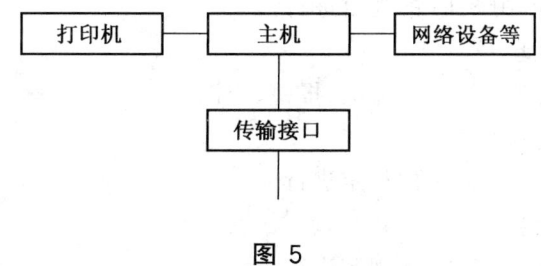

图 5

6.6 系统运行检查

按 MT/T 772—1998 中第 7 章的有关规定进行。

6.7 主要功能试验

6.7.1 试验系统的连接

试验系统按 6.5 的要求进行连接。

6.7.2 监测功能试验

6.7.2.1 最大并发数量的识别卡进出分站识别区,系统及分站应能正确识别卡号及进入时刻。

6.7.2.2 最大并发数量的识别卡分别从前、后、左、右不同方向进出识别区,系统应能正确识别卡号、进出方向及时刻。

6.7.2.3 在 6.7.2.2 试验的基础上,各 1/4 最大并发数量的识别卡同时从前、后、左、右不同方向进出识别区,系统应能正确识别卡号、进出方向及时刻。

6.7.3 管理功能试验

6.7.3.1 识别卡通过分站,系统应能正确识别、显示、打印、存储和查询等。

6.7.3.2 设置超员报警、超时报警、限制区域报警、系统应能报警、显示、打印、存储和查询等。

6.7.3.3 设置活动路线,系统应能报警、显示、打印、存储和查询。

6.7.3.4 按部门、地域、时间、分站、人员查询,系统应能正确响应。

6.7.4 存储和查询功能试验

按 MT/T 772—1998 中 8.7 的规定进行。

6.7.5 显示功能试验

按 MT/T 772—1998 中 8.8 的规定进行。

6.7.6 打印功能试验

按 MT/T 772—1998 中 8.8 的规定进行。

6.7.7 人机对话功能试验

按 MT/T 772—1998 中 8.9 的规定进行。

6.7.8 自诊断功能试验

按 MT/T 772—1998 中 8.10 的规定进行。

6.7.9 双机切换功能试验

按 MT/T 772—1998 中 8.13 的规定进行。

6.7.10 备用电源试验
按 MT/T 772—1998 中 8.15 的规定进行。

6.7.11 网络通信功能试验
将系统接入网络,应能通过网络监测、报警、查询等。

6.7.12 系统软件自监视功能试验
按 MT/T 772—1998 中 8.11 的规定进行。

6.7.13 软件容错功能试验
按 MT/T 772—1998 中 8.12 的规定进行。

6.7.14 实时多任务功能试验
按 MT/T 772—1998 中 8.14 的规定进行。

6.8 主要技术指标测试

6.8.1 最大位移速度测试
最大并发数量的识别卡同时通过分站识别区,测量其正确识别的最大位移速度。

6.8.2 最大并发识别数量测试
以最大位移速度通过分站识别区,测量在正确识别的情况下,识别卡同时通过分站识别区的最大数量。

6.8.3 漏读率测试
最大并发数 M 的识别卡以最大位移速度通过分站识别区,共通过不低于 $10^4/M$ 次共 L 个识别卡,将每次漏读或误读的个数相加得 N,漏读率为 N/L。

上述试验次数可以在 1、3、5 中选择。

6.8.4 系统传输距离测试
传输距离按下列方法测试:
a) 分站至传输接口距离测试:按 MT/T 772—1998 中 9.4 的有关规定进行;
b) 识别卡与分站之间无线传输距离测试:识别卡从识别区外接近分站,直到分站正确识别识别卡时停止,测量识别卡距分站的距离,即为识别卡与分站间的无线传输距离。

6.8.5 巡检周期测试
在组成测试系统的 3 个独立识别区域,同时通过 1/3 最大并发数的识别卡,并开始计时,直到主机显示全部相关信息停止计时,所测时间即是巡检周期。

6.8.6 系统误码率测试
按 MT/T 772—1998 中 9.11 的有关规定进行。

6.8.7 存储时间测试
存储时间按下列方法测试:
a) 丢失有关信息的时间长度测试:按 MT/T 772—1998 中 8.7 的有关规定进行;
b) 分站存储数据时间测试按下列要求进行:系统正常运行情况下,断开分站与传输接口的传输电缆,每半小时以一半最大并发数的识别卡通过分站识别区,共 4 次,然后恢复分站与传输接口的传输电缆,分站应能将 4 次通过分站识别区的识别卡号和时间准确上传至中心站。

6.8.8 画面响应时间测试
按 MT/T 772—1998 中 9.9 的有关规定进行。

6.8.9 双机切换时间测试
按 MT/T 772—1998 中 8.13 的有关规定进行。

6.8.10 识别卡电池寿命测试
通过公式(1)计算识别卡电池寿命 T：
$$T = C \times (T_1 + T_2 + T_3)/(T_1 \times I_1 + T_2 \times I_2 + T_3 \times I_3) \quad \cdots\cdots\cdots\cdots\cdots\cdots\cdots\cdots(1)$$

式中：
C ——电池容量；
T_1 ——识别卡接收时间；
I_1 ——识别卡接收状态工作电流；
T_2 ——识别卡发送时间；
I_2 ——识别卡发送状态工作电流；
T_3 ——识别卡待机时间；
I_3 ——识别卡待机状态工作电流。

6.8.11 识别卡电池工作时间测试
使可充电电池处于充满状态的识别卡处于正常工作状态，并开始计时；直到可充电电池低于最小放电电压或不能保证识别卡正常工作时，停止计时。识别卡电池工作时间为上述时间的 80%。

6.8.12 备用电池工作时间测试
使备用电池处于充满状态的备用电源(或电源)，接模拟额定负载，切断交流电源，开始工作并计时；直到备用电源(或电源)停止工作，停止计时。备用电池工作时间为上述时间的 80%。

6.8.13 远程本安供电距离测试
远程本安供电电源通过 2 km 仿真线与最大负载组合相连，系统应能正常工作。

6.9 传输性能试验
按 MT/T 899 的有关规定进行。

6.10 电源波动适应能力试验
按 MT/T 772—1998 第 11 章的有关规定进行。

6.11 工作稳定性试验
按 MT/T 772—1998 第 10 章的有关规定进行，试验中的测量时间间隔不得大于 24 h。

6.12 防爆性能试验
按 GB 3836.1～GB 3836.4 的有关规定进行。

7 检验规则

7.1 检验分类
检验一般分出厂检验与型式检验两类。

7.2 出厂检验

7.2.1 每套系统均需进行出厂检验,合格产品应给予合格证。

7.2.2 出厂检验一般由制造厂质检部门负责进行,必要时用户可提出参加。

7.2.3 检验项目应符合表1中出厂检验项目的规定。

表 1

检验项目	质量特征类别	试验要求	试验方法	出厂检验	型式检验
主要功能	A	5.5	6.7	○	○
主要技术指标	A	5.6	6.8	—	○
传输性能	B	5.7	6.9	—	○
电源波动适应能力	B	5.8	6.10	—	○
工作稳定性	B	5.9	6.11	○	○
防爆性能	A	5.10	6.12	—	○
注:○表示需要进行检验的项目。					

7.2.4 出厂检验的各项性能和指标应符合本标准和相关标准的规定,否则按不合格处理。

7.3 型式检验

7.3.1 有下列情况之一时,应进行型式检验:

a) 新产品或老产品转厂定型时;
b) 正式生产后,系统中设备或系统组成有较大变化,可能影响系统性能时;
c) 正常生产时每3年一次;
d) 停产1年恢复生产时;
e) 出厂检验结果与上次型式检验结果有较大差异时;
f) 国家有关机构提出进行型式检验时。

7.3.2 检验项目应符合表1中的型式检验项目的规定。

7.3.3 按照GB 10111规定的方法,在出厂检验合格的产品中抽取受试系统的各组成设备。样品数量应满足试验要求。

7.3.4 型式检验的各项性能和指标应符合本标准和相关标准的规定;对A类项目,有一项不合格则判该批不合格;对B类项目,有一项不合格应加倍抽样检验,若仍不合格则判该批为不合格。

附 录 A
(规范性附录)
测试仪器和设备的特性要求

A.1 误码率测试仪

应能发出规定范围的测试信号,能检测并显示误码率和累计误码数。测试位数应符合所测系统的要求。

A.2 示波器

示波器的 3 dB 带宽不得低于被测速率的 10 倍,且能自动或利用游标测量脉冲频率和周期。

A.3 仿真线 L_1 和 L_2

模拟传输接口至分站传输距离的仿真线 L_1 和 L_2 应符合以下要求:
a) 应能分别模拟传输接口至分站的最大传输距离及其二分之一;
b) 用平衡均匀电路,每公里网络应符合图 A.1 规定,其中 R 为每公里环路电阻的 $1/4$,L 为每公里环路电感量的 $1/4$,C 为每公里分布电容量;
c) 每一段模拟网络的长度应不大于 1 km,且不大于所传输信号最短波长的 1/100;
d) 仿真线 L_1 可根据试验需要由两个 L_2 组成或合在一起。

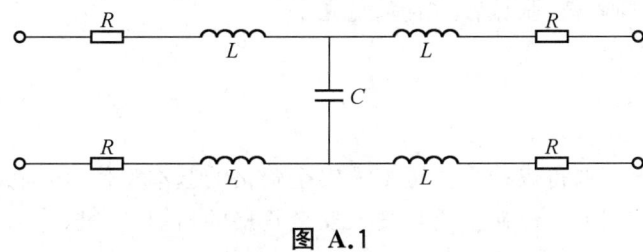

图 A.1

A.4 分站模拟负载

分站模拟负载的电气特性应与实际分站一致,每一分站模拟负载只能等效一台分站。系统试验中所带试验分站的数量与分站模拟负载的数量之和应等于系统所带分站的最大容量。

A.5 秒表或毫秒计

量程应覆盖所测最大时间范围,特性应符合相应系统的测试要求。

(3) 煤矿安全管理

煤矿主要负责人安全生产培训大纲及考核标准
(AQ 1069—2008)

前 言

本标准为强制性标准。
本标准由国家煤矿安全监察局提出。
本标准由全国安全生产标准化技术委员会煤矿安全标准化分技术委员会归口。
本标准起草单位:中国矿业大学(北京)、河南煤矿安全监察局、河北煤矿安全监察局。
本标准起草人:周心权、张振普、李谨、瓮立平。
本标准为首次发布。

1 范围

本标准规定了申请取得煤矿主要负责人安全资格的基本条件、培训大纲和考核要求。
本标准适用于申请取得煤矿主要负责人安全资格的培训和考核。

2 规范性引用文件

下列文件中的条款通过本标准的引用而成为本标准的条款。凡是注日期的引用文件,其随后所有的修改单(不包括勘误的内容)或修订版均不适用于本标准。凡是不注日期的引用文件,其最新版本适用于本标准。
煤矿安全规程

3 术语和定义

下列术语和定义适用于本标准。

3.1

煤矿主要负责人 superintendent in coal mine
对煤矿生产经营和安全负全面责任、有生产经营决策权的人员。包括煤矿企业法定代表人、董事长、总经理、局长、各类煤矿矿长等。

4 申请取得煤矿主要负责人安全资格的基本条件

4.1 国有重点煤矿(公司)的矿长(经理)

4.1.1 应具有煤矿安全生产相关专业大专(含大专)以上学历、从事煤矿安全生产相关工作3年以上的经历。
4.1.2 应具有安全生产技术、管理岗位2年以上的工作经历。

4.2 国有重点煤矿(公司)以外的煤矿(公司)矿长(经理)

4.2.1 应具有煤矿安全生产相关专业中专(含中专)以上学历、从事煤矿安全生产相关工作

3年以上的经历。
4.2.2 应具有安全生产技术、管理岗位2年以上的工作经历。

5 培训大纲

5.1 培训要求

5.1.1 安全培训应按照本标准的规定对煤矿主要负责人进行培训和再培训。
5.1.2 培训应按露天煤矿和地下煤矿分别进行。
5.1.3 通过培训，煤矿主要负责人应熟悉国家有关安全生产的法律法规、规章、规程、标准和技术规范，掌握煤矿安全管理、安全生产技术理论以及煤矿重大事故防范、抢险救灾的专业知识；了解煤炭工业环境保护与职业危害防治知识；具备较强的煤矿安全生产规划、组织、管理能力和重大事故应急救援的组织、指挥能力，能依靠科技进步改善煤矿的安全生产条件，符合本标准的考核要求。

5.2 培训内容

5.2.1 煤矿安全生产形势及法律法规

主要包括以下内容：
a) 我国安全生产形势、煤矿安全生产形势及煤矿安全生产的特点；
b) 国外主要产煤国家煤矿安全生产状况及经验；
c) 我国安全生产方针、政策；
d) 我国煤矿安全生产法律法规、规章、规程、标准和技术规范等；
e) 煤矿开采准入制度。

5.2.2 煤矿安全生产管理

主要包括以下内容：
a) 煤矿安全生产管理的目的、任务、原理和方法；
b) 煤矿安全生产主要管理制度及主要负责人的安全生产职责；
c) 煤矿从业人员的安全生产责任、权利与义务；
d) 煤矿安全评估与安全评价；
e) 煤矿伤亡事故和职业病的管理、统计和上报；
f) 现代安全管理理论和技术，包括安全目标管理、危险源辨识和安全评价方法、职业健康安全管理体系、安全质量标准化、煤矿本质安全管理体系、安全与心理特征、安全计划和决策、安全文化和安全信息管理、矿用产品安全标志管理等。

5.2.3 煤矿地质与安全

主要包括以下内容：
a) 煤系地层、地质构造、水文地质、地质环境、地质灾害等对煤矿安全生产的影响；
b) 煤矿开采对煤矿地质工程作业的要求。

5.2.4 露天煤矿开采安全

主要包括以下内容：
a) 露天煤矿开采的基本安全生产条件；
b) 露天煤矿采场、台阶、边坡的安全管理要点；
c) 露天煤矿开采方式与剥采工艺的安全管理要点，包括穿孔、采装、运输、排卸及辅

　　　　助作业的安全管理要点；
　　d) 露天煤矿边坡的破坏类型、破坏机理及其安全管理要点；
　　e) 露天煤矿防尘毒、防排水与防灭火的安全管理要点；
　　f) 排土场的选择、布置、堆置的安全管理要点；
　　g) 露天开采对生态环境的影响及其安全管理要点；
　　h) 露天煤矿常见事故的致因及预防措施；
　　i) 典型事故案例分析。

5.2.5　地下煤矿开采安全
主要包括以下内容：
　　a) 地下煤矿开采的基本安全生产条件与矿井开拓方式；
　　b) 井巷工程施工、支护技术的安全管理要点；
　　c) 常用采煤方法及其回采工艺的安全管理要点；
　　d) 矿井冲击地压防治的安全管理要点；
　　e) 煤矿顶板事故防治的安全管理要点；
　　f) 矿井水害防治的安全管理要点；
　　g) 矿井热害防治的安全管理要点；
　　h) 地下煤矿顶板、水害、热害等事故的致因及防治措施；
　　i) 典型事故案例分析。

5.2.6　地下煤矿"一通三防"安全管理
主要包括以下内容：
　　a) 瓦斯抽采原则及管理要求；
　　b) 矿井通风系统的安全管理要点；
　　c) 矿井瓦斯煤尘爆炸、煤（岩）与瓦斯突出机理及其安全管理要点；
　　d) 矿井内、外因火灾防治的安全管理要点；
　　e) 矿井粉尘防治的安全管理要点；
　　f) 地下煤矿"一通三防"常见事故的致因及防治措施；
　　g) 典型事故案例分析。

5.2.7　煤矿爆破安全
主要包括以下内容：
　　a) 煤矿许用炸药、常用起爆器材、起爆方法的安全管理要点；
　　b) 爆破作业的安全管理要点，包括钻眼（孔）及炮眼布置、装药、警戒、起爆、爆后检查、残盲炮处理等的安全管理要点；
　　c) 爆破有害效应及爆破安全范围的圈定方法；
　　d) 爆炸材料的储存、运输、使用、销毁的安全管理要点；
　　e) 煤矿常见爆破事故的致因及预防措施；
　　f) 典型事故案例分析。

5.2.8　煤矿机电运输提升安全
主要包括以下内容：
　　a) 矿用产品安全标志及其识别；

- b) 供电系统双回路分列运行、双风机双电源、"三专两闭锁"（专用变压器、专用开关、专用线路，风电闭锁、甲烷电闭锁）的安全管理要点；
- c) 电气设备、机电硐室、井下电网保护、矿用电缆使用的安全管理要点；
- d) 矿井提升系统、矿井运输系统安全防护设施的安全管理要点；
- e) 矿井安全监控系统的功能及安全管理要点；
- f) 煤矿常见机电、运输、提升事故的致因及防治措施；
- g) 典型事故案例分析。

5.2.9 煤矿事故应急管理

主要包括以下内容：
- a) 煤矿事故应急救援的体系与实施程序；
- b) 重大危险源的辨识、评价与监控；
- c) 煤矿重大事故应急预案的编制与实施；
- d) 煤矿灾害预防和处理计划的编制与实施；
- e) 煤矿事故抢险救灾，包括瓦斯与煤尘爆炸、矿井火灾、矿井水害、顶板冒落、煤与瓦斯突出、露天煤矿滑坡等事故的抢险救灾决策要点；
- f) 现场急救基本知识；
- g) 典型事故案例分析。

5.2.10 煤矿职业卫生

主要包括以下内容：
- a) 我国煤矿职业卫生管理体系；
- b) 煤矿职业危害防治的安全管理要点；
- c) 煤矿职业卫生健康监护基本要求。

5.2.11 煤矿安全生产管理能力

主要包括以下内容：
- a) 贯彻执行国家安全生产方针政策、法律法规、标准、规范的方法和要求；
- b) 组织煤矿安全生产的程序和要点；
- c) 组织制定并实施煤矿安全生产管理规章制度、按照安全规程要求组织制定安全生产作业规程和生产操作规程的程序和要点；
- d) 组织制定煤矿安全检查和隐患整改的程序和要点；
- e) 制定煤矿重大事故应急预案的程序和要点；
- f) 组织、指挥煤矿事故抢险救灾工作的程序、方法和要求；
- h) 煤矿伤亡事故调查处理的程序、方法和要求；
- i) 煤矿安全生产技术措施经费的管理及使用要求。

5.3 再培训内容

主要包括以下内容：
- a) 有关安全生产方面的新的法律、法规、国家标准、行业标准、规程和规范；
- b) 有关煤矿生产的新技术、新工艺、新设备和新材料及其安全技术要求；
- c) 煤矿安全生产管理经验；
- d) 典型事故案例分析。

5.4 培训学时安排

5.4.1 煤矿主要负责人的培训时间,露天煤矿应不少于48学时,地下煤矿宜不少于72学时。具体培训学时宜符合表1的规定。培训学时可视地下煤矿的类型、安全生产实际情况以及培训对象的不同酌情调整,但应不少于48学时。

5.4.2 再培训时间,露天煤矿应不少于16学时,地下煤矿应不少于24学时。具体培训学时应符合表1的规定。

表 1 煤矿主要负责人培训学时安排表

	培 训 内 容	学时	
		地下煤矿	露天煤矿
培训	煤矿安全生产法律法规	8	6
	煤矿安全生产管理	8	6
	煤矿地质与安全	4	2
	露天煤矿开采安全 地下煤矿开采安全和"一通三防"安全管理	16	8
	煤矿爆破安全	4	4
	煤矿机电运输提升安全	8	4
	煤矿事故应急管理	6	4
	煤矿职业卫生	2	2
	煤矿安全生产管理能力	12	8
	复习	2	2
	考试	2	2
	合计	72	48
再培训	有关安全生产方面的新的法律、法规、国家标准、行业标准、规程和规范; 有关煤矿生产的新技术、新工艺、新设备和新材料及其安全技术要求; 煤矿安全生产管理经验; 典型事故案例分析。	20	12
	复习	2	2
	考试	2	2
	合计	24	16

6 考核要求

6.1 考核办法

6.1.1 考核的分类和范围

6.1.1.1 煤矿主要负责人考核按露天煤矿和地下煤矿两类分别进行。考核分为安全生产技术理论知识和安全生产管理能力考核两部分。

6.1.1.2 煤矿主要负责人的考核范围应符合本标准的规定。

6.1.2 考核方式

6.1.2.1 安全生产技术理论知识的考核方式可为笔试、计算机考试。满分为100分。考试时间为90～120 min。60分及以上为合格。

6.1.2.2 安全生产管理能力考核可通过实际处理现场问题的能力考核以及撰写论文、面试答辩等方法进行。考核成绩评定为优、良、合格、不合格。

6.1.2.3 安全生产技术理论知识、安全生产管理能力两部分考核均合格者为考核合格。考核不合格者允许补考一次。

6.1.3 考核内容的层次和比重

6.1.3.1 安全生产技术理论知识考核内容分为了解、熟悉和掌握三个层次,按20％、30％、50％的比重进行考核。

6.1.3.2 安全生产管理能力考核内容分为熟悉和掌握两个层次,按30％、70％的比重进行考核。

6.2 考核要点

6.2.1 煤矿安全生产形势及法律法规

主要包括以下内容：
a) 了解我国安全生产形势,煤矿安全生产形势及煤矿安全生产的特点；
b) 了解国外主要产煤国家煤矿安全生产状况及经验；
c) 了解我国安全生产方针、政策和有关安全生产的法律法规、规章、规范和国家标准等；
d) 掌握煤矿开采准入制度及煤矿建设管理的规定。

6.2.2 煤矿安全生产管理

主要包括以下内容：
a) 熟悉煤矿安全生产管理的目的、任务、原理和方法；
b) 掌握煤矿安全生产主要管理制度及主要负责人的安全生产职责；
c) 掌握煤矿从业人员的安全生产责任、权利与义务；
d) 了解煤矿安全评估与安全评价；
e) 熟悉煤矿伤亡事故和职业病的管理、统计和上报；
f) 掌握现代安全管理理论和技术,包括安全目标管理、危险源辨识和安全评价方法、职业健康安全管理体系、安全质量标准化、煤矿本质安全管理体系、安全与心理特征、安全计划和决策、安全文化和安全信息管理、矿用产品安全标志管理等。

6.2.3 煤矿地质与安全

主要包括以下内容：
a) 熟悉煤系地层、地质构造、水文地质、地质环境、地质灾害等对煤矿安全生产的影响；
b) 熟悉煤矿开采对煤矿地质工程作业的要求。

6.2.4 露天煤矿开采安全

主要包括以下内容：
a) 熟悉露天煤矿开采的基本安全生产条件；

b) 掌握露天煤矿采场、台阶、边坡的安全管理要点;
c) 掌握露天煤矿开采方式与剥采工艺的安全管理要点,包括穿孔、采装、运输、排卸及辅助作业的安全管理要点;
d) 掌握露天煤矿边坡的破坏类型、破坏机理及其安全管理要点;
e) 熟悉露天煤矿防尘毒、防排水与防灭火的安全管理要点;
f) 熟悉排土场的选择、布置、堆置的安全管理要点;
g) 了解露天开采对生态环境的影响及其安全管理要点;
h) 掌握露天煤矿常见事故的致因及预防措施。

6.2.5 地下煤矿开采安全

主要包括以下内容:
a) 熟悉地下煤矿开采的基本安全生产条件与矿井开拓方式;
b) 掌握井巷工程施工、支护技术的安全管理要点;
c) 掌握常用采煤方法及其回采工艺的安全管理要点;
d) 掌握矿井冲击地压防治的安全管理要点;
e) 掌握煤矿顶板事故防治的安全管理要点;
f) 掌握矿井水害防治的安全管理要点;
g) 掌握矿井热害防治的安全管理要点;
h) 掌握地下煤矿顶板、水害、热害等事故的致因及防治措施。

6.2.6 地下煤矿"一通三防"安全管理

主要包括以下内容:
a) 掌握瓦斯抽采原则及管理要求;
b) 掌握矿井通风系统的安全管理要点;
c) 掌握矿井瓦斯煤尘爆炸、煤(岩)与瓦斯突出机理及其安全管理要点;
d) 掌握矿井内、外因火灾防治的安全管理要点;
e) 掌握矿井粉尘防治的安全管理要点;
f) 掌握地下煤矿"一通三防"常见事故的致因及防治措施。

6.2.7 煤矿爆破安全

主要包括以下内容:
a) 了解煤矿许用炸药、常用起爆器材、起爆方法的安全管理要点;
b) 掌握爆破作业的安全管理要点,包括钻眼(孔)及炮眼布置、装药、警戒、起爆、爆后检查、残盲炮处理等的安全管理要点;
c) 熟悉爆破有害效应及爆破安全范围的圈定方法;
d) 熟悉爆炸材料的储存、运输、使用、销毁的安全管理要点;
e) 掌握煤矿常见爆破事故的致因及预防措施。

6.2.8 煤矿机电运输提升安全

主要包括以下内容:
a) 了解矿用产品安全标志及其识别;
b) 掌握煤矿供电安全管理要点,掌握供电系统双回路分列运行、双风机双电源、"三专两闭锁"的安全管理要点;

c) 熟悉矿用电气设备、机电硐室、井下电网保护、矿用电缆使用的安全管理要点；
d) 熟悉矿井提升系统、矿井运输系统安全防护设施的安全管理要点；
e) 熟悉矿井安全监控系统的功能及安全管理要点；
f) 熟悉煤矿常见机电、运输、提升事故的致因及预防措施。

6.2.9 煤矿事故应急管理

主要包括以下内容：
a) 熟悉煤矿事故应急救援的体系与实施程序；
b) 熟悉重大危险源的辨识、评价与监控方法；
c) 掌握煤矿重大事故应急预案的编制与实施；
d) 熟悉煤矿灾害预防和处理计划的编制与实施；
e) 掌握煤矿事故抢险救灾决策要点，包括瓦斯与煤尘爆炸、矿井火灾、矿井水害、顶板冒落、煤与瓦斯突出、露天煤矿滑坡等事故的抢险救灾决策要点；
f) 了解现场急救基本知识。

6.2.10 煤矿职业卫生

主要包括以下内容：
a) 了解我国煤矿职业卫生管理体系；
b) 了解煤矿职业危害防治的安全管理要点；
c) 熟悉煤矿职业卫生健康监护基本要求。

6.2.11 煤矿安全生产管理能力

主要包括以下内容：
a) 熟悉贯彻执行国家安全生产方针政策、法律法规、标准、规范的方法和要求；
b) 熟悉组织煤矿安全生产的程序和要点；
c) 熟悉组织制定并实施煤矿安全生产管理规章制度、按照安全规程要求组织制定安全生产作业规程和生产操作规程的程序和要点；
d) 熟悉组织制定煤矿安全检查和隐患整改的程序和要点；
e) 熟悉制定煤矿重大事故应急预案的程序和要点；
f) 掌握组织、指挥煤矿事故抢险救灾工作的程序、方法和要求；
g) 掌握煤矿伤亡事故调查处理的程序、方法和要求；
h) 熟悉煤矿安全生产技术措施经费的管理及使用要求。

6.3 再培训考核要点

主要包括以下内容：
a) 掌握有关安全生产方面的新的法律、法规、国家标准、行业标准、规程和规范及其运用中的经验；
b) 了解有关煤矿生产的新技术、新工艺、新设备和新材料及其安全技术要求；
c) 了解煤矿安全生产管理经验；
d) 了解煤矿各种典型灾害事故发生的原因，掌握避免同类事故发生的对策和防范措施。

煤矿安全生产管理人员安全生产培训大纲及考核标准(AQ 1070—2008)

前 言

本标准为强制性标准。
本标准由国家煤矿安全监察局提出。
本标准由全国安全生产标准化技术委员会煤矿安全标准化分技术委员会归口。
本标准起草单位:中国矿业大学(北京)、河南煤矿安全监察局、河北煤矿安全监察局。
本标准起草人:周心权、张振普、李谨、瓮立平。
本标准为首次发布。

1 范围

本标准规定了申请取得煤矿安全生产管理人员安全资格的基本条件、培训大纲和考核要求。
本标准适用于申请取得煤矿安全生产管理人员安全资格的培训和考核。

2 规范性引用文件

下列文件中的条款通过本标准的引用而成为本标准的条款。凡是注日期的引用文件,其随后所有的修改单(不包括勘误的内容)或修订版均不适用于本标准。凡是不注日期的引用文件,其最新版本适用于本标准。
煤矿安全规程

3 术语和定义

下列术语和定义适用于本标准。

3.1

煤矿安全生产管理人员 safety manager in coal mine
从事煤矿安全生产管理工作的人员。具体分为 A、B 两类。
A 类包括:煤矿企业分管安全生产的负责人、安全生产管理机构负责人及其管理人员;
B 类包括:各类煤矿采煤、掘进、机电、运输、通风、地测、调度等安全生产区(科、队、井)等负责人。

4 申请取得煤矿安全生产管理人员安全资格基本条件

4.1 申请取得国有重点煤矿安全生产管理人员安全资格基本条件

4.1.1 分管生产、机电、安全的副矿长(副经理)、总工程师、副总工程师,应具有煤矿安全生产相关专业大专(含大专)以上学历,从事煤矿安全生产相关工作 3 年以上经历。
4.1.2 煤矿安全生产管理机构负责人、科区级安全生产管理人员应具有煤矿安全生产相关专业中专(含中专)以上学历和从事煤矿安全生产相关工作2年以上的经历。

4.2 申请取得国有重点煤矿以外的煤矿安全生产管理人员安全资格基本条件

4.2.1 分管安全、生产、机电的副矿长(副经理),总工程师(技术负责人),副总工程师,应具有煤矿安全生产相关专业中专(含中专)以上学历、从事煤矿安全生产相关工作3年以上的经历。

4.2.2 煤矿安全生产管理机构负责人应具有高中(含高中)以上文化程度和从事煤矿安全生产相关工作2年以上的经历。

5 培训大纲

5.1 培训要求

5.1.1 应按照本标准的规定对煤矿安全生产管理人员进行培训和再培训。

5.1.2 培训应按露天煤矿和地下煤矿分别进行。

5.1.3 通过培训,煤矿安全生产管理人员应熟悉国家有关煤矿安全生产的法律法规;掌握煤矿安全管理、安全生产技术理论、安全检查方法以及煤矿重大事故防范、抢险救灾的专业知识;了解煤矿职业危害防治知识;具备较强的煤矿安全生产具体组织、检查和落实能力,以及现场隐患排查和各类事故的处理能力,符合本标准考核要求。

5.2 培训内容

5.2.1 煤矿安全生产形势及法律法规

主要包括以下内容:

a) 煤矿安全生产的特殊性、安全生产形势及对策;

b) 国外主要产煤国家煤矿安全生产状况及经验;

c) 我国安全生产方针、政策;

d) 我国煤矿安全生产法律法规、规章、规程、标准及技术规范等。

5.2.2 煤矿安全生产管理

主要包括以下内容:

a) 煤矿安全生产管理的目的、内容和方法;

b) 煤矿安全生产责任体系、煤矿安全生产管理人员的安全生产职责、权利和义务;

c) 煤矿安全生产主要管理制度,包括安全生产责任制度,安全目标管理制度,安全技术措施审批制度,安全办公会议制度,安全检查和重大隐患整改制度,安全教育培训制度,安全投入保障制度,管理人员下井及带班制度,劳动防护用品发放和使用制度,其他相关安全管理制度等;

d) 煤矿安全评估与安全评价;

e) 煤矿伤亡事故和职业病的管理、统计和上报;

f) 现代安全管理理论和技术,包括安全目标管理、危险源辨识和安全评价方法、职业健康安全管理体系、安全质量标准化、煤矿本质安全管理体系、安全计划和决策、安全与心理特征、安全文化和安全信息管理、矿用产品安全标志管理等。

5.2.3 煤矿地质与安全

主要包括以下内容:

a) 煤系地质的物理力学性质及其对煤矿安全生产的影响;

b) 煤矿地质构造、水文地质及其对煤矿安全生产的影响。

5.2.4 露天煤矿开采安全

a) 露天煤矿开采的基本安全生产条件；
b) 露天煤矿采场、台阶、边坡的安全管理要求及检查要点；
c) 露天煤矿开采方式与剥采工艺的安全管理要求及检查要点，包括穿孔、采装、运输、排卸及辅助作业的安全管理要求及检查要点；
d) 露天煤矿边坡的破坏类型、破坏机理及其安全管理要求；
e) 排土场的选择、布置、堆置的安全管理要求；
f) 露天煤矿防尘毒、防排水和防灭火的安全管理要求及检查要点；
g) 露天煤矿常见事故的致因及预防措施；
h) 典型事故案例分析。

5.2.5 地下煤矿开采安全

主要包括以下内容：

a) 地下煤矿开采的基本安全生产条件与矿井开拓方式；
b) 井巷工程施工、支护及维护的安全管理要求及检查要点；
c) 常用采煤方法及其回采工艺的安全管理要求及检查要点；
d) 矿井冲击地压防治的安全管理要求及检查要点；
e) 煤矿顶板事故防治的安全管理要求及检查要点；
f) 矿井水害防治的安全管理要求及检查要点；
g) 矿井热害防治的安全管理要求及检查要点；
h) 地下煤矿顶板、水害、热害等事故的致因及预防措施；
i) 典型事故案例分析。

5.2.6 地下煤矿"一通三防"安全管理

主要包括以下内容：

a) 瓦斯抽采原则及管理要求；
b) 矿井通风系统的安全管理要求及检查要点；
c) 矿井瓦斯、煤尘爆炸防治的安全管理要求及检查要点；
d) 煤（岩）与瓦斯突出防治的安全管理要求及检查要点；
e) 矿井内、外因火灾防治的安全管理要求及检查要点；
f) 矿井粉尘防治的安全管理要求及检查要点；
g) 地下煤矿"一通三防"常见事故的致因及防治措施；
h) 典型事故案例分析。

5.2.7 煤矿爆破安全

主要包括以下内容：

a) 煤矿许用炸药、常用起爆器材、起爆方法的安全管理要求及检查要点；
b) 爆破作业的安全管理要求及检查要点，包括钻眼（孔）及炮眼布置、装药、警戒、起爆、爆后检查、残盲炮处理等的安全管理要求及检查要点；
c) 爆破有害效应及爆破安全范围的圈定方法；
d) 爆炸材料的储存、运输、使用、销毁的安全管理要求及检查要点；

e) 煤矿常见爆破事故的致因及预防措施；
f) 典型事故案例分析。

5.2.8 煤矿机电运输提升安全
主要包括以下内容：
a) 矿用产品安全标志及其识别；
b) 供电系统双回路分列运行、双风机双电源、"三专两闭锁"（专用变压器、专用开关、专用线路，风电闭锁、甲烷电闭锁）的安全管理要求及检查要点；
c) 电气设备、机电硐室、井下电网保护、矿用电缆使用的安全管理要求及检查要点；
d) 煤矿机械安全管理要求及检查要点，包括矿井提升设备、矿井运输设备及运输安全防护设施的运行安全管理要求及检查要点；
e) 矿井安全监控系统的安全管理要求及检查要点；
f) 煤矿常见机电、运输、提升事故的致因及防治措施；
g) 典型事故案例分析。

5.2.9 煤矿事故应急管理
主要包括以下内容：
a) 我国煤矿事故应急救援体系；
b) 煤矿救护队的任务、组织和作用；
c) 重大危险源的辨识、评价与监控；
d) 煤矿重大事故应急救援预案的编制；
e) 煤矿灾害预防和处理计划的编制与实施；
f) 煤矿重大事故抢险救灾决策要点；
g) 现场急救基本知识；
h) 典型事故案例分析。

5.2.10 煤矿职业卫生
主要包括以下内容：
a) 煤矿职业危害防治的安全管理要求；
b) 煤矿职业卫生健康监护基本要求。

5.2.11 煤矿安全生产管理能力
主要包括以下内容：
a) 组织煤矿安全生产的程序、方法和要求；
b) 煤矿有关新、改、扩建工程安全设施设计会审、竣工验收工作的程序、方法和要求；
c) 煤矿生产计划会审的内容、方法和要求；
d) 各类煤矿事故抢险救灾要点；
e) 制定与实施安全管理规章制度、按照安全规程要求组织制定安全生产作业规程和操作规程的方法和要求；
f) 组织落实煤矿安全检查和事故隐患整改的内容、方法和要求；
g) 组织煤矿各类人员进行安全教育和安全生产培训工作的要求；
h) 编制煤矿事故应急预案的方法和要求；
i) 煤矿事故抢险救灾工作的程序；

j) 煤矿伤亡事故调查处理的程序、方法和要求；
k) 煤矿安全生产技术措施经费的使用要求。

5.3 再培训内容

主要包括以下内容：
a) 有关安全生产方面的新的法律、法规、国家标准、行业标准、规程和规范；
b) 有关煤矿生产的新技术、新工艺、新设备和新材料及其安全技术要求；
c) 煤矿安全生产管理经验；
d) 典型事故案例分析。

5.4 学时安排

5.4.1 煤矿安全生产管理人员的培训时间，地下煤矿宜不少于 90 学时，露天煤矿宜不少于 52 学时。具体培训学时宜符合表 1 的规定。培训学时可视地下煤矿的类型、安全生产实际情况以及培训对象的不同等酌情调整，但应不少于 48 学时。

5.4.2 再培训时间，地下煤矿应不少于 24 学时，露天煤矿应不少于 16 学时。具体培训学时应符合表 1 的规定。

表 1 煤矿安全生产管理人员培训学时安排表

培训内容		学时	
		地下煤矿	露天煤矿
培训	煤矿安全生产法律法规	8	6
	煤矿安全生产管理	8	6
	煤矿地质与安全	6	2
	露天煤矿开采安全 地下煤矿开采安全和"一通三防"安全管理	20	10
	煤矿爆破安全	6	4
	煤矿机电运输提升安全	10	6
	煤矿事故应急管理	10	4
	煤矿职业卫生	4	2
	煤矿安全生产管理能力	14	8
	复习	2	2
	考试	2	2
	合计	90	52
再培训	有关安全生产方面的新的法律、法规、国家标准、行业标准、规程和规范； 有关煤矿生产的新技术、新工艺、新设备和新材料及其安全技术要求； 煤矿安全生产管理经验； 典型事故案例分析。	20	12
	复习	2	2
	考试	2	2
	合计	24	16

6 考核要求

6.1 考核办法

6.1.1 考核的分类和范围

6.1.1.1 煤矿安全生产管理人员考核按露天煤矿和地下煤矿两类分别进行。考核分为安全生产技术理论知识和安全生产管理能力考核两部分。

6.1.1.2 煤矿安全生产管理人员的考核范围应符合本标准的规定。

6.1.1.3 煤矿安全生产管理人员的考核分为 A、B 两类。

A 类包括：煤矿企业分管安全生产的负责人、安全生产管理机构负责人及其管理人员；

B 类包括：各类煤矿采煤、掘进、机电、运输、通风、地测、调度等安全生产区（科、队、井）等负责人。其考核可按专业各有侧重。

6.1.2 考核方式

6.1.2.1 安全生产技术理论知识的考核方式可为笔试、计算机考试。满分为 100 分。考试时间为 90～120 min。60 分及以上为合格。

6.1.2.2 安全生产管理能力考核可通过实际处理现场问题的能力考核以及撰写论文、面试答辩等方法进行。考核成绩评定为优、良、合格、不合格。

6.1.2.3 安全生产技术理论知识、安全生产管理能力两部分考核均合格者为考核合格。考核不合格者允许补考一次。

6.1.3 考核内容的层次和比重

6.1.3.1 安全生产技术理论知识考核内容分为了解、熟悉和掌握三个层次，按 20%、30%、50% 的比重进行考核。

6.1.3.2 安全生产管理能力考核内容分为熟悉和掌握两个层次，按 30%、70% 的比重进行考核。

6.2 考核要点

6.2.1 煤矿安全生产形势及法律法规

主要包括以下内容：

a) 了解煤矿安全生产的特殊性、安全生产形势及对策；
b) 了解国外主要产煤国家煤矿安全生产状况及经验；
c) 掌握我国安全生产方针、政策；
d) 熟悉我国煤矿安全生产法律法规、规章、规范和国家标准。

6.2.2 煤矿安全生产管理

主要包括以下内容：

a) 了解煤矿安全生产管理的目的、内容和方法；
b) 熟悉煤矿安全生产责任体系和煤矿安全生产管理人员的安全生产职责；
c) 掌握煤矿安全生产主要管理制度，包括安全生产责任制度，安全目标管理制度，安全技术措施审批制度，安全办公会议制度，安全检查和重大隐患整改制度，安全教育培训制度，安全投入保障制度，管理人员下井及带班制度，劳动防护用品发放和使用制度，其他相关安全管理制度等；
d) 熟悉煤矿安全评估与安全评价；

e) 熟悉煤矿伤亡事故和职业病的管理、统计和上报；

f) 熟悉现代安全管理理论和技术,包括安全目标管理、危险源辨识和安全评价方法、职业健康安全管理体系、安全质量标准化、煤矿本质安全管理体系、安全计划和决策、安全与心理特征、安全文化和安全信息管理、矿用产品安全标志管理等。

6.2.3 煤矿地质与安全

主要包括以下内容：

a) 了解煤系地层的物理力学性质及其对煤矿安全生产的影响；

b) 了解煤矿地质构造、水文地质及其对煤矿安全生产的影响。

6.2.4 露天煤矿开采安全

主要包括以下内容：

a) 熟悉露天煤矿开采的基本安全生产条件；

b) 掌握露天煤矿采场、台阶、边坡的安全管理要求及检查要点；

c) 掌握露天煤矿开采方式与剥采工艺的安全管理要求及检查要点,包括穿孔、采装、运输、排卸及辅助作业的安全管理要求及检查要点；

d) 掌握露天煤矿边坡的破坏类型、破坏机理及其安全管理要求；了解排土场的选择、布置、堆置的安全管理要求；

e) 掌握露天煤矿防尘毒、防排水和防灭火的安全管理要求及检查要点；

f) 掌握露天煤矿常见事故的致因及预防措施。

6.2.5 地下煤矿开采安全

主要包括以下内容：

a) 熟悉地下煤矿开采的基本安全生产条件与矿井开拓方式；

b) 掌握井巷工程施工、支护及维护的安全管理要求及检查要点；

c) 掌握常用采煤方法及其回采工艺的安全管理要求及检查要点；

d) 掌握矿井冲击地压防治的安全管理要求及检查要点；

e) 掌握煤矿顶板事故防治的安全管理要求及检查要点；

f) 掌握矿井水害防治的安全管理要求及检查要点；

g) 掌握矿井热害防治的安全管理要求及检查要点；

h) 掌握地下煤矿顶板、水害、热害等事故的致因及预防措施。

6.2.6 地下煤矿"一通三防"安全管理

主要包括以下内容：

a) 掌握瓦斯抽采原则及管理要求；

b) 掌握矿井通风系统的安全管理要求及检查要点；

c) 掌握矿井瓦斯(煤尘)爆炸防治的安全管理要求及检查要点；

d) 掌握煤(岩)与瓦斯突出防治的安全管理要求及检查要点；

e) 掌握矿井内、外因火灾防治的安全管理要求及检查要点；

f) 掌握矿井粉尘防治的安全管理要求及检查要点；

g) 掌握地下煤矿"一通三防"常见事故的致因及预防措施。

6.2.7 煤矿爆破安全

主要包括以下内容：

a) 了解常用煤矿许用炸药、常用起爆器材、起爆方法的安全管理要求及检查要点；
b) 掌握爆破作业的安全管理要求及检查要点，包括钻眼（孔）及炮眼布置、装药、警戒、起爆、爆后检查、残盲炮处理等的安全管理要求及检查要点；
c) 熟悉爆破有害效应及爆破安全范围的圈定方法；
d) 了解爆炸材料的储存、运输、使用、销毁的安全管理要求及检查要点；
e) 掌握煤矿常见爆破事故的致因及预防措施。

6.2.8 煤矿机电运输提升安全

主要包括以下内容：
a) 熟悉矿用产品安全标志及其识别；
b) 了解供电系统双回路分列运行、双风机双电源、"三专两闭锁"（专用变压器、专用开关、专用线路，风电闭锁、甲烷电闭锁）的安全管理要求及检查要点；
c) 掌握电气设备、机电硐室、井下电网保护、矿用电缆使用的安全管理要求及检查要点；
d) 掌握煤矿机械安全管理要求，包括矿井提升设备、矿井运输设备及运输安全防护设施的运行安全管理要求及检查要点；
e) 掌握矿井安全生产监控系统的安全管理要求及检查要点；
f) 掌握煤矿常见机电、运输、提升事故的致因及防治措施。

6.2.9 煤矿事故应急管理

主要包括以下内容：
a) 熟悉我国煤矿事故应急救援体系；
b) 了解煤矿救护队的任务、组织和作用；
c) 熟悉重大危险源的辨识、评价与监控的方法和要求；
d) 熟悉煤矿重大事故应急救援预案编制的方法、内容和要求；
e) 掌握煤矿灾害预防和处理计划编制与实施的方法、内容和要求；
f) 掌握煤矿重大事故抢险救灾决策要点；
g) 熟悉现场急救基本知识。

6.2.10 煤矿职业卫生

主要包括以下内容：
a) 熟悉煤矿职业危害防治的安全管理要求；
b) 了解煤矿职业卫生健康监护基本要求。

6.2.11 煤矿安全生产管理能力

主要包括以下内容：
a) 掌握组织煤矿安全生产的程序、方法和要求；
b) 熟悉煤矿有关新、改、扩建工程安全设施设计会审、竣工验收工作的程序、方法和要求；
c) 掌握煤矿生产计划会审的内容、方法和要求；
d) 熟悉各类煤矿事故抢险救灾要点；
e) 熟悉制定与实施安全管理规章制度、按照安全规程要求组织制定安全生产作业规程和操作规程的方法和要求；

- f) 掌握组织落实煤矿安全检查和事故隐患整改的内容、方法和要求；
- g) 熟悉组织煤矿各类人员进行安全教育和安全生产培训工作的要求；
- h) 熟悉编制煤矿事故应急预案的方法和要求；
- i) 熟悉煤矿事故抢险救灾工作的程序；
- j) 掌握煤矿伤亡事故调查处理的程序、方法和要求；
- k) 熟悉煤矿安全生产技术措施经费的使用要求。

6.3 再培训考核要点

主要包括以下内容：
- a) 掌握有关安全生产方面的新的法律、法规、国家标准、行业标准、规程和规范；
- b) 了解有关煤矿生产的新技术、新工艺、新设备和新材料及其安全技术要求；
- c) 了解煤矿安全生产管理经验；
- d) 熟悉煤矿各种典型灾害事故发生的原因，掌握避免同类事故发生的对策和防范措施。

3. 非煤矿山安全

(1) 非煤矿山安全规程

金属非金属矿山重大生产安全事故隐患判定标准（试行）

(2017年9月1日国家安全监管总局安监总管一〔2017〕98号印发)

一、金属非金属地下矿山重大生产安全事故隐患

(一)安全出口不符合国家标准、行业标准或设计要求。

(二)使用国家明令禁止使用的设备、材料和工艺。

(三)相邻矿山的井巷相互贯通。

(四)没有及时填绘图，现状图与实际严重不符。

(五)露天转地下开采，地表与井下形成贯通，未按照设计要求采取相应措施。

(六)地表水系穿过矿区，未按照设计要求采取防治水措施。

(七)排水系统与设计要求不符，导致排水能力降低。

(八)井口标高在当地历史最高洪水位1米以下，未采取相应防护措施。

(九)水文地质类型为中等及复杂的矿井没有设立专门防治水机构、配备探放水作业队伍或配齐专用探放水设备。

(十)水文地质类型复杂的矿山关键巷道防水门设置与设计要求不符。

(十一)有自燃发火危险的矿山，未按照国家标准、行业标准或设计采取防火措施。

(十二)在突水威胁区域或可疑区域进行采掘作业，未进行探放水。

(十三)受地表水倒灌威胁的矿井在强降雨天气或其来水上游发生洪水期间，不实施停产撤人。

(十四)相邻矿山开采错动线重叠，未按照设计要求采取相应措施。

(十五)开采错动线以内存在居民村庄，或存在重要设备设施时未按照设计要求采取相应措施。

(十六)擅自开采各种保安矿柱或其形式及参数劣于设计值。

(十七)未按照设计要求对生产形成的采空区进行处理。

(十八)具有严重地压条件，未采取预防地压灾害措施。

(十九)巷道或者采场顶板未按照设计要求采取支护措施。

(二十)矿井未按照设计要求建立机械通风系统，或风速、风量、风质不符合国家标准或行业标准的要求。

(二十一)未配齐具有矿用产品安全标志的便携式气体检测报警仪和自救器。

(二十二)提升系统的防坠器、阻车器等安全保护装置或信号闭锁措施失效；未定期试验或检测检验。

（二十三）一级负荷没有采用双回路或双电源供电，或单一电源不能满足全部一级负荷需要。

（二十四）地面向井下供电的变压器或井下使用的普通变压器采用中性接地。

二、金属非金属露天矿山重大生产安全事故隐患

（一）地下转露天开采，未探明采空区或未对采空区实施专项安全技术措施。

（二）使用国家明令禁止使用的设备、材料和工艺。

（三）未采用自上而下、分台阶或分层的方式进行开采。

（四）工作帮坡角大于设计工作帮坡角，或台阶（分层）高度超过设计高度。

（五）擅自开采或破坏设计规定保留的矿柱、岩柱和挂帮矿体。

（六）未按国家标准或行业标准对采场边坡、排土场稳定性进行评估。

（七）高度 200 米及以上的边坡或排土场未进行在线监测。

（八）边坡存在滑移现象。

（九）上山道路坡度大于设计坡度 10% 以上。

（十）封闭圈深度 30 米及以上的凹陷露天矿山，未按照设计要求建设防洪、排洪设施。

（十一）雷雨天气实施爆破作业。

（十二）危险级排土场。

三、尾矿库重大生产安全事故隐患

（一）库区和尾矿坝上存在未按批准的设计方案进行开采、挖掘、爆破等活动。

（二）坝体出现贯穿性横向裂缝，且出现较大范围管涌、流土变形，坝体出现深层滑动迹象。

（三）坝外坡坡比陡于设计坡比。

（四）坝体超过设计坝高，或超设计库容储存尾矿。

（五）尾矿堆积坝上升速率大于设计堆积上升速率。

（六）未按法规、国家标准或行业标准对坝体稳定性进行评估。

（七）浸润线埋深小于控制浸润线埋深。

（八）安全超高和干滩长度小于设计规定。

（九）排洪系统构筑物严重堵塞或坍塌，导致排水能力急剧下降。

（十）设计以外的尾矿、废料或者废水进库。

（十一）多种矿石性质不同的尾砂混合排放时，未按设计要求进行排放。

（十二）冬季未按照设计要求采用冰下放矿作业。

金属非金属矿山重大生产安全事故
隐患判定标准（试行）解读

一、金属非金属地下矿山重大生产安全事故隐患

（一）安全出口不符合国家标准、行业标准或者设计要求。

解读：

安全出口是指直达地表的安全出口和各生产水平（包括中段和分段）的安全出口。

《金属非金属矿山安全规程》（GB 16423—2006）第 6.1.1.3 条和 6.1.1.4 条对直达地表的

安全出口规定:"(1)每个矿井至少应有两个独立的直达地面的安全出口;(2)大型矿井,矿床地质条件复杂,走向长度一翼超过1000 m的,应在矿体端部的下盘增设安全出口;(3)安全出口的间距应不小于30 m;(4)装有两部在动力上互不依赖的罐笼设备、且提升机均为双回路供电的竖井,可作为安全出口而不必设梯子间;其他竖井作为安全出口时,应有装备完好的梯子间"。对各生产水平的安全出口规定:"每个生产水平,均应至少有两个便于行人的安全出口,并应同通往地面的安全出口相通。"

安全出口与上述规定不符,或者与设计不符即为重大生产安全事故隐患。

(二)使用国家明令禁止使用的设备、材料和工艺。

解读:

地下矿山存在使用国家安全监管总局明令禁止使用的设备、材料和工艺,即为重大生产安全事故隐患。目前,国家安全监管总局已经发布两批,分别是《关于发布金属非金属矿山禁止使用的设备及工艺目录(第一批)的通知》(安监总管一〔2013〕101号)、《关于发布金属非金属矿山禁止使用的设备及工艺目录(第二批)的通知》(安监总管一〔2015〕13号)。

(三)相邻矿山的井巷相互贯通。

解读:

相邻矿山的井巷相互贯通,一是增加各矿山入井人员管理的难度;二是会造成各矿山通风系统紊乱;三是导致炮烟无序扩散引发中毒窒息事故;四是在一个矿山发生灾害时也容易造成事故的扩大,如火灾时导致火灾烟气蔓延至其他矿山,水灾时可能造成水淹没其他矿山。

相邻矿山的井巷相互贯通是指一个矿山的井巷与其他矿山的井巷直接贯通或采用临时设施隔断贯通井巷的情况。

相邻矿山的井巷相互贯通,即为重大生产安全事故隐患。

(四)没有及时填绘图,现状图与实际严重不符。

解读:

《金属非金属矿山安全规程》(GB 16423—2006)第4.16条要求:"矿山应保存以下图纸,并根据实际情况的变化及时更新:(1)矿区地形地质和水文地质图;(2)井上、井下对照图;(3)中段平面图;(4)通风系统图;(5)提升运输系统图;(6)风、水管网系统图;(7)充填系统图;(8)井下通讯系统图;(9)井上、井下配电系统图和井下电气设备布置图;(10)井下避灾路线图。"

生产矿山在6个月内没有根据矿山实际情况的变化,更新上述十类图纸之一,造成现状图纸与实际严重不符合即为重大生产安全事故隐患。

(五)露天转地下开采,地表与井下形成贯通,未按照设计要求采取相应措施。

解读:

露天转地下开采,如果地表与井下井巷形成贯通,水经由与露天坑相通的井巷和垫层空隙流入地下采场,可能酿成淹井事故。

矿山企业应根据实际情况组织技术论证并由有资质设计单位进行设计,采取疏、堵、排等相应措施。

未按照设计采取措施即为重大生产安全事故隐患。

(六)地表水系穿过矿区,未按照设计要求采取防治水措施。

解读：

地表水系是指湖泊、水库、溪流、河流等。

地表水系穿越矿区而未采取相应防治水措施会导致地表水进入井下巷道，可能引发淹井事故。

对于地表水系穿越矿区，矿山应根据矿区水文地质等实际情况组织技术论证并由有资质设计单位进行设计，采取诸如河流改道或留防水隔离矿柱、排干、设置截（排）洪沟、帷幕注浆等措施。

没有按照设计采取措施即为重大生产安全事故隐患。

（七）排水系统与设计要求不符，导致排水能力降低。

解读：

《金属非金属矿山安全规程》(GB 16423—2006)第 6.6.4.1 条规定："井下主要排水设备，至少应由同类型的三台泵组成；工作水泵应能在 20 h 内排出一昼夜的正常涌水量；除检修泵外，其他水泵应能在 20 h 内排出一昼夜的最大涌水量。井筒内应装设两条相同的排水管，其中一条工作，一条备用。"

排水系统主要设施包括排水泵和排水管路。排水系统与设计要求不符，导致排水能力降低是指有下列情形之一的，即为重大生产安全事故隐患：

（1）排水泵数量少于 3 台；

（2）工作水泵排水能力低于设计要求；

（3）除检修泵之外的水泵排水能力低于设计要求；

（4）井筒排水管路少于 2 条；

（5）井筒排水管路排水能力低于设计要求。

（八）井口标高在当地历史最高洪水位 1 米以下，未采取相应防护措施。

解读：

《金属非金属矿山安全规程》(GB 16423—2006)第 6.6.2.3 条规定："矿井（竖井、斜井、平硐等）井口的标高，应高于当地历史最高洪水位 1 m 以上。特殊情况下达不到要求的，应以历史最高洪水位为防护标准修筑防洪堤，井口应筑人工岛，使井口高于最高洪水位 1 m 以上。"

井口标高在当地历史最高洪水位 1 米以下，未按照设计采取相应防护措施的，即为重大生产安全事故隐患。

（九）水文地质类型为中等及复杂的矿井没有设立专门防治水机构、配备探放水作业队伍或配齐专用探放水设备。

解读：

水文地质类型在具有相关资质的勘探单位出具的工程地质水文地质勘探报告中给出，一般划分为简单、中等和复杂三种类型。

水文地质类型为中等及复杂的矿井应设置专门的防治水机构，防治水机构主要的工作包括水文地质调查、收集相关的水文地质资料、制定防治水措施计划、检查防治水设施的状况等。

探放水作业队伍应有由经验的人员组成，并根据相应规章制度进行探放水作业。

配齐专用探放水设备主要是配备专用的探放水钻机，不能使用普通电钻及凿岩设备进行探放水。

水文地质类型为中等及复杂的矿井,存在下列情形之一的,即为重大生产安全事故隐患:

(1)没有设立专门防治水机构;
(2)没有配备探放水作业队伍;
(3)没有配齐专用探放水设备。

(十)水文地质类型复杂的矿山关键巷道防水门设置与设计要求不符。

解读:

《金属非金属矿山安全规程》(GB 16423—2006)第 6.6.3.3 条规定:"水文地质条件复杂的矿山,应在关键巷道内设置防水门,防止泵房、中央变电所和竖井等井下关键设施被淹。防水门的位置、设防水头高度等应在矿山设计中总体考虑。"

水文地质类型复杂的矿山,防水门设置有下列情形之一的,即为重大生产安全事故隐患:

(1)防水门设置所在的位置与设计不一致;
(2)防水门设防水头高度低于设计。

(十一)有自燃发火危险的矿山,未按照国家标准、行业标准或设计采取防火措施。

解读:

金属非金属矿山的自燃发火,由于燃烧物一般是硫化物,所以会产生大量的二氧化硫和硫化氢,易造成人员的伤亡。

《金属非金属矿山安全规程》(GB 16423—2006)第 6.7.2.2 条规定:"开采有自燃发火危险的矿床,应采取以下防火措施:(1)主要运输巷道和总回风道,应布置在无自燃发火危险的围岩中,并采取预防性灌浆或者其他有效的防止自燃发火的措施;(2)正确选择采矿方法,合理划分矿块,并采用后退式回采顺序。根据采取防火措施后矿床最短的发火期,确定采区开采期限。充填法采矿时,应采用惰性充填材料。采用其他采矿方法时,应确保在矿岩发火之前完成回采与放矿工作,以免矿岩自燃;(3)采用黄泥灌浆灭火时,钻孔网度、泥浆浓度和灌浆系数(指浆中固体体积占采空区体积的百分比),应在设计中规定;(4)尽可能提高矿石回收率,坑内不留或少留碎块矿石,工作面不应留存坑木等易燃物;(5)及时充填需要充填的采空区;(6)严密封闭采空区的所有透气部位;(7)防止上部中段的水泄漏到采矿场,并防止水管在采场漏水。"

有自燃发火危险的矿山,未按照与上述规定不符,或者未按照设计采取防火措施的,即为重大生产安全事故隐患。

(十二)在突水威胁区域或可疑区域进行采掘作业,未进行探放水。

解读:

《金属非金属矿山安全规程》(GB 16423—2006)第 6.6.3.4 条规定:"对接近水体的地带或可能与水体有联系的地段,应坚持'有疑必探,先探后掘'的原则,编制探水设计。"

突水威胁区域或可疑区域主要包括积水的旧井巷、老采区、流砂层、各类地表水体、沼泽、强含水层、强岩溶带等不安全地带。

矿山在突水威胁区域或可疑区域进行采掘作业,未进行探放水的,即为重大生产安全事故隐患。

(十三)受地表水倒灌威胁的矿井在强降雨天气或其来水上游发生洪水期间,不实施停产撤人。

解读:

在强降雨天气或洪水期间,地表水水位大幅上涨,受地表水倒灌威胁的矿井容易发生淹井事故,因此必须实施停产撤人,以防止发生淹井事故后造成重大人员伤亡。

受地表水倒灌威胁的矿井是指靠近地表河流、山洪部位、水库的矿井或由于地面沉降、开裂、塌陷易导致地表水进入井巷、采空区的矿井。

强降雨或叫强降水,指降水强度很大的雨,以下情况为强降雨:

(1)1小时内的雨量为16毫米或以上的雨;

(2)24小时内的雨量为50毫米或以上的雨。

洪水指由暴雨、急骤融冰化雪、风暴潮等自然因素引起的江河湖水量迅速增加或水位迅猛上涨的水流现象。

受地表水倒灌威胁的矿井在强降雨天气或其来水上游发生洪水期间,不实施停产撤人的,即为重大生产安全事故隐患。

(十四)相邻矿山开采错动线重叠,未按照设计要求采取相应措施。

解读:

相邻矿山开采错动线重叠是指在两个矿山的开采错动线有交集,形成一个互相影响的区域。开采错动线重叠的矿山必须进行技术论证并由设计单位设计,严格按设计采取留设境界矿柱等相应措施。

相邻矿山开采错动线重叠,未按照设计要求采取相应措施的,即为重大生产安全事故隐患。

(十五)开采错动线以内存在居民村庄,或者存在重要设备设施时未按照设计要求采取相应措施。

解读:

矿山开采错动线内的地表区域随着开采活动的进行会出现不同程度的下沉和塌陷,对地表存在的居民村庄、设备设施有着巨大的安全风险。

矿山企业必须组织进行技术论证并由设计单位设计,一般应采取对开采错动线以内的居民村庄进行搬迁,对开采错动线以内的重要设备设施采取留设保安矿柱或搬迁等措施。如果设计中明确了分期实施,则对照时间节点核对是否完成。

开采错动线以内存在居民村庄,或者存在重要设备设施时,未按照设计要求采取相应措施的,即为重大生产安全事故隐患。

(十六)擅自开采各种保安矿柱或者其形式及参数劣于设计值。

解读:

保安矿柱包括为保护工业场地和井筒、巷道、硐室安全与稳定,以及防止某些灾害发生的矿柱;为保护矿房安全回采的顶柱、底柱和间柱;自燃发火矿床用于隔离火区的防火矿柱;为防止水、流沙突然涌入的防水隔离矿柱;以及相邻两矿山之间留设的隔离矿柱。

矿山存在下列情形之一的,即为重大生产安全事故隐患:

(1)擅自开采矿柱或者未按照设计回采矿柱;

(2)未按照设计位置留设矿柱;

(3)留设的矿柱尺寸小于设计值。

(十七)未按照设计要求对生产形成的采空区进行处理。

解读:

采空区不及时进行处理,可能会导致顶板大面积冒落,产生巨大的空气冲击波,严重时还易造成地表塌陷,导致严重的人员伤亡和重大财产损失。采空区的处理方法通常有充填、崩落和隔离。

未按照设计的要求对生产形成的采空区进行处理指有下列情形之一的,即为重大生产安全事故隐患:

(1)未按照设计的处理方法进行处理采空区;

(2)超过设计要求的处理时间。

(十八)具有严重地压条件,未采取预防地压灾害措施。

解读:

地压对井巷和建筑设施的破坏、对矿床的开采影响是很大的,如果对其控制和管理不好,极易引发重大人身伤亡事故。

具有严重地压条件是指有下列情形之一的:

(1)永久巷道存在严重变形;

(2)发生过严重地压现象;

(3)存在大面积冒顶危险预兆。

《金属非金属矿山安全规程》(GB 16423—2006)第 6.2.1.9 条对有严重地压活动的矿山规定:"(1)设立专门机构或专职人员负责地压管理,及时进行现场监测,做好预测、预报工作;(2)发现大面积地压活动预兆,应立即停止作业,将人员撤至安全地点;(3)地表塌陷区应设明显标志和栅栏,通往塌陷区的井巷应封闭,人员不应进入塌陷区和采空区。"

具有严重地压条件,未采取预防地压灾害措施或不符合上述规定的,即为重大生产安全事故隐患。

(十九)巷道或者采场顶板未按照设计要求采取支护措施。

解读:

巷道或者采场顶板未按设计采取支护措施易导致巷道或采场顶板因支护形式不当或强度不够而引发冒顶片帮事故,造成人员伤亡。

《金属非金属矿山安全规程》(GB 16423—2006)第 6.1.5.1 条和 6.1.5.2 对井巷支护规定:"(1)在不稳固的岩层中掘进井巷,应进行支护。在松软或流砂岩层中掘进,永久性支护至掘进工作面之间,应架设临时支护或特殊支护。(2)需要支护的井巷,支护方法、支护与工作面间的距离,应在施工设计中规定;中途停止掘进时,支护应及时跟至工作面。"

《金属非金属矿山安全规程》(GB 16423—2006)第 6.1.5.1 条和 6.1.5.2 对回采工作面、采准和切割巷道规定:"围岩松软不稳固的回采工作面、采准和切割巷道,应采取支护措施;因爆破或其他原因而受破坏的支护,应及时修复,确认安全后方准作业。"

巷道或者采场顶板不符合上述规定或未按照设计要求采取支护措施,即为重大生产安全事故隐患。

(二十)矿井未按照设计要求建立机械通风系统,或风速、风量、风质不符合国家或行业标准的要求。

解读：

《金属非金属矿山安全规程》(GB 16423—2006)中第 6.4.2.1 规定："矿井应建立机械通风系统。矿井机械通风系统包括矿井通风网络、通风动力设备、矿井通风构筑物和其他通风控制设施。"

矿井未按照设计要求建立机械通风系统是指有下列情形之一的：

(1)未设置主通风机；

(2)主通风机未按规定配备具有相同型号和规格的备用电动机，或配备了但没有能迅速调换电动机的设施；

(3)主通风机风量低于设计要求；

(4)主通风机正常情况下未连续运转，或者发生故障、需要停机检查时，未立即向调度室和主管矿长报告、未通知所有井下作业人员；

(5)多级机站通风的未按设计设置各级风机站；

(6)主要通风机为离心式风机，未设置专用的反风巷道。

《金属非金属矿山安全规程》(GB 16423—2006)、《金属非金属地下矿山通风技术规范 通风系统》(AQ 2013.1—2008)、《金属非金属地下矿山通风技术规范 通风系统鉴定指标》(AQ 2013.5—2008)对矿井中作业地点的风速、风量、风质做出了明确的要求。

风速、风量、风质不符合国家或行业标准要求是指有下列情形之一的：

(1)风量(风速)合格率低于 60%；

(2)风质合格率低于 90%；

(3)作业环境空气质量合格率低于 65%；

(4)有效风量率低于 60%。

(二十一)未配齐具有矿用产品安全标志的便携式气体检测报警仪和自救器。

解读：

《金属非金属地下矿山监测监控系统建设规范》(AQ 2031—2011)第 5.1 条对便携式气体检测报警仪的配备规定："(1)地下矿山应配置足够的便携式气体检测报警仪(每个班组至少配备一台)。(2)便携式气体检测报警仪应能测量一氧化碳、氧气、二氧化氮浓度，并具有报警参数设置和声光报警功能。"

《金属非金属地下矿山紧急避险系统建设规范》(AQ 2033—2011)第 4.1 条和 4.2 条对自救器的配备的规定："(1)应为入井人员配备额定防护时间不少于 30 min 的自救器，并按入井总人数的 10% 配备备用自救器。(2)所有入井人员必须随身携带自救器。"

《金属非金属地下矿山监测监控系统建设规范》(AQ 2031—2011)第 4.11 条和《金属非金属地下矿山紧急避险系统建设规范》(AQ 2033—2011)第 4.8 条分别规定，便携式气体检测报警仪和自救器应具有矿用产品安全标志。

便携式气体检测报警仪和自救器配备与上述规定不符的，即为重大生产安全事故隐患。

(二十二)提升系统的防坠器、阻车器等安全保护装置或者信号闭锁措施失效；未定期试验或者检测检验。

解读：

竖井和斜井提升系统的安全保护装置、电气闭锁和连锁装置与提升机、罐笼、矿车等设备的运行密切相关，一旦这些系统或装置失去功能，极易造成坠罐、矿车坠井、跑车等事故，导致群死群伤,后果极其严重。

竖井提升系统应按照《金属非金属矿山安全规程》(GB 16423—2006)第 6.3.5.10 条设置保护与电气闭锁装置,按照 6.3.5.11 条设置类保护和连锁装置,按照《金属非金属矿山安全规程》(GB 16423—2006)第 6.3.3.21 条、6.3.2.22 条设置过卷保护装置、过卷挡梁和楔形罐道等,按照《罐笼安全技术要求》(GB 16542—2010)4.5.1 条设置防坠器。

斜井提升系统应按照《金属非金属矿山安全规程》(GB 16423—2006)第 6.3.2.2 条、6.3.2.6 条设置断绳保护器、连接装置、保险链、阻车器、挡车栏、常闭式防跑车装置等安全装置。

提升系统的提升装置、各种安全保护装置、闭锁联锁系统及装置等应按照要求由有资质的检测检验机构按规定的周期进行定期试验或者检测检验:

(1)在用缠绕式提升机、摩擦式提升机和提升绞车应分别按《金属非金属矿山在用缠绕式提升机安全检测检验规范》(AQ 2020—2008)、《金属非金属矿山在用摩擦式提升机安全检测检验规范》(AQ 2021—2008)和《金属非金属矿山在用提升绞车安全检测检验规范》(AQ 2022—2008)的规定进行定期检验,检验周期应符合第 7.1 条和 7.2 条规定:"(1)用于载人的提升机、提升绞车每年一次,其它三年至少一次;(2)有下列情况之一时,再次进行检验,①新安装、大修后投入使用前;②闲置时间超过一年,重新投入使用前;③经过重大自然灾害可能使结构件强度、刚度、稳定性受到损坏的提升机和提升绞车使用前。"

(2)在用矿用电梯应按《金属非金属矿山在用矿用电梯安全检验规范》(AQ 2058—2016)规定进行定期检验,检验周期应符合第 6.1.1 条:"矿用电梯定期检验的周期为一年,出现下列情况之一时,应进行检验:(1)发生自然灾害或者设备事故而使其安全技术性能受到影响,再次使用前;(2)停止使用一年以上的矿用电梯,再次使用前。"

(3)提升钢丝绳应按《金属非金属矿山提升钢丝绳检验规范》(AQ 2026—2010)进行检验,检验周期按《金属非金属矿山安全规程》(GB 16423—2006)第 6.3.4.2 条规定:"(1)升降人员或升降人员和物料用的钢丝绳,自悬挂时起,每隔六个月检验一次;有腐蚀气体的矿山,每隔三个月检验一次。(2)升降物料用的钢丝绳,自悬挂时起,第一次检验的间隔时间为一年,以后每隔六个月检验一次。(3)悬挂吊盘用的钢丝绳,自悬挂时起,每隔一年检验一次。"

(4)竖井提升系统使用中的防坠器其试验应符合《金属非金属矿山安全规程》(GB 16423—2006)第 6.3.4.12 条规定:"在用竖井罐笼的防坠器,每半年应进行一次清洗和不脱钩试验,每年进行一次脱钩试验。"检验周期应符合《金属非金属矿山竖井提升系统防坠器安全性能检测检验规范》(AQ 2019—2008)第 8.1 条规定:"安装使用的防坠器的定期检验周期为一年。"

(5)在用斜井人车应按《矿山在用斜井人车安全性能检验规范》(AQ 2028—2010)规定进行定期检验,定期检验周期应符合第 8.1 条规定:"在用斜井人车的定期检验周期为一年。"

提升系统的防坠器、阻车器等安全保护装置或者信号闭锁措施失效的,未定期试验或者检测检验的,即为重大生产安全事故隐患。

(二十三)一级负荷没有采用双回路或双电源供电,或者单一电源不能满足全部一级负荷需要。

解读:

对于中断供电将会危及人员生命安全及在经济上造成重大损失的用电负荷均属一级负荷。《矿山电力设计规范》(GB 50070—2009)第3.01条规定:"金属非金属矿山一级负荷主要包括:(1)井下有淹没危险环境矿井的主排水泵及下山开采采区的采区排水泵;(2)井下有爆炸或对人体健康有严重损害危险环境矿井的主通风机;(3)矿井经常升降人员的立井提升机;(4)根据国家或行业现行有关标准规定应视为一级负荷的其他设备。"

双回路供电也叫两回电源线路供电,是指两回电源线路中的任一回中断供电时,其余电源线路宜保证供给全部一级负荷电力需求。双回路应符合下列条件之一:

(1)两个供电电源、线路之间相互独立、无联系;

(2)当两个电源、线路之间有联系时,应符合:①在发生任何一种故障时,两个或两个以上的电源、线路不得同时受到损坏;②在发生任何一种故障且保护动作正常时,至少应有一个电源、线路不中断供电;③在发生任何一种故障且主保护失灵,以至所有电源、线路都中断供电时,应能有人在值班的处所完成必要的操作,并迅速恢复一个电源、线路的供电。

双电源供电也叫双重电源供电,是指当一电源中断供电,另一电源不应同时受到损坏,且电源容量应至少保证矿山企业全部一级负荷电力需求。双电源供电包括:①分别来自不同电网的电源;②一电源为国家电网供电,另一电源为自备电源;③来自同一电网但在运行时电路互相之间联系很弱;④来自同一个电网但其间的电气距离较远,一个电源系统任意一处出现异常运行时或发生短路故障时,另一个电源仍能不中断供电。

《矿山电力设计规范》(GB 50070—2009)第3.03条规定:"有一级负荷的矿山应由双重电源供电,当一电源中断供电,另一电源不应同时受到损坏,且电源容量应至少保证矿山全部一级负荷电力需求。"

一级负荷没有采用双回路或双电源供电的,或者单一电源不能满足全部一级负荷需要的,即为重大生产安全事故隐患。

(二十四)地面向井下供电的变压器或井下使用的普通变压器采用中性接地。

解读:

低压供电系统接地一般有两种方式,一种是将配电变压器的中性点通过金属接地体与大地相接,称中性点接地;另外一种是中性点与大地绝缘,称中性点不接地。中性点直接接地系统的单相接地故障电流较大,热效应也会导致发生次生事故,对井下安全十分不利。

《金属非金属矿山安全规程》(GB 16423—2006)第6.5.1.4条规定:"井下电气设备不应接零。井下应采用矿用变压器,若用普通变压器,其中性点不应直接接地,变压器二次侧的中性点不应引出载流中性线(N线)。地面中性点直接接地的变压器或发电机,不应用于向井下供电。"

地面向井下供电的变压器采用中性点接地的,或者井下使用的普通变压器采用中性接地的,即为重大生产安全事故隐患。

二、金属非金属露天矿山重大生产安全事故隐患

(一)地下转露天开采,未探明采空区或者未对采空区实施专项安全技术措施。

解读:

地下矿山转露天开采,原有地下矿山采空区可能不明。如果未探明采空区,并采取专项的安全技术措施即进行作业,往往造成人员和设备掉进采空区事故的发生。

《金属非金属矿山安全规程》(GB 16423—2006)第5.2.6.4条规定:"地下开采改为露天

开采时,应将全部地下巷道、采空区和矿柱的位置,绘制在矿山平、剖面对照图上。地下巷道和采空区的处理方法,应在设计中确定。"

地下转露天开采,未探明采空区的,或者未对采空区实施专项安全技术措施的,即为重大生产安全事故隐患。

(二)使用国家明令禁止使用的设备、材料和工艺。

解读:

露天矿山存在使用国家安全监管总局明令禁止使用的设备、材料和工艺,即为重大生产安全事故隐患。目前,国家安全监管总局对了《关于发布金属非金属矿山禁止使用的设备及工艺目录(第二批)的通知》(安监总管一〔2015〕13号),规定对露天矿山七类设备、材料和工艺禁止使用。

(三)未采用自上而下、分台阶或者分层的方式进行开采。

解读:

《小型露天采石场安全管理与监督检查规定》(国家安全监管总局令第39号)第十五条规定:"小型露天采石场应当采用台阶式开采。不能采用台阶式开采的,应当自上而下分层顺序开采。"

除小型露天采石场以外的露天矿山外,都应遵守《金属非金属矿山安全规程》(GB 16423—2006)第5.1.2条规定:"露天开采应遵循自上而下的开采顺序,分台阶开采,并坚持'采剥并举,剥离先行'的原则。"

小型露天采石场未采用自上而下分台阶式开采或者自上而下分层顺序开采,以及除小型露天采石场以外的露天矿山未采用自上而下分台阶的方式进行开采的,即为重大安全生产事故隐患。

(四)工作帮坡角大于设计工作帮坡角,或者台阶(分层)高度超过设计高度。

解读:

工作帮坡角过大,台阶(分层)高度超过设计高度均会降低台阶或边坡的稳定性,易发生边坡滑坡甚至坍塌事故。

工作帮坡角是指露天矿工作帮最上一个台阶坡底线和最下一个台阶坡底线所构成的假象坡面与水平的夹角。台阶高度指的是并段后的台阶高度。分层高度指小型露天采石场开采时分层的高度。《小型露天采石场安全管理与监督检查规定》(国家安全监管总局令第39号)第十五条规定:"分层开采的分层高度由设计确定,实施浅孔爆破作业时,分层数不得超过6个,最大开采高度不得超过30米;实施中深孔爆破作业时,分层高度不得超过20米,分层数不得超过3个,最大开采高度不得超过60米。"

工作帮坡角大于设计工作帮坡角的,或者台阶(分层)高度超过设计高度的,即为重大生产安全事故隐患。

(五)擅自开采或破坏设计规定保留的矿柱、岩柱和挂帮矿体。

解读:

设计保留的矿柱、岩柱、挂帮矿体,是为了预防矿山各种工程地质和水文地质灾害,保护建筑物和工业场地安全,防止地表移动和下沉,确保矿山开采安全高效地进行而留设的。任意开采或破坏矿柱、岩柱、挂帮矿体,导致其承载能力下降,极易引发大面积滑坡和塌陷事故,影响建筑物和工业场地的安全,甚至造成重大人员伤亡事故。

《金属非金属矿山安全规程》(GB 16423—2006)第5.1.3条规定:"设计规定保留的矿(岩)柱、挂帮矿体,在规定的期限内,未经技术论证不应开采或破坏。"

擅自开采或破坏设计规定保留的矿柱、岩柱和挂帮矿体的,即为重大生产安全事故隐患。

(六)未按国家标准或者行业标准对采场边坡、排土场稳定性进行评估。

解读:

采场边坡、排土场稳定性是生产过程中不可忽视的问题,一旦采场边坡、排土场的稳定性达不到要求,往往容易边坡、排土场垮塌、滑坡等事故的发生,造成人员伤亡。

《金属非金属矿山安全规程》(GB 16423—2006)第5.2.5.11条规定:"大、中型矿山或边坡潜在危害性大的矿山,应每5年由有资质的中介机构进行一次检测和稳定性分析;排土场应由有资质条件的中介机构,每5年进行一次检测和稳定性分析"。

采场边坡、排土场未定期按照上述规定委托有资质的中介机构进行稳定性评估的,即为重大生产安全事故隐患。

(七)高度200米及以上的边坡或排土场未进行在线监测。

解读:

国家安全监管总局《关于印发非煤矿山领域遏制重特大事故工作方案的通知》(安监总管一〔2016〕60号)中要求:"边坡高度200米以上的露天矿山高陡边坡、堆置高度200米以上的排土场,必须进行在线监测。"

高度200米及以上的边坡或排土场可参照《非煤露天矿边坡工程技术规范》(GB 51016—2014)进行在线监测。设计中对高度超过200米(含)的边坡或排土场进行了在线监测设计,则应依据设计安装在线监测系统。

高度200米及以上的边坡或排土场未建设在线监测或者运行不正常的,即为重大生产安全事故隐患。

(八)边坡存在滑移现象。

解读:

边坡滑坡事故往往造成人员伤亡,设备损毁,生产系统破坏。

不同类型、不同性质、不同特点的露天边坡滑坡,在滑动之前,均会表现出不同的异常(滑移)现象,显示出滑坡的预兆(前兆),发生下列情况均可认为边坡存在滑移现象:

(1)边坡出现横向及纵向放射状裂缝;
(2)坡体前缘坡脚处,出现上隆(凸起)现象,后缘的裂缝急剧扩展;
(3)边坡岩(土)体出现小型崩塌和松弛现象;
(4)位移观测资料显示的水平位移量或垂直位移量出现加速变化的趋势。

边坡存在滑移现象的,即为重大生产安全事故隐患。

(九)上山道路坡度大于设计坡度10%以上。

解读:

露天矿上山道路一般承担着矿山的人员、设备运输、检修、消防安全通道的作用。上山道路在设计中一般以行驶安全、稳定为主,在设计时综合考虑了车辆型号、坡长等因素。增大坡度角度将给车辆的安全行驶带来重大的隐患。

上山道路坡度大于设计坡度10%以上的,即为重大生产安全事故隐患。

(十)封闭圈深度 30 米及以上的凹陷露天矿山,未按照设计要求建设防洪、排洪设施。

解读:

深凹陷露天矿山,遇到强降雨等极端天气时,防洪排洪设施不完善往往严重威胁露天矿山人员、设备和边坡安全。

《金属非金属矿山安全规程》(GB 16423—2006)第 5.1.4 条规定:"露天矿山,尤其是深凹露天矿山,应设置专用的防洪、排洪设施。"

防洪、排洪设施主要包括截水沟、拦河护堤、泄水井巷或钻孔、集水坑(水仓)、管网系统、排水设备等。

封闭圈深度 30 米及以上的凹陷露天矿山,未按照设计要求建设防洪、排洪设施的,即为重大生产安全事故隐患。

(十一)雷雨天气实施爆破作业。

解读:

在雷雨天气,雷击、静电感应、电磁感应等可能造成早爆等事故,从而造成人员伤亡。

《爆破安全规程》(GB 6722—2014)第 6.1.3 条规定:"遇到雷电、暴雨雪来临时,应停止爆破作业。"

爆破作业指的是装药、填塞、起爆网路敷设与连接、起爆。雷雨天气雷电会引起直接雷击、静电感应、电磁感应等。

雷雨天气实施爆破作业的,即为重大生产安全事故隐患。

(十二)危险级排土场。

解读:

《金属非金属矿山安全规程》(GB 16423—2006)第 5.7.25 条规定:"有下列现象之一的排土场为危险级排土场:(1)在坡度大于 1∶5 的地基上顺坡排土,或在软地基上排土,未采取安全措施,经常发生滑坡的。(2)易发生泥石流的山坡排土场,下游有采矿场、工业场地(厂区)、居民点、铁路、道路、输电网线和通讯干线、耕种区、水域、隧道涵洞、旅游景区、固定标志及永久性建筑等设施,未采取切实有效的防治措施的。(3)排土场存在重大危险源(如道路运输排土场未建安全车挡,铁路运输排土场铁路线顺坡和曲率半径小于规程最小值等),极易发生车毁人亡事故的。(4)山坡汇水面积大而未修筑排水沟或排水沟被严重堵塞。(5)经验算,用余推力法计算的安全系数小于 1.0 的。"

《有色金属矿山排土场设计规范》(GB 50421—2007)第 4.0.2 条和《冶金矿山排土场设计规范》(GB 51119—2015)第 5.4.1 条都规定:"矿山居住区、村镇、工业场地等的安全距离为大于等于排土场的 2 倍高度;排土场下游指排土场高度 2 倍的范围。"

排土场为危险级,即为重大生产安全事故隐患。

三、尾矿库重大生产安全事故隐患

(一)库区和尾矿坝上存在未按批准的设计方案进行开采、挖掘、爆破等活动。

解读:

在库区乱采、滥挖、非法爆破有可能造成周边山体滑坡、坍塌,滑坡体进入尾矿库,致使库内水位上升,还有可能冲击坝体,从而造成尾矿库溃坝;或者由于山体滑坡,原有山体承受力降低,造成尾矿库溃坝。在尾矿坝上未按批准的设计方案进行开采、挖掘、爆破等活动不仅会直接损坏坝体导致溃坝,还可能会引起坝体液化而导致溃坝。

《尾矿库安全技术规程》(AQ 2006—2005)第 6.7.2 条规定:"严禁在库区和尾矿坝上进行乱采、滥挖、非法爆破等。"《尾矿库安全监督管理规定》(国家安全监管总局令 38 号)第二十六条要求:"未经生产经营单位进行技术论证并同意,以及尾矿建设项目安全设施设计原审批部门批准,任何单位和个人不得在库区从事爆破、采砂、地下采矿等危害尾矿库安全的作业。"

库区和尾矿坝上存在未按批准的设计方案进行开采、挖掘、爆破等活动的,即为重大生产安全事故隐患。

(二)坝体出现贯穿性横向裂缝,且出现较大范围管涌、流土变形,坝体出现深层滑动迹象。

解读:

横向裂缝是指裂缝的走向与坝轴线垂直或斜交。管涌是指尾砂细颗粒在粗颗粒形成的空隙中流动、以至流失,逐渐形成管形通道;流土变形是在渗透作用下,当向上的渗透力大于尾砂的有效重度时,尾砂处于悬浮状态,局部坝体隆起、浮动或尾砂粒群同时发生移动而流失的现象。坝体深层滑动是指尾矿库坝体内部发生剧烈变形,可能引发整个坝体移动、坍塌、失稳。

《尾矿库安全技术规程》(AQ 2006—2005)第 8.2 条明确规定:"坝体出现贯穿性横向裂缝,且出现较大范围管涌、流土变形,坝体出现深层滑动迹象",是判断尾矿库属于危库的工况之一。

坝体出现贯穿性横向裂缝,且出现较大范围管涌、流土变形,坝体出现深层滑动迹象的,即为重大生产安全事故隐患。

(三)坝外坡坡比陡于设计坡比。

解读:

坝外坡坡比指的是尾矿坝的垂直高度与水平宽度的比值。坝外坡坡比是根据尾砂力学参数计算坝体渗流稳定和抗滑稳定获得的,由设计确定。坝外坡坡比一旦变小,坝体渗流和抗滑稳定就会降低,可能导致渗流破坏而溃坝。

《尾矿库安全技术规程》(AQ 2006—2005)第 6.3.2 条规定:"尾矿坝堆积坡比不得陡于设计规定。"

坝外坡坡比陡于设计坡比,即为重大生产安全事故隐患

(四)坝体超过设计坝高,或者超设计库容储存尾矿。

解读:

尾矿库坝体超过设计坝高或超设计库容储存尾矿极易造成尾矿坝失稳,从而导致溃坝事故。

《尾矿库安全监督管理规定》(国家安全监管总局令第 38 号)第二十七条和第二十八条规定:"(1)尾矿库运行到设计最终标高或者不再进行排尾作业的,应当在一年内完成闭库。特殊情况不能按期完成闭库的,应当报经相应的安全生产监督管理部门同意后方可延期,但延长期限不得超过 6 个月。(2)尾矿库运行到设计最终标高的前 12 个月内,生产经营单位应当进行闭库前的安全现状评价和闭库设计,闭库设计应当包括安全设施设计,并编制安全专篇。"

若需要加高扩容,属于扩建建设项目,按照《建设项目安全设施"三同时"监督管理办法》

(国家安全监管总局令第 36 号)第七条、第十条、第十二条、第十四条和第二十三条规定:"建设项目在进行可行性研究时,生产经营单位应当按照国家规定,进行安全预评价;在建设项目初步设计时,应当委托有相应资质的初步设计单位对建设项目安全设施同时进行设计,编制安全设施设计;安全设施设计应按照规定报经安全生产监督管理部门审查同意,未经审查同意的,不得开工建设;建设项目竣工投入生产或者使用前,生产经营单位应当组织对安全设施进行竣工验收,并形成书面报告备查。"

坝体超过设计坝高的,或者超设计库容储存尾矿的,即为重大生产安全事故隐患。

(五)尾矿堆积坝上升速率大于设计堆积上升速率。

解读:

坝体上升速度过快,堆积坝体内的水无法排出,造成坝体无法充分固结,渗流破坏的概率增大,降低了坝体稳定性,严重的导致溃坝。

尾矿堆积坝上升速率大于设计堆积上升速率的,即为重大生产安全事故隐患。

(六)未按法规、国家标准或者行业标准对坝体稳定性进行评估。

解读:

《尾矿库安全监督管理规定》(国家安全监管总局令第 38 号)第十九条规定:"(1)尾矿库应当每三年至少进行一次安全现状评价。安全现状评价应当符合国家标准或者行业标准的要求。尾矿库安全现状评价工作应当有能够进行尾矿坝稳定性验算、尾矿库水文计算、构筑物计算的专业技术人员参加。(2)上游式尾矿坝堆积至二分之一至三分之二最终设计坝高时,应当对坝体进行一次全面勘察,并进行稳定性专项评价。"

《尾矿设施设计规范》(GB 50863—2013)第 4.4.1 条规定:"三等及三等以下的尾矿库在尾矿坝堆置 1/2～2/3 最终设计总坝高,一等及二等尾矿库在尾矿坝堆至 1/3～1/2 最终设计总坝高时,应对坝体进行全面的工程地质和水文地质勘察;根据勘察结果,由设计单位对尾矿坝做全面论证,以验证最终坝体的稳定性和确定后期的处理措施。"

未按照上述规定,对坝体稳定性进行评估的,即为重大生产安全事故隐患。

(七)浸润线埋深小于控制浸润线埋深。

解读:

尾矿库的浸润线为尾矿库的生命线,浸润线的埋深与尾矿库的稳定性有着密切的关系。当浸润线埋深小于控制浸润线埋深时,尾矿库的渗流稳定性和抗滑安全系数均小于设计值,易发生渗流破坏造成坝体失稳,从而导致溃坝。

《尾矿设施设计规范》(GB 50863—2013)第 4.3.5 条规定:"尾矿坝的渗流控制措施必须确保浸润线低于控制浸润线。"

浸润线埋深小于控制浸润线埋深,即为重大生产安全事故隐患。

(八)安全超高和干滩长度小于设计规定。

解读:

设计给定的安全超高和干滩长度,是为确保坝体稳定和尾矿库安全,经调洪演算后确定的,当尾矿库的安全超高和干滩长度小于设计时,可能造成渗流破坏导致溃坝,也有可能导致子坝直接挡水、引发洪水漫顶而溃坝。

《尾矿库安全技术规程》(AQ 2006—2005)第 8.2 条明确规定:"尾矿库调洪库容严重不足,在设计洪水位时,安全超高和最小干滩长度都不满足设计要求,将可能出现洪水漫顶",

是判断尾矿库属于危库的工况之一。

安全超高和干滩长度小于设计规定的,即为重大生产安全事故隐患。

(九)排洪系统构筑物严重堵塞或者坍塌,导致排水能力急剧下降。

解读:

排洪系统通常由进水构筑物和输水构筑物两部分组成。进水构筑物主要有排水井、排水斜槽等;输水构筑物主要有排水管、隧洞、排水斜槽等。排洪系统构筑物严重堵塞、坍塌包括进水构筑物和输水构筑物两个方面。

《尾矿库安全技术规程》(AQ 2006—2005)明确:"排洪系统严重堵塞或坍塌,不能排水或排水能力急剧降低""排水井显著倾斜,有倒塌的迹象"是判断尾矿库属于危库的工况。

排洪系统构筑物严重堵塞、坍塌,导致排水能力急剧下降,是指具有下列情形之一的,即为重大生产安全事故隐患:

(1)排水井、排水斜槽等进水口严重堵塞;

(2)排水井显著倾斜,有倒塌的迹象;

(3)排水斜槽、排水管出现塌陷导致严重堵塞,或者基础沉陷错位致使漏沙严重;

(4)隧洞出现塌方导致严重堵塞,或者断裂致使漏沙严重。

(十)设计以外的尾矿、废料或者废水进库。

解读:

不同的尾矿物理性质不一样,设计以外的尾矿、废料和废水进库后,不但造成尾矿沉积规律发生变化,渗透系数也随之而改变,同时,易存在软弱夹层,坝体渗流稳定无法得到保障,坝体易因渗流破坏而溃坝,同时由于超量排放也可能造成堆积坝上升速率大于设计速率。

《尾矿库安全监督管理规定》(国家安全监管总局令第38号)第十八条规定:对生产运行的尾矿库,未经技术论证和安全生产监督管理部门的批准,任何单位和个人不得对设计以外的尾矿、废料或者废水进库等进行变更。"

设计以外的尾矿、废料或者废水进库的,即为重大生产安全事故隐患。

(十一)多种矿石性质不同的尾砂混合排放时,未按设计要求进行排放。

解读:

多种矿石性质不同的尾砂混合排放时,设计会给定混合比例、不同矿石尾砂的排放方式(坝前排放、周边排放、库尾排放)、排放浓度、支管排放流量。未按设计排放,造成尾矿沉积规律发生变化,渗透系数也随之而改变,同时,易存在软弱夹层,坝体渗流稳定无法得到保障,坝体易因渗流破坏而溃坝。

种矿石性质不同的尾砂混合排放时,未按设计要求进行排放的,即为重大生产安全事故隐患。

(十二)冬季未按照设计要求采用冰下放矿作业。

解读:

冰下放矿作业是指将放矿管直接插入水面区冰盖以下集中放矿。本条主要是针对在我国东北、华北、西北及青藏高原等严寒地区的上游式筑坝尾矿库。冬季未在冰下放矿作业,易引起浸润线抬升或逸出、坝体突然出现融陷、尾砂强度参数迅速降低,进而导致尾矿库溃坝。

冬季未按照设计要求采用冰下放矿作业的,即为重大生产安全事故隐患。

金属非金属矿山安全规程(GB 16423—2020)

前　言

本标准按照 GB/T 1.1—2009 给出的规则起草。

本标准代替 GB 16423—2006《金属非金属矿山安全规程》。

本标准与 GB 16423—2006 相比，主要变化如下：

——删除了 2006 年版中的非强制性条款，修订后的规程全部由强制性条款组成；
——修改了防跑车装置等术语和定义，增加了安全出口等术语和定义；
——对 2006 年版的条款顺序进行了适当的调整；
——修改了部分条款；
——取消了"职业危害防治"章条；
——增加了"特殊开采"和"应急救援"章条；
——删除了 2006 年版引用的若干标准，只引用 GB 6722 和 GB 18871。

本标准由中华人民共和国应急管理部提出并归口。

本标准所代替标准的历次版本发布情况为：

——GB 16423—1996、GB 16423—2006；
——GB 16424—1996。

1 范围

本标准规定了金属非金属矿山的设计、建设、开采和闭坑全过程的安全要求。

本标准适用于金属非金属矿山的设计、建设、开采和闭坑的全过程。

本标准不适用于：

——煤系金属非金属矿山的开采；
——河砂和海砂开采；
——石油、天然气、页岩气、矿泉水等液态或气态矿藏的开采。

2 规范性引用文件

下列文件对于本文件的应用是必不可少的。凡是注日期的引用文件，仅注日期的版本适用于本文件。凡是不注日期的引用文件，其最新版本（包括所有的修改单）适用于本文件。

GB 6722　爆破安全规程

GB 18871　电离辐射防护与辐射源安全基本标准

3 术语和定义

下列术语和定义适用于本文件。

3.1

金属非金属露天矿山　metal and nonmetal opencast mines

在地表通过剥离围岩、表土或砾石，采出金属或非金属矿物的采矿场及其附属设施。

注："金属非金属露天矿山"在本标准中简称"露天矿山"。

3.2

金属非金属地下矿山 metal and nonmetal underground mines

以平硐、斜井、斜坡道、竖井等作为出入口，深入地表以下，采出金属或非金属矿物的采矿场及其附属设施。

注："金属非金属地下矿山"在本标准中简称"地下矿山"。

3.3

煤系金属非金属矿山 mines of metal and nonmetal accompanied with coal

开采与煤共（伴）生矿种的金属非金属矿山。

3.4

安全出口 safe exit

矿山井下人员安全地离开井下到达地面的通道。

3.5

主要安全出口 main safe exit

矿山井下人员日常工作时使用的安全出口。

3.6

应急安全出口 emergency exit

矿山井下人员不经常使用的安全出口。

3.7

水力开采 hydromine

利用高压水冲击矿石和围岩，回收矿物的采矿工艺。

3.8

挖掘船开采 dredging

利用挖掘船抽吸含矿泥浆回收有用矿物的采矿工艺。

3.9

饰面石材开采 shaping stone mine

开采大理石等石材的特殊采矿工艺。

3.10

盐湖开采 recovering on saline

在盐湖中开采盐类和其他有用矿物的采矿工艺。

3.11

钻井水溶开采 solution mining

通过钻井将淡水注入井下，将矿物溶解为溶液并压出地面回收的采矿工艺。

3.12

原地浸出采矿 in situ leaching

将溶浸剂从地表压入地下矿层，将有用矿物转化为液相后再抽取至地表的采矿工艺。

3.13

排土场 dump

集中堆放矿山建设和生产过程中产生的腐殖表土和岩石等的场所。

3.14

矿岩粗破碎　primary crushing

为使矿石或者岩石的尺寸满足提升运输或后续工艺要求进行的破碎工作。

3.15

防跑车装置　bull

斜井提升时,安装在提升线路上防止矿车继续下坠的装置。

3.16

岩爆　rockburst

岩体中聚积的弹性变形势能突然猛烈释放,导致岩石爆裂或弹射出来的现象。

3.17

有效风量率　ratio of effective air quantity

各工作面实际得到的有效风量总和与矿井总进风量的比值。

3.18

钢丝绳安全系数　safety factor of steel wire rope with static load

全部钢丝绳的钢丝破断拉力总和与其所承受的最大静载荷之比。

3.19

制动钢丝绳安全系数　safety factor of braking rope

制动钢丝绳的最小破断力与制动载荷之比。

3.20

钢丝绳静防滑安全系数　static anti-slip safety factor of steel wire rope

按照尤拉公式计算出的,提升装置上钢丝绳打滑时的钢丝绳静张力差与设计工况下钢丝绳最大静张力差的比值。

3.21

钢丝绳动防滑安全系数　dynamic anti-slip safety factor of steel wire rope

按照尤拉公式计算出的,提升系统加速或者减速运行过程中提升装置上钢丝绳打滑时的钢丝绳张力差与设计工况下钢丝绳最大动张力差的比值。

3.22

织物芯输送带静载荷安全系数　safety factor of fibre belts

每层织物单位宽度的抗拉强度、织物层数、输送带宽度的乘积与输送带承受的最大静拉力的比值。

3.23

钢丝绳芯输送带静载荷安全系数　safety factor of steel cord belts

输送带单位宽度的抗拉强度和输送带宽度的乘积与输送带承受的最大静拉力的比值。

3.24

输送带动载荷安全系数　safety factor of belts with dynamic load

输送带的名义破断拉力与计算最大动载荷的比值。

3.25

大倾角带式输送机　steep belt conveyor

上行倾角超过15°或者下行倾角超过12°的带式输送机。

3.26

设计最大排水量 maximum engineering drainage water

矿山设计中采取设置防水门等技术措施后,单位时间内需要排出的最大水量。

4 总则

4.1 基本规定

4.1.1 矿山企业应遵守国家有关安全生产的法律、法规、规章和标准。

4.1.2 矿山企业应建立健全安全生产责任制,制定安全生产规章制度、安全教育培训制度和各岗位的安全操作规程。明确各岗位人员的责任和考核标准。

4.1.3 矿山企业应认真执行安全生产责任制和安全生产规章制度。

4.1.4 矿山企业应认真执行安全检查制度。

4.1.5 矿山企业应认真执行安全教育培训制度。

4.1.6 矿山企业应配备专职安全生产管理人员;从业人员超过一百人的应当设置安全生产管理机构。

4.1.7 矿山企业使用的设备、器材、防护用品及安全检测仪器仪表,应符合国家有关要求。

4.1.8 矿山企业应为从业人员提供符合国家标准要求的劳动防护用品。进入矿山作业场所的人员,应按规定佩带防护用品。

4.1.9 露天矿山应保存下列图纸,并根据实际情况的变化及时更新:
——地形地质图;
——采剥工程年末图;
——采场边坡工程平面及剖面图;
——采场最终境界图;
——排土场年末图;
——排土场工程平面及剖面图;
——供配电系统图;
——井下采空区与露天矿平面对照图;
——防排水系统图。

4.1.10 地下矿山应保存下列图纸,并根据实际情况的变化及时更新:
——矿区地形地质图、水文地质图(含平面和剖面);
——开拓系统图;
——中段平面图;
——通风系统图;
——井上、井下对照图;
——压风、供水、排水系统图;
——通信系统图;
——供配电系统图;
——井下避灾路线图;
——相邻采区或矿山与本矿山空间位置关系图。

图中应正确标记：
——已掘进巷道和计划掘进巷道的位置、名称、规格；
——采空区和已充填采空区、废弃井巷和计划开采的采场的位置、名称与尺寸；
——通风、防尘、防火、防水、排水等主要设备和设施的位置；
——风流方向，人员安全撤离的路线和安全出口；
——井下通信设备位置；
——采空区及废弃井巷的处理方式、进度、现状及地表塌陷区的位置。

4.2 矿山企业主要负责人

4.2.1 矿山企业主要负责人对本矿山的安全生产负责。

4.2.2 矿山企业主要负责人应具备矿山安全生产专业知识，具有领导矿山安全生产和处理矿山事故的能力。

4.2.3 矿山企业主要负责人应依法接受安全培训和考核，并取得合格证。

4.3 专职安全生产管理人员

4.3.1 专职安全生产管理人员应从事矿山工作 5 年以上、具有相应的矿山安全生产专业知识和工作经验并熟悉本矿山生产系统。专职安全生产管理人员应依法接受培训，并取得合格证。

4.3.2 专职安全生产管理人员应按照岗位职责组织或者参与制定本矿山的安全生产规章制度、各岗位的安全操作规程和安全事故应急救援预案。

4.3.3 专职安全生产管理人员应按照岗位职责组织或者参与制定安全教育培训制度，组织矿山从业人员的安全生产教育和培训工作以及外来人员入矿前的安全教育工作。

4.3.4 专职安全生产管理人员应按照岗位职责组织本矿山应急救援演练。

4.3.5 专职安全生产管理人员应按照岗位职责和安全生产检查制度对安全生产状况进行检查；及时排查生产安全事故隐患，提出改进安全生产管理的建议；制止和纠正违章指挥、强令冒险作业、违反操作规程的行为；督促落实本单位安全生产整改措施。检查、处理情况和改进措施及整改情况应由检查人员记录，并由各级责任人员签字确认后存档。

4.4 安全生产管理机构

4.4.1 安全生产管理机构应配备足够的专职安全生产管理人员。

4.4.2 安全生产管理机构负责本矿山安全生产的日常管理工作，组织或者参与制定安全生产规章制度、岗位操作规程、安全事故应急预案，组织安全生产教育和培训工作，组织本矿山应急救援演练。

4.5 安全教育与培训

4.5.1 矿山企业应对矿山从业人员进行安全生产教育和培训，保证各岗位人员具备必要的安全生产知识，熟悉本矿山安全生产规章制度和本岗位安全操作规程，掌握本岗位的安全操作技能。未经安全生产教育和培训合格的，不准许上岗。

4.5.2 新进露天矿山的生产作业人员应接受不少于 72 h 的安全培训，经考试合格后上岗。

4.5.3 新进地下矿山的生产作业人员应接受不少于 72 h 的安全培训；经考试合格后，由从事地下矿山作业 2 年以上的老工人带领工作至少 4 个月，熟悉本工种操作技术并经考核合格方可独立工作。

4.5.4 调换工种的生产作业人员应接受新岗位的安全操作培训，考试合格方可进行新工种操作。

4.5.5 所有生产作业人员每年至少应接受 20 h 的职业安全再培训,并应考试合格。

4.5.6 采用新工艺、新技术、新设备、新材料时,应对有关人员进行专门培训和考试。

4.5.7 入矿参观、考察、实习、学习、检查等的外来人员,应接受安全教育,并由熟悉本矿山安全生产系统的从业人员带领进入作业场所。

4.5.8 矿山从业人员的安全培训情况和考核结果,应记录存档。

4.6 矿山建设

4.6.1 矿山企业的办公区、生活区、工业场地、地面建筑等,不应设在危崖、塌陷区、崩落区,不应设在受尘毒、污风影响区域内,不应受洪水、泥石流、爆破威胁。

4.6.2 矿山企业的加油站、加气站应设置在安全地点。

4.6.3 矿山企业的新建、改建、扩建项目,应按照国家要求进行安全设施设计。安全设施应该与主体工程同时设计、同时施工、同时投入生产和使用。

4.6.4 矿山企业的新建、改建、扩建项目的安全设施,应按照国家有关规定进行设计、施工和验收。

4.6.5 矿山建设项目的安全设施应该在项目正式投产前进行验收。

4.7 安全生产管理

4.7.1 任何人不应酒后进入矿山作业场所,不应将酒类饮料带入矿山作业场所;紧急医疗除外。

4.7.2 矿山井下禁止吸烟。

4.7.3 矿山企业的要害岗位、重要设备和设施周围及危险区域,应设置醒目的安全警示标志,并在生产使用期间保持完好。

4.7.4 矿山企业应对安全设施进行定期检查、维护和保养,记录结果并存档,记录应由相关人员签字确认;安全设施在用期间,不得拆除或者破坏。

4.7.5 矿山使用的涉及人身安全的设备应由专业生产单位生产,并经具有专业资质的检测、检验机构检测、检验合格,方可投入使用;矿山生产期间,应定期由具有专业资质的检测、检验机构进行检测、检验,并出具检测、检验报告。

4.7.6 矿山采用涉及安全生产的新技术、新工艺、新设备、新材料之前,应制定可靠的安全措施,并将相关文件存档。

4.7.7 矿山设备不应在有明火或其他不安全因素的地点加油或加气。

4.7.8 地下矿山企业应建立健全下井人员出入矿井登记和检查制度。入井人员应随身携带符合安全要求的照明灯具和自救器。

4.7.9 矿山企业发生生产安全事故时,矿山企业主要负责人应立即组织抢救,迅速采取有效措施减小损失。

4.7.10 发生生产安全事故后,企业应按国家有关规定及时、如实报告事故情况;分析事故原因,总结经验教训,提出防止同类事故发生的措施。

4.7.11 发生特别重大生产安全事故,或地下矿山停产 6 个月以上,恢复生产前应进行全面安全检查、制定和采取可靠的安全措施。满足安全生产条件后方可恢复生产。

4.8 闭坑

4.8.1 露天矿山闭坑应对周围安全无不良影响;露天坑入口、露天坑周围易于发生危险的区域应设置围栏和警示标志,防止人员误入。

4.8.2 地下矿山闭坑时,应对进入矿山地下的入口进行封闭,并沿划定的崩落区范围设置围栏和警示标志,防止人员坠入。

5 露天矿山

5.1 基本规定

5.1.1 有遭遇洪水危险的露天矿山应设置专用的防洪、排洪设施。

5.1.2 在受地下开采影响的范围内进行露天开采时,应采取有效的安全技术措施。

5.1.3 地下开采转为露天开采时,应确定全部地下工程和矿柱的位置并绘制在矿山平、剖面对照图上;开采前应处理对露天开采安全有威胁的地下工程和采空区,不能处理的,应采取安全措施并在开采过程中处理。

5.1.4 露天与地下同时开采时,应分析露天开采与地下开采的相互影响并采取有效的安全措施。露天和井下同时爆破影响安全时,不应同时爆破。

5.1.5 下列区域内不得设置有人员值守的建构筑物:
——受露天爆破威胁区域;
——储存爆破器材的危险区域;
——矿山防洪区域;
——受岩体变形、塌陷、滑坡、泥石流等地质灾害影响区域。

5.1.6 采剥和排土作业不应给深部开采和邻近矿山造成水害或者其他危害。

5.1.7 设计规定保留的矿柱、岩柱、挂帮矿体,在规定的期限内,未经技术论证,不应开采或破坏。

5.1.8 露天坑入口和露天坑周围易于发生危险的区域应设置围栏和警示标志,防止无关人员进入。

5.1.9 采矿设备的供电电缆,应保持绝缘良好,不应与金属材料和其他导电材料接触,横过道路、铁路时应采取防护措施。

5.1.10 露天采矿设备从架空电力线路下方通过时,设备最突出部分与架空线路的距离应符合下列规定:
——3 kV 以下,不小于 1.5 m;
——3 kV～10 kV,不小于 2.0 m;
——10 kV 以上,不小于 3.0 m。

5.1.11 不应采用没有捕尘装置的干式穿孔设备。

5.1.12 露天爆破应遵守 GB 6722 的规定。

5.1.13 距坠落基准面 2 m 及 2 m 以上、有人员坠落危险的作业场所应设安全网等防护设施,作业人员应佩戴安全带。有六级以上强风时,不应进行高处作业和露天起重作业。

5.1.14 不良天气影响正常生产时,应立即停止作业;威胁人身安全时,人员应转移到安全地点。

5.2 露天开采

5.2.1 一般规定

5.2.1.1 露天开采应遵循自上而下的开采顺序,分台阶开采。生产台阶高度应符合表 1 的规定。

表1 生产台阶高度

矿岩性质	作业方式	作业方式	台阶高度
松软的岩土、砂状的矿岩	机械铲装	不爆破	不大于机械的最大挖掘高度
坚硬稳固的矿岩	机械铲装	爆破	不大于机械最大挖掘高度的1.5倍

5.2.1.2 露天矿山应该采用机械方式进行开采。

5.2.1.3 多台阶并段时并段数量不超过3个,且不应影响边坡稳定性及下部作业安全。

5.2.1.4 露天采场应设安全平台和清扫平台。人工清扫平台宽度不小于6 m,机械清扫平台宽度应满足设备要求且不小于8 m。

5.2.1.5 采场运输道路以及供电、通信线路均应设置在稳定区域内。

5.2.2 穿孔作业

5.2.2.1 钻机稳车时,应与台阶坡顶线保持足够的安全距离。穿凿第一排孔时,钻机的纵轴线与台阶坡顶线的夹角不应小于45°。钻机与下部台阶接近坡底线的电铲不应同时作业。钻机长时间停机,应切断机上电源。

5.2.2.2 移动钻机应遵守如下规定:
——行走前司机应先鸣笛,确认履带前后无人;
——行进前方应有充分的照明;
——行走时应采取防倾覆措施,前方应有人引导和监护;
——不应在松软地面或者倾角超过15°的坡面上行走;
——不应90°急转弯;
——不应在斜坡上长时间停留。

5.2.2.3 遇到影响安全的恶劣天气时不应上钻架顶作业。

5.2.3 铲装作业

5.2.3.1 铲装工作开始前应确认作业环境安全。

5.2.3.2 铲装设备工作前应发出警告信号,无关人员应远离设备。

5.2.3.3 铲装设备工作时其平衡装置与台阶坡底的水平距离不小于1 m。

5.2.3.4 铲装设备工作应遵守下列规定:
——悬臂和铲斗及工作面附近不应有人员停留;
——铲斗不应从车辆驾驶室上方通过;
——人员不应在司机室踏板上或有落石危险的地方停留;
——不应调整电铲起重臂。

5.2.3.5 多台铲装设备在同一平台上作业时,铲装设备间距应符合下列规定:
——汽车运输:不小于设备最大工作半径的3倍,且不小于50 m;
——铁路运输:不小于2列车的长度。

5.2.3.6 上、下台阶同时作业时,上部台阶的铲装设备应超前下部台阶铲装设备;超前距离不小于铲装设备最大工作半径的 3 倍,且不小于 50 m。

5.2.3.7 铲装时铲斗不应压、碰运输设备;铲斗卸载时,铲斗下沿与运输设备上沿高差不大于 0.5 m;不应用铲斗处理车箱粘结物。

5.2.3.8 发现悬浮岩块或崩塌征兆时,应立即停止铲装作业,并将设备转移至安全地带。

5.2.3.9 铲装设备穿过铁路、电缆线路或者风水管路时,应采取安全防护措施保护电缆、风水管和铁路设施。

5.2.3.10 铲装设备行走应遵守下列规定:
— 应在作业平台的稳定范围内行走;
— 上、下坡时铲斗应下放并与地面保持适当距离。

5.2.4 边坡

5.2.4.1 露天边坡应符合设计要求,保证边坡整体的安全稳定。

5.2.4.2 邻近最终边坡作业应遵守下列规定:
— 采用控制爆破减震;
— 保持台阶的安全坡面角,不应超挖坡底。

5.2.4.3 遇有下列情况时,应采取有效的安全措施:
— 岩层内倾于采场,且设计边坡角大于岩层倾角;
— 有多组节理、裂隙空间组合结构面内倾于采场;
— 有较大软弱结构面切割边坡;
— 构成不稳定的潜在滑坡体的边坡。

5.2.4.4 边坡浮石清除完毕之前不应在边坡底部作业;人员和设备不应在边坡底部停留。

5.2.4.5 矿山应建立健全边坡安全管理和检查制度。每 5 年至少进行 1 次边坡稳定性分析。

5.2.4.6 露天采场工作边坡应每季度检查 1 次,运输或者行人的非工作边坡每半年检查 1 次;边坡出现滑坡或者坍塌迹象时,应立即停止受影响区域的生产作业,撤出相关人员和设备,采取安全措施;高度超过 200 m 的露天边坡应进行在线监测,对承受水压的边坡应进行水压监测。

5.2.4.7 矿山应制定针对边坡滑塌事故的应急预案。

5.2.5 溜井、溜槽

5.2.5.1 溜井应布置在坚硬、稳定的矿岩中;溜井穿过局部不稳固地层时应采取加固措施。

5.2.5.2 溜井井口应高出周围地面,防止地面汇水进入溜井;井口周围应有良好的照明,并设安全护栏和明显的警示标志;溜井卸矿口应设高度不小于车轮轮胎直径 1/3 的车挡;卸矿时应有监控或者专人指挥。

5.2.5.3 溜井底部放矿硐室应设安全通道。放矿口两侧均应联通地表。

5.2.5.4 不应将杂物卸入溜井,溜井不应放空。

5.2.5.5 在溜井口及其周围进行爆破,应有专门设计。

5.2.5.6 溜井检修时,无关人员不应在附近逗留。

5.2.5.7 溜井发生堵塞、垮塌、跑矿等事故时,应待其稳定后查明事故的位置和原因,再进行处理;事故处理人员不应从下部进入溜井。

5.2.5.8 溜井积水时应妥善处理;采取安全措施后方可继续放矿,且不应卸入粉矿。

5.2.5.9 溜槽高度不大于 120 m，倾角不超过 50°；溜槽卸矿口应设置高度不小于车轮高度 1/3 的车挡，溜槽底部应设接矿平台和防滚石挡墙；接矿平台周围应有明显警示标志；溜矿时严禁人员靠近溜槽。

5.3 矿岩粗破碎

5.3.1 矿岩粗破碎站应符合下列规定：
—— 破碎站应避开有沉降、塌陷、滑坡危险以及受洪水威胁的地段；
—— 应设照明设施、卸料指示和报警信号装置；
—— 破碎机受料仓和缓冲仓排料口应设视频监视；
—— 矿仓口周围应设围挡或防护栏杆；卸车平台受料口应设牢固的安全限位车挡，车挡高度不小于车轮轮胎直径的 1/3；
—— 矿仓口卸料时应采取喷雾降尘措施。

5.3.2 铁路车辆卸载应遵守下列规定：
—— 翻车机及周围无人、无障碍物，方可翻车卸矿；
—— 检修翻车机或在矿槽内工作时应有可靠的安全措施；
—— 粗破碎机和给料设备处于停车状态时，不应直接向破碎机卸矿。

5.3.3 用起重机吊运大块物料时，应将物料绑好挂牢，由专人指挥缓慢起吊。

5.3.4 用起重机吊运大块物料或用破碎锤处理大块时，非作业人员应撤到安全地点。

5.3.5 处理给料设备堵塞和蓬矿时，应遵守下列规定：
—— 断开设备电源开关，并有专人监护；
—— 人员应在安全位置作业。

5.3.6 清除破碎机内部物料时，应断开设备电源，并有专人监护；先清除给矿机头部的矿石，然后从破碎机上部开始处理；不得从排矿口下部向上处理。

5.3.7 处理破碎机下部矿仓问题时应遵守下列规定：
—— 安排人员监护破碎站卸矿平台，防止运输设备卸料；
—— 断开破碎机和给料设备电源，并有专人监护；
—— 清空破碎机内的物料；
—— 作业人员应系好安全绳或者安全带。

5.4 矿岩运输

5.4.1 铁路运输

5.4.1.1 铁路运输线路应符合下列规定：
—— 线路坡度不大于 45‰；曲线段坡度不大于 3‰；
—— 平面连接曲线长度不小于 30 m；
—— 线路的平曲线段轨距应加宽：半径小于 300 m 时，加宽 10 mm；不小于 300 m 时，加宽 5 mm；
—— 轨距加宽段与正常段之间的连接线长度不小于 30 m，坡度不大于 3‰；
—— 竖曲线半径不小于 3000 m，连接线长度不小于 200 m；
—— 道床边坡坡度不大于 1∶1.75；
—— 路肩宽度不小于 1 m。

5.4.1.2 固定线路的曲线段应符合下列规定：

——准轨铁路曲线半径:不小于 120 m;
——窄轨铁路曲线半径:600 mm 轨距时,不小于 30 m;轨距大于 600 mm 时,不小于 60 m;
——在曲线内侧设护轨。

5.4.1.3 矿山铁路应按规定设置避让线、安全线和故障车辆停车线。

5.4.1.4 窄轨铁路接触线距轨面的高度,应符合下列规定:
——地下型电机车架线应遵守 6.4.1.13 的规定;
——露天型电机车架线高度不低于 3.0 m,并符合设备安全要求;
——接触线与公路交叉处的架线高度根据公路交通安全要求确定。

5.4.1.5 下列地段应设双侧护轨:
——桥梁范围内;
——路堤道口铺砌的范围内;
——准轨线路中心到桥墩距离小于 3 m 的桥下线路。

5.4.1.6 铁路道口应符合下列规定:
——人流和车流密度较大的铁路与道路的交叉口应实行立体交叉;
——站场内不应设平交道口;
——平交道口应设自动道口信号装置并设专人看守。

5.4.1.7 大桥及跨线桥跨越铁路电网的相应部位应设安全栅网;跨线桥两侧应设防止矿石坠落的防护网。

5.4.1.8 装、卸车线应保证车辆不能自由滑行。线路尽头应设安全车挡与警示标志。

5.4.1.9 准轨列车制动距离不大于 300 m;窄轨列车制动距离不大于 150 m。

5.4.1.10 同一线路上不应有两列或者两列以上列车同时调车;不应采用自溜方式调车。

5.4.1.11 列车运行时,人员不应攀登机车或车辆;电机车升起受电弓后,人员不应登上车顶或进入侧走台。

5.4.1.12 铁路起重机作业时,应采取措施防止起重机意外移动。

5.4.2 道路运输

5.4.2.1 不应用自卸汽车运载易燃、易爆物品。

5.4.2.2 自卸汽车装载应遵守如下规定:
——停在铲装设备回转范围 0.5 m 以外;
——驾驶员不离开驾驶室,不将身体任何部位伸出驾驶室外;
——不在装载时检查、维护车辆。

5.4.2.3 双车道的路面宽度,应保证会车安全。主要运输道路的急弯、陡坡、危险地段应设置警示标志。

5.4.2.4 运输道路的高陡路基路段,或者弯道、坡度较大的填方地段,远离山体一侧应设置高度不小于车轮轮胎直径 1/2 的护栏、挡车墙等安全设施及醒目的警示标志。

5.4.2.5 道路与铁路交叉的道口交角应不小于 45°;交叉道口应设置警示牌。

5.4.2.6 汽车运行应遵守下列规定:
——驾驶室外禁止乘人;
——运行时不升降车斗;

——不采用溜车方式发动车辆；
　　——不空挡滑行；
　　——不弯道超车；
　　——下坡车速不超过 25 km/h；
　　——不在主运输道路和坡道上停车；
　　——不在供电线路下停车；
　　——拖挂车辆行驶时采取可靠的安全措施，并有专人指挥；
　　——通过道口之前驾驶员减速瞭望，确认安全后再通过；
　　——不超载运行。

5.4.2.7 现场检修车辆时，应采取可靠的安全措施。

5.4.2.8 夜间装卸车应有良好的照明条件。

5.4.2.9 雾霾或烟尘影响能见度时，应开启警示灯，靠右侧减速行驶，前后车间距应不小于 30 m，视距不足 30 m 时，应靠右停车。冰雪或多雨季节，道路湿滑时，应有防滑措施并减速行驶，前后车距应不小于 40 m。拖挂其他车辆时，应采取有效的安全措施，并有专人指挥。

5.4.3　带式输送机运输

5.4.3.1 使用带式输送机应遵守下列规定：
　　——物料不应从输送带上向下滚落；
　　——带式输送机倾角：向上不大于 15°，向下不大于 12°，大倾角带式输送机除外；
　　——任何人员均不应搭乘非载人带式输送机；
　　——在跨越输送机的地点设置带有安全栏杆的跨越桥；
　　——清除附着在输送带、滚筒和托辊上的物料，应停车进行；
　　——不在运行的输送带下清理物料；
　　——输送机运转时不进行注油、检查和修理等工作；
　　——维修或者更换备件时，应停车、切断电源，并由专人监护，不准许送电。

5.4.3.2 使用大倾角带式输送机应遵守 6.4.3.8 的规定。

5.4.3.3 钢丝绳芯输送带静载荷安全系数不小于 7；棉织物芯输送带静载荷安全系数不小于 8；其他织物芯输送带静载荷安全系数不小于 10。

5.4.3.4 各种输送带的动载荷安全系数不小于 3。

5.4.3.5 带式输送机应设如下安全保护装置：
　　——装料点和卸料点的空仓、满仓等的保护和报警装置，并与输送机联锁；
　　——输送带清扫装置；
　　——防止输送带撕裂、断带、跑偏等的保护装置；
　　——防止过速、过载、打滑、大块冲击等的保护装置；
　　——线路上的信号、电气联锁和紧急停车装置；
　　——可靠的制动装置；
　　——上行带式输送机防逆转装置。

5.4.3.6 带式输送机传动装置、拉紧装置周围应设安全围栏；输送机转载处应设防护罩和溜槽堵塞保护装置与报警装置。

5.4.3.7 采用带式输送机运输应遵守下列规定：

——无通廊的带式输送机两侧均应设置宽度不小于 1.0 m 的人行道;
——有通廊的带式输送机两侧应设人行道,经常行人侧的人行道宽度不小于 1.0 m,另一侧不小于 0.6 m;
——多条带式输送机并列布置时,相邻输送机之间应设置宽度不小于 1.0 m 的人行道。

5.4.3.8 平硐或者斜井内的带式输送机应采用阻燃型输送带。

5.4.4 斜坡提升

5.4.4.1 提升速度应符合下列规定:
——人车或者串车提升:斜坡长度不大于 300 m 时,不大于 3.5 m/s;斜坡长度大于 300 m 时,不大于 5 m/s;
——箕斗提升:斜坡长度不大于 300 m 时,不大于 5 m/s;斜坡长度大于 300 m 时,不大于 7 m/s;
——人车或者串车通过甩车道的速度不大于 1.5 m/s。

5.4.4.2 提升加、减速度应符合下列规定:
——升降人员:不大于 0.5 m/s²;
——升降物料:不大于 0.75 m/s²。

5.4.4.3 斜坡提升应遵守下列规定:
——采用缠绕式提升机;
——提升机卷筒直径与钢丝绳直径之比不小于 60;
——钢丝绳在卷筒上缠绕的层数和卷筒端板高度符合 6.4.8.3、6.4.8.4 和 6.4.8.5 的规定;
——最大制动力矩和提升系统最大静力矩之比不小于 3;
——从提升机卷筒到天轮的钢丝绳弦长不超过 60 m。

5.4.4.4 提升钢丝绳安全系数应符合下列规定:
——专门提升物料的,不小于 6.5;
——提升人员的,不小于 9.0。

5.4.4.5 提升钢丝绳连接装置安全系数应满足 6.4.6.7 的规定。

5.4.4.6 提升钢丝绳检验和更换应遵守 6.4.7.1、6.4.7.2、6.4.7.4、6.4.7.5、6.4.7.6、6.4.7.7 和 6.4.7.9 的规定。

5.4.4.7 斜坡提升主电机应设短路及断电保护、过速保护、过负荷及无电压保护。斜坡提升系统应设提升容器过卷保护。

5.4.4.8 斜坡轨道与上部车场的连接处应设置阻车器,斜坡轨道线路上应设地辊,底部平车场应设置挡车装置。倾角大于 10°的斜坡提升轨道应设轨道防滑装置。轨道两侧应设宽度不小于 1.0 m 的人行道。人行道倾角为 10°~15°时应设人行踏步,15°~35°时应设踏步及扶手,大于 35°时应设梯子和扶手。

5.4.4.9 在斜坡轨道上进行检查或者维修工作时,应采取安全措施保证工作人员的安全。

5.4.5 架空索道运输

5.4.5.1 架空索道运输应遵守货运架空索道安全规范的规定。
5.4.5.2 索道线路经过厂区、居民区、铁路、道路时,应有安全防护措施。
5.4.5.3 索道线路与电力、通讯架空线路交叉时,应采取保护措施。

5.4.5.4 遇有八级或八级以上大风时,应停止索道运转和线路上的一切作业。

5.4.5.5 离地高度小于 2.5 m 的牵引索和站内设备的运转部分,应设安全罩或防护网。高出地面 0.6 m 以上的站房,应在站口设置安全栅栏。

5.4.5.6 驱动机应同时设置工作制动和紧急制动两套装置,其中任一套装置出现故障,均应停止运行。

5.4.5.7 索道各站都应设有专用的电话和音响信号装置,其中任一种出现故障,均应停止运行。

5.5 排土

5.5.1 排土场

5.5.1.1 排土场不应受洪水威胁或者由于上游汇水造成滑坡、塌方、泥石流等灾害。

5.5.1.2 排土场不应给采矿场、工业场地、居民区、铁路、公路和其他设施造成安全隐患。

5.5.1.3 排土场不应影响露天矿山边坡稳定,不应产生滚石、滑塌等危害。

5.5.1.4 排土场建设前应进行工程地质、水文地质勘查,并按照排土场稳定性要求处理地基。

5.5.1.5 排土场应设拦挡设施,堆置高度大于 120 m 的沟谷型排土场应在底部设置挡石坝。

5.5.1.6 内部排土场不应影响矿山正常开采和边坡稳定,排土场坡脚与开采作业点之间应留设安全距离,必要时设置滚石或泥石流拦挡设施。

5.5.1.7 排土场防洪应遵守下列规定:
—— 山坡排土场周围应修筑可靠的截、排水设施;
—— 山坡排土场内的平台应设置 2%～5% 的反坡,并在靠近山坡处修筑排水沟;
—— 排土场范围内有出水点的,应在排土之前进行处理;
—— 疏浚排土场外截洪沟和排土场内的排水沟,确保排洪设施可以正常工作;
—— 及时了解和掌握水情以及气象预报情况,保证排土场、下游泥石流拦挡坝和通信、供电、照明线路的安全;
—— 洪水过后立即对排土场和排洪设施进行检查,发现问题立即处理。

5.5.1.8 矿山应制定针对排土场滑坡、泥石流等事故的应急预案。

5.5.2 排土作业

5.5.2.1 矿山企业应设专职人员负责排土场的安全管理工作。

5.5.2.2 排土作业应按经过批准的安全设施设计进行。

5.5.2.3 排土作业区应符合下列要求:
—— 有良好的照明;
—— 配备通信工具;
—— 设置醒目的安全警示标志。

5.5.2.4 汽车排土应遵守下列规定:
—— 排土平台应平整,排土线应整体均衡推进;
—— 在排土卸载平台边缘设置安全车挡,车挡高度不小于车轮轮胎直径的 1/2,顶宽不小于车轮轮胎直径的 1/4,底宽不小于车轮轮胎直径的 3/4;
—— 由经过培训考核合格的人员指挥;
—— 进入作业区内的人员、车辆服从指挥;非作业人员未经允许不得进入排土作业区;

无关人员不得进入；
——汽车与排土工作面距离小于200 m时,车速不大于16 km/h;与坡顶线距离小于50 m时,车速不大于8 km/h;
——重车卸载时的倒车速度不大于5km/h;
——能见度小于30 m时停止排土作业。

5.5.2.5 铁路列车排土应遵守下列规定：
——路基面向排土场内侧形成反坡；
——准轨铁路平曲线半径不小于200 m,并设置外轨超高保证安全；
——窄轨铁路平曲线半径:600 mm轨距时,不小于50 m;大于600 mm轨距时,不小于100 m;
——线路尽头前的一个列车长度内,形成2.5‰~5‰的上升坡度；
——卸车线路中心线至台阶坡顶线的距离:准轨线路不小于2 m;窄轨线路不小于1 m;
——卸载线端部设置车挡和带有夜光的拦挡警示牌；
——排土作业点设置清晰的带有夜光的停车标志；
——列车进入排土线后由专人指挥运行;列车以推送方式进入卸车线,从列车尾部向机车方向依次卸车；
——准轨列车运行速度不大于10 km/h;窄轨列车运行速度不大于8 km/h;接近路端时,不大于5 km/h;
——排土人员发出卸车完毕信号后,列车方可驶出排土线。

5.5.2.6 排土机排土应遵守下列规定：
——排土机在稳定的平盘上作业；
——排土机移设时,受料臂、排料臂升起并固定,且与行走方向成一直线,上坡时不转弯；
——排土机与排土场坡顶线的距离符合设备安全要求。

5.5.2.7 推土机作业应遵守下列规定：
——推土机作业的工作面坡度符合设备要求；
——刮板不超出平台边缘；
——距离平台边缘小于5 m时,推土机低速运行；
——推土机不后退开向平台边缘；
——不在排土平台边缘沿平行坡顶线方向推土；
——人员不站在推土机上；
——司机不离开驾驶室。

5.5.2.8 推土机牵引其他设备时应遵守下列规定：
——被牵引设备带有制动系统,并有人操纵；
——下坡时不用绳索牵引；
——行走速度不大于5 km/h;
——有专人指挥。

5.5.2.9 应在平整的地面上维修推土机。维修刮板时,应将其放稳在垫板上,并关闭发动机。

5.5.3 排土场检查与监测

5.5.3.1 排土场应进行下列安全检查：
— 排土场台阶高度、排土线长度；
— 排土场的反坡坡度，每 100 m 检查剖面不少于 2 个；
— 排土场边缘的汽车车挡尺寸；
— 铁路排土的线路坡度和曲线半径；
— 排土机排土时履带与台阶坡顶线之间的距离；
— 截排水系统、拦挡坝的完好情况及淤储空间情况。

发现拦挡坝淤储空间不足，排土场出现不均匀沉降、裂缝、隆起时，应查明情况、分析原因并及时处理。

5.5.3.2 矿山企业应建立排土场边坡稳定监测制度，边坡高度超过 200 m 的，应设边坡稳定监测系统，防止发生泥石流和滑坡。

5.6 电气设施

5.6.1 供电系统

5.6.1.1 主变电所设置应符合下列规定：
— 设置在爆破警戒线以外；
— 距离准轨铁路不小于 40 m；
— 远离污秽及火灾、爆炸危险环境和噪声、震动环境；
— 避开断层、滑坡、沉陷区等不良地质地带以及受雪崩影响地带；
— 地面标高应高于当地最高洪水位 0.5 m 以上。

5.6.1.2 主变电所主变压器设置应遵守以下规定：
— 矿山一级负荷的两个电源均需经主变压器变压时，应采用 2 台变压器；
— 主变压器为 2 台及以上时，若其中 1 台停止运行，其余变压器应至少保证一级负荷的供电。

5.6.1.3 采矿场和排土场的手持式电气设备的电压不大于 220 V。

5.6.1.4 采矿场采用双回路供电时，每回路供电能力应均能供全负荷；采用三回路供电时，每个回路的供电能力不应小于全部负荷的 50%。

5.6.1.5 供配电系统中性点接地应符合下列规定：
— 向露天采场、排土场供电的 6 kV～35 kV 系统，不得采用中性点直接接地方式；
— 当 6 kV～35 kV 系统中性点采用不接地、经消弧线圈接地或高电阻接地时，单相接地故障点的电流不应大于 10 A；
— 当 6 kV～35 kV 系统中性点经低电阻接地时，单相接地故障点的电流不大于 200 A；
— 低压配电系统为 IT 系统时应装设绝缘监视装置。

5.6.1.6 露天采场、排土场的架空供电线路上设置开关设备时，应符合下列规定：
— 环形或半环形线路的出口和联络处设置分段开关；
— 横跨线或纵架线与环形线、半环形线或其他地面固定干线连接处设置开关；
— 高压电气设备或移动式变电站与横跨线或纵架线连接处设置开关；

——移动式高压电力设备的供电线路设置具有单相接地保护的开关设备。

5.6.1.7 露天矿户外安装的电气设备应采用户外型电气设备；室外配电装置的裸露导体应有安全防护，当电气设备外绝缘体最低部位距地小于2 500 mm时，应装设固定遮栏；高压设备周围应设置围栏；露天或半露天变电所的变压器四周应设高度不低于1.8 m的固定围栏或围墙。

5.6.1.8 固定式高压架空电力线路不应架设在爆破作业区和未稳定的排土区内。

5.6.1.9 移动式电气设备应使用矿用橡套软电缆。

5.6.2 牵引网络

5.6.2.1 移动式直流牵引网的接触线应采用铜电车线。

5.6.2.2 接触网应装设分区绝缘器或锚段关节，并应用分区开关联络。

5.6.2.3 接触网应在下列区域单独分段：
——装卸作业线路；
——检查机车线路；
——机车库内线路；
——专用线路；
——移动式线路；
——运送人员的站台线路；
——区间与站场之间的线路；
——平硐口内、外的线路；
——其他需要分段的线路。

5.6.2.4 装卸作业线路、检查机车的线路以及其他需要安全作业的线路，接触网的分段应采用带接地刀闸的分区开关。

5.6.2.5 窄轨铁路接触网电杆外缘与机车及车辆边缘的净距不应小于0.7 m。准轨铁路接触网电杆外缘与铁路中心线的距离不应小于表2规定的数值。

5.6.2.6 软横跨时电杆外缘与铁路中心线的距离，不小于表2中规定的数值。

表 2 准轨铁路接触网电杆外缘与铁路中心线的距离　　　　　单位为米

电杆位置	曲线半径							
	200	300	400	500	600	1000	1500	>1500
曲线外侧	2.80	2.70	2.60	2.50	2.50	2.50	2.44	2.44
曲线内侧	3.10	3.00	2.80	2.60	2.60	2.60	2.50	2.44
软横跨时	3.10	3.00						

5.6.2.7 牵引网及受电弓带电部分与桥梁、平硐、巷道、管道等接地部分的安全净距不小于0.2 m。

5.6.2.8 有爆炸危险场所的轨道不应作回流导体。不准许用于回流的钢轨应装设两处可靠的轨道绝缘：第一绝缘点应设在分界处；第二绝缘点应设在爆炸危险场所以外；两个绝缘点的距离应大于一列车的长度。

5.6.2.9 采用电引爆爆破时不得将通向爆破区的轨道作为回流导体，并应采取在爆破期间内能断开轨道电流的安全措施。

5.6.2.10 牵引变电所直流 750 V 及以上的出线开关,应采用直流快速开关。

5.6.2.11 牵引变电所直流快速开关和空气断路器脱扣器的瞬时动作电流整定值应符合下列规定:
——当采用直流快速开关时,瞬时动作电流整定值不应小于线路上经常出现的短时最大负荷电流的 1.3 倍,不应大于线路上最小短路电流的 0.77 倍;
——当采用空气断路器时,瞬时动作电流整定值不应小于线路上经常出现的短时最大负荷电流的 1.25 倍,不应大于线路上最小短路电流的 0.8 倍。

5.6.2.12 标准轨距铁路牵引变电所每段母线上的整流装置和直流配电装置,应设置直流接地速断保护;发生接地故障时,保护装置应立即断开该段母线上所有整流设备的电源。

5.6.3 照明

5.6.3.1 夜间工作时,下列地点应设照明装置:
——空气压缩机和水泵的工作地点;
——带式输送机、斜坡提升线路以及相应的人行梯或人行道;
——汽车装载处、排土场、卸车线;
——调车站、会让站。

5.6.3.2 照明电压应符合下列规定:
——固定式照明灯具:不高于 220 V;
——行灯或移动式灯具:不高于 36 V,并经安全隔离变压器供电;
——在金属容器内或者潮湿地点作业时,不高于 12 V。

5.6.3.3 下列场所应设置应急照明:
——变配电所;
——监控室、生产调度室、通信站和网络中心;
——矿山救护值班室。

5.6.3.4 移动式非架空照明线路应采用橡套软电缆。

5.6.4 防雷及接地保护

5.6.4.1 采场架空线路的下列位置应装设避雷装置:
——采场供电线路与横跨线或纵架线的连接处;
——多雷地区的高压设备进线电缆与横跨线或纵架线的连接处;
——排土场高压设备进线电缆与架空线的连接处。

5.6.4.2 地面牵引网的下列位置应装设避雷装置:
——馈电线与接触线连接处;
——机车库进口处;
——运输平硐硐口;
——线路上每个独立区段内。

5.6.4.3 地面直流牵引变电所母线上应装设直流避雷装置;750 V 及以上或多雷地区的地面牵引变电所,应在每回出线装设直流避雷装置。

5.6.4.4 电气设备接地应符合下列规定:
——高、低压电气设备,应设保护接地。

——各接地线应并联。
——架空线路无分支的部分,应每 1 km～2 km 接地 1 次。
——架空接地线截面积不小于 35 mm²;接地线设在配电线路最下层导线的下方,与导线任一点的距离应不小于 0.5 m。
——移动式电气设备应采用矿用橡套软电缆的专用接地芯线接地。
——应对拖曳电缆的接地保护芯线进行电气连续性监测。
——牵引变电所整流装置、直流配电装置的金属外壳均应接地。在接地电流流经直流接地继电器前的全部直流接地母线、支线应与地绝缘,且不应与交流设备的接地母线、建筑物的钢筋、金属构件等有金属连接。

5.6.4.5 主接地极应符合下列规定:
——采场的主接地极不少于 2 组;
——任一组主接地极断开后,在架空接地线上任一点测得的对地电阻不大于 4 Ω;
——移动设备与架空接地线之间的接地电阻不大于 1 Ω;
——牵引变电所接地装置的接地电阻:直流电压 1 kV 及以上的不大于 0.5 Ω;
——直流电压 1 kV 以下的地面牵引变电所,不大于 4 Ω。

5.6.5 运行、检查和维修

5.6.5.1 矿山应建立电气作业安全制度,规定工作票、工作许可、监护、间断、转移和终结等工作程序。电气作业应遵守下列规定:
——电气设备和线路的操作维修应由专职电气工作人员进行,严禁非电气专业人员从事电气作业。
——不应单人作业。
——未经许可不得操作、移动和恢复电气设备。
——紧急情况下可以为切断电源而操作电气设备。
——停电检修时,所有已切断的电源的开关把手均应加锁,并验电、放电、将线路接地,悬挂"有人作业,禁止送电"的警示牌。只有执行这项工作的人员才有权取下警示牌并送电。
——不应带电检修或搬动任何带电设备和电缆、电线;检修或搬动时,应先切断电源,并将导体完全放电和接地。
——移动设备司机离开时应切断设备电源。
——接地电阻应每年测定 1 次,测定工作应在该地区最干燥、地下水位最低的季节进行。

5.6.5.2 主变电所应符合下列规定:
——有防雷、防火、防潮措施;
——有防止小动物窜入的措施;
——有防止电缆燃烧的措施;
——所有电气设备正常不带电的金属外壳应有保护接地;
——带电的导线、设备、变压器、油开关附近不应有易燃易爆物品;
——电气设备周围应有保护措施并设置警示标志。

5.6.5.3 电气室内的各种电气设备控制装置上应注明编号和用途,并有停送电标志;电气室入口应悬挂"非工作人员禁止入内"的标志牌,高压电气设备应悬挂"高压危险"的标志牌,并应有照明。

5.6.5.4 操作电气设备应遵守下列规定:
　　——非值班人员不应操作电气设备;
　　——手持式电气设备应有可靠的绝缘;
　　——操作高压电气设备回路的工作人员应佩戴绝缘手套、穿电工绝缘靴或站在绝缘台、绝缘垫上;
　　——装卸高压熔断器应佩戴护目眼镜;
　　——雨天操作户外高压设备应使用带防雨罩的绝缘棒;
　　——不应使用金属梯子。

5.6.5.5 电气保护装置检验应遵守下列规定:
　　——使用前应进行检验;
　　——在用设备每年至少检验1次;
　　——漏电保护装置每半年至少检验1次;
　　——线路变动、负荷调整时应进行检验;
　　——应做好检验记录并存档。

5.6.5.6 雷雨天气巡视室外高压设备应穿绝缘靴,不应使用伞具,不应靠近避雷装置。

5.6.5.7 高压变配电设备和线路的停送电作业及检修应遵守下列规定:
　　——应指定专人负责停、送电作业,作业时应有专人监护;
　　——申请停、送电时,应执行工作票制度;
　　——断电作业时,应进行验电、放电,并设置三相短路接地线;供电线路的电源开关应加锁或设专人看护,并悬挂"有人作业,不准送电"的警示牌;
　　——确认所有作业完毕后再摘除接地线和警示牌;
　　——由负责人检查无误后再通知调度恢复送电;
　　——值班人员应做好停送电记录。

5.6.5.8 架空绝缘导线维护作业应遵守下列规定:
　　——不应直接接触或接近架空绝缘导线;
　　——应在架空绝缘导线的分段或联络开关两侧、分支杆受电侧、电缆引下杆受电侧的适当位置设立验电接地环或其他验电接地装置;
　　——不应穿越未停电接地的绝缘导线;
　　——断开或接入绝缘导线前应采取防感应电的措施。

5.6.5.9 在供电线路上带电作业应采取可靠的安全措施,并经矿山企业主要负责人批准。

5.6.5.10 架空线下不应停放设备,不应堆置物料。

5.6.5.11 敷设橡套电缆应遵守下列规定:
　　——电缆线路应避开水仓和可能出现滑坡的地段;
　　——跨台阶敷设电缆应避开有浮石、裂缝等的地段;
　　——电缆穿越铁路、公路时,应采取保护措施;
　　——高压电缆使用前应进行绝缘试验。

5.6.5.12 橡套电缆的接头应采用焊接或熔焊芯线连接,或采用矿山专用插接件连接。接头的外层采用硫化热补法、冷补胶法或者绝缘胶带等补接。

5.6.5.13 移动带电电缆前,应检查、确认电缆无破损,并佩戴好绝缘防护用品。绝缘损坏的橡套电缆,经修理、试验合格后方准使用。

5.6.5.14 使用电缆应遵守下列规定:
— 高压电缆修复后,应进行绝缘试验再使用;
— 运行的高压电缆每年雷雨季节前应进行预防性试验;
— 电缆接头的强度、导电性能和绝缘性能应满足要求;
— 不应带电插拔移动式高压软电缆连接器;
— 沿地面敷设的、向移动设备供电的橡套电缆中间不应有接头;应采取措施避免电缆被移动设备损坏。

5.7 防排水与防灭火

5.7.1 防排水

5.7.1.1 露天矿山应建立水文地质资料档案;有洪水或地下水威胁的应设置防、排水机构;水文地质条件复杂或有洪水淹没危险的应配备专职水文地质人员。

5.7.1.2 露天采场的总出入沟口、平硐口、排水口和工业场地应不受洪水威胁。

5.7.1.3 露天矿山应采取下列措施保证采场安全:
— 在采场边坡台阶设置排水沟;
— 地下水影响露天采场的安全生产时,应采取疏干等防治措施。

5.7.1.4 露天矿山应按照下列要求建立防排水系统:
— 受洪水威胁的露天采场应设置地面防洪工程;
— 不具备自然外排条件的山坡露天矿,境界外应设截水沟排水;
— 凹陷露天坑应设机械排水或自流排水设施;
— 遇设计防洪频率的暴雨时,最低台阶淹没时间不应超过 7 d,淹没前应撤出人员和重要设备。

5.7.1.5 机械排水设施应符合下列规定:
— 应设工作水泵和备用水泵;工作水泵应能在 20 h 内排出一昼夜正常涌水量,全部水泵应能在 20 h 内排出一昼夜的设计最大排水量。
— 应设工作排水管路和备用排水管路。工作排水管路应能配合工作水泵在 20 h 内排出一昼夜正常涌水量;全部排水管路应能配合工作水泵和备用水泵在 20 h 内排出一昼夜的设计最大排水量。任意一条排水管路检修时,其他排水管路应能完成正常排水任务。

5.7.2 防火和灭火

5.7.2.1 矿山建构筑物应建立消防设施,设置消防器材。

5.7.2.2 露天矿用设备应配备灭火器。

5.7.2.3 设备加油时严禁吸烟和明火。

5.7.2.4 露天矿用设备上严禁存放汽油和其他易燃易爆品。

5.7.2.5 严禁用汽油擦洗设备。

5.7.2.6 易燃易爆物品不应放在轨道接头、电缆接头或接地极附近。废弃的油料、棉纱和易燃物应妥善管理。

5.7.2.7 木材场、防护用品仓库、爆破器材库、氢和乙炔瓶库、石油液化气站和油库等重要场所,应建立防火制度,采取防火、防爆措施,备足消防器材。

6 地下矿山

6.1 基本规定

6.1.1 安全出口

6.1.1.1 矿井的安全出口应符合下列规定:
——每个矿井至少应有两个相互独立、间距不小于30 m、直达地面的安全出口;矿体一翼走向长度超过1 000 m时,此翼应有安全出口;
——每个生产水平或中段至少应有两个便于行人的安全出口,并应同通往地面的安全出口相通;
——井巷的分道口应有路标,注明其所在地点及通往地面出口的方向;
——安全出口应定期检查,保证其处于良好状态。

6.1.1.2 井下生产作业人员均应熟悉安全出口。

6.1.1.3 作为主要安全出口的罐笼提升井,应装备2套相互独立的提升系统,或装备1套提升系统并设置梯子间。当矿井的安全出口均为竖井时,至少有一条竖井中应装备梯子间。

6.1.1.4 作为应急安全出口的竖井应设应急提升设施或者梯子间。深度超过300 m的井筒设置梯子间时,应在井筒无马头门段设置与梯子间相通的休息硐室。休息硐室间距不大于150 m。硐室宽度不小于1.5 m,深度不小于2.0 m,高度不小于2.1 m。

6.1.1.5 用于提升人员的罐笼提升系统和矿用电梯应采用双回路供电。

6.1.1.6 井下存在跑矿危险的作业点,应设置确保人员安全撤离的通道。

6.1.2 露天转地下开采

露天开采转地下开采时,应考虑露天边坡稳定性以及可能产生的泥石流对地下开采的影响。地下开采时的矿山排水设计应考虑露天坑汇水影响。

6.1.3 联合开采

6.1.3.1 露天与地下同时开采时,应合理安排露天与地下各采区的回采顺序,避免相互影响。

6.1.3.2 露天与井下同时爆破对安全有影响时,不应同时爆破。爆破前应通知对方撤出危险区域内的人员。

6.1.4 作业安全

6.1.4.1 采用凿岩爆破法掘进应遵守下列规定:
——采取湿式凿岩、爆破喷雾、装岩洒水和净化风流等综合防尘措施;
——在遇水膨胀、强度降低的岩层中掘进不能采用湿式凿岩时,可采用干式凿岩,但应采取降尘措施,作业人员应佩戴防尘保护用品;
——装药爆破前应设置安全警戒标识线;
——爆破通风后经检查、处理浮石,确认安全后方可进入工作面作业。

6.1.4.2 在有岩爆危险的区段作业应遵守下列规定:
——制定监测地压、预防岩爆的技术措施;
——编制专门的施工安全技术措施;

——对作业人员进行培训。

6.1.4.3 在高温地层中作业应遵守下列规定：
——采取降温及人员防护的措施；
——湿球温度超过30 ℃时，应停止作业；
——采取防止民用爆炸物品自燃、早爆的预防措施。

6.1.4.4 在强含水层及高水压地层中作业应遵守下列规定：
——边探边掘：打钻孔超前探水，每次钻孔数量不少于4个；钻孔深度在竖井中不小于40 m，在平巷中不小于10 m；
——编制防治水技术方案；
——施工前应制定专门的施工安全技术措施。

6.1.4.5 天井、溜井、漏斗口等存在人员坠落可能的地方，应设警示标志、照明设施、护栏、安全网或格筛。

6.1.4.6 在竖井、天井、溜井和漏斗口上方，或在坠落基准面2 m以上作业，有发生坠落危险的，应设安全网等防护设施，作业人员应佩戴安全带。作业时，不应抛掷物件，不应上下层同时作业，并应设专人监护。

6.1.4.7 操作距地面或平台面2 m以上的设备或阀门时，应有固定平台和梯子。平台及通道边缘应设置高度不小于1.2 m的安全护栏，并有足够的照明。平台、通道和梯子踏板应采取可靠的防滑措施。

6.1.4.8 作业前应认真检查作业地点的安全情况，发现严重危及人身安全的征兆时，应迅速撤出危险区、设置禁止人员和车辆通行的警戒标志和照明、报告矿有关部门及时处理。处理结果应记录存档。

6.1.4.9 进入采掘工作面的每个班组都应携带气体检测仪，随时监测有毒有害气体。

6.1.5 排土场

地下矿山排土场、排土作业和排土场检查与监测应遵守5.5的相关规定。

6.2 矿山井巷

6.2.1 一般规定

6.2.1.1 井巷工程施工应按施工组织设计进行。

6.2.1.2 井巷工程穿过软岩、流砂、淤泥、砂砾、破碎带、老窿、溶洞或较大含水层等不良地层时，施工前应制定专门的施工安全技术措施。

6.2.2 竖井掘进

6.2.2.1 表土层掘进应遵守下列规定：
——施工前应制定专门的施工安全技术措施；
——井筒内应设梯子，不应用简易提升设施升降人员；
——在含水表土层施工时，应采取降低水位、防止井壁砂土流失导致空帮的技术措施；
——采用井圈或其他临时支护时，临时支护应安全可靠、紧靠工作面，并及时进行永久支护；在进行永久支护前，每班应派专人观测地面沉降和临时支护后面的井帮变化情况；发现危险预兆时，立即停止工作，撤出人员，进行处理。

6.2.2.2 竖井施工时应采取措施防止坠物，并应遵守下列规定：
——井口应设置带井盖门的临时封口盘，井盖门两端应安装栅栏；封口盘和井盖门的结

构应坚固严密;
— 卸碴设施应严密,不允许向井下漏碴、漏水;
— 井口周围应设围栏,人员进出地点应设栅栏门;
— 井筒内作业人员携带的工具、材料,应拴绑牢固或置于工具袋内;
— 不应向井筒内掷物。

6.2.2.3 竖井施工采用吊盘应遵守下列规定:
— 吊盘不少于两层;
— 吊盘悬挂应平稳牢固,吊盘周边应均匀布置至少4个悬挂点;
— 吊盘绳兼做稳绳时,应定期涂油并及时维护,每周至少检查1次稳绳磨损情况;
— 滑架上的滑套应采用低硬度耐磨材料制作;
— 升降吊盘之前应严格检查绞车、悬吊钢丝绳及信号装置,撤出吊盘下的所有作业人员;
— 移动吊盘应有专人指挥;移动完毕应固定吊盘,并将吊盘与井壁之间的空隙盖严;经检查,确认可靠后方准作业。

6.2.2.4 进行下列作业的人员应佩戴安全带,且安全带一端应正确固定:
— 拆除保护岩柱或保护台;
— 在井筒内或井架上安装、维修或拆除设备;
— 在井筒内处理悬吊设备、管、缆,或在吊盘上进行作业;
— 乘坐吊桶;
— 爆破后到井圈上清理浮石;
— 井筒施工时的吊泵作业;
— 在中段井口进行支护、锁口作业。

6.2.2.5 吊桶提升应遵守下列规定:
— 关闭井盖门之前不应装卸吊桶或往钩头上系扎工具或材料;
— 吊桶上方应设坚固的保护伞;
— 井盖门应有自动启闭装置;
— 井架上应有防止吊桶过卷的装置,悬挂吊桶的钢丝绳应有稳绳装置;
— 吊桶内的岩碴应低于桶口边缘 0.1 m 以上,装入桶内的长材料应牢固固定在吊桶梁上;
— 吊桶运行通道周围不应有未固定的悬吊物;
— 吊桶应沿导向钢丝绳升降;竖井开凿初期无导向绳时,或处于吊盘下面无导向绳部分时,吊桶的无导向升降距离不超过 40 m;
— 吊桶上的关键部件应每班检查1次;
— 装有物料的吊桶不应乘人;不应用自动翻转式或底卸式吊桶升降人员;抢救伤员除外;
— 乘坐吊桶人员人均占有有效面积不小于 0.2 m²;
— 乘桶人员应面向桶外,不应坐在或站在吊桶边缘;
— 井口出车平台的井盖门关闭、吊桶停稳后,人员才能进出吊桶;
— 井口、吊盘和井底工作面,均应有良好的信号装置。

6.2.2.6 抓岩机出碴应遵守下列规定：
——作业前详细检查抓岩机各部件和悬吊钢丝绳；
——爆破后，工作面应经过通风、洒水、处理浮石、清扫井圈和处理盲炮，才能进行抓岩作业；
——不应抓取超过抓岩机能力的大块岩石；
——抓岩机卸岩时，严禁人员站在吊桶附近；
——不应用手从抓岩机抓片下取岩块；
——升降抓岩机应有专人指挥；
——临时停用时，应用绞车将抓岩机提升到安全高度。

6.2.2.7 竖井施工时应设悬挂式金属安全梯。安全梯应有电动绞车和手动绞车，电动绞车能力不小于 5 t。悬吊安全梯的绞车具备电动和手动两种功能时，可不另设手动绞车。

6.2.2.8 井筒内各作业地点均应设通达井口的独立的声、光信号系统和通信装置。掘进与砌壁平行作业时，从吊盘和掘进工作面发出的信号应有明显区别，并指定专人负责信号工作。应由井口信号工负责与卷扬机房和井筒工作面联系。

6.2.2.9 井筒延深时，应设坚固的保护盘或在井底水窝下留保安岩柱，将井筒的延深部分与上部作业部分隔开。破除岩柱或拆除保护盘时应进行专门的施工设计，并经矿山企业主要负责人批准方可施工。

6.2.2.10 井底工作面、吊盘、井口和卸碴台等，均应设视频监视系统，数据储存时间不少于 24 h。

6.2.2.11 冻结法凿井应遵守下列规定：
——冻结深度应延深至稳定基岩以下至少 10 m。
——钻进冻结孔时应测定钻孔的方向和偏斜度，并绘制冻结孔实际偏斜平面位置图，测斜的间隔不超过 30 m；偏斜度超过规定时应及时纠正；钻孔偏斜影响冻结效果时，应补孔。
——地质检查钻孔不应打在冻结的井筒内。水文观测钻孔偏斜不得超出井筒，深度不应超过冻结段下部隔水层。
——冻结管下放到钻孔后应进行试漏，发现异常应及时处理。
——确认冻结壁已交圈后方可进行试挖；冻结和凿井过程中，应经常检查盐水温度和流量、井帮温度和位移，以及井帮和工作面渗漏盐水等情况；检查应有详细记录，发现异常应及时处理。
——掘进过程中应有防止冻结壁变形、片帮、掉石、断管等安全措施。
——生根壁座应设在含水较少的稳定、坚硬的基岩中。
——在永久井壁施工全部完成前不应停止冻结。
——预留梁窝应有防止漏水的措施。
——冻结结束后应及时将全孔或冻结管用水泥砂浆或混凝土充满填实。
——冻结站应用不燃性材料建筑，并应有通风装置，氨的浓度不应超过 0.004%；站内严禁烟火，并应备有急救和消防器材。
——氨瓶和氨罐应经过试验，合格后方准使用；在运输、使用和存放期间，应有安全措施。

6.2.2.12 地面或工作面预注浆法凿井应遵守下列规定：
— 应编制注浆工程设计；
— 注浆段长度应大于注浆的含水岩层的厚度，并深入不透水岩层 5 m～10 m；设计井底位置在注浆的含水岩层内时，注浆深度应比井筒深 10 m 以上；
— 地面预注浆的钻孔偏斜率不得超过 0.5%，每钻进 40 m 应测斜 1 次；
— 注浆站设在地面时，井上、下应有可靠的通信联系；
— 孔口管应按设计孔位埋设牢固，并安设高压阀门；注浆前，应对止浆垫和孔口管进行耐压试验，试验压力应大于注浆压力 1 MPa；
— 注浆前应进行注浆泵和输送管路系统的耐压试验，试验压力应达到最大注浆压力的 1.5 倍，试验时间不小于 15 min；
— 注浆压力突然上升时，应停泵卸压，查明原因并进行处理；
— 每次注浆后，应至少停歇 30 min，方可提拔止浆塞；
— 工作面预注浆应设置止浆岩帽或混凝土止浆垫；混凝土止浆垫由井壁支承时，应确认井壁安全性；
— 注浆结束后，应检查注浆效果，合格后方可开凿井筒；
— 制浆和注浆的工作人员应佩戴防护眼镜和口罩，水泥搅拌房内应采取防尘措施。

6.2.2.13 钻井法凿井应遵守下列规定：
— 钻井的底部应深入不透水的稳定基岩 5 m 以上；
— 井口应有可靠的防坠措施；
— 井筒内的护壁泥浆面应高于地下静止水位；
— 钻井时应测定井筒的偏斜度，偏斜超过规定时应及时纠正；钻井完毕后，应绘制井筒的纵、横剖面图，井筒中心线和截面应符合设计要求；
— 应逐节检查鉴定预制井壁的质量；井壁连接部位应有可靠的防腐蚀和防水措施；
— 井壁下沉完成后，应检查井壁偏斜度；符合要求后方可进行壁后充填；壁后充填应密实，充填材料应满足强度和凝固时间的要求，并能够置换出泥浆；
— 开凿沉井井壁的底部或马头门之前，应检查破壁处及其上方 15 m～30 m 范围内的壁后充填质量，不合格时应采取可靠的补救措施。

6.2.3 竖井安全要求

6.2.3.1 提升容器之间以及提升容器与井壁、罐道梁、井梁之间的最小间隙，应符合表 3 规定。

表 3 提升容器之间以及提升容器最突出部分和井壁、罐道梁、井梁之间的最小间隙

单位为毫米

罐道和井梁布置		容器和容器之间	容器和井壁之间	容器和罐道梁之间	容器和井梁之间	备注
罐道布置在容器一侧		200	150	40	150	罐道和导向槽之间为 20
罐道布置在容器两侧	木罐道	—	200	50	200	有卸载轮的容器，卸载轮和罐道梁间隙增加 25
	钢罐道	—	150	40	150	

表 3（续）　　　　　　　　　　　　　　　　　　　　　　　　单位为毫米

罐道和井梁布置		容器和容器之间	容器和井壁之间	容器和罐道梁之间	容器和井梁之间	备注
罐道布置在罐笼两端	木罐道	200	200	50	200	
	钢罐道	200	150	40	150	
钢丝绳罐道（静态间隙）	$H<800$ m	450	350	—	350	设防撞绳时，容器之间最小间隙为 200 mm； 罐道间隙计算值向上一级圆整，级差 10 mm； H——井筒深度，单位为米（m）
	$800\ \mathrm{m}\leqslant H<1\ 400\ \mathrm{m}$	$450+(H-800)/3$	$350+(H-800)/6$	—	$350+(H-800)/6$	
	$H\geqslant 1\ 400$ m	$550+(H-800)/5$	$450+(H-800)/10$	—	$450+(H-800)/10$	

6.2.3.2 凿井时，两个提升容器的钢丝绳罐道之间的间隙不小于 $250+H/3$（H 为井筒深度，单位为 m）mm，且应不小于 300 mm。

6.2.3.3 竖井梯子间应符合下列规定：
——梯子倾角不大于 80°；
——相邻的两个梯子平台的垂直距离不大于 8 m，平台应防滑；
——平台梯子孔的尺寸不小于 0.7 m×0.6 m；
——梯子上端应高出平台 1 m，下端距井壁不小于 0.6 m；
——梯子宽度不小于 0.4 m，梯蹬间距不大于 0.3 m；
——梯子间周围应设防护栏栅；
——梯子间不应采用可燃性材料。

6.2.3.4 罐笼提升竖井与各水平的连接处应设置下列设施：
——足够的照明及视频监视装置；
——通往罐笼间的进出口设常闭安全门，安全门只应在人员或车辆通过时打开；
——井口周围应设置高度不小于 1.5 m 的防护栏杆或金属网；
——候罐平台等应设梯子和高度不小于 1.2 m 的防护栏杆；
——铺设轨道时设置阻车器；
——井筒两侧的马头门应有人行绕道连通。

6.2.3.5 其他竖井应设置：
——梯子间出口与各水平之间应设人行通道；通道应设防护栏杆，栏杆高度不小于 1.2 m；通道入口处应设栅栏门；
——禁止人员通行或接近的井口应设置栅栏和明显的警示标志。

6.2.4 斜井、斜坡道、平巷掘进

6.2.4.1 地表部分开口应严格按照设计施工，并及时支护和砌筑挡墙。

6.2.4.2 出碴之前应检查和处理工作面顶、帮的浮石；在斜井中移动耙斗装岩机时下方不应有人。

6.2.4.3 采用有轨设备施工斜井时应遵守下列规定：
— 井口应设阻车器，并与提升系统连锁或者由专人控制；
— 井口及掘进工作面上方均应设保险杠，并由专人控制，工作面上方的保险杠应随工作面的推进而移动；
— 斜井内人行道一侧应设躲避硐室，其间隔不大于 50 m；
— 井下设电话和声、光信号装置。

6.2.4.4 采用无轨设备施工应遵守 6.3.4 的规定。

6.2.5 水平和倾斜井巷安全要求

6.2.5.1 行人的有轨运输巷道应设高度不小于 1.9 m 的人行道，人行道宽度不小于 0.8 m；机车、车辆高度超过 1.7 m 时，人行道宽度不小于 1.0 m。

6.2.5.2 调车场、人员乘车场、井底车场矿车摘挂钩处两侧应各设一条人行道，有效净高不小于 1.9 m，人行道宽度不小于 1.0 m。

6.2.5.3 行人的提升斜井应设人行道；提升容器运行通道与人行道之间未设坚固的隔离设施的，提升时不应有人员通行。

6.2.5.4 提升斜井的人行道应符合下列要求：
— 宽度不小于 1.0 m；
— 高度不小于 1.9 m；
— 斜井倾角为 10°～15°时，设人行踏步；15°～35°时，设踏步及扶手；大于 35°时，设梯子和扶手。

6.2.5.5 斜井内的带式输送机的一侧应设检修道，检修道宽度不小于 1.0 m；输送机另一侧到斜井侧壁的宽度不小于 0.6 m。当检修运输道和人行道合并时，应设躲避硐室，其间距不大于 50 m。

6.2.5.6 行人的无轨运输巷道和斜坡道应按下列要求设置人行道或躲避硐室：
— 人行道的高度不小于 1.9 m，宽度不小于 1.2 m；
— 躲避硐室的高度不小于 1.9 m，深度和宽度均不小于 1.0 m；
— 躲避硐室间距：曲线段不超过 15 m，直线段不超过 50 m；
— 躲避硐室应有明显的标志，并保持干净、无障碍物。

6.2.5.7 在水平巷道、斜井和斜坡道中，运输设备之间、运输设备与巷道壁或者巷道内设施之间的间隙，应符合下列规定：
— 有轨运输不小于 0.3 m；
— 无轨运输不小于 0.6 m。

6.2.6 天井、溜井掘进

6.2.6.1 采用普通法掘进天井、溜井应遵守下列规定：
— 架设的工作台应牢固可靠；
— 及时设置安全可靠的支护棚，工作面至支护棚的距离不大于 6 m；
— 掘进高度超过 7 m 时应有装备完好的梯子间和溜碴间等设施，梯子间和溜碴间用隔板隔开；上部有护棚的梯子可视作梯子间；
— 天井掘进到距上部巷道约 7 m 时，测量人员应给出贯通位置，并在上部巷道设置

- ——溜碴间应保留不少于1次爆破的矿岩量,不应放空。

6.2.6.2 吊罐法掘进天井应遵守下列规定:
- ——上罐前应检查吊罐各部件的连接装置、保护盖板、钢丝绳、风水管接头,以及声光信号系统和通信设施等是否完善、牢固,如有损坏或故障,经处理可正常使用后方准作业;
- ——吊罐提升钢丝绳的安全系数不小于13,任何一个捻距内的断丝数不超过钢丝总数的5%,磨损不超过原直径的10%;
- ——吊罐应装设可由罐内人员控制的信号装置;
- ——电缆不应和吊罐钢丝绳设在一个吊罐孔内;
- ——升降吊罐时应认真处理卡帮和浮石;
- ——作业人员应系好安全带,并站在保护盖板下,头部不应接触罐盖和罐壁;升降完毕应立即切断吊罐绞车电源,绑紧制动装置;
- ——不应从吊罐上往下投掷工具或材料;
- ——天井中心孔偏斜率不大于0.5%;
- ——吊罐绞车应锁在短轨上,并与巷道钢轨断开;
- ——检修吊罐应在安全地点进行;
- ——天井与上部巷道贯通时,应加强上部巷道的通风和警戒。

6.2.6.3 用爬罐法掘进天井应遵守下列规定:
- ——爬罐运行时人员应站在罐内,遇卡帮或浮石应停罐处理;
- ——爬罐行至导轨顶端时应使保护伞接近工作面,工作台接近导轨顶端;
- ——不应利用自重下降;
- ——运送导轨应用装配销固定;
- ——安装导轨时应站在保护伞下先将浮石处理干净,再将导轨固定牢靠;
- ——及时擦净制动器上的油污;
- ——6.2.6.2的规定。

6.2.6.4 用天井钻机掘进天井应遵守下列规定:
- ——扩孔期间,严禁人员进入孔的下方;扩孔完毕,应在天井周围设置栅栏和警示标志,防止人员进入;
- ——采用凿岩爆破扩井应遵守6.2.6.1的有关规定。

6.2.7 井巷支护

6.2.7.1 不应用木材或者其他可燃材料作永久支护。

6.2.7.2 在不稳固的岩层中掘进时应进行支护;在松软、破碎或流砂地层中掘进时应在永久性支护与掘进工作面之间进行临时支护或特殊支护。

6.2.7.3 井巷施工设计中应规定井巷支护方法和支护与工作面间的距离;中途停止掘进时应及时支护至工作面。

6.2.7.4 架设支架时应遵守下列规定:
- ——支架架设后应将梁、柱与顶、帮之间楔紧;顶和帮的空隙应塞紧;
- ——支架之间应有拉杆,斜巷支架应增设下撑;

——倾角大于30°的斜巷,永久性棚架之间应架设撑柱;
——柱窝应打在稳定的岩石上;
——爆破前应加固靠近工作面的支架;
——发现棚腿歪斜、顶梁弯曲等应及时更换、修复。

6.2.7.5 井巷砌碹支模时应遵守下列规定:
——砌碹前拆除原有支架时,应及时清理顶、帮浮石,并采取临时护顶措施;
——砌碹后应将顶、帮空隙填实;
——碹胎的强度应能承受所支撑重量的3倍以上;
——碹胎的下弦不应支撑工作台。

6.2.7.6 竖井砌碹时应遵守下列规定:
——竖井的永久性支护与掘进工作面之间,应设必要的临时支护;
——施工组织设计应对永久性支护及临时支护与掘进工作面的距离做出规定;
——砌块支护时应保持碹壁平整、接口严密;岩帮与碹壁之间的空隙应用碎石填满,并用砂浆灌实;
——砌碹支护井筒岩壁有涌水时,应用导管引出,砌碹完毕应进行封水。

6.2.7.7 喷锚支护应遵守下列规定:
——应对锚杆做拉力试验,对喷体做厚度和强度检查;
——进行锚固力试验应有安全措施;
——处理喷射管路堵塞时应将喷枪口朝下且不应朝向人员;
——在松软破碎的岩层中进行喷锚作业时应打超前锚杆,进行预先护顶;
——动压巷道支护应采用喷锚与金属网联合支护方式;
——在有淋水的井巷中喷锚应预先做好防水工作;
——软岩采用锚杆支护,锚杆应全长锚固。

6.2.8 井巷维护和报废

6.2.8.1 应对井巷进行定期检查。作为安全出口或者升降人员的井筒,每月至少检查1次;地压较大的井巷和人员活动频繁的采矿巷道,应每班进行检查。发现问题应及时处理并做好记录。

6.2.8.2 维修主要提升井筒、运输大巷和大型硐室,应有经矿山企业主要负责人批准的安全技术措施。

6.2.8.3 斜井和平巷维修或扩大断面时,应遵守下列规定:
——应先加固工作地点附近的支护体,然后拆除工作地点的支护,并做好临时支护;
——拆除密集支架时,1次应不超过两架;
——撤换松软地点的支架,或维修巷道交叉处、严重冒顶片帮区,应在支架之间加拉杆支撑或架设临时支架;
——清理浮石时应在安全地点作业;
——在斜井内作业时,应停止车辆运行,并设警戒和明显标志;
——在独头巷道内作业时,作业地点不应有非作业人员。

6.2.8.4 维修竖井应遵守下列规定:
——应编制施工组织设计;

——作业前应将各中段马头门及井梁上的浮石清理干净；
——各中段马头门应设专人看管；
——应在坚固的平台上作业，平台上应有保护设施和联络信号，工作平台与中段平巷之间应有可靠的通信联络；
——作业人员应系好安全带。

6.2.8.5 人员站在提升容器的顶盖上检修、检查井筒时，应遵守下列规定：
——应在保护伞下作业；
——应佩戴与提升钢丝绳牢固连接的安全带；
——提升容器升降速度不超过 0.3 m/s；
——作业人员应有专用通信装置；
——井口及各中段马头门设专人警戒，防止坠物。

6.2.8.6 废弃井巷和硐室的入口应及时封闭，封闭时应留有泄水条件。封闭墙上应标明编号、封闭时间、责任人、井巷原名称。封闭前入口处应设明显警示标志，禁止人员进入。封闭墙在相应图纸上标出，并归档永久保存。报废井巷的地面入口周围应设高度不低于 1.5 m 的栅栏。

6.2.8.7 修复废旧井巷前应查明井巷本身的稳定情况及周围构筑物、井巷、采空区等的分布情况和废旧井巷内的空气成分，确认安全方可施工。

6.2.8.8 修复被水淹没的井巷时，对露出的部分应及时检查、支护，并采取措施防止有害气体突出和突然涌水。

6.3 地下开采

6.3.1 一般规定

6.3.1.1 地下采矿应按设计要求进行。

6.3.1.2 地下开采时，应圈定岩体移动范围或岩体移动监测范围；地表主要建构筑物、主要井筒应布置在地表岩体移动范围之外，或者留保安矿柱消除其影响。

6.3.1.3 地表主要建构筑物、主要开拓工程入口应布置在不受地表滑坡、滚石、泥石流、雪崩等危险因素影响的安全地带，无法避开时，应采取可靠的安全措施。

6.3.1.4 每个采区或者盘区、矿块均应有两个便于行人的安全出口，并与通往地面的安全出口相通。

6.3.1.5 采矿设计应提出矿柱回采和采空区处理方案，并制定专门的安全措施。

6.3.1.6 应严格保持矿柱（含顶柱、底柱和间柱等）的尺寸、形状和直立度；应有专人检查和管理，确保矿柱的稳定性。

6.3.1.7 胶结充填体中的二次掘进应待充填体达到规定的养护期和强度后方准进行，不满足安全要求的还应做可靠的支护。

6.3.1.8 作业场所的钻孔、井巷、溶洞、陷坑、泥浆池和水仓等，均应加盖或设栅栏围挡，并设置明显的警示标志。设备的转动部件外围应设防护罩或围栏。

6.3.1.9 溜井不应放空。大块矿石、废旧钢材、木材和钢丝绳等不应放入井内。溜井口不应有水流入。人员不应直接站在溜井、漏斗内堆存的矿石上或进入溜井与漏斗内处理堵塞。采用特殊方法处理堵塞应经矿山企业主要负责人批准。

6.3.1.10 采场放矿作业出现悬拱或立槽时人员不应进入悬拱、立槽下方危险区进行处理。

6.3.1.11 人员需要进入的采场应有良好的照明。

6.3.1.12 应建立采场顶板分级管理制度。对顶板不稳固的采场,应有监控手段和处理措施。

人员需要进入的采场作业面的顶板和侧面应保持稳定,矿岩不稳固时应采取支护措施。因爆破或其他原因而破坏的支护应及时修复,确认安全后方准作业。

回采作业前应处理顶板和两帮的浮石,确认安全后方可进行回采作业。

处理浮石时,同一作业面不应进行其他作业;发现冒顶征兆应停止作业进行处理;发现大面积冒顶征兆,应立即撤离人员并及时上报。

6.3.1.13 发现井下有危及作业人员安全的危险应立即消除。当班作业结束前来不及消除时,当班负责人应做好书面记录,内容包括危险状况和所采取的处理措施。下一班负责人在本班作业人员开始危险区内的作业前,应确认上一班的记载内容,并告知相关作业人员上述危险状况、已采取的处理措施、为解除危险应做的工作。

6.3.1.14 工程地质复杂、有严重地压活动的矿山,应遵守下列规定:
——设立专门机构或专职人员负责地压管理工作,做好现场监测和预测、预报工作;
——发现大面积地压活动预兆应立即停止作业,将人员撤至安全地点;
——通往塌陷区的井巷应封闭;
——地表塌陷区应设明显警示标志和必要的围挡设施,人员不应进入塌陷区和采空区。

6.3.1.15 采用空场法采矿的矿山,应采取充填、隔离或强制崩落围岩的措施,及时处理采空区。

6.3.1.16 地下开采的矿山应对地面沉降情况进行监测。

6.3.1.17 井下爆破应遵守 GB 6722 的规定。

6.3.1.18 矿井停电时,应停止井下生产作业,并组织人员撤出。

6.3.2 采矿方法

6.3.2.1 采用全面采矿法、房柱采矿法采矿,应遵守下列规定:
——采场的结构参数和矿柱(包括点柱、条柱)参数应经岩石力学计算分析后确定;当开采前期缺少相关岩石力学参数时,可采取类比法确定;
——未经原设计单位变更设计或专业研究机构的研究并采取安全措施,不得减小矿柱(包括点柱、条柱)尺寸或扩大矿房的尺寸,不得采用人工支柱替代原有矿柱以回采矿柱;
——回采过程中应认真检查顶板,处理浮石,并根据岩石稳定性对采场顶板进行必要的支护。

6.3.2.2 采用浅孔留矿法采矿应遵守下列规定:
——开采第一分层前应将下部漏斗和喇叭口扩完;
——各漏斗应均匀放矿,发现悬空应停止其上部作业;经妥善处理悬空后,方准继续作业;
——放矿人员和采场内的人员应密切联系,在放矿影响范围内不应上下同时作业;
——严格控制每一回采分层的放矿量,保证凿岩工作面安全操作所需高度。

6.3.2.3 采用分段空场法和阶段空场法采矿,应遵守下列规定:
——采场顶柱内除可开掘回采、运输、充填和通风巷道外,不得开掘其他巷道;

——上下中段的矿房和矿柱应相对应；
——人员不应进入采空区。

6.3.2.4 空场法回采矿柱应遵守下列规定：
——应由原设计单位或专业研究机构研究论证；
——回采顶柱和间柱前应先检查运输巷道的稳定情况，运输巷道不稳定时采取加固措施；
——回采前和回采过程中应设有岩体应力和应变监测设施，实时监测矿岩稳定情况；
——所有顶柱和间柱的回采准备工作应在矿房回采结束前完成；
——与矿柱回采无关的人员，未经矿山企业主要负责人批准不应进入未充填矿房顶柱内的巷道和矿柱回采区内；
——大量崩落矿柱时，应采取措施保证爆破冲击波和地震波影响范围内的巷道、设备及设施的安全；未达到预期崩落效果的应进行补充崩落设计后再次爆破；
——编制专门的应急预案。

6.3.2.5 采用壁式崩落法回采应遵守下列规定：
——应遵守设计规定的悬顶、控顶、放顶距离和放顶的安全措施；
——放顶前应进行全面检查，以确保出口畅通、照明良好和设备安全；
——放顶时人员不应在放顶区附近的巷道中停留；
——在密集支柱中，每隔 3 m～5 m 应有一个宽度不小于 0.8 m 的安全出口，密集支柱受压过大时，应及时采取加固措施；
——若放顶未达到预期效果，应重新设计，方可进行二次放顶；
——放顶后应及时封闭落顶区，禁止人员进入；
——多层矿体分层回采时，应待上层顶板岩石崩落并稳定后再回采下部矿层；
——相邻两个中段同时回采时，上中段回采工作面应比下中段工作面超前一个工作面斜长的距离，且应不小于 20 m；
——除倾角小于 10°的矿体外，机械撤柱及人工撤柱，应自下而上、由远而近进行。

6.3.2.6 采用分层崩落法回采应遵守下列规定：
——每个分层进路宽度不超过 3 m，分层高度不超过 3.5 m，进路长度不应超过 50 m；
——上下分层同时回采时，上分层在水平方向上应超前相邻下分层 15 m 以上；
——崩落假顶时人员不应在相邻的进路内停留；
——假顶降落受阻时不应继续开采分层；顶板降落产生空洞时不应在相邻进路或下部分层巷道内作业；
——崩落顶板时不应用砍伐法撤出支柱；
——顶板不能及时自然崩落的缓倾斜矿体应进行强制放顶；
——凿岩、装药、出矿等作业，应在支护区域内进行；
——采区采完后应在天井口铺设加强假顶；
——采矿应从矿块一侧向天井方向进行，以免造成通风不良的独头工作面；采掘接近天井时，分层沿脉或穿脉应在分层内与另一天井相通；
——清理工作面应从出口开始向崩落区进行。

6.3.2.7 采用有底柱分段崩落法和阶段崩落法回采，应遵守下列规定：

——采场电耙道应有贯穿风流；电耙的耙运方向应与风流方向相反；
——电耙道间的联络道应设在入风侧，并在电耙绞车的侧翼或后方；
——电耙道放矿溜井口旁应有宽度不小于 0.8 m 的人行道；
——不得用未修复的电耙道出矿；
——采用挤压爆破时应控制补偿空间和放矿量，以免造成悬拱；
——拉底空间应形成厚度不小于 3 m～4 m 的松散垫层；
——采场顶部应有厚度不小于崩落层高度的覆盖岩层，若采场顶板不能自行冒落应及时强制崩落，或用充填料充填。

6.3.2.8 采用无底柱分段崩落法回采应遵守下列规定：
——回采工作面的上方应有大于分段高度的覆盖岩层，以保证回采工作的安全；上盘不能自行冒落或冒落的岩石量达不到规定厚度时应及时进行强制放顶；
——上下两个分段同时回采时，上分段应超前于下分段，超前距离应使上分段位于下分段回采工作面的错动范围之外，且不小于 20 m；
——分段联络道应有足够的新鲜风流；
——各分段回采完毕应及时封闭本分段的溜井口。

6.3.2.9 采用自然崩落法回采应遵守下列规定：
——应编制放矿计划，严格控制放矿，崩落面与松散物料面之间的空间高度不大于 5 m，防止产生空气冲击波造成人员伤害和设施破坏；
——应采用可靠的监测手段对崩落顶板的变化情况进行监测；
——雨季出矿应采取相应的安全措施，严格控制单个放矿点的出矿量，防止泥石流伤人；
——不应采用裸露药包处理放矿点堵塞、结拱或者破碎大块；如特殊情况需要，应由矿山企业主要负责人批准。

6.3.2.10 采用充填法回采应遵守下列规定：
——井下充填不应产生或者释放有毒有害气体；
——采场中的顺路行人井、溜矿井、水砂充填用泄水井和通风井，应保持畅通；
——用组合式钢筒作行人、滤水、放矿的顺路天井时，钢筒组装作业前应在井口悬挂安全网；
——上向充填法每一分层回采完后应及时充填，最后一个分层回采完后应接顶密实；
——下向充填法回采，进路两帮底角的矿石应清理干净，每采完一条进路应及时充填，并应接顶密实；
——采场或进路充填前应架设坚固的充填挡墙，并安设泄水井或泄水管道；膏体充填可不设泄水设施；
——人员不应在非管道输送充填料的充填井下方停留或通行；
——各充填工序间应有通信联络；
——人员和设备进入充填体面层之前，应确认充填体具有足够的支撑强度；
——采场下部巷道及水沟堆积的充填料应及时清理；
——采用人工间柱上向分层充填法采矿时，人工间柱两侧采场应错开一定距离；
——采用空场嗣后充填采矿法回采时，相邻采场或矿房的充填体达到设计强度后才能开始第二步骤采场或矿柱的回采。

6.3.2.11 地下盐矿和石膏矿回采应遵守下列规定：
——应采用干式凿岩机或机械切削，并采取有效的干式捕尘、降尘措施；
——不得在路面洒水或用水清洗采场矿壁；
——下班前应将溜井中的石膏矿石或盐矿石放空，防止溜井堵塞；
——当矿层顶板为泥岩或页岩等不稳定岩层时，应加强支护或在顶板保留完整的矿石护顶层，确保采场顶板稳定；凿岩时顶部炮孔不应穿越护顶层，保证爆破后护顶层完整；
——当采用充填法开采或对空采区进行嗣后充填时，应有效收集溢流水，防止对矿柱和周边矿岩产生溶蚀或产生有毒有害气体；
——采用崩落法开采石膏矿时应控制每次的崩矿量，做到强采强出，避免矿石在采场中凝结。

6.3.2.12 有 H_2S 等有毒有害气体的矿山应遵守下列规定：
——应制定 H_2S 等有毒有害气体检测制度；
——每个班组都应携带气体检测仪，随时监测 H_2S 等有毒有害气体；
——采场工作面 H_2S 气体体积浓度不大于 10×10^{-6} 时人员方可进入；
——采掘过程中应采取打超前释放孔等措施释放 H_2S 气体，确保采掘过程中人员的安全；
——每季度测定1次有毒有害气体浓度；每半年进行1次井下空气成分的取样分析。

6.3.3 岩爆预防

6.3.3.1 有下列情况之一的，应当进行岩爆倾向性研究：
——有强烈震动、瞬间底鼓或帮鼓、矿岩弹射等现象的；
——相邻矿井开采同一深度发生过岩爆的；
——埋深超过1 000 m的。

6.3.3.2 开采岩爆倾向性大的矿段时应进行岩爆危险性评价。

6.3.3.3 具有岩爆危害的矿井，防治岩爆工作应遵守下列规定：
——矿山应有专门的机构与人员负责岩爆防治工作；
——矿山应制定防治岩爆灾害的专门技术措施；
——应对作业人员进行相关的培训；
——应选择有利于减少应力集中的采矿方法和工艺、开采顺序；主要设施应布置在岩爆危害相对较弱的区域；
——巷道或采场支护应采用锚网或喷锚网等柔性支护为主的支护型式；
——岩爆危害严重的矿山应建立微震监测设施和危险区域日常监测和预警制度；
——判定有岩爆危险时，应立即停止作业、撤出人员，并上报；采取安全措施并确认危险解除后方可恢复正常作业。

6.3.4 井下出矿与无轨运输

6.3.4.1 采用电耙绞车出矿应遵守下列规定：
——应有良好照明；
——绞车前部应设防断绳回甩的防护设施；

——绞车开动前司机应发出信号；
——电耙运行时人员不应跨越钢丝绳，耙道内及尾部不应有人；
——电耙停止运行时应将钢丝绳放松。

6.3.4.2 无轨设备应符合下列规定：
——采用电动机或者柴油发动机驱动；
——柴油发动机尾气中：CO 的体积浓度小于或等于 $1\,500\times10^{-6}$，NO 的体积浓度小于或等于 900×10^{-6}；
——每台设备均应配备灭火装置；
——刹车系统、灯光系统、警报系统应齐全有效；
——操作人员上方应有防护板或者防护网；
——用于运输人员、油料的无轨设备应采用湿式制动器；
——井下专用运人车应有行车制动系统、驻车制动系统和应急制动系统；
——行车制动系统和应急制动系统至少有一个为失效安全型。

6.3.4.3 采用无轨设备运输应遵守下列规定：
——应采用地下矿山专用无轨设备；
——行驶速度不超过 25 km/h；
——通过斜坡道运输人员时，应采用井下专用运人车，每辆车乘员数量不超过 25 人；
——油料运输车辆在井下的行驶速度不超过 15 km/h，与其他同向运行车辆距离不小于 100 m；
——自动化作业采区应设置门禁系统；
——按照设备要求定期进行检查和维护保养。

6.3.4.4 无轨运输系统应符合下列要求：
——设备顶部至巷道顶板的距离不小于 0.6 m；
——斜坡道每 400 m 应设置一段坡度不大于 3%、长度不小于 20 m 的缓坡段；
——错车道应设置在缓坡段；
——斜坡道坡度：承载 5 人以上的运人车辆通行的，不大于 16%；承载 5 人以下的运人车辆通行的，不大于 20%；
——斜坡道路面应平整；主要斜坡道应有良好的混凝土、沥青或级配均匀的碎石路面；
——溜井卸矿口应设置格筛、防坠梁、车挡等防坠设施。车挡的高度不小于运输设备车轮轮胎直径的 1/3。

6.3.4.5 无轨设备运行应遵守下列规定：
——不超载；
——不熄火下滑；
——避让行人；
——不站在铲斗内作业；
——不在设备的工作臂、升举的铲斗下方停留；
——不从设备的工作臂、升举的铲斗下方通过；
——车辆间距不小于 50 m；
——在斜坡道上停车时采取可靠的挡车措施；

——司机离开前停车制动并熄灭柴油发动机、切断电动设备电源；
——维修前柴油设备熄火,切断电动设备电源。

6.4 提升运输

6.4.1 有轨运输

6.4.1.1 采用电机车运输的矿井,由井底车场或平硐口到作业地点所经平巷长度超过 1 500 m 时,应设专用人车运送人员。

专用人车应有坚固的金属顶棚和确保人员安全的车辆结构,车辆的顶棚、车厢和车架应有良好的连接,通过钢轨实现电气接地。

6.4.1.2 专用人车运送人员应遵守下列规定：
——人员上、下车地点应有良好的照明和声光信号装置；
——人员上、下车时,其他车辆不应进入乘车区域；
——不应超员；
——列车行驶前应挂好安全门链；
——列车行驶速度不超过 3 m/s；
——架线式电机车的滑触线应设分段开关,人员上、下车时应切断电源；
——不应用人车运送具有爆炸性、易燃性、腐蚀性等危险特性的物品；
——除了处理事故外,不应附挂材料车。

6.4.1.3 乘车人员应遵守下列规定：
——服从司机指挥；
——在人车车厢内乘坐；
——携带的工具和零件不应露出车外；
——不应扒车、跳车；
——列车停稳前,不应上、下车或将头部和身体探出车外。

6.4.1.4 车辆的连接装置不得自行脱钩,车辆两端的碰头或缓冲器的伸出长度不小于 100 mm。

6.4.1.5 停放在轨道上的车辆有可能自滑时,应采取有效措施制动。

6.4.1.6 在运输巷道内,人员应沿人行道行走；不应在轨道上或者两条轨道之间停留；不应横跨列车。

6.4.1.7 运输线路曲线半径应符合下列规定：
——行驶速度不大于 1.5 m/s 时,不小于车辆最大轴距的 7 倍；
——行驶速度大于 1.5 m/s 时,不小于车辆最大轴距的 10 倍；
——线路转弯大于 90°时,不小于车辆最大轴距的 10 倍；
——采用 6 m³ 以上大型车辆运输时,不小于车辆固定轴距的 20 倍；
——采用无人驾驶电机车运输时,不小于车辆固定轴距的 20 倍。

6.4.1.8 有轨运输线路曲线段轨道应加宽,外轨应设超高,满足车辆稳定运行通过的要求。

6.4.1.9 维修线路时,应在维修地点前后各 80 m 以外设置警示标志,维修结束后撤除。

6.4.1.10 禁止使用内燃机车；有发生气体爆炸或自然发火危险的,严禁使用非防爆型电机车。

6.4.1.11 电机车司机应遵守下列规定：

——每班应检查电机车的闸、灯、警铃；任何一项不正常，均不应使用；
——驾驶车辆运行时不应将头或身体探出车外；
——离开机车前应将机车制动并切断电动机电源。

6.4.1.12 电机车运行应遵守下列规定：
——列车制动距离不超过 80 m；10 t 以下机车牵引运输时，不超过 40 m；运送人员时，不超过 20 m；
——列车正常行车时机车应在列车的前端牵引；
——双机牵引列车允许 1 台机车在前端牵引，1 台机车在后端推动；
——电机车司机视线受阻时应减速行驶并发出警告信号；
——任何人发现列车运行前方有障碍物或者危险时，应发出紧急停车信号；
——不应采用无连接方式顶车；
——顶车速度不大于 0.5 m/s，并应有专人在行驶前方观察监护。

6.4.1.13 架线式电机车的滑触线架设高度应符合下列规定：
——主要运输巷道：线路电压低于 500 V 时，不低于 1.8 m；线路电压高于 500 V 时，不低于 2.0 m；
——井下调车场、轨道与人行道交叉点：线路电压低于 500 V 时，不低于 2.0 m；线路电压高于 500 V 时，不低于 2.2 m；
——井底车场，不低于 2.2 m；
——地表架线高度不低于 2.4 m。

6.4.1.14 电机车滑触线架设应符合下列规定：
——滑触线悬挂点的间距：在直线段内不超过 5 m，在曲线段内不超过 3 m；
——滑触线线夹两侧的横拉线应用瓷瓶绝缘，线夹与瓷瓶的距离不超过 0.2 m，线夹与巷道顶板或支架横梁间的距离不小于 0.2 m；
——滑触线与管线外缘的距离不小于 0.2 m；
——滑触线与金属管线交叉处应用绝缘物隔开。

6.4.1.15 电机车滑触线应设分段开关，分段距离不超过 500 m。每一条支线也应设分段开关。上下班时间，距井筒 50 m 以内的滑触线应切断电源。
架线式电机车工作中断时间超过一个班时，应切断非工作区域内的电机车线路电源。维修电机车线路时应先切断电源，并将线路接地。

6.4.1.16 同时运行数量多于 2 列车的主要运输水平应设有轨运输信号系统。

6.4.1.17 无人驾驶电机车运输应遵守下列规定：
——设置通信系统；
——设置报警系统；
——设置视频监视系统；
——设置装卸矿控制系统；
——设置具备信集闭、自动控制和人工控制功能的电机车运行控制系统；
——设置地面或者井下集中控制室；
——电机车运行时不应有人员进入作业区域。

6.4.2 斜井提升

6.4.2.1 斜井人车应符合下列要求：
——有坚固的顶棚，并装有可靠的断绳保险器；
——列车每节车厢的断绳保险器应相互联结，并能在断绳时起作用；
——断绳保险器应具有自动和手动功能；
——各节车厢之间除连接装置外还应附挂保险链并定期进行检查；不合格者立即更换；
——在用斜井人车的断绳保险器，每日进行1次手动落闸试验；每月进行1次静止松绳落闸试验；实验结果应记录存档。

6.4.2.2 斜井提升应遵守下列规定：
——严禁人员在提升轨道上行走；
——多水平提升时，各水平发出的信号应有区别；
——收发信号的地点应悬挂明显的信号编码牌。

6.4.2.3 斜井升降人员时应遵守下列规定：
——不应采用人货混合串车提升；
——每节车厢均能向提升机司机发出紧急停车信号；
——随车安全员应乘坐在能操纵断绳保险器的第一节车内；
——乘车人员应听从随车安全员指挥，按指定地点上、下车；人员应乘坐在人车车厢内；上车后应关好车门，挂好车链；
——斜井人车停运时，应停放在专用存车线路上，并采取安全措施防止人车坠落或者下滑。

6.4.2.4 斜井提升速度应符合下列规定：
——串车提升：斜井长度不大于300 m时，不大于3.5 m/s；斜井长度大于300 m时，不大于5 m/s；
——箕斗提升：斜井长度不大于300 m时，不大于5 m/s；斜井长度大于300 m时，不大于7 m/s。

6.4.2.5 加速或者减速过程中不应出现松绳现象。提升人员的加速度或减速度不超过 0.5 m/s²；提升物料的加速度或减速度不超过 0.75 m/s²。

6.4.2.6 倾角大于10°的斜井，应有轨道防滑措施。

6.4.2.7 斜井串车提升系统应设常闭式防跑车装置。

6.4.2.8 斜井各水平车场应设阻车器或挡车栏；下部车场还应设躲避硐室。

6.4.2.9 斜井串车提升时，矿车的连接装置应符合6.4.1.4的规定，连接钩、环和连接杆的安全系数不小于6。

6.4.3 带式输送机运输

6.4.3.1 井下带式输送机应采用阻燃型输送带。

6.4.3.2 钢丝绳芯输送带静荷载安全系数不小于7；棉织物芯输送带静载荷安全系数不小于8；其他织物芯输送带静载荷安全系数不小于10。

6.4.3.3 各种输送带的动荷载安全系数不小于3。

6.4.3.4 使用带式输送机应遵守下列规定：
——物料不应从输送带上向下滚落；
——带式输送机倾角：向上不大于15°，向下不大于12°；大倾角输送机不受此限；

——任何人员均不应搭乘非载人带式输送机；
——跨越输送机的地点应设置带有安全栏杆的跨越桥；
——清除附着在输送带、滚筒和托辊上的物料，应停车进行；
——不应在运行的输送带下清理物料；
——输送机运转时不应进行注油、检查和修理等工作；
——维修或者更换备件时，应停车并切断电源，并由专人监护不许送电。

6.4.3.5 带式输送机应有下列安全保护装置：
——装料点和卸料点设空仓、满仓等保护和报警装置，并与输送机联锁；
——输送带清扫装置以及防大块冲击、防输送带跑偏等的保护装置；
——紧急停车装置；
——制动装置。

6.4.3.6 长度超过 400 m 的带式输送机应设下列保护装置：
——防输送带撕裂、断带等保护装置；
——防止过速、过载、打滑等的保护装置；
——线路上的信号、电气联锁和紧急停车装置。

6.4.3.7 上行带式输送机应有防止输送带逆转的措施。

6.4.3.8 大倾角带式输送机的输送带形式、结构和参数，应与输送机倾角相适应。

6.4.3.9 带式输送机斜井检修道作辅助提升时，提升容器与带式输送机最突出部分或者斜井壁之间的间隙不小于 0.3 m，提升速度不超过 1.5 m/s。采用无轨设备运输人员和检修材料时，无轨设备与带式输送机或者斜井壁之间的间隙不小于 0.6 m，车辆运行速度不超过 2 m/s。

6.4.4 竖井提升

6.4.4.1 提升容器和平衡锤在竖井中运行时应有罐道导向。缠绕式提升系统应采用木罐道或者钢丝绳罐道，摩擦式提升系统应采用型钢罐道、木罐道或者钢丝绳罐道。

6.4.4.2 提升容器的导向槽或者滑动罐耳与罐道之间的间隙应符合下列规定：
——采用木罐道的，每侧不超过 10 mm；
——采用型钢罐道的：采用滚轮罐耳时，导向槽每侧间隙 10 mm～15 mm；不用滚轮罐耳时，导向槽每侧间隙不超过 5 mm；
——采用钢丝绳罐道的，导向器内径比罐道绳直径大 2 mm～5 mm。

6.4.4.3 罐道磨损达到下列程度，应该更换：
——木罐道一侧磨损超过 15 mm；
——型钢罐道一侧磨损超过型钢壁厚的 50%；
——罐道钢丝绳在一个捻距内的表面钢丝断丝超过 15%；
——罐道钢丝绳的表面钢丝磨损超过 50%。

6.4.4.4 导向槽或者导向器磨损达到下列程度，应该更换：
——导向槽一侧磨损超过 8 mm；
——型钢罐道和容器导向槽一侧总磨损量达到 10 mm；
——钢丝绳罐道导向器磨损超过 8 mm。

6.4.4.5 提升容器之间、提升容器与井壁、罐道梁、井梁之间的间隙，应符合 6.2.3.1、6.2.3.2

的规定。

6.4.4.6 钢丝绳罐道应采用密封钢丝绳,罐道绳的刚性系数不小于 500 N/m;每个提升容器的罐道绳张紧力应相差 5%～10%,内侧张紧力大,外侧张紧力小。

6.4.4.7 罐道钢丝绳采用重锤拉紧时,井上应设钢丝绳固定装置,井下应设钢丝绳导向装置;拉紧重锤的最低位置到井底最高水面的距离不小于 1.5 m。

6.4.4.8 罐道钢丝绳采用液压拉紧时,应在井上设罐道绳拉紧力调节装置。

6.4.4.9 罐道钢丝绳应有 20 m 以上备用长度。每 3 个月应对罐道钢丝绳固定装置和拉紧装置进行 1 次检查,及时串动和转动钢丝绳。检查和处理情况应记录存档。

6.4.4.10 采用多绳摩擦式提升时,粉矿仓应设在尾绳之下,粉矿顶面距离尾绳最低位置应不小于 5 m。罐道钢丝绳穿过粉矿仓的,应用隔离套筒保护钢丝绳。

6.4.4.11 罐道钢丝绳直径不小于 28 mm,防撞钢丝绳直径不小于 40 mm。

6.4.4.12 缠绕式提升系统应符合下列规定:
——卷筒到天轮的钢丝绳最大偏角不超过 1°30″;
——天轮绳槽剖面中心线应与天轮轴中心线垂直;天轮不应有变形和活动现象;
——采用钢丝绳罐道时,提升钢丝绳应采用不旋转钢丝绳;
——双卷筒提升机的提升钢丝绳规格应相同。

6.4.4.13 摩擦式提升系统应符合下列规定:
——首绳应为同一生产批次的钢丝绳;
——采用扭转钢丝绳作首绳时应按左右捻相间的顺序悬挂;
——首绳悬挂前应去除表面油脂;腐蚀性严重的矿井,应在钢丝绳表面涂增摩脂;
——圆尾绳挂绳前应消除旋转力矩;
——井底应设尾绳隔离装置。

6.4.4.14 提升竖井的井塔或者井架内和竖井井底应设置过卷段,过卷段高度应符合下列规定:
——提升速度大于 6 m/s 时,不小于最高提升速度下运行 1 s 的距离或者 10 m;
——提升速度为 3 m/s～6 m/s 时,不小于 6 m;
——提升速度小于 3 m/s 时,不小于 4 m;
——凿井期间用吊桶提升时,不小于 4 m。

6.4.4.15 过卷段终端应设置过卷挡梁;发生过卷事故后过卷挡梁应能正常使用。

6.4.4.16 竖井提升系统应符合下列规定:
——过卷段应设过卷缓冲装置或者楔形罐道,使过卷容器能够平稳地在过卷段内停住;
——深度大于 800 m 的竖井应设过卷缓冲装置,使过卷容器在缓冲装置内平稳停住,并不再反向下滑或反弹;
——楔形罐道的楔形部分的斜度为 1%;包括较宽部分的直线段在内的长度不小于过卷段高度的 2/3;摩擦式提升系统的下行容器应比上行容器提前接触楔形罐道,提前距离不小于 1 m。

6.4.4.17 提升人员的罐笼提升系统应在井架或者井塔的过卷段内设置罐笼防坠装置,使罐笼下坠高度不超过 0.5 m。

6.4.4.18 垂直深度超过 50 m 的竖井用作人员主要出入口时,应采用罐笼或矿用电梯升降人员。

6.4.4.19 提升人员的罐笼提升系统应符合下列规定：
—— 井口和井下各中段马头门应设安全门；
—— 自动安全门应与提升机连锁；
—— 手动安全门应由信号工负责开闭；
—— 同一层罐笼不应同时升降人员和物料；
—— 负责运输爆破器材的人员应跟罐监护，并通知信号工和提升机司机；
—— 乘罐人员应在距井筒 5 m 以外候罐，并听从信号工指挥。

6.4.4.20 主要提升矿、废石的罐笼提升系统应符合下列规定：
—— 井口和井下各中段马头门应设自动安全门，并与提升机连锁；
—— 井口和井下各中段马头门应设摇台；
—— 采用钢丝绳罐道时，井下各中段应设稳罐装置；
—— 摇台和稳罐装置应与提升机闭锁。

6.4.4.21 使用矿用电梯应遵守下列规定：
—— 机房通道应设照明，通道门应向外开，门外应设警示标志；
—— 电梯井井筒应设梯子间；
—— 与电梯井连接的中段马头门铺设轨道时应设阻车器；
—— 井筒底部应设排水设施和通达最低服务水平的梯子；
—— 电梯机房硐室应无渗水，井底不应积水；
—— 曳引电动机、控制柜应接地，接地电阻不大于 2 Ω。

6.4.4.22 矿用电梯应符合下列规定：
—— 控制柜应采用密封结构，柜内相对湿度不大于 80%；
—— 电气设备外壳防护等级不低于 IP55；开关、按钮及井底电气设备外壳防护等级不低于 IP67；
—— 曳引电动机的绝缘等级不低于 F 级；
—— 钢丝绳和金属零件应满足防腐蚀要求；
—— 轿厢内应设紧急报警装置；轿厢顶不应漏水。

6.4.4.23 出现下列情况之一，应对矿用电梯进行检验：
—— 安装、改造或者重大维修完成后；
—— 由于安全性能导致停用，再次使用前；
—— 停止使用 3 个月以上，再次使用前；
—— 距上次检验满 1 年。

6.4.4.24 电梯钢丝绳出现下列情况之一时应报废：
—— 笼状畸变、绳芯挤出、扭结、部分压扁、弯折或严重锈蚀；
—— 一个捻距内单股的断丝数大于 4 根；
—— 钢丝绳直径小于公称直径的 90%。

6.4.4.25 升降人员的竖井井口和提升机室应悬挂下列布告牌：
—— 每班上下井时间表；
—— 信号标志；

——每层罐笼允许乘人数；
——其他有关升降人员的注意事项。

6.4.4.26 无隔离设施的混合井升降人员时，箕斗提升系统应停止运行。

6.4.4.27 箕斗提升系统应在箕斗装载地点、卸载地点设置信号装置；信号应与提升机启动有闭锁关系。

6.4.4.28 罐笼提升信号系统应符合下列规定：
——应在井口和井下各中段马头门设信号装置；
——不同地点发出的信号应有区别；
——跟罐信号工使用的信号装置应便于跟罐信号工从罐内发信号；
——井口信号工或跟罐信号工可直接向提升机司机发信号；
——中段信号工经过井口信号工同意可以向提升机司机发信号；紧急情况下可直接向提升机司机发出紧急停车信号。

6.4.4.29 竖井提升系统应按照下列要求进行检查，发现问题立即处理，并将检查和处理结果记录存档：
——提升系统的钢丝绳、悬挂装置、提升容器、防坠器等，每天由专人检查1次，每月由矿机电部门组织检查1次；
——提升机的卷筒或摩擦轮、制动装置、调绳装置、传动装置、电动机和控制设备以及各种保护装置和闭锁装置等，每天由专人检查1次，每月由矿机电部门组织检查1次；
——提升容器的防坠器、连接装置、保险链、罐门、导向槽、罐体、罐内阻车器等，每天由专人检查1次，每月由矿机电部门组织检查1次；
——天轮、导向轮、过卷缓冲装置、罐道、尾绳隔离装置、安全门、摇台、阻车器、装卸矿设施等，每月由专人检查1次；
——新安装或大修后的单绳罐笼防坠器应进行脱钩试验，合格后方可使用；在用防坠器每半年进行1次不脱钩试验；每年进行1次脱钩试验；防坠器的抓捕器断面减少20%或者导向套衬瓦一侧磨损超过3 mm时应更换。

6.4.4.30 井架和多绳提升机井塔，每年检查1次；木质井架每半年检查1次。发现问题应及时处理。检查和处理结果应记录存档。

6.4.4.31 提升系统每年应进行1次检验，发现问题立即处理。检验和处理结果应记录存档。检验项目如下：
——6.4.8.11～6.4.8.14规定的各种安全保护；
——电气传动装置和控制系统的情况；
——工作制动和安全制动的工作性能：验算和检测制动力矩，测定安全制动减速度。

6.4.5 提升容器

6.4.5.1 单绳罐笼应设可靠的断绳防坠器。

6.4.5.2 多绳提升首绳悬挂装置应能自动平衡各首绳张力；圆尾绳悬挂装置应保证尾绳自由旋转。

6.4.5.3 竖井提升罐笼应符合下列要求：
——罐笼顶部应设置可以拆卸的检修用安全棚和栏杆；

——罐笼顶部应设坚固的罐顶门或逃生通道,各层之间应设坚固的人孔门;
——罐顶下部应设防止淋水的安全棚;
——罐笼各层均应设置安全扶手;
——罐笼内各层均应设逃生爬梯;
——罐门应设在罐笼端部,且不应向外打开;罐门应自锁;
——罐笼内的轨道应设护轨和阻车器。

6.4.6 钢丝绳和连接装置

6.4.6.1 矿井提升设施应采用适合矿山使用的钢丝绳。

6.4.6.2 缠绕式提升钢丝绳悬挂时的安全系数应符合下列规定:
——专作升降人员用的,不小于9.0;
——升降人员和物料用的,升降人员时不小于9.0,升降物料时不小于7.5;
——用作应急提升人员的,不小于7.5;
——专作升降物料用的,不小于6.5。

6.4.6.3 摩擦式提升钢丝绳悬挂时的安全系数应符合下列规定:
——专作升降人员用的,不小于8.0;
——升降人员和物料用的,升降人员时不小于8.0,升降物料时不小于7.5;
——专作升降物料用的,不小于7.0;
——平衡尾绳,不小于7.0。

6.4.6.4 罐道钢丝绳和防撞钢丝绳安全系数不小于6.0。

6.4.6.5 制动钢丝绳安全系数不小于3.0。

6.4.6.6 凿井用的钢丝绳安全系数应符合下列规定:
——悬挂吊盘、水泵、排水管用的,不小于6.0;
——悬挂风筒、压缩空气管、混凝土输送管、电缆及拉紧装置用的,不小于5.0。

6.4.6.7 连接装置的安全系数应符合下列规定:
——升降人员的,不小于13;
——专用于升降物料的,不小于10;
——悬挂吊盘、安全梯、水泵、抓岩机的,不小于10;
——悬挂风管、水管、风筒、注浆管的,不小于8;
——吊桶提梁和连接装置,不小于13。

6.4.7 钢丝绳的检查与报废

6.4.7.1 提升钢丝绳、平衡钢丝绳、罐道钢丝绳、制动钢丝绳使用前均应进行检验,并有经过相关责任人员签字的检验报告。经过检验的钢丝绳贮存期不超过6个月,超过6个月应重新检验。

6.4.7.2 钢丝绳的钢丝有变黑、锈皮、点蚀麻坑等损伤时,不应用作升降人员。

6.4.7.3 摩擦式提升系统在用钢丝绳与摩擦衬垫应按下列要求进行检查:
a) 日常检查:
——钢丝绳的断丝、磨损情况:当班作业人员每日检查1次;提升管理部门每周组织检查1次;矿山管理部门每月组织检查1次;检查时钢丝绳速度不大于0.3 m/s;
——首绳张力:提升管理部门每周组织检查1次,如各绳张力反弹波时间差超过

10%,应调绳;

　　——摩擦衬垫绳槽直径:提升管理部门每周组织检查1次,各绳槽直径差应不大于0.8 mm;包括车削量在内的衬垫厚度减小量达到衬垫厚度的2/3,应更换衬垫。

b) 定期检验:

　　——首绳和圆尾绳自悬挂时起1年内至少应进行1次检验,以后每6个月至少检验1次,达到报废标准立即更换。

钢丝绳定期检验应由有专业资质的检验、检测机构进行,并应提供检验报告。

所有检查和处理结果均应记录存档。

6.4.7.4 在用的缠绕式提升钢丝绳应按下列要求进行检验:

a) 断丝和磨损情况日常检查:

　　——作业人员每日检查1次;

　　——提升管理部门每周组织检查1次;

　　——矿山管理部门每月组织检查1次;

　　——检查时钢丝绳速度不大于0.3 m/s;

　　——钢丝绳在运行中由于卡罐或突然停车等受到猛烈拉力时,应立即停止运转并进行检查。

b) 定期检验:

　　——升降人员或升降人员和物料用的,自悬挂时起每6个月检验1次;有腐蚀气体的矿山,3个月检验1次;

　　——专门升降物料用的,自悬挂时起1年内进行第1次检验,以后每6个月检验1次;

　　——悬挂吊盘等用的,自悬挂时起每年检验1次。

钢丝绳定期检验应由有专业资质的检验、检测机构进行,并应提供检验报告。

达到报废标准的钢丝绳应立即更换。

所有检查和处理结果均应记录存档。

6.4.7.5 钢丝绳一个捻距内的断丝断面积与钢丝总断面积之比达到下列数值时,应更换:

——升降人员的钢丝绳,5%;

——专为升降物料用的提升钢丝绳、平衡钢丝绳、防坠器的制动钢丝绳,10%;

——罐道钢丝绳,15%;

——倾角30°以下的斜井提升钢丝绳,10%。

6.4.7.6 钢丝绳直径减小量达到下列数值时,应更换:

——提升钢丝绳或制动钢丝绳,10%;

——罐道钢丝绳,15%;

——密封钢丝绳外层钢丝厚度磨损量达到50%。

6.4.7.7 在用的提升钢丝绳,定期检验时安全系数小于下列数值的,应更换:

——专作升降人员用的,7.0;

——升降人员和物料用的,升降人员时7.0或升降物料时6.0;

——专作升降物料的,5.0;

——悬挂吊盘等用的,5.0。

6.4.7.8 多绳摩擦提升机的首绳,检验时或者使用中有一根不合格的,应全部更换。

6.4.7.9 出现下列情况之一者,应更换钢丝绳:
——钢丝绳产生严重扭曲或变形;
——钢丝绳局部伸长超过0.5%;
——断丝数突然增加或伸长突然加快;
——钢丝绳严重锈蚀、点蚀,或外层钢丝松弛。

6.4.8 提升装置

6.4.8.1 缠绕式提升机的卷筒和天轮的直径与钢丝绳直径之比,应符合下列规定:
——用作竖井、斜井和凿井提升的,不小于60;
——用作排土场提升或运输的,不小于50;
——悬挂吊盘、吊泵、管道用绞车的,不小于20;
——凿井时提升物料的绞车卷筒,不小于20。

6.4.8.2 摩擦式提升机的摩擦轮、天轮和导向轮的最小直径与钢丝绳直径之比,应符合下列规定:
——塔式提升机的摩擦轮直径:有导向轮时不小于100,无导向轮时不小于80;
——落地式提升机的摩擦轮和天轮直径:不小于100;
——塔式提升机的导向轮直径:不小于80。

6.4.8.3 缠绕式提升机卷筒缠绕钢丝绳的层数应符合下列规定:
——卷筒表面带有平行折线绳槽和层间过渡装置的:升降人员时不超过3层;专用于升降物料时不超过4层;
——卷筒表面带有螺旋绳槽和层间过渡装置的:升降人员时不超过2层;专用于升降物料时不超过3层;
——卷筒表面无绳槽的:升降人员时缠绕1层;专用于升降物料时不超过2层;
——应急提升人员的不超过3层;
——凿井期间提升人员的不超过3层。

6.4.8.4 移动式提升装置、专为提升物料用的辅助提升装置、凿井期间专用于升降物料的提升机卷筒可多层缠绕。

6.4.8.5 缠绕式提升机的卷筒应符合下列规定:
——卷筒边缘应高出最外一层钢丝绳,高出部分应大于钢丝绳直径的2.5倍;
——卷筒内应设固定钢丝绳的专用装置,不应将钢丝绳固定在卷筒轴上;
——卷筒上的绳孔不应有锋利的边缘和毛刺,折弯处不应形成锐角。

6.4.8.6 缠绕式提升应遵守下列规定:
——定期试验用的补充绳应缠绕在卷筒上或保留在卷筒内;
——卷筒上保留的钢丝绳不少于三圈;
——每季度应将钢丝绳的位置串动1/4绳圈;
——多层缠绕卷筒,应每周检查钢丝绳由下层转至上层的过渡段部分,并统计其断丝数,检查结果应记录存档;
——双筒提升机调绳应在无负荷情况下进行。

6.4.8.7 天轮的轮缘应高于绳槽内的钢丝绳,高出部分大于钢丝绳直径的 1.5 倍。衬垫磨损深度达到钢丝绳直径的 1 倍,或侧面磨损量达到钢丝绳直径的 1/2 时,应立即更换。

6.4.8.8 竖井升降人员时,提升容器的最高速度应不超过式(1)计算值,且最大应不超过12 m/s:

$$v = 0.5\sqrt{H} \quad \cdots\cdots\cdots\cdots\cdots\cdots(1)$$

竖井升降物料时,提升容器的最高速度应不超过式(2)计算值:

$$v = 0.6\sqrt{H} \quad \cdots\cdots\cdots\cdots\cdots\cdots(2)$$

式中:

v ——最高速度,单位为米每秒(m/s);

H ——提升高度,单位为米(m)。

6.4.8.9 凿井期间吊桶升降人员的最高速度:有导向绳时不超过罐笼提升最高速度的 1/3;无导向绳时不超过 1 m/s。

吊桶升降物料的最高速度:有导向绳时不超过罐笼提升最高速度的 2/3;无导向绳时,应不超过 2 m/s。

6.4.8.10 竖井升降人员时,加速度和减速度应不超过 0.75 m/s²;升降物料时,加速度和减速度应不超过 1.0 m/s²。

6.4.8.11 提升装置的机电控制系统应采用双 PLC 控制系统,实现位置和速度的冗余保护,并具有下列保护功能:

——限速保护;
——主电动机的短路及断电保护;
——过卷保护;
——过速保护;
——过负荷及无电压保护;
——闸瓦磨损保护;
——润滑系统油压过高、过低或制动油温过高的保护;
——直流电动机失励磁保护;
——测速回路断电保护。

6.4.8.12 提升装置的机电控制系统应符合下列要求:

——使用电气制动的,当制动电流消失时应实现安全制动;
——深度指示器故障时,应实现安全制动;
——制动油压过高、制动油泵电动机断电、制动闸瓦异常时,应实现安全制动;
——提升容器到达预定减速点时提升机应自动减速;
——提升机与信号系统之间应实现闭锁,无工作执行信号不能开车;
——未经提升管理部门批准不得解除闭锁和安全制动。

6.4.8.13 提升系统应设下列保护和联锁:

——控制电源的失压保护;
——主电动机回路接地保护;
——制动状态下主电动机的过电流保护;
——辅机控制系统采用交流不停电电源装置(UPS)供电时的电源失电保护;

——高压换向器(或全部电气设备)的隔墙(或围栅)门与断路器之间的联锁；
——安全制动时不能接通电动机电源的联锁；
——工作制动时电动机不能加速的联锁；
——高压换向器的电弧闭锁；
——控制屏加速接触器主触头的失灵闭锁；
——缠绕式提升机应设松绳保护联锁；
——采用电气制动时,高压换向器与直流接触器间应有电弧闭锁；
——主电动机冷却故障或者温升超过额定值的联锁；
——可控硅整流装置冷却故障的联锁；
——尾绳工作不正常的联锁；
——装卸载装置运行不到位的联锁；
——装矿设施不正常及超载过限的联锁；
——深度指示器调零装置失灵、摩擦式提升机位置同步未完成的联锁；
——摇台工作状态的联锁；
——井口及各中段安全门未关闭的联锁。

6.4.8.14 提升机制动系统应符合下列要求：
——能用自动和手动两种方式实现安全制动；
——制动时提升机电机自动断电。

6.4.8.15 缠绕式提升机应有定车装置。

6.4.8.16 安全制动空行程时间不超过 0.3 s。

6.4.8.17 竖井和倾角不小于 30°的斜井提升系统的安全制动减速度应符合下列要求：
——满载下放时不小于 1.5 m/s²；
——满载提升时不大于 5 m/s²。

6.4.8.18 倾角小于 30°的斜井提升系统的安全制动减速度应符合下列要求：
——满载下放时不小于 0.75 m/s²；
——满载提升时不应使提升钢丝绳产生松弛现象。

6.4.8.19 提升机最大制动力矩和提升系统最大静张力差产生的旋转力矩的比值应符合下列要求：
——正常生产提升：不小于 3；
——凿井期间升降物料：不小于 2；
——双卷筒提升机空载条件下调绳：不小于 1.2。

6.4.8.20 多绳摩擦提升系统设有导向轮时,摩擦轮的钢丝绳围包角应不大于 200°。

6.4.8.21 多绳摩擦提升系统的钢丝绳静防滑安全系数应大于 1.75；动防滑安全系数应大于 1.25；重载侧和空载侧的静张力比应小于 1.5。

6.4.8.22 提升人员的提升机应由人工控制启动。每班升降人员之前,应空车运行一个循环,检查提升机的运行情况,并将检查结果记录存档。连续运转时,可不受此限。
发生故障时司机应立即向调度报告,并应记录停车时间、故障原因、修复时间和所采取的措施。事故及处理记录应由相关人员签字确认后存档。

6.4.8.23 矿山应保存下列技术资料：

——提升机使用说明书；
——制动装置的结构图和制动系统图；
——电气系统图和控制原理图；
——提升系统图；
——设备运转记录；
——检验和更换钢丝绳的记录；
——大、中、小修记录；
——岗位责任制和操作规程；
——司机班中检查和交接班记录；
——提升系统的检查和检验记录。

6.4.8.24 提升机室内应悬挂提升系统图、制动系统图、电气控制原理图、提升系统的技术特征、岗位责任制和操作规程等。

6.5 矿岩粗破碎

6.5.1 井下粗破碎站应符合下列要求：
——矿仓口周围应设围挡或防护栏杆；
——卸车平台受料口应设牢固的安全限位车挡，车挡高度不小于车轮轮胎直径的1/3；
——破碎机受料槽和缓冲仓排料口应设视频监视；
——矿仓口卸料时应采取喷雾降尘措施。

6.5.2 处理大块物料或者设备上部矿仓、破碎机内部、破碎机下部矿仓内的物料应执行 5.3.3～5.3.7 的规定。

6.6 井下环境

6.6.1 井下空气

6.6.1.1 井下空气成分应符合下列要求：
——采掘工作面进风风流中的 O_2 体积浓度不低于 20%，CO_2 体积浓度不高于 0.5%；
——入风井巷和采掘工作面的风源含尘量不大于 0.5 mg/m³；
——作业场所空气中有害气体浓度不超过表4规定；
——作业场所空气中粉尘（总粉尘、呼吸性粉尘）浓度不超过表5的规定。

表4 采矿工作面进风风流中有害气体浓度限值

有害气体名称	限值/%
一氧化碳（CO）	0.0024
氮氧化物（换算成 NO_2）	0.00025
二氧化硫（SO_2）	0.0005
硫化氢（H_2S）	0.00066
氨（NH_3）	0.004

表 5 作业场所空气中粉尘浓度限值

游离 SiO₂ 的质量分数/%	时间加权平均浓度限值/(mg/m³)	
	总粉尘	呼吸性粉尘
<10	4	1.5
10～50	1	0.7
50～80	0.7	0.3
≥80	0.5	0.2
注：时间加权平均浓度限值是每天 8 h 工作时间内接触的平均浓度限值。		

6.6.1.2 含铀、钍等放射性元素的矿山，井下空气中氡及其子体的浓度应符合 GB 18871 的有关规定。

6.6.1.3 矿井进风应满足下列要求：
——井下工作人员供风量不少于 4 m³/(min·人)；
——排尘风速：硐室型采场不小于 0.15 m/s，饰面石材开采时不小于 0.06 m/s；巷道型采场和掘进巷道不小于 0.25 m/s；电耙道和二次破碎巷道不小于 0.5 m/s；箕斗硐室、装矿皮带道等作业地点的风速不小于 0.2 m/s；
——破碎机硐室：采用旋回破碎机的，风量不小于 12 m³/s；采用其他破碎机的，风量不小于 8 m³/s，采用 2 台破碎设备时，不小于 12 m³/s；
——柴油设备运行时供风量不小于 4 m³/(min·kW)；
——满足 6.6.1.4 规定的风速要求。

6.6.1.4 有人员作业场所的井下气象条件应符合下列要求：
——人员连续作业场所的湿球温度不高于 27 ℃，通风降温不能满足要求时，应采取制冷降温或其他防护措施；
——湿球温度超过 30 ℃时，应停止作业；
——湿球温度为 27 ℃～30 ℃时，人员连续作业时间不应超过 2 h，且风速不小于 1.0 m/s；
——湿球温度为 25 ℃～27 ℃时，风速不小于 0.5 m/s；
——湿球温度为 20 ℃～25 ℃时，风速不小于 0.25 m/s；
——湿球温度低于 20 ℃时，风速不小于 0.15 m/s。

6.6.1.5 进风井巷空气温度应不低于 2 ℃；低于 2 ℃时，应有空气加热设施。不应采用明火直接加热进入矿井的空气。

严寒地区的提升竖井和作为安全出口的竖井应有保温措施，防止井口及井筒结冰。如有结冰应及时处理，处理结冰前应撤离井口和井下各中段马头门附近的人员，并做好安全警戒。

有放射性的矿山，不应用老窿或老巷预热或降温。

6.6.1.6 井巷内平均风速应不超过表 6 的规定。

表6 井巷断面平均风速限值

井巷名称	平均风速限值/(m/s)
专用风井、专用总进风道、专用总回风道	20
用于回风的物料提升井	12
提升人员和物料的井筒、用于进风的物料提升井、中段的主要进风道和回风道、修理中的井筒、主要斜坡道	8
运输巷道、输送机斜井、采区进风道	6
采场	4

6.6.2 通风系统

6.6.2.1 地下矿山应采用机械通风。设有在线监测系统的矿山应根据监测结果及时调整通风系统；未设置在线监测系统的矿山每年应对通风系统进行1次检测，并根据检测结果及时调整通风系统。矿山应及时更新通风系统图。通风系统图应标明通风设备、风量、风流方向、通风构筑物、与通风系统隔离的区域等。

6.6.2.2 矿井通风系统的有效风量率应不低于60%。

6.6.2.3 矿山形成系统通风、采场形成贯穿风流之前不应进行回采作业。

6.6.2.4 进入矿井的空气不应受到有害物质的污染，主要进风风流不应直接通过采空区或塌陷区；需要通过时，应砌筑严密的通风假巷引流。

主要进风巷和回风巷应经常维护，不应堆放材料和设备，应保持清洁和风流畅通。

放射性矿山回风井与进风井的间距应大于300 m。

矿井排出的污风不应对矿区环境造成危害。

6.6.2.5 箕斗井、混合井作进风井时，应采取有效的净化措施，保证空气质量。

6.6.2.6 井下硐室通风应符合下列要求：
—— 来自破碎硐室、主溜井等处的污风经净化处理达标后可以进入通风系统；未经净化处理达标的污风应引入回风道；
—— 爆破器材库应有独立的回风道；
—— 充电硐室空气中H_2的体积浓度不超过0.5%；
—— 所有机电硐室都应供给新鲜风流。

6.6.2.7 采场、二次破碎巷道和电耙巷道应利用贯穿风流通风或机械通风。

6.6.2.8 采场回采结束后，应及时密闭采空区，并隔断影响正常通风的相关巷道。

6.6.2.9 风门、风桥、风窗、挡风墙等通风构筑物应由专人负责检查、维修，保持完好严密状态。主要运输巷道应设两道风门，其间距应大于一列车的长度。手动风门应与风流方向成80°~85°的夹角，并逆风开启。

6.6.2.10 使用风桥应遵守下列规定：
—— 不应使用木制风桥；
—— 风桥与巷道的连接处应做成弧形。

6.6.3 通风机

6.6.3.1 正常生产情况下主通风机应连续运转，满足井下生产所需风量。当主通风机发生故障或需要停机检查时,应立即向调度室和矿山企业主要负责人报告,并采取必要措施。

6.6.3.2 每台主通风机电机均应有备用,并能迅速更换。同一个硐室或风机房内使用多台同型号电机时,可以只备用1台。

6.6.3.3 主通风设施应能使矿井风流在 10 min 内反向,反风量不小于正常运转时风量的60%。采用多级机站通风的矿山,主通风系统的每台通风机都应满足反风要求,以保证整个系统可以反风。

每年应至少进行1次反风试验,并测定主要风路的风量。

6.6.3.4 主通风机房应设有测量风压、风量、电流、电压和轴承温度等的仪表。每班都应对通风机运转情况进行检查,并有运转记录。采用自动控制的主通风机,每两周应进行1次自控系统的检查。

6.6.3.5 掘进工作面和通风不良的工作场所,应设局部通风设施,并应有防止其被撞击破坏的措施。

6.6.3.6 局部通风应采用阻燃风筒,风筒口与工作面的距离:压入式通风不应超过 10 m;抽出式通风不应超过 5 m;混合式通风,压入风筒的出口不应超过 10 m,抽出风筒入口应滞后压入风筒出口 5 m 以上。

6.6.3.7 人员进入独头工作面之前,应启动局部通风机通风,确保空气质量满足作业要求,较长时间无人进入的工作面还应进行空气质量检测。独头工作面有人作业时,通风机应连续运转。

6.6.3.8 停止作业且无贯穿风流的采场、独头巷道,应设栅栏和警示标志,防止人员进入。重新进入前,应进行通风并检测空气成分,确认安全后方准进入。

6.6.4 矿井降温

6.6.4.1 矿山应采取措施避免热环境损害员工健康。

6.6.4.2 有可能产生热害的矿山,应监测和控制工作面的气象条件;对员工进行防止热害的培训;为员工配备热害防护装备。

6.6.4.3 热害矿山应制定针对热害的工作制度和管理制度,编制主通风机、制冷系统等停止工作时的应急预案。

6.6.4.4 通风和制冷系统应随开采方案的改变以及矿山开拓、生产的进展进行相应调整。

6.6.4.5 有爆炸危险的矿山,井下制冷降温设备应采用防爆型。

6.6.4.6 地表制冷站采用氨作为制冷剂时,机房距井口应大于 200 m。

6.6.4.7 井下制冷站严禁采用氨作为制冷剂,并应有制冷剂泄露监测设施和应急预案。

6.7 电气设施

6.7.1 矿山供电

6.7.1.1 人员提升系统、矿井主要排水系统的负荷应作为一级负荷,由双重电源供电,任一电源的容量应至少满足矿山全部一级负荷电力需求。应采取措施保证两个电源不会同时损坏。

6.7.1.2 主变配电所设置应符合 5.6.1.1 的规定。

6.7.1.3 主变电所主变压器设置应遵守 5.6.1.2 的规定。

6.7.1.4 井下采用的电压应符合下列规定:

——高压,不超过 35 kV;

——低压,不超过 1 140 V;
——运输巷道、井底车场照明,不超过 220 V;采掘工作面、出矿巷道、天井和天井至回采工作面之间照明,不超过 36 V;行灯电压不超过 36 V;
——手持式电气设备电压不超过 127 V;
——电机车牵引网络电压:交流不超过 380 V;直流不超过 750 V。

6.7.1.5 井下变、配电所的电源及供电回路设置应符合下列规定:
——由地面引至井下各个变、配电所的电力电缆总回路数不少于两回路;当任一回路停止供电时,其余回路应能承担该变电所的全部负荷;
——有一级负荷的井下变、配电所,主排水泵房变、配电所,在有爆炸危险或对人体健康有严重损害危险环境中工作的主通风机和升降人员的竖井提升机,应由双重电源供电;
——井下主变、配电所和具有低压一级负荷的变、配电所的配电变压器不得少于 2 台;1 台停止运行时,其余变压器应能承担全部负荷;
——上述设备的控制回路和辅助设备,应有与主设备同等可靠的电源;
——为井下一级负荷供电的 35 kV 及以下除采用钢制杆塔外的地面架空线路不得共杆架设;
——经由地面架空线路引入井下变、配电所的供电电缆,应在架空线与电缆连接处装设避雷装置。

6.7.1.6 向井下供电的 6 kV~35 kV 系统中性点接地方式应符合下列规定:
a) 1 140 V 及以下低压配电系统中性点应采用 IT 系统、TN-S 系统或中性点经电阻接地系统;有爆炸危险的矿山应采用 IT 系统;
b) 向井下采场供电的 6 kV~35 kV 系统中性点不得采用直接接地系统;
c) 6 kV~35 kV 系统单相接地故障点的电流应满足下述条件:
——当 6 kV~35 kV 系统中性点不接地时,单相接地故障点的电流不大于 10 A;
——当 6 kV~35 kV 系统中性点低电阻接地时,单相接地故障点的电流不大于 200 A。
d) 井下低压配电系统采用 IT 系统或采用中性点经高电阻接地系统时,除装设必要的保护装置外,还应至少设置下列监测设备和保护装置之一:
——绝缘监测装置(IMD);
——绝缘故障定位系统(IFLS);
——剩余电流监测装置(RCM)或剩余电流保护装置(RCD)。
e) 井下 1 000 V(1 140 V)及以下低压配电系统采用 TN-S 系统时,除装设必要的保护装置外,还应满足一级负荷的供电要求和下列条件:
——整个系统的中性导体和保护导体应严格分开;中性导体和保护导体分开后,不应连接在一起;
——在任何情况下保护导体不应有工作电流;
——互连的保护导体应严格连接到地;
——所有外露可导电部分应连接至接地保护导线;该保护导体在操作过程中不得断开,不应有过电流保护装置;

——馈电端应安装带有剩余电流装置(RCD)或剩余电流监视装置(RCM)的开关装置；

——剩余电流装置最大额定电流为 0.5 A；剩余电流保护装置(RCD)或交流/直流剩余电流监视装置(RCM)的动作时限为 0.2 s。

6.7.1.7 井下低压配电系统采用 IT 系统时，配电系统电源端的带电部分应不接地或经高阻抗接地；配电系统相导体和外露可导电部分之间第 1 次出现阻抗可忽略的故障时，故障电流不大于 5 A。

6.7.1.8 引至采掘工作面的电源线应装设具有明显断开点的隔离电器。

6.7.2 电缆

6.7.2.1 井下应采用低烟、低卤或无卤的阻燃电缆。

6.7.2.2 井下电缆应符合下列要求：

——在竖井井筒或倾角 45°及以上的井巷内，固定敷设的电缆应采用交联聚乙烯绝缘粗钢丝铠装聚氯乙烯护套电力电缆或聚氯乙烯绝缘粗钢丝铠装聚氯乙烯护套电力电缆；

——在水平巷道或倾角小于 45°的井巷内，固定敷设的高压电缆应采用交联聚乙烯绝缘钢带或细钢丝铠装聚氯乙烯护套电力电缆、聚氯乙烯绝缘钢带或细钢丝铠装聚氯乙烯护套电力电缆；

——移动式变电站的电源电缆应采用井下矿用监视型屏蔽橡套电缆；

——非固定敷设的高低压电缆、移动式和手持式电气设备应采用矿用橡套软电缆；

——移动式照明线路应采用橡套电缆；有可能受机械损伤的固定敷设照明电缆应采用钢带铠装电缆；

——硐室内应采用塑料护套钢带(或钢丝)铠装电缆；

——井下信号和控制用线路应采用铠装电缆；

——矿用橡套电缆的接地芯线不应兼作其他用途；

——重要电源电缆、移动式电气设备的电缆及井下有爆炸危险环境的低压电缆应采用铜芯电缆。

6.7.2.3 敷设在竖井井筒内的电缆不应有接头。电缆接头应设置在中段水平巷道内。

6.7.2.4 敷设在钻孔中的电缆应紧固在钢丝绳上。钻孔应加装金属保护套管。

6.7.2.5 在水平巷道的个别地段沿底板敷设电缆时应用钢质或不燃性材料覆盖；电缆不应敷设在排水沟中。

6.7.2.6 井下电缆敷设应符合下列规定：

——水平或倾斜巷道内悬挂的电缆，在矿车、机车掉道时或其他运输车辆运行时不应受到撞击；电缆坠落时不会落在带式输送机上或车辆正常运行的通道上；

——水平或倾斜巷道内的电缆悬挂点的间距不大于 3 m；竖井电缆悬挂点的间距不大于 6 m；

——电缆固定装置应能承受电缆重量，且不应损坏电缆的外皮；电缆上不应悬挂任何物体；

——不应将电缆悬挂在风、水管路上；电缆与风、水管路平行敷设时，应敷设在管路上方 300 mm 以上；

— 高、低压电力电缆敷设在巷道同一侧时,高压电缆应敷设在上方;

— 高、低压电力电缆之间的净距应不小于 100 mm;高压电缆之间、低压电缆之间的净距应不小于 50 mm,并应不小于电缆外径;

— 电力电缆与通信电缆或光缆敷设在巷道同一侧时,电力电缆应在通信电缆下方,且净距不小于 100 mm;电力电缆与通信电缆或光缆在井筒内敷设时,净距不小于 300 mm;

— 裸露的电缆的铠装或金属外皮应作防腐蚀处理;

— 供给一级负荷用电的两回电源线路应配置在不同层支架或不同侧的支架上,并应实行防火分隔。

6.7.3 电气设备及保护

6.7.3.1 井下不应采用油浸式电气设备。

6.7.3.2 向井下供电的线路不得装设自动重合闸装置。

6.7.3.3 从井下变配电所引出的低压馈出线应装设带有过电流保护的断路器,且被保护线路末端的最小短路电流不应低于断路器瞬时或短延时脱扣器整定电流的1.5倍。

6.7.3.4 井下 3 kV～35 kV 配电系统单相接地保护应符合下列规定:

— 中性点不接地、高电阻接地或消弧线圈接地时,变、配电所的高压馈出线上应装有选择性的单相接地保护;接地保护应动作于跳闸或信号;向移动变电站供电的高压馈出线,应装设有选择性的单相接地保护,保护应无时限地动作于跳闸;

— 中性点低电阻接地时,井下各级变、配电所高压馈线均应装设二段零序电流保护;其第一段应采用动作时限不长于 0.3 s 的零序电流速断,直接向电动机、变压器和移动变电站供电的高压馈线应采用无时限的零序电流速断;第二段应采用零序过电流保护,时限应与相间过电流保护相同。

6.7.3.5 井下低压配电 IT 系统应有自动切断电源的故障防护措施,并应符合下列规定:

— 当绝缘下降至整定值时,应由监测设备发出可听和(或)可见信号;

— 有爆炸危险环境发生对外露导电部分或对地的单一接地故障时,防护装置应立即切断故障线路;

— 无爆炸危险环境发生对外露导电部分或对地的单一接地故障时;若预期接触电压不超过 36 V,可短时继续运行,并由绝缘监视装置发出可听和(或)可见的报警信号;若预期接触电压超过 36 V,防护装置应立即切断故障线路;当发生第二次异相接地故障时,应由过电流保护器或剩余电流保护器切断故障回路。

6.7.4 电气硐室

6.7.4.1 电气硐室应符合下列要求:

— 不应采用可燃性材料支护;

— 硐室的顶板和墙壁应无渗水;

— 中央变电所的地面应比其入口处巷道底板高出 0.5 m 以上;与水泵房毗邻时,应高于水泵房地面 0.3 m;

— 采区变电所及其他电气硐室的地面应比其入口处的巷道底板高出 0.2 m;

— 硐室地面应以 2‰～5‰ 的坡度向巷道等标高较低的方向倾斜;

— 电缆沟应无积水。

6.7.4.2 电气设备硐室应符合下列规定：
——长度超过 9 m 的硐室,应在硐室的两端各设一个出口；
——出口应设防火门和向外开的铁栅栏门；有淹没危险时,应设防水门。

6.7.4.3 硐室内应配备消防器材。

6.7.4.4 硐室内各种电气设备的控制装置,应注明编号和用途,并有停送电标志。硐室入口应悬挂"非工作人员禁止入内"的标志牌,高压电气设备应悬挂"高压危险"的标志牌,并应有照明。无人值守的硐室应关门加锁。

6.7.5 照明

6.7.5.1 井下所有作业地点、安全通道和通往作业地点的通道均应设照明。

6.7.5.2 下列场所应设置应急照明：
——井下变电所；
——主要排水泵房；
——监控室、生产调度室、通信站和网络中心；
——提升机房；
——通风机房；
——副井井口房；
——矿山救护值班室。

非消防工作区域继续工作应急照明连续供电时间不应少于 2 h；消防应急照明和灯光疏散指示标志的备用电源的连续供电时间不应少于 0.5 h。

6.7.5.3 采、掘工作面应采用移动式电气照明,移动式照明灯具应具有良好的透光和耐震性能,坚固耐用,并有金属保护网等安全措施。

6.7.5.4 照明变压器应采用专用线路供电。照明电源应从其供电变压器低压出线侧的断路器之前引出。

6.7.5.5 井下照明灯具应防水、防潮、防尘；井下爆破器材库照明应采取防爆措施。

6.7.6 保护接地

6.7.6.1 井下电气装置、设备的外露可导电部分和构架及电缆的配件、接线盒、金属外皮等应接地。

6.7.6.2 直接从地面供电的井下变、配电所的接地母线应与其附近的下列可导电部分作总等电位联结：
——供水、排水、排泥、压缩空气、充填管路等金属物；
——沿井巷装设的金属结构。

6.7.6.3 非直接从地面供电的井下变、配电所和移动变电站的接地母线应与 6.7.6.2 规定的外界可导电部分就近作局部等电位联结。

6.7.6.4 下列地点应设局部接地装置：
——采区变电所和工作面配电点；
——电气设备硐室；
——单独的高压配电装置；
——连接高压电力电缆的接线盒金属外壳。

6.7.6.5 井下电气设备保护接地系统应符合下列规定：

——井下各开采水平的主接地装置和所有局部接地装置应通过接地干线相互连接,构成井下总接地网;
——需要接地的设备和局部接地极均应与接地干线连接;
——不应将两组主接地极置于同一个水仓或集水井内;
——移动式电气设备应采用矿用橡套电缆的接地芯线接地。

6.7.6.6 主接地极应设在井下水仓或集水井中,且应不少于两组,应采用面积不小于 0.75 m^2、厚度不小于 5 mm 的钢板作为主接地极。

6.7.6.7 接地干线应采用截面积不小于 100 mm^2、厚度不小于 4 mm 的扁钢,或直径不小于 12 mm 的圆钢。电气设备外壳与接地干线的连接线(采用电缆芯线接地的除外)、电缆接线盒两头的电缆金属连接线,应采用截面积不小于 48 mm^2、厚度不小于 4 mm 的扁钢或直径不小于 8 mm 的圆钢。

6.7.6.8 局部接地极应符合下列要求:
——局部接地极设置在排水沟或积水坑中时,应采用面积不小于 0.6 m^2、厚度不小于 3.5 mm 的钢板,或具有同样表面积、厚度不小于 3.5 mm 的钢管,并应平放于水沟深处;
——局部接地极设置在其他地点时,应采用直径不小于 35 mm、长度不小于 1.5 m、壁厚不小于 3.5 mm 的钢管,钢管上至少应有 20 个直径不小于 5mm 的孔,并竖直埋入地下。

6.7.6.9 接地装置所用的钢材应镀锌。

6.7.6.10 当任一主接地极断开时,在其余主接地极连成的接地网上任一点测得的总接地电阻不应大于 2 Ω。接地线及其连接部位应设在便于检查和试验的地方。

6.7.6.11 移动式电气设备与接地网之间的保护接地线电阻应不大于 1 Ω。

6.7.7 通信与监测监控

6.7.7.1 地下矿山应建立人员下井登记检查制度和相应的管理制度。

6.7.7.2 地下矿山应建立有线调度通信系统。

6.7.7.3 大中型地下矿山应建立监测监控系统,监控网络应当通过网络安全设备与其他网络互通互联;最大班下井人数超过 30 人的应设人员定位系统,下井人员应随身携带标识卡。

6.7.7.4 以下地点应设直通矿调度室的有线调度电话:
——地面变电所、通风机房、提升机房、空压机房、充填制备站等;
——马头门、中段车场、井底车场、装矿点、卸矿点、转载点、粉矿回收水平等;
——采矿作业中段或分段的适当位置,掘进工程的适当位置;
——井下主要水泵房、中央变电所、采区变电所、调度硐室、破碎站、通风机控制硐室、带式输送机控制硐室、设备维修硐室等主要机电设备硐室;
——爆破时撤离人员集中地点、避灾硐室、油库、加油站、爆破器材库等重要位置。

6.7.7.5 有线调度通信系统应采用专用通信电缆;调度电话至调度交换机和安全栅应采用矿用通信电缆直接连接,不得利用大地作回路。井下调度电话不应由井下就地供电,或者经由有源中继器接调度交换机。

6.7.7.6 井下通信系统应满足下列要求:
——井下有线通信系统应设两路通信电缆,分别从不同的井筒进入井下;其中任何一路

通信电缆都应能满足井下与地表通信需要;
—— 井下通信设备应满足电磁兼容要求,在巷道内安装时应满足防水、防腐、防尘要求,防护等级应不低于 IP54;
—— 通信系统应有防雷电保护措施;
—— 通信系统应连续运行,电网停电后,备用电源应能保证系统连续工作 2 h 以上。

6.7.7.7 人员定位系统应符合下列要求:
—— 有人员出入的井口、重点区域出入口、限制区域等应当设置读卡分站;
—— 人员定位系统应具备检测标识卡是否正常、是否唯一的功能。

6.7.7.8 监测监控系统和人员定位系统主机及联网主机应当双机热备份,连续运行。电网停电后,备用电源应能支持系统连续工作 2 h 以上。

6.7.7.9 监测监控系统应符合下列要求:
—— 监测监控设备的电源应取自被控开关的电源侧或者专用电源,严禁接在被控开关的负荷侧;
—— 检修与监测监控设备关联的电气设备,需要监控设备停止运行时,应制定安全措施,并报矿山企业主要负责人审批;
—— 监测监控设备发生故障应及时处理,在故障处理期间应采取人工监测等安全措施,并填写故障记录;
—— 监测监控系统应能实时上传和保存监控数据;数据保存时间不少于 1 个月,并可随时调用;
—— 矿调度室值班人员应当监视监控信息、填写运行日志;系统发出报警、断电、馈电异常等信息时,值班人员应采取措施及时处理;处理过程和结果应当记录备案。

6.7.7.10 矿山应绘制、及时更新和保存井下通信系统图、人员定位系统图、监测监控系统图;图纸应标明有线调度通信系统、人员定位系统、监测监控系统的设备种类、数量和位置,通信电缆、电源电缆的敷设线路。

6.7.8 检查、维修和操作

6.7.8.1 矿山应建立电气作业安全制度,规定工作票、工作许可、监护、间断、转移和终结等工作程序。严禁非电专业人员从事电气作业。

6.7.8.2 井下电气设备应按表 7 规定由电气维修工进行检测,及时处理检测中发现的问题,并将检测和处理结果记录存档。

表 7 电气设备检查制度

检查项目	检查时间
井下自动保护装置检查	每季 1 次(负荷变化时应当及时整定)
主要电气设备绝缘电阻测定	每季 1 次
井下全部接地网和总接地网电阻测定	每季 1 次
高压电缆耐压试验、橡套电缆检查	每季 1 次
新安装和长期没运行的电气设备,合闸前应测量绝缘和接地电阻	投入运行前

6.7.8.3 井下电气工作人员应遵守下列规定：
— 重要线路和重要工作场所的停、送电，以及1 000 V(1 140 V)以上的电气设备检修，应持有主管电气工程师签发的工作票，方准进行作业；
— 不应带电检修或搬动任何带电设备、电缆和电线；检修或搬动时，应先切断电源，并将导体完全放电和接地；
— 停电检修时，所有已切断电源的开关把手均应加锁；对该回路验电、放电，将线路接地，并且悬挂"有人作业，禁止送电"的警示牌；只有执行这项工作的人员，才有权取下警示牌并送电；
— 不应单人作业；
— 未经许可不得操作、移动和恢复电气设备；
— 紧急情况下可以为切断电源而操作电气设备。

6.7.8.4 手持式电气设备的操作手柄和工作中必须接触的部分应有良好绝缘。

6.7.8.5 沿地面敷设的、向移动设备供电的橡套电缆中间不应有接头；应采取措施避免电缆被移动设备损坏。

6.7.8.6 移动设备司机离开时应切断电源。

6.8 防排水

6.8.1 一般规定

水文地质条件复杂的矿山，建设前应进行专门的水文地质勘查，在基建、生产过程中持续开展有关防治水方面的调查、监测工作。

6.8.2 地面防水

6.8.2.1 应查清矿区及其附近地表的水流系统、汇水面积、河流沟渠汇水情况、疏水能力、积水区、水利工程现状和规划情况，以及当地日最大降雨量、历年最高洪水位，并结合矿区特点建立和健全防水、排水系统。

6.8.2.2 每年雨季前，矿山应组织1次防水检查，并编制防水计划。防水工程应在雨季前竣工。

6.8.2.3 矿井(竖井、斜井、平硐等)井口的标高应高于当地历史最高洪水位1 m以上。工业场地的地面标高应高于当地历史最高洪水位。

6.8.2.4 井下疏干放水有可能导致地表塌陷时，应先将潜在塌陷区的居民迁走，公路和河流改道，再进行疏放水。矿区不能进行大规模疏放水时，应采取帷幕注浆堵水等防治水措施。

6.8.2.5 矿区及其附近的地表水或大气降水有可能危及井下安全时，应根据具体情况采取设防洪堤、截水沟、封闭溶洞或报废的矿井和钻孔、留设防水矿柱等防范措施。

6.8.2.6 矿石、废石和其他堆积物不应堵塞山洪通道，不应淤塞沟渠和河道。

6.8.3 井下防水

6.8.3.1 应调查核实矿区范围内的小矿井、老井、老采空区、现有生产矿井的积水区、含水层、岩溶带、地质构造等详细情况，并填绘矿区水文地质图。

6.8.3.2 对积水的旧井巷、老采区、流砂层、各类地表水体、沼泽、强含水层、强岩溶带等不安全地带，如不能采取疏放水措施保证开采安全，应留设安全矿(岩)柱。防治水设计应确定安全矿(岩)柱的尺寸，在设计规定的保留期内不应开采或破坏安全矿(岩)柱。在上述区域附近开采时应采取预防突然涌水的安全措施。

6.8.3.3 矿山井下最低中段的主水泵房和变电所的进口应装设防水门,防水门压力等级不低于0.1 MPa。水仓与水泵房之间应隔开,隔墙、水仓与配水井之间的配水阀的压力等级应与防水门相同。

水文地质条件复杂的矿山应在关键巷道内设置防水门,防止水泵房、中央变电所和竖井等井下关键设施被淹。防水门压力等级应高于其承受的静压且高于一个中段高度的水压。

通往强含水带、积水区、有可能突然大量涌水区域的巷道和专用的截水、放水巷道应设置防水门。

防水门压力等级应高于其承受的静压。

防水门应设置在岩石稳固的地点,由专人管理,定期维修,确保可以随时启用。

6.8.3.4 矿井最大涌水量超过正常涌水量的5倍,且大于50 000 m^3/d 时,应在中段石门设置防水门,减少进入水仓的水量。

6.8.3.5 对接近水体的地带或与水体有联系的可疑地段,应坚持"有疑必探,先探后掘"的原则,编制探水设计。

6.8.3.6 掘进工作面或其他地点发现透水预兆时,应立即停止工作,并报告矿山企业主要负责人,采取措施。情况紧急时应立即发出警报,撤出所有可能受透水威胁的人员。

6.8.3.7 进行老采空区、硫化矿床氧化带的溶洞、与深大断裂有关的含水构造探水作业时,以及进行被淹井巷的排水和放水作业时,为预防有害气体逸出造成危害,应事先采取通风安全措施,并使用防爆照明灯具。发现有害气体、易燃气体泄出应及时采取处置措施。

6.8.3.8 受地下水威胁的矿山应采取矿床疏干、堵水等治理措施。

6.8.3.9 裸露型岩溶充水矿区、地面塌陷发育的矿区,应做好气象观测。雨季应加强降雨观测并根据暴雨强度采取应对措施,直至暂停生产。

6.8.3.10 井筒掘进过程中预测裸露段涌水量大于20 m^3/h 时应先行治水。井巷穿越强含水层或高压含水断裂破碎带之前应治水后再掘进。

6.8.4 井下排水设施

6.8.4.1 主要水仓应由两个独立的巷道系统组成。最低中段水仓总容积应能容纳4 h的正常涌水量;正常涌水量超过2 000 m^3/h 时,应能容纳2 h的正常涌水量,且不小于8 000 m^3。应及时清理水仓中的淤泥,水仓有效容积不小于总容积的70%。

6.8.4.2 井下最低中段的主水泵房出口不少于两个;一个通往中段巷道并装设防水门;另一个在水泵房地面7 m以上与安全出口连通,或者直接通达上一水平。水泵房地面应至少高出水泵房入口处巷道底板0.5 m;潜没式泵房应设两个通往中段巷道的出口。

6.8.4.3 井下主要排水设备应包括工作水泵、备用水泵和检修水泵。工作水泵应能在20 h内排出一昼夜正常涌水量;工作水泵和备用水泵应能在20 h内排出一昼夜的设计最大排水量。备用水泵能力不小于工作水泵能力的50%;检修水泵能力不小于工作水泵能力的25%。只设3台水泵时,水泵型号应相同。

6.8.4.4 应设工作排水管路和备用排水管路。水泵出口应直接与工作排水管路和备用排水管路连接。工作排水管路应能配合工作水泵在20 h内排出一昼夜正常涌水量;全部排水管路应能配合工作水泵和备用水泵在20 h内排出一昼夜的设计最大排水量。任意一条排水管路检修时,其他排水管路应能完成正常排水任务。

6.9 防灭火

6.9.1 一般规定

6.9.1.1 地面防火应遵守 5.7.2 的相关规定。

6.9.1.2 应结合井下供水系统设置井下消防管路。

6.9.1.3 下列场所应设消火栓：
——内燃自行设备通行频繁的主要斜坡道和主要平硐；
——燃油储存硐室和加油站；
——主要中段井底车场和无轨设备维修硐室。

6.9.1.4 斜坡道或巷道中的消火栓设置间距不大于 100 m；每个消火栓应配有水枪和水带，水带的长度应满足消火栓设置间距内的消防要求。

6.9.1.5 井下消防系统应符合下列规定：
——井下消防供水水池应能服务井下所有作业地点，水池容积不小于 200 m^3。
——消火栓栓口动压力应为 0.25 MPa～0.5 MPa。供水系统压力过大时应采取减压措施。
——消火栓最不利点的水枪充实水柱不小于 7 m。
——消防主水管内径不小于 80 mm。

6.9.1.6 木材场、有自然发火危险的矿岩堆场、炉渣场，应布置在常年最小频率风向上风侧，距离进风井口 80 m 以上。

6.9.1.7 在下列地点或区域应配置灭火器：
——有人员和设备通行的主要进风巷道、进风井井口建筑、主要通风机房和压入式辅助通风机房、风硐及暖风道；
——人员提升竖井的马头门、井底车场；
——变压器室、变配电所、电机车库、维修硐室、破碎硐室、带式输送机驱动站等主要机电设备硐室、油库和加油站、爆破器材库、材料库、避灾硐室、休息或排班硐室等；
——内燃自行设备通行频繁的斜坡道和巷道，灭火器配置点间距不大于 300 m。

6.9.1.8 每个灭火器配置点的灭火器数量不少于 2 具，灭火器应能扑灭 150 m 范围内的初始火源。

6.9.1.9 井口和平硐口 50 m 范围内的建筑物内不得存放燃油、油脂或其他可燃材料。

6.9.1.10 井下车库、加油站和储油硐室应符合下列要求：
——应设在发生火灾或爆炸事故时对井下主要设施及作业区影响最小的位置；
——加油站、储油硐室应和车库分开；
——应设置防止失控车辆闯入的保护措施；
——在显著位置设置"严禁烟火"的标志。

6.9.1.11 储油硐室和加油站应符合下列要求：
——应有独立回风道；
——与巷道连接处应设甲级防火门；
——储油量不超过三昼夜的需用量；
——每个油罐或者油桶均应有明确标识和编号；
——储油硐室附近和加油站内应设集油坑；
——集油坑容积：储存油罐的不小于油罐容积的 1.5 倍；储存油桶的不小于最大油桶容

积的 1.1 倍；加油站的不小于 0.5 m³；
——应定期检查油罐，发现泄漏立即停止使用；
——修理油罐应采取安全措施，经过审批后进行；
——油桶应分类摆放整齐，油桶和空桶分开存放，并严密封盖；
——地面和墙壁应光滑、不渗漏，应有使溢流流向集油坑的坡度；
——收集的油料应尽快运出矿井。

6.9.1.12 运送燃油的油罐不得与其他物料混装。运油车辆的显著位置应有"严禁烟火"标志。运油车辆应配备消防器材。

6.9.1.13 车辆加油时，应采用输油泵或唧管输油，操作人员应按规范进行操作；加油过程中应严格控制加油的速度；发生跑、冒、漏油时，应及时处理。

6.9.1.14 井下燃油设备或液压设备不应漏油，出现漏油应及时处理。

6.9.1.15 采用管道向井下输送燃油时，地表油罐应距离井口 50 m 以上，并远离常年最大频率风向的井口上风侧。井巷中的输油管应和动力电缆分开布置，并能避免坠落物的撞击。巷道中的输油管应挂有"严禁烟火""油管"等标志。不应在容易发生变形的井筒和巷道采用管道输送燃油。

6.9.1.16 井下固定柴油设备应安装在不可燃的基础上，并应装有热传感器，当温度过高时能自动停止发动机。

6.9.1.17 井下不得使用乙炔发生装置。

6.9.1.18 不应用明火直接加热井下空气或烘烤井口冻结的管道。井下不应使用电炉和灯泡防潮、烘烤和采暖。

6.9.1.19 矿山应建立动火制度，在井下和井口建筑物内进行焊接等明火作业，应制定防火措施，经矿山企业主要负责人批准后方可动火。在井筒内进行焊接时应派专人监护；在作业部位的下方应设置收集焊渣的设施；焊接完毕应严格检查清理。

6.9.1.20 矿井发生火灾时，主通风机是否继续运转或反风，应根据矿井火灾应急预案和当时的具体情况，由矿山企业主要负责人决定。

6.9.2 防自然发火

6.9.2.1 有自然发火危险的矿山应设井下环境监测系统，实现连续自动监测与报警。监测内容应包括井下空气成分、温度、湿度和水的 pH 值等，应系统研究内因火灾的特点和发火规律。有沼气渗出的矿山，应加强沼气监测。

6.9.2.2 开采有自然发火危险的矿床应采取以下防火措施：
——主要运输巷道、总进风道、总回风道，均应布置在无自然发火危险的围岩中，并采取预防性注浆或者其他有效措施；
——选择合适的采矿方法，合理划分矿块，并采用后退式回采顺序；根据采取防火措施后的矿床最短发火期确定采区开采期限；充填法采矿时，应采用惰性充填材料及时充填采空区；
——应有灭火的应急预案；
——采用黄泥或其他物料注浆灭火时应按应急预案规定的钻孔网度、料浆浓度和注浆系数进行；
——应防止上部中段的水泄漏到采矿场，并防止水管在采场漏水；

——严密封闭采空区;
——应清理采场矿石,工作面不应留存坑木等易燃物。

6.9.3 井下灭火

6.9.3.1 发现井下起火应立即采取一切可能的措施直接扑灭,并迅速报告矿调度室;矿山各层级应按照矿井火灾应急预案,首先将人员撤离危险地区,并组织人员,利用现场的一切工具和器材及时灭火。火源不能扑灭时,应封闭火区。

6.9.3.2 电气设备着火时,应首先切断电源。在电源切断之前,不能用导电的灭火器材灭火。

6.9.3.3 矿山企业主要负责人接到火灾报告后,应立即组织有关人员查明火源及发火地点的情况;根据矿井火灾应急预案,拟定具体的灭火和抢救行动计划。同时应采取措施防止风流自然反向和有害气体蔓延。

6.9.3.4 需要封闭的发火地点应先采取临时封闭措施,然后再砌筑永久性防火墙。进行封闭工作之前,应由佩戴隔绝式呼吸器的救护队员检查回风流的成分和温度。在有害气体中封闭火区,应由救护队员佩戴隔绝式呼吸器进行。在新鲜风流中封闭火区,应准备隔绝式呼吸器。

如发现有爆炸危险,应暂停工作,撤出人员,并采取措施消除危险。
封闭具有爆炸危险的火区时,应遵守下列规定:
——应先采取注入惰性气体等抑爆措施,然后在安全位置构筑进、回风密闭设施。
——封闭具有多条进、回风通道的火区,应同时封闭各条通道;不能实现同时封闭的,应先封闭次要进回风通道,后封闭主要进回风通道。
——加强火区封闭的施工组织管理;封闭过程中密闭墙预留通风孔,封孔时进、回风巷同时封闭;封闭完成后所有人员立即撤出。
——检查或加固密闭墙等工作应在火区封闭完成 24 h 后实施。发现已封闭火区发生爆炸造成密闭墙破坏时,严禁调派救护队侦察或恢复密闭墙;应采取安全措施,实施远距离封闭。

6.9.3.5 防火墙应符合下列规定:
——严密坚实;
——在墙的上、中、下部,各安装一根直径 35 mm～100 mm 的铁管,以便取样、测温、放水和充填,铁管露头要用带螺纹的塞子封闭;
——设人行孔;封闭工作结束应立即封闭人行孔。

6.9.4 火区管理

6.9.4.1 对已封闭的火区,应建立火区检查记录档案,绘制火区位置关系图,并归档永久保存。

6.9.4.2 永久性防火墙应有编号,并在火区位置关系图和通风系统图上标出。发现火区封闭不严或有其他缺陷以及火区内有异常变化时,应及时处理和报告。

6.9.4.3 封闭的火区启封和恢复开采:应根据监测结果确认封闭火区内的火已熄灭,制定安全措施,并报矿山企业主要负责人批准后,方可进行;应先打开回风侧,无异常现象再打开进风侧;火区面积较大时,应设多道调节门,分段启封,逐步推进。

6.9.4.4 启封火区的风流应直接引入回风流,回风流经过的巷道中的人员应事先撤出。恢复火区通风时,应监测回风流中有害气体的浓度,发现有复燃征兆,应立即停止通风,重新封闭。

6.9.4.5 火区启封后 3 d 内,应由矿山救护队每班进行气体成分、温度、湿度和水的 pH 值的检测。确认一切情况良好,方可转入生产。

6.9.4.6 在活动性火区下部和同一中段进行回采时,应留防火矿柱;其设计和安全措施,应经矿山企业主要负责人批准。

7 特殊开采

7.1 水力开采

7.1.1 水枪喷嘴至工作台阶坡底线的距离应符合下列规定:
— 逆向冲采松散的砂质黏土岩,不小于台阶高度的 0.8 倍;
— 冲采黏土质的致密岩土,不小于台阶高度的 1.2 倍。

7.1.2 冲采致密岩土并进行底部掏槽时,台阶高度应不超过 10 m;分段逆向冲采除外。采用水力掘沟、明槽运矿时,掘沟或者明槽的宽度应不小于台阶高度的 1.5 倍。

7.1.3 开采倾角 30°以上、底板平滑的山坡砂矿,不应逆向冲采。冲采溶洞中的沉积砂矿时,应及时处理溶洞边缘上的浮石。台阶坡面上有大块浮石时,不应正面冲采。

7.1.4 冲采溶洞中的沉积砂矿前,应查明周边溶洞分布状况,分析溶洞的稳定性,对不稳固的溶洞采取处理措施。

7.1.5 水枪正在作业的冲采工作面,人员不应靠近边坡。水枪停止作业时,应经过检查确认安全,方可进入冲采工作面,但不应进入坡底线附近。水枪开动时,任何人员均不应在冲采范围内进行其他工作。水枪突然停水,在关闭水源开关以前,任何人员均不应进入冲采工作面。

7.1.6 一个台阶同时有两台水枪作业时,对向冲采时相互距离应不小于水枪有效射程的 2.5 倍;平行冲采时相互距离应不小于水枪有效射程的 1.5 倍。上、下两个台阶同时开采时,上部台阶作业面应超前下部台阶作业面 30 m 以上。

7.1.7 矿浆池上部的砂泵,应设稳固的操作平台和带扶手的梯子,平台宽度应不小于 0.8 m。上面有行人的运矿沟槽,沟槽上应设盖板或金属网。深度超过 2 m 的沟槽,应设明显标志,并禁止人员靠近。

7.1.8 敷设有管道或渡槽的栈桥,应设宽度不小于 0.8 m 的人行通道和梯子。

7.1.9 供配电线路,应符合下列要求:
— 固定输电线路,不应设在采掘作业区内,其与作业水枪间的距离,应不小于水枪射程的 2 倍;
— 采场内的移动电缆,不应从水枪射程范围内通过,并应保证绝缘良好;
— 电气线路应有良好的防雷设施。

7.1.10 泥浆管道至裸露输电线和通信线路的距离,应不小于电杆高度的 1.5 倍。

7.2 挖掘船开采

7.2.1 采、选船基坑开挖的深度,应大于船的吃水深度 0.8 m 以上;采、选船的吃水深度超过设计规定的吃水深度时,应及时查找原因,排除安全隐患;采区实际水深低于船的吃水深度时,应停止作业;开采工作面水上边坡高度大于 3 m,边坡角大于矿岩自然安息角时,应用水枪及时处理边坡。

7.2.2 采、选船上机械设备的转动部位应安装可拆卸的护栏;甲板、桥板、梯子及操作平台外侧应安装扶手;采、选船的浮箱应设平时密封紧锁的渗水观察孔。

7.2.3 采、选船的牵引绳应定期检查,达到6.4.7规定的缠绕式提升钢丝绳更换标准时,应及时更换。

7.2.4 挖掘作业期间,在挖掘船的首绳和边绳的岸上设置区内不应进行其他作业。

7.2.5 挖掘船工作时干舷高不小于0.2 m;过河时,河面标高与采池水面标高之差不大于0.5 m;过河段水位低于安全水位时应筑坝提高水位。

7.2.6 地表建(构)筑物到采池边的距离不小于30 m;设备到采池边的距离不小于5 m;人员到采池边的距离不小于2 m。

7.2.7 挖掘船作业时,人员和船只不应在其回转半径范围内停留或经过。

7.2.8 在大风、大雾及洪水期间,行船和调船应有可靠的安全措施。

7.2.9 动力电缆应保持绝缘良好;敷设在地表部分,应有警示标志;横穿道路时,应采取防护措施;水上部分应敷设在浮箱或木排上。

7.2.10 挖掘船上应设置水位警报、照明、信号、通信和救护设备。

7.2.11 采场的主要进出口,应设置醒目的警示标志。距离采场边缘30 m,应设安全防护线,其内不应堆放任何杂物。进入采场的作业人员应穿戴救生器材。

7.2.12 挖掘船船体距离采场边缘不小于20 m。船体四周应用缆绳固定,防止飘浮、摇摆、碰撞采场边坡面,产生滑坡事故。

7.2.13 采场边坡高度不大于10 m,水上部分边坡角不大于40°,水下部分不大于30°。应定期对边坡进行安全检查,发现有潜在滑坡危险地段应自上而下放缓边坡。

7.2.14 过采区应按设计要求进行回填及治理,防止滑坡、塌方和泥石流等灾害的发生。

7.3 饰面石材开采

7.3.1 石材开采禁止使用硐室爆破;矿体内应采用锯切法掘进、回采;露天剥离、开拓堑沟以及开采特殊赋存的矿体,采用炸药爆破应进行论证,并应遵守 GB 6722 的有关规定。

7.3.2 除遵守7.3规定外,还应该遵守露天矿山和地下矿山的相关规定。

7.3.3 最终边坡应留设安全平台、清扫平台;安全平台宽度不小于3 m,清扫平台宽度不小于6 m。最终边坡角应满足安全稳定的要求,并在设计阶段进行论证。

7.3.4 最终边坡节理裂隙较发育或有构造带时,应清理浮石、降低边坡角度并进行加固。

7.3.5 开采台阶高度不应大于10 m;最终台阶高度应根据岩体节理裂隙发育程度、岩体稳定性由设计确定,但不应大于20 m。

7.3.6 最小工作平台宽度应满足长条块石翻倒、解体、整形、装运、清渣等工序的作业要求;高台阶开采时工作平台宽度应不小于20 m;开采台阶的外沿应设置栏杆和警示标志。

7.3.7 高台阶长条块石翻倒作业前,应在预翻倒位置铺垫渣土,人员撤离至20 m以外。

7.3.8 荒料堆场通道宽度应满足装运设备的作业要求;荒料堆高不应超过3层。

7.3.9 金刚石串珠锯操作应遵守下列规定:
——操作人员应接受培训后方可操作设备。
——作业现场周围应设置安全警示标志。
——轨道铺设前应清理平台,保证轨道铺设区域的平整;锯切作业前,应检查并确认动力电缆及控制电缆均正常,保护接地良好。

——操作台应放置于绳锯机侧面15 m以外,并与串珠锯运动方向垂直;操作人员的站位应符合串珠锯操作的有关要求,严禁直接面对绳锯切割方向进行操作或跨越运行中的串珠绳。

——锯切作业前应在串珠锯外侧安置安全防护栏栅,周围人员退到安全位置后方能启动串珠锯。

——锯切作业时,若需要进入锯切区域,操作人员应停止串珠锯作业,待问题处理完毕确认安全后,方可启动串珠锯。

——串珠锯水平切割作业前,操作者应将专用的安全挡板置于外露的串珠绳外侧。安全挡板的高度应超过串珠锯运动高度0.5 m以上。

——串珠锯垂直切割作业前,应在串珠锯导轨尾部安放高度2 m以上的安全挡板。

——在进行垂直面切割时,禁止人员站在与切割线相同方向上观察切割轨迹。移动冷却水管时,应从切缝侧面操作。

——切割作业时操作人员不得离开串珠锯操作台;自动切割即将完成时应转到人工控制,并逐渐减低行走速度。

——每次停机后,都要检查串珠绳接头,及时更换截面磨损或不符合要求的接头。

——雨雪、雷暴、大雾、大风等不良天气应停止作业。

7.3.10 操作链臂锯应遵守下列规定:
——操作人员接受培训后方可操作设备;
——作业现场周围应设置安全警示标志;
——轨道铺设前清理平台,保证轨道铺设区域的平整;每次行走进给之前,检查轨道固定销的位置,防止固定销伸出地面过高与行走机构发生碰撞;
——倾斜锯切矿体时,锯切倾斜角度应符合链臂锯倾斜工作要求;
——设备行走时,轨道上禁止站立人员或放置物体;
——切割臂转换工位时,禁止人员靠近切割臂工作区域;
——在进行水平切割作业时,应及时在锯缝中塞入楔子支撑上部矿体;发生坍塌压住切割臂时,应用千斤顶将塌落岩石支起,加入楔子后方可再进行切割作业;
——主电机起动时应减小进给量,切割臂进给时应有人监控;
——雨雪、雷暴、大雾、大风等不良天气应停止作业。

7.3.11 操作水平取芯钻机应遵守下列规定:
——操作人员接受培训后方可操作设备;
——钻机安装前,应将安装钻机的地面处理平整;钻机应安放牢固、可靠固定;冷却水管畅通并连接可靠;
——根据待钻孔的位置调整钻机安装方向和钻杆水平度,确保钻杆轴线与孔中心重合;
——钻机工作过程中出现非正常噪音和振动时应立即停机检查;
——钻杆在孔内时,严禁启动钻杆反转。

7.3.12 操作圆盘锯应遵守下列规定:
——操作人员接受培训考核合格后方可操作设备;
——轨道铺设前清理平台,保证轨道铺设区域的平整;各段轨道的连接应牢固、可靠;轨

道高出平台较多时,应采取加固支撑措施;
——开机前检查:锯片应锁紧,锯片防护罩应牢固并盖住金刚石锯片表面积一半以上,运行机构的限位开关和机械止挡应可靠,冷却水管应畅通并连接可靠;
——锯片的偏摆应符合要求;
——应观察圆盘锯工作时锯片是否平行运行;电流、电压是否在允许值范围;发生异常应及时停机;
——圆盘锯在行走、作业、停机时,机体应保持稳定;
——停机后应检查电源是否完全断开,检查是否有漏油、漏水情况;
——应采取措施保证锯机安装就位、锯片装拆过程中的安全;
——雨雪、台风、雷暴、大雾、大风等不良天气应停止作业;
——更换锯片时应有2人或2人以上协同操作,禁止独自1人更换锯片。

7.3.13 操作荒料叉装车应遵守下列规定:
——叉装车不得超载作业;
——工作前检查:轮胎不应有割伤及裂痕,气压、轮胎压圈及压圈锁应正常,轮胎固定螺丝及端盖螺丝不应松动;转向和制动器液压油、制动冷却油油面应正常,应按照叉装车保养要求加注润滑脂;
——作业前应对作业区域的环境进行仔细观察,了解电缆、设备等障碍物情况;应对工作面进行清理,使其满足叉装车和荒料运输车作业要求;重载运行应控制速度,待设备停稳后方可换向;重载下坡时,应低速慢行、防止翻车;
——荒料装车时,货叉应尽可能放低、缓慢卸载;铲装荒料时应垂直荒料长度方向叉进,不得斜叉;
——叉装车应配备灭火器,司机应熟悉灭火器的使用方法;
——停车时应将货叉平稳地放在地上,发动机怠速运转5 min后方可熄火;不得在发动机高速运转时熄火。

7.3.14 操作桅杆起重机应遵守下列规定:
——桅杆起重机基础应设在岩体稳固的地段,应安装可靠的防雷和接地保护装置。
——桅杆起重机不得超载吊装,起吊时不应斜拉、拖拽。
——提升、变幅、回转机构的限位开关中的接触开关,使用时应定期检查,超过使用寿命应及时更换。
——吊起的荒料禁止从汽车驾驶室或人员上方越过;荒料离开作业面之前不应回转;起吊荒料回转时,不应改变动臂倾角,不应换挡。
——起吊荒料时,如发现电流表超过额定数值,应立即停止起吊,放下荒料。查明原因并排除故障后,方可重新开始作业。
——荒料吊钩与吊臂上端的滑轮组应保持2 m以上的安全距离。
——吊装荒料时,桅杆起重机作业范围内禁止人员、设备进入。
——吊钩的最低极限位置,应保证提升滚筒上最少有6圈钢丝绳。

7.3.15 地下开采应遵守下列规定:
——平硐口应修建安全顶棚,硐口支护长度不小于10 m;
——开拓巷道应布置在稳定的岩体中;设备距巷道壁、顶均不小于0.6 m,巷道断面尺寸应满足采运设备通行需要；
- ——采用全锯切作业的巷道断面尺寸应满足设备作业要求；
- ——矿房、矿柱的参数应经过设计论证，矿柱的安全系数不小于2倍；
- ——矿房切顶后，顶板若出现节理裂隙应及时进行应力监测和稳定性分析，根据分析结果，必要时进行支护；矿房向下分层开采前根据顶板稳固情况及时采取相应的支护措施；应力、应变值超限时，应立即停止开采作业；
- ——矿柱出现节理裂隙时，应及时采用锚杆等进行支护，并监测地压；
- ——链臂锯作业前应根据矿层产状和节理裂隙分布设计锯切位置；巷道掘进锯切时，靠巷道壁、顶的锯缝应贯穿，保证背切的串珠绳穿透通畅；
- ——锯切作业结束后，相关设备和人员应撤离至锯切工作面10 m以外；
- ——矿山应建立岩体应力、位移参数的实时测量和监控系统。

7.4 盐湖开采

7.4.1 盐湖作业区应符合下列规定：
- ——在溶洞、气眼和淤泥较厚的地点应设立明显的警示标志；
- ——采坑深度超过1 m时，距采坑边缘1.5 m范围内不应站人或停放设备；
- ——车辆驶入盐层松软的再生盐产区前，应先查看和确认盐层的承载能力。

7.4.2 在盐湖内进行手工开采作业应遵守下列规定：
- ——应根据当地气候和环境特征采取防暑、防冻、防晒等措施；
- ——多人在同一盐槽内作业时，应保持2 m以上距离；
- ——作业人员应根据当地气候和环境特征佩戴劳保防护设施。

7.4.3 采盐船应符合下列规定：
- ——采盐船的长宽比、型宽与型深比，应符合有关船舶设计规范的规定；
- ——采盐船的初稳心高度，应在1.5 m～3.0 m范围内；
- ——采盐船的液压设备应可自动调节、超压泄荷、恒扭矩无级变速，油泵应在零流量时起动；
- ——采盐船的电气设备、元件，应具有防潮、耐腐蚀性能；
- ——采盐船甲板应有防滑措施。

7.4.4 采坑两边的缆机桩应具有足够的强度。

7.4.5 采盐船作业应遵守下列规定：
- ——采盐船动力电缆应按规范铺设，并留有较大余量，防止拉断或被船碰挂损伤；
- ——采坑的水深应不小于采盐船设计吃水深度的1.3倍；
- ——绞吸式采盐船的绞刀应至少没入水中3/4；
- ——原盐层应自上而下分层采掘，防止采掘量超限引起链斗出轨、断链或绞刀卡死；
- ——横移缆绳应松紧适宜；横移绞车时应防止缆绳过紧造成断绳；
- ——链斗运转时应注意观察桥身振动等异常现象，发现问题立即停机处理；
- ——破碎机出现堵塞或破碎板松动时，应停止上料并切断链斗和破碎机电源，进行处理；
- ——每2 h检查1次台车油缸和定位桩油缸，发现台车行程与指示器不符，应立即停机调整；

— 采盐船移位时,应停止链斗、破碎机或绞刀等设备的运转,并提起主、副桩;
— 梭式输送机横移时,机上和机头伸出方向不应有人;输送机伸向运盐船船舱前,应发出警号;
— 采盐船与运盐船的移动,应协调一致,并通过鸣笛等加强联系,避免撞船。

7.4.6 疏松盐层爆破应执行 GB 6722 的有关规定。

7.4.7 采用铁路和道路运输卤盐,应执行 5.4.1 和 5.4.2 的有关规定。

7.4.8 采用管道输送卤盐应遵守 7.6.1 的有关规定。

7.4.9 采用运盐船运输卤盐应遵守下列规定:
— 航道宽度不小于运盐船宽度的 5 倍;
— 航道水深不小于 1.5 m;
— 航道中不应有漂浮物;
— 码头船坞应与运盐船的卸盐方式相适应;
— 港池应具有船舶调头、会船安全作业的最小水域;
— 码头应具有良好的照明设施,并配备适当数量的探照灯,保证码头周围的湖面有足够的照度;
— 运盐船应达到船舶技术状况分类的一类船标准;
— 运盐船每年应按规定由有资质的检测检验机构检验 1 次;
— 运盐船应配备足够数量的灭火器材及救生器具;
— 运盐船使用的电气设备应有良好的防水、防潮、耐腐蚀和绝缘性能;
— 运盐船不应超载运行;应以安全航速行驶;
— 相向行驶的运盐船,会船时的最小距离应不小于 5 m;
— 运盐船进入采区应减速行驶;
— 运盐船空载航行时应进行漏水检查,以免发生沉船事故;
— 运盐船行至离港湾 200 m 时,应加强瞭望、减速行驶,并用声光信号与码头指挥人员取得联系;未经指挥人员同意,不应进港;
— 运盐船卸盐时,绞车和卸料输送机周围 1 m 范围内不应有人;
— 运盐船卸盐完毕,方可提起盐门或收回输送机,不应带料提起盐门或收回输送机。

7.4.10 采用带式输送机运输卤盐,应遵守 5.4.3 的规定。

7.4.11 推土机作业时,应选择适宜的铲、推线路。清理作业现场时,应保证车辆无下陷、倾覆等危险。

7.4.12 推土机清除高于机体并埋于地下的物体时,应有安全防护措施。

7.4.13 推土机作业时人员不应上下。夜间作业现场应有良好的照明。

7.4.14 矿堆和尾盐堆应分层堆排,分层高度不大于 30 m,坡面角不超过 60°,分层间应留有 20 m 宽的安全平台。

7.4.15 任何人均不应在矿堆和尾盐堆上长时间停留。

7.5 钻井水溶开采

7.5.1 井架及其基础应符合下列规定:
— 各主要部件不应有裂纹和严重锈蚀、变形、弯曲;
— 螺栓、螺帽及弹簧垫圈应齐全;

- ——基础应满足施工安全要求,其平面误差应不大于 3 mm;
- ——底座四角高差应不大于 3 mm;
- ——绷绳应与地面呈 45°。

7.5.2 装、拆井架时,应有专人统一指挥。遇 6 级以上大风、暴雨、暴雪、大雾及夜间照明时,不应进行井架装、拆作业。

7.5.3 电气设施应符合下列规定:
- ——供配电设施距井口不小于 30 m;
- ——线路不应有裸线及漏电现象;
- ——供电线路应合理布置,生产用电与生活用电分开;
- ——架空电力线与井架绷绳至少相距 3 m,并不应在绷绳上空穿过;
- ——架线高度应保证各种相关车辆安全通行;
- ——井架应采用电压不高于 36 V 的低压防爆灯照明。

7.5.4 指重表应符合下列规定:
- ——单独装在专用仪表箱中;
- ——不与井架接触;
- ——与传感器处于同一水平;
- ——指重表、灵敏表和自动记录仪的读数应一致,若有偏差应及时调整。

7.5.5 绞车卷筒、转盘面水平误差应小于 1.5 mm;链轮中心偏差应小于 2 mm;皮带轮中心偏差应小于 3 mm;井口、转盘、天车的中心偏差应不超过 10 mm。

7.5.6 钻机游动系统钢丝绳安装应遵守下列规定:
- ——安装前消除应力、防止大钩扭劲;
- ——直径应与钻机型号相匹配;
- ——任何情况下卷筒上应有 2 圈以上钢丝绳;
- ——死绳端应在死轮上缠绕 2 圈以上,并用专用绳卡固定,两绳卡之间距离不小于钢丝绳直径的 6 倍。

7.5.7 中深井每作业 2 井次、深井每作业 1 井次,应对钻机提升系统进行至少 1 次探伤。

7.5.8 防碰天车、水龙带保险绳、吊钳尾绳、钢绳固定绳卡等,均应按规定装设,并经检查合格。

7.5.9 采用柴油机作钻井动力时应安装消声器。

7.5.10 钻井、修井作业,应遵守下列规定:
- ——人员上井架作业应系安全带;
- ——所带工具、棍类物件应装好绑牢;
- ——处理卡钻时,不应使用吊钳进行倒扣;用转盘强行倒扣时,应把连接螺栓拧紧,再用绳索固定在方钻杆上;吊卡不应挂在吊环上;应绑好耳环,插好大钩锁销;
- ——防碰天车装置应定期检查,确保处于灵活状态;提钻时,操作人员应注意游动滑车上升情况,并与井架工保持联系;
- ——检查设备时应停车;
- ——上提钻具之前,应对井架、绷绳及提升系统进行全面检查;
- ——强行转动钻具时,不应超过钻杆允许扭转圈数,并控制倒转速度,防止钻具扭断或

倒开;倒扣时,井口工具应绑牢,除司钻及指挥人员外,无关人员应撤离操作平台;
——有毒有害气体超标时,应配备相应的防护器具(防毒面具、排风扇等),并有专人监护;
——有易燃气体的作业场所严禁吸烟,动火作业应办理动火作业证;
——井口应安装防喷装置,并采取相应防喷措施。

7.5.11 水溶开采应遵守下列规定:
——井口装置中的管汇应采用厚壁无缝钢管,不应采用直缝管或螺旋管;
——管道阀门的耐压等级应大于设计最大工作压力;
——井口装置中的各组件安装完毕,应进行耐压试验,试验压力不低于设计最大工作压力的1.25倍,试验合格方可投入使用;
——作业场所应有排水和防止液体渗漏的设施,地面应防滑;
——在有毒有害气体聚集的井口、卤池、取样阀等地点作业时,应采取防毒措施,并有专人监护。

7.5.12 钻井水溶开采还应遵守7.6的规定。

7.6 井盐开采

7.6.1 采输卤作业应遵守下列规定:
——采卤工艺管汇、输卤管道的耐压等级,应满足使用压力要求;安装完毕应进行耐压试验,试验压力不低于设计最大工作压力的1.25倍;试验合格方可投入使用;
——输盐管路每隔100 m~200 m,应设一处理事故用的三通管;
——输卤管道应每年旋转一定角度;
——输卤管道支座基础应定期检查和维护;
——水泵加盘根或维修时,应断开电源;
——采卤工艺管汇应按输送介质的不同,涂以不同的颜色,并注明介质名称和输送方向;
——严格按工艺、设备操作规程操作;
——应定时观测记录卤井、机电设备运行的电流、电压、电机温度、水压和流量、卤水浓度和温度等参数;异常情况应及时向生产调度报告;紧急情况应立即采取相应措施并汇报;
——单井生产正、反循环和多井连通生产注、出水井的倒换等工艺技术的改变,应经矿山企业主要负责人批准;
——夜间操作井口装置、检修管道和阀门时不应单人作业,作业现场应有充足的照明;
——井口装置、泵、工艺管汇、输卤管线等采输卤设备、设施,应及时进行维护和检修。

7.6.2 生产采区应与建构筑物、交通设施、水体等保持足够的安全距离。钻井水溶开采的深度不应超过设计安全开采深度。井组之间应按设计要求预留保安矿柱。

7.6.3 井盐矿山应设立地表水和地下水水质监测系统,每半年至少对矿区范围的水质(主要是含盐量)进行1次检测。

7.6.4 对岩层破碎、采空区很高等易发生地表沉陷和位移的矿区,应进行地表沉陷和位移监测。在地表可能或已有沉降、位移的区域,应设明显的安全警示标志,并编制相应的应急预案。

7.6.5 废弃的地质勘探井和生产井,应做彻底封井处理。

7.7 地下原地浸出

7.7.1 地下原地爆破浸出采矿应遵守下列规定:
—— 布液系统应防止跑、冒、滴、漏,避免浸出液伤人;
—— 采场拉底空间形成后,应在底部铺设不小于 0.5 m 厚的混凝土隔层,并向集液巷形成一定的坡度,混凝土隔层上应铺一层防水防酸隔离层;
—— 井下浸出液收集后,应采用管道密闭输送;
—— 采场矿堆溶浸结束并滤干后,应及时进行清水洗堆和中和处理,直至流出液 pH 值达到 7～8;
—— 浸出结束后应严密封堵通往采场的通道。

7.7.2 地下原地浸出采矿作业应保持抽液量与注液量基本平衡。加强对监测井的观测,防止酸性溶液渗到溶浸区以外,污染地下水。出现污染时应停止溶浸作业,并做好后续的处理工作。

8 应急救援

8.1 矿山企业应建立健全应急管理、应急演练、应急撤离、信息报告、应急救援等规章制度,落实应急救援装备和物资储备,按照相关规定设立矿山救护队,或设立兼职矿山救护队并与就近的专业矿山救护队签订救护协议。

8.2 矿山企业应根据矿山实际编制应急救援预案,由矿山企业主要负责人批准实施,并定期进行应急救援演练,当矿山实际情况发生较大变化或在应急演练中发现有重大问题,应及时修订应急救援预案。

8.3 矿山应为入井人员配备额定防护时间不少于 30 min 的隔绝式自救器,入井人员应随身携带。自救器的数量不少于矿山全天入井总人数的 1.1 倍。

8.4 矿山企业应建立和完善井下安全撤离通道,并随井下生产系统的变化及时调整;井下应设置声光报警系统。

8.5 井下所有工作地点 100 m 范围内、巷道分岔口应设置避灾路线指示牌,巷道内每 200 m 至少设置一个。避灾路线指示牌应标明避灾路线和方向、人员所在位置等信息,避灾路线指示牌应设在受到保护的显著位置,避灾信息在矿灯照明下应清晰。

8.6 矿山应对所有入井人员进行安全培训,告知井下安全须知、紧急情况下的撤离路线和自救器的使用方法。井下作业人员应熟悉应急救援预案和避灾路线,具有自救、互救和安全避灾知识,熟练掌握自救器和紧急避灾系统的使用方法。班组长应具备兼职救护队员的知识和能力,能够在发生险情后第一时间组织作业人员自救互救和安全避灾。

8.7 矿山企业应及时向矿山救护队提供 4.1.9、4.1.10 规定的图纸和应急救援预案。

8.8 矿井发生事故时,井下人员应在保证安全前提下组织抢救,否则应立即撤离并报告矿山企业主要负责人。矿山企业主要负责人接到报告后应立即启动应急预案,组织抢救并上报事故信息。

8.9 发生事故的矿山在进行事故应急救援工作的同时,应报请当地政府和主管部门在通信、交通运输、医疗、电力、现场秩序维护等方面提供保障。

尾矿库安全规程（GB 39496—2020）

前　言

本标准按照 GB/T 1.1—2009 给出的规则起草。

本标准代替 AQ 2006—2005《尾矿库安全技术规程》。

本标准与 AQ 2006—2005 相比，除结构调整和编辑性改动外，主要技术变化如下：

——删除了部分规范性引用文件，只引用 GB 16423、GB 50135 和 GB 50191（见第 2 章，AQ 2006—2005 的第 2 章）；

——修改了尾矿库等术语和定义（见第 3 章，AQ 2006—2005 的第 3 章），增加了湿式尾矿库、干式尾矿库等术语和定义（见第 3 章）；

——修改了一等尾矿库、二等尾矿库的分等标准（见 4.5，AQ 2006—2005 的 4.1）；

——在尾矿坝坝坡抗滑稳定分析方法中，增加了简化毕肖普法及相应的最小安全系数（见 5.3.16）；

——增加了尾矿坝动力抗震计算的相关要求（见 5.3.17）；

——修改了尾矿库的防洪标准（见 5.4.1，AQ 2006—2005 的 5.4.2）；

——删除了"尾矿库安全度"和"尾矿库利用及尾矿库闭库后再利用"内容（见 AQ 2006—2005 的第 8 章和第 10 章）；

——增加了"尾矿库回采"和"生产经营单位应急管理"内容（见第 7 章和第 10 章）。

本标准由中华人民共和国应急管理部提出并归口。

本标准为首次发布。

1　范围

本标准规定了尾矿库在建设、生产运行、回采、闭库、安全检查、生产经营单位应急管理、安全评价等方面的安全要求。

本标准适用于中华人民共和国境内尾矿库。

2　规范性引用文件

下列文件对于本文件的应用是必不可少的。凡是注日期的引用文件，仅注日期的版本适用于本文件。凡是不注日期的引用文件，其最新版本（包括所有的修改单）适用于本文件。

GB 16423　金属非金属矿山安全规程

GB 50135　高耸结构设计标准

GB 50191　构筑物抗震设计规范

3　术语和定义

下列术语和定义适用于本文件。

3.1

尾矿库　tailings pond

用以贮存金属、非金属矿山进行矿石选别后排出尾矿的场所。

3.2

湿式尾矿库　wet tailings pond

入库尾矿具有自然流动性,采用水力输送排放尾矿的尾矿库。

3.3

干式尾矿库　dry tailings pond

入库尾矿不具自然流动性,采用机械排放尾矿且非洪水运行条件下库内不存水的尾矿库。

3.4

全库容　whole storage capacity

坝顶标高水平面与尾矿坝体外坡面以下、库底面以上所围成的空间容积(不含非尾矿构筑的坝体体积)。

3.5

有效库容　effective storage capacity

尾矿坝体外表面以下、库底面以上用于贮存尾矿(含悬浮状尾矿浆体)的空间容积。

3.6

调洪库容　flood regulation storage capacity

调洪起始水位以上、设计洪水位以下可蓄积洪水的空间容积。

3.7

总库容　total storage capacity

设计最终状态时的全库容。

3.8

尾矿坝　tailings dam

拦挡尾矿和水的尾矿库外围构筑物。

3.9

初期坝　starter dam

用土、石材料等筑成的,作为尾矿堆积坝的排渗或支撑体的坝。

3.10

尾矿堆积坝　tailings embankment

生产过程中用尾矿堆积而成的坝。

3.11

尾矿库挡水坝　water dam of tailings pond

在坝前不形成有效干滩直接挡水的坝。

3.12

拦砂坝　tailings collection dam

建在尾矿排放的下游向,用于拦挡由雨水冲刷所挟带尾矿的坝。

3.13

上游式尾矿筑坝法 upstream embankment method

湿式尾矿库在初期坝上游方向堆积尾矿的筑坝方式。其特点是堆积坝坝顶轴线逐级向初期坝上游方向推移。

3.14

中线式尾矿筑坝法 centerline embankment method

湿式尾矿库在初期坝轴线处用旋流器等分离设备所分离出的粗尾砂堆坝的筑坝方式。其特点是堆积坝坝顶轴线始终不变。

3.15

下游式尾矿筑坝法 downstream embankment method

湿式尾矿库在初期坝下游方向用旋流器等分离设备所分离出的粗尾砂堆坝的筑坝方式。其特点是堆积坝坝顶轴线逐级向初期坝下游方向推移。

3.16

一次建坝 one-step constructed dam

全部用除尾矿以外的筑坝材料一次或分期建造的尾矿坝。

3.17

库前式尾矿排矿筑坝法 upstream discharge tailings stack method

干式尾矿库入库尾矿自初期坝前向库尾推进排放碾压,并在影响坝体外坡稳定区域内采用分层碾压堆存的筑坝方式。

3.18

库周式尾矿排矿筑坝法 surrounding discharge tailings stack method

干式尾矿库入库尾矿自库周边向库中间推进排放碾压,并在影响坝体外坡稳定区域内采用分层碾压堆存的筑坝方式。

3.19

库中式尾矿排矿筑坝法 center discharge tailings stack method

干式尾矿库入库尾矿自库区中部向库周边推进排放碾压,并在影响坝体外坡稳定区域内采用分层碾压堆存的筑坝方式。

3.20

库尾式尾矿排矿筑坝法 downstream discharge tailings stack method

干式尾矿库入库尾矿自库区尾部向库区前部推进排放碾压,并在影响坝体外坡稳定区域采用分层碾压堆存的筑坝方式。

3.21

尾矿坝高 tailings dam height

干式尾矿库为尾矿坝顶面最高点与坝脚最低点的高差,当尾矿坝坝脚有初期坝或拦砂坝作为支撑体时,为尾矿坝顶面最高点至初期坝或拦砂坝坝轴线处原地面的高差;湿式尾矿库采用上游式筑坝为堆积坝坝顶与初期坝坝轴线处原地面的高差,其他坝型为坝顶与坝轴线处原地面的高差。

3.22

总坝高 total dam height

设计最终状态时的坝高。

3.23

堆坝高度或堆积高度 embankment height or accumulation height

干式尾矿库为尾矿坝顶面最高点与坝脚最低点的高差,当尾矿坝坝脚有初期坝或拦砂坝作为支撑体时,为尾矿坝顶面最高点与初期坝或拦砂坝坝顶的高差;上游式尾矿坝为尾矿堆积坝坝顶与初期坝坝顶的高差;中线式和下游式尾矿坝为尾矿堆积坝坝顶与坝顶轴线处的原地面标高的高差。

3.24

临界浸润线 criticaled position of the phreatic line

坝体抗滑稳定安全系数能满足本规程最低要求时的坝体浸润线。

3.25

控制浸润线 controled position of the phreatic line

既满足临界浸润线要求、又满足尾矿堆积坝下游坡最小埋深浸润线要求的坝体最高浸润线。

3.26

正常生产水位 normal production water level

在用尾矿库内能满足生产回水、尾矿排放和防排洪要求的水位。

3.27

沉积滩 deposited beach

水力冲积尾矿形成的沉积体表层,按库内集水区水面划分为水上和水下两部分。

3.28

滩顶 beach crest

沉积滩面与坝体外坡面的交线。

3.29

干滩长度 beach width

库内水边线至滩顶的水平距离。

3.30

防洪宽度 flood control dam width

干式尾矿库洪水运行条件下库内水边线至库内水面与坝体外坡面交线的水平距离。

3.31

调洪高度 flood regulation height

调洪起始水位与设计洪水位的高差。

3.32

防洪高度 flood control height

湿式尾矿库的非挡水坝为调洪起始水位与滩顶之间的高差;湿式尾矿库的挡水坝及干式尾矿库尾矿坝为调洪起始水位与坝顶之间的高差。

3.33

安全超高 free height

在非地震运行条件下,尾矿堆积坝为滩顶标高与设计洪水位的高差;挡水坝和一次建尾矿坝为设计洪水位加最大波浪爬高和最大风壅水面高度之和与坝顶标高的高差。

在地震运行条件下，尾矿堆积坝为滩顶标高与正常生产水位加地震沉降和地震壅浪高度之和的高差；挡水坝和一次建坝尾矿坝为正常生产水位加最大波浪爬高、最大风壅水面高度、地震沉降和地震壅浪高度之和与坝顶标高的高差。

4 基本规定

4.1 尾矿库建设、回采及闭库项目应进行勘察、安全评价、设计、施工和竣工验收。

4.2 尾矿库根据入库尾矿的自然流动性及库内存水情况分为湿式尾矿库和干式尾矿库，尾矿库典型参数示意图参见附录A；干、湿尾矿不应混排。

4.3 尾矿坝筑坝根据筑坝材料分为一次建坝和尾矿筑坝。湿式尾矿库的尾矿筑坝法，根据筑坝过程中坝轴线的变化分为上游式尾矿筑坝法、中线式尾矿筑坝法、下游式尾矿筑坝法；干式尾矿库的尾矿排矿筑坝法，根据尾矿排放推进方向和筑坝方式分为库前式尾矿排矿筑坝法、库周式尾矿排矿筑坝法、库中式尾矿排矿筑坝法、库尾式尾矿排矿筑坝法。

4.4 尾矿库建设和生产运行过程中，鼓励安全生产科学技术研究和安全生产先进技术的应用，提高尾矿库安全生产水平。采用新工艺、新技术、新材料或者使用新设备，应了解、掌握其安全技术特性，采取有效的安全防护措施，并对从业人员进行专门的安全生产教育和培训。

4.5 尾矿库的等别应按下列原则确定：

——尾矿库等别应根据尾矿库的总库容及总坝高按表1确定。尾矿库各使用期的设计等别应根据该期的全库容和尾矿坝高分别按表1确定。当按尾矿库的全库容和尾矿坝高分别确定的尾矿库等别的等差为一等时，应以高者为准；当等差大于一等时，应按高者降一等确定。

——露天废弃采坑及凹地贮存尾矿，且周边未建尾矿坝时，应不定等别；周边建尾矿坝时，应根据坝高及其形成的库容确定尾矿库的等别。

表1 尾矿库各使用期的设计等别

等别	全库容 V $10^4 \ m^3$	坝高 H m
一	$V \geqslant 50\ 000$	$H \geqslant 200$
二	$10\ 000 \leqslant V < 50\ 000$	$100 \leqslant H < 200$
三	$1\ 000 \leqslant V < 10\ 000$	$60 \leqslant H < 100$
四	$100 \leqslant V < 1\ 000$	$30 \leqslant H < 60$
五	$V < 100$	$H < 30$

4.6 除尾矿库副坝外的尾矿库构筑物的级别应根据尾矿库各使用期的设计等别及其重要性按表2确定，尾矿库副坝应根据坝高及其对应的库容按照表1确定的尾矿库各使用期的设计等别确定其构筑物级别。

表 2 尾矿库构筑物的级别

尾矿库等别	构筑物的级别		
	主要构筑物	次要构筑物	临时构筑物
一	1	3	4
二	2	3	4
三	3	5	5
四	4	5	5
五	5	5	5

注 1：主要构筑物系指尾矿坝、排水构筑物等失事后将造成下游灾害的构筑物。
注 2：次要构筑物系指除主要构筑物外的永久性构筑物。
注 3：临时构筑物系指施工期临时使用的构筑物。

5 尾矿库建设

5.1 尾矿库勘察

5.1.1 尾矿库新建、改建和扩建工程应按基本建设程序进行岩土工程勘察。

5.1.2 尾矿库岩土工程勘察应符合有关国家标准要求，按工程建设各勘察阶段的要求，正确反映工程地质和水文地质条件，查明不良地质作用、地质灾害及影响尾矿库和各构筑物安全的不利因素，提出工程措施建议，形成资料完整、评价正确、建议合理的勘察报告。

5.1.3 新建、改建和扩建尾矿库工程详细勘察应符合下列要求：
——查明坝址、坝肩、库区、库岸的工程地质和水文地质条件；
——提供区域地质构造、地震地质资料，分析场地地震效应，并提供抗震设计有关参数；
——查明可能威胁尾矿库、尾矿坝及排洪设施安全的滑坡、潜在不稳定岸坡、泥石流等不良地质作用的分布范围并提出治理措施建议；
——查明坝基、坝肩以及各拟建构筑物地段的岩土组成、分布特征、工程特性，并提供岩土的强度和变形参数；
——分析和评价坝基、坝肩、库岸、排洪设施场地等的稳定性，并对潜在不稳定因素提出治理措施建议；
——分析和评价坝基、坝肩、库区的渗漏及其对安全的影响，并提出防治渗漏的措施建议；
——分析和评价排洪隧洞、排水井、排水斜槽、排水管和截洪沟等排洪构筑物地基（围岩）的强度、变形特征，当围岩强度不足、地基不均匀或存在软弱地基时，应提出地基处理措施建议；
——判定水和土对建筑材料的腐蚀性；
——确定筑坝材料的产地，并查明筑坝材料的性质和储量。

5.1.4 改建和扩建尾矿库工程还应对尾矿堆积坝进行岩土工程勘察，勘察应符合下列要求：

——查明尾矿堆积坝的成分、颗粒组成、密实程度、沉（堆）积规律、渗透特性；
——查明堆积尾矿的工程特性；
——查明尾矿坝坝体内的浸润线位置及变化规律；
——分析已运行尾矿坝坝体的稳定性；
——分析尾矿坝在地震作用下的稳定性和尾矿的地震液化可能性。

5.2 尾矿库设计一般规定

5.2.1 尾矿库不应设在下列地区：
——国家法律、法规规定禁止建设尾矿库的区域；
——尾矿库失事将使下游重要城镇、工矿企业、铁路干线或高速公路等遭受严重威胁区域。

5.2.2 尾矿库库址选择应根据汇水面积、工程地质及水文地质、库长、库区周边环境等因素经多方案技术经济比较综合确定，并应符合下列要求：
——汇水面积小，并有足够的库容；
——避开不良地质现象严重区域；
——上游式尾矿库有足够的初、终期库长；
——上游式尾矿库库底平均纵坡不得陡于 20%。

5.2.3 尾矿库设计应对不良工程地质条件采取可靠的治理措施。

5.2.4 在同一沟谷内建设两座或两座以上尾矿库时，后建库设计时应根据各尾矿库之间的相互关系与影响采取相应安全防范对策措施，确保各尾矿库安全。

5.2.5 废弃的露天采坑及凹地贮存尾矿时，应对边坡、库内设施及影响尾矿库安全的周边环境采取可靠的技术和工程措施。

5.2.6 干式尾矿库的设计应符合下列要求：
——年降雨量均值超过 800 mm 或年最大 24 h 雨量均值超过 65 mm 的地区，不应采用库尾式、库中式尾矿排矿筑坝法；
——堆存尾矿含水率应满足尾矿排矿和筑坝要求；无黏性、少黏性尾矿含水率不应大于 22%，黏性尾矿含水率不应大于塑限；
——应针对不良气候条件对作业过程的安全影响采取可靠防范措施；
——正常运行条件下，库内不应存水。

5.2.7 尾矿库应根据生产过程中的筑坝工程量、排水构筑物型式和操作要求，以及库区与厂区的距离等因素配备筑坝机械、工作船、工程车，并设置交通道路、值班室、应急器材库、通信和照明等设施。

5.2.8 加高扩容的尾矿库改建、扩建项目应满足下列要求：
——除一等库外，防洪标准应在按 5.4.1 确定的防洪标准基础上提高一个等别；
——设置可靠的排渗设施，尾矿堆积坝的控制浸润线埋深应不小于通过计算确定的控制浸润线的 1.2 倍；
——利旧的排洪构筑物应根据加高扩容要求核算其可靠性，终止使用的排洪构筑物应进行可靠封堵；
——尾矿库一次加高高度不得超过 50 m。

5.2.9 尾矿库设计文件除应明确堆存工艺、筑坝方法外，还应明确下列安全运行控制参数：

——尾矿库等别,设计最终堆积高程、总坝高、总库容、有效库容;
——入库尾矿量、尾矿比重、粒度及排放方式;
——初期坝、副坝、拦砂坝、一次建坝尾矿坝的坝型、坝高、坝顶宽度、上下游坡比、筑坝材料及其控制参数、地基处理;
——子坝坝高、坡比,尾矿堆积坝平均堆积外坡比;
——排洪系统型式、排洪构筑物的主要参数;
——尾矿坝排渗型式;
——尾矿坝各运行期、各剖面的控制浸润线埋深。

5.2.10 湿式尾矿库设计文件除应提供 5.2.9 中的安全运行控制参数外,还应提供下列安全运行控制参数:
——入库尾矿浓度;
——中线式和下游式尾矿筑坝的临时边坡的堆积坡比、堆坝尾砂的控制粒径、产率和浓度;
——库内控制的正常生产水位、调洪高度、安全超高、防洪高度、沉积滩坡度、正常生产水位时的干滩长度、最小干滩长度等。

5.2.11 干式尾矿库设计文件除应提供 5.2.9 中的安全运行控制参数外,还应提供下列安全运行控制参数:
——入库尾矿的含水率、分层厚度、影响坝体稳定区域、压实指标;
——尾矿堆积坝临时边坡的堆积坡比、台阶高度、台阶宽度;
——坝体顶面坡向及坡度;
——库内调洪起始水位、调洪高度、防洪高度、安全超高、最小防洪宽度。

5.3 尾矿坝设计

5.3.1 尾矿坝坝址选择应以避免不良工程地质和水文地质条件为原则,结合尾矿库回水、防洪及堆积坝填筑等因素综合确定。

5.3.2 初期坝坝型应根据尾矿堆存方式、尾矿坝筑坝方式、地震设计烈度等因素综合确定。地震设计烈度为Ⅷ、Ⅸ度时,初期坝应选用抗震性能和渗透稳定性较好且级配良好的土石料筑坝,上游式尾矿筑坝法的初期坝采用不透水坝型时,应采取可靠的坝体排渗方式。

5.3.3 初期坝坝高的确定应符合下列要求:
——能贮存选矿厂投产后 6 个月以上的尾矿量;
——使尾矿水得以澄清;
——当初期放矿沉积滩顶与初期坝顶齐平时,应满足相应等别尾矿库防洪要求;
——在冰冻地区应满足冬季放矿的要求;
——满足后期堆积坝上升速度的要求;
——上游式尾矿坝的初期坝坝高与总坝高的比值应不小于1/8。

5.3.4 遇有下列情况时,尾矿坝坝基应进行专门研究处理:
——易产生渗漏破坏的砂砾石地基;
——易液化土、软黏土、冰渍层、永冻层和湿陷性黄土地基;
——岩溶发育地基;
——涌泉及矿山井巷、采空区等。

5.3.5 湿式尾矿库尾矿堆积坝筑坝应满足下列要求：
—— 地震设计烈度为Ⅸ度时，上游式尾矿筑坝尾矿堆积高度不得高于30 m；
—— 上游式尾矿筑坝的尾矿浆重量浓度超过35%时，应进行尾矿堆坝试验研究；
—— 上游式尾矿筑坝的全尾矿 $d<0.074$ mm 颗粒含量大于85%或 $d<0.005$ mm 颗粒含量大于15%时，应进行尾矿堆坝试验研究；
—— 中线式或下游式尾矿筑坝，分级后用于筑坝尾砂的 $d⩾0.074$ mm 颗粒含量少于75%，$d⩽0.02$ mm 颗粒含量大于10%时，应进行尾矿堆坝试验研究；筑坝上升速度应满足沉积滩面上升速度的要求。

5.3.6 干式尾矿库的尾矿排矿筑坝应符合下列要求：
—— 尾矿排矿筑坝应边堆放边碾压，堆积坝顶面坡度应满足排水的要求，并不得出现反坡；当堆积坝顶面倾向堆积坝外边坡或库周截洪沟时，堆积坝顶面坡度不应大于2%。
—— 尾矿排矿筑坝期间应设置台阶，分层碾压排放作业的台阶高度不应超过10 m，台阶宽度不应小于1.5 m，有行车要求时不应小于5 m；推进碾压排放作业的台阶高度不应超过5 m，台阶宽度不应小于5 m；运行期间台阶的坡比应满足稳定要求。
—— 无黏性、少黏性尾矿分层厚度不得超过0.8 m，黏性尾矿分层厚度不得超过0.5 m。
—— 尾矿排矿筑坝过程中，应分阶段尽早形成永久边坡，影响堆积坝最终外边坡稳定的区域应采用分层碾压排放作业，压实度不应小于0.92。

5.3.7 尾矿库挡水坝应按坝型满足相应的水库坝设计规范要求，防洪标准不应低于本标准的规定。

5.3.8 上游式尾矿堆积坝沉积滩顶与设计洪水位的高差应符合表3的最小安全超高值的规定。滩顶至设计洪水位水边线的距离应符合表3的最小干滩长度值的规定。

表3 上游式尾矿堆积坝的最小安全超高与最小干滩长度　　单位为米

坝的级别	1	2	3	4	5
最小安全超高	1.5	1.0	0.7	0.5	0.4
最小干滩长度	150	100	70	50	40

3级及3级以下的尾矿坝经渗流稳定分析安全时，表内最小干滩长度最多可减少30%。
地震区的最小干滩长度尚应符合GB 50191的有关规定。

5.3.9 下游式和中线式尾矿坝坝顶外缘至设计洪水位时水边线的距离应符合表4的规定；坝顶与设计洪水位的高差应符合表3的最小安全超高值的规定。

表4 下游式和中线式尾矿坝的最小干滩长度　　单位为米

坝的级别	1	2	3	4	5
最小干滩长度	100	70	50	35	25

地震区的最小干滩长度尚应符合GB 50191的有关规定。

5.3.10 洪水运行条件下坝前存水的干式尾矿库尾矿堆积坝防洪宽度应符合表5的规定；

坝外坡面顶标高与设计洪水位的高差应符合表3的最小安全超高值的规定。

表5 干式尾矿库尾矿坝的最小防洪宽度　　　　　　　　　　　　　　　　　　　　　单位为米

坝的级别	1	2	3	4	5
最小防洪宽度	100	70	50	35	25

5.3.11 尾矿库挡水坝坝顶与设计洪水位的高差不应小于表3的最小安全超高值、最大风壅水面高度和最大波浪爬高三者之和。

5.3.12 设计地震水平加速度不小于$0.05g$地震区的尾矿库,湿式尾矿库尾矿堆积坝滩顶与正常生产水位的高差不应小于表3的最小安全超高值与地震沉降值、地震壅浪高度之和。挡水坝和一次建坝尾矿坝坝顶与正常生产水位的高差不应小于表3的最小安全超高值与地震沉降值、地震壅浪高度、最大风壅水面高度及最大波浪爬高之和。

5.3.13 尾矿坝应进行渗流计算,渗流计算应分析放矿、雨水等因素对尾矿坝浸润线的影响;湿式尾矿库1、2级尾矿坝的渗流应按三维数值模拟计算或物理模型试验确定。

5.3.14 尾矿堆积坝下游坡浸润线的最小埋深除满足坝坡抗滑稳定的条件外,尚应满足表6的要求。

5.3.15 尾矿坝应满足渗流控制的要求,尾矿坝的渗流控制措施应确保浸润线低于控制浸润线。

5.3.16 尾矿坝应满足静力、动力稳定要求,尾矿坝应进行稳定性计算,坝坡抗滑稳定的安全系数不应小于表7规定的数值,位于地震区的尾矿库,尾矿坝应采取可靠的抗震措施。

表6 尾矿堆积坝下游坡浸润线的最小埋深　　　　　　　　　　　　　　　　　　　　单位为米

堆积坝高度 H	$H \geq 150$	$150 > H \geq 100$	$100 > H \geq 60$	$60 > H \geq 30$	$H < 30$
浸润线最小埋深	10～8	8～6	6～4	4～2	2

　　堆积坝高度应按各垂直坝轴线剖面所在位置分别取值。
　　位于初期坝坝段的堆积坝高度按堆积高度取值,位于其余坝段的堆积坝高度按尾矿堆积坝坝顶与坡脚的高差取值。
　　任意高度堆积坝的浸润线最小埋深可用线性插值法确定。

表7 坝坡抗滑稳定的最小安全系数

计算方法	运行条件	坝的级别			
		1	2	3	4、5
简化毕肖普法	正常运行	1.50	1.35	1.30	1.25
	洪水运行	1.30	1.25	1.20	1.15
	特殊运行	1.20	1.15	1.15	1.10
瑞典圆弧法	正常运行	1.30	1.25	1.20	1.15
	洪水运行	1.20	1.15	1.10	1.05
	特殊运行	1.10	1.05	1.05	1.05

5.3.17 尾矿库初期坝与堆积坝的抗滑稳定性应根据坝体材料及坝基的物理力学性质经计算确定,计算方法应采用简化毕肖普法或瑞典圆弧法,地震荷载应按拟静力法计算。尾矿库挡水坝应根据相关规范进行稳定计算。尾矿坝动力抗震计算应按下列要求进行:

——对于1级及2级尾矿坝的抗震稳定分析,除应按拟静力法计算外,还应进行专门的动力抗震计算,动力抗震计算应包括地震液化分析、地震稳定性分析和地震永久变形分析;

——位于地震设计烈度为Ⅷ度地区的3级尾矿坝和设计烈度为Ⅶ度及Ⅶ度以上地区的4级和5级尾矿坝,地震液化可采用简化计算分析法;3级尾矿坝地震液化分析结果不利时,还应进行动力抗震计算;

——位于地震设计烈度为Ⅸ度地区的各级尾矿坝或位于Ⅷ度地区的3级及3级以上的尾矿坝,抗震稳定分析除应采用拟静力法外,还应采用时程法进行分析。

5.3.18 尾矿坝稳定计算的荷载应根据不同运行条件按表8进行组合。

表8 尾矿坝稳定计算的荷载组合

运行条件	计算方法	荷载类别				
		1	2	3	4	5
正常运行	总应力法	有	有	—	—	—
	有效应力法	有	有	有	—	—
洪水运行	总应力法	—	有	—	有	—
	有效应力法	—	有	有	有	—
特殊运行	总应力法	有	有	—	—	有
	有效应力法	有	有	有	—	有

注1:荷载类别1系指运行期正常库水位时的稳定渗透压力。
注2:荷载类别2系指坝体自重。
注3:荷载类别3系指坝体及坝基中的孔隙水压力。
注4:荷载类别4系指设计洪水位时有可能形成的稳定渗透压力。
注5:荷载类别5系指地震荷载。

5.3.19 尾矿坝稳定计算断面应根据尾矿的颗粒粗细程度和固结度进行概化分区,概化分区的尾矿定名应按附录B确定。新建尾矿库的尾矿坝计算断面概化分区及各区尾矿的物理力学性质指标应参考类似尾矿坝的勘察资料综合确定;扩建、改建尾矿库的尾矿坝计算断面概化分区及各区尾矿的物理力学性质指标应根据勘察资料确定。

5.3.20 尾矿堆积坝平均堆积外坡比不得陡于1:3。尾矿坝最终下游坡面应设置维护设施,维护设施应满足下列要求:

——设置马道,相邻两级马道的高差不得大于15 m,马道宽度不应小于1.5 m,有行车要求时,宽度不应小于5 m;

——采用石料、土石料或土料等进行护坡,采用土石料或土料护坡的应在坡面植草或灌木类植物;

——设置排水系统,下游坡与两岸山坡结合处应设置坝肩截水沟;尾矿堆积坝的每级马道内侧或上游式尾矿筑坝的每级子坝下游坡脚处均应设置纵向排水沟,并应在坡面上设置人字沟或竖向排水沟;

——设置踏步,沿坝轴线方向踏步间距应不大于500 m。

5.3.21 中线式或下游式尾矿筑坝的坝体结构应符合下列规定:

——应设置初期坝和滤水拦砂坝,在初期坝与拦砂坝之间的坝基范围内应设排渗设施;

——尾矿坝坝顶宽度应满足分级设备和管道安装及交通的需要。

5.4 排洪设计

5.4.1 尾矿库的防洪标准应符合下列规定:

——尾矿库各使用期的防洪标准应根据使用期库的等别、库容、坝高、使用年限及对下游可能造成的危害程度等因素,按表9确定;

表 9 尾矿库防洪标准

单位为年

尾矿库各使用期等别	一	二	三	四	五
洪水重现期	1 000～5 000 或 PMF	500～1 000	200～500	100～200	100

注: PMF 为可能最大洪水。

——当确定的尾矿库等别的库容或坝高偏于该等上限,尾矿库使用年限较长或失事后对下游会造成严重危害者,防洪标准应取上限或提高等别;

——采用露天废弃采坑及凹地贮存尾矿的尾矿库,周边未建尾矿坝时,防洪标准应采用100 年一遇洪水;建尾矿坝时,应根据坝高及其对应的库容确定库的等别及防洪标准;

——中线式或下游式尾矿筑坝的尾矿库,堆坝区的防洪标准应不小于50 年一遇洪水;

——尾矿库排洪系统外的尾矿坝坝肩截水沟、坝面排水沟的防洪标准应不小于年最大24 h 雨量均值。

5.4.2 尾矿库应设置排洪设施,排洪设施的排洪能力不应包括机械排洪的排洪能力。

5.4.3 除库尾排矿的干式尾矿库外,三等及三等以上尾矿库不得采用截洪沟排洪。中线式或下游式尾矿筑坝的尾矿库,堆坝区的洪水如无法通过拦砂坝渗出坝外,应在拦砂坝前设置排洪设施。

5.4.4 库尾式、库中式尾矿排矿筑坝的尾矿库的排洪设计应符合下列要求:

——在设计最终状态时的尾矿库外围应设永久截排洪系统;

——当设计尾矿堆积坝坝高超过60 m,应设置中间截洪沟;

——尾矿堆积坝外坡面下游应设置拦砂坝,所形成库容应满足储存一次洪水冲刷挟带的泥砂量;

——拦砂坝前应设置排水设施,排水入口应高于泥沙淤积标高0.5 m 以上,并应及时清理坝前淤积尾矿;

——尾矿库运行过程中,应在尾矿堆积区设临时排水沟,将洪水排至尾矿库下游,洪水不得在尾矿堆积坝外坡面无序排放。

5.4.5 尾矿库洪水计算应根据各省水文图集或有关部门建议的特小汇水面积的计算方法进行计算。当采用全国通用的公式时,应采用当地的水文参数。设计洪水的降雨历时应采用 24 h。

5.4.6 尾矿库调洪演算应采用水量平衡法进行计算。尾矿库的一次洪水排出时间应小于 72 h。

5.4.7 尾矿库应采取防止泥石流、滑坡、树木杂物等影响泄洪能力的工程措施。

5.4.8 尾矿库排洪构筑物型式及尺寸应根据水力计算和调洪计算确定,并应满足设计流态、日常巡检维修和防洪安全要求。对特别复杂的排洪系统,应进行水工模型或模拟试验验证。

5.4.9 尾矿库排洪构筑物应进行结构计算,结构计算应满足相应水工建筑物设计规范要求,排水井还应满足 GB 50135 的相关要求;尾矿、尾矿水、尾矿库岩土体、尾矿库地下水对排洪构筑物有腐蚀作用的,应对排洪构筑物采取防腐措施。

5.4.10 排洪构筑物的设计最大流速不应大于构筑物材料的允许抗冲流速。排水井井底应设置消力坑。在排水管或隧洞变坡、转弯和出口处,应根据具体情况采取消能防冲措施。

5.4.11 排洪构筑物的基础应避免设置在工程地质条件不良或填方地段。无法避开时,应进行地基处理设计。排洪构筑物不得直接坐落在尾矿沉积滩上。

5.4.12 除隧洞外的地下排洪构筑物应采用钢筋混凝土结构,其基础应置于有足够承载力的地基上。对于承载力不足的地基,应采取符合基础承载力要求的工程措施。

5.4.13 排洪设施在终止使用时应及时进行封堵,封堵后应同时保证封堵段下游的永久性结构安全和封堵段上游尾矿堆积坝渗透稳定安全及相邻排水构筑物安全。排水井的封堵体不得设置在井顶、井身段。

5.5 安全监测设施设计

5.5.1 尾矿库应设置人工安全监测和在线安全监测相结合的安全监测设施,人工安全监测与在线安全监测监测点应相同或接近,并应采用相同的基准值。监测设施横剖面应结合尾矿坝稳定计算断面布置,监测设施的布置还应满足下列原则:
——应全面反映尾矿库的运行状态;
——尾矿坝位移监测点的布置应根据稳定计算结果延伸到坝脚以外的一定范围;
——坝肩及基岩断层、坝内埋管处必要时应加设监测设施。

5.5.2 湿式尾矿库监测项目应包括坝体位移,浸润线,干滩长度及坡度,降水量,库水位,库区地质滑坡体位移及坝体、排洪系统进出口等重要部位的视频监控;干式尾矿库监测项目应包括坝体位移,最大坝体剖面的浸润线,降水量及坝体、排洪系统进出口等重要部位的视频监控;三等及三等以上湿式尾矿库必要时还应监测孔隙水压力、渗透水量及浑浊度。

5.5.3 尾矿库在线安全监测系统应符合下列规定:
——应具备自动巡测、应答式测量功能;
——应具备传感器和采集设备、供电系统、通信网络故障自诊断功能;
——应具备防雷及抗干扰功能;
——应具备数据后台处理、数据库管理、数据备份、预警、监测图形及报表制作、监测信息查询及发布功能；

　　——应具备与现场巡查、人工安全监测接口，进行数据补测、比测和记录。

5.5.4 尾矿库安全监测预警应由低级到高级分为蓝色预警、黄色预警、橙色预警、红色预警四个等级，设计单位应给出各监测项目的各级预警阀值。各监测项目及尾矿库安全状况各级预警等级的判定并应符合下列规定：

　　——当同类监测项目的监测点达到4个蓝色预警时，该项目为黄色预警；达到3个黄色预警时，该项目应为橙色预警；达到2个橙色预警时，该项目应为红色预警；

　　——当监测项目达到4个蓝色预警时，应计为1项监测项目黄色预警；达到3项黄色预警时，应计为1项监测项目橙色预警；当监测项目达到2项橙色预警时，应计为1项监测项目红色预警；

　　——尾矿库安全状况预警应由尾矿库安全监测项目的最高预警等级确定。

5.6 尾矿库施工及验收

5.6.1 承担施工的单位应建立完善的质量、安全管理体系，以及制定保证质量、安全的措施。

5.6.2 尾矿设施施工应按安全设施设计和施工图进行。当实际情况与工程勘察或设计不符需修改设计时，应取得勘察和设计单位的书面同意。

5.6.3 尾矿设施施工应做好施工组织设计及专项施工方案，并应合理安排施工顺序。

5.6.4 尾矿设施施工应对工地原有的控制点进行复查和校核，并应补充不足部分，同时应建立地面测量控制网。

5.6.5 尾矿设施施工中采用的材料、设备和构件应符合设计要求和产品标准，应有合法证明文件和产品合格证，不得使用国家明令淘汰的材料和设备。

5.6.6 尾矿设施施工中应建立技术档案。工程验收时，应具备施工原始记录、各种试验记录、质量检查记录、隐蔽工程验收记录和竣工图等资料，竣工图应由施工单位完成，不得使用设计图纸代替。

5.6.7 建设单位应在工程完工后按国家有关法律、行政法规的规定组织竣工验收。

6 尾矿库生产运行

6.1 一般规定

6.1.1 生产经营单位应建立健全尾矿库全员安全生产责任制，建立健全安全生产规章制度和安全技术操作规程，对尾矿库实施有效的安全管理。

6.1.2 生产经营单位应编制尾矿库年度、季度作业计划和详细运行图表，严格按照作业计划生产运行，做好记录并长期保存。

6.1.3 生产经营单位应开展安全风险辨识，建立安全风险分级管控体系，建立健全尾矿库安全生产事故隐患排查治理制度，及时发现并消除事故隐患。事故隐患排查治理情况应如实记录，并向从业人员通报。

6.1.4 生产经营单位应制订尾矿库安全使用规划，提出新建、改建、扩建、运行期安全性复核和闭库的计划。上游建有尾矿库、渣库、排土场或水库等工程设施的尾矿库，应了解上游所建工程的稳定情况，采取必要的防范措施。

6.1.5 尾矿库运行期的坝体、排渗设施、排洪设施及其封堵设施、监测设施等工程设施应进行施工图设计。

6.1.6 上游式尾矿筑坝法的子坝,中线式、下游式尾矿筑坝法的尾矿堆积坝,堆积坝坝体内预埋的排渗设施,干式尾矿库影响堆积坝最终外边坡稳定的区域,排洪设施的封堵设施等设施的施工过程应满足5.6.2～5.6.6要求,施工资料应经主管技术人员检查确认。

6.1.7 生产经营单位应在尾矿库库区设置明显的安全警示标识。

6.1.8 尾矿库应每三年至少进行一次安全现状评价。

6.1.9 采用尾矿堆坝的尾矿库,应在运行期对尾矿坝做全面的安全性复核,以验证最终坝体的稳定性和确定后期的处理措施;尾矿坝安全性复核前应对尾矿坝进行全面的岩土工程勘察,安全性复核工作应由设计单位根据勘察结果完成。安全性复核应满足下列原则:
——三等及三等以下的尾矿库在尾矿坝堆至1/2～2/3最终设计总坝高,一等及二等尾矿库在尾矿坝堆至1/3～1/2和1/2～2/3最终设计总坝高时,应分别对坝体做全面的安全性复核;
——尾矿库达到一等库后,坝高每增高20 m应对坝体进行全面的安全性复核;
——尾矿性质、放矿方式与设计相差较大时,应对尾矿坝体进行全面的安全性复核。

6.1.10 尾矿库应设置通往坝顶、排洪系统附近的应急道路,应急道路应满足应急抢险时通行和运送应急物资的需求,应避开产生安全事故可能影响区域且不应设置在尾矿坝外坡上。

6.2 入库尾矿指标检测

6.2.1 生产经营单位应根据尾矿堆存方式和筑坝方式配备必要的检测设施和人员,满足对入库尾矿相应指标定期检测的需要。

6.2.2 入库尾矿根据堆存方式和筑坝方式应按照设计文件要求的指标检测内容进行必要的检测,指标检测应至少包含以下内容:
——上游式尾矿筑坝法排放尾矿的比重、浓度、粒度;
——中线式、下游式尾矿筑坝法堆坝尾矿的比重、浓度、粒度;
——干式尾矿库入库尾矿的比重、含水率及碾压后的压实度。

6.2.3 湿式尾矿库入库尾矿指标检测频率应不少于每周一次,干式尾矿库入库尾矿指标检测频率应不少于每天一次,设计文件中对检测频率有明确要求的,检测频率还应满足设计要求。当检测指标与设计指标偏差超过5%时,应增加检测次数并分析原因、及时解决存在问题。检测指标与设计指标偏差超过10%时,应先停止排放,待问题解决后方可恢复排放。

6.3 尾矿筑坝与排放

6.3.1 尾矿筑坝与排放包括岸坡清理、尾矿排放、坝体堆筑、坝面维护、排渗设施施工和质量检查等环节,应按照设计要求和作业计划进行,并做好记录。

6.3.2 子坝及后期坝体堆筑前应进行岸坡处理,将树木、树根、草皮、坟墓及其他构筑物全部清除,清除杂物不得就地堆积,应运到库外。若遇有泉眼、水井、地道、溶洞或洞穴等,应按设计要求处理。

6.3.3 湿式尾矿库尾矿排放应满足下列要求:
——应按照设计要求排放尾矿,滩顶高程应满足生产、防汛、冬季放矿和回水要求;一次建坝的尾矿库,堆积高程及排矿顶面高程不得超过设计标高;
——矿浆排放不得冲刷初期坝或子坝,不得发生矿浆沿子坝上游坡脚流动冲刷坝体;
——排放口的间距、位置、开放的数量和时间等应按设计要求和作业计划进行操作,并做好放矿记录。

6.3.4 采用尾矿堆坝的湿式尾矿库尾矿排放除应满足6.3.3的要求外,还应满足下列要求:
—— 应在坝前均匀、分散排放,维持滩面均匀上升,滩面不得出现侧坡、扇形坡或细粒尾矿大量集中沉积于某端或某侧;
—— 坝顶及沉积滩面应均匀平整,沉积滩长度及滩顶最低高程应满足防洪设计要求;
—— 尾矿滩面上不得有积水坑。

6.3.5 湿式尾矿库的子坝及后期坝体堆筑应满足下列要求:
—— 尾矿坝堆积坡比应符合设计要求;
—— 每期坝堆筑完毕,应进行质量检查。主要检查内容应包括坝轴线位置、坝体长度、坝体高度、坝顶宽度、内外坡比等剖面尺寸,坝顶及上游坝脚处滩面高程,库内水位,筑坝质量等;
—— 上游式尾矿筑坝法需要在库内取砂堆筑子坝时,取砂位置距当期子坝上游坝脚直线距离不得小于2倍当期子坝坝高,应在滩面上沿坝轴线方向均匀取砂,不得在滩面上集中取砂;
—— 中线式及下游式尾矿坝堆筑应在运行期间做好堆坝尾矿砂量与库内堆存量之间的砂量平衡工作;
—— 采用旋流器底流尾矿直接充填筑坝时,底流矿浆浓度应大于不分选浓度。

6.3.6 干式尾矿库尾矿排放和堆筑前应进行试验,并根据试验结果和设计要求确定入库尾矿堆排作业程序,试验项目应包括下列内容:
—— 自然堆积状态下尾矿物理力学试验;
—— 室内击实试验;
—— 设计含水率情况下,不同铺料厚度和碾压遍数的碾压试验;
—— 压实后的尾矿物理力学指标试验。

6.3.7 干式尾矿库采用汽车运输和排放尾矿时,应符合下列规定:
—— 库内运输道路应满足车辆行驶安全要求,道路末端应设置卸料平台,其尺寸应满足运输车辆进出的安全要求;
—— 在各运行期的卸料平台布置应满足在采用机械摊平的条件下,将尾矿布放在整个库区的需要;
—— 在尾矿堆积边坡附近行走或卸料的运输车辆,应与尾矿堆积边坡的边缘保持足够的安全距离;
—— 当遭遇暴雨、凝冻等不良天气时应停止运输作业,不良天气过后需评估道路、卸料平台等作业区域的安全状况,满足运输条件后方可恢复作业。

6.3.8 干式尾矿库采用皮带运输和排放尾矿时,应符合下列规定:
—— 在各运行期皮带的长度、数量及布置应满足在采用机械摊平的条件下,将尾矿布放在整个库区的需要;
—— 皮带的末端应具有一定仰角和高度,满足机械作业的安全距离;
—— 寒冷地区采用皮带运输时,应采取防冻措施。

6.3.9 干式尾矿库排矿和筑坝时,排矿台阶设置、拦挡坝设置、尾矿压实度应符合设计要求;排矿与筑坝作业环节应按设计要求严格控制,不同区域的排矿作业方式、摊平厚度、碾压遍数及碾压范围、压实指标等均应满足设计要求,并应采取有效措施防止作业机械损坏坝体、排水构筑物等。

6.3.10 干式尾矿库运行过程中,应根据气候的变化情况及时调整尾矿排矿作业计划,并采取下列措施:
—— 入库尾矿应及时碾压,未经碾压的尾矿应采取措施,防止含水率增大;
—— 当尾矿库无法正常排矿作业时,应将干尾矿在应急场地暂存;
—— 恢复正常作业时,未经碾压的尾矿应视含水率变化情况,采取摊平、晾晒或其他措施调整含水率重新摊平、碾压;
—— 影响坝体外坡稳定区域的坝体堆筑应在雨季前完成;
—— 寒冷地区应在入冬前完成影响坝体外坡稳定区域的坝体堆筑。

6.3.11 坝外坡面维护工作应按设计要求进行,尾矿坝下游坡面上不得有积水坑。坝体出现冲沟、裂缝、塌坑等现象时,应及时处理。

6.3.12 尾矿库运行过程中应根据设计要求进行排渗设施的施工,施工后对排渗效果进行检查。

6.4 库水位控制与防洪

6.4.1 生产经营单位应按设计要求进行库水位控制与防洪。

6.4.2 生产经营单位每年汛前应委托设计单位根据尾矿库实测地形图、水位和尾矿沉积滩面实际情况进行调洪演算,复核尾矿库防洪能力,确定汛期尾矿库的运行水位、干滩长度、安全超高等安全运行控制参数。

6.4.3 湿式尾矿库库内水位控制应遵循下列原则:
—— 在满足防洪安全、回水水质和水量要求前提下,尽量降低库内水位;
—— 当库水位影响尾矿库安全时,应坚持安全第一的原则,降低库内水位;
—— 排出库内蓄水或大幅度降低库内水位时,应注意控制流量,非紧急情况不得骤降;
—— 岩溶或裂隙发育地区的尾矿库,应控制库内水深,防止渗漏;
—— 不得用子坝挡水。

6.4.4 干式尾矿库库内水位控制应遵循下列原则:
—— 尾矿库正常运行条件下不得存水;
—— 入库一次洪水应在 72 h 内排出库外。

6.4.5 尾矿库内应设置清晰醒目的水位观测标尺。汛期应加强对排洪设施检查,确保排洪设施畅通。

6.4.6 排洪构筑物的封堵预制件制作与安装应满足下列要求:
—— 预制件应按设计要求制作并妥善保存;
—— 预制件内壁表面应平整光滑,局部凸坎高度不应大于 5 mm,并应按 1∶10 坡度打磨,长度的允许偏差为 ±3 mm,厚度不得出现负值;
—— 安装前应对预制件的强度、表面平整度等进行质量检查,保证用于安装的预制件质量满足设计要求;
—— 预制件应按设计要求安装,并确保安装质量。

6.4.7 洪水过后应对坝体和排洪设施进行全面检查,发现问题及时处理。

6.4.8 尾矿库排洪构筑物终止使用时,应严格按设计要求及时封堵,并确保施工质量。

6.5 渗流控制

6.5.1 尾矿库运行期间应加强浸润线监测,严格按设计要求控制浸润线埋深。

6.5.2 尾矿库运行期间,坝体浸润线埋深小于控制浸润线埋深时,应增设或更新排渗设施。

6.6 防震与抗震

6.6.1 尾矿库原设计抗震标准低于现行标准时,应采取可靠措施提高尾矿坝的抗震性能,使其满足现行标准的要求,常用的措施如下:
——在下游坡坡脚增设土石料压坡;
——对坝坡进行削坡、放缓坝坡;
——提高坝体密实度;
——降低库内水位或增设排渗设施,降低坝体浸润线。

6.6.2 震后生产经营单位应进行安全检查,及时修复被破坏的安全设施。

6.7 尾矿库安全监控

6.7.1 尾矿库运行时,应按设计及时设置人工安全监测设施和在线安全监测系统,并应按照设计定期进行各项监测。

6.7.2 尾矿库应每天日常巡查,大雨或暴雨期间应在现场实时巡查。人工安全监测设施安装初期应每半个月监测1次,6个月后应每月监测不少于1次。遇下列情况之一时,应增加监测次数:
——汛期;
——地震、连续多日下雨、暴雨、台风后;
——尾矿库安全状况处于黄色预警、橙色预警、红色预警期间;
——排洪设施、坝体除险加固施工前后;
——其他影响尾矿库安全运行情形。

6.7.3 人工安全监测应符合下列规定:
——应采用相同的观测图形、观测路线和观测方法;
——应使用相同技术参数的监测仪器和设备;
——应采用统一基准处理数据;
——每次监测应不少于2名专业技术人员。

6.7.4 在线安全监测频率应符合下列规定:
——尾矿库处于正常状态时,在线安全监测频率为1次/10 min～1次/24 h;
——尾矿库安全状况处于非正常状态时,在线安全监测频率为1次/5 min～1次/30 min。

6.7.5 尾矿库在线安全监测和人工安全监测的监测成果应定期进行对比分析。每年应进行一次专门数据分析,下列情况下应增加专门数据分析:
——尾矿库竣工验收时;
——尾矿库安全现状评价时;
——尾矿库闭库时;
——出现异常或险情状态时。

6.7.6 安全监测系统调试运行正常后,在线安全监测与人工安全监测的结果应基本一致,相同监测点在同一监测时间的在线安全监测成果与人工安全监测成果差值,不应大于其测量中误差的2倍。

6.7.7 尾矿库在线安全监测系统的管理和维护应设置专门技术人员负责。

6.7.8 尾矿库在线安全监测系统应全天候连续正常运行。系统出现故障时,应尽快排除,故障排除时间不得超过7 d,排除故障期间应保持无故障监测设备正常运行,并加强人工监测;系统改建、扩建期间,不得影响已建成系统的正常运行。

6.7.9 尾矿库安全监测数据应及时整理,如有异常,应及时分析原因,采取对策措施。安全监测信息的分析、管理和发布,应综合现场巡查、人工安全监测和在线安全监测成果进行。

6.8 库区及周边条件规定

6.8.1 尾矿坝上和尾矿库区内不得建设与尾矿库运行无关的建、构筑物。

6.8.2 尾矿坝上和对尾矿库产生安全影响的区域不得进行乱采、滥挖和非法爆破等违规作业。

6.9 尾矿库隐患及重大险情处理

6.9.1 尾矿库存在下列一般生产安全事故隐患之一时,应在限定的时间内进行整治,消除事故隐患:
— 尾矿库调洪库容不足,在设计洪水位时不能同时满足设计规定的安全超高和干滩长度的要求;
— 排洪设施出现不影响安全使用的裂缝、腐蚀或磨损;
— 经验算,坝体抗滑稳定最小安全系数满足表7规定值,但部分高程上堆积边坡过陡,可能出现局部失稳;
— 坝体浸润线埋深小于1.1倍控制浸润线埋深;
— 坝面局部出现纵向或横向裂缝;
— 干式堆存尾矿的含水量偏大,实行干式堆存有一定困难,且没有设置可靠防范措施;
— 坝面未按设计设置排水沟,冲蚀严重,形成较多或较大的冲沟;
— 坝肩无截水沟,山坡雨水冲刷坝肩;
— 堆积坝外坡未按设计设置维护设施;
— 其他不影响尾矿库基本安全生产条件的非正常情况。

6.9.2 尾矿库存在下列重大生产安全事故隐患之一时,应立即停产,生产经营单位应制定并实施重大事故隐患治理方案,消除事故隐患:
— 库区和尾矿坝上存在未按批准的设计方案进行开采、挖掘、爆破等活动;
— 坝体出现大面积纵向裂缝,且出现较大范围渗透水高位出逸,出现大面积沼泽化;
— 坝外坡坡比陡于设计坡比;
— 坝体超过设计坝高,或者超设计库容贮存尾矿;
— 尾矿堆积坝上升速率大于设计堆积上升速率;
— 经验算,坝体抗滑稳定最小安全系数小于表7规定值的0.98倍;
— 坝体浸润线埋深小于控制浸润线埋深;
— 尾矿库调洪库容不足,在设计洪水位时,安全超高和干滩长度均不满足设计要求;
— 排洪设施部分堵塞或坍塌、排水井有所倾斜,排水能力有所降低,达不到设计要求;
— 干式堆存尾矿的含水量大,实行干式堆存比较困难,且没有设置可靠的防范措施;

——多种矿石性质不同的尾砂混合排放时,未按设计要求进行排放;
——冬季未按照设计要求采用冰下放矿作业;
——设计以外的尾矿、废料或者废水进库;
——其他危及尾矿库安全运行的情况。

6.9.3 尾矿库出现下列重大险情之一时,生产经营单位应立即停产,启动应急预案,进行抢险:
——坝体出现严重的管涌、流土等现象的;
——坝体出现严重裂缝、坍塌和滑动迹象的;
——经验算,坝体抗滑稳定最小安全系数小于表7规定值的0.95倍;
——尾矿库调洪库容严重不足,在设计洪水位时,安全超高和干滩长度均不满足设计要求,将可能出现洪水漫顶;
——排水井显著倾斜,有倒塌迹象的;
——排洪系统严重堵塞或者坍塌,不能排水或排水能力急剧降低;
——干式堆存尾矿的含水量过大,基本不能干式堆存,且没有设置可靠的防范措施;
——其他危及尾矿库安全的重大险情。

7 尾矿库回采

7.1 尾矿库回采各期的等别及相关要求按下列规定执行:
——尾矿库的等别应按4.5尾矿库的全库容和坝高确定;
——尾矿坝的稳定性应符合5.3.16的要求;
——尾矿库的防洪应符合5.4的相关要求。

7.2 尾矿库回采应符合下列要求:
——回采方式应技术合理、安全可靠;
——回采过程中应保证尾矿库安全设施的可靠性;
——回采顺序应按照"由内到外,先库后坝,从上至下,单层开采"原则进行;
——采用干式和湿式联合回采的尾矿库,应明确两种方法衔接的处理方案;
——同一座尾矿库内不得同时进行尾矿的回采和排放;
——尾矿库回采产生的新尾矿应进行尾矿再利用或另设尾矿库堆存。

7.3 尾矿库回采设计应包括下列主要内容:
——尾矿库回采的规模、回采范围、服务年限和相应可靠的回采安全措施;
——尾矿库回采的规划及顺序,包括回采工艺、输送方式、设备配置,以及现有设施的利用、保护;
——回采期间尾矿坝及库内回采边坡的稳定性分析及安全措施;
——回采期间尾矿库防洪标准、调洪演算及防洪安全措施;
——回采期间尾矿库的监测设施;
——回采结束后尾矿库的处置方案。

7.4 尾矿库回采全过程应设排洪设施,排洪设施应符合下列要求:
——原有排洪设施如继续使用,应保证其结构的可靠性;
——回采区与排洪设施间应设置排洪通道;

— 应对排洪设施采取保护、防止淤堵措施;
— 对于不继续使用的排洪设施,应采取可靠措施进行封堵。

7.5 尾矿库回采过程中需要预留或堆筑中隔坝时,应满足下列要求:
— 中隔坝应按临时构筑物设计;
— 中隔坝坝顶高程不得高于开采现状的坝顶高程;
— 干式开采中隔坝由基底至坝顶不得高于 3 m。

7.6 干式回采应满足下列要求:
— 单层开采的高度不得大于 3 m,台阶坡面角应根据尾矿力学性质确定;
— 设备选型应根据地基承载力确定,必要时应采取相应地基加固措施;
— 回采作业现场应设置合理的运输线路;
— 回采设施应布置在安全地带,必要时应采取防止滑坡、泥石流措施。

7.7 湿式回采的采坑深度应不大于 6 m,水面以上边坡高度应不大于 3 m;边坡角水上部分应控制在 25°以下,水下部分应控制在 20°以下。

7.8 尾矿库回采生产运行应满足下列要求:
— 尾矿库回采生产单位应建立回采安全管理制度、编制回采作业计划和回采事故应急救援预案,做好回采安全管理工作;
— 距尾矿库内排水井、排水斜槽、排水涵管等设施周边 15 m 范围内的尾矿,不得采用挖掘机械回采并应均匀同步下降;
— 尾矿回采过程中应对初期坝、库区防渗层采取相应的保护措施;
— 暴雨、大雪、大风、大雾等恶劣天气期间不得回采作业,并且应采取安全防范措施;
— 寒冷地区的尾矿库冰冻季节不得采用湿式回采;
— 过采区应采取有效措施,防止滑坡、塌方和泥石流等灾害的发生。

7.9 尾矿库回采工程涉及的铲装作业、道路运输、带式输送机运输、水力开采、挖掘船开采及电气设施应按 GB 16423 相关规定执行。

7.10 尾矿库回采中止或结束后如继续堆存尾矿,应重新进行评价和设计,按照改建尾矿库的规定执行,否则应进行闭库,闭库应按尾矿库闭库的规定执行。

8 尾矿库闭库

8.1 尾矿库存在生产安全事故隐患的,闭库设计应包含生产安全事故隐患的治理措施。

8.2 尾矿库闭库勘察,除应对尾矿坝进行勘察外,还应对周边影响尾矿库安全的不良地质现象进行勘察。

8.3 未进行专门动力抗震计算的二等及以上尾矿库,闭库阶段应进行专门的动力抗震计算。

8.4 闭库设计应对闭库前后的尾矿库安全性进行分析,并应提出相应的闭库工程措施。设计重点应包括下列内容:
— 坝体稳定性分析及尾矿坝闭库工程措施;
— 尾矿库防洪能力复核及排洪系统闭库工程措施;
— 影响尾矿库安全的周边环境闭库工程措施;
— 监测设施闭库工程措施。

8.5 尾矿坝闭库工程措施应包括下列内容:

—— 对坝体稳定性不足的,应采取加固坝体、降低浸润线等措施,使坝体稳定性满足本标准要求;
—— 整治坝体的塌陷、裂缝、冲沟;
—— 完善坝面排水沟和土石覆盖或植被绿化、坝肩截水沟、监测设施等。

8.6 排洪系统闭库工程措施应包括下列内容:
—— 根据防洪标准复核尾矿库防洪能力,当防洪能力不足时,应采取增大调洪库容或增建排洪系统等措施,必要时应增设溢洪道等地面排洪设施;
—— 当原排洪设施结构强度不能满足要求或受损严重时,应进行加固处理;必要时应新建排洪设施,同时将原排洪设施进行封堵。

8.7 尾矿库闭库后,正常运行条件下库内不应存水。

9 生产经营单位安全检查

9.1 一般规定

9.1.1 生产经营单位应定期组织相关人员对尾矿库进行安全检查。安全检查每年应不少于 4 次,并做好记录;汛期前后、寒冷地区结冰期前应重点进行检查。

9.1.2 安全检查不得使用生产运行日常巡检结果及安全监测数据代替。需要采用仪器进行测量的,应按人工安全监测的要求进行测量,测量仪器的精度不得小于日常人工安全监测仪器的精度。

9.1.3 安全检查后应对检查记录进行整理、分析,对分析结论进行闭环处置,并对检查过程资料进行归档。

9.2 防洪安全检查

9.2.1 防洪安全检查主要内容应包括防洪标准、防洪安全运行管理的主要控制指标及排洪构筑物安全检查等。

9.2.2 尾矿库防洪标准安全检查应检查防洪标准与本标准规定的符合性。当防洪标准低于本标准规定时,应重新进行洪水计算及调洪演算,根据计算结果调整控制参数,必要时增设排洪设施。

9.2.3 防洪安全运行管理的主要控制指标安全检查应包括尾矿库库水位、进水堰顶高程、坝(滩)顶高程、干滩长度、干滩坡度检查,并应满足下列要求:
—— 尾矿库库水位检测的测点应选择能代表库内平稳水位的位置,测点数不少于 2 个。
—— 进水堰顶高程检测的测点应能反映进水堰的实际状况,测点数不少于 3 个。
—— 尾矿库坝(滩)顶高程的检测,应沿坝(滩)顶方向布置测点进行实测,测点总数不少于 3 个,每 100 m 坝长应选较低处设置 1 个~2 个测点;当坝(滩)顶一端高一端低时,应在低标高段选较低处设置 1 个~3 个测点。应选择各测点中最低点标高作为尾矿库坝(滩)顶高程。
—— 尾矿库干滩长度的检测,视坝长及水边线弯曲情况,应选干滩长度较短处布置 1 个~3 个断面。测量断面应垂直于坝轴线布置,应选择最小值作为该尾矿库的沉积滩干滩长度。
—— 尾矿库沉积干滩的平均坡度检测,视沉积干滩的平整情况,每 100 m 坝长应布置 1 个~3 个断面。测量断面应垂直于坝轴线布置,测点应尽量在各变坡点处进行布置,且测点间距应不大于 10 m～20 m(干滩长者取大值)。尾矿库沉积干滩平均坡度,应按各测量断面的尾矿沉积干滩平均坡度加权平均计算。

9.2.4 根据尾矿库实际的地形、水位和尾矿沉积滩面,应对尾矿库防洪能力进行复核,确定尾矿库安全超高、干滩长度和干滩坡度是否满足设计要求。

9.2.5 排洪构筑物安全检查的主要内容应包括构筑物有无变形、位移、损毁、淤堵,排水能力是否满足设计要求。

9.2.6 排水井检查内容应包括内径、窗口尺寸及位置,井壁剥蚀、脱落、渗漏、最大裂缝开展宽度,井身倾斜度和变位,井、管联接部位,拱板放置、断裂、最大裂缝开展宽度,拱板之间以及拱板与井壁之间的防漏充填物、漏砂,进水口水面漂浮物,停用井封堵方法及措施,排水井拱板安装辅助设施设置情况。

9.2.7 排水斜槽检查内容应包括断面尺寸,槽身变形、损坏、坍塌、最大裂缝开展宽度,盖板放置、断裂、最大裂缝开展宽度,盖板之间以及盖板与槽壁之间的防漏充填物、漏砂,斜槽内淤堵等。

9.2.8 排水管检查内容应包括断面尺寸,变形、破损、断裂、磨蚀、最大裂缝开展宽度,管间止水及充填物,管内渗漏尾砂,管内淤堵等。

9.2.9 排水隧洞检查内容应包括断面尺寸,洞内塌方,衬砌变形、破损、断裂、剥落、磨蚀、最大裂缝开展宽度,伸缩缝、止水及充填物,洞内渗漏尾砂,洞内淤堵及排水孔工况等。

9.2.10 溢洪道、截洪沟检查内容应包括断面尺寸,沿线山坡滑坡、塌方,衬砌变形、破损、断裂、磨蚀,沟内淤堵等,对溢洪道还应检查溢流坎顶高程,消力池及消力坎等。

9.2.11 排洪构筑物检查应有影像资料。对裂缝、孔洞、鼓包和排水井基座、转流井等重要部位录像或摄像时应辅以测量尺等工具进行详细测量并做好标识。

9.2.12 检查人员应根据检查作业环境配备低压强光照明设备、供氧设施、安全帽、无线通信等必要的安全防护装备,并做好有限空间作业防护预案,人数不少于 2 人。

9.3 尾矿坝安全检查

9.3.1 尾矿坝安全检查主要内容应包括坝的轮廓尺寸,变形,裂缝、滑坡和渗漏,坝面维护设施等。

9.3.2 检测坝的外坡坡比时,应选择最大坝高断面和坝坡较陡断面,且每 100 m 坝长应不少于 2 处。

9.3.3 检查坝体位移时,应对坝体设置的位移监测点进行全面测量,并结合日常监测数据分析坝的位移量变化趋势。坝的位移量变化应均衡,无突变现象,且应逐年减小。当位移量变化出现突变或有增大趋势时,应查明原因,即时处理。

9.3.4 检查坝体裂缝和滑坡时,应检查坝体有无纵、横向裂缝和滑坡迹象。发现坝体出现裂缝时,应查明裂缝的长度、宽度、深度、走向、形态和成因,判定危害程度;发现坝体出现滑坡迹象时,应查明潜在滑坡位置、范围和形态以及滑坡的动态趋势。

9.3.5 检查坝体渗漏时,应包括坝体浸润线,坝体外坡及下游渗漏,坝体排渗设施。坝体浸润线检查应查明浸润线的位置、形态;坝体外坡及下游渗漏检查应查明坝体外坡及下游有无渗漏出逸点,出逸点的位置、形态、流量及含砂量等;坝体排渗设施检查应查明排渗设施是否完好、排渗效果及排水水质。

9.3.6 检查坝面维护设施时,应检查坝肩截水沟和坝坡排水沟断面尺寸,衬砌变形、破损、断裂和磨蚀,沟内淤堵,沿线山坡稳定性等;应检查坝坡土石覆盖等护坡实施情况。

9.4 放矿安全检查

9.4.1 尾矿库放矿安全检查应重点检查放矿及筑坝方式是否符合设计要求。对于寒冷地区的尾矿库,还应检查是否采取冬季放矿措施及冬季是否具备正常运行的条件。

9.4.2 干式尾矿库的排矿作业安全检查应包括下列内容:
——检查尾矿运输道路和巡视道路的安全状况是否满足安全要求;
——检查机械设备运行是否满足安全要求;
——检查排矿筑坝方式是否符合设计要求;
——检查排矿台阶设置、拦挡坝设置、排水坡度、坡向是否符合设计要求。

9.5 尾矿库库区安全检查

9.5.1 尾矿库库区安全检查主要内容应包括周边山体稳定性,违章建筑、违章施工和违章采选作业等情况。

9.5.2 检查周边山体滑坡、塌方和泥石流等情况时,应详细观察周边山体有无异常和急变,并根据岩土工程勘察报告,分析周边山体发生滑坡的可能性。

9.5.3 检查库区范围内是否存在危及尾矿库安全的行为,主要内容应包括违章爆破、采石和建筑,违章进行尾矿回采,取水,外来尾矿、废石、废水和废弃物排入,放牧和开垦等。

9.5.4 尾矿库库区安全检查还应包括库区防、排渗设施的可靠性检查,库区生产道路是否通畅检查,临时及永久性安全警示标识的设置是否完备、清晰。

9.6 监测系统安全检查

9.6.1 尾矿库监测系统安全检查主要内容应包括监测内容、监测设施布置及监测设施的维护。

9.6.2 监测内容安全检查应检查监测内容及监测预警值的设置是否满足设计要求。监测设施安全检查应检查监测设施的设置是否满足设施要求,监测设施是否有损坏,是否运行正常。

9.6.3 监测设施维护安全检查应检查监测设施是否定期检查和维护,监测设施的可靠性和完整性,人工监测设施与在线监测设施是否定期比对和校正。

9.7 其他设施安全检查

9.7.1 其他设施安全检查主要内容应包括照明设施、管理站、通信设施、应急管理设施等。

9.7.2 检查尾矿库照明设施时,应检查照明设施是否满足夜间安全生产使用要求,照明线路、设备及其布置是否安全规范。

9.7.3 检查尾矿库管理站时,应检查尾矿库管理站位置、规格,值班和日常安全检查记录情况,管理站及作业、管理人员与外部通信设施是否畅通。

9.7.4 检查尾矿库应急管理设施时,应检查应急救援物资配备情况,应急道路是否畅通。

10 生产经营单位应急管理

10.1 生产经营单位应落实尾矿库应急管理主体责任,建立健全尾矿库生产安全事故应急工作责任制和应急管理规章制度,制定应急救援预案,并及时发放到尾矿库各部门、岗位和应急救援队伍。

10.2 编制应急救援预案时应考虑下列因素:

——尾矿坝溃坝；
——坝坡深层滑动；
——洪水漫顶；
——水位超警戒线；
——排洪设施损毁；
——排洪系统堵塞；
——发生暴雨、山洪、泥石流、山体滑坡、地震等灾害。

10.3 应急救援预案内容应包括：
——应急机构的组成和职责；
——应急救援预案体系；
——尾矿库风险描述；
——预警及信息报告；
——应急响应与应急通信保障；
——抢险救援的人员、资金、物资准备；
——应急救援预案管理。

10.4 生产经营单位每年汛前应至少进行一次应急救援演练，并长期保存演练方案、记录和总结评估报告等资料。

10.5 生产经营单位应每三年进行一次应急救援预案评估，有下列情形之一的，应及时修订预案：
——制定预案所依据的法律、法规、规章、标准发生重大变化；
——应急指挥机构及其职责发生调整；
——尾矿库生产运行面临的潜在风险发生重大变化；
——重要应急资源发生重大变化；
——在预案演练或者应急救援中发现需要修订预案的重大问题；
——其他应修订的情形。

10.6 生产经营单位应建立应急值班制度，配备应急值班人员，汛期实施24 h值班值守。

10.7 生产经营单位应建立符合国家法律法规要求的应急救援队伍，应急救援人员应培训合格并定期组织训练。

10.8 生产经营单位应设置尾矿库应急物资库，储备满足预案要求的应急救援器材、设备和物资，并定期进行检查、维保及更新补充。应急物资库的建设地点布置应遵循下列原则：
——应建在尾矿坝附近且基础稳定的区域；
——应与应急道路直接相通；
——不应直接建在尾矿坝上或尾矿库下游。

10.9 尾矿库发生险情或事故后，生产经营单位应立即启动应急救援预案，科学组织抢险救援，并按有关规定报告事故情况。

11 尾矿库安全评价

11.1 一般规定

11.1.1 尾矿库新建、改建、扩建项目及回采建设项目应进行安全预评价和安全验收评价；

尾矿库生产运行期及闭库前应进行安全现状评价。

11.1.2 尾矿库安全评价前期应进行现场踏勘,踏勘项目应包括地形地貌、不良地质现象、周边人文地理环境,安全验收评价还应包括工程施工、监理和试运行情况,安全现状评价还应包括尾矿坝运行情况、排洪设施完好程度、安全监测设施运行情况。

11.1.3 生产经营单位应根据各项评价的目的和要求分别向评价单位提供下列资料:
——尾矿库现状地形图及上、下游有关资料;
——水文气象资料;
——尾矿库岩土工程勘察报告;
——尾矿库安全设施设计资料;
——尾矿库安全设施施工资料;
——尾矿库运行管理资料,包括安全风险管控、隐患排查治理、监测监控等安全管理和事故及其处理情况;
——其他有关资料。

11.2 安全预评价

11.2.1 安全预评价应对可行性研究报告提出的建设方案进行安全可靠性评价,评价重点应包括:
——库址选择的合理性评价,包括尾矿库对下游居民和重要设施等周边环境的安全影响,以及自然灾害、地质环境灾害和人文环境等周边环境对尾矿库的安全影响;
——尾矿坝坝址和坝型选择的合理性评价,对坝体渗流稳定性和抗滑稳定性进行定量计算,并对尾矿坝安全状况进行分析判断;
——排洪系统布置的合理性及排洪能力的可靠性评价,采用水量平衡法进行调洪演算,并对防排洪安全状况进行分析判断;
——尾矿库安全监测系统的完整性及可靠性评价;
——辨识尾矿库投产运行后在运行过程中存在的主要危险有害因素,并分析其可能导致发生事故的诱发因素、可能性及严重程度;
——可行性研究报告中危险有害因素预防和控制措施的可靠性评价。

11.2.2 安全预评价报告应有明确的评价结论,评价结论应包括:
——列出主要危险、有害因素,指出建设项目应重点防范的重大危险有害因素,明确应重视的安全对策措施建议;
——可行性研究报告与安全生产有关的国家法律、法规、规章、标准和规范的符合性;
——明确建设项目潜在的危险、有害因素在采取安全对策措施后,能否得到控制以及受控的程度。

11.3 安全验收评价

11.3.1 安全验收评价应对建设项目是否具备安全验收条件进行评价,评价的重点应包括:
——安全设施是否与主体工程同时设计、同时施工、同时投入生产和使用;
——安全设施与批复的安全设施设计及施工图的符合性及其确保安全生产的可靠性;
——安全生产责任制、安全管理机构及安全管理人员、安全生产制度、事故应急救援预案建立情况等安全管理相关内容是否满足有关安全生产法律、法规、规章、标准、规范性文件的要求及其落实情况;

- ——辨识分析致使已建成的建设项目的安全设施和措施失效的危险、有害因素,并确定其危险度;
- ——是否有完备的经监理和业主确认的隐蔽工程记录;
- ——各单项工程施工参数与质量是否满足国家和行业规范、规程及设计要求;
- ——提出合理可行的安全对策措施和建议。

11.3.2 安全验收评价报告应有明确的评价结论,评价结论应包括:
- ——建设项目安全设施与安全设施设计及施工图的符合性及其有效性;
- ——致使已建成的建设项目的安全设施和措施失效的危险、有害因素及其危险度;
- ——对建设项目是否具备安全验收条件做出明确结论。

11.4 安全现状评价

11.4.1 安全现状评价应对尾矿库运行及管理状况进行评价,评价的重点应包括:
- ——尾矿库自然状况的说明及评价,包括尾矿库的地理位置、周边人文环境、库形、汇水面积、库底与周边山脊的高程、工程地质概况等;
- ——尾矿坝设计及现状的说明与评价,包括初期坝的结构类型、尺寸、尾矿堆坝方法、堆积标高、库容、堆积坝的外坡坡比、坝体变形及渗流、采取的工程措施等,并根据勘察资料或经验数据对尾矿坝稳定性进行定量分析;
- ——尾矿库防洪设施设计及现状的说明与评价,包括尾矿库的等别、防洪标准、暴雨洪水总量、洪峰流量、排洪系统的型式、排洪设施结构尺寸及完好情况等,并复核尾矿库防洪能力及排洪设施的可靠性能否满足设计要求;
- ——安全监测设施的可靠性评价,包括安全监测设施的监测项目、数量、位置、精度、监测周期、预警功能等方面;
- ——尾矿库在下个评价周期间的坝体稳定性和排洪系统的安全分析;
- ——安全管理的完善程度及评价。

11.4.2 安全现状评价报告应有明确的评价结论,评价结论应包括:
- ——尾矿坝稳定性是否满足设计要求;
- ——尾矿库防洪能力是否满足设计要求;
- ——尾矿库的安全监测设施是否满足设计要求;
- ——尾矿库与周边环境的相互安全影响;
- ——尾矿库下个评价周期间的坝体稳定性和防洪能力是否满足设计要求;
- ——安全对策;
- ——对尾矿库是否具备继续生产运行的安全生产条件做出明确结论。

12 尾矿库工程档案

12.1 生产经营单位应建立尾矿库工程档案管理制度,尾矿库工程档案应包括尾矿库建设和管理活动中形成的有关历史记录,应确保其完整准确、安全保管和有效利用。

12.2 尾矿库工程档案应按工程建设、生产运行、回采和闭库等阶段分别进行档案管理。

12.3 尾矿库建设及回采工程档案应包括下列文件及资料:
- ——项目审批、核准或备案等与项目建设相关的批准文件;
- ——永久水准基点标高、坐标位置、控制网、不同比例的地形图等测绘资料;

——库区、坝体、主要构筑物在不同阶段的岩土工程勘察资料；
——不同设计阶段的有关设计文件、图纸和设计变更等设计资料；
——安全预评价、安全验收评价、安全现状评价等安全评价资料；
——工程施工过程中有关施工、监理单位的文件、报告、图纸、影像以及记录等施工、监理资料；
——试运行期间的相关记录以及试运行报告等试运行资料；
——工程竣工时有关施工、监理、设计、评价以及建设单位的文件、报告、图纸以及记录等工程竣工验收资料。

12.4 尾矿库生产运行档案应包括年度作业计划、生产记录、安全检查记录及处理、事故及处理等。

12.5 尾矿库闭库工程档案应包括勘察报告、安全现状评价、闭库设计、施工及验收等资料。

12.6 其他档案应包括尾矿库运行期管理的往来文件以及基层报表和分析资料等资料。

12.7 在线监测数据、影像等采用电子版文件保存的资料，应进行备份。

附 录 A
（资料性附录）
尾矿库典型参数示意图

图 A.1 至图 A.7 给出了湿式尾矿库和干式尾矿库的不同堆坝方式的典型参数示意图。

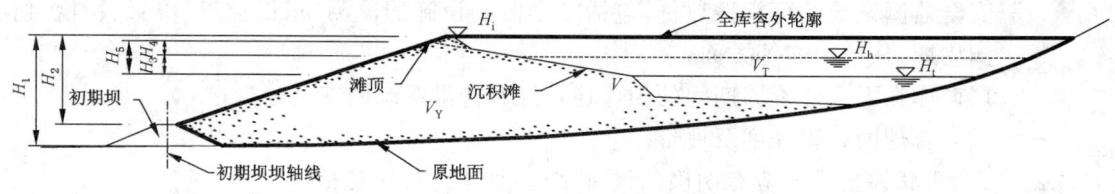

说明：
V ——全库容；
V_Y ——有效库容；
V_T ——调洪库容；
H_i ——运行期坝顶标高；
H_h ——设计洪水位标高；
H_t ——调洪起始水位标高；
H_1 ——尾矿坝高；
H_2 ——堆坝高度或堆积高度；
H_3 ——调洪高度；
H_4 ——非地震运行条件下的安全超高；
H_5 ——防洪高度。

图 A.1 上游式尾矿筑坝法典型参数示意图

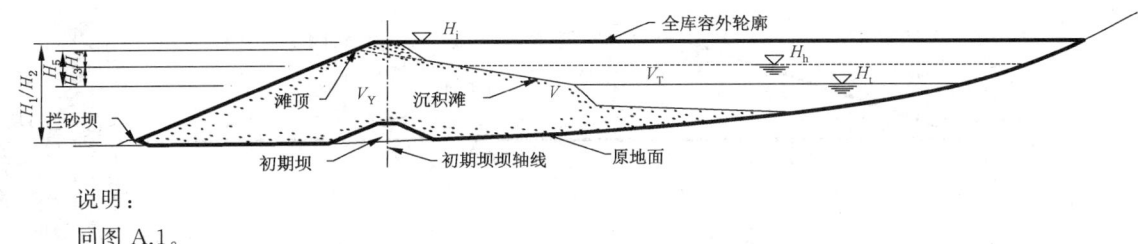

说明:
同图 A.1。

图 A.2 中线式尾矿筑坝法典型参数示意图

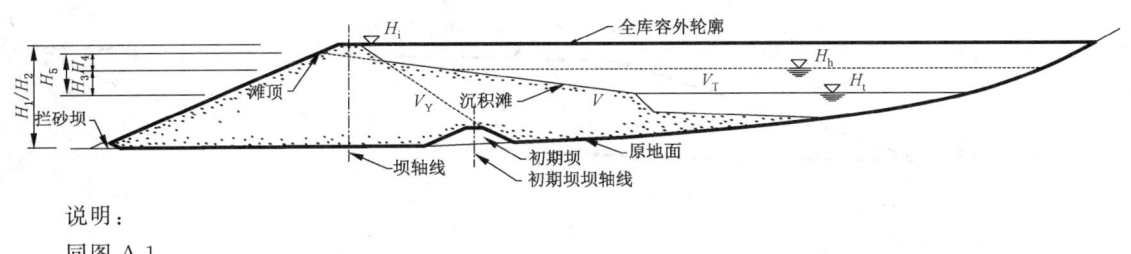

说明:
同图 A.1。

图 A.3 下游式尾矿筑坝法典型参数示意图

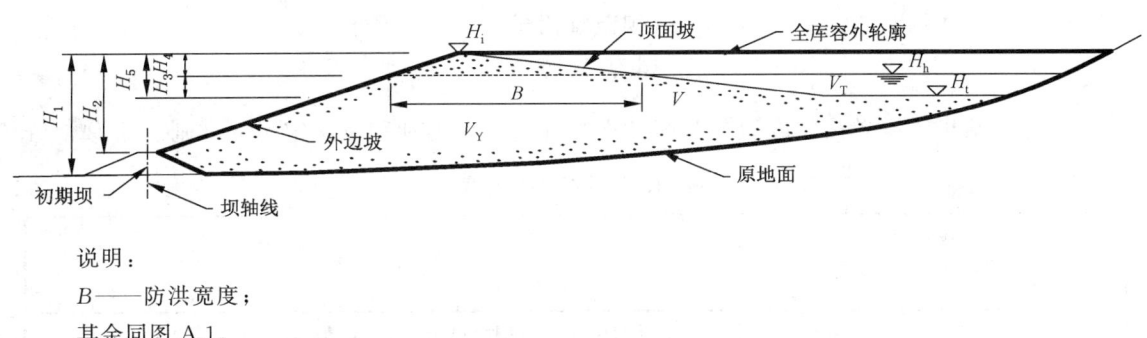

说明:
B——防洪宽度;
其余同图 A.1。

图 A.4 库前式尾矿排矿筑坝法典型参数示意图

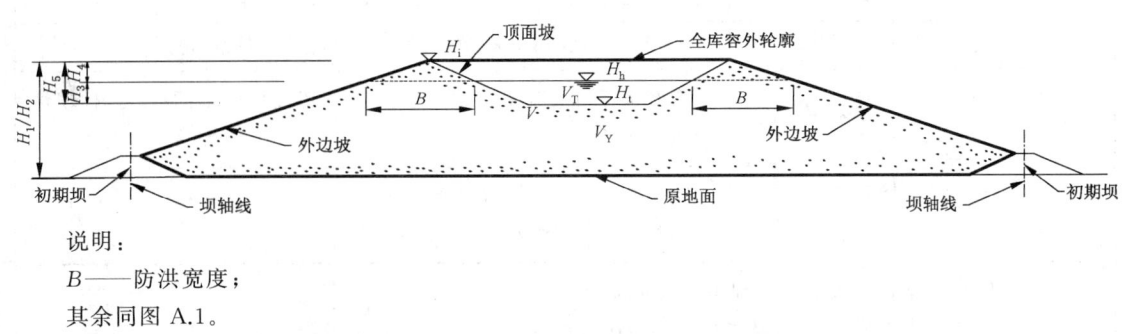

说明:
B——防洪宽度;
其余同图 A.1。

图 A.5 库周式尾矿排矿筑坝法典型参数示意图

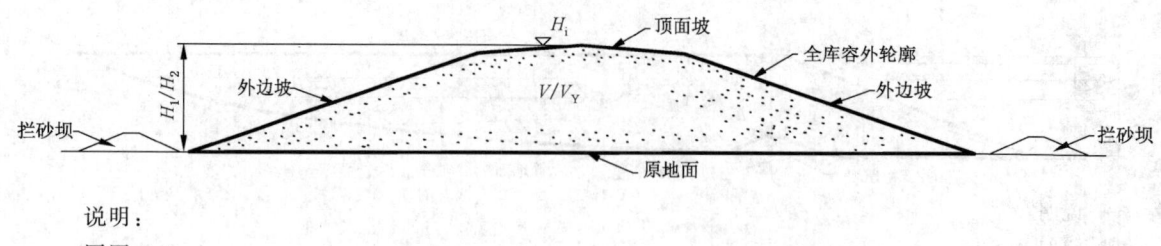

说明：
同图 A.1。

图 A.6　库中式尾矿排矿筑坝法典型参数示意图

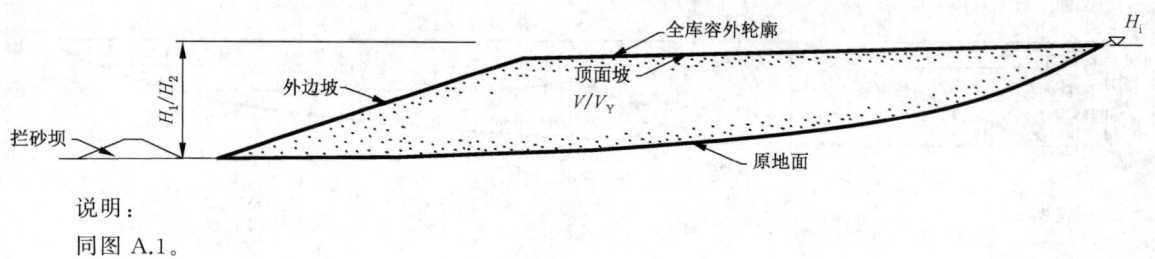

说明：
同图 A.1。

图 A.7　库尾式尾矿排矿筑坝法典型参数示意图

附　录　B
（规范性附录）
尾 矿 定 名 表

表 B.1 给出了尾矿按粒度组成和塑性指数确定尾矿类别和尾矿定名的准则。

表 B.1　尾矿定名表

尾矿		判 别 标 准
类别	名称	
砂性尾矿	尾砾砂	粒径大于 2 mm 的颗粒质量占总质量的 25%～50%
	尾粗砂	粒径大于 0.5 mm 的颗粒质量超过总质量的 50%
	尾中砂	粒径大于 0.25 mm 的颗粒质量超过总质量的 50%
	尾细砂	粒径大于 0.074 mm 的颗粒质量超过总质量的 85%
	尾粉砂	粒径大于 0.074 mm 的颗粒质量超过总质量的 50%
粉性尾矿	尾粉土	粒径大于 0.074 mm 的颗粒质量不超过总质量的 50%，且塑性指数不大于 10
黏性尾矿	尾粉质黏土	塑性指数大于 10，且小于或等于 17
	尾黏土	塑性指数大于 17
定名时应根据颗粒级配由大到小以最先符合者确定。 塑性指数应由相应于 76 g 圆锥仪沉入土中深度为 10 mm 时测定的液限计算确定。		

金属非金属地下矿山防治水安全技术规范
（AQ 2061—2018）

前　言

本标准除 5.1.5、5.1.6、5.1.7、5.1.10、5.1.11、5.2.5、5.3.2、5.3.3、5.3.6、5.3.7、6.1.2.1、6.1.2.2、6.1.3.2、6.1.3.3、6.2.1.7、6.2.2.2、6.2.2.3、6.2.2.4、6.2.2.7、6.2.3.1、6.2.3.5、6.2.3.7、6.2.3.8、6.2.3.9、6.2.3.10、6.2.3.11、6.2.3.12、6.2.3.13、6.2.4.1、6.2.4.2、6.2.4.3、6.2.4.4、6.2.4.5、6.2.7.2、6.2.7.3、6.2.7.4、6.2.7.6、6.2.7.7、6.2.8.4、6.3.4、6.3.5、6.4.1、6.4.3、7.4、7.9、8.4、9.1.7、9.2.1、9.2.2、9.2.3、9.3.1、9.4.4、9.4.5、9.4.6、9.5、10.1.1、10.1.3、10.1.4、10.2.1、10.2.2 条文及附录 A、附录 B 外，其余均为强制性的。

本标准按照 GB/T 1.1—2009 给出的规则起草。

本标准由国家安全生产监督管理总局监管一司提出。

本标准由全国安全生产标准化技术委员会非煤矿山安全分技术委员会（SAC/TC 288/SC 2）归口。

本标准起草单位：长沙矿山研究院有限责任公司、金属矿山安全技术国家重点实验室、中国恩菲工程技术有限公司、东北大学、华北理工大学、深圳市中金岭南有色金属股份有限公司凡口铅锌矿。

本标准主要起草人：容玲聪、徐必根、姚曙、甘德清、杨天鸿、朱承敏、高超、徐京苑、欧阳仕元、马亚杰、张湘生。

1　范围

本标准规定了金属非金属地下矿山各阶段防治水工作的内容、方法、步骤、技术要求以及矿山水害评估和报告编写要求。

本标准适用于国内各类金属非金属地下矿山的水文地质勘探、规划设计、建设、开采和闭坑各阶段及有关单位的防治水工作。

本标准不适用于煤系共伴生金属非金属地下矿产的矿山和石油、天然气、矿泉水等液态或气态矿藏的矿山。

2　规范性引用文件

下列文件对于本文件的应用是必不可少的。凡是注日期的引用文件，仅所注日期的版本适用于本文件。凡是不注日期的引用文件，其最新版本（包括所有的修改单）适用于本文件。

GB 14623—2006　金属非金属矿山安全规程

GB/T 29639—2013　生产经营单位生产安全事故应急预案编制导则

GB 50771—2012　有色金属采矿设计规范

GB 51060—2014　有色金属矿山水文地质勘探规范

AQ/T 9007—2011　生产安全事故应急演练指南
ZD/T 0285—2015　矿山帷幕注浆规范

3　术语和定义

下列术语和定义适用于本文件。

3.1
矿山　mines
金属非金属地下矿山的简称。

3.2
金属非金属地下矿山　metal and nonmetal underground mines
以平硐、斜井、斜坡道、竖井等作为出入口，深入地表以下，采出金属或非金属矿物的采矿场及其附属设施的矿山。

3.3
采空区　mined-out area
矿产开采后留下的空间。

3.4
老采空区　old workings
遗留的采空区和已经报废巷道的总称。

3.5
水患　potential water hazard
矿山存在发生水灾的隐患。

3.6
水害（灾）　water accident
影响矿井正常生产活动，对矿井安全生产构成威胁以及使矿山局部或全部被淹没的突水或透水事故。

3.7
正常涌水量　normal water inflow to mine workings
矿床开采期间，矿坑涌水量的平均值。

3.8
最大涌水量　maximum water inflow to mine workings
矿床开采期间，矿坑涌水量的高峰值。

3.9
大水矿山　mines with heavy water inflow
正常涌水量超过 10 000 m^3/d 的矿山。

3.10
防隔水矿（岩）柱　waterproof ore(rock) pillar
确保近水体或强含水层下或其附近安全采矿而留设的矿体开采上（下）限至水体底（顶）界之间的矿岩层。

3.11

崩落层　caving layer

采空区上方岩层失去支撑,产生裂缝和断裂并向采空区垮落的岩层。

3.12

带压开采　mining under safe water pressure of aquifer

在有承压水压力的含水层上、中、下进行的采矿。

3.13

井下近矿体帷幕　underground curtain adjacent to an ore body

在井下对矿体围岩注浆,在矿体外围形成的一定厚度的防渗体。

3.14

水文地质模型　conceptual hydrogeological model

把含水层实际的边界类型、内部结构、渗透性质、水力特征和补给、径流、排泄等条件概化为便于进行数学与物理模拟的模式。

3.15

地下水数学模型　mathematical model of groundwater

以水文地质模型为基础建立的,能逼近实际地下水系统结构、水流运动特征和各种渗透要素的一组数学关系式。

3.16

充填水　filling water

充填体析(泌)出的水和清洁充填管路的洗管水。

4　一般要求

4.1　矿山建设项目设计之前,应委托相应资质单位对矿区进行工程地质、水文地质勘探,探明矿区水文地质条件,划分水文地质类型。

4.2　矿山防治水应坚持"预测预报,有疑必探,先探后掘,先治后采"的原则,采取"防、堵、疏、排、截、避"综合治理措施。

4.3　水文地质条件中等矿山应成立相应防治水机构,配置防治水专业技术人员,配备防治水及抢险救灾设备,建立探放水队伍。

水文地质条件复杂矿山应设立专门防治水机构,配置专职防治水专业技术人员,建立专业探放水队伍,配备相应的防排水设施、配齐专用探水装备和防治水抢险救灾设备。

4.4　矿山在未调查核实矿区内及周边的小矿井、老空区、现有生产矿坑的积水区、含水层、岩溶带、导水构造及周边区域水文地质条件前,严禁进行采矿活动,应先采取物探、钻探、水文试验等手段查清水文地质条件。发现有透(突)水征兆时,应立即停止受水害威胁区域的作业,并立即采取相应紧急处置措施,撤出所有可能受水威胁区域的人员,分析查找可能透水原因,采取有效安全措施,防止发生透水事故。

4.5　矿山应加强井下作业人员防治水知识的培训,提高井下作业人员对地下水风险的辨识能力,提高预见、防护、处理水患的技能和综合素质。

4.6　矿山应定期进行安全隐患排查,尤其是雨季前,制定隐患处理措施,及时处理安全隐患。

5 矿区水文地质勘探、补勘及矿山应具备的基础资料

5.1 矿区水文地质调查与勘探

5.1.1 矿区水文地质类型划分为简单、中等、复杂三种类型。具体分类方法应按 GB 51060—2014 中 3.1.3 条的规定执行。

5.1.2 水文地质条件发生变化的生产及改扩建矿山,应重新核实水文地质类型,委托相应资质机构研究矿区水文地质条件,编制相应的勘探或专项研究报告。矿区水文地质勘探或专项研究报告应包括下列主要内容:

  a) 矿区所在位置、范围及四邻关系,自然地理等情况;
  b) 矿区含水层分布规律和特征,补、迳、排条件;
  c) 矿区隔水层分布规律特征;
  d) 矿坑充水因素分析,矿坑及周边老空区分布及积水状况;
  e) 矿坑涌水量构成及其变化规律分析;
  f) 大气降雨对矿坑涌水量的关系及变化规律;
  g) 矿区地表水体分布、汇水面积、地表水体与地下水的联系程度及联系通道;
  h) 地表采矿冒落沉陷、岩溶塌陷分布、特征及对矿坑涌水的影响分析;
  i) 矿坑开采受水害影响程度和防治水工作难易程度;
  j) 矿坑涌水量预测;
  k) 水文地质实测平剖面图;
  l) 水文地质类型划分及防治水工作建议。

5.1.3 水文地质调查与勘探具体要求按 GB 51060—2014 的规定执行。但除留作观测孔外,其他所有钻孔都应全孔段水泥封孔密实。在地质勘探报告中应提交封孔孔径、孔深及水泥用量。对穿越含水地段的钻孔封孔应采取压水试验进行质量检查,应有 5%～10% 的取芯质量检查。

5.1.4 矿山发生重大透(突)水事故后,透(突)水稳定流量 300 m^3/h 以上的,应在 1 年内重新确定矿区水文地质类型。

5.1.5 矿坑涌水量计算主要方法有:水文地质比拟法、数理统计法、水文分析法、水均衡法、解析法、数值模拟法等。矿井涌水量计算宜根据矿区水文地质条件,选择两种以上计算方法对比后确定。水文地质边界条件复杂、涌水量较大的矿区,宜选择矿区地下水位降深较大、影响半径扩展较广的抽、放水试验资料,并应用经验公式法进行计算。

5.1.6 生产期间的矿坑涌水量计算宜采用水均衡法、数值模拟法。在进行矿坑涌水量计算时,应充分考虑矿床不同开采方式、不同排水方式以及同一地下水系统中其他矿坑和相邻矿区排水量的影响。改建、扩建矿山宜采用水文地质比拟法。

5.1.7 有条件的矿山,推荐建立整个地下水系统的水文地质模型和相应的数学模型。

5.1.8 错动区正常降雨径流渗入量和暴雨径流系数按 GB 50771—2012 中 5.1.2 和 5.1.7 的规定执行。

5.1.9 应计算最低开拓阶段及以上排水阶段的涌水量。涌水量计算应包括正常涌水量和最大涌水量。矿体采动后导水裂隙带波及地面时,还应计算错动区降雨径流渗入量。

5.1.10 需预先疏干的矿床,应计算疏干中段及以上的疏干工程量(包括疏干孔数、疏干孔

位、疏干时间,疏干孔深、疏干水量)。可采用三维数值模拟法。

5.1.11 露天转井下开采的矿山,计算井下涌水量时,应充分考虑露天坑汇水面积内的降雨量、进入露天坑的地表水等入渗转化为井下涌水量的因素。错动区的降雨径流渗入量和露天坑的暴雨径流量计算,设计暴雨频率标准取值应按下列规定选取:

  a) 大型矿山可取 5%;
  b) 中型矿山可取 10%;
  c) 小型矿山可取 20%;
  d) 塌陷特别严重、雨量大的地区,应适当提高暴雨频率标准取值。

5.2 矿山应具有的水文地质基础资料

5.2.1 新建矿山基建期间基建单位应收集、整理、分析下列水文地质资料,基建完成后将全部移交给生产单位:

  a) 水文地质观测台账和成果;
  b) 突水点台账、记录和有关防治水的技术总结,以及注浆堵水记录和有关资料;
  c) 井筒及巷道水文地质编录及实测剖面;
  d) 矿区水文地质总结报告。

5.2.2 生产矿山应建立、保存以下防治水基础资料档案,并根据生产建设情况及时补充修改:

  a) 矿坑涌水量和排水量成果;
  b) 降雨量资料;
  c) 地表水文观测成果;
  d) 钻孔水位、井下水压、水量及井泉动态观测成果;
  e) 抽(放)水试验成果;
  f) 矿坑突水、突泥点编录资料;
  g) 矿区地质钻孔综合成果;
  h) 井下水文地质钻孔(含探放水孔)成果;
  i) 水质分析成果;
  j) 水源水质分析观测资料;
  k) 水源井(孔)资料;
  l) 钻孔封孔资料;
  m) 矿区周边矿山、采空区及老空区调查资料;
  n) 采矿沉陷、岩溶塌陷、裂缝观测资料;
  o) 水闸门(墙)建设及观测资料;
  p) 地表位移、沉降、泥石流观测资料;
  q) 其他专门防治水项目的资料。

5.2.3 矿山防治水应绘制下列水文地质基础图件,并及时修改完善:(图件及内容要求参见附录 A)

  a) 中段水文地质平面图;
  b) 矿坑涌水量与各种相关因素动态曲线图;
  c) 不同时期地下水等水位线图(大水矿山,平水期和丰水期至少各1张);

d) 矿区和区域综合水文地质平面图；
e) 钻孔综合水文地质柱状图；
f) 各勘探线水文地质剖面图；
g) 地面塌陷分布图；
h) 地表位移、沉降发展趋势图；
i) 排水系统及排水系统能力图；
j) 防治水工程实施图。

5.2.4 矿山闭坑应提供闭坑报告，闭坑报告中应包含以下水文地质内容：
a) 闭坑前矿井各中段采掘空间分布图；
b) 生产期间历年实测矿坑涌水量，水质及闭坑时期地下水位等资料；
c) 分析评价可能存在的充水水源、通道及积水量；
d) 闭坑对邻近生产矿坑安全的影响和应采取的防治水措施。

5.2.5 水文地质条件复杂的矿山应建立水文地质信息、实时自动监测管理系统，实现矿区水文地质文字资料、数据采集、图件绘制、计算评价和矿山水害防治、预测预报一体化。

5.3 水文地质补充调查与勘探

5.3.1 当矿区现有水文地质资料不能满足生产建设需要时，应针对存在的问题进行专项水文地质补充调查。水文地质补充调查范围应覆盖一个相对独立补给、径流、排泄条件的水文地质单元。

5.3.2 水文地质补充调查宜采用钻探、物探、化探等传统方法，有条件的鼓励采用遥感、全球卫星定位、地理信息系统及适合本矿区地层物性的物探方法。

5.3.3 水文地质补充调查应包括以下内容：
a) 资料收集。收集降水量、蒸发量、气温、气压、相对湿度、风向、风速及其历年月平均值和百年之内的极值，以及调查区内以往勘查研究成果、动态观测资料、勘探钻孔、供水井钻探及抽水试验资料。
b) 地貌地质情况。调查由开采或地下水活动诱发的地面塌陷、崩塌、滑坡、人工湖等地貌变化、岩溶发育矿区的各种岩溶地貌形态；基本查明第四系松散覆盖层和基岩露头的时代、岩性、厚度、富水性及地下水的补排方式等，并划分含水层或相对隔水层；查明地质构造的形态、产状、性质、规模、有无泉水出露，以及破碎带的范围、充填物、胶结程度、导水性等情况；分析研究其对矿床开采的影响。
c) 地表水体情况。调查矿区河流、水渠、湖泊、积水区、山塘和水库等地表水体的历年汇水面积、水位、流量、积水量、最大洪水淹没范围、含泥砂量、水质和地表水体与下伏含水层的水力关系等；对可能渗漏补给地下水的地段要进行详细调查，并进行渗漏量监测。
d) 井泉情况。调查井泉的位置、标高、深度、出水层位、涌水量、水位、水质、水温、有无气体溢出、流出类型及其补给水源，并素描泉水出露的地形地质平面图和剖面图。
e) 废弃矿井情况。调查废弃矿井的位置及开采、充水、排水的资料及废弃矿井停采原因等情况；察看地形，圈出采空区，并估算积水量；对没有资料的老采空区应采用高精度物探方法探明其位置、规模及充水情况。

f) 生产矿井情况。调查矿区内生产矿井的充水因素、充水方式、突水层位、突水点的位置与突水量、矿坑涌水量的动态变化与开采水平、开采面积、地面塌陷错动区的关系、以往发生水害的观测研究资料和防治水措施及效果。

g) 岩溶情况。岩溶塌陷非常严重的矿区,应采用高精度岩溶探测方法,查明矿区岩溶发育情况和主要进水通道位置、规模,为制定防治水方案提供依据;有疏干岩溶塌陷的矿山应详细调查开采或地下水活动诱发的岩溶塌陷发展的形态、规模、分布范围、对地下水运动有明显影响的补给和排泄通道,必要时进行连通试验和暗河、岩溶塌陷的测绘工作,并分析岩溶发育规律和地下水径流方向,圈定补给区,测定补给区内的渗漏情况,估算地下水径流量。

h) 周边矿井情况。调查周边矿井的位置、范围、开采层位、充水情况、地质构造、采矿方法、采出矿量、隔离矿柱以及与相邻矿坑的空间关系,并收集系统完整的采掘工程平面图及有关资料。

5.3.4 凡属下列情况之一者,应进行水文地质补充勘探:
a) 矿区主要勘探目的层未开展过水文地质勘探工作;
b) 矿区原勘探工程量不足,水文地质条件未查清;
c) 经采掘揭露,水文地质条件比原勘探报告复杂;
d) 矿区水文地质条件因长期开采已发生较大变化,原勘探报告不能满足安全生产要求;
e) 矿坑开拓延深、开采新矿体,或扩大矿区范围设计需要;
f) 巷道顶板处于特殊地质条件部位或深部矿层下伏强含水层;矿体底板带压及需要做专门防治水工程等特殊要求的;
g) 井巷工程施工穿越强富水性含水层时。

5.3.5 地面水文地质补充勘探按 GB 51060—2014 中 3.4 的规定执行。

5.3.6 遇下列情况之一者,应进行井下水文地质补充勘探:
a) 地面水文地质勘探难以查清问题时,宜开展井下放水试验或连通(示踪)试验等;
b) 矿体顶、底板有含水(流)砂层或岩溶含水层时,需进行疏水开采试验;
c) 受地表水体和地形限制或受开采塌陷影响,地面无施工条件;
d) 孔深或地下水位埋深过大,地面无法进行水文地质试验;
e) 深部矿床水文地质条件复杂,矿体位于侵蚀基准面以下,主要含水层富水性好,补给条件较好,水压高;构造破碎带发育,导水性强且沟通强含水层。

5.3.7 井下水文地质补充勘探主要采用下列手段方法:
a) 井下物探、钻探、监测、测试、坑道放水试验等手段;
b) 井下与地面相结合的综合勘探方法。

5.3.8 井下水文地质补充勘探按 GB 51060—2014 中 6.1 至 6.6 的规定执行。

6 水害预防

6.1 地面防治水

6.1.1 地表水防治

6.1.1.1 矿山应查清矿区及其附近地表水系的汇水、渗漏情况、排泄能力和有关水利工程等情况,掌握当地历年降水量和矿山布置永久建构筑物及井筒位置处的最高洪水位资料,及建立的疏水、防水和排水系统情况。

6.1.1.2 矿山应主动与气象、水利、防汛等部门联系,建立灾害性天气预警和预防机制。及时掌握可能危及矿山安全生产的暴雨洪水灾害和灾害性天气的预报预警信息,主动采取措施。并与周边相邻矿井沟通信息,当矿坑出现异常情况时,立即向周边相邻矿井预警。

6.1.1.3 矿山应对本矿区范围内及周边废弃老井、地面塌陷坑、岩溶裂缝、采动裂隙巡视检查,并建立与可能影响矿井(坑)安全生产的水库、湖泊、河流、涵闸、堤防工程主管部门通报机制,接到暴雨灾害预警信息和警报后,要实施24 h不间断巡查。每次降雨降大到暴雨前后,矿区应派专业人员及时观测矿坑涌水量变化。

6.1.1.4 雨季前矿山应全面检查防范暴雨洪水引发事故灾难措施的落实情况,对排查出的隐患,要落实责任,限定在汛期前完成整改。防治水工程要有专门设计和施工方案,竣工后矿山应组织验收。

6.1.1.5 矿区各井口的标高,应高于当地或矿井所在地形历史最高洪水位1 m以上。工业场地的地面标高,应高于当地历史最高洪水位。达不到要求的,应以历史最高洪水位为防护标准修筑防洪堤,井口应筑人工岛,使井口高于最高洪水位1 m以上。

6.1.1.6 井口附近或塌陷区内外的地表水体可能溃入井下时,应采取措施并遵守下列规定:
   a) 矿区范围汇水面积较大的,应在采矿错动范围外修筑截洪沟,将降雨径流截出矿区,避免渗入井下;
   b) 严禁开采防隔水矿(岩)柱;
   c) 地表容易积水的地点应修筑沟渠,排泄积水。修筑沟渠时,应避开强含水层露头、裂隙和导水岩层。不能修筑沟渠排水时,应填平压实;范围太大无法填平时,应用水泵或建排洪站排水;
   d) 矿山受到河流、山洪威胁时,应修筑堤坝和泄洪渠;
   e) 排到地面的矿坑水,应妥善处理,避免再渗入井下;
   f) 漏水的沟渠和河床,应及时堵漏或局部改道;
   g) 地面裂缝和塌陷应填塞,填塞前及填塞过程中应有防止人员陷入塌陷坑内的安全措施。具备条件时,清除塌陷体后用块石或混凝土封堵岩溶通道,再用黏土回填塌陷区;
   h) 位于频繁发生塌陷区的河道,具备改道条件时,应改道。无法改道时,应采用物探探查、钻探验证的方法对河床下岩溶发育情况进行勘察,并采取有效措施治理河床;
   i) 有滑坡危险的地段,应加密观测,可能威胁矿山安全时,应采取防止滑坡措施;
   j) 影响矿区安全的落水洞、岩溶漏斗、溶洞等,均应采取填充或注浆等措施严密封闭。

6.1.1.7 废石、矿石和其他堆积物等杂物严禁堆放在山洪、河流可能冲刷到的地段。

6.1.1.8 报废的竖井应充填密实或浇注1个大于井筒断面的坚实钢筋混凝土盖板,且覆盖2倍于井口直径的不透水黏土,并应设栅栏和标志。井口封闭盖应达到防止地表水灌入的要求:
   a) 报废的斜井应充填密实或在井口以下斜长20 m处砌筑砖、石或混凝土墙,再填至井口并加砌封墙；

b) 报废的平硐，应从硐口向里用泥土填实至少20 m，再砌墙宽600 mm～800 mm厚的混凝土封墙，封墙底部应留设直径不小于150 mm的泄水孔。有地面水影响的报废井口应设置排水沟；

c) 封填报废的立井、斜井和平硐时，应做好隐蔽工程记录，并填图归档；

d) 如报废已封闭的立井、斜井和平硐在矿山下一步采矿过程中，受采动影响，应重新封闭严实，保证在矿山生产期间安全。

6.1.1.9 使用中的钻孔应安装孔口保护装置，报废的钻孔应及时封孔。观测孔、注浆孔、电缆孔、与井下或含水层相通的钻孔，其孔口管应高出当地最高洪水位或具备防止地表水倒灌(下泄)装置。

6.1.2 疏干塌陷防治

6.1.2.1 疏干排水时有地表沉降、塌陷的矿山应进行塌陷和沉降观测，分析塌陷和沉降的发展趋势、预测塌陷和沉降范围及灾害程度。裸露型岩溶、地面塌陷发育的矿区，应做好气象观测，降雨、洪水预报；封堵可能影响生产安全的井下揭露的主要岩溶进水通道；对已采区可构建挡水墙隔离；雨季应加密地下水的动态观测，并进行矿井涌水峰值的预报。

危及居民安全的应采取加固措施或搬迁。

6.1.2.2 应采取有效的物探方法查明塌陷区的岩溶裂隙、过水通道的分布情况及发展规律。推荐采用地面五极纵轴电(激电)测深和高密度电法(浅部)，探测网度推荐采用50 m×20 m，异常密集区加密。塌陷区有河道时，应沿河道延伸方向布置探测剖面，剖面总数不少于3条。

应布置适量的钻孔验证物探成果，每条剖面至少布置1个。

6.1.2.3 矿山应建立矿区塌陷发生、发展趋势台账，包括塌陷个数、塌陷面积、裂缝位置、规模、时间、降雨量、矿坑排水量。

6.1.2.4 露天转井下矿山应加强地面泥石流的监测和预防，采用地表地质测绘、钻探、山地工程、物探、试验和测试等方法对可能存在地面泥石流的矿山进行长期动态监测和预测预报，并应制定应急和治理措施。

6.1.2.5 疏干岩溶塌陷、滑坡、泥石流等地质灾害的评价、设计应由相关资质的单位完成。

6.1.3 矿区截流帷幕

6.1.3.1 矿区岩溶发育，矿坑疏排水引起地面岩溶塌陷，并对人民生命财产造成较大损失，且矿区具有以下水文地质条件时，应采用矿区帷幕截流防治水方案：

a) 在采矿冒落带20 m以外有相对狭窄且集中的地下水进水通道；

b) 有可靠的隔水边界(两端)；

c) 有可靠的隔水底板；

d) 包围式帷幕有可靠隔水底板就可。

6.1.3.2 确定矿区截流帷幕幕址应遵循下列程序和要求：

a) 采用矿区帷幕注浆方案前，宜在拟建帷幕线区域进行帷幕线勘察，利用物探、钻探、水文地质试验等方法查清岩溶裂隙、过水通道的分布位置和规模，确定矿区截流帷幕线位置，并对矿区帷幕截流方案进行可行性研究；

b) 开展矿区帷幕注浆试验，确定帷幕参数、注浆材料、制浆和注浆工艺、注浆过程控

制、效果检测方法并预计帷幕效果;

c) 推荐采用数值模拟技术,从技术、经济、资源开发、堵水效果、环境等各方面对帷幕线幕址和方案综合比较,确定最终的幕址和深度。

6.1.3.3 帷幕线岩溶探测方法及野外工作装置要求:

a) 帷幕施工前,应采用合适的物探方法查明帷幕线岩溶等过水通道,帷幕注浆结束后,应采用同样的物探方法对注浆效果进行检测;

b) 帷幕线岩溶探测(或效果检测)方法,宜采用地面五极纵轴、三极、四极电(激电)测深。推荐采用五极纵轴激电(电)测深;

c) 推荐探测点距:4 m～10 m。

6.1.3.4 矿区截流帷幕的其他技术及要求按 DZ/T 0285—2015 执行。

6.2 井下防治水

6.2.1 留设防隔水矿(岩)柱

6.2.1.1 相邻矿区的分界处,应留足防隔水矿(岩)柱。以断层分界的矿井(坑),应在断层两侧留足防隔水矿(岩)柱,矿柱尺寸由设计确定。

6.2.1.2 不采取疏干措施的受水害威胁的矿山,下列情况应留设防隔水矿(岩)柱,并应事先制定防突水的安全措施:

a) 在地表水体(江、河、湖、海、沼泽等)、含水冲积层下和水淹区临近地带;
b) 与强含水层存在水力联系的断层、裂隙带或与强导水断层接触的矿体;
c) 有大量积水的旧井巷和采空区;
d) 导水、充水的岩溶溶洞、暗河、流砂层;
e) 受保护的观测孔、注浆孔和电缆孔等。

6.2.1.3 各类防隔水矿(岩)柱的尺寸,应根据矿区(坑)的地质构造、水文地质条件、矿体赋存条件、围岩物理力学性质、开采方法及岩层移动规律等因素,参照公式(1)确定,在设计规定的保留期内不应开采或破坏。

$$L=0.5MK\sqrt{\frac{3P}{K_P}} \geqslant 20 \text{ m} \quad \cdots\cdots\cdots\cdots\cdots\cdots (1)$$

式中:

L ——留设的隔水矿(岩)柱宽度,单位为米(m);

M ——矿体厚度或采高(取大值),单位为米(m);

K ——安全系数(一般取 2~5);

P ——岩层承受的静水压力,单位为兆帕(MPa);

K_P ——矿(岩)体的抗拉强度,单位为兆帕(MPa)。

6.2.1.4 各类防隔水矿(岩)柱应符合设计要求,不得随意变动,水患消除前,严禁在各类防隔水矿(岩)柱中进行采掘活动。

6.2.1.5 开采水淹区下的防隔水矿(岩)柱时,应彻底疏放上部积水,严禁顶水作业。

6.2.1.6 带水压开采的矿山,应分中段或分采区实行隔离开采。分区之间应留设防隔水矿(岩)柱并在关键部位建立防水闸门。

6.2.1.7 软弱围岩层状矿体,防水矿(岩)柱的留设方法和宽度可参考《建筑物、水体、铁路及主要井巷煤柱留设与压煤开采规程》中附录六的公式计算。

6.2.2 防水闸门、防水闸门硐室与防水闸墙

6.2.2.1 水文地质条件复杂的矿山,应在井底车场周围、中央泵站的巷道两端或有突水危险的地段设置防水闸门硐室、建筑防水闸门。

6.2.2.2 有突水危险的采掘区域,宜在其附近设置防水闸门。不具备建筑防水闸门条件时,可不建防水闸门,但应制定严格的其他防治水措施。

6.2.2.3 露天转井下开采的矿山,宜根据水文地质条件及露天坑渗漏情况在井下露天坑底附近中段的适当位置建筑防水闸门。

6.2.2.4 防水闸门硐室和防水闸门技术要求:

a) 防水闸门硐室应选在围岩稳定,岩层完整致密的单轨直线巷道内。门体采用定型设计,对非定型设计的产品需由相应资质的单位设计;

b) 防水闸门硐室由相应资质的单位设计和施工,防水闸门竣工后,业主按照设计要求验收合格后才能投入使用;

c) 防水闸门硐室结构设计宜按照《采矿工程设计手册》选用;

d) 防水闸门硐室前、后两端,应分别砌筑不小于 5 m 长的混凝土护碹,碹后用混凝土填实,不得空帮、空顶。防水闸门硐室和护碹应用高标号水泥进行注浆加固,注浆压力须大于闸墙设计承压力;

e) 酸性地下水则应采用防酸水泥。还应在来水方向的一侧,做 20 mm~30 mm 厚的防水砂浆抹面层;

f) 防水闸门断面应满足 GB 14623—2006 的规定,其尺寸应能通过外形最大设备;

g) 防水闸门来水一侧 15 m~25 m 处,应加设 1 道挡物箅子门。防水闸门与箅子门之间应畅通无阻。来水时先关箅子门,后关防水闸门。如采用双向防水闸门,应在两侧各设 1 道箅子门;

h) 通过防水闸门的轨道、电机车架空线等应灵活易拆;通过防水闸门墙体的各种管路和闸门外侧的闸阀的耐压能力应与防水闸门设计压力一致;通过防水闸门墙体的电缆、管道,应用堵头和阀门封堵严密,不得漏水;

i) 设有防水闸门控制系统的电源控制硐室应高于巷道 0.5 m 以上;

j) 防水闸门应安设观测水压的装置并有放水管和放水闸阀;

k) 新掘进巷道内建筑的防水闸门,应进行注水耐压试验,防水闸门内试验段巷道的长度不宜大于 15 m,试验的压力不得低于设计水压,稳压时间应在 24 h 以上,试压时应有专门安全措施。不合格处应进行注浆加固后再行验收;

l) 防水闸门开启前,应对井下排水、供电系统进行 1 次全面检查。排水能力应与防水闸门硐室放水管的放水量相适应。水沟应畅通无阻;

m) 防水闸门开启时,预埋在硐室混凝土内的排水管和通过硐室两端巷道的排水沟有效过水断面应满足通过硐室的最大涌水量。

6.2.2.5 防水闸门应灵活可靠,应积极推广远程控制系统,并保证每年进行 2 次关闭试验,1 次应在雨季前。关闭闸门所用的工具和零配件应专人保管,专门地点存放,不得挪用丢失。

6.2.2.6 防水闸墙应由相应资质的单位设计和施工,防水闸墙竣工后,业主按照设计要求进行验收,验收合格后才能投入使用。

6.2.2.7 防水闸墙的设计与施工应遵循下列原则:

- a) 设计前应全面弄清闸墙预计承压力、闸墙所在断面支护形式、原掘进方法、混凝土标号、闸墙围岩性质、硬度及各种物理力学参数;
- b) 闸墙的形式:水压大,可选择楔形;水压特大,可构筑多级楔形;
- c) 水闸墙应布置在致密坚硬及无裂隙的岩石中;
- d) 水闸墙周边应掏槽嵌入到岩石中并预埋注浆管,闸墙体完工后,再进行注浆,充填缝隙,使之与围岩构成一体。注浆压力应大于闸墙设计承压力;
- e) 永久水闸墙应留设泄水管路阀门,酸性水质巷道的阀门管路应进行防腐处理,长期封水的水闸墙管路阀门宜使用不锈钢材料;
- f) 永久水闸墙厚度应按照公式(2)确定,再选用公式按剪应力对闸墙厚度进行验算。

$$B=\frac{KPS_2}{(2.57b+2h_2)\times \tau} \quad \cdots\cdots\cdots\cdots\cdots\cdots\cdots\cdots\cdots\cdots(2)$$

式中:

B ——防水墙体厚度,单位为米(m);

K ——混凝土结构抗剪设计安全系数;

P ——静水压力,单位为兆帕(MPa);

S_2 ——背水面巷道净面积,单位为平方米(m²);

b ——背水面巷道净宽度,单位为米(m);

h_2 ——背水面巷道直墙高度,单位为米(m);

τ ——混凝土的抗剪强度(如果围岩抗剪强度低则用围岩值)。

6.2.2.8 报废的盲井和斜井下口的密闭水闸墙应留泄水孔,每月定期观测水压,雨季加密。

6.2.3 疏干开采、带压开采和控制疏放

6.2.3.1 矿体顶、底板有富含水层,且疏干不造成严重地质环境问题时,可进行疏干开采。直接揭露含水体的放水疏干工程,施工前应先建好水仓、水泵房等排水设施。地下水位降到安全水位前不应采矿(参见附录B)。

6.2.3.2 被松散富含水层所覆盖的浅埋缓倾斜矿体,需要疏干开采时,应进行专门水文地质勘探或补充勘探,查明水文地质条件,并根据勘探成果确定疏干地段、制定疏干方案。

6.2.3.3 矿体上部有流砂层或较大半充填溶洞,疏干开采前应着重解决如下问题:
- a) 查明流砂层的埋藏分布条件,研究其相变及成因类型,查明溶洞的分布;
- b) 查明流砂层的富水性、水理性质,预计涌水量和预测可疏干性,建立动态观测网,观测疏干速度和疏干半径;
- c) 在疏干开采试验中,应观测研究爆破影响带高度、水砂分离方法,钻孔超前探放水安全距离等;
- d) 预测溃水、溃砂引起的地面塌陷及处理方法。

6.2.3.4 矿体顶板受开采破坏后,若崩落影响范围内存在强含水层(体),回采前应对含水层采取超前疏干措施。进行专门水文地质勘探和试验,并编制疏干方案,选定疏干方式和方法,综合评价疏干开采条件和技术经济合理性。

6.2.3.5 矿井疏干开采过程中,应进行定性、定量分析,对顶板水害分区评价和预测。有条件的矿山可应用数值模拟技术,进行各中段疏干孔位置、数量、深度、疏干水量和地下水流场变化的模拟和预测。

6.2.3.6 承压含水层与开采矿体之间的隔水层能承受的水头值大于实际水头值时,开采后隔水层不易被破坏,矿体底板突水的可能性小,可进行"带水压开采",但应制定安全措施。

6.2.3.7 当承压含水层与开采矿体之间的隔水层厚度,能承受的水头值小于实际水头值时,开采前应遵守下列规定:
   a) 采取疏水降压的方法,把承压含水层的水头值降到隔水层允许的安全水位以下,并制订安全措施;
   b) 矿坑(井)排水应与矿区供水、生态环境相结合,推广应用矿坑(井)排水、供水、生态环保三位一体优化结合的管理模式和方法;
   c) 承压含水层的集中补给边界已基本查清,可预先进行矿区堵截水措施,截断水源,然后疏水降压开采;
   d) 承压含水层的补给水源充沛,不具备疏水降压和矿区截流帷幕注浆条件时,可酌情采用局部注浆加固顶、底板隔水层和井下近矿体帷幕的方法,但应编制专门的设计,在有充分防范措施的条件下进行试采。

6.2.3.8 控制疏放应按疏放勘探、试验疏放和生产疏放3个程序进行;宜采用地表疏放、井下疏放和联合疏放3种方式。

6.2.3.9 控制疏放应遵守下列规定:
   a) 被疏干含水层的渗透性好,含水丰富;潜水含水层的渗透系数大于3 m/d,承压含水层渗透系数大于0.5 m/d等大水矿山,宜采用地表疏干;
   b) 矿体直接顶(底)板为含水层,宜采用巷道(采准巷道)疏放;
   c) 矿体上部为砂岩裂隙含水层,宜采用钻孔疏放;
   d) 水文地质条件复杂的矿床,单一疏放方式不能满足生产需要时,宜采用联合疏放;
   e) 疏放应与矿山建井、开采阶段相适应;
   f) 疏干排水能力应超过充水含水层的天然补给量;
   g) 疏干工程应靠近防护地段,并尽可能从含水层底板地形低洼处开始;
   h) 疏干钻孔数应多方案试算,孔间干扰应达到最大值,水位降低能满足安全采掘要求;
   i) 疏干工作不能停顿,应根据生产需要有步骤地进行;
   j) 水平含水层宜采用环状疏干系统,倾斜含水层宜采用线状疏干系统。

6.2.3.10 地表疏排孔布置:
   a) 根据水文地质条件进行合理的设计;
   b) 以生产中段和生产采区为中心,宜呈环形孔排和直线形孔排布置;
   c) 均质含水层宜等距布孔,非均质含水层不宜等距布孔;
   d) 疏干孔(井)应打在富水性强的地方;
   e) 打大直径孔(井)前,应先施工小口径试验孔;
   f) 位置应在采矿崩落边界之外。

6.2.3.11 井下疏干工程可根据矿山的实际选用以下6种方式:
   a) 疏干石门;
   b) 疏干竖井;
   c) 疏干井巷:疏干石门、疏干盲井、疏干小井以及拦截大突水点、岩溶管道或其他地下水流疏泄巷道等；

  d) 水平疏干巷道；

  e) 井下疏干孔：井下疏干平孔、斜孔和垂孔，用于分散疏干或局部疏干；

  f) 直通式井下疏干孔。

6.2.3.12 顶板水疏放降压钻孔布置应遵循以下原则：

  a) 应布置在裂隙发育和标高较低的地段；

  b) 孔间距与顶板基本周期来压的距离相同；

  c) 钻孔深度应打穿爆破影响带；

  d) 钻孔的方位宜斜向揭露含水层；

  e) 钻孔孔径不宜过大；

  f) 钻孔数量视水量而定。

6.2.3.13 顶板疏放降压钻孔的施工应遵循以下原则：

  a) 使用反压装置；

  b) 埋设孔口管、安装放水装置，控制疏放水量；

  c) 具备条件的，宜地面施工井下疏放降压钻孔。

6.2.3.14 采用放水闸门或专门放水硐室进行疏水降压开采试验的主要要求：

  a) 应委托相关资质单位进行专门的施工设计；

  b) 预计最大涌水量；

  c) 应建立能保证排出最大涌水量的排水系统；

  d) 应选择适当位置建筑防水闸门；

  e) 做好钻孔超前探水和放水降压工作；

  f) 做好井下和地表水位、水压、涌水量的观测工作。

6.2.4 矿井(坑)注浆堵水

6.2.4.1 井筒预注浆：

  a) 预计井筒穿过含水层或破碎带且预测涌水量大于施工允许水量时，宜选用地面预注浆或井筒外围地面帷幕注浆堵水方案；

  b) 制定注浆方案前，应根据含水层情况施工 1 个至 3 个井筒勘探孔，获取含水层的埋深、厚度、岩性、简易水文观测、抽(压)水试验、水质分析等资料并预测井筒涌水量。勘探孔施工过程中，破碎孔段未取得水文参数之前，严禁使用水泥等固壁材料；

  c) 注浆终止深度应超过最下部含水层的埋深 10 m~20 m 或超过井筒底部 10 m；

  d) 井壁裂隙较发育，淋水较大，水量小于 20 m³/h，大于 6 m³/h，应进行壁后注浆；

  e) 井筒工作面涌水量超过 20 m³/h，应进行工作面注浆。止浆垫(岩帽)厚度应计算确定；

  f) 工作面注浆钻孔一般沿井筒周边布置，钻孔数量、孔径、倾角和方位根据地下水压、井筒岩石及裂隙发育情况确定。应设计中心检查孔或其他检查孔检查注浆效果。

6.2.4.2 巷道工作面注浆堵水：

  a) 不采取疏干开采的矿区，巷道过导水破碎带时，应进行预注浆堵水，尤其是深部过

导水破碎带时,应采用高压注浆;
　　b) 巷道工作面预注浆前须施工止浆墙或预留止浆岩帽,其厚度应通过计算确定;
　　c) 钻孔数量、孔径、倾角应根据含水层性质、导水构造产状以及检查孔结果确定;
　　d) 钻孔偏斜率不大于1‰,注浆孔应清水钻进,孔口管埋深不小于2 m～5 m,注浆终压不小于静水压力的2.5倍;
　　e) 注浆结束标准:注浆分序进行,注浆压力均匀持续上升达到设计终压,同时单位吸浆量小于10 L/min,稳压20 min～30 min;
　　f) 掘进前一定要超前探水;探水孔的位置、方向、数目、孔径、每次钻进的深度和超前距离,应根据水头高低、岩石结构与硬度等条件在设计中明确规定(一般钻孔数不少于3个,钻孔向外围偏斜5°～10°。对于长距离作业面,偏斜角加大,以控制巷道截面的探水范围),保证侧帮有效防护厚度;
　　g) 巷道施工过程中遇意外涌水,涌水量小于20 m³/h且围岩稳定时可强行通过,待永久支护完成后进行壁后注浆封堵,大于20 m³/h需停止掘进,进行工作面预注浆。

6.2.4.3 注浆封堵突水点要求:
　　a) 圈定突水点位置,分析突水点附近的地质构造,查明降压漏斗形态,分析突水前后水文观测孔和井、泉的动态变化,必要时进行连通(示踪)试验;
　　b) 探明突水补给水源充沛程度或补给含水层的富水性、突水通道性质、数量、大小等;
　　c) 注浆前,应做连通和压(注)水试验;注浆前后应做好矿井(坑)排水对比分析;
　　d) 编制注浆堵水方案。

6.2.4.4 井下巷道穿过与河流、湖泊、溶洞、含水层等存在水力联系的导水断层、裂隙(带)、岩溶溶洞构造,超前探水发现前方有水时,应超前预注浆封堵加固,必要时预先构筑防水闸门或采取其他防治水措施。穿过含水层段的井巷,应按防水的要求进行壁后注浆处理。

6.2.4.5 回采工作面内有导水断层、裂隙或岩溶溶洞时,应按设计规定留设防隔水矿(岩)柱或采用注浆方法封堵导水通道。对注浆的工作面可先进行物探,查明水文地质条件,注浆后,再用物探与钻探验证注浆效果。

6.2.4.6 工作面回采后,对废弃关闭的局部疏水降压钻孔,如可能对后续开采产生不利影响,应进行注浆封闭,并在有关图纸上标注。

6.2.4.7 废弃矿井闭坑淹没前,如影响附近矿山,应绘制矿山现状的竣工图,根据需要采用物探、化探和钻探等方法,探测矿坑边界防隔矿(岩)柱破坏状况及可能的透水地段,采用注浆堵水工程隔断废弃矿井与相邻生产矿井(坑)的水力联系,避免发生水害事故。

6.2.5 井下近矿体帷幕

6.2.5.1 采用井下近矿体帷幕应满足下列条件:
　　a) 矿体的直接顶、底板为含水层,巷道掘进或工作面回采时,含水层水直接涌入矿坑并给矿坑安全生产带来影响和灾害;
　　b) 矿体相对集中;
　　c) 采用充填法采矿。

6.2.5.2 近矿体帷幕常采用的工程及要求:

a) 穿脉水平探水注浆钻孔的网度应达到如下目的：
   1) 确定各个水平分段矿体、矿岩的地质边界；
   2) 基本查清顶、底板含水层的岩溶、裂隙、构造发育情况、产状、规模、赋导水性等；
   3) 查明矿体及顶、底板含水层工程地质特征，特别是接触带的稳固性；
   4) 利用井下各涌水钻孔和出水点，进行井下水文地质试验（如群孔放水试验），基本查明含水层岩溶裂隙发育分布规律，导水裂隙的水力联系程度和可能存在的富水区，初步圈定注浆过程中浆液运移分布范围；
   5) 穿脉水平孔注浆，基本封堵顶底板含水层岩溶导水裂隙及主径流通道。
b) 横向加密注浆工程：
   1) 在矿体围岩构筑由纵横交错注浆钻孔控制的立体结构体系；
   2) 在近矿体穿脉水平探水钻孔注浆的基础上，根据矿体分布规律，顶、底板水文地质特征，注浆的效果及安全性，在近矿体围岩中布置其他方向的加密注浆孔（一般采用横向钻孔），最终形成没有明显薄弱环节的注浆盖层。

6.2.5.3 近矿体帷幕参数要求：
a) 帷幕厚度、孔距应根据采矿方法、流体力学、岩体和注浆体强度，经计算确定；
b) 孔深以确保帷幕的垂直厚度为准；
c) 钻孔偏斜角：不大于1%；
d) 帷幕渗透系数：不大于0.06 m/d。

6.2.5.4 探水注浆联络巷道的布置：
a) 在无巷道经过的地段，应在相对安全的岩层内布置与穿脉方向垂直的探水注浆联络巷道，巷道距离含水层不小于10 m；
b) 巷道和硐室掘进前应进行钻孔超前探水注浆，并预留一定厚度的"岩帽"作为止浆垫。"岩帽"厚度根据岩石的性质、强度、水压大小参考式(3)确定：

$$B=\frac{P_0 D}{4\tau} \quad \cdots\cdots\cdots\cdots\cdots\cdots\cdots\cdots（3）$$

式中：
B ——岩帽厚度，单位为米(m)；
P_0 ——最大注浆压力，单位为兆帕(MPa)；
D ——止浆"岩帽"外接圆直径，单位为米(m)；
τ ——矿岩允许抗剪强度，单位为兆帕(MPa)。

c) 联络巷道施工到矿体外围含水层边界附近时，应进行超前探水注浆；
d) 联络巷道施工时，应在断面进行浅孔探水并注浆；
e) 施工探水巷道应采用控制爆破技术。

6.2.5.5 钻注硐室设计在联络巷道内，钻注硐室间距为10 m～12 m，硐室尺寸根据施工设备确定。

6.2.5.6 穿脉水平探水注浆钻孔布置：
a) 在采准巷道硐室中，应布置与穿脉方向一致的水平钻孔进行探水注浆；
b) 根据帷幕厚度、钻孔倾角确定探水钻孔控制深度，一定区域（100 m²～900 m²）内

所有钻孔(孔口安装高压阀门)终孔后,应进行群孔压水试验;

c) 注浆过程中,应先注水力联系较孤立的钻孔,再对水力联系较好的多孔(选择2个~3个)进行群孔注浆;

d) 检查孔布置:检查孔数量为注浆钻孔数量的10%~15%。

6.2.5.7 平行矿体走向的加密注浆钻孔,常利用井下开拓系统、联络巷道和钻注硐室。

6.2.5.8 近矿体帷幕注浆工艺参数按《矿山帷幕注浆技术规范》中5.6.3的规定执行,但浆液类型宜采用单液水泥浆和双液水泥浆。

6.2.5.9 注浆资料整理内容及要求按《矿山帷幕注浆技术规范》中9.1至9.2的规定执行。

6.2.5.10 井下近矿体帷幕施工应制定如下应急安全技术措施:

a) 突水预报;

b) 增大排水能力;

c) 防水闸门;

d) 采空区顶板堵漏;

e) 坚持"有疑必探"的原则。

6.2.5.11 井下近矿体帷幕的设计与施工应由具有专业技术实力和施工经验的单位承担。

6.2.6 井下泥石流防治

6.2.6.1 连续大雨时,崩落法开采的矿山应加密地表塌陷坑、井下黄泥点的调查、统计及分析,并及时处理。

6.2.6.2 加强塌陷区的综合治理,减少塌陷区的汇水量:

a) 塌陷范围外修建排水沟,拦截部分汇水;

b) 塌坑安置排水泵,强降雨期间将汇入地表塌坑内的水抽出;

c) 严禁在塌陷区及周边非法采矿、选矿、碎石加工、耕植;

d) 严禁向塌坑排灌尾砂及工业用水。

6.2.6.3 提前对含水层进行疏水降压,施工过程中加强顶板控制,发现淋水加大,条件恶化应停止作业。

6.2.6.4 存在井下泥石流危害的矿山,应坚持超前探水措施。

6.2.7 酸性水的防治方法

6.2.7.1 酸性水的矿井,应查明酸性水的来源、水量、形成酸性水的主要因素,并定期取样进行水质分析,向有关单位提供资料及处理意见。

6.2.7.2 酸性水主要来自浅部矿层时,宜先采深部,再采浅部。

6.2.7.3 酸性水主要来自老采区时,应留设隔水矿(岩)柱。

6.2.7.4 酸性水主要来自大气降水和地表水的渗入时,应留足浅部隔水(岩)柱。

6.2.7.5 不同水源混合形成酸性水时,应按酸性水设计排水系统。

6.2.7.6 拦截酸性水,避免迂回循环,防止灌入深部水平。

6.2.7.7 可用生石灰等中和酸性水。

6.2.8 充填水防治

6.2.8.1 大体积嗣后胶结充填水防治应采取如下脱水措施:

a) 提高充填体浓度;

b) 一个采场悬挂1根至2根波纹脱水花管(脱水管)将充填水引至巷道,花管一般采

用 $f110$ mm 塑料波纹管,孔径一般为 10 mm,孔距 8 m~10 m,外包土工布和麻布,钢丝扎紧,再用卡套将脱水管与钢绞线卡稳。

6.2.8.2 非胶结充填水防治:非胶结充填常用于 1 步骤胶结充填,2 步骤非胶结充填。一般采取挡墙顶以上 3 m 至挡墙底面(一般总高不超过 8 m)胶结充填,2 步骤采取悬挂波纹花脱水管的措施,防止采场大面积积水及挡墙垮塌。

6.2.8.3 充填挡墙的要求:
 a) 挡墙的设计与施工满足大体积充填的要求;
 b) 每次充填高度不超过 1.3 m~1.5 m;
 c) 第二次充填应在第一次充填体凝固后进行。

6.2.8.4 充填水防治措施
 a) 膏体充填充填体不离析、不分层、泌出水量少,有条件的矿山宜采用膏体充填;
 b) 提高充填料浆浓度,降低充填体析出水量;
 c) 清洁充填管路的洗管水不宜充填采场,宜用三通排入巷道水沟;
 d) 采场充填前须按设计要求构筑充填挡墙和架设好采场脱水、泄水设施;
 e) 按设计要求进行采场充填,保证充填脱水时间后养护期,避免大量的充填水聚集。

6.3 水体下采矿

6.3.1 在河流、湖泊、水库和海域等水体下采矿,应留足防隔水矿(岩)柱:
 a) 松散含水层下开采时,应按照水体采动等级留设不同类型的防隔水矿(岩)柱(防水、防砂或防塌矿岩柱);
 b) 基岩含水层(体)或含水断裂带下开采时,应对开采前后覆岩的渗透性及含水层之间的水力联系进行分析评价,确定采用留设防隔水矿(岩)柱或者采用疏干方法保证安全开采。

6.3.2 水体下采矿,应由相应资质机构编制可行性方案和开采设计,回采过程中要严格按照设计要求控制开采范围、开采高度和防隔水矿(岩)柱尺寸。

6.3.3 开采过程中,发现地质条件变化,需要缩小安全矿(岩)柱尺寸,提高开采上限时,应进行可行性研究,重新履行相关手续经审查批准后,方可进行试采。

6.3.4 设计水体下开采的防隔水矿(岩)柱尺寸时,覆岩崩落层、保护层尺寸可参考《建筑物、水体、铁路及主要井巷煤柱留设与压煤开采规程》中公式计算,或者根据类似地质条件下的经验数据结合基于工程地质模型的力学分析、数值模拟等多种方法综合确定,同时还应结合覆岩原始导水情况和开采爆破影响带进行叠加分析综合确定。涉及水体下开采的矿区应开展覆岩崩落层和范围的实测工作,逐步积累经验,指导矿区水体下开采工作。

留设安全矿(岩)柱开采的,应结合上覆土层、风化带的临界水力坡度,进行抗渗透破坏评价,确保不发生溃水和溃砂事故。

6.3.5 临近水体下的采掘工作应遵循以下原则:
 a) 采矿方法应有效控制采高和开采范围。工作面范围内存在高角度断层时,应采取措施,防止断层导水或沿断层带冒顶破坏;
 b) 水体下开采缓倾斜及倾斜多层矿体时,宜采用分层充填法,并尽量减少第一、第二中段的采厚,相邻中段同一位置的回采间歇时间应不小于 4 个月至 6 个月,岩性坚硬顶板间歇时间应适当延长。相邻两个中段同时回采时,上中段回采工作面应

比下中段工作面超前一个工作面斜长的距离,且应不小于 20 m,留设防砂和防塌矿(岩)柱;

c) 水体下开采急倾斜矿体,应采用充填法采矿;

d) 当地表水体或松散强含水层下无隔水层时,开采浅部矿体及含水层中等富水性以上的厚大矿体,应采用保护顶板的采矿方法。易于疏降的中等富水性以上松散层底部含水层,可采用疏降含水层水位或疏干等方法。

6.3.6 采掘时应加强水情和水体底界面变形的监测。试采结束后,应给矿山提交试采总结报告,研究规律,指导水体下采矿。

6.4 露天转井下水害防治

6.4.1 露天转地下开采,境界安全顶柱的留设应符合下列规定:

a) 采用空场法回采时,露天坑底应留设境界安全顶柱,安全顶柱的厚度应通过岩石力学计算确定,但不应小于 10 m;

b) 采用井下近矿体帷幕防治水方案的矿山,安全顶柱的厚度应大于帷幕有效厚度;

c) 采用充填法回采时,可在露天坑底铺设钢筋混凝土假底作为地下开采的假顶。当采用进路式回采且进路宽度不大于 4 m 时,钢筋混凝土假顶厚度不应小于 1 m;当采用空场嗣后充填采矿法时,钢筋混凝土假顶厚度应按采场跨度参数通过岩石力学计算确定。

6.4.2 排水方案设计时,应分析研究原露天坑的截排水能力及其对坑内排水的影响。

6.4.3 露天坑底及边帮应做防渗防崩塌处理,宜首先采用注浆法加固防渗露天坑底及边帮,注浆孔深度不少于 10 m,宜采用改性黏土浆。注浆加固防渗后再铺设 1.0 m 钢筋混凝土,再水泥砂浆抹平。

6.4.4 露天坑的截排水系统宜继续保留运行,不宜将露天坑内水放入井下矿坑排出。

6.5 防治水工程设计与施工

6.5.1 矿山防治水工程设计纳入初步设计中。水文地质条件简单——中等类型的防治水工程设计与采矿工程设计一并审核,水文地质条件复杂类型的防治水工程设计应先进行水文审核,再与采矿设计一并审核。

6.5.2 矿山防治水工程设计应与采矿工程设计紧密结合,充分考虑开拓方案、采矿方法。

6.5.3 采用堵疏结合防治水方法的,应在完成堵水工程后再实施疏干放水工程。需要进行坑内放水试验的,放水巷应布置在隔水层中,放水试验结束后应使地下水位回复原状再施工堵水工程。

7 排水系统

7.1 井下排水设施按 GB 16423—2006 第 6.6.4 执行。

7.2 排水用的水泵、水管、闸阀、配电设备和输电线路,应经常检查和维护。每年雨季前应全面检修 1 次,并对全部水泵进行 1 次联合排水试验,发现问题及时处理。

7.3 应及时清理水仓、沉淀池和水沟中的淤泥。每年雨季前应清理 1 次,含泥量大的矿井,应设机械排泥设施。

7.4 积极推广井下泵房无人值守和远程监控集控系统,应加强排水系统检测与维修,保持水仓容量不小于 50%安全水位和排水系统运转正常。受水威胁严重矿井(坑)应实现井下泵房无人值守和地面远程监控。推广使用地面操控的潜水泵自动排水系统。

7.5 采用平巷排水的矿坑,平巷的总过水能力应不小于历年最大渗入矿井水量或估算的矿坑最大涌水量的 1.2 倍。水沟或排水巷标高应低于主运输巷,否则,应有可靠的技术措施(如防水门等)确保主运输巷的安全。

7.6 水文地质条件复杂矿区建设新井时,应在井筒底留设潜水泵窝,老矿井也应改建增设。井筒开凿到底后,井底附近应设置具有一定能力的临时排水设施。

7.7 永久排水系统形成前的在建矿坑,各施工区应设置足够排水能力的临时排水系统。

7.8 新中段的采矿作业,应在新中段永久防、排水系统建成后进行。

7.9 静储量很大,动储量较小,且只有地下水影响的矿山,基建和建设初期的排水系统能力宜加大到预测正常排水系统的 2.5 倍。

8 井下探放水

8.1 采掘工作面遇下列情况之一时,应进行探放水,探水前应确定探水线并标绘在图上:
   a) 接近水淹或者可能积水的井巷、采空区或者相近的矿山;
   b) 接近含水层、导水断层、暗河、溶洞和导水陷落柱;
   c) 打开防隔水岩(矿)柱进行放水前;
   d) 接近可能与河流、湖泊、水库、水池、水井等相通的断层带;
   e) 接近有出水可能的老钻孔;
   f) 接近水文地质条件复杂的区域;
   g) 采掘破坏影响范围内有承压含水层或含水构造、矿床与含水层间的防隔水矿(岩)柱厚度不清楚可能发生突水;
   h) 接近其他可能突水地区。

8.2 探放水工程应先设计,设计应包括如下内容:
   a) 探放水的采掘工作面及周围的水文地质条件、水害类型、水量及水压预计;
   b) 探放水巷道的开拓方向、施工次序、规格和支护方式;
   c) 探放水钻孔组数、个数、方向、角度、深度、孔径、施工技术要求和采用的超前距、帮距及探水线确定;
   d) 探放钻孔孔口安全装置及耐压要求等;
   e) 探放水施工与掘进工作的安全规定;
   f) 受水威胁地区信号联系和避灾路线;
   g) 通风措施;
   h) 防排水设施,如水闸门、水闸墙、水仓、水泵、管路、水沟等排水系统及能力的安排;
   i) 水情及避灾联系汇报制度和灾害处理措施;
   j) 探放水硐室设计、探放水孔布置的平面图、剖面图等。

8.3 探水线确定方法:
   a) 老采空区的探水线:一般沿采空区积水线或采空区边界平行外推 60 m~150 m;
   b) 含水层、断层的探水线按(1)式计算。

8.4 探放老采空区水应遵循以下原则:
   a) 不在河沟及重要建筑物下面的老空区,宜排放老空区水;

b) 与地表水水力联系密切或雨季接受降水大量补给的老空区水或老空区涌水量很大、水质酸性等,宜先隔离后探放;

c) 水量大、水压高的老空区水,应先从顶、底板岩层打穿层放水孔,降水压后再探放水;

d) 老空区被强含水层或水源所淹没,宜先堵住出水点再探放水;

e) 应分析查明老空区水体的空间位置、积水量和水压,监视放水全过程,核对放水量,直到老空区水放完为止。

8.5 探水前,应编制探水设计,确定探水警戒线,并采取防止有害气体危害的安全措施。探水孔的布置、位置、方向、数目、孔径、每次钻进的深度和超前距离,应根据水头高低、矿(岩)层厚度和硬度等确定。并严格按设计进行探放水。

8.6 探放水钻孔的布设要求:

a) 探放老采空区水、岩溶溶洞水和钻孔水等,探水钻孔应成组布设,并在工作面内呈扇形。
  1) 钻孔终孔位置水平距不超过 3 m。
  2) 终孔垂距不超过 1.5 m。
  3) 探水钻孔的最小超前距或帮距按表 1 执行。
  4) 平巷的探放水孔,应呈半扇面形布置在巷道正前。
  5) 斜坡道探放水孔,呈扇面形布置在巷道的前方。

b) 探放断裂构造水、探水钻孔应沿掘进方向的前方及危险更大的方向布置;探水孔数量以能够控制工作面前方的中心和上下左右为准,不少于 3 个。

c) 探放水孔开孔后,应埋设孔口管,孔口管的长度应根据岩石强度、静水压力,以及孔口管与水泥浆结石之间的黏结力等综合计算确定,钻进前应安装孔口安全装置,采用反压和有防喷装置的方法钻进。外接高压闸阀和高压防喷装置,并应进行耐压检测,压力达到巷道可能要承受的最大地下水压且无泄漏后方可继续钻进。

d) 探水钻孔深度应根据掘进长度、水头高低、岩体结构与硬度等条件确定,超前于巷道掘进距离见表 1。

8.7 探水钻机安装要求:

a) 加强钻孔附近的巷道支护和加固,并在工作面迎头打好坚固的立柱和挡板;

b) 如安钻地点与积水区间距小于探水规定的超前距,或有突水征兆时,应采取加固措施或用止浆墙封闭后探放水;

c) 清理巷道,挖好排水沟。探水钻孔位于巷道低洼处时,应配备与探放水量相适应的排水设备;

d) 主要探水孔位置,应由测量人员现场标定。探放水工作的负责人应亲临现场检查;

e) 在预计水压大于 0.1 MPa 的地点探水时,应预先固结套管,套管深度在设计中规定。并安装闸阀、开掘安全躲避硐室,制定撤人的避灾路线等安全措施,并使每个作业人员熟知;

f) 钻孔内水压大于 1.5 MPa 时,应采用反压和有防喷装置的方法钻进,并制定防止孔口管或岩壁突然鼓出的措施；

g) 探水钻孔除兼作堵水、水文勘探或疏水用钻孔外，终孔孔径一般不得大于 75 mm。

8.8 探水钻孔超前距离和止水套管长度要求：

a) 探放老空区积水的超前钻距，应根据水压、矿（岩）层厚度和强度及安全措施等情况确定，软弱岩矿不得小于 30 m，坚硬岩石不得小于 20 m，止水套管长度不得小于 5 m；

b) 探放含水层、断层和岩溶溶洞等含水体时，按参考表 1 确定。

表 1 岩层中探水钻孔超前钻距和止水套管长度

水压 MPa	钻孔超前钻距 m	止水套管长度 m
<1.0	>10	>5
1.0~2.0	>15	>10
2.0~3.0	>20	>15
>3.0	>25	>20

8.9 钻进时发现矿岩松软破碎、片帮、来压或钻孔中水压、水量突然增大和顶钻等异常时，应立即停钻，记录其孔深并固定好钻杆，但不得拔出钻杆。应立即汇报，派人监测水情。如发现情况危急，应立即撤出所有受水威胁区域的人员，并采取措施进行处理。

8.10 钻孔见水后，应尽量控制泄水水量，若流量太大，使得继续钻进难以进行，或者可能超出矿井排水能力时，应关闭孔口闸阀，终止钻进。

8.11 放水前，应估计积水量，根据矿坑排水系统能力控制放水流量，防止淹井；放水时，应设专人监测并记录水量、水压。若水量突变，应及时处理并立即报告。

8.12 探放水安全措施：

a) 探水的巷道中间不得有低洼积水段；

b) 探水巷应在探水钻孔有效控制范围内掘进，探水孔的超前距、帮距及孔间距应符合设计要求。每次探水后、掘进前，应在起点处设置标志，并建立挂牌制度；

c) 巷道支护应牢固，顶、帮背实，无高吊棚脚，斜巷有撑杆，使巷道有较强的抗水流冲击能力；

d) 探放水地点应安设电话和报警装置；

e) 应向受水威胁地区的施工人员贯彻、交代报警信号及避灾路线；

f) 探水巷道应加强出水征兆的观察，一旦发现异常应立即停止工作，及时处理。情况紧急时应立即发出警报，撤出所有受水威胁地区的人员；

g) 钻孔接近老空区，预计可能有害气体涌出时，应有矿山救护队员和安全员在现场值班，检查空气成分。有害气体超过有关条文规定时，应立即停止打钻，切断电源，撤出人员，并报告主管部门，采取措施，进行处理；

h) 放水工作应尽量避免在雨季进行；

i) 探放水人员应按照批准的设计施工，未经审批单位允许，不得擅自改变设计。

8.13 探放水应急处理措施：

a) 钻杆接口断开无法退出时,应及时关闭探水钻机,退出钻杆,更换新钻头接口,继续钻进,与断开的钻杆进行套钻,如未能套钻,应重新进行开孔钻探;
b) 探水过程中,如开、关按钮控制器失灵,应切断电源,更换控制按钮;
c) 钻探过程中无法转进时,应检查钻杆是否脱节,检查工作面回水颜色及钻探情况,退出钻杆检查钻头等。待查明原因后,方可继续进行探放水;
d) 探水过程中,水开始变大时,应立即汇报矿相关技术和管理部门,分析后方可进行重新探放或停止探放;
e) 探水中电机烧坏时,及时更换电机;
f) 推进杆折断时,及时退出钻杆、关闭电源,进行检查、更换;
g) 发现钻探松软或有异常响声时,应立即停止钻进,汇报调度室或井下值班矿领导、矿分管领导,待研究决定后,重新进行钻探或停止钻探。

9 水害治理

9.1 应急预案及实施要求

9.1.1 矿山应根据矿坑的主要水害类型和可能发生的水害事故进行分级管控,按照 GB/T 29639—2013 编制水害专项应急预案和现场处置方案,并对应急预案和现场处置方案进行人员培训,每年应按照 AQ/T 9007—2011 对应急预案进行 1 次救灾演练并修订完善。

9.1.2 矿山安全管理人员和调度室人员应熟悉水害应急预案和现场处置方案。

9.1.3 矿山应设置安全出口,规定避水灾路线,设置贴有反光膜的清晰路标,并应让全体职工熟悉,一旦突水,能够安全撤离,避免意外伤亡事故。

9.1.4 现场发现水情的人员,应立即向矿调度室或井下值班领导报告有关突水地点及水情,并通知周围有关人员撤离到安全位置或升井。

9.1.5 矿调度室接到水情报告后,应立即启动本矿井(坑)水害应急预案,根据来水方向、地点、水量等因素,确定人员安全撤离的路径,通知井下受水患影响地点的人员,马上撤离到安全位置或升井。同时向值班负责人和主要领导汇报,并将水患情况通报周边所有矿山。

9.1.6 有突水征兆时,应立即作好关闭防水闸门的准备,确认人员全部撤离后,方可关闭防水闸门。

9.1.7 发生事故后,宜采用如下现场紧急处理、抢险应急技术措施:
a) 构筑临时水闸墙;
b) 紧急投入强排水设备(如竖、斜井卧泵、潜水泵群)等措施;
c) 临时水闸墙的主体材料宜选择袋装水泥码砌垛;
d) 水闸墙应留泄水管路;
e) 袋装水泥闸墙码砌一定高度(0.5 m~1.0 m)后,应将闸墙中部的水泥袋划破。

9.1.8 矿山应根据水患的影响程度及时调整井下通风系统,避免风流紊乱、有害气体超限。对老采空区、硫化矿床氧化带的溶洞、深大断裂有关的含水构造进行探水,以及被淹井巷排水和放水作业时,应事先采取通风安全措施,并使用防爆照明灯具、便携式多功能气体检测仪。发现有害气体,应及时采取处置措施。

9.1.9 矿山应将防范暴雨洪水引发矿山事故灾难作为一项重要内容纳入应急救援预案和现场处置方案。落实防范暴雨洪水所需的物资、设备和资金、时间及责任人。

9.1.10 矿山应主动联系各级抢险救灾机构,掌握抢救技术装备情况,一旦发生水害事故,立即制定抢救方案,争取社会救援,实施事故抢救。

9.2 塌陷裂缝治理

9.2.1 矿山生产过程中地面发生塌陷时,应根据已发塌陷的分布及活跃程度,设计有效的塌陷防治方法对塌陷进行治理。常用的治理技术有:

a) 分析地面塌陷成因;
b) 地面塌陷预防;
c) 塌陷回填法;
d) 一般注浆法;
e) 孔内造浆及注浆法;
f) 旋喷桩帷幕法;
g) 埋管注浆法;
h) 隐伏土洞探测及治理。

9.2.2 塌陷位于河床时,可在漏水地段铺设不透水的人工河床。

9.2.3 矿区地面出现的塌陷裂缝,应及时填塞。可沿缝挖沟,深度可设计 0.4 m～0.8 m,裂缝边缘两侧各宽 0.5 m,缝内填入石块和片石,上部用灰土填塞夯实。

塌陷回填抢险时,一般采用如下应急措施,在底部架废钢管、废钢轨、废钢丝绳,再连续投入柴把、草束、砂包、片石,当泄水量明显减小后,再填塞大量石块,最后在上部用水泥浆砌片石,灰土夯实。

9.3 应急响应安全技术措施

9.3.1 井下重大水灾发生时灾区人员的自救安全撤离措施:

a) 工作面一旦发生重大水灾,如有可能,在场人员首先应在跟班队长或班组长的指挥下,尽可能就地取材,采取加固工作面等措施,堵住出水点,防止事故范围扩大;并立即向单位调度室或井下值班领导汇报水灾地点,初步判断涌水量和水灾发生时间等情况;
b) 若水势过猛,无法抢救,凡受水灾威胁区域人员都应在本班班长带领下撤出危险区域,撤离时应有组织地避开压力水头,沿着规定的避灾路线迅速撤退;同时迅速通知可能受水害威胁区域的人员停止工作,切断电源,快速撤离。

9.3.2 救援措施:

a) 矿山调度室接到事故汇报后,应及时通知救护队前往救护;
b) 救护队员到达现场后,应先向事故附近区域工作的人员了解事故发生原因、事故前人员分布位置,并实地查看巷道状况,保证退路安全畅通;
c) 如果通风系统遭到破坏,应积极恢复事故发生地点的正常通风;如果暂时不能恢复,可利用水管、压风管路等向被水堵截区域的人员输送新鲜空气。当有害气体威胁到抢救人员安全时,救护队应独立担负抢救人员和恢复通风的工作;
d) 抢救人员时,要用灯光、呼喊、敲击等方法,判断遇险人员位置,与遇险人员保持联系,鼓励他们配合工作。必要时,可开掘通向遇险人员所在区域的专用巷道;
e) 恢复被水淹巷道时,应始终坚持由外向里、由高到低的原则,并由专人检查顶板情况,发现异常,立即撤出人员,加强巷道支护。

9.4 排水恢复被淹井巷

9.4.1 恢复被淹井巷前,应提供包含下列内容的突水淹井调查报告:
   a) 突水点位置、时间、淹井过程、突水形式、水源分析、淹没速度、涌水量变化等;
   b) 估算突水淹没范围,积水量;
   c) 预计排水中的涌水量,查清淹没前井巷各区段的涌水量,推算突水点的最大涌水量和稳定涌水量,预计恢复中各中段的涌水量,并设计恢复过程中排水量曲线;
   d) 提供有关水文地质点(孔、井、泉)的动态资料和曲线,水文地质平面图、剖面图和水化学资料等;
   e) 突水后矿山采取的临时防治水措施。

9.4.2 矿井(坑)恢复时,应做好以下工作:
   a) 专人跟班定时测定并记录涌水量和水位;
   b) 观察记录恢复后井巷的冒顶、片帮和淋水等情况;
   c) 观察记录突水点的具体位置、涌水量和水温等并作突水点素描、拍照;
   d) 定时观测地面观测孔、井、泉等水文地质点并观察地面有无塌陷、裂缝现象等。

9.4.3 排除井筒的积水及恢复被淹井巷前,应制定有害气体突然涌出的安全措施。排水过程中,应有矿山救护队检查水面上的空气成分,发现有害气体,应及时处理。

9.4.4 矿井(坑)突水时强排水技术,排水前应根据突水地点、突水量、井巷工程地质条件、采空区及淹没区域不同标高的预测最大涌水量以及未淹没泵房的设备能力等基础资料制定强排水方案。

   a) 突水中段的排水泵房未被淹没前宜采用如下强排水措施:
      1) 测定涌水量和预测最大涌水量;
      2) 启动全部排水设备强行排水;
      3) 当突水量较大且核实能力不足,有条件时可关闭井底车场水闸门限制放水;
      4) 有条件时可向低标高井巷部分放水。
   b) 突水中段泵房被淹,水位仍上涨的强排水措施:
      1) 关闭未淹井巷涌水钻孔,对部分涌水采取闸墙封堵或建临时排水站减缓水位上涨;
      2) 迅速建立竖井潜水泵、临时斜井卧式离心泵强排水基地制止水位上涨。强排水基地应尽可能接近淹没水位,又需保证不被继续上涨的水位淹没。

9.4.5 当突水量小于矿坑排水能力,但突水量有可能增大时,为保护泵房和井筒安全,可采取建立临时和永久水闸墙的控水技术措施。

9.4.6 突水时的注浆堵水应遵循下列原则:
   a) 应掌握矿坑工程地质水文地质条件,明确堵水位置、分析钻探和注浆难度,做到条件分析充分,设计考虑周全;
   b) 第一批钻孔应针对出水点附近设计及施工,终孔位置应充分考虑浆液的扩散和流失;
   c) 前期注浆以增加出水口阻力为目标,后期再增大压力达到堵水目的;
   d) 注浆孔孔径不宜过小;
   e) 堵水方案是一个动态变化过程,注浆场地、钻孔布设应随着突水水源通道及水文地质条件的深入而调整；

f) 注浆堵水要进行多方案对比、好中选优、综合运用；
g) 钻探设备选型可靠，材料保证充分；
h) 一般采用分段下行注浆，不采取孔口混合注浆；
i) 设计中应明确规定施工过程中需配合的地质及水文地质工作；
j) 前期的突水通道及水源探测应列入设计内容；
k) 施工组织设计中应明确施工中的细节问题；
l) 应采用比较成熟的先进技术和工艺。

9.4.7 矿井恢复后，应全面整理淹没和恢复两个过程的图纸和资料，确定突水原因，提出避免发生重复事故的措施，总结排水恢复中水文地质工作的经验和教训。

9.4.8 通过强排水过程，重新认识矿区水文地质条件。

9.5 泥石流治理

泥石流治理包括：

a) 掘进巷道施工中泥石流涌出后，应采取钻探等技术手段探明冒落空间范围，计算冒落高度。选择打钻注浆方案时，钻孔尽可能从多个地点施工，能互相交叉，采取立体、多层次、全方位注浆、充填，以达到最佳注浆效果；
b) 打钻注浆前应采取砌筑密闭墙及少量注浆等办法对打钻注浆等施工硐室进行加固；
c) 打钻注浆前应首先选择好避灾路线，提前进行防灾演习，一旦出现意外，保证所有作业人员均能安全撤离。

10 水文地质观测

10.1 地面水文地质观测

10.1.1 生产期间矿山的地面水文地质观测包含以下内容：

a) 降雨量观测。地下水补给受大气降水或地表水影响较大的矿区(井)，应建立雨量观测站，进行降雨量观测；
b) 地表水观测。应至少每月观测1次地表水，雨季或暴雨后应增加观测密度，观测矿区河流、水渠、湖泊、积水区、山塘和水库等地表水体的水位、流量、积水量、最大洪水淹没范围、含泥砂量、水质等；对可能渗漏补给地下水的地段应进行渗漏量监测；
c) 地下水动态观测。应建立矿区地下水动态观测网，进行地下水动态观测，利用现有钻孔、井、泉、出水点等观测地下水动态。观测点应覆盖矿坑生产建设对地下水有影响的含水层，布置在矿坑充水的地下水强径流带、构造破碎带和与地表水有水力联系的岩土层以及矿坑开采过程中水文地质条件可能发生变化、井下主要突水点附近或有突水威胁的地段、疏干边界或隔水边界处。观测项目包括地下水位、水温、水质和流量，多层含水层应分层观测。

10.1.2 观测点应统一编号，并测定坐标，标绘在综合水文地质图上。观测点应设置固定观测标志，安装孔口保护装置。

10.1.3 采掘过程中应坚持地面水文地质观测。掌握地下水动态规律前，7天至10天观测1

次;掌握地下水动态规律后,每月观测1次至3次;雨季或遇有异常情况时,应增加观测次数。水质监测每年不少于2次,丰、枯水期各1次。

观测时,注意连续性和精度。每次应有2次读数,水位观测差值不得大于2 cm,流量观测差值不得大于1‰,水温观测差值不得大于0.5 ℃。取值采用算术平均值。测量工具使用前应当进行校验。宜采用智能自动监测仪进行观测、记录和传输数据。

10.1.4 地面裂缝、沉降观测:
   a) 开采引起地面裂缝、沉降的矿山应进行地面裂缝、沉降观测;
   b) 基准点和观测点设置要求:
      1) 基准点应设在沉降区域以外;
      2) 观测点应设置在能表示出沉降特征的地点,可采用浅埋标志;
      3) 观测点本身应牢固稳定,确保点位安全,能长期保存;
      4) 要保证在点上能垂直置尺和良好的通视条件;
      5) 观测点应在平面图标记。
   c) 观测方法及精度要求:
      1) 地面裂缝监测,可采用简易的红漆标记、钢卷尺、钢直尺和游标卡尺观测,观测精度为毫米;
      2) 房屋变形开裂监测,可采用简易的贴纸条标记、钢卷尺、钢直尺和游标卡尺观测,观测精度为毫米;
      3) 地面沉降监测可采用二等水准测量的方法,其线路闭合差应小于$\pm 0.6\sqrt{n}$ mm。水平位移采用轴线法观测,轴线法难以施测时采用小角度法观测水平位移,误差小于2.0 mm;
      4) 观测精度要求:沉降观测中误差小于0.5 mm,水准测量闭合小于$\pm 0.8\sqrt{n}$ mm,位移观测中误差小于5.0 mm。
   d) 观测频率要求:
      1) 地面塌陷、裂缝监测,监测频次为3次/月;异常时应加密观测;
      2) 沉降监测:监测频次一般为3次/月。雨天应加密观测。
   e) 沉降观测应提交下列图表:
      1) 工程平面位置图及基准点分布图;
      2) 沉降观测点位分布图;
      3) 沉降观测成果表。

10.2 井下水文地质观测

10.2.1 矿山应对新掘的井筒、巷道及时进行水文地质编录,绘制井筒、巷道的实测水文地质剖面图或展开图。

   a) 井巷编录应详细描述含水层产状、厚度、岩性、构造、裂隙或岩溶的发育与充填情况,以及涌(渗)点的位置标高、出水形式、涌水量和水温等,并取水样进行水质分析。
   b) 裂隙编录应测定产状、长度、宽度、数量、形状、尖灭情况、充填程度及充填物等,观察记录地下水活动的痕迹,绘制裂隙玫瑰图,选择有代表性地段按式(4)测定计算岩石的裂隙率:

$$K_T = \frac{\sum ab}{F} \times 100 \quad \cdots\cdots\cdots\cdots\cdots\cdots\cdots\cdots (4)$$

式中：

K_T——裂隙率，单位为百分数(%)；
a ——裂隙长度，单位为米(m)；
b ——裂隙宽度，单位为米(m)；
F ——测定面积，单位为平方米(m^2)，较密集裂隙可取 1 m^2～2 m^2，稀疏裂隙可取 4 m^2～10 m^2。

c) 岩溶编录应观测记录其形态、发育、分布状况、有无充填物和充填物成分及充水状况等，并应编制卡片，附平面图、剖面图、素描图或照片。

d) 断裂构造编录时，应分析判断断层的性质，测定其断距、产状、破碎带宽度，并观测记录断裂带充填物成分、胶结程度、出水及导水情况等。

e) 出水点编录应详细观测记录出水的时间、地点、确切位置、出水层位、岩性、厚度、出水形式、围岩破坏情况等，并测定初始和稳定涌水量、水温、水质和含泥砂量等。同时应观测其附近出水点、观测孔涌水量和水位的变化，并分析突水原因。主要突水点可作为动态观测点进行系统观测，并要编制卡片，附平面图、素描图或照片。

f) 应观测工作面"出汗"、顶板淋水加大、空气变冷、发生雾气、挂红、水叫、底板涌水、变形或其他异常现象，工作人员处于安全状态时，应详细记录底鼓、片帮、支柱折断、围岩膨胀、巷道断面缩小、异味、水色。有突水征兆时，工作人员应及时撤出到安全地带。

10.2.2 矿坑涌水量观测及水质监测应符合下列规定：

a) 应分矿体、分中段设站观测。断裂破碎带、岩溶溶洞出水较大的应单独设站观测。涌水量每月观测 1 次至 3 次。水质监测每年不少于 3 次，丰、平、枯水期各 1 次。涌水量出现异常、井下发生突水或受降水影响较大的矿坑，雨季观测频率应增加观测次数；

b) 井下新揭露的涌水量未稳定的中小出水点，应每天至少观测 1 次。较大突水点涌水量未稳定期，应 1 h～2 h 观测 1 次，有条件时，应加大观测频率及进行水质分析。涌水量稳定后，可按井下正常观测频率观测；

c) 采掘工作面上方影响范围内有地表水体、富水含水层或穿过与富水含水层相连通的构造断裂带或接近老空区积水区时，应每天观测，掌握涌水量变化。含水层富水性的等级标准按照附录C；

d) 在含水层内及附近围岩中开掘竖、斜井，应垂向每延深 10 m 或涌水量突然增加时观测 1 次涌水量；

e) 观测矿坑涌水量应注重连续性和精度，宜采用容积法、堰测法、流速仪法或其他先进的方法确保精度。测量工具和仪表应定期校验。

10.2.3 井下进行含水层疏水降压时，流量、水压稳定前，应每小时观测 1 次至 2 次；流量、水压基本稳定后，按正常观测要求进行，每日观测 1 次。

疏放老空区水应每日观测 1 次。

附 录 A
（资料性附录）
矿区水文地质主要图件及内容要求

A.1 各中段水文地质平面图

中段水文地质平面图是综合记录井下中段实测水文地质资料的图纸，是分析矿坑地下水分布规律，开展水害预测、制定防治水措施的主要依据之一，也是矿坑水害防治的必备图纸，一般采用采掘工程平面图作底图进行编制，比例尺为1/2 000～1/5 000，主要内容有：
  a) 各种类型的出（突）水点要统一编号，并注明出水日期、涌水量、水位（水压）、水温及涌水特征；
  b) 废弃井巷、采空区、老硐等的积水范围和积水量；
  c) 井下水闸门、水闸墙、放水孔、防隔水矿（岩）柱、泵房、水仓、水泵台数及能力；
  d) 井下排水路线；
  e) 井下涌水量观测站（点）的位置及水量；
  f) 矿体、含水层及隔水层、断裂构造、岩溶现象等地质和水文地质界线；
  g) "其他"。

中段水文地质平面图应随采掘工程的进展及时补充填绘。

A.2 矿坑涌水量与各种相关因素历时曲线图

矿坑涌水量与各种相关因素历时曲线是综合反映矿坑地下水变化规律，预测矿坑涌水趋势的图纸，各矿应根据具体情况，选择不同的相关因素绘制以下几种关系曲线图：
  a) 矿坑涌水量与降水量、地下水位曲线图；
  b) 矿坑涌水量与单位走向开拓长度、单位采空面积关系曲线图；
  c) 矿坑涌水量随时间变化曲线图；
  d) 矿坑涌水量随开采深度变化曲线图。

A.3 矿区综合水文地质平面图

矿区综合水文地质平面图是反映矿区水文地质条件的图纸之一。也是进行矿区防治水工作的主要参考依据。综合水文地质平面图一般在矿区地形地质图的基础上编制，比例尺为1/2 000～1/10 000。主要内容有：
  a) 基岩含水层露头（包括疏干岩溶塌陷）及冲积层底部含水层（流砂、砂砾、砂卵石层等）的平面分布状况；
  b) 地表水体，水文观测站，井、泉、落水洞分布位置、塌陷分布及范围；
  c) 水文地质钻孔及其抽水试验成果；
  d) 基岩等高线；
  e) 设计的或开采矿床井下巷道、矿坑回采范围及井下突水点资料；
  f) 主要含水层等水位（压）线及其代表的时间；

g) 老窑、小矿山位置及开采范围和涌水情况；
h) 有疏干塌陷的岩溶矿山应对塌陷活跃程度进行分区；
i) 有条件时，划分水文地质单元，进行水文地质分区。

A.4 矿井综合水文地质柱状图

矿井综合水文地质柱状图是反映含水层、隔水层及矿体之间的组合关系和含水层层数、厚度及富水性的图纸。一般采用相应比例尺随同矿区综合水文地质平面图一道编制。主要内容有：

a) 含水层时代名称、厚度、岩性、岩溶和裂隙发育情况；
b) 各含水层水文地质试验参数；
c) 含水层的水质类型；
d) 矿井出水点位置、出水量；
e) 隔水层时代名称、厚度、岩性情况。

A.5 水文地质剖面图

水文地质剖面图主要是反映含水层、隔水层、褶曲、断裂构造、岩溶发育情况等和矿体之间的空间关系。主要内容有：

a) 含水层岩性、厚度、埋藏深度、岩溶裂隙发育深度；
b) 水文地质孔、观测孔及其试验参数和观测资料；
c) 地表水体及其水位；
d) 矿体及主要井巷位置。

水文地质剖面图一般以走向、倾向有代表性的勘探线地质剖面为基础。

A.6 矿区含水层等水位线图

等水位线图主要反映地下水的流场特征。水文地质复杂型的矿区，对主要含水层（组）应坚持定期绘制。比例尺为 1/2 000～1/10 000。主要内容有：

a) 含水层、矿体露头线，主要断层线；
b) 水文地质孔、观测孔、井、泉的地面标高，井、泉孔口标高和地下水位（压）标高；
c) 河、渠、塘、水库、塌陷积水区等地表水体观测站的位置、地面标高和同期水面标高；
d) 矿区各井口位置、开拓范围和公路、铁路交通干线；
e) 地下水等水位线，表示地下水流向；
f) 可采矿体底板下隔水层等厚线（当受开采影响的主含水层在可采矿体底板下时）；
g) 井下开拓、开采工程分布范围，涌水、突水点位置及涌水量。

A.7 区域水文地质平面图

区域水文地质图一般在 1/10 000～1/100 000 区域地质图的基础上经过区域水文地质调查之后编制。成图的同时，应写出编图说明书。主要内容有：

a) 地表水系、分水岭界线、地貌单元划分；

b) 主要含水层露头,松散层等厚线;
c) 地下水天然出露点及人工揭露点;
d) 岩溶形态及构造破碎带;
e) 水文地质钻孔及其抽水试验成果;
f) 地下水等水位线,地下水流向;
g) 划分地下水补给、径流、排泄区;
h) 划分不同水文地质单元,进行水文地质分区;
i) 附相应比例尺的区域综合水文地质柱状图、区域水文地质剖面图。

A.8 矿区岩溶分布图

岩溶特别发育的矿区,应根据调查和勘探的实际资料编制矿区岩溶图,为研究岩溶的发育分布规律和矿区岩溶水防治提供参考依据。

岩溶图的形式可根据具体情况编制岩溶分布平面图、岩溶实测剖面图或展开图等:

a) 岩溶分布平面图可在矿区综合水文地质图的基础上填绘岩溶地貌、汇水封闭洼地、落水洞、地下暗河的进出水口、天窗、地下水的天然出露点及人工出露点、岩溶塌陷活跃分区、地表水和地下水的分水岭等;
b) 岩溶实测剖面图或展开图,根据对溶洞或暗河的实际测绘资料编制。

附　录　B
（规范性附录）
安全水压的计算

B.1 掘进巷道底板隔水层

计算见式(B.1):

$$H = 2K_p \frac{t^2}{L^2} + \gamma t \quad\quad\quad\quad\quad\quad\quad\quad (B.1)$$

式中:

H ——底板隔水层能够承受的安全水压,单位为兆帕(MPa);

K_p ——底板隔水层的平均抗张强度,单位为兆帕(MPa);

t ——隔水层厚度,单位为米(m);

L ——巷道宽度,单位为米(m);

γ ——底板隔水层的平均容重,单位为兆牛每立方米(MN/m³)。

B.2 回采工作面

计算见式(B.2):

$$P = T_s \times M \quad\quad\quad\quad\quad\quad\quad\quad (B.2)$$

式中:

P ——安全水压,单位为兆帕(MPa);

T_s ——突水系数,单位为兆帕每米(MPa/m);

M —— 底板隔水层厚度,单位为米(m)。

注: T_s 值应根据岩性和构造情况确定,一般情况下,在具有构造破坏的地段按 0.06 MPa/m 计算,隔水层完整无断裂构造破坏地段按 0.1 MPa/m 计算。

B.3 突水系数

计算见式(B.3):

$$T_s = \frac{P}{M} \quad \quad \quad \quad \quad \quad \quad (B.3)$$

式中:

T_s —— 突水系数,单位为兆帕每米(MPa/m);

P —— 底板隔水层承受的水头压力,单位为兆帕(MPa);

M —— 安全水压,单位为米(m)。

附 录 C
(规范性附录)
含水层富水性的等级标准

C.1 按钻孔单位涌水量(q)富水性[注]划分

以下四级:

a) 弱富水性:$q < 0.1$ L/s·m;
b) 中等富水性:0.1 L/s·m $< q \leq 1.0$ L/s·m;
c) 强富水性:1.0 L/s·m $< q \leq 5.0$ L/s·m;
d) 极强富水性:$q > 5.0$ L/s·m。

C.2 按天然泉水流量含水层富水性划分

以下四级:

a) 弱富水性:$Q < 1.0$ L/s;
b) 中等富水性:1.0 L/s $< Q \leq 10.0$ L/s;
c) 强富水性:10.0 L/s $< Q \leq 50.0$ L/s;
d) 极强富水性:$Q > 50.0$ L/s。

注: 评价含水层的富水性,钻孔单位涌水量以口径 91 mm、抽水水位降深 10 m 为准,若口径、水位降深与上述不符时,应进行换算再比较富水性。

超深竖井施工安全技术规范(AQ 2062—2018)

前言

本标准的全部技术内容为强制性。

本标准按照 GB/T 1.1—2009 给出的规则起草。

本标准由原国家安全生产监督管理总局监管一司提出。

本标准由全国安全生产标准化技术委员会非煤矿山安全分技术委员会(SAC/TC 288/SC 2)归口。

本标准起草单位:金诚信矿业管理股份有限公司、中国安全生产科学研究院、中国恩菲工程技术有限公司、铜陵有色金属集团铜冠矿山建设股份有限公司、中信重工机械股份有限公司。

本标准主要起草人:张兴凯、王先成、李红辉、付士根、杜贵文、安建英、胡彦华、张步斌、关洪海、郑亚利、刘风坤、谢旭阳、朱兴明、朱学胜、夏云平。

1 范围

本标准规定了超深竖井施工安全技术总则,提升系统、辅助系统要求以及重大危害的预防。

本标准适用于采用钻爆法连续掘砌施工深度大于 1 200 m 的金属和非金属矿山竖井工程。

2 规范性引用文件

下列文件对于本文件的应用是必不可少的。凡是注日期的引用文件,仅注日期的版本适用于本文件,凡是不注日期的引用文件,其最新版本(包括所有的修改单)适用于本文件。

GB 8918 重要用途钢丝绳

GB 16423 金属非金属矿山安全规程

3 术语和定义

下列术语和定义适用于本文件。

3.1

超深竖井 ultra-deep shaft

一次掘砌成井深度大于 1 200 m 的竖井。

3.2

凿井井架 sinking head frame

凿井时用于承载提升和悬吊荷载、布置天轮、卸矸等设备、设施的构筑物。

3.3

提升容器 lifting conveyance

竖井施工时,用于升降人员、物料的容器。

3.4

导向绳 guide rope

竖井施工时,用作提升容器导向、限制提升容器摆动量的钢丝绳;也称为钢丝绳罐道、稳绳。

3.5

安全间隙 safety spacing

提升容器与周围的其他提升容器、井壁、梁、管路、电缆、吊盘喇叭口、封口盘出口等的最小距离。

3.6

过卷高度 over wind height

为避免提升容器因过卷而造成安全事故,在确定井架高度时留有的安全高度。

3.7

岩爆 rock burst

竖井在高地应力区施工过程中,岩体聚积的弹性变形能突然猛烈释放,使岩块破裂并抛出的动力现象。

3.8

热害 heat-harm

井下作业环境气温超过人体正常热平衡所能忍受的程度,导致劳动效率降低,事故频率增加,健康受到损伤。

3.9

井下突水 underground water inrush

竖井施工时,地下水突然大量涌入井筒而产生淹井隐患的现象。

4 总则

4.1 矿山施工企业应遵守国家有关安全生产的法律、法规、规程、规范和标准。

4.2 主要施工设备、设施应具有安全管理部门颁发的矿用产品安全标志证书。

4.3 主要施工设备、设施应由有资质的单位进行检测、检验,检验合格,出具报告,且在有效期内;施工单位应按规定进行日常检查、维护、保养。

4.4 工程开工前,应由施工单位编制《超深竖井施工安全技术措施》,与《超深竖井施工组织设计》一并报上级单位审核通过后,再报监理单位和建设单位审批,审批通过后才能开始施工。

4.5 超深竖井施工图设计和施工安全技术措施应综合考虑施工阶段的本质安全。

4.6 用于超深竖井凿井施工的提升机、凿井绞车、钢丝绳、天轮、吊桶、钩头、凿井井架等应符合相应的国家标准、行业标准。

4.7 超深竖井施工应按照 GB 16423 和本标准的要求,对凿井设备、设施制定严格的检查、检测和操作规定,并记录在册,在相应的醒目位置公示。

4.8 本标准没有明确规定的,应执行 GB 16423 的相关规定。

5 提升系统

5.1 提升机

5.1.1 施工用提升机应采用缠绕式矿井提升机,宜选用凿井提升机;提升机卷筒直径与钢丝绳直径之比,不应小于70。

5.1.2 应根据井筒深度、直径和施工进度要求等因素选择提升容器、钢丝绳和提升机的规格型号,并对钢丝绳的静张力、静张力差和安全系数进行计算,对提升机的允许缠绕钢丝绳长度、电机功率进行验算。

5.1.3 吊桶升降人员时的加速度不大于 $0.5\ m/s^2$;提升速度应符合下列要求:
    a) 有导向绳时,最大提升速度应按 $V_{max} \leqslant 0.2 \times H^{1/2}$ 公式计算,且不得大于 7 m/s;
    b) 无导向绳时,提升速度不应超过 1 m/s;
    c) 乘坐吊桶检查井筒设施时,提升速度不应超过 0.3 m/s。
注:H 表示提升高度,单位为米(m)。

5.1.4 吊桶升降物料时的加速度和速度应符合下列要求:
    a) 提升火工品或长材料时,加速度不大于 $0.5\ m/s^2$;提升其他物料时,加速度不大于 $0.75\ m/s^2$;
    b) 提升火工品时,提升速度不应超过 5 m/s;
    c) 提升大型设备或长材料时,提升速度不应超过 4 m/s;
    d) 最大提升速度应按 $V_{max} \leqslant 0.25 \times H^{1/2}$ 公式计算,且不得大于 8.66 m/s;
    e) 无导向绳时,提升速度不应超过 1 m/s。
注:H 表示提升高度,单位为米(m)。

5.1.5 井筒施工深度超过 1 000 m 时,提升容器应在吊盘上方先自动暂停,待接收到下行信号后再通过吊盘。

5.1.6 带绳槽的卷筒,钢丝绳可缠绕两层;当卷筒两端设有过渡块、卷筒强度满足要求且卷筒边缘与最外一层钢丝绳的高差大于钢丝绳直径的2.5倍时,可缠绕三层。

5.1.7 提升容器的最小安全间隙应满足下列要求:
    a) 提升容器与井壁之间的最小距离不得小于 $200+H_1/3$(mm);
    b) 提升容器与钢梁、管子、风筒、电缆突出部分之间的最小距离不应小于 $250+H_1/3$ (mm);
    c) 两提升容器之间的最小距离或两提升容器导向绳之间的距离不得小于 $300+H_1/3$(mm);
    d) 喇叭口与最大通过物之间的安全间距不应小于 200 mm。
注:H_1 表示井筒设计深度,单位为米(m)。当采取可靠的安全技术措施时,H_1 可分段计算最小安全间隙。

5.1.8 竖井提升系统应设过卷保护装置,吊桶提升时的过卷高度不应小于 4 m。

5.1.9 双钩提升时,当一个吊桶提人、火工品或提升长材料时,另一个吊桶应空载提升。

5.1.10 每班应配置两名提升机操作工,且每班工作时间不应大于 8 h。

5.2 电控系统

5.2.1 提升机电气传动宜采用四象限变频调速系统,控制系统应采用可编程序控制器

(PLC)。

5.2.2 提升运行速度图应根据提升工况分别编制,提升机应按照提升运行速度图运行。

5.2.3 在运行条件发生变化后,应修改提升运行速度图,试运行无问题后,才可正常运行。

5.3 提升钢丝绳

5.3.1 提升钢丝绳应满足 GB 8918 的要求,选用适合竖井提升的不旋转钢丝绳,钢丝抗拉强度不宜超过 1 960 MPa,在环境温度低于 −25 ℃时钢丝抗拉强度不应超过 1 870 MPa。

5.3.2 新提升钢丝绳悬挂时的安全系数应符合下列规定:

   a) 升降人员时不小于 9;
   b) 升降物料时不小于 7。

5.3.3 使用中的提升钢丝绳,定期试验时安全系数为下列数值的,应更换:

   a) 升降人员时小于 7;
   b) 升降物料时小于 6。

5.3.4 提升钢丝绳与天轮的绳偏角不宜大于 1°10′,最大不应超过 1°30′。

5.3.5 从卷筒到天轮的提升钢丝绳弦长不宜超过 60 m,当超过 60 m 时,应有控制钢丝绳跳动的有效措施。

5.3.6 提升钢丝绳应在卷筒上留有不少于 4 圈摩擦绳,每季度应将钢丝绳临界段串动 1/4 绳圈的位置。

5.4 悬吊设施

5.4.1 施工期间井筒内的管路宜采用井壁固定的方式。

5.4.2 凿井绞车的选型应与所承担的最大载荷相匹配,凿井绞车群基础宜采用整体混凝土基础。

5.4.3 悬吊钢丝绳应满足 GB 8918 的要求,其安全系数应符合下列规定:

   a) 悬吊安全梯、吊盘、水泵及管路、模板的钢丝绳不应小于 6;
   b) 其他悬吊钢丝绳不应小于 5。

5.4.4 采用吊盘绳兼做稳绳时,应符合下列要求:

   a) 采用钢丝较粗、抗磨损性较好的钢丝绳或密封式钢丝绳;
   b) 滑架上的滑套采用改良 PVC、尼龙材料等高分子材料,以减少滑架升降时对钢丝绳的磨损;
   c) 对钢丝绳加强检测,当钢丝绳磨损或断丝超过 GB 16423 规定时,立即更换钢丝绳。

5.4.5 悬吊吊盘宜符合下列规定:

   a) 凿井绞车采用集中控制系统控制吊盘的上下运行;
   b) 悬吊钢丝绳安装钢丝绳张力平衡装置。

5.4.6 悬吊钢丝绳应在凿井绞车卷筒上留有不少于 6 圈摩擦绳。

5.5 井架

5.5.1 凿井井架型号应根据悬吊重量和井筒直径进行选择,验算受力构件的强度、刚度和井架的整体稳定性。

5.5.2 凿井井架高度应保证过卷高度和伞钻上下井的需要。

5.5.3 当具备条件时,应优先利用永久井架(塔)凿井。采用永久井架(塔)时,应根据井架

（塔）的形式和结构参数,优化天轮平台、卸矸台的布置,对井架(塔)进行安全性验算。

5.6 天轮

5.6.1 提升天轮的直径与钢丝绳直径之比,在围包角大于90°时,不应小于70,在围包角小于90°时,不应小于55。

5.6.2 悬吊天轮轴承座和绳轮的技术性能应满足超深竖井施工安全要求。

5.6.3 天轮的计算荷重不应小于实际选用钢丝绳的最大静张力。

5.6.4 安装轴承座时,应设置与天轮载荷相匹配的挡铁。

5.7 安全保护装置

5.7.1 提升系统的机电控制装置,除应符合 GB 16423 中对提升系统要求的保护与电气闭锁装置的相关规定外,还应符合下列规定:

    a) 定期对提升设备自身的电机过热、液压制动系统的压力变化、闸瓦磨损及碟形弹簧疲劳进行检测;

    b) 松绳保护装置要接入安全回路和报警回路,在提升绳松绳时能自动断电并报警;

    c) 安装减速功能保护装置,当容器到达减速位置时,能示警并开始减速;

    d) 安装制动系统油压过压、欠压保护装置。

5.7.2 提升系统应按下列要求设置安全保护:

    a) 限速保护:当减速段速度超过设定值的10%时,应发出警示,超过15%时应能自动断电,且使制动器实施安全制动;限速保护应当设置相互独立的双线型式;

    b) 超速保护:当提升速度超过最大速度15%时,应能自动断电,且使制动器实施安全制动;超速保护应当设置相互独立的双线型式;

    c) 过卷保护:当提升容器在井上或井底超过正常停止位置0.5 m时,应能自动断电,且使制动器实施安全制动;过卷保护应当设置硬件和软件相互独立的双线型式;

    d) 变流器综合保护:提升机调速装置中的变流器应具有过负荷、欠电压、过电压等保护,且能在故障出现时自动迅速地切断电源,且使制动器实施安全制动;

    e) 测速和行程计算装置保护:提升机应设置测速和行程计算装置,当测速和行程计算装置出现故障时,应能自动断电,且使制动器实施安全制动;

    f) 闸瓦保护:提升机应配置闸瓦保护装置,当闸瓦间隙过大、闸瓦磨损时,应能报警并闭锁;

    g) 减速功能保护:当自动减速失效时,应能迅速强制减速或使制动器实施安全制动;减速功能保护应当设置相互独立的双线型式;

    h) 错向运行保护:当提升机发生错向运行时,能自动断电,且使制动器实施安全制动。

5.7.3 提升机调速系统应与制动系统和润滑系统设置安全闭锁,当制动系统和润滑系统出现油压过高、油温过高、欠压等故障时应能使调速系统示警、减速或安全制动。

5.7.4 提升机调速系统应与信号系统设置安全闭锁,在未收到开车信号前不能启动。

5.7.5 提升机与安全过桥宜设置联锁装置。

5.7.6 超速、井筒终端减速区限速保护、过卷和过放等重要保护装置应各自按冗余原则设置。

6 辅助系统

6.1 通风系统

6.1.1 通风方式宜采用混合式通风方式,风筒应采用刚性风筒。

6.1.2 井筒爆破通风后,当检测仪器显示有毒有害气体浓度超过标准时,严禁人员下井。

6.1.3 当井筒内有人作业时,应保证风机正常工作,井下作业面的空气质量符合 GB 16423 的相关规定。

6.1.4 严寒地区的竖井施工,应采取有效措施避免寒风影响井下工人健康,防止凿井设备、设施以及井口段因冻害而产生安全隐患。

6.2 排水系统

6.2.1 排水能力应根据竖井勘察地质报告提供的涌水量配置,不宜小于 50 m^3/h,最大排水能力不宜小于提供的最大涌水量,主要的水泵和电机应有备用,数量不少于一套。

6.2.2 排水系统宜采用多级接力排水方式,水泵扬程和管路选型应根据该段排水高度计算后确定。

6.2.3 当采用压风管兼作临时排水管时,压风管的管壁厚度、连接强度、管路的悬吊、固定应满足排水时的安全要求。

6.2.4 布置在临时水泵硐室内的水泵、水仓和配电箱,应留出检修的空间;靠近井筒侧设置牢固的不低于 1.5 m 的栏杆;在底板上设置高度不小于 300 mm 的挡隔。

6.2.5 当具备条件时,应利用生产期间的排水系统。

6.3 供配电系统

6.3.1 井口工业广场应配置完善的供配电系统,采取双回路供电;当外部电源不能满足要求时,备用电源的最小供电负荷应满足提升人员的要求。

6.3.2 井下供电电压不得高于 10 kV,当采用高压电缆向安装在临时变电硐室的变压器供电时,低压配电系统接地应采用 IT 系统,并设置绝缘监视装置。

6.3.3 高压电缆应采用矿用阻燃钢丝铠装电缆,在井筒中不应有中间接头,从变压器引出的动力电缆应采用矿用阻燃橡套电缆。

6.4 信号系统

6.4.1 竖井施工应安装两套独立的声、光信号系统和通信装置,信号系统和通信装置应满足 GB 16423 的相关要求。

6.4.2 竖井施工应设置具有下列功能的视频监视系统:
   a) 采集工作面、吊盘、井口、卸矸台、提升机房、井口信号房等场所的视频信息;
   b) 在调度室、操作室等实时显示画面;
   c) 配置足够容量的储存硬盘。

7 重大危害的预防

7.1 岩爆

7.1.1 竖井工勘地质资料应提供各地层不同标高的原岩应力大小、方向和地温等基础数据。

7.1.2 根据工勘地质资料,宜从适当标高开始,对井筒围岩进行岩体力学监测,验证地应力大小、方向、地温等基础数据。

7.1.3 通过对围岩的监测，预判发生岩爆的位置及概率，评估岩爆的危害性。对施工时有岩爆倾向的井筒段，应制定防治岩爆的施工技术组织措施。

7.1.4 施工图设计宜改善井筒与马头门、硐室等连接处的结构形式，降低结构的应力集中；混凝土井壁结构的抗拉、抗剪强度应考虑岩爆的影响。

7.1.5 设计的混凝土井壁结构，宜在岩爆危险区域的永久支护与围岩之间留出一定的释能空间，采用柔性材料作为填充物。

7.1.6 在施工过程中，应收集并分析相关监测数据，便于确定卸压孔的设计，以及调整永久支护和围岩之间预留空间大小等。

7.1.7 在岩爆危险区域施工时，宜减小掘砌循环段高，减小围岩暴露面积，缩短暴露时间。

7.1.8 凿岩爆破应采用控制爆破技术，减小炮孔间距和周边炮孔的装药量，减少爆破对围岩的破坏影响，降低因围岩凹凸不平造成的应力集中。

7.1.9 临时支护应根据围岩性质、岩爆发生的强度和频率，分别采取不同形式，合理确定支护时间。

7.1.10 在岩爆危险区施工时，宜布置岩音检测的专业仪器，应配置专职安全工程师，在现场作专门监护。

7.1.11 在施工组织设计中应制订预防岩爆的措施，并对施工人员进行培训和配备防岩爆伤害的个人防护用具。

7.2 地温

7.2.1 当井下作业面干球温度达到 28 ℃～32 ℃时，工作面应采取加强通风、洒水等措施降温。

7.2.2 当井下作业面干球温度达到 32 ℃～35 ℃时，工作面应采取小范围降温，个人穿戴降温防护服等措施。

7.2.3 当井下作业面干球温度超过 35 ℃时，应采用机械制冷降温措施；否则，井下工人连续工作时间不应超过 2 h。

7.2.4 在高岩温地段，应制定防止火工品自燃、早爆的预防措施。

7.3 井下突水

7.3.1 工勘地质报告应明确各含水层的类型、标高、特征、涌水量等，并提出防治水的建议。

7.3.2 施工过含水层时，应采取"探、导、截、堵、排"综合预防措施，宜优先采取注浆堵水的治水方案。

7.3.3 需要工作面预注浆时，应提前编制施工技术组织措施。

磷石膏库安全技术规程（AQ 2059—2016）

前 言

本标准的第 5.1.1、5.3.2、5.5.1、5.6.1 条为强制性的，其余为推荐性的。

本标准按照 GB/T 1.1—2009 给出的规则起草。

本标准由国家安全生产监督管理总局监管一司提出。

本标准由全国安全生产标准化技术委员会非煤矿山安全分技术委员会（SAC/TC 288/SC 2）归口。

本标准起草单位：上海交通大学、瓮福（集团）有限责任公司、深圳市胜义环保有限公司、中国城市建设研究院有限公司、长沙有色冶金设计研究院有限公司、中国环境科学研究院。

本标准主要起草人：刘宁、杨三可、周晓晖、徐文龙、黄进、范福平、董路、何同庆、盛勇、陈龙珠、陆庆国、许宇彪、刘晶昊。

1 范围

本标准规定了磷石膏库建设、生产运行、安全检查、闭库、库内回采等方面的安全要求。

本标准适用于中华人民共和国境内磷石膏库。

本标准不适用于磷石膏临时堆存和周转堆场。

2 规范性引用文件

下列文件对于本文件的应用是必不可少的。凡是注日期的引用文件，仅注日期的版本适用于本文件。凡是不注日期的引用文件，其最新版本（包括所有的修改单）适用于本文件。

GB 14784 带式输送机安全规范

GB 15580 磷肥工业水污染物排放标准

GB/T 17643 土工合成材料聚乙烯土工膜

GB 18306 中国地震动参数区划图

GB 18599 一般工业固体废物贮存、处置场污染控制标准

GB 50021 岩土工程勘察规范

GB 50046 工业建筑防腐蚀设计规范

GB 50290 土工合成材料应用技术规范

GB 50863 尾矿设施设计规范

GB 50864 尾矿设施施工及验收规范

GBJ 22 厂矿道路设计规范

AQ 2006 尾矿库安全技术规程

3 术语和定义

下列术语和定义适用于本文件。

3.1

磷石膏　phosphogypsum

以磷矿石为原料,采用湿法制取磷酸过程中产生的,以硫酸钙为主要成分的化工副产物。

3.2

磷石膏库　phosphogypsum stack

筑坝或利用露天废弃采坑、凹地贮存磷石膏的场所。

3.3

调节回水池　recycling pond

磷石膏库外,用于调蓄库内水的场所。

3.4

磷石膏坝　phosphogypsum dam

拦挡磷石膏和库内水的磷石膏库外围构筑物。通常指初期坝和磷石膏堆积坝的总体。

3.5

干法堆存　dry stacking

进库堆存磷石膏含水率小于等于30%时,称为干法堆存。

3.6

湿法堆存　wet stacking

进库堆存磷石膏含水率大于30%时,称为湿法堆存。

3.7

碾压法筑子坝　compacted phosphogypsum embankment

使用接近最优含水率的磷石膏,通过逐层碾压密实的方式修筑磷石膏子坝的筑坝工艺。

3.8

胶结法筑子坝　cemented phosphogypsum embankment

利用磷石膏胶结特性,使用含水率高于30%的、未板结的磷石膏逐层修筑磷石膏子坝的筑坝工艺。

3.9

满足饱和酸性条件的磷石膏库　wet phosphogypsum stack under saturated acidic condition

磷石膏板结形成稳定沉积相,库内水 pH 值小于2.0,且磷石膏堆积坝坝顶标高以上汇水面积与库内集水区面积之比值小于2的湿法堆存磷石膏库。

3.10

满足饱和酸性条件的磷石膏子坝　phosphogypsum embankment under saturated acidic condition

在满足饱和酸性条件的磷石膏库中,使用碾压法或胶结法修筑的磷石膏子坝。

3.11

一次建坝　one-step constructed dam

指全部用除磷石膏以外的筑坝材料一次或分期建造的磷石膏坝。

3.12

拦挡坝　debris dam

修筑于山谷型干法堆存磷石膏库下游,用于拦挡库区渗水、径流及雨水冲刷夹带磷石膏的坝体。

3.13

沉积滩　deposited beach

湿法堆存磷石膏工艺中水力冲积形成的沉积体表层,按库内集水区水面划分为水上和水下两部分,通常将水上部分称为干滩。

3.14

安全超高　free height

在非地震运行条件下,对不满足饱和酸性条件的磷石膏库,为设计洪水位与堆积坝滩顶标高的高差;对挡水坝、一次建坝和满足饱和酸性条件的磷石膏子坝,为设计洪水位加最大波浪爬高和最大风壅水面高度之和与坝顶标高的高差。在地震运行条件下,对不满足饱和酸性条件的磷石膏库,为正常生产水位加地震沉降和地震壅浪高度之和与堆积坝滩顶标高的高差;对挡水坝、一次建坝和满足饱和酸性条件的磷石膏子坝,为正常生产水位加最大波浪最大爬高、最大风壅水面高度、地震沉降和地震壅浪高度之和与坝顶标高的高差。

3.15

最小安全超高　minimum free height

设计洪水位时安全超高的最小允许值。

3.16

调洪高度　flood regulation height

指正常泄洪起始水位与设计洪水位的高差。

3.17

移动式竖井　removable spillway

一种随磷石膏堆积坝抬升而抬升的被动排洪设施。一般由可移动的竖向集水井和穿过堆积坝的排水管构成。

3.18

磷石膏库安全设施　safety facilities of phosphogypsum stack

直接影响磷石膏库安全的设施,包括初期坝、堆积坝、坝体防排渗设施、排洪设施、观测设施、库区道路及其他保障磷石膏库安全的设施。

4 磷石膏库等别及构筑物级别

4.1 磷石膏库等别

磷石膏库等别应根据磷石膏库的总库容及总坝高按表1确定。磷石膏库各使用期的等别应根据该期的全库容和坝高分别按表1确定。当两者的等差为一个等别时,以高者为准;当等差大于一个等别时,按高者降一个等别。

对于露天废弃采坑或凹地贮存磷石膏,周边未建磷石膏坝的,定为五等库;建磷石膏坝的,根据坝高及其对应的库容确定库的等别。

除一等库外,磷石膏库失事将使下游重要城镇、工矿企业、铁路干线或高速公路等遭受严重灾害者,经充分论证后,其设计等别可提高一个等别。

表 1 磷石膏库等别划分表

等别	全库容 V 10 000 m³	坝高 H m
一	$V \geqslant 50\ 000$	$H \geqslant 200$
二	$10\ 000 \leqslant V < 50\ 000$	$100 \leqslant H < 200$
三	$1\ 000 \leqslant V < 10\ 000$	$60 \leqslant H < 100$
四	$100 \leqslant V < 1\ 000$	$30 \leqslant H < 60$
五	$V < 100$	$H < 30$

4.2 磷石膏库构筑物的级别

磷石膏库构筑物的级别根据磷石膏库的等别及构筑物重要性按表2确定。

表 2 磷石膏库构筑物的级别

磷石膏库等别	构筑物的级别		
	主要构筑物	次要构筑物	临时构筑物
一	1	3	4
二	2	3	4
三	3	5	5
四	4	5	5
五	5	5	5
注：主要构筑物指磷石膏坝、排洪构筑物等失事后将造成下游灾害的构筑物；次要构筑物指除主要构筑物外的永久性构筑物；临时构筑物指施工期临时使用的构筑物。			

5 磷石膏库建设

5.1 库址选择

5.1.1 磷石膏库不应设在下列地区：
—— 风景名胜区、自然保护区、饮用水源保护区；
—— 国家法律禁止的矿产开采区域。

5.1.2 磷石膏库库址选择应遵守下列原则：
—— 所选库址应符合当地城乡建设总体规划要求；
—— 应避开地质构造复杂、不良地质现象严重区域；
—— 不宜位于工矿企业、大型水源地、重要的铁路和公路、水产基地和大型居民区上游；
—— 宜选择在工业区和居民集中区主导风向下风侧；
—— 宜选在汇水面积较小，便于实施清污分流的场地；
—— 不宜位于有开采价值的矿床上面。

5.1.3 磷石膏库设计应对不良地质条件采取可靠的治理措施。

5.1.4 对废弃的露天采矿场贮存磷石膏，应对其安全性进行专项论证；对露天采矿场下部有采矿活动的，不宜贮存磷石膏。

5.2 磷石膏库勘察

5.2.1 磷石膏库建设应进行工程地质与水文地质勘察。

5.2.2 磷石膏库工程地质与水文地质勘察应符合 GB 50021 要求，查明影响磷石膏库及各构筑物安全性的不利因素，并提出工程措施建议，为设计提供可靠依据。

5.3 磷石膏库设计

5.3.1 根据磷石膏特性、规模及库址等条件，磷石膏库可采用湿法堆存或干法堆存方式。

5.3.2 磷石膏库应有完善的防渗和排渗设施设计。

防渗设施应满足 GB 18599 第Ⅱ类一般工业固体废物污染控制标准要求。当天然基础层渗透系数大于 $1.0×10^{-7}$ cm/s 时，应采用天然或人工材料（厚度不小于 1.5 mm 的耐腐蚀 HDPE 土工膜）构筑防渗层，防渗层的防渗性能应相当于渗透系数 $1.0×10^{-7}$ cm/s 和厚度 1.5 m 的黏土层；部分或全部处于碳酸盐岩层基础上的磷石膏库，应采用厚度不小于 1.5 mm 的耐腐蚀 HDPE 土工膜构筑防渗层。防渗设施所使用的土工合成材料应符合 GB/T 17643 和 GB 50290 的要求。

磷石膏库排渗设施应由耐腐蚀的石料或人工材料构成。

5.3.3 磷石膏库应设置地下水导排系统。

地下水不得流入磷石膏堆积体。存在涌泉或地下水出露的磷石膏库，应设地下水导排系统。

5.3.4 磷石膏库设计应明确下列安全控制参数：

——初期坝坝型、坝高、坝顶宽度、上下游坡比、初期库容；
——设计最终堆积标高、总坝高、总库容、堆积坡比；
——堆积子坝的材料、筑坝工艺、坝顶宽度、上下游坡比；
——不同堆积标高（主要指各特征标高）时，库内控制的正常水位、调洪高度、安全超高及干滩长度；
——调节回水池的库容、正常运行最低和最高水位、安全超高；
——截排洪构筑物的主要参数及排水设施的运行和封堵要求；
——磷石膏库的防渗方式以及防排渗系统的结构型式。

5.3.5 磷石膏库建设项目安全设施初步设计应编制安全专篇，主要内容为：

a) 设计依据；
b) 工程概述；
c) 工程地质与水文地质；
d) 磷石膏库周边环境及相互影响分析；
e) 坝体安全论证；
f) 防洪安全论证；
g) 监测、通信和照明；
h) 安全管理；
i) 安全预评价报告对策措施采纳情况；

j) 结论及建议;
k) 附件与附图。

5.4 调节回水池设计

5.4.1 调节回水池上游和周边,应设置可靠的截水设施,外围雨水不得进入调节回水池。截水沟过流断面宜按 50 年一遇洪水重现期的防洪标准设计。

5.4.2 调节回水池容积取以下两者的大值:
— 按设计洪水标准和截水沟标高以下库区面积计算的两次 24 h 洪水之和;
— 按历史最大年降水量和截水沟标高以下库区面积计算的调节回水池最大蓄水量。

5.4.3 调节回水池应采用厚度不小于 1.5 mm 的耐腐蚀 HDPE 土工膜构筑复合防渗层,防渗层的防渗性能应相当于渗透系数 1.0×10^{-7} cm/s 和厚度 1.5 m 的黏土层。

5.4.4 调节回水池底部应设置地下水导排系统。

5.4.5 调节回水池内构筑物应采取防腐措施。防腐措施应满足 GB 50046 的要求。

5.4.6 调节回水池挡水坝应按坝型采用相应的水库坝设计规范设计。

5.4.7 磷石膏库内水禁止直接外排。确需外排的,应处理达到 GB 15580 要求。

5.5 磷石膏坝设计

5.5.1 磷石膏坝应满足渗流控制和静、动力稳定的要求。

5.5.2 磷石膏堆积坝宜采用上游式堆坝等筑坝方式。

5.5.3 初期坝宜采用当地材料修筑。筑坝材料应满足设计要求。

5.5.4 上游式堆坝可使用磷石膏,通过碾压法筑子坝或胶结法筑子坝的方式堆坝。

5.5.5 湿法堆存磷石膏库初期坝坝高的确定应符合下列要求:
— 可至少贮存磷肥厂投产后半年以上的磷石膏量;
— 应使磷石膏浆得以澄清;
— 当磷石膏堆积坝沉积滩顶与初期坝顶齐平时,应满足相应等别磷石膏库防洪标准要求。

5.5.6 坝基处理应满足渗流控制和静力、动力稳定要求。遇有下列情况时,应进行专门研究处理:
— 透水性较大的厚层砂砾石地基;
— 易液化土、软黏土和湿陷性黄土地基;
— 岩溶发育地基;
— 涌泉或地下水集中出露。

5.5.7 对不满足饱和酸性条件的磷石膏库,磷石膏堆积坝滩顶与设计洪水位的高差,不得小于表 3 的最小安全超高值。同时,磷石膏堆积坝滩顶至设计洪水位水边线的距离,不得小于表 3 的最小干滩长度值。

5.5.8 不满足饱和酸性条件的湿法堆存磷石膏库,当位于地震水平加速度不小于 0.05 g 地震区时,磷石膏堆积坝滩顶与正常生产水位的高差,不应小于表 3 的最小安全超高值和地震沉降、地震壅浪高度之和。地震壅浪高度可按 SL 203 推荐的方法计算。

5.5.9 对挡水坝、一次建坝和满足饱和酸性条件的磷石膏子坝,坝顶与设计洪水位的高差不应小于表 3 的最小安全超高值、最大风壅水面高度和最大波浪爬高三者之和。风壅水面高度和最大波浪爬高可按 SL 274 推荐的方法计算。

表 3　上游式磷石膏坝的最小安全超高与最小干滩长度

类别	坝的级别				
	1	2	3	4	5
最小安全超高 m	1.5	1.0	0.7	0.5	0.4
最小干滩长度 m	150	100	70	50	40

5.5.10　地震水平加速度不小于0.05 g地震区的挡水坝、一次建坝和满足饱和酸性条件的磷石膏子坝,坝顶与正常运行水位的高差,不应小于表3的最小安全超高值与地震沉降值、地震壅浪高度、最大风壅水面高度及最大波浪爬高之和。

5.5.11　满足饱和酸性条件的湿法堆存磷石膏库,当使用磷石膏子坝挡水时,磷石膏子坝坝顶宽度不应小于15 m。

5.5.12　湿法堆存磷石膏坝设计应进行渗流计算。不满足饱和酸性条件的湿法堆存磷石膏库,磷石膏堆积坝下游坡浸润线的最小埋深除应满足坝坡抗滑稳定的要求外,尚应满足表4的要求。

表 4　磷石膏堆积坝下游坡浸润线的最小埋深

堆积坝高度 H m	$H \geqslant 150$	$150 > H \geqslant 100$	$100 > H \geqslant 60$	$60 > H \geqslant 30$	$H < 30$
浸润线的最小埋深 m	10～8	8～6	6～4	4～2	2

注:任意高度堆积坝下游坡浸润线的最小埋深可用插入法确定。

5.5.13　磷石膏库初期坝与堆积坝坝坡的抗滑稳定性应根据坝体材料及坝基岩土的物理力学性质,考虑各种荷载组合,经计算确定。计算方法宜采用简化毕肖普法。地震荷载按拟静力法计算。坝基存在软弱土层或铺设防渗膜的磷石膏库,应验算经软弱土层及防渗膜上、下界面等潜在滑移面的坝坡抗滑稳定安全系数。坝坡抗滑稳定安全系数不应小于表5规定的数值。

表 5　坝坡抗滑稳定最小安全系数

运行条件	坝的级别			
	1	2	3	4、5
正常运行	1.50	1.35	1.30	1.25
洪水运行	1.30	1.25	1.20	1.15
特殊运行	1.20	1.15	1.15	1.10

5.5.14　湿法堆存磷石膏坝的计算断面应考虑磷石膏沉积规律,根据沉积时间和颗粒粗细程度概化分区。

各区磷石膏的物理力学指标可参考类似磷石膏坝确定，必要时通过试验研究确定。

在用磷石膏坝稳定计算应根据勘察及试验结果确定概化分区及相应的物理力学指标。

5.5.15 干法堆存磷石膏的物理力学性质指标应按碾压取样试验或参考类似工程实测资料确定。

5.5.16 上游式堆坝的磷石膏库在堆筑第一级子坝前应通过地质勘察取得磷石膏的物理力学指标，由设计单位复核坝坡稳定性。

磷石膏库在堆至1/3～1/2总坝高时，应对坝体进行全面的工程地质和水文地质勘察，并由设计单位对磷石膏坝做全面论证，以验证最终坝坡的稳定性和确定后期的处理措施。

5.5.17 3级及3级以下的磷石膏坝可采用GB/T 18306中的地震基本烈度作为地震设计烈度，当磷石膏坝溃决产生严重次生灾害时，磷石膏坝的地震设防标准应提高一级。1级和2级磷石膏坝的地震设计烈度应按批准的场地危险性分析结果确定。考虑地震荷载时，可按SL 203推荐的方法进行计算。

5.5.18 除1级和2级磷石膏坝外，场地设计基本地震加速度可按表6选用。

表6 场地设计基本地震加速度 a

地震烈度	6	7	8	≥9
水平加速度 a	0.05g	0.10g、0.15g	0.20g、0.30g	≥0.40g

注：g为重力加速度，单位为m/s²。

5.5.19 磷石膏坝动应力抗震计算应符合GB 50863要求。

5.5.20 初期坝下游坡坡比在初定时可按表7确定。堆石坝上游坡坡比不宜陡于1:1.6；土坝上游坡坡比可略陡于或等于下游坡坡比。

表7 初期坝下游坡坡比

坝高 m	土坝下游坡坡比	堆石坝下游坡坡比	
		岩基	非岩基[a]
5～10	1:1.75～1:2.0	1:1.5～1:1.75	1:1.75～1:2.0
10～20	1:2.0～1:2.5		
20～30	1:2.5～1:3.0		

[a] 软基除外。

5.5.21 当无行车要求时，初期坝坝顶最小宽度宜符合表8规定的数值；当有行车要求时，坝顶宽度及路面构造应符合GBJ 22的规定。

表8 初期坝坝顶最小宽度

坝高 m	<10	10～20	20～30	>30
坝顶最小宽度 m	2.5	3.0	3.5	4.0

5.5.22 磷石膏堆积坝与两岸山坡结合处应设置坝肩排水沟,堆积坝下游坡应设置坝脚排水沟。

5.5.23 上游式磷石膏堆积坝外坡坡比不应陡于1:2.0,并应结合排渗设施每隔不超过20 m高差设置马道及坝坡排水沟。

5.6 截排洪设计

5.6.1 磷石膏库应设置可靠的截排洪设施,以满足在设计洪水条件下的防洪安全。

磷石膏库的排洪方式,应根据库区地形、地质条件、洪水总量、调洪能力、回水方式、水质要求、操作条件与使用年限等因素,经过技术比较确定,并符合下列规定:
——上游式磷石膏库宜采用排水井(斜槽)—排水管(隧洞)排洪系统;
——一次建坝的磷石膏库,可采用溢洪道排洪,同时宜以排水井(或斜槽)控制库内运行水位;
——满足饱和酸性条件的磷石膏库,可采用可移动式竖井或穿坝管排洪。穿坝管移除后,应按设计要求通过胶结法或碾压法修复磷石膏子坝,修复区域两周内不得挡水;
——当上游汇水面积较大,库内调洪难以满足要求时,可在上游设拦洪坝截洪。拦洪坝以上的库外排洪系统不得与库内排洪系统合并。

5.6.2 磷石膏库各使用期的防洪标准应根据等别、库容、坝高及对下游可能造成的危害程度等因素,按表9确定。

表 9 磷石膏库防洪标准

磷石膏库各使用期等别	一	二	三	四	五
洪水重现期 年	1000～5000 或可能最大洪水	500～1000	200～500	100～200	100

5.6.3 当确定的磷石膏库等别的库容或坝高偏于该等别下限,磷石膏库使用年限较短或失事后对下游不会造成严重危害者可取下限;反之应取上限。对于高堆积坝或下游有重要居民点的,防洪标准可提高一个等别。磷石膏库失事后对下游环境造成极其严重危害的磷石膏库,防洪标准应提高,必要时可按可能最大洪水进行设计。

5.6.4 采用露天废弃采坑或凹地贮存磷石膏的磷石膏库,周边未建磷石膏坝时,防洪应按100年一遇洪水重现期的防洪标准设计;建磷石膏坝时,应根据坝高及其对应的库容确定库的等别及防洪标准。

5.6.5 磷石膏库洪水计算应符合下列要求:
——应根据各省水文图集或有关部门建议的适用于特小汇水面积的计算公式计算;当采用全国通用的公式时,应用当地的水文参数;有条件时应结合现场洪水调查予以验证;
——库内水面面积不超过流域面积的10%时,可按陆面汇流计算。否则,水面和陆面面积的汇流应分别计算。

5.6.6 设计洪水的降雨历时应采用24 h计算,经论证也可采用短历时计算。

5.6.7 当24 h洪水总量小于调洪库容时,洪水排出时间一般不宜超过72 h。

5.6.8 磷石膏库排洪构筑物的型式与尺寸应根据水力计算及调洪计算确定,调洪计算应采用GB 50863规定的水量平衡法。

5.6.9 磷石膏库周边应设置清污分流的截水沟。截水沟过流断面宜按 50 年一遇洪水重现期的防洪标准设计。当设计的磷石膏最终堆积坝坝顶与初期坝坝顶的高差超过 60 m 时,还宜增设中间截水沟;当上游汇水面积较大并有合适地形时,应专设拦洪坝排洪系统。

5.6.10 干法堆存磷石膏库的周边应设置可靠的截洪设施,其位置应根据运行的需要综合考虑。

5.6.11 库前和四周堆排的干法堆存磷石膏库,库前或库周应建初期坝。库内排洪系统除不需考虑澄清水距离外,均应按湿法堆存磷石膏库设计。

5.6.12 库尾和库中堆排的干法堆存磷石膏库,排洪设计应满足下列要求:
——库前应建拦挡坝,拦挡坝应按坝型采用相应的水库坝设计规范设计,形成的库容应满足贮存一次设计洪水冲刷挟带磷石膏量的要求;其高度与总坝高之比宜为 1/8～1/4,并且不小于 5 m;
——应在拦挡坝前设排水井、管或其他排水设施,及时排出坝前积水,坝前排水口应高于磷石膏淤积标高 0.5 m～1.0 m 以上,并应及时清理坝前淤积的磷石膏;
——应在磷石膏堆积体最终的下游坡面设覆盖层及永久性纵横向截排水沟。

5.6.13 磷石膏库排洪构筑物应采取必要的防腐、防护措施。防腐措施应满足 GB 50046 的要求。排洪构筑物工作流态宜为无压流,当设计为有压流时,钢筋混凝土排水管接缝处止水应满足工作水压的要求。采用高密度聚乙烯管作为埋地排水管时,排水管及其接头应满足承外压要求。

排水管或隧洞中的最大流速应不大于管(洞)壁材料的容许流速。

5.6.14 排洪构筑物的基础应避免设置在工程地质条件不良地段。无法避开时,应进行地基处理设计。

5.6.15 排洪构筑物应考虑终止使用时的封堵设计。

5.7 磷石膏库安全监测设施

5.7.1 磷石膏库应根据其设计等别、筑坝方式、地形地质条件及地理环境等因素,设置必要的安全监测设施。三等及三等以上磷石膏库应设置在线监测与人工监测相结合的安全监测设施。

5.7.2 安全监测设施的布置原则:
——应全面反映磷石膏库的运行状态;
——位移监测点的布置应延伸到磷石膏坝坝脚以外的一定范围;
——坝肩及基岩断层带、坝内埋管处宜加设监测设施。

5.7.3 安全监测项目应包括以下内容:
——湿法堆存磷石膏库应监测库内及调节回水池水位、库内水量和水质(包括 pH 值)、库外水质、坝顶标高、坝顶宽度、滩顶标高、干滩长度、浸润线深度、坝体坡度、位移;
——干法堆存磷石膏库应监测坝顶标高、浸润线深度、库内及库外水质、坝体坡度、位移;
——四等及四等以上磷石膏库应监测降水量;三等及三等以上湿法堆存磷石膏库还应监测孔隙水压力、排渗水量及其水质。

5.7.4 选择的监测仪器、设施应安全可靠。

5.8 磷石膏输送设计

5.8.1 采用汽车输送磷石膏时,应采取可靠的防尘措施;库区运输道路应按 GBJ 22 中规定的标准设计。

5.8.2 采用带式输送机输送磷石膏时,应采取必要的防腐措施;带式输送机应符合GB 14784中规定的要求。

5.8.3 采用管道水力输送磷石膏时,应根据有关设计规范要求配置输送设备和管道等。

5.9 磷石膏库安全设施施工及验收

5.9.1 磷石膏库安全设施应按照施工图施工。

5.9.2 各项工程应经分段验收合格后,方可进行下一阶段施工。

5.9.3 施工原始记录和隐蔽工程记录应存档保存。

5.9.4 磷石膏库安全设施竣工经内部验收合格后,方可进行试运行,试运行时间不超过六个月,且磷石膏排放量不超过初期坝坝顶。

5.9.5 磷石膏库安全设施的验收应按照GB 50864进行。

6 磷石膏库生产运行

6.1 安全生产管理职责

6.1.1 生产企业应建立健全磷石膏库安全生产责任制,建立安全生产规章制度和安全技术操作规程,对磷石膏库实施有效的安全管理。

6.1.2 生产企业应保证磷石膏库具备安全生产条件所必需的资金投入,建立相应的安全管理机构或者配备相应的安全管理人员。

6.1.3 直接从事磷石膏排放、筑坝、巡坝、排洪和排渗设施操作的作业人员应经考核合格,方可上岗作业。

6.1.4 生产企业应编制磷石膏库年度、季度作业计划、库区水量控制计划和详细运行图表,严格按照作业计划生产运行,做好记录并长期保存。

6.1.5 生产企业制定磷石膏库安全使用规划,提出新建、改建、扩建或闭库的计划。避免未批先建、未验收先使用的情况发生。

6.1.6 生产企业应取得安全生产许可证,并应每三年至少对磷石膏库进行一次安全现状评价。

磷石膏库安全现状评价工作应有能够进行磷石膏坝稳定性验算、磷石膏库水文计算、构筑物计算的专业技术人员参加。

安全现状评价应进行磷石膏库在下个评价周期间的坝体稳定性、防排渗系统的有效性和截排洪系统的安全分析。

6.1.7 磷石膏库经论证被确定为危库、险库和病库的,生产企业应分别采取下列措施:
——确定为危库的,应立即停产,进行抢险,并向有关部门报告;
——确定为险库的,应立即停产,在限定的时间内消除险情,并向有关部门报告;
——确定为病库的,应在限定的时间内按照正常库标准进行整治,消除事故隐患。

6.1.8 磷石膏库出现下列重大险情之一的,生产企业应按照安全监管权限和职责立即报告有关部门,并启动应急预案,进行抢险:
——坝体出现严重的管涌、流土等现象;
——坝体出现严重裂缝、坍塌和滑动迹象;
——库内水位超过限制的最高洪水位;
——使用过程中出现排水井倒塌或者排水管(洞)坍塌堵塞;

——其他危及磷石膏库安全的重大险情。
6.2 应急救援预案
6.2.1 生产企业应根据可能发生的垮坝、泄漏、洪水漫顶、排洪设施损毁、排洪系统堵塞、坝坡深层滑动和其他影响磷石膏库的生产安全事故编制应急救援预案,应急救援预案中应当有防止次生环境污染事件的措施。

6.2.2 应急救援预案内容主要包括:
——应急机构的组成和职责;
——抢险救援的人员、资金、物资准备;
——应急通信保障;
——应急行动。

6.2.3 应急预案演练包括:
——应急准备;
——应急计划;
——应急响应;
——应急保障;
——应急评审、备案与改进。

6.3 磷石膏排放与筑坝
6.3.1 磷石膏排放与筑坝包括堆排、岸坡清理、坝体堆筑、坝面维护、排渗设施施工和质量检测等环节,应按照设计要求和作业计划进行,并做好记录。

6.3.2 采用上游式筑坝的磷石膏库,应满足坝体稳定和防洪要求。磷石膏坝堆积坡比不得陡于设计要求。

6.3.3 上游式筑坝湿法堆存磷石膏库应按照设计要求进行排浆。

当采用冲积法排浆时,应符合下列规定:
——在坝前分散排放,维持坝体均匀上升;
——坝轴线较长时应采用分段交替作业,避免滩面出现侧坡、扇形坡;
——确定排放口的间距、位置、同时开放的数量、时间等,按设计要求和作业计划进行操作。

当采用沟渠法排浆时,应符合下列规定:
——放浆沟外堤的宽度不得低于 6 m;
——放浆沟外堤应始终高于放浆沟内堤;
——应在坝轴线两侧交替排浆,不允许长期在坝轴线一侧放浆。

6.3.4 干法堆存磷石膏库应满足下列条件:
——磷石膏经脱水处理,满足干式运输、堆积及碾压要求后,方可进行干法堆存;
——干法堆存磷石膏库平时库区表面不应积存雨水,汛期降雨时库区积存的雨水应及时排出库外,排空时间不应超过 72 h;
——排入库内的磷石膏应按设计要求及时整平、碾压;
——干法堆存磷石膏库不得干、湿磷石膏混排;
——干法堆存磷石膏库应采取必要措施防止施工机械或磷石膏塌落破坏库区防排渗设施。

6.3.5 磷石膏干法堆存包括库尾、库前、库中及周边堆排方式。各堆排方式应满足下列要求：
——库尾堆排应采用由库区尾部（上游）向库区前部（下游）堆排的方式，堆排时应自上而下，按设计要求设置台阶并碾压，台阶高度不宜超过 15 m，平台应保持 1%～2% 的坡度，坡向为拦挡坝方向；
——库前堆排方式类似上游法筑坝，排放应自初期坝向库尾推进，边堆放边碾压并修整边坡；
——库中堆排应自库区中部向库周推进，边堆放边碾压，设计最终堆高时一次修整堆积坝外坡；
——周边堆排应自库周向库中推进，始终保持库周高、库中低，边堆放边碾压并修整边坡。

6.3.6 干法堆存磷石膏可采用带式输送机、装载机和推土机倒运、推平，采用碾压机械碾压入库磷石膏，碾压参数应通过试验确定。影响堆积坝体稳定性的区域应分层碾压，压实度不低于 0.92。不影响堆积坝体稳定的区域可适当降低碾压标准或不进行碾压。

6.3.7 坝外坡面维护工作应按设计要求进行。

6.3.8 特殊时期确需长期集中放浆或堆排时，不得出现影响后续堆积坝体稳定的不利因素。

6.3.9 坝体出现冲沟、裂缝、塌坑和滑坡等现象时，应及时处理。

6.3.10 对生产运行的磷石膏库，未经技术论证和安全生产监督管理部门的批准，任何单位和个人不得对下列事项进行变更：
——排放方式；
——筑坝方式；
——坝型、坝外坡坡比、最终堆积标高和最终坝轴线的位置；
——坝体防渗、排渗及反滤层的设置；
——排洪系统的型式、布置及尺寸；
——设计以外的废料或者废水进库。

6.4 库水位控制与防洪

6.4.1 应对磷石膏库进行水量平衡演算和调洪演算。水量平衡演算宜以月为计算单位，且应每年更新。水量平衡演算应确定进出库区的水量、汇水面积、库容、库区和调节回水池的蓄水能力，并考虑降水量和蒸发量的波动及生产能力的变化。

6.4.2 当水量平衡演算或调洪演算结果显示磷石膏库防洪标准低于本标准规定时，应采取措施，提高磷石膏库防洪能力。

6.4.3 控制磷石膏库内水位应遵守以下原则：
——当回水与磷石膏库对干滩长度和安全超高的要求有矛盾时，应保证磷石膏库安全；
——库内水位控制应满足设计要求；
——当磷石膏库实际情况与设计不符时，应重新进行水量平衡演算和调洪演算，保证在设计洪水条件下各项参数满足设计要求。

6.4.4 汛期前应采取措施将调节回水池水位降低到正常生产运行所需最低水位。

6.4.5 汛期应加强对排洪设施进行检查，确保排洪设施完整畅通。库内和调节回水池内应设清晰醒目的水位观测标尺。

6.4.6 不满足饱和酸性条件的磷石膏库不得使用磷石膏子坝挡水。

6.4.7 洪水过后应对坝体和排洪构筑物进行全面认真的检查，发现问题及时处理。同时，采取措施降低库内水位,防止连续降雨后发生垮坝事故。

6.4.8 磷石膏库排洪构筑物停用后,应严格按设计要求及时封堵,并确保施工质量。竖井井筒应填实,严禁在排水井井筒顶部封堵。

6.5 渗流控制

6.5.1 磷石膏库运行期间应加强观测,注意坝体浸润线埋深或其出逸点的变化情况和分布状态,严格按设计要求控制。

6.5.2 当坝面或坝肩出现流土、管涌等异常现象时,可采取下列措施处理:
——降低库内水位,增加干滩长度;
——在管涌部位铺设土工布或天然反滤料,其上再以耐腐蚀石料镇压;
——增设排渗设施,降低浸润线。

6.6 防震与抗震

6.6.1 磷石膏库原设计抗震标准低于现行标准时,应进行安全技术论证。需提高磷石膏坝抗震稳定性时可采取以下措施:
——在下游坡坡脚增设石料;
——对堆积坡进行削坡、放缓坝坡;
——降低库内水位或增设排渗设施,降低坝体浸润线。

6.6.2 震后应进行检查,对被破坏的设施及时修复,对磷石膏坝体产生的裂缝及时进行填充修复。

6.7 磷石膏库安全监测

6.7.1 按设计要求做好在线监测和人工监测。

6.7.2 磷石膏库监测人员应按照设计要求定期进行各项监测。

6.7.3 监测数据应及时整理,如有异常,应及时分析原因,采取对策,并上报有关部门。

6.8 库区及周边条件规定

6.8.1 对磷石膏库产生影响的区域不宜建设居民区、生产区等设施。

6.8.2 上游建有磷石膏库、尾矿库、排土场或水库等工程设施的磷石膏库,应了解上游所建工程的稳定情况,必要时应采取防范措施。

6.8.3 不得在磷石膏坝和库区周围进行乱采、滥挖和非法爆破等。

7 磷石膏库安全检查

7.1 防洪安全检查

7.1.1 检查磷石膏库设计的防洪标准是否符合本标准规定。当设计的防洪标准高于或等于本标准规定时,可按原设计的洪水参数进行检查;当设计的防洪标准低于本标准规定时,应重新进行洪水计算及调洪演算,并采取相应的措施。

7.1.2 根据磷石膏库实际地形、水位和磷石膏滩面,对磷石膏库防洪能力进行复核,确定磷石膏库的防洪安全技术参数是否满足设计要求。

7.1.3 磷石膏库防洪设施安全检查除应符合 AQ 2006 的规定,检查排水井(排水斜槽)、排水管(排水隧洞)、溢洪道、截水沟外,还应检查各排洪设施防腐蚀措施的有效性及排洪设施的结晶状况。

7.2 磷石膏坝安全检查

7.2.1 磷石膏坝安全检查内容包括:坝顶标高、外边坡坡比、坝体位移、裂缝、滑坡、浸润线、坝体渗漏、坝面保护等。

7.2.2 磷石膏坝坝顶标高的检测,应沿坝顶方向布置测点进行实测。

当坝顶高低不平时,应在低标高段选较低处检测1~3个点;当坝顶高低基本相同时,应选较低处不少于3个点,其他情况,每100 m坝长选较低处检测1~2个点,但总数不少于3个点。各测点中最低点作为磷石膏坝坝顶标高。

7.2.3 检测坝的外边坡坡比。每100 m坝长不少于2处,应选在最大坝高断面和坝坡较陡断面。磷石膏坝实际坡比陡于设计坡比时,应进行稳定性复核,稳定性不足的,则应采取措施增加坝坡稳定性。

7.2.4 检查坝体位移。坝的位移量变化应均衡,无突变现象。当位移量变化出现突变或有增大趋势时,应查明原因,及时处理。

7.2.5 检查坝体有无纵、横向裂缝。坝体出现裂缝时,应查明裂缝的长度、宽度、深度、走向、形态和成因,判定危害程度,及时处理。

7.2.6 检查坝体滑坡。坝体出现滑坡时,应查明滑坡位置、范围和形态以及滑坡的动态趋势。

7.2.7 检查坝体浸润线的位置。应查明坝面浸润线埋深、出逸点位置、范围和形态。

7.2.8 检查坝体渗漏。应查明有无渗流集中出逸点,出逸点的位置、形态、流量及含固量,并应查明排渗设施是否完好、排渗效果及渗流水质。

7.2.9 检查坝面保护设施。坝肩排水沟和坝坡排水沟断面尺寸,沿线山坡稳定性,护砌变形、腐蚀、破损、断裂和磨蚀,沟内淤堵等;检查坝坡覆盖保护层实施情况。

7.3 磷石膏库安全监测检查

7.3.1 检查磷石膏库的位移、浸润线、干滩长度、库水位等监测设施设备的设置情况。

7.3.2 检查监测设施设备的运行情况。

7.3.3 检查监测记录和结果。

7.4 库区安全检查

7.4.1 检查库区水位、水量和水质(含pH值)。

7.4.2 检查周边山体稳定性,违章建筑、违章施工和违章采选作业等情况。

7.4.3 检查周边山体滑坡、塌方和泥石流等情况时,应详细观察周边山体有无异常和急变,并根据工程地质勘察报告,分析周边山体发生滑坡可能性,并采取相应措施。

7.4.4 检查库区范围内危及磷石膏库安全的主要内容:违章爆破、采石和建筑,违章进行磷石膏乱采、取水,外来废渣、废石、废水或其他废弃物排入,放牧和开垦等。

7.4.5 检查库区防排渗设施的完好程度。

8 磷石膏库安全度

8.1 安全度分类

磷石膏库安全度主要根据磷石膏库防洪能力和磷石膏坝坝体稳定性确定,分为危库、险库、病库、正常库四级。

8.2 危库

危库指安全没有保障,随时可能发生垮坝事故的磷石膏库。

磷石膏库有下列工况之一的为危库:

— 磷石膏库调洪库容严重不足,在设计洪水位时,防洪安全参数都不满足设计要求,将可能出现洪水漫顶;

— 排洪系统严重堵塞、腐蚀或坍塌,不能排洪或排洪能力急剧降低;

— 排水井显著倾斜,有倒塌的迹象;

— 坝体出现贯穿性横向裂缝,且出现较大范围管涌、流土变形,坝体出现深层滑动迹象;

— 经验算,坝体抗滑稳定最小安全系数小于表 5 规定值的 0.95;

— 其他严重危及磷石膏库安全运行的情况。

8.3 险库

险库指安全设施存在严重隐患,若不及时处理将会导致垮坝事故的磷石膏库。

磷石膏库有下列工况之一的为险库:

— 磷石膏库调洪库容不足,在设计洪水位时,防洪安全参数均不能满足设计要求;

— 排洪系统部分堵塞、腐蚀或坍塌,排洪能力有所降低,达不到设计要求;

— 排水井有所倾斜;

— 坝体出现浅层滑动迹象;

— 经验算,坝体抗滑稳定最小安全系数小于表 5 规定值的 0.98;

— 坝体出现大面积纵向裂缝,且坝坡面出现管涌、流土变形现象。

8.4 病库

病库指安全设施不完全符合设计规定,但符合基本安全生产条件的磷石膏库。

磷石膏库有下列工况之一的为病库:

— 磷石膏库调洪库容不足,在设计洪水位时不能同时满足设计规定的防洪安全参数的要求;

— 排洪系统出现影响安全使用的裂缝、腐蚀或磨损;

— 经验算,坝体抗滑稳定最小安全系数满足表 5 规定值,但部分标高上堆积边坡过陡,可能出现局部失稳;

— 坝面局部出现纵向或横向裂缝;

— 坝面未按设计设置排水沟,冲蚀严重,形成较多或较大的冲沟;

— 坝端无截水沟,山坡雨水冲刷坝肩;

— 其他不影响磷石膏库基本安全生产条件的非正常情况。

8.5 正常库

磷石膏库同时满足下列工况的为正常库:

— 磷石膏库在设计洪水位时能同时满足设计规定的防洪安全参数的要求;

— 排洪系统各构筑物符合设计要求,运行工况正常;

— 初期坝及堆积坝的轮廓尺寸符合设计要求,稳定安全系数满足设计要求;

— 坝体渗流控制满足要求,运行工况正常;

— 监测设施符合要求。

9 磷石膏库闭库

9.1 一般规定

9.1.1 对停用以及服务期满不再扩容的磷石膏库应按正常库标准进行闭库。

9.1.2 磷石膏库闭库应进行勘察、安全现状评价、设计、施工、安全验收评价及竣工验收。

9.1.3 闭库后应确保磷石膏库防洪能力和坝体稳定性,维持长期安全稳定。

9.2 闭库设计

9.2.1 坝体应满足以下要求:
—— 根据地质勘查提供的物理力学参数进行坝体稳定性分析,对坝体稳定性不满足本标准要求的,应采取相应的工程措施,并通过坝体稳定性分析,确定其满足标准要求;
—— 完善坝坡面排水沟、坝肩截水沟、观测设施以及坝坡面覆盖和植被。

9.2.2 排洪系统应满足以下要求:
—— 对湿法堆存磷石膏库,应根据防洪标准复核磷石膏库防洪能力,当防洪能力不满足本标准要求时,应采取相应措施;
—— 对干法堆存磷石膏库,当其为坝前高库尾低时,可参照湿法堆存磷石膏库,当其为坝前低库尾高时,应确保其周边及坡面排水能力满足该库等别的防洪标准要求;
—— 当原排洪设施结构强度不满足要求或严重受损,应进行加固处理或新建排洪设施,当新建排洪设施启用而原排洪设施不再使用时,应对原排洪设施进行可靠的封堵。

9.2.3 库顶面及坡面应满足以下要求:
—— 磷石膏库顶面应设置厚度不小于 1.0 mm 的 HDPE 土工膜或同等防渗性能的材料作为隔水层,以避免雨水入渗,并在隔水层上部进行覆土和植被;
—— 湿法堆存磷石膏库,应降低排水口标高,在闭库前将库顶积水排干,待晾晒干燥后,对库顶面进行平整、铺膜、覆土和植被,并设置排水沟网,及时将地表水排出库区。同时,对坡面进行平整、覆土和植被,防止坡面冲蚀和雨水入渗;
—— 干法堆存磷石膏库,应对库顶面进行平整、铺膜、覆土、植被,并设置排水沟网,及时将地表水排出库区。同时,对坡面进行平整、覆土和植被,防止坡面冲蚀和雨水入渗。

9.3 磷石膏库闭库后的维护

9.3.1 闭库后应配备人员进行管理。

9.3.2 闭库后应做好坝体、排洪设施及库面的维护。定期巡查及观测,并做好记录,发现相关设施损毁应及时修复,确保磷石膏库闭库后的安全。

9.3.3 严禁在坝体和库内进行乱采、滥挖、违章建筑和违章作业等。

9.3.4 闭库后的磷石膏库,未经设计论证和批准,不得重新启用或改作他用。

10 库内回采

10.1 磷石膏库的库内回采应在满足磷石膏库建设和管理的有关规定基础上进行。在磷石膏库内同时进行磷石膏的排放和库内回采时,应分区进行。

10.2 磷石膏库的库内回采方式应技术合理、安全可靠。在回采的全过程中确保磷石膏库安全和环保设施的完整性和可靠性。

10.3 库内回采过程中磷石膏库的等别按本标准第 4.1 条,根据磷石膏库的全库容和坝高确定。库内回采过程中磷石膏库的防洪标准按本标准第5.6.2条确定。磷石膏坝最小安全超高、最小干滩长度和坝坡抗滑稳定最小安全系数按本标准第5.5节确定。

10.4 距磷石膏库内排水井、排水斜槽、排水涵管等设施15 m范围内的磷石膏,不得采用挖掘机械回采。

10.5 库内回采设计应包括下列内容:
- ——回采的规模;
- ——回采的规划和顺序,包括回采工艺、输送方式、设备配置,以及原有设施的利用、保护等;
- ——回采期间磷石膏坝及库内回采边坡的稳定性分析及安全措施;
- ——回采期间磷石膏库的防洪标准、调洪演算及防洪安全措施;
- ——回采期间磷石膏库的安全监测设施;
- ——回采结束后磷石膏库的治理和复垦规划等。

11 磷石膏库安全评价

11.1 一般规定

磷石膏库安全评价适用于新建、改建、扩建以及库内回采、闭库的磷石膏库项目,评价内容包括在建设期间的安全预评价和安全验收评价、在生产运行期和闭库前的安全现状评价。磷石膏库安全评价除应遵守安全评价规定外,还应遵守本标准。

磷石膏库安全预评价应进行现场考察,查看地形地貌、地质条件、周边人文地理环境等;安全验收评价应查看工程施工、监理和试运行等情况;安全现状评价应查看磷石膏坝、防渗、排洪及安全监测等设施的运行情况。

企业应根据各项评价的目的和要求向安全评价单位提供以下相关资料:
- ——地形图及上、下游有关资料;
- ——水文气象资料;
- ——工程地质和水文地质勘察报告;
- ——安全设施设计资料;
- ——安全设施施工资料;
- ——运行管理资料;
- ——其他有关资料。

11.2 安全预评价

11.2.1 安全预评价报告的重点内容应包括:
- ——库址选择的安全性和合理性,包括磷石膏库对下游居民和重要设施等的安全影响,自然灾害(如暴雨、山洪等)、地质环境灾害(如滑坡、泥石流、崩塌、岩溶等)和周边人文环境(如采空区、采矿活动等)等对磷石膏库的安全影响;
- ——磷石膏坝坝址和坝型选择的合理性;
- ——截排洪系统布置的合理性及截排洪能力的可靠性;
- ——磷石膏库安全监测系统的完整性及可靠性;
- ——辨识磷石膏库投产运行后在运行过程中存在的主要危险有害因素,并分析其可能导致发生事故的诱发因素、可能性及严重程度;

——可行性研究报告中危险有害因素预防和控制措施的可靠性,以及与有关安全生产法律、法规、规章、规范性文件和标准的符合性。

11.2.2 安全预评价报告的结论应包括:
——对可行性研究报告提出的建设方案的安全可靠性做出明确结论;
——提出消除未受控危险有害因素的安全对策措施和建议。

11.3 安全验收评价

11.3.1 安全验收评价报告的重点内容应包括:
——安全设施是否与主体工程同时设计、同时施工、同时投入生产和使用;
——安全设施与批复的初步设计安全专篇及有关安全生产法律、法规、规章、标准、规范性文件的符合性及其确保安全生产的可靠性;
——安全生产责任制、安全管理机构及安全管理人员、安全生产制度、事故应急救援预案建立情况等安全管理相关内容是否满足有关安全生产法律、法规、规章、标准、规范性文件的要求及其落实情况;
——辨识、分析致使已建成的建设项目的安全设施和措施失效的危险、有害因素,并确定其危险度;
——是否有完备的隐蔽工程记录;
——各单项工程施工参数与质量是否满足国家和行业规范、规程及设计要求;
——提出合理可行的安全对策措施和建议。

11.3.2 安全验收评价报告的结论应包括:
——安全设施与有关安全生产法律、法规、规章、规范性文件、标准及初步设计安全专篇、施工图的符合性和有效性;
——致使已建成的建设项目的安全设施和措施失效的危险、有害因素及其危险度;
——对建设项目是否具备安全验收条件做出明确结论。

11.3.3 安全验收评价报告应有附件和附图。

11.4 安全现状评价

11.4.1 安全现状评价报告的重点内容应包括:
——磷石膏库自然状况的说明及评价,包括磷石膏库的地理位置、周边人文环境、库形、汇水面积、库底与周边山脊的标高、工程地质及水文地质概况等;
——磷石膏坝设计及现状的说明与评价,包括初期坝的结构类型、尺寸、磷石膏堆坝方法、堆积标高、库容、堆积坝的外坡坡比、坝体变形及渗流、采取的工程措施等;
——根据地质勘察资料对磷石膏坝稳定性进行定量分析,说明采用的计算方法、计算条件,并给出计算分析评价结果;
——磷石膏库防洪设施设计及现状的说明与评价,包括磷石膏库的等别、防洪标准、暴雨洪水总量、洪峰流量、截排洪系统的型式、截排洪设施结构尺寸及完好情况等;
——复核磷石膏库防洪能力及截排洪设施的可靠性能否满足设计要求;
——当磷石膏库防洪能力、排洪设施的可靠性或磷石膏坝稳定性不能满足设计要求时,应提出可行的对策;
——安全监测设施的可靠性评价,包括安全监测设施的监测项目、数量、位置、精度、监测周期,以及三等及三等以上磷石膏库在线监测系统等方面;

——安全管理的完善程度及评价。
11.4.2 安全现状评价报告的结论应包括：
——坝体稳定性是否满足设计要求；
——防洪能力是否满足设计要求；
——安全监测设施是否满足设计要求；
——安全度；
——与周边环境的相互影响；
——安全对策。
11.4.3 安全评价报告应有附件和附图。

12 磷石膏库安全技术档案

12.1 磷石膏库安全技术档案是指工程建设和管理活动中形成的与安全有关的历史记录，应确保其完整准确、安全保管和有效利用。

磷石膏库安全技术档案应按工程建设、生产运行、安全检查和闭库等阶段分别进行档案管理。

12.2 工程建设资料应包含以下文件：
——工程批准文件档案包括项目审批、核准或备案等与项目建设相关的批准文件；
——测绘档案包括永久水准基点标高、坐标位置、控制网、不同比例的地形图等；
——勘察档案包括库区、坝体、主要构筑物在不同阶段的工程地质、水文地质勘察资料等；
——设计档案包括不同设计阶段的有关设计文件、图纸和设计变更等；
——安全评价档案包括安全预评价、安全验收评价或安全现状评价等的报告、图纸以及附件；
——施工、监理档案包括工程施工过程中有关施工、监理单位的文件、报告、图纸、影像以及记录等资料；
——试运行档案包括试运行期间的相关记录以及试运行报告等资料；
——竣工验收档案包括工程竣工时有关施工、监理、设计、评价以及建设单位的文件、报告、图纸以及记录等资料。

12.3 生产运行及安全检查档案包括年度计划，水平衡演算成果，生产记录（入库磷石膏量，含固量或浓度，坝顶标高，库内水位、水量和水质，监测记录等），安全隐患检查记录及处理，事故及处理等。

12.4 闭库档案包括勘察、安全现状评价、闭库设计、施工及验收等。

12.5 其他档案包括磷石膏库运行期安全管理的往来文件以及基层报表和分析资料等。

附 录 A
（资料性附录）
磷石膏特性

A.1 磷石膏的化学特性

磷石膏主要成分是硫酸钙（$CaSO_4 \cdot 2H_2O$ 或 $CaSO_4 \cdot 1/2H_2O$），还含有少量的 P_2O_5、

F、Fe_2O_3、Al_2O_3、SiO_2、MnO、MgO、Na_2O、K_2O、有机物等杂质,以及铀(U)、镭(Ra)、镉(Cd)、砷(Se)、铬(Cr)、铅(Pb)、汞(Hg)等微量元素。

A.2 磷石膏的物理力学特性

磷石膏结晶良好,不同地方的磷石膏晶体结构略有差别。磷石膏晶体一般呈针状、板状、密实晶体及多晶核四种。在浸润线以上的磷石膏因所处水环境的不同而具有溶解、结晶交替的过程,在浸润线以下的磷石膏具有总体结晶的特性。

磷石膏为无黏性均质颗粒,其粒径主要集中在 0.01 mm~0.1 mm 之间,其中值粒径 d_{50} 在 0.02 mm~0.07 mm 之间,参考粒径分布见表 A.1。

磷石膏具有独特的压缩特性,沉积磷石膏的蠕变量大于固结变形量。压实度 90%~95% 磷石膏的压缩系数 $a_{v0.1-0.2}$ 一般在 0.12 MPa^{-1}~0.25 MPa^{-1} 左右,压缩模量 E_s 在 8 MPa~15 MPa 左右。磷石膏强度指标较高,固结排水后的有效内摩擦角一般在 35°以上。新鲜沉积的磷石膏一般无黏聚力,板结后的磷石膏存在一定的黏聚力。磷石膏的参考物理力学性质见表 A.2。

表 A.1 磷石膏粒径参照表

粒径 μm	<5	5~30	30~75	75~200	>200
比例 %	0.59	5.21	67.76	19.75	6.69

表 A.2 磷石膏物理力学性质参照表

性质	单位	参数
真密度	t/m^3	2.33~2.50
初始堆积干密度	g/cm^3	0.90~1.10
击实最大干密度	g/cm^3	1.35~1.50
击实最优含水率	%	18~26
渗透系数	cm/s	10^{-6}~10^{-4}
有效内摩擦角	(°)	35~45
有效黏聚力	kPa	0~100

A.3 磷石膏污染

循环使用的磷石膏库内水及磷石膏孔隙水呈酸性,pH 值一般为 1~3。磷石膏堆场出现渗漏或外溢时,库内水进入地下水、地表水或土壤,会对地下水环境、地表水环境及土壤环境等造成污染。湿法堆存的磷石膏在自然堆存环境下,会形成一层壳体,一般不会产生扬尘。干法堆存的磷石膏在干燥的气候条件下存在一定的扬尘污染问题。

石膏矿地下开采安全技术规范
（AQ 2015—2008）

前 言

为规范石膏矿的开采,保障人民生命财产安全,依据有关法律、行政法规及参照有关行业技术标准、规范、规定,制定本规定。

本标准为强制性标准。

本标准由国家安全生产监督管理总局提出。

本标准由全国安全生产标准化技术委员会非煤矿山安全分技术委员会归口。

本标准负责起草单位:中国安全生产科学研究院。

本标准参加起草单位:安徽省皖东三和石膏开发有限公司。

本标准主要起草人:张兴凯、王云海、李全明、何士海、付士根、胡家国、马海涛、王庆。

1 范围

本标准规定了石膏矿地下开采的安全技术要求。石膏矿地下开采应在满足《金属非金属矿山安全规程》(GB 16423—2006)相关规定的基础上,满足本标准的技术规定。

本标准仅适用于石膏矿的地下开采。

本标准不适用于石膏矿以外的其他金属非金属矿、煤矿等矿山的设计、建设和开采。

2 规范性引用文件

下列文件中的条款通过本标准的引用而构成为本标准的条款。凡是注明日期的引用文件,其随后所有的修改单(不包括勘误的内容)或修订版均不适用于本标准,然而,鼓励根据本标准达成协议的各方研究后决定是否使用这些文件的最新版本。凡是不注日期的引用文件,其最新版本适用于本标准。

GB 16423—2006 金属非金属矿山安全规程

GB 6722—2003 爆破安全规程

GBZ 2 工作场所有害因素职业接触限值

3 术语

下列术语和定义适用于本标准。

3.1

石膏矿石 gypsum ore

以二水硫酸钙($CaSO_4 \cdot 2H_2O$)为主要成分的矿石总称。

3.2

纤维石膏 satin spar（fibrous gypsum）

纤维状晶体,具绢丝光泽的石膏矿石,常呈白色,蜡黄色或粉红色。

3.3

石膏矿地下开采 gypsum underground mines

以平硐、斜井、斜坡道、竖井等作为出入口，深入地表以下，采出石膏矿石的采矿场及其附属设施。

4 井巷工程

4.1 石膏矿山主要开拓工程和全部采准、备采工程宜布置在矿体下盘，平巷宜沿矿体走向布置在矿体内。

4.2 阶段高度一般根据矿体倾角和采掘机械而定，水平及近似水平的石膏矿阶段高度一般不超过 10 m；倾斜的石膏矿阶段高度一般不超过 30 m。

4.3 盘区走向长度一般为 150 m～250 m，盘区间留设 15 m～25 m 的隔离矿带，对于地质条件复杂且地压活动频繁的盘区应相应增加隔离矿带的尺寸。

4.4 膏层内主要巷道两侧应留设足够尺寸的保安矿柱，不同用途保安矿柱的尺寸应在设计中规定。

4.5 主要开拓工程穿越石膏矿层或在石膏矿层掘进巷道时，应制定相应的防治水安全措施，并定期检查井巷淋水情况，发现问题应及时处理。

4.6 石膏矿掘进巷道顶板破碎或为泥岩时，在掘进工作面和永久支护之间，应采取临时支护措施。

5 矿石开采

5.1 一般规定

5.1.1 石膏矿地下开采应遵守 GB 16423—2006 和 GB 6722—2003 的规定。

5.1.2 采场不宜采用湿式作业，不允许进行洒水或清洗采场矿壁。

5.1.3 石膏矿山不宜采用水力凿岩。

5.1.4 溜井中的石膏矿石，每次下班前应放空，以免矿石凝结封堵溜井。

5.1.5 石膏矿以空场采矿法为主，针对品位高、矿体厚的纤维石膏等珍贵石膏矿体，应专门研究其采矿方法。

5.1.6 当开采过程中出现冒顶、片帮等地压显现时，作业人员应立即撤离，并在作业规程中明确规定。

5.1.7 对于开采结束的采空区，应立即进行封闭隔离处理。

5.1.8 当石膏矿层顶板为泥岩或页岩等不稳定岩层时，应加强支护或在顶板留足够厚度的完整石膏护顶层；打眼时顶部炮孔不能穿越石膏护顶层，以保证爆破后石膏护顶层的完整性。

5.1.9 开采水平和缓倾斜石膏矿体时，工作面沿顺倾斜方向推进还是沿逆倾斜方向推进，视矿层中有无夹石而定，矿层中有夹石时工作面沿逆倾斜方向推进，矿层中无夹石时工作面既可沿逆倾斜方向推进也可沿顺倾斜方向推进；开采倾斜和急倾斜石膏矿体时，工作面应沿逆倾斜方向推进。

5.1.10 当采用崩落法开采时，应控制每次崩矿量，并强采强出，避免矿石在采场中凝结。

5.1.11 当采用充填法开采时，宜采用干式充填，应防止充填物与石膏产生化学反应，产生有毒有害气体。

5.2 单层石膏矿开采

5.2.1 当采高小于6 m时,矿柱宽高比不宜小于1:1。特殊情况应进行顶板及矿柱稳定性专项设计论证;采高大于6 m时,应对顶板及矿柱稳定性专项设计论证,以确定矿柱尺寸。

5.2.2 当有条件回收矿柱时,应制定相应的安全措施,确保作业安全。

5.3 多层石膏矿开采

5.3.1 应经过具有相关资质的设计部门进行专门研究和设计,确定其多层开采方法。

5.3.2 当两矿层之间距离小于2 m时,不宜采用分层开采。

5.3.3 相邻两层矿层间距大于2 m且小于15 m时,只能开采其中一个矿层。

5.3.4 当两矿层之间距离大于15 m时,可进行多层矿体开采。但应遵从自上而下的开采顺序,上一分层开采超前下一分层开采一个盘区;下分层开采时应采用后退式开采。

5.3.5 当多层石膏矿开采时,对停产3天以上的开采工作面,恢复生产时应鉴定地应力集中程度,并制定相应的安全措施。

6 有毒有害气体防治

6.1 井下作业地点的空气中,有害物质的接触限值应不超过GBZ 2的规定。

6.2 应采取干式捕尘、降尘措施,并使用个体防尘保护用品。

6.3 对于有H_2S等有毒有害气体的石膏矿山,应制定H_2S等有毒有害气体检查测定制度;每季应测定一次有毒有害气体浓度;井下空气成分的取样分析,每半年一次。

6.4 对于有H_2S气体的石膏矿山,采场工作面H_2S气体浓度在10 ppm以下时,工作人员方可进入。

6.5 对于有H_2S等有毒有害气体的石膏矿山,在采掘过程中,宜采取打超前释放眼等安全措施,确保采掘过程人员安全。

金属非金属矿山排土场安全生产规则
（AQ 2005—2005）

前　言

本规则的制定根据金属非金属矿山排土场松散体介质的特点，依据国家安全生产法律、法规，并参考国家有关安全生产、职业健康等文件的技术内容，规定了金属非金属矿山排土场安全管理和安全技术要求。

本规则由国家安全生产监督管理局提出并归口。

本规则起草单位马鞍山矿山研究院。

本规则主要起草人：项宏海、黄礼富、徐志宏、汪斌、江龙剑、常前发、袁先乐。

1　范围

本规则规定了金属非金属矿山排土场的设计、生产作业管理和关闭等环节的安全要求及安全防护、评价与管理、监督与检查要求，以防止排土场事故的发生。

本规则适用于金属非金属矿山的排土场或废石场。水力输送排土场的设计、生产作业、管理和关闭按尾矿库有关规定执行。

2　规范性引用文件

下列文件中的条款通过本标准的引用而成为本标准的条款，其最新版本适用于本标准。

GB 16423　金属非金属露天矿山安全规程
GB 18599　一般工业固体废物贮存、处置场污染控制标准
GB 14161　矿山安全标志
GB 50070　矿山电力设计规范

3　定义

3.1　本规则所述排土场又称废石场，是指矿山剥离和掘进排弃物集中排放的场所。

3.2　排弃物一般包括腐殖表土、风化岩土、坚硬岩石以及混合岩土，有时也包括可能回收的表外矿、贫矿等。

4　排土场安全管理

4.1　企业主要负责人是排土场安全生产第一责任人。企业应有专门机构和专职人员负责排土场的安全管理工作，保证排土场安全生产所需经费。

4.2　建立健全适合本单位排土场实际情况的规章制度，包括：排土场安全目标管理制度；排土场安全生产责任制度；排土场安全生产检查制度；排土场安全隐患治理制度；排土场抢险及险情报告制度；排土场安全技术措施实施计划；排土场安全技术规程；排土场安全事故调查、分析、报告、处理制度；排土场安全培训、教育制度；排土场安全评价制度等。

4.3 企业应严格执行建设项目安全设施"三同时"的有关规定,对排土场按照设计文件的要求和有关技术规范施工,并报批验收。

4.4 设计变更应经原设计单位同意,或经有资质的单位进行技术论证,并报安全生产监督管理部门审查,任何单位和个人不应随意变更排土场设计或研究机构经技术论证后推荐的排土段高等参数。

4.5 排土场滚石区应设置醒目的符合 GB 14161 标准的安全警示标志。

4.6 严禁个人在排土场作业区或排土场危险区内从事捡矿石、捡石材和其他活动。未经设计或技术论证,任何单位不应在排土场内回采低品位矿石和石材。

4.7 排土场最终境界 20 m 内应排弃大块岩石。

5 排土场的设计

5.1 矿山排土场应由有资质的中介机构进行设计。

5.2 排土场位置的选择应遵守以下原则：
—— 排土场位置的选择,应保证排弃土岩时不致因滚石、滑坡、塌方等威胁采矿场、工业场地(厂区)、居民点、铁路、道路、输电网线和通讯干线、耕种区、水域、隧道涵洞、旅游景区、固定标志及永久性建筑等的设施安全。
—— 排土场场址不宜设在工程地质或水文地质条件不良的地带。如因地基不良而影响安全时,应采取有效措施。
—— 依山而建的排土场,坡度大于 1∶5 且山坡有植被或第四系软弱层时,最终境界 100 m 内的植被或第四系软弱层应全部清除,将地基削成阶梯状。
—— 排土场选址时应避免成为矿山泥石流重大危险源,无法避开时应采取切实有效的措施。
—— 排土场位置要符合相应的环保要求。排土场场址不应设在居民区或工业建筑主导风向的上风向区和生活水源的上游,含有污染物的废石要按照 GB 18599 要求进行堆放、处置。

5.3 排土场位置选定后,应进行专门的地质勘探工作。

5.4 排土场排土工艺、排土顺序、排土场的阶段高度、总堆置高度、安全平台宽度、总边坡角、废石滚落时可能的最大距离以及相邻阶段同时作业的超前堆置距离等参数,均应在设计中明确规定。

5.5 排土场设计时应进行排土场土岩流失量估算,设计拦挡设施。

5.6 内部排土场不应影响矿山正常开采和边坡稳定。排土场坡脚与矿体开采点和其他构筑物之间应有一定的安全距离,必要时应建设滚石或泥石流拦挡设施。

5.7 在矿山建设过程中,修建公路和工业场地的废石应选择地点集中排放,不能就近排弃在公路边和工业场地边,以避免形成泥石流。

5.8 对腐殖表土、风化岩土应单独设计、集中堆放。

6 排土场的作业管理

6.1 道路运输

—— 汽车排土作业时,应有专人指挥,指挥人员应经过培训,并经考核合格后上岗工作。

——非作业人员不应进入排土作业区,凡进入作业区的工作人员、车辆、工程机械应服从指挥人员的指挥。
——排土场平台应平整,排土线应整体均衡推进,坡顶线应呈直线形或弧形,排土工作面向坡顶线方向应有 2%～5%的反坡。
——排土卸载平台边缘要设置安全车挡,其高度不小于轮胎直径的 1/2,车挡顶宽和底宽应不小于轮胎直径的 1/4 和 4/3;设置移动车挡设施的,要对不同类型移动车挡制定安全作业要求,并按要求作业。
——应按规定顺序排弃土岩。在同一地段进行卸车和推土作业时,设备之间应保持足够的安全距离。
——卸土时,汽车应垂直于排土工作线;汽车倒车速度应小于 5 km/h,严禁高速倒车,冲撞安全车挡。
——推土时,在排土场边缘严禁推土机沿平行坡顶线方向推土。
——排土安全车挡或反坡不符合规定、坡顶线内侧 30 m 范围内有大面积裂缝(缝宽 0.1 m～0.25 m)或不正常下沉(0.1 m～0.2 m)时,禁止汽车进入该危险区作业,安全管理人员应查明原因及时处理后,方可恢复排土作业。
——排土场作业区内烟雾、粉尘、照明等因素使驾驶员视距小于 30 m 或遇暴雨、大雪、大风等恶劣天气时,应停止排土作业。
——汽车进入排土场内应限速行驶。距排土工作面 50 m～200 m 时限速 16 km/h,50 m 范围内限速 8 km/h;排土作业区应设置一定数量的限速牌等安全标志牌。
——排土作业区照明系统应完好,照明角度应符合要求,夜间无照明禁止排土。灯塔与排土车挡距离 d 应按以下公式计算:

$$d \geqslant 车辆视觉盲区距离 + 10\ m$$

——排土作业区应配备质量合格、适应相应车载量汽车突发事故救援使用的钢丝绳(>4 根)、大卸扣(>4 个)等应急工具。
——排土作业区应配备指挥工作间和通讯工具。

6.2 铁路运输

6.2.1 铁路移动线路卸车地段,应遵守下列规定:

——路基面应向排土场内侧形成反坡。
——线路一般为直线,困难条件下,其平曲线半径不小于表 1 的规定,并根据翻卸作业的安全要求设置外轨超高。

表 1 平曲线半径 单位为米

卸车方向	准轨铁路	窄 轨 铁 路		
		机车车辆固定轴距≤2.0 m		机车车辆固定轴距 2.0～3.0 m,
		轨距 600 mm	轨距 762 mm,900 mm	轨距 762 mm,900 mm
向曲线外侧	150	30	60	80
向曲线内侧	200	50	80	100

——线路尽头的一个列车长度内应有 2.5‰～5‰的上升坡度。

——卸车线钢轨轨顶外侧至台阶坡顶线的距离,应不小于表2的规定。

表2 轨顶外侧至台阶坡顶线的距离
单位为米

准轨		窄轨		
路基稳固	路基不稳	轨距900 mm	轨距762 mm	轨距600 mm
0.62	0.92	0.45	0.43	0.37

——牵引网路应符合GB 50070规范。网路始端,应设电源开关,做到先停电后移动网路。
——在独头卸载线端部,应设置车挡。车挡应有完好的栏挡指示和红色夜光示警牌。独头线的起点和终点,应设置铁路障碍指示器。

6.2.2 列车在卸车线上运行和卸载时,应遵守下列规定:
——列车进入排土线后,由排土人员指挥列车运行。机械排土线的列车运行速度准轨不应超过10 km/h;窄轨不应超过8 km/h;接近路端时,不应超过5 km/h。
——严禁运行中卸土(曲轨侧卸式和底卸式除外)。
——卸车顺序应从尾部向机车方向依次进行。必要时,机车应以推送方式进入。
——列车推送时,应有调车员在前引导指挥。
——新移设的线路,首次列车严禁牵引进入。
——翻车时应2人操作,操作人员应位于车箱内侧。
——清扫自翻车宜采用机械化作业。人工清扫时应有安全措施。
——卸车完毕,应在排土人员发出出车信号后,列车方可驶出排土线。

6.2.3 排土犁排土时,应遵守下列规定:
——推排作业线上、排土犁犁板和支出机构上,严禁有人。
——排土犁推排岩土的行走速度,不应超过5 km/h。

6.2.4 单斗挖掘机排土时,受土坑的坡面角不应大于60°,严禁超挖。

6.3 胶带运输
——排土机应在稳定的平盘上作业,外侧履带与台阶坡顶线之间应保持一定的安全距离。
——工作场地和行走道路的坡度应符合排土机的技术要求。
——排土机长距离行走时,受料臂、排料臂应与行走方向成一直线,并将其吊起、固定;配重小车在靠近回转中心的前端,到位后用销子固定;严禁上坡转弯。

7 排土场排洪与防震

7.1 山坡排土场周围应修筑可靠的截洪和排水设施拦截山坡汇水。

7.2 排土场内平台应设置2‰~5‰的反坡,并在排土场平台上修筑排水沟拦截平台表面及坡面汇水。

7.3 当排土场范围内有出水点时,应在排土之前采取措施将水疏出。排土场底层应排弃大块岩石,以便形成渗流通道。

7.4 汛期前应采取下列措施做好防汛工作:

——明确防汛安全生产责任制,制定应急救援预案。
——疏通排土场内外截洪沟;详细检查排洪系统的安全情况。
——备足抗洪抢险所需物资,落实应急救援措施。
——及时了解和掌握汛期水情和气象预报情况,确保排土场和下游泥石流拦挡坝道路、通讯、供电及照明线路可靠和畅通。

7.5 汛期应对排土场和下游泥石流拦挡坝进行巡视,发现问题应及时修复,防止连续暴雨后发生泥石流和垮坝事故。

7.6 洪水过后应对坝体和排洪构筑物进行全面认真的检查与清理。发现问题应及时修复。

7.7 处于地震烈度高于6度地区的排土场,应制订相应的防震和抗震的应急预案,内容包括:
——抢险组织与职责。
——排土场防震和抗震措施。
——防震和抗震的物资保障。
——排土场下游居民的防震应急避险预案。
——震前值班及巡查制度等。

7.8 排土场泥石流拦挡坝应按现行抗震标准进行校核,低于现行标准时,应进行加固处理。

7.9 地震后,应对排土场及排土场下游的堆石坝进行巡查和检测,及时修复和加固破坏的部分,确保排土场及其设施的运行安全。

8 排土场关闭与复垦

8.1 排土场关闭

8.1.1 矿山企业在排土场结束时,应整理排土场资料、编制排土场关闭报告。
——排土场资料应包括:排土场设计资料、排土场最终平面图、排土场工程地质、水文地质资料、排土场安全稳定性评价资料及排土场复垦规划资料等。
——排土场关闭报告应包括:结束时的排土场平面图、结束时的排土场安全稳定性评价报告、结束时的排土场周围状况及排土场复垦规划等。

8.1.2 排土场最终境界应由中介技术服务机构进行安全稳定性评价。不符合安全条件的,评价单位应提出治理措施,企业应按措施要求进行治理,并须报省级以上安全生产监督管理部门审查。

8.1.3 关闭后的排土场安全管理工作由原企业负责。破产企业关闭后的排土场,由当地政府落实负责管理的单位或企业。关闭后的排土场重新启用或改作他用时,应经过可行性设计论证,并报安全生产监督管理部门审查批准。

8.2 排土场复垦

8.2.1 矿山企业在排土场生产作业过程中,应制定切实可行的复垦规划,达到最终境界的台阶先行复垦。

8.2.2 排土场复垦规划应包括场地的整备、表土的采集与铺垫、覆土厚度、适宜生长植物的选择等。

8.2.3 关闭后的排土场未完全复垦或未复垦的,矿山企业应留有足够的复垦资金。

9 排土场监测、检查及记录

9.1 排土场监测

——矿山应建立排土场监测系统,定期进行排土场监测。排土场发生滑坡时,应加强监测工作。

——发生泥石流的矿山应建立泥石流观测站和专门的气象站。泥石流沟谷应定期进行剖面测量,统计泥沙淤积量,为排土场泥石流防治提供资料。

9.2 排土场安全检查

排土场安全检查内容包括:规章制度、设计、作业管理、防洪与防震等方面。

9.2.1 排土场规章制度与设计检查

——检查排土场规章制度制定和执行情况。

——检查排土场设计及变更情况。

9.2.2 排土场作业管理检查

排土场作业管理检查的内容包括:排土参数、变形、裂缝、底鼓、滑坡等。

9.2.2.1 排土参数检查:

——测量各类型排土场段高、排土线长度,测量精度按生产测量精度要求。实测的排土参数应不超过设计的参数,特殊地段应检查是否有相应的措施。

——测量各类型排土场的反坡坡度,每 100 m 不少于 2 条剖面,测量精度按生产测量精度要求。实测的反坡坡度应在各类型排土场范围内。

——测量汽车排土场安全车挡的底宽、顶宽和高度。实测的安全车挡的参数应符合不同型号汽车的安全车挡要求。

——测量铁路排土场线路坡度和曲率半径,测量精度按生产测量精度要求;挖掘机排土测量挖掘机至站立台阶坡顶线的距离,测量误差不大于 10 mm;各参数应满足本规则 6.2 的要求。

——测量排土机排土外侧履带与台阶坡顶线之间的距离,测量误差不大于 10 mm;安全距离应大于设计要求。

——检查排土场变形、裂缝情况。排土场出现不均匀沉降、裂缝时,应查明沉降量,裂缝的长度、宽度、走向等,并判断危害程度。

——检查排土场地基是否隆起。排土场地面出现隆起、裂缝时,应查明范围和隆起高度等,判断危害程度。

9.2.2.2 检查排土场滑坡。排土场发生滑坡时,应检查滑坡位置、范围、形态和滑坡的动态趋势以及成因。

9.2.2.3 检查排土场坡脚外围滚石安全距离范围内是否有建构筑物和道路,是否有耕种地等,是否在该范围内从事非生产活动。

9.2.2.4 检查排土场周边环境是否存在危及排土场安全运行的因素。

9.2.3 排土场排水构筑物与防洪安全检查

——排水构筑物安全检查主要内容:构筑物有无变形、移位、损毁、淤堵,排水能力是否满足要求等。

——截洪沟断面检查内容:截洪沟断面尺寸,沿线山坡滑坡、塌方,护砌变形、破损、断裂

— 和磨蚀,沟内物淤堵等。
— 排土场下游设有泥石流拦挡设施的,检查拦挡坝是否完好,拦挡坝的断面尺寸及淤积库容。

9.2.4 排土场安全设施检查

安全设施检查的主要内容包括:钢丝绳、大卸扣的配备数量和质量;照明设施能否满足要求;安全警示标志牌、灭火器、通讯工具等配置及完好情况。

9.3 企业应建立下列排土场管理档案

— 建设文件及有关原始资料。
— 组织机构和规章制度建设。
— 排土场观测资料和实测数据。
— 事故隐患的整改情况。

10 排土场安全度分类与评价

10.1 排土场安全度分为危险级、病级和正常级三级。

10.1.1 排土场有下列现象之一的为危险级:

— 在山坡地基上顺坡排土或在软地基上排土,未采取安全措施,经常发生滑坡的;
— 易发生泥石流的山坡排土场,下游有采矿场、工业场地(厂区)、居民点、铁路、道路、输电网线和通讯干线、耕种区、水域、隧道涵洞、旅游景区、固定标志及永久性建筑等设施,未采取切实有效的防治措施的;
— 排土场存在重大危险源(如汽车排土场未建安全车挡,铁路排土场铁路线顺坡和曲率半径小于规程最小值等),极易发生车毁人亡事故的;
— 山坡汇水面积大而未修筑排水沟或排水沟被严重堵塞的;
— 经验算,用余推力法计算的安全系数小于1.0的。

10.1.2 排土场有下列现象之一的为病级:

— 排土场地基条件不好,对排土场的安全影响不大的;
— 易发生泥石流的山坡排土场,下游有山地、沙漠或农田,未采取切实有效的防治措施的;
— 未按排土场作业管理要求的参数或规定进行施工的;
— 经验算,用余推力法计算的安全系数大于1.00小于设计规范规定值的;

10.1.3 同时满足下列条件的为正常级:

— 排土场基础较好或不良地基经过有效处理的;
— 排土场各项参数符合设计要求和排土场作业管理要求,用余推力法计算的安全系数大于1.15,生产正常的;
— 排水沟及泥石流拦挡设施符合设计要求的。

10.2 非正常级排土场的处理:

10.2.1 对于危险级排土场,企业应停产整治,并采取以下措施:

— 处理不良地基或调整排土参数;
— 采取措施防止泥石流发生,建立泥石流拦挡设施;
— 处理排土场重大危险源;

——疏通、加固或修复排水沟。

10.2.2 对于"病级"排土场,企业应采取以下措施限期消除隐患:

——采取措施控制不良地基的影响;

——将各排土参数修复到排土场作业管理要求的参数或规定的范围内。

10.3 企业对非正常级排土场的检查周期:

——"危险级"排土场每周不少于 1 次;

——"病级"排土场每月不少于 1 次。

在汛期,应根据实际情况对排土场增加检查次数。检查中如发现重大隐患,应立即采取措施进行整改,并向省级以上安全生产监督管理部门报告。

10.4 企业应把排土场安全评价工作纳入矿山安全评价工作中,由有资质的中介技术服务机构每 3 年对排土场进行一次安全评价。排土场的安全评价报告应报省级安全生产监督管理部门备案。

11 附则

11.1 本规则由国家安全生产监督管理局负责解释。

11.2 本《规则》自公布之日起实施。

(2) 非煤矿山设备、装置与系统

金属非金属矿山提升系统日常检查和定期检测检验管理规范（AQ 2068—2019）

前　言

本标准的全部技术内容为强制性条款。

本标准按照 GB/T 1.1—2009 给出的规则起草。

本标准由中华人民共和国应急管理部提出。

本标准由全国安全生产标准化技术委员会非煤矿山安全分技术委员会（SAC/TC 288/SC 2）归口。

本标准起草单位：山东公信安全科技有限公司、中国安全生产科学研究院、洛阳正方圆重矿机械检验技术有限责任公司、鲁中矿业有限公司、山东金岭矿业股份有限公司、招金矿业股份有限公司。

本标准主要起草人：张振安、李双会、李旗、荀明利、宋宪旺、毕波、王永起、郝宁波、姜建军。

1　范围

本标准规定了金属非金属矿山在用提升系统的基本要求、日常检查、定期检测检验和结果处理。

本标准适用于金属非金属矿山企业对在用提升系统的日常检查和定期检测检验管理。

2　规范性引用文件

下列文件对于本文件的应用是必不可少的。凡是注日期的引用文件，仅注日期的版本适用于本文件。凡是不注日期的引用文件，其最新版本（包括所有的修改单）适用于本文件。

GB/T 7679.3—2005　矿山机械术语　第 3 部分：提升设备

3　术语和定义

GB/T 7679.3—2005 界定的以及下列术语和定义适用于本文件。为了便于使用，以下重复列出了 GB/T 7679.3—2005 中的某些术语和定义。

3.1
提升系统　hoisting system

用于提升矿（岩）石、升降生产物资及人员的提升机或提升绞车及配套设施的总称。

3.2
提升绞车　hoisting winder

在矿井中提升和下放人员及物料的矿用绞车。

3.3

矿用绞车　mine winder

卷筒直径 2 m 以下(不包括 2 m),通过卷筒旋转带动与钢丝绳相连的提升容器或辅具在矿井、巷道或采场中提升、下放人员和物料以及进行作业的机电设备。

3.4

主要提升　main hoist

指矿井或盘区的集中提升。

3.5

日常检查　routine inspection

在生产活动中,为保证提升系统安全运行,由指定的专职人员依据规定和程序对提升系统进行日常观察、测量及试验的活动。

3.6

定期检测检验　regular testing-inspecting

依法取得资质的机构按规定的周期对提升系统进行检查、测量,并出具有证明作用的数据和结果的活动。

4 基本要求

4.1 人员

4.1.1 矿山企业应配备专业技术和管理人员,负责提升系统的安全运行管理工作。

4.1.2 矿山企业应配备专业人员负责提升系统的检修、维护和日常检查工作。

4.1.3 矿山企业应配备专职人员负责提升系统的运行操作。

4.1.4 特种作业人员应经培训并考核合格,持证上岗。

4.2 制度

4.2.1 矿山企业应建立健全提升系统日常检查和定期检测检验制度。

4.2.2 日常检查制度应包括巡回检查、日检、周检、月检的内容。

5 日常检查

5.1 交接班时或操作前检查

5.1.1 提升机(提升绞车)操作人员在交接班时应确认提升机(提升绞车)处于正常状态。

5.1.2 提升机(提升绞车)操作人员在升降人员之前应确认提升机(提升绞车)处于正常状态。

5.1.3 把钩人员在每次提升前应核实提升载荷,提升设备不应超载运行。对超大超重等特殊的提升,应根据实际情况制定安全技术措施。

5.1.4 人工发送信号的提升系统,信号工在交接班时应对提升信号装置进行检查试验,提升信号装置应符合以下要求:

    a) 竖井罐笼提升系统,信号应能从各中段发给井口总信号工、井口总信号工转发给提升机司机,井口信号与提升机(提升绞车)的启动应有闭锁;井口、井底和中间运输巷的安全门、摇台或托台应与提升信号闭锁。

    b) 竖井箕斗提升系统,信号应能从各装矿点发给提升机司机,装矿点信号与提升机

(提升绞车)的启动应有闭锁关系。

c) 斜井提升系统,应有从井底到井口、井口到机房的声光信号,井口信号装置应同提升机(提升绞车)的控制回路相闭锁,只有井口信号工发出信号后,提升机(提升绞车)才能正常运行。使用斜井人车升降人员时,斜井人车的跟车人在运行途中任何地点都能向司机发送紧急停车的信号。

5.1.5 自动化提升系统每班在自动化提升运行前应由专职人员确认提升系统的各部分处于正常状态。

5.2 运行中巡回检查

5.2.1 操作和维修人员应按日常检查制度规定进行巡回检查。

5.2.2 巡回检查中发现下列情况时,应及时停车处理:
    a) 制动盘两侧或制动轮上有降低摩擦系数的介质(如油、水等)、油污;
    b) 液压离合器的油缸、制动器的油缸及其液压管路漏油;
    c) 其他异常。

5.3 安全保险装置检查

5.3.1 提升系统的以下保险装置应每天进行检查,并符合规定要求。

    a) 过卷保护装置:当提升容器超过正常终端停止位置或出车平台 0.5 m 时,应能自动断电,同时实施安全制动。不能再向过卷方向接通电动机电源的联锁装置应灵敏可靠。

    b) 过速保护装置:当提升速度超过规定速度的 15% 时,应能自动断电,同时实施安全制动。

    c) 限速保护装置:罐笼提升系统最高速度超过 4 m/s 和箕斗提升系统最高速度超过 6 m/s 时,限速装置应能保证提升容器接近预定停车点时的速度不超过 2 m/s。

    d) 闸间隙保护装置:当闸间隙超过规定值时能自动报警或自动断电。

    e) 松绳保护装置:卷筒直径在 3 m 以上的缠绕式提升机,装设的松绳保护装置,用于竖井提升时,在钢丝绳松弛时应能自动断电并报警;用于斜井提升时,在钢丝绳松弛时应能自动报警。

    f) 减速功能保护装置:当提升容器或平衡锤到达设计减速位置时,应能自动减速或发出减速信号。

    g) 深度指示器失效保护装置:当深度指示器失效时,应能自动断电并实施安全制动。

    h) 过负荷及无电压保护装置:当提升机过负荷时,应能自动断电,同时实施安全制动;当提升机供电中断时,应能实施安全制动,复电时不应自启动。

    i) 保护装置双线型式:过卷保护装置、过速保护装置、限速保护装置和减速功能保护装置应为相互独立的双线型式。

    j) 紧急停车功能:紧急停车功能应灵敏可靠。

    k) 调绳离合器的防脱开保护装置:双卷筒缠绕式提升机(提升绞车)在正常运行状态,调绳离合器向脱开方向位移时,应能自动断电,同时实施安全制动。

5.3.2 在用斜井人车的断绳保险器,应每天进行一次手动落闸试验,每月进行一次静止松绳落闸试验。

5.4 钢丝绳检查

5.4.1 应由专职人员对提升钢丝绳每天进行一次检查,每周进行一次详细检查,每月进行一次全面检查;对平衡绳(尾绳)和罐道绳每月进行一次详细检查,并符合以下要求:
   a) 人工检查时的速度应不高于 0.3 m/s,采用仪器检查时的速度应符合仪器的要求。
   b) 钢丝绳一个捻距内的断丝断面积与钢丝总断面积之比,应小于下列数值:
      1) 提升钢丝绳,5%;
      2) 平衡钢丝绳、防坠器的制动钢丝绳(包括缓冲绳),10%;
      3) 罐道钢丝绳,15%;
      4) 倾角 30°以下的斜井提升钢丝绳,10%。
   c) 以钢丝绳标称直径为准计算的直径减小量应小于下列数值:
      1) 提升钢丝绳或制动钢丝绳,10%;
      2) 罐道钢丝绳,15%。
   d) 密封钢丝绳外层钢丝厚度磨损量应小于 50%。
   e) 升降人员的钢丝绳的钢丝不应有变黑、锈皮、点蚀麻坑等损伤。
   f) 钢丝绳不应锈蚀严重,或点蚀麻坑形成沟纹,或外层钢丝松动。
   g) 平衡钢丝绳(尾绳)最低处,不应被水淹或渣埋。

5.4.2 钢丝绳在运行中遭受到卡罐或突然停车等猛烈拉力时,应立即停止运转,进行检查、测量,发现下列情况之一者,应将受力段切除或更换全绳:
   a) 钢丝绳产生严重扭曲或变形;
   b) 断丝或直径减小量超过 5.4.1 的规定;
   c) 受到猛烈拉力的一段的长度伸长 0.5% 以上。
在钢丝绳使用期间,断丝数突然增加或伸长突然加快,应立即更换。

5.4.3 运转中的多绳摩擦提升机,应每周检测一次首绳的张力,若任意一根提升钢丝绳的张力与平均张力之差超过±10%,应进行调绳。

5.4.4 缠绕式提升机(提升绞车)钢丝绳在卷筒上的固定情况应每周检查一次。

5.5 制动系统检查

5.5.1 制动闸松闸时闸瓦与制动轮或制动盘的间隙应每天进行检测,间隙应不大于 2 mm。

5.5.2 二级制动液压系统的一级油压值及作用时间应每月进行一次模拟安全制动试验,油压值应符合规定要求,作用时间与前期试验无明显差别。

5.5.3 制动油残压应每天进行检查,残压值应符合规定。

5.5.4 制动油压力监测保护装置或报警装置应每天进行检查,动作应灵敏可靠。

5.6 提升系统检查

5.6.1 每天应由专职人员对提升容器、连接装置、防坠器、罐耳、罐道、阻车器、罐座、摇台(或托台)、装卸矿设施、天轮(导向轮),以及提升机(提升绞车)的各部分,包括卷筒、制动装置、深度指示器、防过卷装置、限速器、调绳装置、传动装置、电动机和控制设备等检查一次。

5.6.2 每月应由矿山企业机电部门组织有关人员对提升系统全面检查一次。

6 定期检测检验

6.1 矿山企业应按表 1 规定的检测检验周期制定检测检验计划,委托有相应资质的检测检验机构进行定期检测检验。定期检测检验合格的提升系统应在提升机(提升绞车)房或硐室内明显位置张贴或悬挂检测检验机构签发的定期检测检验合格证。

表 1 定期检测检验周期

序号	名　　称	定期检测检验周期
1	升降人员的提升机(提升绞车)	1年
2	升降人员和物料的提升机(提升绞车)	1年
3	升降物料的提升机(提升绞车)	3年
4	斜井人车	1年
5	竖井防坠器	1年
6	悬挂前的钢丝绳	悬挂前6个月内
7	升降人员的缠绕式提升钢丝绳	自悬挂时起,6个月;有腐蚀介质的矿山,3个月
8	升降人员和物料的缠绕式提升钢丝绳	自悬挂时起,6个月;有腐蚀介质的矿山,3个月
9	升降物料的缠绕式提升钢丝绳	自悬挂时起,第一次1年,以后6个月
10	悬挂吊盘用的钢丝绳	自悬挂时起,1年
11	天轮轴(探伤)	2年
12	提升机(提升绞车)的主轴(探伤)	2年
13	钢丝绳与提升容器的连接装置(探伤)	2年
14	窄轨矿车连接插销、连接链	新购置使用前进行检验

6.2 有下列情况之一时,也应委托有资质的检测检验机构进行检测检验:
  a) 新安装、大修后投入使用前;
  b) 停止运行时间超过1年,重新投入使用前;
  c) 经过重大自然灾害可能使相关结构件强度、刚度、稳定性或其他重要性能受到影响的设备使用前。

6.3 矿山企业委托检测检验机构进行检测检验时应与检测检验机构签订技术服务合同,明确检测检验对象、范围、依据的标准(规范),以及双方权利、义务和责任等。

6.4 矿山企业应为定期检测检验提供相应的时间并予以配合。

7 日常检查和定期检测检验结果处理

7.1 日常检查应有记录并将记录存档,记录保存期为1年。

7.2 在日常检查和定期检测检验中发现的安全隐患,矿山企业应按规定及时落实整改,整改过程中应当采取相应的安全防范措施,防止事故发生。

7.3 定期检测检验结论不合格的提升系统应停止使用。

金属非金属地下矿山监测监控系统建设规范
（AQ 2031—2011）

前　言

本标准为强制性标准。

本标准用于规范金属非金属地下矿山监测监控系统的安装、维护和管理。

本标准由国家安全生产监督管理总局提出。

本标准由全国安全生产标准化技术委员会非煤矿山安全分技术委员会（TC 288/SC 2）归口。

本标准起草单位：中国安全生产科学研究院、中煤科工集团重庆研究院、中钢矿业开发有限公司、国家安全生产监督管理总局通信信息中心。

本标准主要起草人：何学秋、王云海、谢旭阳、张延松、秦文贵、连民杰、李晓飞、王艺华、梅国栋、李春民、李坤、王东武、牟声远、朱丕凯。

本标准为首次发布。

1 范围

本标准规定了金属非金属地下矿山监测监控系统的安装、维护和管理要求。

本标准不适用于与煤共生、伴生的金属非金属地下矿山。

2 规范性引用文件

下列文件对于本文件的应用是必不可少的。凡是注日期的引用文件，仅注日期的版本适用于本文件。凡是不注日期的引用文件，其最新版本（包括所有的修改单）适用于本文件。

GB 16423—2006　金属非金属矿山安全规程
GB 50026—2007　工程测量规范
GB 50198—1994　民用闭路监视电视系统工程技术规范
GB 50395—2007　视频安防监控系统工程设计规范
AQ 2013.1　金属非金属地下矿山通风技术规范　通风系统
AQ 2013.3　金属非金属地下矿山通风技术规范　通风系统检测
EJ 378—1989　铀矿山空气中氡及氡子体测定方法

3 术语和定义

3.1

监测监控系统　monitoring and supervision system

由主机、传输接口、传输线缆、分站、传感器等设备及管理软件组成的系统，具有信息采集、传输、存储、处理、显示、打印和声光报警功能，用于监测金属非金属地下矿山有毒有害气体浓度，以及风速、风压、温度、烟雾、通风机开停状态、地压等。

3.2

主机　host

用于接收监测信号,并具有校正、报警判别、数据统计、磁盘存储、显示、声光报警、人机对话、输出控制、控制打印输出等功能的计算机装置。

3.3

分站　substation

监测监控系统中用于接收来自传感器的信号,并按预先约定的复用方式远距离传送给传输接口,同时接收来自传输接口多路复用信号的装置。

3.4

传感器　transducer

将被测物理量转换为电信号输出的装置。

3.5

有毒有害气体传感器　deleterious harmful gas transducer

连续监测地下矿山环境气体中一氧化碳、二氧化氮、硫化氢、二氧化硫等有毒有害气体浓度的装置。

3.6

开停传感器　on off status transducer

连续监测地下矿山中机电设备"开"或"停"工作状态的装置。

3.7

监测监控设备　mine monitoring equipment

矿山井下用于监测监控的传感器、分站及线缆等的总称。

3.8

便携式气体检测报警仪　portable deleterious gas alarm detector

具备气体浓度显示及超限报警功效的便携式仪器。

4 建设原则

4.1 金属非金属地下矿山应依据 GB 16423—2006 的要求和矿山实际建设完善监测监控系统。

4.2 监测监控系统应进行设计,并按设计要求进行建设。鼓励将监测监控系统与人员定位系统、通信联络系统进行总体设计、建设。

4.3 监测监控系统应能实现以下管理功能:

——实时显示各个监测点的监测数据,并可用图表等形式显示历史监测数据;

——设置预警参数,并能实现声光预警;

——视频监控应支持按摄像机编号、时间、事件等信息对监控图像进行备份、查询和回放。

4.4 监测监控中心设备应有可靠的防雷和接地保护装置。

4.5 主机应安装在地面,并双机备份,且应在矿山生产调度室设置显示终端。

4.6 井下分站应安装在便于人员观察、调试、检验,且围岩稳固、支护良好、无滴水、无杂物的进风巷道或硐室中,安装时应垫支架或吊挂在巷道中,使其距巷道底板不小于 0.3 m。

4.7 应配备分站、传感器等监测监控设备备件,备用数量应能满足日常监测监控需要。

4.8 主机和分站的备用电源应能保证连续工作 2 h 以上。

4.9 传感器的数据或状态应传输到主机。

4.10 电缆和光缆敷设应符合 GB 16423—2006 中 6.5.2 的相关规定。

4.11 监测监控系统应具有矿用产品安全标志。

4.12 监测监控系统安装完毕和大修后，应按产品使用说明书的要求进行测试、调校，经验收合格后方能使用。

5 有毒有害气体监（检）测

5.1 地下矿山应配置足够的便携式气体检测报警仪。便携式气体检测报警仪应能测量一氧化碳、氧气、二氧化氮浓度，并具有报警参数设置和声光报警功能。

5.2 人员进入独头掘进工作面和通风不良的采场之前，应开动局部通风设备通风，确保空气质量满足作业要求；人员进入采掘工作面时，应携带便携式气体检测报警仪从进风侧进入，一旦报警应立即撤离。

5.3 鼓励有条件的矿山企业采用传感器对炮烟中的一氧化碳或二氧化氮进行在线监测，一氧化碳或二氧化氮传感器的设置应符合以下要求：
  —— 每个生产中段和分段的进、回风巷靠近采场位置应设置一氧化碳或二氧化氮传感器；
  —— 压入式通风的独头掘进巷道，应在距离回风出口 5 m～10 m 回风流中设置一氧化碳或二氧化氮传感器；抽出式和混合式通风的独头掘进巷道，应在风筒出风口后 10 m～15 m 处设置一氧化碳或二氧化氮传感器；
  —— 带式输送机滚筒下风侧 10 m～15 m 处应设置一氧化碳和烟雾传感器；
  —— 传感器应垂直悬挂，距巷壁应不小于 0.2 m。一氧化碳传感器和烟雾传感器距顶板应不大于 0.3 m，二氧化氮传感器距底板应不高于 1.6 m。

5.4 一氧化碳报警浓度不应高于 24 ppm，二氧化氮报警浓度不应高于 2.5 ppm。

5.5 开采高含硫矿床的地下矿山，还应在每个生产中段和分段的进、回风巷靠近采场位置设置硫化氢和二氧化硫传感器。

5.6 开采有自然发火危险矿床的地下矿山，还应定期采用便携式温度检测仪进行检测。

5.7 硫化氢和二氧化硫传感器的安装位置距底板应不高于 1.6 m，温度和烟雾传感器距顶板应不大于 0.3 m。

5.8 硫化氢报警浓度不应高于 6.6 ppm，二氧化硫报警浓度不应高于 5.3 ppm。

5.9 开采含铀（钍）等放射性元素的地下矿山，应监测井下空气中氡（钍射气）及其子体浓度，氡及其子体的监测应符合 EJ 378—1989 的规定。

6 通风系统监测

6.1 井下总回风巷、各个生产中段和分段的回风巷应设置风速传感器。

6.2 主要通风机应设置风压传感器，传感器的设置应符合 AQ 2013.3 中主要通风机风压的测点布置要求。

6.3 风速传感器应设置在能准确计算风量的地点。

6.4 风速传感器报警值应根据 AQ 2013.1 确定。

6.5 主要通风机、辅助通风机、局部通风机应安装开停传感器。

7 视频监控

7.1 提升人员的井口信号房、提升机房,以及井口、马头门(调车场)等人员进出场所,应设视频监控。

7.2 紧急避险设施及井下爆破器材库、油库、中央变电所等主要硐室,应设视频监控。安装在井下爆破器材库和油库的视频设备应具备防爆功能。

7.3 井口提升机房应设有视频监控显示终端,用于显示井口信号房、井口、马头门(调车场)等场所的视频监控图像。

7.4 视频监控的功能与性能设计、设备选型与设置、传输方式、供电等应符合 GB 50395—2007 的规定。

7.5 视频监控图像质量的性能指标应符合 GB 50198—1994 的规定。

8 地压监测

8.1 对于在需要保护的建筑物、构筑物、铁路、水体下面开采的地下矿山,应进行地压或变形监测,并应对地表沉降进行监测。

8.2 存在大面积采空区、工程地质复杂、有严重地压活动的地下矿山,应进行地压监测。

8.3 变形监测的等级和精度要求应满足 GB 50026—2007 有关要求。

9 维护与管理

9.1 应制定监测监控系统运行维护管理制度及监测监控人员岗位责任制、操作规程、值班制度等规章制度。

9.2 应指定人员负责监测监控系统的日常检查与维护工作。

9.3 监测监控设备应定期进行调校,传感器经过调校检测误差仍超过规定值时,应立即更换。

9.4 系统发出报警信息时,监测监控中心值班人员应按规定程序及时处置,处置结果应记录备案。

9.5 应建立以下台账及报表:
——监测监控设备台账;
——监测监控设备故障登记表;
——监测监控检修记录表;
——监测监控巡检记录表;
——传感器调校记录表;
——报警记录月报表。

9.6 报警记录月报表应包括打印日期和时间、传感器设置地点、所测物理量名称、报警次数、对应时间、解除时间、累计时间、每次报警的最大值、对应时刻及平均值、每次采取措施时间及采取措施内容等。

9.7 应绘制监测监控系统布置图,并根据实际情况的变化及时更新。布置图应标明传感器、分站等设备的位置,以及信号线缆和供电电缆走向等。

9.8 每 3 个月应对监测监控数据进行备份,备份的数据保存时间应不少于 2 年,视频监控的图像资料保存时间应不少于 1 个月。

9.9 相关图纸、技术资料应归档保存。

金属非金属地下矿山紧急避险系统建设规范
（AQ 2033—2011）

前　言

本标准为强制性标准。

本标准用于规范金属非金属地下矿山紧急避险系统的建设、维护和管理。

本标准由国家安全生产监督管理总局提出。

本标准由全国安全生产标准化技术委员会非煤矿山安全分技术委员会（TC 288/CS 2）归口。

本标准起草单位：中煤科工集团重庆研究院、中国安全生产科学研究院、福建马坑矿业股份有限公司、龙岩龙安安全科技有限公司。

本标准主要起草人：张延松、秦文贵、牟声远、何学秋、梅国栋、姜益丰、汪金洋、朱丕凯、王者鹏、王东武、谢旭阳、李坤、杨志强。

本标准为首次发布。

1　范围

本标准规定了金属非金属地下矿山紧急避险系统的建设、维护和管理要求。

本标准不适用于与煤共生、伴生的金属非金属地下矿山。

2　规范性引用文件

下列文件对于本文件的应用是必不可少的。凡是注日期的引用文件，仅注日期的版本适用于本文件。凡是不注日期的引用文件，其最新版本（包括所有的修改单）适用于本文件。

　　GB 14161—2008　矿山安全标志

　　GB 16423　金属非金属矿山安全规程

3　术语和定义

3.1

紧急避险系统　emergency refuge system

在矿山井下发生灾变时，为避灾人员安全避险提供生命保障的由避灾路线、紧急避险设施、设备和措施组成的有机整体。

3.2

紧急避险设施　emergency refuge facility

在矿山井下发生灾变时，为避灾人员安全避险提供生命保障的密闭空间，具有安全防护、氧气供给、有毒有害气体处理、通讯、照明等基本功能，主要包括避灾硐室和救生舱。

3.3

自救器　self-rescuer

由入井人员随身携带、防止有毒有害气体中毒或缺氧窒息的一种呼吸保护器具。

4 建设要求

4.1 金属非金属地下矿山应建设完善紧急避险系统，并随井下生产系统的变化及时调整。紧急避险系统建设的内容包括：为入井人员提供自救器、建设紧急避险设施、合理设置避灾路线、科学制定应急预案等。

4.2 紧急避险应遵循"撤离优先，避险就近"的原则。

4.3 紧急避险系统应进行设计，并按照设计要求进行建设。

4.4 应为入井人员配备额定防护时间不少于 30 min 的自救器，并按入井总人数的 10% 配备备用自救器。

4.5 所有入井人员必须随身携带自救器。

4.6 在自救器额定防护时间内不能到达安全地点或及时升井时，避灾人员应就近撤到紧急避险设施内。

4.7 紧急避险设施的额定防护时间应不低于 96 h。

4.8 紧急避险系统的配套设备应符合相关标准的规定，救生舱及其他纳入安全标志管理的设备应取得矿用产品安全标志。

4.9 紧急避险系统建设完成，经验收合格后方可投入使用。

5 紧急避险系统设置

5.1 每个矿井至少要有两个独立的直达地面的安全出口，安全出口间距不小于 30 m；每个生产中段必须有至少两个便于行人的安全出口，并和通往地面的安全出口相通；每个采区必须有两个便于行人的安全出口，并经上、下巷道与通往地面的安全出口相通。安全出口设置的其他要求应符合 GB 16423 的要求。

5.2 应编制事故应急预案，制定各种灾害的避灾路线，绘制井下避灾线路图，并按照 GB 14161—2008 的规定，做好井下避灾路线的标识。井巷的所有分道口要有醒目的路标，注明其所在地点及通往地面出口的方向，并定期检查维护避灾路线，保持其通畅。

5.3 紧急避险设施的设置应遵守以下要求：
——水文地质条件中等及复杂或有透水风险的地下矿山，应至少在最低生产中段设置紧急避险设施；
——生产中段在地面最低安全出口以下垂直距离超过 300 m 的矿山，应在最低生产中段设置紧急避险设施；
——距中段安全出口实际距离超过 2 000 m 的生产中段，应设置紧急避险设施；
——应优先选择避灾硐室。

5.4 紧急避险设施的设置应满足本中段最多同时作业人员避灾需要，单个避灾硐室的额定人数不大于 100 人。

5.5 紧急避险设施应设置在围岩稳固、支护良好、靠近人员相对集中的地方，高于巷道底板 0.5 m 以上，前后 20 m 范围内应采用非可燃性材料支护。

5.6 紧急避险设施外应有清晰、醒目的标识牌，标识牌中应明确标注避灾硐室或救生舱的位置和规格。

5.7 在井下通往紧急避险设施的入口处,应设有"紧急避险设施"的反光显示标志。

5.8 矿山井下压风自救系统、供水施救系统、通信联络系统、供电系统的管道、线缆以及监测监控系统的视频监控设备应接入避灾硐室内。各种管线在接入避灾硐室时应采取密封等防护措施。

6 避灾硐室技术要求

6.1 避灾硐室净高应不低于 2 m,长度、深度根据同时避灾最多人数以及避灾硐室内配置的各种装备来确定,每人应有不低于 1.0 m^2 的有效使用面积。

6.2 避灾硐室进出口应有两道隔离门,隔离门应向外开启;避灾硐室的设防水头高度应在矿山设计中总体考虑。

6.3 避灾硐室内应具备对有毒有害气体的处理能力,室内环境参数应满足人员生存要求。

6.4 避灾硐室内的配备应包括:
——不少于额定人数的自救器;
——CO、CO_2、O_2、温度、湿度和大气压的检测报警装置;
——额定使用时间不少于 96 h 的备用电源;
——额定人数生存不低于 96 h 所需要的食品和饮用水;
——逃生用矿灯,数量不少于额定人数;
——空气净化及制氧或供氧装置;
——急救箱、工具箱、人体排泄物收集处理装置等设施设备。

6.5 避灾硐室内应有使用操作说明。

7 救生舱技术要求

7.1 救生舱应具备过渡舱结构,过渡舱的净容积应不小于 1.2 m^3,内设压缩空气幕、压气喷淋装置及单向排气阀。生存舱提供的有效生存空间应不小于每人 0.8 m^3,应设观察窗和不少于 2 个单向排气阀。

7.2 救生舱应具有足够的强度和气密性,并有生存参数检测报警装置。

7.3 救生舱应选用抗高温老化、无腐蚀性的环保材料。救生舱外体颜色在井下照明条件下应醒目,宜采用黄色或红色。

7.4 救生舱应配备在额定防护时间内额定人数生存所需要的氧气、食品、饮用水、急救箱、人体排泄物收集处理装置等,并具备空气净化功能,其环境参数应满足人员生存要求。

8 维护与管理

8.1 应指定人员负责紧急避险系统的日常检查与维护。

8.2 应定期对紧急避险系统进行巡视和检查,发现问题及时处理。

8.3 避灾硐室和救生舱配备的食品和急救药品,应保证在保存期或有效期内。

8.4 应对入井人员进行紧急避险设施使用和紧急情况下逃生避灾的培训,确保每位入井人员均能正确使用紧急避险设施和选择正确的避灾线路逃生。

8.5 图纸、技术资料应归档保存。

(3)非煤矿山安全管理

金属非金属矿山主要负责人安全生产培训大纲(AQ 2008—2006)

前　言

本标准是依据国家有关安全生产法律法规对安全生产培训的规定,在充分考虑我国金属非金属矿山安全生产培训以及人员素质现状的基础上编制而成。

制定本标准的目的是为了规范金属非金属矿山主要负责人的安全生产培训工作,提高金属非金属矿山主要负责人的安全生产管理能力,促进矿山安全生产。

本标准由国家安全生产监督管理总局提出。

本标准由全国安全生产标准化技术委员会归口。

本标准起草单位:中钢集团武汉安全环保研究院。

本标准主要起草人:王红汉、周焕明、张兴前、袁源、李永红、高泉。

1　范围

本标准规定了金属非金属矿山主要负责人安全生产培训的要求,培训以及再培训的内容和学时安排。

本标准适用于从事金属非金属矿开采的企业主要负责人的安全生产培训。

从事金属非金属矿地质勘探、采掘施工、尾矿库运营管理的企业,以及开采河砂、砖瓦黏土、水气矿产的企业主要负责人的安全生产培训可参照本标准执行。

本标准不适用于开采煤系硫铁矿以及与煤共生、伴生矿床的矿山主要负责人的安全生产培训。

2　术语和定义

下列术语和定义适用于本标准。

2.1
金属非金属矿山　metal-nonmetal mine

开采金属矿石、放射性矿石以及作为化工原料、建筑材料、辅助原料、耐火材料及其他非金属矿物(煤炭除外)的矿山。

2.2
金属非金属矿山主要负责人　chief principal in metal-nonmetal mine

从事金属非金属矿开采的企业董事长、总经理、矿务局局长和矿长(含实际控制人)。

2.3
小型露天采石场　small quarry

年采剥总量不超过50万t,最大开采高度不超过50 m的山坡型露天采石作业单位。

3　培训要求

3.1 金属非金属矿山主要负责人必须按照本标准的要求接受安全生产培训,具备与所从事的生产经营活动相适应的安全生产知识和安全生产管理能力。

3.2 金属非金属矿山主要负责人的安全生产培训应按照小型露天采石场、露天矿山、地下矿山三类分别进行。

3.3 培训应当按照有关安全生产培训的规定组织进行。

3.4 培训应坚持理论与实际相结合,采用多种有效的培训方式,加强案例教学,适当安排现场教学;注重对主要负责人职业道德、安全法律意识、安全技术理论和安全生产管理能力的综合培养。

对小型露天采石场的主要负责人应加强基础知识和基本理论的培训。

4 培训内容

4.1 安全生产法律法规与安全生产管理

4.1.1 安全生产形势
——我国安全生产形势,矿山安全生产形势以及矿山安全生产的特点;
——国内外有关矿山安全生产状况及经验。

4.1.2 安全生产法律法规
——我国安全生产方针;
——安全生产法律法规体系及安全生产基本法律制度;
——采矿业准入制度:采矿许可,安全生产许可,主要负责人安全资格许可,新、改、扩建工程(项目)职业安全卫生"三同时"审查。

4.1.3 安全生产管理
——矿山安全管理的意义、任务及基本内容;
——我国安全生产监管体制;
——安全管理机构的设置及人员配置要求;
——安全生产责任体系、主要负责人安全生产职责;
——矿山主要安全生产管理制度;
——现代安全管理技术知识理论。对于露天矿山和地下矿山,培训内容还包括:安全目标管理、危险因素辨识与安全评价、职业健康安全管理体系、安全文化、安全生产标准化;对于小型露天采石场,培训内容还包括安全目标管理、安全生产标准化。

4.2 矿山开采安全技术

4.2.1 矿山地质与安全
——矿岩的物理力学性质及其对矿山安全生产的影响;
——地质构造、水文地质及其对矿山安全生产的影响;
——矿山地质环境与地质灾害;
——矿山开采对矿山地质工程工作的要求。

对于小型露天采石场,培训内容还包括矿山地质的基本概念,包括:矿物、岩石、矿床、褶皱、裂隙、断层。

4.2.2 露天开采安全
——露天开采的基本安全生产条件;

——露天开采的基本概念,露天采场及台阶的构成及安全技术要求;
——露天开采开拓方式,各种开拓方式的特点及适用条件;
——露天开采工艺特点及一般安全要求,穿孔、铲装、运输作业安全管理要求;
——露天矿山防尘防毒、防排水与防灭火管理要求;
——边坡管理要求,边坡破坏的类型、破坏机理,影响边坡稳定的因素以及边坡稳定性监测、加固技术;
——露天矿山常见事故的原因及预防措施。

对于小型露天采石场,培训内容还包括:露天矿山制图及识图知识。

对于其他露天矿山,培训内容还包括:露天开采境界及剥采比对露天矿山安全生产的影响,露天开采境界及剥采比的确定方法。

4.2.3 地下开采安全
——地下矿山开采的基本安全生产条件;
——矿井开采顺序,开拓方式及其适用条件;
——井巷施工、支护与维护安全要求;
——常用采矿方法分类及其适用条件,回采和顶板控制安全管理要求;
——矿山地压管理,顶板灾害致因及防治;
——提升与运输安全管理要求;
——矿井通风防尘安全管理要求;
——矿井防排水与防灭火管理要求;
——地下矿山常见事故的原因及预防措施。

4.2.4 矿山爆破安全
——矿用炸药、常用起爆器材的性能、检验方法及安全要求;
——起爆方法及其安全措施;
——露天或地下爆破方法,爆破参数的确定,炮孔的布置方式;
——爆破作业安全管理要求,处理爆破事故的方法;
——爆破有害效应的控制措施;
——爆破器材储存、运输、使用、销毁的安全管理规定;
——常见爆破事故的原因及其预防措施。

4.2.5 矿山机电安全
——矿山电气安全措施以及电气事故的原因及预防措施;
——矿山机械安全管理和矿山机械常见事故的原因及预防措施。

4.2.6 排土(废石)场与尾矿库安全
——排土场安全管理:排土(废石)场场址的选择,生产运行的安全要求,排土场常见事故的原因及预防措施;
——尾矿库安全:尾矿库库址选择,尾矿库运行、防洪安全管理要求,尾矿库常见事故的原因及预防措施。

对于小型露天采石场,可不培训尾矿库安全知识。

4.3 矿山职业卫生与矿山事故应急管理
4.3.1 矿山职业卫生

——我国职业卫生管理体系；
——矿山职业危害的种类、来源、危害及其允许标准；
——矿山职业危害管理、监测及其预防；
——矿山职工卫生监护的基本要求。

4.3.2 矿山事故应急管理
——我国矿山事故应急体系；
——矿山救护队的任务、组织和作用；
——矿山事故应急准备、应急预案的内容，矿山事故预警、应急响应、应急保障、应急评审和改进要求；
——矿山事故紧急处置要点；
——矿山常用应急救援装备。

4.4 安全生产管理能力与事故案例分析
4.4.1 安全生产管理能力
——贯彻执行国家安全生产方针、政策和法律、法规、标准、规范的程序和要点；
——组织矿山安全生产的程序、方法和内容；
——组织制定并实施安全生产管理规章制度和安全生产操作规程的程序和要点；
——组织安全检查和隐患整改的基本程序和要点；
——安全生产技术措施经费的管理及使用要点；
——制定、实施事故应急预案的程序和要求；
——组织、指挥矿山事故抢险救灾工作的方法和要求；
——伤亡事故调查处理的程序和方法。

4.4.2 典型事故案例分析与讨论。

5 再培训要求与内容

5.1 再培训要求
凡已取得安全生产资格证的主要负责人，若继续从事原岗位的工作，在资格证书有效期内，每年应进行一次再培训。再培训的内容按本标准5.2的要求进行。

5.2 再培训内容
——有关安全生产方面的新的法律、法规、国家标准、行业标准、规程和规范；
——有关采矿业的新技术、新工艺、新设备和新材料及其安全技术要求；
——国内外矿山安全生产管理先进经验；
——矿山典型事故案例。

6 学时安排

6.1 矿山主要负责人的培训时间，露天矿山和小型露天采石场不少于48学时（每天按6学时计，下同）；地下矿山不少于54学时，具体培训学时应符合表1的规定。现场教学应根据实际情况安排，不得少于3个学时。

6.2 安全生产管理能力部分的内容可与安全生产管理部分合并讲授，事故案例分析与讨论可穿插到其他各部分。

6.3 小型露天采石场、露天矿山、地下矿山的再培训时间不少于16学时。

表1 金属非金属矿山主要负责人培训课时安排

项 目		培 训 内 容	学 时		
			小型露天采石场	露天矿山	地下矿山
培训	第一单元	安全生产形势	2	2	2
		矿山安全生产法律法规	3	3	3
		安全生产管理	4	4	4
		小计	9	9	9
	第二单元	矿山地质安全	3	3	3
		露天或地下开采安全(小型露天采石场含排土场)	12	9	12
		矿山爆破安全	6	6	6
		矿山机电安全	3	3	3
		排土场与尾矿库安全		3	3
		小计	24	24	27
	第三单元	矿山职业卫生	3	3	6
		矿山事故应急管理	3	3	3
		小计	6	6	9
	第四单元	安全生产管理能力与典型事故案例分析	6	6	6
	复习		1	1	1
	考试		2	2	2
	合计		48	48	54
再培训	有关安全生产的新的法律、法规、国家标准、行业标准、规程和规范 有关采矿业新技术、新工艺、新设备及其安全技术要求 矿山安全生产管理先进经验 矿山典型事故案例分析与讨论		12	12	12
	复习		2	2	2
	考试		2	2	2

金属非金属矿山主要负责人安全生产考核标准
（AQ 2009—2006）

前　言

本标准是依据国家有关安全生产法律法规对安全生产培训考核的规定，在充分考虑我国金属非金属矿山安全生产培训以及人员素质现状的基础上编制而成。

制定本标准的目的是为了规范金属非金属矿山主要负责人安全生产考核工作，提高金属非金属矿山主要负责人安全生产管理能力，促进矿山安全生产。

本标准由国家安全生产监督管理总局提出。

本标准由全国安全生产标准化技术委员会归口。

本标准起草单位：中钢集团武汉安全环保研究院。

本标准主要起草人：王红汉、向维、吴国珉、周焕明、张兴前、袁源、李永红、高泉。

1　范围

本标准规定了金属非金属矿山主要负责人安全生产考核办法、内容，以及再培训考核的要求和内容。

本标准适用于从事金属非金属矿开采的企业主要负责人的安全生产资格考核。

从事金属非金属矿地质勘探、采掘施工、尾矿库运营管理的企业，以及开采河砂、砖瓦黏土、水气矿产的企业主要负责人的安全生产资格考核可参照本标准执行。

本标准不适用于开采煤系硫铁矿以及与煤共生、伴生矿床的矿山企业的主要负责人的安全生产资格考核。

2　术语和定义

下列术语和定义适用于本标准。

2.1

金属非金属矿山　metal-nonmetal mine

开采金属矿石、放射性矿石以及作为化工原料、建筑材料、辅助原料、耐火材料及其他非金属矿物（煤炭除外）的矿山。

2.2

金属非金属矿山主要负责人　chief principal in metal-nonmetal mine

从事金属、非金属矿开采的企业董事长、总经理、矿务局局长和矿长（含实际控制人）。

2.3

小型露天采石场　small quarry

年采剥总量不超过 50 万 t，最大开采高度不超过 50 m 的山坡型露天采石作业单位。

3　考核办法

3.1　金属非金属矿山主要负责人的安全生产考核应按小型露天采石场、露天矿山和地下矿山三类分别考核。

3.2 考核内容分为安全生产法律法规与安全生产管理知识、安全生产技术和安全生产管理能力三部分。

安全生产法律法规与安全生产管理知识考核的内容应符合本标准4.1规定的范围,安全生产技术考核的内容应符合本标准4.2、4.3规定的范围,安全生产管理能力考核的内容应符合本标准4.4规定的范围。

考核采用笔试考试,满分为100分,其中安全生产法律法规与安全生产管理知识占总分的30%,安全生产技术占50%,安全生产管理能力占20%,考试题应有事故案例分析。小型露天采石场应注重安全生产基础知识的考核。考试时间为120 min,60分以上为合格。

考试不及格者,允许补考一次;补考仍不及格者需重新培训考核。

3.3 考核要点的深度分为了解、熟悉和掌握三个层次,三个层次由低到高,高层次的要求包含低层次的内容。

了解:能正确理解本标准所列知识的含义、内容并能够应用。

熟悉:对本标准所列知识有较深的认识,能够分析、解释并应用相关知识解决问题。

掌握:对本标准所列知识有全面、深刻的认识,能够综合分析、解决较为复杂的相关问题。

4 考核要点

4.1 矿山安全生产法律法规与安全生产管理

4.1.1 安全生产形势考核要点

——了解我国安全生产形势;
——了解我国金属非金属矿山事故的特点。

4.1.2 矿山安全生产法律法规考核要点

——熟悉我国安全生产方针;
——了解矿山安全生产法律法规体系和安全生产基本法律制度;
——掌握国家有关采矿业准入制度;
——熟悉有关矿山建设项目职业安全卫生"三同时"的要求;
——熟悉从业人员安全生产的权利与义务。

4.1.3 安全生产管理考核要点

——了解矿山安全管理工作的意义、任务和基本内容;
——了解我国安全生产监管体制,矿山安全监管人员的权力;
——熟悉安全管理机构的设置和人员配备要求;
——掌握安全技术措施经费的提取和管理;
——掌握矿山主要安全管理制度以及主要负责人的安全生产职责;

对于露天矿山和地下矿山,考核要点还包括:了解现代安全管理方法,包括安全目标管理、危险辨识与安全评价、职业健康安全管理体系、安全文化、安全生产标准化。

对于小型露天采石场,考核内容还包括:安全目标管理、安全生产标准化。

4.2 矿山开采安全技术

4.2.1 矿山地质安全考核要点

——熟悉地质构造、水文地质、地质环境和矿岩物理力学性质对矿山安全生产的影响；
——了解矿山开采对矿山地质工程以及矿图的要求。

对于小型露天采石场,考核要点还包括：了解矿山地质的基本概念,包括矿物、岩石、矿床、褶皱、裂隙、断裂。

4.2.2 露天开采安全考核要点

——熟悉露天开采的基本安全生产条件；
——掌握露天采场及台阶的构成及安全技术要求；
——熟悉露天矿山开采顺序、开拓方式及其特点；
——掌握露天矿山开采工艺特点及其安全管理要求；
——了解边坡破坏的类型、破坏机理、影响边坡稳定的因素以及滑坡防治技术；
——掌握边坡日常安全管理要求；
——了解露天矿山防排水与防灭火要求；
——掌握露天矿山常见事故的原因及预防措施。

对于小型露天采石场,考核要点还包括：掌握地质地形图、采场工程平面布置图和采场剖面图等的制图识图的方法和要点。

对于其他露天矿山,考核要点还包括：
——了解露天开采境界及剥采比对露天矿山安全生产的影响；
——熟悉合理的开采境界和采剥比的确定方法。

4.2.3 地下开采安全考核要点

——熟悉地下矿山开采的基本安全生产条件；
——熟悉地下矿山开采顺序、开拓方式及其适用条件；
——掌握井巷施工、支护与维护的安全管理要求；
——熟悉常用的采矿方法及其适用条件,掌握回采和顶板控制安全管理要求；
——了解矿山地压形成机理,熟悉地压管理要求,掌握采空区处理方法；
——熟悉地下矿山的提升、运输的安全管理要求；
——熟悉矿井安全生产对通风防尘的安全管理要求；
——了解矿井安全生产对防排水、防灭火的安全管理要求；
——掌握地下矿山常见事故的原因及预防措施,包括冒顶片帮、透水、中毒窒息、溜井堵塞、火灾、坠井和地表塌陷等事故。

4.2.4 矿山爆破安全考核要点

——了解矿用炸药和常用起爆器材的性能、检验方法及安全要求；
——熟悉常用起爆方法的安全要求；
——掌握露天或地下矿山爆破方法和爆破参数的确定及炮眼的布置；
——掌握矿山爆破作业的安全管理要求,拒爆处理方法；
——掌握爆破有害效应的控制措施；
——了解爆破器材使用、储存、运输和销毁的安全管理要求；
——熟悉矿山常见爆破事故的原因及预防措施,以及次生、衍生事故的预防措施。

4.2.5 矿山机电安全考核要点

——了解矿山供电、电气安全技术以及电气作业安全措施；

——了解触电、漏电、电气火灾等事故的原因及预防措施；
——了解矿山机械的安全管理要求；
——了解矿山机械常见事故的原因及预防措施。

4.2.6 排土（废石）场与尾矿库安全考核要点

——了解排土场（废石场）选址的要求，熟悉排土场安全管理要求，以及排土场常见事故的原因及预防措施；
——熟悉尾矿库安全管理要求，包括尾矿库选址要求，尾矿库等别、安全度确定方法，尾矿库防洪、生产运行、闭库的安全管理要求；
——熟悉尾矿库常见事故的原因及预防措施。

对于小型露天采石场，可不考核尾矿库安全知识。

4.3 矿山职业卫生和事故应急管理

4.3.1 矿山职业卫生考核要点

——了解我国职业卫生管理体制；
——熟悉矿山职业危害因素的种类、来源、危害及允许标准；
——熟悉矿山职业危害的管理、监测及防治要求；
——了解矿山职工卫生监护的基本要求。

4.3.2 矿山事故应急管理考核要点

——了解国家矿山事故应急救援体系；
——了解矿山救护队的任务、组织和作用；
——熟悉矿山事故应急准备、应急预案的内容，掌握矿山事故预警、应急响应程序和要求；了解应急保障、应急评审和改进要求；
——掌握矿山事故紧急处置要点，包括坠罐、冒顶片帮、透水、矿井火灾、爆炸、中毒窒息、边坡坍塌、尾矿库溃坝、矿山地质灾害等事故的紧急处置要点；
——了解矿山常用应急救援装备要求。

4.4 安全生产管理能力与事故案例分析

4.4.1 安全生产管理能力考核要点

——熟悉贯彻执行国家安全生产方针、政策和安全生产法律、法规、标准、规范的程序和要点；
——掌握组织矿山安全生产管理的方法、程序和内容；
——熟悉组织制定并实施安全管理规章制度和技术操作规程的程序和要点；
——掌握组织安全检查和事故隐患整改的程序和要点；
——熟悉安全生产技术措施经费的管理及使用要点；
——熟悉组织编制矿山事故应急预案的程序和实施要求；
——掌握制定事故应急预案的程序和要求；
——掌握组织、指挥矿山事故抢险救灾工作的方法和要求；
——熟悉伤亡事故调查的程序和要求。

4.4.2 事故案例分析

——熟悉分析伤亡事故发生的原因及防止同类事故的预防措施。

5 再培训考核要求与内容

5.1 再培训考核要求

对已取得安全生产资格证的主要负责人,在证书有效期内,每年再培训完毕都应进行考核,考核内容按本标准 5.2 的要求进行,并将考核结果在安全生产资格证书上做好记载。

5.2 再培训考核要点

——熟悉有关安全生产方面的新的法律、法规、国家标准、行业标准、规程和规范;
——了解有关矿山生产的新技术、新工艺、新产品和新材料及其安全技术要求;
——了解矿山安全生产管理先进经验;
——熟悉矿山各类典型事故发生的原因,避免同类事故发生的对策和防范措施。

金属非金属矿山安全生产管理人员安全生产培训大纲（AQ 2010—2006）

前　言

本标准是依据国家有关安全生产法律法规对安全生产培训的规定，在充分考虑我国金属非金属矿山安全生产培训以及人员素质现状的基础上编制而成。

制定本标准的目的是为了规范金属非金属矿山安全生产管理人员安全生产培训工作，提高金属非金属矿山安全生产管理人员安全生产管理能力，促进矿山安全生产。

本标准由国家安全生产监督管理总局提出。

本标准由全国安全生产标准化技术委员会归口。

本标准起草单位：中钢集团武汉安全环保研究院。

本标准主要起草人：王红汉、吴国珉、周焕明、袁源、李永红、高泉。

1　范围

本标准规定了金属非金属矿山企业的安全生产管理人员安全生产培训的要求，培训以及再培训的内容和学时安排。

本标准适用于从事金属非金属矿开采的企业安全生产管理人员的安全生产培训。

从事金属非金属矿地质勘探、采掘施工、尾矿库运营管理的企业，以及开采河砂、砖瓦黏土、水气矿产的企业安全生产管理人员的安全生产培训可参照本标准执行。

本标准不适用于开采煤系硫铁矿以及与煤共生、伴生的矿床的矿山的安全生产管理人员的安全生产培训。

2　术语和定义

下列术语和定义适用于本标准。

2.1

金属非金属矿山　metal-nonmetal mine

开采金属矿石、放射性矿石以及作为化工原料、建筑材料、辅助原料、耐火材料及其他非金属矿物（煤炭除外）的矿山。

2.2

金属非金属矿山安全生产管理人员　safety manager in metal-nonmetal mine

金属非金属矿山企业中分管安全生产的负责人、安全生产管理机构负责人及其管理人员，以及未设安全生产管理机构的矿山企业的专职安全生产管理人员。

2.3

小型露天采石场　small quarry

年采剥总量在50万t以下，最大开采高度不超过50 m的山坡型露天采石作业单位。

3 培训要求

3.1 金属非金属矿山安全生产管理人员必须按照本标准的要求接受安全生产培训,具备与所从事的生产经营活动相适应的安全生产知识和安全生产管理能力。

3.2 金属非金属矿山安全生产管理人员的安全生产培训应按照小型露天采石场、露天矿山、地下矿山三类分别进行。

3.3 培训应当按照有关安全生产培训的规定组织进行。

3.4 培训工作应坚持理论与实际相结合,采用多种有效的培训方式,加强案例教学,适当安排现场教学;注重对安全生产管理人员职业道德、安全法律意识、安全技术理论和安全生产管理能力的综合培养。

4 培训内容

4.1 矿山安全生产法律法规与安全生产管理

4.1.1 安全生产形势
——我国安全生产形势、矿山安全生产形势以及矿山安全生产的特点;
——国内外有关矿山安全生产状况及经验。

4.1.2 矿山安全生产法律法规
——我国安全生产方针;
——安全生产法律法规体系及基本安全生产法律制度。

4.1.3 安全生产管理
——安全生产管理的意义、任务与基本内容;
——我国安全生产监管体制;
——安全生产法律法规规定的安全生产管理制度,包括安全生产责任制和安全生产责任体系,安全检查制度,安全教育培训制度,职业安全卫生措施计划制度,重大危险源监控和重大隐患整改制度,伤亡事故管理制度,职业危害预防制度,安全生产许可制度,职业安全卫生"三同时"管理制度,安全生产风险抵押金制度,安全评价制度,工伤保险制度,劳动防护用品发放和使用制度,设备安全管理制度,安全生产档案管理制度,安全生产奖惩制度;
——现代安全管理理论与技术。对于露天矿山和地下矿山。培训内容应包括:安全目标管理、危险因素辨识和安全评价方法、职业健康安全管理体系、安全文化、安全生产标准化等;对于小型露天采石场,培训内容应包括:安全目标管理和安全生产标准化,以及危险因素辨识与安全评价、职业健康安全管理体系、安全文化等的基本概念。

4.2 矿山开采安全技术

4.2.1 矿山地质安全
——矿床地质构造、工程地质与水文地质、矿岩的物理力学性质、矿山地质环境对矿山安全生产的影响。

4.2.2 露天开采安全
——露天开采的基本安全生产条件;

——露天矿山台阶、边坡安全技术要求及检查要点；
——露天开采方式与采剥工艺安全要求，包括穿孔、采装、运输、排卸及辅助作业的安全管理要求与检查要点；
——露天矿山边坡管理，边坡破坏的类型、预兆、影响边坡稳定性的因素及防治措施，安全管理及检查要点；
——露天矿山对防尘、防排水和防灭火的安全管理要求及检查要点；
——露天矿山常见事故的种类、原因及预防措施。

4.2.3 地下开采安全
——地下开采的基本安全生产条件；
——井巷工程掘进施工、支护与维护安全要求及检查要点；
——常用采矿方法及其回采工艺的安全要求及检查要点；
——矿山地压管理，顶帮灾害防治的安全检查要点，采空区处理安全要求；
——运输与提升安全管理要求及检查要点；
——矿井通风安全管理要求与检查要点；
——矿井防排水与防灭火安全管理要求及检查要点；
——地下矿山常见事故的种类、原因及预防措施。

4.2.4 矿山爆破安全
——矿山炸药、常用爆破器材及起爆方法的安全管理要求与安全检查要点；
——露天矿山和地下矿山爆破作业安全管理要求及安全检查要点，包括钻孔、装药、警戒、起爆、爆后检查、残爆、拒爆处理等的安全要求；
——爆破有害效应及爆破安全范围的圈定；
——爆破器材储存、运输、使用、销毁的安全要求及检查要点；
——矿山常见爆破事故的类别、原因及预防措施。

4.2.5 矿山机电安全
——矿山电气安全措施以及电气事故的原因及预防措施；
——矿山机械安全管理和矿山机械常见事故的原因及预防措施。

4.2.6 排土（废石）场与尾矿库安全管理
——排土（废石）场作业安全管理要求及检查要点，排土场泥石流、滑坡、滚石等事故的原因及预防措施；
——尾矿库安全管理要求及检查要点，包括尾矿库等别、安全度的确定方法，尾矿库生产运行管理、防排洪、闭库的安全要求，尾矿库常见病害及防治措施。

对于小型露天采石场，可不培训尾矿库安全知识。

4.3 矿山职业卫生与矿山事故应急管理

4.3.1 矿山职业卫生
——我国现行职业卫生管理体制；
——矿山职业危害的种类、来源、危害及其允许标准；
——矿山职业危害管理、监测及其预防；
——矿山职工卫生监护的基本要求。

4.3.2 矿山事故应急管理

——我国矿山事故应急救援体系；
——矿山救护队的任务、组织和作用；
——矿山事故应急准备、应急计划的内容，以及事故预警、应急响应程序、应急保障、应急评审和改进要求；
——矿山事故紧急处置要点，包括坠罐、冒顶片帮、透水、矿井火灾、爆炸、中毒窒息、边坡坍塌、尾矿库溃坝、地质灾害等事故的紧急处置要点；
——现场急救技术，包括创伤、触电、中毒窒息、溺水、烧伤急救和伤员的运送等技术；
——矿山常用应急救援装备。

4.4 安全生产管理技能及事故案例分析
4.4.1 安全生产管理能力
——贯彻执行国家安全生产方针、政策和安全生产法律、法规、标准、规范的程序和要求；
——建立安全管理网络，制定与实施安全管理规章制度和安全技术操作规程的程序和要求；
——组织审定安全操作规程的程序和要求；
——组织安全检查和隐患整改的程序、依据、内容和方法；
——掌握开展安全教育培训的程序和要求，包括：制定安全教育培训计划、各类人员培训、考核的要求；
——有关新、改、扩建工程的安全设施设计审查、竣工验收工作的程序和要求；
——职业安全卫生措施计划的报告、统计、审批、实施、验收要求，安全生产技术措施经费的使用要求；
——安全生产责任制、安全生产目标的考核方法；
——编制矿山事故应急预案的要求，参与矿山事故抢险救灾工作的程序；
——掌握伤亡事故调查处理的基本程序，伤亡事故统计、报告与调查处理。

4.4.2 典型事故案例分析与讨论。

5 再培训要求与内容

5.1 再培训要求
凡已取得安全生产资格证的安全生产管理人员，若继续从事原岗位的工作，在资格证书有效期内，每年应进行一次再培训。再培训的内容按本标准5.2的要求进行。

5.2 再培训内容
——有关安全生产方面的新的法律、法规、国家标准、行业标准、规程和规范；
——有关采矿业的新技术、新工艺、新设备和新材料及其安全技术要求；
——矿山安全生产管理先进经验；
——矿山典型事故案例分析与讨论。

6 学时安排

6.1 矿山安全生产管理人员的培训时间，小型露天采石场和露天矿山不少于48学时（一天按6学时计，下同）；地下矿山不少于54学时，具体培训学时应符合表1的规定。现场教学应根据实际情况安排,不得少于3个学时。
6.2 安全生产管理能力部分的内容可与安全生产管理部分合并讲授,事故案例分析与讨论可穿插到其他各部分。
6.3 小型露天采石场、露天矿山、地下矿山的再培训时间不少于16学时。

表1 金属非金属矿山安全生产管理人员培训课时安排

项 目		培 训 内 容	学 时		
			小型露天采石场	露天矿山	地下矿山
培训	第一单元	安全生产形势	2	2	2
		矿山安全生产法律法规	4	4	4
		安全生产管理	6	6	6
		小计	12	12	12
	第二单元	矿山地质安全	3	3	3
		露天或地下开采安全(小型露天采石场含排土场)	9	8	11
		矿山爆破安全	6	4	4
		矿山机电安全	3	3	3
		排土场与尾矿库安全	0	3	3
		小计	21	21	24
	第三单元	矿山职业卫生	3	3	6
		矿山事故应急管理	3	3	3
		小计	6	6	9
	第四单元	安全生产管理能力与事故案例分析	6	6	6
	复习		1	1	1
	考试		2	2	2
	合计		48	48	54
再培训	有关安全生产方面的新的法律、法规、国家标准、行业标准规范和规程 有关采矿业新技术、新工艺、新设备及其安全技术要求 矿山安全生产管理先进经验 矿山典型事故案例分析与讨论		12	12	12
	复习		2	2	2
	考试		2	2	2

金属非金属矿山安全生产管理人员安全生产考核标准（AQ 2011—2006）

前　言

本标准是依据国家有关法律法规对安全生产培训的规定，在充分考虑我国金属非金属矿山安全生产培训以及人员素质现状的基础上编制而成。

制定本标准的目的是为了规范金属非金属矿山安全生产管理人员安全生产考核工作，提高金属非金属矿山安全生产管理人员的安全生产管理能力素质，促进矿山安全生产。

本标准由国家安全生产监督管理总局提出。

本标准由全国安全生产标准化技术委员会非煤矿山安全分技术委员会归口。

本标准起草单位：中钢集团武汉安全环保研究院。

本标准主要起草人：王红汉、向维、吴国珉、周焕明、张兴前、袁源、李永红、高泉。

1　范围

本标准规定了金属非金属矿山安全生产管理人员的安全生产考核办法、内容，以及再培训考核的要求与内容。

本标准适用于从事金属非金属矿开采的企业的安全生产管理人员的安全生产资格考核。

从事金属非金属矿地质勘探、采掘施工、尾矿库运营管理的企业，以及开采河砂、砖瓦黏土、水气矿产的企业的安全生产管理人员的安全生产资格考核可参照本标准执行。

本标准不适用于开采煤系硫铁矿以及与煤共生、伴生的矿床的矿山企业安全生产管理人员的安全生产资格考核。

2　术语和定义

下列术语和定义适用于本标准。

2.1

金属非金属矿山　metal-nonmetal mine

开采金属矿石、放射性矿石以及作为化工原料、建筑材料、辅助原料、耐火材料及其他非金属矿物（煤炭除外）的矿山。

2.2

金属非金属矿山安全生产管理人员　safety manager in metal-nonmetal mine

金属非金属矿山企业内分管安全生产的负责人、安全生产管理机构负责人及其管理人员，以及未设安全生产管理机构的矿山企业的专职安全生产管理人员等。

2.3

小型露天采石场　small quarry

年采剥总量不超过 50 万 t，最大开采高度不超过 50 m 的山坡型露天采石作业单位。

3 考核办法

3.1 金属非金属矿山安全生产管理人员应接受专门的安全生产培训,经安全生产监督管理部门对其安全生产知识和安全生产管理能力考核合格,取得安全生产资格证书后,方可任职。

3.2 金属非金属矿山安全生产管理人员的安全生产考核应按小型露天采石场、露天矿山和地下矿山三类分别考核。

3.3 考核内容分为安全生产法律法规与安全生产管理知识、安全生产技术和安全生产管理能力三部分。

安全生产法律法规与安全生产管理知识考核的内容应符合本标准 4.1 规定的范围,安全生产技术考核的内容应符合本标准 4.2、4.3 规定的范围,安全生产管理能力考核的内容应符合本标准 4.4 规定的范围。

考核采用笔试考试,满分为 100 分,其中安全生产法律法规与安全生产管理知识占总分的 30%,安全生产技术占 50%,安全生产管理能力占 20%。考试题应有事故案例分析。小型露天采石场应注重安全生产基础知识的考核。考试时间为 120 min,60 分以上为及格。

考试不及格者,允许补考一次;补考仍不及格者需重新培训考核。

3.4 考核要点的深度分为了解、熟悉和掌握三个层次,三个层次由低到高,高层次的要求包含低层次的要求。

了解:能正确理解本标准所列知识的含义、内容并能够应用。

熟悉:对本标准所列知识有较深的认识,能够分析、解释并应用相关知识解决问题。

掌握:对本标准所列知识有全面、深刻的认识,能够综合分析、解决较为复杂的相关问题。

4 考核要点

4.1 矿山安全生产法律法规与安全生产管理

4.1.1 安全生产形势考核要点:
——了解我国金属非金属矿山事故的特点。

4.1.2 矿山安全生产法律法规考核要点:
——熟悉我国安全生产方针;
——了解我国安全生产法律法规体系和安全生产基本法律制度;
——熟悉《安全生产法》《矿山安全法》《金属非金属矿山安全规程》和《爆破安全规程》等;
——熟悉从业人员的安全生产权利与义务。

4.1.3 安全生产管理考核要点:
——了解矿山安全管理工作的意义、任务和基本内容;
——了解国家安全生产监管体制;
——掌握下列安全管理制度:安全生产责任制和安全生产责任体系,以及安全生产管理人员的安全生产职责,安全检查制度,安全教育培训制度,职业安全卫生措施计划制度,重大危险源监控和重大隐患整改制度,安全生产事故管理制度;

——熟悉下列安全管理制度:安全生产许可证制度,职业安全卫生"三同时"管理制度,安全评价制度,安全生产风险抵押金制度,工伤保险制度,职业危害预防制度,劳动防护用品发放和使用制度,设备安全管理制度,安全生产档案管理制度,安全生产奖惩制度。

对露天矿山和地下矿山,考核要点还包括:熟悉现代安全管理理论和技术,即安全目标管理、危险辨识与安全评价、职业健康安全管理体系、安全文化、安全生产标准化等。

对小型露天采石场,考核要点还包括:了解安全目标管理和安全生产标准化,了解危险辨识与安全评价、职业健康安全管理体系、安全文化等的基本概念。

4.2 矿山开采安全技术

4.2.1 矿山地质安全考核要点:
——了解矿山地质条件和矿岩物理力学性质对矿山安全生产的影响。

4.2.2 露天开采安全考核要点:
——熟悉露天开采的基本安全生产条件;
——熟悉露天矿山台阶及边坡的构成安全技术要求;
——了解露天开采方式及采剥工艺安全要求,包括穿孔、采装、运输、排卸以及辅助作业的安全管理要求及检查要点;
——了解边坡破坏的类型、影响边坡稳定性的因素以及滑坡防治技术,掌握边坡日常安全管理要求;
——了解露天矿山防尘、防排水、防灭火的安全管理要求及检查要点;
——掌握露天矿山常见事故的类别、原因及预防措施。

4.2.3 地下开采安全考核要点:
——熟悉地下开采的基本安全生产条件;
——掌握常用的井巷工程施工、支护、维护的安全管理要求及检查要点;
——熟悉常用的采矿方法及回采工艺的安全管理要求及检查要点;
——了解矿山地压形成机理,采空区处理方法,掌握矿山地压管理及检查要点;
——掌握地下矿山的提升、运输的安全检查重点;
——了解矿井通风方式、通风系统和通风构筑物,掌握矿井通风的安全管理要求及通风设施、局部通风的安全检查重点;
——熟悉矿井防排水及内、外因火灾防治安全要求及检查要点;
——掌握地下矿山常见事故的类别、原因及预防措施。

4.2.4 矿山爆破安全考核要点:
——了解矿用炸药、常用起爆器材、起爆方法的安全要求;
——掌握露天矿山或地下矿山爆破作业的安全管理要求及检查要点;
——熟悉爆破有害效应及爆破安全范围的圈定方法;
——了解爆破器材使用、储存、运输和销毁的安全管理要求;
——掌握矿山常见爆破事故的类别、原因及预防措施,以及次生、衍生事故的预防措施。

4.2.5 矿山机电安全考核要点:
——了解矿山电气安全技术和电气作业安全措施;
——熟悉触电、漏电、电气火灾等事故的原因及预防措施;

——了解矿山机械的安全管理要求；
——熟悉矿山常用机械的常见事故的原因及预防措施。

4.2.6 排土（废石）场与尾矿库安全考核要点：
——了解排土（废石）场生产运行安全管理要求；
——熟悉排土（废石）场安全检查要求以及常见事故的类别、原因及预防措施；
——了解尾矿库安全管理要求，包括尾矿库的等别、安全度的确定方法，防洪、运行、闭库的安全管理要求；
——熟悉尾矿库安全检查要点以及常见病害及其防治措施；
对小型露天采石场，可不考核尾矿库安全知识。

4.3 矿山职业卫生与矿山事故应急管理

4.3.1 矿山职业卫生考核要点：
——了解我国现行职业卫生管理体制；
——掌握矿山职业危害因素的种类、危害、允许标准及防治措施；
——熟悉矿山职业危害的管理、监测及防治要求；
——了解矿山职工卫生监护的基本要求。

4.3.2 矿山事故应急管理考核要点：
——了解我国矿山事故应急体系；
——了解矿山救护队的任务、组织和作用；
——熟悉矿山事故应急准备、应急计划的内容，以及事故预警、应急响应程序、应急保障、应急评审和改进要求；
——掌握矿山事故紧急处置要点，包括坠罐、冒顶片帮、透水、矿井火灾、爆炸、中毒窒息、边坡坍塌、尾矿库溃坝、地质灾害等事故的紧急处置要点；
——熟悉现场急救技术，包括创伤、触电、中毒窒息、溺水、烧伤急救和伤员的运送等技术；
——了解矿山常用应急救援装备的技术性能及使用、维修方法。

4.4 安全生产管理能力与事故案例分析

4.4.1 安全生产管理能力考核要点：
——熟悉贯彻执行国家安全生产方针、政策和安全生产法律、法规、标准、规范的程序和要求；
——熟悉制定安全管理规章制度和安全生产管理网络的程序和方法，以及实施运行的要求；
——熟悉组织审定安全操作规程的程序和要求；
——掌握组织矿山安全检查以及隐患整改工作的程序、依据和要点；
——掌握开展安全教育培训的程序和要求，包括：制定安全教育培训计划、各类人员培训、考核的要求；
——熟悉参与有关新、改、扩建工程的安全设施设计审查、竣工验收工作的程序和要求；
——掌握职业安全卫生措施计划的报告、统计、审批、实施、验收要求，以及合理安排、使用安全生产技术措施经费的要求；
——熟悉安全生产考核的程序、方法和依据；

——熟悉编制矿山事故应急预案的要求，参与矿山事故抢险救灾工作的程序；
——掌握伤亡事故调查处理的基本程序，伤亡事故统计、报告与调查处理。

4.4.2 事故案例分析考核要点：
——掌握分析伤亡事故发生的原因及提出防止同类事故的预防措施。

5 再培训考核要求与内容

5.1 再培训考核要求
对已取得安全生产资格证的安全生产管理人员，在证书有效期内，每年再培训完毕都应进行考核，考核内容按本标准 5.2 的要求进行，并将考核结果在安全生产资格证书上做好记载。

5.2 再培训考核要点
——熟悉有关安全生产方面的新的法律、法规、国家标准、行业标准、规程和规范；
——熟悉有关矿山生产新技术、新工艺、新产品和新材料及其安全技术要求；
——了解矿山安全生产管理先进经验；
——掌握矿山各类典型事故发生的原因，避免同类事故发生的对策和防范措施。

4. 石油天然气安全

海洋石油生产设施发证检验工作通则
（AQ 2079—2020）

前 言

本文件按照 GB/T 1.1—2020《标准化工作导则 第 1 部分：标准化文件的结构和起草规则》的规定起草。

请注意本文件的某些内容可能涉及专利。本文件的发布机构不承担识别专利的责任。

本文件由中华人民共和国应急管理部提出。

本文件由全国安全生产标准化技术委员会非煤矿山安全分技术委员会（SAC/TC 288/SC 2）归口。

本文件起草单位：中国船级社、中海油安全技术服务有限公司、必维船级社（中国）有限公司。

本文件主要起草人：朱琪、孙希兴、丁果林、宋吉哲、石烜、焦国栋。

1 范围

本文件规定了海洋石油生产设施发证检验工作的具体要求。

本文件适用于对在中华人民共和国内海、领海、毗连区、专属经济区、大陆架以及中华人民共和国管辖的其他海域内设置或者将在上述海域内设置的海洋石油生产设施的发证检验工作。

2 规范性引用文件

下列文件中的内容通过文中的规范性引用而构成本文件必不可少的条款。其中，注日期的引用文件，仅该日期对应的版本适用于本文件；不注日期的引用文件，其最新版本（包括所有的修改单）适用于本文件。

海上固定平台安全规则

浮式生产储油装置（FPSO）安全规则

3 术语和定义

下列术语和定义适用于本文件。

3.1

海洋石油生产设施 offshore oil and gas production facilities

以开采海洋石油为目的的水上、水下各种固定或者浮动构筑物、装置，包括海上固定平台、单点系泊、浮式生产储油装置、海底管线、水下生产系统、人工岛、滩海陆岸石油设施和陆岸终端等海上和陆岸结构物。

3.2

发证检验 certifying survey

由发证检验机构根据主管机关颁布、指定或认可的安全规则对海洋石油生产设施实施旨在保证海洋石油生产设施安全生产技术条件的检验工作,并出具证书的活动。

3.3

发证检验机构　certifying survey agency

按照有关规定认定,对海洋石油生产设施实施旨在保证达到安全生产技术条件的检验工作的技术服务机构。

3.4

设计审查　design review

发证检验机构按照适用的法律、行政法规、规范和标准等对海洋石油生产设施新建、改造工程设计图纸和文件进行的技术审查。

3.5

建造检验　construction survey

发证检验机构按照适用的法律、行政法规、规范和标准等对海洋石油生产设施设计、施工、连接、单机调试、系统调试和投产前各个阶段中的检验。

3.6

生产期检验　in service survey

发证检验机构按照适用的法律、法规、规范和标准等对海洋石油生产设施在其生产期间的年度检验、定期检验(换证检验)和临时检验。

3.7

产品检验　product survey

发证检验机构按照适用的法律、法规、规范和标准等对用于海洋石油生产设施并在《海上固定平台安全规则》《浮式生产储油装置(FPSO)安全规则》以及其他生产设施安全规则中明确要求持有发证检验机构证书的材料、设备进行的检验。

3.8

服务供应方　service suppliers

为海洋石油生产设施提供检测、试验或检修、评价等技术服务,且服务的结果影响到发证检验结论的机构。

4 设计审查

4.1 设计审查依据

海洋石油生产设施发证检验设计审查应依据如下标准进行,并遵循如下从前到后的优先顺序,在同一层级标准中,按最严格要求执行:
——中国的法律、行政法规、规章;
——中国国家标准;
——中国行业标准;
——当现行有效的中国国家标准和中国行业标准不能完全覆盖设计采标范围时,可采用经专业机构审查的中文版的国外标准和规范。

4.2 设计审查的范围

4.2.1 海洋石油生产设施发证检验设计审查的范围为设施的正式技术设计内容。如设施分多个阶段开展设计,通常设计审查的范围为基本设计、详细设计(包括安装设计)内容,设施的前期方案设计、后期的加工设计等均不属于发证检验设计审查范围。

4.2.2 根据海洋石油生产设施特点合理划定设计审查所需送审的规格书、图纸、计算报告等设计文件的最低范围。新建海上固定平台、单点系泊装置、张力腿平台、模块钻机、立管系统、人工岛、水下生产系统的推荐设计送审图纸清单可参考附录 A,其他类型的新建海上石油生产设施,也可适当参照附录 A 中的类似设施或专业的相关图纸清单。

4.2.3 海洋石油生产设施生产期改造设计审查,送审改造范围以内的设计文件以及由于改造引起的设施相关布置、构造、性能、能力等变化的相关图纸和计算报告,必要时提交改造风险分析报告。设施生产期改造设计,至少满足设施原始建造时所适用技术标准的要求。

4.3 设计审查的专业设置及人员配置

4.3.1 发证检验机构配备合理、齐全的海洋石油工程结构、机械、电气、工艺等专业设计审查技术人员,设计审查人员的专业设置能保证覆盖拟审查设施所涉及的全部专业,设计审查人力投入以保证满足审查深度为原则。

4.3.2 设计审查人员具有相关工程类专业大学本科(学制至少 4 年)毕业及以上学历或与其相当的专业知识水平。

4.3.3 各专业主审人员在主管机关认可的发证检验机构的从业年限不少于 2 年。

4.3.4 若设计审查人员在 5 年内未从事海洋石油生产设施设计审查的实践工作,则至少参与 2 个月的海洋石油生产设施设计辅助审查实践工作后才能独立承担设计审查工作。

4.4 设计审查工作流程

4.4.1 发证检验机构接受业主或设计单位提交的纸质版或电子版设计资料,设计文件的提交,可以一次性整体提交,也可以分批提交,发证检验机构一般仅针对两个版次及以内的设计文件开展审查。

4.4.2 为保证设计审查工作质量和深度,海洋石油生产设施发证检验工作招投标中,如对设计文件审查周期做出限定,则不少于 20 个工作日。

4.4.3 海洋石油生产设施的结构设计计算模型文件随同设计图纸和计算报告一起提交给发证检验机构审查,作为替代措施,业主可委托发证检验机构在承担设计审查工作的同时进行海洋石油生产设施的结构独立分析计算。

4.4.4 发证检验机构以审批信函形式(或类似书面文件)将设计审查结论及意见反馈给业主或设计单位。

4.4.5 发证检验机构设计审查所发现的不满足事项、问题以及合理的建议均以设计审查意见形式向业主或设计单位提出,业主或设计单位针对设计审查意见修改、升版设计文件或者进行相应书面答复,直至各项设计审查意见均得到有效落实或关闭。

4.4.6 设计文件经发证检验机构审查完成后,加盖发证检验机构印章,并退审给业主或设计单位,发证检验机构的现场建造检验依据盖章的设计文件和设计审批信函(或类似书面文件)进行。

4.5 设计审查实施

4.5.1 审查内容

4.5.1.1 发证检验机构依据 4.1 中的标准、针对 4.2 中的设计文件开展技术审查工作,各专业重点审查的内容如下。

4.5.1.2 总体：
——设施位置及方位；
——舱室、设备、系统布置；
——甲板高程；
——登离平台/船方式；
——靠船方式和靠船垫位置；
——起重机布置；
——直升机甲板布置；
——各功能区布置；
——危险区的划分和布置。

4.5.1.3 结构：
——材料选择；
——构件尺寸及布置；
——抗冰结构布置（如适用）；
——节点细节；
——环境载荷及工况；
——在位强度（静力分析、动力分析、极限环境载荷和疲劳分析等）；
——安装强度（吊装、装船、运输、打桩、下水、扶正、浮托、坐底等）。

4.5.1.4 舾装：
——耐火分隔划分；
——耐火绝缘及甲板敷料布置；
——门窗布置；
——梯道、栏杆布置。

4.5.1.5 防腐：
——牺牲阳极型式、数量及布置；
——涂层选择和厚度；
——阴极保护电流系统配备（如适用）。

4.5.1.6 海管

4.5.1.6.1 海底管道系统：
——水力和热力计算；
——总体布置；
——路由布置；
——第三方破坏评估；
——稳定性分析；
——在位强度分析；
——立管及膨胀弯分析；
——自由悬跨分析；
——整体屈曲分析；
——跨越分析（如适用）；

——安装分析；
——挖沟分析（如适用）；
——登陆分析（如适用）；
——腐蚀评估及材料选择设计；
——阴极保护设计。

4.5.1.6.2 立管系统：
——水力和热力计算；
——总体布置和构型设计；
——材料选择；
——立管布置；
——防腐、保温设计；
——壁厚选择；
——在位强度分析；
——干涉分析；
——疲劳分析；
——安装设计；
——悬挂总成设计（如适用）；
——挠性管的管体截面设计和端部配件设计（如适用）；
——原型试验大纲（如适用）；
——浮筒、桩基础设计（如适用）。

4.5.1.7 工艺：
——工艺流程设计；
——物料平衡计算；
——管路和仪表设计；
——安全分析功能评价；
——火炬辐射和扩散分析（如适用）。

4.5.1.8 配管：
——管道规格；
——管道应力分析；
——管道直径和壁厚计算。

4.5.1.9 机械：
——机械设备规格；
——动力系统流程；
——管线和仪表设计；
——机械设备布置；
——机械设备安装布置；
——机械设备基座布置。

4.5.1.10 通风：
——通风系统计算；

——通风系统流程设计;
　　——通风系统管线和仪表设计;
　　——通风系统布置;
　　——挡火闸控制和布置;
　　——通风导管布置。

4.5.1.11 安全:
　　——救生设备配备与布置;
　　——消防设备配备与布置;
　　——逃生路线;
　　——安全原理;
　　——防火原理;
　　——安全分析/评估(如适用);
　　——固定式灭火系统流程设计;
　　——固定式灭火系统管系和仪表设计;
　　——固定式灭火系统设计计算;
　　——固定式探火及失火报警系统布置;
　　——消防设备布置;
　　——火区划分。

4.5.1.12 电气:
　　——电力系统设计;
　　——短路电流分析与协调性保护分析;
　　——照明设备接线与布置;
　　——动力设备接线与布置;
　　——信号设备配备与布置;
　　——重要电气间布置;
　　——接地布置;
　　——直升机甲板相关电气设备;
　　——电缆选型与布置。

4.5.1.13 仪表:
　　——火灾探测设备配备与布置;
　　——可燃气探测设备配备与布置;
　　——有毒气体(硫化氢)探测设备配备与布置;
　　——接地布置;
　　——关断控制;
　　——火气和关断控制逻辑。

4.5.1.14 通信:
　　——无线电设备配备;
　　——内部通信设备配备与布置;
　　——接地布置;

——直升机甲板相关通信设备；
——天线布置。

4.5.2 文件盖章
设计文件审查完成后，发证检验机构参照附录 A 要求加盖如下 3 种印章之一：
——批准（Approval）：主要用于工程设计图纸，表明该设计图纸已经满足 4.1 中标准的要求，并被发证检验机构批准，可用于建造施工；
——复查（Review）：主要用于计算书、规格书和报告等，表明该设计文件内容经发证检验机构审查已经满足 4.1 中标准的要求，可以支持相关设计图纸的批准；
——备查（Noted 或 For Information）：此文件为设计审查的开展提供相关基础数据和信息，发证检验机构不审查其具体内容，只是为审查其他设计文件时参考、查阅使用。

4.6 设计审查意见及结论
4.6.1 海洋石油生产设施设计审查工作结束前，发证检验机构对设施送审设计文件的完整性及设计审查意见的关闭情况进行核查，设施设计文件齐全、所有设计审查意见均已关闭，才能表征设施设计审查工作的完全结束。

4.6.2 发证检验机构根据海洋石油生产设施的设计审查情况给出是否满足发证检验要求的最终结论。

4.6.3 海洋石油生产设施基本设计（或工程设计）审查工作结束后，发证检验机构将审查结果报主管机关备案。

5 现场检验

5.1 现场检验的依据
发证检验机构按照主管机关指定的海洋石油生产设施安全规则、国家标准、中国行业标准，合同约定的其他标准以及经设计审查批准的设计文件实施现场检验。

5.2 现场检验的工作范围
检验的工作范围包括海洋石油生产设施的建造检验、生产期检验以及产品检验：
——建造检验包括陆上施工现场检验以及海上施工现场检验；
——生产期检验包括年度检验、定期检验（换证检验）以及临时检验；
——产品检验包括材料、设备及其相关部件的制造检验。

5.3 现场检验的专业设置及人员配置
对现场检验人员的学历、从业经历要求如下：
——现场检验人员具有相关工程类专业大学专科（学制至少 2 年）毕业及以上学历或与其相当的专业知识水平；
——现场检验人员在主管机关认可的发证检验机构的从业年限不低于 2 年；
——现场检验人员在 5 年内从事过海洋石油生产设施现场检验的实践工作，或累计从事海洋石油生产设施现场检验的实践工作满 5 年，才能独立承担现场检验工作；
——现场检验人员的专业设置能保证覆盖拟检验项目所涉及的全部专业；
——人力投入能保证 5.2 检验范围中适用条款全部检验到位。

5.4 现场检验的工作流程

现场检验工作遵循以下工作流程：
——根据检验内容制定检验计划；
——指定具备合格资质的人员；
——根据检验计划实施检验；
——提出发现的问题；
——根据对问题的反馈和整改落实情况给出检验结论。

5.5 现场检验的实施
5.5.1 文件审查
现场检验人员按照适用的规则、规范、标准以及设计审查批准的设计文件对施工工艺文件进行符合性审查。需要审查的文件应符合附录B、附录C、附录D及附录E中对各专业的文件审查要求。

5.5.2 检验项目
现场检验人员按照适用的规则、规范、标准、设计审查批准的设计文件以及施工工艺文件对附录B、附录C、附录D及附录E中各专业的检验项目进行符合性检验，并根据检验项目的重要性制定合理的检验比例和检验频次。对于下述检验项目进行100%的见证检验：
——吊点、节点等重要受力结构的预制及安装检验；
——承压管线、海底管道强度试验；
——消防、救生、信号、无线电等设备的调试检验；
——涉及海洋石油生产设施作业安全的重要设备的调试检验。

5.6 现场检验的意见及结论
5.6.1 现场检验完成后，检验人员针对检验内容出具检验意见及结论。
5.6.2 检验意见包括对发现问题的清晰描述和整改意见以及整改期限。
5.6.3 检验结论基于检验意见情况给出，包括：检验项目满足要求，检验通过；检验项目不满足要求，检验不通过。

6 服务供应方

服务供应方实施检验、检测、评价工作时应符合以下要求：
——服务供应方依法取得相应资质；
——实施检验、检测、评价工作的人员持有有效的资质证明文件；
——实施检验、检测的设备按国家及行业主管部门的要求获得相应证书；
——检验、检测完成后及时出具检验、检测报告，报告内容至少包括：工程（项目）名称、检验/检测部位、仪器型号、检测日期、检验/检测规范、验收标准、检验/检测人员签字、审核（复评）人员签字、评定结论以及其他必要内容；
——评价工作完成后及时出具评价报告，报告内容至少包括：工程（项目）名称、评价内容、评价标准、评价人员签字、审核（复评）人员签字、评定结论以及其他必要内容。

7 证书及报告

7.1 海洋石油生产设施符合证书格式
海上设施符合证书包含设施名称、位置、业主和/或作业者、检验的上位依据等信息，并以证书附件或其他方式将设施类型、典型特点、结构形式等重要参数信息予以体现。证书模板应符合附录F。

7.2 海洋石油生产设施检验报告格式

海洋石油生产设施检验报告包含设施的检验项目、检验结果等信息。报告模板应符合附录G。

7.3 发证检验工作报告内容及格式

发证检验报告分为建造项目发证检验工作报告和生产期发证检验工作报告。

建造项目发证检验工作报告适用于建造检验,报告中包含项目的概述、发证检验情况、设计审查情况(包括设计审查意见落实情况)、设备/材料取证情况、现场检验情况(包括现场检验发现问题整改情况)、遗留项目、最终检验结论等。报告模板应符合附录H。

生产期发证检验报告适用于生产期检验,报告中包含设施的概述、现场检验情况(包括现场检验发现问题整改情况)、遗留项目、最终检验结论等。报告模板应符合附录I。

8 存档资料

发证检验委托方对完工资料进行存档,并在取得设施检验证书前及时向发证检验机构提供完工资料,包括:经发证检验机构审批的最终版设计文件及施工文件、材质/设备证书、经发证检验机构确认的检验/检测报告或记录等。发证检验机构对完工资料及其签发的证书、报告进行存档。存档文件保存至相关设施拆除后2年。

附 录 A
(规范性)
建造项目设计送审图纸清单

印章类型说明:

A:批准(Approval),主要用于工程设计图纸,表明该设计图纸已经满足4.1中标准的要求,并被发证检验机构批准,可用于建造施工。

R:复查(Review),主要用于对计算书、规格书和报告等,表明该设计文件内容经发证检验机构审查已经满足4.1中标准的要求,可以支持相关设计图纸的批准。

N:备查(Noted 或 For Information),此文件为设计审查的开展提供相关基础数据和信息,发证检验机构不审查其具体内容,只是为审查其他设计文件时参考、查阅使用。

表 A.1 海上固定平台

序号	图纸名称	印章类型
总体		
1	总体说明书/规格书	R
2	油气田开发总体布置图	N
3	平台设备设施平面布置图	A
4	平台设备设施立面图	A
5	设计基础数据	N

表 A.1（续）

序号	图纸名称	印章类型
结构		
6	结构设计规格书	R
7	结构材料规格书	R
8	结构建造规格书	R
9	结构检验规格书	R
10	结构焊接及无损探伤规格书	R
11	安装规格书	R
12	拖拉装船和系固规格书	R
13	运输和安装规格书	R
14	卡桩器性能规格书	R
15	浮托规格书	R
16	导管架平面图、立面图	A
17	导管架节点详图	A
18	桩分段图	A
19	注水/灌浆管线图	N
20	靠船桩结构图	A
21	靠船垫结构图	A
22	隔水套管分段图	A
23	隔水套管支撑结构图	A
24	防沉板结构图	A
25	走道及斜梯图	A
26	登艇平台结构图	A
27	立管卡结构图	A
28	泵护管/支撑结构图	A
29	开排沉箱结构图	A
30	隔舱壁布置图	A
31	甲板载荷图	N
32	甲板平面/立面结构图	A
33	直升机甲板布置图	A
34	直升机甲板平/立面结构图	A
35	直升机甲板安全网及排水槽布置及详图	A
36	吊机底座、支座图	A

表 A.1（续）

序号	图纸名称	印章类型
结构		
37	吊机将军柱结构图	A
38	吊机休息臂结构图	A
39	典型节点图	A
40	斜梯、扶手栏杆图	A
41	房间围壁结构图	A
42	防火墙结构图	A
43	挡风墙结构图	A
44	燃烧火炬臂结构图	A
45	栈桥、梯道、栏杆布置	A
46	栈桥、梯道、栏杆结构图	A
47	典型焊接形式图	A
48	插尖结构图	A
49	泵护管/电缆护管结构图	A
50	吊装布置和吊耳结构图	A
51	生活楼平、立面结构图	A
52	生活楼结构节点详图	A
53	房间围壁结构图	A
54	生活楼与组块连接详图	A
55	吊点布置及详图	A
56	典型节点图	A
57	导管架/组块设计说明	R
58	结构模型报告	R
59	在位静力分析报告	R
60	地震分析报告	R
61	动力响应分析报告	R
62	疲劳分析报告	R
63	直升机甲板强度分析报告	R
64	涡激振动分析报告	R
65	波浪抨击计算书	R
66	桩打入分析报告	R
67	坐底稳定分析和防沉板设计	R

表 A.1（续）

序号	图纸名称	印章类型
结构		
68	靠船桩/垫设计计算报告	R
69	吊装分析报告	R
70	吊耳强度分析报告	R
71	拖拉装船分析报告	R
72	拖航运输分析报告	R
73	滑移下水分析报告	R
74	滑移下水支架设计报告	R
75	导管架扶正分析报告	R
76	桩和上部设施连接设计计算报告	R
77	重量控制报告	N
78	拖拉现场布置图	N
79	滑靴布置图	N
80	千斤顶拖拉系统布置图	N
81	拖拉装船系泊系统布置图	N
82	拖拉装船检验系统布置图	N
83	拖拉步骤示意图	N
84	系固布置图	A
85	组块/导管架运输布置图	A
86	导管架隔舱壁布置图	A
87	导管架站立次序	N
88	导管架舱室容积图	N
89	浮托锚泊示意图	N
90	浮托组块/导管架限制区域图	N
91	浮托安装次序图	N
92	湿拖拖拉点及拖缆布置图	A
93	驳船拖航布置示意图	N
94	驳船安装就位位置示意图	N
95	海上吊装浮吊位置/吊装示意图	N
96	浮吊吊装锚泊布置图	N
97	索具布置图	A
98	驳船调载计算报告	R

表 A.1（续）

序号	图纸名称	印章类型
结构		
99	驳船甲板强度校核计算报告	R
100	系固分析报告	R
101	运输分析报告	R
102	稳性分析报告	R
103	驳船运动分析报告	R
104	浮托运输分析报告	R
105	浮托驳船进入和撤离分析	R
106	组块浮托安放就位分析	R
107	浮托系泊分析	R
108	桩/隔水套管自由站立分析报告	R
109	桩/隔水套管可打入性分析	R
110	坐底稳性分析	R
111	索具计算报告	R
112	隔舱壁计算	R
113	导管架滑移下水分析	R
114	导管架在驳船上运动分析	R
115	导管架浮托和站立运动分析	R
116	导管架站立和下放索具计算	R
117	吊装分析报告	R
舾装		
118	舾装规格书	R
119	救生艇规格书	R
120	组块防火等级划分图	A
121	组块耐火绝缘布置图	A
122	组块救生设备布置图	A
123	生活楼各层总布置图	A
124	生活楼各房间布置图	A
125	生活楼救生设备布置图	A
126	生活楼耐火绝缘布置图	A
127	门、窗布置图	A
128	甲板敷料布置图	A

表 A.1（续）

序号	图纸名称	印章类型
防腐		
129	防腐涂层规格书	R
130	阳极规格书	R
131	牺牲阳极计算书	R
132	牺牲阳极布置图	A
133	牺牲阳极结构图	A
134	直升机甲板标识图	A
海管		
135	海底管道工艺规格书	R
136	海底管道设计报告	R
137	流动保障报告	R
138	海底管道设计基础	R
139	海底管道管材规格书	R
140	海底管道焊接与检验规格书	R
141	海底管道安装规格书	R
142	海底管道弯管规格书	R
143	海底管道水压试验规格书	R
144	海底管道水下法兰规格书	R
145	海底管道配重规格书	R
146	海底管道阴极保护规格书	R
147	海底管道涂层规格书	R
148	海底管道坐底稳性计算书	R
149	海底管道在位强度计算书	R
150	海底管道安装计算书	R
151	海底管道立管系统柔性计算书	R
152	海底管道落物保护计算书	R
153	海底管道隆起屈曲计算书	R
154	海底管道总体布置图	A
155	海底管道近平台布置详图	A
156	海底管道立管布置详图	A
157	海底管道路由布置图	A
158	海底管道管体详图	A

表 A.1（续）

序号	图纸名称	印章类型
海管		
159	海底管道弯管详图	A
160	海底管道法兰详图	A
161	海底管道交叉跨越详图	A
162	海底管道阳极布置图	A
163	海底管道阳极结构及安装图	A
164	海底管道结构设计报告	R
165	海底管道腐蚀评估报告	R
166	拖拉头详图	A
167	海底管道安装计算报告	R
工艺		
168	工艺设计原理规格书	R
169	公用系统消耗规格书	R
170	工艺系统描述和设计原理	N
171	公用系统描述和设计原理	N
172	安全分析表	N
173	管线表	N
174	放空头数据表	N
175	火炬头数据表	N
176	丙烷瓶数据表	N
177	火炬辐射和扩散分析报告	R
178	工艺流程图——油气水处理系统	A
179	工艺流程图——原油储存与外输系统	A
180	工艺流程图——天然气处理系统	A
181	工艺流程图——气体脱水系统	A
182	工艺流程图——燃料气系统	A
183	工艺流程图——柴油系统	A
184	工艺流程图——燃料油系统	A
185	工艺流程图——直升机加油系统	A
186	工艺流程图——火炬与冷放空系统	A
187	工艺流程图——开排系统	A
188	工艺流程图——化学药剂系统	A

表 A.1（续）

序号	图纸名称	印章类型
工艺		
189	工艺流程图——公用/仪表气系统	A
190	工艺流程图——海水系统	A
191	工艺流程图——注水系统	A
192	工艺流程图——淡水系统	A
193	工艺流程图——三甘醇再生系统	A
194	工艺流程图——热介质系统	A
195	工艺流程图——闭排系统	A
196	工艺流程图——惰气系统	A
197	管线仪表图——图例	N
198	管线仪表图——井口	A
199	管线仪表图——管汇	A
200	管线仪表图——井口测量系统	A
201	管线仪表图——原油/合格原油换热器	A
202	管线仪表图——生产分离器	A
203	管线仪表图——原油储罐	A
204	管线仪表图——电脱水器	A
205	管线仪表图——原油外输与计量标定系统	A
206	管线仪表图——入口洗涤器和压缩机	A
207	管线仪表图——压缩机后冷却器和出口洗涤器	A
208	管线仪表图——脱水入口气体过滤分离器	A
209	管线仪表图——三甘醇吸收塔和贫甘醇/干气换热器	A
210	管线仪表图——外输气体计量系统	A
211	管线仪表图——残油罐和泵	A
212	管线仪表图——燃料气处理系统	A
213	管线仪表图——柴油系统	A
214	管线仪表图——燃料油系统	A
215	管线仪表图——直升机加油系统	A
216	管线仪表图——火炬或冷放空系统	A
217	管线仪表图——开排系统	A
218	管线仪表图——化学药剂系统	A
219	管线仪表图——公用/仪表气系统	A

表 A.1（续）

序号	图纸名称	印章类型
工艺		
220	管线仪表图——海水系统	A
221	管线仪表图——注水系统	A
222	管线仪表图——淡水系统	A
223	管线仪表图——甘醇再生系统	A
224	管线仪表图——废热回收系统（热介质系统）	A
225	管线仪表图——闭排系统	A
226	管线仪表图——惰气系统	A
227	管线仪表图——气体透平发电机	A
配管		
228	配管设计规格书	R
229	管道材料规格书	R
230	管道保温规格书	R
231	管道装配规格书	R
232	管道应力分析规格书	R
233	管道焊接规格书	R
234	管道试验规格书	R
235	管道检测规格书	R
236	管道标准图规格书	R
237	管道支架标准图规格书	R
238	管道喷涂规格书	R
239	管道直径和壁厚计算书	R
240	管道应力分析报告	R
241	阀门数据表	N
242	特殊件数据表	N
机械		
243	橇装规格书	R
244	振动和噪声规格书	R
245	发电机组规格书	R
246	应急发电机规格书	R
247	吊机规格书	R
248	塔类规格书	R

表 A.1（续）

序号	图纸名称	印章类型
机械		
249	沉箱规格书	R
250	锅炉规格书	R
251	常压容器规格书	R
252	压力容器规格书	R
253	空气压缩机橇块规格书	R
254	天然气压缩机橇块规格书	R
255	泵类规格书	R
256	氮气发生器规格书	R
257	热交换器规格书	R
258	热油加热装置规格书	R
259	电加热器规格书	R
260	发电机组数据表	R
261	应急发电机数据表	N
262	吊机数据表	N
263	塔类数据表	N
264	沉箱数据表	N
265	锅炉数据表	N
266	常压容器数据表	N
267	压力容器数据表	N
268	空气压缩机橇块数据表	N
269	天然气压缩机橇块数据表	N
270	泵类数据表	N
271	氮气发生器数据表	N
272	热交换器数据表	N
273	热油加热装置数据表	N
274	电加热器数据表	N
275	设备清单	N
276	机械设备布置图	A
277	设备布置和安装图	N
通风		
278	通风系统规格书	R

表 A.1（续）

序号	图纸名称	印章类型
通风		
279	通风设备规格书	R
280	风机数据表	N
281	防火风闸数据表	N
282	空调数据表	N
283	通风设备清单	N
284	通风系统控制原理图	A
285	防火风闸管线和仪表图	A
286	空调装置管线和仪表图	N
287	通风系统流程图	A
288	通风系统布置图	A
289	通风计算书	R
290	生活楼空调计算书	R
安全		
291	安全原理	R
292	防火原理	R
293	消防设备规格书	R
294	消防水系统规格书	R
295	二氧化碳气体灭火系统规格书	R
296	FM200气体灭火系统规格书	R
297	高倍数泡沫灭火系统规格书	R
298	低倍数泡沫灭火系统规格书	R
299	气溶胶灭火系统规格书	R
300	消防水量计算书	R
301	二氧化碳气体灭火系统计算书	R
302	FM200气体灭火系统计算书	R
303	高倍数泡沫灭火系统计算书	R
304	低倍数泡沫灭火系统计算书	R
305	气溶胶灭火系统计算书	R
306	水力计算报告	R
307	消防水系统流程图	A
308	二氧化碳气体灭火系统流程图	A

表 A.1（续）

序号	图纸名称	印章类型
安全		
309	FM200 气体灭火系统流程图	A
310	低倍数泡沫灭火系统流程图	A
311	高倍数泡沫灭火系统流程图	A
312	气溶胶系统流程图	A
313	消防水泵管线和仪表图	A
314	消防水管网管线和仪表图	A
315	消防水雨淋阀及喷头管线和仪表图	A
316	二氧化碳气体灭火系统管线和仪表图	A
317	FM200 气体灭火系统管线和仪表图	A
318	低倍数泡沫灭火系统管线和仪表图	A
319	高倍数泡沫灭火系统管线和仪表图	A
320	消防设备布置图	A
321	火区划分图	N
322	安全标识布置图	N
323	危险区划分图	A
324	逃生通道路线图	A
325	防火控制图	A
326	雨淋阀及喷头数据表	N
327	气体灭火系统数据表	N
328	泡沫灭火系统数据表	N
329	辅助消防设备数据表	N
330	消防水系统管线表	N
331	气体灭火系统管线表	N
332	泡沫灭火系统管线表	N
333	安全分析报告	R
334	安全篇	R
电气		
335	电力系统规格书	R
336	主发电机规格书	R
337	应急发电机规格书	R
338	变压器规格书	R

表 A.1（续）

序号	图纸名称	印章类型
电气		
239	配电盘规格书	R
340	电动机类设备规格书	R
341	不间断电源规格书	R
342	照明设备规格书	R
343	电力电缆规格书	R
344	蓄电池组规格书	R
345	电力保护设施规格书	R
346	电加热设备规格书	R
347	电伴热设备规格书	R
348	助航信号系统规格书	R
349	电力负荷计算书	R
350	短路电流计算书	R
351	谐波计算书	R
352	选择性保护分析报告	R
353	潮流分析报告	R
354	平台内电力系统总单线图	A
355	平台间电力系统总单线图	A
356	正常供电电力分系统图	A
357	应急供电电力分系统图	A
358	不间断电源系统单线图	A
359	主发电机单线图	A
360	应急发电机单线图	A
361	正常照明系统图	A
362	正常照明布置图	A
363	应急照明系统图	A
364	应急照明布置图	A
365	主要电气设备布置图	A
366	主干电缆布置图	A
367	接地系统布置图	A
368	电伴热及电加热设备系统图	A
369	主配电间布置图	A

表 A.1（续）

序号	图纸名称	印章类型
电气		
370	应急配电间布置图	A
371	变压器间布置图	A
372	助航信号系统单线图	A
373	助航信号系统布置图	A
374	电力系统数据表	N
375	主发电机数据表	N
376	应急发电机数据表	N
377	变压器数据表	N
378	配电盘数据表	N
379	电动机类设备数据表	N
380	不间断电源数据表	N
381	照明设备数据表	N
382	电力电缆规格书	N
383	蓄电池组数据表	N
384	电力保护设施数据表	N
385	电加热设备数据表	N
386	电伴热设备数据表	N
387	助航信号系统数据表	N
仪表		
388	火灾探测报警系统设备规格书	R
389	应急关断设备规格书	R
390	可燃气体及硫化氢气体探测报警系统规格书	R
391	仪表电缆规格书	R
392	火气逻辑框图	A
393	火气因果图	A
394	火灾探测系统图	A
395	火灾探测布置图	A
396	可燃气体及硫化氢探测系统图	A
397	可燃气体及硫化氢探测布置图	A
398	应急关断逻辑框图	A
399	应急关断因果图	A

表 A.1（续）

序号	图纸名称	印章类型
仪表		
400	应急关断触发点布置图	A
401	仪表电缆走向图	N
402	火灾探测报警系统设备数据表	N
403	应急关断设备数据表	N
404	可燃气体及硫化氢气体探测报警系统数据表	N
405	仪表电缆数据表	N
通信		
406	通信系统设备规格书	R
407	无线电设备规格书	R
408	甚高频无线电规格书	R
409	中/高频无线电规格书	R
410	奈伏泰斯接收机规格书	R
411	直升机相关通信规格书	R
412	公共广播系统规格书	R
413	通用报警系统规格书	R
414	内部电话系统规格书	R
415	应急逃生设备规格书	R
416	通信电缆规格书	R
417	无线电蓄电池电源容量计算书	R
418	无线电及救生系统总系统图	A
419	甚高频无线电系统图	A
420	中/高频无线电系统图	A
421	奈伏泰斯接收机系统图	A
422	直升机相关通信系统图	A
423	广播系统图	A
424	广播布置图	A
425	通用报警系统图	A
426	通用报警布置图	A
427	内部电话系统图	A
428	内部电话布置图	A
429	天线布置图	A

表 A.1（续）

序号	图纸名称	印章类型
通信		
430	应急逃生设备系统图	A
431	通信电缆走向图	N
432	无线电室平面布置图	A
433	无线电设备数据表	N
434	甚高频无线电数据表	N
435	中/高频无线电数据表	N
436	奈伏泰斯接收机数据表	N
437	直升机相关通信数据表	N
438	公共广播系统数据表	N
439	通用报警系统数据表	N
440	内部电话系统数据表	N
441	应急逃生设备数据表	N
442	通信电缆数据表	N

表 A.2 单点系泊装置

序号	图纸名称	印章类型
总体		
1	单点系泊系统说明书	N
2	单点系泊系统总布置图	A
3	系船或回接、卸油、解脱、离船操作说明书，包括软管和船舶汇管的连接和拆卸的方法	R
4	货物输送系统布置图及说明书，包括旋转接头、管路和/或软管系统	R
5	输送货物的主要参数，包括货物种类及性质，最大设计工作压力	N
6	环境条件资料	N
7	地质资料，包括海床、地质调查报告	N
8	现场海图	N
9	单点系泊的物理模型试验报告，包括模型试验技术的描述、试验结果综合报告等	N
10	系泊油船的主要参数	N
11	结构总体分析计算书	R

表 A.2（续）

序号	图纸名称	印章类型
结构/浮体		
12	建造规格书	R
13	材料规格书	R
14	焊接及检验规格书	R
15	系泊缆规格书	R
16	锚及桩锚规格书	R
17	锚泊系统布置图,包括锚链和/或钢缆配套连接图、锚链与浮筒敷设安装图	A
18	系泊系统布置图	A
19	水密舱布置图	A
20	各种开口风雨密和水密关闭装置图	A
21	浮筒水尺图	A
22	基本结构图及主要剖面图,包括浮筒壳板图、水密舱壁图	A
23	上层建筑和甲板室结构图	A
24	主要结构之间的联结图	A
25	浮筒基本结构图及主要剖面图	A
26	桩锚和桩基结构图	A
27	防撞装置图	A
28	旋转接头结构图、装配图	A
29	旋转支承装置图	A
30	YOKE结构图	A
31	通道、步桥	A
32	海底管汇基盘结构图	A
33	直升机甲板结构图(如适用)	A
34	防腐系统图及说明书,包括涂装及阴极保护	R
35	牺牲阳极布置图	A
36	牺牲阳极计算报告	R
37	浮筒结构规范计算书	R
38	结构疲劳分析计算书	R
39	环境载荷分析,系泊油船及浮筒运动和受力分析	R
40	锚泊系统分析计算书	R
41	系泊系统分析计算书	R
42	完整稳性计算书	R

表 A.2（续）

序号	图纸名称	印章类型
结构/浮体		
43	分舱和破舱稳性计算书	R
44	轭架结构图及强度、疲劳计算书	R
45	眼板结构图及强度计算书	R
46	直升机甲板结构强度计算报告（如适用）	R
47	桩锚承载能力计算报告	R
48	桩锚结构强度计算报告	R
49	桩锚疲劳强度计算报告	R
50	转塔结构设计图	A
51	转塔结构强度计算报告	R
52	转塔结构疲劳强度计算报告	R
53	浮力锥结构设计图	A
54	浮力锥结构强度计算报告	R
55	浮力锥结构疲劳计算报告	R
56	转塔连接结构设计图	A
57	转塔连接结构强度计算报告	R
58	转塔连接结构疲劳计算报告	R
59	桩基结构强度计算报告	R
60	桩基结构疲劳强度计算报告	R
61	桩基结构总布置图	A
62	挠性立管设计基础	R
63	挠性立管总体分析报告	R
64	挠性立管详图	A
65	挠性立管附件（如法兰等）	A
救生装置		
66	救生设备规格书	R
67	救生设备布置图	A
68	逃生路线图	A
机械		
69	通用机械区总布置图	A
70	技术说明书	R
71	机械设备明细表	N

表 A.2（续）

序号	图纸名称	印章类型
机械		
72	蒸汽管系	A
73	凝水、给水及锅炉泄放管系	A
74	压缩空气管系	A
75	燃油管系	A
76	滑油管系	A
77	冷却水管系	A
78	燃油加热管系	A
79	排气管系	A
80	空气管、测量管和溢流管	A
81	舱底水、疏水管系	A
82	直升机加油管系布置图	A
83	管道壁厚和直径设计计算书	R
通风		
84	动力通风系统图	A
85	设备规格书	R
86	设备数据表	N
87	通风布置图	A
88	动力通风系统通风导管布置图	A
89	通风计算书	R
电气设备		
90	电气说明书	N
91	电气设备明细表	N
92	无线电通信设备明细表	N
93	电力负荷计算书	R
94	主配电板和应急配电板单线图	A
95	蓄电池充放电板单线图（如适用）	A
96	电力系统图	A
97	照明系统图	A
98	应急关断逻辑图	A
99	固定安装的通信设备系统图（如适用）	A
100	固定安装的通信设备布置图（如适用）	A

表 A.2（续）

序号	图纸名称	印章类型
电气设备		
101	电气设备综合布置图,包括无线电通信设备及其天线	A
安全		
102	防火控制示意图	A
103	固定灭火系统布置图	A
104	火灾自动报警和探火系统图	A

表 A.3 张力腿平台

序号	图纸名称	印章类型
总体		
1	设计任务书（如适用）	N
2	系统总布置图	A
3	系泊系统布置图	A
4	结构及设备说明书	N
5	固定和可变重量分布概要	N
6	装载手册	R
7	操作手册	R
8	平台总体性能计算书	R
结构		
9	材料规格书	R
10	建造、焊接、检验规格书	R
11	铸件规格书	R
12	井口基盘设计说明	R
13	防腐规格书	R
14	上部设施结构设计说明	R
15	甲板载荷说明书和图	A
16	外板展开图	A
17	水密舱布置图	A
18	基本结构图和主要剖面图,包括浮筒壳板、水密舱壁图	A
19	各种开口,风雨密和水密关闭装置图	A
20	平台主体开口与补强结构图	A
21	平台立柱、下壳体、撑杆结构图	A

表 A.3（续）

序号	图纸名称	印章类型
结构		
22	平台筋腱系统图	A
23	主要结构之间连接图	A
24	平台上部上层建筑和甲板室结构图	A
25	生活楼布置图	A
26	生活楼结构图	A
27	直升机甲板布置图	A
28	防撞装置图	A
29	重要基座结构及其支撑结构图	A
30	平台干拖系固结构图（如适用）	A
31	桩、起重机基座及其支撑结构图	A
32	冰区加强结构图（如适用）	A
33	井口基盘布置图和结构图	A
34	平台立管系统图，包括钻井立管和生产立管	A
35	立管支撑结构图	A
36	平台底部基础结构图	A
37	上部建筑/舱室防火绝缘布置图	A
38	防腐控制，包括涂装和阴极保护	A
39	牺牲阳极布置图	A
40	疲劳关键节点图或说明书	R
41	型线图及型值表	N
42	肋骨型线图	N
43	舱容图	N
44	液舱测深表	N
45	浮体结构设计	R
46	在位强度分析计算报告	R
47	疲劳分析报告	R
48	涡流振动分析报告	R
49	桩安装方法分析说明	R
50	张力腿碰撞分析报告	R
51	平台气隙计算书	R
52	环境载荷分析、系泊油船及浮筒运动和受力分析	R

表 A.3（续）

序号	图纸名称	印章类型
结构		
53	总强度计算书（考虑建造、拖航、安装以及在位等多种可能工况）	R
54	完整稳性和破舱稳性计算书	R
55	疲劳强度计算书	R
56	筋腱强度计算书，包括自由站立、在位等工况	R
57	立管支撑结构分析报告	R
58	平台主体开口与补强强度计算书	R
59	重要基座结构及其支撑结构强度计算书	R
60	井架、张紧器和上部设施传递的作业载荷及其他类似载荷计算书	R
61	干拖、湿拖分析报告	R
62	平台风洞试验报告（如适用）	N
63	平台水池试验报告（如适用）	N
工艺		
64	工艺设计原理规格书	R
65	公用系统消耗规格书	R
66	工艺系统描述和设计原理	N
67	公用系统描述和设计原理	N
68	安全分析表	N
69	管线表	N
70	放空头数据表	N
71	火炬头数据表	N
72	丙烷瓶数据表	N
73	火炬辐射和扩散分析报告	R
74	工艺流程图——油气水处理系统	A
75	工艺流程图——原油储存与外输系统	A
76	工艺流程图——天然气处理系统	A
77	工艺流程图——气体脱水系统	A
78	工艺流程图——燃料气系统	A
79	工艺流程图——柴油系统	A
80	工艺流程图——燃料油系统	A
81	工艺流程图——直升机加油系统	A
82	工艺流程图——火炬与冷放空系统	A

表 A.3（续）

序号	图纸名称	印章类型
工艺		
83	工艺流程图——开排系统	A
84	工艺流程图——化学药剂系统	A
85	工艺流程图——公用/仪表气系统	A
86	工艺流程图——海水系统	A
87	工艺流程图——注水系统	A
88	工艺流程图——淡水系统	A
89	工艺流程图——三甘醇再生系统	A
90	工艺流程图——热介质系统	A
91	工艺流程图——闭排系统	A
92	工艺流程图——惰气系统	A
93	管线仪表图——图例	N
94	管线仪表图——井口	A
95	管线仪表图——管汇	A
96	管线仪表图——井口测量系统	A
97	管线仪表图——原油/合格原油换热器	A
98	管线仪表图——生产分离器	A
99	管线仪表图——原油储罐	A
100	管线仪表图——电脱水器	A
101	管线仪表图——原油外输与计量标定系统	A
102	管线仪表图——入口洗涤器和压缩机	A
103	管线仪表图——压缩机后冷却器和出口洗涤器	A
104	管线仪表图——脱水入口气体过滤分离器	A
105	管线仪表图——三甘醇吸收塔和贫甘醇/干气换热器	A
106	管线仪表图——外输气体计量系统	A
107	管线仪表图——残油罐和泵	A
108	管线仪表图——燃料气处理系统	A
109	管线仪表图——柴油系统	A
110	管线仪表图——燃料油系统	A
111	管线仪表图——直升机加油系统	A
112	管线仪表图——火炬或冷放空系统	A
113	管线仪表图——开排系统	A

表 A.3（续）

序号	图纸名称	印章类型
工艺		
114	管线仪表图——化学药剂系统	A
115	管线仪表图——公用/仪表气系统	A
116	管线仪表图——海水系统	A
117	管线仪表图——注水系统	A
118	管线仪表图——淡水系统	A
119	管线仪表图——甘醇再生系统	A
120	管线仪表图——废热回收系统（热介质系统）	A
121	管线仪表图——闭排系统	A
122	管线仪表图——惰气系统	A
123	管线仪表图——气体透平发电机	A
配管		
124	配管设计规格书	R
125	管道材料规格书	R
126	管道保温规格书	R
127	管道装配规格书	R
128	管道应力分析规格书	R
129	管道焊接规格书	R
130	管道试验规格书	R
131	管道检测规格书	R
132	管道标准图规格书	R
133	管道支架标准图规格书	R
134	管道喷涂规格书	R
135	管道直径和壁厚计算书	R
136	管道应力分析报告	R
137	阀门数据表	N
138	特殊件数据表	N
机械		
139	橇装规格书	R
140	振动和噪声规格书	R
141	发电机组规格书	R
142	应急发电机规格书	R

表 A.3（续）

序号	图纸名称	印章类型
机械		
143	吊机规格书	R
144	塔类规格书	R
145	沉箱规格书	R
146	锅炉规格书	R
147	常压容器规格书	R
148	压力容器规格书	R
149	空气压缩机橇块规格书	R
150	天然气压缩机橇块规格书	R
151	泵类规格书	R
152	氮气发生器规格书	R
153	热交换器规格书	R
154	热油加热装置规格书	R
155	电加热器规格书	R
156	轮机说明书	R
157	机械设备明细表	N
158	机械设备估算书	R
159	管道壁厚和直径设计计算书	R
160	机、炉舱布置图	A
161	应急发电机室布置图	A
162	排气管系图	A
163	空气管、测量管和溢流管管系图	A
164	发电机组数据表	N
165	应急发电机数据表	N
166	吊机数据表	N
167	塔类数据表	N
168	沉箱数据表	N
169	锅炉数据表	N
170	常压容器数据表	N
171	压力容器数据表	N
172	空气压缩机橇块数据表	N
173	天然气压缩机橇块数据表	N

表 A.3（续）

序号	图纸名称	印章类型
机械		
174	泵类数据表	N
175	氮气发生器数据表	N
176	热交换器数据表	N
177	热油加热装置数据表	N
178	电加热器数据表	N
179	设备清单	N
180	机械设备布置图	A
181	设备布置和安装图	N
通风		
182	通风系统规格书	R
183	通风设备规格书	R
184	风机数据表	N
185	防火风闸数据表	N
186	空调数据表	N
187	通风设备清单	N
188	通风系统控制原理图	A
189	防火风闸管线和仪表图	A
190	空调装置管线和仪表图	N
191	通风系统流程图	A
192	通风系统布置图	A
193	通风计算书	R
194	生活楼空调计算书	R
安全		
195	安全原理	R
196	防火原理	R
197	消防设备规格书	R
198	消防水系统规格书	R
199	二氧化碳气体灭火系统规格书	R
200	FM200 气体灭火系统规格书	R
201	高倍数泡沫灭火系统规格书	R
202	低倍数泡沫灭火系统规格书	R

表 A.3（续）

序号	图纸名称	印章类型
安全		
203	气溶胶灭火系统规格书	R
204	消防水量计算书	R
205	二氧化碳气体灭火系统计算书	R
206	FM200气体灭火系统计算书	R
207	高倍数泡沫灭火系统计算书	R
208	低倍数泡沫灭火系统计算书	R
209	气溶胶灭火系统计算书	R
210	水力计算报告	R
211	消防水系统流程图	A
212	二氧化碳气体灭火系统流程图	A
213	FM200气体灭火系统流程图	A
214	低倍数泡沫灭火系统流程图	A
215	高倍数泡沫灭火系统流程图	A
216	气溶胶系统流程图	A
217	消防水泵管线和仪表图	A
218	消防水管网管线和仪表图	A
219	消防水雨淋阀及喷头管线和仪表图	A
220	二氧化碳气体灭火系统管线和仪表图	A
221	FM200气体灭火系统管线和仪表图	A
222	低倍数泡沫灭火系统管线和仪表图	A
223	高倍数泡沫灭火系统管线和仪表图	A
224	消防设备布置图	A
225	火区划分图	N
226	安全标识布置图	N
227	危险区划分图	A
228	逃生通道路线图	A
229	防火控制图	A
230	雨淋阀及喷头数据表	N
231	气体灭火系统数据表	N
232	泡沫灭火系统数据表	N
233	辅助消防设备数据表	N

表 A.3（续）

序号	图纸名称	印章类型
安全		
234	消防水系统管线表	N
235	气体灭火系统管线表	N
236	泡沫灭火系统管线表	N
237	安全分析报告	R
238	安全篇	R
救生		
239	救生设备规格书	R
240	救生设备布置图	A
电气		
241	电力系统规格书	R
242	主发电机规格书	R
243	应急发电机规格书	R
244	变压器规格书	R
245	配电盘规格书	R
246	电动机类设备规格书	R
247	不间断电源规格书	R
248	照明设备规格书	R
249	电力电缆规格书	R
250	蓄电池组规格书	R
251	电力保护设施规格书	R
252	电加热设备规格书	R
253	电伴热设备规格书	R
254	助航信号系统规格书	R
255	电力负荷计算书	R
256	短路电流计算书	R
257	谐波计算书	R
258	选择性保护分析报告	R
259	潮流分析报告	R
260	平台内电力系统总单线图	A
261	平台间电力系统总单线图	A
262	正常供电电力分系统图	A

表 A.3（续）

序号	图纸名称	印章类型
电气		
263	应急供电电力分系统图	A
264	不间断电源系统单线图	A
265	主发电机单线图	A
266	应急发电机单线图	A
267	正常照明系统图	A
268	正常照明布置图	A
269	应急照明系统图	A
270	应急照明布置图	A
271	主要电气设备布置图	A
272	主干电缆布置图	A
273	接地系统布置图	A
274	电伴热及电加热设备系统图	A
275	主配电间布置图	A
276	应急配电间布置图	A
277	变压器间布置图	A
278	助航信号系统单线图	A
279	助航信号系统布置图	A
280	电力系统数据表	N
281	主发电机数据表	N
282	应急发电机数据表	N
283	变压器数据表	N
284	配电盘数据表	N
285	电动机类设备数据表	N
286	不间断电源数据表	N
287	照明设备数据表	N
288	电力电缆规格书	N
289	蓄电池组数据表	N
290	电力保护设施数据表	N
291	电加热设备数据表	N
292	电伴热设备数据表	N
293	助航信号系统数据表	N

表 A.3（续）

序号	图纸名称	印章类型
仪表		
294	火灾探测报警系统设备规格书	R
295	应急关断设备规格书	R
296	可燃气体及硫化氢气体探测报警系统规格书	R
297	仪表电缆规格书	R
298	火气逻辑框图	A
299	火气因果图	A
300	火灾探测系统图	A
301	火灾探测布置图	A
302	可燃气体及硫化氢探测系统图	A
303	可燃气体及硫化氢探测布置图	A
304	应急关断逻辑框图	A
305	应急关断因果图	A
306	应急关断触发点布置图	A
307	仪表电缆走向图	N
308	火灾探测报警系统设备数据表	N
309	应急关断设备数据表	N
310	可燃气体及硫化氢气体探测报警系统数据表	N
311	仪表电缆数据表	N
通信		
312	通信系统设备规格书	R
313	无线电设备规格书	R
314	甚高频无线电规格书	R
315	中/高频无线电规格书	R
316	奈伏泰斯接收机规格书	R
317	直升机相关通信规格书	R
318	公共广播系统规格书	R
319	通用报警系统规格书	R
320	内部电话系统规格书	R
321	应急逃生设备规格书	R
322	通信电缆规格书	R
323	无线电蓄电池电源容量计算书	R

表 A.3（续）

序号	图纸名称	印章类型
通信		
324	无线电及救生系统总系统图	A
325	甚高频无线电系统图	A
326	中/高频无线电系统图	A
327	奈伏泰斯接收机系统图	A
328	直升机相关通信系统图	A
329	广播系统图	A
330	广播布置图	A
331	通用报警系统图	A
332	通用报警布置图	A
333	内部电话系统图	A
334	内部电话布置图	A
335	天线布置图	A
336	应急逃生设备系统图	A
337	通信电缆走向图	N
338	无线电室平面布置图	A
339	无线电设备数据表	N
340	甚高频无线电数据表	N
341	中/高频无线电数据表	N
342	奈伏泰斯接收机数据表	N
343	直升机相关通信数据表	N
344	公共广播系统数据表	N
345	通用报警系统数据表	N
346	内部电话系统数据表	N
347	应急逃生设备数据表	N
348	通信电缆数据表	N

表 A.4 模块钻机

序号	图纸名称	印章类型
总体		
1	总体设计说明书/总体规格书	R
2	模块钻机总布置图（平面、立面）	A
3	环境条件数据报告	N

表 A.4（续）

序号		图纸名称	印章类型
结构			
	4	结构设计规格书	R
	5	结构材料规格书	R
	6	结构建造/检验规格书	R
	7	结构安装规格书	R
	8	防腐规格书	R
	9	舾装规格书	R
	10	甲板载荷图	N
	11	模块钻机结构图	A
	12	井架结构图	A
	13	底座结构图	A
	14	提升设备基座及其支撑结构图	A
	15	火炬臂结构图（如适用）	A
	16	火炬臂强度计算书（如适用）	R
	17	吊机将军柱结构图	A
	18	栈桥、梯道、栏杆结构图	A
	19	栈桥、梯道、栏杆布置图	A
	20	防火分隔划分图	A
	21	防火绝缘布置图	A
	22	甲板敷料布置图	A
	23	防火门窗布置图	A
	24	防火结构典型节点图	A
	25	结构模型报告	R
	26	井架/底座设计计算书	R
	27	设备模块/橇块强度计算书（如适用）	R
	28	在位静力分析报告	R
	29	地震分析报告	R
	30	装船分析报告	R
	31	拖航分析报告	R
	32	吊装分析报告	R
	33	吊耳强度分析报告	R
	34	支点反力报告	R

表 A.4（续）

序号	图纸名称	印章类型
工艺		
35	模块钻机总体说明书	R
36	设备总布置图	A
37	工艺设计说明书	R
38	处理系统设备和仪表符号、图例一览表	N
39	高压泥浆系统管系仪表图	A
40	泥浆混合系统管系仪表图	A
41	泥浆处理系统管系仪表图	A
42	泥浆储存系统管系仪表图	A
43	固井系统管系仪表图	A
44	液压系统管系仪表图	A
45	非危险排放系统管系仪表图	A
46	危险排放系统管系仪表图	A
47	蒸汽系统管系仪表图	A
48	水泥灰系统管系仪表图	A
49	重晶石/膨润土系统管系仪表图	A
50	海水系统管系仪表图	A
51	钻井水系统管系仪表图	A
52	柴油系统管系仪表图	A
53	压缩空气系统管系仪表图	A
54	模块钻机与上部组块界面管系仪表图	A
55	高压泥浆系统管系仪表图	A
56	燃油系统管系仪表图	A
57	淡水/热水管系仪表图	A
配管		
58	管路总体布置图	N
59	配管设计规格书	R
60	管道材料规格书	R
61	管道保温规格书	R
62	管道装配规格书	R
63	管道焊接规格书	R
64	管道试验规格书	R

表 A.4（续）

序号	图纸名称	印章类型
配管		
65	管道直径和壁厚设计计算书	R
66	管道应力分析报告	R
机械		
67	设备清单	N
68	橇装规格书	R
69	噪声和振动规格书	R
70	压力容器规格书	R
71	常压容器规格书	R
72	换热器规格书	R
73	高压泥浆泵类规格书	R
74	空气压缩机及干燥器规格书	R
75	防喷器规格书	R
76	井架规格书	R
77	绞车规格书	R
78	转盘规格书	R
79	天车、游动滑车规格书	R
80	司钻房规格书	R
81	顶驱规格书	R
82	固控设备规格书	R
83	钻井滑移系统及液压系统规格书	R
84	防喷器提升设备规格书	R
85	节流及压井管汇规格书	R
86	高压泥浆立管管汇规格书	R
通风		
87	通风系统规格书	R
88	通风设备规格书	R
89	风机数据表	N
90	防火风闸数据表	N
91	空调数据表	N
92	通风设备清单	N
93	通风系统控制原理图	A

表 A.4（续）

序号	图纸名称	印章类型
通风		
94	防火风闸管线和仪表图	A
95	空调装置管线和仪表图	N
96	通风系统流程图	A
97	通风系统布置图	A
98	通风计算书	R
99	生活楼空调计算书	R
安全		
100	安全总体规格书	R
101	消防规格书	R
102	消防水灭火系统计算书	R
103	水灭火系统管系仪表图	A
104	泡沫消防管系仪表图	A
105	逃生路线图	A
106	消防设备布置图	A
107	安全篇	R
电气		
108	电力系统规格书	R
109	电力系统单线图	A
110	正常照明系统图	A
111	正常照明布置图	A
112	应急照明系统图	A
113	应急照明布置图	A
114	主要电气设备布置图	A
115	主干电缆布置图	A
116	电伴热及电加热设备系统图	A
117	电力负荷计算报告	R
仪表		
118	火灾探测报警系统设备规格书	R
119	应急关断设备规格书	R
120	可燃气体及硫化氢气体探测报警系统规格书	R
121	仪表电缆规格书	R

表 A.4（续）

序号	图纸名称	印章类型
仪表		
122	火气逻辑框图	A
123	火气因果图	A
124	火灾探测系统图	A
125	火灾探测布置图	A
126	可燃气体及硫化氢探测系统图	A
127	可燃气体及硫化氢探测布置图	A
128	应急关断逻辑框图	A
129	应急关断因果图	A
130	应急关断触发点布置图	A
131	仪表电缆走向图	N
通信		
132	公共广播系统规格书	R
133	通用报警系统规格书	R
134	内部电话系统规格书	R
135	广播系统图	A
136	广播布置图	A
137	通用报警系统图	A
138	通用报警布置图	A
139	内部电话系统图	A
140	内部电话布置图	A
141	无线电蓄电池电源容量计算报告（如适用）	R

表 A.5 立管系统

序号	图纸名称	印章类型
对于各类立管系统		
1	立管系统工艺规格书	R
2	立管系统设计基础	R
3	立管连接器规格书，包括立管单根之间和立管端部的连接器	R
4	保温规格书（如适用）	R
5	防腐涂层规格书	R
6	现场节点涂层规格书（如适用）	R

表 A.5（续）

序号	图纸名称	印章类型
对于各类立管系统		
7	阴极保护规格书	R
8	VIV抑制装置规格书（如适用）	R
9	立管系统附件规格书，如法兰、三通、锚固件等（如适用）	R
10	平管段配重层规格书（如适用）	R
11	焊接和无损试验规格书（如适用）	R
12	环焊缝疲劳试验规格书（如适用）	R
13	安装规格书	R
14	预调试规格书	R
15	立管监测系统规格书（如适用）	R
16	立管检测、维护、修复和监测要求规格书	R
17	调试大纲	R
18	立管系统总布置图	A
19	立管构型图及截面详图	A
20	VIV抑制装置图	A
21	阳极布置图及详图	A
22	立管安装流程图（如适用）	A
23	立管监测系统总布置图（如适用）	A
24	流动保障分析报告，包括水力、热力计算	R
25	立管壁厚选择报告	R
26	立管干涉分析报告	R
27	立管强度分析报告	R
28	立管疲劳分析报告	R
29	立管安装分析报告	R
30	敏感性分析报告（如适用）	R
31	阴极保护分析报告	R
顶部张紧式立管系统		
32	立管单根，包括各类特殊立管单根，如应力节等	R
33	张紧器系统规格书	R
34	扶正装置规格书（如适用）	R
35	导向系统规格书	R
36	浮筒规格书（如适用）	R

表 A.5（续）

序号	图纸名称	印章类型
顶部张紧式立管系统		
37	浮力模块规格书（如适用）	R
38	下放/回收规格书	R
39	井口布置图	A
40	立管单根设计图纸，包括应力节、张力节等特殊立管单根	A
41	下放/回收流程图	A
42	立管磨损分析报告（如适用）	R
钢悬链线式立管系统		
43	钢管规格书	R
44	立管顶部接头托篮规格书	R
45	立管悬挂总成规格书	R
46	立管—浮体界面图	A
47	立管悬挂总成总布置图	A
48	立管悬挂总成图	A
49	立管顶部接头托篮图	A
50	焊缝 ECA 报告（如适用）	R
51	立管悬挂总成设计及强度、疲劳分析报告	R
52	立管托篮结构的设计及强度、疲劳分析报告	R
挠性立管系统		
53	挠性管规格书	R
54	弯曲加强器规格书	R
55	弯曲限定器规格书	R
56	浮力模块、浮筒或浮力支撑系统规格书	R
57	立管—浮体界面布置图	A
58	弯曲加强器图	A
59	弯曲限定器图	A
60	浮力模块、浮筒或浮力支撑系统图	A
61	挠性管管体图	A
62	端部配件图	A
63	立管护管布置图	A
64	连接器选择报告	R

表 A.5（续）

序号	图纸名称	印章类型
混合立管系统		
65	立管单根/钢管的规格书	R
66	顶部挠性跨接管规格书	R
67	浮筒规格书	R
68	张紧链/挠性接头规格书	R
69	立管顶部总成规格书	R
70	立管应力节规格书	R
71	立管底部总成规格书	R
72	连接器规格书	R
73	弯曲加强器规格书（如适用）	R
74	立管基础规格书	R
75	立管支撑系统规格书（如适用）	R
76	立管底部跨接管规格书	R
77	立管管子全尺寸疲劳试验规格书	R
78	立管—浮体界面图	A
79	浮筒详图	A
80	立管基础图	A
81	顶部挠性跨接管图	A
82	立管系统永久性结构部件图，包括顶部立管总成、底部立管总成、应力节和其他永久性结构	A
83	立管底部跨接管图	A
84	弯曲加强器图	A
85	立管总体构型设计报告	R
86	顶部挠性跨接管设计及强度、疲劳分析报告	R
87	浮筒设计及分析报告	R
88	立管系统永久性结构部件设计及强度、疲劳分析报告，包括顶部立管总成、底部立管总成、应力节和其他永久性结构	R
89	立管基础设计及分析报告	A
90	立管底部跨接管设计及强度、疲劳分析报告	R
91	焊缝 ECA 报告（如适用）	R
其他备查的图纸资料		
92	海洋环境报告	N
93	现场调查报告	N

表 A.6 人工岛

序号	图纸名称	印章类型
总体		
1	人工岛总体和结构设计说明书	R
2	油田区位图	N
3	人工岛总布置图	A
4	竖向布置图	A
5	环境条件资料	N
6	气象条件资料	N
7	基础资料	N
8	工程建设项目安全预评价报告	N
9	工程项目环境影响评价报告	N
结构、建筑		
10	人工岛结构图	A
11	岛体载荷图	A
12	防浪胸墙图	A
13	岛壁配筋图	A
14	码头、靠船设施结构图	A
15	码头防撞装置及系泊设备图	A
16	生产设施辅助生产设施平面布置图	A
17	生产设施辅助生产设施建筑结构图	A
18	钢结构结构图	A
19	设备底座结构图	A
20	办公、生活建筑布置图	N
21	储罐平台总体布置图	A
22	储罐平台基本结构图	A
23	储罐基座结构图	A
24	设备底座结构图	A
25	生活楼结构图	A
26	步桥、梯道、栏杆布置图	A
27	通岛路桥结构图	A
28	桩基结构图（如适用）	A
29	轨道梁结构图	A
30	建造工艺	R

表 A.6（续）

序号	图纸名称	印章类型
结构、建筑		
31	建造规格书	R
32	材料规格书	R
33	焊接及无损检测规格书	R
34	储罐及其附件总体说明书	R
35	独立结构计算报告	R
36	局部强度分析报告	R
37	地基承载力计算报告	R
38	地基整体稳定性计算报告	R
39	岛体整体抗滑移稳定性计算报告	R
40	桩基分析报告（如适用）	R
41	岛体下沉量计算报告	R
42	靠船设施结构设计计算报告	R
43	强度计算书（吊机底座、吊艇架、钢结构等）	R
44	直升机降落区域结构强度计算书	R
45	打桩分析报告（如适用）	R
46	地震安全评价报告	R
防腐		
47	防腐控制规格书，包括涂装及阴极保护	R
48	钢筋混凝土结构防腐说明书	R
49	防腐计算书	R
工艺		
50	工艺设计原理规格书	R
51	公用系统消耗规格书	R
52	工艺系统描述和设计原理	N
53	公用系统描述和设计原理	N
54	安全分析表	N
55	管线表	N
56	放空头数据表	N
57	火炬头数据表	N
58	丙烷瓶数据表	N
59	火炬辐射和扩散分析报告	R

表 A.6（续）

序号	图纸名称	印章类型
工艺		
60	工艺流程图——油气水处理系统	A
61	工艺流程图——原油储存与外输系统	A
62	工艺流程图——天然气处理系统	A
63	工艺流程图——气体脱水系统	A
64	工艺流程图——燃料气系统	A
65	工艺流程图——柴油系统	A
66	工艺流程图——燃料油系统	A
67	工艺流程图——直升机加油系统	A
68	工艺流程图——火炬与冷放空系统	A
69	工艺流程图——开排系统	A
70	工艺流程图——化学药剂系统	A
71	工艺流程图——公用/仪表气系统	A
72	工艺流程图——海水系统	A
73	工艺流程图——注水系统	A
74	工艺流程图——淡水系统	A
75	工艺流程图——三甘醇再生系统	A
76	工艺流程图——热介质系统	A
77	工艺流程图——闭排系统	A
78	工艺流程图——惰气系统	A
79	管线仪表图——图例	N
80	管线仪表图——井口	A
81	管线仪表图——管汇	A
82	管线仪表图——井口测量系统	A
83	管线仪表图——原油/合格原油换热器	A
84	管线仪表图——生产分离器	A
85	管线仪表图——原油储罐	A
86	管线仪表图——电脱水器	A
87	管线仪表图——原油外输与计量标定系统	A
88	管线仪表图——入口洗涤器和压缩机	A
89	管线仪表图——压缩机后冷却器和出口洗涤器	A
90	管线仪表图——脱水入口气体过滤分离器	A

表 A.6（续）

序号	图纸名称	印章类型
工艺		
91	管线仪表图——三甘醇吸收塔和贫甘醇/干气换热器	A
92	管线仪表图——外输气体计量系统	A
93	管线仪表图——残油罐和泵	A
94	管线仪表图——燃料气处理系统	A
95	管线仪表图——柴油系统	A
96	管线仪表图——燃料油系统	A
97	管线仪表图——直升机加油系统	A
98	管线仪表图——火炬或冷放空系统	A
99	管线仪表图——开排系统	A
100	管线仪表图——化学药剂系统	A
101	管线仪表图——公用/仪表气系统	A
102	管线仪表图——海水系统	A
103	管线仪表图——注水系统	A
104	管线仪表图——淡水系统	A
105	管线仪表图——甘醇再生系统	A
106	管线仪表图——废热回收系统（热介质系统）	A
107	管线仪表图——闭排系统	A
108	管线仪表图——惰气系统	A
109	管线仪表图——气体透平发电机	A
配管		
110	配管设计规格书	R
111	管道材料规格书	R
112	管道保温规格书	R
113	管道装配规格书	R
114	管道应力分析规格书	R
115	管道焊接规格书	R
116	管道试验规格书	R
117	管道检测规格书	R
118	管道标准图规格书	R
119	管道支架标准图规格书	R
120	管道喷涂规格书	R

表 A.6（续）

序号	图纸名称	印章类型
配管		
121	管道直径和壁厚计算书	R
122	管道应力分析报告	R
123	阀门数据表	N
124	特殊件数据表	N
机械		
125	设备规格书	R
126	设备数据表	N
127	通用机械设备布置图	A
128	通用管系流程图（UFD）	A
129	通用管系和仪表图（P&ID）	A
130	管道壁厚和直径设计计算书	R
通风		
131	通风系统规格书	R
132	通风设备规格书	R
133	风机数据表	N
134	防火风闸数据表	N
135	空调数据表	N
136	通风设备清单	N
137	通风系统控制原理图	A
138	防火风闸管线和仪表图	A
139	空调装置管线和仪表图	N
140	通风系统流程图	A
141	通风系统布置图	A
142	通风计算书	R
143	生活楼空调计算书	R
安全		
144	危险区划分图	A
145	应急避难房平面/竖向布置图	R
146	应急避难房房间布置图	R
147	逃生路线图	A
148	建筑防火图	R

表 A.6（续）

序号	图纸名称	印章类型
安全		
149	储罐保温层布置	R
150	防火控制图	A
151	消防说明书	R
152	消防水储量计算书	R
153	消防水系统流程图	A
154	消防水系统管路及仪表图	A
155	水喷淋系统图及布置图	A
156	水喷淋用量计算书	R
157	泡沫灭火系统管路及仪表图	A
158	泡沫储液用量计算书	R
救生		
159	救生设备布置图	A
160	救生艇艇架结构图	A
161	吊艇架安装图	A
162	救生设备配备明细表	N
电气		
163	主电源和应急电源电力负荷计算书	R
164	短路电流计算书	R
165	电气系统规格书	R
166	电气系统图	A
167	保护协调分析	R
168	主要电气设备系统图,包括空调、冷藏、通风、消防、供水、供气、供油等	A
169	主配电盘和应急配电盘板面布置图	A
170	主要电力设备布置图	A
171	主照明系统图	A
172	应急照明系统图	A
173	照明布置图	A
174	中控系统图	A
175	其他电气单线图	A
176	电伴热系统图	A
177	助航信号系统图	A

表 A.6（续）

序号	图纸名称	印章类型
电气		
178	助航信号布置图	A
仪表		
179	应急关断系统图	A
180	探火及失火报警系统图	A
181	可燃气体探测系统图	A
182	可燃气体探测布置图	A
183	火气探测系统布置图	A
184	硫化氢探测系统图	A
通信		
185	内部通信系统图	A
186	内部通信布置图	A
187	内部报警系统图	A
188	内部报警布置图	A
189	无线电等外部通信系统图	A
190	无线电等外部通信布置图	A
直升机坪		
191	直升机坪布置详图	A
192	直升机坪结构图及强度计算书	R
193	直升机存放系固布置图（如适用）	A
194	直升机坪消防设备配备和布置图，包括灭火剂量计算书	A
195	安全设备、信号设备、防滑措施的配备和布置图	A
196	直升机无障碍抵/离扇形区布置图	A
197	直升机视觉设备布置图	A
其他		
198	生活楼内设施清单	N
199	生活楼和控制室通风系统图	R
200	开式排泄系统管路图/排水沟路线图	A
201	开式排泄柜/池规格书及总图	R
202	残油柜规格书及总图	R
203	油水处理系统说明书	R
204	除应急设备之外的动力装置的燃油供应系统图	A

表 A.7 水下生产系统

序号	图纸名称	印章类型
水下生产系统		
1	总体设计说明书/总体规格书	R
2	材料和制造规格书	R
3	总体布置图	N
4	设备流程图	A
5	设备图图例、符号和说明	N
6	清管流程图	A
7	工艺控制流程图	A
8	安全控制流程图	A
9	设计相关计算书,如工艺计算书	R
10	材料清单	N
11	相关设计数据表,如热量和质量平衡表(物料平衡表)	N
12	关断系统图与逻辑因果图	A
水下井口		
13	产品适用的技术标准	N
14	产品总体说明书,包括产品设计基础,产品规格书	R
15	产品设计图纸,主要部件图纸、零部件和材料清单等	A
16	设计计算书,包括但不限于强度、防腐计算书	R
17	原型和/或型式试验报告(如适用)	R
18	防腐布置图	N
19	试验程序及验收标准	R
20	外观标志及说明	N
21	关断系统图与逻辑因果图	A
22	ROV操作界面及相关文件	N
水下采油树		
23	产品适用的技术标准	N
24	产品总体说明书	R
25	产品设计图纸,包括部件图纸、零部件和材料清单等	A
26	设计计算书,包括但不限于强度、防腐、流动保障、吊装计算书	R
27	风险评估/分析报告(适用于新产品)	R
28	原型和/或型式试验报告(如适用)	R
29	主要工艺图纸及文件	A

表 A.7（续）

序号	图纸名称	印章类型
水下采油树		
30	控制逻辑图,包括安全监测控制	A
31	防腐布置图	N
32	外观标志及说明	N
33	试验程序及验收标准	R
34	关断系统图与逻辑因果图	A
35	ROV操作界面及相关文件	N
水下管汇及管道组件		
36	产品适用的技术标准	N
37	产品总体说明书	R
38	产品设计图纸,包括部件图纸、零部件和材料清单等	A
39	设计计算书,包括但不限于结构与管路强度计算分析、防腐、流动保障、吊装计算书	R
40	风险评估/分析报告(适用于新产品)	R
41	主要工艺图纸及文件	A
42	控制逻辑图,包括安全监测控制	A
43	防腐布置图	N
44	外观标志及说明	N
45	试验程序及验收标准,包括FAT、SIT、新开发产品的工程环境测试程序	R
46	关断系统图与逻辑因果图	A
47	ROV操作界面及相关文件	N
水下连接系统		
48	技术规格书	R
49	材料清单	N
50	相关设计数据表	N
51	材料和制造规格书	R
52	总体布置图、防腐、无损探伤布置图及相关资料	N
53	设备控制流程图及相关资料	A
54	设备结构强度计算书,包括各种设计工况、安装、试验;连接器各部件有限元分析等相关资料	R
55	水下电源连接器、贯穿器和跳线组件相关图纸	A
56	海底电力变压器相关图纸(如适用)	A

表 A.7（续）

序号	图纸名称	印章类型
水下连接系统		
57	防腐计算书	R
58	ROV 操作界面及相关文件	N
59	风险分析相关资料（如适用）	R
60	试验程序及验收标准，包括 FAT、SIT、新开发产品的工程环境测试程序	R
61	操作说明书	R
跨接管		
62	产品适用的技术标准	N
63	产品总体说明书	R
64	产品设计图纸，包括材料清单等	A
65	设计计算书，包括预制、存放、运输、安装、调试和运行等各种工况下的应力分析、振动、防腐、吊装分析计算书	R
66	主要工艺图纸及文件	A
67	防腐布置图（如适用）	N
68	外观标志及说明	N
69	试验程序及验收标准	R
70	ROV 操作界面及相关文件（如适用）	N
水下控制系统及脐带缆		
71	产品适用的技术标准	N
72	产品总体说明书	R
73	产品设计图纸，包括材料清单等	A
74	海底高/低压控制装置相关图纸（如适用）	A
75	海底变速传动装置相关图纸（如适用）	A
76	设计计算书，包括但不限于电力负荷、脐带缆强度、吊装分析计算书	R
77	控制逻辑图	A
78	试验程序及验收标准	R
基础与结构		
79	产品适用的技术标准	N
80	产品总体说明书	R
81	产品设计图纸，包括材料清单等	A
82	设计计算书	R
83	定位设备布置图（如适用）	N

表 A.7（续）

序号	图纸名称	印章类型
基础与结构		
84	防腐布置图	N
85	外观标志及说明	N
86	试验程序及验收标准	R
87	ROV操作界面及相关文件	N

附 录 B
（规范性）
建造项目（钢质设施）发证检验

B.1 结构

B.1.1 文件审查：
— 检验及试验计划（ITP）；
— 原材料控制及跟踪程序；
— 材质证书；
— 焊接组对及外观检验程序；
— 无损检测程序；
— 尺寸控制检验程序；
— 结构建造程序；
— 结构件预制程序；
— 焊材储存和使用程序；
— 焊接工艺，包括焊接返修工艺、表面堆焊程序；
— 焊接变形控制程序；
— 变形矫正程序；
— 焊后热处理程序；
— 焊接人员资质；
— 无损检测人员资质；
— 无损探伤图；
— 海上安装程序。

B.1.2 检验项目：
— 材质确认检验；
— 焊前组对、预热检验；
— 焊后外观检验；
— 焊后热处理检验；
— 无损检测检验；

——焊前尺寸检验；
——焊后尺寸检验；
——安装就位检验；
——打桩检验；
——灌浆检验。

B.2 防腐

B.2.1 文件审查：
——检验及试验计划（ITP）；
——阴极保护系统安装程序。

B.2.2 检验项目：
——阳极安装检验；
——外加电流保护系统安装检验。

B.3 管线

B.3.1 文件审查：
——检验及试验计划（ITP）；
——材料控制程序；
——材质证书；
——预制、安装施工程序；
——焊接工艺；
——焊接组对、外观检验程序；
——无损检测程序；
——焊后热处理程序（如适用）；
——焊接人员资质；
——无损检测人员资质；
——强度试验程序；
——密性试验程序。

B.3.2 检验项目：
——材质确认检验；
——焊接组对检验；
——焊后外观检验；
——焊后热处理检验（如适用）；
——无损检测检验；
——强度试验检验；
——密性试验检验。

B.4 电缆

B.4.1 文件审查：

——检验及试验计划(ITP);
——敷设施工程序;
——材质证书。

B.4.2 检验项目:
——材料确认检验;
——敷设施工检验。

B.5 海管

B.5.1 文件审查:
——检验及试验计划(ITP);
——材料控制程序;
——材质证书;
——弯管制造程序;
——弯管检验程序;
——涂敷施工程序;
——涂敷检验程序;
——焊接组对、外观检验程序;
——焊接程序;
——无损检测程序;
——无损检测人员资质;
——焊接人员资质;
——阳极安装程序;
——敷设程序;
——清管试压程序;
——后调查程序。

B.5.2 检验项目:
——材质确认检验;
——弯管制造检验;
——涂敷检验;
——焊前组对检验;
——焊后外观检验;
——无损检测检验;
——阳极安装检验;
——海上敷设检验;
——清管试压检验;
——后调查报告审核。

B.6 设备

B.6.1 文件审查:

——设备证书；
——安装程序；
——调试程序；
——调试记录表格。

B.6.2 检验项目：
——安装就位检验；
——调试检验。

B.7 系统

B.7.1 文件审查：
——调试程序；
——调试记录表格。

B.7.2 检验项目：调试检验。

附 录 C
（规范性）
建造项目（陆岸终端、人工岛及滩海陆岸）发证检验

C.1 主体工程

C.1.1 文件审查：
——检测机构资质证书；
——检测设备和计量器具检定证书；
——焊接工艺评定报告、焊接作业指导书；
——焊工、无损检测人员的资质证书；
——原材料、成品、半成品质量证明文件；
——施工过程中的抽样检验报告；
——施工过程的质量检验和验收记录。

C.1.2 检验项目

C.1.2.1 混凝土工程：
——模板及支撑的材料和结构检验；
——模板的支撑安装检验；
——模板脱模剂涂刷检验；
——模板表面、接缝状况检验；
——现场制作模板检验；
——预制构件模板安装检验；
——现浇混凝土模板安装检验；
——浇筑混凝土前的模板、支撑系统、钢筋和预埋件位置和装设检验；
——浇筑混凝土前模板内的杂物、污水和钢筋及预埋件上的灰浆、油污清除情况检验；
——混凝土施工骨料、水泥、外加剂规格和质量检验；

——试验和现场抽样检验；
——现场搅拌混凝土所用的原材料和配合比检验；
——混凝土试件的制作、养护和试验检验；
——现场浇筑混凝土的含气量和坍落度检验；
——浇筑混凝土时避免产生离析现象的措施检验；
——混凝土构件表面质量检验；
——混凝土预制件检验；
——预应力混凝土管桩检验；
——预制矩形沉箱、空心方块检验；
——预制板桩检验；
——预制扭工字块、四角锥、扭王字块检验；
——预制四角空心块检验。

C.1.2.2 钢筋工程：
——钢筋的品种、规格和数量检验；
——受力钢筋的接头连接方式、接头位置、同一截面接头数量和绑扎接头的搭接长度检验；
——钢筋焊接接头和机械连接接头的力学性能检验；
——钢筋保护层的厚度检验；
——混凝土或砂浆垫块检验；
——钢筋加工检验；
——钢筋绑扎和安装检验。

C.1.2.3 钢结构工程：
——首次采用的钢材、焊接材料、焊接方法等的焊接工艺检验；
——钢结构材料的品种、规格、性能和质量检验；
——焊缝外形尺寸及表面质量检验；
——一、二级焊缝的无损探伤方法、数量、部位和质量检验；
——圆筒形构件制作检验；
——钢管桩制作检验。

C.1.2.4 施工测量：
——施工平面控制网精度检验；
——平面控制系统和高程控制系统、测量成果报告的符合性检验；
——基础施工前的工程区域海底地形地貌测量复核。

C.1.2.5 基础工程：
——砂垫层和基础换砂检验
——排水砂井施工检验；
——塑料排水板施工检验。

C.1.2.6 斜坡式滩海陆岸平台、站台岛壁结构：
——水下基础检验；
——水下抛石检验。

C.1.2.7 充填袋岛壁结构：

——充填袋所用土工织物检验；
——充填料的砂质、土质、级配检验；
——充填袋填筑检验；
——充填袋结构断面尺寸检验。

C.1.2.8 板桩岛壁结构：
——板桩的规格检验；
——预制板桩的质量检验；
——板桩安装的桩尖标高及桩体完整性检验；
——板桩安装后的内外压差检验；
——板桩安装防止板桩倾斜或倒伏措施检验；
——板桩结构的设计标高处平面位置、垂直度及其他施工质量检验。

C.1.2.9 重力式岛壁结构：
——地基处理检验；
——水下基槽抛石检验；
——水下基床整平检验；
——预制构件安装检验。

C.1.2.10 混凝土胸墙和挡浪墙：
——混凝土的模板、钢筋、混凝土施工检验；
——混凝土浇筑检验；
——浇筑混凝土的分层厚度检验；
——浇筑混凝土胸墙和挡浪墙标高及尺寸检验。

C.1.2.11 护面结构工程：
——大块石护面检验；
——护面块体安放检验；
——模袋混凝土护面检验。

C.1.2.12 护底工程：
——散抛石压载软体排护底检验；
——水下抛石护底检验；
——水下抛石笼护底检验。

C.1.2.13 岛芯回填工程：
——倒滤层检验；
——土石方回填检验；
——吹填检验。

C.1.2.14 道路和路面结构工程：
——现浇混凝土面层检验；
——道路混凝土面层检验；
——停靠船与防护设施工程的安装检验。

C.1.2.15 竣工尺寸：
——施工完成后的平面尺寸检验；

——施工完成后的方位检验。

C.2 滩海漫水路

C.2.1 文件审查：
——检测机构资质证书；
——特殊作业人员证书；
——报验计划和停检点设置计划；
——施工机具和计量仪器的校验证书；
——特种作业人员资质证书,包括电焊工、起重工等；
——施工企业及相关人员资质证书；
——测量设备的合格证书、定期校验证书；
——施工机械、设备相关证件。

C.2.2 检验项目

C.2.2.1 原材料和产品：
——石料的规格和质量检验；
——混凝土所用粗、细骨料质量检验；
——拌制混凝土用水检验；
——土工合成材料进场检验；
——水泥进场检验；
——掺用外加剂进场检验；
——混凝土的配合比检验；
——混凝土试件的制作、养护和试验检验；
——预制混凝土管桩规格和质量检验。

C.2.2.2 基础工程：
——砂石垫层检验；
——土工合成材料加筋垫层检验；
——抛石挤淤地基检验；
——水泥土搅拌桩检验；
——塑料排水板检验；
——碎石桩检验。

C.2.2.3 路体和路面工程：
——抛石路体填筑检验；
——路面工程检验。

C.2.2.4 防护工程：
——护面垫层检验；
——土工织物滤层检验；
——抛石护面检验；
——干砌块石护面检验；
——人工块体预制及安装检验。

C.2.2.5 附属设施：
— 管缆沟检验；
— 护轮带及标志杆检验。

C.3 建(构)筑物

C.3.1 文件审查：
— 检测机构资质证书；
— 检测设备和计量器具检定证书；
— 焊接工艺评定报告、焊接作业指导书；
— 原材料、成品、半成品质量证明资料；
— 施工过程中的抽样检验报告；
— 施工过程的质量检验和验收记录。

C.3.2 检验项目

C.3.2.1 原材料和构配件：
— 原材料进场检验；
— 预制件进场检验；
— 钢质结构件进场检验；
— 混凝土结构件进场检验。

C.3.2.2 地基与基础工程：
— 地基处理检验；
— 基槽开挖与回填检验。

C.3.2.3 桩基工程：
— 钢筋混凝土预制桩的原材料、钢筋、绑扎、模板制作、混凝土浇筑等检验；
— 钢筋混凝土桩锤击桩质量检验；
— 焊接桩质量检验；
— 工程桩承载力和桩身质量检验。

C.3.2.4 砌体工程检验。

C.3.2.5 钢筋混凝土建(构)筑物工程：
— 钢筋混凝工程检验；
— 现浇结构件拆模后的尺寸检验；
— 现浇混凝土设备基础检验；
— 混凝土外防腐工程检验。

C.3.2.6 钢结构建(构)筑物：
— 钢结构建(构)筑物平面布置及构造检验；
— 钢结构材料检验；
— 钢结构建造及焊接检验。

C.4 油气工艺

C.4.1 文件审查：

——施工人员资质；
——检验及试验计划；
——质量控制和检验程序；
——计量器具检定合格证书；
——焊接程序，包括焊接返修程序；
——焊接工艺评定报告；
——材料控制、检验程序；
——无损探伤及检验程序；
——焊后热处理程序；
——机械/设备安装程序；
——压力试验、气密试验及管线清扫程序；
——管线保温及保护层施工和检验程序；
——单机调试大纲；
——联合试运转大纲。

C.4.2 检验项目：
——材料、设备、管道附件进场检验；
——材料的复验；
——对设计工况有特殊要求的管材及管件的处理和检验；
——专业设备进场检验；
——工程安装前的设备基础检验；
——设备、管线安装位置、质量及固定检验；
——管道安装检验；
——机泵类设备安装检验；
——容器类设备安装检验；
——塔类设备安装检验；
——炉类设备安装检验；
——储罐安装检验；
——试运转检验。

C.5 电气装置

C.5.1 文件审查：
——制造厂提供的电气材料和设备的说明书、试验报告、合格证、安装图纸、检验机构证书等文件；
——进口设备的商检证明和中文的质量合格证明文件、出厂试验报告等技术文件；
——工序报验资料；
——人员资质；
——电气设备交接试验报告；
——单机调试大纲。

C.5.2 检验项目

C.5.2.1 一般规定：
　　——电气材料和设备的规格、型号检验；
　　——电气设备交接试验检验。

C.5.2.2 变压器安装：
　　——变压器的低压侧中性点与接地干线直接连接检验；
　　——变压器的支架或外壳接地检验；
　　——变压器绝缘件外观质量检验；
　　——变压器测温仪表检验；
　　——装有滚轮的变压器就位后的固定检验。

C.5.2.3 盘、柜及二次回路接线：
　　——盘柜及其内设备与各构件间连接检验；
　　——盘、柜、台、箱的接地检验；
　　——盘、柜的防电击保护检验；
　　——高压成套柜的安装检验；
　　——低压抽屉式配电柜的安装检验。

C.5.2.4 低压电动机、电加热器及电动执行机构：
　　——电动机、电加热器及电动执行机构的可接近裸露岛体接地（PE）检验；
　　——电动机、电加热器及电动执行机构绝缘电阻值检验；
　　——电气设备安装固定检验；
　　——防水防潮电气设备的接线入口及接线盒盖密封处理检验；
　　——在设备接线盒内裸露的不同相导线间和导线对地间最小距离检验。

C.5.2.5 柴油发电机组安装：
　　——发电机馈电线路连接后，两端的相序与原供电系统的相序一致性检验；
　　——发电机中性线的处理检验；
　　——发电机基座（水平）与加强结构的检验。

C.5.2.6 不间断电源安装：
　　——不间断电源的内部结线连接检验；
　　——不间断电源的输入、输出各级保护系统和输出的电压稳定性等各项技术性能指标试验调整检验；
　　——不间断电源装置间连线的线间、线对地间绝缘电阻值检验；
　　——不间断电源装置的可接近裸露导体接地检验；
　　——安放不间断电源的机架检验。

C.5.2.7 电缆线路敷设：
　　——电缆及其附件安装用的钢制紧固件检验；
　　——电缆导管的加工及敷设检验；
　　——电缆桥架安装检验；
　　——电缆敷设检验。

C.5.2.8 接地装置安装：
　　——电气装置接地的金属部分接地检验；

——接地装置的安装检验；
——接地体(线)的连接检验；
——避雷针(线、带、网)的接地检验。

C.5.2.9 爆炸危险环境内的电气设备安装：
——TN-S 配电网；
——漏电保护；
——防爆电器；
——防静电设计(不导电环境、等电位连接、PEN 接地)。

C.5.2.10 电气动力设备试运行：
——试运行前,相关电气设备和线路的试验检验；
——成套配电柜(屏、台、箱)的运行电压、电流及各种仪表指示检验；
——电动机试通电检验；
——可空载试运行的电动机空载试运行检验；
——电动执行机构的动作方向及指示检验。

C.6 仪表与自动控制

C.6.1 文件审查：
——制造厂提供的材料和设备的说明书、试验报告、合格证件、安装图纸、检验机构证书等文件；
——进口设备的商检证明和中文的质量合格证明文件、出厂试验报告等技术文件；
——工序报验资料；
——取源部件的安装和测试记录；
——电缆绝缘电阻的测试记录；
——接地电阻的测试记录；
——单体仪表调试记录；
——仪表系统调试记录；
——报警联锁系统试验记录；
——应急关断系统的试验记录；
——单机调试大纲；
——联合试运转大纲。

C.6.2 检验项目

C.6.2.1 仪表设备的安装：
——仪表设备的安装检验；
——仪表设备的产品铭牌和仪表位号标志检验；
——温度检测仪表安装检验；
——压力检测仪表安装检验；
——物位检测仪表安装检验；
——执行机构检验；
——仪表线路敷设检验；

——供气系统安装检验。

C.6.2.2 仪表盘、柜、箱、操作台的安装：
——型钢底座制作检验；
——型钢底座在地面施工完成前的找正、防腐检验；
——仪表盘（操作台）安装的垂直度、水平方向的倾斜度检验。

C.6.2.3 防爆和接地：
——防爆设备安装检验；
——接地检验。

C.6.2.4 仪表和计算机控制系统的调试：
——仪表调试检验；
——直接安装在设备或管道上的仪表随同设备或管道系统调试检验；
——调节系统的调试检验；
——报警系统的调试检验；
——联锁保护系统的调试检验；
——计算机控制系统的调试检验；
——应急关断控制系统的试验检验；
——仪表和计算机系统联合调试检验。

C.7 火灾与可燃气体探测报警系统

C.7.1 文件审查：
——制造厂提供的材料和设备的说明书、试验报告、合格证件、安装图纸、检验机构证书等文件；
——进口设备的商检证明和中文的质量合格证明文件、出厂试验报告等技术文件；
——工序报验资料；
——探测部件的安装和测试记录；
——电缆绝缘电阻的测试记录；
——接地电阻的测试记录；
——单体探头调试记录；
——探测系统调试记录；
——报警联锁系统调试记录。

C.7.2 检验项目：
——火灾与可燃气体探测系统的安装检验；
——火灾报警系统的布线检验；
——火灾报警系统的接地检验；
——可燃气体检测报警系统检验；
——应急电源安装检验。

C.8 通信系统

C.8.1 文件审查：

——制造厂提供的材料和设备的说明书、试验报告、合格证件、安装图纸、检验机构证书等文件；
——进口设备的商检证明和中文的质量合格证明文件、出厂试验报告等技术文件；
——调试大纲。

C.8.2 检验项目：
——材料和设备的型号、规格、数量检验；
——通信设备、电缆等外观质量检验；
——通信设备、电缆的安装位置检验；
——通信及广播设备的安装与测试检验。

C.9 助航标志与信号

检验项目：
——材料和产品进场检验；
——助航信号系统的安装检验；
——系统测试检验。

C.10 消防

C.10.1 文件审查：
——制造厂提供的材料和设备的说明书、试验报告、合格证件、安装图纸等文件；
——消防炮、泡沫泵、泡沫液罐、消防栓、消防水枪、固定气体灭火装置、灭火器、耐火结构等的发证检验机构签发的产品认可证书；
——进口设备的商检证明和中文的质量合格证明文件、出厂试验报告等技术文件；
——工序报验资料；
——单机调试大纲。

C.10.2 检验项目

C.10.2.1 一般规定：
——材料和设备的型号、规格、功能检验；
——设备、管线、电缆的外观质量检验；
——设备、管线、电缆安装位置检验；
——设备的水平度、垂直度与基础的固定检验；
——两套独立的控制装置的功能试验。

C.10.2.2 防火结构：
——防火结构的安装检验；
——用于危险区的通风设备和部件的防爆检验；
——通风设备效用检验。

C.10.2.3 水消防系统：
——消防隔离阀的试验；
——消防泵功能试验检验；
——水消防系统的整体试验检验；

——消防水源检验；

——消防水管检验；

——消防炮、消防栓、消防水枪检验。

C.10.2.4 水喷淋系统：

——喷头布置检验；

——喷淋管路安装后地吹通检验；

——喷淋管路吹通后的水密试验或气密试验检验；

——水喷淋效用试验检验。

C.10.2.5 泡沫灭火系统：

——泡沫液有效期检验；

——压力比例混合器的安装顺序检验；

——管路、泡沫枪、泡沫炮检验；

——功能试验检验。

C.10.2.6 固定灭火系统：

——气瓶容量检验；

——管路的连接与固定检验；

——管路气密试验检验；

——瓶头阀至分配阀箱管段的液压试验；

——手动及遥控释放箱功能试验；

——遥控释放装置及释放前的报警试验检验。

C.10.2.7 消防器材：

——消防员装备检验；

——灭火器检验。

C.11 救生与逃生

C.11.1 文件审查：

——制造厂提供的设备的说明书、试验报告、合格证件、安装图纸、检验机构产品认可证书等文件；

——进口设备的商检证明和中文的质量合格证明文件、出厂试验报告等技术文件；

——工序报验资料；

——单机调试大纲。

C.11.2 检验项目：

——材料和设备的型号、规格检验；

——设备外观质量检验；

——设备安装检验；

——救生圈、救生衣、救生服检验；

——紧急避难所建造检验；

——紧急避难所内配备的救生物资检验；

——救生艇、救助艇、救生筏检验。

附 录 D
（规范性）
生产期发证检验

D.1 结构及防腐

D.1.1 文件审查：
— 水上、水下检测方案（如适用）；
— 水上、水下检测报告（如适用）。

D.1.2 检验项目：
— 检查设施水面以上的全部结构；
— 检查飞溅区域结构；
— 检查重大改造部位及历次检验时所发现的损坏修理部位的结构状况；
— 检查可能影响平台结构完整性的改变和载荷变化的情况；
— 检查设施的重要受力节点、应力集中部位；
— 检查逃生通道；
— 检查连接步桥的结构及其保护栏杆的完整性及状况；
— 检查隔水套管；
— 检查电缆护管及J型管；
— 检查涂层；
— 检查全浸区阴极保护系统的有效性；
— 定位系统（单点系泊、锚泊系统）。

D.2 土建水工

D.2.1 文件审查：
— 水上、水下检测方案（如适用）；
— 水上、水下检测报告（如适用）。

D.2.2 检验项目：
— 可能影响建筑整体性、安全性的结构或载荷的变化情况；
— 护岸及防浪墙的完整情况；
— 岛体、路桥的冲刷、位移、沉降观测；
— 码头及引桥的冲刷及整体稳定情况；
— 码头附属结构的检查，包括：护木护舷、靠船设施、系缆设施、登乘设施、轨道设施等结构物；
— 总体检查全部土建与结构，特别注意大型建构筑物、结构框架的沉降情况；
— 检查储罐的沉降情况；
— 检查雨水井、阀门井、雨水池、事故水池等地下建筑物的运行状况；
— 检查螺栓连接件和焊接件的连接情况。

D.3 工艺流程

D.3.1 文件审查：
——系统安全仪表的测试记录；
——高完整性压力保护系统保养计划的测试记录。

D.3.2 检验项目：
——检查设施生产工艺流程的管线是否有变更；
——检查工艺流程管线有无破损、过大振动、介质渗漏等情况出现；
——检查管线外包裹的保温是否完好。

D.4 机械及静设备

D.4.1 文件审查
审查设备和管系上附件的定期校验报告。

D.4.2 检验项目

D.4.2.1 锅炉：
——检查锅炉仪表各项参数；
——检查锅炉热表面隔热层有无破损；
——检查烟道（如有）有无泄漏；
——检查热油管、蒸汽管线有无直接接触电缆等设备；
——安全附件的检验（安全阀、爆破片）；
——保护装置（超温报警连锁、高低水位报警连锁、锅炉熄火保护装置）；
——安全附件定期校验；
——锅炉压力试验；
——检查锅炉水的处理及化验记录；
——检查锅炉的报警记录。

D.4.2.2 燃气压缩机、空压机：
——检查压缩机的运转记录；
——检查压缩机有无异常振动、噪声；
——检查压缩机橇内附带各缓冲罐的情况；
——检查仪表示数与中控的一致性；
——检查报警记录与停机记录；
——核查橇内各缓冲罐的检测报告。

D.4.2.3 透平、发电机：
——检查透平、发电机的运转情况；
——检查报警记录；
——检查各项报警参数和停车参数的设定是否符合操作手册。

D.4.2.4 泵浦：
——检查泵电机的运转情况；
——检查主用、备用泵的自动切换功能和手动启动试验；

- ——检查泵的运转状况；
- ——检查旋转部件的保护装置；
- ——检查泵底橇的接地和泵的接地；
- ——检查泵有无漏液、异常噪音、过大振动等情况。

D.4.2.5 惰化装置：
- ——检查惰气发生装置的运转情况；
- ——检查惰气输送泵的运转情况。

D.4.2.6 液压装置：
- ——检查液压油泵的运转情况；
- ——检查液压油柜的外观；
- ——检查控制阀件的情况。

D.4.2.7 压力容器及其附件：
- ——外观检查；
- ——核查检测报告出具单位的资质，检测报告中提到的注意问题和遗留项目的处理情况；
- ——检查其附属工艺管线。

D.4.2.8 储油罐及其附件：
- ——核查储油罐的检测报告；
- ——外观检查；
- ——储油罐呼吸阀的检查。

D.5 电气设备

D.5.1 文件审查：电气设备预防性试验报告及维修保养记录。

D.5.2 检验项目：
- ——检查防爆区域内新增防爆电气的选型和产品证书；
- ——检查防爆电气的状况；
- ——检查电气的接地措施；
- ——检查配电间内电气盘柜的外观及柜内维保状况；
- ——检查配电间内绝缘地板的完整性；
- ——检查变压器间内情况；
- ——检查不间断电源的充放电情况，检查蓄电池的保养情况，检查电池电位情况；
- ——检查电缆有无破损，确认电缆有无贴近热表面的情况。

D.6 仪表与控制系统

D.6.1 文件审查：
- ——火气探头的定期检测报告；
- ——压力表、压差表、液位计、流量计、安全阀等设备的定期校验报告。

D.6.2 检验项目：
- ——检查仪表示数的准确性，确认现场仪表和中控室内仪表示数的一致性；

——核对现场各式探测器(烟感、温感、火焰、氢气、可燃气等)有无变动；
——抽检各个类型的探测器,并核对火灾盘的报警状况；抽检联动式(如有)探测器组,确认后续逻辑的正确性；
——检查火灾盘与中央控制系统的通信状况,检查火灾盘的报警记录；
——检查中央控制系统的关断记录。

D.7 起货设备

D.7.1 文件审查
审查起重机检测报告。

D.7.2 检验项目
D.7.2.1 起重机：
——检查主副钩的限位报警功能是否正常；
——检查扒杆的上下限位是否正常；
——检查起重机的回转是否灵敏；
——检查主副钩表面的无损探伤记录；
——检查试验起重机的紧急停止功能是否正常；
——检查起重机示重是否正常；
——检查起重机将军柱是否有裂纹等重大缺陷；
——检查轴承间隙；
——钢丝绳(吊物绳/起升绳)的检验和定期更换；
——油样化验；
——连接螺栓的检验；
——定期负荷试验。

D.7.2.2 检查救生筏吊(如有)。

D.7.2.3 检查活动零部件和钢索。

D.7.2.4 检查吊篮。

D.8 消防设备

D.8.1 文件审查
审查消防系统检测报告。

D.8.2 检验项目
D.8.2.1 防火分隔的完整性：核对相关图纸,确认原防火分隔是否变更。

D.8.2.2 火气盘：
——检查火气盘功能；
——检查火气盘报警记录；
——测试火气盘与中控、应急关断系统、公用广播报警的通信。

D.8.2.3 固定式灭火系统：
——检查气瓶内的气体储量；
——检查启动气瓶的压力是否在正常阈值；

——检查喷头的位置和维保状态是否正常；
——气瓶定期压力试验；
——易损件的定期更换；
——管路的定期吹通/压力试验。

D.8.2.4 手提式/舟车式灭火设备：
——检查手提式/舟车式灭火设备的数量与存放位置；
——检查手提式/舟车式灭火设备的介质储量。

D.8.2.5 直升机甲板消防：
——检查消防炮的情况，必要时进行功能试验；
——检查直升机甲板泡沫消防罐的情况（如有）。

D.8.2.6 厨房灭火设施：检查厨房专用灭火设备，检查其气瓶和喷头。

D.8.2.7 消防员装备：
——检查消防员装备是否齐全；
——检查气瓶内气体存量；
——检查自呼吸器的低压报警是否正常。

D.8.2.8 国际消防通岸接头：
——检查国际通岸接头存放位置；
——检查存放处指示牌是否明显；
——检查通岸接头的规格和螺栓、垫片的规格。

D.8.2.9 消防泵、应急消防泵：
——检查泵的运转功能，检查柴驱消防泵的柴油机及柴油罐；
——检查泵的自动启动与手动启动功能。

D.8.2.10 消防管线：
——确认消防管线有无变更；
——确认新增/修理后的消防管线垫片材质为不燃材质；
——检查消防隔离阀是否有泄漏。

D.8.2.11 消防软管站：
——检查软管站软管有无破损；
——检查泡沫软管站内泡沫液存放情况。

D.8.2.12 检查防火控制图的张贴。

D.8.2.13 核查消防演习记录。

D.9 逃救生设备

D.9.1 文件审查

审查下列文件：
——本年度救生艇/救助艇及其降落回收、承载释放装置检测报告，本年度救生筏及其静水压力释放器检测报告，有效的防寒救生服检测报告；
——救生设备维护保养须知；
——救生设备各类周期检验记录；

——应变演习及救生设备海上训练记录,训练手册。
D.9.2 检验项目
D.9.2.1 救生艇/救助艇:
——检查艇钩是否符合要求;
——检查吊艇索具是否按期更换;
——检查属具是否齐全,检查口粮、淡水、救生药包等属具是否过期;
——检查登乘处是否畅通,照明与应急照明功能是否正常;
——检查艇机能否正常启动,检查救生艇内柴油储量;
——检查下放功能是否正常;
——检查艇身喷涂的艇编号、可乘载人员数目、港口信息是否正确、清晰;
——检查艇身周围的反光材料是否正常;
——定期检验时进行脱钩放艇试验、航行试验;
——定期检验时进行绞车制动器承受 1.1 倍最大工作负荷并在最大下降速度时的动负荷试验;
——定期检验时检查水喷淋系统是否正常。

D.9.2.2 救生筏:
——检查救生筏的数量、位置、摆放是否符合救逃生设备布置图,救生筏所处位置是否易于抛放;
——核查救生筏及静水压力释放器是否经过有资质公司的检测;
——核查救生筏的绳索长度是否满足其摆放位置;
——检查救生筏的静水压力释放器的有效期及连接方式是否正确。

D.9.2.3 个人救逃生设备:
——检查救生圈的种类、数量、摆放与位置是否符合救逃生设备布置图;
——检查救生圈反光带是否剥落、污损,并符合《国际海上人命安全公约》要求;
——检查救生圈附件:自亮灯、带烟雾信号的自亮灯等是否处于有效期内;
——检查救生衣的数目;
——检查救生衣的附件如自亮灯等是否处于有效期内;
——检查救生衣是否符合《国际海上人命安全公约》要求;
——检查保温救生服的数目。

D.9.2.4 救生软梯:
——确认其位置符合救逃生设备布置图,能够正常抛放;
——确认其保养状况良好,没有明显的破损。

D.9.2.5 双向甚高频对讲机(Two-way VHF):
——检查其数量和存放位置;
——检查其通话功能;
——检查其备用电池处于有效期内;
——检查其充电设备功能正常。

D.9.2.6 应急无线电示位标(EPIRB):
——检查其数量、存放位置;

——检查其电池处于有效期内；
——确认其经过有资质的检测公司检测并出具完整有效的检测报告。

D.9.2.7 搜救雷达应答器(SART)：
——检查其数量、存放位置；
——检查其电池处于有效期内。

D.9.2.8 抛绳设备：检查抛绳设备的数量、存放位置及有效期。

D.9.2.9 遇险信号：检查遇险信号的数量、存放位置及有效期。

D.9.2.10 检查救逃生演习记录。

D.10 信号设备

D.10.1 文件审查：
——信号设备维修保养记录；
——信号设备专用蓄电池充放电试验记录。

D.10.2 检验项目

D.10.2.1 雾笛：
——检查主用雾笛和备用雾笛的声响功能；
——检查其自动启动功能。

D.10.2.2 障碍灯：检查其数量、位置和功能。

D.10.2.3 导航灯：
——检查其自启动功能；
——检查其闪亮频率是否符合要求；
——检查导航盘的功能及电池电位。

D.11 无线电设备

D.11.1 文件审查

审查下列文件：
——无线电台执照；
——本年度专业无线电检测公司对无线电设备的检测报告及该公司的资质；
——无线电台操作日志和维修保养记录；
——无线电台专用蓄电池充放电试验记录；
——无线电台操作说明及常用海岸电台频率表。

D.11.2 检验项目

D.11.2.1 检查无线电设备配备的完整性。

D.11.2.2 无线电装置的天线：
——检查其保养情况；
——检查其绝缘。

D.11.2.3 甚高频设备(VHF)：
——检查其功能；
——检查70频道DSC值守功能；

——确认识别码和平台位置已正确输入。

D.11.2.4 中频/高频设备(MF/HF)：

——功能试验；

——确认识别码和平台位置已正确输入。

D.11.2.5 对空高频设备：功能试验。

D.11.2.6 奈伏泰斯接收机(NAVTEX)：

——检查其收到的报文；

——启动自检功能测试。

D.11.2.7 检查国际海事通信卫星(INMARSAT)。

D.11.2.8 船舶自动识别系统(AIS)：检查其位置信息是否正确输入。

D.11.2.9 检查 GPS。

D.11.2.10 电台执照：检查电台执照是否在有效期内。

D.11.2.11 检查电台日志。

D.11.2.12 检查备用电源的有效性。

D.12 海管

D.12.1 文件审查

D.12.1.1 特征资料：

——设计相关资料；

——制造过程相关资料；

——安装过程相关资料；

——完工试验相关资料。

D.12.1.2 状态资料：

——安全管理资料；

——技术档案资料；

——运行状况资料。

D.12.2 检验项目

检验下列项目：

——检查水面以上立管的状态,主要包括涂层情况、机械损伤情况；

——核查海管操作、维保情况；

——核查安全保护装置的维护记录；

——核查管道运行参数、日常通球记录；

——审核外勘报告、内检测报告、腐蚀评估报告；

——核查针对发现的问题进行的完整性评估报告。

附 录 E
（规范性）
产品发证检验

E.1 审查文件

E.1.1 检验试验计划/程序(ITP)。

E.1.2 厂家资质证明，包括营业执照、管理体系文件等。

E.1.3 焊接工艺程序。

E.1.4 无损探伤程序。

E.1.5 焊接人员与无损探伤人员资质。

E.1.6 制造工艺程序：
— 材料跟踪检验程序；
— 制造和检验程序；
— 检验/试验程序；
— 调试程序；
— 功能/性能试验程序。

E.1.7 电伴热施工工艺。

E.1.8 生产设备、检测设备、测量工具证书。

E.2 检验项目

E.2.1 核对材质证书、产品证书。

E.2.2 核对现场工艺文件。

E.2.3 核查适用的批准文件，包括批准的图纸、焊接规格表、无损探伤图、密性试验图等。

E.2.4 核对焊接人员资质。

E.2.5 外观检查。

E.2.6 按程序进行试验及检验。

E.2.7 原材料复验（如适用）。

E.2.8 完工尺寸确认。

E.2.9 检验试验报告、记录确认。

附 录 F
（规范性）
海洋石油生产设施符合证书模板

编号_____
No. _____

发证检验机构名称
海上设施符合证书
OFFSHORE FACILITIES COMPLIANCE CERTIFICATE
如签发临时证书可在此处加括号注明"（临时/INTERIM）"

本证书应有附件： 格式 编号_____
This certificate shall be supplemented by a supplement： Form No. _____

设施名称 Name of the Facilities	_____
设施类型 Type of the Facilities	_____
设施号 Facilities ID Number	发证检验机构设施编号 _____
设施位置 Location of the Facilities	经纬度 _____
业主 Owner	_____
操作者 Operator	_____

兹证明该设施业已经发证检验机构名称根据《海洋石油安全生产规定》的要求，按照业主的申请与相关协议规定的范围进行了检验，适合在上述拟定的区域作业，但须满足下列的限制条件（如有时）：

THIS IS TO CERTIFY that the above mentioned installation has been surveyed by Name of the Certifying Agency in accordance with the *Provision of Safe Operations for Off shore Petroleum Industry*, within the scope prescribed in the application by the owner or the relevant agreements, and found to be fit to operate in the area intended, subject to the following limitations(if any)：

本证书有效期至_____，在此期间尚应进行为保持证书有效的年度检验（如签发临时证书可删除逗号后内容）。

This Certificate is valid until _____, subject to annual survey to maintain the validation of the certificate.（如签发临时证书可删除逗号后内容）

发证地点
Issued at _____ _____ （签名）/Signature
发证日期 发证检验机构名称(Name of the Certifying Agency)
Issued on _____

年 度 检 验 签 证
ENDORSEMENT FOR ANNUAL SURVEYS

兹证明本设施业经按上述法令的有关要求进行了检验,符合法令的有关规定。
THIS IS TO CERTIFY that at a survey required by the Decree, this installation was found to comply with the relevant provisions of this Decree.

地点
Place _____   (签名/Signature)
日期   发证检验机构名称(Name of the Certifying Agency)
Date _____

地点
Place _____   (签名/Signature)
日期   发证检验机构名称(Name of the Certifying Agency)
Date _____

地点
Place _____   (签名/Signature)
日期   发证检验机构名称(Name of the Certifying Agency)
Date _____

地点
Place _____   (签名/Signature)
日期   发证检验机构名称(Name of the Certifying Agency)
Date _____

附 录 G
（规范性）
海洋石油生产设施检验报告模板

编号_____
No. _____

符合证书检验报告
SURVEY REPORT OF COMPLIANCE CERTIFICATE

检验项目　Items of Survey

1　×××××……………………………………………………………………………… ☒
2　×××××……………………………………………………………………………… ☒

检验依据　Reference of Survey

附 录 H
（规范性）
建造项目发证检验工作报告模板

1　项目概述

　1.1　发证检验依据的法规、标准
　1.2　作业者/承包者概况
　1.3　建设项目概况
　1.4　主要生产工艺流程描述

2　发证检验情况

　2.1　发证检验项目组的组织机构情况
　2.2　设计审查情况，包括设计审查意见落实情况
　2.3　设备/材料取证情况
　2.4　陆地建造检验情况，包括现场检验发现问题整改情况

2.5 海上安装、连接和调试检验情况，包括现场检验发现问题整改情况
2.6 检验遗留情况

3 检验结论

附 录 I
（规范性）
生产期发证检验工作报告模板

1 设施概述

1.1 设施的基本参数情况（位置、水深、尺寸等）
1.2 设施的持证情况

2 发证检验情况

2.1 检验依据
2.2 检验内容
2.3 检验遗留

3 检验结论

石油行业安全生产标准化 导则
（AQ 2037—2012）

前　言

本标准第 1、2、3 章为推荐性的，其余为强制性的。

本标准按照 GB/T 1.1—2009 给出的规则起草。

本标准是《石油行业安全生产标准化》系列标准之一，该系列包括：
——AQ 2037—2012　石油行业安全生产标准化　导则；
——AQ 2038—2012　石油行业安全生产标准化　地球物理勘探实施规范；
——AQ 2039—2012　石油行业安全生产标准化　钻井实施规范；
——AQ 2040—2012　石油行业安全生产标准化　测录井实施规范；
——AQ 2041—2012　石油行业安全生产标准化　井下作业实施规范；
——AQ 2042—2012　石油行业安全生产标准化　陆上采油实施规范；
——AQ 2043—2012　石油行业安全生产标准化　陆上采气实施规范；
——AQ 2044—2012　石油行业安全生产标准化　海上油气生产实施规范；
——AQ 2045—2012　石油行业安全生产标准化　管道储运实施规范；
——AQ 2046—2012　石油行业安全生产标准化　工程建设施工实施规范。

本标准由国家安全生产监督管理总局提出。

本标准由全国安全生产标准化技术委员会非煤矿山安全分技术委员会（SAC/TC 288/SC 2）归口。

本标准起草单位：石油工业安全专业标准化技术委员会、中国石油天然气集团公司安全环保与节能部、中国石油化工集团公司安全环保局、中国海洋石油总公司质量健康安全环保部。

本标准主要起草人：卢世红、王强、吴苏江、宋立崧、杜民、彭星来、高瑞芝、支景波、邱少林、周焕波、章焱、孙少光。

1　范围

本标准规定了石油行业安全生产标准化建设的总体要求。

本标准适用于在中华人民共和国领域内从事石油天然气勘探、开发生产、储运等生产经营活动的单位。

2　规范性引用文件

下列文件对于本文件的应用是必不可少的。凡是注日期的引用文件，仅注日期的版本适用于本文件。凡是不注日期的引用文件，其最新版本（包括所有的修改单）适用于本文件。

AQ 2012　石油天然气安全规程

AQ/T 9006　企业安全生产标准化基本规范

SY/T 6276　石油天然气工业健康、安全与环境管理体系

3 术语和定义

下列缩略语以及术语和定义适用于本文件。

3.1
HSE

健康(Health)、安全(Safety)和环境(Environment)的英文缩写。

3.2
HSE 管理体系　HSE management system

建立健康、安全、环境的方针和目标,并实现这些目标的体系。

3.3
生产经营单位　production and management entity

按照国家法律法规的规定取得安全生产许可证,从事石油天然气勘探、开发生产、储运等生产经营活动的组织。

3.4
基层单位　grass-roots unit

能够独立完成石油天然气勘探、开发生产、储运等作业的基层组织。

4 一般规定

4.1 本标准的要素设置和内容满足 AQ/T 9006、AQ 2012、SY/T 6276。

4.2 依据 HSE 管理体系中安全生产管理要素,明确标准化建设的方针、目标等核心内容,对 HSE 管理体系运行和安全生产情况进行考核;根据标准化得分和安全绩效评定标准化等级。

4.3 安全生产标准化等级分为一级、二级、三级,其中一级为最高。

4.4 安全生产标准化得分采用百分制,标准化得分按下式计算:

$$标准化得分 = 标准化工作评定得分 \div 标准中的赋分 \times 100$$

式中:
标准中的赋分是指生产经营单位业务范围内的标准要求项的赋分之和;
标准化工作评定得分是指对应标准中的赋分项评定的得分之和。

4.5 安全生产标准化评审周期与安全生产许可证换发证周期相一致。安全生产标准化等级有效期为 3 年。

5 核心要求

5.1 领导责任和承诺

5.1.1 责任

生产经营单位主要负责人的安全责任,主要包括:
——建立、健全本单位的安全生产责任制。
——组织制定本单位安全生产规章制度和操作规程。
——保障本单位安全生产投入的有效实施。

——督促、检查本单位的安全生产工作,及时消除生产安全事故隐患。

——组织制定并实施本单位的应急预案。

——及时、如实报告生产安全事故。

5.1.2 承诺

生产经营单位主要负责人应有明确的、公开的 HSE 承诺。承诺的基本内容包括:

——遵守国家和所在地法律法规及相关规定,尊重所在地的风俗习惯。

——提供必要的人力、物力、财力资源。

——持续改进 HSE 管理体系。

5.1.3 安全文化建设

生产经营单位应开展安全文化建设,组织开展安全宣传教育活动,引导全体员工的安全态度和安全行为,形成具有本单位特色的安全价值观。

5.2 HSE 方针

应结合本单位生产实际,制定符合法律法规要求的 HSE 方针,并传达到单位员工。

5.3 策划

5.3.1 危害因素辨识、风险评估和风险控制

5.3.1.1 生产经营单位应:

——组织员工开展危害因素辨识活动。

——对于识别出的危害因素,组织风险评估,确定不可接受的风险并进行分级管理。

——对不可接受的风险制定并采取控制措施。

5.3.1.2 生产经营单位应按照《安全生产事故隐患排查治理暂行规定》的要求,进行生产安全事故隐患排查,对排查出的生产安全事故隐患登记建档。

5.3.1.3 生产经营单位根据风险识别与评价的结果,确定本单位的关键装置和要害部位,并明确相应的领导干部联系点,领导干部应定期到联系点检查。

5.3.1.4 生产经营单位应按重大危险源安全管理制度,对本单位的危险设施或场所进行重大危险源辨识与安全评估,制定重大危险源安全监控措施。对确认的重大危险源登记建档,并按规定备案。

5.3.2 法律法规和其他要求

生产经营单位应对现行的 HSE 法律法规、标准规范进行识别,列出所采用的法律法规、标准规范目录,并定期更新与公布。

5.3.3 目标和指标

生产经营单位应根据本单位安全生产的实际建立 HSE 目标和年度指标。

5.3.4 计划与方案

5.3.4.1 生产经营单位应制定年度 HSE 工作计划或工作要点。

5.3.4.2 生产经营单位应制定隐患治理方案,纳入隐患治理计划。

5.4 组织机构、资源和文件

5.4.1 组织机构和职责

5.4.1.1 生产经营单位应成立 HSE 委员会。

5.4.1.2 生产经营单位应设置 HSE 管理部门,并健全 HSE 管理网络。

5.4.1.3 生产经营单位应制定 HSE 责任制,明确各级领导、职能部门和岗位的 HSE 职责。

5.4.2 HSE 管理者代表

5.4.2.1 生产经营单位主要负责人应在管理层中任命一名成员作为 HSE 管理者代表,分管安全生产工作。

5.4.2.2 HSE 管理者代表应取得安全资格证书。

5.4.2.3 HSE 管理者代表全面负责本单位 HSE 管理体系的运行与实施工作,及时向 HSE 委员会报告 HSE 管理体系的运行情况。

5.4.3 资源

5.4.3.1 生产经营单位应配备以下人力资源:
—— HSE 管理部门配备专职 HSE 管理人员。
—— 基层单位应设专(兼)职 HSE 监督或 HSE 管理人员。
—— 30 人以上值守的海上石油设施应有专职 HSE 监督或 HSE 管理人员驻岗。

5.4.3.2 生产经营单位应提供以下物力资源:
—— 按规定配备个体防护用品及防护用具。
—— 配备所必需的安全设备设施及附件。
—— 按应急预案要求配备必要的应急物资。

5.4.3.3 生产经营单位应按有关规定提取和使用安全生产费用,建立台账并专款专用。

5.4.4 能力和培训

5.4.4.1 岗位员工的能力应符合以下要求:
—— 具有与岗位相适应的教育、培训经历。
—— 具备岗位风险辨识和应急处置能力。
—— 没有职业禁忌症。

5.4.4.2 岗位员工应按安全培训计划进行培训,取得国家、行业要求的有效证书。

5.4.5 沟通、参与和协商

5.4.5.1 生产经营单位应建立内外部 HSE 信息沟通渠道。

5.4.5.2 鼓励员工参与和协商 HSE 事务,并保存员工参与 HSE 活动的记录。

5.4.6 文件

生产经营单位应建立管理手册、程序文件、作业文件等 HSE 管理体系文件。

5.4.7 文件控制

生产经营单位应按文件管理制度,对 HSE 管理体系文件的编制、使用、评审、修订等进行控制。

5.5 实施和运行

5.5.1 设施完整性

5.5.1.1 建设项目安全设施应与主体工程同时设计、同时施工、同时投入生产和使用。海上石油设施还应经过发证检验机构检验。

5.5.1.2 建设项目安全预评价、安全设施设计审查和竣工验收应符合安全监管部门要求。

5.5.1.3 生产经营单位应落实设备设施运行、操作和维护的管理责任和要求,对设备设施登记建档。

5.5.1.4 生产经营单位应对设备设施采购实施质量控制,监控安装过程,并在投用前进行检查和确认。

5.5.1.5 生产经营单位应对设备设施的报废和处理进行管理，分析风险及影响，制定方案，并采取控制措施。

5.5.1.6 海上石油专业设备应进行检测检验。

5.5.2 承包商和供应商管理

5.5.2.1 生产经营单位应与承包商和供应商签订HSE合同或协议，也可在合同或协议中包含安全生产方面的内容。对承包商和供应商实施准入管理，不应将工程项目发包给不具备相应资质的承包商和供应商。

5.5.2.2 生产经营单位应对承包商和供应商进行定期监督和检查。

5.5.2.3 承包商和供应商制定的应急预案应纳入生产经营单位应急预案的管理。在应急情况下，实行联动机制。

5.5.2.4 生产经营单位应对承包商和供应商的HSE表现进行评估，及时更新合格的承包商和供应商名录。

5.5.3 社区和公共关系

5.5.3.1 生产经营单位应对生产设施相关方进行调查，陆上生产经营单位应与周边厂矿、居民等建立联系；海上生产经营单位应与渔业、海事、环保等部门建立联系。

5.5.3.2 生产经营单位应履行告知义务，采取适宜的方式向生产设施相关方告知安全风险和防范措施，并保存记录。

5.5.3.3 生产经营单位应开展改进社区与公共关系的活动，实现油地共建、共谋发展。

5.5.4 作业许可

5.5.4.1 动火、进入受限空间、动土、高处（舷外）、临时用电等作业，应实施作业许可管理。

5.5.4.2 作业许可流程包括申请、批准、实施、延期、关闭等。

5.5.4.3 针对作业过程应进行风险分析，制定控制措施。

5.5.4.4 在作业过程中，严格落实各项风险控制措施。

5.5.4.5 作业许可票证保存期限至少1年。

5.5.5 运行控制

5.5.5.1 岗位员工应落实岗位职责，严格执行操作程序或工作指南。

5.5.5.2 作业场所应设置明显的安全警示标志。

5.5.5.3 生产经营单位应强化现场安全管理，对违章指挥、违章作业、违反劳动纪律等行为进行检查、分析，并采取控制措施。

5.5.5.4 应综合分析社会环境和自然环境对安全生产的影响，制定有针对性的控制措施。

5.5.5.5 海上生产经营单位应落实消防安全和救生逃生管理制度，配备符合标准规定的消防设施和消防器材。

5.5.5.6 生产经营单位应落实职业健康管理制度，提供符合职业健康要求的工作环境和条件，建立职业健康档案。按法规要求进行职业危害因素申报，采用有效的方式进行职业危害告知和警示。

5.5.6 变更管理

生产经营单位应针对设备、人员、工艺等变更可能带来的风险进行管理，包括：
——确定变更管理流程。
——对变更可能带来的有害影响及风险进行分析，并采取控制措施。

——保存变更实施的相关记录。

5.5.7 应急管理

5.5.7.1 应急机构和队伍

生产经营单位应成立应急管理机构;宜根据需要建立专(兼)职的应急抢险队伍。

5.5.7.2 应急预案

生产经营单位应:
——制订符合本单位实际的应急预案,并根据有关规定办理备案手续。
——定期组织应急预案培训和演练,对演练效果进行评估,并做好记录。
——对应急预案应进行评审,并根据评审结果进行修订和完善。

5.5.7.3 应急设施、装备、物资

根据应急预案需求,配备相应应急设施、装备和物资,对其进行定期检查、保养、维护,并建立台账。

5.5.7.4 应急救援

应急事件发生后,生产经营单位应立即启动应急预案,按规定向相关部门报告并实施应急救援。救援工作结束后,应及时进行总结。

5.6 检查

5.6.1 监督检查和业绩考核

5.6.1.1 生产经营单位应对 HSE 管理体系运行情况进行监督检查。

5.6.1.2 生产经营单位应对 HSE 目标和指标的完成情况进行业绩考核。

5.6.1.3 生产经营单位应定期对执行法律法规、标准规范和规章制度的有效性、适用性进行合规性评价,并保存评价记录。

5.6.2 不符合、纠正措施和预防措施

生产经营单位应对 HSE 监督检查和合规性评价发现的问题进行原因分析,采取针对性的纠正和预防措施。

5.6.3 事故报告、调查和处理

5.6.3.1 生产经营单位应按《生产安全事故报告和调查处理条例》或《海洋石油安全管理细则》的要求落实事故管理制度。

5.6.3.2 发生事故后,基层单位应在 1 小时内上报;生产经营单位在接到报告后,2 小时内以书面形式向上级单位和(或)政府主管部门报告,必要时向相关政府部门通报。

5.6.3.3 生产经营单位发生事故后,应妥善保护事故现场及有关证据,接受和配合事故调查组进行调查。

5.6.3.4 生产经营单位应落实事故调查报告中的防范措施和对有关责任人的处理意见,并建立事故台账。

5.6.4 记录控制

5.6.4.1 生产经营单位应按 HSE 记录控制制度进行管理。

5.6.4.2 HSE 记录应便于查阅,并具有可追溯性。

5.6.5 内部审核

5.6.5.1 生产经营单位应成立审核组,每年至少组织 1 次对 HSE 管理体系运行情况的内部审核,并形成审核报告。

5.6.5.2 生产经营单位应对审核报告提出的不符合项进行整改。

5.7 管理评审

5.7.1 生产经营单位主要负责人应每年至少组织 1 次 HSE 管理体系的管理评审,重点是 HSE 方针、目标、资源配置、内部审核结果等,并建立评审记录。

5.7.2 生产经营单位应根据管理评审结果所反映的趋势,对安全生产目标指标、规章制度、操作规程等进行修改完善,持续改进,实现动态循环,不断提高 HSE 管理水平。

石油天然气安全规程(AQ 2012—2007)

前　　言

本标准的全部技术内容均为强制性。

本标准由国家安全生产监督管理总局提出并归口。

本标准主要起草单位:中国石油天然气集团公司、中国石油化工集团公司、中国海洋石油总公司,英国劳氏船级社。

本标准主要起草人:李俊荣、杜民、黄刚、左柯庆、闫啸、刘景凯、卢世红、吴庆善、李六有、王智晓、于洪金、徐刚、宋立崧、贺荣芳。

1　范围

本标准规定了石油天然气勘探、开发生产和油气管道储运的安全要求。

本标准适用于石油天然气勘探、开发生产和油气管道储运;不适用于城市燃气、成品油、液化天然气(LNG)、液化石油气(LPG)和压缩天然气(CNG)的储运。

2　规范性引用文件

下列文件中的条款通过本标准的引用而成为本标准的条款。凡是注日期的引用文件,其随后所有的修改单(不包括勘误的内容)或修订版均不适用于本标准,然而,鼓励根据本标准达成协议的各方研究是否可使用这些文件的最新版本。凡是不注日期的引用文件,其最新版本适用于本标准。

中华人民共和国安全生产法　中华人民共和国主席令 70 号(2002 年 6 月 29 日实施)

生产经营单位安全培训规定　国家安全生产监督管理总局令第 3 号(2006 年 3 月 1 日实施)

3　术语和定义

下列术语和定义适用于本标准。

3.1

安全作业许可　permit to work

为保证作业安全,在危险作业或非常规作业时,对作业场所和活动进行预先危险分析、确定风险控制措施和责任确认的工作程序。

3.2

受限空间　confined spaces

是指具有已知或潜在危险和有限的出入口结构的封闭空间。

3.3

欠平衡钻井　underbalanced drilling

是指钻井流体的循环压力(在同深度的循环压力)低于地层压力,并将流入井内的地层流体循环到地面进行有效控制的情况下所进行的钻井。

3.4

工业动火　hotwork

在油气、易燃易爆危险区域内和油(气)容器、管线、设备或盛装过易燃易爆物品的容器上,进行焊、割、加热、加温、打磨等能直接或间接产生明火的施工作业。

3.5

阈限值　threshold limit value（TLV）

几乎所有工作人员长期暴露都不会产生不利影响的某种有毒物质在空气中的最大浓度。如硫化氢的阈限值为 15 mg/m³(10 ppm),二氧化硫的阈限值为 5.4 mg/m³(2 ppm)。

3.6

安全临界浓度　safety critical concentration

工作人员在露天安全工作 8 h 可接受的某种有毒物质在空气中的最高浓度。如硫化氢的安全临界浓度为 30 mg/m³(20 ppm)。

3.7

危险临界浓度　dangerous threshold limit value

有毒物质在空气中达到此浓度时,对生命和健康产生不可逆转的或延迟性的影响,如硫化氢的危险临界浓度为 150 mg/m³(100 ppm)。

3.8

含硫化氢天然气　sulfide gas

指天然气的总压等于或高于 0.4 MPa,而且该气体中硫化氢分压等于或高于 0.000 3 MPa。

3.9

石油天然气站场　petroleum and gas station

具有石油天然气收集、净化处理、储运功能的站、库、厂、场、油气井的统称,简称油气站场或站场。

3.10

最大许用操作压力　maximum allowable operating pressure（MAOP）

容器、管道内的油品、天然气处于稳态(非瞬态)时的最大允许操作压力。

4 一般规定

4.1 一般管理要求

4.1.1 贯彻落实《中华人民共和国安全生产法》,坚持"安全第一、预防为主、综合治理"的方针。

4.1.2 企业应依法达到安全生产条件,取得安全生产许可证;建立、健全、落实安全生产责任制,建立、健全安全生产管理机构,设置专、兼职安全生产管理人员。

4.1.3 按相应的规定要求进行安全生产检查,对发现的问题和隐患采取纠正措施,并限期整改。

4.1.4 进行全员安全生产教育和培训,普及安全生产法规和安全生产知识,进行专业技术、技能培训和应急培训;特种作业人员、高危险岗位、重要设备和设施的作业人员,应经过安全生产教育和技能培训,应符合《生产经营单位安全培训规定》。

4.1.5 编制安全生产发展规划和年度安全生产计划,按规定提取、使用满足安全生产需求的安全专项费用,改善安全生产条件。

4.1.6 新建、改建、扩建工程建设项目安全设施应与主体工程同时设计、同时施工、同时投产和使用。

4.1.7 工程建设项目工程设计、施工和工程监理应由具有相应资质的单位承担;承担石油天然气工程建设项目安全评价、认证、检测、检验的机构应当具备国家规定的资质条件,并对其做出的安全评价、认证、检测、检验的结果负责;建设单位应对其安全生产进行监督管理。

4.1.8 建立设备、物资采购的市场准入和验收制度,设备采购、工程监理和设备监造应符合国家建设工程监理规范的有关要求,保证本质安全。

4.1.9 在工程建设项目投标、签约时,建设单位应对承包商的资质和安全生产业绩进行审查,明确安全生产要求,在项目实施中对承包商的安全生产进行监督管理,符合石油工程技术服务承包商健康安全环境管理的基本要求。

4.1.10 企业应制定石油天然气钻井、开发、储运防火防爆管理制度;钻井和井下作业应配备井控装置和采取防喷措施;使用电气设备应符合防火防爆安全技术要求;配备消防设施、器材;制定防火防爆应急预案。井场布置应符合井场布置技术要求,平面布置和防火间距应符合防火设计规范的要求。

4.1.11 发生事故后,应立即采取有效措施组织救援,防止事故扩大,避免人员伤亡和减少财产损失,按规定及时报告,并按程序进行调查和处理。

4.2 职业健康和劳动保护

4.2.1 企业应制定保护员工健康的制度和措施,对员工进行职业健康与劳动保护的培训教育。

4.2.2 应按要求对有害作业场所进行划分和监测;对接触职业病危害因素的员工应进行定期体检,建立职业健康监护档案。

4.2.3 不应安排年龄和健康条件不适合特定岗位能力要求的人员从事特定岗位工作。

4.2.4 应建立员工个人防护用品、防护用具的管理和使用制度。根据作业现场职业危害情况为员工配发个人防护用品以及提供防护用具,员工应按规定正确穿戴及使用个人防护用品和防护用具。

4.3 风险管理

4.3.1 鼓励建立、实施、保持和持续改进与生产经营单位相适应的安全生产管理体系。应对作业活动和设施运行实施风险管理,并对承包商的活动、产品和服务所带来的风险和影响进行管理。

4.3.2 风险管理应满足以下要求:
——全员参与风险管理;
——对生产作业活动全过程进行危险因素辨识,对识别出来的危险因素依据法律法规和标准进行评估,划分风险等级;
——按照风险等级采取相应的风险控制措施,风险控制的原则应符合"合理实际并尽可能低";
——危险因素及风险控制措施应告知参与作业相关方及作业所有人员;
——风险管理活动的过程应形成文件。

4.3.3 风险管理过程应包括危险因素辨识、风险评估、制定风险控制措施,其基本步骤包括:
— 划分作业活动;
— 辨识与作业活动有关的所有危险因素;
— 评价风险;
— 依据准则,确定出不可容许的风险;
— 制定和实施风险控制措施,将风险降至可容许程度;
— 评审。

4.3.4 设定风险管理目标和指标,制定风险管理的方案、计划或控制措施。

4.3.5 对关键作业活动,建立风险控制程序或制度。

4.3.6 石油天然气生产作业中的关键设施的设计、建造、采购、运行、维护和检查应按规定程序和制度执行,并充分考虑设施完整性的要求。

4.4 安全作业许可

4.4.1 易燃易爆、有毒有害作业等危险性较高的作业应建立安全作业许可制度,实施分级控制,明确安全作业许可的申请、批准、实施、变更及保存程序。

4.4.2 安全作业许可主要内容如下:
— 作业时间段、作业地点和环境、作业内容;
— 作业风险分析;
— 确定安全措施、监护人和监护措施、应急措施;
— 确认作业人员资格;
— 作业负责人、监督人以及批准者、签发者签名;
— 安全作业许可关闭、确认;
— 其他。

4.4.3 安全作业许可只限所批准的时间段和地点有效,未经批准或超过批准期限不应进行作业,安全作业许可主要内容发生变化时应按程序变更。

4.4.4 安全作业许可相关证明,也应得到批准,并在作业期限内有效。

4.5 硫化氢防护

4.5.1 在含硫化氢的油气田进行施工作业和油气生产前,所有生产作业人员包括现场监督人员应接受硫化氢防护的培训,培训应包括课堂培训和现场培训,由有资质的培训机构进行,培训时间应达到相应要求。应对临时人员和其他非定期派遣人员进行硫化氢防护知识的教育。

4.5.2 含硫化氢生产作业现场应安装硫化氢监测系统,进行硫化氢监测,符合以下要求:
— 含硫化氢作业环境应配备固定式和携带式硫化氢监测仪;
— 重点监测区应设置醒目的标志、硫化氢监测探头、报警器;
— 硫化氢监测仪报警值设定:阈限值为1级报警值;安全临界浓度为2级报警值;危险临界浓度为3级报警值;
— 硫化氢监测仪应定期校验,并进行检定。

4.5.3 含硫化氢环境中生产作业时应配备防护装备,符合以下要求:
— 在钻井过程,试油(气)、修井及井下作业过程,以及集输站、水处理站、天然气净化厂等含硫化氢作业环境应配备正压式空气呼吸器及与其匹配的空气压缩机;

——配备的硫化氢防护装置应落实人员管理,并处于备用状态;
——进行检修和抢险作业时,应携带硫化氢监测仪和正压式空气呼吸器。

4.5.4 含硫化氢环境中生产作业时,场地及设备的布置应考虑季节风向。在有可能形成硫化氢和二氧化硫聚集处应有良好的通风、明显清晰的硫化氢警示标志,使用防爆通风设备,并设置风向标、逃生通道及安全区。

4.5.5 在含硫化氢环境中钻井、井下作业和油气生产及气体处理作业使用的材料及设备,应与硫化氢条件相适应。

4.5.6 含硫化氢环境中生产作业时应制定防硫化氢应急预案,钻井、井下作业防硫化氢预案中,应确定油气井点火程序和决策人。

4.5.7 含硫化氢油气井钻井,应符合以下安全要求:
——地质及工程设计应考虑硫化氢防护的特殊要求;
——在含硫化氢地区的预探井、探井在打开油气层前,应进行安全评估;
——采取防喷措施,防喷器组及其管线闸门和附件应能满足预期的井口压力;
——应采取控制硫化氢着火源的措施,井场严禁烟火;
——应使用适合于含硫化氢地层的钻井液,监测和控制钻井液 pH 值;
——在含硫化氢地层取心和进行测试作业时,应落实有效的防硫化氢措施。

4.5.8 含硫化氢油气井井下作业,应符合以下安全要求:
——采取防喷措施;
——应采取控制硫化氢着火源的措施,井场严禁烟火;
——当发生修井液气侵,硫化氢气体逸出,应通过分离系统分离或采取其他处理措施;
——进入用于装或已装有储存液的密闭空间或限制通风区域,可能产生硫化氢气体时,应采取人身安全防护措施;
——对绳索作业、射孔作业、泵注等特殊作业应落实硫化氢防护的措施。

4.5.9 含硫化氢油气生产和气体处理作业,应符合以下安全要求:
——作业人员进入有泄漏的油气井站区、低凹区、污水区及其他硫化氢易于积聚的区域时,以及进入天然气净化厂的脱硫、再生、硫回收、排污放空区进行检修和抢险时,应携带正压式空气呼吸器;
——应对天然气处理装置的腐蚀进行监测和控制,对可能的硫化氢泄漏进行检测,制定硫化氢防护措施。

4.5.10 含硫化氢油气井废弃时,应考虑废弃方法和封井的条件,使用水泥封隔已知或可能产生达到硫化氢危险浓度的地层。埋地管线、地面流程管道废弃时应经过吹扫净化、封堵塞或加盖帽,容器要用清水冲洗、吹扫并排干,敞开在大气中并采取防止硫化铁燃烧的措施。

4.6 应急管理

4.6.1 应系统地识别和确定潜在突发事件,并充分考虑作业内容、环境条件、设施类型、应急救援资源等因素,编制应急预案。

4.6.2 应急预案的编制应符合国家现行标准关于生产安全事故应急预案编制的要求;在制定应急预案时,应征求相关方的意见,并对应急响应和处置提出要求;当涉及多个单位联合作业时,应急预案应协调一致,做到资源共享、应急联动;应急预案应按规定上报。

4.6.3 建立应急组织,配备专职或兼职应急人员或与专业应急组织签定应急救援协议,配备相应的应急救援设施和物资等资源。

4.6.4 当发生事故或出现可能引发事故的险情时,应按应急预案的规定实施应急处置和响应,防止事态扩大,控制衍生的事故,避免人员伤亡和减少财产损失。

4.6.5 当发生应急预案中未涉及的事件时,现场人员应及时向在场主要负责人报告,主要负责人应确定并采取相应的措施,并及时上报。

4.6.6 进行应急培训,员工应熟悉相应岗位应急要求和措施;定期组织应急演习,并根据实际情况对应急预案进行修订。

5 陆上石油天然气开采

5.1 石油物探

5.1.1 施工设计原则及依据

5.1.1.1 编写施工设计前,应对工区进行踏勘,调查了解施工现场的自然环境和周边社会环境条件,进行危险源辨识和风险评估,编制踏勘报告。

5.1.1.2 根据任务书、踏勘报告,编写施工设计,并应对安全风险评估及工区内易发事故的点源提出相应的安全预防措施,施工单位编制应急预案。

5.1.1.3 施工设计应按程序审批,如需变更时,应按变更程序审批。

5.1.2 地震队营地设置与管理

5.1.2.1 营地设置原则,应符合下列要求:
——营区内外整洁、美观、卫生,规划布局合理;
——地势开阔、平坦,考虑洪水、泥石流、滑坡、雷击等自然灾害的影响;
——交通便利,易于车辆进出;
——远离噪声、剧毒物、易燃易爆场所和当地疫源地;
——考虑临时民爆器材库、临时加油点、发配电站设置的安全与便利;
——尽量减少营地面积;
——各种场所配置合格、足够的消防器材;
——远离野生动物栖息、活动区。

5.1.2.2 营地布设,应符合下列要求:
——营房车、帐篷摆放整齐、合理,间距不小于 3 m,营房车拖钩向外;
——营地应合理设置垃圾收集箱(桶),营地外设垃圾处理站(坑);
——发配电站设在距离居住区 50 m 以外;
——设置专门的临时停车场,并设置安全标志;
——临时加油点设在距离居住地 100 m 以外;
——营区设置标志旗(灯),设有"紧急集合点",设置应急报警装置。

5.1.2.3 营地安全

5.1.2.3.1 用电安全,应符合下列要求:
——应配备持证电工负责营地电气线路、电气设备的安装、接地、检查和故障维修;
——电气线路应有过载、短路、漏电保护装置;
——各种开关、插头及配电装置应符合绝缘要求,无破损、裸露和老化等隐患;
——所有营房车及用电设备应有接地装置,且接地电阻应小于 4 Ω;

——不应在营房、帐篷内私接各种临时用电线路。

5.1.2.3.2 发配电安全,应符合下列要求:
——发电机组应设置防雨、防晒棚,机组间距大于 2 m,交流电机和励磁机组应加罩或有外壳;
——保持清洁,有防尘、散热、保温措施,有防火、防触电等安全标志;
——接线盒要密封,绝缘良好,不应超负荷运行;
——供油罐与发电机的安全距离不小于 5 m,阀门无渗漏,罐口封闭上锁;
——发电机组应装两根接地线,且接地电阻小于 4 Ω;
——机组滑架下应安装废油、废水收集装置,机组与支架固定部位应防振、固牢;
——排气管有消音装置。

5.1.2.3.3 临时加油点安全,应符合下列要求:
——临时加油点四周应架设围栏,并设隔离沟、安全标志和避雷装置;
——临时加油点附近无杂草、无易燃易爆物品、无杂物堆放,应配备灭火器,防火沙等;
——加油区内严禁烟火,不应存放车辆设备,不应在高压线 30 m 内设置临时加油点;
——储油罐无渗漏、无油污,接地电阻小于 10 Ω,罐盖要随时上锁,并有专人管理;
——油泵、抽油机、输油管等工具摆放整齐,有防尘措施。

5.1.2.3.4 营地卫生,应符合下列要求:
——定期对营区清扫、洒水、清除垃圾;
——做好消毒及灭鼠、灭蚊蝇工作;
——营区应设有公共厕所,并保持卫生;
——员工宿舍室内通风、采光良好,照明、温度适宜,有存衣、存物设施。

5.1.3 地震队现场施工作业

5.1.3.1 安全通则:
——生产组织人员不应违章指挥;员工应自觉遵守劳动纪律,穿戴劳动防护用品,服从现场监督人员的检查;
——检查维护好安全防护装置、设施;发现违章行为和隐患应及时制止、整改;
——特种作业人员应持证上岗操作;
——穿越危险地段要实地察看,并采取监护措施方可通过;
——炎热季节施工,做好防暑降温措施;严寒地区施工,应有防冻措施;雷雨、暴风雨、沙暴等恶劣天气不应施工作业;
——在苇塘、草原、山林等禁火地区施工,禁止携带火种,严禁烟火,车辆应装阻火器。

5.1.3.2 测量作业应符合下列要求:
——应绘制所有测线的测线草图,标明测线经过区域地下和地面的重要设施,如高压线、铁路、桥梁、涵洞、地下电缆等社会和民用设施;
——在高压供电线路、桥梁、堤坝、涵洞、建筑设施区域内设置炮点应符合安全距离的要求;
——测量人员通过断崖、陡坡和岩石松软危险地带或有障碍物时应有安全措施。

5.1.3.3 钻井作业应依据钻机类型制定相应操作规程,并认真执行。钻井过程中还应执行以下要求:

——炮点周围无障碍物,25 m内无高压电线,8 m内无闲杂人员。炮点与附近的重要设施安全距离不足时,不应施工,并及时报告;

——钻机转动、传动部位的防护罩应齐全、牢靠。运转过程中,不应对运转着的零部件扶摸擦洗、润滑、维修或跨越。不应用手调整钻头和钻杆,钻杆卸扣时应停机后用专用工具或管钳卸扣;

——车载钻机移动应放倒井架,用锁板锁死,收回液压支脚。行驶过程中,钻机平台不应乘人,不应装载货物,应注意确认道路限制高度标志。过沟渠、陡坡或上公路时,应有人员指挥;

——山地钻机搬运应按分体拆散规定进行,搬迁应有专人指挥带路,协作配合,遇危险路段应有保护措施。山体较陡时,应采取上拉方法搬运,人员不应在钻机下部推、托;

——雷雨、暴风雨和沙暴等恶劣天气停止一切钻井作业,并放下井架。

5.1.3.4 可控震源作业应依据可控震源的类型制定相应操作规程,作业过程中还应执行以下规定:

——可控震源操作手应取得机动车辆驾驶证和单位上岗证书,并掌握一般的维修保养技能方可独立操作;

——震源车行驶速度要慢、平稳,各车之间距离至少5 m以上,不应相互超车。危险地段要绕行,不应强行通过;

——服从工程技术人员指挥;

——震源升压时,10 m内任何人不应靠近;

——震源工作时,操作人员不应离开操作室或做与操作无关的事。震源车行驶时,任何人不应在震源平台或其他部位搭乘。

5.1.3.5 采集作业应符合下列要求:

——工程技术人员下达任务时,应向各班组提供一份标注危险地段和炮点附近重要设施的施工图;

——检波器电缆线穿越危险障碍时(河流、水渠、陡坡等),应采取保护措施通过。穿越公路或在公路旁施工时,应设立警示标志;

——做好放炮警戒的监视工作,发现异常情况应立即报告爆炸员或仪器操作员,停止放炮;

——放线工间歇时,不应离岗,注意测线过往车辆;

——在行驶中的车辆大箱内不应进行收、放线作业;

——仪器车行驶应平稳,控制车速,不应冒险通过危险地段。

5.1.3.6 特殊地区、特种作业和车辆行驶安全要求,应符合国家现行标准关于石油物探地震队健康、安全与环境管理的规定。

5.1.4 民用爆破器材管理

5.1.4.1 涉爆人员应经过单位安全部门审查,接受民用爆破器材安全管理知识、专业技能的培训,经考核合格取得公安机关核发的相关证件,持有效证件上岗。

5.1.4.2 民用爆破器材的长途运输单位,应持政府主管部门核发相应证件;运输设备设施达到安全要求后按有关部门指定的路线和时间及安全要求运输。中途停宿时,须经当地公安机关许可,按指定的地点停放并有专人看守;到达规定地点后,按民用爆破器材装卸搬运安全要求和程序装卸搬运。

5.1.4.3 临时炸药库应符合以下要求:
—— 与营区、居民区的距离应符合国家现行标准关于地震勘探民用爆破器材安全管理的要求,并设立警戒区,周围加设禁行围栏和安全标志,配备足够的灭火器材;
—— 库区内干净、整洁无杂草、无易燃物品、无杂物堆放,炸药、雷管分库存放且符合规定的安全距离;
—— 爆破器材摆放整齐合理、数目清楚,不超量、超高存放,雷管应放在专门的防爆保险箱内,脚线应保持短路状态,有严格的安全制度、交接班制度和 24 h 值班制度;
—— 严格执行爆破器材进出账目登记、验收和检查制度,做到账物相符;
—— 严禁宿舍与库房混用或将爆破器材存放在宿舍内。

5.1.4.4 取得有效的《民用爆破器材使用许可证》,方准施工,应按规定程序和安全要求进行雷管测试、炸药包制作、下井、激发及善后处理等工作,并符合国家现行标准关于地震勘探民用爆破器材安全管理的要求。

5.2 钻井

5.2.1 设计原则和依据

5.2.1.1 钻井设计应由认可的设计单位承担并按程序审批,如需变更应按程序审批。

5.2.1.2 地质设计应根据地质资料进行风险评估并编制安全提示。

5.2.1.3 钻井工程设计应依据钻井地质设计和邻井钻井有关资料制定,并应对地质设计中的风险评估、安全提示及所采用的工艺技术等制定相应的安全措施。

5.2.2 钻井地质设计

5.2.2.1 应提供区域地质资料、本井地层压力、漏失压力、破裂压力、坍塌压力、地层应力、地层流体性质等的预测及岩性剖面资料。

5.2.2.2 应提供邻井的油、气、水显示和复杂情况资料,并特别注明含硫化氢、二氧化碳地层深度和预计含量,已钻井的电测解释成果、地层测试及试油、气资料,探井应提供相应的预测资料(含硫化氢和二氧化碳预测资料)。

5.2.2.3 应对高压天然气井、新区预探井及含硫化氢气井拟定井位周围 5 000 m、探井周围 3 000 m、生产井周围 2 000 m 范围内的居民住宅、学校、公路、铁路和厂矿等进行勘测,在设计书中标明其位置,并调查 500 m 以内的人口分布及其他情况。

5.2.2.4 应根据产层压力和预期产量,提出各层套管的合理尺寸和安全的完井方式。

5.2.2.5 含硫化氢地层、严重坍塌地层、塑性泥岩层、严重漏失层、盐膏层和暂不能建立压力曲线图的裂缝性地层、受老区注水井影响的调整井均应根据实际情况确定各层套管的必封点深度。

5.2.3 钻井工程设计

5.2.3.1 井身结构设计应符合下列规定:
—— 钻下部地层采用的钻井液,产生的井内压力应不致压破套管鞋处地层以及裸眼钻的破裂压力系数最低的地层;
—— 下套管过程中,井内钻井液柱压力与地层压力之差值,不致产生压差卡套管事故;
—— 应考虑地层压力设计误差,限定一定的误差增值,井涌压井时在套管鞋处所产生的压力不大于该处地层破裂压力；
——对探井，考虑到地层资料的不确定性，设计时参考本地区钻井所采用的井身结构并留有余地。根据井深的实际情况具体确定各层套管的下入深度；
——含硫化氢地层等特殊井套管设计，应符合5.2.3.5的规定。

5.2.3.2 随钻地层压力预测与监测

应利用地震、地质、钻井、录井和测井等资料进行预测地层压力和随钻监测；并根据岩性特点选用不同的随钻监测地层压力方法。

5.2.3.3 钻井液设计应符合下列规定：

——应根据平衡地层压力设计钻井液密度；
——应根据地质资料和钻井要求设计钻井液类型；
——含硫化氢气层应添加相应的除硫剂、缓蚀剂并控制钻井液pH值，硫化氢含量高的井一般应使用油基钻井液，并符合4.5.7的规定；
——探井、气井和高压及高产油气井，现场应储备一定数量的高密度钻井液和加重材料，储备的钻井液应经常循环、维护；
——施工前应根据本井预测地层压力梯度当量密度曲线绘制设计钻井液密度曲线、施工中绘制随钻监测地层压力梯度当量密度曲线和实际钻井液密度曲线，并依据监测结果和井下实际情况及时调整钻井液密度。

5.2.3.4 井控装置应符合下列规定：

——油气井应装套管头（稠油热采井用环形铁板完成），含硫化氢的油气井应使用抗硫套管头，其压力等级要不小于最高地层压力。选择时应以地层流体中硫化氢含量为依据，并符合4.5.5的规定；
——根据所钻地层最高地层压力，选用高于该压力等级的液压防喷器和相匹配的防喷装置及控制管汇。含硫化氢的井要选相应压力级别的抗硫井口装置及控制管汇；
——井控装置配套应符合国家现行标准关于钻井井控技术的要求；高压天然气井、新区预探井、含硫化氢天然气井应安装剪切闸板防喷器；
——防喷器组合应根据压力及地层特点进行选择，节流管汇及压井管汇的压力等级和组合形式要与全井防喷器相匹配；
——应制定和落实井口装置、井控管汇、钻具内防喷工具、监测仪器、净化设备、井控装置的安装、试压、使用和管理的规定。井底静止温度为120℃以上，地层压力为45 MPa以上的高温高压含硫化氢天然气井应使用双四通。高压天然气井的放喷管线应不少于两条，夹角不小于120°，出口距井口应大于75 m；含硫化氢天然气井放喷管线出口应接至距井口100 m以外的安全地带，放喷管线应固定牢靠，排放口处应安装自动点火装置。对高压含硫化氢天然气井井口装置应进行等压气密检验，合格后方可使用；
——放喷管线应使用专用标准管线，高产高压天然气井采用标准法兰连接，不应使用软管线，且不应现场焊接；
——井控状态下应至少保证两种有效点火方式。应有专人维护、管理点火装置和实施点火操作；
——寒冷季节应对井控装备、防喷管线、节流管汇及压力表采取防冻保温加热措施。放喷时放喷管及节流管汇应进行保温。

5.2.3.5 固井设计

5.2.3.5.1 套管柱应符合下列规定：
——油气井套管柱设计应进行强度、密封和耐腐蚀设计；
——套管柱强度设计安全系数：抗挤为1.0～1.125，抗内压为1.05～1.25。抗拉为1.8以上，含硫天然气井应取高限；
——高温高压天然气井应使用气密封特殊螺纹套管；普通天然气井亦可根据实际情况使用气密封螺纹套管；
——含硫化氢的井在温度低于93℃井段应使用抗硫套管；含二氧化碳的井应使用抗二氧化碳的套管；既含硫化氢又含二氧化碳的井应视各自含量情况选用既抗硫又抗二氧化碳的套管。高压盐岩层和地应力较大的井应使用厚壁套管、外加厚套管等高抗外挤强度套管并符合4.5.5的规定；
——在进行套管柱强度设计时，高温高压天然气井的生产套管抗内压设计除满足井口最大压力外，并应考虑满足进一步采取措施时压力增加值（如压裂等增产措施）及测试要求；中间技术套管抗内压强度设计应考虑再次开钻后高压水层及最高地层压力；
——套管柱上串联的各种工具、部件都应满足套管柱设计要求，且螺纹应按同一标准加工；
——固井套管和接箍不应损伤和锈蚀。

5.2.3.5.2 注水泥浆应符合下列规定：
——各层套管都应进行流变学注水泥浆设计，高温高压井水泥浆柱压力应至少高于钻井液柱压力1 MPa～2 MPa；
——固井施工前应对水泥浆性能进行室内试验，合格后方可使用；
——有特殊要求的天然气井各层套管水泥浆应返至地面，未返至地面时应采取补救措施；
——针对低压漏失层、深井高温高压气层或长封固段固井应采取尾管悬挂、悬挂回接、双级注水泥、管外封隔器以及多凝水泥浆和井口蹩回压等措施，确保固井质量；
——对于长封段的天然气井，应采用套管回接方式，如采用分级固井，分级箍应使用连续打开式产品，固井设计和施工中一级水泥返高应超过分级箍位置；
——对有高压油气层或需要高压压裂等增产措施井，应回接油层套管至井口，固井水泥返至地面，然后进行下步作业；
——坚持压力平衡原则。固井前气层应压稳，上窜速度不超过10 m/h（特殊井和油气层保护的需要油气上窜速度控制在10 m/h～30 m/h）；
——套管扶正器安放位置合理，保证套管居中，采用有效措施，提高水泥浆顶替效率；
——优化水泥浆体系，对天然气井优选防气窜水泥添加剂，防止气窜；
——对漏失井，应在下套管前认真堵漏，直至合格。

5.2.4 井场布置及设备安装

5.2.4.1 井场布置

5.2.4.1.1 井场布置应遵循下列原则：

——根据自然环境、钻机类型及钻井工艺要求确定钻井设备安放位置；

——充分利用地形，节约用地，方便施工；

——满足防喷、防爆、防火、防毒、防冻等安全要求；

——在环境有特殊要求的井场布置时，应有防护措施；

——有废弃物回收、利用、处理设施或措施。

5.2.4.1.2 井场方向、井位、大门方向、井场面积确定和井场设备布置及安全标志的设置应符合国家现行标准关于钻前工程及井场布置的技术要求。

5.2.4.2 钻井设备安装应符合下列要求：

——所有设备应按规定的位置摆放，并按程序安装；

——设备部件、附件、安全装置设施应齐全、完好，且固定牢靠；

——设备运转部位转动灵活，各种阀门灵活可靠，油气水路畅通，不渗不漏；

——所有紧固件、连接件应牢固可靠，紧固件螺纹外露部分应有防锈措施；

——绞车游动系统能迅速有效地进行制动与解除，防碰天车及保险阀灵活可靠，离合器能快速离合；

——进行高压试运转时，所有管线不刺不漏，油气水路畅通；

——设备安装完后，整机试运转符合要求；

——电气设备、线路的安装规范、合理。

5.2.5 井控装置的安装、试压、使用和管理

5.2.5.1 井控装置的安装

5.2.5.1.1 钻井井口装置应符合下列规定：

a) 防喷器、套管头、四通的配置安装、校正和固定应符合国家现行标准关于钻井井控装置组合配套、安装调试与维护的规定；

b) 防喷器四通两翼应各装两个闸阀，紧靠四通的闸阀应处于常开状态；

c) 具有手动锁紧机构的闸板防喷器应装齐手动操作杆，靠手轮端应支撑牢固，其中心与锁紧轴之间的夹角不大于30°。挂牌标明开、关方向和到底的圈数；

d) 防喷器远程控制台安装要求：

  1) 应安装在面对井架大门左侧、距井口不少于25 m的专用活动房内，距放喷管线或压井管线应有1 m以上距离，并在周围留有宽度不少于2 m的人行通道、周围10 m内不应堆放易燃、易爆、易腐蚀物品；

  2) 管排架与防喷管线及放喷管线的距离应不少于1 m，车辆跨越处应装过桥盖板；不允许在管排架上堆放杂物和以其作为电焊接地线或在其上进行焊割作业；

  3) 总气源应与司钻控制台气源分开连接，并配置气源排水分离器，严禁强行弯曲和压折气管束；

  4) 电源应从配电板总开关处直接引出，并用单独的开关控制；

  5) 蓄能器完好，压力达到规定值，并始终处于工作压力状态。

5.2.5.1.2 井控管汇应符合下列要求：

——钻井液回收管线、防喷管线和放喷管线应使用经探伤合格的管材。防喷管线应采用螺纹与标准法兰连接，不允许现场焊接；

——钻井液回收管线出口应接至钻井液罐并固定牢靠,转弯处应使用角度大于120°的铸(锻)钢弯头,其通径不小于78 mm。

5.2.5.1.3 放喷管线安装要求:
——放喷管线至少应有两条,其通径不小于78 mm;
——放喷管线不允许在现场焊接;
——布局要考虑当地季节风向、居民区、道路、油罐区、电力线及各种设施等情况;
——两条管线走向一致时,应保持大于0.3 m的距离,并分别固定;
——管线尽量平直引出,如因地形限制需要转弯,转弯处应使用角度大于120°的铸(锻)钢弯头;
——管线出口应接至距井口75 m以上的安全地带,距各种设施不小于50 m;
——管线每隔10 m～15 m、转弯处、出口处用水泥基墩加地脚螺栓或地锚、预制基墩固定牢靠,悬空处要支撑牢固;若跨越10 m宽以上的河沟、水塘等障碍,应架设金属过桥支撑;
——水泥基墩的预埋地脚螺栓直径不小于20 mm,长度大于0.5 m。

5.2.5.1.4 钻具内防喷工具应符合下列要求:
——钻具内防喷工具的额定工作压力应不小于井口防喷器额定工作压力;
——应使用方钻杆旋塞阀,并定期活动;钻台上配备与钻具尺寸相符的钻具止回阀或旋塞阀;
——钻台上准备一根防喷钻杆单根(带与钻铤连接螺纹相符合的配合接头和钻具止回阀);
——应配备钻井液循环池液面监测与报警装置;
——按设计要求配齐钻井液净化装置,探井、气井及气比油高的油井还应配备钻井液气体分离器和除气器,并将液气分离器排气管线(按设计通径)接出井口50 m以上。

5.2.5.2 井控装置的试压

5.2.5.2.1 试压值应符合下列要求:
——防喷器组应在井控车间按井场连接形式组装试压、环形防喷器(封闭钻杆,不试空井)、闸板防喷器和节流管汇、压井管汇、防喷管线试额定工作压力;
——在井上安装好后,试验压力在不超过套管抗内压强度80%的前提下,环形防喷器封闭钻杆试验压力为额定工作压力的70%;闸板防喷器、方钻杆旋塞阀和压井管汇、防喷管线试验压力为额定工作压力;节流管汇按零部件额定工作压力分别试压;放喷管线试验压力不低于10 MPa;
——钻开油气层前及更换井控装置部件后,应采用堵塞器或试压塞按照本条第二项规定的有关条件及要求试压;
——防喷器控制系统用21 MPa的油压作一次可靠性试压。

5.2.5.2.2 试压规则应符合下列要求:
——除防喷器控制系统采用规定压力油试压外,其余井控装置试压介质均为清水;
——试压稳压时间不少于10 min,允许压降不大于0.7 MPa,密封部位无渗漏为合格。

5.2.5.3 井控装置的使用应符合下列要求:
——环形防喷器不应长时间关井,非特殊情况不允许用来封闭空井;

——在套压不超过 7 MPa 情况下,用环形防喷器进行不压井起下钻作业时,应使用 18°斜坡接头的钻具,起下钻速度不应大于 0.2 m/s;

——具有手动锁紧机构的闸板防喷器关井后,应手动锁紧闸板。打开闸板前,应先手动解锁,锁紧和解锁都应先到底,然后回转 1/4 圈~1/2 圈;

——环形防喷器或闸板防喷器关闭后,在关井套压不超过 14 MPa 情况下,允许以不大于 0.2 m/s 的速度上下活动钻具,但不准转动钻具或过钻具接头;

——当井内有钻具时,不应关闭全封闸板防喷器;

——严禁用打开防喷器的方式来泄井内压力;

——检修装有铰链侧门的闸板防喷器或更换其闸板时,两侧门不能同时打开;

——钻开油气层后,定期对闸板防喷器开、关活动及环形防喷器试关井(在有钻具条件下);

——井场应备有一套与在用闸板同规格的闸板和相应的密封件及其拆装工具和试压工具;

——对防喷器及其控制系统及时按国家现行标准关于钻井井控装置组合配套安装调试维修的规定进行维护保养;

——有二次密封的闸板防喷器和平行闸板阀,只能在密封失效至严重漏失的紧急情况下才能使用,且止漏即可,待紧急情况解除后,立即清洗更换二次密封件;

——平行闸板阀开、关到底后,应回转 1/4 圈~1/2 圈。其开、关应一次完成,不应半开半闭和作节流阀用;

——压井管汇不能用作日常灌注钻井液用;防喷管线、节流管汇和压井管汇应采取防堵、防漏、防冻措施;最大允许关井套压值在节流管汇处以明显的标示牌标示;

——井控管汇上所有闸阀都应挂牌编号并标明其开、关状态;

——采油(气)井口装置等井控装置应经检验、试压合格后方能上井安装;采油(气)井口装置在井上组装后还应整体试压,合格后方可投入使用。

5.2.5.4 井控装置的管理应符合下列要求:

——企业应有专门机构负责井控装置的管理、维修和定期现场检查工作,并规定其职责范围和管理制度;

——在用井控装置的管理、操作应落实专人负责,并明确岗位责任;

——应设置专用配件库房和橡胶件空调库房,库房温度应满足配件及橡胶件储藏要求;

——企业应制定欠平衡钻井特殊井控作业设备的管理、使用和维修制度。

5.2.6 开钻前验收

5.2.6.1 钻井监督或开钻前应由甲方或甲方委托的施工监督单位组织,对道路、井场、设备及电气安装质量、通信、井场安全设施、物资储备、应急预案等进行全面检查验收,经验收合格后方可开钻。

5.2.6.2 钻开油气层前验收

5.2.6.2.1 应加强地层对比,及时提出可靠的地质预报。

5.2.6.2.2 在进入油气层前 50 m~100 m,应按照下步钻井的设计最高钻井液密度值,对裸眼地层进行承压能力检验。调整井应指定专人检查邻近注水、注气(汽)井停注、泄压情况。

5.2.6.2.3 钻进监督或钻井队技术人员向钻井现场所有工作人员进行工程、地质、钻井液、井控装置和井控措施等方面的技术交底,提出具体要求,并应组织进行防喷、防火演习,含硫化氢地区钻井还应进行防硫化氢演习,直至合格为止。

5.2.6.2.4 落实24 h轮流值班制度和"坐岗"制度,指定专人、定点观察溢流显示和循环池液面变化,检查所有井控装置、电路和气路的安装及功能是否正常,并按设计要求储备足够的加重钻井液和加重材料,并对储备加重钻井液定期循环处理。

5.2.6.2.5 钻井队应通过全面自检,确认准备工作就绪后,由上级主管部门组织,按标准检查验收合格并批准后,方可钻开油气层。

5.2.7 钻进

5.2.7.1 常规钻进

5.2.7.1.1 钻进时应严格按规定程序和操作规程进行操作,选择合理的钻具组合和适当的钻井液,钻进时应根据井内、地面设备运转、仪表信息变化情况,判断分析异常情况,及时采取相应措施。

5.2.7.1.2 及时观察钻头运行情况,发现异常及时更换钻头;钻具在井内不应长时间静止,钻达下技术(油层)套管深度后,应根据设计及时测井、固井等作业。

5.2.7.1.3 开钻前检查、第一次钻井,再次钻进,接单根、起下钻、换钻头、钻水泥塞、油气层钻进等应符合国家现行标准关于常规钻进的安全技术要求。

5.2.7.1.4 欠平衡钻井应符合国家现行标准关于欠平衡钻井的安全技术要求。

5.2.8 井口与套管保护

5.2.8.1 各层次套管要居中,保持天车、井口与转盘在一条垂直线上,其偏差应控制在规定范围内。

5.2.8.2 对于钻井周期较长的井、大位移井、水平井,在表层套管、技术套管内的钻井作业应采取有效措施减少磨损套管。

5.2.8.3 高温、高压、高含硫化氢井及套管长期受磨损井在打开目的层前应对上层套管进行磨损检查,并根据磨损情况决定打开目的层前是否采取补救措施,并符合5.2.3.5的规定。

5.2.8.4 对于下完尾管继续钻进的井,若决定测试时,应先回接套管至井口,并常规固井。

5.2.8.5 大直径表层套管应保证圆井周围不窜漏。复杂地区坚硬地层的表层套管下套管时应采取防倒扣的措施。

5.2.8.6 防喷器应在井架底座上绷紧固定。

5.2.8.7 钻水泥塞钻头出套管,应采取有效措施保证形成的新井眼与套管同心,防止下部套管倒扣及磨损。

5.2.8.8 在施工中,气井套管环空应安装压力表,接出引流放喷管线,并定期检查环空压力变化,需要时及时泄压,将环空压力控制在允许安全范围之内。

5.2.8.9 套管头内保护套应根据磨损情况及时调换位置或更换。

5.2.8.10 气井应进行井口套管的装定计算,确定井口合理受力状态。

5.2.9 中途测试

5.2.9.1 中途测试应有包括安全内容的测试设计,并按审批程序审批。

5.2.9.2 中途测试前应按设计调整好钻井液性能,保证井壁稳定和井控安全,测双井径曲线,确定座封位置。

5.2.9.3 中途裸眼井段座封测试应在规定时间内完成,防止卡钻。

5.2.9.4 高温高压含硫化氢油气层应采用抗硫油管测试。严格限制在含硫化氢地层中用非抗硫化氢的测试工具进行测试工作。

5.2.9.5 对高压、高产天然气井和区域探井测试时，应接好高压水泥车。

5.2.9.6 下钻中若发现测试阀打开，出现环空液面下降，应立即上提管串，同时反灌钻井液。

5.2.9.7 测试阀打开后如有天然气喷出，应在放喷出口处立即点火燃烧。

5.2.9.8 测试完毕后，起封隔器前如钻具内液柱已排空，应打开反循环阀，进行反循环压井，待井压稳后才能起钻。

5.2.10 完井

5.2.10.1 下套管

5.2.10.1.1 吊套管上钻台，应使用适当的钢丝绳，不应使用棕绳。

5.2.10.1.2 各岗位人员应配合好，套管入鼠洞时司钻应注意观察，套管上扣时应尽量使用套管动力钳，下套管时应密切观察指重表读数变化并按程序操作，发现异常及时处理。

5.2.10.2 固井

5.2.10.2.1 摆车时应有专人指挥，下完套管后当套管内钻井液未灌满时不应接水龙带开泵洗井。

5.2.10.2.2 开泵顶水泥浆时所有人员不应靠近井口、泵房、高压管汇和安全阀附近及管线放压方向。

5.2.11 复杂情况的预防与处理

5.2.11.1 发生顿钻、顶天车、单吊环起钻、水龙头脱钩等情况时，应按相应的要求和程序进行处理。

5.2.11.2 当发生井涌、井漏、井塌、砂桥、泥包、缩径、键槽、地层蠕变、卡钻、钻具或套管断落、井下落物等，应按国家现行标准的技术要求处理。

5.2.11.3 井喷失控处理

5.2.11.3.1 实施井喷着火预防措施，设置观察点，定时取样，测定井场及周围天然气、硫化氢和二氧化碳含量，划分安全范围。

5.2.11.3.2 根据失控状况及时启动应急预案，统一组织、协调指挥抢险工作。含硫化氢油气井的防护应符合4.5.6的规定。

5.3 录井

5.3.1 录井准备

应根据危险源辨识、风险评估，编制录井施工方案和应急预案，并按审批程序审批。

5.3.2 设施、仪器安装调校

5.3.2.1 仪器房中应配置可燃气体报警器和硫化氢监测仪。

5.3.2.2 高压油气井、含硫化氢气井的气测录井仪器房应具有防爆功能，安全门应定期检查，保持灵活方便。

5.3.2.3 值班房、仪器房在搬迁、安装过程中应遵守钻井队的相关安全规定。

5.3.3 录井作业

5.3.3.1 钻具、管具应排放整齐，支垫牢固，进行编号和丈量。

5.3.3.2 井涌、钻井液漏失时应及时向钻井队报警。

5.3.3.3 氢气发生器应排气通畅，不堵不漏。

5.3.3.4 当检测发现高含硫化氢时,应及时通知有关人员作好防护准备;现场点火时,点火地点应在下风侧方向,与井口的距离应不小于30 m。

5.3.3.5 发生井喷时,启动应急预案。

5.3.3.6 在新探区、新层系及含硫化氢地区录井时,应进行硫化氢监测,并配备相应的正压式空气呼吸器。

5.4 测井

5.4.1 生产准备

5.4.1.1 应根据危险源辨识、风险评估,编制测井施工方案和应急预案,并按审批程序审批。

5.4.1.2 测井车接地良好,地面仪器、仪表应完好无损,电器系统不应有短路和漏电现象,电缆绝缘、电阻值应达到规定要求。

5.4.1.3 各种井口带压设备应定期进行试压,合格后方可使用。

5.4.2 现场施工

5.4.2.1 现场施工作业

5.4.2.1.1 测井作业前,队长应按测井通知单要求向钻井队(作业队、采油队)详细了解井下情况和井场安全要求,召开班前会,应要求测井监督人员及相关人员参加。在作业前提出安全要求应有会议记录,并将有关数据书面通知操作工程师和绞车操作者。钻井队(作业队、采油队)应指定专人配合测井施工。

5.4.2.1.2 测井作业时,测井人员应正确穿戴劳动防护用品。作业区域内应戴安全帽,应遵守井场防火防爆安全制度,不动用钻井队(作业队、采油队)设备或不攀登高层平台。

5.4.2.1.3 测井施工前,应放好绞车掩木,复杂井施工时应对绞车采取加固措施,防止绞车后滑。

5.4.2.1.4 气井施工,发动(电)机的排气管应戴阻火器,测井设备摆放应充分考虑风向。

5.4.2.1.5 接外引电源应有人监护,应站在绝缘物上,戴绝缘手套接线。

5.4.2.1.6 绞车和井口应保持联络畅通。夜间施工,井场应保障照明良好。

5.4.2.1.7 在上提电缆时,绞车操作者要注意观察张力变化,如遇张力突然增大,且接近最大安全拉力时,应及时下放电缆,上下活动,待张力正常后方可继续上提电缆。

5.4.2.1.8 测井作业时,应协调钻井队(作业队、采油队)及时清除钻台作业面上的钻井液。冬季测井施工,应用蒸汽及时清除深度丈量轮和电缆上的结冰。测井作业时,钻井队(作业队、采油队)不应进行影响测井施工的作业及大负荷用电。

5.4.2.1.9 下井仪器应正确连接,牢固可靠。出入井口时,应有专人在井口指挥。绞车到井口的距离应大于25 m。并设置有紧急撤离通道。

5.4.2.1.10 电缆在运行时,绞车后不应站人,不应触摸和跨越电缆。

5.4.2.1.11 仪器车和绞车上使用电取暖器时,应远离易燃物,负荷不得超过3 kW,应各自单拉电源线。不应使用电炉丝直接散热的电炉;车上无人时,应切断电源。

5.4.2.1.12 遇有七级以上大风、暴雨、雷电、大雾等恶劣天气,应暂停测井作业;若正在测井作业,应将仪器起入套管内。

5.4.2.1.13 队长在测井过程中,应进行巡回检查并做记录。测井完毕应回收废弃物。

5.4.2.2 裸眼井测井

5.4.2.2.1 裸眼井段电缆静止不应超过3 min(特殊施工除外)。仪器起下速度要均匀,不应超过4 000 m/h,距井底200 m要减速慢下;进套管鞋时,起速不应超过600 m/h,仪器上起离井口约300 m时,应有专人在井口指挥,减速慢起。

5.4.2.2.2 在井口装卸放射源,应先将井口盖好。

5.4.2.3 套管井测井

5.4.2.3.1 井口防喷装置应定期进行检查、更换密封件。

5.4.2.3.2 进行生产井测井作业,打开井口阀门前应检查井口防喷装置、仪器防掉器等各部分的连接及密封状况。

5.4.2.3.3 开启和关闭各种阀门,应站在阀门侧面。开启时应缓慢进行,待阀门上下压力平衡后,方可将阀门完全打开。

5.4.2.3.4 抽油机井测井作业,安装拆卸井口时,抽油机应停止工作,测井作业期间应有防止机械伤害措施。

5.4.2.3.5 仪器上提距井口300 m减速,距井口50 m时人拽电缆。经确认仪器全部进入防喷管后,关闭防掉器。拆卸井口装置前各阀门应关严,将防喷装置内余压放净。在进行环空测井作业时,应检查偏心井口转盘是否灵活,仪器在油管与套管的环形空间内起下速度不应超过900 m/h。若发现电缆缠绕油管,应首先采用转动偏心井口的方法解缠。

5.4.2.4 复杂井测井

5.4.2.4.1 复杂井测井作业,应事先编制施工方案,报请主管部门批准后方可施工,施工前应与钻井队(作业队、采油队)通告方案相关情况。

5.4.2.4.2 下井仪器遇阻,若在同一井段遇阻3次,应记录遇阻曲线,并由钻井队下钻通井后再进行测井作业。

5.4.2.4.3 仪器遇卡时,应立即通告井队并报主管部门,在解卡过程中,测井队允许的最大净拉力值不应超过拉力棒额定拉断力的75%;如仍不能解卡,应用同等张力拉紧电缆,进一步研究解卡措施。

5.4.2.4.4 在处理解卡事故上提电缆时,除担任指挥的人员外,钻井和测井人员应撤离到值班房和车内,其他人员一律撤出井场。

5.4.2.4.5 在测井过程中,若有井涌迹象,应将下井仪器慢速起过高压地层,然后快速起出井口停止测井作业。

5.4.2.4.6 遇有硫化氢或其他有毒有害气体特殊测井作业时,应制定出测井方案,待批准后方可进行测井作业。

5.4.2.5 安全标志、检测仪器和防护用具

5.4.2.5.1 危险物品的运输应设下列警示标志:
—— 运输放射源和火工品的车辆(船舶)应设置相应的警示标志;
—— 测井施工作业使用放射源和火工品的现场应设置相应的安全标志。

5.4.2.5.2 测井队应配备的检测仪器:
—— 测井队应配备便携式放射性剂量监测仪,定期检查并记录;
—— 从事放射性的测井人员每人应配备个人放射性剂量计,定期检查并记录;
—— 在可能含有硫化氢等有毒有害气体井作业时,测井队应配备一台便携式硫化氢气体监测报警仪。定期检查并记录。

5.4.2.5.3 从事下列作业的人员,应配备相应的防护用品:

——测井人员应按相关的规定配备防护用品；
——装卸放射源的人员应按规定配备防护用品；
——装卸、押运火工品的人员应按规定配备防护用品。

5.4.3 放射源的领取、运输、使用和防护

5.4.3.1 放射源的领取和运输应符合下列要求：
——测井队应配押源工；
——押源工负责放射源领取、押运、使用、现场保管及交还；
——押源工将放射源装入运源车、检查无误后锁闭车门；
——运源车应采用运源专用车；
——运源车应按指定路线行驶，不应搭乘无关人员，不应在人口稠密区和危险区段停留。中途停车、住宿时应有专人监护。

5.4.3.2 放射源的安全使用，应符合下列要求：
——专用贮源箱应设有"当心电离辐射"标志；
——装卸放射源时应使用专用工具，圈闭相应的作业区域，按操作规程操作；
——起吊载源仪器时，应使用专用工具，工作人员不应触摸仪器源室；
——施工返回后，应直接将放射源送交源库，并与保管员办理入库手续；
——放射性测井工作人员的剂量限值、应急照射情况的干预，应符合国家现行标准关于油(气)田非密封型、密封型放射源卫生防护的规定；
——放射源及载源设备性能检验应符合国家现行标准关于油(气)田测井用密封型放射源卫生防护的规定；
——测井作业完后应将污染物带回指定地点进行处理。

5.4.4 射孔

5.4.4.1 应根据危险源辨识、风险评估，编制射孔施工方案和应急预案，并按审批程序审批。

5.4.4.2 射孔作业应按设计要求进行。

5.4.4.3 火工品的领取、运输和使用

5.4.4.3.1 火工品的领取和运输除应符合国家现行标准关于爆炸物品领取和运输的规定外，还应符合下列规定：
——测井队应配护炮工；
——押运员负责火工品从库房领出、押运、使用、现场保管及把剩余火工品交还库房；
——押运员领取雷管时应使用手提保险箱，由保管员直接将雷管导线短路后放入保险箱内；
——运输射孔弹和雷管时，应分别存放在不同的保险箱内，分车运输，应由专人监护。保险箱应符合国家的相关规定；
——运输火工品的保险箱，应固定牢靠；运输火工品的车辆应按指定路线行驶，不许无关人员搭乘；
——道路、天气良好的情况下，汽车行驶速度不应超过 60 km/h；在因扬尘、起雾、暴风雪等引起能见度低时，汽车行驶速度应在 20 km/h 以下；
——途中遇有雷雨时，车辆应停放在离建筑物 200 m 以外的空旷地带；
——火工品应采用专车运输。

5.4.4.3.2 火工品的使用除应符合国家现行标准关于爆炸物品使用的规定外,还应符合下列要求:
——在钻井平台上(现场)存放民用爆破器材时,应放在专用释放架上或指定区域;
——射孔时平台上(现场)不应使用电、气焊。平台上或停靠在平台(作业现场)周围的船舶(车辆、人员)不应使用无线电通信设备;
——装炮时应选择离开井口3 m以外的工作区,圈闭相应的作业区域;
——联炮前,操作工程师应拔掉点火开关钥匙和接线排上的短路插头,开关钥匙交测井队长保管;
——在井口进行接线时,应将枪身全部下入井内,电缆缆芯对地短路放电后方可接通;未起爆的枪身起出井口前,应先断开引线并绝缘好后,方可起出井口;
——未起爆的枪身或已装好的枪身不再进行施工时,应在圈闭相应的作业区域内及时拆除雷管和射孔弹;
——下过井的雷管不应再用;
——撞击式井壁取心器炸药的安全使用,应符合国家火工品安全管理规定;
——检测雷管时应使用爆破欧姆表测量;
——下深未超过200 m时,不应检测井内的枪身或爆炸筒;
——不应在大雾、雷雨、七级风以上(含七级)天气及夜间开始射孔和爆炸作业;
——施工结束返回后,应直接将剩余火工品送交库房,并与保管员办理交接手续;
——火工品的销毁,应符合国家现行标准关于石油射孔和井壁取心用爆炸物品销毁的规定。

5.5 试油(气)和井下作业

5.5.1 设计安全原则

5.5.1.1 设计应由认可的单位承担,并按审批程序审批,如需变更,按变更审批程序审批。

5.5.1.2 设计的安全措施应能防止中毒、井喷、着火、爆炸等事故及复杂情况的发生。

5.5.2 地质设计

5.5.2.1 应提供本井的地质、钻井及完井基本数据,包括井身结构、钻开油气层的钻井液性能、漏失、井涌、钻井显示、取心以及完井液性能、固井质量、水泥返高、套管头、套管规格、井身质量、测井、录井、中途测试等资料。

5.5.2.2 应根据地质资料进行风险评估并编制安全提示。

5.5.2.3 应提供区域地质资料、邻井的试油(气)作业资料,及本井已取得的温度、压力、产量及流体特性等资料,并应特别注明硫化氢、二氧化碳的含量和地层压力。

5.5.2.4 应提供井场周围500 m以内的居民住宅、学校、厂矿等分布资料;对高压、高产及含硫化氢天然气井应提供1 000 m以内的资料。

5.5.3 工程设计

5.5.3.1 应根据地质设计编制工程设计,并根据地质设计中的风险评估、安全提示及工程设计中采用的工艺技术制定相应的安全措施,并按设计审批程序审批。

5.5.3.2 所选井口装置的性能压力应满足试油和作业要求。高压、高产及含硫化氢油(气)井应采用配有液压(或手动)控制阀门的采油(气)树及地面控制管汇。对重点高压含硫化氢油(气)井井口装置应进行等压气密检验。其性能应满足抗高温、抗硫化氢、防腐的要求,并符合 4.5.5 的规定。

5.5.3.3 井筒、套管头和井口控制装置应试压合格后方可使用。

5.5.3.4 含硫化氢、二氧化碳的油（气）井，应有抗硫化氢、防腐蚀措施。下井管柱应具有抗硫化氢、二氧化碳腐蚀的能力，并符合 4.5.5 的规定。

5.5.3.5 高温高压油（气）井，下井工具性能应满足耐高温、高压的要求，并应有试压、试温检验报告。

5.5.4 试油（气）和井下作业地面设备

5.5.4.1 根据井深、井斜及管柱重量，选择修井机械、井架和游动系统等配套设备。

5.5.4.2 钻台或修井操作台应满足井控装置安装、起下钻和井控操作要求。

5.5.4.3 根据设计选择地面测试流程。高压天然气井的地面测试流程应包括紧急关闭系统。

5.5.4.4 分离器及闸门、流程管线按分离器的工作压力试压；分离器通畅，闸门灵活可靠，扫线干净。

5.5.4.5 井口产出的流体，应分离计量。分离出的天然气应点火烧掉或进入集输系统，产出的液体进入储罐；分离器距井口 30 m 以上，火炬应距离井口、建筑物及森林 50 m 以外，含硫化氢天然气井火炬距离井口 100 m 以外，且位于主导风向的两侧。

5.5.4.6 含硫化氢、二氧化碳的油（气）井，从井口到分离器出口的设备、流程，应抗硫化氢、抗二氧化碳腐蚀，并符合 4.5.5 的规定。

5.5.5 井控装置

5.5.5.1 试油（气）和井下作业的井均应安装井控装置，高压高产油（气）井应安装液压防喷器及（或）高压自封防喷器，并配置高压节流管汇。

5.5.5.2 含硫化氢、二氧化碳井，井控装置、变径法兰应具有抗硫化氢、抗二氧化碳腐蚀的能力，并符合 4.5.5 的规定。

5.5.5.3 井控装置（除自封防喷器外）、变径法兰、高压防喷管的压力等级应与油气层最高地层压力相匹配，按压力等级试压合格。

5.5.5.4 在钻台上应配备具有与正在使用的工作管柱相适配的连接端和处于开启位置的旋塞球阀。当同时下入两种或两种以上的管柱时，对正在使用的每种管柱，都应有一个可供使用的旋塞球阀。

5.5.5.5 井控装置应统一编号建档，有试压合格证。

5.5.6 试油（气）和井下作业管柱

5.5.6.1 高温高压油（气）井应采用气密封油管，下井管柱丝扣应涂耐高温高压丝扣密封脂，管柱下部应接高温高压伸缩补偿器、压力控制式循环阀和封隔器。

5.5.6.2 含硫化氢、二氧化碳的井，下井管柱应具有抗硫化氢、抗二氧化碳腐蚀的性能，压井液中应含有缓蚀剂，并符合 4.5.5 的规定。

5.5.7 施工

5.5.7.1 施工准备

施工作业前，应详细了解井场内地下管线及电缆分布情况。掌握施工工程设计，按设计要求做好施工前准备，应对井架、场地、照明装置等进行检查，合格后方可施工。

5.5.7.2 井场布置应符合下列规定：

——油、气井场内应设置明显的防火防爆标志及风向标;
——施工中进出井场的车辆排气管应安装阻火器。施工车辆通过井场地面裸露的油、气管线及电缆,应采取防止碾压的保护措施;
——井场的计量油罐应安装防雷防静电接地装置,其接地电阻不大于10 Ω;
——立、放井架及吊装作业应与高压电等架空线路保持安全距离,并有专人指挥;
——井场、井架照明应使用低压防爆灯具或隔离电源;
——井场应设置危险区域、逃生路线、紧急集合点以及两个以上的逃生出口,并有明显标识;
——井场设备安装完毕后应按设计及安全技术要求进行开工验收,合格后方可开工。

5.5.7.3 施工应符合下列规定:
——抽油机驴头或天车轮应摆放合理,不得与游动系统相挂;
——施工过程中,应落实预防和制止井喷的具体措施;
——上井架的人员应由扶梯上下;高空作业应系安全带;携带的工具应系防掉绳;
——起下作业应有统一规定的手势和动作,配合一致;
——吊卡手柄或活门应锁紧,吊卡销插牢;
——上提载荷因遇卡、遇阻而接近井架安全载荷时,不应硬提和猛提;
——遇有六级以上大风、能见度小于井架高度的浓雾天气、暴雨雷电天气及设备运行不正常时,应停止作业。

5.5.8 压井

5.5.8.1 应按设计配制压井液。

5.5.8.2 压井结束时,压井液进出口性能应达到一致,检查油、套压情况,并观察出口有无溢流。

5.5.8.3 对于地层漏失量大的油气层,应替入暂堵剂,方可压井。

5.5.8.4 如压井液发生气浸,须循环除气压井。

5.5.9 测试与诱喷

5.5.9.1 测试时,应执行设计中的压力控制、测试工作制度。

5.5.9.2 气举或混气水诱喷不应使用空气气举。若使用天然气诱喷,分离出的天然气应烧掉或进入集输系统。

5.5.9.3 抽汲诱喷应安装防喷装置,并应采取防止钢丝绳打扭和抽汲工具冲顶天车的措施。

5.5.10 完井

5.5.10.1 对有工业油(气)流的井,具备条件投产,应采取下生产管柱完井方式。

5.5.10.2 完井管柱下完后,装好采油(气)树并进行紧固试压。

5.5.10.3 含硫化氢及二氧化碳等酸性油气井的采油(气)树应具有抗硫化氢或二氧化碳的能力。

5.5.10.4 高温、高压、高产及含硫化氢井应安装井下安全阀等井下作业工具、地面安全控制系统和井口测温装置,并符合4.5.5的规定。

5.5.10.5 油套环空应充注保护隔离液。

5.5.11 弃井及封井

5.5.11.1 对地质报废和工程报废的井应有报废处理方案,应采用井下水泥塞封井,相关资料按档案要求进行保管。

5.5.11.2 应对暂时无条件投产的、无工业开采价值的井在试油(气)结束后,按封井设计要求封堵。

5.5.11.3 废弃井、常停井应达到国家现行标准关于废弃井及常停井处置的技术要求。

5.5.12 复杂情况的预防与处理

5.5.12.1 试油(气)和井下作业应明确井控岗位责任。

5.5.12.2 起下管柱应连续向井筒内灌入压井液,并控制起下钻速度;对井漏地层应向射开井段替入暂堵剂。

5.5.12.3 起出井内管柱后,在等待时,应下入部分管柱。

5.5.12.4 压井作业中,当井下循环阀打不开时,可采用连续油管压井或采用挤压井,然后对油管射孔或切割,实现循环压井。

5.5.12.5 进行油气层改造时,施工的最高压力不能超过井口等设施的最小安全许可压力;若油管注入泵压高于套管承压,应下入封隔器,并在采油(气)树上安装安全阀限定套管压力。

5.5.12.6 试油(气)和井下作业现场应按规定配备足够消防器材。

5.5.12.7 在钻井中途测试时,发现封隔器失效,应立即终止测试,采用反循环压井。

5.5.12.8 出现环空压力升高,应通过节流管汇及时泄压,若泄压仍不能消除环空压力上升,立即终止测试。

5.5.12.9 地层出砂严重应终止测试。

5.5.12.10 发现地面油气泄漏,视泄漏位置采取关闭油嘴管汇、紧急切断阀或采油树生产阀门等措施。

5.5.12.11 发生井口油气漏失,应首先关闭井下压控测试阀,再采取处理措施。

5.5.12.12 当井口关井压力达到测试控制头额定工作压力的80%时,应用小油嘴控制开井泄压。

5.5.12.13 测试过程中若发现管柱自动上行,应及时关闭防喷器,环空憋压平衡管柱上行力。环空憋压不应达到井下压控测试阀操作压力。

5.5.13 压裂、酸化、化堵

5.5.13.1 地面与井口连接管线和高压管汇,应按设计要求试压合格,各部阀门应灵活好用。

5.5.13.2 井场内应设高压平衡管汇,各分支应有高压阀门控制。

5.5.13.3 压裂、酸化、化堵施工所用高压泵安全销子的剪断压力不应超过高压泵额定最高工作压力。设备和管线泄漏时,应停泵、泄压后方可检修。高压泵车所配带的高压管线、弯头应定期进行探伤、测厚检查。

5.5.13.4 压裂施工时,井口装置应用钢丝绳绷紧固定。

5.6 采油、采气

5.6.1 高压、含硫化氢及二氧化碳的气井应有自动关井装置。

5.6.2 油气井站投产前应对抽油机、管线、分离器、储罐等设备、设施及其安全附件,进行检查和验收。

5.6.3 运行的压力设备、管道等设施设置的安全阀、压力表、液位计等安全附件齐全、灵敏、准确,应定期校验。

5.6.4 油气井井场、计量站、集输站、集油站、集气站应有醒目的安全警示标志,建立严格的防火防爆制度。

5.6.5 井口装置及其他设备应完好不漏,油气井口阀门应开关灵活,油气井进行热洗清蜡、解堵等作业用的施工车辆施工管线应安装单流阀。施工作业的热洗清蜡车、污油(水)罐应距井口 20 m 以上。

5.7 油气处理

5.7.1 一般规定

油气处理设施设计应由有资质的单位编制完成,设计应符合国家现行标准关于石油天然气工程设计防火和油气集输设计的要求,并按程序审批。

5.7.2 原油处理

5.7.2.1 投产

5.7.2.1.1 原油处理流程投产前应制定投产方案、技术及组织措施和操作规程。

5.7.2.1.2 投产前应扫净管道内杂物、泥沙等残留物,并按投产方案进行试压和预热。

5.7.2.1.3 投油时应统一指挥并按程序和操作规程进行操作,并确保泄压装置完好,对停用时间较长的管线应采取置换、扫线和活动管线等措施。

5.7.2.1.4 合理控制流量和温度,计量站和管线各阀门、容器不渗不漏。

5.7.2.2 集输管线

——应定期对管线巡回检查。记录压力、温度,发现异常情况应及时采取处理措施;
——管线不得超压运行。管线解堵时不应用明火烘烤;
——各种管径输油管线停输、计划检修及事故状态下的应急处理,应符合国家现行标准关于原油管道运行的技术要求,并在允许停输时间内完成。

5.7.2.3 原油计量工作人员

——不应穿钉鞋和化纤衣服上罐;
——上罐应用防爆手电筒,且不应在罐顶开闭;
——每次上罐人数不应超过 5 人;
——计量时应站在上风方向并轻开轻关油口盖子;
——量油后量油尺不应放在罐顶;
——应每日对浮顶船舱进行全面检查;
——雨雪天后应及时排放浮顶罐浮船盘面上的积水。

5.7.2.4 原油脱水

——梯子口应有醒目的安全警示标志;
——电脱水器高压部分应有围栏,安全门应有锁,并有电气连锁自动断电装置;
——绝缘棒应定期进行耐压试验,建立试验台账,有耐压合格证;
——高压部分应每年检修一次,及时更换极板;
——油水界面自动控制设施及安全附件应完好可靠,安全阀应定期检查保养;
——脱水投产前应进行强度试验和气密试验。

5.7.2.5 原油稳定

——稳定装置不应超温、超压运行;
——压缩机应有完好可靠的启动及事故停车安全联锁装置和防静电接地装置;

——压缩机吸入管应有防止空气进入的安全措施；
——压缩机间应有强制通风设施及安全警示标志。

5.7.2.6 污油污水处理
——污油罐应有高、低液位自动报警装置；
——加药间应设置强制通风设施；
——含油污水处理浮选机应有可靠接地，接地电阻应小于 10 Ω。浮选机外露旋转部位应有防护罩。

5.7.2.7 输油泵房
——电动往复泵、螺杆泵和齿轮泵等容积式泵的出口管段阀门前，应装设安全阀（泵本身有安全阀者除外）及卸压和联锁保护装置；
——泵房内不应存放易燃、易爆物品，泵和不防爆电机之间应设防火墙。

5.7.2.8 储油罐
——油罐区竣工应经相关部门验收合格后方能交工投产；
——储油罐安全附件应经校验合格后方可使用；
——储油罐液位检测应有自动监测液位系统，放水时应有专人监护；
——储油罐应有溢流和抽瘪预防措施，装油量应在安全液位内，应单独设置高、低液位报警装置；
——5 000 m³ 以上的储油罐进、出油管线应装设韧性软管补偿器；
——浮顶罐的浮顶与罐壁之间应有两根截面积不小于 25 mm² 的软铜线连接；
——浮顶罐竣工投产前和检修投用前，应对浮船进行不少于两次的起降试验，合格后方可使用；
——储油罐应有符合设计的防雷、防静电接地装置，每年雷雨季前对其检测合格并备案；
——1 000 m³ 及以上的储油罐顶部应有手提灭火器、石棉被等；
——罐顶阀体法兰跨线应用软铜线连接完好。

5.7.2.9 油罐区
——阀门应编号挂牌，必要时上锁；
——防火堤与消防路之间不应植树；
——防火堤内应无杂草、无可燃物；
——油罐区排水系统应设水封井，排水管在防火堤外应设阀门。

5.7.3 天然气处理

5.7.3.1 天然气增压
——压缩机的吸入口应有防止空气进入的措施；
——压缩机的各级进口应设凝液分离器或机械杂质过滤器。分离器应有排液、液位控制和高液位报警及放空等设施；
——压缩机应有完好的启动及事故停车安全联锁并有可靠的防静电装置；
——压缩机间宜采用敞开式建筑结构。当采用非敞开式结构时，应设可燃气体检测报警装置或超浓度紧急切断联锁装置。机房底部应设计安装防爆型强制通风装置，门窗外开，并有足够的通风和泄压面积；

——压缩机间电缆沟宜用砂砾埋实,并应与配电间的电缆沟严密隔开;
——压缩机间气管线宜地上铺设,并设有进行定期检测厚度的检测点;
——压缩机间应有醒目的安全警示标志和巡回检查点和检查卡;
——新安装或检修投运压缩机系统装置前,应对机泵、管道、容器、装置进行系统氮气置换,置换合格后方可投运,正常运行中应采取可靠的防空气进入系统的措施。

5.7.3.2 天然气脱水
——天然气原料气进脱水之前应设置分离器。原料气进脱水器之前及天然气容积式压缩机和泵的出口管线上,截断阀前应设置安全阀;
——天然气脱水装置中,气体应选用全启式安全阀,液体应选用微启式安全阀。安全阀弹簧应具有可靠的防腐蚀性能或必要的防腐保护措施。

5.7.3.3 天然气脱硫及尾气处理
——酸性天然气应脱硫、脱水。对于距天然气处理厂较远的酸性天然气,管输产生游离水时应先脱水,后脱硫;
——在天然气处理及输送过程中使用化学药剂时,应严格执行技术操作规程和措施要求,并落实防冻伤、防中毒和防化学伤害等措施;
——设备、容器和管线与高温硫化氢、硫蒸气直接接触时,应有防止高温硫化氢腐蚀的措施;与二氧化硫接触时,应合理控制金属壁温;
——脱硫溶液系统应设过滤器。进脱硫装置的原料气总管线和再生塔均应设安全阀。连接专门的卸压管线引入火炬放空燃烧;
——液硫储罐最高液位之上应设置灭火蒸汽管。储罐四周应设防火堤和相应的消防设施;
——含硫污水应预先进行汽提处理,混合含油污水应送入水处理装置进行处理;
——在含硫容器内作业,应进行有毒气体测试,并备有正压式空气呼吸器;
——天然气和尾气凝液应全部回收。

5.7.4 消防管理
应符合 7.2.2 的规定。

5.8 注水、注汽(气)与注聚合物及其他助剂
5.8.1 注水
5.8.1.1 注水作业现场应设置安全警示标识。
5.8.1.2 注水设备上的安全防护装置应完好、可靠,设备的使用和管理应定人、定责,安全附件应定期校验。
5.8.1.3 注水泵出口弯头应定期进行测厚。法兰、阀门等连接要牢固,发现刺、渗、漏应及时停泵处理。严禁超压注水。
5.8.1.4 应控制泵房内的噪声。

5.8.2 注汽
5.8.2.1 安装
5.8.2.1.1 蒸汽发生器安装单位应具有相应资质并经企业主管部门批准后方可承担蒸汽发生器的安装。
5.8.2.1.2 安装单位应将本单位技术负责人批准的按规定内容和格式编写的施工方案经企

业主管部门批准后方可开工。

5.8.2.1.3 安装前,安装单位应对发生器进行详细的检查并按设计图纸进行安装,如有变更应征得相关部门的同意。

5.8.2.1.4 水压试验前,专业检验单位应对其全面检查和记录,安装结束后,安装单位应出具质量证明文件,由专业检验单位监督检验工作完成后,出具《安装质量监督检验报告》。

5.8.2.1.5 监督检验合格,安装单位提供规定的资料后,由企业主管部门组织进行总体验收,通过后取得相关登记手续和使用登记证后方可使用。

5.8.2.2 使用管理

操作人员经专业培训考试取得特种设备安全操作证后方可持证上岗。

5.8.2.3 湿蒸汽发生器的修理、改造、定期检验报废及安全附件与仪表应符合规定程序并满足国家现行标准油田专用湿蒸汽发生器安全规定的要求。

5.8.2.4 井口装置

5.8.2.4.1 注汽井口各部分零部件应齐全完好。

5.8.2.4.2 注汽前单向阀全部打开检查,单向阀反向水压试验不渗不漏,试压合格后方可使用。

5.8.2.4.3 停止注汽后或中途停注维修注汽管线时,应关闭总阀门和干线阀门,打开测试阀门放空并维修管线。

5.8.2.4.4 重新启用的井口应检查和试压合格。

5.8.2.5 注汽管网

5.8.2.5.1 管线施工验收时,应经试压合格方可投产。

5.8.2.5.2 对注汽管线及阀组应定期进行检测和监测,并加强巡线检查。

5.8.2.5.3 在运行的蒸汽发生器设备和管线处设置警示标志。

5.8.2.6 注汽井的测试

5.8.2.6.1 测试施工时风力应不大于五级并在白天进行。

5.8.2.6.2 测试施工过程中不应关闭注汽生产阀门和总阀门。

5.8.2.6.3 测试施工人员应穿戴防烫伤的工作服、手套、工作鞋及防护眼镜。

5.8.2.6.4 防喷管、入井钢丝、电缆、仪器及仪表应满足测试工况要求。

5.8.3 注气

5.8.3.1 注气站场应设高、低压放空系统。放空火炬应设置可靠的点火设施和防止火雨设施。

5.8.3.2 有机热载体炉燃气系统应设稳压装置(或调压器)、过滤器、火焰熄灭报警装置。

5.8.3.3 空气压缩机和仪表风管网应设联锁装置,当管网压力降低时,空压机能自动启动。

5.8.3.4 注气压缩机应设单向阀和自动联锁停车装置,注气管线至井口应设单向流动装置和紧急放空阀、自动联锁装置,注气井口应设自动保护系统,自动保护系统应能自动关闭井口。可燃气体压缩机的厂房应符合石油天然气工程设计防火和油气集输设计规范的设计要求。

5.8.4 注聚合物及其他助剂

5.8.4.1 聚合物配制站和注入站

5.8.4.1.1 站区严禁吸烟和使用明火。各种压力容器的安全阀、液面计、压力表应由专人负责定期检验,有记录并存档。

5.8.4.1.2 消防器材、消防工具应定人定期检查保养并记录。

5.8.4.1.3 定期巡回检查设备、设施,各种操作压力、液位应符合规定要求,保证机泵、电气设备应有接地线,并执行电气检查维护等电气安全操作规程。

5.8.4.1.4 容器和场地照明杆应设置防雷接地装置,厂房内的起重设备要有良好的接地装置。

5.8.4.2 聚合物配水间

5.8.4.2.1 高压设备零部件齐全完好,闸门开关灵活,螺栓紧固、整齐。

5.8.4.2.2 配水间阀组应有明显的标志。

5.8.4.2.3 操作阀门时身体应侧面对着卸压部位和阀门丝杆部位。

5.8.4.3 井口油、套压表应安装防冻装置。井场平整、清洁,井场周围留有一定宽度的安全防护带。

5.8.4.4 严格执行起重设备、聚合物母液转输泵操作规程和操作程序,及时检查聚合物分散系统、熟化系统、微机监控系统、注聚泵等设备设施。

5.8.4.5 注聚泵

5.8.4.5.1 皮带轮防护罩应安装牢固,各联接部位应无松动、无泄漏,缓冲器中的氮气压力应达到规定要求。

5.8.4.5.2 注聚泵不应带压启动,启动后检查运转是否正常,定期检查流量、压力是否在规定的范围内,发现异常情况应立即停泵检查。

6 海洋石油天然气开采

6.1 一般要求

6.1.1 出海人员

6.1.1.1 出海人员应持有健康证明、海洋石油作业安全救生培训证书或相应的安全培训证明。

6.1.1.2 出海人员应穿戴符合标准的个人防护用品。

6.1.1.3 出海人员乘坐船舶或直升机等交通工具,应遵守相应安全规定。

6.1.1.4 出海人员应了解出海作业安全规定,遵守平台或船舶上的规章制度。

6.1.1.5 出海人员应熟悉所在平台或船舶的应急集合地点、所负的应急职责以及救生衣等存放处,并参加应急演习。

6.1.1.6 外来人员登临平台或船舶,应接受安全检查和安全教育,服从平台人员的引导。

6.1.2 救生与逃生

6.1.2.1 海洋石油设施应有救生、逃生措施。应按以下原则配备救生、逃生的设备:
—— 在可能发生火灾、爆炸或有毒有害气体泄漏有人值守的设施上,应配备封闭式耐火救生艇;
—— 固定设施和钻井平台救生艇数量应能容纳设施上作业的全部人员,浮式生产储油装置救生艇的配置应是作业人数的两倍;在海洋设施的建造、安装阶段,及生产设施在停产检修阶段,通过风险分析评估,在有安全措施的基础上,可用救生筏代替救生艇;

- ——除配备救生艇外,固定设施、浮式装置上还应配备作业人数100%的救生筏;
- ——设施上应配备可供全部作业人数的210%的救生衣,浅水区域设施的救生衣配备为全部作业人数150%;在水温低于10℃的寒冷地带作业的设施应按定员配备100%的防寒救生服;
- ——救生艇和救生筏应配有无线电通信设备和救生物品;
- ——在设施上应配备救生圈、抛绳设备和遇险信号,其数量、种类应根据设施结构特点配备;
- ——救生和逃生设备应有检查和检验制度;
- ——生活区应能容纳所有作业人员住宿,并提供急救处理设备;
- ——有人驻守的设施,15人以上应设置专门医务室并配备医生。

6.1.2.2 海洋石油设施上的逃生通道应符合以下原则:
- ——至少应设有两个尽可能远离并便于到达露天甲板和登艇甲板的逃生通道;
- ——逃生通道应保持畅通;
- ——通道上应有逃生标识;
- ——通道上应有足够的应急照明系统。

6.1.2.3 海洋石油设施应定期进行救生、逃生的演习。

6.1.3 防冰与防台风

6.1.3.1 海洋石油设施防冰按以下要求执行:
- ——在冰期作业的海洋石油设施和船舶应具有相适应的抗冰能力;
- ——防冰应急预案应明确防冰应急机构与相关人员职责,掌握周边施救应急资源;
- ——海洋石油设施应及时接收海冰预报,监测现场海冰情况,制定防冰措施,安排破冰船在设施周围破冰或值班;
- ——在海冰将超过或已经超过海洋石油设施的设计抗冰能力时,应立即组织撤离平台工作;
- ——海洋石油设施应保持与守护船、陆地应急值班室的通信畅通;
- ——应对海洋石油设施上设备和管线进行巡回检查,并对设施桩腿周围的冰情做重点监测;
- ——对设施的井口设备应有防冻和保温措施,未使用的管线应排空液体或进行保温伴热。

6.1.3.2 防台风要求按以下规定执行:
- ——海洋石油设施应制定防台风应急预案,明确防台风应急机构与相关人员职责,掌握周边施救应急资源;
- ——多单位联合作业时,各单位都要制定各自的防台风计划,并纳入现场作业总的防台风预案中。并听从总预案负责人的指令;
- ——应根据不同海域和台风特点确立防台风撤离的原则,根据海域和生产装置的实际情况划分台风警戒区。计算出不同作业阶段各台风警戒区进行安全处置和撤离所需的时间,并制定各台风警戒区的作业和撤离计划。

6.1.4 海洋石油锅炉、压力容器

6.1.4.1 应建立海洋石油锅炉、压力容器安全管理制度,制定操作规程,明确管理责任,健全

技术档案。

6.1.4.2 锅炉、压力容器投入使用前,应办理登记,取得锅炉、压力容器使用证。

6.1.5 海洋石油危险品

除按国家相关规定的要求外,还应满足以下要求:
- ——平台作业区进行放射性作业时,应设置明显、清晰的危险标志;
- ——在放射性作业现场,应配备放射性强度测量仪;
- ——放射性、火工品和危险化学品的存放场所应远离平台生活区及危险作业区,并应标有明显的警示标志;
- ——对存放放射性物质的容器,应附有浮标或其他示位器具,浮标绳索的长度应大于作业海域的水深;
- ——使用放射性物质和火工品作业的合同结束时,应将剩余的放射性物质和火工品运回陆岸存放。

6.2 石油物探

6.2.1 作业前

6.2.1.1 应对工区进行踏勘,调查作业海域碍航物情况、渔业活动情况,设置危险区域警戒线,制定避碰措施。

6.2.1.2 分析作业中的风险,制定相应预防措施和应急预案。

6.2.2 作业中

6.2.2.1 施工作业应有护航船保护,护航船应具有相应能力。

6.2.2.2 多船协作时,主船船长负责安全作业协调。

6.2.2.3 地震船进入作业海域后,应进行应急演练。

6.2.2.4 作业中保持对周围海域的瞭望,防止其他船只进入作业海域,必要时进行拦截,并做好避让准备。

6.2.2.5 如有其他船只从电缆上通过时,驾驶人员应通知仪器操作员适当调节电缆深度。

6.2.2.6 空气枪震源应满足下列要求:
- ——震源的设计应由地震主要技术负责人认可;
- ——高压管系、压力容器应有合格证书。新压力容器应有出厂证书和检验报告。并按相关规定进行检验;
- ——系统内的高压软管应根据产品的使用周期,按时进行更换;
- ——在甲板上试枪,要进行无压试验;气枪提出水面,排尽枪内水雾时,压力应控制在3.45 MPa(500 Psi)以下,并应设定警戒区,有声音、灯光报警;
- ——做好震源系统的日常维护和检查工作,对高压管系、安全阀、气瓶等关键部位,每月应检查一次,并做好记录,发现异常情况及时处理、解决;
- ——在作业区和主要通道处,应有明显的警示标志。

6.2.2.7 工作艇的作业安全要求应符合:
- ——除紧急情况外,工作艇作业应在白天且能见度良好的情况下进行;
- ——工作艇下水作业前需经船长批准;
- ——工作艇操作人员应经过专门培训并合格。

6.2.2.8 工作艇应保持与物探船的通信联系。

6.2.2.9 工作艇进行水下电缆维护时,应安排护航船对工作艇进行看护,当出现紧急情况时应及时进行救助。

6.2.2.10 工作艇收回后,应及时检修和保养,并做好记录。

6.2.3 作业结束

6.2.3.1 作业结束后,应严格按操作程序收回水下设备。

6.2.3.2 应编制完工报告,报告中应包含作业安全的内容。

6.3 钻井

6.3.1 设计原则和依据应符合5.2.1的规定。

6.3.2 钻井地质设计应符合5.2.2中除5.2.2.3以外的规定。

6.3.3 钻井工程设计应符合5.2.3中除5.2.3.4以外的规定。同时,在固井设计中应考虑隔水套管、补偿提升装置的有关内容。

6.3.4 井控装置的安装、使用和管理应符合国家对海洋石油作业井控的要求。

6.3.5 移动式钻井平台就位前
——应完成井场海洋工程地质调查与海况调查。
——应成立拖航小组,制定拖航计划,召开拖航会议,进行安全分析。
——拖航前应进行拖航安全检查。
——应按拖航计划要求定时收听海况、天气预报,与拖船保持联系;巡回检查被拖钻井平台,随时处理可能出现的问题。
——遇到台风或恶劣天气,应就近选择避风海湾避风。
——进入井位前,应根据海流、风等情况确定进井场以及锚泊定位的方法。
——海洋插桩时应考虑季节主导风向。
——坐底式平台应有防滑移措施。

6.3.6 固定式平台上钻井设备的布置和安装应符合国家现行海洋固定平台安全规则的要求。

6.3.7 钻井作业前
——应完成地质设计和工程设计。
——应对钻井设备、安全消防设备等进行检验和测试,确认其是否符合钻井作业安全要求;开钻前应再进行一次安全检查。
——钻井作业前应召开安全技术交底会。
——应对应急预案内容进行演练。

6.3.8 钻进

6.3.8.1 平台经理、钻井队长、司钻、副司钻等以上钻井作业人员应具有司钻操作证,在起钻开始和下钻后期以及处理复杂情况时,应由司钻以上钻井作业人员操作。

6.3.8.2 在钻进中,应注意观察钻台上各种仪表的变化,观察溢流与井漏情况和设备运行情况等,如有异常应及时汇报平台经理和钻井总监。

6.3.8.3 常规钻进除应符合5.2.6.1的规定外,起、下钻还应按以下规定执行:
——遇七级以上大风或其他恶劣天气,不应进行起、下钻作业;
——应考虑半潜式钻井平台沉浮漂移对作业的影响;
——每个班次应对游动系统防碰装置进行一次功能试验;
——应通过计量罐向井内灌满钻井液以平衡地层压力,并注意观察井内溢流及漏失情况。

6.3.8.4 欠平衡钻井

应符合 5.2.7.1.4 的规定。

6.3.9 钻开油气层

6.3.9.1 钻开油气层前,应符合以下要求:

——应按设计要求对井口装置、防喷器组、高压管汇、高压阀门等进行压力试验,确认合格后方能进行作业;

——钻进油气层前应针对性的做一次安全检查;

——节流管汇、压井管线及井控控制盘上的所有阀门、开关应保证灵活好用,按规定处于开/闭位置,并有明显标示;

——储能器、钻井仪表、可燃气体和硫化氢探测装置应处于良好状态;

——钻开油气层前 100 m,通过钻井循环通道和经阻流管汇做一次低泵冲泵压试验;同时平台应组织一次防井喷演习;

——每层套管固完井后,钻水泥塞到套管鞋以上 5 m,进行套管试压(试验压力为套管抗内压强度的 80%)。在钻穿每一层套管鞋或尾管鞋后,钻新地层 3 m~5 m,应进行地层破裂压力试验(隔水导管和碳酸盐地层除外);

——储备足够量的高密度钻井液、重晶石和堵漏材料。

6.3.9.2 钻开油气层后,应符合以下要求:

——每个班次、更换钻头、钻具重新组合、钻井液密度变化时,应进行低泵冲泵压试验,并记入专用记录簿中作为压井时参考依据;

——每个倒班次应按规定进行防喷演习;

——钻开油气层后要及时掌握井下油气上窜速度。起钻前含气量不超过 10%,起钻时油气上窜速度不超过 50 m/h;

——如钻速突然加快,在钻井进尺 1.5 m 内,应停钻循环观察并立即汇报平台经理和钻井总监,如井下情况正常,恢复钻进,如发现溢流应立即处理;

——在油气层钻进过程中,司钻岗位操作者应注意掌握钻井参数及钻井液密度和量的增减变化情况,若有异常,应立即报告平台经理和钻井总监,同时根据井下情况采取相应的处理措施;

——钻开油气层后的起、下钻作业中,由于修理设备和其他原因,要中断起、下钻作业,钻柱上要接好回压阀;

——加强可燃气体的监测和火源、热源的管理,必要时可禁止热工和冷工作业;

——在高压油气层电测时,井内钻井液静止时间一般不超过 24 h,超过则应采取通井后再测井;

——空井或电测时,应用计量罐循环观察井口溢流现象并定时做好记录。

6.3.10 下套管

6.3.10.1 下套管时,应注意观察钻井液出口管钻井液的返出情况,若有异常,应立即报告平台经理和钻井总监,同时根据井下情况采取相应的处理措施。

6.3.10.2 下套管遇阻、遇卡活动套管时,应密切注意指重表悬重的变化。上提负荷不应超过套管抗拉强度的 70%。

6.3.11 井口与套管保护、中途测试、复杂情况的预防与处理应符合5.2.8、5.2.9、5.2.11的规定。

6.3.12 弃井

6.3.12.1 弃井作业应满足以下条件：
— 同压力体系地层应经充分封堵；防止地层内的流体进入井眼、井内流体流出海底泥面；
— 封堵地层或井眼的水泥塞和桥塞的位置应避开自由套管段，并经检测合格。

6.3.12.2 井口遗留物的要求按以下规定执行：
— 所有的套管、井口装置或桩，在永久弃井时，应按规定在我国领海海域内清除至海底泥面以下4 m，在我国其他海域的残留物不得妨碍其他海洋主导功能的使用；
— 对临时弃井，保留在海底水下或水上的井口装置或井口帽，应设置井口助航信号装置，并按有关规定报告。

6.4 录井

应符合5.3的规定。

6.5 测井与测试

6.5.1 测井除应符合5.4的规定外，还应满足以下规定：
— 在进行测井作业时，钻台及井场应有符合要求的作业场地，停止进行其他作业。平台上必要的准备工作应在远离测井电缆、指重计线和喇叭线的地方进行，电焊作业应得到批准；
— 测井作业期间，平台应有专人值班，夜间作业时，应保障测井作业区的照明；
— 遇七级（含七级）以上大风或其他恶劣天气，不应进行测井作业；若正在进行测井作业，应暂停作业，并采取有效措施；
— 在测井过程中，若有井涌迹象，应立即通知钻井总监，并采取有效措施；
— 射孔枪下井过程中要做到平稳，严禁快放、急停。在处理遇卡事故上提电缆或拉断弱点时，不应使用测井绞车，而应使用钻机大钩。除必要的指挥和工作人员，钻台不应有其他人员。

6.5.2 测试除应符合5.5（5.5.2.4、5.5.4.5和5.5.7除外）的规定外，还应满足以下规定：
— 应按设计要求对测试设备和仪器仪表进行分段试压；
— 燃烧放喷时应根据风向及时切换燃烧器，确保顺风燃烧。平台两侧的消防、喷淋设备应保持正常工作；
— 流动测试期应定时检查测试流程有无刺漏发生；
— 当平台风力超过七级时，应暂停作业；
— 酸化作业时，严禁非工作人员穿越高压管汇，若发现有刺漏现象应立即停泵；
— 地面测试树及阻流管汇在每层测试前应重新试压。

6.5.3 延长测试

6.5.3.1 作业前，应制定相关的应急预案。

6.5.3.2 系泊装置安装、与储油设施联接要严格遵守设计要求，至少应做到：
— 系泊点设置要充分考虑风、浪、流对储油设施系带、停泊和解脱安全的影响；
— 综合考虑各种因素，确定系泊点至钻井船（平台）的安全距离，在任何情况下避免发生碰撞；
——根据作业海区的水深和海底浅层地质情况选择符合类型要求和质量要求的系泊锚。

6.5.3.3 平台上应按延长测试的设计要求配备足够的消防器材、可燃气体探测仪和探头。

6.5.3.4 钻井和延长测试同时作业时，应按照边钻边采联合作业的有关要求实施。

6.5.3.5 测试期间应注意观察输油软管的工作状态。

6.6 海洋油气田工程

6.6.1 海洋油气田工程设计、建造、安装单位应具备相应资质。

6.6.2 海洋油气田工程设计、建造和安装应按国家相关要求和标准进行，也可选择高于国家要求的标准。

6.6.3 海洋油气田工程单位应建立安全、质量管理制度，保障工程质量。

6.6.4 设计、建造和安装各阶段应由发证检验机构进行检验。

6.7 海洋油气田生产

6.7.1 采油作业

6.7.1.1 海洋油气田各系统调试完成后，应经过安全检查符合要求才能进行试生产。

6.7.1.2 进行采油作业前，应制定专门的安全措施，落实安全应急岗位职责，并进行消防、弃平台、救生和有毒有害气体防护等演习。

6.7.1.3 海洋油气田上的所有消防、安全、救生等设施、设备、器材，应保持齐全和性能良好。

6.7.1.4 海洋油气田应配备一定数量的正压式呼吸器，正压式呼吸器的配备应符合国家现行标准关于含硫化氢油气井安全钻井的规定。

6.7.1.5 进入生产区应穿戴合格的劳动防护用品。

6.7.1.6 开关井期间，应保持各方联系，平稳控制各生产参数。

6.7.1.7 海洋油气田应配备守护船值班。

6.7.1.8 应定期检查各测试开关、仪表，保证其性能良好。

6.7.1.9 应定期检查测试安全系统和应急关断系统。

6.7.2 钢丝作业

6.7.2.1 作业前，应召开作业技术交底会，交待作业程序、技术要求和安全注意事项。

6.7.2.2 作业人员应熟悉作业的管柱结构及技术要求，严格执行安全作业程序。

6.7.2.3 下井作业前，应严格检查所有的下井工具（包括钢丝），确保符合相关技术要求后，方可进行作业。

6.7.2.4 工具下井前，应对防喷管进行压力试验，使其符合相关技术标准。防喷管应安装牢固，钢丝导向轮要对准防喷管入口。

6.7.2.5 防喷管内充有高压时，应有高压危险标识。

6.7.2.6 作业结束，应确认防喷管放空无压后，才能卸防喷管，取出工具。放空时，应把软管接到安全处并加以固定。

6.7.2.7 正常作业时，钢丝的最大拉力不超过钢丝弹性的极限。

6.7.2.8 钢丝绳在下井时要防止打结。

6.7.3 修井作业

6.7.3.1 移井架作业应符合：

——清除(拆开)所有妨碍井架移动的障碍(管线);固定钻台及井架上活动的物件;
——保持液压动力源、液压千斤顶等液压系统处于正常工作状态;
——保持轨道润滑良好;
——移井架时应有专人指挥。

6.7.3.2 立井架应按操作规程及技术要求进行,井架大钩应与井口中心对正。

6.7.3.3 起下钻作业应符合 5.5.4.2 的规定。

6.7.3.4 压、洗井作业应符合下列要求:
——应保持压井液性能稳定、调配均匀、计量准确、密度合适;
——压井前对管线进行试压,试压压力为工作压力的 1.5 倍;
——按规程循环压井,进出口密度相差不超过 2%,不喷不漏;停泵后按设计技术标准观察 30 min,井口无溢流无气泡为压井合格;
——洗井后应做到无死油、腊块等其他杂物。

6.7.3.5 下电泵作业应符合:
——电泵机组安装后应进行运转试验;
——通井深度应下到电机以下 30 m～50 m,无卡阻现象;
——吊放连接机组各部件时,应保持操作平稳,禁止二节机组(电机或泵)同时起吊和下放;
——每根油管中间应打一个电缆卡子,接箍上下 1 m 处各打一个电缆保护器,并将其卡紧;
——座井口时,钢圈和密封胶皮应放平;
——安装电缆时,垫板要打倒角;螺丝要对角上紧。

6.8 油气装卸作业

6.8.1 海洋提油终端的防爆要求应按以下规定执行:
——应对提油终端进行危险区的识别和分类,以便区别和合理选择防爆电气设备、电缆及其他认可的设备;
——围蔽的危险处所应设有效的通风装置;围蔽的危险处所与围蔽的非危险处所相邻时,应采用负压通风;
——危险区内禁止一切与装油无关施工作业;与装油无关人员不应进入装油作业区;
——对危险区内所有设施的维修应避免使用明火,所使用的工具应避免由于撞击等原因而产生火花;
——在危险区内所有的设施及管路都应采用导电连接和接地。在危险区的围蔽处所及其排风口处及相邻的围蔽的非危险处,所有的出入口及通风进口处应装设可燃气体报警器;
——遇雷雨天气等危及安全生产时,应立即停止作业,关阀封舱。

6.8.2 海洋提油终端惰性气体系统和透气系统应按以下规定执行:
a) 制定详细的惰性气体系统和透气系统操作程序。
b) 惰性气体系统和透气系统应有专人进行检查和维护。
c) 在提油作业期间,终端的所有货油舱、污油舱、含油的污水舱、非分隔的压载以及任何特定的应有惰性气体保护的舱室,应保持含氧量不超过 5% 的惰化状态并保持适当的正压。

   d) 在惰性气体总管上应安装一个自动控制惰性气体的调解阀,当出现下列情况之一时能自动关闭:
      1) 洗涤塔冷却水压或流量降低到预定极限值;
      2) 洗涤塔内水位升高至预定极限值;
      3) 惰性气体温度升高至预定极限值;
      4) 惰性气体风机发生故障。
   e) 惰性气体发生器装置应设有声、光报警装置。
   f) 量舱、取样等作业,未经终端负责人批准,不应在非闭式操作系统条件下进行。终端在生产期间,未经终端负责人批准,任何人不应使任何应处于惰化条件的舱室除气,或进入上述舱室。
   g) 进入泵房、充惰舱室及其他指定的封闭区域,应执行油气田和浮式生产储泊装置的有关规定。

6.8.3 提油作业应按以下规定执行:

   a) 提油终端均应建立终端安全规则,该规则至少应包括:
      1) 对提油轮的安全要求和对提油轮系泊设备和接货设施的要求;
      2) 系泊离泊作业程序及限制条件、连接解脱输油软管及装载作业程序;
      3) 安全要求和应急程序;
      4) 系泊、装载作业前安全检查的内容。
   b) 提油终端人员应对提油轮进行检查,有权拒绝系泊不符合要求的提油轮或中断不遵守终端规则的提油轮的装载作业,并令其驶离终端区域。
   c) 系泊和提油作业应由提油终端指定的代表作为整个作业的指挥者,负责指挥和协调终端、提油轮、拖轮、守护船的行动。并应对现场环境条件保持警觉,随时监察作业状态,保持与现场有关各方船长或负责人的密切联系。
   d) 系泊和提油作业应按以下规定执行:
      1) 提油轮的系泊和装载作业应在白天及气象海况允许情况下进行;
      2) 系泊和装载作业开始之前,终端的代表应按作业者制定的安全检查程序对提油轮进行检查,确认该提油轮符合在终端进行提油作业的各项要求,还应确认与终端、提油轮、拖轮、守护船的通信已经建立;
      3) 在提油作业期间,应有足够数量和马力的拖轮协助提油作业。
   e) 提油作业期间,无论何种原因引致提油轮或终端发出紧急警报,提油作业均应暂停,直至警报解除;若为火灾警报,应立即启动火灾应急预案。

6.8.4 陆上终端

6.8.4.1 设计、建造安装应按规范进行,并按有关规定进行检验。

6.8.4.2 终端应有符合要求的探测报警系统,消防系统和应急关断系统。

6.8.4.3 探测报警系统,消防系统和应急关断系统要进行检验。

6.8.4.4 操作人员接受安全和技术培训,并取得培训证书。

6.8.4.5 要建立应急预案和定期演习制度、生产系统巡回检查制度、作业许可、安全技术操作规程。

6.8.5 油气码头

6.8.5.1 油气码头应具备以下条件：
— 油气船安全系泊的码头和指定锚地；
— 有安全离靠的港口水域和航道；
— 按规定备有消防设施；
— 船岸间有畅通的无线或有线通信系统；
— 码头设置专用安全通道，并为作业划定相应的安全区域。

6.8.5.2 油气码头的工作人员应经油气作业业务、安全作业和应急作业的培训，持证上岗。

6.8.5.3 油气码头应备有安全操作指南、设备操作手册等管理文件，有关人员应熟练掌握管理文件的内容。

6.9 船舶安全

6.9.1 船舶靠离海洋设施

6.9.1.1 靠离作业前的准备应按以下规定执行：
— 当船只首次靠离海洋设施时，船长应编制靠离作业方案；
— 海洋设施管理操作人员负责靠离作业的组织安排和协调管理，并向船舶提供靠离作业所需的相关情况和资料，明确向船舶下达靠离作业指令，作业指令应考虑在当时环境条件下对船舶安全操纵的影响；
— 船舶应确定靠离作业方式，并及时与海洋设施人员有效沟通；
— 参加靠离作业的人员应清楚作业任务和安全要求；
— 海洋设施和船舶应配备胜任的作业指挥和操作人员，确认双方通信保持畅通，统一作业中各种指挥信号并制定特殊情况的应急预案；
— 海洋设施和船舶的靠离作业所需的设备和用具处于正常、安全状态，并落实靠离作业的安全措施。

6.9.1.2 靠离作业应按以下规定执行：
— 靠离作业开始时，船长应采取安全合理的靠离作业方式，如当时的靠离作业对船舶或海洋设施构成安全风险和隐患，可向海洋设施人员提出变更船舶靠离作业方式和时间；
— 船舶由船长或具有船长资格的人员操纵；
— 非靠离作业的人员不应进入系泊作业区域；
— 船舶停靠期间，驾驶台、海洋设施作业现场应有值班人员，并保证靠离作业期间通信联系和应急准备；
— 靠离作业过程中，海洋设施应视缆重配备足够人员执行解系缆作业；
— 如认为作业人员、船舶和海洋设施、环境等影响条件变化对靠离作业可能造成安全威胁时，应及时中止靠离作业。

6.9.1.3 如船舶或海洋设施在靠离作业中发生应急情况时，海洋设施和船舶应按应急计划进行实施和处理。

6.9.2 守护作业

6.9.2.1 守护船除符合国家海事主管部门对船舶的要求外，应按以下规定执行：
— 守护船应经由海洋石油政府主管部门登记备案；

——守护船应具备所在守护海区的适航能力、消防能力和救护能力;
——守护船应有符合要求的营救区,营救区应尽可能远离推进器,并应有明显的标志;甲板上应有一个露天空间,能满足营救作业及直升机提升绞车或平台吊篮的操作;营救区和露天甲板应处于守护船船长视野之内,以便于指挥营救和操作;
——应配备应急救助、撤离人员,所必需的器具。

6.9.2.2 守护船船员除取得船员适任证书外,还应符合以下要求:
——守护船船员应经过海洋石油作业安全救生培训,并获有合格有效的培训证书;
——至少有3名指定的船员具备营救落水人员的能力;
——至少有3名指定的船员具备操纵救助艇的技能;
——至少有两名船员经过医疗急救培训,具有急救处置、包扎及人工呼吸的知识和能力。

6.9.2.3 守护作业应按以下规定执行:
——守护船在海洋设施附近执行守护任务时,应保持在能迅速有效履行其守护职责的守护距离范围内;
——守护船应保持通信畅通,并有值班人员随时收听指令;
——守护船驾驶台应有人值守,并负责注意瞭望,发现异常情况立即向船长报告。船长接到报告后应立即采取相应措施,并通知海洋设施人员,听从守护指令;
——直升机在海洋设施起飞或降落时,守护船应按指令巡航,并做好消防、救生准备工作;
——当海洋设施需守护船近距离守护时,须由船长操纵船舶,并做好救生准备工作;
——海洋装置进行提油、试油等作业时,守护船应做好消防、救生准备;
——守护船锚泊守护时,如船舶动力需维修、保养,应事先向海洋设施人员报告。

6.9.2.4 守护船的守护演习和应急响应演习按守护船应急预案执行。

6.9.3 船舶拖航作业

6.9.3.1 拖航作业应按规定向海事管理机构申报,经检验合格后方可进行作业。

6.9.3.2 拖航前准备工作按以下规定执行:
——应编制拖航计划。拖航计划应至少包括:被拖物及拖航船资料、拖航组人员、拖航安排、应急计划;
——召开拖航会议,对拖航安全风险进行评估;拖航计划应在拖航会议上审议并获得通过;
——应确认一名拖航组长,拖航组长应具备船长适任资格,并熟悉被拖物性能者;
——船舶和被拖物应做好拖航和锚泊工具、材料以及生活物质的配备;
——拖航船舶和被拖物应做好拖航的检查工作,保持适航状态;
——拖航船舶和被拖物应制定协调的拖航应急预案。

6.9.3.3 拖航作业过程中应按以下规定执行:
——风速和浪高等海况气象条件应不超过被拖物设计要求;
——拖航的随船人数不应超过主管机关核准的额定人数;
——拖航过程中,每天至少应接收两次天气预报,根据天气预报的状况采取相应的拖航安全措施;
——拖航船舶应经常观察被拖物的情况,拖航船舶、被拖物、岸基之间应建立报告制度;

——拖航船舶和被拖物应做好定期巡回检查工作,保障拖航设备和用具的安全状态。

6.10 海底管道

6.10.1 管道设计

6.10.1.1 海底管道路由选择

6.10.1.1.1 管道轴线应处于海底地形平坦且稳定的地段,应避免在海床起伏较大、受风浪直接袭击的岩礁区域内定线。若不可避免应采用有效防护措施。

6.10.1.1.2 应避开船舶抛锚区、海洋倾倒区、现有水下物体(如沉船、桩基、岩石等)、活动断层、软弱土层滑动区和沉积层的严重冲淤区。

a) 定线时尽量避开正常航道和海产养殖、渔业捕捞频繁区域,当确实难于避让时,力求穿越航道和海产养殖、渔业捕捞区的管道最短,管道应埋至安全深度以下,防止航线船舶或渔船抛锚、拖网渔具等直接损伤海底管道。

b) 应避开将来有可能的航道开挖区域,如不可避免,则管道的埋深应满足航道开挖的要求。

c) 对于海洋油田内部的管道系统,如平台和平台、平台和人工岛间的油(气)管道,与原有管道之间的水平距离应保证这类管道在铺设、安装(包括埋设)时不危及原有管道的安全,也不妨碍预定位置修井作业的正常进行,并有足够的安全距离。

d) 新铺设的管道应避免与原有海底管道或电缆交叉,在不可避免的情况下,可按下述要求执行:
   1) 新铺设的管道与原有海底管道、电缆交叉时,管道交叉部位的间距至少应保持 30 cm 以上的净距;
   2) 管道如不能下埋时可在原有管道上用护垫覆盖,但管道上覆盖的护垫不能影响航行,且不能对原有管道产生不利影响。

e) 预选路由时,应尽量避免与其他开发活动交叉。无法避免时,应详细说明,以便为路由协调及设计、施工提供依据。

6.10.1.2 登陆点位置的确定按以下要求执行:

——登陆点应尽量选择在不受台风、波浪经常严重袭击的位置,要避开强流、冲刷地段,登陆点的岸滩应是稳定不变迁的岸段;

——海底管道的登陆地点要选择坡度合适的岸滩,以保证管道在施工运行期的安全。

6.10.1.3 对海底管道和立管系统应采取保护措施:

——海底管道应采取牺牲阳极等防腐与阴极保护措施;

——在海底管线登陆段附近建码头和围海造田等工程时,要保证管道的安全;

——立管的位置应避开靠船位置;

——立管宜配置在导管架平面内;

——立管外应加装套管对立管形成保护;

——立管上不应装设任何以管道或立管为支承用以承受其他外力为目的附件。

6.10.2 管线铺设

6.10.2.1 管道铺设前,应进行如下技术准备:

——编制海底管道安装程序、编制海底管道计算分析报告;

——确定定位技术要求和主要定位设备清单、确定管道支撑滚轮高度和张紧器压块位置、编制托管架气密试验方案；

——调试张紧器和 A/R 绞车系统。

6.10.2.2 管道铺设作业：应编制托管架角度、管道坡口和移船线路的设计文件，针对管线组对、焊接、无损检验、保温、防腐等作业，应编制管道安装程序、焊接程序和无损检验程序。

6.10.2.3 每道工序都应严格按批准的海底管道安装程序、安装技术规格书和有关计算分析报告的要求执行。

6.10.2.4 在浅水域采用浮体托管铺设管道时，应对浮体进行设计计算，并经发证检验机构认可。

6.10.3 联合调试

6.10.3.1 应建立联合调试组织机构并明确管理职责。

6.10.3.2 应编制调试大纲或方案，明确主要调试内容；按调试大纲进行调试，记录调试的主要数据。

6.10.3.3 联合调试结束后，应编制遗留问题的解决方案，并落实遗留问题解决的责任单位和时间。

6.10.3.4 遗留问题不影响油气田投产，方可完成油气田设施的交付。

6.10.4 海底管道的监测、检测和评估

6.10.4.1 应建立海底管道检测与监控的制度，并遵守执行。

6.10.4.2 应通过检测与监控来保证管道系统运行的安全性与可靠性。

6.10.4.3 一旦发生影响管道系统安全、可靠性、强度和稳定性的事故应进行特殊检测。

6.10.4.4 对于改变原设计参数、延长使用寿命、出现缺陷和损伤的海底管道应进行评估。

6.11 浅（滩）海石油天然气开采

浅（滩）海石油天然气开采除参照 6.1～6.10 的规定外，还应符合以下规定。

6.11.1 物探作业

6.11.1.1 所有涉水作业人员应穿救生衣，在寒冷地区应穿保温救生衣，且 3 人以上同行，互相监护，通过潮沟时应探明水深，超过安全水深（1 m）应用渡运工具。

6.11.1.2 企业应制定物探作业的水陆两栖设备水上作业、滩海爆破作业和滩海钻井安全生产管理制度。

6.11.1.3 作业前应了解工区内潮汐的变化，凡海潮可达到安全水深（1 m）时，应换乘渡运工具。若无渡运工具，来潮前 1 h 时，应组织人员撤离涨潮区。

6.11.1.4 使用全道路式运输车时，不应超员乘坐，应将车门关严，将天窗打开。

6.11.1.5 在罗利冈类两栖车渡越潮沟时，所有乘员应下车并将车门打开。

6.11.1.6 乘坐挂机艇的所有人员应穿好救生服坐稳，不应在艇上打闹、随意走动。

6.11.1.7 水陆两栖设备上的通信、消防、救生等设备应根据有关规定并结合实际情况配备。

6.11.1.8 水陆两栖设备的仪表指示准确，报警指示灯有效，各操纵手柄、转向控制机构操纵灵活，制动系统有效。

6.11.1.9 水陆两栖设备的驱动机构、变速机构润滑油量及油温，液压系统液压油量及油温，冷却液液量及液温均应符合所用设备操作手册规定。

6.11.1.10 水陆两栖设备的发动机运转正常、无异响。装载不超过额定载荷。活动载荷应在货台中心线两侧均匀分布并固定。货台四周应设防护栏杆。

6.11.1.11 水陆两栖设备爬坡不应超过允许坡度。进出水域时应使两侧轮胎或履带同时入水或登岸。

6.11.1.12 罗利冈类两栖车应符合以下要求：
—— 各轮胎之间气压平衡，并根据地表情况和装载载荷及时调整轮胎气压；
—— 海流流速超过 1.2 m/s 或风力超过蒲氏六级时，应用缆绳牵引；
—— 进入水深超过 1 m 水域或沿超过 20°陡岸入水，应倒退行驶；
—— 在陆上与水中行驶时，应避免急速转弯。

6.11.1.13 履带车应符合下列要求：
—— 左右浮筒密封良好，全部排水螺栓紧固；
—— 海流流速超过 0.8 m/s 时，漂浮行驶应使用缆绳牵引。

6.11.1.14 全道路式运输车应符合下列要求：
—— 车门密封有效；
—— 排水马达及泵运转正常；
—— 装载不超过吃水线；
—— 下水前，需认真检查前、后车厢放水塞是否安装妥当，并打开前车顶盖。

6.11.1.15 空气(气垫)船应符合下列要求：
—— 应在规定的水深区域内行驶；
—— 装载不应超过额定载荷，并保持船体平衡；
—— 螺旋桨应有防护罩；
—— 起动前，应观察附近地表情况，行驶中禁止急转弯。

6.11.1.16 挂机艇应至少配备以下种类的物品：
—— 救生圈；
—— 救生衣(定员的120%)；
—— 便携式甚高频对讲机、防水手电筒；
—— 哨子或报警器；
—— 备用桨；
—— 常用工具(包括火花塞、安全销等)和备用绳索；
—— 锚、打气筒。

6.11.1.17 挂机艇应有艇名和额定乘员人数的标志。

6.11.1.18 开艇前要认真检查各气室，确保气密。

6.11.1.19 挂机艇应按其操作手册规定操作。

6.11.1.20 发动机运行时不应加油。停机加油或艇上装载易燃易爆物品时，不应吸烟及动用明火。

6.11.1.21 若挂机艇附近水中有人，应空挡运行或关闭发动机。

6.11.1.22 挂机艇不应超载、偏载。

6.11.2 钻井、井下(试油)、采油作业

6.11.2.1 处在浅海地区的石油设施的消防设计，应考虑消防水源及储水装置。潮间带地区设计，应考虑石油设施所在地落潮后无法取水的时间间隔。消防水量应满足水喷淋、水幕、配置泡沫及冷却用水总量的需要。

6.11.2.2 在潮间带的石油作业设施,经发证检验机构同意,可免除救生艇、救助艇、气胀式救生筏的配备,但应配备能容纳设施定员的、有效的两栖救生装置。

6.11.2.3 两栖救生装置的设计、建造及试验应经发证检验机构认可。

6.11.2.4 在潮间带的石油作业设施应制定有针对性的应急预案。

6.11.2.5 在潮间带的石油作业设施应有与之能力相适应的两栖装备进行值班守护。

6.12 滩海陆岸石油天然气开采

6.12.1 滩海陆岸油田在勘探阶段建设的滩海陆岸石油设施,实行业主委托第三方检验,政府安全作业许可的管理制度。

6.12.2 滩海陆岸油田钻井、井下(试油)、录井、测井、采油等作业应符合第5章(5.2.3.4和5.5.4.5除外)的相关规定,而5.2.3.4和5.5.4.5应参照6.3.4和6.5.2第二项的要求。

6.12.3 滩海陆岸石油设施由勘探转为开发阶段时,应进行安全预评价。

6.12.4 滩海陆岸石油设施应按无人值守设计,若有人值守时,应按照浅海石油作业有关规范、标准进行设计。

6.12.5 滩海陆岸石油设施,应至少配备以下消防设备:
——值班室配备1个4 kg的干粉灭火器;
——井口区配备2个35 kg以上的推车式干粉灭火器;
——机器处所配备1个35 kg以上的推车式干粉灭火器。

6.12.6 滩海陆岸石油设施应至少配备以下救生设备:
——4个救生圈(带30 m救生浮索),其中2个带自亮浮灯;
——按定员100%配备工作救生衣;
——冬季作业按定员100%配备保温救生服;
——可供工作人员5 d食用的救生口粮、饮用水;
——配备急救箱。急救箱内至少装有2套工作救生衣,防水手电及配套电池,简单的医疗包扎用品和日常常用药品。

6.12.7 在滩海陆岸井台上,应设置暂避恶劣天气的避难房,避难房应至少符合以下要求:
——能够容纳生产作业人员;
——结构强度应比滩海陆岸井台高一个安全等级;
——地面应高出挡浪墙1.0 m;
——应采用基础稳定、结构可靠的固定式钢筋混凝土结构或用移动式钢结构。

6.12.8 进入滩海通井路的车辆轮胎应采用低压轮胎,具有良好的防滑性能,便于人员逃生。

6.12.9 在滩海陆岸石油设施进行施工作业期间,只要有人进入,应配备车辆守护值班。

6.12.10 至少在滩海通井路入口处设置组合式安全警示标志、辅助标志或起落式挡车设施。

6.12.11 进入滩海陆岸油田的车辆,由业主单位签发滩海通井路通行证。严禁无通行证的车辆驶入滩海通井路。

6.12.12 严禁微型车辆、农用运输车、摩托车和拖拉机驶入滩海通井路。

6.12.13 对进入滩海通井路的车辆和驾驶员,在车辆和驾驶员执行任务期间,应严格按照有关规定进行监控管理。

6.12.14 大型土方运输、井队搬迁及多车辆进入滩海陆岸油田施工作业时,车队负责人或指派专人到现场组织、指挥车辆通行。

6.12.15 在预报大风(台风)、风暴潮等恶劣天气到来前,大型吊装、井架起放、起下管柱、高空作业及水面作业应提前采取避让措施。

6.12.16 滩海陆岸当发生下列情况之一时,应进行人员应急撤离:
—— 气象部门预报滩海陆岸油田附近海域将发生风力八级以上(含八级)大风,增水超过警戒水位的风暴潮;
—— 气象部门预报冰情超过滩海陆岸石油设施设计的冰情;
—— 遇有井喷失控、火灾、爆炸、硫化氢泄漏、热带气旋、海啸、地震事件时。

7 油气管道储运

7.1 管道干线

7.1.1 管道线路

7.1.1.1 输油气管道路由的选择,应结合沿线城市、村镇、工矿企业、交通、电力、水利等建设的现状与规划,以及沿线地区的地形、地貌、地质、水文、气象、地震等自然条件,并考虑到施工和日后管道管理维护的方便,确定线路走向。

7.1.1.2 输油气管道不应通过城市水源地、飞机场、军事设施、车站、码头。因条件限制无法避开时,应采取保护措施并经国家有关部门批准。

7.1.1.3 输油气管道沿线应设置里程桩、转角桩、标志桩和测试桩。

7.1.1.4 输油气管道采用地上敷设时,应在人员活动较多和易遭车辆、外来物撞击的地段,采取保护措施并设置明显的警示标志。

7.1.1.5 输油气管道管理单位应设专人定期对管道进行巡线检查,及时处理输油气管道沿线的异常情况,并依据石油天然气管道保护有关法律法规保护管道。

7.1.1.6 管道水工保护:
—— 应根据现场实际情况实施管道水工保护。管道水工保护形式应因地制宜、合理选用;
—— 应定期对管道水工保护设施进行检查,并及时治理发现的问题。

7.1.2 线路截断阀

7.1.2.1 输油气管道应根据管道所经过地区的地形、人口稠密度及重要建构筑物等情况设置线路截断阀。必要时应设数据远传、控制及报警功能。

7.1.2.2 天然气管道线路截断阀的取样引压管应装根部截断阀。

7.1.2.3 应定期对截断阀进行巡检。天然气管道截断阀附设的放空管接地应定期检测。

7.1.3 管道穿跨越

7.1.3.1 输油气管道通过河流时,应根据河流的水文、地质、水势、地形、地貌、地震等自然条件及两岸的村镇、交通等现状,并要考虑管道的总体走向、管道管理维护的方便,选择合理的穿跨越位置及方式。

7.1.3.2 穿跨越设计应符合国家现行标准关于原油和天然气管道工程穿跨越设计的有关规定。

7.1.3.3 穿越河流管段在采用加配重块、石笼等方案施工时,应对防腐层有可靠的保护措施。

7.1.3.4 每年的汛期前后,输油气管道的管理单位应对穿跨越河流管段进行安全检查,对不满足防洪要求的穿跨越河流管段应及时进行加固或敷设备用管段。

7.1.3.5 汛期管道管理单位应及时了解输油气管道穿跨越河流上游洪水情况，采取防洪措施。上游水利、水库单位如有泄洪，应及时告知管道管理单位。

7.1.3.6 位于水库下游冲刷范围内的管道穿跨越工程防洪安全要求，应根据地形条件、水库容量等进行防洪设计。管道穿跨越工程上游20 km冲刷范围内若需新建水库，水库建设单位应对管道穿跨越工程采取相应安全措施。

7.2 输油气站场

7.2.1 选址和总平面布置

7.2.1.1 站场选址应考虑地形、地貌、工程和水文地质条件。

7.2.1.2 站场与相邻居民点、工矿企业和其他公用设施安全距离及站场内的平面布置，应符合国家现行标准关于输油、输气、管道工程设计的要求。

7.2.2 消防

7.2.2.1 消防设施的设置应根据其规模、油品性质、存储方式、储存温度、火灾危险性及所在区域外部协作条件等综合因素确定。

7.2.2.2 消防系统投运前应经当地消防主管部门验收合格。

7.2.2.3 站场内建(构)筑物应配置灭火器，其配置类型和数量应符合建筑灭火器配置的相关规定。

7.2.2.4 易燃、易爆场所应按规定设置可燃气体检测报警装置，并定期检定。

7.2.3 防雷、防静电

7.2.3.1 站场内建构筑物的防雷，应在调查地理、地质、土壤、气象、环境等条件和雷电活动规律及被保护物特点的基础上，制定防雷措施。

7.2.3.2 装置内露天布置的塔、容器等，当顶板厚度等于或大于4 mm时，可不设避雷针保护，但应设防雷接地。

7.2.3.3 设备应按规定进行接地，接地电阻应符合要求并定期检测。

7.2.3.4 工艺管网、设备、自动控制仪表系统应按标准安装防雷、防静电接地设施，并定期进行检查和检测。防雷接地装置接地电阻不应大于10 Ω，仅做防感应雷接地时，接地电阻不应大于30 Ω。每组专设的防静电接地装置的接地电阻不应大于100 Ω。

7.2.4 安全保护设施

7.2.4.1 对存在超压可能的承压设备，应设置安全阀。

7.2.4.2 安全阀、调压阀、ESD系统等安全保护设施及报警装置应完好，并应定期进行检测和调试。

7.2.4.3 安全阀的定压应小于或等于承压设备、容器的设计压力。

7.2.4.4 进出天然气站场的天然气管道应设置截断阀，进站截断阀的上游和出站截断阀的下游应设置泄压放空设施。

7.2.5 站场设备

7.2.5.1 设备不应超温、超压、超速、超负荷运行。

7.2.5.2 输油泵机组应有安全自动保护装置，并明确操作控制参数。

7.2.5.3 应定期对原油加热炉炉体、炉管进行检测。间接加热炉还应定期检测热媒性能。

7.2.5.4 对调节阀、减压阀、安全阀、高(低)压泄压阀等主要阀门应按相应运行和维护规程进行操作和维护，并按规定定期校验。

7.2.5.5 管道的自动化运行应满足工艺控制和管道设备的保护要求,并应定期检定和校验。

7.2.5.6 应定时记录设备的运转状况,定期分析输油泵机组、加热设备、储油罐等主要设备的运行状态。

7.2.5.7 应对压力调节器、限压安全切断阀、线路减压阀和安全泄压阀设定参数进行测试。

7.2.5.8 每台压缩机组至少应设置下列安全保护:
——进出口压力超限保护;
——原动机转速超限保护;
——启动气和燃料气限流超压保护;
——振动及喘振超限保护;
——润滑保护系统;
——轴承位移超限保护;
——干气密封系统超限保护;
——机组温度保护。

7.2.5.9 输气站压缩机房的每一操作层及其高出地面3m以上的操作平台(不包括单独的发动机平台),应至少有两个安全出口通向地面。操作平台的任意点沿通道中心线与安全出口之间的最大距离不得大于25 m。安全出口和通往安全地带的通道,应保持畅通。

7.2.6 输油气站的进口处,应设置明显的安全警示牌及进站须知,并应对进入输油气站的外来人员告知安全注意事项及逃生路线等。

7.3 防腐绝缘与阴极保护

7.3.1 埋地输油气管道应采取防腐绝缘与阴极保护措施。

7.3.2 应定期检测管道防腐绝缘与阴极保护情况,及时修补损坏的防腐层,调整阴极保护参数。

7.3.3 埋地输油管道需要加保温层时,在钢管的表面应涂敷良好的防腐绝缘层。在保温层外应有良好的防水层。

7.3.4 裸露或架空的管道应有良好的防腐绝缘层。带保温层的,应有良好的防水措施。

7.3.5 对输油气站内的油罐、埋地管道,应实施区域性阴极保护。

7.3.6 输油气管道全线阴极保护电位应达到或低于-0.85 V(相对$Cu/CuSO_4$电极),但最低电位不应过负。

7.3.7 输油气管道应避开有地下杂散电流干扰大的区域。电气化铁路与输油气管道平行时,应保持一定距离。管道因地下杂散电流干扰阴极保护时,应采取排流措施。

7.3.8 管道阴极保护电位达不到规定要求的,经检测确认防腐层发生老化时,应及时安排防腐层大修。

7.3.9 输油气站的进出站两端管道,应采取防雷击感应电流的措施。防雷击接地措施不应影响管道阴极保护效果。

7.3.10 大型跨越管段有接地时穿跨越两端应采取绝缘措施。

7.4 管道监控与通信

7.4.1 管道监控

7.4.1.1 输油气生产的重要工艺参数及状态,应连续监测和记录;大型油气管道宜设置计算机监控与数据采集(SCADA)系统,对输油气工艺过程、输油气设备及确保安全生产的压力、温度、流量、液位等参数设置联锁保护和声光报警功能。

7.4.1.2 安全检测仪表和调节回路仪表信号应单独设置。

7.4.1.3 SCADA系统配置应采用双机热备用运行方式,网络采用冗余配置,且在一方出现故障时应能自动进行切换。

7.4.1.4 重要场站的站控系统应采取安全可靠的冗余配置。

7.4.2 通信

7.4.2.1 用于调控中心与站控系统之间的数据传输通道、通信接口应采用两种通信介质,双通道互为备用运行。

7.4.2.2 输油气站场与调控中心应设立专用的调度电话。

7.4.2.3 调度电话应与社会常用的服务、救援电话系统联网。

7.4.3 辅助系统

7.4.3.1 SCADA系统以及重要的仪表检测控制回路应采用不间断电源供电。

7.4.3.2 在下列情况下应加装电涌防护器:
——室内重要电子设备总电源的输入侧;
——室内通信电缆、模拟量仪表信号传输线的输入侧;
——重要或贵重测量仪表信号线的输入侧。

7.5 管道试运投产

7.5.1 一般要求

7.5.1.1 应制定投产方案并经审查批准。

7.5.1.2 投产前应对管道清管。

7.5.1.3 管道与设备投用前应进行强度试压和严密性试验。

7.5.1.4 投产前应按照设计文件和施工验收规范对管道、站场、自动化、供配电、通信、安全等系统及其他辅助工程进行投产条件检查。

7.5.1.5 投产前应对各单体设备进行试运。

7.5.1.6 全线整体联合试运前,各单体设备、分系统应调试合格。

7.5.2 原油管道投产的安全技术要求

7.5.2.1 应根据管道设备配置、管道原油的物性、管道沿线地温、管道敷设状况及社会依托情况确定投产方式。

7.5.2.2 高凝原油投产应采取防凝管的安全技术措施。

7.5.3 天然气管道投产的安全技术要求

7.5.3.1 管道投产进气前应进行干燥,干燥合格后的管道应采取防回潮措施。

7.5.3.2 应对管道内的空气用氮气或其他惰性气体进行置换,氮气或惰性气体段的长度应保证到达置换管线末端时空气与天然气不混合。

7.5.3.3 向管道内注氮时,进入管道的氮气温度不宜低于5℃。

7.5.3.4 置换过程中的混合气体应利用放空系统放空。并以放空口为中心设立隔离区并禁止烟火。

7.5.3.5 置换进行时管道中氮气的排放应防止大量氮气聚集造成人员的窒息。管道中氮气量过大时应考虑提前多点排放。

7.6 管道清管与检测

7.6.1 管道清管

7.6.1.1 管道清管应制定科学合理的清管周期。对于首次清管或较长时间没有清管的管道，清管前应制定清管方案。

7.6.1.2 对于结蜡严重的原油管道，应在清管前适当提高管道运行温度和输量，从管道的末端开始逐段清管。

7.6.1.3 清管实施过程中应至少做好以下安全事项：

——清管器在管道内运行时，应保持运行参数稳定，及时分析清管器的运行情况，对异常情况应采取相应措施；
——进行收发清管器作业时，操作人员不应正面对盲板进行操作；
——在从收球筒中取出清管器和排除筒内污油、污物、残液时，应考虑风向；
——清除的液体和污物应收集处理，不应随意排放；
——输气管线清管应有防止硫化亚铁自燃的措施。

7.6.2 管道检测

7.6.2.1 应按照国家有关规定对管道进行检测，并根据检测结果和管道运行安全状况，合理确定管道检测周期。

7.6.2.2 管道内检测作业单位具有国家安全生产监督管理部门认可的检测资质。

7.6.2.3 内检测实施过程中应落实以下安全事项：

——收发球筒的尺寸应满足内检测器安全运行的技术要求；
——管道及其三通、弯头、阀门、运行参数等应满足内检测器的通过要求；
——发送管道内检测器前，应对管道进行清管和测径；
——内检测器应携带定位跟踪装置。检测器发送前应调试运转正常，投运期间应进行跟踪和设标。

7.6.2.4 内检测结束后，应根据检测结果，对存在的缺陷进行评估，确定合理的维修、维护措施，对于影响管道安全的严重缺陷，应立即安排修理。

7.7 管道维抢修

7.7.1 应根据管道分布合理配备专职维抢修队伍，并定期进行技术培训。对管道沿线依托条件可行的，宜通过协议方式委托相应的管道维抢修专业队伍负责管道的维抢修工作。

7.7.2 应合理储备管道抢修物资。管材储备数量不应少于同规格管道中最大一个穿、跨越段长度；对管道的阀门、法兰、弯头、堵漏工（卡）具等物资应视具体情况进行相应的储备。

7.7.3 应合理配备管道抢修车辆、设备、机具等装备，并定期进行维护保养。

7.7.4 管道维抢修过程应至少落实以下安全事项

7.7.4.1 维抢修现场应划分安全界限，设置警戒线、警示牌。进入作业场地的人员应穿戴劳动防护用品。与作业无关的人员不应进入警戒区。

7.7.4.2 对管道施焊前，应对焊点周围可燃气体的浓度进行测定，并制定防护措施。焊接操作期间，应对焊接点周围和可能出现的泄漏进行跟踪检查和监测。

7.7.4.3 用于管道带压封堵、开孔的机具和设备在使用前应认真检查，确保灵活好用。必要时，应提前进行模拟试验。

7.7.4.4 管道封堵作业时,管道内的介质压力应在封堵设备的允许压力之内。采用囊式封堵器进行封堵时,应避免产生负压封堵。

7.7.4.5 管道维抢修作业坑应能满足施工人员的操作和施工机具的安装及使用。作业坑与地面之间应有安全逃生通道,安全逃生通道应设置在动火点的上风向。

7.7.5 管道维抢修结束后,应及时恢复地貌,整理竣工资料并归档。